LOIS, DÉCRETS,

ORDONNANCES, RÉGLEMENS,

AVIS DU CONSEIL-D'ÉTAT.

———

TOME TROISIÈME.

DE L'IMPRIMERIE DE A. GUYOT,

IMPRIMEUR DU ROI, DE LA MAISON D'ORLÉANS,

ET DE L'ORDRE DES AVOCATS AUX CONSEILS ET A LA COUR DE CASSATION,

Rue Neuve-des-Petits-Champs, N° 37.

COLLECTION COMPLÈTE

DES

LOIS, DÉCRETS,

ORDONNANCES, RÉGLEMENS,

ET

AVIS DU CONSEIL-D'ÉTAT,

Depuis 1788 jusqu'à 1830.

ASSEMBLÉE NATIONALE CONSTITUANTE.

1er JUIN 1791. — Décret qui défend aux personnes qui sont ou seront admises dans les tribunes de l'Assemblée nationale, de donner aucune marque d'approbation ou d'improbation. (B. 15, 1.)

1er JUIN 1791. — Proclamation du Roi concernant la nomination du receveur de Villefranche. (L. 4, 961.)

1er = 12 JUIN 1791. — Décret portant circonscription de plusieurs paroisses des départemens de l'Eure, de la Haute-Marne, de la Haute-Vienne, de la Manche, de la Meuse, du Pas-de-Calais, du Puy-de-Dôme et de la Seine-Inférieure. (L 4, 1105; B. 15, 2.)

1er JUIN 1791. — P. E. Bouriquen. *Voy.* 26 MAI 1791. — Caisse de l'extraordinaire. *Voy.* 27 MAI 1791. — Colmar. *Voy.* 31 MAI 1791. — Colonies. *Voy.* 29 MAI 1791. — Contribution foncière de 1791; Corps de finance. *Voy.* 27 MAI 1791. — Corps de Voltaire. *Voy.* 30 MAI 1791. — Deniers publics; Digue du Rhône. *Voy.* 27 MAI 1791. — Domaines congéables. *Voy.* 7 JUIN 1791. — Doubs, etc.; Erreurs du décret du 23 DÉCEMBRE 1790. *Voy.* 26 MAI 1791. — Gens de couleur. *Voy.* 15 MAI 1791. — Impositions. *Voy.* 20 MAI 1791. — Liste civile. *Voy.* 26 MAI 1791. — Péronne, etc. *Voy.* 29 MAI 1791.

2 = 3 JUIN 1791. — Décret relatif à deux lettres écrites, l'une par le ministre des Etats-Unis d'Amérique, l'autre par les représentans de l'Etat de Pensilvanie. (L. 4, 1004; B. 15, 19.)

L'Assemblée national e, après avoir entendu

du la lecture d'une lettre du ministre des Etats-Unis d'Amérique, adressée à son président, signée *Jefferson*, et de celle des représentans de l'Etat de Pensilvanie, en date du 8 avril dernier, par eux adressée au président de l'Assemblée nationale, ensemble le rapport de son comité diplomatique;

Ordonne que les deux lettres sus énoncées seront imprimées, et insérées dans le procès-verbal de la séance.

Charge son président de répondre à la lettre des représentans de l'Etat de Pensilvanie, et d'exprimer au ministre des Etats-Unis de l'Amérique qu'elle désire voir se resserrer de plus en plus les liens de fraternité qui unissent les deux peuples.

Décrète, en outre, que le Roi sera prié de faire négocier avec les Etats-Unis un nouveau traité de commerce, qui puisse multiplier, entre les deux nations, des relations également avantageuses à l'une et à l'autre.

2 = 3 JUIN 1791. — Décret relatif à la caisse de Sceaux et de Poissy. (L. 4, 1008; B. 15, 17.)

L'Assemblée nationale décrète qu'à compter de ce jour le Trésor public cessera d'avancer à la caisse de Sceaux et de Poissy aucune somme en écus.

2 = 3 JUIN 1791. — Décret relatif à la nomination des membres du tribunal criminel de Paris. (L. 4, 1040; B. 15, 17.)

Art. 1er. Le procureur de la commune de la ville de Paris, et la municipalité, rem-

3.

pliront, pour le jury d'accusation, les fonctions attribuées aux procureurs-syndics de district.

2. Le président du tribunal criminel de Paris aura un substitut.

3. L'accusateur public à Paris aura également un substitut.

4. Le traitement du président du tribunal criminel, dans tout le royaume, sera le double de celui attribué aux juges de district.

5. Celui de l'accusateur public, également dans tout le royaume, sera des trois quarts de celui du président.

6. A Paris, le traitement du substitut du président sera des deux tiers de celui du président.

7. A Paris, le traitement du substitut de l'accusateur public sera des deux tiers de celui de l'accusateur public.

8. Il y aura, auprès du tribunal criminel de Paris, un commissaire du Roi, dont le traitement sera égal à celui des autres commissaires de la même ville.

9. Le greffier criminel à Paris aura six mille livres de traitement fixe, et dans les autres villes un traitement des deux tiers de celui du président criminel du lieu; il sera, en outre, remboursé tous les trois mois par le département, par forme d'indemnité seulement, des frais des expéditions qu'il sera tenu de fournir gratuitement aux accusés: l'état de ces frais sera certifié par le président.

10. Il y aura à Paris, auprès du tribunal criminel, trois huissiers avec un traitement de douze cents livres chacun, et deux dans les tribunaux criminels des autres départemens.

11. Le commissaire du Roi, dans les chefs-lieux de département, aura un adjoint pour les matières criminelles, avec le même titre et le même traitement.

12. Toute consignation d'amende en matière criminelle est défendue.

13. Les électeurs actuels du département de Paris se rassembleront pour nommer les fonctionnaires susdits, et nommeront, en même temps, les places de juges et de suppléans vacantes dans les tribunaux de la capitale.

2 = 17 JUIN 1791. — Décret portant que le sieur Kunh sera excepté du renouvellement des membres du directoire du département du Bas-Rhin. (L. 4, 1223; B. 15, 16.)

2 = 12 JUIN 1791. — Décret qui renvoie à l'agent du Trésor public la pétition des huissiers et représentans de Guillaume Mahy, ci-devant de Cormeré. (B. 15, 16.)

2 JUIN 1791. — Décret qui ordonne un projet relatif aux dépenses à faire sur le produit des domaines nationaux, et sur la manière de les acquitter. (B. 15, 17.)

3 = 8 JUIN 1791. — Décret relatif à la gendarmerie de la Corse. (L. 4, 1062; B. 15, 24.)

L'Assemblée nationale, considérant que dans le département de Corse il n'y avait point de maréchaussée; que le ci-devant régiment provincial en a toujours fait le service; après avoir entendu ses comités de constitution et militaire, sur les observations faites par le directoire du département de Corse, décrète que la gendarmerie nationale de ce département sera composée, au moment de cette première formation, d'officiers, sous-officiers et soldats qui aient servi dans le régiment provincial corse ou dans les troupes de ligne; qu'attendu la localité, cette gendarmerie, au lieu de vingt-quatre brigades à cheval, sera composée de trente-six brigades à pied, lesquelles seront divisées en trois compagnies, sous les ordres d'un colonel et de deux lieutenans-colonels; qu'au surplus, les décrets rendus sur l'organisation de la gendarmerie en général seront exécutés en Corse comme dans tous les autres départemens.

3 = 10 JUIN 1791. — Décret relatif au remboursement de tous officiers municipaux et autres concernant la police des villes. (L. 4, 1088; B. 15, 24.)

L'Assemblée nationale décrète qu'il sera sursis à la liquidation et même au remboursement de tous offices municipaux, et généralement de tous offices relatifs au service et à la police des villes, notamment de la ville de Paris, qui n'auraient pas été acquis directement du Roi, et payés au Trésor public par les titulaires anciens ou actuels, jusqu'à ce que l'Assemblée nationale ait statué, par une loi générale, et pour toutes les villes du royaume, sur le remboursement desdits offices.

3 JUIN 1791. — Décret qui ordonne un projet relatif aux dépenses de la ville de Paris. (B. 15, 23.)

3 JUIN 1791. — Décret relatif aux mesures à prendre pour décider et assurer le sort de la garde soldée de Paris. (B. 15, 23.) *Voy.* au 5 AOUT.

3 JUIN 1791. — Bordeaux. *Voy.* 28 MAI 1791. — Caisse de Sceaux et de Poissy. *Voy.* 2 JUIN 1791. — Congrégations. *Voy.* 29 MAI 1791. — États-Unis d'Amérique. *Voy.* 2 JUIN 1791. — Ferme et régie générales; Forêt de Brix; Gendarmerie; Matières d'or et d'argent. *Voy.* 30 MAI 1791. — Procédure criminelle; Procédure contre les ecclésiastiques. *Voy.* 28 MAI 1791. — Réduction d'imposition. *Voy.* 27 MAI 1791. — Remboursemens d'offices militaires. *Voy.* 30 MAI 1791. — Thévenot, etc. *Voy.* 28 MAI 1791. — Tribunal criminel de Paris. *Voy.* 2 JUIN 1791.

4 = 12 JUIN 1791. — Décret relatif au canal de Givors. (L. 4, 1123 ; B. 15, 29.)

Art. 1er. Les propriétaires du canal de Givors exécuteront les travaux désignés dans l'arrêté du directoire du département de Rhône-et-Loire, du 3 février 1791, conformément au plan y annexé.

2. Ils acquerront les propriétés nécessaires à la confection de ces travaux et de ceux autorisés par les lettres-patentes du mois de décembre 1788, enregistrées au parlement de Paris le 5 septembre suivant, d'après l'estimation faite par des experts nommés par le directoire du département. Les difficultés, s'il en survient, seront portées d'abord au directoire du district, et terminées définitivement par celui du département.

3. Les règlemens rendus les 13 février 1782 et 11 février 1783, pour la police particulière du canal, seront provisoirement exécutés.

4 = 12 JUIN 1791. — Décret relatif aux belandriers de Dunkerque, aux bateliers de Condé, et tous autres des départemens du Nord et du Pas-de-Calais. (L. 4, 1121 ; B. 15, 25.)

Art. 1er. Les priviléges exclusifs ci-devant accordés au corps des belandriers de Dunkerque, des bateliers de Condé, et tous autres du département du Nord et du Pas-de-Calais, de charger de certaines marchandises en certains lieux desdits départemens, sont révoqués, ainsi que tous prétendus droits réclamés par différentes communes de faire exclusivement le tirage des bateaux, lequel pourra être fait par les bateliers, par qui et comme ils le jugeront convenable.

2. Tous réglemens relatifs au mode d'admission à l'état de navigateur, au régime et à la police de la navigation dans lesdits départemens, seront exécutés moyennant le paiement des droits de patente, jusqu'à ce qu'il ait été rendu par le Corps-Législatif un décret sur la navigation fluviale pour tout le royaume.

3. L'Assemblée nationale n'entend rien innover au traité passé à Crespin entre les bateliers de Condé et ceux de Mons, le 14 août 1686.

4. Il sera, d'après l'avis du département du Nord, pourvu à l'indemnité qui pourrait être due aux belandriers de Dunkerque, à raison des cent vingt belandres qu'ils ont dû construire en exécution de l'arrêt du conseil du 23 juin 1781 ; et Sa Majesté sera priée de donner les ordres nécessaires pour assurer le service du port et de la rade de Dunkerque.

4 = 12 JUIN 1791. — Décret relatif à la répartition des cent mille soldats auxiliaires, par départemens. (L. 4, 1096 ; B. 15, 29.)

L'Assemblée nationale, sur le rapport de son comité militaire, sur les propositions faites par le ministre de la guerre, pour la répartition des cent mille soldats auxiliaires dans les départemens du royaume, a approuvé qu'il en soit réservé vingt-cinq mille pour le service de la marine, et a adopté le projet de la répartition, contenu dans le tableau ci-annexé, pour les soixante-quinze mille soldats auxiliaires destinés au service de l'armée de terre ; en conséquence, elle décrète ce qui suit :

Art. 1er. Dans chacun des quatre-vingt-trois départemens, un préposé par le Roi sera chargé de vérifier l'âge, la taille et l'aptitude au service des soldats auxiliaires du département, d'en tenir le contrôle, de veiller aux remplacemens, et de rendre compte au ministre de la guerre de toutes les opérations relatives à cet objet.

2. Dans chaque district, un officier ou sous-officier de gendarmerie nationale sera chargé de tenir les contrôles particuliers des auxiliaires du district ; il entretiendra une correspondance suivie, à cet égard, avec le préposé par le Roi, pour surveiller, dans le département, tous les détails relatifs aux auxiliaires.

3. Le ministre de la guerre adressera au directoire de chaque département un état relevé sur le tableau général des auxiliaires, et qui indiquera pour combien d'hommes ce département a été compris dans la répartition générale ; le directoire de département en fera ensuite la répartition particulière par district, en adressera l'état aux directoires de district, et en remettra le double au préposé par le Roi, et veillera à ce que les directoires de district fassent aussitôt publier, dans les municipalités de leur arrondissement, la loi relative aux auxiliaires.

4. Les hommes qui voudront entrer dans les auxiliaires remettront leurs soumissions à la municipalité du chef-lieu du canton, qui les adressera au directoire de district, et celui-ci les fera remettre à l'officier de gendarmerie nationale, pour en former un état général par district.

5. Lorsque le nombre des soumissions, pour entrer dans les auxiliaires, s'élèvera à plus de moitié du nombre déterminé pour chaque district, l'officier ou sous-officier de gendarmerie nationale, chargé de ce détail dans chaque district, en préviendra le préposé par le Roi, qui sera tenu de se rendre au chef-lieu du district, pour faire la revue de réception.

6. Tous les hommes qui auront présenté des soumissions, seront prévenus à l'avance de se rendre au jour fixé dans le chef-lieu du district, pour y passer la revue de réception.

7. Cette revue sera faite par le préposé du Roi, en présence d'un membre du directoire du district et de l'officier ou sous-officier de gendarmerie nationale, qui en signeront avec lui le procès-verbal.

8. Il ne sera reçu dans les auxiliaires que

1.

des personnes domiciliées, ayant au moins dix-huit ans et pas plus de quarante ans d'âge, et réunissant d'ailleurs toutes les qualités requises par les réglemens pour entrer dans l'infanterie. On admettra de préférence ceux qui auront servi dans les troupes de ligne, et qui produiront des certificats de bonne conduite.

Le procès-verbal constatera les noms, lieux de naissance et du domicile, âge, taille, signalement et observations sur les sujets qui seront admis ; il fera également mention de ceux qui auront été refusés.

9. Les hommes admis contracteront, dans les formes prescrites par la loi sur le recrutement, un engagement de trois ans, sous la condition de joindre, aussitôt qu'ils en seront requis par les corps administratifs, les régimens qui leur auront été désignés, pour y servir sous les mêmes lois et ordonnances, et avec le même traitement que les autres soldats. Leur solde d'auxiliaire courra du jour de leur engagement signé.

10. Le procès-verbal d'admission clos et arrêté, il sera ouvert par l'officier ou sous-officier de gendarmerie nationale un contrôle par district, dans la forme qui sera donnée, où tous les auxiliaires seront inscrits nominativement et par canton ; il en sera tenu un contrôle général par le préposé du Roi, auquel l'officier ou sous-officier de gendarmerie nationale adressera, tous les mois, les mutations qui pourraient survenir.

11. L'existence desdits hommes, les mutations et décès, seront constatés, tous les six mois, par les revues qu'ils passeront dans le chef-lieu du district au jour fixé. Ces revues seront faites par le préposé du Roi, en présence de l'officier ou sous-officier de gendarmerie nationale et d'un membre du directoire du district, qui signeront l'état de cette revue.

12. Il sera remis un double de cet état de revue, aussi signé, au receveur du district, d'après lequel il paiera les auxiliaires immédiatement après la revue, c'est-à-dire de six mois en six mois, et dans le chef-lieu du district.

13. Le préposé par le Roi dressera, d'après les revues particulières faites dans les districts, un état de revue générale par département, qui servira à la décharge du trésorier des troupes, auquel les receveurs du district verseront pour comptant les revues particulières de district, acquittées de six mois en six mois, ainsi qu'il vient d'être dit.

14. Le préposé par le Roi sera tenu lors des revues, tous les six mois, d'examiner les remplacemens qui seront proposés dans les auxiliaires de chaque district, de vérifier la tenue des contrôles et l'exactitude des paiemens. Il sera personnellement responsable, au ministre de la guerre, des abus qu'il aurait tolérés.

15. Dans l'intervalle des revues, les auxiliaires pourront s'absenter de leur district, mais seulement avec un congé signé de l'officier de gendarmerie nationale, qui ne pourra l'expédier que sur la demande et l'attestation de la municipalité, et à la charge d'être présent à la première revue.

16. Tout auxiliaire qui ne se sera pas présenté à la revue, et qui ne pourra justifier auprès du préposé par le Roi et d'un membre du directoire du département, par un certificat authentique, de l'impossibilité où il aurait été de s'y trouver, et de la validité des causes de son absence, sera rayé du contrôle, privé de sa solde et des droits que lui donnent les décrets des 4 février et 16 avril derniers.

17. Les revues seront faites assez promptement pour ne jamais exiger, de la part des auxiliaires, un séjour de plus de vingt-quatre heures dans le chef-lieu du district, à l'exception cependant de la revue de réception, pour laquelle il sera pris le temps nécessaire pour s'assurer que les hommes réunissent les qualités requises.

(Suit le tableau de répartition des 75,000 auxiliaires par département, décrétée par l'Assemblée nationale.)

4 = 12 JUIN 1791. — Décret qui autorise le directoire du district de Provins et celui du district de Bergerac, à acquérir les bâtimens nécessaires à leur établissement. (L. 4, 1131.)

4 = 10 JUIN 1791. — Décret qui rend la liberté au sieur Muscar, sous-officier au régiment de Vivarais. (B. 15, 25.)

5 = 12 JUIN 1791. — Décret relatif à l'agriculture et aux cultivateurs. (L. 4, 1125 ; B. 15, 30 ; Mon. du 7 juin 1791.)

Voy. loi du 28 SEPTEMBRE = 6 OCTOBRE 1791, ou Code rural.

Art. 1er. Le territoire de la France, dans toute son étendue, est libre comme les personnes qui l'habitent : ainsi, toute propriété territoriale ne peut être sujette envers les particuliers qu'aux redevances et aux charges dont la convention n'est pas défendue par la loi; et envers la nation, qu'aux contributions publiques établies par le Corps-Législatif, et aux sacrifices que peut exiger le bien général, sous la condition d'une juste et valable indemnité.

2. Les propriétaires sont libres de varier à leur gré la culture et l'exploitation de leurs terres, de conserver à leur gré leurs récoltes, et de disposer de toutes les productions de leurs propriétés dans l'intérieur du royaume et au-dehors, sans préjudicier aux droits d'autrui, et en se conformant aux lois.

3. Nul agent de l'agriculture ne pourra

être arrêté dans ses fonctions agricoles extérieures, excepté pour crime, avant qu'il ait été pourvu à la sûreté des bestiaux servant à son travail ou confiés à sa garde; et même, en cas de crime, il sera toujours pourvu à la sûreté des bestiaux immédiatement après l'arrestation, et sous la responsabilité de ceux qui l'auront exercée.

4. Aucuns engrais, meubles ou ustensiles de l'exploitation des terres, et aucuns bestiaux servant au labourage, ne pourront être saisis ni vendus pour cause de dettes, si ce n'est par la personne qui aura fourni les ustensiles ou les bestiaux, ou pour l'acquittement de la créance du propriétaire vis-à-vis de son fermier; et en seront toujours les derniers objets saisis, en cas d'insuffisance d'autres objets mobiliers.

5. La durée et les clauses des baux des biens de campagne seront purement conventionnelles.

6. Nulle autorité ne pourra suspendre ou intervertir les travaux de la campagne, dans les opérations de la semence et de la récolte.

5 JUIN 1791. — Proclamation du Roi, en exécution de la loi du 27 mai 1791, relative aux troubles d'Avignon. (L. 4, 1059.)

5 JUIN 1791. — Dieppe. *Voy.* 29 MAI 1791.

6 = 12 JUIN 1791. — Décret relatif à la fabrication du papier pour les assignats décrétés le 17 mai 1791. (L. 4, 1139; B. 15, 105.)

L'Assemblée nationale décrète que la dame Lagarde continuera d'être chargée de la fabrication du papier, pour les assignats décrétés le 17 mai dernier.

6 = 12 JUIN 1791. — Décret qui permet l'aliénation des bâtimens composant l'ancien Hôtel-Dieu de Bourg, et autres objets dépendant dudit Hôtel-Dieu. (L. 4, 1094; B. 15, 32.)

6 = 12 JUIN 1791. — Décret qui renvoie au pouvoir exécutif une lettre des administrateurs du directoire du département du Morbihan, portant que les ennemis de la révolution s'agitent sans cesse pour troubler la tranquillité publique, etc. (L. 4, 1120; B. 15, 38.)

6 = 12 JUIN 1791. — Décret qui désigne les maisons de retraite des ci-devant religieux du département du Pas-de-Calais, qui voudront continuer de vivre en commun. (L. 4, 1133; B. 15, 33.)

6 JUIN 1791. — Décret portant vente de domaines nationaux à différentes municipalités des départemens de l'Ardèche, des Ardennes, de la Côte-d'Or, d'Eure-et-Loir, du Gard, de la Loire-Inférieure, du Morbihan, de la Mayenne,

de la Nièvre, du Nord, du Pas-de-Calais, de Saône-et-Loire et de l'Yonne. (B. 15, 35.)

6 JUIN 1791. — Domaines congéables. *Voy.* 7 JUIN 1791.

7 = 10 JUIN 1791. — Décret relatif aux retenues à faire sur les rentes ci-devant seigneuriales, foncières, perpétuelles ou viagères. (L. 4, 1086; B. 15, 96; Mon. du 8 juin 1791.)

Art. 1er. Les débiteurs autorisés par les art. 6 et 7 du titre II du décret du 23 novembre = 1er décembre 1790, à faire une retenue sur les rentes ci-devant seigneuriales ou foncières, sur les intérêts ou rentes perpétuelles, constituées avant la publication de ladite loi, soit en argent, soit en denrées, et de prestation en quotité de fruits à raison de la contribution foncière, la feront au cinquième du montant desdites rentes ou prestations pour l'année 1791, et pour tout le temps pendant lequel la contribution foncière restera dans les proportions fixées pour ladite année, sans préjudice de l'exécution des baux à rentes ou autres contrats faits sous la condition de la non-retenue des impositions royales.

2. Quant aux rentes ou pensions viagères non stipulées exemptes de la retenue, les débiteurs la feront aussi au cinquième, mais seulement sur le revenu que le capital, s'il est connu, produirait au denier vingt; et, dans le cas où le capital ne serait pas connu, la retenue ne se fera qu'au dixième du montant de la rente ou pension viagère, conformément à l'article 8 du décret du 23 novembre = 1er décembre 1790. Ces proportions demeureront les mêmes pour tout le temps déterminé par l'article précédent.

3. Le débiteur fera la retenue au moment où il acquittera la rente ou prestation; elle sera faite en argent, sur celles en argent, et en nature sur les rentes en denrées, et sur les prestations en quotité de fruits.

7 = 10 JUIN 1791. — Décret relatif à la dîme. (L. 4, 1092; B. 15, 94.)

Art. 1er. Dans les lieux où la dîme ne se percevait qu'après le champart, agrier ou autres redevances et prestations foncières en quotité de fruits, et dans les lieux où ces sortes de prestations se percevaient quand et quand la dîme, la suppression de la dîme ne profitera qu'au propriétaire du sol, et le propriétaire desdites redevances ne pourra prétendre à aucune augmentation, à raison de ladite suppression.

2. Dans les lieux où la dîme se prélevait avant le champart, agrier ou autres redevances ou prestations foncières en quotité de fruits, la suppression de la dîme profitera, tant au propriétaire du sol, qu'au proprié-

taire desdites redevances en quotité de fruits; en conséquence, la prestation desdites redevances sera faite par le propriétaire du sol, à la quotité fixée par le titre ou l'usage, à raison de la totalité des fruits récoltés, sans aucune déduction de ce qui se prélevait précédemment pour les dîmes sur la masse desdits fruits.

7 = 12 JUIN 1791. — Décret interprétatif d'un article relatif à la dîme. (L. 4, 1137; B. 15, 95.)

Voy. loi du 28 (23) OCTOBRE = 5 NOVEMBRE 1790.

Art. 1er. L'Assemblée nationale, en interprétant l'article 17 du titre V de son décret des 23 et 28 octobre dernier, décrète que, dans le cas où la dîme, soit ecclésiastique, soit inféodée, aurait été cumulée avec le champart, le terrage, l'agrier ou autres droits de cette nature, et que le tout aurait été converti en une seule redevance en nature ou en argent, si la quotité de ces droits fonciers n'est pas prouvée par les titres ou par la loi coutumière, ces mêmes droits seront réduits à la moitié de la redevance qui en tenait lieu cumulativement avec la dîme.

2. Dans le cas où la dîme se trouverait cumulée avec le cens seulement sans champart, s'il n'existe aucun titre qui prouve l'ancienne quotité de cens, cette quotité sera fixée par la loi coutumière; à défaut de la loi coutumière, par l'usage le plus général de la ci-devant seigneurie; et à défaut d'usage particulier dans cette ci-devant seigneurie, par l'usage le plus général, et le terme moyen des ci-devant seigneuries plus voisines et limitrophes.

3. En cas de contestation sur les titres ou sur la loi coutumière, pour la fixation de la quotité desdits droits de champart, terrage, agrier, ou autres redevances de la même nature, désignées dans l'article 1er ci-dessus, cumulées avec la dîme, par provision et jusqu'au jugement du litige, les redevables seront tenus de payer comptant la moitié de ladite redevance.

7 = 12 JUIN 1791. — Décret relatif aux personnes employées dans les états de liquidation décrétés ou à décréter. (L. 4, 1128; B. 15, 45 et 93.)

Art. 1er. Aucune des personnes employées dans les états de liquidation ou dans tous autres états déjà décrétés, ou qui le seront à l'avenir, pour raison de gages, traitemens, nourriture, livrées, gratifications, pensions,

subsistance, et autres rétributions de services ou gratifications, sous quelque dénomination et pour quelque cause que ce soit, ne pourra toucher le montant des sommes qui lui auront été attribuées par la liquidation, qu'en rapportant la déclaration qu'elle a faite de sa contribution patriotique, ou la déclaration qu'elle n'a point été dans le cas d'en faire; et de plus, dans le premier cas, la quittance des deux premiers tiers de la contribution patriotique, sauf à l'égard des personnes qui n'auraient pas encore payé lesdits deux premiers tiers, à consentir la compensation de leur montant ou de ce qui en sera dû, jusqu'à concurrence avec les sommes pour lesquelles elles auraient été liquidées; et sera alors le trésorier de l'extraordinaire la retenue par ses mains du montant desdits deux premiers tiers, ou de ce qui en resterait dû.

2. Le comité central de liquidation sera tenu de présenter sans délai un projet de réglement, pour fixer définitivement les droits que les conservateurs des hypothèques et gardes des rôles seront autorisés à percevoir, pour raison des certificats de non-opposition qu'ils délivrent aux personnes dénommées dans les décrets de liquidation prononcés par l'Assemblée; et cependant, par provision, lesdits conservateurs des hypothèques et gardes des rôles ne pourront, sous aucun prétexte, exiger de la même personne, pour un seul et même titre de créance, en quelques portions que ce titre se trouve divisé, au-delà de la somme de quatre livres, sauf à eux à retenir note de ce qu'ils prétendraient leur être dû au-dessus de ladite somme, pour en demander le paiement par la suite, s'il y a lieu.

3. Le président de l'Assemblée se retirera par-devers le Roi, pour le prier de commettre une ou plusieurs personnes à l'exercice des fonctions des gardes des registres du contrôle qui sont absens, pour, en leur nom et à leurs frais, décharger sur lesdits livres les quittances de finances et autres titres qui y sont enregistrés, et dont les remboursemens successifs ont été ou seront ordonnés par l'Assemblée.

7 JUIN (30 MAI, 1er et 6) = 5 AOUT 1791. — Décret relatif aux domaines congéables. (L. 5, 801; B. 15, 97; Mon. du 3 et 8 juin 1791.)

Voy. lois du 27 AOUT = 7 SEPTEMBRE 1792; du 29 FLORÉAL an 2; du 9 BRUMAIRE an 6 (1).

Art. 1er. Les concessions ci-devant faites, dans les départemens du Finistère, du Mor-

---

(1) Par le bail à domaine congéable, le propriétaire cédait au colon la *jouissance* du *fonds* et la *propriété des édifices et de la superficie.* Le colon donnait au propriétaire une somme (appelée *deniers d'entrée*) pour prix des édifices et de la

superficie, et constituait une redevance (appelée *rente convenancière*) pour prix de la jouissance. Le propriétaire conservait le droit d'expulser le colon en lui remboursant les deniers d'entrée, et en renonçant à la *rente convenancière.* Le colon

bihan et des Côtes-du-Nord, par les propriétaires fonciers aux domaniers, sous les titres de baux à convenant ou domaine congéable, et de baillées ou renouvellement d'iceux, continueront d'être exécutées entre les parties qui ont contracté sous cette forme, leurs représentans ou ayant-cause, mais seulement sous les modifications et conditions ci-après exprimées, et ce, nonobstant les usemens de Rohan, Cornouailles, Brouerce, Tréguier et Gouelle, et tous autres qui seraient contraires aux règles ci-après exprimées, lesquels usemens sont à cet effet et demeurent abolis, à compter du jour de la publication du présent décret.

2. Aucun propriétaire foncier ne pourra, sous prétexte des usemens dans l'étendue desquels les fonds sont situés, ni même sous prétexte d'aucune stipulation insérée au bail à convenant ou dans la baillée, exiger du domanier aucuns droits ou redevances convenancières de même nature et qualité que les droits féodaux supprimés, sans indemnité, par le décret du 4 août 1789 et jours suivans, par le décret du 15 mars 1790 et autres subséquens, et notamment l'obéissance à la ci-devant justice ou juridiction du foncier, le droit de suite à son moulin, la collecte du rôle de ses rente et cens et le droit de déshérence ou échute.

3. Pourront les domaniers, nonobstant tous usemens ou stipulations contraires, aliéner les édifices et superfices de leurs tenues pendant le durée du bail, sans le consentement du propriétaire foncier, et sans être sujets aux lods et ventes; et leurs héritiers pourront diviser entre eux lesdits édifices et superfices sans le consentement du propriétaire foncier, sans préjudice de la solidarité de la redevance ou des redevances dont lesdites tenues sont chargées.

4. Le propriétaire foncier ne pourra exiger du domanier aucunes journées d'hommes, voitures, chevaux ou bêtes de somme qui n'auront point été stipulées et détaillées par le bail ou la baillée, et, à leur défaut, par actes récognitoires, et qui n'auraient été exigés qu'en vertu des usemens ou d'une clause de soumission à iceux. Lesdites journées qui auront été expressément stipulées ne s'arré-

rageront pas; elles ne pourront être exigées qu'en nature, et néanmoins les abonnemens seront exécutés suivant la convention.

5. Pourront néanmoins les propriétaires fonciers, d'après les seuls usemens, exiger que les grains, et autres denrées provenant des redevances convenancières, soient transportés et livrés par le domanier, à ses frais, au lieu indiqué par le propriétaire foncier, jusqu'à trois lieues de distance de la tenue, et ledit droit de transport ne pourra s'arrérager.

6. Ne pourront les domaniers exercer contre les propriétaires fonciers aucune action en restitution, à raison des droits ci-dessus supprimés, qui auront été payés ou servis avant la publication des lettres-patentes du 3 novembre 1789, rendues sur le décret du 4 août précédent. Mais toutes actions ou procès actuellement subsistans et non terminés par un jugement en dernier ressort avant l'époque susdite, pour raison desdits droits non payés ou servis, sont éteints, et les parties ne pourront les faire juger que pour la question des dépens faits antérieurement à la publication du présent décret.

7. Les propriétaires fonciers et les domaniers, en tout ce qui concerne leurs droits respectifs sur la distinction du fonds et des édifices et superfices, des arbres dont le domanier doit avoir la propriété ou le simple émondage, des objets dont le remboursement doit être fait au domanier lors de sa sortie, comme aussi en ce qui concerne les termes des paiemens des redevances convenancières, la faculté de la part du domanier de bâtir de nouveau ou de changer les bâtimens existans, se régleront d'après les stipulations portées aux baux ou baillées, et à défaut de stipulations, d'après les usemens, tels qu'ils sont observés dans les lieux où les fonds sont situés.

8. Dans le cas où le bail ou la baillée et les usemens ne contiendraient aucun réglement sur les châtaigniers et noyers, lesdits arbres seront réputés fruitiers, à l'exception, néanmoins, de ceux desdits arbres qui seraient plantés en avenues, masses ou bosquets, et

---

était, en outre, chargé de certaines charges et redevances féodales. Cette explication aidera à saisir les modifications successives de la législation sur cette matière (*Voy.* les notes sur les lois analogues ci-dessus indiquées).

Un bail à domaine congéable ne devenait pas un simple *afféage* par cela seul que le bailleur renonçait à la faculté du congément, pour *éviter* de faire tous les 9 *ans* des *baillées*, et qu'il était stipulé que le colon ou domanier posséderait à l'avenir *roturièrement*, sous la *seigneurie du bailleur*, à titre de *simple obéissance*, *lods*, *ventes* et *rachats*, le cas advenant, *sujétion à cour, moulin,*

à la levée, et cueillette de rôle entier.—Nonobstant de pareilles stipulations, le bail conservait son caractère originaire de bail à domaine congéable; les rentes qui en formaient le prix continuaient à être de simples rentes *convenancières*, et, par suite, ne furent pas comprises dans l'abolition des rentes féodales, encore qu'elles fussent mélangées de féodalité; du moins l'arrêt qui le décide ainsi, par appréciation des actes et des circonstances, est à l'abri de la censure de la Cour de cassation (25 novembre 1829; Cass. S. 30, 1, 14; D. 29, 1, 400).

ce, nonobstant toute jurisprudence à ce contraire.

9. Dans toutes les successions directes ou collatérales qui s'ouvriront à l'avenir, les édifices et superfices des domaniers seront partagés comme immeubles, selon les règles prescrites par la coutume générale de Bretagne et par les décrets déjà promulgués, ou qui pourront l'être par la suite comme lois générales par tout le royaume.

Il en sera de même pour le douaire des veuves des domaniers, pour les sociétés conjugales, et pour tous les autres cas, les édifices et superfices n'étant réputés meubles qu'à l'égard des propriétaires fonciers (1).

10. Pour éviter toutes contestations entre les fonciers et les domaniers, nonobstant le décret du 1er décembre dernier, auquel il est dérogé quant à ce pour ce regard seulement, et sans tirer à conséquence pour l'avenir, les domaniers profiteront, pendant la durée des baillées actuelles, de l'exemption de la dîme; mais ils acquitteront la totalité des impositions foncières, et ils tiendront au foncier, sur la redevance convenancière, une partie de cet impôt, proportionnellement à ladite redevance.

11. A l'expiration des baux ou des baillées actuellement existans, il sera libre aux domaniers (qui exploitent eux-mêmes leurs tenues) de se retirer, et d'exiger le remboursement de leurs édifices et superfices, pourvu, néanmoins, que les baux ou baillées aient encore deux années complètes à courir, à compter de la Saint-Michel 29 septembre 1791. Dans le cas où les baux ou baillées seraient d'une moindre durée, le domanier ne pourra se retirer avant l'expiration desdites deux années, à compter de la Saint-Michel 1791, sans le consentement du propriétaire foncier; et réciproquement le propriétaire foncier ne pourra congédier le domanier, sans le consentement de celui-ci, qu'après l'expi-

ration du délai fixé par le présent article (2).

Les domaniers dont les baux sont expirés, et qui jouissent sans nouvelle assurance, ne pourront être congédiés ni se retirer qu'après quatre années complètes échues, à compter de la Saint-Michel 1791.

12. Les propriétaires fonciers qui justifieront, par actes authentiques antérieurs au 1er mars de la présente année, ou ayant date certaine avant cette époque, avoir concédé à de nouveaux domaniers les tenues pour entrer en jouissance avant l'expiration des délais accordés par l'article précédent, pourront, nonobstant les dispositions dudit article, congédier les domaniers dont les baux ou baillées seront finis avant l'expiration desdits délais.

13. A l'expiration des baux ou baillées actuellement existant aux époques ci-dessus fixées, il sera libre à l'avenir aux parties, et sous les seules restrictions ci-après exprimées, de faire des concessions à titre de bail à convenant, sous telles conditions qu'elles jugeront à propos, soit sur la durée desdits baux, soit sur la nature et quotité des redevances et prestations, soit sur la faculté du domanier de construire de nouveaux bâtimens ou de changer les anciens, soit sur les clôtures et défrichemens, soit sur la propriété ou jouissance des arbres, soit sur la faculté de prendre, par le domanier, des arbres, de la terre ou du sable, pour réparer les bâtimens; et les conventions des parties textuellement exprimées seront, à l'avenir, la seule règle qui déterminera leurs droits respectifs (3).

14. Tout bail à convenant, ou baillée de renouvellement, seront désormais rédigés par écrit. Si, néanmoins, le propriétaire foncier avait laissé continuer au domanier la jouissance, après le terme du bail ou de la baillée expiré, ou si le domanier avait conservé cette jouissance faute de remboursement, le bail

---

(1) Les édifices et superfices des domaines congéables, réputés meubles à l'égard du propriétaire du fonds, pendant la durée du bail, reprennent leur nature immobilière dès l'instant qu'ils sont réunis, même partiellement, au domaine, soit par par voie d'acquisition, soit par la voie du congément; en conséquence, la vente que le propriétaire fait, postérieurement à cette réunion, des édifices et superfices séparément du fonds, est passible du droit de vente immobilière, lors même que la tenue convenancière a continué de subsister pour une portion des édifices et superfices (28 février 1832; Cass. S. 32, 1, 264; D. 32, 1, 118).

(2) La réciprocité stipulée par cet article n'est pas une disposition transitoire; elle règle l'avenir, c'est-à-dire les rentes à créer, comme le passé, c'est-à-dire les rentes existantes au moment de la loi; ainsi, relativement aux baux postérieurs à la

loi, le preneur a conservé la faculté d'exercer lui-même le congément, par cela seul qu'il n'y a pas renoncé expressément (17 avril 1815; Cass. S. 15, 1, 296). Quant au droit d'enregistrement sur les baux à domaine congéable, *voyez* loi du 22 frimaire an 7.

(3) La disposition qui accorde au domanier de baux *existans* la faculté d'exiger du *foncier* le paiement des édifices ou superfices, à la cessation du bail, et renvoie les *domaniers* de baux *futurs* à l'exécution des conventions qui seront faites à cet égard, doit être entendue en ce sens, que les domaniers de baux futurs auront aussi la même faculté, si dans leur bail il n'y a stipulation contraire: la simple absence de stipulation ne suffirait pas pour que le domanier fût privé de cette faculté (7 décembre 1829; Cass. S. 30, 1, 18; D. 30, 1, 10).

ou la baillée seront réputés continuer, par tacite réconduction, pour deux ou trois années, selon que l'usage du pays sera de régler l'exploitation des terres pour deux ou trois années.

15. Ne pourra pareillement le propriétaire foncier, sous prétexte de la liberté des conventions portées en l'article 13, stipuler en sa faveur aucun des droits supprimés par les articles 2 et 3.

16. Seront, au surplus, les conventions que les parties auront faites, subordonnées aux lois générales du royaume, établies ou à établir pour l'intérêt de l'agriculture, relativement aux baux à ferme, en ce qui sera applicable au bail à convenant.

17. Après l'expiration des baux ou des baillées actuellement existans, et lorsqu'il s'agira de procéder au remboursement des édifices et superfices, il sera procédé au prisage à l'amiable entre les parties, ou à dire d'experts convenus ou nommés d'office par le juge-de-paix du canton dans le ressort duquel les tenues seront situées; sauf au parties, en cas de contestation sur l'estimation, à se pourvoir devant le tribunal de district.

Il en sera usé de même pour les baux à convenant qui pourraient être passés à l'avenir, lorsque, d'après les conventions des parties, il y aura lieu à un remboursement et à une estimation.

18. Les frais de la nomination d'experts, de leur prestation de serment, du prisage et de l'affirmation, seront supportés, à l'égard des baux actuellement existans, par le propriétaire foncier; et, pour les baux qui seront faits à l'avenir, ils seront payés par ceux que les conventions en chargeront : les frais de la revue seront supportés par celui qui la demandera.

19. Tous les objets qui doivent entrer en estimation seront estimés selon leur vraie valeur, à l'époque de l'estimation qui en sera faite à l'expiration des baux subsistans ou des délais ci-dessus fixés. Les propriétaires fonciers seront tenus de rembourser aux domaniers tous lesdits objets, même les labours et engrais, sur le pied de l'estimation. Après ledit remboursement effectué, les domaniers ne pourront, sous aucun prétexte, s'immiscer dans l'exploitation et jouissance des tenues dont ils auront été congédiés.

Les estimations qui pourront avoir lieu en exécution des baux à venir, seront faites conformément aux conventions des parties.

20. S'il s'élève des questions sur la nature des objets qui doivent entrer dans l'estimation des édifices et superfices, et des améliorations à rembourser au domanier, elles se régleront, pour les baux actuellement existans, et pour les tenues dont les domaniers jouissent par nouvelle assurance, d'après les divers usemens anciens; pour les baux qui

seront faits à l'avenir, d'après les conventions des parties.

21. Le domanier ne pourra être expulsé que préalablement il n'ait été remboursé, et à cet effet le prisage sera toujours demandé six mois avant l'expiration de la jouissance, et fini dans ce délai.

22. A quelque époque qu'ait commencé la jouissance des domaniers qui exploitent actuellement les tenues, soit en vertu de baux ou baillées, soit par l'effet de la nouvelle assurance, le congément ne pourra être réciproquement exercé à d'autre époque de l'année qu'à celle de la Saint-Michel 29 septembre. Si l'exploitation du domanier avait commencé à un autre terme, il sera tenu de payer au propriétaire foncier la redevance convenancière, au prorata du temps dont il aura joui de plus.

23. A défaut de remboursement effectif de la somme portée en l'estimation, le domanier pourra, sur un simple commandement fait à la personne ou au domicile du propriétaire foncier, en vertu de son titre, s'il est exécutoire, faire vendre, après trois publications, de huitaine en huitaine, et sur enchères en l'auditoire du tribunal du district, les édifices et superfices, et subsidiairement, en cas d'insuffisance, le fonds. Pourra néanmoins le foncier se libérer, en abandonnant au colon la propriété du fonds et la rente convenancière.

24. A défaut de paiement de la part du domanier, des prestations et redevances par lui dues à leur échéance, le propriétaire foncier pourra, en vertu de son titre, s'il est exécutoire, faire saisir les meubles, grains et denrées appartenant au domanier : il pourra même faire vendre lesdits meubles, et en cas d'insuffisance lesdits édifices et superfices, après néanmoins avoir obtenu contre le domanier un jugement de condamnation ou de résiliation de bail.

25. La vente des meubles du domanier ne pourra être faite qu'en observant les formalités prescrites par l'ordonnance de 1667, et sous les exceptions y portées. A l'égard des édifices et superfices, ils seront vendus sur trois publications, en l'auditoire du tribunal du district du ressort.

26. Pourront néanmoins les domaniers éviter la vente de leurs meubles, et la vente subsidiaire de leurs édifices et superfices, en déclarant au propriétaire foncier qu'ils lui abandonnent leurs édifices et superfices, auquel cas ils seront libérés envers lui. Ladite faculté n'aura lieu que pour les arrérages à échoir, à compter de la publication du présent décret.

7 = 17 JUIN 1791. — Décret qui accorde des gratifications et récompenses aux personnes qui ont donné des preuves de bravoure dans l'affaire de Nancy et au siége de la Bastille. (L. 4, 1174; B. 15, 39.)

7 JUIN 1791. — Décret qui autorise le président actuel de l'Assemblée nationale à signer les procès-verbaux rédigés pendant la présidence de M. Riquetti aîné. (B. 15, 45.)

7 = 10 JUIN 1791. — Décret qui prescrit les formalités à observer par les créanciers de l'Etat, pour toucher le montant des sommes qui leur sont attribuées par la liquidation, et concernant les conservateurs des hypothèques, les gardes des rôles, et les gardes des registres du contrôle. (B. 15, 93.)

7 JUIN 1791. — Décret portant liquidation de diverses créances. (B. 15, 45.)

8 = 17 JUIN 1791. — Décret relatif aux décisions portées devant les tribunaux sur la validité de la nomination des commissaires du Roi. (L. 4, 1216; B. 15, 106.)

Art. 1er. Les décisions qui seront portées ou qui auraient déjà pu l'être par les tribunaux de district, sur la validité de la nomination des commissaires du Roi, pourront être attaqués au tribunal de cassation, soit par eux, s'ils se prétendent injustement exclus, soit par le commissaire du Roi auprès du tribunal de cassation, s'il pense qu'ils ont été mal à propos admis : toutefois, l'action du commissaire du Roi ne pourra plus être intentée après six mois, à compter de la réception de l'officier.

2. En cas de partage des voix dans les tribunaux de district sur l'admission ou rejection des commissaires du Roi, le premier, ou, à son défaut, le second des suppléans, sera appelé pour faire cesser le partage, sauf le recours au tribunal de cassation contre la décision qui sera portée.

3. Les jugemens du tribunal de cassation porteront, dans ce cas, sur la forme et sur le fond; ils seront en dernier ressort sur la validité ou invalidité de la nomination des commissaires du Roi, et les tribunaux seront tenus de les exécuter.

8 JUIN = 12 SEPTEMBRE 1791. — Décret portant que les places de président et de greffier du tribunal criminel, sont incompatibles avec celles de juge et de greffier du tribunal de district. (L. 4, 1201; B. 15, 105.)

L'Assemblée nationale décrète que les places de président et de greffier du tribunal criminel, sont incompatibles avec celle de juge et de greffier du tribunal de district.

8 = 16 JUIN 1791. — Décret qui ordonne le remboursement de plusieurs offices de judicature et autres. (L. 4, 1152; B. 15, 107.)

8 JUIN 1791. — Ex-employés des fermes. *Voy.* 3 MAI 1791. — Fonctionnaires. *Voy.* 11 JUIN 1791. — Gendarmerie de Corse. *Voy.* 3 JUIN 1791.

9 = 17 JUIN 1791. — Décret relatif aux brefs, bulles, constitutions, rescrits, décrets, et autres expéditions de la cour de Rome. (L. 4, 1172; B. 15, 122.)

L'Assemblée nationale, après avoir entendu ses comités de constitution et ecclésiastique réunis; considérant qu'il importe à la souveraineté nationale et au maintien de l'ordre public dans le royaume, de fixer constitutionnellement les formes conservatrices des antiques et salutaires maximes par lesquelles la nation française s'est toujours garantie des entreprises de la cour de Rome, sans manquer au respect dû au chef de l'église catholique, décrète ce qui suit :

Art. 1er. Aucuns brefs, bulles, rescrits, constitutions, décrets, et aucunes expéditions de la cour de Rome, sous quelque dénomination que ce soit, ne pourront être reconnus pour tels, reçus, publiés, imprimés, affichés, ni autrement mis à exécution dans le royaume, mais y seront nuls et de nul effet, s'ils n'ont été présentés au Corps-Législatif, vus et vérifiés par lui, et si leur publication ou exécution n'ont été autorisées par un décret sanctionné par le Roi, et promulgué dans les formes établies pour la notification des lois.

2. Les évêques, curés, et tous autres fonctionnaires publics, soit ecclésiastiques, soit laïques, qui, par contravention au précédent article, liront, distribueront, feront lire, distribuer, imprimer, afficher, ou autrement donneront publicité ou exécution aux brefs, bulles, rescrits, constitutions, décrets, ou autres expéditions de la cour de Rome, non autorisés par un décret du Corps-Législatif sanctionné par le Roi, seront poursuivis criminellement comme perturbateurs de l'ordre public, et punis de la peine de la dégradation civique, sans préjudice à l'exécution de l'article 2 du décret du 7 mai dernier.

9 = 17 JUIN 1791. — Décret relatif au seizième dû aux municipalités sur le prix des ventes de biens nationaux. (L. 4, 1227; B. 15, 120.)

Voy. loi du 28 SEPTEMBRE = 16 OCTOBRE 1791.

L'Assemblée nationale, interprétant en tant que de besoin le décret du 24 février dernier, sanctionné le 30 mars suivant, relatif au paiement du seizième du prix des ventes, dû aux municipalités qui ont rempli les conditions nécessaires pour jouir dudit seizième, et à la faculté d'anticiper, de la part des acquéreurs, le paiement des obligations par eux fournies pour partie du prix des adjudications faites à leur profit, décrète :

Art. 1er. Les receveurs de district enverront dans le mois, au commissaire du Roi pour l'administration de la caisse de l'extraordinaire, les bordereaux de toutes les ventes des biens nationaux faits jusqu'à ce jour, sur lesquelles les municipalités ont le seizième à percevoir ; ils y joindront l'état du montant du seizième sur les parties de paiement déjà faites par les acquéreurs, en distinguant ce qui aurait été acquitté aux municipalités, de ce qui resterait à acquitter : lesdits bordereaux et états seront visés et certifiés par les administrateurs du district.

2. Les receveurs de district enverront dans la suite, chaque mois, de semblables bordereaux, contenant l'état et le décompte du seizième revenant aux municipalités, pour les ventes faites dans le cours du mois.

3. Aussitôt après la réception desdits bordereaux, le commissaire du Roi fera dresser l'état de ce qui revient aux municipalités, et il le fera passer aux administrateurs de la Trésorerie nationale, qui enverront sans délai aux receveurs de district le montant desdits états et bordereaux, pour être payé par lesdits receveurs aux municipalités. Le trésorier de l'extraordinaire fera, sur les ordonnances du Roi et les mandats de son commissaire, les fonds nécessaires pour rembourser à la Trésorerie nationale le montant des états de seizième dû aux municipalités.

4. Il sera incessamment dressé, par les soins du comité d'aliénation des biens nationaux, des tables pour calcul des déductions à faire sur le montant des obligations souscrites par les acquéreurs des biens nationaux, lorsque ces acquéreurs se présentent pour anticiper le paiement de leurs obligations ; et, après que ces tables auront été vues et approuvées par l'Académie des sciences, elles seront présentées à l'Assemblée, pour en être par elle décrété l'envoi aux administrations de département et de district. Les paiemens pour l'acquit anticipé d'obligations, qui auraient été faits par le passé ou qui le seraient jusqu'au temps où il sera possible de déterminer le montant de ce qui est dû, d'une manière précise, d'après les tableaux ordonnés par le présent article, ne seront réputés faits que pour à-compte, et sauf le réglement définitif.

9 = 17 JUIN 1791. — Décret relatif au paiement des rentes dues, tant par les secrétaires que par diverses communautés d'arts et métiers, et aux dettes contractées par les sénéchaussées et diocèses de la ci-devant province de Languedoc. (L. 4, 1214 ; B. 15, 125.)

Voy. loi du 28 SEPTEMBRE = 16 OCTOBRE 1791, titre 2, § 1er.

Art. 1er. Les rentes provenant d'emprunts faits par les secrétaires du Roi, du grand collège, et dont le capital a été versé dans le Trésor public, les rentes dues par les communautés et corps d'arts et métiers supprimés en 1776, seront payées par les payeurs des rentes, à compter des arrérages qui écherront au 1er juillet 1791.

2. Les registres et sommiers sur lesquels sont portées lesdites rentes, certifiées par les payeurs actuels, seront visés et arrêtés par le commissaire général de la liquidation ; le résultat desdits arrêtés et visa sera fixé par un décret de l'Assemblée nationale, sur le rapport du comité central de liquidation.

3. Lesdites rentes ainsi constatées jouiront, comme toutes les autres rentes dues par la nation, du bénéfice de la reconstitution.

4. Les dettes contractées dans les formes de droit, par les sénéchaussées et les diocèses de la ci-devant province du Languedoc, seront vérifiées par le commissaire du Roi chargé de la liquidation de la dette publique, et constituées comme étant comprises dans les dettes générales de la province.

9 = 17 JUIN 1791. — Décret qui autorise les directoires des départemens de Seine-et-Marne et de Saône-et-Loire, et celui du district de Nemours, à acquérir les bâtimens nécessaires à leur établissement. (L. 4, 1169 ; B. 15, 116, 117, 118.)

9 = 17 JUIN 1791. — Décret qui renvoie dans leurs départemens et à leurs familles, les matelots et les particuliers conduits de la Martinique à Saint-Malo. (L. 4, 1207 ; B. 15, 125.)

9 JUIN 1791. — Décret portant vente de domaines nationaux à différentes municipalités des départemens des Ardennes, d'Ile-et-Vilaine, de la Loire-Inférieure, du Nord et de la Somme. (B. 15, 119.)

9 = 17 JUIN 1791. — Décret qui met à la disposition du ministre de la marine une somme d'un million, pour la dépense de l'expédition ordonnée pour la recherche de M. de La Pérouse. (B. 15, 124.)

9 = 17 JUIN 1791. — Décret portant que le département de la marine fera l'avance d'une somme de 5,000 livres, pour l'impression des tables horaires calculées par M. Lalande. (B. 15, 124.)

9 JUIN 1791. — Offices. *Voy.* 16 JUIN 1791.

10 = 15 JUIN 1791. — Décret relatif au renouvellement de la moitié des membres des administrations de département et de district. (L. 4, 1148 ; B. 15, 131.)

Voy. loi du 28 (27) = 29 MAI 1791.

Art. 1er. Le tirage au sort de la moitié des membres des administrations de département et de district, qui doivent être remplacés, aux termes de la loi sur la convocation de la première législature, sera annoncé trois jours à l'avance, et se fera par les directoires de département et de district, les portes ouvertes,

2. Ceux qui sont morts, et qui auraient donné ou donneraient leur démission avant le tirage, feront partie de la moitié qui doit être remplacée, et le tirage n'aura lieu que pour l'excédant, jusqu'à concurrence de cette moitié.

3. Un premier tirage fera sortir la moitié des membres des directoires de département et de district, et un second tirage ne portera plus que sur les membres du conseil.

4. L'administration entière de département ou de district, en nommant les membres qui doivent compléter le directoire, ne pourra les choisir que parmi ceux qui vont être élus ou réélus, aux termes du décret des 27 et 28 = 29 mai dernier.

5. Les citoyens qui vont être élus pour renouveler la moitié des membres des administrations de département et de district, n'entreront en activité qu'à l'époque de la session des conseils, qui sera incessamment déterminée, et chacun des membres actuels des directoires continuera ses fonctions jusqu'à l'ouverture de cette session.

10 = 17 JUIN 1791. — Décret qui prescrit les conditions auxquelles les villes et communautés pourront obtenir des secours ou des emprunts. (L. 4, 1226; B. 15, 128.)

L'Assemblée nationale décrète qu'à l'avenir il ne sera accordé aucun secours ni emprunt aux villes et communautés, qu'elles n'aient justifié qu'elles ont payé les impositions des années 1789 et 1790, ainsi que les quartiers échus de la contributions patriotique.

10 = 17 JUIN 1791. — Décret qui exempte de la formalité du timbre les registres des tribunaux, minutes de jugemens et autres. (L. 4, 1218; B. 15, 129.)

Voy. loi du 13 BRUMAIRE an 7.

Art. 1er. Les registres et minutes des tribunaux, ceux des greffes des juges-de-paix, les minutes des jugemens et actes judiciaires des juges-de-paix, les registres et actes des accusateurs publics et commissaires du Roi près des tribunaux, ne seront pas assujétis au timbre.

2. Les registres de la caisse de l'extraordinaire, de la Trésorerie nationale, des trésoreries de district, ceux des receveurs des contributions publiques, directes ou indirectes, ne seront pas non plus assujétis au timbre.

3. Lorsque les délibérations des corps administratifs et municipaux, formant titre à l'avantage ou à la décharge de quelque particulier, seront inscrites en marge des mémoires, requêtes ou pétitions des particuliers, elles seront timbrées ou visées à l'extraordinaire, dans le lieu de la séance du corps administratif ou municipal, qui devra en faire la remise audit particulier; les procureurs-généraux-syndics de département, les procureurs-syndics de district et les procureurs des communes, tiendront la main à l'exécution du présent article.

4. Les registres et actes des corps administratifs, qui n'auront pas pour objet des intérêts particuliers, ne seront pas assujétis au timbre.

5. Les avertissemens, commandemens et saisies relatifs au recouvrement des impositions de l'année 1790, et autres antérieures, ne seront pas assujétis au timbre; ils ne le seront pas non plus au droit d'enregistrement.

6. Les secondes et subséquentes expéditions des procès-verbaux d'adjudication des biens nationaux, les obligations et annuités fournies par les adjudicataires, à raison desdites adjudications, les minutes et expéditions des actes de vente, revente, cessions et rétrocessions de ces biens, seront sujettes au timbre.

7. Les congés et cartouches délivrés aux soldats et gens de mer, les billets de subsistance donnés aux soldats en route, les billets d'hôpitaux, ne seront pas assujétis au timbre.

8. Les patentes et les certificats à délivrer par les municipalités, pour l'acquit du droit de patente, seront écrits sur papier timbré, et le timbre sera payé par les particuliers qui auront obtenu des patentes.

9. Le timbre des quittances qui seront données par des particuliers à des particuliers, sera à la charge de ceux à qui les quittances seront délivrées (1).

10. Les quittances qui seront délivrées par les trésoriers de district aux collecteurs ou percepteurs des contributions publiques, celles qui pourraient être délivrées par les collecteurs des contributions directes à des contribuables, ne seront pas assujéties au timbre.

11. La solidarité des peines portées par l'article 15 du décret du timbre contre ceux qui auront endossé des lettres de change et mandemens de payer, postérieurement au 1er avril dernier, sans les avoir fait préalablement timbrer à l'extraordinaire, ne sera

___

(1) Un arrêt de cassation, du 2 fructidor an 9, a jugé que le créancier qui a délivré une quittance sur papier libre n'est pas tenu à l'amende comme le débiteur qui l'a reçue. A la vérité, la disposition de cet article n'est pas reproduite expressément dans la loi du 13 brumaire an 7, mais elle l'est virtuellement. *Voy.* l'opinion du procureur-général à la Cour de cassation, et celles des ministres de la justice et des finances, consignées dans une lettre du 24 septembre 1808 (*Journal de l'enregistrement*, page 198; S. 9, 2, 18).

prononcée que contre les endosseurs qui auront endossé lesdits effets postérieurement au 15 avril.

12. Le présent décret sera porté incessamment à l'acceptation du Roi.

---

10 JUIN 1791.— Explication relative aux électeurs actuels et aux membres du tribunal de cassation et des tribunaux de district. (B. 15, 132.)

Un membre du comité de contestation, ayant observé qu'on paraissait douter si les électeurs actuels pourraient être nommés de nouveau électeurs, aux termes de la loi sur la convocation de la première législature, a dit que tout ce qui n'est pas défendu par la loi est permis, et que les électeurs actuels peuvent être nommés de nouveau, dès la prochaine formation du corps électoral.

Il a ajouté ensuite qu'on demandait si un membre du tribunal de cassation, ou d'un tribunal de district, pouvait être en même temps suppléant d'un autre tribunal quelconque; que l'incompatibilité résulte de l'esprit des décrets, et qu'ainsi un membre du tribunal de cassation, ou d'un tribunal de district, ne peut être en même temps suppléant d'un autre tribunal quelconque.

Ces deux explications ayant été mises aux voix, l'Assemblée a ordonné de les consigner dans le procès-verbal.

10 = 17 JUIN 1791.—Décret portant que la caisse de l'extraordinaire paiera à titre de prêt, à la municipalité d'Orléans, la somme de 12,500 l., et à celle de Nantes, celle de 33,333 livres 8 sous 6 deniers par mois, jusqu'au 1er janvier 1792 exclusivement. (L. 4, 1208; B. 15, 126 et 127.)

10 = 17 JUIN 1791.—Décret qui conserve comme oratoire l'église de Saint-Sauveur de Péronne. (B. 15, 128.)

10 JUIN 1791. — Décret pour l'exécution des décrets et de l'instruction concernant les colonies. (B. 15, 128.)

10 JUIN 1791.—Proclamation du Roi concernant la nomination du receveur du district de Lectoure. (L. 4, 1089.)

10 JUIN 1791. — Créances de l'État; Dîme. Voy. 7 JUIN 1791. — Divers départemens. Voy. 31 MAI 1791.— Muscar. Voy. 4 JUIN 1791.— Offices municipaux. Voy. 3 JUIN 1791.—Rentes seigneuriales. Voy. 7 JUIN 1791.

11 (8 et) = 15 JUIN 1791. — Décret relatif aux fonctionnaires publics et aux anciens employés dans les régies et administrations, pour l'exercice des droits de citoyens actifs dans les assemblées primaires. (L. 6, 1150; B. 15, 134.)

L'Assemblée nationale décrète :

1° Que tous fonctionnaires publics jouiront des droits de citoyens actifs dans les lieux où ils exercent leurs fonctions, encore qu'ils n'y eussent pas l'année de domicile exigée par la loi ;

2° Que tous les anciens employés dans les différentes compagnies, régies ou administrations publiques supprimées, soit en totalité, soit en partie, par les nouvelles organisations décrétées pour l'administration ou pour l'impôt, jouiront, dans les lieux où ils seront domiciliés à l'époque des assemblées primaires, des droits des citoyens actifs, quand bien même ils seraient résidens depuis moins d'une année, pourvu toutefois que ces employés réunissent d'ailleurs les autres conditions requises.

11 = 17 JUIN 1791.— Décret portant qu'il sera procédé à une nouvelle information contre tous auteurs, fauteurs, instigateurs et complices de la sédition, des violences et des excès qui ont eu lieu à Mennecy, le 22 novembre dernier. (L. 4, 1167; B. 15, 140.)

11 = 17 JUIN 1791. — Décret portant circonscription des trois paroisses de la ville et faubourg d'Arles. (L. 4, 1224; B. 15, 139.)

11 = 17 JUIN 1791.—Décret portant circonscription des paroisses, vicairies et oratoires, dans divers cantons du district d'Usez. (L. 4, 1232; B. 15, 140.)

11 JUIN 1791. — Décret portant vente de domaines nationaux à différentes municipalités des départemens du Calvados et de la Seine-Inférieure. (B. 15, 133.)

11 JUIN 1791. — Décret par lequel l'Assemblée persiste dans son décret du 30 mai, relatif aux officiers des troupes de ligne qui ont été élus dans la composition actuelle de la gendarmerie nationale. (B. 15, 135.) Voy. 30 MAI 1791.

11 JUIN 1791. — Contributions foncières et mobilières ; Serment des officiers et soldats. Voy. 13 JUIN 1791.

12 JUIN 1791. — Agriculture. Voy. 5 JUIN 1791. —Belandriers. Voy. 4 JUIN 1791.— J. H. Bellonde. Voy. 31 MAI 1791.— Canal de Givors. Voy. 4 JUIN 1791.— Divers dépôts. Voy. 1er JUIN 1791.—Dîmes. Voy. 7 JUIN 1790.— Divers districts. Voy. 4 JUIN 1791.— États de liquidations. Voy. 7 JUIN 1791. — Hôtel-Dieu de Bourg; Morbihan. Voy. 6 JUIN 1791.— Guillaume Mahy. Voy. 2 JUIN 1791.— Papier pour assignats; Religieux du Pas-de-Calais. Voy. 6 JUIN 1791. — Soldats auxiliaires. Voy. 4 JUIN 1791.

13 (11 et) = 15 JUIN 1791. — Décret relatif au serment des officiers et soldats, et contenant

des dispositions particulières au prince de Condé. (L. 4, 1140; B. 15, 141.)

L'Assemblée nationale, après avoir entendu ses comités de constitution, militaire, diplomatique, des rapports et des recherches; après s'être fait rendre compte des différentes pétitions qui lui ont été adressées, tendant à demander le licenciement de l'armée, ou seulement celui des officiers, et déclarant qu'il n'y a lieu à délibérer sur lesdites pétitions, décrète ce qui suit :

Art. 1er. Dorénavant tout fonctionnaire public, en prêtant son serment civique, y comprendra l'*engagement d'honneur*, sous peine de l'*infamie*.

2. Le Roi sera prié de faire remplir, dans toutes les divisions et corps de l'armée, et sous le plus court délai, par les officiers de tout grade en activité, en leur qualité de fonctionnaires publics, la formalité qui sera ci-après expliquée.

3. Chaque général d'armée et chaque officier général commandant en chef une division militaire, signera la déclaration suivante :

« Je promets sur mon honneur d'être fi-
« dèle à la nation, à la loi et au Roi; de ne
« prendre part directement ni indirectement,
« mais au contraire de m'opposer de toutes
« mes forces à toute conspiration, trame ou
« complot qui parviendraient à ma connais-
« sance, et qui pourraient être dirigés soit
« contre la nation et le Roi, soit contre la
« constitution décrétée par l'Assemblée na-
« tionale et acceptée par le Roi; d'employer
« tous les moyens qui me sont confiés par les
« décrets de l'Assemblée nationale, acceptés
« ou sanctionnés par le Roi, pour les faire
« observer à ceux qui me sont subordonnés
« par ces mêmes décrets; consentant, si je
« manque à cet engagement, à être regardé
« comme un homme infâme, indigne de por-
« ter les armes et d'être compté au nombre
« des citoyens français. »

Cette déclaration sera remise par les généraux d'armée ou autres officiers généraux commandant en chef les divisions militaires, dans le lieu de leur résidence habituelle, aux corps administratifs et municipaux dudit lieu, appelés, à cet effet, en présence des troupes assemblées et sous les armes. Lesdits corps administratifs et municipaux, après avoir pris connaissance de cette déclaration, et l'avoir transcrite sur leurs registres, l'adresseront au ministre de la guerre.

4. Une déclaration pareille sera remise par les maréchaux-de-camp employés sous les généraux commandans de divisions auxdits généraux; par les colonels des corps, aux maréchaux-de-camp aux ordres desquels ils se trouvent; par les officiers de chaque corps, à leurs colonels ou commandans respectifs;

et toutes ces déclarations, repassant de grade en grade, parviendront aux généraux commandans de division, qui les adresseront au ministre de la guerre.

5. Faute de la part d'un officier, de quelque grade qu'il soit, de se conformer aux dispositions des articles précédens dans le délai qui lui sera fixé par le Roi, il sera censé réformé par le fait même de son refus; et, en conséquence, il lui sera attribué, pour traitement de réforme, le quart du traitement dont il jouit actuellement, à moins que, conformément au décret du 3 août 1790, il n'ait droit, par son ancienneté, à un traitement plus considérable, qui, dans ce cas, lui serait accordé.

6. L'Assemblée nationale, prenant en considération le malheur d'hommes libres qu'abuseraient des préjugés invétérés ou des suggestions coupables, défend qu'il soit fait aucune insulte ou mauvais traitement à ceux qui pourraient refuser de se conformer aux dispositions des articles 3 et 4 du présent décret, enjoignant aux dépositaires des lois et de la force publique de leur accorder la protection due à tout citoyen qui ne trouble point l'ordre de la société.

7. Chaque colonel ou commandant de régiment, après avoir reçu la déclaration signée des officiers, et après avoir fait, conformément à la loi, les remplacemens qui pourraient être nécessités par la réforme de ceux desdits officiers qui ne se seraient point conformés au présent décret, assemblera le régiment, et lui donnera connaissance de l'engagement d'honneur contracté par les officiers présens; après quoi les sous-officiers et soldats lèveront la main en signe d'acquiescement et d'adhésion, et s'associeront au même engagement.

8. Le ministre de la guerre rendra public, par la voie de l'impression, le tableau de tous les officiers de l'armée qui auront rempli l'obligation prescrite par les articles ci-dessus; et nul individu, de ceux qui ont droit à remplacement dans l'armée, ne sera replacé, qu'auparavant il n'ait rempli la même obligation.

9. Les officiers actuellement au service, et qui auront satisfait au présent décret, recevront du Roi une lettre de confirmation ainsi conçue :

« Louis, etc. sur le compte qui nous a
« été rendu que (un tel), officier du grade
« de   dans le régiment ou dans le
« corps de   avait rempli l'obligation
« prescrite par les articles 3 et 4 du décret
« de l'Assemblée nationale, des 11 et 13
« juin 1791, le confirmons, au nom de la
« nation et au nôtre, comme chef suprême
« de l'armée, dans son grade et emploi
« pour en exercer les fonctions, conformé-
« ment aux lois de l'Etat et aux réglemens
« militaires.

« Mandons aux officiers généraux et autres « à qui il appartiendra, qu'ils aient à le faire « jouir des droits, appointemens, honneurs « et autorité attachés auxdits grade et em- « ploi ; en foi de quoi nous avons signé et fait « contre-signer ces présentes, etc. »

10. Lorsque le corps de la marine sera formé d'après la nouvelle organisation décrétée, le même engagement d'honneur décrété pour les officiers de terre sera exigé de tous les officiers de la marine individuellement, au moment où ils recevront leurs nouveaux grades.

11. Le Roi sera prié d'ordonner à toutes les troupes de ligne qu'elles aient à se tenir prêtes à se rendre dans des camps d'instruction, où elles s'occuperont d'évolutions et de tous autres exercices relatifs à l'art de la guerre.

12. Les ministres de la guerre et de la marine rendront compte à l'Assemblée nationale de l'exécution du présent décret.

13. Le Roi sera prié de faire porter sur-le-champ au pied de guerre tous les régimens destinés à couvrir la frontière du royaume, et de faire approvisionner les arsenaux de munitions suffisantes pour en fournir même les gardes nationales, en proportion du besoin.

14. Il sera fait incessamment, dans chaque département, une conscription libre de gardes nationales de bonne volonté, dans la proportion d'un sur vingt ; à l'effet de quoi, les directoires de chaque district inscriront tous ceux qui se présenteront, et enverront les différens états, avec leurs observations, aux directoires de département, qui, en cas de concurrence, feront un choix parmi ceux qui se seront fait inscrire.

15. Les volontaires ne pourront se rassembler ni nommer leurs officiers, que lorsque les besoins de l'État l'exigeront, et d'après les ordres du Roi envoyés au directoire en vertu d'un décret du Corps-Législatif. Les volontaires seront payés par l'État, lorsqu'ils seront employés au service de la patrie.

16. L'Assemblée nationale décrète que son président se retirera dans le jour par-devers le Roi, pour le prier de faire notifier, dans le plus court délai possible, à Louis-Joseph de Bourbon-Condé, que sa résidence près des frontières, entouré de personnes dont les intentions sont notoirement suspectes, annonce des projets coupables ;

17. Qu'à compter de cette déclaration à lui notifiée, Louis-Joseph de Bourbon-Condé sera tenu de rentrer dans le royaume dans le délai de quinze jours, ou de s'éloigner des frontières, en déclarant formellement, dans ce dernier cas, qu'il n'entreprendra jamais rien contre la constitution décrétée par l'Assemblée nationale et acceptée par le Roi, ni contre la tranquillité de l'État.

18. Et à défaut par Louis-Joseph de Bourbon-Condé de rentrer dans le royaume ou, en s'éloignant, de faire la déclaration ci-dessus exprimée, dans la quinzaine de la notification, l'Assemblée nationale le déclare rebelle, déchu de tout droit à la couronne, le rend responsable de tous les mouvemens hostiles qui pourraient être dirigés contre la France sur la frontière ; décrète que ses biens seront séquestrés, et que toute correspondance et communication avec lui qu'avec ses complices ou adhérens, demeureront interdites à tous citoyens français sans distinction, à peine d'être poursuivis et punis comme traîtres à la patrie ; et, dans le cas où il se présenterait en armes sur le territoire de France, enjoint à tous les citoyens de lui courir sus, et de se saisir de sa personne, ainsi que de celle de ses complices et adhérens.

19. Le Roi sera prié d'ordonner aux départemens, districts, municipalités et tribunaux, de veiller d'une manière spéciale à la conservation des propriétés de Louis-Joseph de Bourbon-Condé.

20. Le Roi sera également prié d'ordonner aux départemens et districts, aux municipalités et aux tribunaux, de faire informer contre tous embaucheurs, émissaires et autres, qui entreprendraient d'enrôler ou de faire déserter aucun soldat français.

---

13 = 17 JUIN 1791. — Décret relatif à l'organisation du Corps-Législatif, à ses fonctions et à ses rapports avec le Roi. (L. 4, 1184 ; B. 15, 147 ; Mon. du 14 juin 1791.)

Voy. la constitution du 3 = 14 SEPTEMBRE 1791 ; loi du 29 SEPTEMBRE = 12 OCTOBRE 1791 (1).

Art. 1er. Le pouvoir législatif réside dans l'Assemblée nationale, qui l'exercera ainsi qu'il sera dit ci-après (*Décret de septembre* 1789).

2. L'Assemblée nationale sera permanente (*Idem*).

---

(1) *Voy.* le réglement du 29 juillet 1789, à l'usage de l'Assemblée constituante. — Le réglement à l'usage de l'Assemblée législative, du 18 octobre 1791. — Le réglement à l'usage de la Convention nationale, du 28 septembre 1792. — Constitution du 5 fructidor an 3, tit. 5.—Constitution du 22 frimaire an 8, tit. 2 et 3.—Lois du 5 nivose an 3, du 19 nivose an 8. — Réglement à l'usage du Corps-Législatif, du 27 nivose an 8. — Sénatus-consulte du 12 fructidor an 10 — Sénatus-consulte du 19 août 1807. — Réglement pour la Chambre des députés, du 25 juin 1814.—Réglement pour la Chambre des pairs, du 2 juillet 1814. — Loi concernant les relations du Roi et des Chambres, et des Chambres entre elles, du 18 août 1814.

3. Elle ne sera composée que d'une Chambre (*Idem*).

4. Chaque législature sera de deux ans (*Idem*).

5 Le renouvellement des membres de chaque législature sera fait en totalité (*Idem*).

6. Aucun état, profession ou fonction publique, n'exclut de l'éligibilité à la législature les citoyens qui réunissent les conditions prescrites par la constitution.

7. Les percepteurs et receveurs des contributions directes, les préposés à la perception des contributions indirectes, les vérificateurs, inspecteurs, directeurs, régisseurs et administrateurs de ces contributions, les commissaires à la Trésorerie nationale, les agens du pouvoir exécutif révocables à volonté, ceux qui, à quelque titre que ce soit, sont attachés au service domestique de la maison du Roi, et ceux qui, pour des services de même nature, reçoivent des gages et traitemens des particuliers, s'ils sont élus membres du Corps-Législatif, seront tenus d'opter.

8. L'exercice des fonctions municipales, administratives, judiciaires et de commandant de la garde nationale, sera incompatible avec celle de représentant au Corps-Législatif, pendant toute la durée de la législature.

9. Les membres des administrations de département et de district, les procureurs-généraux-syndics et les procureurs-syndics, les maires, officiers municipaux et procureurs des communes, qui seront députés au Corps-Législatif, seront remplacés comme dans les cas de mort ou de démission.

10. Les juges seront remplacés, pendant la durée de la législature, par leurs suppléans; et le Roi pourvoira, par des brevets de commissions pour le même temps, au remplacement de ses commissaires auprès des tribunaux.

11. Les militaires qui seront membres du Corps-Législatif ne pourront pas quitter leurs fonctions de députés pour aller prendre le commandement des troupes, sans l'autorisation du Corps-Législatif.

12. Tous les fonctionnaires publics députés au Corps-Législatif ayant pour leurs fonctions ordinaires un traitement égal ou inférieur au traitement de député, ne pourront pas recevoir cumulativement les deux traitemens; et à l'égard de ceux dont le traitement ordinaire sera supérieur à celui de député, le montant de ce dernier traitement leur sera imputé en déduction sur l'autre.

13. Les membres d'une législature pourront être réélus à une législature suivante, et ne pourront l'être de nouveau qu'après l'intervalle de deux ans.

14. Le renouvellement du Corps-Législatif, qui aura lieu tous les deux ans, se fera de plein droit, et sans lettre de convocation du Roi.

15. Chaque nouveau Corps-Législatif se réunira le premier lundi du mois de mai, au lieu où le précédent aura tenu ses séances.

16. Les assemblées primaires seront convoquées à cet effet par les procureurs-syndics des districts, pour le premier dimanche de mars; et les électeurs nommés se réuniront sans délai, afin que tous les représentans soient élus avant le 15 avril.

17. Les procureurs-syndics seront avertis avant le 15 février, par le procureur-général-syndic du département, de l'obligation de convoquer les assemblées primaires pour le premier dimanche de mars, sans que le défaut de cet avertissement puisse excuser les procureurs-syndics qui n'auraient pas fait la convocation.

18. En cas de refus ou de négligence des procureurs-syndics des districts, le procureur-général-syndic, à son défaut le directoire de département, seront tenus, après le premier dimanche de mars, de convoquer les assemblées primaires dans le plus court délai, et les procureurs-syndics coupables du refus ou de la négligence, seront destitués par arrêté du directoire du département.

19. Au cas de l'article précédent, si le procureur-général-syndic et le directoire de département avaient pareillement refusé ou négligé de faire la convocation, le premier serait destitué et le second dissous par acte du Corps-Législatif, qui n'aurait pas besoin d'être sanctionné, et les assemblées primaires seraient convoquées par les commissaires que le Corps-Législatif déléguerait.

20. Aussitôt que l'élection des députés au Corps-Législatif sera terminée en chaque département, le président de l'assemblée électorale sera tenu d'adresser une copie du procès-verbal d'élection, signée de lui et du secrétaire, aux archives de l'Assemblée nationale.

21. L'archiviste fera faire, à mesure que les procès-verbaux lui parviendront, la liste des noms des députés élus pour composer la nouvelle législature.

22. Les députés se rendront, le premier lundi de mai, à neuf heures du matin, au lieu des séances du Corps-Législatif: l'archiviste, placé au bureau des secrétaires, fera l'appel des noms inscrits sur la liste, et notera ceux des députés absens.

23. S'il y a moins de deux cents membres présens, la comparution sera réitérée le lundi suivant à la même heure, et l'appel fait de nouveau dans la même forme.

24. Cette seconde fois, si le nombre des députés présens est moindre de trois cent soixante-treize, l'assemblée ne pourra se constituer que *provisoirement*, sous la présidence du doyen d'âge, et les deux membres les moins âgés feront les fonctions de secrétaires.

25. L'assemblée ainsi *provisoirement* cons-

tituée, s'occupera de vérifier les pouvoirs des députés présens, et ne pourra cependant faire aucun acte législatif; mais elle pourra rendre un décret pour enjoindre aux membres absens de se rendre, dans le délai de la quinzaine, au lieu de la séance, à peine de trois mille livres d'amende, et d'être privés pour toujours de tous les droits de citoyen actif.

26. L'assemblée *provisoirement* constituée pourra également rendre le décret et nommer les commissaires pour la convocation des assemblées primaires retardées au cas de l'article 19 ci-dessus.

27. Les décrets qui seront rendus conformément aux deux articles précédens n'auront pas besoin d'être sanctionnés.

28. Aussitôt que l'assemblée sera composée de trois cent soixante-treize membres vérifiés, elle se constituera *définitivement* sous le titre d'*Assemblée nationale législative*, et commencera l'exercice de toutes ses fonctions. Cette constitution définitive pourra avoir lieu dès les premiers jours de mai, s'il s'est trouvé trois cent soixante-treize membres présens à l'appel fait le premier lundi de ce mois.

29. Si, le dernier jour de mai étant arrivé, l'assemblée ne se trouve pas encore composée de trois cent soixante-treize membres, la constitution provisoire qu'elle aurait faite, aux termes de l'article 24 ci-dessus, deviendra définitive, et les présens délibéreront pour les absens.

30. La vérification des pouvoirs sera faite en la forme suivante :

31. L'assemblée se divisera en bureaux ; ces bureaux seront formés, et les procès-verbaux d'élection seront répartis entre eux, de manière qu'aucun membre d'une députation ne se trouve membre du bureau auquel la vérification des pouvoirs de cette députation sera attribuée.

32. Un rapporteur de chaque bureau fera à l'assemblée générale le rapport de l'examen, fait par son bureau, des pouvoirs qui lui auront été distribués, et l'assemblée prononcera sur les difficultés que quelques-uns de ces pouvoirs pourraient éprouver.

33. Aussitôt que la vérification des pouvoirs sera terminée et l'assemblée constituée définitivement, tous les représentans, debout, prononceront au nom du peuple français, et par acclamation, le serment de *vivre libres ou mourir*.

34. Chaque député prêtera ensuite individuellement à la nation, en présence de l'Assemblée, le serment *de maintenir de tout son pouvoir la constitution du royaume, décrétée par l'Assemblée nationale constituante aux années 1789, 1790 et 1791, et acceptée par le Roi Louis XVI; de ne rien proposer ni approuver, dans le cours de la législature, qui*

3.

puisse y porter atteinte , et d'être en tout fidèle à la nation, à la loi et au Roi.

La formule de ce serment sera prononcée par le président, et chaque représentant, paraissant à la tribune, dira : *Je le jure.*

35. L'assemblée, constituée définitivement, nommera au scrutin individuel, et à la majorité absolue des suffrages, un président, un vice-président et des secrétaires.

36. Le Roi ne pourra pas dissoudre le Corps-Législatif.

37. Le Corps-Législatif aura le droit de déterminer le lieu de ses séances, de les continuer autant qu'il le jugera nécessaire, et de s'ajourner.

38. Au commencement de chaque règne, le Corps-Législatif, s'il n'était pas réuni, sera tenu de se rassembler sans délai (*Décret sur la régence, du 29 mars 1791. — Voy. l'acte constitutionnel du 3 septembre 1791*).

39. Le Roi pourra convoquer le Corps-Législatif, dans l'intervalle de ses séances, toutes les fois que le besoin de l'Etat lui paraîtra exiger son rassemblement.

40. Le Roi sera tenu, sous la responsabilité de ses ministres, de faire cette convocation dans les cas d'hostilités imminentes ou commencées, d'un allié à soutenir, d'un droit à conserver par la force des armes, et lorsque des troubles séditieux, éclatant à la fois dans plus d'un département, menaceront la sûreté de l'Etat (*Décret sur le droit de la paix et de la guerre, du 22 mai 1790*).

41. Dans les cas d'hostilités commencées et de troubles séditieux qui, éclatant à la fois dans plus d'un département, menaceraient la sûreté de l'Etat, le Corps-Législatif pourra aussi être convoqué par son dernier président, qui adressera l'acte de convocation aux directoires de département, chargés de le notifier aux députés et de le faire publier.

42. Le Corps-Législatif aura la police du lieu de ses séances et de l'enceinte extérieure qu'il aura déterminée.

43. Il aura aussi, pour le maintien de la sûreté et du respect qui lui est dû, la disposition des forces établies, sur sa réquisition ou avec son autorisation, dans la ville où il tiendra ses séances.

44. Le pouvoir exécutif ne pourra faire passer ou séjourner aucun corps de troupes de ligne en deçà de trente mille toises de distance du lieu des séances du Corps-Législatif, si ce n'est sur sa réquisition ou avec son autorisation expresse.

45. Lorsqu'il ne sera question que de simples détachemens au-dessous de cent hommes, il suffira que le pouvoir exécutif en donne avis au Corps-Législatif, qui pourra, lorsqu'il le jugera nécessaire, requérir l'éloignement ou défendre l'arrivée de ces détachemens.

46. Le Corps-Législatif fera tous les réglemens qu'il jugera nécessaires pour l'ordre de

son travail et pour la discipline de ses séances, et il ne pourra prononcer contre ses membres qui s'écarteront de leurs devoirs que *la censure*, *les arrêts pour huit jours*, ou même *la prison pour trois jours*, par forme de punition correctionnelle, suivant la gravité de leurs fautes ou délits.

47. Les délibérations du Corps-Législatif seront nécessairement publiques; les assistans se conformeront aux règles qui seront établies pour le maintien du bon ordre, et le Corps-Législatif pourra faire arrêter et punir correctionnellement ceux qui troubleraient ses fonctions ou lui manqueraient de respect.

48. Dans toutes les occasions, le Corps-Législatif pourra se former en *comité général*; cinquante membres pourront exiger qu'il se forme en comité général. Lorsque l'Assemblée sera ainsi formée, elle sera tenue par le vice-président, qui n'occupera pas la place du président, et les assistans se retireront. Les matières étant éclaircies, nul décret ne sera porté que le président n'ait repris son fauteuil, et que les portes n'aient été ouvertes.

49. Les procès-verbaux de chaque séance seront rendus publics par la voie de l'impression.

50. Les représentans nommés à l'Assemblée nationale par les départemens ne pourront pas être regardés comme les représentans d'un département particulier, mais comme les représentans de la totalité des départemens, c'est-à-dire de la nation entière (*Décret du 22 décembre 1789*).

51. Les représentans de la nation sont inviolables depuis le moment de leur élection proclamée, pendant toute la durée de la législature dont ils sont membres, et en outre pendant un mois, à compter de l'expiration de cette législature.

52. Aucun représentant de la nation ne pourra être poursuivi devant les tribunaux, ni recherché en aucune manière ni en aucun temps, pour raison de ses opinions, ni pour tout ce qu'il aura dit, écrit ou fait dans l'exercice de ses fonctions de représentant; il n'en est comptable qu'au Corps-Législatif.

· 53. Les représentans pourront, pour fait de crimes commis hors de leurs fonctions, être saisis, soit *en flagrant délit*, soit en vertu d'un *mandat d'arrêt*; mais la poursuite ne pourra être continuée qu'après que le Corps-Législatif aura déclaré qu'*il y a lieu à accusation*.

54. En matière civile, toute contrainte légale pourra être exécutée sur les biens d'un représentant ou contre sa personne, tant que la contrainte par corps aura lieu, comme contre les autres citoyens.

55. Tout rapport d'un comité et toute motion seront imprimés, distribués aux membres de la législature, et ne pourront être délibérés et décrétés que dans la forme suivante:

56. Après la première lecture qui aura été faite du rapport ou de la motion, le président sera tenu de mettre en délibération, et le Corps-Législatif devra décider si le projet de décret proposé doit être rejeté, ou s'il doit être soumis à la discussion.

57. Si, après le débat qui pourra avoir lieu sur cette proposition, il est décidé que le projet de décret doive être rejeté, le président prononcera par cette formule:

« *L'Assemblée nationale législative décrète qu'il n'y a pas lieu à délibérer.* »

58. Le projet de décret qui n'aura été rejeté que de cette manière pourra être représenté une seconde fois dans le cours de la même session.

59. S'il est décidé que le projet de décret doit être soumis à la discussion, le président prononcera par cette formule:

« *L'Assemblée nationale législative décrète qu'il y a lieu à délibérer.* »

60. Après ce décret, la discussion sera ouverte, et pourra être commencée à la même séance, si quelqu'un des membres demande la parole.

61. Il sera fait deux autres lectures du projet de décret, à deux séances différentes, et à des intervalles qui ne pourront pas être moindres de huit jours.

62. La discussion sera ouverte après chaque lecture, et la parole accordée aux membres qui la demanderont, en admettant alternativement ceux qui voudront parler pour le projet de décret proposé, et ceux qui voudront parler contre.

63. Après la troisième lecture du projet de décret et la discussion terminée, le président sera tenu de mettre en délibération, et le Corps-Législatif devra décider s'il se trouve en état de rendre un décret définitif, ou s'il veut renvoyer la décision à un autre temps pour recueillir de plus amples éclaircissemens.

64. Si l'opinion de différer la décision prévaut, le président prononcera par cette formule: *L'Assemblée nationale législative ajourne le projet de décret proposé par tel comité* ou *par la motion de tel de ses membres*; et si l'ajournement est à terme fixe, il énoncera ce terme.

65. Si, au contraire, l'avis passe à décréter définitivement, les voix seront prises sur le fond de la proposition, après l'avoir réduite au point de précision qui n'admet point d'opinion tierce entre l'affirmative et la négative.

66. Les amendemens seront toujours mis aux voix et décidés avant la proposition principale, et les sous-amendemens avant les amendemens.

67. Tout projet de loi qui, soumis à la

discussion, aura été rejeté après la troisième lecture, ne pourra pas être représenté dans le cours de la même année.

68. Le Corps-Législatif ne pourra pas délibérer, si la séance n'est composée de deux cents membres au moins, et aucun décret ne sera formé que par la majorité absolue des suffrages des membres présens.

69. Tout décret définitif énoncera dans son préambule : 1º la date de la séance à laquelle le projet aura été lu la première fois; 2º le décret par lequel il aura été décidé qu'il y avait lieu à délibérer; 3º les dates des séances auxquelles la seconde et la troisième lecture du projet auront été faites; 4º enfin le décret par lequel il aura été arrêté, après la troisième lecture, de décider définitivement.

70. Le Roi est chargé par la constitution de refuser sa sanction aux décrets qui n'auront pas été délibérés et rédigés conformément aux articles ci-dessus, par la seule raison que la forme constitutionnelle n'y aura pas été observée; et si quelqu'un de ces décrets était sanctionné, les ministres ne pourront le sceller ni le promulguer, à peine de responsabilité, qui pourra être poursuivie pendant six ans par ceux à qui le décret serait préjudiciable.

71. Sont exceptés des dispositions ci-dessus les décrets urgens qui auront été reconnus et déclarés tels par une délibération préalable du Corps-Législatif. Ils pourront être discutés et arrêtés sur la première lecture, sanctionnés et promulgués sur le vu de l'énonciation faite dans leur préambule de l'urgence reconnue par le Corps-Législatif; mais ils n'auront que l'effet de *lois provisoires*, et pourront être modifiés ou révoqués dans le cours de la même session ou des suivantes.

72. De même, lorsqu'un projet de loi contiendra plusieurs articles, les dispositions précédentes n'auront pas lieu pour chacun des articles, mais seulement pour le corps de la loi, dont les bases principales pourront, s'il est jugé nécessaire, être réduites en questions sur lesquelles la formalité des trois lectures sera observée.

73. La proposition des lois appartient exclusivement aux représentans de la nation; le Roi peut seulement inviter l'Assemblée nationale à prendre un objet en considération (*Décret de septembre* 1789).

74. Le Corps-Législatif cessera d'être corps délibérant lorsque le Roi y sera présent, ou lorsque le Corps-Législatif se trouvera hors du lieu ordinaire de ses séances, si ce n'est lorsqu'il aura été forcé, par des circonstances imprévues, de se réunir ailleurs pour délibérer.

75. Aucun acte du Corps-Législatif ne pourra être considéré comme loi, s'il n'est fait par les représentans de la nation, librement et légalement élus, et s'il n'est sanctionné par le Roi.

76. Le Corps-Législatif présentera les décrets au Roi, ou séparément à mesure qu'ils seront rendus, ou ensemble à la fin de chaque session (*Décret d'octobre* 1789).

77. Le Corps-Législatif nommera à cet effet, tous les mois, quatre commissaires chargés de porter les décrets au Roi; ils marcheront précédés d'un huissier, et aussitôt qu'ils se présenteront, ils seront introduits dans la salle du conseil : le Roi sera averti de leur arrivée, et les commissaires lui remettront les décrets sans intermédiaire.

78. Le Roi peut refuser son consentement aux actes du Corps-Législatif (*Décret de septembre* 1789).

79. Dans le cas où le Roi refusera son consentement, le refus ne sera que suspensif (*Idem*).

80. Le refus suspensif du Roi cessera à la seconde des législatures qui suivront celle qui aura proposé la loi (*Idem*).

81. Le consentement du Roi sera exprimé sur chaque décret par cette formule signée du Roi : *Le Roi consent et fera exécuter;* le refus suspensif sera exprimé par celle-ci : *Le Roi examinera* (*Décret d'octobre* 1789).

82. Le Corps-Législatif fera présenter au Roi deux minutes en papier de chaque décret, signées du président et des secrétaires, sur chacune desquelles le consentement ou le refus suspensif du Roi seront exprimés par les formules établies par l'article ci-dessus. Une de ces minutes, avec la réponse du Roi, signée par lui et contre-signée par le ministre de la justice, sera remise aux archives du Corps-Législatif (*Décret du 2 novembre* 1790).

83. Les décrets sanctionnés par le Roi porteront le nom et l'intitulé de *lois;* elles seront scellées et expédiées aussitôt après que le consentement du Roi aura été apposé au décret (*Décret d'octobre* 1789).

84. Le ministre de la justice fera faire, de chaque décret sanctionné, deux expéditions en parchemin, dans la forme qui va être prescrite dans l'article suivant pour la promulgation des lois. Ces deux expéditions, signées du Roi, contre-signées par le ministre de la justice, et scellées du sceau de l'Etat, seront les originaux authentiques de chaque loi, dont un restera déposé aux archives du ministère de la justice, et l'autre sera remis à celles du Corps-Législatif (*Décret du 2 novembre* 1790).

85. La promulgation des lois sera ainsi conçue :

« Louis, par la grace de Dieu et la loi « constitutionnelle de l'Etat, Roi des Fran- « çais, à tous présens et à venir, salut. L'As-

« semblée nationale a décrété, et nous vou-
« lons et ordonnons ce qui suit : (La copie
« littérale du décret sera insérée sans addi-
« tion ni observation.)

« Mandons et ordonnons à tous les tribu-
« naux, corps administratifs et municipalités,
« que les présentes ils fassent transcrire sur
« leurs registres, lire, publier et afficher dans
« leurs ressorts et départemens respectifs,
« exécuter comme loi du royaume. En foi de
« quoi nous avons signé et fait contre-signer
« lesdites présentes, auxquelles nous avons
« fait apposer le sceau de l'Etat. » (*Décret
d'octobre* 1789.)

86. Les lois seront envoyées au nom du
Roi à tous les corps administratifs, tribunaux
et municipalités (*Idem*).

87. La transcription sur les registres, la
lecture, la publication et affiches seront faites
sans délai, aussitôt que les lois seront parvenues aux tribunaux, corps administratifs
et municipalités, et elles seront mises à exécution dans chaque district, à compter du
jour où ces formalités y auront été remplies
(*Idem*).

88. Le pouvoir exécutif se fera certifier
l'envoi des lois, et il en justifiera au Corps-
Législatif (*Idem*).

89. Tout décret sur lequel le Roi aura
exprimé son refus suspensif ne pourra ni
être remis en discussion, ni présenté de nouveau au Roi dans le cours de la même législature.

90. Les actes du Corps-Législatif relatifs à
sa police intérieure, à la vérification des
pouvoirs de ses membres, à la tenue des assemblées primaires qui auraient été retardées
au cas de l'article 19 ci-dessus, à la suspension ou destitution des procureurs-généraux-
syndics, à la suspension ou dissolution des
corps administratifs ou de leurs directoires ;
ceux concernant les questions d'éligibilité ou
la validité des opérations des corps électoraux ; ceux par lesquels le Corps-Législatif
aura prononcé sur la responsabilité des ministres, ou décidé *qu'il y a lieu à accusation ;*
et tous ceux qui, par une disposition expresse
de la constitution, ne sont pas soumis à la
sanction, n'auront pas besoin d'être consen-
tis par le Roi.

91. La création et la suppression des offices ne pourront avoir lieu qu'en exécution
d'un décret du Corps-Législatif, sanctionné
par le Roi (*Décret de septembre* 1789).

92. Aucun impôt ou contribution en nature ou en argent ne peut être levé, aucun
emprunt direct ou indirect ne peut être fait,
autrement que par un décret exprès du Corps-
Législatif (*Idem*).

93. Le Corps-Législatif fixera les dépenses
publiques de l'administration, déterminera
le taux des contributions nécessaires, leur
nature et leur perception, en fera la réparti-

tion entre les départemens du royaume, en
surveillera l'emploi, s'en fera rendre compte,
et poursuivra la punition des délits, tant des
ministres et autres agens principaux du pouvoir exécutif dans l'ordre de leurs fonctions,
que de tous ceux qui attenteront à la constitution de l'Etat.

94. Le Corps-Législatif ne pourra accorder
aucun impôt que pour le temps qui s'écoulera
jusqu'au dernier jour de la session suivante :
toute contribution cessera de droit à cette
époque, si elle n'est pas renouvelée ; mais
chaque législature votera, de la manière qui
lui paraîtra la plus convenable, la somme
destinée soit à l'acquittement de la dette publique, soit au paiement de la liste civile (*Décret d'octobre* 1789).

95. Le Corps-Législatif ne pourra insérer
dans les décrets portant établissement ou renouvellement des contributions aucune disposition qui leur soit étrangère, ni présenter
en même temps à la sanction du Roi d'autres
décrets comme inséparables.

96. Les comptes de dépense et de l'emploi
des deniers publics, dans l'année qui a précédé, ainsi que les états des besoins pécuniaires de chaque département ministériel
pour l'année suivante, seront soumis au
Corps-Législatif dans chacune de ses sessions
annuelles, et rendus publics par la voie de
l'impression.

97. La fixation de la liste civile cessera de
plein droit à chaque changement de règne,
et le Corps-Législatif déterminera de nouveau les sommes nécessaires.

98. Dans le cas de régence, le Corps-Législatif fixera les traitemens du régent et de
celui qui sera chargé de la garde du Roi, ainsi
que les sommes nécessaires pour les besoins
personnels du Roi mineur. Celles-ci pourront
être augmentées à mesure que le Roi avancera en âge, et ne seront fixées définitivement pour la durée du règne, qu'à la majorité
du Roi. Le traitement du régent ne pourra
de même être changé pendant la durée de la
régence.

99. Les fonds de la liste civile ne pourront
être accordés qu'après que le Roi aura prêté,
en présence du Corps-Législatif, le serment
que tout Roi des Français est obligé, par la
constitution, de faire à la nation lors de son
avènement au trône.

100. Après que le Corps-Législatif sera définitivement constitué et aura nommé ses officiers, il enverra au Roi une députation pour
lui en faire part. Le Roi viendra faire l'ouverture solennelle de chaque session, et pourra
inviter l'Assemblée à s'occuper des objets
qu'il jugera devoir être pris en considération
dans le cours de cette session, sans que cette
solennité puisse être regardée comme indispensable pour l'activité du Corps-Législatif.

101. Huitaine au moins avant la fin de cha-

que session, le Corps-Législatif enverra pareillement au Roi une députation pour lui annoncer le jour où il se proposera de terminer ses séances. Le Roi pourra de même venir faire la clôture solennelle de la session.

102. Toutes les fois que le Roi se rendra au lieu des séances du Corps-Législatif, il sera reçu à la porte, et reconduit lorsqu'il se retirera, par une députation. Ses ministres seuls pourront l'accompagner dans l'intérieur de la salle.

103. Lorsque, dans le cours d'une session, le Corps-Législatif voudra s'ajourner au-delà de quinze jours, il sera tenu d'en prévenir le Roi par une députation.

104. Si le Roi juge que les besoins de l'Etat exigent qu'une session soit continuée au-delà du terme que le Corps-Législatif aura annoncé pour sa clôture, ou que l'ajournement n'ait pas lieu, ou qu'il n'ait lieu que pour un temps moins long, il pourra demander, soit une continuation de séance, soit l'abréviation de l'ajournement, par un message motivé, sur lequel le Corps-Législatif sera tenu de délibérer.

_____

13 (11 et) = 17 JUIN 1791. — Décret relatif aux contributions foncière et mobilière. (L. 4, 1202; B. 15, 136.)

L'Assemblée nationale, n'ayant pas encore déterminé l'époque de l'année à laquelle les conseils de département et de district tiendront leurs sessions annuelles, ni statué si la répartition des contributions directes leur sera spécialement attribuée, décrète provisoirement ce qui suit :

Art. 1er. Aussitôt que les directoires de département auront reçu le décret du 27 mai dernier, ils feront entre leurs districts la répartition de la portion contributive assignée à chaque département, dans les contributions foncière et mobilière pour l'année 1791, et enverront aux directoires de district deux commissions séparées, qui fixeront le contingent de chaque district dans chacune des deux contributions.

2. Aussitôt que les commissions de directoires de département seront parvenues aux directoires de district, ceux-ci feront, entre les communautés, la répartition du contingent assigné à leur district, et enverront à ces communautés deux mandemens, qui fixeront la quote-part de chacune dans les deux contributions.

3. La commission du directoire du département, pour chacune des deux contributions, contiendra par articles séparés la fixation : 1° du principal des contributions, soit foncière, soit mobilière; 2° des sous additionnels au marc la livre du principal de l'une et de l'autre contribution, destinés aux fonds de décharges et modérations; et 3° des sous

et deniers additionnels qui seront nécessaires pour les dépenses à la charge du département.

4. Le mandement du directoire du district contiendra de même, par articles séparés, la fixation : 1° du principal des contributions, soit foncière, soit mobilière; 2° des sous additionnels destinés aux fonds de décharges et modérations; 3° des sous et deniers additionnels destinés aux frais et dépenses du département; et 4° des sous et deniers additionnels pour les frais et dépenses du district, et taxations de son receveur, sans que ceux-ci, réunis à ceux du département, puissent excéder, pour la présente année 1791, les quatre sous pour livre du principal des contributions.

5. Les préambules des rôles des contributions, pour les municipalités, énonceront la fixation : 1° du principal des contributions ; 2° des sous additionnels destinés aux fonds de décharge et modération; 3° des sous et deniers additionnels pour le département; 4° des sous et deniers additionnels pour le district; 5° des deniers additionnels à répartir pour les taxations du receveur de la communauté.

6. Quant aux sous et deniers additionnels nécessaires aux municipalités pour leurs dépenses locales, ils seront, pour la présente année, rapportés par émargement sur la colonne du rôle à ce destinée, aussitôt après que l'état en aura été arrêté par les directoires de département, sur l'avis des directoires de district, et d'après la demande que les municipalités en formeront dans le plus court délai.

7. Dans la huitaine qui suivra la réception du présent décret, les directoires de district nommeront un ou plusieurs commissaires, qui se rendront dans les communautés dont les limites n'auraient pas encore été fixées. Ces commissaires procéderont à la délimitation, en présence des officiers municipaux des communautés intéressées, et enverront leur procès-verbal au directoire du district pour y être par lui statué, et son arrêté être provisoirement exécuté, sauf le recours au département.

8. Les directoires de district nommeront aussi des commissaires, qui seront chargés d'aider les municipalités dont les matrices de rôles sont en retard, et de les parachever.

9. Ces commissaires seront payés par les communautés, suivant l'état qui sera adressé par le directoire du district, arrêté et ordonnancé par le directoire du département; et le paiement sera fait sur les fonds provenus des impositions des privilégiés pour les six derniers mois de 1789, ou sur les revenus des biens communaux, et à défaut des susdits fonds, s'il n'en existe point dans la communauté, la somme sera répartie sur elle et

l'avance faite par le receveur du district, qui s'en remboursera sur les premiers deniers de sa recette.

14 = 17 JUIN 1791. — Décret relatif aux assemblées d'ouvriers et artisans de même état et profession. (L. 4, 1210; B. 15, 167; Mon. du 15 juin 1791.)

Voy. loi du 2 = 17 MARS 1791 (1).

Art. 1er. L'anéantissement de toutes les espèces de corporations des citoyens du même état et profession étant une des bases fondamentales de la constitution française, il est défendu de les rétablir de fait, sous quelque prétexte et quelque forme que ce soit.

2. Les citoyens d'un même état ou profession, les entrepreneurs, ceux qui ont boutique ouverte, les ouvriers et compagnons d'un art quelconque, ne pourront, lorsqu'ils se trouveront ensemble, se nommer ni président, ni secrétaires, ni syndics, tenir des registres, prendre des arrêtés ou délibérations, former des réglemens sur leurs prétendus intérêts communs.

3. Il est interdit à tous les corps administratifs ou municipaux de recevoir aucune adresse ou pétition sous la dénomination d'un état ou profession, d'y faire aucune réponse; et il leur est enjoint de déclarer nulles les délibérations qui pourraient être prises de cette manière, et de veiller soigneusement à ce qu'il ne leur soit donné aucune suite ni exécution.

4. Si, contre les principes de la liberté et de la constitution, des citoyens attachés aux mêmes professions, arts et métiers, prenaient des délibérations, ou faisaient entre eux des conventions tendant à refuser de concert ou à n'accorder qu'à un prix déterminé le secours de leur industrie ou de leurs travaux, lesdites délibérations et conventions, accompagnées ou non du serment, sont déclarées inconstitutionnelles, attentatoires à la liberté et à la déclaration des droits de l'homme, et de nul effet; les corps administratifs et municipaux seront tenus de les déclarer telles. Les auteurs, chefs et instigateurs qui les auront provoquées, rédigées ou présidées, seront cités devant le tribunal de police, à la requête du procureur de la commune, condamnés chacun en cinq cents livres d'amende, et suspendus pendant un an de l'exercice de tous droits de citoyen actif, et de l'entrée dans les assemblées primaires.

5. Il est défendu à tous corps administratifs et municipaux, à peine par leurs membres d'en répondre en leur propre nom, d'employer, admettre ou souffrir qu'on admette aux ouvrages de leurs professions, dans aucun travaux publics, ceux des entrepreneurs, ouvriers et compagnons qui provoqueraient ou signeraient lesdites délibérations ou conventions, si ce n'est dans le cas où, de leur propre mouvement, ils se seraient présentés au greffe du tribunal de police pour se rétracter ou désavouer.

6. Si lesdites délibérations ou convocations, affiches apposées, lettres circulaires, contenaient quelques menaces contre les entrepreneurs, artisans, ouvriers, ou journaliers étrangers qui viendraient travailler dans le lieu, ou contre ceux qui se contenteraient d'un salaire inférieur, tous auteurs, instigateurs et signataires des actes ou écrits, seront punis d'une amende de mille livres chacun, et de trois mois de prison.

7. Ceux qui useraient de menaces ou de violences contre les ouvriers usant de la liberté accordée par les lois constitutionnelles au travail et à l'industrie, seront poursuivis par la voie criminelle et punis suivant la rigueur des lois, comme perturbateurs du repos public.

8. Tous attroupemens composés d'artisans, ouvriers, compagnons, journaliers ou excités par eux contre le libre exercice de l'industrie et du travail, appartenant à toute sorte de personnes, et sous toute espèce de conditions convenues de gré à gré, ou contre l'action de la police et l'exécution des jugemens rendus en cette matière, ainsi que contre les enchères et adjudications publiques de diverses entreprises, seront tenus pour attroupemens séditieux, et, comme tels, ils seront dissipés par les dépositaires de la force publique, sur les réquisitions légales qui leur en seront faites, et punis selon toute la rigueur des lois sur les auteurs, instigateurs et chefs desdits attroupemens, et sur tous ceux qui auront commis des voies de fait et des actes de violence (2).

14 = 28 JUIN 1791. — Décret relatif aux limites des départemens et des districts, et qui nomme des tribunaux de commerce dans les villes de Chaumont (Haute-Marne), Brignoles, Versailles et Orbec. (L. 4, 1330; B. 15, 165.)

L'Assemblée nationale, après avoir enten-

---

(1) *Voy.* les notes sur la loi du 2 = 17 mars 1791, notamment sur l'art. 7. Cette loi prohibe les coalitions d'une manière absolue, et non pas seulement les coalitions accompagnées de violences. Il peut être utile de la rapprocher des articles 415 et 416 du Code pénal.

(2) Le rapporteur a ensuite proposé d'insérer dans le procès-verbal une disposition relative aux chambres de commerce, et de la rédiger ainsi : *L'Assemblée nationale, considérant que le décret qu'elle vient de rendre ne concerne point les chambres de commerce, a passé à l'ordre du jour.* — Ce qui a été adopté.

du le rapport du comité de constitution, décrète ce qui suit :

Art. 1er. Les pétitions des communes en changement de département, de district ou de canton, sont renvoyées aux législatures prochaines.

2. Les limites des départemens et des districts, telles qu'elles sont déterminées dans les procès-verbaux de la division du royaume, et qu'elles ont été décrétées par l'Assemblée nationale, subsisteront.

En conséquence, lesdites communes continueront de faire partie des départemens et districts auxquels elle ont été unies;

Sauf à statuer, conformément à l'instruction du mois d'août, sur les demandes en rectification de limites, appuyées de l'avis des corps administratifs intéressés à ces changemens.

3. L'Assemblée nationale déclare nulles et comme non avenues toutes réserves portées aux procès-verbaux de division des départemens et des districts, ainsi que tous arrêtés des corps administratifs contraires à la fixation de leurs limites; décrète que toutes les communautés qui auraient pu se détacher du département ou du district dont elles dépendaient d'après ladite fixation, seront tenues de s'y réunir sans délai.

4. Elle déclare aussi nul et comme non avenu l'arrêté de l'administration de l'Ardèche, du 30 janvier dernier, et décrète que la ville de la Voute est définitivement chef-lieu de son canton.

5. Il sera établi des tribunaux de commerce dans les villes de Chaumont, département de la Haute-Marne, Brignoles, Versailles et Orbec.

---

14 = 28 JUIN 1791. — Décret qui ordonne le remboursement de plusieurs parties de la dette publique des départemens de la guerre et des finances. (L. 4, 1368; B. 15, 166.)

---

14 JUIN 1791. — Décret concernant la liquidation et le remboursement de la dette de l'Etat. (B. 15, 462.)

---

15 = 19 JUIN 1791. — Décret suivi d'une instruction sur les ci-devant droits seigneuriaux déclarés rachetables. (L. 4, 1237; B. 15, 221; Mon. du 16 juin 1791.)

Voy. loi du 15 = 20 MARS 1790.

L'Assemblée nationale approuve l'instruction ci-après, décrète qu'elle sera incessamment présentée à la sanction du Roi, pour être exécutée comme loi du royaume.

Instruction de l'Assemblée nationale sur les droits de champart, terrage, agrier, arrage, tierce, soété, complant, cens, rentes seigneuriales, lods et ventes, reliefs, et autres droits ci-devant seigneuriaux, déclarés rachetables par le décret du 15 mars 1790, sanctionné par le Roi le 20 du même mois.

L'Assemblée nationale a rempli, par l'abolition du régime féodal, prononcée dans sa séance du 4 août 1789, une des plus importantes missions dont l'avait chargée la volonté souveraine de la nation française; mais ni la nation française, ni ses représentans, n'ont eu la pensée d'enfreindre par là les droits sacrés et inviolables de la propriété.

Aussi, en même temps qu'elle a reconnu avec le plus grand éclat qu'un homme n'avait jamais pu devenir propriétaire d'un autre homme, et qu'en conséquence les droits que l'un s'était arrogés sur la personne de l'autre n'avaient jamais pu devenir une propriété pour le premier, l'Assemblée nationale a maintenu, de la manière la plus précise, tous les droits et devoirs utiles auxquels des concessions de fonds avaient donné l'être, et elle a seulement permis de les racheter.

Les explications données à cet égard, par le décret du 15 mars 1790, paraissaient devoir établir à jamais dans les campagnes la tranquillité qu'avaient troublée de fausses interprétations de celui du 4 août 1789.

Mais ces explications elles-mêmes ont été, en plusieurs cantons du royaume, ou méconnues, ou altérées; et, il faut le dire, deux causes extrèmement affligeantes pour les amis de la constitution, et par conséquent pour l'ordre public, ont favorisé et favorisent encore les progrès des erreurs qui se sont répandues sur cet objet important.

La première, c'est la facilité avec laquelle les habitans des campagnes se sont laissés entraîner dans les écarts auxquels les ont excités les ennemis mêmes de la révolution, bien persuadés qu'il ne peut pas y avoir de liberté là où les lois sont sans force, et qu'ainsi on est toujours sûr de conduire le peuple à l'esclavage, quand on a l'art de l'emporter au-delà des bornes établies par les lois.

La seconde, c'est la conduite de certains corps administratifs. Chargés par la constitution d'assurer le recouvrement des droits de terrage, de champart, de cens ou autres dus à la nation, plusieurs de ces corps ont apporté dans cette partie de leurs fonctions une insouciance et une faiblesse qui ont amené et multiplié les refus de paiement de la part des redevables de l'Etat, et ont, par l'influence d'un aussi funeste exemple, propagé chez les redevables des particuliers l'esprit d'insubordination, de cupidité, d'injustice.

Il est temps enfin que ces désordres cessent; et si l'on ne veut pas voir périr dans son berceau une constitution dont ils troublent et arrêtent la marche, il est temps que les citoyens, dont l'industrie féconde les champs et nourrit l'empire, rentrent dans le devoir, et rendent à la propriété l'hommage qu'ils lui doivent.

L'Assemblée nationale aime à croire qu'ils n'ont besoin pour cela que d'être éclairés sur le véritable sens des lois dont ils ont jusqu'à présent abusé; et c'est ce qui la détermine à le leur expliquer par cette instruction.

Il n'y a personne qui n'entende parfaitement l'article 1er du titre III du décret du 15 mars 1790, par lequel l'Assemblée nationale a déclaré rachetables, et a voulu que l'on continuât de payer jusqu'au rachat effectué, *tous les droits et devoirs féodaux ou censuels utiles qui sont le prix et la condition d'une concession primitive de fonds.*

Mais ce qui, quoique très-clair par soi-même, ne paraît pas l'être également pour tout le monde, c'est la désignation de ces droits, telle qu'elle est faite par l'article suivant du même titre. Cet article est ainsi conçu :

« Et sont présumés tels, sauf la preuve contraire,

« 1° Toutes redevances seigneuriales annuelles, en argent, grains, volailles, cire, denrées ou fruits de la terre, servies sous la domination de cens, censives, surcens, cap-casal, rentes féodales, seigneuriales et emphytéotiques, champart, tasque, terrage, arrage, agrier, complant, soété, ou sous tout autre dénomination quelconque, qui ne se paient et ne sont dus que par le propriétaire ou possesseur d'un fonds, tant qu'il est propriétaire ou possesseur, et à raison de la durée de la possession;

« 2° Tous les droits censuels qui, sous le nom de quint, treizième lods, et treizains, lods et ventes, issus, mi-lods, rachats, venteroles, reliefs, relevoisons, plaids ou autres dénominations quelconques, sont dus à cause des mutations survenues dans la propriété ou la possession d'un fonds, par le vendeur, l'acheteur, les donataires, les héritiers et tous autres ayant-cause du précédent propriétaire ou possesseur;

« 3° Les droits d'acapte, arrière-acapte et autres semblables, dus tant à la mutation des ci-devant seigneurs qu'à celle des propriétaires ou possesseurs. »

On voit que cet article a pour objet trois sortes de droits, savoir: les droits fixes, les droits casuels dus à la mutation des propriétaires, et les droits casuels dus, tant à la mutation des propriétaires qu'à celle des seigneurs.

On voit encore que ces trois espèces de droits ont cela de commun, qu'ils ne sont jamais dus à raison des personnes, mais uniquement à raison des fonds, et parce qu'on possède les fonds qui en sont grevés.

On voit enfin que cet article soumet ces droits à deux dispositions générales: la première, que dans la main de celui qui les possède (et dont la possession est accompagnée de tous les caractères et de toutes les conditions requises en cette matière par les anciennes lois, coutumes, statuts et règles), ils sont *présumés* être le prix d'une concession primitive de fonds ;

La seconde, que cette présomption peut être détruite par l'effet d'une *preuve contraire;* mais que cette *preuve contraire* est à la charge du redevable, et que si le redevable ne peut pas y parvenir, la présomption légale reprend toute sa force et le condamne à continuer le paiement.

L'article ne décide pas expressément quel serait l'effet d'une *telle preuve contraire,* si elle était atteinte par le redevable; mais la chose s'explique assez d'elle-même, et une distinction très-simple éclaircit tout.

En effet, ou par le résultat de cette preuve le droit se trouverait être le prix d'une somme d'argent fournie à titre de prêt ou de constitution, ou bien on ne lui verrait d'autre origine que l'usurpation et la loi du plus fort.

Dans le premier cas, le droit ne serait pas éteint, mais on pourrait le faire cesser par la seule restitution de la somme anciennement reçue; et si c'était une rente réputée jusque là seigneuriale ou censuelle, on ne pourrait plus, aux mutations de l'héritage qui en est grevé, en conclure que cet héritage fût soumis soit aux lods et ventes, soit au relief, soit à tout autre droit casuel.

Dans le second cas, c'est-à-dire lorsque, par le résultat de la preuve entreprise par le redevable d'un des droits énoncés dans l'article dont il s'agit, il paraît que ce n'est ni le prix ni d'une concession de fonds, ni d'une somme d'argent anciennement reçue, mais le seul fruit de la violence ou de l'usurpation, ou, ce qui revient au même, le rachat d'une ancienne servitude purement personnelle, il n'y a nul doute qu'il ne doive être aboli purement et simplement.

Cette abolition est juste alors; mais, remarquons-le bien, elle ne l'est que dans ce cas : il n'y a que l'ignorance ou la mauvaise foi qui ait pu abuser de l'art. 2 du titre III, au point d'en conclure que tous les droits dont il fait l'énumération devaient être abolis si le ci-devant seigneur qui était en possession légale de les percevoir ne prouvait, dans la forme prescrite par l'article 29 du titre II, qu'ils avaient été créés pour cause de concession de fonds, ou, en d'autres termes, s'il ne rapportait pas, à défaut du titre primitif, deux reconnaissances énonciatives d'une plus ancienne, et faisant mention expresse de la concession pour laquelle ces droits avaient été stipulés.

Ceux qui ont élevé cette prétention auraient bien dû porter leurs regards sur l'article même qui suit immédiatement, dans le titre III, celui de l'examen duquel il s'agit en ce moment; ils y auraient vu que l'Assemblée nationale, loin d'exiger, pour les droits *pré-*

sumés venir de concession de fonds, les preuves très-difficiles dont il est parlé dans l'article 29 du titre II, a formellement déclaré qu'il ne serait rien changé à la manière d'en vérifier soit l'existence, soit la quotité, sauf que la règle *nulle terre sans seigneur* n'aurait plus d'effet que dans les coutumes qui l'adoptent en termes exprès. Tel est le sens et l'objet de l'article 3 du titre III; en voici les termes : « Les contestations sur l'existence ou « la quotité des droits énoncés dans l'article « précédent seront décidées d'après les preu- « ves autorisées par les statuts, coutumes « et règles observées jusqu'à présent, sans « néanmoins que, hors des coutumes qui en « disposent autrement, l'enclave puisse ser- « vir de prétexte pour assujétir un héritage à « des prestations qui ne sont point énoncées « dans les titres directement applicables à « cet héritage, quoiqu'elles le soient dans les « titres relatifs aux héritages dont il est en- « vironné et circonscrit. »

Il est bien clair que, par la partie de cet article qui se termine aux mots *observées jusqu'à présent*, l'Assemblée nationale a voulu empêcher que, par une application erronnée de l'article 29 du titre II aux droits énoncés dans l'article 2 du titre III, on n'étendît aux droits féodaux et censuels *ordinaires* des modes de preuves qui n'avaient été établis que pour des droits extraordinaires, odieux de leur nature, et portant toutes les marques extérieures de l'ancienne servitude personnelle.

Ainsi, lorsqu'un ci-devant seigneur vient demander un droit de champart, de cens, de lods et ventes, ou tout autre de la nature de ceux dont parle l'article 2 du titre III, voici la marche que doit suivre l'homme juste et impartial qui veut s'assurer si sa demande est légitime ou non.

D'abord il examinera si le ci-devant seigneur rapporte les preuves requises par les *coutumes, statuts et règles observées jusqu'à présent*, dans les différentes parties du royaume, pour établir l'existence de son droit.

Si ces preuves ne sont pas rapportées, la demande du ci-devant seigneur doit être rejetée purement et simplement.

Si elles sont rapportées, la demande du ci-devant seigneur doit lui être adjugée, même lorsqu'elles ne consistent pas dans la re-présentation d'un titre primitif, ou de deux reconnaissances supplétives, telles qu'elles sont exigées par l'article 29 du titre II. Mais, dans ce dernier cas, la *preuve contraire*, réservée au redevable par l'article 3 du ti-tre III, peut avoir lieu, et ce n'est même, à proprement parler, que dans ce cas qu'elle est admissible.

Il en serait autrement si les droits demandés par le ci-devant seigneur étaient du nombre de ceux qui étaient personnels, de ceux de nature, tels que les corvées et bana-lités, les droits de feux, de bourgeoisie, d'habitation, qui sont abolis par les dispo-sitions générales que modifient seulement quelques exceptions, pour la preuve desquels l'article 29 du titre II a prescrit des condi-tions particulières. Alors, en effet, il suffirait que le ci-devant seigneur ne produisît pas un titre primitif, ou deux reconnaissances énonciatives d'une plus ancienne, et faisant mention de la concession du fonds, pour que sa demande dût être rejetée même au posses-soire.

En deux mots, il faut bien distinguer si les droits réclamés par un ci-devant seigneur à l'appui d'une possession et de preuves qui auraient été jugées suffisantes avant 1789, se trouvent compris dans le titre II, ou s'ils ap-partiennent à la classe de ceux qu'embrasse le titre III du décret du 15 mars 1790. Au premier cas, la preuve de la concession pri-mitive de fonds est à la charge du ci-devant seigneur, et il ne peut la faire que dans la forme tracée par l'article 29 du titre II. Au second cas, la concession primitive de fonds est présumée de droit, et c'est sur le redeva-ble qui la dénie, que retombe tout le poids de la preuve de sa dégénération.

Il était naturel, il était juste que l'Assem-blée nationale différenciât ainsi, relative-ment au mode de preuves, le droit de la première espèce d'avec ceux de la seconde; et c'est ce qu'a parfaitement développé la proclamation du Roi du 11 juillet 1790, portant cassation de plusieurs délibérations des municipalités de Marsangy, Termancy, Angely et Buisson, proclamation qu'à faite, presque à la veille de se lier à la constitution par le serment le plus solennel et le plus im-posant, ce monarque qui ne veut et ne peut plus régner que par les lois, et dont le bon-heur dépend de leur exacte observation. Français! contemplez cet accord entre vos représentans, qui expriment votre volonté générale, et votre Roi, qui en presse l'exé-cution ponctuelle; et jugez après cela de quel œil vous devez regarder ces hommes pervers qui, par des discours ou des écrits coupables, vous prêchent la désobéissance aux lois, ou qui cherchent, par des menaces ou des voies de fait, à vous empêcher d'y obéir. Ces hom-mes, n'en doutez pas, sont vos ennemis les plus dangereux; et il est du devoir, non-seu-lement de tout bon citoyen, mais de tout individu qui pense sérieusement à sa pro-pre conservation, de les dénoncer aux tri-bunaux, de les livrer à toute la rigueur de la justice.

Que chacun se pénètre donc bien des vé-ritables dispositions du titre III du décret du 15 mars 1790; qu'on renonce de bonne foi à cet esprit de cavillation qui les a défigurées dans l'esprit du peuple; que les corps administratifs donnent l'exemple, en les faisant exécuter par tous les moyens qui sont en leur pouvoir, à l'égard des redevables des droits nationaux, et alors, l'Assemblée nationale a droit de s'y attendre, alors tout rentrera dans l'ordre. S'il reste des difficultés sur l'existence ou sur la quotité de quelques droits, les juges les décideront : l'article 3 du titre dont on vient de parler leur en fournit les moyens, et l'article 3 du décret du 18 juin suivant les avertit que, conformément au principe éternel du respect dû à la possession, ils doivent, nonobstant le litige, ordonner le paiement provisoire des droits qui, quoique contestés, *sont accoutumés d'être payés*, sauf aux redevables à faire juger le pétitoire, et à se faire restituer, s'ils triomphent en définitif, ce qu'ils seront jugés avoir payé indûment.

Mais dans quels cas ces droits aujourd'hui contestés doivent-ils être regardés comme *accoutumés d'être payés?* La maxime générale qu'a établie depuis des siècles une jurisprudence fondée sur la raison la plus pure, c'est qu'en fait de droits fonciers, comme en fait d'immeubles corporels, la possession de l'année précédente doit (sauf toutes les règles locales qui pourraient y être contraires) déterminer provisoirement celle de l'année actuelle. Mais, comme cette maxime n'a lieu que lorsque la possession de recevoir ou de ne pas payer n'est pas l'effet de la violence, et que très-malheureusement la violence employée de fait ou annoncée par des menaces a seule, depuis deux ans, exempté un grand nombre de personnes du paiement des droits de champart, de terrage, et autres ci-devant seigneuriaux ou simplement fonciers, l'Assemblée nationale manquerait aux premiers devoirs de la justice, si elle ne déclarait pas, comme elle le fait ici, qu'on doit considérer comme *accoutumés d'être payés*, dans le sens et pour l'objet du décret du 18 juin 1790, tous les droits qui ont été acquittés et servis, ou dans l'année d'emblavure qui a précédé 1789, ou en 1789 même, ou en 1790 : en conséquence, tout redevable qui, étant poursuivi en paiement de droits échus en 1791, sera prouvé les avoir payés à l'une des trois époques que l'on vient de rappeler, doit, par cela seul, être condamné et contraint de les payer provisoirement cette année et les suivantes, sous la réserve de tous ses moyens au pétitoire. C'est ainsi que, si un particulier, possesseur paisible d'une maison depuis un an, en était dépossédé par violence ou voie de fait, le juge devrait, sur sa réclamation, commencer par le rétablir dans sa possession, avant d'entendre et d'apprécier les raisons que son adversaire aurait à lui opposer.

Il est cependant deux cas où pourrait cesser cette règle générale sur l'effet de la possession de percevoir des droits ci-devant seigneuriaux ou fonciers.

Le premier, c'est lorsque cette possession n'a été acquise que pendant le litige, c'est-à-dire lorsque les redevables n'ont payé que depuis qu'ils sont en instance, et d'après une sentence de provision.

Le deuxième, c'est lorsque le ci-devant seigneur est en retard d'exécuter un jugement qui ordonne, soit une communication de titres, soit toutes autres instructions nécessaires pour l'éclaircissement de son droit.

Dans ces deux cas, les tribunaux peuvent, si les circonstances le commandent à leur équité, dispenser, pour un temps limité ou indéfiniment, de la prestation provisoire; mais il est évident que, dans l'un comme dans l'autre, cette prestation provisoire ne peut cesser qu'en vertu d'un jugement. Tout refus de la continuer qui ne serait pas autorisé par une décision expresse du juge, serait une voie de fait aussi illégale et aussi injuste que pourrait l'être celle qui serait employée contre un citoyen quelconque, pour le chasser d'une maison dans la possession de laquelle il aurait été mis précédemment par la justice.

Quant au pétitoire, il ne dépend pas, comme l'on sait, de la possession des dernières années, mais de la légitimité du droit; et c'est précisément pour établir ou que le droit est légitime, ou qu'il est illégitime, que l'article 3 du titre III du décret du 15 mars 1790 renvoie aux *règles observées jusqu'à présent* en matière de preuves sur l'existence ou la quotité des droits seigneuriaux ordinaires.

Il serait aussi long qu'inutile de retracer ici toutes ces règles, qui, d'ailleurs, ne sont pas les mêmes dans les diverses parties de l'empire. Ici, la seule possession de vingt, trente, quarante ans, forme un titre pour le ci-devant seigneur; là, il faut que cette possession soit fortifiée par une ou plusieurs reconnaissances des ci-devant vassaux; ailleurs, il faut encore que ces reconnaissances soient accompagnées de certaines conditions plus ou moins difficiles à remplir, et de certaines formalités plus ou moins simples. Ce n'est pas ici le lieu d'énumérer toutes ces variations, qui dépendent uniquement des localités; mais l'Assemblée nationale se croit obligée de lever les doutes qu'une foule de vassaux ou censitaires lui ont manifestés, sur la manière dont ils peuvent parvenir à la preuve contraire qui leur est réservée par l'article 2 du titre III du décret du 15 mars 1790.

Comment est-il possible, disent-ils tous, que nous atteignions cette preuve! La réponse est, qu'ils peuvent y arriver par différentes voies, mais surtout par la communication des titres des ci-devant seigneurs, communication qui n'a jamais dû être légitimement refusée, par la raison que tous les titres relatifs à une mouvance ou à une directe étaient, même sous l'ancien régime, réputés communs entre le seigneur et le vassal, tenancier ou censitaire. On doit seulement observer à cet égard :

1° Que jamais les vassaux, tenanciers et censitaires n'ont prétendu ni pu prétendre qu'on dût leur remettre en mains propres et confier à leur bonne foi des titres qu'ils auraient le plus grand intérêt de supprimer ;

2° Qu'ainsi, tout ce qui peut être demandé à cet égard, c'est que le ci-devant seigneur qui a des titres relatifs à ses cens, rentes et droits de lods, les communique sans déplacer, dans son chartrier, ou qu'il les dépose pendant un certain temps, soit dans le greffe d'un tribunal, soit dans l'étude d'un notaire, soit dans tout autre lieu convenu de gré à gré, pour en être pris communication par les ci-devant vassaux, tenanciers ou censitaires, et leur en être délivré à leurs frais telles expéditions ou copies collationnées qu'ils voudront exiger ; le tout conformément aux règles précédemment observées.

Au surplus, cette communication doit être accompagnée du serment purgatoire, s'il est requis, et embrasser tous les titres généralement quelconques, soit constitutifs, soit interprétatifs, soit déclaratifs, soit récognitifs, soit possessoires, que le ci-devant seigneur peut avoir à sa disposition relativement au droit dont il réclame le paiement ou la prestation : il ne peut pas même en excepter les simples baux, encore moins les registres connus sous le nom de papiers cueilloirs, cueillerets, chassereaux ou lièves ; car ce n'est que par rapport à ceux de ces registres qui se feront à l'avenir, que le décret du 12 janvier 1791 leur a ôté toute espèce de foi ; et il est certain que ceux qui ont été précédemment conservent, même pour les contestations non encore jugées ou à naître, le degré d'autorité plus ou moins grand que les coutumes, les statuts et les règles observées dans chaque lieu leur avaient ci-devant accordé.

Avant de terminer cette instruction, il est du devoir de l'Assemblée nationale d'éclairer encore les citoyens des campagnes sur une prétention élevée par plusieurs d'entre eux, relativement au champart ou terrage. A les entendre, ils ne sont plus tenus d'avertir les préposés à la perception des droits de champart, pour calculer ou arrêter la quantité de la récolte de chacun des héritages qui en sont chargés, et dans les lieux où ce droit est portable, ils ne sont plus obligés de voiturer, dans les granges ou dans les pressoirs du propriétaire du champart, la portion des fruits qui lui appartient.

L'Assemblée nationale le déclare hautement, cette prétention est aussi mal fondée que le prétexte qui y a donné lieu.

Ce prétexte est que les servitudes personnelles ont été abolies par l'Assemblée nationale.

Sans doute, elles ont été et elles sont abolies; mais ce n'est pas une servitude personnelle que la charge dont il s'agit. On entend par *servitude personnelle*, une sujétion qui a été imposée à la personne, qui ne pèse que sur la personne, et que la personne s'est obligée de subir, par cela seul qu'elle existe, qu'elle habite un certain lieu, etc. Or, aucun de ces caractères ne convient à l'assujétissement contre lequel s'élèvent les injustes réclamations dont il vient d'être parlé. Ce n'est pas à la personne que cet assujétissement a été imposé, c'est au fonds ; ce n'est pas la personne qui en est grevée, c'est le fonds ; et cela est si vrai, qu'on cesse d'y être soumis du moment qu'on cesse de posséder le fonds sujet au champart.

Cet assujétissement est donc, non pas une servitude personnelle, mais une charge réelle, et, par une conséquence nécessaire, il n'a ni cessé ni dû cesser par l'effet de l'abolition des servitudes personnelles.

Ces développemens suffiront sans doute pour faire cesser toute espèce de difficulté sur le sens et l'objet des lois par lesquelles l'Assemblée nationale a déclaré rachetables, et conservé jusqu'au rachat effectué, les droits qui, par leur nature, sont présumés venir de la concession de fonds. Ainsi, plus de prétexte aux injustes refus de paiement ; et il faut que celui qui fera un semblable refus s'attende à passer dans tous les esprits pour rebelle à la loi, pour usurpateur de la propriété d'autrui, pour mauvais citoyen, pour l'ennemi de tous ; il faut, par conséquent, qu'il s'attende à voir se réunir contre lui toutes les classes de propriétaires, justement fondées à craindre que le contre-coup de l'atteinte portée à la propriété des domaines incorporels ne vienne un jour ou l'autre frapper celle des domaines fonciers ; et si, par le plus invraisemblable des effets de sa coupable audace, il parvenait à mettre dans son parti des gens assez téméraires pour troubler, par des menaces ou autrement, la perception des droits non supprimés, dans ce cas les corps chargés des pouvoirs de la nation n'oublieront pas les devoirs qui leur sont imposés par les décrets des 18 juin et 13 juillet 1790. Les municipalités se rappelleront *qu'en cas d'attroupement pour empêcher ladite perception,* l'article 3 du premier de ces deux derniers décrets leur ordonne *de mettre à exécution les articles 3, 4 et 5 du décret du 23 février, concernant la sûreté des personnes, celle des propriétés, et la perception des impôts, sous les peines y portées.* Elles se rappelleront encore, et les tribunaux se souviendront aussi, que par le second décret il a été ordonné aux juges ordinaires d'informer, non-seulement *contre les infracteurs du décret du 18 juin, concernant le paiement des champarts et autres droits fonciers ci-devant seigneuriaux, mais même encore les officiers municipaux qui auraient négligé à cet égard les fonctions qui leur sont confiées,* sauf à statuer à l'égard desdits officiers ce qu'il appartiendrait. Enfin, les directoires de département et de district n'oublieront pas que c'est sur leurs réquisitions, aussi bien que sur celles des municipalités, qu'il est enjoint par le même décret *aux commandans des troupes réglées de seconder les gardes nationales pour le rétablissement de l'ordre dans les lieux où il aurait été troublé.*

Sans doute ces mesures seront rarement nécessaires, et l'Assemblée nationale a droit d'espérer que les citoyens des campagnes, sachant apprécier ce qu'elle a fait pour leur bonheur, s'empresseront partout d'acquitter des droits dont il n'a pas été en son pouvoir de les affranchir. Ils n'oublieront pas que c'est pour la prospérité de l'agriculture qu'ont été abolies la dîme, les corvées, les banalités, la gabelle, et cette foule incalculable d'autres droits aussi avilissans par leur origine que pénibles par leur poids journalier ; ils ne feront pas repentir l'Assemblée nationale de bienfaits aussi signalés, en violant des droits que la justice la plus impérieuse l'a forcée de maintenir jusqu'au rachat ; et ils sentiront tous que, puisqu'ils sont devenus égaux en droits à leurs ci-devant seigneurs, ceux-ci doivent, par cela seul, jouir paisiblement, comme chacun d'eux, de leurs propriétés.

15 JUIN = 10 JUILLET 1791. — Décret relatif au mémoire en forme d'instruction, destiné pour les colonies. (L. 5, 160 ; B. 15, 170 ; Mon. du 16 juin 1791.)

Voy. arrêté du 29 PRAIRIAL an 10 ; Charte constitutionnelle, art. 73 ; ordonnance du 2 DÉCEMBRE 1814 et 25 MARS 1820. *Voy.* deux lois du 24 AVRIL 1833, tom. 33, pages 104 et 106, et les notes sur ces lois.

L'Assemblée nationale, après avoir entendu la lecture des instructions proposées par les comités réunis des colonies, de marine, de construction, d'agriculture et de commerce,

Décrète que son président se retirera par-devers le Roi, pour le prier de les faire adresser, ainsi que le présent décret, au gouverneur de la colonie de Saint-Domingue, pour servir de mémoire et d'instruction seulement ;

Que l'assemblée coloniale pourra (en se conformant aux décrets rendus pour les colonies, desquels elle ne pourra arrêter ni suspendre l'exécution) mettre provisoirement à exécution, avec l'approbation préalable du Gouvernement, les dispositions des différens décrets de l'Assemblée nationale rendus pour le royaume, et même celles des instructions qu'ils croiront pouvoir convenir à la colonie, à la charge de rapporter le tout au Corps-Législatif, pour être soumis à sa délibération et à la sanction du Roi ;

Que, pour mettre l'assemblée coloniale à même d'user de cette faculté, il lui sera adressé, à titre d'instruction seulement, un exemplaire des décrets de l'Assemblée nationale, acceptés et sanctionnés par le Roi.

Instruction pour les colonies françaises, contenant un projet de constitution présenté à l'Assemblée nationale, au nom des comités de constitution, des colonies, de la marine, d'agriculture et de commerce.

COLONIE DE SAINT-DOMINGUE.

TITRE Ier. Bases générales.

Art. 1er. La colonie de Saint-Domingue fait partie de l'empire français.

2. En conséquence, elle concourra à la délégation des pouvoirs nationaux, et nommera des députés au Corps-Législatif et des membres au tribunal de cassation.

3. Elle sera, comme toutes les autres parties de l'empire, gouvernée par les pouvoirs nationaux et par les institutions particulières établies dans son territoire, pour y exercer les fonctions qui leur seront déléguées par les lois constitutionnelles.

4. Les circonstances locales et la distance qui sépare la colonie des autres parties de l'empire exigeant des modifications dans l'application des lois constitutionnelles du royaume, celles qui régiront la colonie seront proposées par l'assemblée coloniale et décrétées par le Corps-Législatif ; elles formeront un code particulier, et ne pourront, dans la suite, être changées et modifiées par le Corps-Législatif, si ce n'est avec le concours de l'assemblée coloniale.

5. La colonie sera régie : 1° par les lois existant avant la formation de son code constitutionnel, et qui n'auront pas été abrogées ; 2° par celles qui seront comprises dans ce code ; 3° par celles qui seront établies suivant les formes qu'il aura prescrites.

6. L'abolition constitutionnelle des priviléges, des ordres, du régime féodal, des vœux monastiques, des droits d'aubaine et de bâtardise, et de la confiscation dans les cas déterminés par les décrets de l'Assemblée nationale, sera appliquée à la colonie.

7. La colonie sera organisée et gouvernée suivant les dispositions énoncées dans les titres suivans.

TITRE II. Division du territoire.

Art. 1er. La colonie de Saint-Domingue formera un département et sera divisée en districts.

2. Le nombre des districts sera, ainsi que leurs limites, déterminé par l'assemblée co-

loniale destinée à proposer la nouvelle organisation de la colonie, et il ne pourra excéder celui de neuf, ni être moindre de quatre.

3. Chaque district sera divisé en cantons.

4. Les villes avec leurs banlieues, et les
paroisses des campagnes, formeront provisoirement les cantons. Les assemblées coloniales successives s'occuperont, à mesure que
les circonstances le permettront, à rectifier
l'inégalité de ces divisions, et à les rapprocher, autant qu'il sera possible, d'une étendue commune et déterminée, de sorte néanmoins que chaque canton forme toujours une
commune.

5. Les cantons trop étendus pourront être
divisés en deux ou trois sections, pour l'administration de la police et de la justice de
paix.

6. La colonie sera de plus divisée en trois
grandes parties, pour l'élection des députés
au Corps-Législatif et des membres du tribunal de cassation.

TITRE III. Assemblées primaires et électorales.

Bases de représentation.

Art. 1er. Les qualités requises pour être
admis aux assemblées paroissiales et coloniales, et les conditions d'éligibilité, seront proposées par les assemblées coloniales actuellement existantes.

2. Nul ne pourra exercer le droit de citoyen actif dans plusieurs lieux à la fois, ni
se faire représenter.

3. Ceux qui, à raison de leur domicile et
de leurs propriétés, auraient le droit de citoyen actif dans plusieurs cantons, seront tenus d'opter, et de se faire inscrire chaque
année dans le canton où ils voudront exercer leurs droits.

4. La réunion des citoyens actifs d'un canton formera, selon l'objet de leur convocation, ou l'assemblée de la commune ou une
assemblée primaire.

5. Les citoyens actifs d'un canton, réunis,
soit en un seul, soit par sections, pour délibérer sur les intérêts communs du canton,
formeront l'assemblée de la commune.

6. Les citoyens actifs du canton, réunis
pour procéder aux élections, formeront l'assemblée primaire.

7. Dans les cantons où il y aura plus de
quatre cents citoyens actifs, il pourra être
formé plusieurs assemblées primaires, en observant qu'aucune assemblée ne pourra être
formée de moins de deux cents citoyens actifs, absens ou présens, mais enregistrés.

8. Chaque assemblée primaire nommera
un électeur à raison de cinquante citoyens actifs, tant absens que présens.

9. Les assemblées primaires éliront : 1° les
fonctionnaires publics électifs du canton,
dont il sera parlé dans les titres suivans;

2° les électeurs destinés à nommer les fonctionnaires publics électifs du district et de la
colonie.

10. Les assemblées primaires se borneront
aux fonctions énoncées dans le précédent article : elles ne pourront prendre aucune délibération ni arrêté : elles pourront seulement
rédiger des mémoires ou instructions, et en
charger les électeurs.

11. Dans les cantons où il y aura plusieurs
assemblées primaires, leurs scrutins seront
réunis pour la nomination des officiers électifs du canton ; mais chaque assemblée primaire nommera en particulier ses électeurs.

12. Toute fraction au-dessus du nombre
plein donnera un électeur de plus.

13. Les électeurs du district réunis nommeront les fonctionnaires publics du district,
dont il sera parlé dans les titres suivans, et le
nombre des membres de l'assemblée coloniale
qui sera assigné au district, d'après la combinaison des trois bases du territoire, de la contribution et du nombre des citoyens actifs.

14. Les électeurs des districts formant une des trois grandes sections de la colonie nommeront un membre de la cour de
cassation, et le nombre de députés à l'Assemblée nationale qui aura été assigné à la division, d'après la combinaison des trois bases
énoncées en l'article précédent.

15. Les assemblées primaires seront convoquées, aux époques déterminées par la loi,
par les procureurs-syndics des districts. Ces
époques seront provisoirement fixées par l'assemblée coloniale.

16. Les assemblées primaires et électorales
de la colonie s'organiseront et procéderont
pour l'élection de leur président, de leurs
secrétaires et des scrutateurs, ainsi que pour
l'élection des électeurs et des officiers publics
qu'elles auront à nommer, ainsi qu'il est prescrit par les décrets de l'Assemblée nationale
pour les autres départemens.

17. Les citoyens réunis en assemblée primaire ne pourront procéder à aucune élection
avant d'avoir prêté le serment civique, et les
électeurs réunis en assemblée électorale, avant
d'avoir prêté le serment des fonctionnaires
publics. Toutes leurs opérations seront nulles,
dans le cas où elles auraient omis cette condition essentielle.

18. Le serment des fonctionnaires publics
sera le serment civique, auquel seront ajoutés
ces mots : *Et de remplir avec intégrité les
fonctions qui me sont confiées*. Il sera commun à tous les fonctionnaires publics auxquels il n'aura point été assigné de serment
particulier.

19. Les assemblées primaires et électorales
décideront provisoirement les contestations
sur la qualité de citoyen actif et l'éligibilité
des personnes qui s'y présenteront, sauf le
recours aux tribunaux, conformément aux dé-

crets de l'Assemblée nationale pour les autres départemens.

20. Nul ne pourra se présenter dans les
assemblées primaires en uniforme, non plus
qu'avec des pistolets, épées, bâtons ou armes
quelconques.

21. Les assemblées primaires et électorales
feront elles-mêmes leur police intérieure;
elles excluront et priveront du droit de suffrage ceux qui contreviendraient aux dispositions portées dans le précédent article.

22. Les magistrats chargés de la police et
de la réquisition de la force publique, dans
le lieu où elles seront assemblées, seront tenus d'assurer leur tranquillité et leur liberté,
et d'empêcher que personne n'y arrive et n'en
approche avec aucune espèce d'armes.

23. Les contestations sur les formes observées dans les assemblées primaires, et sur la
régularité des élections, seront portées au
directoire de district, avec recours à l'assemblée coloniale ou à ses commissaires intermédiaires, et ensuite au Corps-Législatif.

24. Les contestations de la même nature,
relativement aux assemblées électorales, seront portées à l'assemblée coloniale ou à ses
commissaires intermédiaires, avec recours au
Corps-Législatif.

25. La décision de l'assemblée coloniale ou
des commissaires intermédiaires sera provisoirement exécutée dans les cas prévus dans
les deux articles précédens, sans qu'il soit
besoin de l'approbation du gouverneur.

Titre IV. Législation.

§ Ier. Bases.

Art. 1er. Les lois qui régiront la colonie
seront distinguées en lois constitutionnelles et
sur l'état des personnes, lois réglementaires
sur le régime intérieur, lois concernant les
contributions.

2. Les lois constitutionnelles de la colonie,
décrétées par le Corps-Législatif sur la proposition de l'assemblée coloniale, ne pourront être changées ni modifiées par le Corps-
Législatif, si ce n'est sur la demande formelle
et précise ou du consentement exprès de l'assemblée coloniale.

3. Le Corps-Législatif statuera exclusivement et souverainement, avec la sanction du
Roi, sur le régime extérieur, c'est-à-dire,
1° sur les lois qui règlent le commerce extérieur de la colonie, sur celles qui assurent
l'observation de ce régime par l'établissement
des moyens de surveillance, la poursuite, le
jugement et la punition des contraventions,
et celles qui règlent et maintiennent l'exécution des engagemens entre les habitans de la
colonie et le commerce; 2° sur les lois et
réglemens qui concernent la défense et la
protection de la colonie, la partie militaire et
administrative de la guerre et de la marine.

4. L'assemblée coloniale pourra faire sur
les mêmes objets toutes demandes et représentations; mais elles ne seront considérées
que comme de simples pétitions, et ne pourront être converties dans la colonie en réglemens provisoires, sauf néanmoins les exceptions extraordinaires et momentanées relatives à l'introduction des subsistances, lesquelles pourront avoir lieu à raison d'un
besoin pressant, constaté suivant les formes
qui seront prescrites, et d'après un arrêté de
l'assemblée coloniale ou de ses commissaires
intermédiaires, approuvé par le gouverneur.

5. Les lois et réglemens sur le régime intérieur, c'est-à-dire ceux qui concernent la
colonie, indépendamment et séparément de
ses rapports de commerce et de protection
avec la métropole, seront proposés par l'assemblée coloniale, pourront être exécutés
provisoirement avec l'approbation du gouverneur, et seront soumis à la délibération du
Corps-Législatif et à la sanction du Roi.

6. La législation relative aux contributions
sera réglée ainsi qu'il suit :

Les contributions perçues dans la colonie
ne pourront excéder les frais de son gouvernement et de sa protection en temps de paix,
et ceux de ses dépenses locales; toute contribution perçue dans la colonie sera appliquée
à ces objets.

Les dépenses du gouvernement et de la
protection, en temps de paix, sont celles de
l'assemblée coloniale, du gouverneur, de la
police, de l'administration dans toutes les parties de la justice et de la force publique et
de tout ce qui sert à l'entretenir.

Les dépenses locales sont celles des ponts-
et-chaussées, des hôpitaux, de l'éducation
publique, et de toutes les autres institutions
à l'usage de la colonie en général, ou des districts et cantons en particulier, qui ne font
pas partie du gouvernement ou des moyens
de défense employés à la protection de la colonie.

De ces deux classes de dépenses résulteront deux espèces de contributions : la contribution fixe et la contribution variable. La
contribution fixe comprendra toute la somme
nécessaire au gouvernement et à la protection de la colonie en temps de paix, non
compris les dépenses des fortifications et celles de la station, qui seront à la charge du
Trésor national.

La somme de la contribution fixe et le détail des objets qu'elle est destinée à acquitter
seront déterminés définitivement par la prochaine législature, après avoir reçu les instructions de l'assemblée coloniale sur la totalité des dépenses qui résulteront de la nouvelle organisation de la colonie, et celles qui
sont nécessaires pour sa protection en temps
de paix.

Cette somme sera décrétée chaque année par le Corps-Législatif : la quotité pourra en être changée, sur les instructions qui seront adressées par l'assemblée coloniale, dans les cas où la somme des dépenses qu'elle est destinée à acquitter serait augmentée ou diminuée ; mais la fixation et l'énumération de ces objets de dépense à la charge de la colonie ayant été arrêtées avec sa constitution, il ne lui en sera point assigné de nouveaux, si ce n'est en suivant la forme prescrite pour modifier ses lois constitutionnelles.

La somme de la contribution fixe étant ainsi déterminée et décrétée par le Corps-Législatif, le mode d'imposition employé pour la percevoir sera proposé et arrêté par l'assemblée coloniale, avec l'approbation du gouverneur, suivant les règles prescrites ci-dessus relativement au règlement du régime intérieur.

Quant à la contribution variable, c'est-à-dire celle qui comprendra la somme nécessaire aux dépenses locales de la colonie, des districts et des cantons, le Corps-Législatif déterminera, chaque année, sur les demandes et instructions qui lui seront adressées par l'assemblée coloniale, une somme que l'assemblée coloniale ne pourra excéder sans son autorisation. Cette somme étant fixée, l'assemblée coloniale arrêtera le mode et la quotité de l'imposition, avec l'approbation du gouverneur, suivant les règles prescrites ci-dessus pour les réglemens du régime intérieur.

§ II. Députation de la colonie au Corps-Législatif.

Art. 1er. La colonie pourra envoyer au Corps-Législatif dix-huit députés ; ce nombre sera réparti par l'assemblée coloniale entre les trois grandes sections de la colonie, dans les proportions des trois bases de la population, du territoire et des contributions.

2. Les pouvoirs, les fonctions et les obligations de ces députés, seront les mêmes que ceux de tous les autres membres du Corps-Législatif.

Titre V. Administration.

§ 1er. Bases.

Art. 1er. L'administration relative aux objets du régime intérieur sera confiée, dans la colonie comme dans les autres départemens du royaume, à des administrateurs élus par les citoyens, et liée au pouvoir exécutif suivant les rapports établis par la constitution.

2. Il y aura dans la colonie une assemblée coloniale, des commissaires intermédiaires, des directoires de district et des syndics municipaux, dont les fonctions correspondront à celles du gouverneur, et à celles d'un officier qui sera établi dans la colonie sous le titre de directeur général d'administration.

3. Toutes les délibérations sur l'administration intérieure de la colonie seront arrêtées par l'assemblée coloniale ou ses commissaires intermédiaires, provisoirement exécutées avec l'approbation du gouverneur, et soumises à la délibération du Corps-Législatif et à la sanction du Roi.

4. Ces délibérations seront exécutées par les directoires de district et les officiers municipaux, sous les ordres et la surveillance du directeur général d'administration.

5. La délibération et l'exécution seront entièrement distinctes. L'assemblée coloniale et ses commissaires intermédiaires n'exerceront aucune fonction exécutive. Le directeur-général, le directoire et les syndics municipaux, considérés comme délégués de l'administration, ne pourront rien arrêter qui ne soit la suite de l'exécution des délibérations de l'assemblée coloniale.

§ II. Assemblée coloniale et commissaires intermédiaires.

Art. 1er. L'assemblée coloniale de Saint-Domingue sera composée de soixante membres.

2. Ces membres seront élus au scrutin par les corps électoraux des districts, à la majorité absolue des voix, et répartis entre les districts dans les proportions des trois bases de l'étendue du territoire, des contributions et du nombre des citoyens actifs.

3. Les conditions d'éligibilité seront les mêmes que celles qui seront nécessaires pour être électeur.

4. Les membres de l'assemblée coloniale seront renouvelés tous les ans, et ceux qui sortiront ne pourront être réélus qu'après un an d'intervalle.

5. L'assemblée coloniale sera purement délibérante, et n'aura aucune fonction exécutive ; ses actes porteront le titre d'arrêtés.

6. Les fonctions de l'assemblée coloniale seront :

1° Celles qui ont été énoncées au titre IV, relativement au règlement du régime intérieur et à l'établissement de l'impôt ;

2° Relativement à l'administration, elle fera, entre les districts, la répartition des contributions directes, c'est-à-dire de l'imposition connue aujourd'hui sous le nom d'imposition municipale, et autres impositions directes qui pourraient être établies à l'avenir. Elle réglera les travaux et les dépenses de l'administration intérieure dans toute l'étendue de la colonie, et délibérera généralement sur tous les objets qui sont de la compétence des conseils de département ;

3° Elle surveillera par elle-même, ou par ses commissaires intermédiaires, la gestion du directeur général d'administration ; elle recevra et vérifiera ses comptes, qui seront ensuite définitivement arrêtés par le Corps-Législatif ; elle surveillera aussi le trésorier général de la colonie, vérifiera et approuvera le cautionnement qu'il sera tenu de fournir;

4° Elle décidera, sauf le recours au Corps-Législatif, mais sans que ses décisions puissent être soumises à l'approbation du gouverneur, toutes les contestations sur la validité des assemblées primaires et électorales, et les formes qui y auront été suivies;

5° Elle arrêtera définitivement les comptes des syndics municipaux, relativement aux recettes et dépenses particulières et locales de leurs cantons; ses arrêtés sur cet objet ne seront point soumis à l'approbation du gouverneur.

7. Tous les arrêtés de l'assemblée coloniale, excepté ceux qui sont relatifs à sa police intérieure et autres objets qui auront été expressément exceptés par la constitution, seront soumis à l'approbation du gouverneur; ils s'exécuteront provisoirement avec cette approbation, et seront soumis ensuite à la délibération du Corps-Législatif et à la sanction du Roi, pour les dispositions réglementaires; à la délibération du Corps-Législatif et à l'acceptation du Roi, pour ce qui concerne l'impôt.

8. L'exécution provisoire des arrêtés de l'assemblée coloniale, approuvés par le gouverneur, sera continuée aussi long-temps que le Corps-Législatif et le Roi n'auront rien prononcé de contraire.

L'assemblée coloniale se rassemblera tous les ans, à l'époque qui sera fixée, sur la proposition de l'assemblée coloniale actuelle. Sa session ordinaire sera de deux mois : elle pourra la prolonger d'un mois si les affaires l'exigent; mais, ce temps passé, sa session ne pourra être continuée sans l'autorisation du gouverneur.

10. L'assemblée coloniale, avant de se séparer, adressera par duplicata le procès-verbal de sa session au Corps-Législatif et au Roi, avec les demandes et les observations qu'elle croira devoir y joindre, pour que, sur ces observations et sur celles qui seront pareillement adressées par le gouverneur de la colonie et le directeur général d'administration, le Corps-Législatif et le Roi prononcent et statuent ce qu'il appartiendra.

11. L'assemblée coloniale pourra être rassemblée extraordinairement par un arrêté des commissaires intermédiaires, approuvé par le gouverneur; mais ce rassemblement extraordinaire ne pourra retarder ni empêcher qu'elle ne se forme à l'époque ordinaire. Ses sessions ne pourront être retardées ou empêchées que par un décret du Corps-Législatif.

12. La durée ordinaire de la session de l'assemblée coloniale ne pourra être abrégée que d'après un décret du Corps-Législatif, ou par un arrêté de cette assemblée approuvé par le gouverneur.

13. L'assemblée coloniale décidera seule de la publicité de ses séances, à laquelle les agens du pouvoir exécutif ne pourront mettre aucun obstacle. Le gouverneur sera tenu, pendant la durée de la session, de prendre, sur la réquisition de l'assemblée, toutes les mesures nécessaires pour assurer sa liberté et sa tranquillité, et celles de chacun de ses membres.

14. L'assemblée coloniale ne pourra prendre de délibérations, si elle n'est composée de la moitié de ses membres, plus un.

15. Le premier acte de l'assemblée coloniale, au commencement de chaque session, sera la prestation du serment exigé des fonctionnaires publics, par chacun de ses membres individuellement.

16. Les membres de l'assemblée coloniale ne pourront être jugés dans la colonie, relativement à l'exercice de leurs fonctions, mais sur les plaintes portées au Corps-Législatif, ou sur la connaissance qu'il aura prise des actes de l'assemblée coloniale, il pourra mander l'assemblée ou une partie de ses membres, la suspendre de ses fonctions, la dissoudre, même statuer, à l'égard de tous ou de quelques-uns de ses membres, qu'il y a lieu à accusation, et les renvoyer pour être jugés devant la haute cour nationale.

17. L'assemblée coloniale nommera, à la fin de chaque session ordinaire, vingt-un membres, pour exercer jusqu'à la session suivante, sous le nom de commissaires intermédiaires, les fonctions qui seront indiquées ci-après.

18. Ces commissaires seront partagés en trois sections, composées chacune de sept membres, pour exercer successivement les fonctions qui leur seront confiées. Deux de ces sections résideront et exerceront leurs fonctions pendant trois mois chacune; la troisième les remplira pendant le temps qui s'écoulera jusqu'à la prochaine session de l'assemblée coloniale.

19. Les commissaires intermédiaires n'exerceront aucune fonction exécutive, même en administration, l'exécution des arrêtés de l'assemblée coloniale en cette partie étant exclusivement confiée aux directoires de district et au directeur général d'administration.

20. Les fonctions des commissaires intermédiaires seront :

1° De surveiller l'exécution des arrêtés de l'assemblée coloniale, dans la partie de finance et d'administration;

2° De prononcer provisoirement sur les objets de la compétence de l'assemblée coloniale qui ne pourraient recevoir aucun retard, tels que l'introduction des subsistances dans les momens de disette, la décision des contestations soumises à l'assemblée coloniale, et les dispositions nouvelles nécessaires pour l'éclaircissement ou l'exécution des arrêtés pris par l'assemblée coloniale.

21. L'assemblée coloniale pourra, avant de se séparer, donner à ses commissaires intermédiaires les instructions qu'elle jugera convenables pour les diriger dans l'exercice de leurs fonctions.

22. Tous les arrêtés des commissaires intermédiaires, autres que ceux qui seront formellement exceptés par la constitution, seront soumis à l'approbation du gouverneur. Aucun arrêté non approuvé ne pourra entraver la marche de l'administration, ni suspendre l'exécution des lois ou des arrêtés précédemment rendus et approuvés.

23. Les arrêtés des commissaires intermédiaires n'auront de force que jusqu'à la prochaine session de l'assemblée coloniale, dont la confirmation expresse sera nécessaire pour autoriser la continuation de leur exécution.

24. Lorsque l'assemblée coloniale se rassemblera, elle examinera les opérations des commissaires intermédiaires; elle prononcera définitivement sur les décisions qu'ils auront rendues; elle confirmera ceux de leurs arrêtés dont elle voudra continuer l'exécution, et pourra présenter de nouveau à l'approbation du gouverneur ceux auxquels cette approbation aurait été refusée.

§ III. Directoires.

Art. 1er. Il y aura, dans chaque district, un directoire d'administration, composé de cinq administrateurs et d'un procureur-syndic.

2. Les membres de ce directoire seront choisis par le corps électoral du district, à la majorité absolue des voix; ils seront nommés pour deux ans, et pourront être réélus.

3. Les administrateurs pourront délibérer au nombre de trois: le procureur-syndic exercera les fonctions attribuées aux procureurs-syndics auprès des assemblées administratives.

4. Les fonctions de ces directoires seront de répartir l'imposition directe entre les cantons du district; d'ordonner et de faire faire, suivant les formes qui seront établies, la répartition de ces mêmes impositions entre les contribuables de chaque canton, et de décider les contestations qui peuvent y être relatives;

De surveiller et d'assurer, sur la poursuite des receveurs et par les moyens établis par la loi, la perception des impositions directes et leur versement dans la caisse de district;

De décider, sauf le recours à l'assemblée coloniale, les contestations relatives aux formes observées dans les assemblées primaires, et à la validité des élections qui y auraient été faites;

De vérifier et d'arrêter, sauf le recours à

3.

l'assemblée coloniale, les comptes des syndics municipaux, relativement à l'administration des intérêts de leurs cantons;

D'exécuter et faire exécuter, dans l'étendue du district, sous l'autorité du directeur général d'administration, les arrêtés de l'assemblée coloniale en matière d'administration.

5. Le recours des décisions rendues par les directoires de district, sur les contestations relatives à l'assiette et à la perception des contributions directes, sera porté devant les directoires de district voisins, conformément à ce qui sera réglé sur l'appel des jugemens des tribunaux.

6. Les fonctions des directoires étant bornées à l'expédition des affaires et à l'exécution des arrêtés de l'assemblée coloniale, ils ne pourront prendre aucune délibération pour ordonner des emprunts ou impositions locales, des entreprises nouvelles, des travaux extraordinaires, et autres résolutions qui n'auraient pas été arrêtées par l'assemblée coloniale; mais ils seront tenus d'adresser, tant à cette assemblée qu'aux commissaires intermédiaires et au directeur général d'administration, leurs instructions et leurs demandes sur tout ce qui intéressera leur district.

7. Les arrêtés de l'assemblée coloniale seront adressés aux directoires de district par le directeur général, chargé en chef et responsable de l'exécution de ces arrêtés en matière d'administration. Ils recevront des ordres de lui, et lui rendront compte de leurs travaux par une correspondance suivie de l'envoi régulier de leurs procès-verbaux aux époques qui seront fixées.

8. Ils adresseront pareillement leurs procès-verbaux à l'assemblée coloniale, lorsqu'elle sera séante, et aux commissaires intermédiaires, afin qu'une surveillance continuelle puisse s'exercer tant sur leur conduite que sur celle du directeur général d'administration.

9. Si l'exécution des arrêtés de l'assemblée coloniale ou des commissaires intermédiaires leur paraît exiger une interprétation ou des dispositions nouvelles, ils pourront adresser leurs doutes à l'assemblée coloniale ou aux commissaires intermédiaires, en en donnant connaissance au directeur général, et sans préjudice de l'exécution des ordres qu'ils auraient pu recevoir de lui.

10. Ils pourront également adresser immédiatement à l'assemblée coloniale, aux commissaires intermédiaires, au Corps-Législatif et au Roi, leurs plaintes contre le directeur général d'administration, sans préjudice de l'exécution des ordres qu'il est autorisé à leur donner.

11. Il sera établi auprès de chaque directoire un seul receveur pour toutes les con-

3

tributions directes et indirectes, et autres revenus publics perçus dans le district.

12. Le receveur sera nommé par les membres du directoire, au scrutin et à la majorité absolue des suffrages. Il sera nommé pour six ans, et pourra être réélu après ce terme.

13. Le receveur sera tenu de fournir un cautionnement en immeubles, qui sera au moins de la valeur libre du quart de la recette pendant l'année où il sera nommé.

14. Ce cautionnement sera reçu par les membres du directoire, lesquels, en cas de faillite du receveur, seront responsables de la solidité et de la valeur du cautionnement, conformément à l'article ci-dessus.

15. Les membres du directoire seront tenus d'exercer sur le receveur du district une surveillance exacte, et dont les formes seront prescrites : ils seront, dans le cas de faillite dudit receveur, solidairement et personnellement responsables du déficit, s'ils ne justifient de les avoir fidèlement observées.

16. Le receveur du district fera faire, dans chaque canton, la perception des impositions directes. Il fera ou fera faire également, dans toute l'étendue du district, la perception des contributions indirectes et la recette de tous les revenus nationaux. Les commis et préposés qu'il employera pour ses différentes recettes seront nommés par lui, et il en sera responsable.

17. Il sera tenu de verser le produit de ces différentes recettes, aux termes qui seront fixés, dans la caisse générale de la colonie, à l'exception des sommes qui seront payées sur les lieux, d'après les ordonnances et mandats du directeur général d'administration.

18. Les directoires ne pourront disposer des fonds de la caisse de district que sur les ordonnances et mandats du directeur général, ni contrarier leur versement dans la caisse générale de la colonie, à peine de prévarication.

19. Les comptes des receveurs de district seront vérifiés par les directoires, et arrêtés par le trésorier général.

20. Les contestations qui pourraient s'élever sur ces comptes entre les receveurs de district et le trésorier général seront décidées par le directeur général, qui demeurera responsable de l'application des fonds.

21. L'assemblée coloniale proposera et déterminera provisoirement, avec l'approbation du gouverneur, les émolumens qui seront attribués aux membres des directoires et aux receveurs de district.

§ IV. Syndics municipaux.

Art. 1er. Il y aura un syndic municipal dans chaque canton, et trois syndics municipaux dans les villes du Cap, du Port-au-Prince, des Cayes et autres où l'assemblée coloniale les jugerait nécessaires.

2. Les syndics municipaux seront élus par l'assemblée primaire, parmi les citoyens du canton ayant les qualités nécessaires pour être électeurs ; ils seront nommés pour deux ans, et pourront être continués.

3. Les syndics municipaux exerceront des fonctions de deux natures.

En qualité de délégués de l'administration générale, ils seront chargés, dans l'étendue du canton, de la répartition des contributions directes, de la surveillance et de la direction des travaux et des établissemens publics, et généralement de l'exécution des arrêtés de l'assemblée coloniale en matière d'administration.

En qualité d'administrateurs particuliers des intérêts du canton, ils seront chargés, sous l'inspection et la surveillance du district, de la régie des biens et des revenus communs du canton, de la direction des travaux, et de la gestion de toutes les affaires qui le concernent particulièrement.

4. Les syndics municipaux seront bornés aux fonctions purement administratives, la juridiction de police et le maintien de l'ordre public étant confiés aux juges-de-paix.

5. Les syndics municipaux seront entièrement subordonnés aux directoires de district et au directeur général d'administration, et ne seront soumis à aucune inspection, relativement aux fonctions qu'ils auront à exercer par délégation de l'administration générale.

6. Relativement à la gestion des affaires du canton, il sera nommé deux notables dans les cantons où il n'existera qu'un syndic municipal ; et, dans les villes où il sera établi trois syndics municipaux, il sera nommé quatre notables :

1° Pour délibérer avec les syndics, dans le cas où il s'agira de délibérer sur des acquisitions ou aliénations d'immeubles ;

Sur la demande à faire à l'assemblée coloniale, pour être autorisé à emprunter ou à imposer pour les dépenses locales ;

Sur les travaux à entreprendre ; sur l'emploi du prix des ventes, des remboursemens ou des recouvremens ;

Sur les procès à intenter ou à soutenir ;

2° Pour recevoir, à des époques fixes, les comptes de ces mêmes syndics, relativement à la gestion des affaires du canton.

7. Les délibérations des syndics municipaux réunis aux notables seront soumises à l'approbation du directoire du district. Les comptes de ces mêmes syndics, après avoir été reçus par les notables, seront vérifiés par les directoires de district, et arrêtés définitivement par l'assemblée coloniale.

8. Les syndics municipaux feront la col-

lecte et l'emploi des impositions locales du canton, et ils en seront comptables.

9. L'assemblée coloniale proposera et déterminera provisoirement les émolumens qui peuvent être attribués aux syndics municipaux.

.Titre VI. Pouvoir exécutif.

Les fonctions du pouvoir exécutif seront exercées en chef dans la colonie par un gouverneur et un directeur général d'administration.

§ Ier. Gouverneur.

Art. 1er. Le gouverneur de la colonie sera nommé et révoqué par le Roi.

2. Les fonctions du gouverneur seront de donner son approbation provisoire aux arrêtés de l'assemblée coloniale ou des commissaires intermédiaires ;

De publier et faire publier dans la colonie ces mêmes arrêtés, ainsi que les décrets du Corps - Législatif et les proclamations du Roi ;

D'assurer et maintenir, par les moyens constitutionnels, l'exécution des lois et arrêtés ;

De pourvoir provisoirement dans la colonie aux places qui sont à la nomination du Roi, autres que celles dont la nomination provisoire sera attribuée au directeur général d'administration. Il pourra, de plus, avoir le commandement en chef des forces de terre et de mer employées à la protection de la colonie.

3. Le gouverneur sera pleinement libre, sous sa responsabilité, d'accorder ou refuser son approbation aux arrêtés de l'assemblée coloniale et des commissaires intermédiaires.

4. Le Corps-Législatif pourra lui donner des instructions sur les règles qu'il doit suivre pour accorder ou refuser son approbation, et le soumettre à la responsabilité, dans le cas où il s'en écarterait ; mais il ne répondra de leur exécution qu'au Corps-Législatif et au Roi, et nul ne pourra, dans la colonie, se constituer juge des obligations qu'elles pourront lui imposer.

5. Lorsque l'assemblée coloniale ou les commissaires intermédiaires voudront présenter un arrêté à l'approbation du gouverneur, ils lui en feront remettre deux expéditions par des commissaires nommés à cet effet ; le gouverneur leur en donnera un reçu, et sera tenu dans huit jours de faire parvenir à l'assemblée son approbation, ou les observations dont il sera parlé ci-après.

6. S'il approuve l'arrêté, il écrira au bas de l'une des expéditions son approbation en ces termes : « Nous, gouverneur de la partie française de Saint-Domingue et dépendances, en vertu des pouvoirs qui nous ont été confiés par la nation et le Roi, avons

« approuvé l'arrêté ci-dessus. » Il datera, signera et adressera à l'assemblée ou aux commissaires intermédiaires l'expédition de l'arrêté, revêtue de son approbation, pour être déposée dans les archives.

7. Immédiatement après que le gouverneur aura donné son approbation à l'arrêté, il rendra une proclamation conçue en ces termes :
« Au nom de la nation, de la loi et du
« Roi : nous, gouverneur de la partie fran-
« çaise de Saint-Domingue et dépendances ;
« vu par nous l'arrêté de l'assemblée colo-
« niale, en date du. . . . .
« dont la teneur suit.

« Avons, en vertu des pouvoirs qui nous
« sont confiés par la nation et le Roi, donné
« notre approbation audit arrêté. En consé-
« quence, et en vertu des mêmes pouvoirs,
« mandons et ordonnons à tous corps ad-
« ministratifs et tribunaux de la partie fran-
« çaise de Saint-Domingue et dépendances,
« que les présentes ils fassent transcrire sur
« leurs registres, lire, publier et exécuter
« dans leurs ressorts respectifs, jusqu'à ce
« qu'il ait été autrement décidé par le Corps-
« Législatif et le Roi. »

8. L'arrêté revêtu de cette proclamation sera ensuite envoyé à tous les corps administratifs de la colonie, par le directeur général d'administration, aux commissaires du Roi auprès des différens tribunaux de la colonie, lesquels en requerront pareillement la transcription sur les registres de leurs tribunaux respectifs.

9. Si le gouverneur ne donne pas, dans les huit jours, son approbation à l'arrêté qui lui a été présenté par l'assemblée coloniale ou les commissaires intermédiaires, il sera tenu de leur adresser, avant l'expiration de ce terme, les observations contenant les motifs qui l'ont empêché d'approuver.

10. Ces motifs étant parvenus à l'assemblée coloniale ou aux commissaires intermédiaires, ils pourront insister sur la proposition de l'arrêté ; et, en ce cas, le gouverneur sera tenu de prononcer, dans l'espace de trois jours après la réquisition qui lui aura été faite, son approbation ou son refus.

11. Le refus d'approuver sera conçu en ces termes :
« Nous, gouverneur, etc. en vertu des
« pouvoirs qui nous ont été confiés par la
« nation et le Roi, déclarons ne pouvoir don-
« ner notre approbation à l'arrêté ci-dessus. »

12. Si l'assemblée coloniale ou les commissaires intermédiaires laissent écouler un mois après la réception des observations, sans requérir l'approbation de l'arrêté, ou si, avant l'expiration du mois, ils représentent cet arrêté avec des modifications, la réquisition faite après le mois, ou la représentation de l'arrêté modifié, seront considérées comme des propositions nouvelles, et donneront lieu

3.

aux délais et aux formalités énoncés dans les articles précédens.

13. Le gouverneur pourra en tout temps, soit d'après le changement des circonstances, soit d'après les nouvelles instructions qui lui auraient été données, accorder son approbation à un arrêté auquel il l'aurait refusée précédemment, lorsqu'il lui sera présenté de nouveau.

14. Le gouverneur sera tenu d'adresser au Corps-Législatif et au Roi les procès-verbaux de l'assemblée coloniale et des commissaires intermédiaires, avec ses approbations, refus et observations sur leurs arrêtés.

15. De plus, lorsque le gouverneur aura refusé son approbation à un arrêté de l'assemblée coloniale, celle-ci pourra requérir que l'arrêté et le refus du gouverneur soient adressés immédiatement au Corps-Législatif et au Roi, avec les motifs qui auront pu être respectivement communiqués, et les pièces employées à l'appui de ces motifs. Les expéditions seront vues et certifiées par le gouverneur et par le président de l'assemblée coloniale, et le gouverneur sera responsable des mesures qu'il sera obligé de prendre pour les faire arriver promptement et sûrement à leur destination.

16. Les décrets du Corps-Législatif et les proclamations du Roi concernant la colonie seront adressés au gouverneur par le ministre de la marine et des colonies. Le gouverneur en fera remettre une expédition, contre-signée de lui, à l'assemblée coloniale ou aux commissaires intermédiaires, et il en fera faire l'envoi aux tribunaux et corps administratifs, par le directeur général de l'administration, toujours sans autre formalité que son contre-seing, servant à attester l'authenticité de l'acte et la fidélité des copies qui seront expédiées.

17. Le gouverneur donnera des ordres à la force publique pour assurer l'exécution des lois et le maintien de l'ordre intérieur, sur la réquisition des corps et officiers civils, requérant chacun suivant ses fonctions, dans son arrondissement.

18. Il pourra faire agir la force publique pour le maintien de l'ordre intérieur dans l'étendue de toute la colonie, d'après un arrêté de l'assemblée coloniale ou des commissaires intermédiaires, auquel il aura donné son approbation.

19. Il pourra faire des proclamations pour rappeler l'exécution des lois, et ordonner aux corps et officiers civils et aux agens de la force publique, d'y tenir la main, chacun suivant leurs fonctions.

20. Le gouverneur commettra provisoirement, en cas de vacance, aux places de commissaires du Roi auprès des tribunaux, à celles de capitaines de port, et à celles d'officiers de santé pour le service des hôpitaux

militaires : il concourra, par son choix, à l'avancement des officiers de la gendarmerie nationale, suivant ce qui sera statué dans l'organisation de ce corps, et expédiera provisoirement des patentes aux juges élus par les citoyens.

21. Le gouverneur pourra exercer le commandement en chef des forces de terre et de mer employées à la protection de la colonie, avec les fonctions et les pouvoirs militaires qui y seront attachés.

22. Le gouverneur sera responsable, suivant les lois générales qui sont décrétées sur la responsabilité des agens du pouvoir exécutif, de toutes les infractions aux lois, aux ordres et aux instructions qui lui auront été données, des attentats contre la liberté et la sûreté générale et individuelle dont il pourrait se rendre coupable : mais il ne pourra être jugé criminellement, ou poursuivi en réparation civile à raison de ses fonctions, que d'après un décret du Corps-Législatif, auquel seront adressées les plaintes formées contre lui.

23. La prescription de l'action en responsabilité contre le gouverneur aura lieu conformément à ce qui a été statué pour le ministre de la marine et des colonies.

24. Le Roi pourra nommer un ou plusieurs lieutenans du gouverneur, pour remplir les fonctions de gouverneur en cas de vacance ou d'absence hors de la colonie. A défaut d'un lieutenant de gouverneur, ces fonctions seront remplies, dans le même cas, par l'officier militaire le plus avancé en grade, et, en cas d'égalité entre plusieurs officiers, par celui qui aura le plus de service en ce grade dans la colonie.

25. La place de commandant des forces militaires pouvant être distincte de celle de gouverneur, lorsque le commandement deviendra vacant par la mort ou l'absence du titulaire, le commandement militaire passera à l'officier qui y sera appelé par les ordres du Roi, et, au défaut de pareils ordres, à l'officier le plus avancé en grade.

§ II. Directeur général.

Art. 1er. Les fonctions confiées au pouvoir exécutif, relativement à l'administration et aux finances, seront exercées en chef dans la colonie, et sous les ordres du ministre, par un officier nommé par le Roi, portant le titre de directeur général d'administration.

2. Ses fonctions seront : 1° celles qui sont actuellement attribuées à l'intendant, relativement à l'administration de la guerre et de la marine. L'assemblée coloniale pourra présenter ses vues sur les changemens et les améliorations qui pourraient être faits en cette partie, sur laquelle il est réservé au Corps-Législatif et au Roi de statuer, même provisoirement;

2° La surveillance sur la perception et le

versement des contributions à la caisse de la colonie, et l'application de ces fonds aux dépenses générales et locales ; le tout d'après les décrets du Corps-Législatif sanctionnés par le Roi, les ordres du ministre donnés en conséquence, et les arrêtés de l'assemblée coloniale approuvés par le gouverneur ;

3º Les fonctions d'exécuter et faire exécuter par les directoires de district, les syndics de cantons et tous autres préposés, les arrêtés de l'assemblée coloniale et les ordres du Roi, relativement à l'administration intérieure de la colonie ; la surveillance et la direction, conformément à ces mêmes ordres et arrêtés, des travaux et des établissemens publics ; la passation des marchés et adjudications pour le service intérieur de la colonie, en exécution de ces mêmes ordres et arrêtés.

3. Les commissaires et autres préposés à l'administration de la guerre et de la marine seront sous les ordres du directeur général, lequel, en cas de vacance, pourvoira provisoirement à leur remplacement. Il n'est rien innové, quant à présent, sur le nombre, le traitement et le service de ces officiers, dont le Corps-Législatif s'occupera en statuant définitivement sur la constitution de la colonie.

4. Il y aura un trésorier général de la colonie, lequel sera nommé par le Roi, et provisoirement par le directeur général. Le cautionnement qu'il sera tenu de fournir, et dont la somme sera déterminée, sera vérifié et approuvé par l'assemblée coloniale ou ses commissaires intermédiaires.

5. Ce trésorier sera simple dépositaire ; il recevra les fonds des receveurs particuliers : il aura également le dépôt des fonds qui pourront être envoyés de France pour les dépenses de la colonie, et ne paiera que sur les ordonnances et mandats du directeur général. Le gouverneur, l'assemblée coloniale ou ses commissaires intermédiaires, pourront en tout temps prendre connaissance de l'état de sa caisse ; il rendra chaque année un compte public de ce qu'il aura reçu et payé. Ce compte sera reçu par le directeur général, qui, après l'avoir approuvé, demeurera seul responsable.

6. Les contestations qui pourront s'élever sur ces comptes, entre le trésorier général et le directeur général, seront décidées comme celles sur la comptabilité générale en France, auquel effet les pièces seront envoyées avec les observations respectives au Corps-Législatif et au Roi.

7. Le directeur général, tant par lui-même que par les directoires qui lui sont subordonnés, exercera la surveillance sur les receveurs de district et autres receveurs particuliers des contributions, et sur le trésorier général, et tiendra la main à la perception de toutes les contributions et à leur versement, aux termes fixés, des caisses particulières dans la caisse générale de la colonie.

8. Au moyen de l'établissement des receveurs de district et d'un trésorier général de la colonie, les places de receveur des octrois, receveur général de l'imposition municipale et des droits domaniaux seront supprimées.

9. Le directeur général enverra aux directoires de district les décrets sanctionnés ou acceptés par le Roi, les proclamations du Roi et les arrêtés de l'assemblée coloniale approuvés par le gouverneur. Il correspondra avec ces directoires, leur donnera les ordres nécessaires pour l'exécution de ces mêmes décrets, proclamations et arrêtés, tant par eux-mêmes que par les syndics des cantons, et veillera à ce qu'ils ne s'écartent pas des fonctions qui leur sont prescrites par la constitution.

10. Si un directoire s'écarte de ces devoirs d'une manière grave et capable de faire prononcer sa destitution, ou si, malgré des avertissemens et des ordres réitérés, il persiste à se refuser à l'exécution des décrets et arrêtés, à agir contre ces mêmes décrets et arrêtés, ou à exercer des pouvoirs que la constitution ne lui attribue pas, le directeur général pourra, sous sa responsabilité, suspendre le directoire ou quelques-uns de ses membres, et il avertira sur-le-champ le gouverneur, qui sera tenu d'en informer sans délai l'assemblée coloniale ou les commissaires intermédiaires, pour commettre à la place des officiers dont les fonctions auront été suspendues.

11. Il en sera référé en même temps au Corps-Législatif et au Roi par le directeur général et les commissaires intermédiaires, lesquels pourront obliger le directeur général à leur communiquer ses motifs.

12. Si, à l'arrivée des dépêches, le Corps-Législatif n'est pas assemblé, le ministre des colonies pourra lever ou entretenir provisoirement la suspension, et il en rendra compte au Corps-Législatif dès qu'il sera assemblé, pour être procédé ainsi qu'il est statué à l'égard des corps administratifs.

13. Le directeur général sera restreint lui-même à l'exécution fidèle et stricte des décrets et arrêtés. Si cette même exécution ou des circonstances pressantes exigent quelques dispositions nouvelles sur l'administration intérieure, il s'adressera au gouverneur, lequel sera tenu, sur sa demande, de convoquer les commissaires intermédiaires à l'effet de délibérer.

14. Le directeur général sera tenu de donner connaissance aux commissaires intermédiaires, toutes les fois qu'ils le requerront, de l'état des recettes et dépenses, et de leur rendre compte de la suite qui aura été donnée aux arrêtés de l'assemblée coloniale en

matière d'administration, et des mesures qu'il aura prises pour les faire exécuter.

15. Le directeur général rendra chaque année un compte général et public de sa gestion dans toutes les parties qui lui sont confiées. Ce compte sera présenté par lui à l'assemblée coloniale, qui l'approuvera ou le critiquera; il sera ensuite adressé au Corps-Législatif et au Roi, avec les observations de l'assemblée et celles que le gouverneur pourra pareillement y joindre.

16. Le ministre comprendra, dans le compte qu'il rendra au Corps-Législatif de l'administration de son département, celui du directeur général de la colonie, sur lequel il sera statué particulièrement, après avoir pris connaissance des observations de l'assemblée coloniale et des autres réclamations qui auraient pu être adressées au ministre ou à la législature.

17. Le directeur général sera personnellement responsable de toute sa gestion, hors les objets sur lesquels il présentera un ordre précis, signé ou contre-signé du ministre, sur qui portera en ce cas la responsabilité de tout ce qui aura été fait en conséquence de ses ordres.

18. La responsabilité du directeur général aura lieu conformément à ce qui a été statué relativement à celle du gouverneur.

19. Au moyen des dispositions ci-dessus, la place d'intendant de la colonie, celle de vérificateur général, et les fonctions du contrôleur de la marine, en ce qui ne concerne pas la marine proprement dite, seront supprimées.

TITRE VII. Ordre judiciaire.

§ Ier. Arbitres.

Art. Ier. Toutes personnes ayant le libre exercice de leurs droits et de leurs actions pourront nommer un ou plusieurs arbitres pour prononcer sur leurs intérêts privés, dans tous les cas et en toutes matières, sans exception.

2. Les compromis qui ne fixeront aucun délai dans lequel les arbitres devront prononcer, et ceux dont le délai sera expiré, seront néanmoins valables, et auront leur exécution jusqu'à ce qu'une des parties ait fait signifier aux arbitres qu'elle ne veut plus tenir à l'arbitrage.

3. Il ne sera point permis d'appeler des sentences arbitrales, à moins que les parties ne se soient expressément réservé, par le compromis, la faculté de l'appel.

4. Les parties qui conviendront de se ré-server l'appel seront tenues de convenir également, par le compromis, d'un tribunal entre tous ceux de la colonie du royaume, auquel l'appel sera déféré, faute de quoi l'appel ne sera pas reçu.

5. Les sentences arbitrales dont il n'y aura pas d'appel seront rendues exécutoires par une simple ordonnance du président d'un tribunal de district, qui sera tenu de la donner au bas ou en marge de l'expédition qui lui sera présentée.

§ II. Juges et tribunaux.

Art. Ier. La justice sera rendue au nom du Roi.

2. Les juges rendront gratuitement la justice, et seront salariés par la colonie.

3. Les juges seront élus par les justiciables.

4. Les officiers chargés des fonctions du ministère public seront nommés à vie par le Roi, et ne pourront, ainsi que les juges, être destitués que pour forfaiture dûment jugée par juges compétens. Ils exerceront les mêmes fonctions que les commissaires du Roi près les tribunaux de district en France.

5. Les tribunaux ne pourront prendre, directement ni indirectement, aucune part à l'exercice du pouvoir législatif, ni empêcher ou suspendre l'exécution des décrets du Corps-Législatif, sanctionnés par le Roi, et des arrêts de l'assemblée coloniale approuvés provisoirement par le gouverneur, à peine de forfaiture.

6. Ils seront tenus de faire transcrire purement et simplement dans un registre particulier, et de faire publier dans la huitaine les lois et arrêtés qui leur seront envoyés.

7. Ils ne pourront point faire de réglemens; mais ils s'adresseront au Corps-Législatif toutes les fois qu'ils croiront nécessaire de demander l'interprétation d'une loi, ou à l'assemblée coloniale, lorsqu'il s'agira d'un arrêté approuvé provisoirement par le gouverneur.

8. Les fonctions judiciaires seront distinctes et demeureront toujours séparées des fonctions administratives. Les juges ne pourront, à peine de forfaiture, troubler, de quelque manière que ce soit, les opérations des corps administratifs, ni citer devant eux les administrateurs pour raison de leurs fonctions.

9. En toute matière civile et criminelle, les plaidoyers, rapports ou jugemens seront publics, et tout citoyen aura le droit de défendre lui-même sa cause, soit verbalement, soit par écrit (1).

---

(1) La cour d'appel séant à la *Martinique* est dispensée de motiver ses arrêts, encore que par là elle élude l'autorité de la Cour de cassation. Elle est également dispensée des formes établies pour les jugemens rendus en France, notamment en ce qui touche l'énonciation des noms des juges et la publicité (11 mars 1819 et 12 août 1819 ; Cass. S. 19, 1, 220 et 20, 1, 102).

Un arrêt rendu à la *Guadeloupe*, le 1er mars 1806, est nul, aux termes de la loi du 16 = 24

10. Tout privilége en matière de juridiction est aboli. Tous les citoyens, sans distinction, plaideront en la même forme et devant les mêmes juges, dans les mêmes cas.

11. L'ordre constitutionnel des juridictions ne pourra être troublé, ni les justiciables distraits de leurs juges naturels, par aucune commission, ni par d'autres attributions ni évocations que celles qui seront déterminées par la loi.

12. Tous les citoyens étant égaux devant la loi, et toutes préférences pour le rang et le tour d'être jugés étant une injustice, toutes les affaires, suivant leur nature, seront jugées lorsqu'elles seront instruites, dans l'ordre selon lequel le jugement en aura été requis par les parties.

13. Les décrets qui seront rendus pour la réforme des lois civiles, du Code pénal et de la procédure civile, seront adressés à l'assemblée coloniale pour être appliqués à la colonie, avec les modifications qui pourraient être nécessaires à raison des localités.

14. L'assemblée coloniale proposera au Corps-Législatif son vœu sur l'établissement des jurés, sur les bureaux de paix et le tribunal de famille.

15. Il demeurera réservé au Corps-Législatif d'établir, si l'expérience le prouve nécessaire, des tribunaux particuliers pour les objets qui concernent les rapports communs entre la métropole et la colonie, énoncés au titre IV sous le nom de *régime extérieur*.

§ III. Juges-de-paix.

Art. 1er. Il y aura dans chaque canton un juge-de-paix et deux prud'hommes assesseurs.

2. Le juge-de-paix et les assesseurs seront élus par l'assemblée primaire, parmi les citoyens ayant les qualités requises pour être nommés électeurs.

3. Ils seront élus pour deux ans, et pourront être réélus.

4. Les juges-de-paix et les assesseurs exerceront : 1° les fonctions de juridiction civile qui leur sont attribuées en France par les décrets de l'Assemblée nationale, sauf les modifications que les localités pourraient rendre nécessaires, soit relativement aux matières, soit relativement à la quotité des sommes dont ils peuvent connaître avec ou sans appel, lesquelles seront réglées provisoirement par l'assemblée coloniale, avec l'approbation du gouverneur;

2° Les fonctions relatives à la police et au maintien de l'ordre public, exercées ci-devant dans la colonie par les commandans pour le Roi, les commandans de paroisses, les juges, les procureurs du Roi et leurs substituts, et attribuées tant aux juges-de-paix qu'aux municipalités, par les décrets de l'Assemblée nationale.

5. Les détails de ces différentes fonctions et leur application aux localités seront réglés provisoirement par l'assemblée coloniale, avec l'approbation du gouverneur.

6. Elle déterminera également provisoirement, avec la même approbation, et en se conformant aux décrets de l'Assemblée nationale acceptés ou sanctionnés par le Roi, en tout ce qui ne sera pas incompatible avec les localités, les cas où le juge-de-paix et ses assesseurs prononceront définitivement, et ceux où ils prononceront à la charge de l'appel pardevant le tribunal de district, ou seront tenus de lui renvoyer la connaissance de l'affaire.

7. Enfin elle distinguera, à raison des localités et en se conformant autant qu'il sera possible aux décrets de l'Assemblée nationale, parmi les fonctions de juge-de-paix et de ses assesseurs, celles qui, telles que l'apposition et la levée des scellés, les inventaires, les levées de cadavres, de procès-verbaux de dommages et autres opérations de ce genre, l'arrestation des personnes prises en flagrant délit, la réparation provisoire des voies de fait, etc. peuvent être exercées séparément par un seul de ses officiers, c'est-à-dire par le juge-de-paix, et, en son absence, par un des assesseurs; et celles qui exigent leur réunion et leur délibération commune, telles que les jugemens au fond sur tous les objets soumis à leur compétence.

8. Si l'étendue ou la population d'un can-

---

août 1790, si les questions de fait et de droit n'ont été posées ni explicitement ni implicitement (4 avril 1808; S. 8, 1, 523).

Cette jurisprudence a été confirmée par arrêts de la Cour de cassation, des 17 février et 27 mars 1822 (S. 22, 1, 345 et 23, 1, 96).

Voy. ordonnance du Roi du 23 février 1820 (S. 20, 2, 341).

Les arrêts rendus à *Cayenne* depuis le 25 janvier 1818 doivent contenir toutes les formalités prescrites en France par le Code de procédure et la loi du 20 avril 1810 (21 mai 1821 et 3 juillet 1821; Cass. S. 21, 1, 425).

Ces décisions ne doivent être adoptées qu'en les comparant aux changemens introduits dans la législation coloniale par les ordonnances suivantes, savoir :

Pour l'île Bourbon, du 30 septembre 1827, du 10 juillet 1831.

Pour la Guadeloupe et la Martinique, du 4 juillet 1827, du 24 septembre 1828.

Pour la Guiane, du 28 juillet 1828, du 21 décembre 1828, du 31 octobre 1832.

Pour le Sénégal, du 20 mai 1830.

Des ordonnances ont aussi publié nos Codes et différentes lois dans les colonies. *Voy.* ordonnances du 12 octobre 1828, du 19 octobre 1828, du 29 octobre 1828, du 29 juillet 1829, du 7 septembre 1830, du 24 février 1831, du 12 juillet 1832, du 7 juin 1832, du 16 août 1832.

ton exige qu'il soit divisé en deux ou trois sections, pour les fonctions courantes de la police et de la juridiction de paix, le premier assesseur, dans le premier cas, et, dans le second, chacun d'eux exercera, dans l'une des sections, les fonctions susceptibles d'être exercées par un seul officier; lesquelles auront été déterminées suivant l'article précédent.

9. Soit que le canton soit ou non divisé en sections, le juge-de-paix et ses assesseurs se réuniront à des jours fixes, et aussi souvent que l'intérêt des justiciables pourra l'exiger, pour tenir leurs audiences, rendre leurs jugemens, et vaquer à toutes les fonctions qui pourront exiger leur réunion et délibération commune.

10. L'assemblée coloniale statuera provisoirement, avec l'approbation du gouverneur, sur ce qui concerne le salaire des juges-de-paix.

11. Le juge-de-paix, réuni à ses assesseurs, pourra nommer un secrétaire-greffier, lequel prêtera le serment devant eux, et ne pourra être destitué que pour cause de prévarication jugée.

12. Les juges-de-paix des cantons dans lesquels le tribunal de district ne se trouve point placé nommeront également, avec le concours de leurs assesseurs, les gardiens des maisons d'arrêt qui pourront être établies dans chaque canton.

§ IV. Tribunaux de district.

Art. 1er. Il sera établi en chaque district un tribunal composé de cinq juges. Celui des juges qui aura été nommé le premier sera président du tribunal.

2. Les juges de district seront élus par le corps électoral du district, parmi les citoyens actifs ayant exercé pendant quatre ans les fonctions de juge ou d'homme de loi.

3. Les juges de district seront nommés pour six années, et pourront être réélus.

4. L'assemblée coloniale proposera et réglera par provision ce qui est relatif au nombre et au service des suppléans.

5. Les juges de district et leurs suppléans recevront du Roi des lettres-patentes, conformes en tout à celles qui sont expédiées aux juges du royaume; et si l'intervalle de leur élection au commencement de leur service ne permet pas d'attendre l'arrivée de ces lettres, il leur sera expédié provisoirement par le gouverneur, sans retard et sans frais, et sur la simple présentation du procès-verbal d'élection, une patente conçue en ces termes:

« Nous, gouverneur de la partie française « de Saint-Domingue et dépendances, en « vertu des pouvoirs qui nous ont été confiés « par la nation et le Roi, les électeurs du « district de..... nous ayant fait représenter le « procès-verbal de l'élection qu'ils ont faite, « conformément aux décrets constitutionnels,

« de la personne du sieur..... pour remplir « pendant six années un office de juge du dis- « trict de..... nous avons déclaré et déclarons « que ledit sieur..... est juge du district de.... « qu'honneur doit lui être porté en cette qua- « lité, et que la force publique sera em- « ployée, en cas de nécessité, pour l'exécu- « tion des jugemens auxquels il concourra, « après avoir prêté le serment requis et « avoir été dûment installé. »

6. Les tribunaux de district connaîtront en première instance de toutes les affaires personnelles, réelles et mixtes, en toute matière, excepté celles qui sont de la compétence des juges-de-paix, et les contestations relatives à l'assiette et à la perception des contributions directes, dont la connaissance est attribuée aux directoires de district.

7. L'assemblée coloniale proposera et réglera provisoirement, avec l'approbation du gouverneur, l'attribution qui doit être donnée aux tribunaux de district pour juger en premier et dernier ressort.

8. En toutes matières personnelles, réelles ou mixtes, à quelque somme ou valeur que l'objet de la contestation puisse monter, les parties seront tenues de déclarer, au commencement de la procédure, si elles consentent à être jugées sans appel, et auront encore, pendant tout le cours de l'instruction, la faculté d'en convenir; auquel cas les juges de district prononceront en premier et dernier ressort.

9. Les tribunaux de district seront tribunaux d'appel les uns à l'égard des autres, suivant les rapports qui seront déterminés.

10. Lorsqu'il y aura appel d'un jugement, les parties pourront convenir d'un tribunal entre ceux de tous les districts du royaume, pour lui en déférer la connaissance, et elles en feront au greffe leurs déclarations, signées d'elles ou de leurs procureurs spécialement fondés.

11. Si les parties ne peuvent s'accorder sur le choix d'un tribunal, il sera déterminé suivant les formes qui seront prescrites.

12. Ces formes seront proposées et réglées provisoirement par l'assemblée coloniale, lorsqu'elle aura fixé le nombre des districts, et il y sera statué définitivement par le Corps-Législatif, en arrêtant la constitution de la colonie.

13. Lorsque le tribunal de district connaîtra, soit en première instance à charge d'appel, ou de l'appel des jugemens des juges-de-paix, il pourra prononcer au nombre de trois juges; et lorsqu'il connaîtra dans tous les autres cas en dernier ressort, soit par appel d'un autre tribunal de district, soit au cas de l'article 8 ci-dessus, il pourra prononcer au nombre de quatre juges.

14. Jusqu'à ce qu'il ait été prononcé sur l'établissement des jurés dans la colonie, les

tribunaux de district seront chargés de l'instruction et du jugement des procès criminels. Ils se conformeront aux articles décrétés par l'Assemblée nationale, le 9 octobre 1789, sur la procédure criminelle. Ils seront, comme dans les matières civiles, tribunaux d'appel les uns à l'égard des autres, et l'appel aura lieu pour tous les accusés, sans distinction de personnes.

15. Les jugemens criminels en dernier ressort ne pourront être rendus par moins de cinq juges; et, au défaut de juges ou de suppléans, il sera appelé des hommes de loi.

16. La rédaction des jugemens, tant sur l'appel qu'en première instance, contiendra quatre parties distinctes : dans la première, les noms et les qualités des personnes seront énoncés.

Dans la seconde, les questions de fait et de droit qui constituent le procès seront posées avec précision.

Dans la troisième, le résultat des faits reconnus ou constatés par l'instruction et les motifs qui auront déterminé le jugement seront exprimés.

La quatrième enfin contiendra le dispositif du jugement.

17. Il sera établi, auprès de chaque tribunal de district, un commissaire du Roi ayant les qualités requises pour être juge, lequel remplira au civil et au criminel les fonctions du ministère public actuellement exercées par les procureurs du Roi, sauf l'établissement d'accusateurs publics, si l'assemblée coloniale le juge convenable.

18. Le Roi nommera, de plus, un substitut à son commissaire, ayant les mêmes qualités, et destiné à remplir, en son absence, les mêmes fonctions. L'un et l'autre seront reçus par le tribunal, et prêteront le serment devant lui avant d'être admis à l'exercice de leurs fonctions.

19. En cas de mort, de démission ou de destitution jugée d'un commissaire du Roi, le substitut remplira les fonctions jusqu'à ce que le Roi ait nommé à la place. Si le substitut vient également à manquer, le gouverneur commettra provisoirement un homme de loi ayant toutes les qualités requises pour être commissaire du Roi, et dont la réception sera soumise aux mêmes formalités.

20. Il y aura dans chaque tribunal un greffier âgé de vingt-cinq ans accomplis, lequel sera tenu de présenter aux juges et de faire admettre au serment pour le remplacer, en cas d'empêchement légitime, un ou plusieurs commis, desquels il sera responsable, et qui seront également âgés de vingt-cinq ans accomplis.

21. Le greffier sera nommé au scrutin et à la majorité absolue des voix par les juges, qui lui délivreront une commission et recevront son serment. Il ne pourra être parent ni allié au troisième degré des juges qui le nommeront.

22. Il sera tenu de fournir un cautionnement en immeubles, dont la valeur sera déterminée provisoirement par l'assemblée coloniale, et qui sera reçu par les juges.

23. Il sera nommé à vie, et ne pourra être destitué que pour cause de prévarication jugée.

24. Il fera les fonctions qui sont attribuées aux greffiers des tribunaux de district par les décrets de l'Assemblée nationale.

25. Les titres d'avocats et procureurs sont supprimés; leurs fonctions seront exercées par des défenseurs officieux et des avoués, conformément à ce qui a été décrété par l'Assemblée nationale pour les départemens de France.

26. Tout citoyen pourra exercer les fonctions de défenseur officieux.

27. Il y aura auprès de chaque tribunal de district des avoués, dont le nombre sera provisoirement déterminé par l'assemblée coloniale, avec l'approbation du gouverneur.

28. Ces avoués seront reçus au concours par le tribunal de district, suivant les formes qui seront provisoirement déterminées par l'assemblée coloniale, avec l'approbation du gouverneur.

29. Les personnes qui exercent actuellement dans la colonie les fonctions de juge, procureur du Roi et substitut du procureur du Roi, avocat et procureur, seront admises de droit à exercer les fonctions d'avoué.

30. Les notaires, interprètes et arpenteurs seront également reçus au concours par le tribunal de district. Leur nombre et les formes de leur admission seront provisoirement déterminés par l'assemblée coloniale, avec l'approbation du gouverneur. Les personnes qui remplissent actuellement ces fonctions dans la colonie sont autorisées à en continuer l'exercice.

31. Il y aura auprès de chaque tribunal de district un curateur aux successions vacantes, lequel sera également reçu au concours, suivant les formes qui seront provisoirement déterminées par l'assemblée coloniale, avec l'approbation du gouverneur; et pourront concourir ceux actuellement en exercice, même avant d'avoir rendu leurs comptes.

32. Chaque curateur sera tenu de fournir un cautionnement dont l'assemblée coloniale réglera provisoirement la quotité, et qui sera reçu par le tribunal de district, contradictoirement avec le commissaire du Roi.

33. Les comptes du curateur aux successions vacantes seront jugés chaque année, par le tribunal, contradictoirement avec le commissaire du Roi, sauf l'appel suivant la forme ordinaire.

34. Les notaires, interprètes, arpenteurs et curateurs aux successions vacantes, se

conformeront, relativement à l'exercice de leurs fonctions, aux lois, réglemens et tarifs actuellement existans, jusqu'à ce qu'il ait été autrement statué.

35. Les juges du tribunal de district nommeront le gardien de la prison et maison d'arrêt qui sera établie auprès de ce tribunal. Ils nommeront également les officiers de santé chargés du soin de cette prison et maison d'arrêt.

36. L'assemblée coloniale proposera et réglera provisoirement, avec l'approbation du gouverneur, les salaires qui seront attribués aux juges de district, à leurs suppléans, aux commissaires du Roi, à leurs substituts, aux greffiers des tribunaux de district et autres officiers dénommés dans le présent titre, et il sera définitivement statué par le Corps-Législatif, lorsqu'il s'occupera d'arrêter la constitution de la colonie.

Titre VIII. Force publique.

Art. 1er. La force publique est la réunion des forces individuelles, organisée par la constitution pour maintenir les droits de tous et assurer l'exécution de la volonté générale.

2. La force publique est destinée à défendre la constitution, assurer l'exécution des lois et le maintien de l'ordre intérieur, sur la réquisition des magistrats et officiers publics à qui la constitution en a attribué la fonction, et à défendre et garantir l'Etat contre les attaques extérieures, sous la direction et les ordres des officiers militaires à qui le commandement en est confié.

3. La force armée est essentiellement obéissante. Nul corps armé ne peut exercer le droit de délibérer.

4. La force publique est divisée en trois parties, dont chacune a son usage, son organisation et son mode de service particulier.

5. Les trois parties de la force publique sont, la garde nationale, l'armée de ligne et la gendarmerie nationale.

6. Tout fonctionnaire public peut requérir la force publique pour assurer l'exécution de la loi, dans la partie qui lui est confiée. La réquisition de la force publique contre les attroupemens et pour le maintien de l'ordre intérieur appartient au juge-de-paix dans le canton, au directoire dans le district, et au gouverneur, agissant d'après un arrêté de l'assemblée coloniale ou des commissaires intermédiaires, dans toute l'étendue de la colonie.

§ Ier. Garde nationale.

Art. 1er. La milice de la colonie portera le nom de garde nationale, et sera formée de la réunion de tous les hommes libres et de leurs enfans mâles, depuis l'âge de dix-huit ans jusqu'à celui de cinquante, armés pour le maintien de l'ordre intérieur et la défense de la patrie.

2. Nul ne pourra exercer le droit de citoyen actif, s'il ne s'est fait inscrire sur le registre de la garde nationale.

3. La garde nationale est une, et n'admet aucune distinction ni corporation particulière; celles qui pourraient exister sous le titre de volontaires ou autres seront supprimées et incorporées dans la garde nationale.

4. La garde nationale de Saint-Domingue portera le même uniforme que toute la garde nationale de France, et chaque corps portera également sur le bouton le nom du district auquel il appartient.

5. La garde nationale sera organisée à Saint-Domingue par cantons. La garde nationale de chaque canton formera un corps séparé.

6. Chaque corps élira ses officiers; ils seront nommés pour deux ans, et pourront être réélus.

7. La garde nationale ne pourra exercer aucun acte de la force publique sans réquisition.

8. Elle sera tenue d'obéir à la réquisition des magistrats et officiers publics pour prêter main-forte à la loi, conformément à ce qui a été prononcé dans les titres précédens.

9. Elle sera tenue d'obéir, pour la défense politique et extérieure de la colonie, aux ordres de l'officier à qui sera confié le commandement des forces militaires; mais elle ne pourra être mise en mouvement pour cet usage qu'avec l'autorisation de l'assemblée coloniale ou des commissaires intermédiaires.

10. Les décrets qui seront rendus sur les détails de l'organisation du service de la garde nationale du royaume seront adressés à l'assemblée coloniale pour être appliqués à la colonie, en se conformant aux bases énoncées dans les articles ci-dessus.

11. Les milices coloniales sont supprimées.

§ II. Troupe de ligne.

Art. 1er. Les troupes de ligne employées dans la colonie sont essentiellement destinées à sa défense contre les ennemis du dehors, sous les ordres et la direction des commandans nommés par le Roi.

2. Elles pourront cependant agir dans l'intérieur, sur la réquisition des corps et officiers civils, suivant les principes établis dans les titres précédens; mais les chefs seront libres, sous leur responsabilité, d'obtempérer ou de se refuser à la réquisition, lorsqu'il ne leur aura été transmis aucun ordre du gouverneur ou de leur officier supérieur.

3. Les militaires de service dans la colonie ne pourront y exercer les droits de citoyen actif.

4. La masse des troupes nécessaires pour la sûreté de la colonie en temps de paix, et

dont la dépense doit être supportée par elle, sera déterminée par le Corps-Législatif, sur les observations de l'assemblée coloniale, en réglant la masse totale des dépenses à la charge de la colonie. Le nombre ne pourra être moindre que trois mille hommes d'infanterie et cinq cents hommes d'artillerie, avec les officiers généraux nécessaires pour les diriger.

5. L'Assemblée nationale se réserve d'appliquer à la colonie les lois qui seront décrétées pour régler les rapports entre le pouvoir civil et le pouvoir militaire, dans les villes de garnison.

6. Les rapports entre le pouvoir civil et militaire, et la somme à supporter par la colonie pour la dépense des troupes de ligne, ayant été déterminés, tout ce qui concerne les troupes, leur nombre, leur solde, leur organisation, leur service, leurs mouvemens militaires, le nombre et la hiérarchie des officiers nécessaires pour les commander, ne pourra être réglé que par le Corps-Législatif et le Roi, sans que l'assemblée coloniale et aucun corps administratif ou judiciaire puissent exercer à cet égard aucune autorité, même provisoire.

7. Les états-majors de places seront supprimés; leurs fonctions militaires seront exercées par les commandans des troupes de ligne, et leurs appointemens leur seront continués jusqu'à ce qu'il ait été statué sur leur retraite.

8. Les commandans en second, dans les divisions du nord, de l'ouest et du sud, continueront d'exister, et exerceront les fonctions militaires qui leur sont actuellement attribuées.

§ III. Gendarmerie nationale.

Art. 1er. La maréchaussée de la colonie et les corps dits *de police* seront supprimés, et il sera établi à leur place une gendarmerie nationale.

2. Le nombre d'hommes qui doit former la gendarmerie nationale de la colonie, ainsi que la paie qui leur sera attribuée, sera proposé et provisoirement déterminé par l'assemblée coloniale, avec l'approbation du gouverneur. Ce nombre ne pourra être ni au-dessous de quatre cents, ni au-dessus de sept cents.

3. L'assemblée coloniale déterminera également provisoirement, avec l'approbation du gouverneur, la composition et l'organisation de ce corps, en se conformant aux bases suivantes.

4. La gendarmerie nationale sera composée en partie d'hommes à cheval, et en partie d'hommes à pied. Ces derniers seront particulièrement destinés à la police des villes.

5. L'admission de tout gendarme ou sous-officier aura lieu, par le choix du directoire de district, entre trois sujets qui lui seront présentés par l'officier commandant la gendarmerie nationale du district.

6. S'il y a plusieurs grades de sous-officiers, l'avancement aura lieu de l'un à l'autre, moitié par ancienneté, moitié par choix de l'officier commandant la gendarmerie nationale du district.

7. L'admission au grade d'officier aura lieu, par le choix du gouverneur, sur trois sujets qui lui seront présentés par le directoire de district. Une place sur quatre au moins sera donnée aux sous-officiers, d'après le choix qui aura lieu suivant la même forme.

8. Les officiers ayant été nommés sur la présentation des directoires de district, leur avancement aura lieu aux deux tiers par l'ancienneté, et l'autre tiers par le choix du gouverneur; et quant aux récompenses et aux décorations militaires, ils seront assimilés aux troupes de ligne employées dans les colonies.

9. L'uniforme de la gendarmerie nationale, dans la colonie, sera celui qui a été décrété pour toute la gendarmerie nationale de France.

10. Les individus actuellement employés dans la maréchaussée et dans le corps de police seront conservés dans la gendarmerie, avec un grade au moins égal à celui dont ils sont actuellement en possession, excepté ceux que l'assemblée coloniale et le gouverneur seraient d'accord de ne pas admettre dans la nouvelle formation.

11. La gendarmerie nationale est essentiellement destinée à agir pour le maintien de l'ordre public, pour donner main-forte à la loi, sur la réquisition des magistrats à qui l'exécution en est confiée, et ne pourra se refuser à cette réquisition. La colonie proposera ses vues sur les moyens les plus propres à assurer l'efficacité du service de la gendarmerie nationale.

12. La gendarmerie nationale sera sous les ordres et l'inspection du gouverneur, quant à la police intérieure du corps et à la discipline. Elle pourra, dans les cas où un besoin pressant l'exigerait, être employée par ses ordres à la défense extérieure militaire de la colonie.

TITRE IX ET DERNIER.

L'assemblée coloniale proposera ses vues sur ce qui concerne le clergé et les biens ecclésiastiques, les réunions et concessions de terrains, les établissemens publics et autres objets d'utilité générale.

15 = 19 JUIN 1791. — Décret portant circonscription de deux paroisses de la ville de Lyon et de celle du Puy, Compiègne, Châtillon-sur-Indre et Chamberry, et des districts de Riom, d'Ambert et de Beaugency. (L. 4, 1249; B. 15, 237.)

15 = 15 JUIN 1791. — Décret relatif à l'absence de M. Angivilliers, directeur et administrateur général des bâtimens du Roi, et portant que ses biens, meubles et immeubles qu'il possède dans le royaume seront saisis à la requête de l'agent du Trésor public. (L. 4, 1347; B. 15, 169.)

15 = 28 JUIN 1791. — Décret qui met en liberté le sieur Levezy, détenu dans les prisons de Marseille. (B. 15, 236.)

15 JUIN 1791. — Administration de départemens. *Voy.* 10 JUIN 1791. — Fonctionnaires publics. *Voy.* 11 JUIN 1791. — Prince de Condé. *Voy.* 13 JUIN 1791.

15 JUIN 1791. — Mines. *Voy.* 12 JUILLET 1791.

16 (9 et) = 28 JUIN 1791. — Décret relatif au remboursement des anciens greffiers et autres possesseurs d'offices domaniaux. (L. 4, 1388; B. 15, 258.)

Art. 1er. Les engagistes des greffes et autres offices domaniaux seront remboursés, par la caisse de l'extraordinaire, du montant des finances versées par eux ou leurs auteurs au Trésor public, suivant la liquidation qui en sera faite par le commissaire du Roi directeur général de la liquidation, sur la représentation des titres et quittances de finance.

2. Les offices collectivement aliénés à des traitans ou adjudicataires généraux seront pareillement liquidés sur le pied de la finance versée au Trésor public, dont le montant sera réparti entre les sous-engagistes, au marc la livre du prix des différentes sous-aliénations.

3. A défaut par les sous-engagistes de justifier du prix total des sous-aliénations, le prix des adjudications principales sera réparti entre eux au marc la livre des sommes pour lesquelles ils se trouveront compris dans les états ou rôles sur lesquels les aliénations ou adjudications principales sont intervenues.

4. Les supplémens de finance ou nouvelles finances payées ou remboursées par les engagistes, soit pour attribution ou augmentation de gages, soit pour conservation ou attribution de droits utiles ou émolumens, soit pour réunion d'offices ou pour en empêcher l'établissement, entreront en liquidation.

5. Les taxes représentatives de charges ou impositions, et les droits de confirmation de jouissance, de confirmation ou rétablissement d'hérédité, n'entreront point en liquidation, à moins que lesdits droits n'eussent été formellement établis à titre d'augmentation ou supplément de finance.

6. Les taxes payées pour des droits simplement honorifiques n'entreront pas en liquidation.

7. Les sous pour livre, accessoires des finances ou supplémens de finances remboursables, n'entreront en liquidation que lorsqu'ils auront été versés au Trésor public, ainsi que les finances principales.

8. Les finances que les nouveaux acquéreurs ont été chargés de rembourser aux anciens engagistes, par les actes de revente seront allouées, en conformité des liquidations qui en auront été faites lors ou depuis les reventes, en justifiant du remboursement; et si la liquidation n'en avait pas été faite, lesdites finances seront liquidées, conformément au présent décret, sur la représentation des quittances passées aux anciens engagistes.

9. Les frais de sceau des lettres de ratification, prises par les engagistes actuels, et des lettres de commission, prises par eux ou leurs commis ou préposés, en exercice lors de la suppression des tribunaux auprès desquels les offices étaient exercés, ensemble le droit de marc d'or payé par lesdits engagistes et leurs commis ou préposés, seront liquidés et remboursés; aucuns autres frais ni droits de mutation n'entreront en liquidation.

10. Les liquidations définitives, faites avant l'établissement de la direction générale, dans les formes usitées jusqu'alors, auront leur effet, sauf la liquidation additionnelle des finances à raison desquelles lesdites liquidations contiendraient des réserves, ou de celles qui auraient été postérieurement exigées.

11. Les sommes payées aux engagistes à titre d'indemnité, pour des distractions de ressort ou autres causes semblables, seront imputées sur ce qui leur sera légitimement dû.

12. Les porteurs des anciennes expéditions des engagemens et des originaux des quittances de finance seront réputés aux droits des engagistes, en justifiant d'une possession réelle des offices par eux ou leurs auteurs, depuis quarante ans avant la suppression des tribunaux auprès desquels les offices étaient exercés.

13. Les possesseurs seront tenus de joindre à leurs pièces une déclaration notariée, faite par eux ou un fondé de procuration spéciale, contenant les sommes qu'eux ou leurs auteurs pourraient avoir reçues à titre d'indemnité, conformément à l'article 11, ou qu'ils n'en ont reçu aucune, et qu'il n'est pas à leur connaissance qu'il en ait été payé à leurs auteurs. Ils seront pareillement tenus de joindre les liquidations qui pourraient avoir été ci-devant faites desdits offices, ou de déclarer par le même acte qu'il n'en existe pas de leur connaissance. Il ne sera payé que trente sous pour les frais desdites déclara-

tions, et quinze sous pour ceux d'enregistrement : en cas de fausse déclaration, les engagistes seront déchus de tout remboursement.

14. Ceux qui, ayant acquis directement de l'État, se présenteront avec des titres en règle dans le mois après la publication du présent décret, et ceux qui, ayant acquis des traitans ou adjudicataires généraux, se présenteront dans les trois mois, seront remboursés avec intérêts, à compter du 1er octobre 1790; passé lequel délai les intérêts n'auront cours qu'à compter du jour de la remise complète de leurs titres.

15. Pour obtenir la délivrance de leurs reconnaissances de liquidation, les possesseurs joindront à leurs quittances des expéditions en forme de leurs titres et les originaux de leurs quittances de finance. A l'égard des quittances de finance passées aux traitans ou adjudicataires généraux, il suffira aux sous-aliénataires d'en rapporter expédition en forme, délivrée par le notaire aux minutes duquel lesdites quittances seront déposées en original, ainsi que de l'acte de dépôt; laquelle expédition contiendra toutes les mentions faites sur lesdites quittances, et la déclaration du notaire, qu'elles n'en contiennent pas d'autres que celles comprises dans l'expédition, ou qu'elles n'en contiennent aucune.

Lesdites expéditions devront être déchargées au contrôle général, comme les quittances elles-mêmes.

16 = 28 JUIN 1791. — Décret relatif aux bâtimens ci-devant occupés par les anciennes administrations ou destinés au logement des agens du pouvoir exécutif. (L. 4, 1358; B. 15, 253.)

L'Assemblée nationale décrète qu'il lui sera remis, sous huitaine, un état de tous les bâtimens employés ci-devant dans la capitale par les anciennes administrations, ou destinés au logement des agens du pouvoir exécutif, et que son comité d'emplacement lui fera le rapport de la destination actuelle de ces bâtimens ou logemens, pour, sur ce rapport, être par l'Assemblée statué ce qu'il appartiendra, soit pour en changer la destination, ou ordonner la vente de ceux qui seront inutiles.

16 = 28 JUIN 1791. — Décret qui ordonne au directoire du département de Paris de se faire présenter, par la municipalité, le compte général de ses recettes et dépenses, depuis le 1er mai 1789 jusqu'à ce jour. (L. 4, 1326; B. 15, 257.)

16 = 28 JUIN 1791. — Décret qui valide l'élection du sieur Gervais à la place de membre du tribunal de cassation, et du sieur Albaret à la place de suppléant. (L. 4, 1355; B. 15, 258.)

16 = 28 JUIN 1791. — Décret qui autorise les directoires des départemens du Lot, du Bas-Rhin et du district de Chinon et de Cahors, à acquérir les bâtimens nécessaires pour leur établissement. (B. 15, 246 et suiv.)

16 JUIN 1791. — Décret portant vente de domaines nationaux à différentes municipalités des départemens de l'Ain, du Doubs, de la Haute-Saône, du Nord, du Lot et de la Manche. (B. 15, 248.)

16 JUIN 1791. — Offices de judicature. *Voy.* 8 JUIN 1791. — Travaux. *Voy.* 18 JUIN 1791.

17 = 19 JUIN 1791. — Décret relatif à la liquidation des offices de barbiers-perruquiers. (L. 4, 1260; B. 15, 264.)

Art. 1er. Les titulaires d'offices de barbiers-perruquiers, baigneurs et étuvistes, qui ont évalué lesdits offices en exécution de l'édit de février 1771 et de l'arrêt du conseil du 18 mars 1774, en seront remboursés sur le pied de l'évaluation.

2. Indépendamment du prix de l'évaluation, ceux qui ont des contrats authentiques d'acquisition seront en outre remboursés, à titre d'indemnité, du tiers du prix de ces contrats.

3. A l'égard de ceux qui, quoique soumis à l'évaluation, n'ont pas évalué en effet, ils seront remboursés sur le pied de la finance, avec pareille indemnité que ci-dessus, s'ils ont des contrats, sans qu'en aucun cas le prix de l'évaluation ou de la finance puisse, avec l'indemnité accordée, excéder le prix total des contrats.

4. Les barbiers-perruquiers, baigneurs et étuvistes qui n'ont point été soumis à l'évaluation, seront remboursés sur le pied du dernier contrat authentique d'acquisition.

5. Ceux qui sont premiers pourvus, ou qui ont levé aux parties casuelles, seront remboursés sur le pied de la finance.

6. L'article 26 des décrets de décembre 1790 sera exécuté relativement aux dettes contractées par les barbiers-perruquiers, baigneurs et étuvistes.

17 = 19 JUIN 1791. — Décret portant que la ville de Paris continuera d'avoir six receveurs des contributions foncière, mobilière et autres. (L. 4, 1262; B. 15, 265.)

Art. 1er. La ville de Paris continuera d'être divisée en six recettes distinctes, auxquelles seront versées les contributions foncière et mobilière, la contribution patriotique et le droit de patentes.

2. Chacune de ces six recettes continuera aussi d'être provisoirement exercée par le receveur actuel de l'arrondissement qui la compose.

3. Les receveurs n'auront qu'un denier de taxation pour tous émolumens et frais généralement quelconques, sur la contribution foncière et mobilière et sur le droit de patentes.

4. Le cautionnement des six receveurs sera au total de deux millions quatre cent mille livres en immeubles; cette somme sera divisée entre eux dans la proportion de la recette de leur arrondissement. Ils fourniront ce cautionnement dans les deux mois qui suivront la publication du présent décret.

5. Les contributions indirectes de la ville de Paris seront versées directement dans la caisse de la trésorerie nationale, sans passer par celles desdits receveurs des contributions directes.

---

17 = 28 JUIN 1791. — Décret relatif aux trésoriers des dons patriotiques. (L. 4, 1328; B. 15, 266.)

Art. 1er. L'Assemblée nationale décrète que les trésoriers des dons patriotiques sont quittes et déchargés, jusqu'au 18 avril 1791, envers la nation, en versant à la caisse de l'extraordinaire la somme de 269,676 livres 10 sous 4 deniers, formant le reliquat des sommes versées entre leurs mains, conformément au compte général desdits dons patriotiques, visé et arrêté au 18 avril de la présente année par les commissaires du comité des finances. Ledit compte sera remis au commissaire du Roi de la caisse de l'extraordinaire, à l'effet que les fonds, les titres, les journaux et le bureau de la caisse des dons patriotiques soient transférés à la caisse de l'extraordinaire.

2. L'Assemblée nationale charge ses commissaires de la caisse de l'extraordinaire, d'arrêter le compte des sommes rentrées dans la caisse des dons patriotiques depuis l'arrêté du 18 avril, de surveiller la remise et la réunion totale de cette caisse à la caisse de l'extraordinaire, et de lui proposer les dispositions ultérieures qui pourront accélérer la liquidation des objets existans provenant des dons patriotiques.

3. Lesdits commissaires sont autorisés à porter en dépense, dans l'arrêté du compte ordonné par l'article précédent, la somme de 1,200 liv., qui sera payée aux deux commis employés extraordinairement à la révision des titres, pièces et journaux des dons patriotiques, à l'apurement du compte général qui lui est présenté par les commissaires du comité des finances, et à sa confection.

4. Un double de ce compte général des dons patriotiques, signé par les trésoriers de cette caisse, visé et arrêté par les commissaires du comité des finances, et du procès-verbal de la remise et réunion totale de la caisse des dons patriotiques à la caisse de l'extraordinaire, sera déposé aux archives.

L'Assemblée nationale vote des remercîmens à MM. Anson et Virieux sur le zèle et l'activité qu'ils ont mis à remplir les fonctions de trésoriers des dons patriotiques, qui leur avaient été confiées par elle; elle en vote également au sieur Guillot, huissier à l'Assemblée nationale, qui a fait la vente des bijoux faisant partie des dons patriotiques, avec zèle et désintéressement, n'ayant pas voulu accepter aucune rétribution pour ses peines.

---

18 (16 et) = 19 JUIN 1791. — Décret relatif à la distribution de 2,600,000 livres entre les départemens, pour la confection de divers travaux. (L. 4, 1264; B. 15, 253.)

Art. 1er. Conformément au décret du 16 = 19 décembre 1790, et sur les observations et avis du ministre de l'intérieur, la distribution de 2,600,000 liv., à compte sur les 8,360,000 liv. restant des 15,000,000 de liv. destinées par cette même loi à subvenir aux dépenses des travaux utiles établis en conséquence, sera faite ainsi qu'il suit :

Somme, 150,000 liv. pour la navigation de la rivière de la Somme; Seine-Inférieure, 100,000 liv. pour le curement de la retenue de Saint-Valery-en-Caux; Calvados, 100,000 liv. pour la rivière d'Orne; Charente-Inférieure, 50,000 liv. pour le déblaiement du bassin de la Rochelle; le Gard, 150,000 liv. pour le canal de Beaucaire à Aigues-Mortes; Bouches-du-Rhône, 50,000 liv. pour les travaux à l'embouchure du Rhône; Isère, 50,000 liv. pour la continuation des digues contre les rivières et les torrens; Côte-d'Or, 50,000 liv.

pour la continuation du canal de Bourgogne aux abords de Dijon; Yonne, 600,000 liv. pour les travaux du canal de Bourgogne, entre Saint-Florentin et Montbard; Bas-Rhin, 150,000 liv. pour les travaux du Rhin; Nord, 100,000 liv. pour le canal de la Censée; Paris, 1,000,000 de l. pour la démolition de la porte Saint-Bernard, de la geole et de la barrière de la Râpée; réparations des quais et nouveaux ouvrages de construction, tant en amont qu'en aval du pont de Louis XVI; ouverture d'un nouveau canal à la Seine, en face de Passy; gare à exécuter au-dessous du pont de Charenton. — Total, 2,600,000 liv.

2. En conséquence de ces nouveaux travaux offerts aux ouvriers qui voudront se procurer de l'ouvrage, le Trésor public cessera, à compter du 1er juillet, d'entretenir les ateliers de Paris, et autres de même nature qui pourraient avoir été établis dans quelques autres parties du royaume.

3. Il est néanmoins enjoint à la municipalité de Paris de ne plus comprendre dans le rôle des ateliers, et ce dès à présent, les chefs de tous grades qui n'auraient pas le nombre d'ouvriers nécessaire, en préférant pour le renvoi les célibataires aux pères de famille, et de continuer de renvoyer les ouvriers reconnus n'avoir pas les qualités exigées par les décrets des 30 mai = 13 juin et 31 août = 10 septembre 1790. Il lui est pareillement enjoint de faire dès à présent cesser les travaux reconnus sans utilité.

4. Seront seulement exceptés de la disposition de l'article 2 du présent décret, quant à présent, les ateliers de filature établis dans Paris pour les femmes et enfans, en vertu des décrets du 30 mai = 13 juin 1790; et les fonds qui leur seront fournis, le seront à titre d'avance seulement, à rendre par la municipalité sur les revenus de la ville.

5. Les ouvriers occupés jusqu'ici dans les ateliers de Paris, qui témoigneraient le désir de se retirer dans leurs municipalités, à compter du présent jour jusqu'au 26 du présent mois, recevront trois sous par lieue, d'après les dispositions et aux conditions mentionnées en l'article 7 du décret du 30 mai = 13 juin, ci-dessus rapporté. Il sera tenu par la municipalité un rôle qui constatera les ouvriers qui se rendront à leurs municipalités et ceux qui resteront dans la capitale.

6. Il sera fait un fonds particulier pour l'achèvement de l'édifice dit de Sainte-Geneviève, confié, comme dépense nationale, aux soins du directoire du département de Paris, par le décret du 4 = 10 avril dernier, et dont les travaux ont, jusqu'à ce jour, été payés sur les fonds des ateliers de secours.

7. La Trésorerie nationale fera verser, de mois en mois, les sommes indiquées à l'article 1er du présent décret, dans les caisses des receveurs des districts dans l'enceinte desquels se feront ces travaux.

8. Ces travaux, donnés à l'entreprise par adjudications au rabais, seront établis et dirigés conformément aux dispositions de l'article 7 du décret du 16 = 19 décembre, et ouverts, au plus tard, le 1er juillet; et les sommes indiquées dans l'article 1er ne pourront être, sous aucun prétexte, employées à aucun autre usage et d'aucune autre manière.

9. Le ministre instruira tous les trois mois la législature du progrès de ces travaux et de leur situation.

10. L'Assemblée nationale se réserve de prononcer sur la distribution ultérieure des 5,760,000 livres restantes, ou par à-compte, ou définitivement, selon la nature et les circonstances des travaux et des besoins qui lui seront représentés par les divers départemens, en préférant, à égalité de besoins pareillement urgens, les départemens qui n'ont point de part dans la distribution faite par le présent décret, et en se conformant aux dispositions des articles 5, 6 et 7, du décret du 16 = 19 décembre 1790.

11. La municipalité de Paris, sous la surveillance du département, pourvoira à ce que les divers instrumens de travail appartenant à la nation, et qui servaient aux ateliers, soient soigneusement retirés pour être vendus, et le produit en être versé au Trésor public.

12. Le présent décret sera présenté dans le jour à la sanction du Roi.

Voy. 29 SEPTEMBRE 1790.

Art. 1er. Il sera procédé à la fabrication de 600 millions d'assignats; savoir : 140 millions en assignats de 500 livres, 130 millions en assignats de 100 livres, 130 millions en assignats de 50 livres, 50 millions en assignats de 90 livres, 50 millions en assignats de 70 livres, 50 millions en assignats de 60 livres. Lesdits assignats seront signés par les mêmes personnes qui ont signé les assignats émis en exécution du décret du 29 septembre dernier; ils seront de même papier, de même forme et de même composition, à la seule différence de l'énonciation de la date du présent décret, qui remplacera celle du décret du 29 septembre 1790.

2. Les assignats fabriqués conformément au précédent article ne seront mis en circulation, quant à présent, que jusqu'à concurrence de la somme de 160 millions, et il n'en sera sorti ensuite de la caisse à trois clefs, pour être mis en circulation, que dans la même proportion dans laquelle les assignats des créations décrétées précédemment et ce jourd'hui, rentreront à la caisse de l'extraordinaire et y auront été brûlés; desquels rentrée et brûlement il sera fait mention expresse dans chacun des procès-verbaux de sortie qui suivront la première émission de 160 millions, décrétée par le présent article.

3. Les assignats de la présente création formeront, dans le compte général de la caisse de l'extraordinaire, un compte particulier qui sera ouvert pour cet objet; il sera fait écritures et procès-verbaux particuliers de tout ce qui regardera la fabrication, l'émission, la rentrée et le brûlement desdits assignats, de manière que ce qui y sera relatif demeure absolument distinct et séparé de ce qui regarde les précédentes émissions.

4. Aussitôt que l'émission des assignats de la création du 29 septembre dernier sera achevée, et que la distribution desdits assignats sera complète, le trésorier de l'extraordinaire rendra public le compte général de l'emploi des assignats, tant de la première création et des coupons qui ont été délivrés avec partie d'iceux, que des assignats de la création du 29 septembre dernier.

Les décrets en exécution desquels chacun des articles de dépense aura été fait y seront rappelés : le compte sera visé et certifié par l'administrateur de la caisse de l'extraordinaire, imprimé et envoyé à tous les départemens et districts.

5. Les dispositions du présent décret ne changeront rien à ce qui a été décrété par l'Assemblée le 6 mai dernier, pour la création de 20 millions d'assignats de 5 livres chacun, faisant en somme 100 millions de livres, lesdits assignats n'étant destinés à être fournis au public qu'en échange d'assignats provenant de différentes créations, et ne devant augmenter en aucune manière la masse des assignats en circulation, laquelle demeure toujours fixée à la quantité de 1,200,000,000 de livres.

6. L'état des reconnaisances provisoires qui seront délivrées à la direction de liquidation, pour être employées en acquisition de domaines nationaux, sera imprimé chaque mois, à la suite du compte de la caisse de l'extraordinaire.

19 = 28 JUIN 1791. — Décret relatif à l'indemnité due aux princes d'Allemagne pour leurs possessions situées en France. (L. 4, 1361; B. 15, 277.)

L'Assemblée nationale, après avoir entendu le rapport du comité diplomatique, décrète que l'indemnité annoncée par le décret des 23 = 28 octobre 1790, en faveur des princes d'Allemagne, pour leurs possessions dans les départemens du Haut et Bas-Rhin, s'étendra également aux biens par eux possédés dans les autres départemens du royaume.

Décrète en outre que son intention a été de comprendre dans ladite indemnité leur non-jouissance des droits supprimés sans indemnité, à partir de l'époque de leur suppression jusqu'à celle du remboursement effectif.

19 JUIN 1791. — Banquiers en cour de Rome. *Voy.* 10 MAI 1791. — Barbiers-perruquiers; Contribution foncière de Paris. *Voy.* 17 JUIN 1791. — Divers départemens; Droits seigneuriaux. *Voy.* 15 JUIN 1791. — Répartition de fonds. *Voy.* 18 JUIN 1791.

20 = 28 JUIN 1791. — Décret relatif à la marque distinctive des commissaires de police. (L. 4, 1362; B. 15, 288.)

Les commissaires de police, lorsqu'ils seront en fonctions, porteront pour marque distinctive un chaperon d'étoffe aux trois couleurs de la nation.

20 (19 et) = 28 JUIN 1791. — Décret relatif à la poursuite des fonctionnaires publics ecclésiastiques qui refusent d'obéir à la loi. (L. 4, 1332; B. 15, 274.)

Voy. loi du 26 AOUT 1792.

L'Assemblée nationale décrète : 1° que les accusateurs publics seront tenus, sous peine de forfaiture et de destitution, de poursuivre tous ceux des anciens fonctionnaires publics ecclésiastiques qui, depuis leur remplacement entièrement consommé par l'installation de leurs successeurs, ou même depuis la notification à eux faite de la nomination desdits successeurs, auraient continué ou continueraient les mêmes fonctions publiques, et de requérir contre eux l'exécution des décrets des 27 novembre et 4 avril derniers ;

2° Que les fonctionnaires publics ecclésiastiques, qui auraient prêté le serment et se seraient rétractés, ou se rétracteraient à l'avenir, seront privés de tout traitement et pension accordés par les précédens décrets.

---

20 = 28 JUIN 1791. — Décret relatif aux assignats de cinq livres. (L. 4, 1337; B. 15, 279.)

Art. 1er. Les assignats de cinq livres seront timbrés, numérotés et comptés dans l'emplacement ci-devant occupé par la bibliothèque des Augustins de la place des Victoires.

2. Le trésorier de l'extraordinaire est autorisé à employer, pour accélérer cette fabrication, le nombre des numéroteurs, inspecteurs et timbreurs qui lui paraîtront nécessaires.

3. Le traitement des numéroteurs ne pourra excéder la somme de 5 livres par chaque mille; celui des inspecteurs, celle de 3 livres par mille, et celui des timbreurs et compteurs réunis, celle d'une livre 10 sous.

4. Le trésorier de l'extraordinaire est autorisé à employer, sous ses ordres et sa responsabilité :

1° Une personne chargée de conduire et diriger les opérations de cette fabrication, au traitement de 1,000 livres par mois;

2° Un contrôleur chargé de les surveiller, au traitement de 500 livres par mois;

3° Deux commis pour tenir les livres d'enregistrement de la remise des papiers aux différens employés, au traitement de 150 livres par mois chacun;

4° Un fondé de sa procuration pour retirer les papiers déposés aux archives, les compter et les remettre à la fabrication, au traitement de 200 livres par mois;

5° Deux inspecteurs pour la garde des coins et la surveillance des timbres, au traitement de 150 livres par mois chacun ;

6° Enfin, le nombre des garçons de bureau nécessaire au service de l'établissement, au traitement de 50 sous par jour.

5. Les assignats de 500 livres et autres, dont la fabrication a été ordonnée par le décret du 19 de ce mois, seront exécutés dans le même emplacement, et sous la direction et la surveillance des mêmes personnes.

---

20 JUIN = 6 JUILLET 1791. — Décret relatif au commerce au-delà du cap de Bonne-Espérance et aux colonies françaises. (L. 5, 18; B. 15, 280; Mon. du 21 juin 1791.)

Art. 1er. Les armemens pour le commerce au-delà du cap de Bonne-Espérance pourront se faire dans tous les ports ouverts au commerce des colonies françaises de l'Amérique; ils jouiront des mêmes immunités, et seront assujétis aux mêmes droits.

2. Les capitaines et armateurs seront tenus de prendre, au bureau de départ, un acquit-à-caution, lequel énoncera toutes celles des marchandises et denrées embarquées sur les navires qui sont sujettes à des droits de sortie; ils s'obligeront de rapporter, dans le terme de trois années, le certificat de décharge desdites marchandises et denrées, au lieu de la destination, signé par le gouverneur ou commandant pour le Roi audit lieu, à peine de payer le double des droits de sortie auxquels elles sont imposées.

3. Les navires chargés de marchandises provenant du commerce au-delà du cap de Bonne-Espérance ne pourront faire leurs retours qu'à Lorient et à Toulon; et lesdites marchandises ne jouiront de l'entrepôt que dans ces deux ports. En cas de décharge forcée dans un autre port du royaume, ce dont il devra être justifié, les marchandises seront déposées dans un magasin particulier, aux frais de l'armateur ou des propriétaires, sous la garde des préposés de la régie, et transportées par mer à Lorient ou à Toulon, sous plombs et par acquit-à-caution.

4. Les marchandises du commerce au-delà du cap de Bonne-Espérance ne seront réputées provenir du commerce national, qu'autant que les navires qui les apporteront auront été armés dans le royaume, ou aux îles de France et de Bourbon, et seront montés par des équipages français, dans la proportion indiquée par les ordonnances; à défaut, lesdites marchandises seront traitées comme celles venant de l'étranger.

5. Pour prévenir les versemens qui pourraient être faits des marchandises provenant dudit commerce, la régie pourra envoyer en mer, au-devant des vaisseaux, tel nombre d'employés qu'elle jugera convenable, lesquels employés seront autorisés à rester à bord desdits bâtimens jusqu'après leur entier déchargement.

6. Les capitaines seront tenus de donner au bureau de la douane, dans les vingt-quatre heures de leur arrivée, une déclaration du nombre de balles, ballots, caisses et futailles composant leur chargement, d'en indiquer les marques, numéros ou adresses.

7. Les marchandises ne seront déchargées, savoir, à Lorient, que devant les magasins destinés à les recevoir, et à Toulon, que dans l'endroit du port le plus près desdits magasins. Celles dont on n'acquittera pas les droits aussitôt leur arrivée seront déposées, à mesure qu'elles sortiront du navire, dans des magasins particuliers, sous les clefs des préposés de la régie et des capitaines, armateurs ou consignataires; elles ne pourront être mises avec celles précédemment importées, qu'après que les quantités et qualités en auront été constatées.

8. La décharge du navire finie, il sera procédé, en présence du capitaine ou de l'arma-

3.

4

teur, à la vérification des ballots, tonneaux ou caisses déclarés, pour reconnaître si tous ont été apportés dans les magasins; en cas de déficit d'aucun des ballots, tonneaux ou caisses, il en sera usé ainsi qu'il sera prescrit par la loi générale.

9. Les propriétaires ou consignataires des marchandises ainsi emmagasinées seront tenus d'en donner, dans les six semaines de l'arrivée, une déclaration détaillée, de fournir leurs soumissions cautionnées, de représenter, à toute réquisition, celles desdites marchandises qui seront sujettes à des droits, et de mettre dans des magasins séparés celles qui en seront exemptes. Dans le cas où lesdits propriétaires ou consignataires ignoreraient le poids ou l'espèce desdites marchandises, ils pourront, pour s'en assurer et fournir leurs déclarations et soumissions en conséquence, faire procéder, en présence des préposés de la régie, à l'ouverture des balles, ballots, caisses ou futailles qui contiendront lesdites marchandises.

10. Si, par le résultat de la vérification des déclarations, il est trouvé des marchandises dont l'entrée soit défendue ou dont les droits soient plus forts que ceux dus sur les marchandises déclarées, la confiscation en sera prononcée avec amende de cent livres. Seront exceptées de cette disposition les marchandises prohibées par le nouveau tarif qui seront importées sur des bâtimens partis des ports du royaume ou des îles de France et de Bourbon, avant la promulgation du présent décret. Ces marchandises seront mises dans un magasin particulier, et renvoyées à l'étranger dans les dix-huit mois de l'arrivée.

11. La soumission énoncée dans l'art. 9 du présent décret étant fournie, les marchandises seront mises dans d'autres magasins, où les propriétaires pourront les bénéficier, ainsi que dans les cours attenant auxdits magasins; les déchets provenant de ces bénéficiemens, seront constatés en présence des préposés de la régie; il en sera fait mention en marge de l'acte de l'entrepôt; et, dans ce cas, les soumissionnaires ne seront tenus des droits que pour les quantités existant réellement.

12. Pour concilier la sûreté de la perception, avec les facilités qu'exigent le bénéficiement des marchandises, et leur transport d'un magasin à l'autre et dans les cours, les préposés de la régie à Lorient auront les clefs des grilles extérieures, et pourront faire, dans lesdites cours et magasins, les vérifications et recensemens qu'ils jugeront convenables. Il sera pris, dans le même objet, pour les marchandises qui seront entreposées à Toulon, toutes les précautions que le local comportera,

13. L'entrepôt accordé aux marchandises sujettes aux droits d'entrée sera de cinq années pour les toiles rayées ou à carreaux, ainsi

que pour les guinées bleues, et de deux années pour les autres marchandises; le tout à compter du jour de leur arrivée en France.

Celles desdites marchandises qui seront retirées de l'entrepôt pendant sa durée, à l'exception des toiles rayées ou à carreaux et des guinées bleues destinées pour la côte d'Afrique, acquitteront, à leur sortie des magasins, les droits du tarif, et il en sera fait mention sur le registre d'entrepôt. Les délais ci-dessus expirés, le soumissionnaire sera tenu de payer les droits des marchandises restantes, et de les faire sortir de suite des magasins. Les droits sur les cafés des îles de France et de Bourbon seront acquittés dans le terme fixé pour ceux des colonies françaises de l'Amérique.

14. Aucune marchandise ne pourra sortir desdits magasins, qu'après déclaration et visites; celles sujettes aux droits seront accompagnées de l'acquit de paiement. Il devra être représenté un passavant pour celles exemptes; et les toiles rayées ou à carreaux, ainsi que les guinées bleues destinées pour la côte d'Afrique, seront accompagnées des expéditions nécessaires à assurer cette destination.

Ces expéditions, pour pouvoir être appliquées aux marchandises que l'on voudra faire sortir desdits magasins, ne devront pas être d'une date antérieure au jour qui précédera celui de la sortie.

Les marchandises imposées à des droits d'entrée, qui se trouveront dans lesdits magasins, seront tenues de les acquitter, lors même qu'elles ne seraient pas comprises dans la soumission d'entrepôt.

15. Les toiles et guinées destinées pour la côte d'Afrique pourront être envoyées par suite d'entrepôt, et jusqu'à ce que le délai en soit expiré, dans tous les ports qui feront des armemens pour le commerce. Ce transport aura lieu par mer ou par terre indistinctement, pourvu que l'expédition s'en fasse sous plombs et par acquit-à-caution.

Ces marchandises seront déclarées, présentées et reconnues au bureau d'arrivée, ensuite déposées sous la clef de la régie.

Celles qui ne seront pas envoyées à la côte d'Afrique dans le délai fixé acquitteront les droits, à l'expiration du délai de l'entrepôt, dans le port où elles se trouveront.

16. Pour connaître les quantités et espèces de marchandises qui se trouveront dans les magasins de Lorient, il en sera fait, immédiatement après la publication du présent décret, un recensement général.

Les propriétaires desdites marchandises, dont les droits auront été payés ou assurés, seront tenus de les retirer de suite des magasins; il sera donné, pour celles qui n'auront point acquitté les droits, une soumission de les payer lors de leur sortie de l'entrepôt, ou au premier novembre 1792, si à cette époque elles n'en avaient point encore été retirées.

17. Les denrées des îles de France et de Bourbon pour lesquelles on ne représentera pas, lors de la déclaration, les certificats d'origine, exigés par l'article 6 du tarif, seront traitées, savoir, le café, comme celui de Moka, et les autres productions, comme si elles venaient de l'étranger.

18. La restitution de la moitié des droits d'entrée, accordée par l'article 8 du nouveau tarif aux toiles de coton blanches, basins, nankins, mousselines, mouchoirs, toiles rayées et à carreaux, et aux guinées bleues provenant du commerce des Français au-delà du cap de Bonne-Espérance, *qui seront envoyées par mer à l'étranger*, n'aura lieu qu'autant que l'exportation s'en fera directement des entrepôts de Lorient ou de Toulon, et qu'après que l'embarquement desdites marchandises pour l'étranger aura été constaté.

19. La restitution des droits accordée par l'article 9 du même tarif aux toiles de coton blanches destinées à être teintes ou imprimées pour la côte d'Afrique, n'aura lieu que sous les conditions ci-après.

La destination sera donnée auxdites toiles lors du paiement des droits; elles seront de suite expédiées sous plombs pour le port où l'on se proposera de les faire teindre ou imprimer. A leur arrivée dans ce port, lesdites toiles seront présentées à la douane, avec l'acquit du paiement qui devra les accompagner, lequel sera transcrit sur un registre de compte ouvert. Lesdites formalités remplies, il sera appliqué à chaque pièce desdites toiles une empreinte propre à en assurer la reconnaissance. Ces toiles, remises à celui qui les aura présentées, seront, après l'impression, rapportées au bureau pour y être reconnues. Celles jugées être les mêmes seront mises en dépôt sous les clefs de la régie, aux frais des propriétaires. Si le chargement pour la côte d'Afrique en est fait dans les deux années du dépôt, le droit qu'elles auront payé sera restitué au négociant, qui en donnera sa reconnaissance sur l'acquit-à-caution de paiement. Ce délai expiré, la restitution n'aura plus lieu et lesdites toiles seront remises aux négocians.

20. Au moyen de la restitution accordée par l'article ci-dessus, les toiles imprimées, peintes, rayées et à carreaux, venant de l'étranger, seront soumises aux droits du tarif général, nonobstant la destination pour la côte d'Afrique; l'entrepôt en franchise pour la même destination n'aura lieu que pour les guinées bleues étrangères.

21. Indépendamment des droits fixés par le tarif sur les marchandises du commerce au-delà du cap de Bonne-Espérance, les armateurs ou consignataires des navires qui auront

apporté lesdites marchandises paieront, dans les deux mois de leur arrivée à Lorient, pour tenir lieu du loyer des magasins *qui appartiennent à la nation*, un droit de cinquante sous par tonneau de la contenance desdits bâtimens.

Le recouvrement de ce droit sera fait par le receveur de district, à la charge par lui de verser son produit au Trésor public, comme le revenu des autres biens nationaux, et d'entretenir les magasins en bon état. S'il est employé au même usage, à Toulon, des édifices ou maisons appartenant également à la nation, il y sera perçu pour le receveur du district un pareil droit de 50 sous par tonneau, aux mêmes charges et conditions énoncées pour Lorient : dans tous les cas, les magasins seront aux frais des négocians.

22. Le droit d'indult, qui était perçu en sus des droits d'entrée ordinaires sur les marchandises du commerce des Français dans l'Inde, ou sur les marchandises de même nature que celles de l'Inde, apportées par le commerce étranger, demeure supprimé, à compter du jour où le nouveau tarif a eu son exécution.

23. Il ne sera plus apposé de plombs et de bulletins sur les tissus provenant du commerce français dans l'Inde; en conséquence, les poinçons, matrices et presses servant actuellement à l'apposition de ces marques, seront brisées en présence des préposés de la régie à Lorient, d'après la remise qui en sera faite par les agens de la ci-devant compagnie des Indes, sur la réquisition desdits préposés,

Les agens de ladite compagnie seront également tenus de remettre au directeur des douanes nationales à Lorient, à sa première réquisition, les clefs des grilles extérieures des magasins.

24. Ladite compagnie cessera de jouir, à compter de la promulgation du décret du 3 avril 1790, qui a déclaré libre le commerce des Français au-delà du cap de Bonne-Espérance, de la portion des droits perçus sur les toiles de coton et sur les toiles peintes étrangères, qui lui avait été accordée par l'arrêt de son établissement, et des parts qui lui étaient réservées sur le produit des saisies desdites toiles et des mousselines étrangères.

Tous procès par elle intentés, pour raison de son privilége, à l'occasion des marchandises apportées à Lorient par le commerce particulier, sont et demeurent éteints, et elle ne pourra former aucune nouvelle action sous prétexte dudit privilége.

25. Les dispositions de la loi générale sur les douanes, et de celle particulière au commerce des colonies françaises, seront exécutées pour le commerce au-delà du cap de Bonne-Espérance, dans tous les cas non prévus par le présent décret.

20 = 21 JUIN 1791. — Décret relatif au versement de fonds au Trésor public par la caisse de l'extraordinaire. (B. 15, 278.)

20 = 28 JUIN 1791. — Décret qui accorde une gratification de 6,000 livres au sieur Gaspard, pour l'établissement des nouvelles pompes dans les vaisseaux. (L. 4, 1349; B. 15, 277.)

20 JUIN 1791. — Administration. *Voy.* 15 JUIN 1791. — Fourrages. *Voy.* 12 JUIN 1791.

21 JUIN 1791. — Décret relatif au maintien de l'ordre public. (L. 4, 1271; B. 15, 289; Mon. du 22 juin 1791.)

L'Assemblée nationale déclare aux citoyens de Paris et à tous les habitans de l'empire, que la même fermeté qu'elle a portée au milieu de toutes les difficultés qui ont accompagné ses travaux, va diriger ses délibérations à l'occasion de l'enlèvement du Roi et de la famille royale. Elle avertit tous les citoyens que le maintien de la constitution, que le salut de l'empire, n'ont jamais exigé plus impérieusement le bon ordre et la tranquillité publique; que l'Assemblée nationale a pris les mesures les plus actives pour suivre les traces de ceux qui se sont rendus coupables de l'enlèvement du Roi et de la famille royale; qu'elle va, sans interruption de ses séances, employer tous les moyens pour que la chose publique ne souffre pas de cet évènement; que tous les citoyens doivent se reposer entièrement sur elle des soins qu'exige le salut de l'empire, et que tout ce qui exciterait le trouble, effraierait les personnes, menacerait les propriétés, serait d'autant plus coupables, que par là seraient compromises et la liberté et la constitution.

Ordonne que les citoyens de Paris se tiendront prêts à agir pour le maintien de l'ordre public et la défense de la patrie, suivant les ordres qui leur seront donnés d'après les décrets de l'Assemblée nationale.

Ordonne aux administrateurs du département et aux officiers municipaux de faire promulguer aussitôt le présent décret, et de veiller avec soin à la tranquillité publique.

21 JUIN 1791. — Décret relatif au mode d'exécution des décrets de l'Assemblée nationale. (L. 4, 1273; B. 15, 191.).

L'Assemblée nationale décrète que, provisoirement et jusqu'à ce qu'autrement il soit ordonné, les décrets rendus par elle seront mis à exécution par les ministres actuels, et qu'il est enjoint au ministre de la justice d'y apposer le sceau de l'Etat, sans qu'il soit besoin de la sanction ou de l'acceptation du Roi.

21 JUIN 1791. — Décret qui déclare que la volonté de la nation française est de rester en paix avec les états et royaumes étrangers. (L. 4, 1277; B. 15, 316.)

L'Assemblée nationale, le Roi absent, ordonne que le ministre des affaires étrangères fera connaître aux ambassadeurs et ministres des puissances résidant actuellement à Paris, ainsi qu'aux ambassadeurs de France auprès des états et royaumes étrangers, la volonté de la nation française de continuer avec lesdits états et royaumes la correspondance d'amitié et de bonne intelligence qui a existé jusqu'à présent, et instruira lesdits ambassadeurs et résidens pour les puissances, qu'ils doivent remettre à M. de Montmorin les notes officielles dont ils seront chargés de la part des princes et des états respectifs.

21 JUIN 1791. — Décret portant que le service de la poste aux lettres ne souffrira aucune interruption. (B. 15, 320.)

Sur la connaissance donnée à l'Assemblée nationale d'un arrêté du département de Paris, qui, sur la motion d'une section, avait cru devoir ordonner que la distribution des lettres serait provisoirement suspendue, et que cet objet serait référé aux comités des recherches et des rapports réunis;

L'Assemblée nationale a décrété que le service de la poste aux lettres ne souffrirait aucune interruption.

21 = 22 JUIN 1791. — Décret relatif à la mise en activité de la garde nationale. (L. 4, 1281; B. 15, 317; Mon. du 23 juin 1791.)

L'Assemblée nationale, voulant pourvoir, dans les circonstances actuelles, à la sûreté extérieure et intérieure de l'Etat, et au maintien de la constitution, décrète ce qui suit:

Art. 1er. La garde nationale du royaume sera mise en activité, suivant les dispositions énoncées dans les articles ci-après.

2. Les départemens du Nord, du Pas-de-Calais, de l'Aisne, des Ardennes, de la Moselle, de la Meuse, de la Meurthe, du Bas-Rhin, du Haut-Rhin, de la Haute-Saône, du Doubs, du Jura, du Var, fourniront le nombre de gardes nationales que leur situation exige, et que leur population leur permettra.

3. Les autres départemens fourniront de deux à trois mille hommes, et néanmoins les villes pourront ajouter à ce nombre ce que leur population leur permettra.

4. En conséquence, tout citoyen et fils de citoyen en état de porter les armes, et qui voudra les prendre pour la défense de l'Etat et le maintien de la constitution, se fera inscrire, immédiatement après la publication du présent décret, dans sa municipalité, la-

quelle enverra aussitôt la liste des enregistrés aux commissaires que le directoire du département nommera, soit parmi les membres du conseil général, soit parmi les autres citoyens, pour procéder à la formation.

5. Les gardes nationales enregistrées seront répartis en bataillons de dix compagnies chacun, et chaque compagnie composée de cinquante gardes nationales, non compris les officiers, sous-officiers et tambours.

6. Chaque compagnie sera commandée par un capitaine, un lieutenant, un sous-lieutenant, deux sergens, un fourrier et quatre caporaux.

7. Chaque bataillon sera commandé par un colonel et deux lieutenans-colonels.

8. Tous les individus composant la compagnie nommeront leurs officiers et sous-officiers; l'état-major sera nommé par tout le bataillon.

9. Du jour du rassemblement de ces compagnies, tous les citoyens qui les composeront recevront, savoir, le garde national 15 sous par jour, le caporal et le tambour une solde et demie, le sergent et le fourrier deux soldes, le sous-lieutenant trois soldes, le lieutenant quatre soldes, le capitaine cinq soldes, le lieutenant-colonel six soldes, et le colonel sept soldes.

10. Lorsque la situation de l'État n'exigera plus le service extraordinaire de ces compagnies, les citoyens qui les composent cesseront d'être payés, et rentreront dans leurs compagnies de gardes nationales, sans conserver aucune distinction.

11. Il sera fait un réglement sur le service et la discipline de ces compagnies.

21 = 22 JUIN 1791. — Décret relatif à la validité et à la formule des décrets de l'Assemblée nationale en l'absence du Roi. (L. 4, 1284; B. 15, 292; Mon. du 23 juin 1791.)

L'Assemblée nationale décrète ce qui suit:

1° Les décrets de l'Assemblée nationale déjà rendus, qui n'auraient été ni sanctionnés ni acceptés par le Roi, ainsi que les décrets à rendre qui ne pourraient être ni sanctionnés ni acceptés, à raison de l'absence du Roi, porteront néanmoins le nom, et auront dans toute l'étendue du royaume la force des lois, et la formule ordinaire continuera d'y être employée.

2° Il est enjoint au ministre de la justice d'y apposer le sceau de l'État, sans qu'il soit besoin de la sanction ni de l'acceptation du Roi, et de signer, tant les minutes des décrets, qui doivent être déposées aux archives nationales et à celles de la chancellerie, que les expéditions des lois, qui doivent être renvoyées aux tribunaux et aux corps administratifs.

3° Les ministres sont autorisés à se réunir pour faire et signer ensemble les proclamations et autres actes de même nature.

21 = 25 JUIN 1791. — Décret relatif à l'authenticité des signatures et des sceaux des décrets, et autres expéditions de l'Assemblée nationale. (L. 4, 1286; B. 15, 291; Mon. du 23 juin 1791.)

L'Assemblée nationale, voulant prévenir les maux qui pourraient résulter de l'envoi dans les départemens et districts, de décrets, avis et autres expéditions qu'on y ferait circuler au nom de l'Assemblée, déclare que les seuls sceaux authentiques de ses décrets et expéditions, sont celui qui est appliqué aux décrets, lequel porte les mots, *La loi et le Roi. Assemblée nationale 1789*; et le sceau de ses archives pour les expéditions qui y sont délivrées, portant les mots, *La nation, la loi et le Roi. Archives nationales.* Elle avertit les assemblées administratives et les fonctionnaires publics de veiller, avec le plus grand soin, sur les exemplaires de décrets qui pourraient se répandre parmi le peuple, afin de constater l'authenticité ainsi que la vérité des signatures et des sceaux; et, pour prévenir l'abus du sceau portant les mots, *Assemblée nationale 1789, la loi et le Roi,* décrète que tous les cachets portant lesdits mots seuls seront, par les soins de l'archiviste, déposés en un même lieu et confiés aux commissaires des décrets, pour veiller à l'apposition dudit sceau sur les décrets.

21 JUIN 1791. — Décret qui ordonne d'arrêter toutes personnes quelconques sortant du royaume, et d'empêcher toute sortie d'effets, armes, munitions ou espèces d'or et d'argent, etc. (L. 4, 1269; B. 15, 289.)

L'Assemblée nationale ordonne que le ministre de l'intérieur expédiera à l'instant des courriers dans tous les départemens, avec ordre à tous les fonctionnaires publics et gardes nationales ou troupes de ligne de l'empire, d'arrêter ou faire arrêter toutes personnes quelconques sortant du royaume, comme aussi d'empêcher toute sortie d'effets, armes, munitions, ou espèces d'or et d'argent, chevaux, voitures et munitions; et, dans le cas où lesdits courriers joindraient quelques individus de la famille royale et ceux qui auraient pu concourir à leur enlèvement, lesdits fonctionnaires publics ou gardes nationales et troupes de ligne seront tenus de prendre toutes les mesures nécessaires pour arrêter ledit enlèvement, les empêcher de continuer leur route, et rendre ensuite compte du tout au Corps-Législatif.

21 JUIN 1791. — Décret relatif à l'administration de la caisse de l'extraordinaire. (L. 4, 1280; B. 15, 316.)

L'Assemblée nationale décrète que le commissaire nommé par le Roi pour l'administration de la caisse de l'extraordinaire, sera autorisé de signer seul les ordonnances mentionnées en l'article 4 du décret du 6 = 15 décembre dernier, jusqu'à ce qu'il en soit autrement ordonné, et sera ledit commissaire du Roi responsable desdites ordonnances, conformément audit article.

21 JUIN 1791. — Décret qui mande M. de La Porte, intendant de la liste civile, pour rendre comte à l'Assemblée nationale des faits dont il a connaissance. (B. 15, 292.)

21 JUIN 1791. — Décret qui mande M. D'Affry, commandant des troupes de ligne dans le département de Paris et dans les départemens voisins, pour rendre compte des mesures qu'il a prises pour assurer la tranquillité publique. (B. 15, 293.)

21 JUIN 1791. — Décret qui approuve un arrêté du département de Paris, et portant qu'il viendra tenir ses séances dans un des bureaux de l'Assemblée. (B. 15, 290.)

21 JUIN 1791. — Décret pour établir une forte garde aux dépôts des affaires étrangères, de la guerre, de la marine et autres. (B. 15, 295.)

21 JUIN 1791. — Décret qui renvoie aux comités des recherches et des rapports, trois lettres trouvées dans les appartemens des Tuileries. (B. 15, 295.)

21 JUIN 1791. — Décret portant qu'il sera dressé un procès-verbal de l'état actuel de la Trésorerie et de la caisse de l'extraordinaire. (B. 15, 295.)

21 JUIN 1791. — Décret relatif à la déclaration du Roi adressée à tous les Français à sa sortie de ·Paris (suit la teneur de cette déclaration). (B. 15, 296 et suiv.)

21 JUIN 1791. — Décret portant que le ministre fournira un tableau des états de distribution du numéraire versé dans le Trésor public. (B. 15, 317.)

21 JUIN 1791. — Décret qui ordonne l'apposition des scellés aux palais des Tuileries et du Luxembourg. (L. 4, 1294; B. 15, 295.)

21 JUIN 1791. — Décret qui ordonne le versement au Trésor public, par la caisse de l'extraordinaire, d'une somme de 28,327,177 livres, pour le service du mois de mai. (L. 4, 1278.)

21 JUIN 1791. — Décret qui admet provisoirement les ministres aux séances de l'Assemblée nationale. (B. 15, 291.)

21 JUIN 1791 — Décret qui autorise le ministre de la guerre à traiter avec le sieur Grandpré, pour l'armement des gardes nationales. (B. 15, 319.)

21 JUIN 1791. — Décret qui ordonne l'impression et l'envoi à tous les départemens et districts, du procès-verbal de ce jour. (B. 15, 308.)

22 JUIN 1791. — Décret pour accélérer l'organisation de la gendarmerie nationale. (L. 4, 1296; B. 15, 320.)

L'Assemblée nationale décrète :

Que le ministre de la guerre expédiera, dans la journée, les brevets de tous les officiers ou sous-officiers de la gendarmerie nationale dont la nomination est en état;

Qu'il donnera l'ordre à tous les officiers, sous-officiers ou gendarmes de la gendarmerie nationale, de se rendre sur-le-champ à leurs postes respectifs;

Que les comités de constitution et militaire présenteront, dans la journée ou demain matin, les articles additionnels nécessaires pour que l'organisation de la gendarmerie nationale soit complétement achevée dans le plus court délai.

22 JUIN 1791. — Décret relatif à la libre circulation du numéraire dans l'intérieur du royaume. (L. 4, 1297; B. 15, 341.)

L'Assemblée nationale, considérant combien il importe au maintien de la tranquillité publique, que la libre circulation du numéraire ne soit pas interrompue dans l'intérieur, et que le paiement du prêt des troupes dans les diverses garnisons du royaume, qui ne peut se faire qu'en argent, soit assuré avec la plus grande exactitude; que la chose publique éprouverait les plus grands dangers, si, par des entraves arbitraires, les expéditions du numéraire que le Trésor public est obligé de faire par la voie des messageries étaient arrêtées dans les différens lieux où passent les diligences; qu'il serait également dangereux et impolitique d'arrêter les envois que les particuliers font dans l'intérieur, pour leurs affaires personnelles; que ce serait un moyen d'accroître la disette de numéraire dans la capitale, parce que le retour des espèces deviendrait plus difficile et plus rare; décrète qu'il ne peut être apporté aucun obstacle, sous quelque prétexte que ce soit, à la libre circulation du numéraire dans l'intérieur du royaume; recommande et enjoint à tous les corps administratifs, aux municipalités et aux gardes nationales, de protéger de tout leur pouvoir ladite circulation et le libre passage des diligences et autres voitures de messageries, sur lesquelles seraient chargées des espèces enregistrées et énoncées sur les feuilles de recettes dont les conducteurs des diligences sont porteurs, soit pour le compte du Trésor public, soit pour le compte des particuliers.

L'Assemblée nationale déclare que le présent décret ne préjudicie pas à celui de la veille, qui défend l'exportation du numéraire hors du royaume; enjoint au ministre de l'intérieur d'en recommander l'exécution aux municipalités des frontières.

Ordonne que l'expédition du présent décret sera envoyée sur-le-champ au ministre de l'intérieur.

22 JUIN 1791. — Décret relatif à la formule du serment à prêter par l'armée, et à l'envoi de commissaires dans les départemens frontières. (L. 4, 1299; B. 15, 338.)

L'Assemblée nationale décrète ce qui suit :

1° Que le serment ordonné les 11 et 13 juin, présent mois, sera prêté dans la forme qui suit :

« Je jure d'employer les armes remises en « mes mains à la défense de la patrie, et à « maintenir, contre tous ses ennemis du de- « dans et du dehors, la constitution décrétée « par l'Assemblée nationale; de mourir plu- « tôt que de souffrir l'invasion du territoire « français par des troupes étrangères, et de « n'obéir qu'aux ordres qui seront donnés « en conséquence des décrets de l'Assemblée « nationale. »

2° Que les commissaires, pris dans le sein de l'Assemblée, seront envoyés dans les départemens frontières, pour y recevoir le serment ci-dessus, dont il sera dressé procès-verbal; pour y concerter, avec les corps administratifs et les commandans des troupes, les mesures qu'ils croiront propres au maintien de l'ordre public et à la sûreté de l'État, et faire, à cet effet, toutes les réquisitions nécessaires.

3° En conséquence, l'Assemblée nationale nomme pour commissaires MM. de Custine, Chasset et Reignier, pour les départemens du Haut-Rhin, du Bas-Rhin et des Vosges; MM. Desprez de Crassier, Regnaud de Saint-Jean-d'Angély et la Cour d'Aubesieux, pour les départemens de l'Ain, de la Haute-Saône, du Jura et du Doubs; MM. Biron, Alquier et Bouillé, pour les départemens du Nord et du Pas-de-Calais; MM. Montesquiou, de Visme et Colonna, pour les départemens des Ardennes, de la Meuse et de la Moselle; et MM. de Sinetty, Prieur et Ramel Nogaret, pour le département du Finistère. Ordonne qu'immédiatement après la prestation du serment des troupes, MM. de Custine, Montesquiou, Desprez, de Crassier, Biron et de Sinetty, viendront rendre compte à l'Assemblée nationale de l'état des départemens qu'ils auront visités.

22 = 23 JUIN 1791. — Décret qui ordonne de prendre les mesures les plus puissantes et les plus actives pour protéger la sûreté de la personne du Roi, de l'héritier présomptif de la couronne et des autres personnes de la famille royale dont le Roi est accompagné, et pour assurer leur retour à Paris. (L. 4, 1301; B. 15, 357; Mon. du 24 juin 1791.)

L'Assemblée nationale, ouï la lecture des lettres et autres pièces à elle adressées par les municipalités de Varennes, Sainte-Méné-hould et Châlons, le directoire du district de Clermont et les administrateurs du département de la Marne, décrète que les mesures les plus puissantes et les plus actives seront prises pour protéger la sûreté de la personne du Roi, de l'héritier présomptif de la couronne et des autres personnes de la famille royale dont le Roi est accompagné, et assurer leur retour à Paris; ordonne que, pour l'exécution de ces dispositions, MM. de Latour-Maubourg, Péthion et Barnave se rendront à Varennes et autres lieux où il serait nécessaire de se transporter, avec le titre et le caractère de commissaires de l'Assemblée nationale.

Leur donne pouvoir de faire agir les gardes nationales et les troupes de ligne; de donner des ordres aux corps administratifs et municipalités, et à tous officiers civils et militaires, et généralement de faire et ordonner tout ce qui sera nécessaire en exécution de leur mission;

Leur recommande spécialement de veiller à ce que le respect dû à la dignité royale soit maintenu.

Décrète, en outre, que lesdits commissaires seront accompagnés de M. Dumas, adjudant-général de l'armée, chargé de faire exécuter leurs ordres.

22 JUIN = 6 JUILLET 1791. — Décret relatif à la marine. (L. 5, 31; B. 15, 321.)

Art. 1er. Les maîtres pilotes non entretenus, ayant dix ans au moins de navigation sur les vaisseaux de l'État, recevront, lorsqu'ils ne seront point à la mer, une demi-solde égale à la moitié des appointemens dont ils jouissaient à l'époque de leur suppression, à charge par eux de résider dans les ports, pour y être employés au besoin du service.

2. Les premiers pilotes qui étaient dans le cas d'être faits entretenus pour remplir les places vacantes à l'époque de l'organisation militaire, seront traités dans la formation prochaine comme les entretenus.

3. Tous les pilotes faits enseignes en vertu du décret d'application, seront appelés à partager avec les maîtres d'équipage et les maîtres canonniers les places d'enseignes entretenus, réservées aux maîtres par les précédens décrets.

4. Les seconds pilotes qui auront passé l'âge de trente ans ne seront point exclus de se présenter au concours pour le grade d'enseignes entretenus.

5. Les élèves et volontaires de la marine qui, ayant complété six années de navigation, avaient acquis, par l'ordonnance de 1786, le droit d'être faits lieutenans ou sous-lieutenans, seront appelés à concourir, pour le grade de lieutenant et pour les cent premières places d'enseignes entretenus, avec les sous-lieutenans, à raison de leur ancienneté respective.

6. Les lieutenans et enseignes entretenus seront embarqués, à tour de rôle, sur les vaisseaux et corvettes de l'État, excepté pour les commandemens en chef.

Les capitaines de vaisseau de guerre auront le choix de deux lieutenans, et les commandans de frégates, d'un de ceux qui devront être dans l'état-major du vaisseau.

Seront exceptées de cette règle les campagnes extraordinaires par leur objet ou par les difficultés qui peuvent les accompagner. Le choix des officiers sera entièrement laissé au commandant.

7. Tous les enseignes non entretenus, jouissant, pour cause de réforme, d'un traitement ou demi-solde quelconque, seront appelés à servir sur les vaisseaux de l'État, au défaut des enseignes entretenus, et de préférence à tous les autres enseignes.

22 JUIN 1791. — Décret relatif aux mesures à prendre pour assurer le retour du Roi, et par lequel l'Assemblée témoigne sa satisfaction du bon ordre qui a régné dans Paris. (B. 15, 359.)

L'Assemblée ordonne au département, au maire de Paris, et au commandant de la garde nationale de prendre toutes les mesures pour que le retour du Roi se fasse avec ordre et tranquillité. Elle témoigne sa satisfaction du calme et du bon ordre qui ont régné dans Paris depuis deux jours.

22 JUIN = 10 JUILLET 1791. — Décret relatif à l'exécution du tarif général des droits de traite dans divers cantons. (L. 5, 98; B. 15, 342.)

Art. 1er. Le tarif général des droits de traite sera exécuté à l'entrée et à la sortie des îles de Croix, du Bouin, de la Crosnière et de Noirmoutier; et cependant les habitans desdites îles ne pourront apporter en exemption de droits dans les ports de France que les produits de leur culture et de leur pêche, et seulement à la charge d'être accompagnés de certificats des municipalités, justificatifs de leur origine. Ils pourront aussi importer en France, également en franchise, les marchandises qu'ils auront tirées de l'étranger,

en représentant l'acquit des droits qu'ils auront dû payer à l'entrée desdites îles.

2. l'Ile-Dieu, Belle-Ile, Ouessant, Mollenne-Hédic, l'Ile-des-Saints et les autres îles qui font partie des ci-devant provinces de Bretagne et de Normandie ne seront point assujéties au tarif général sur leurs relations avec l'étranger; cependant, les sels et les produits de leur pêche seront importés dans le royaume en exemption de droits, à la charge d'être accompagnés des certificats prescrits par l'article ci-dessus : elles pourront encore recevoir du royaume les bois nécessaires à leur consommation, d'après les quantités dont elles justifieront avoir besoin ; et les quantités en seront fixées par les directoires des départemens.

3. La ville de Landau et les villages de Queicheim, d'Ammhein, Mesdorff, Arzheim, Eschbach, Rausbach, Waldhambach, Waldrohrbach, Ingenheim, Bobenthal, Schlettembach, Etembach, Lauterschwahn, Bussember, Lanenstein, Erssweiter, Hinderwein, Denthal, Dahn, Fischbach, Bruschweiter, Bundental, seront hors des barrières placées pour la perception des droits du nouveau tarif; en conséquence, leurs relations commerciales avec les autres parties du royaume seront regardées comme celles avec l'étranger.

4. Les villes et cantons de Philippeville et Mariembourg, et le canton de Barbançon, situés dans le département des Ardennes et du Nord, seront également hors la ligne des bureaux, et leurs relations avec le royaume seront traitées comme celles avec l'étranger; néanmoins, les fers des forges de Mariembourg et de celles de Feronval et du Haut-Marteaud, situées dans le canton de Barbançon, et dont la fabrication aura été constatée par les déclarations des entrepreneurs dûment vérifiées, seront importés en franchise de tous droits, mais seulement jusqu'à concurrence, chaque année, de deux cents milliers pesant par affinerie.

22 JUIN — 10 JUILLET 1791. — Décret qui désigne les cas où la dîme sera présumée cumulée avec le champart, terrage, agrier, et autres redevances en quotité de fruits. (L. 5, 105 ; B. 15, 333.)

Voy. lois du 28 OCTOBRE = 5 NOVEMBRE 1790; du 7 = 10 JUIN 1791.

Art. 1er. Dans les pays et les lieux où la dîme était due de droit sur tous les fonds portant fruits décimables, et était imprescriptible, la dîme ecclésiastique sera présumée cumulée avec le champart, terrage, agrier ou autres redevances en quotité de fruits, toutes les fois que ladite redevance se trouvera appartenir à un ci-devant bénéfice, à un corps ou communauté ecclésiastique, ou à des séminaires, colléges, hôpitaux, ordre de Malte et autres mixtes qui étaient capables de posséder la dime ecclésiastique, si d'ailleurs il est justifié que le fonds ou les fonds sujets à ladite redevance ne payaient point de dime, soit au propriétaire de la redevance, soit à un gros décimateur quelconque, ecclésiastique ou laïque.

2. La même présomption du cumul de la dime avec la redevance en quotité de fruits aura lieu dans les pays et les lieux désignés en l'article ci-dessus, encore que la redevance appartienne à un laïque, si elle était par lui ci-devant possédée à titre de fief, et si d'ailleurs il est justifié que le fonds ou les fonds sujets à ladite redevance ne payaient point de dime, soit au même propriétaire, soit à un gros décimateur quelconque, ecclésiastique ou laïque.

3. La présomption ci-dessus établie du cumul de la dime avec la redevance en quotité de fruits aura lieu, encore que le propriétaire d'icelle, soit ecclésiastique, soit laïque, n'ait point été en possession de percevoir la dime sur les autres fonds de la même paroisse ou du même canton, non sujets à la redevance en quotité de fruits, encore que le propriétaire ecclésiastique n'ait point eu la qualité de curé primitif, et qu'il ne soit point justifié que le propriétaire ecclésiastique ou laïque ait supporté aucune des charges ordinaires de la dime; la présomption du cumul de la dime avec la redevance en quotité de fruits étant attachée, dans les pays et les lieux indiqués en l'article 1er, à la seule circonstance que le fonds sujet à la redevance ne payait point la dime séparément et distinctement.

4. La présomption du cumul de la dime avec la redevance en quotité de fruits ne cessera, dans les pays et les cas ci-dessus indiqués, que lorsqu'il sera justifié que le fonds ou les fonds sujets à la redevance payaient séparément et distinctement la dime des gros fruits, soit au propriétaire de la redevance, soit à un autre décimateur ecclésiastique ou laïque. La simple prestation d'une menue ou verte dime, d'une dime de charnage et autre que celle des gros fruits, soit au propriétaire de la redevance, soit à un autre décimateur ecclésiastique ou laïque, ne sera pas suffisante pour faire cesser la présomption du cumul, à moins que cette dime ne fût payée comme novale.

5. La présomption du cumul de la dime avec la redevance en quotité de fruits n'aura point lieu lorsque la redevance appartiendra à un propriétaire laïque qui ne la possédait point ci-devant à titre de fief, encore qu'il ne soit point justifié que le fonds sujet à ladite redevance eût payé ci-devant la dime, à moins qu'il n'y ait preuve par titres primitifs ou déclaratifs du cumul, ou qu'il ne soit jus-

tifié que le propriétaire de la redevance ait été assujéti à quelques-unes des charges ordinaires de la dime, ou qu'il ne soit prouvé que la redevance ait été précédemment possédée par un bénéficier, ou par un corps ecclésiastique ou mixte capable de posséder la dime, ou par un laïque à titre d'inféodation, duquel propriétaire le possesseur la tiendrait par bail à cens ou à rente.

6. Les redevances en quotité de fruits appartenant à des ci-devant seigneurs de fiefs, encore qu'elles soient qualifiées dimes, ne seront point réputées dimes inféodées ni sujettes à la présomption du cumul de la dime, s'il existait dans la paroisse, ou dans le canton sur lequel lesdites redevances se perçoivent, un décimateur ecclésiastique ou laïque en possession de percevoir la dime des gros fruits.

7. Dans les pays et les lieux où la dime était d'usage commun, mais où le fonds même de ce droit pouvait se prescrire, soit par l'usage général d'une paroisse ou d'un canton, soit même par le non-usage sur un fonds particulier, la présomption de la dime, avec la redevance en quotité de fruits, aura lieu lorsque ladite redevance se trouvera appartenir à un ci-devant bénéficier, à un ci-devant corps ou communauté, ou à des séminaires, colléges, hôpitaux, ordre de Malte, ou autres corps mixtes qui étaient capables de posséder les dimes ecclésiastiques; si d'ailleurs ladite redevance était perçue, à titre général et universel, sur une paroisse ou sur un canton dont les fonds ne fussent point assujétis à payer séparément et distinctement la dime, soit au propriétaire de la redevance, soit à un autre décimateur ecclésiastique ou laïque.

Mais la présomption du cumul cessera, si la redevance n'était perçue qu'à titre singulier, sur des fonds particuliers de la paroisse ou d'un canton, soit que les autres fonds de la paroisse ou du canton fussent d'ailleurs sujets ou non à la dime.

8. La présomption établie par l'article précédent aura lieu, encore qu'il ne soit point justifié que les propriétaires de la redevance fussent curés primitifs, ou eussent supporté aucune des charges ordinaires de la dime.

9. Dans les mêmes pays et lieux indiqués en l'article 7 ci-dessus, la dime ne sera point présumée cumulée avec la redevance en quotité de fruits, lorsque ladite redevance appartiendra à un propriétaire laïque, encore qu'elle fût par lui possédée ci-devant à titre de fief, et que les fonds sujets à ladite redevance n'eussent point précédemment payé la dime à un décimateur ecclésiastique ou laïque, à moins que le cumul ne se trouve prouvé par titres primitifs ou déclaratifs, ou qu'il ne soit justifié que le propriétaire ait été assujéti à

quelques-unes des charges ordinaires de la dîme.

10. Dans tous les cas où la dîme aura été déclarée cumulée avec la redevance en quotité de fruits, d'après les règles ci-dessus exprimées, la réduction de la redevance se fera conformément aux règles prescrites par l'article 17 du titre V du décret des 23 et 28 octobre = 5 novembre 1790, et par le décret du 7 = 10 juin 1791, interprétatif dudit article 17.

11. En ajoutant audit décret du 7 = 10 juin 1791, l'Assemblée nationale décrète que, dans les pays où la dîme et le champart, ou complant sur les vignobles, se perçoivent en telle sorte que le complant se prenait sur la quatrième, cinquième ou sixième somme sortant de la vigne, et la dîme sur la dixième, onzième, douzième ou treizième, et toujours ainsi de suite alternativement, la suppression de la dîme profitera tant au propriétaire du sol qu'au propriétaire de la redevance ou complant; en conséquence, la prestation de la redevance ou complant sera faite par le propriétaire du sol, à la quotité fixée par le titre ou l'usage, à raison de la totalité des fruits récoltés, et sans aucune déduction relative à la prestation de la dîme.

12. Dans tous les cas où, par les dispositions du présent décret, la présomption du cumul de la dîme avec la redevance en quotité de fruits ne sera fondée que sur la circonstance que le fonds sujet à ladite redevance ne payait point la dîme des gros fruits, la présomption n'aura plus lieu, s'il était payé au curé ou gros décimateur une redevance ou prestation annuelle, soit en argent, soit en grains, à titre d'abonnement, et pour tenir lieu de la dîme. Il en sera de même s'il était payé au curé une redevance à titre de premier, sans aucune dîme, ou s'il lui avait été cédé des fonds pour tenir lieu de la prestation de la dîme, encore que ledit abonnement ou lesdites cessions n'aient point été faits avec le corps des habitans d'une paroisse ou d'un canton, ou qu'ils n'aient point été revêtus des formalités ci-devant requises pour la validité desdits abonnemens.

Néanmoins, dans les paroisses de la ci-devant province du Poitou, dans lesquelles il était d'usage de payer au curé un droit de boisselage, les habitans et les ci-devant seigneurs propriétaires de champart au sixième demeurent conservés respectivement dans les droits et défenses qui leur ont été réservés par l'édit du mois d'août 1777, registré au ci-devant parlement de Paris le 12 desdits mois et an, à la charge que, jusqu'au jugement des contestations nées et à naître, les champarts continueront d'être payés par provision, soit à la nation, soit aux propriétaires, au taux accoutumé, sauf restitution, s'il y a lieu.

13. Toutes les dispositions, soit du présent décret, soit de celui du 7 = 10 juin 1791, qui parlent du cumul de la dîme avec le champart, agrier ou terrage, s'appliqueront à toutes les redevances foncières qui se paient en quotité de fruits récoltés sur ce fonds, sous quelque titre et dénomination qu'elles soient perçues.

---

22 JUIN = 10 JUILLET 1791. — Décret relatif à la principauté de Salm. (L. 5, 223 ; B. 15, 344.)

Art. 1er. En conformité de la convention passée entre le feu Roi et le prince de Salm, le 21 décembre 1751, la principauté de Salm continuera d'être traitée comme nationale, quant aux droits de traites. En conséquence, toutes les communications de ladite principauté avec le royaume seront franches de droits ; elle n'acquittera ceux du nouveau tarif que dans ses relations avec l'étranger.

2. L'abonnement destiné à remplacer le droit de marque sur les fers des fabriques de la principauté de Salm, importés dans le royaume, est fixé, du consentement des fermiers actuels des forges de Framont, à la somme de quinze cents livres par an, pour chacune des années 1791 et 1792. Ladite somme sera remise à la fin de chaque année, par lesdits fermiers, à la caisse du district de Saint-Diez, pour être versée au Trésor public. Ledit abonnement pourra être renouvelé à l'expiration desdites deux années, et, de deux ans en deux ans, par un nouveau décret du Corps-Législatif.

---

22 JUIN = 6 JUILLET 1791. — Décret relatif au directeur général de la liquidation. (L. 5, 17; B. 15, 333.)

L'Assemblée nationale décrète que M. Dufresne-Saint-Léon continuera à signer les reconnaissances, tant provisoires que définitives, de liquidation des créances de l'Etat, en qualité de directeur général de la liquidation.

---

22 JUIN = 17 JUILLET 1791. — Décret relatif aux armemens des vaisseaux destinés pour le commerce des îles et colonies françaises. (L. 5, 306; B. 15, 324; Mon. du 23 au 25 juin 1791.)

Art. 1er. Les armemens des vaisseaux destinés pour les îles et colonies françaises sont permis dans tous les ports du royaume, à la charge par les négocians des ports par lesquels on voudra, pour la première fois, faire le commerce desdites colonies, de le déclarer par écrit, trois mois au moins à l'avance, aux préposés des bureaux établis dans ces ports.

2. Les négocians qui armeront des navires pour les colonies françaises feront, avant de les mettre en charge, au greffe du tribunal qui remplacera celui d'amirauté et dont ils relèveront, leurs soumissions cautionnées,

par lesquelles ils s'obligeront, sous peine de quarante livres d'amende par tonneau de contenance, de faire directement le retour desdits bâtimens dans un port du royaume, et sans toucher à l'étranger, hors le cas de relâche forcé, de naufrage ou autres accidens : ils fourniront, au bureau des douanes nationales du lieu du départ, une expédition de ladite soumission.

3. Les marchandises et denrées prises dans le royaume, à la destination des colonies, ou pour l'armement et l'avitaillement des navires, seront exemptes de tout droit.

4. Les marchandises et denrées venant de l'étranger à la même destination, même les jambons, acquitteront les droits d'entrée du tarif général, et seront ensuite traitées comme celles du royaume.

5. Seront seulement affranchis de tous droits, les bœufs, lards, beurres et saumons salés, ainsi que les chandelles venant de l'étranger, destinés pour lesdites colonies, à la charge, s'ils sont importés par terre, d'être expédiés de suite au premier bureau d'entrée, par acquit-à-caution, pour un des ports d'armement, et, s'ils arrivent par mer, d'entrer par l'un desdits ports.

6. Si le navire sur lequel lesdits bœufs, lards, beurres, saumons et chandelles devront être embarqués pour les colonies, est en chargement, les négocians pourront les faire transporter directement dans le navire, après déclaration et visite, en présence des commis de la régie. Dans le cas où l'expédition ne s'en ferait pas immédiatement après l'arrivée, ils seront laissés au négociant, à la charge de donner sa soumission cautionnée de faire suivre auxdits comestibles leur destination pour les colonies, dans les dix-huit mois du jour de l'arrivée, ou d'en payer les droits d'entrée.

7. Lesdits comestibles pourront passer, par suite d'entrepôt, d'un port dans l'autre, tant que le terme n'en sera point expiré ; mais cet entrepôt ne continuera à avoir lieu que pour le délai qui restera à courir. Lesdits comestibles seront expédiés par acquit-à-caution, qui en désignera les quantités et qualités, et indiquera la date de la première mise en entrepôt.

8. Le négociant du lieu du nouvel entrepôt, auquel lesdits comestibles seront adressés, en fera la déclaration au bureau de la régie, avec soumission dans la forme prescrite par l'article 6 du présent décret ; après quoi, l'acquit-à-caution sera déchargé. La soumission d'entrepôt précédente ne pourra être annulée que sur le vu du certificat de décharge.

9. En cas de refus, par le négociant du port du nouvel entrepôt, de donner sa soumission d'acquitter les droits à défaut d'exportation dans les dix-huit mois du premier

entrepôt, l'acquit-à-caution ne sera point déchargé, et le soumissionnaire de l'entrepôt précédent sera tenu de payer lesdits droits.

10. Si les bœufs, beurres, lards, saumons et chandelles, venus de l'étranger, ne suivent pas leur destination pour les colonies dans les dix-huit mois de l'arrivée, ou s'ils sont retirés de l'entrepôt pour la consommation du royaume, ils paieront les droits d'entrée du tarif général, conformément au poids reconnu lors de leur arrivée en France ; ils pourront cependant être réexportés à l'étranger, pendant l'entrepôt même, dans la quinzaine après son expiration, en payant seulement la moitié des droits d'entrée.

11. Les bœufs, beurres, lards, saumons et chandelles, qui seront embarqués pour les colonies dans les délais de l'entrepôt, seront accompagnées d'un permis sur lequel l'armateur ou le chargeur sera tenu de faire certifier par les préposés de la régie, et par le capitaine ou autre officier principal du navire en armement, la remise desdites salaisons à bord.

12. Les permis d'embarquement, revêtus de certificats prescrits, étant rapportés au bureau par les expéditionnaires, le registre d'entrepôt sera déchargé pour les quantités embarquées.

13. Les négocians qui auront entreposé des bœufs, beurres, lards, saumons et chandelles, venus à la destination des colonies, seront tenus de déclarer au bureau de la régie, dans les dix derniers jours des mois de mars et septembre de chaque année, par quantités et qualités, ceux dont ils auront disposé pour la consommation du royaume, pendant les six mois précédens, et d'en payer les droits ; ils déclareront en même temps, par quantités et espèces, ceux de ces comestibles qui leur resteront, et les magasins où ils seront déposés.

14. Les préposés de la régie pourront faire, dans les quatre jours de la déclaration, la vérification des objets déclarés restés en entrepôt ; et, s'il se trouve du déficit, le soumissionnaire sera condamné au paiement du double des droits des quantités manquantes.

15. Le chargement des navires destinés pour les iles étant fini, il sera délivré au capitaine un acquit-à-caution, lequel comprendra, par espèces et quantités, tous les objets embarqués. Le capitaine et l'armateur se soumettront à rapporter, au retour du navire, ou dans les dix-huit mois du départ, ledit acquit-à-caution, revêtu du certificat d'arrivée et de déchargement desdits objets aux colonies, délivré par les préposés à la perception des droits de sortie dans les iles et visé par les personnes qui seront désignées à cet effet, lors de l'organisation du régime intérieur des colonies, et provisoirement par celles qui les visent actuellement.

16. Il est défendu aux capitaines de bâtimens destinés pour les colonies de charger ou laisser charger sur leurs navires aucune denrée ou marchandise, même de laisser débarquer ni mettre à terre celles qui y auraient été chargées, sinon lorsqu'il y aura un permis du bureau, à peine, dans l'un et l'autre cas, de confiscation desdites denrées ou marchandises, même de cent livres d'amende, si la marchandise embarquée ou débarquée était sujette à quelque droit.

17. Pour constater les contraventions à l'article ci-dessus, les préposés de la régie sont autorisés à se transporter à bord des bâtimens, soit pendant, soit après le chargement, et à y faire les visites nécessaires. Lesdits préposés ne pourront néanmoins, sous prétexte desdites visites, retarder le départ des navires, à peine de dommages - intérêts s'il n'y était découvert aucune fraude.

18. Les soumissions fournies en exécution de l'article 2, pour assurer le retour dans le royaume, des navires expédiés pour les colonies, seront annulées sur le certificat des commis du port où le retour aura été effectué, ou sur la représentation d'un procès-verbal justificatif de l'impossibilité du retour, et encore dans le cas où il serait légalement justifié que le bâtiment aurait été vendu dans les colonies. A défaut de rapport de l'une desdites pièces, ou s'il y avait preuve que le navire eût touché à l'étranger sans y être forcé, le régisseur poursuivra contre le soumissionnaire la condamnation en l'amende de 40 livres par tonneau, portée par ledit article 2, laquelle sera prononcée par le tribunal du district du lieu où la soumission aura été faite.

19. Les procès-verbaux exigés par l'article ci-dessus, pour justifier l'impossibilité du retour, soit par la vente du bâtiment dans les colonies, ou par toute autre cause, seront signés par les officiers et principaux des équipages, et certifiés véritables par les juges des lieux où les bâtimens auront relâché, échoué ou été vendus. Si les bâtimens ont péri corps et biens, les armateurs en feront la déclaration devant l'un des juges du tribunal qui remplacera celui d'amirauté de l'arrondissement, et ils l'affirmeront véritable.

20. A défaut, par l'armateur, de rapporter les acquits-à-caution délivrés pour les objets envoyés aux colonies, revêtus des certificats de décharge prescrits par l'article 15 du présent décret, il sera condamné au paiement du double droit d'entrée du tarif général pour les bœufs, beurres, lards, saumons et chandelles venus de l'étranger ; au double droit de sortie, pour les marchandises sujettes auxdits droits, et à l'amende de cinq cents livres, ainsi qu'à la confiscation de la valeur, s'il est question d'objets dont la sortie pour l'étranger est défendue.

21. Les capitaines des bâtimens de retour des colonies seront tenus de faire au bureau de la régie, dans les vingt-quatre heures de leur arrivée et dans la forme prescrite par la loi générale, la déclaration de leur chargement, et de rapporter, avec l'état dudit chargement, l'acquit des droits qui seront perçus à la sortie desdites colonies, tant que lesdits droits seront dus. Lesdits capitaines déclareront séparément les objets qu'ils auront chargés sous voile, afin que les droits qu'ils auraient dû payer aux îles soient acquittés en sus de ceux auxquels ils seront assujétis en France.

22. En cas de déficit sur les quantités de café et de cacao portées aux états et acquits des îles, et s'il n'est pas justifié de leur dépérissement, les capitaines seront soumis, pour les quantités de café et de cacao manquantes, au paiement des droits fixés par les articles 1 et 3 du décret du 18 mars dernier. Les sucres manquans ne seront assujétis à ces droits qu'autant que les futailles qui les contiendront ne seront pas représentées en même nombre que celui porté auxdits états et acquits.

23. La tare à déduire, pour opérer la perception au poids net des droits réglés par les articles 1 et 3 du décret du 18 mars, sera de dix-sept pour cent pour les sucres bruts, le café et le cacao en futailles ; de dix-neuf pour cent sur les sucres têtes et terrés aussi en futaille ; de vingt-un pour cent pour l'indigo, et de trois pour cent sur le café et le cacao en sacs, sauf aux propriétaires ou consignataires, s'ils estiment que cette tare est trop faible, à déclarer celle effective et la faire marquer sur les sacs et futailles : dans ce cas, les préposés de la régie pourront vérifier lesdites déclarations, et saisir les parties de marchandises dont on aura voulu frauder les droits, en déclarant des sacs ou futailles pour être d'un poids supérieur à celui effectif.

La disposition ci-dessus ne sera point applicable aux tares relatives au fret, lesquelles continueront d'être réglées suivant l'usage de chaque place.

24. Les droits fixés par les articles 1, 3 et 7 du décret du 18 mars dernier, sur les objets qui y sont désignés, seront acquittés au déchargement ; et néanmoins les propriétaires ou consignataires ne seront tenus de payer lesdits droits qu'à l'expiration du délai de trois mois depuis l'arrivée, à la charge par eux d'en fournir leur soumission cautionnée.

25. L'entrepôt accordé par le décret du 18 mars aux tafias, aux sucres têtes et terrés, en attendant leur destination, sera de dix-huit mois. Les négocians qui voudront jouir dudit entrepôt, donneront leur soumission de faire passer lesdits sucres et tafias à l'étranger dans ce délai, ou de payer, pour les

sucres, six livres par quintal brut, et pour les tafias, douze livres par muid.

26. Les sucres têtes et terrés pourront passer par continuation d'entrepôt, mais par mer seulement, du port d'arrivée dans tout autre port du royaume, en remplissant les formalités qui sont prescrites par les articles 7, 8 et 9 du présent décret, à l'égard des bœufs, beurres, lards, saumons et chandelles venant de l'étranger, à la destination des colonies.

27. Les tafias ne pourront aller à l'étranger, en exemption des droits, que par mer et après déclaration de visite.

28. Les sucres têtes et terrés pourront passer à l'étranger par terre comme par mer en exemption des droits de six livres par quintal, fixés par l'article 4 du décret du 18 mars dernier, à la charge pour ceux exportés directement par mer, de remplir les formalités prescrites par les articles 11 et 12 du présent décret, et des vérifications permises par l'article 17; et pour ceux qui seront exportés par terre, d'être expédiés sous plomb et par acquit-à-caution, sur la soumission de rapporter le certificat de décharge des préposés des bureaux ci-après désignés, ou de payer le double droit de consommation.

Les bureaux de sortie seront ceux d'Agde, Cette, Port-Vendre, Bayonne, Pas-de-Béhobie, Ascaing, Ainhoa, Pont-de-Beauvoisin, Chapareillan, Seissel, Collonges, Héricourt, Jougues, Strasbourg, Saint-Louis, Maubeuge, Valenciennes et Lille.

29. Les négocians qui auront entreposé des sucres et tafias seront tenus de donner au bureau du lieu, dans les dix derniers jours des mois de février, juin et octobre de chaque année, une déclaration des quantités dont ils auront disposé pour la consommation du royaume, depuis leur remise en entrepôt, ou le dernier recensement, et d'en payer les droits; ils déclareront en même temps, par qualité et quantité, ceux desdits sucres et tafias qui leur resteront, et les magasins où ils seront déposés.

30. Les préposés de la régie pourront faire, dans les quatre jours qui suivront la déclaration prescrite par l'article ci-dessus, la vérification des quantités de sucres et tafias déclarés restés en entrepôt; et, si le résultat de cette vérification présente un déficit, déduction faite de ce qui, depuis la déclaration, aura pu entrer dans la consommation du royaume ou être employé à l'étranger, et du coulage pour les tafias, le soumissionnaire sera condamné au paiement du double droit de six livres par quintal, ou de douze livres par muid, des quantités de sucres et de tafias manquantes. Le coulage desdits tafias est évalué à demi pour cent par mois.

31. Pour faciliter le recensement desdits sucres et tafias et en assurer les effets, le soumissionnaire qui, dans les quatre jours de la déclaration prescrite par l'article 29, en voudra retirer de l'entrepôt pour la consommation du royaume, sera tenu de le déclarer préalablement, d'en acquitter de suite les droits, et d'en prendre quittance, qu'il devra représenter aux préposés qui seront chargés du recensement, au moment où ils se présenteront pour faire ladite opération; de sorte que ces préposés puissent connaître les quantités de sucres et tafias qui doivent se trouver dans les entrepôts qu'ils auront à vérifier.

32. Pour jouir de l'exemption des droits, accordée par l'article 8 du décret du 18 mars sur les marchandises nationales de retour des colonies, l'armateur ou le capitaine sera tenu de justifier de leur chargement auxdites îles. A défaut de cette preuve, ou s'il s'agit de marchandises dont le commerce étranger a la faculté d'approvisionner lesdites colonies, les marchandises importées seront traitées comme étrangères.

33. Seront également considérées comme étrangères, quant aux droits à l'importation desdites colonies, les denrées et marchandises non comprises dans le décret du 18 mars, à l'exception des sirops de sucre, qui, quoique dénommés dans l'article 8 du décret, seront admis en exemption des droits.

34. Les marchandises et denrées expédiées des colonies sur des vaisseaux desdites colonies pour un des ports du royaume, seront traitées comme celles apportées par les bâtimens armés en France.

35. Les formalités qui seront prescrites par la loi générale sur les douanes pour les déclarations, chargemens, déchargemens et acquits, seront exécutées relativement au commerce des colonies, dans tous les cas auxquels il n'y aurait pas été pourvu par le présent décret.

22 JUIN = 20 JUILLET 1791. — Décret relatif à la composition de la gendarmerie nationale, et à l'avancement dans ce corps. (L. 5, 375; B. 15, 353; Mon. du 23 JUIN 1791.)

Voy. loi du 16 JANVIER = 16 FÉVRIER 1791.

Art. 1er. Les anciens exempts de la ci-devant maréchaussée, qui ont continué leur service en qualité de maréchaux-des-logis, et qui seront appelés à être officiers, reprendront leur ancienneté à la date de leur commission d'exempts, et concourront, pour la présente composition, avec les sous-lieutenans de la ci-devant maréchaussée, aux grades supérieurs.

2. Les remplacemens à faire, et l'avancement dans le corps de la gendarmerie nationale, qui, selon les articles 10 et 11 du titre II du décret du 16 janvier = 16 février 1791,

doivent avoir lieu par tour d'ancienneté, auront lieu relativement à la totalité des divisions, lesquelles ne font qu'un seul corps.

3. Les colonels de la gendarmerie nationale feront leur résidence dans le chef-lieu du département le plus central de la division, et le ministre de la guerre est autorisé à fixer ces résidences.

4. Les retraites à accorder à ceux des inspecteurs et prévôts généraux de la gendarmerie nationale qui ne pourront être faits colonels divisionnaires, seront fixées sur le pied de la totalité des appointemens et traitemens; savoir, dans la proportion de quatre mille livres pour les ci-devant prévôts, et de six mille livres pour les ci-devant inspecteurs; et quant à ceux qui, par l'ancienneté de leurs services, ont droit à une plus forte retraite, les décrets concernant les pensions, gratifications et autres récompenses, seront observés.

5. La gendarmerie nationale ne rendra des honneurs qu'à l'Assemblée nationale en corps, au Roi, à l'héritier présomptif de la couronne, au régent et aux officiers généraux en activité.

6. Les officiers, sous-officiers et gendarmes de la gendarmerie nationale, sont autorisés à visiter les auberges ou cabarets et autres maisons ouvertes au public, pour y faire la recherche des personnes suspectes : quant à la visite des maisons particulières, ils la feront à la réquisition des officiers de police ou de justice, ou à celle des propriétaires, locataires et fermiers desdites maisons; et, au surplus, ils se conformeront, dans le cas d'arrestation, à ce qui est prescrit dans le décret concernant les jurés.

7. Le paiement du service extraordinaire de la ci-devant maréchaussée et robe-courte doit être continué jusqu'à l'entière organisation du corps de la gendarmerie nationale. Le ministre est autorisé à ordonner ce paiement, et à fixer l'époque où il devra cesser pour être établi sur le nouveau pied.

8. On continuera d'exiger des gendarmes nationaux la taille de cinq pieds quatre pouces, prescrite par l'ordonnance de 1778, laquelle sera d'ailleurs exécutée dans tous les objets auxquels il n'a pas été dérogé par la loi concernant la gendarmerie nationale.

9. La gendarmerie nationale ne sera point partie des cérémonies publiques; elle se tiendra seulement à portée pour y maintenir l'ordre et la tranquillité.

10. Dans le cas où, lors de la nomination d'un capitaine de gendarmerie ou d'un lieutenant, il y aurait un partage de voix, la place appartiendra au militaire le plus ancien en grade, à grade égal.

22 JUIN = 6 JUILLET 1791. — Décret portant que M. Dufresne de Saint-Léon continuera à signer les reconnaissances de liquidation. (L. 5, 17; B. 15, 533.)

22 JUIN 1791. — Décret portant vente de domaines nationaux à différentes municipalités des départemens de l'Aube, de la Côte-d'Or, du Gard, de la Meurthe, de la Nièvre et de Saône-et-Loire. (B. 15, 355.)

22 JUIN 1791. — Décret qui autorise les ministres à suspendre et à remplacer les militaires suspects. (B. 15, 357.)

22 JUIN 1791. — Décret qui défend aux maîtres de poste de Paris de délivrer des chevaux, et à toute personne de sortir hors des barrières de cette ville. (B. 15, 356.)

22 JUIN 1791. — Décret qui nomme trois secrétaires, pour signer les expéditions dont on pourrait avoir besoin pendant cette nuit. (B. 15, 359.)

22 JUIN 1791. — Adresse de l'Assemblée nationale aux Français, relative à l'absence du Roi et de la famille royale. (L. 4, 1288; B. 15, 345.)

22 JUIN 1791. — Décret qui suspend M. de Bouillé de ses fonctions militaires, et ordonne son arrestation. (L. 4, 1303; B. 15, 358.)

22 JUIN = 5 JUILLET 1791. — Décret portant qu'il ne sera donné aucun congé aux membres de l'Assemblée nationale, jusqu'à ce qu'il en ait été autrement ordonné, et portant qu'il sera fait, le 12 juillet, un appel nominal. (L. 5, 10; B. 15, 340.)

22 JUIN = 6 JUILLET 1791. — Décret relatif à l'administration des domaines et fonds de terre compris dans la liste civile. (L. 5, 30; B. 15, 340.)

22 JUIN 1791. — Décret portant que le Trésor public fournira 217,000 livres pour les travaux militaires du Havre, 600,000 livres pour la construction des ports de l'île Pelée, de Querqueville et du Hommet à Cherbourg, et 30,000 livres au commissaire de la caisse de l'extraordinaire pour des à-comptes à ses commis. (B. 15, 322 et 323.)

22 JUIN 1791. — Décret qui approuve une proclamation, et portant qu'elle sera envoyée à tous les départemens, districts et municipalités, ainsi qu'à toutes les colonies. (B. 15, 345.)

23 JUIN 1791. — Décret qui permet à toutes personnes de sortir de Paris. (L. 4, 1306; B. 15, 360.)

23 JUIN 1791. — Décret qui laisse la libre sortie de Paris aux habitans des campagnes et autres citoyens qui y ont apporté des denrées. (B. 15, 360.)

23 JUIN 1791. — Décret qui ordonne l'envoi des procès-verbaux des 21 et 22 de ce mois, à la municipalité de Valenciennes. (B. 15, 361.)

23 JUIN 1791. — Décret pour protéger le départ du sieur Thierry, et le faire arriver à Paris en sûreté. (B. 15, 361.)

23 JUIN 1791. — Décret qui suspend l'envoi de commissaires dans le département du Finistère. (B. 15, 362.)

23 JUIN 1791. = Retour du Roi. *Voy.* 22 JUIN 1791.

24 JUIN 1791. — Décret relatif à la circulation des personnes et des choses dans l'intérieur du royaume. (L. 4, 1312; B. 15, 394; Mon. du 25 JUIN 1791.)

L'Assemblée nationale décrète que la libre circulation des personnes et des choses, dans l'intérieur du royaume, et la marche des courriers et voyageurs, ne pourront être arrêtées ni suspendues, mais devront être protégées par tous les corps administratifs et municipaux, ainsi que par la gendarmerie et les gardes nationales; que néanmoins, dans les cinq lieues de la frontière, les corps administratifs et municipaux surveilleront exactement et feront vérifier la marche des courriers, voyageurs, et les transports d'effets, pour empêcher qu'il n'en passe à l'étranger, jusqu'à ce qu'il en ait été autrement ordonné, sans que, sous aucun prétexte, il puisse être apporté, aucun obstacle à l'exécution des transactions ordinaires du commerce.

24 JUIN 1791. — Décret qui accorde des pouvoirs extraordinaires aux commissaires civils envoyés dans les départemens frontières, et aux généraux d'armée. (B. 15, 396.)

L'Assemblée nationale décrète ce qui suit:

Art. 1er. Les commissaires civils qu'elle a envoyés dans les départemens frontières feront, si les circonstances l'exigent, toutes réquisitions nécessaires aux corps administratifs et municipaux, à l'effet de procurer aux généraux d'armée les gardes nationales dont elles pourraient avoir besoin pour concourir au service militaire.

2. Les gardes nationales désignées à cet effet par les corps administratifs et municipaux, passeront sous les ordres des généraux, et ils serviront de la même manière que les troupes de ligne.

3. Outre les pouvoirs ordinaires donnés aux généraux d'armée, ils jouiront, jusqu'à

ce qu'il en ait été autrement ordonné, du droit d'appliquer la déchéance, prononcée par le décret du 22 du présent mois, contre tout officier, de quelque grade qu'il soit, qui refuserait de prêter le serment prescrit par le même décret.

4. Pourront également les généraux d'armée suspendre provisoirement tout officier, de quelque grade qu'il soit, dont la conduite leur paraîtrait suspecte, à la charge d'en rendre compte à l'instant au ministre de la guerre.

5. L'Assemblée nationale autorise les généraux d'armée à proposer à toutes les sous-lieutenances qui viendront à vaquer dans les corps à leurs ordres les citoyens qu'ils croiront le plus en état de les bien remplir, réservant la moitié de ces emplois aux sous-officiers des corps dans lesquels ils vaqueront.

24 JUIN 1791. — Décret portant qu'il sera fait une menue monnaie en sous et demi-sous. (B. 15, 397.)

L'Assemblée nationale décrète qu'il sera incessamment fait une menue monnaie en sous et demi-sous, coulée avec le métal des cloches étant à la disposition de la nation, et elle charge son comité des monnaies de lui présenter demain les moyens d'exécuter le présent décret.

24 = 25 JUIN 1791. — Décret relatif aux formalités nécessaires pour toucher, soit au Trésor public, soit à la caisse de l'extraordinaire, les traitemens, pensions et créances à exiger. (L. 4, 1316; B. 15, 393.)

L'Assemblée nationale décrète qu'à compter de ce jour, il ne sera fait, soit au Trésor public, soit à la caisse de l'extraordinaire, soit dans les différentes caisses nationales, à aucun Français ayant traitement, pension ou créance à exiger, aucun paiement, à moins qu'il ne se présente en personne, même à la charge de faire certifier, par la municipalité des lieux, ses noms et qualités, s'ils ne sont pas connus. Dans le cas où lesdits Français ne pourraient pas se transporter aux caisses où les paiemens doivent s'exécuter, ils ne pourront toucher leurs paiemens que par un fondé de leur procuration spéciale, à laquelle sera joint un certificat que la personne qui a donné la procuration, est actuellement et habituellement domiciliée dans le royaume. Le certificat sera expédié par la municipalité du lieu du domicile, visé par le directoire de district; et, dans le cas où il serait question d'un fonctionnaire public, le certificat qui sera joint à sa procuration justifiera qu'il est actuellement à son poste: dans tous les cas, et avant de faire aucun paiement, le trésorier chargé de l'acquitter se fera représenter la quittance du paiement fait par la partie prenante, tant de ses impositions pour l'année 1790 et les années antérieures, que des deux premiers tiers de sa contribution patriotique, ou déclaration qu'elle n'a pas été dans le cas d'en faire. Si la partie prenante n'avait pas encore acquitté ses impositions ou sa contribution patriotique, il lui sera libre d'en offrir la compensation avec ce qui lui est dû; auquel effet ladite partie, ou son fondé de procuration, rapporteront le bordereau certifié par le directoire du district de ce dont ils seront débiteurs, soit pour impositions, soit pour contribution patriotique.

L'Assemblée déclare ne pas comprendre, dans les dispositions du présent décret, les effets payables au porteur, les lettres de change, la solde des troupes, suivant les revues des commissaires, les sommes dues aux ambassadeurs ou étrangers, créanciers ou pensionnaires de l'Etat.

————

24 = 25 juin 1791. — Décret relatif à l'armement des gardes nationales en activité, à la sûreté des arsenaux, magasins et dépôts d'armes et de munitions de guerre, et à l'augmentation du nombre des officiers généraux. (L. 4, 1307; B. 15, 431.)

1° L'Assemblée nationale décrète que les officiers généraux commandant les troupes sur les frontières du royaume sont autorisés à faire délivrer aux gardes nationales qui seront employées sous leurs ordres, tant en corps d'armée que dans les places de guerre ou autres postes quelconques, les armes et munitions de guerre de toute espèce, ainsi que les effets de campement et autres attirails de guerre qu'ils jugeront nécessaires, sous les conditions de rendre compte au ministre de la guerre des distributions qu'ils auront ordonnées, et de prendre ses ordres à cet égard.

2° L'Assemblée nationale ordonne aux officiers généraux employés de veiller avec le plus grand soin sur les différens arsenaux, magasins et dépôts d'armes et munitions de guerre, les autorisant à changer le lieu de ces dépôts, s'ils le croient nécessaire à leur sûreté. Il est expressément défendu aux différens corps administratifs de s'immiscer dans tout ce qui peut avoir rapport à cette branche d'administration militaire.

L'Assemblée nationale décrète que le ministre de la guerre est autorisé à augmenter de seize officiers généraux le nombre de ceux qui, d'après les précédens décrets, sont actuellement employés; savoir, quatre lieutenans généraux et douze maréchaux-de-camp. Le ministre est autorisé à choisir les quatre lieutenans généraux et les douze maréchaux-de-camp, soit dans la ligne, soit parmi les officiers généraux actuellement existans. A ces seize officiers généraux seront attachés des aides-de-camp, dont le nombre sera fixé conformément aux précédens décrets de l'Assemblée nationale.

24 juin 1791. — Décret concernant le Roi, la Reine, le Dauphin, l'arrestation des personnes qui ont accompagné la famille royale, et l'exercice des fonctions du pouvoir exécutif. (L. 4, 1320; B. 15, 434; Mon. du 26 juin 1791.)

Art. 1er. Aussitôt que le Roi sera arrivé au château des Tuileries, il lui sera donné provisoirement une garde qui, sous les ordres du commandant général de la garde nationale parisienne, veillera à sa sûreté et répondra de sa personne.

2. Il sera provisoirement donné à l'héritier présomptif de la couronne une garde particulière, de même sous les ordres du commandant général, et il lui sera nommé un gouverneur par l'Assemblée nationale.

3. Tous ceux qui ont accompagné la famille royale seront mis en état d'arrestation et interrogés; le Roi et la Reine seront entendus dans leurs déclarations; le tout sans délai, pour être ensuite pris par l'Assemblée nationale les résolutions qui seront jugées nécessaires.

4. Il sera provisoirement donné une garde particulière à la Reine.

5. Jusqu'à ce qu'il en ait été autrement ordonné, le décret rendu le 21 de ce mois, qui enjoint au ministre de la justice d'apposer le sceau de l'Etat aux décrets de l'Assemblée nationale, sans qu'il soit besoin de la sanction ou de l'acceptation du Roi, continuera d'être exécuté dans toutes ses dispositions.

6. Les ministres, le directeur du Trésor public, jusqu'à l'entrée en fonctions des commissaires de la Trésorerie nationale, le commissaire du Roi à la caisse de l'extraordinaire et de la liquidation, sont de même autorisés provisoirement à continuer de faire, chacun dans leur département et sous leur responsabilité, les fonctions du pouvoir exécutif.

————

24 juin 1791. — Décret qui ordonne la levée des scellés apposés au château des Tuileries. (B. 15, 432.)

————

24 juin 1791. — Décret qui ordonne de mettre sous un scellé particulier, tous les papiers qui seront trouvés dans le château des Tuileries. (B. 15, 433.)

————

24 juin 1791. — Décret qui ordonne de présenter un projet sur la forme du sceau de l'Assemblée nationale. (B. 15, 434.)

————

24 juin 1791. — Décret et adresse de l'Assemblée nationale aux Français, sur le paiement des contributions. (B. 15, 400.)

24 JUIN 1791. — Décret qui nomme MM. Rœde-rer, Gourdan, Camus et Muguet, pour vérifier, sur le registre des affaires étrangères, si le passeport délivré le 5 de ce mois, sous le nom de la dame baronne de Korff, et dont le Roi était porteur, y est enregistré. (L. 4, 1301; B. 15, 398.)

24 JUIN 1791. — Décret portant qu'il sera sursis aux nominations à faire par les électeurs, suivant le décret du 29 mai. (L. 4, 1310; B. 15, 398.)

24 JUIN 1791. — Décret qui ordonne la remise de la liste des officiers généraux qui ont encouru la déchéance de leurs emplois. (L. 4, 1314; B. 15, 432.)

24 JUIN 1791. — Décret qui ordonne le remboursement de plusieurs parties de la dette arriérée du département de la guerre et de la maison du Roi et des finances. (B. 15, 362.)

24 JUIN 1791. — Décret qui mande à l'Assemblée nationale M. de Montmorin, ministre des affaires étrangères, pour rendre compte d'un passeport qu'il a signé, et dont le Roi était porteur, et qui enjoint au commandant de la garde nationale de pourvoir à sa sûreté. (B. 15, 395.)

24 JUIN 1791. — Décret qui déclare la conduite de M. Montmorin irréprochable. (B. 15, 399.)

24 JUIN 1791. — Décret interprétatif de celui du 21 de ce mois, qui ordonne de tenir aux arrêts tous ceux qui demeurent dans l'intérieur du château des Tuileries. (B. 15, 395.)

25 = 28 JUIN 1791. — Décret relatif à la fonte des cloches supprimées dans le département de Paris. (L. 4, 1344; B. 15, 436.)

Art. 1er. Les cloches des églises supprimées dans le département de Paris seront fondues et coulées en monnaie, au type décrété par l'Assemblée nationale le 9 avril dernier, et à raison de vingt-quatre pièces d'un sou à la livre et de quarante-huit demi-sous.

2. Le poids des sous sera de vingt-trois à vingt-quatre pièces à la livre, et de quarante-six à quarante-huit pour les demi-sous.

3. Dans la totalité de la fabrication, il y aura les deux tiers de la valeur en pièces d'un sou, et l'autre tiers en demi-sous.

4. Les entrepreneurs seront tenus, dans la quinzaine du jour de leur adjudication, de remettre en dépôt, à l'hôtel des monnaies, au moins la somme de quarante mille livres en monnaie fabriquée, et d'en remettre pareille somme à la fin de chacune des semaines qui suivront, jusqu'à l'entière fabrication du métal qui leur aura été délivré.

5. Le pouvoir exécutif pourra adjuger cette fabrication à un ou plusieurs entrepreneurs, en prenant les précautions nécessaires à l'uniformité dans les empreintes.

6. Les pièces servant à former les matrices seront en cuivre rouge, frappées à la monnaie en quantité suffisante pour hâter l'opération du moulage, et elles seront échantillonnées de manière que, par leur épaisseur, elles puissent produire vingt-quatre pièces d'un sou à la livre, et quarante-huit demi-sous, sauf le remède de poids.

7. Il sera tenu compte aux entrepreneurs de cinq pour cent de déchet dans la fabrication, et le poids de la matière sera constaté par la commission des monnaies.

8. Le pouvoir exécutif pourvoira aux mesures à prendre pour faire, aux meilleures conditions possibles, la descente et le transport du métal au lieu de la fabrication, et les frais seront pris sur la dépouille des cloches.

9. Il sera désigné aux entrepreneurs un lieu enclos convenable, dans lequel ils puissent faire sur-le-champ, à leurs frais, l'établissement de la fabrication.

10. L'Assemblée nationale renvoie au pouvoir exécutif tous les autres détails, ainsi que le choix à faire des entrepreneurs, lequel aura lieu d'après l'ancienneté, le mérite, l'avantage et la sûreté de leurs propositions; à l'effet de quoi, des copies collationnées de tous les mémoires relatifs présentés au comité des monnaies seront envoyées au ministre des contributions publiques.

11. Aussitôt que le pouvoir exécutif aura fait choix de quelques entrepreneurs et aura passé des traités avec eux, il en instruira l'Assemblée nationale, à laquelle il rendra compte ensuite, tous les quinze jours, des progrès et des frais de fabrication.

12. L'Assemblée nationale charge son comité des monnaies de lui présenter incessamment les moyens de faire exécuter la même fabrication dans les autres départemens du royaume.

13. L'Assemblée nationale autorise son comité à suivre, conjointement avec la commission des monnaies, les expériences nécessaires pour le départ de la matière des cloches, et à en rendre le résultat public par la voie de l'impression.

25 JUIN = 12 SEPTEMBRE 1791. — Décret qui licencie les quatre compagnies des ci-devant gardes-du-corps. (L. 5, 1195; B. 15, 439.)

L'Assemblée nationale décrète que les quatre compagnies des gardes-du-corps sont licenciées, et charge ses comités militaire et de constitution de lui proposer les mesures d'exécution.

3.

25 JUIN 1791. — Décret qui ordonne de continuer l'état de détention des sieurs Damas, Choiseul, Floriac et Rémy, dans les prisons de Verdun, jusqu'à ce que l'Assemblée nationale ait pris des mesures ultérieures sur les personnes qui pourront avoir favorisé le départ du Roi. (L. 4, 1323; B. 15, 436.)

25 JUIN 1791. — Décret sur les mesures à prendre pour le logement du Roi et de la famille royale aux Tuileries. (L. 4, 1319; B. 15, 433.)

25 JUIN 1791. — Décret qui ordonne la remise au département de Paris, des clefs de la voiture du Roi. (B. 15, 439.)

25 JUIN 1791. — Assemblée nationale. *Voy.* 21 JUIN 1791. — Gardes nationales. *Voy.* 24 JUIN 1791. — Places fortes. *Voy.* 8 JUILLET 1791.

26 JUIN 1791. — Décret concernant les informations à prendre sur les évènemens de la nuit du 20 au 21 juin, ainsi que sur les faits antérieurs et postérieurs qui y sont relatifs. (L. 4, 1324; B. 15, 441.)

Art. 1er. Il sera, par le tribunal de l'arrondissement des Tuileries, lequel à cet effet nommera dans son sein deux commissaires, informé partout où besoin sera sur les évènemens de la nuit du 20 au 21 de ce mois, ainsi que sur les faits antérieurs et postérieurs qui y sont relatifs.

2. Il sera, par lesdits commissaires, procédé sans délai à l'interrogatoire de ceux qui sont en état d'arrestation, en vertu du décret du 25 de ce mois, ainsi qu'à l'audition des témoins.

3. L'Assemblée nationale nommera trois commissaires pris dans son sein, pour recevoir par écrit, de la bouche du Roi, sa déclaration, laquelle sera signée du Roi et des commissaires.

Il en sera de même pour la déclaration de la Reine.

4. Le tout sera rapporté à l'Assemblée nationale, pour être pris par elle les résolutions qu'elle jugera convenables.

26 JUIN = 11 SEPTEMBRE 1791. — Décret relatif aux officiers et cavaliers de la ci-devant maréchaussée, contre lesquels il pourrait y avoir lieu à quelque poursuite. (L. 5, 1158; B. 15, 440.)

L'Assemblée nationale décrète que les officiers et cavaliers de la ci-devant maréchaussée, inculpés, et contre lesquels il pourrait y avoir lieu à quelque poursuite, sont susceptibles de remplacement dans la gendarmerie nationale, jusqu'à ce que l'Assemblée ait prononcé sur les tribunaux qui doivent juger les délits qui seraient commis par les membres de ce corps.

26 JUIN 1791. — Décret qui lève l'arrestation de M. et de madame de Brezé, dans la ville du Mans. (L. 4, 440.)

27 = 28 JUIN 1791. — Décret relatif au paiement des rentes et autres sommes dues par l'Etat. (L. 4, 1359; B. 15, 441.)

L'Assemblée nationale, interprétant son décret du 24 du présent mois, sur les justifications à faire pour obtenir le paiement des créances et autres sommes dues par l'Etat, décrète que, d'ici au 10 juillet prochain, les personnes qui se présenteraient pour toucher des paiemens, en vertu de procurations de personnes domiciliées dans les divers départemens du royaume, lesdites procurations antérieures en date audit jour 24 juin, et d'après des reconnaissances de liquidation pareillement antérieures au 24 juin, recevront ledit paiement sous les deux conditions suivantes :

1° De certifier personnellement, de la part des fondés de procuration, le domicile actuel et habituel dans le royaume des personnes au nom desquelles ils se présenteront;

2° De laisser entre les mains du trésorier un dixième des sommes qui devraient être payées, lequel y demeurera jusqu'à la représentation des quittances d'imposition et de contribution patriotique.

L'Assemblée nationale décrète pareillement que les paiemens à faire des secours accordés ci-devant sur les fonds du clergé et des économats, de la loterie royale, ne sont pas compris sous les dispositions de son décret du 24 juin.

27 JUIN 1791. — Décret portant que la séance du département de Paris, extraordinairement convoquée le 16 avril dernier, demeure terminée, et que son directoire retournera dans le lieu ordinaire de ses séances. (B. 15, 442.)

27 JUIN 1791. — Décret portant que les déclarations du Roi et de la Reine seront déposées aux archives. (B. 15, 448.)

27 JUIN 1791. — Décret qui ordonne un projet sur l'expédition des passeports nécessaires aux étrangers qui désireront sortir du royaume. (B. 15, 448.)

28 = 29 JUIN 1791. — Décret relatif au paiement des contributions foncière et mobilière. (L. 4, 1363; B. 15, 452; Mon. du 29 juin 1791.)

Art. 1er. Dans les communautés dont les matrices de rôles seront déposées au secrétariat du district avant le 15 juillet prochain, le recouvrement se fera conformément aux lois sur les contributions foncière et mobilière, et les *quartiers* échus seront acquittés, savoir : le *quartier de janvier*, avant le 31 juillet; la *première moitié du quartier d'avril*, avant le 31 août; et la *seconde moitié du même quartier*, avant le 30 septembre prochain.

2. Dans les communautés dont les matrices de rôles n'auront pas été déposées au secrétariat du district avant le 15 juillet prochain, les contribuables paieront, sur les contributions foncière et mobilière de 1791, un à-compte dont le montant sera égal à la moitié de leur cotisation, dans les rôles des impositions directes de 1790.

3. En conséquence, il sera payé, par chaque contribuable, avant le 31 juillet, un *quart* de sa cotisation aux rôles de 1790, un *huitième* avant le 31 août, et un autre *huitième* avant le 30 septembre prochain.

4. A cet effet, dans les communautés qui n'auront pas encore nommé leur receveur, les officiers municipaux et notables choisiront un des habitans de la communauté, pour être dépositaire des sommes qui devront être ainsi payées par à-compte, et le proclameront le premier dimanche qui suivra la publication du présent décret.

5. Les officiers municipaux et notables, assistés du collecteur porteur des rôles de 1790, et en présence des habitans assemblés, commenceront par inscrire leurs propres noms, et le montant total de leurs impositions de 1790; ils en paieront aussitôt le *quart*, qui sera la moitié de l'à-compte demandé.

Les autres contribuables seront inscrits à la suite, et effectueront aussi le paiement du *quart* de leurs impositions de 1790, avant le 31 juillet prochain, et l'autre *quart* dans les deux époques fixées par l'art. 3.

Les états, ainsi complétés, seront rendus exécutoires par les directoires du district; et ceux des contribuables qui n'auraient pas satisfait à leur obligation dans les termes prescrits, y seront contraints par les voies ordinaires.

6. Les contribuables qui voudront anticiper leurs paiemens, ou même donner des à-comptes plus considérables, le pourront faire valablement entre les mains du dépositaire ou receveur.

7. Chaque contribuable sera inscrit sur le registre, sous un numéro, et il lui sera donné sous le même numéro, par le dépositaire ou receveur, quittance de ses paiemens.

8. Conformément à l'article 10 du titre V du décret du 23 novembre = 1er décembre 1790, tous fermiers ou locataires seront tenus de payer, en l'acquit des propriétaires, les trois termes de cet à-compte, pour les biens qu'ils auront pris à ferme ou à loyer, et les propriétaires seront tenus de recevoir le montant des quittances de cet à-compte, pour comptant sur le prix des fermages ou loyers.

9. Ces paiemens seront imputés sur les contributions foncière et mobilière des contribuables : si ceux faits par un fermier excédaient la somme à laquelle il sera cotisé aux rôles de 1791, l'imputation de cet excédant se fera sur la cote du propriétaire à la contribution foncière.

Dans le cas où l'à-compte excéderait les cotisations définitives du fermier et du propriétaire sur les rôles des contributions foncière et mobilière, il sera fait restitution du surplus par le receveur de la communauté, lorsque cesdits rôles seront mis en recouvrement, sur les premiers deniers de sa recette.

10. Le receveur ou dépositaire versera, tous les quinze jours, entre les mains du receveur de district, les sommes qu'il aura reçues.

11. Le receveur de district délivrera au receveur ou dépositaire de chaque communauté un récépissé de chaque versement qui aura été fait dans sa caisse.

12. Les récépissés délivrés par le receveur du district seront imputés sur les contributions foncière et mobilière de la communauté.

13. Les membres du directoire du district formeront, de quinzaine en quinzaine, un bordereau indicatif de la totalité des sommes recouvrées par le receveur du district, et l'adresseront au commissaire du Roi, à la Trésorerie nationale.

14. Dans les villes qui étaient abonnées et tarifées pour partie de leurs impositions directes, l'à-compte sera de la totalité du montant des rôles qui ont été ou dû être faits pour 1790.

15. Aussitôt que les rôles de la contribution foncière et de la contribution mobilière de 1791 seront rendus exécutoires, les officiers municipaux se feront représenter l'état des sommes payées à-compte, et feront d'abord, sur le rôle de la contribution mobilière, article par article, l'émargement des sommes payées pour à-compte par chaque contribuable.

Dans le cas où l'à-compte payé excédera la cote de contribution mobilière, l'excédant sera émargé de la même manière sur le rôle de la contribution foncière.

Enfin, pour les à-comptes payés par les fermiers ou locataires, qui excéderaient leur cotisation aux rôles des contributions foncière et mobilière, il en sera fait émargement aux articles des propriétaires.

16. Tous les émargemens des paiemens à-compte étant opérés sur les rôles, tant de la contribution foncière que de la contribution mobilière, le registre desdits paiemens à-compte restera déposé aux archives de la municipalité; et les récépissés étant entre les mains du dépositaire ou receveur, seront re-

5.

mis par lui au receveur des contributions foncière et mobilière de 1791, après que lesdits récépissés auront été visés par les officiers municipaux, et qu'ils auront vérifié que les sommes versées entre les mains dudit receveur ou dépositaire forment le même total que celui des récépissés qui lui auront été délivrés par le receveur du district.

28 = 29 JUIN 1791. — Décret relatif à la nomination du gouverneur du Dauphin. (L. 4, 1396; B. 15, 456; Mon. du 29 juin 1791.)

Art. 1er. Avant de procéder à la nomination du gouverneur qui doit être provisoirement donné à l'héritier présomptif de la couronne, en vertu du décret du 25 de ce mois, il sera formé une liste indicative des citoyens qui paraîtront propres à remplir cette fonction.

2. Pour former la liste, les membres de l'Assemblée nationale, répartis en bureaux, procéderont à un scrutin indicatif. Les scrutins de chaque bureau ayant été reçus par deux des secrétaires, la liste de tous ceux qui auront obtenu des voix sera rapportée à l'Assemblée, et ensuite imprimée.

3. L'élection sera faite au scrutin individuel et à la majorité absolue des suffrages. Les voix pourront porter, non-seulement sur ceux inscrits dans la liste, mais sur tout autre citoyen, à l'exception néanmoins des membres de l'Assemblée nationale.

4. Le gouverneur prêtera à la nation, dans le sein de l'Assemblée nationale, le serment de *veiller religieusement à la conservation de la vie et de la santé de l'héritier présomptif, et il répondra de sa personne.*

5. Toutes les personnes attachées au service de l'héritier présomptif seront sous la surveillance et sous les ordres du gouverneur.

6. Le droit de déterminer le système de l'éducation morale, civique et politique qui sera suivi à l'égard de l'héritier présomptif, ayant été réservé aux représentans de la nation par un décret antérieur, l'Assemblée nationale s'occupera incessamment de cet objet.

28 JUIN = 11 SEPTEMBRE 1791. — Décret qui autorise la Trésorerie nationale à payer aux hôpitaux les trimestres d'avance, pour l'entretien des enfans-trouvés dont ils sont chargés. (L. 5, 1157; B. 15, 450.)

L'Assemblée nationale, amendant le décret du 29 mars, décrète ce qui suit :

La Trésorerie nationale est autorisée à payer aux hôpitaux chargés d'enfans-trouvés, dont l'entretien a été décrété devoir être supporté, pour l'année 1791, par le Trésor public, les trimestres d'avance, à la condition de retenir, sur les trois derniers mois de l'année, les avances qui auraient pu être faites en excédant de dépenses; les comptes de ces dépenses, faits de clerc à maître par les hôpitaux, devant toujours être certifiés par les directoires de district, et visés par les directoires de département.

28 = 29 JUIN 1791. — Décret qui indique les formalités à observer pour sortir du royaume. (L. 4, 1393; B. 15, 449.)

Voy. loi du 3 = 4 JUILLET 1791.

Art. 1er. La libre sortie du royaume ne sera permise, jusqu'à ce qu'il en ait été autrement ordonné, qu'aux étrangers et aux négocians français, avec les précautions qui vont être indiquées pour les uns et pour les autres.

2. A l'égard des étrangers qui se trouvent à Paris, ceux qui sont nés ou domiciliés dans un état ou royaume qui entretient un ambassadeur ou ministre résidant en France seront tenus de se munir d'un passeport du ministre des affaires étrangères, accordé sur l'attestation écrite et signée desdits ambassadeurs ou résidens. Ceux qui sont nés en d'autres pays prendront également un passeport du ministre des affaires étrangères, qui sera accordé sur l'attestation de la municipalité de Paris, constatant qu'ils sont connus pour étrangers et habitans de la capitale depuis tel temps.

3. Les étrangers habitant dans les autres villes de France se muniront de passeports signés de la municipalité du chef-lieu du district qu'ils habitent, ainsi qu'il vient d'être expliqué, sans avoir besoin de celui du ministre.

4. Les négocians français et courriers envoyés par lesdits négocians, qui voudront sortir du royaume, seront également munis d'un passeport de la municipalité du chef-lieu du district qu'habitent lesdits négocians, et les officiers municipaux attesteront la vérité des faits et indications y contenus.

5. Ceux desdits négocians qui, s'étant mis en route avant le décret du 21 du présent mois, ne pourraient attendre l'arrivée d'un passeport de leur propre municipalité, s'en procureront un de quelque autre municipalité de chef-lieu de district plus voisine, où ils auront des correspondances et amis en état d'attester aux officiers municipaux leur qualité de négocians.

6. La sortie des armes, munitions, chevaux (autres que ceux qui servent aux courriers, aux étrangers, aux négocians et conducteurs de voitures), et celle des matières et espèces d'or et d'argent, notamment par tous les ports de mer, restent également prohibées jusqu'à nouvel ordre.

7. Tous les passeports contiendront le

nombre des personnes à qui ils seront donnés; leurs noms, leur âge, leur signalement, la paroisse habitée par ceux qui les auront obtenus, lesquels seront obligés de signer sur les registres des passeports et sur les passeports eux-mêmes.

28 JUIN 1791. — Décret portant vente de domaines nationaux à différentes municipalités des départemens de Loir-et-Cher et de la Seine-Inférieure. (B. 15, 451.)

28 JUIN 1791. — Décret relatif à la rétractation des quatre-vingt-cinq membres de la ci-devant assemblée coloniale de Saint-Marc, portant qu'il n'y a plus lieu à inculpation contre ces membres, et qu'ils sont libres de retourner dans leur patrie. (B. 15, 458.)

28 JUIN 1791. — Décret qui charge l'accusateur public de faire des poursuites contre une brochure arguée de faux, ayant pour titre : *Interrogatoire du Roi et de la Reine.* (L. 4, 1335; B. 15, 457.)

28 JUIN 1791. — Décret qui autorise les directoires des départemens du Bas-Rhin et du Lot, et des districts de Cahors, de Chinon et de Strasbourg, à acquérir les bâtimens nécessaires à leur établissement. (L. 4, 1341.)

28 JUIN 1791. — Anciens greffiers. *Voy.* 16 JUIN 1791. — Assignats de 5 livres. *Voy.* 20 JUIN 1791. — Bâtimens des administrations. *Voy.* 16 JUIN 1791. — Cardinal de La Rochefoucault. *Voy.* 18 JUIN 1791. — Commissaires de police. *Voy.* 19 JUIN 1791. — Dette publique. *Voy.* 14 JUIN 1791. — Divers départemens. *Voy.* 14 JUIN 1791, 16 JUIN 1791, 17 JUIN 1791. — Don patriotique. *Voy.* 17 JUIN 1791.—Fonctionnaires publics ecclésiastiques. *Voy.* 20 JUIN 1791.— Fonte de cloches. *Voy.* 25 JUIN 1791. — Sieur Gaspard. *Voy.* 20 JUIN 1791. — Sieur Gervais. *Voy.* 16 JUIN 1791. — Limites de départemens. — *Voy.* 14 JUIN 1791. Princes d'Allemagne. *Voy.* 19 JUIN 1791. — Recettes et dépenses de Paris. *Voy.* 16 JUIN 1791. — Rentes. *Voy.* 27 JUIN 1791. — Troubles de la Corse. *Voy.* 18 JUIN 1791.

29 JUIN 1791. — Contributions; Formalités pour sortir de France; Gouverneur du dauphin. *Voy.* 28 JUIN 1791.

30 JUIN = 6 JUILLET 1791. — Décret relatif aux Français qui ont servi chez les puissances étrangères, et qui sont rentrés en France depuis l'époque de la révolution. (L. 5, 11; B. 15, 461.)

L'Assemblée nationale décrète que le ministre de la guerre est autorisé à employer dans l'armée les Français qui ont servi chez les puissances étrangères, et qui sont rentrés en France depuis l'époque de la révolution.

30 JUIN = 10 JUILLET 1791. — Décret relatif aux drapeaux, étendards et guidons des régimens. (L. 5, 220; B. 16, 460.)

Art. 1er. Le premier drapeau de chaque régiment d'infanterie française, allemande, irlandaise et liégeoise de chaque régiment d'artillerie, ainsi que le drapeau de chaque bataillon d'infanterie légère; le premier étendard de chaque régiment de cavalerie française, de hussards, de chasseurs à cheval et de carabiniers; le premier guidon de chaque régiment de dragons, porteront désormais les trois couleurs nationales, suivant les dispositions et formes présentées à l'Assemblée par son comité militaire.

2. Les autres drapeaux des régimens d'infanterie française, allemande, irlandaise et liégeoise, et des régimens d'artillerie; les autres étendards des régimens de cavalerie française, de hussards, de chasseurs à cheval et de carabiniers; les autres guidons de chaque régiment de dragons, porteront désormais les couleurs affectées à l'uniforme de chaque régiment, suivant les dispositions et formes qui seront présentées à l'Assemblée par son comité militaire.

3. Tous les drapeaux, étendards et guidons porteront d'un côté l'inscription suivante: *Discipline et obéissance à la loi*; de l'autre côté, *le numéro du régiment.*

4. Les cravates de tous les drapeaux, étendards et guidons seront aux couleurs nationales.

5. Ceux des régimens qui portaient dans leurs drapeaux, étendards et guidons, des preuves honorables de quelques actions éclatantes à la guerre, conserveront ces marques de leur bonne conduite et de leur valeur; mais toutes armoiries ou autres distinctions qui pourraient avoir quelques rapports à la féodalité, seront entièrement supprimées sur les drapeaux, étendards et guidons.

30 JUIN = 6 JUILLET 1791. — Décret relatif aux officiers généraux et à leurs aides-de-camp. (L. 5, 34; B. 15, 461.)

L'Assemblée nationale décrète que les officiers généraux employés pourront choisir leurs aides-de-camp, pour cette fois seulement, parmi les officiers qui ne seront pas brevetés depuis dix ans, sans que ce choix puisse les faire parvenir au grade de capitaine avant l'époque à laquelle ils y auraient été portés par leur ancienneté dans leurs corps respectifs.

30 JUIN = 6 JUILLET 1791. — Décret qui autorise l'acquisition, même la destruction, en cas de besoin, de la maison d'un faïencier, contiguë à la prison de l'Abbaye-Saint-Germain, à Paris. (L. 5, 28; B. 15, 458.)

3o JUIN 1791. — *Places fortes. Voy.* 8 = 1o JUILLET 1791.

1ᵉʳ = 6 JUILLET 1791. — Décret relatif à la prescription pour raison des droits corporels et incorporels dépendant des biens nationaux. (L. 5, 16; B. 16, 2.)

L'Assemblée nationale, ouï le rapport du comité d'aliénation, décrète que la prescription contre la nation, pour raison des droits corporels ou incorporels dépendant des biens nationaux, est et demeure suspendue depuis le 2 novembre 1789 jusqu'au 2 novembre 1794, sans qu'elle puisse être alléguée pour aucune partie du temps qui se sera écoulé pendant le cours desdites cinq années.

1ᵉʳ JUILLET 1791. — Décret qui ordonne l'inventaire de différens effets contenus dans les caisses arrêtées dans la ville de Roye. (B. 16, 1.)

1ᵉʳ. JUILLET 1791. — Décret qui autorise le comité à liquider les mémoires des fournisseurs et entrepreneurs des bâtimens du Roi, sur le pied des réglemens qui ont été faits, sauf l'action contre les ordonnateurs. (B. 16, 2.)

1ᵉʳ JUILLET 1791. — Décret qui ordonne la levée des scellés apposés sur les bureaux de la liste civile. (B. 16, 3.)

1ᵉʳ JUILLET 1791. — Décret portant que les sieurs Mandel, lieutenant-colonel du ci-devant régiment Royal-Allemand, Marasin et Blondel, l'un capitaine, l'autre sous-lieutenant au même régiment, seront retenus en état d'arrestation à l'Abbaye-Saint-Germain à Paris, et que les personnes qui, dans divers départemens, sont ou pourront être arrêtées pour le fait de l'évasion du Roi, y resteront en état d'arrestation. (B. 16, 3.)

1ᵉʳ JUILLET 1791. — *Officiers ministériels. Voy.* 10 AVRIL 1791.

2 = 20 JUILLET 1791. — Décret relatif aux pensions à la charge de la ferme des messageries. (L. 5, 388; B. 16, au supplément, 17.)

Voy. les états à la fin du t. 16, B.

L'Assemblée nationale décrète que les pensions portées aux deux états annexés au présent décret, et mises à la charge du fermier des messageries par le bail du 4 février dernier, seront acquittées par ledit fermier, conformément aux clauses de son bail.

2 = 20 JUILLET 1791. — Décret relatif aux formalités à remplir pour le paiement des pensions. (L. 5, 349; B. *Voy.* ce décret à la fin du vol. 16, n° 3.)

L'Assemblée nationale, ouï le rapport de son comité des pensions, décrète que, sur les

fonds affectés au paiement des pensions, le Trésor public paiera provisoirement à titre de secours, pour chacune des années 1790 et 1791, la somme de 273,677 livres 2 sous 2 deniers, laquelle somme sera répartie entre les personnes comprises en l'état annexé au présent décret, et suivant la proportion portée audit état; et, en outre, il sera remis entre les mains de M. Pingré, de l'Académie des sciences, la somme de 3,000 livres pour l'impression des *Annales célestes du dix-septième siècle,* laquelle somme sera prise sur le fonds de deux millions, destiné aux gratifications.

Le paiement sera fait dans les termes et aux conditions exprimées au décret du 1ᵉʳ février dernier, et, en outre, aux conditions suivantes.

1° Les personnes comprises audit état ne seront payées qu'en justifiant, aux termes du décret du 24 juin dernier, de leur domicile actuel et habituel dans le royaume, ainsi que de la quittance de leurs impositions et du paiement des deux premiers termes de leur contribution patriotique, ou de la déclaration qu'elles n'ont pas été dans le cas de faire une contribution patriotique.

2° Lesdites personnes seront tenues de déclarer expressément, dans la quittance qu'elles donneront du secours qui leur sera payé, si elles se présentent en personne pour le recevoir, ou dans la procuration qu'elles donneront à cet effet, qu'elles n'ont aucune autre pension dont elles touchent les arrérages en tout ou en partie, à quelque titre que ce soit, ni aucun traitement d'activité.

3° Il sera fait déduction, sur les sommes qui reviendront aux personnes comprises dans l'état annexé au présent décret, de ce qui leur aurait été payé sur le secours déjà accordé par l'Assemblée nationale, pour l'année 1790, aux personnes qui n'étaient pas, à l'époque de ses décrets, comprises dans des états nominatifs.

2 = 20 JUILLET 1791. — Décret relatif aux pensionnaires sur le sort desquels il n'a pas été statué nominativement, soit par provision, soit définitivement. (L. 5, 385; B. 16, 9.)

L'Assemblée nationale, considérant la nécessité de subvenir aux pensionnaires sur le sort desquels il n'a pas encore pu être statué nominativement, soit par provision, soit définitivement, décrète que les décrets par elle précédemment rendus, pour procurer aux ci-devant pensionnaires des secours pour l'année 1790, notamment les décrets du 3 août 1790, des 9 et 11 janvier et du 20 février derniers, auront leur exécution pour l'année 1791, dans les mêmes termes, aux mêmes conditions, et, en outre, aux conditions suivantes :

1º Les personnes qui se présenteront pour recevoir lesdits secours seront tenues de justifier, aux termes du décret du 24 juin dernier, de leur domicile actuel et habituel dans le royaume, ainsi que de la quittance de leurs impositions, et du paiement des deux premiers termes de la contribution patriotique, ou de la déclaration qu'elles n'ont pas été dans le cas de faire une contribution patriotique.

2º Lesdites personnes seront tenues de déclarer expressément, dans la quittance qu'elles donneront du secours qui leur sera payé, si elles se présentent en personnes pour le recevoir, ou dans la procuration qu'elles donneront à cet effet; qu'elles n'ont aucune autre pension dont elles touchent les arrérages en tout ou en partie, à quelque titre que ce soit, ni aucun traitement d'activité.

3º Les secours sur l'année 1791 seront payés en deux parties; la première, à compter de ce jour, pour les six premiers mois; la deuxième, à compter du 1er janvier prochain, pour les six derniers mois.

4º Le directeur général de la liquidation fera, dans le plus bref délai possible, son rapport des personnes qui, ayant rendu des services à l'État, n'ont été récompensées que de pensions inférieures à la somme de 150 livres.

Et, dès-à-présent, décrète que, sur le fonds de deux millions destiné aux gratifications pour l'année 1790, il sera payé à François Aude, ancien carabinier au régiment royal des carabiniers, la somme de 10,000 livres, en considération de la prise qu'il a faite du général Ligonier à la bataille de Lawfeldt, au moyen de laquelle gratification, la pension de 200 livres qu'il avait sur le Trésor public cessera d'être employée dans l'état des pensions.

5º L'Assemblée décrète en outre que, sur le même fonds de gratifications, il sera payé à Françoise Imbert, garde nationale de Bergerac, la somme de 400 livres, pour le courage qu'elle a montré à la tête des gardes nationales de Bergerac.

6º L'Assemblée nationale décrète pareillement que, sur les fonds annuels destinés aux pensions, il sera payé à madame Flageron, provisoirement, à compter du 1er janvier 1790, chaque année et jusqu'au retour de M. Mongez, l'un des savans qui ont accompagné M. de La Pérouse dans son expédition, la somme de 600 livres, qui lui a été assurée par le Roi lors de l'embarquement dudit sieur Mongez son frère.

7º Les personnes qui, ayant servi l'État dans les places de juges ou d'officiers chargés du ministère public près des tribunaux, pendant l'espace de vingt années au moins, avaient précédemment obtenu des pensions, et qui sont arrivées à l'âge de soixante ans, obtiendront le rétablissement de leurs pensions, sous la condition toutefois qu'elles ne

pourront pas excéder la somme de 1,800 liv. pour ceux qui seront âgés de soixante à soixante-dix ans, et 2,400 liv. pour ceux qui seront âgés de soixante-dix à soixante-quinze ans.

8º Les magistrats et officiers chargés du ministère public dans les tribunaux de l'île de Corse, qui n'étaient pas originaires de cette île, et qui ne seraient pas rappelés aux mêmes fonctions par les élections faites ou à faire, auront droit à une pension de retraite, s'ils ont servi dans lesdites fonctions pendant dix années. Ces retraites seront fixées d'après les mêmes bases du décret du 3 août 1790, en rapprochant les termes et les époques portés au titre Ier dudit décret, de manière qu'après dix années de services lesdits magistrats et officiers obtiennent le quart du traitement dont ils jouissaient, et pour chacune des années ultérieures, le vingtième des trois quarts restans.

—————

2 = 28 JUILLET 1791. — Décret concernant l'avancement des lieutenans-colonels des troupes provinciales. (L. 5, 486; B. 16, 421.)

L'Assemblée nationale décrète ce qui suit:

Les lieutenans-colonels qui commandaient depuis dix ans des bataillons de garnison de troupes provinciales, réformées par les précédens décrets, seront susceptibles d'être faits maréchaux-de-camp, et d'obtenir ce grade conformément aux décrets des 15 février et 3 mars derniers.

—————

2 = 12 JUILLET 1791. — Décret relatif à la liquidation de différentes sommes faisant partie de l'arriéré. (L. 5, 128.) *Voy.* les états à la fin du tome 16, Baudouin.

—————

2 JUILLET 1791. — Décret qui charge le comité des monnaies de lui présenter un projet d'exécution ou de modification du décret du 11 janvier, concernant une émission de menue monnaie. (B. 16, 4.)

—————

2 JUILLET 1791. — Décret qui charge le comité de liquidation de faire la recherche des titres, dans le département de la guerre, relatifs à l'adresse et demande de la demoiselle Emerica Dumoulins de Littiski. (B. 16, 4.)

—————

2 JUILLET 1791. — Décret qui ajourne le scrutin définitif pour la nomination du gouverneur dice l'héritier présomptif de la couronne, et liste indicative des personnes qui ont été portées pour cette place. (B. 16, 5.)

—————

3 = 10 JUILLET 1791. — Décret en forme d'instruction sur divers objets concernant l'aliénation des domaines nationaux. (L. 5, 113; B. 16, 15; Mon. des 4 et 6 juillet 1791.)

Voy. lois des 14 = 17 MAI; 9 = 25 JUIN

Quelques abus s'introduisent dans l'aliénation des domaines nationaux ; des doutes s'élèvent sur le sens de plusieurs décrets, sur la manière de les entendre.

Quatre objets principaux ont fixé l'attention de l'Assemblée nationale.

Les insolvables, les élections d'amis ou nominations de commands ;

Les enchères particles, en concurrence avec des enchères sur la totalité d'objets composant des lots d'adjudication ;

Les ventes ou baux à vie, faites à des titulaires par leurs chapitres ;

La perception ou le partage des fruits des domaines nationaux vendus aux municipalités et aux particuliers.

L'Assemblée nationale n'hésite point à le penser, les corps administratifs adopteront tous les procédés uniformes et réguliers, dès qu'ils ne conserveront aucun doute sur le vœu de la loi ; les abus même disparaîtront aussitôt que leur source et les funestes conséquences qu'ils peuvent entraîner seront connues.

Tel est le but, et tel sera sans doute l'effet de l'instruction que l'Assemblée croit devoir adresser aux différens districts et départemens du royaume.

§ Ier.

§ Ier.

Des hommes d'une insolvabilité notoire se présentent aux adjudications des domaines nationaux, élèvent leurs offres à des prix hors de toute proportion avec la vraie valeur des objets qu'ils enchérissent, et contractent des obligations qu'ils sont dans l'impossibilité de remplir.

Ces hommes se flattent ou d'interrompre le cours des ventes, ou de mettre à contribution ceux qui veulent sérieusement acquérir.

D'autres citoyens moins coupables, mais trompés par leur propre cupidité, ne rougissent pas d'employer de tels agens pour obtenir des acquisitions plus avantageuses.

D'accord avec eux, un insolvable se rend adjudicataire d'un domaine national important ; il en fait aussitôt, par des élections d'amis ou nomination de commands, la répartition entre les véritables acquéreurs, et, bien certain de se jouer à son gré de ses engagemens, il s'inquiète peu si les différens prix répondent à la vraie valeur des biens assignés à chacun d'eux.

Tels objets sont cédés aux uns pour^{er}, prix inférieurs de beaucoup à leur valeur ; tels autres conservés par l'adjudicataire primitif, ou assignés à d'autres commands pour des prix excessivement exagérés, et sans aucune proportion avec leur véritable valeur.

Par quels moyens ces abus seront ils arrêtés dès leur naissance ? Le citoyen sera-t-il assujéti à faire preuve de sa solvabilité, pour être admis à enchérir ? ou celui qui ne pourra point en justifier sera-t-il tenu de fournir caution solvable, ou de payer, à l'instant même de l'adjudication, tout ou partie de l'à-compte déterminé par les décrets ?

Ce remède extrême n'a paru à l'Assemblée nationale, ni le plus juste, ni le plus conforme aux véritables intérêts de la nation : elle a pensé qu'il suffirait de renfermer dans des bornes précises la liberté justement laissée à tous les citoyens d'enchérir des domaines nationaux, de réveiller, d'animer le patriotisme des magistrats sur ces délits d'un nouveau genre, et surtout d'éclairer les citoyens sur leurs vrais intérêts, sur les conséquences des cessions, élections d'amis, ou nominations de commands, que font à leur profit de tels adjudicataires.

L'Assemblée nationale se bornera donc à indiquer aux corps administratifs les précautions qu'ils ont à prendre ; aux magistrats, les devoirs qu'ils ont à remplir ; aux citoyens, les pièges tendus à leur avarice ou à leur crédulité ; à tous enfin, les principes qui doivent les diriger, et qui se réduisent aux règles suivantes :

1. Les directoires de district sont autorisés à ne point admettre aux enchères : 1° tous ceux qui ne justifieront pas d'un domicile certain ou d'une contribution directe, foncière ou mobilière au lieu de leur domicile, ou qui, à défaut de cette justification, ne déposeront pas entre les mains du secrétaire le premier terme du paiement, d'après la première mise à prix, et suivant la nature des biens qu'ils enchérissent ; 2° ceux qui, s'étant rendus adjudicataires de biens nationaux, n'ont pas acquitté les termes échus, ou qui, ayant déjà subi l'évènement d'une folle-enchère, n'auront pas payé depuis les sommes dont ils sont restés débiteurs ; 3° les particuliers étant manifestement en état d'ivresse ; 4° les enchères de sommes exagérées, comme de *cent, deux cent mille livres à la fois,* et qui excéderaient le vingtième de la somme totale à laquelle le bien a été porté par la dernière enchère. La justification du domicile et de la contribution sera faite par un certificat de la municipalité, visé par le directoire du district.

2. Les procureurs-syndics de district doivent dénoncer aux accusateurs publics et faire poursuivre dans les tribunaux quiconque troublerait la liberté des enchères par des menaces, violences ou voies de fait, ou qui, dans les mêmes vues, donnerait ou recevrait quelques deniers, accepterait ou souscrirait des promesses, billets ou obligations.

Ceux qui se seront rendus coupables de ces manœuvres ou excès doivent être condamnés à des amendes pécuniaires, même poursuivis criminellement, s'il y a lieu.

3. Toutes promesses d'argent exigées ou

souscrites pour renoncer ou faire renoncer au droit d'enchérir doivent être déclarées nulles par les tribunaux ; ceux qui auront reçu des deniers ou accepté de telles promesses, condamnés en des amendes égales aux sommes qui leur auront été promises ou payées.

4. Les accusateurs publics et les magistrats qui négligeraient la poursuite de ces délits s'en rendraient complices et responsables envers la nation : dans le cas d'une inaction volontaire ou de refus, ils pourraient être traduits et jugés ainsi qu'il appartiendrait.

5. Lorsqu'un bien compris en un seul lot d'évaluation ou d'estimation, crié et adjugé pour un seul et même prix, est divisé ensuite, soit entre l'adjudicataire et ses commands, soit entre différens particuliers, par des élections d'amis ou nominations de commands faites après ou dans l'adjudication même, la créance de la nation n'en demeure pas moins une, indivisible : l'adjudication ne devient, pour l'adjudicataire primitif, un titre réel, incommutable ; la propriété ne se fixe irrévocablement sur sa tête, que du jour où il en a rempli toutes les conditions.

Jusque là, les diverses parties du bien adjugé demeurent hypothéquées à la totalité du paiement, et restent toutes également sujettes à la revente à la folle-enchère, à défaut de paiement d'aucune des parties du prix de l'adjudication (1).

6. A défaut de paiement de la part d'un ou de plusieurs co-acquéreurs, le procureur-syndic sera tenu de poursuivre la revente, à la folle-enchère, de toutes les parties de bien comprises dans l'adjudication ; mais, pour éviter cette revente à la folle-enchère, chacun des autres pourra se faire subroger au lieu et place de celui ou de ceux qui sont en retard de payer, en acquittant les termes échus, et en se soumettant à remplir le surplus de leurs obligations, sauf à faire droit sur les répétitions du co-acquéreur évincé, s'il y a lieu.

Si la subrogation était demandée par plusieurs co-acquéreurs, elle appartiendra à celui qui, en la requérant le premier, aura en même temps acquitté les termes échus non payés, et se sera soumis au paiement des autres.

Le développement et la connaissance de ces principes, puisés dans la nature même des contrats, en mettant à couvert les intérêts de la nation, épargneront aux citoyens les regrets et les pertes auxquelles peut les exposer leur imprudente cupidité.

§ II.

Constamment occupée du désir de multiplier le nombre des propriétaires, l'Assemblée nationale n'a cessé de tendre, par toutes ses dispositions, à la plus grande division possible des domaines nationaux ; cette vue, qui n'a été subordonnée qu'aux devoirs plus impérieux, plus sacrés encore de l'extinction de la dette, a successivement dicté les articles 6 et 7 du décret du 14 = 17 mai 1790, l'article 6 de celui du 9 = 25 juillet même année, et l'article 14 du décret du 3 = 17 novembre 1790.

Ces dispositions contiennent toutes les règles relatives à la division des domaines nationaux.

Celle que les corps administratifs et les enchérisseurs doivent surtout observer est consignée dans l'article 13 du décret du 3 = 17 novembre 1790, conçu en ces termes :

« On comprendra, dans un seul lot d'évaluation ou d'estimation, la totalité des objets compris dans un même corps de ferme ou de métairie, ou exploités par un même particulier. »

La règle établie par cet article est générale, impérieuse et précise. Les domaines nationaux sont ou ne sont pas affermés : au premier cas, et quelque faible que soit la quantité des biens compris en un seul bail, ils doivent composer un lot d'évaluation, et former une seule adjudication.

Si la modicité des objets détermine un directoire de district à en réunir plusieurs dans un même lot d'évaluation, aussitôt qu'un enchérisseur réclame contre la réunion et requiert que les biens compris en un seul bail soient mis séparément en vente, le directoire de district doit à l'instant y déférer.

Lorsque les biens ne sont point affermés, si le domaine national est exploité par un grand nombre de particuliers différens, chaque exploitation, quelque faible qu'elle soit, doit également former un seul et même lot d'estimation et d'adjudication.

Mais, si le même cultivateur exploite un domaine plus considérable, une ferme, une métairie d'une grande étendue, la règle est encore la même ; la ferme ou métairie, de quelque étendue qu'elle soit, doit encore former un seul et même lot d'estimation et d'adjudication.

(1) La solidarité existe entre les acquéreurs, pour le paiement du prix d'un domaine qui leur a été vendu en un seul lot et pour un seul prix.—(18 juillet 1821 ; Mac. 2, 159).

La loi du 13 thermidor an 4 ne déroge point au principe de l'indivision de la chose, et du prix, relativement au gouvernement vendeur. La revente par déclaration de commands n'est point sujette au droit de mutation ; mais le soumissionnaire originaire reste soumis à toute la garantie que le gouvernement avait droit d'exercer (11 décembre 1816 ; Ord. J.-C., t. 3, p. 446).

Les divisions ne pouvaient être portées à l'infini; il était un point où il fallait nécessairement s'arrêter. L'intérêt de la nation eût été évidemment compromis, si l'on eût ordonné ou permis aux corps administratifs de décomposer, à toute réquisition, une métairie pour en former un plus ou moins grand nombre de lots particuliers : les portions précieuses eussent été le plus ordinairement les seules recherchées, les seules demandées; toutes celles d'une valeur modique n'eussent presque jamais trouvé d'acquéreurs.

L'Assemblée nationale a encore ménagé aux enchérisseurs et surtout à ceux des campagnes, le moyen d'obtenir, en ce cas, une plus grande division de domaines nationaux.

Par l'article 6 du décret du 9 = 25 juillet, l'Assemblée nationale recommande aux corps administratifs de diviser autant que la nature des objets peut le permettre.

Par l'article 6 du titre III du décret du 14 = 17 mai, elle veut « que les enchères soient « en même temps ouvertes sur l'ensemble et « sur les parties d'un objet compris en une « seule et même adjudication, et que, dans « le cas où, au moment de l'adjudication dé- « finitive, la somme des enchères partielles « se trouve égale à l'enchère mise sur le tout, « les biens soient de préférence adjugés divi- « sément. »

Le véritable sens de ces deux dispositions est parfaitement saisi par les corps administratifs, qui ont soin de les rapprocher de l'article 14 du décret du 3 = 18 novembre suivant; mais ceux qui perdent de vue cette dernière disposition adoptent différens procédés également irréguliers, et d'où naissent de nouveaux abus aussi fâcheux que ceux résultant des manœuvres des insolvables, des élections d'amis ou nominations de commands.

En effet, un directoire de district, se conformant à la disposition de l'article 14 du décret du 3 = 18 novembre, fait un seul lot d'estimation de biens composant une ferme, une métairie d'une étendue assez considérable. Il se présente des citoyens qui veulent enchérir sur le tout, d'autres qui demandent à enchérir sur les parties : les uns et les autres y sont autorisés par la loi.

Les enchérisseurs partiels, portant leurs offres à une somme égale à l'enchère mise sur la totalité, demandent en conséquence que chacune des parties qu'ils ont enchéries leur soit divisément adjugée.

Si le directoire du district déférait purement et simplement à leurs demandes, si chacun d'eux obtenait une adjudication séparée, un titre particulier et tout-à-fait indépendant de celui des autres, pour le prix déterminé par la répartition faite entre eux de celui de l'adjudication, les enchérisseurs partiels, souvent et presque toujours d'accord

entre eux, auraient un moyen infaillible pour écarter tous enchérisseurs sur la totalité. Il leur suffirait de ne mettre aucune proportion dans la répartition qu'ils feraient entre eux des objets et du prix de l'adjudication, d'assigner aux uns des biens d'une grande valeur pour des prix très-modiques, à d'autres (aux insolvables par exemple) des objets sans valeur pour des prix excessivement exagérés. La nation perdrait la sûreté de son paiement, puisque, dans cette hypothèse, les objets assignés aux derniers seraient seuls sujets à la folle-enchère.

Ce procédé ne peut pas être et n'est réellement pas celui autorisé par la loi. L'avantage accordé aux enchérisseurs partiels n'est pas le droit d'abuser des bienfaits de la nation, mais seulement celui d'obtenir la préférence sur les enchérisseurs pour la totalité, mais à égalité parfaite, et pour le montant des offres, et pour la sûreté du paiement.

« Si, au moment de l'adjudication défini- « tive, porte la loi, la somme des enchères « partielles est égale à l'enchère mise sur la « masse, les biens seront de préférence adju- « gés divisément. »

L'égalité n'existerait pas, si elle n'avait lieu et pour le montant des offres, et pour la sûreté du paiement, si la nation se trouvait nécessairement exposée à perdre une partie du prix du bien adjugé.

A égalité du prix, un domaine national doit, de préférence, être adjugé aux enchérisseurs qui veulent le diviser entre eux; mais, toutes les fois qu'aux termes du décret du 3 = 17 novembre, le domaine national doit former un seul lot d'évaluation ou d'estimation, l'adjudication est encore nécessairement une, indivisible; les enchérisseurs partiels n'ont ensemble qu'un seul et même titre; toutes parties du bien adjugé demeurent le gage spécial de la créance de la nation; toutes restent sujettes à la revente à la folle-enchère, à défaut de paiement d'aucune des parties du prix de l'adjudication.

Il faut enfin appliquer aux enchérisseurs partiels tous les principes qui ont été établis relativement aux élections d'amis ou nominations de commands; et c'est ainsi que doit désormais être exécuté l'article 6 du titre III de la loi du 14 = 17 mai 1790. Si les directoires de district ne l'ont pas tous jusqu'ici entendu de cette manière, si plusieurs ont cru devoir adjuger divisément toutes les fois que la réunion des enchères partielles se trouvait, de quelque manière que ce fût, égale aux enchères mises sur la totalité, l'Assemblée nationale n'entend pas anéantir ces contrats, sur la foi desquels les acquéreurs ont traité; seulement, il faut observer avec soin les adjudications qui sont réellement divisées de celles qui ne le sont pas.

Il n'y a point de division lorsque la distinction des prix, insérée dans un procès-verbal d'adjudication, n'est que le résultat d'une répartition amiablement faite ou concertée entre les différens enchérisseurs partiels.

Mais, lorsque chaque portion a été séparément mise en vente, successivement criée et et distinctement adjugée, chaque acquéreur alors a son titre particulier, et sa portion n'est hypothèquée qu'au paiement de ses obligations personnelles.

§ III.

Il s'est encore élevé des doutes sur l'exécution des articles 26, 29 et 30 du décret du 24 juillet, sanctionné le 24 août, et sur celle de l'article 12 du décret du 10=15 décembre suivant.

1° Le plus grand nombre des départemens a pensé que l'article 30 du décret du 24 juillet les obligeait à faire procéder à l'aliénation des maisons canoniales vendues ou louées à vie à des titulaires par leurs chapitres, lorsqu'il existait des soumissions pour les acquérir.

Consultés sur ce point, les comités ecclésiastique et d'aliénation avaient aussi pensé d'abord que le texte de la loi était formel, et ne pouvait pas être autrement entendu.

Plusieurs départemens, persistant dans leurs doutes, ont représenté qu'ils avaient peine à concevoir que l'Assemblée nationale, après avoir statué par l'article 26 du décret du 24 juillet=24 août, que les titulaires qui tenaient par vente ou bail à vie des maisons de leurs chapitres en jouiraient jusqu'à leur décès, en complétant le prix de la vente ou en payant le prix du bail dans les termes convenus, eût réellement entendu ordonner, par l'article 30, que ces maisons pourraient être aliénées, sans que l'adjudicataire fût tenu de l'entretien de la vente ou du bail à vie, maintenu par l'article 26, et que la jouissance accordée aux titulaires, par ce dernier article, pourrait être convertie en une simple indemnité.

Il ajoutent, 1° que plusieurs de ces titulaires sont avancés en âge;

2° Que la fixation des indemnités sera une opération difficile et coûteuse, et que le paiement de ces indemnités absorbera une partie du prix des aliénations;

3° Que le principal motif qui a déterminé l'Assemblée nationale à ordonner l'aliénation des maisons appartenant à la nation, a été sans doute la considération des dépenses d'entretien qui rendent de telles propriétés très-onéreuses;

4° Que le décret du 18=27 avril 1791 obvie à cet inconvénient, puisqu'il donne à la nation le moyen de vendre dès à présent, sans perte, ses nues propriétés, et que des tables de proportion déterminent, d'une manière précise, les sommes que les soumission-naires doivent offrir pour le prix de ces acquisitions.

Frappée de ces considérations, l'Assemblée nationale s'est fait représenter le procès-verbal de la séance du 12 juillet 1790.

On y lit :

« Le rapporteur du comité ecclésiastique « a proposé divers articles additionnels : le « premier concernant les maisons canoniales « vendues ou louées à vie aux titulaires.

« Après deux articles intermédiaires, le rap-« porteur a proposé celui-ci : Les titulaires « des bénéfices supprimés, qui justifieront « en avoir bâti entièrement à neuf la mai-« son d'habitation à leurs frais, jouiront pen-« dant leur vie de ladite maison.

« Un membre a proposé d'ajouter à la fin « de cet article, *ou en cas d'aliénation, les* « *titulaires en seront justement indemnisés,* « *sur l'avis du district et du département.* »

Le rapporteur, adoptant l'amendement, a proposé de le joindre à l'article suivant, ou d'en faire un article séparé en ces termes :

« Néanmoins, lors de l'aliénation qui sera « faite, en vertu des décrets de l'Assemblée « nationale, des maisons dont la jouissance « est laissée aux titulaires, ils seront indem-« nisés de la valeur de ladite jouissance, sur « l'avis des administrations de département « et de district. »

L'amendement proposé n'avait donc pour objet de rendre aliénables que les seules maisons énoncées en l'article 29 du décret du 24 juillet=24 août; il était absolument étranger aux maisons canoniales possédées par les titulaires à titre de bail ou de vente à vie.

De ces observations il résulte, 1° que la loi promulguée autorisait en effet l'aliénation des maisons louées ou vendues à vie aux titulaires par leurs chapitres; que des adjudicataires qui ont acquis de bonne foi et conformément à la loi doivent jouir dès à présent, et que les titulaires ne peuvent, en ce cas, obtenir que l'indemnité qui leur est accordée par l'article 30 ;

2° Que l'intention de l'Assemblée nationale n'a cependant pas été que les titulaires possesseurs à titre de bail ou de vente à vie, fussent dépouillés de la jouissance que leur accordait l'article 26.

L'Assemblée nationale croit, en conséquence, de sa sagesse et de sa justice, d'ordonner que les maisons canoniales, vendues ou louées à vie aux titulaires par les ci-devant chapitres, ne seront désormais aliénées qu'à la charge, par les adjudicataires, de laisser les titulaires en jouir pendant leur vie.

Les soumissionnaires prendront pour bases de leurs offres les tables de proportion annexées au décret du 18=27 avril dernier, et les aliénations seront faites conformément aux articles 14 et 15 de cette loi.

Il est encore quelques observations à faire

sur les ventes ou baux à vie faits à des titulaires par leurs chapitres.

Les maisons canoniales étaient naturellement destinées à l'habitation des chanoines: les concessions qui leur ont été faites par des baux à vie sont en conséquence maintenues, et la jouissance leur en est conservée par l'article 26 du décret du 24 juillet.

Il n'en est pas de même des baux à vie faits à des titulaires par leurs chapitres, des biens de toute autre nature.

L'article 12 du 10 = 15 décembre distingue, relativement à cette dernière espèce de biens, les baux faits pour la vie bénéficière de ceux faits pour la vie naturelle des titulaires.

« Les baux des biens nationaux, porte cet « article, passés à des bénéficiers supprimés « pour durer pendant leur vie bénéficière, « sont et demeurent résiliés à compter du « 1er janvier 1790, sauf l'exécution de l'ar-« ticle 26 du décret du 24 juillet dernier. »

Ainsi, lorsque ces actes sont faits seulement pour la vie bénéficière ou canonicale des titulaires, la résiliation en est prononcée par la loi.

Lorsqu'ils sont, au contraire, passés à leur profit, non en leur qualité de chanoines ou de bénéficiers, mais pour la durée de leur vie naturelle, l'exécution en est ordonnée, tant par l'article 26 du décret du 24 juillet que par la disposition générale des décrets des 25, 26, 29 juin et 9 juillet, concernant les baux à vie des biens nationaux.

Quant aux ventes à vie, l'article 12 de la loi du 15 décembre ne s'applique point à ces actes, puisqu'elle ne parle que de baux à vie bénéficière; ainsi, toute vente légalement faite par un chapitre à l'un de ses membres, soit pour sa vie bénéficière, soit pour sa vie naturelle, doit être exécutée. La nue propriété des biens ainsi vendus peut seulement être aliénée, conformément à la loi du 27 avril dernier.

Les ventes ou baux à vie faits aux chanoinesses par leurs chapitres sont soumis aux mêmes règles.

En satisfaisant ainsi aux vœux des titulaires et de plusieurs départemens, ces divers procédés rempliront exactement les premières intentions de l'Assemblée nationale.

Les dispositions des décrets des 24 et 28 février dernier n'auraient dû faire naître aucune incertitude.

Ces deux lois n'ont rien changé à ce qui est réglé par l'instruction du 31 mai 1790, relativement à la jouissance des municipalités, et des particuliers qui acquièrent par leur intervention.

Les municipalités paient les intérêts de leurs obligations, supportent les contributions, et perçoivent les fruits naturels et civils des biens qui leur sont adjugés, à compter du jour des décrets d'aliénation rendus en leur faveur. Les fruits naturels et civils appartiennent aux municipalités, en proportion de la durée de leur jouissance, et ne courent au profit des acquéreurs qui les remplacent, que du jour de leur adjudication. Il n'en est pas de même à l'égard des particuliers qui acquièrent directement de la nation. La loi distingue entre les fruits civils et les fruits naturels; les premiers ne sont déférés aux acquéreurs que proportionnellement en raison du temps, et à compter du jour de son adjudication.

Quant aux fruits naturels, le particulier qui acquiert directement de la nation a droit à la totalité des fruits pendans par les racines au jour de son adjudication, et *aux fermages qui les représentent*, à quelques époques que soient fixés les termes de paiemens déterminés par les baux.

Ainsi, d'un côté, les fermages échus avant, mais qui représentent des fruits recueillis depuis une adjudication, appartiennent à l'acquéreur; et de l'autre, il n'a aucun droit à des termes de paiement qui sont échus depuis son adjudication, mais qui représentent les fruits d'une année antérieure.

Si le domaine produisait des fruits de diverses natures, que les uns eussent été recueillis avant d'autres depuis l'adjudication, une ventilation serait nécessaire pour déterminer la portion du fermage appartenant à l'acquéreur, et celle qui ne lui appartient pas.

Il faut remarquer, 1° que ces dispositions ne s'appliquent point aux adjudications faites avant ou depuis la publication du décret du 24 février, avec la condition expresse que les acquéreurs ne percevront les fruits naturels et civils que proportionnellement et à compter du jour de leur adjudication. Les acquéreurs n'ont, en ce cas, aucun droit à des fruits qui sont formellement exclus du titre de leur acquisition.

2° Que le décret des 14 = 17 mai 1790 et l'instruction du 31 du même mois ne contenait pas de dispositions relatives aux fruits de biens directement vendus par la nation aux particuliers, il faut, à l'égard de celles de ces ventes qui ne renferment pas les mêmes conditions, suivre les dispositions des lois anciennes, qui défèrent les fruits naturels ou les fermages qui les représentent à ceux qui se sont trouvés propriétaires au temps de leur récolte.

Une explication est encore demandée sur l'exécution de l'article 11 du décret du 18 = 27 avril dernier, ainsi conçu:

« La récolte de la présente année 1791 « sera faite par tout fermier *ou cultivateur* « qui, sans avoir de bail subsistant, a fait les « labours et ensemencemens qui doivent la « produire. »

Les expressions de la loi, *ou cultivateur*, ne permettent aucun doute.

Quel que soit l'individu qui a cultivé un champ, la loi veut que les fruits appartiennent à celui qui les a fait naître.

Cette règle ne s'applique point aux ci-devant corps et communautés qui ont fait les labours et semences en 1790 : ces corps et communautés, ne subsistant plus, ne sauraient jouir dans la présente année, et les personnes qui étaient membres de ces corps ne peuvent pas plus prétendre à la jouissance, n'ayant aucun droit à cet égard comme particuliers et individus. Le même décret du 18 = 27 avril indique encore ce qui est dû en ce cas par le cultivateur. Il paiera un fermage déterminé par l'ancien bail, ou, s'il n'en existait point, par un expert que nommera le directoire de district ; et, assimilé aux fermiers, il sera soumis à toutes les règles de droit qui les concernent.

L'Assemblée nationale déclare enfin commune aux religieuses la disposition relative aux enclos, portée en l'article 3 du décret du 19 = 26 mars 1790.

Ces divers éclaircissemens feront sans doute cesser la plupart des abus, des embarras, des difficultés qui entravaient la marche des corps administratifs ; les autres ne tarderont pas à céder aux efforts de leur zèle et de leur patriotisme.

———

3 — 4 JUILLET 1791. — Décret relatif à l'exportation des matières d'or et d'argent. (L. 5, 1 ; B. 16, 12.)

L'Assemblée nationale, sur le rapport qui lui a été fait, au nom de ses comités diplomatique, d'agriculture et de commerce, des recherches et des rapports, de différentes pétitions relatives au libre passage des matières ou monnaies d'or et d'argent, et à leur sortie hors des frontières ;

Déclare que, dans la prohibition provisoire portée en ses décrets des 21 et 28 du mois dernier, d'exporter hors du royaume aucune matière d'or et d'argent, ni aucune espèce monnayée, elle n'a point entendu comprendre les espèces monnayées étrangères, lesquelles pourront sortir comme ci-devant, nonobstant la prohibition sus-énoncée, qui n'aura lieu que pour les matières d'or et d'argent, et pour les monnaies marquées au coin de l'État.

———

3 — 4 JUILLET 1791. — Décret qui permet la libre sortie du royaume aux étrangers. (L. 5, 5 ; B. 16, 13).

Voy. loi du 28 = 29 JUIN 1791.

L'Assemblée nationale, sur le rapport à elle fait, au nom de son comité diplomatique, de différentes demandes des ambassadeurs ou ministres étrangers près la nation française, et de celles d'ambassadeurs français et de quelques secrétaires d'ambassade ou légation française en pays étranger, qui se trouvent présentement retenus à Paris ou en d'autres parties du royaume ;

Déclare que, dans son décret du 28 juin dernier, qui permet la libre sortie du royaume aux étrangers, elle a entendu comprendre les Français attachés comme secrétaires aux ambassadeurs et ministres des puissances étrangères, même ceux de leurs domestiques, également nés en France, qu'ils attesteront avoir à leur service depuis plus de six mois.

Déclare également qu'elle n'a point entendu défendre aux ambassadeurs français, ni aux secrétaires d'ambassade ou légation française, qui, en vertu de congés, se trouvaient à Paris ou en d'autres parties de la France à l'époque des décrets des 21 et 28 juin, de se rendre ou retourner, dès ce moment, à leurs fonctions et postes respectifs, et qu'en conséquence il pourra leur être expédié des passeports pour le lieu de leur résidence, par le ministre des affaires étrangères ; le tout avec les précautions indiquées, pour toutes les espèces de passeports, par les articles 2, 3 et 7 du décret du 28 juin.

———

3 = 9 JUILLET 1791. = Décret pour porter au complet de sept cent cinquante hommes par bataillon, et de cent soixante-dix hommes par escadron, ceux des régimens de l'armée, y compris les sept régimens d'artillerie, qui n'ont pas encore reçu l'ordre de s'y porter, et relatif à la défense des frontières du nord. (L. 5, 36 ; B. 16, 14.)

———

4 JUILLET = 25 AOUT 1791. — Décret relatif aux chambres des comptes supprimées, et qui règle la manière dont les comptes qui se vérifiaient par ces diverses compagnies, seront rendus à l'avenir. (L. 5, 1009 ; B. 16, 36.)

Voy. loi du 17 = 29 septembre 1791.

TITRE Ier. De la suppression des chambres des comptes.

Art. 1er. A compter du jour de la publication et de la notification du présent décret aux chambres des comptes du royaume, supprimées par le décret des 6 et 7 septembre 1790, elles cesseront toutes fonctions (1).

2. A compter du même jour, les offices de procureurs postulans et les autres offices ministériels près lesdites chambres des comptes seront supprimés.

3. Aussitôt que le présent décret sera parvenu aux directoires des départemens, ils le feront notifier aux chambres des comptes si-

———

(1) *Voy*. art. 12, loi des 7, 6 = 11 septembre 1790.

tuées dans l'étendue de leur département; et, dans le jour, les directoires des départemens feront procéder, par deux de leurs membres, assistés du procureur-général-syndic du département, à l'apposition des scellés sur les greffes, dépôts et archives desdites chambres des comptes, ainsi que sur leur mobilier.

4. Lesdits commissaires, lors de l'apposition des scellés, se feront représenter et remettre tous les comptes non encore définitivement jugés, apurés ou corrigés, qui se trouveront exister dans les greffes, ainsi que les pièces à l'appui; ils en dresseront un bref état, dont un double sera délivré aux greffiers, pour leur décharge desdits comptes et pièces.

5. Ils se feront représenter les registres aux distributions des comptes, et remettre ceux desdits registres sur lesquels il se trouvera des articles non encore déchargés.

6. Les officiers qui se sont chargés sur leurs registres des comptes et pièces à l'appui seront tenus de remettre lesdits comptes et pièces au directoire du département, dans quinzaine, à compter de la notification; après laquelle quinzaine, faute par eux d'avoir remis lesdits comptes et pièces, les intérêts de leurs finances cesseront de plein droit; et, après une seconde quinzaine, ils seront en outre condamnés à une amende de 300 livres, laquelle sera ensuite augmentée de dix livres par chaque jour de retard.

7. Les directoires de département feront parvenir, sans délai, au bureau de comptabilité qui sera ci-après établi, les comptes et pièces à l'appui qu'ils auront retirés, soit des greffes, soit des mains des conseillers rapporteurs.

8. L'Assemblée nationale pourvoira à la levée des scellés, à l'inventaire et conservation des pièces reposant aux greffes, dépôts et archives des chambres des comptes supprimées.

9. Il sera pourvu incessamment au remboursement des offices supprimés par le présent décret, et ce, suivant les formes et principes décrétés par l'Assemblée nationale, concernant la liquidation et le remboursement des offices de judicature et ministériels.

TITRE II. De la présentation des comptes.

Art. 1er. Dans le délai d'un mois après l'organisation du bureau de comptabilité, tous individus ou compagnies qui comptaient de la recette ou dépense des deniers publics, soit par-devant les chambres des comptes, soit par-devant le conseil du Roi; tous héritiers et ayant-cause d'individus comptables, comme aussi les receveurs, économes, séquestres, régisseurs ou administrateurs tenus de rendre compte par-devant le Corps-Législatif, aux termes des décrets, adresseront au bureau de comptabilité un état de situation de leur comptabilité contenant, 1° la date de leur dernier compte, jugé, apuré et corrigé, avec le certificat de *quitus* ou décharge à l'appui;

2° La date de leurs comptes jugés, mais non encore apurés ni corrigés, avec copie des jugemens;

3° La date des comptes par eux présentés, et qui n'ont pas encore été jugés;

4° La date des années de leurs exercices dont ils n'ont pas encore présenté le compte, jusques et compris l'année 1790.

2. Lesdits comptables ou leur ayant-cause joindront, dans le même délai, au précédent état, un mémoire motivé et expositif du temps qu'ils jugeront leur être nécessaire pour dresser et présenter leurs comptes, comme aussi pour les apurer, le tout dans les formes qui seront ci-après prescrites; avec leur soumission de satisfaire auxdites présentation et apurement dans ledit délai.

3. Tous comptables qui n'auront pas envoyé au bureau de comptabilité les états et mémoires indiqués aux deux articles précédens, dans le délai ci-dessus énoncé, cesseront, à compter de l'expiration dudit délai, d'avoir droit aux intérêts du montant de leurs finances, cautionnement ou fonds d'avance, et seront, en outre, condamnés à une amende de 300 livres, qui sera augmentée de 10 liv. par chaque jour de retard; et, à cet effet, ils seront tenus de se pourvoir, au bureau de comptabilité, d'un certificat de remise de leurs états et mémoires, où le jour de ladite remise sera énoncé. Le décompte de leurs finances, fonds d'avance ou cautionnemens, ne pourra être fait que sur la représentation dudit certificat.

4. L'Assemblée nationale connaîtra, par le rapport qui lui en sera fait, du délai demandé par chacun des comptables ou leur ayant-cause, pour présenter leurs comptes jusques et compris l'année 1790 : elle fixera, par un décret, le temps qui sera accordé à chacun d'eux pour y satisfaire,

5. Tout comptable pour des objets de recette et de dépense antérieurs au 1er janvier 1791, qui n'aura pas présenté ses comptes dans le délai décrété par l'Assemblée nationale, perdra, à compter du jour de l'expiration dudit délai, l'intérêt de ses finances, cautionnemens ou fonds d'avance, et sera tenu, en outre, de payer les intérêts à cinq pour cent des débets dont il sera définitivement jugé reliquataire; et, trois mois après l'expiration du délai, s'il n'avait pas encore satisfait, il sera contraint par corps.

6. Tout comptable pour des objets de recette ou de dépense postérieure au 1er janvier 1791, qui n'aura point présenté ses comptes dans le délai qui lui aura été prescrit par le Corps-Législatif, paiera, à compter du jour de l'expiration du délai, l'intérêt à cinq pour

cent des débets dont il sera reliquataire; plus, il paiera, par forme d'amende, une somme égale au montant dudit intérêt ; et, s'il laisse écouler trois mois après l'expiration du délai sans présenter son compte, il sera contraint par corps.

TITRE III. Des formes à suivre par les comptables pour rendre compte.

Art. 1er. Au moyen de la suppression des procureurs à la chambre des comptes, tous comptables dresseront et présenteront eux-mêmes leurs comptes, et pourront en suivre l'examen par eux-mêmes ou par leurs fondés de procuration.

2. Les comptables ne seront pas tenus à la formalité de rapporter des états au vrai, signés du ministre ou des ordonnateurs ; ils dresseront un compte par chapitre de recettes, dépenses et reprises, et rapporteront les pièces à l'appui.

3. Les recettes, dépenses et reprises seront établies et justifiées d'après les décrets de l'Assemblée, et par les mêmes pièces qui ont été requises jusqu'à ce jour par les lois, pour chaque nature de comptabilité.

4. Il sera joint à chaque compte un état des frais nécessaires pour le dresser, et il sera prononcé sur cet état de frais, en même temps que sur l'arrêté du compte.

5. Les comptables d'objets antérieurs au 1er janvier 1791, et dont les recettes et les dépenses sont fixées, pourront réunir en un seul compte les exercices de plusieurs années, et porter en un même article la somme d'une même recette ou d'un même paiement qui a eu lieu pendant les années qu'embrasse le compte.

6. Il ne sera rien innové à la forme des comptes déjà présentés.

4 = 4 JUILLET 1791. — Décret qui assure aux étrangers la liberté, la sûreté et la protection qui leur sont garanties par les traités. (L. 5, 3 ; B. 16, 33.)

Sur le compte rendu à l'Assemblée nationale d'une lettre de M. l'ambassadeur d'Angleterre au ministre des affaires étrangères, par laquelle cet ambassadeur se plaint de ce qu'un corps de gardes nationales de la ville de Nantes est venu à bord de deux bâtimens anglais qui se trouvaient dans le port de cette ville et qui étaient sur le point d'en partir, et a emporté leur voiles ;

L'Assemblée nationale charge le ministre de l'intérieur de prendre, sans délai, les éclaircissemens nécessaires sur ce qui a pu donner lieu à ce procédé, afin qu'il soit accordé une juste indemnité, s'il y a lieu, aux maîtres des deux bâtimens anglais dont il s'agit, et que toute liberté leur soit rendue pour suivre leur destination.

Et cependant l'Assemblée nationale, voulant que la bonne intelligence et l'amitié qui règnent entre la France et les nations étrangères soient constamment entretenues, ordonne aux corps administratifs, aux municipalités, aux commandans des forces de terre et de mer, et généralement à tous les fonctionnaires publics, de faire jouir les étrangers, dans toute l'étendue du royaume, et particulièrement dans les ports de France, de la liberté, de la sûreté et de la protection qui leur sont garanties par les traités.

4 et 5 = 12 JUILLET 1791. — Décret relatif à la manufacture de Charleville, aux forges de Marienbourg et autres objets. (L. 5, 239 ; B. 16, 41.)

Art. 1er. Les entrepreneurs de la manufacture de Charleville pourront extraire, dans la présente année, en exemption de tous droits, de la mine de Saint-Pancré et de Sapogne, pour les forges de Berchiwé, la quantité de dix-huit cents voitures de mine lavée, et de quatre cents bannes de charbon de bois, à la charge de rapporter desdites forges à Charleville six cents milliers pesant de fer, et d'acquitter sur lesdits fers les droits d'entrée du nouveau tarif.

2. Les entrepreneurs des forges de Marienbourg et de Haut-Marteau, situées dans le canton du même nom, continueront d'avoir la faculté de tirer du royaume, en exemption de droits, les bois et charbons dont ils auront besoin pour l'aliment desdites forges. Les quantités de ces bois et charbons seront fixées par le directoire du département.

Les marbres bruts et travaillés du canton de Barbançon continueront d'être importés pour l'intérieur du royaume en exemption de droits, à la charge, pour les marbres bruts, d'être accompagnés d'un certificat d'origine de la municipalité de Barbançon, et pour les marbres travaillés, d'un certificat de la dite municipalité, qui constate qu'ils ont été travaillés dans ledit canton.

3. La permission d'exporter du royaume toute espèce de bois, par la rivière de Sarre, continuera à avoir lieu pendant deux années, en payant sur lesdits bois, au bureau de Sarguemines ou à tout autre premier bureau de la route, un droit de cinq pour cent de la valeur.

4 = 4 JUILLET 1791. Décret qui ordonne que la caisse de l'extraordinaire versera par échange à la Trésorerie nationale la somme de 500,000 livres en assignats de 5 livres. (L. 5, 9 ; B. 16, 35.)

4 = 10 JUILLET 1791.—Décret qui accorde quatre suppléans au tribunal de commerce de Saint-Quentin, fixe les limites de celui d'Orbec, et porte réunion de diverses paroisses et communautés. (L. 5, 103 ; B. 16, 30.)

4 = 4. JUILLET 1791. — Décret qui confirme l'adjudication faite au sieur Boisseau, de la maison des ci-devant Récollets de Royan, et qui autorise la municipalité de Louhans à vendre l'hospice ci-devant habité par les Cordeliers. (L. 5, 111 ; B. 16, 31.)

4 JUILLET 1791. — Décret qui place le séminaire de la ville de Bellay dans la maison des religieuses de la Visitation, et transfère ces religieuses dans le couvent des Capucins de la même ville. (B. 16, 31.)

4 = 4 JUILLET 1791. — Décret qui approuve la la conduite des commissaires pacificateurs envoyés à Avignon, et qui les autorise à prendre les mesures qu'ils jugeront convenables pour assurer l'exécution des articles préliminaires de paix arrêtés et signés à Orange, le 4 juin dernier. (L. 5, 7 ; B. 16, 34.)

4 JUILLET 1791. — Etrangers ; Matières d'or et d'argent. *Voy.* 3 JUILLET 1791. — Places de guerre. *Voy.* 8 JUILLET 1791.

5 = 12 JUILLET 1791. — Décret qui ordonne le remboursement de différentes sommes faisant partie de l'arriéré. (L. 5, 128.)

5 = JUILLET 1791. — Décret portant circonscription des paroisses dépendant des départemens du Nord, de la Dordogne, du Calvados, de l'Orne, de Maine-et-Loire, de Seine-et-Marne, de l'Yonne, du Cher et de l'Allier. (L. 5, 225 ; B. 16, 43.)

5 JUILLET 1791. — Décret qui approuve les réunions des paroisses de la ville de Dax à l'église cathédrale de cette ville. (L. 5, 422 ; B. 16, 43.)

5 JUILLET 1791. — Décret qui ordonne l'arrestation de M. Possel, ordonnateur à Toulon. (B. 16, 42.)

5 JUILLET 1791. — Décret portant vente de domaines nationaux à différentes municipalités des départemens du Lot, de Lot-et-Garonne et du Nord. (B. 16, 57.)

5 JUILLET 1791. — Assemblée nationale. *Voy.* 22 JUIN 1791. — Places de guerre. *Voy.* 8 JUILLET 1791.

6 = 20 JUILLET 1791. — Décret relatif aux officiers, sous-officiers et autres attachés au service de terre ou de mer, pour l'exercice des droits de citoyen actif. (L. 6, 344 ; B. 15, 60.)

Voy. loi du 30 AVRIL = 2 MAI 1790.

L'Assemblée nationale décrète ce qui suit :

Les officiers, sous-officiers ou autres attachés au service de terre ou de mer, domiciliés habituellement dans les lieux où ils se trouveront, soit en garnison, soit en activité de service, pourront y exercer leurs droits de citoyen actif, s'ils réunissent, d'ailleurs, les conditions requises.

6 = 12 JUILLET 1791. — Décret qui ordonne la visite du vaisseau l'Africain détenu à Caudebec. (B. 16, 59.)

6 = 12 JUILLET 1791. — Décret qui ordonne de liquider l'office du premier président de la ci-devant chambre des comptes de Grenoble, conformément à l'évaluation qui en a été faite en 1771. (B. 16, 59.)

6 JUILLET 1791. — Biens nationaux. *Voy.* 1er JUILLET 1791. — Conseils de finances. *Voy.* 27 AVRIL 1791. — Direction de liquidation. *Voy.* 22 JUIN 1791. — Français qui ont servi à l'étranger. *Voy.* 30 JUIN 1791. — Juges-de-paix en matière de police. *Voy.* 11 JUILLET 1791. — Liste civile ; Marine ; *Voy.* 22 JUIN 1791. — Maison près l'Abbaye. *Voy.* 30 JUIN 1791. — Officiers-généraux. *Voy.* 30 JUIN 1791.

7 = 10 JUILLET 1791. — Décret relatif aux marchandises étrangères importées dans les départemens du Haut et du Bas-Rhin. (L. 5, 93 ; B. 16, 62.)

Art. 1er. Toutes marchandises étrangères importées dans les départemens du Haut et Bas-Rhin, par le pont du Rhin, ou directement à Strasbourg, par le Rhin ou par la rivière d'Ill, seront conduites à la douane sans aucune vérification, sous l'escorte de deux préposés à la police du commerce extérieur, dûment prévenus par les voituriers et bateliers ; elles y seront déclarées par espèce, poids ou quantité, et déposées de suite dans un magasin particulier, sous la clef respective du préposé de la régie des douanes nationales et du préposé du commerce.

2. Le négociant à qui lesdites marchandises auront été adressées sera tenu de déclarer, dans la quinzaine de l'arrivée, pour les objets de manufacture et fabrique étrangères, et dans deux mois, pour les drogueries, épiceries et autres objets non manufacturés, les quantités de marchandises qu'il voudra faire entrer dans la consommation du royaume, et celles qu'il destinera à faire passer à l'étranger en transit. Il acquittera les droits du nouveau tarif sur les marchandises déclarées pour le royaume, et sera tenu de les retirer aussitôt de l'entrepôt. Les autres seront entreposées dans un magasin séparé, d'où elles ne pourront être retirées que pour transiter à l'étranger. Ce magasin sera également sous la clef respective du préposé de la régie des douanes nationales, et du préposé du commerce.

3. La durée de l'entrepôt, à compter du jour de l'arrivée, ne pourra excéder six mois,

à l'expiration desquels les marchandises qui n'auront point été expédiées en transit pour l'étranger y seront renvoyées, sans pouvoir, en aucun cas, être retirées pour la consommation du royaume.

4. Les conducteurs des marchandises étrangères qui seront présentées au bureau de Rulsheim et de Saint-Louis, pour passer à Strasbourg sans destination fixe, seront tenus de déclarer le nombre des colis, le poids de chacun et leur contenu. Ladite déclaration sera vérifiée; après quoi, les voitures sur lesquelles seront lesdites marchandises seront plombées par *capacité*, et les marchandises expédiées par acquit-à-caution pour l'entre-. pôt de Strasbourg, où elles seront retenues. Les négocians à qui elles auront été adressées auront, pour en disposer, les délais fixés par les articles 2 et 3, auxquels ils seront tenus de se conformer.

5. Les marchandises qui sortiront de l'entrepôt de Strasbourg, à la destination de l'étranger, seront expédiées par acquit-à-caution qui devra être déchargé, après vérification, dans les bureaux de Rulsheim ou de Saint-Louis, lorsqu'elles seront voiturées par terre, et par les bureaux de Honheim, ou de Neuhoffen, ou de Gautran, lorsqu'elles seront conduites par la rivière d'Ill pour être transportées par le Rhin.

6. Les marchandises venant de l'étranger et présentées aux bureaux de Rulsheim ou de Saint-Louis, pour passer en transit par l'Alsace, seront également déclarées vérifiées, plombées *par capacité* de voitures, expédiées par acquit-à-caution, pour être représentées au bureau de sortie où l'acquit-à-caution sera déchargé.

7. Dans le cas où une partie des marchandises présentées auxdits bureaux serait destinée pour les départemens du Haut et Bas-Rhin, et le surplus pour passer directement à l'étranger, les premières acquitteront les droits au premier bureau d'entrée; les autres seront expédiées par acquit-à-caution, qui sera déchargé au dernier bureau de sortie.

8. Le transit et l'entrepôt accordés par les articles ci-dessus aux marchandises étrangères qui passeront sur les départemens du Haut et Bas-Rhin, auront également lieu pour celles qui seront importées par le bureau de Sarguemines, et par les autres bureaux des départemens de la Meurthe et de la Moselle, aussi à la destination étrangère, à la charge par ceux qui expédieront lesdites marchandises, de remplir les formalités prescrites par lesdits articles.

9. Le transit ne sera assujéti à aucun droit; mais il paiera les frais du plombage, et les magasins d'entrepôt qui seront établis à Strasbourg seront fournis aux frais du commerce, qui paiera également ses préposés.

10. Les entrepreneurs des manufactures de toiles peintes, établies actuellement dans le département du Haut-Rhin, jouiront du remboursement des droits du nouveau tarif, qu'ils auront acquittés sur les toiles de coton blanches tirées de l'étranger par le bureau de Saint-Louis, pour être peintes dans leurs manufactures et réexportées à l'étranger, en se conformant aux formalités prescrites par les articles suivans.

11. Les toiles qui auront cette destination devront, au moment de leur introduction, être déclarées pour celle des manufactures du département du Haut-Rhin à laquelle elles seront destinées.

12. Le remboursement des droits qu'elles auront acquittés ne pourra s'effectuer qu'autant que ces droits n'auront pas changé de main, que l'exportation en sera faite dans l'année par le bureau de Saint - Louis, et qu'elles seront accompagnées de l'acquit de paiement des droits d'entrée, lequel sera émargé à chaque expédition, par le receveur et contrôleur, pour les quantités dont la sortie aura été constatée.

13. Les manufactures actuellement établies dans le royaume, qui justifieront avoir les mêmes besoins que celles du Haut-Rhin, pourront jouir du même avantage, mais seulement en vertu d'une loi nouvelle.

7 = 10 JUILLET 1791. — Décret relatif aux jugemens rendus et aux délibérations prises sur les contestations qui se sont élevées entre les anciens administrateurs des Quinze-Vingts. (L. 5, 102; B. 16, 66.)

L'Assemblée nationale, après avoir entendu son comité des rapports, décrète :

Que les jugemens rendus par le tribunal de l'arrondissement des Quinze-Vingts, sur les contestations qui se sont élevées entre les anciens administrateurs de l'hôpital du même nom, le procureur-général-syndic du département et les sieurs Béhet et Duhamel, seront exécutés suivant leur forme et teneur, et tous les arrêtés que le directoire du département de Paris a pris postérieurement auxdits jugemens, sur l'administration de cet hôpital, seront regardés comme non avenus.

7 = 20 JUILLET 1791.—Décret portant que les barils contenant des espèces monnayées étrangères, arrêtés par ordre de la municipalité de Forbach, jouiront, conformément au décret du 3 de ce mois, de la libre circulation pour arriver à leur destination. (L. 5, 374; B. 16, 60.)

7 = 20 JUILLET 1791. — Décret qui ordonne que le jugement relatif au régiment Royal-Comtois sera regardé comme non avenu. (L. 5, 398; B. 16, 65.)

3.

7 = 20 JUILLET 1791. — Décret portant qu'il n'y a pas lieu à inculpation contre les membres de la ci-devant assemblée de Saint-Domingue, ceux du comité provincial de l'ouest de ladite colonie, et le sieur Santo-Domingo, commandant le vaisseau le Léopard. (L. 5, 416; B. 16, 61.)

8 JUILLET (24 MAI, 25, 27, 30° JUIN, 4, 5 et) = 10 JUILLET 1791. — Décret concernant la conservation et le classement des places de guerre et postes militaires, la police des fortifications et autres objets y relatifs. (L. 5, 38; B. 16, 79.)

Voy. décret du 9 DÉCEMBRE 1811 ; ordonnance du 24 DÉCEMBRE 1817 ; loi du 17 JUILLET 1819, et ordonnance du 1ᵉʳ AOUT 1821 ; loi du 8 MARS 1810 ; décret du 24 DÉCEMBRE 1811 ; lois du 30 MARS 1831 et du 7 JUILLET 1833.

Art. 1ᵉʳ. Les places de guerre et postes militaires seront partagés en trois classes, suivant leur degré d'importance, et conformément au tableau qui sera réglé et annexé au présent décret.

Les places et postes de la première classe seront non-seulement entretenus avec exactitude, mais encore renforcés dans toutes celles de leurs parties qui l'exigeront, et constamment pourvus des principaux moyens nécessaires à leur défense.

Ceux de la seconde classe seront entretenus sans augmentation, si ce n'est par l'achèvement des ouvrages commencés ; et ceux de la troisième classe seront conservés en masse, pour valoir au besoin, sans démolition et sans autre entretien que celui des bâtimens qui seront conservés pour le service militaire, et des ouvrages relatifs aux manœuvres des eaux.

2. Ne seront réputés places de guerre et postes militaires que ceux énoncés au tableau annexé au présent décret.

3. Dans le nombre des places de guerre et postes militaires désignés dans l'article précédent, si un examen ultérieur prouvait que quelques forts, citadelles, tours ou châteaux sont absolument inutiles à la défense de l'Etat, ils pourraient être supprimés ou démolis en tout ou en partie, et leurs matériaux et emplacemens aliénés au profit du Trésor public.

Nulle construction nouvelle de places de guerre ou postes militaires, et nulle suppression ou démolition de ceux actuellement existans, ne pourront être ordonnées que d'après l'avis d'un conseil de guerre, confirmé par un décret du Corps-Législatif, sanctionné par le Roi.

5. Les places de guerre et postes militaires seront considérés sous trois rapports, savoir : dans *l'état de paix*, dans *l'état de guerre* et dans *l'état de siège*.

6. Dans les places de guerre et postes militaires, lorsque ces places et postes seront en *état de paix*, la police intérieure et tous autres actes du pouvoir civil n'émaneront que des magistrats et autres officiers civils, préposés par la constitution pour veiller au maintien des lois ; l'autorité des agens militaires ne pouvant s'étendre que sur les troupes, et sur les autres objets dépendant de leur service, qui seront désignés dans la suite du présent décret.

7. Dans les places de guerre et postes militaires, lorsque ces places et postes seront en *état de guerre*, les officiers civils ne cesseront pas d'être chargés de l'ordre et de la police intérieurs ; mais ils pourront être requis, par le commandant militaire, de se prêter aux mesures d'ordre et de police qui intéresseront la sûreté de la place : en conséquence, pour assurer la responsabilité respective des officiers civils et des agens militaires, les délibérations du conseil de guerre, en vertu desquelles les réquisitions du commandant militaire auront été faites, seront remises et resteront à la municipalité.

8. *L'état de guerre* sera déterminé par un décret du Corps-Législatif, rendu sur la proposition du Roi, sanctionné et proclamé par lui.

9. Et dans le cas où le Corps-Législatif ne serait pas assemblé, le Roi pourra, de sa seule autorité, proclamer que telles places ou postes sont en *état de guerre*, sous la responsabilité personnelle des ministres ; mais, lors de la réunion du Corps-Législatif, il délibérera sur la proclamation du Roi, à l'effet de la valider ou de l'infirmer par un décret.

10. Dans les places de guerre et postes militaires, lorsque ces places et postes seront en *état de siège*, toute l'autorité dont les officiers civils sont revêtus par la constitution, pour le maintien de l'ordre et de la police intérieurs, passera au commandant militaire, qui l'exercera exclusivement, sous sa responsabilité personnelle (1).

11. Les places de guerre et postes militaires seront en *état de siège*, non-seulement dès

_____

(1) L'état de siége n'autorise aucunement l'autorité militaire à juger un prévenu déjà renvoyé à d'autres tribunaux que ceux du lieu en état de siége (21 septembre 1815 ; Cass. S. 16, 1, 133).

Les lois et décrets antérieurs à la Charte qui ré-

gissent l'état de siége ne sont maintenus que dans celles de leurs dispositions non contraires au texte formel de la Charte (30 juin 1832 ; Cass. S. 32, 1, 401 ; D. 32, 1, 265).

Voy. loi du 24 décembre 1811 et les notes.

l'instant que les attaques seront commencées, mais même aussitôt que, par l'effet de leur investissement par des troupes ennemies, les communications du dehors au dedans et du dedans au dehors seront interceptées, à la distance de dix-huit cent toises des crêtes des chemins couverts (1).

12. *L'état de siége* ne cessera que lorsque l'investissement sera rompu, et, dans le cas où les attaques auraient été commencées, qu'après que les travaux des assiégeans auront été détruits, et que les brèches auront été réparées ou mises en état de défense.

13. Tous terrains de fortifications des places de guerre ou postes militaires, tels que remparts, parapets, fossés, chemins couverts, esplanades, glacis, ouvrages avancés, terrains vides, canaux, flaques ou étangs dépendant des fortifications, et tous autres objets faisant partie des moyens défensifs des frontières du royaume, tels que lignes, redoutes, batteries, retranchemens, digues, écluses, canaux et leurs francs bords, lorsqu'ils accompagnent les lignes défensives ou qu'ils en tiennent lieu, quelque part qu'ils soient situés, soit sur les frontières de terre, soit sur les côtes et dans les îles qui les avoisinent, sont déclarés *propriétés nationales :* en cette qualité, leur conservation est attribuée au ministre de la guerre, et, dans aucun cas, les corps administratifs ne pourront en disposer, ni s'immiscer dans leur manutention, d'une autre manière que celle qui sera prescrite par la suite du présent décret, sans la participation dudit ministre, lequel, ainsi que ses agens, demeureront responsables, en tout ce qui les concerne, de la conservation desdites propriétés nationales, de même que

de l'exécution des lois renfermées au présent décret (2).

14. L'Assemblée nationale n'entend point annuler les conventions ou réglemens en vertu desquels quelques particuliers jouissent des productions de certaines parties de lignes, redoutes, retranchemens ou francs bords de canaux ; mais elle renouvelle, en tant que de besoin, la défense de les dégrader, d'en altérer les formes ou d'en combler les fossés, les dispositions ci-dessus ne concernant point les jouissances à titre d'émolumens, et ne dérogeant point à ce qui est prescrit *article 59 du titre III du présent décret.*

15. Dans toutes les places de guerre et postes militaires, le terrain compris entre le pied du talus du rempart et une ligne tracée du côté de la place, à quatre toises du pied dudit talus, et parallèlement à lui, ainsi que celui renfermé dans la capacité des redans, bastions, vides, ou autres ouvrages qui forment l'enceinte, sera considéré comme terrain militaire national, en fera tout le long des courtines et des gorges des bastions ou redans. Dans les postes militaires qui n'ont point de remparts, mais un simple mur de clôture, la ligne destinée à limiter intérieurement le terrain militaire national sera tracée à cinq toises du parement intérieur du parapet ou mur de clôture, et fera également rue.

16. Si, dans quelques places de guerre et postes militaires, l'espace compris entre le pied du talus du rempart ou le parement intérieur du mur de clôture et les maisons ou autres établissemens des particuliers, était plus considérable que celui prescrit par l'article précédent, il ne serait rien changé aux dimensions actuelles du terrain national.

---

(1) La mise de état de siége d'une place, d'une commune ou d'une partie quelconque du territoire, et notamment de la capitale du royaume, peut-elle être légalement déclarée par une ordonnance royale, lorsqu'il n'y a pas investissement, ou que les communications ne se trouvent pas interrompues? (30 juin 1832 ; Cass. S. 32, 1, 401 ; D. 32, 1, 265.)

Est abrogée comme contraire au texte formel de la Charte la disposition de l'art. 103 du décret du 24 déc. 1811, qui, au cas de mise en état de siége, autorise le renvoi des individus non militaires devant la juridiction militaire.—Un tel renvoi serait une violation des dispositions de la Charte, qui, consacrant l'institution du jury, déclarent que nul ne peut être distrait de ses juges naturels, et disposent qu'en conséquence il ne peut être créé de commission et de tribunaux extraordinaires, à quelque titre que ce soit et sous quelque dénomination que ce puisse être.

Les conseils de guerre, même permanens, ne sont des tribunaux *ordinaires* que pour le jugement des crimes et délits commis par des militaires ou des individus que la loi assimile aux

militaires ; ils deviennent des tribunaux *extraordinaires*, lorsqu'ils étendent leur juridiction sur des individus non militaires.

La déclaration de mise en état de siége ne suspend pas la juridiction de la Cour de cassation. Elle ne prive pas notamment les individus non militaires ou non assimilés aux militaires, et qui ont été condamnés par des jugemens de tribunaux militaires, du droit de se pourvoir en Cassation contre ces jugemens, *pour incompétence* ou *excès de pouvoir*. (30 juin 1832 ; Cass. S. 32, 1, 401 ; D. 32, 1, 265).

Voy. d'ailleurs les notes sur l'ordonnance du 1er juin 1832, tome 32, p. 310, 311 et 312.

(2) La surface de terrain dépendant des fortifications d'une place de guerre est inaliénable.

Ainsi, il y a lieu dès lors d'ordonner la distraction de ce terrain, s'il a été compris dans une vente nationale, sauf indemnité à l'acquéreur. L'acquéreur a également droit à une indemnité de non-jouissance pour occupation temporaire d'une portion dont la vente est maintenue (22 décembre 1824, ord. ; Mac. 6,718).

Voy. art. 20.

17. Les agens militaires veilleront à ce qu'aucune usurpation n'étende à l'avenir les propriétés particulières au-delà des limites assignées au terrain national ; et cependant toutes personnes qui jouissent actuellement de maisons, bâtimens ou clôtures qui débordent ces limites, continueront d'en jouir sans être inquiétées; mais, dans le cas de démolition desdites maisons, bâtimens ou clôtures, que cette démolition soit volontaire, accidentelle, ou nécessitée par le cas de guerre et autres circonstances, les particuliers seront tenus, dans la restauration de leurs maisons, bâtimens et clôtures, de ne point outre-passer les limites fixées au terrain national par l'art. 15 ci-dessus.

18. Les particuliers qui, par les dispositions de l'article 17 ci-dessus, perdront une partie du terrain qu'ils possèdent, en seront indemnisés par le Trésor public, s'ils fournissent le titre légitime de leur possession; l'Assemblée nationale n'entendant d'ailleurs déroger en rien aux autres conditions, en vertu desquelles ils seront entrés en jouissance de leur propriété (1).

19. Les dispositions des articles 15, 16, 17 et 18 ci-dessus seront susceptibles d'être modifiées dans les places où quelques portions de vieilles enceintes non bastionnées font partie des fortifications; dans ce cas, les corps administratifs et les agens militaires se concerteront sur l'étendue à donner au terrain militaire national, et le résultat de leurs conventions, approuvé par le ministre de la guerre, deviendra provisoirement obligatoire pour les particuliers, lesquels demeureront

néanmoins réservés aux indemnités qui pourront leur être dues, et qui seront réglées à l'amiable, s'il se peut, par les départemens, sur l'avis des districts, et, en cas de désaccord, par le tribunal du lieu.

20. Les terrains militaires nationaux et extérieurs aux places et postes seront limités par des bornes, toutes les fois qu'ils ne se trouveront pas l'être déjà par des limites naturelles, telles que chemins, rivières ou canaux, etc. Dans le cas où le terrain militaire national ne s'étendrait pas à la distance de vingt toises de la crête des parapets des chemins couverts, les bornes qui devront en fixer l'étendue seront portées à cette distance de vingt toises, et les particuliers légitimes possesseurs seront indemnisés, aux frais du Trésor public, de la perte du terrain qu'ils pourront éprouver par cette opération.

21. Dans les postes sans chemins couverts, les bornes qui fixeront l'étendue du terrain militaire national seront éloignées du parement extérieur de la clôture de quinze à trente toises, suivant que cela sera jugé nécessaire.

22. Tous terrains dépendant des fortifications qui, sans nuire à leur conservation, seront susceptibles d'être cultivés, ne le seront jamais qu'en nature d'herbages, sans labour quelconque et sans être pâturés, à moins d'une autorisation du ministre de la guerre.

23. Le ministre de la guerre désignera ceux desdits terrains qui seront susceptibles d'être cultivés, et dont le produit pourra être récolté sans inconvéniens; il indiquera pareillement ceux des fossés, canaux, flaques ou

---

(1) Les remparts, bâtimens et terrains dépendant des places de guerre sont, comme tels, imprescriptibles; ils pourraient cependant devenir prescriptibles par un changement dans leur destination primitive; mais ce changement ne peut résulter que d'une déclaration expresse du gouvernement, et non de faits émanant de tiers possesseurs qui s'en seraient emparés (3 mars 1828, Cass. S. 28, 1, 146; D. 28, 1, 157).

Voy. tit. 4, art. 2.

La question de savoir si un bâtiment revendiqué par une ville a été réuni au domaine de l'État, ne peut être résolue que par l'application des actes administratifs faits en vertu et pour l'exécution de la présente loi.

Dans le cas où il résulterait de la décision à intervenir sur cette question préjudicielle, que le bâtiment en litige n'a pas été réuni au domaine de l'État, il est censé toutefois en faire partie, s'il est enclavé de toutes parts dans le terrain militaire de la place.

Dès lors, la ville n'aurait conservé la jouissance dudit bâtiment que sous la condition que, dans le cas de démolition nécessaire, volontaire ou accidentelle, le terrain serait réuni de plein au terrain militaire, et la ville indemnisée en terrain, si elle fournissait le titre légitime de possession.

D'après l'art. 15 de la loi du 17 juillet 1819, ces questions de propriété et d'indemnité sont de la compétence des tribunaux (13 août 1828, ord.; Mac. 10, 628).

La lettre par laquelle le ministre de la guerre déclare qu'il n'y a lieu d'allouer une indemnité à un particulier, pour privation de jouissance de sa propriété, par suite d'opérations relatives à la défense d'une place de guerre, ne peut être assimilée à une décision susceptible d'appel devant le Conseil-d'État.

Le propriétaire qui se prétend lésé par ce refus doit se pourvoir devant les tribunaux, pour faire statuer définitivement sur sa demande en indemnité (4 septembre 1822, ord.; Mac. 4, 309).

Voy. loi du 17 avril 1819, art. 15.

Des travaux de défense ordonnés par un général, dans une retraite forcée, et ayant pour objet de s'opposer à l'envahissement du territoire français, constituent un fait ordinaire de guerre qui, d'après les principes du droit commun, ne peut donner lieu à aucune indemnité.

La loi ne donne pas, dans ce cas, aux propriétaires réclamans, un droit positif à une indemnité (26 mars 1823, ord.; Mac. 5, p. 239).

étangs qui seront susceptibles d'être pêchés. Il adressera les états de ces divers objets aux commissaires des guerres, qui, conjointement avec les corps administratifs, et de la manière qu'il est prescrit aux articles 5, 6, 7, 8, 9 et 10 du titre VI, les affermeront à l'enchère, en présence des agens militaires qui auront été chargés par le ministre de prescrire les conditions relatives à la conservation des fortifications.

24. Les fermiers de toutes les propriétés nationales dépendant du département de la guerre seront responsables de toutes les dégradations qui seront reconnues provenir de la faute d'eux ou de leurs agens. Et lorsque le service des fortifications obligera de détériorer, par des dépôts de matériaux, ou des emplacemens d'ateliers, ou de toute autre manière, les productions de quelques parties de terrains qui leur seront affermées, l'indemnité à laquelle ils auront droit de prétendre sera estimée par des experts, et il leur sera fait, sur le prix de leurs baux, une déduction égale au dédommagement estimé.

25. Toutes dégradations faites aux fortifications ou à leurs dépendances, telles que portes, passages d'entrée des villes, barrières, ponts-levis, ponts-dormans, etc., seront dénoncées par les agens militaires aux officiers civils chargés de la police, lesquels seront tenus de faire droit, suivant les circonstances et les caractères du délit.

26. Nulle personne ne pourra planter des arbres dans le terrain des fortifications, émonder, extirper ou faire abattre ceux qui s'y trouvent plantés, sans une autorisation du ministre de la guerre : ceux desdits arbres qu'il désignera comme inutiles au service militaire seront vendus à l'enchère, conformément à ce qui est prescrit à l'article 23 ci-dessus, pour l'affermage des terrains.

27. Tous les produits provenant des propriétés nationales dépendant du département de la guerre seront perçus par les corps administratifs et versés par eux au Trésor public, ainsi que cela sera réglé par les lois concernant l'organisation des finances.

28. Pour assurer la conservation des fortifications et la récolte des fruits des terrains affermés, il est défendu à toutes personnes,

sauf aux agens militaires et leurs employés nécessaires, de parcourir les diverses parties desdites fortifications, spécialement leurs parapets et banquettes ; n'exceptant de cette disposition que le seul terre-plein du rempart du corps de place, et les parties d'esplanade qui ne sont pas en valeur, dont la libre circulation sera permise à tous les habitans, depuis le soleil levé jusqu'à l'heure fixée pour la retraite des citoyens, et laissant aux officiers municipaux, de concert avec l'autorité militaire, le droit de restreindre cette disposition toutes les fois que les circonstances l'exigeront.

29. Il ne sera fait aucun chemin, levée ou chaussée, ni creusé aucun fossé dans l'étendue de cinq cents toises autour des places, et trois cents toises autour des postes militaires, sans que leur alignement et leur position aient été concertés avec l'autorité militaire.

30. Il ne sera, à l'avenir, bâti ni reconstruit aucune maison ni clôture de maçonnerie autour des places de première et de seconde classe, même dans leurs avenues et faubourgs, plus près qu'à deux cent cinquante toises de la crête des parapets des chemins couverts les plus avancés ; en cas de contravention, ces ouvrages seront démolis aux frais des propriétaires contrevenans. Pourra néanmoins le ministre de la guerre déroger à cette disposition, pour permettre la construction de moulins et autres semblables usines, à une distance moindre que celle prohibée par le présent article, à condition que lesdites usines ne seront composées que d'un rez-de-chaussée, et à charge par les propriétaires de ne recevoir aucune indemnité pour démolition en cas de guerre (1).

31. Autour des places de première et de seconde classe, il sera permis d'élever des bâtimens et clôtures en bois et en terre, sans y employer de pierres ni de briques, même de chaux ni de plâtre, autrement qu'en crépissage, mais seulement à la distance de cent toises de la crête du parapet du chemin couvert le plus avancé, et avec la condition de les démolir, sans indemnité, à la réquisition de l'autorité militaire, dans le cas où la place, légalement déclarée en *état de guerre*, serait menacée d'une hostilité (2).

<hr>

(1) L'ordonnance du 9 décembre 1713, relative à la construction d'édifices et bâtimens autour des places de guerre, dans un rayon déterminé (250 toises, minimum), ayant été affichée et publiée immédiatement dans toutes places-fortes du royaume, est devenue exécutoire depuis cette publication (4 mai 1825, ord.; Mac. 7, 236; *Id.* — 15 juin 1825, ord.; Mac. 7, 302).

Cette ordonnance n'a pas été abrogée par la loi du 8 juillet 1791.

Mais de ce qu'elle a gardé le silence sur la construction de bâtimens en bois, il n'en résulte

pas que les propriétaires des bâtimens de cette nature soient fondés à réclamer une indemnité en cas de démolition (11 février 1824, ord.; Mac. 6, p. 114).

Aux termes des lois des 10 juillet 791, et 19 juillet 1819, on ne peut pas faire des constructions, sans autorisation, dans la première zone de servitudes militaires d'une place de guerre, rangée comme telle dans un tableau authentique inséré au Bulletin des Lois (13 juillet 1828 ; Mac. 10, 555).

(2) Cette permission ne peut être accordée que

32. Autour des places de troisième classe et de postes militaires de toutes les classes, il sera permis d'élever des bâtimens et clôtures de construction quelconques, au-delà de la distance de cent toises des parapets des chemins couverts les plus avancés, ou des murs de clôture des postes, lorsqu'il n'y aura pas de chemins couverts.

Le cas arrivant où ces places et postes seraient déclarés dans l'*état de guerre*, les démolitions qui seraient jugées nécessaires, à la distance de deux cent cinquante toises, et au-dessous de la crête des parapets des chemins couverts et des murs de clôture, n'entraîneront aucune indemnité pour les propriétaires.

33. Les indemnités prévues par les articles 30, 31 et 32, seront dues néanmoins aux particuliers, si, lors de la construction de leurs maisons, bâtimens et clôtures, ils étaient éloignés des crêtes des parapets des chemins couverts les plus avancés, de la distance prescrite par les ordonnances.

34. Les décombres provenant des bâtisses et autres travaux civils et militaires ne pourront être déposés à une distance moindre de cinq cents toises de la crête des parapets des chemins couverts les plus avancés des places de guerre, si ce n'est dans les lieux indiqués par les agens de l'autorité militaire; exceptant de cette disposition ceux des détrimens qui pourraient servir d'engrais aux terres, pour les dépôts desquels les particuliers n'éprouveront aucune gêne, pourvu qu'ils évitent de les entasser.

35. Les écluses dépendant des fortifications, soit dedans, soit dehors des places de guerre de toutes les classes, ne pourront être manœuvrées que par les ordres de l'autorité militaire, laquelle, dans l'état de paix, sera tenue de se concerter avec les municipalités ou les directoires des corps administratifs, pour diriger les effets desdites écluses de la manière la plus utile au bien public.

36. Lorsqu'une place sera en *état de guerre*, les inondations qui servent à sa défense ne pourront être tendues ou mises à sec sans un ordre exprès du Roi; il en sera de même pour les démolitions des bâtimens ou clôtures qu'il deviendrait nécessaire de détruire pour la défense desdites places; et, en général, cette disposition sera suivie pour toutes les opérations qui pourraient porter préjudice aux propriétés et jouissances particulières.

37. Dans le cas d'urgente nécessité, qui ne permettrait pas d'attendre les ordres du Roi, le commandant des troupes assemblera le conseil de guerre à l'effet de délibérer sur l'état de la place et de la défense de ses environs, et d'autoriser la prompte exécution des dispositions nécessaires à sa défense (1).

38. Dans les cas prévus par les art. 35, 36 et 37 ci-dessus, les particuliers dont les propriétés auront été endommagées seront indemnisés aux frais du Trésor public, sauf pour les maisons, bâtimens et clôtures existant à une distance moindre de deux cent cinquante toises de la crête des parapets des chemins couverts.

39. Dans les places et postes de troisième classe, où il y a des municipalités, il ne sera fourni aucuns fonds par le Trésor public, pour l'entretien des ponts, portes et barrières, ces diverses dépenses devant être à la charge des municipalités, si elles désirent conserver lesdits ponts, portes et barrières.

40. Les municipalités des places et postes de troisième classe pourront, si elles le jugent convenable, supprimer les ponts sur les fossés, et leur substituer des levées en terre, avec des ponceaux, pour la circulation des eaux dont lesdits fossés peuvent être remplis, à la charge à elles de déposer dans les magasins militaires les matériaux susceptibles de service, tels que les plombs, les fers et les bois sains provenant de la démolition desdits ponts, et à charge encore de ne pas dégrader les piles et culées de maçonnerie sur lesquels ces ponts seront portés.

41. Il est défendu à tout particulier autre que les agens militaires désignés à cet effet par le ministre de la guerre, d'exécuter aucune opération de topographie sur le terrain, à cinq cent toises d'une place de guerre, sans l'aveu de l'autorité militaire. Cette faculté ne pourra être refusée lorsqu'il ne s'agira que d'opérations relatives à l'arpentement des propriétés.

Les contrevenans à cet article seront arrêtés et jugés conformément aux lois qui seront décrétées sur cet objet dans le Code des délits militaires.

SUITE DU TITRE Ier. Des employés des fortifications.

Art. 1er. Tous les employés des fortifications, connus ci-devant sous les noms d'*inspecteurs de casernes*, de *caserniers*, de *fontainiers*, de *citerniers*, d'*éclusiers*, de *gardes des fortifications*, de *digues*, *lignes*, *épis*,

---

sous la condition de démolir sans indemnité, à la réquisition de l'autorité militaire (11 février 1824, ord.; Mac. 6, 114).

(1) Les conseils de guerre et les gouverneurs ont le droit de détruire tout ce qui pourrait nuire à la défense, même par le moyen de l'incendie (4 mai 1825, ord.; Mac. 7, 236).

Id. 11 mai 1825, ord.; Mac. 7, 266.

Id. 15 juin 1825, ord.; Mac. 7, 302.

jetées, etc., seront désignés dorénavant sous les noms de *gardes des fortifications* et d'*éclusiers des fortifications.*

2. Les emplois de gardes et d'éclusiers des fortifications, dans les places de première et de seconde classe, ne pourront être donnés qu'à des sujets qui aient été employés six ans au service des fortifications.

3. Nul ne pourra exercer les fonctions de garde et d'éclusier des fortifications, qu'en conséquence de la nomination du Roi et d'un brevet de Sa Majesté.

4. Les gardes et éclusiers des fortifications seront divisés en quatre classes, quant aux appointemens dont ils doivent jouir ; savoir : Vingt de la première classe, aux appointemens de 720 liv. ; quatre-vingts de la seconde classe, aux appointemens de 540 liv. ; cent vingt de la troisième classe, aux appointemens de 360 liv. ; quatre-vingts de la quatrième classe, aux appointemens de 240 liv. ; en tout trois cents gardes ou éclusiers des fortifications, coûtant ensemble 120,000 liv. par an.

Cette somme de 120,000 liv. sera ajoutée annuellement aux fonds destinés à l'entretien des fortifications et des bâtimens militaires qui en dépendent.

5. Les gardes et éclusiers des fortifications ne seront soumis qu'à l'autorité militaire dans tout ce qui dépendra de leurs fonctions, et ils ne recevront d'ordres pour leur service que de ceux des agens de cette autorité, qui leur seront désignés à cet effet par les réglemens militaires.

6. Les trois cents gardes et éclusiers des fortifications, désignés à l'article 4 ci-dessus, seront répartis par le ministre de la guerre dans les places et postes militaires, suivant les besoins du service, pour y exercer les fonctions qui leur seront assignées par leur brevet.

7. Les employés actuels des fortifications continueront à exercer leurs fonctions comme ci-devant, et ils n'éprouveront aucune réduction sur les traitemens dont ils jouissent. Quant à l'excédant des fonds affectés à la présente organisation sur ceux qui étaient affectés à l'ancienne, il sera réparti par le ministre de la guerre, tant à ceux des anciens employés dont les fonctions seront augmentées, qu'aux gardes et éclusiers des fortifications qui seront créés suivant la nouvelle organisation, soit pour satisfaire aux besoins du service dans les lieux où ils deviennent nécessaires, soit à mesure de l'extinction des emplois.

8. Tous les gardes et éclusiers des fortifications d'ancienne ou de nouvelle création seront tenus de résider dans les lieux de leur service, ainsi que d'y porter l'uniforme qui leur sera affecté : faute de se conformer à cette injonction, il sera nommé à leur emploi.

9. Les gardes et éclusiers des fortifications recevront un logement en argent ou en nature, au lieu fixé pour leur résidence.

10. Les gardes et éclusiers des fortifications ne pourront exercer aucun emploi ou charge de communauté, dont le service empêcherait celui qui leur est confié en qualité de gardes et d'éclusiers des fortifications.

11. Tous priviléges et exemptions, de quelque espèce qu'ils soient, dont ont joui ou pu jouir les employés des fortifications aux entrées des villes sur les objets de consommation, seront et demeureront supprimés, à dater de l'époque de la publication du présent décret.

Titre II. Suppression des états-majors des places, et retraites accordées à ceux qui les composent (1).

Art. 1er. Tous les emplois d'officiers d'état-major des places de guerre, citadelles, châteaux et autres postes militaires ou villes de l'intérieur, de quelque grade que soient ces officiers, et sous quelque dénomination qu'ils existent, et toutes leurs fonctions en cette qualité, seront et demeureront supprimés, à dater du 1er août de la présente année.

2. Sont également supprimés et compris dans les dispositions du présent décret, les lieutenans de Roi militaires des bailliages.

3. Il sera accordé auxdits officiers des retraites dont la valeur sera déterminée, tant en conséquence du traitement dont ils jouissent que de l'ancienneté de leurs services, ainsi qu'il sera expliqué ci-après.

4. À l'effet d'évaluer le traitement en retraite dont devra jouir chacun desdits officiers, on prendra pour base le tarif annexé à l'ordonnance du 18 mars 1776.

5. La pension de retraite dont devra jouir chaque officier d'état-major réformé par le présent décret sera réglée conformément aux dispositions du décret du 3 août 1790, sauf les modifications qui seront ci-après détaillées.

6. Les officiers des états-majors de place, désignés dans l'ordonnance du 18 mars 1776 sous les dénominations de gouverneurs à charge de résidence, de commandans, de lieutenans de Roi, de majors commandans, de majors, d'aides-majors, de sous-aides-majors, et les lieutenans de Roi militaires des bailliages, qui auront plus de vingt ans de service, tant dans la ligne que dans les fonctions d'officiers d'états-majors, compteront dix ans en sus de leur service effectif, c'est-à-dire que celui qui n'aura que vingt ans de service en comptera trente, que celui qui n'en aura que trente-cinq en comptera quarante-cinq, et ainsi de suite.

(1) *Voy.* décret du 24 septembre 1811.

7. A vingt ans de service, lesdits officiers obtiendront en retraite le quart du traitement attribué à leurs places, par l'ordonnance du 18 mars 1776 : les trois quarts restans seront partagés en vingt parties, dont il leur en reviendra une pour chaque année de service qu'ils auront au-delà de vingt ans, tellement qu'à quarante ans de service révolus, ils auront en retraite la totalité de leur traitement actuel.

8. Quant à ceux qui ont moins de vingt ans de service, leur retraite sera réglée ainsi qu'il suit : à dix ans de service, leur retraite sera d'un huitième ou dix quatre-vingtièmes de leur traitement actuel ; pour chaque année de service, de dix ans jusqu'à vingt, il leur sera accordé un quatre-vingtième du même traitement, en sorte qu'à vingt ans de service, il leur reviendra vingt quatre-vingtièmes ou le quart dudit traitement, conformément à l'article précédent.

9. Ceux desdits officiers qui ont le grade de maréchal-de-camp seront traités comme l'ont été les autres officiers généraux en activité qui ont obtenu des pensions de retraite.

10. Tout officier d'état-major de place qui aura perdu un membre à la guerre aura en retraite le montant du traitement total dont il jouit.

11. Les officiers retirés à la suite des places, payés de leurs retraites sur les revues de commissaires, et qui avaient obtenu des logemens dans les places à la suite desquelles ils étaient retirés, conserveront lesdits logemens, soit en nature, soit en argent, conformément à leur grade.

12. Tout officier d'état-major de place sera libre de demander que son traitement en retraite soit réglé d'après le grade qu'il avait en activité dans la ligne, s'il croit y trouver quelque avantage, et l'on ne pourra le lui refuser.

13. Les officiers d'état-major de place n'entreront en jouissance des retraites qui leur sont accordées par le présent décret, qu'au 1er août 1791 ; en conséquence, ils continueront à jouir de leur traitement actuel jusqu'audit jour exclusivement.

14. Les officiers pourvus de provisions ou de commissions, en adjonction ou en survivance des officiers des états-majors de place, conserveront les traitemens dont ils jouissent jusqu'à la mort des titulaires.

15. En cas de mort des titulaires, lesdits adjoints ou survivanciers perdront les traitemens dont ils jouissent, et seront substitués aux droits des titulaires ; en conséquence, leur nouveau traitement en retraite sera calculé d'après celui affecté à l'emploi dont ils ont la survivance ou l'adjonction, et conformément aux règles prescrites par le présent décret. Dans l'évaluation de leurs service, ils compteront leur temps de survivancier ou

d'adjoint, comme s'ils avaient été en activité dans la ligne.

16. Les officiers qui, lorsqu'ils ont obtenu des emplois dans les états-majors des places, avaient depuis dix ans le grade de lieutenans-colonels, recevront le brevet de maréchal-de-camp, conformément aux décrets des 15 février et 3 mars 1791. Quant à ceux qui, lorsqu'ils sont entrés dans les états-majors des places, n'étaient pas lieutenans-colonels depuis dix ans, il leur sera tenu compte, pour obtenir le brevet de maréchal-de-camp, de leurs services dans lesdits états-majors, à raison de neuf mois pour chaque année qu'ils auront passée dans ce dernier service.

17. Les officiers des états-majors de place qui n'ont pas plus de cinquante ans d'âge, et ceux d'entre eux qui sont officiers généraux, seront susceptibles d'être employés en activité dans le même grade qu'ils avaient dans la ligne, ou dans le grade immédiatement supérieur, moyennant qu'ils soient pourvus de ce premier depuis plus de deux ans. Dans le cas de leur remplacement, ils cesseront de jouir de la pension de retraite qui leur est attribuée par le présent décret.

18. Ceux des officiers des états-majors de place qui, depuis l'époque du 14 juillet 1789, ont été privés, soit en totalité, soit en partie, des émolumens qui leur étaient affectés par les ordonnances, seront indemnisés, jusqu'au jour de leur réforme, d'après l'évaluation qui en sera faite et constatée ; ils seront de plus payés de tout ce qui leur sera dû d'arriéré sur leur traitement : lesdites indemnités et paiemens seront fournis par les fonds de la guerre.

19. Les corps et officiers civils qui avaient le privilége d'exercer les fonctions d'officiers d'états-majors de place les cesseront à dater du 1er août 1791.

20. Les dispositions précédentes, et toutes autres du présent décret, ne concernent point les colonies françaises hors d'Europe, l'Assemblée nationale se réservant de prononcer ultérieurement sur le régime auquel elles devront être soumises.

TITRE III. Du commandement et du service des troupes en garnison ; des rapports entre le pouvoir civil et l'autorité militaire, ainsi qu'entre les gardes nationales et les troupes de ligne dans les places de guerre, postes militaires et garnisons de l'intérieur.

Art. 1er. Le service que faisaient les officiers des états-majors des places sera rempli par les officiers de la ligne, conformément à ce qui sera prescrit à cet égard par les réglemens militaires : quant au commandement des troupes en garnison, il sera décerné ainsi qu'il sera expliqué ci-après.

2. Il sera formé des divisions ou arrondissemens comprenant un certain nombre de

places, postes ou garnisons. Dans l'un de ces points pris pour chef-lieu, résidera un officier général, chargé de surveiller et de maintenir l'ordre et l'uniformité du service dans toutes les places, postes et garnisons de son arrondissement.

3. Dans chaque garnison de place de guerre, poste militaire ou ville de l'intérieur, le commandement des troupes sera dévolu, sous les ordres de l'officier général chef de l'arrondissement, à celui des officiers employés en activité dans ladite garnison, qui se trouvera le plus ancien dans le grade le plus élevé, sans distinction d'armes.

4. Dans les places de guerre qui auront des citadelles ou châteaux, ainsi que des forts détachés, dépendant du système militaire de ces places, le commandant militaire de la place le sera également des citadelles, forts et châteaux qui en dépendent.

5. Le commandant sera pris, conformément à l'article 3 ci-dessus, parmi tous les officiers composant les garnisons particulières desdites places, citadelles et dépendances, et sera tenu de faire son domicile habituel dans la place.

6. Dans les citadelles, forts et châteaux dépendant d'une place de guerre, il y aura des commandans particuliers subordonnés au commandant de la place.

7. Ces commandans particuliers seront pris chacun dans leurs garnisons respectives, conformément à l'art. 5 ci-dessus.

8. Nul officier général ne pourra exercer l'autorité militaire dans les places, postes ou garnisons de son arrondissement, que préalablement il n'ait fait enregistrer ses lettres de service au directoire de chacun des départemens compris dans son arrondissement.

9. Dans chaque arrondissement, l'officier général commandant, chargé de tenir la main à l'exécution des réglemens militaires, sera de plus obligé de se concerter avec toutes les autorités civiles, à l'effet de procurer l'exécution de toutes les mesures ou précautions qu'elles auront pu prendre pour le maintien de la tranquillité publique, ou pour l'observation des lois, ainsi que d'obtempérer à leurs réquisitions, toutes les fois qu'elles seront dans les cas prévus par les lois.

10. Nul officier ne pourra prendre ou quitter le commandement des troupes dans une place, qu'après l'avoir notifié au corps municipal.

11. Seront tenus à la même formalité les officiers en résidence dans les places, et y faisant fonctions de chefs dans leurs parties respectives, tels qu'officiers du génie, de l'artillerie et les commissaires des guerres. La même notification sera faite par eux aux autres corps administratifs, s'il existe entre ces corps et ces officiers quelques relations pour le service public.

12. Tout officier auquel le commandement sera dévolu par son grade et par son ancienneté ne pourra refuser de l'exercer.

13. Les commandans particuliers se conformeront, dans leurs places respectives, à ce qui est prescrit, article 9 du présent titre, pour l'officier général commandant dans l'arrondissement, ainsi qu'aux ordres qu'ils recevront dudit officier général.

14. Dans tous les objets qui ne concerneront que le service purement militaire, tels que la défense de la place, la garde et la conservation de tous les établissemens et effets militaires, comme hôpitaux, arsenaux, casernes, magasins, prisons, vivres, effets d'artillerie ou de fortifications, et autres bâtimens, effets ou fournitures à l'usage des troupes, la police des quartiers, la tenue, la discipline et l'instruction des troupes, l'autorité militaire sera absolument indépendante du pouvoir civil.

15. Il ne pourra être préjugé de l'article précédent, ni de tous autres du présent décret, que, dans aucun cas, les terrains, bâtimens et établissemens confiés à la surveillance de l'autorité militaire, puissent devenir des lieux d'exception ou d'asile, et soustraire le crime, la licence, les délits ou les abus à la poursuite des tribunaux; l'action des lois devant être également libre et puissante dans tous les lieux, sur tous les individus, et nul ne pouvant, sans forfaiture, pour aucun cas civil ou criminel, se prévaloir de son emploi et de ses fonctions dans la société pour suspendre ou détruire l'effet des institutions qui la gouvernent.

16. Dans toutes les circonstances qui intéresseront la police, l'ordre, la tranquillité intérieure des places, et où la participation des troupes serait jugée nécessaire, le commandant militaire n'agira que d'après la réquisition par écrit des officiers civils, et, autant que faire se pourra, qu'après s'être concerté avec eux.

17. En conséquence, lorsqu'il s'agira, soit de dispositions passagères, soit de mesures de précaution permanentes, telles que patrouilles régulières, détachemens pour le maintien de l'ordre ou l'exécution des lois, police des foires, marchés ou autres lieux publics, etc., les officiers civils remettront au commandant militaire une réquisition signée d'eux, dont les divers objets seront clairement expliqués et détaillés, et dans laquelle ils désigneront l'étendue de surveillance qu'ils croiront nécessaire; après quoi, l'exécution de ces dispositions, et toutes mesures capables de la procurer, telles que consignes, placement des sentinelles, bivouac, conduite et direction des patrouilles, emplacement des gardes et des détachemens, choix des troupes et des armes, et tous autres modes d'exécution, seront laissés à la discrétion

du commandant militaire, qui en sera responsable, jusqu'à ce qu'il lui ait été notifié par les officiers civils que ces soins ne sont plus nécessaires, ou qu'ils doivent prendre une autre direction.

18. La force des garnisons sera réglée de manière à ce que, dans le cas du service ordinaire, chaque soldat d'infanterie ait huit nuits de repos et jamais moins de six, et chaque homme de troupe à cheval, douze nuits de repos et jamais moins de dix.

19. Nulle troupe ne pourra être changée de la garnison qui lui aura été affectée par le Roi, que par un ordre contraire de Sa Majesté; ou, dans les cas urgens, par ceux des agens de l'autorité militaire auxquels le Roi en aura délégué la faculté.

20. Nulles dispositions de police ne seront obligatoires pour les citoyens et pour les troupes, qu'autant qu'elles auront été préalablement publiées; elles seront même affichées si leur importance ou leur durée l'exige. Les publications et affiches seront faites par les municipalités, et les frais en seront supportés par elles.

21. Pour faciliter le service des places, il y aura cinquante officiers qui, sous le nom d'*adjudans de place*, seront distribués dans les forteresses les plus considérables, au nombre de deux au plus par chaque place. Trente de ces officiers auront le grade de capitaine, et seront partagés en deux classes. Quant à leurs appointemens, les quinze plus anciens auront 2,400 livres, et les quinze moins anciens, 1,800 livres par an. Les vingt autres adjudans de place auront le grade de lieutenant, et 1,200 livres d'appointemens par an : les uns et les autres, pour cette première formation, seront choisis parmi les officiers des états-majors de place actuellement existans.

22. En cas de mort, retraite ou démission desdits adjudans de place, ils seront remplacés par des officiers choisis dans la ligne. Les lieutenans en activité dans la ligne ne pourront être faits adjudans de place, avec brevet de capitaine, qu'autant qu'ils seraient parvenus par les grades, et qu'ils auraient dix ans de service de lieutenant. Les adjudans de place lieutenans seront susceptibles d'être faits adjudans-capitaines, au choix du Roi, après deux ans d'exercice comme adjudans-lieutenans.

23. Dans chaque place de guerre où il y aura garnison habituelle, à l'exception des citadelles et autres postes militaires qui n'ont point de municipalités, et dans les principales garnisons de l'intérieur, il y aura un secrétariat militaire, où seront déposés les décrets et réglemens concernant l'armée, et, en originaux, les ordres, consignes, réquisitions et autres objets de ce genre relatifs au service de la place.

24. La garde et le soin de ce secrétariat

seront confiés à un secrétaire-écrivain nommé par le Roi, et assermenté par-devant le commissaire des guerres.

25. Autant que faire se pourra, l'emploi de secrétaire-écrivain ne sera donné qu'à des sujets qui auront été sous-officiers dans les troupes de ligne.

26. Ces secrétaires-écrivains ne recevront des ordres, quant à leurs service, que de l'autorité militaire; et, pour tous les objets qui n'intéresseront que le service, ils ne seront justiciables que des tribunaux militaires.

27. Les secrétaires-écrivains jouiront d'appointemens proportionnés à l'étendue des fonctions qu'ils auront à remplir dans les places, postes ou garnisons auxquels ils seront attachés.

28. En conséquence, ils seront répartis, quant aux appointemens, en trois classes, ainsi qu'il suit :

Vingt de première classe, aux appointemens de neuf cents livres, dix-huit mille livres, ci 18,000

Quarante de seconde classe, aux appointemens de six cents livres, vingt-quatre mille livres, ci . . . 24,000

Soixante de troisième classe, aux appointemens de quatre cent cinquante livres, vingt-sept mille livres, ci 27,000

Cent vingt secrétaires-écrivains, coûtant ensemble par an la somme de soixante-neuf mille livres, ci. . 69,000

29. Il sera désigné, dans les bâtimens militaires de chaque place, un emplacement suffisant pour le secrétariat et le logement du secrétaire-écrivain.

30. Lorsqu'une troupe arrivera dans une place, elle ne pourra prendre possession des logemens qui lui seront destinés, qu'après que le commissaire des guerres aura fait publier les bans à ladite troupe, en sa présence, par le secrétaire-écrivain.

31. Ces bans rappelleront non-seulement les lois générales de police et de discipline, mais encore celles particulières à la place.

32. Les officiers municipaux seront tenus de donner connaissance de ces bans aux habitans de la place.

33. Le plus ancien des régimens d'infanterie française qui se trouveront en garnison avec des régimens d'infanterie étrangère, prendra toujours le rang sur ces derniers. Les autres régimens d'infanterie française et étrangère, dans la même garnison, prendront ensuite rang entre eux, selon la date de leur création.

34. Ne seront réputés régimens d'infanterie étrangère que ceux qui, en vertu de traités, seront fournis ou avoués par une puissance étrangère. Lorsque lesdits régimens

se trouveront en garnison avec des régimens d'infanterie française, le commandant militaire de la garnison appartiendra, à grade égal, à l'officier des troupes françaises, quelle que soit son ancienneté dans ce grade.

35. Dans tous les cas où les gardes nationales serviront avec les troupes de ligne, les gardes nationales prendront le rang sur toutes les troupes de ligne.

36. Lorsque les gardes nationales serviront avec les troupes de ligne, l'honneur du rang, qui est réservé aux premières, n'empêchera pas que le commandement général ne soit toujours déféré à l'officier le plus ancien dans le grade le plus élevé desdites troupes de ligne.

37. Toutes les fois que les gardes nationales seront mises en activité, elles ne pourront être rassemblées qu'au préalable les officiers civils n'en aient averti le commandant militaire.

38. Les commandans militaires, dans les places où les gardes nationales feront le service, demanderont à qui il appartiendra le nombre d'officiers et de soldats desdites gardes nationales nécessaire au service militaire; mais lesdits commandans ne pourront s'ingérer dans le détail des officiers, sous-officiers et gardes nationales qui devront marcher, toutes les difficultés de ce genre devant être portées à la décision de leurs officiers supérieurs ou des municipalités, selon ce qui sera réglé à cet égard par le décret concernant l'organisation des gardes nationales.

39. Lorsque les gardes nationales feront le service militaire, les honneurs militaires se rendront réciproquement entre elles et les troupes de ligne, suivant ce qui sera réglé pour ces dernières.

40. Les honneurs militaires étant dans l'armée un acte de discipline, un signe extérieur destiné à rappeler et à conserver sans cesse parmi les troupes la soumission à l'autorité légitime, la considération nécessaire pour les chefs, et le respect pour les objets du service, seront, par ces mêmes raisons, accordés hors du corps militaire, à titre d'honneur ou de distinction publique, aux objets du culte, à la personne du Roi, à celle de l'héritier présomptif du trône, lorsqu'il aura atteint l'âge de majorité fixé par les lois; dans le cas de minorité du Roi, au régent du royaume, aux corps administratifs, judiciaires et municipaux, aux officiers municipaux individuellement pris, lorsque, revêtus du signe distinctif de leurs places, ils seront dans l'exercice de leurs fonctions; et aux princes régnans, ainsi qu'à leurs ambassadeurs ou ministres, lorsque le Roi aura spécialement donné des ordres à cet effet.

41. Les honneurs qui se rendront aux corps et aux individus agens du pouvoir civil seront: savoir, pour les corps administratifs, judiciaires et municipaux, les mêmes qui seront affectés aux maréchaux-de-camp employés; et, pour les officiers municipaux individuellement pris, les mêmes que pour les capitaines.

42. Les fonctions de la gendarmerie nationale étant essentiellement distinctes du service purement militaire des troupes en garnison, la gendarmerie nationale ne sera jamais regardée comme portion de la garnison des places dans lesquelles elle sera répartie.

43. En conséquence de la disposition précédente, les officiers de la gendarmerie nationale ne concourront point au commandement militaire dans les places.

44. Dans les places de guerre et postes militaires, l'ordre et le mot seront toujours donnés par le commandant militaire; et, dans le cas où les gardes nationales feront quelque service dans la place, le mot sera porté par l'officier ou le sous-officier des gardes nationales qui l'aura reçu à l'ordre, au principal officier municipal ou au commandant des gardes nationales, selon ce qui sera réglé à cet égard par le décret d'organisation des gardes nationales.

45. Dans les garnisons de l'intérieur, et dans tous les lieux qui ne seront ni places de guerre, ni postes militaires, lorsque les troupes de ligne seront requises pour faire le service conjointement avec les gardes nationales, ou que lesdites troupes de ligne en seront chargées seules, le commandement, l'ordre et le mot seront donnés conformément à ce qui est prescrit aux articles ci-dessus.

46. Mais lorsque, dans les villes ou autres lieux qui ne sont ni places de guerre, ni postes militaires, les gardes nationales seront seules chargées de la garde et de la police desdits lieux, sans participation des troupes de ligne, alors le mot sera, selon l'usage, composé de deux autres mots, dont le premier sera donné par le principal officier municipal ou par le commandant des troupes nationales, et ce qui sera ultérieurement réglé, et le second, par le commandant des troupes de ligne.

47. Dans les places de guerre et postes militaires en état de paix, et dans les garnisons de l'intérieur, lorsque les autorités civiles et militaires seront dans le cas de faire battre la générale ou sonner le boute-selle, pour le rassemblement des gardes nationales ou des troupes de ligne, elles devront au préalable s'en prévenir réciproquement, sauf le cas de surprise, d'incendie ou d'inondation.

48. Les clefs de toutes les portes, poternes, vannages, aquéducs et autres ouvertures qui donnent entrée dans les places de guerre ou postes militaires, seront toujours confiées au commandant militaire.

49. Et cependant, pour la facilité du com-

merce et la commodité des habitans et voyageurs, il y aura, dans chaque place et poste de guerre, un certain nombre de portes par lesquelles la communication du dedans au dehors et du dehors au dedans pourra se faire, *dans l'état de paix*, à toutes les heures de la nuit, comme de jour. Les officiers civils et le commandant militaire se concerteront sur celles desdites portes qui seront affectées à cette destination, sur les formalités à remplir et les précautions à prendre pour éviter les abus : l'exécution de ces dispositions appartiendra toujours au commandant militaire.

50. Lorsque les circonstances exigeront une surveillance plus particulière de la part des officiers civils et militaires, il pourra y avoir à chaque porte des places de guerre un préposé choisi par la municipalité, lequel sera chargé de recevoir de tous particuliers arrivant dans la place la déclaration de leurs noms et qualités, ainsi que de l'auberge ou maison particulière dans laquelle ils se proposeront de loger. Ces renseignemens seront portés aux officiers municipaux, et le commandant militaire pourra ordonner aux commandans des gardes des portes, de faire assister un sous-officier aux déclarations qui seront faites par lesdits particuliers arrivant dans la place, et de lui en rendre compte.

51. Tout particulier qui sera arrêté pour fait de désordre, de contravention aux lois ou à la police, sera remis sans délai, le citoyen à la police civile, le militaire à la police militaire, pour être chacun, suivant les circonstances et la nature du délit, renvoyé aux tribunaux civils ou militaires.

52. Toutes femmes ou filles notoirement connues pour mener une vie débauchée, qui seront surprises avec les soldats dans leurs quartiers lorsqu'ils seront de service, ou après la retraite militaire, seront arrêtées et remises sans délai à la police civile, pour être jugées conformément aux lois.

53. Les prisons militaires, autant qu'il sera possible, seront toujours séparées des prisons civiles.

54. Le commandant d'une troupe en marche sera tenu d'informer la municipalité du lieu où couchera sa troupe, de l'heure à laquelle il la fera partir le lendemain. Une heure après son départ, les citoyens ne pourront plus porter de plaintes contre elle; et si, pendant ce temps, il n'y en a aucune de portée, la municipalité ne pourra refuser un certificat de bien vivre à l'officier de ladite troupe qui aura dû rester à cet effet.

55. Toute troupe en marche ou prête à marcher, en conséquence d'un ordre du Roi, ne pourra, soit en totalité, soit en partie, être détournée de sa destination que par un ordre contraire du Roi, ou de ceux auxquels il en aura délégué la faculté.

56. Aucun corps administratif ne pourra disposer des munitions de guerre, subsistances, et d'aucune espèce d'effets, armes ou fournitures confiées au département de la guerre, ni changer leur destination, ni empêcher leur transport légalement ordonné, qu'en vertu d'une autorisation expresse du pouvoir exécutif.

57. Les fonds affectés au département de la guerre étant à la seule disposition du ministre, sous sa responsabilité, les corps administratifs ne pourront, dans aucun cas, disposer des fonds versés entre les mains des trésoriers du département de la guerre, ni ordonner aucune dépense sur lesdits fonds.

58. Nul officier en activité ne sera tenu de payer sa part des impositions directes et personnelles dans sa garnison, qu'autant qu'elle serait, en même temps, le lieu de son domicile habituel ou de ses propriétés. .

59. Tous les émolumens accordés par les anciennes ordonnances militaires aux officiers, de quelque grade et arme qu'ils puissent être, sont et demeureront supprimés.

60. Tout militaire en activité ne pourra porter d'autre habit que son uniforme, dans les lieux de son service.

61. Les officiers, les sous-officiers et les soldats ne pourront donner des repas de corps, ni en recevoir, sous quelque prétexte et de quelque part que ce soit.

62. Il ne pourra être fait aucune retenue sur les appointemens des officiers, sous-officiers et soldats, sous prétexte de dépenses de corps, de quelque nature qu'elles soient, excepté celles qui seraient destinées à payer les dégradations commises par les troupes dans leur logement, ou toutes autres indemnités dues, soit à l'Etat, soit aux particuliers, pour réparations de dommages, désordres ou excès commis par lesdites troupes.

63. Tout militaire en activité qui, étant majeur, aura contracté des engagemens pécuniaires par lettres de change, ou par toute autre espèce d'obligation emportant la contrainte par corps, et qui, s'étant laissé poursuivre pour le paiement de semblables dettes, aura, par jugement définitif, été condamné par corps, ne pourra rester au service, si, dans le délai de deux mois, il ne satisfait pas à ses engagemens : dans ce cas, la sentence portée contre lui équivaudra, après le délai de deux mois, à une démission précise de son emploi.

64. Les actions résultant d'obligations contractées par un militaire en activité ne pourront être poursuivies que par-devant les magistrats civils, et seront par eux jugées conformément aux lois civiles, sans que les officiers ni les juges militaires puissent en prendre connaissance, si ce n'est à l'armée et hors du royaume; sans qu'ils puissent non

plus apporter aucun obstacle, soit à la poursuite, soit à l'exécution du jugement.

65. Ne pourront être compris dans les saisies et ventes qui auront lieu en exécution des jugemens rendus contre des militaires en activité, leurs armes et chevaux d'ordonnance, ni leurs livres et instrumens de service, ni les parties de leur habillement et équipement, dont les ordonnances imposent à tous militaires la nécessité d'être pourvus. Leurs appointemens ne pourront non plus être saisis que pour ce qui excédera la somme de six cents livres, laquelle leur demeurera réservée, sans préjudice aux créanciers à exercer leurs droits sur les autres biens meubles et immeubles de leur débiteur, suivant les règles et les formes prescrites par la loi.

TITRE. IV. Des bâtimens et établissemens militaires, meubles, effets, fournitures et ustensiles qui en dépendent, tant dans les places de guerre et postes militaires, que dans les garnisons de l'intérieur.

Art. 1er. Tous les établissemens et logemens militaires, ainsi que leurs ameublemens et ustensiles, actuellement existant dans lesdits logemens et établissemens, ou en magasin, soit que ces divers objets appartiennent à l'Etat ou aux ci-devant provinces et aux villes; tous les terrains et emplacemens militaires, tels qu'esplanades, manéges, polygones, etc., dont l'Etat est légitime propriétaire, seront considérés désormais comme propriétés nationales, et confiés en cette qualité au ministre de la guerre, pour en assurer la conservation et l'entretien.

2. Ne seront point compris dans l'article précédent les bâtimens et emplacemens que le ministre de la guerre ne jugerait pas nécessaires au service de l'armée, lesquels seront, dans ce cas, remis aux corps administratifs, pour faire partie des propriétés nationales aliénables, s'ils appartenaient ci-devant à l'Etat; et, dans le cas où ils auraient appartenu aux ci-devant provinces ou aux villes, elles continueront d'en être propriétaires.

3. Il sera dressé des procès-verbaux de tous les terrains, bâtimens et établissemens conservés pour le service de l'armée, ainsi que des ameublemens, effets et fournitures qu'ils contiennent, soit qu'ils appartiennent actuellement à l'Etat, soit qu'ils appartiennent aux ci-devant provinces ou aux villes. Une expédition desdits procès-verbaux sera déposée au département de la guerre, une autre sera re-

mise au directoire du département dans lequel se trouvent les objets ci-dessus mentionnés, et bornée pour chaque département à ce qui le concerne; et la troisième expédition sera déposée dans les secrétariats militaires des différentes places. Celle-ci sera bornée, pour chaque place en particulier, aux objets renfermés dans ladite place, ou qui en sont dépendans.

4. Au moyen de ce qui précède, les dépenses d'entretien, réparations, constructions ou augmentations de bâtimens, renouvellement d'effets et fournitures concernant le service de l'armée, qui, jusqu'à ce moment, avaient été supportées par les ci-devant provinces et par les villes, cesseront d'être à leur charge du jour où en sera faite, lesdites dépenses devant, à compter de ce même jour, être supportées par la partie du Trésor public affectée au département de la guerre (1).

5. Le ministre de la guerre devenant responsable du bon emploi et de la conservation des établissemens et bâtimens militaires, et des effets qu'ils renferment ou qui en sont dépendans, les corps administratifs ne pourront, dans aucun cas, en disposer, ni s'immiscer dans leur manutention, d'une autre manière que celle indiquée par le présent décret.

6. Dans les places et garnisons qui manquent de bâtimens militaires, le ministre de la guerre désignera ceux des bâtimens nationaux qui peuvent y suppléer, afin que, s'il y a lieu, il soit sursis à leur aliénation, et que, par l'Assemblée nationale, ils puissent être déclarés affectés au département de la guerre, comme bâtimens militaires.

7. Toutes les fois qu'un terrain, appartenant à une municipalité ou à quelque particulier, sera nécessaire pour un établissement militaire, le département de la guerre en fera l'acquisition de gré à gré; et, dans le cas où le propriétaire refuserait de céder sa propriété, les directoires des corps administratifs seront consultés, et chargés de l'estimation de l'objet demandé.

TITRE V. Du logement des troupes.

Art. 1er. Les bâtimens et établissemens militaires dont la remise aura été faite au département de la guerre ne pourront être affectés qu'au logement des troupes, des employés attachés à l'administration de la guerre, et à

(1) Il résulte des art. 1, 2, 3, 4, que les établissemens et logemens militaires qui appartenaient aux villes et qui étaient jugés nécessaires au service de l'armée, ont été déclarés propriétés de l'Etat, sous la seule condition que les dépenses d'entretien et autres à la charge desdites villes, seraient supportées par l'Etat, à compter de la remise desdits établissemens et logemens qui serait faite aux agens militaires et constatée par les procès-verbaux (13 août 1828, ord.; Mac. 10, 638).

contenir ou conserver les munitions, subsistances ou effets militaires.

2. Dans aucune place de guerre, poste militaire ou ville de l'intérieur, les municipalités ne pourront être tenues de fournir ni logement, ni emplacement, ni magasins pour l'usage des troupes, qu'autant que ceux actuellement existans ne seraient pas suffisans.

3. Il sera remis aux municipalités de tous les lieux où se trouveront des bâtimens militaires conservés un état détaillé des logemens que ces bâtimens renferment, afin que lesdites municipalités puissent toujours connaître si les logemens qui leur seront demandés sont proportionnés aux besoins réels du service.

4. Dans les places de guerre, postes militaires et villes de garnison habituelle de l'intérieur, il sera fait, par les officiers municipaux, un recensement de tous les logemens et établissemens qu'ils peuvent fournir, sans fouler les habitans, à l'effet d'y avoir recours au besoin et momentanément, soit dans le cas de passage des troupes, soit dans les circonstances extraordinaires, lorsque les établissemens militaires ne suffiront pas.

5. Lorsqu'il y aura nécessité de loger chez les habitans les troupes qui devront tenir garnison, si leur séjour doit s'étendre à la durée d'un mois, les seuls logemens des sous-officiers et soldats, et les écuries pour les chevaux, seront fournis en nature; à l'égard des officiers, ils ne pourront prétendre à des billets de logement pour plus de trois nuits; et, ce terme expiré, ils se logeront de gré à gré chez les habitans, au moyen de la somme qui leur sera payée suivant leurs grade, ainsi qu'il sera décrété par l'Assemblée nationale.

6. Les municipalités veilleront à ce que les habitans n'abusent point, dans le prix des loyers, du besoin de logement où se trouveront les officiers.

7. Toutes les fois qu'il sera pourvu à l'établissement du logement d'une troupe, excepté le cas de passage, le logement des sous-officiers et soldats, et les fournitures d'écuries pour les chevaux, seront faits au complet et non à l'effectif.

8. Faute de bâtimens affectés au logement des troupes destinées à tenir garnison dans un lieu quelconque, il y sera pourvu, autant que faire se pourra, en établissant lesdites troupes dans des maisons vides et convenables, et il y sera, en outre, fourni aux troupes à cheval des écuries suffisantes pour leurs chevaux. Ces maisons et écuries seront choisies et louées par les commissaires des guerres, qui seront autorisés à requérir les soins et l'intervention des municipalités, pour leur faciliter l'établissement des logemens dont ils seront chargés. De plus, les agens militaires désignés à cet effet par les réglemens feront, en présence d'un ou plusieurs officiers mu-

nicipaux, la reconnaissance des maisons et écuries qui seront louées, afin de constater l'état dans lequel elles se trouveront, et afin de pouvoir, au départ des troupes, estimer, s'il y a lieu, des indemnités dues aux propriétaires, pour les dégradations qu'auraient éprouvées lesdites maisons et écuries.

9. Dans les cas de marche ordinaire, de mouvemens imprévus, et dans tous ceux où il pourra être fourni aux troupes des logemens isolés, tels qu'ils ont été indiqués dans l'article 8 précédent, les troupes seront logées chez les habitans, sans distinction de personnes, quelles que soient leurs fonctions et leur qualité, à l'exception des dépositaires de caisse pour le service public, lesquels ne seront point obligés de fournir de logement dans les maisons qui renferment lesdites caisses, mais seront tenus d'y suppléer, soit en fournissant des logemens en nature chez d'autres habitans, avec lesquels ils s'arrangeront à cet effet, soit par une contribution proportionnée à leur facultés, et agréée par les municipalités. La même exception aura lieu, et à la même condition, en faveur des veuves et des filles; et les municipalités veilleront à ce que la charge du logement ne tombe pas toujours sur les mêmes individus, et que chacun y soit soumis à son tour.

10. Les troupes seront responsables des bâtimens qu'elles occuperont, ainsi que des écuries qui leur seront fournies pour leurs chevaux.

11. L'Assemblée nationale statuera ultérieurement sur la somme à attribuer à chaque officier ou employé de l'armée, selon son grade et son emploi, pour lui tenir lieu du logement qui ne pourra lui être fourni en nature dans les établissemens militaires.

12. Nul officier en garnison ne recevra un logement en argent, qu'autant qu'il ne pourrait lui être fourni un logement en nature dans les bâtimens militaires; en conséquence, à l'époque du départ des semestriers, les logemens qu'ils laisseront vacans dans lesdits bâtimens seront remplis par ceux qui devront passer l'hiver à la garnison.

13. Lorsque les officiers de troupes de ligne recevront leur logement en argent, il ne leur en sera fait le décompte que pour le temps qu'ils seront présens au corps; quant aux officiers en résidence, tels que ceux du génie, de l'artillerie et les commisssaires des guerres, ils recevront leur logement, absens comme présens, tout le temps qu'ils seront employés dans une place.

14. Il sera tenu compte, sur les fonds de la guerre, aux officiers de tout grade auxquels les ordonnances affectaient des logemens en argent, des sommes dont ils n'ont pas été payés sur lesdits logemens, pendant les années 1789 et 1790. Cette indemnité ne

sera accordée que pour les logemens dont ont dû jouir lesdits officiers, dans le lieu de leur résidence militaire.

15. Les officiers, dans leur garnison ou résidence, et les employés de l'armée, dans leur résidence, ne logeront point les gens de guerre dans le logement militaire qui leur sera fourni en nature; et, lorsqu'ils recevront leur logement en argent, ils ne seront tenus à fournir le logement aux troupes, qu'autant que celui qu'ils occuperont excédera la proportion affectée à leur grade ou à leur emploi. Quant aux officiers en garnison dans le lieu de leur habitation ordinaire, ils seront tenus à fournir le logement dans leur domicile propre, comme tous les autres habitans.

TITRE VI. Administration des travaux militaires.

Art. 1er. Les fonds destinés à l'augmentation, à l'entretien et aux réparations des fortifications, ainsi que des bâtimens et établissemens militaires quelconques, dans les places de guerre, postes militaires et garnisons de l'intérieur, seront dorénavant fournis en entier par la partie du Trésor public affectée au département de la guerre; en conséquence, les départemens et les villes seront déchargés de toute imposition ou contribution particulière relative à cet objet.

2. Le ministre de la guerre répartira, entre les différentes places, postes militaires et garnisons de l'intérieur, selon leur classe et selon leurs besoins, les fonds accordés au département de la guerre pour les travaux militaires.

3. Tous les travaux de construction, entretien ou réparation des fortifications, bâtimens et établissemens militaires quelconques, et de tout ce qui en dépend, seront faits par entreprise, d'après une adjudication au rabais. Cette adjudication ne sera jamais passée en masse, mais elle comprendra le détail des prix affectés à chaque nature d'ouvrages et de matériaux qui seront employés.

4. Lorsqu'il s'agira de passer le marché pour les travaux militaires, le ministre adressera au commissaire des guerres:

1° L'ordre de procéder à l'adjudication;

2° Un état par aperçu des travaux à exécuter pendant la durée du marché;

3° Les devis et conditions qui auront été fournis par les agens militaires préposés à cet effet.

5. Suivant que les travaux, objet du marché, intéresseront toute l'étendue d'un département, ou seulement celle d'un district, ou, enfin, qu'ils se borneront à l'étendue d'une municipalité, le commissaire des guerres informera le directoire du département ou celui du district, ou les officiers municipaux, des ordres qu'il aura reçus, et les requerra

de procéder, dans un délai dont ils conviendront, à l'adjudication du marché.

6. D'après l'époque convenue entre les corps administratifs et le commissaire des guerres, celui-ci fera poser, dans la place et dans les lieux circonvoisins, des affiches signées de lui, et indicatives de l'objet, de la durée du devis et des conditions du marché, ainsi que du jour et du lieu où il sera passé, de manière que les particuliers puissent être informés à temps, et se mettre en état de concourir à l'adjudication qui sera faite.

7. Le commissaire des guerres sera tenu de donner, à ceux qui se présenteront à cet effet, connaissance des devis et conditions du marché, et tous autres renseignemens qui dépendront de lui. On pourra, pour se procurer les mêmes indications, s'adresser au secrétariat du département, du district ou de la municipalité.

8. Le jour fixé pour l'adjudication, les membres du directoire du département ou de celui du district, ou de la municipalité, conformément à l'article 5 ci-dessus, se rendront, ainsi que le commissaire des guerres, au lieu d'assemblée de celui desdits corps administratifs par-devant lequel devra se passer le marché, et là, en leur présence et celle des agens militaires préposés à cet effet par le ministre de la guerre, l'adjudication sera faite par le commissaire des guerres, au rabais, publiquement, et passée à celui qui fera les meilleures conditions, avec les formalités qui seront prescrites; et, en attendant, celles usitées jusqu'à ce jour continueront d'avoir lieu.

9. Nul ne pourra être déclaré adjudicataire du marché, que préalablement il n'ait justifié de sa solvabilité, ou donné caution suffisante.

10. Tous les frais dépendant de l'adjudication seront bornés aux frais de publication et d'affiches, et seront supportés par l'adjudicataire.

11. Les différens ouvrages à exécuter par les entrepreneurs adjudicataires seront surveillés dans tous leurs détails par les agens militaires, qui en feront les toisés particuliers en présence desdits entrepreneurs ou de leurs commis avoués, à mesure des progrès desdits ouvrages. Ces toisés particuliers seront signés par les entrepreneurs ou par leurs commis, avoués, et certifiés par les agens militaires chargés de la direction des travaux.

12. Chaque année, au terme des travaux, les toisés partiels seront réunis en un seul toisé général, en présence de l'entrepreneur, par les agens militaires qui auront surveillé et dirigé tous les détails des travaux. Ce toisé sera signé par l'entrepreneur, certifié par lesdits agens, et visé par ceux d'entre eux qui auront inspecté les travaux.

13. Le toisé général, certifié et visé ainsi qu'il a été dit dans l'article précédent, sera

remis au commissaire des guerres, pour être arrêté par lui, après en avoir vérifié les calculs. Ledit toisé sera ensuite soumis au visa de celui des corps administratifs par-devant lequel aura été passé le marché.

14. Les parfaits paiemens des travaux militaires exécutés par les entrepreneurs ne leur seront dus et ne pourront être ordonnés à leur profit, par le ministre de la guerre, que préalablement les formalités prescrites par les articles 11, 12 et 13 n'aient été remplies. Lesdits paiemens ne seront exigibles par les entrepreneurs, que trois mois après la confection du toisé général.

15. Pourront néanmoins lesdits entrepreneurs, à mesure de l'avancement des ouvrages, recevoir, sur les certificats des agens militaires, et d'après les ordres du ministre de la guerre, des à-comptes proportionnés à la portion du travail exécuté, et ce, jusqu'à la concurrence des trois quarts des travaux entrepris.

16. Les marchés qui seront passés après la publication du présent décret ne seront plus sujets à la retenue de quatre deniers pour livre; quant à ceux antérieurs à ladite époque, et qui sont grevés de cette clause, ils resteront chargés de ladite retenue, dont le montant sera déduit de celui du toisé général.

17. Les travaux militaires des garnisons de l'intérieur ne pouvant être soumis à la surveillance des agens militaires d'une manière aussi exacte et aussi constante que dans les places de guerre et postes militaires, le Roi nommera et instituera, dans chaque garnison de l'intérieur, un conservateur chargé de veiller à l'entretien journalier des bâtimens militaires, aux réparations de détail, et qui sera tenu d'en rendre compte aux agens militaires désignés à cet effet. Les conservateurs seront amovibles, à la volonté du Roi.

18. Les conservateurs des bâtimens militaires seront logés, autant que faire se pourra, dans les bâtimens confiés à leurs soins; et, sur les fonds destinés à l'entretien des établissemens militaires, il leur sera accordé un traitement annuel proportionné à l'étendue des objets dont ils seront chargés, mais qui ne pourra jamais excéder 300 livres.

19. Dans les garnisons habituelles de l'intérieur, les places de secrétaires-écrivains ne seront point incompatibles avec celles de conservateurs des bâtimens militaires; mais, lorsqu'elles seront réunies, celui qui en sera revêtu n'emportera pas nécessairement la totalité du traitement affecté à chacune d'elles; il pourra même n'avoir, pour les deux, que le traitement affecté à la place de secrétaire-écrivain.

20. Les agens militaires, chargés sur les frontières de la direction des travaux militaires, étendront leur surveillance sur les établissemens de l'intérieur. D'après les ordres qu'ils en recevront du ministre de la guerre, ils indiqueront les principales réparations, dresseront les devis des marchés, les états de dépense, et tiendront la main à tout ce qui peut contribuer à la conservation desdits bâtimens et établissemens militaires, comme pour ceux des places de guerre. Lorsque les agens militaires ne seront employés dans les garnisons de l'intérieur que momentanément, et pour constater l'état des bâtimens militaires, il leur sera tenu compte, sur les fonds de la guerre, des frais de leur déplacement.

21. Les entrepreneurs des travaux militaires seront tenus de se conformer, pour leur exécution, non-seulement aux conditions des devis et marchés, mais encore aux mesures, aux formes, aux distributions et emplacemens d'ateliers, aux dépôts de matériaux, et autres dispositions qui leur seront prescrites par les agens militaires chargés de la direction des travaux. Lesdits entrepreneurs et leurs préposés seront également tenus à l'obéissance envers les agens militaires, dans tout ce qui concernera l'exécution desdits travaux.

22. Tous particuliers non militaires, employés aux travaux militaires, seront, en cette qualité, et pour tout ce qui concernera l'exécution de ces travaux, soumis graduellement à l'obéissance envers les officiers et autres préposés chargés de surveiller et de diriger lesdits travaux; sauf, en cas de prétentions pécuniaires ou de toutes autres plaintes qu'ils auraient à faire valoir à la charge les uns des autres, à se pourvoir par-devant les tribunaux civils, supposé qu'après en avoir référé à l'agent militaire chargé de la conduite des travaux, celui-ci n'ait pas pu les concilier ou les apaiser.

23. Les particuliers non militaires, employés aux travaux militaires, seront, en cette qualité, soumis à la police des agens militaires chargés de la direction des travaux; et, en cas d'arrestation d'aucuns d'eux, ils seront remis aux tribunaux civils.

24. Lorsque des travaux indispensables exigeront la plus grande célérité, après que les troupes en garnison auront fourni toutes les ressources qu'on en peut attendre, les corps administratifs, d'après la réquisition des agens militaires, seront tenus d'employer tous les moyens légalement praticables qui seront en leur pouvoir, pour procurer le supplément d'ouvriers nécessaires à l'exécution des travaux. Dans ce cas, le salaire desdits ouvriers sera fixé par les corps administratifs.

25. Dans le cas de travaux pressés, les agens militaires chargés de leur direction pourront ne point les interrompre les jours de dimanches et fêtes chômées, à la charge par eux d'en prévenir les municipalités.

26. Les ouvriers employés aux travaux militaires seront payés par les entrepreneurs, au plus tard toutes les trois semaines, d'après les toisés particuliers des ouvrages, et toutes les semaines pour le nombre des journées de travail. Il ne pourra être fait aucune retenue sur les salaires, si ce n'est pour les soldats ouvriers, celle nécessaire pour payer leur service de garnison et leur habillement de travail, s'ils n'y ont pas satisfait; l'Assemblée nationale n'entendant point, d'ailleurs, déroger aux lois concernant les actions et oppositions des créanciers envers leurs débiteurs.

27. Lorsque les travaux des fortifications, ou tous autres objets de service militaire, exigeront, soit l'interruption momentanée de communications publiques, soit quelques manœuvres d'eaux extraordinaires, ou toute autre disposition non usitée qui intéressera les habitans, les agens militaires ne pourront les ordonner qu'après en avoir prévenu la municipalité, et pris avec elle les mesures convenables pour que le service public n'en reçoive aucun dommage.

SUITE DU TITRE VI. Comité des fortifications.

Art. 1er. Attendu l'importance des travaux de fortifications, et la nécessité d'employer les fonds qui leur sont destinés de manière à concilier l'économie des deniers de l'État avec l'intérêt de sa défense, il sera formé un comité des fortifications, lequel s'assemblera tous les ans près du ministre de la guerre, dans l'intervalle du 1er janvier au 1er d'avril, en sorte que les objets dont il devra s'occuper soient terminés à cette dernière époque.

2. Ce comité, formé d'officiers du génie désignés et appelés par le ministre de la guerre, sera toujours composé de deux inspecteurs généraux et trois directeurs des fortifications, auxquels pourront être adjoints tels officiers généraux supérieurs, ou autres du corps du génie, que le ministre jugera nécessaires. Il sera toujours présidé par le plus ancien des inspecteurs appelés.

3. Le président du comité prendra les ordres du ministre sur tous les objets à proposer à la délibération des membres, et ces objets pourront être les projets généraux et particuliers des différentes places de guerre du royaume, la répartition des fonds qui leur seront affectés, l'instruction de l'école du génie, les progrès et la perfection des différentes branches de l'art des fortifications, ou tels autres objets de théorie ou de pratique militaire que le ministre jugera à propos de donner à discuter au comité.

4. Le résultat motivé des délibérations du comité sera remis au ministre par le président du comité, et chacun de ses membres sera libre de joindre à ces résultats les motifs de son opinion particulière, dans le cas où elle serait contraire à la majorité.

5. Lorsque le comité discutera des questions qui embrasseront le système général de la défense d'une ou de plusieurs parties des frontières, le ministre pourra, s'il le croit utile, lui adjoindre des officiers généraux, supérieurs ou particuliers de la ligue, en tel nombre qu'il croira convenable.

6. Pour faciliter les opérations de ce comité, et lui donner le degré d'utilité dont il peut être susceptible, il sera formé un dépôt de tous les mémoires, plans, cartes et autres objets provenant des travaux du corps du génie relatifs aux places de guerre et établissemens militaires, ou à la défense des frontières. Ce dépôt, sous le nom d'*Archives des fortifications*, sera dirigé par un lieutenant-colonel du corps du génie, sous le nom de *directeur*, lequel, secondé d'un ou de deux officiers, au plus, du même corps, surveillera les objets confiés à sa garde, classera les papiers et les dessins. Cet officier et ses adjoints seront aussi chargés de la conservation et de l'entretien des plans en relief, et le ministre de la guerre proposera le supplément d'appointemens qu'il croira nécessaire de leur accorder pendant la durée de leurs fonctions, ainsi que l'organisation et la dépense de ce dépôt.

7. Les officiers du génie attachés aux archives des fortifications seront nommés par le Roi, amovibles à sa volonté, et ne pourront continuer à être employés aux fonctions qui leur sont assignées par l'article 6 précédent, lorsqu'ils passeront à un grade supérieur à celui dont ils sont revêtus.

État des places et postes de l'intérieur dont les parties fortifiées étant reconnues inutiles à la sûreté des frontières, peuvent être supprimées, dès ce moment même, et aliénées par les corps administratifs.

Lens, Mouzon, Sarrebourg, Oberenheim, Colmar (Haut-Rhin), château de Dijon, Montélimart, tour du Crest, château de Saint-André-de-Villeneuve, tour du pont d'Avignon, fort de Saint-Hippolyte, château de Beauregard, château de Ferrières, château de Sommières, citadelle de Nîmes, Château-Trompette, fort Sainte-Croix, château du Haa (Bordeaux), château d'Angoulème, château de Loches, château de Saumur, château d'Angers, château de Rouen.

État des plans de guerre et postes militaires, classés suivant leurs degrés d'importance.

PREMIÈRE CLASSE.

Places. Calais et dépendances, Gravelines, Dunkerque et dépendances, Bergues et dépendances, Saint-Omer, Lille, Douay et dépendances, Valenciennes, Condé et dépen-

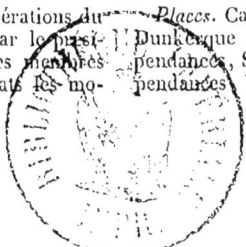

dances, Maubeuge, Phillippeville, Charlemont et les Givets, Mézières, Sedan, Montmédi, Longwy, Thionville, Metz, Sarre-Louis, Bitche, Landau et dépendances, Strasbourg, Neuf-Brisach, Huningue, Besançon, Fort-Barreau, Grenoble, Briançon, Mont-Dauphin, Antibes, Toulon et dépendances, les forts de Marseille, Perpignan et dépendances, Port - Vendre et dépendances, Mont-Louis, Saint-Jean-Pied-de-Port, Bayonne et dépendances, Blaye, l'île d'Oleron, La Rochelle et dépendances, l'île de Rhé, Belle-Ile et dépendances, Port-Louis et dépendances, Brest et dépendances, Saint-Malo et dépendances, Cherbourg et dépendances, le Havre, Ajaccio et dépendances, Bastia. En tout quarante-neuf places.

Postes. Fort-l'Ecluse, Pierre - Châtel, Queiras, les forts de Cette, Bellegarde et dépendances, Fort-Médoc, l'île d'Aix et dépendances, la Hougue et dépendances. En tout huit postes.

DEUXIÈME CLASSE.

Places. Boulogne et dépendances, Ardres, Aire et dépendances, Béthune, Arras, Bouchain, Cambray, le Quesnoy, Landrecy-Guise, Avesnes, Rocroy, Verdun, Marsal, Weissembourg, Fort-Louis du Rhin, Phalsbourg, Schelestat, Belfort, Embrun, Entrevaux, Saint-Tropès, Collioure et dépendances, Navarreins, Rochefort, Lorient, Granville et dépendances, Bonifacio et dépendances, Calvi et dépendances, Saint-Florient et dépendances. En tout trente places.

Postes. Citadelle de Montreuil, Saint-Venant, Bavai, Marienbourg, château de Bouillon, Carignan, Stenai, Rodemaken, Sierck, Lauterbourg, la Petite-Pierre, fort Mortier, Landskron, château de Blamont, château de Joux, Saint-Vincent et Val de Barcelonnette, Colmar et dépendances, les îles Sainte-Marguerite, les îles d'Hières, citadelle du Saint-Esprit, Aigues-Mortes, le Fort-Brescou, Fort-des-Bains, Pratz-de-Mouillon, Villefranche, Andaye, Fort-de-Socoa, Fort-Chapus, Fourras et dépendances, château de Niort, château de Nantes, les îles d'Hedie, d'Ouat, l'île de Grouais, Concarneau, château de Toreau, le fort de Châteauneuf, château de Caen, château de Dieppe et dépendances, batteries et retranchemens sur les côtes et les îles qui les avoisinent, Ile-Rousse, tour de Vivario, tour de Borgognano. En tout quarante-deux postes.

TROISIÈME CLASSE.

Places. Abbeville, Montreuil, Hesdin, Doullens, Bapaume, Amiens, Péronne, Ham, Saint-Quentin, La Fère, Toul, Nanci, Haguenau, Auxonne, Salins et dépendances,

Valence, Seine, Sisteron, Beziers, Narbonne et dépendances, Carcassonne, Carentan, Corté et dépendances. En tout vingt-trois places.

Postes. Fort-Mardic, Lichtemberg, Fort-d'Alais, Pécais, citadelle de Montpellier, château de Sâluces, château de Lourdes, Dax, Brouages. En tout neuf postes.

---

8 = 20 JUILLET 1791. — Décret relatif à l'impression des décrets. (L. 5, 421; B. 16, 74.)

Art. 1er. Les décrets de l'Assemblée nationale qui seront rendus à l'avenir contiendront, suivant qu'ils seront relatifs à des objets d'utilité générale ou de pure localité, qui n'intéressera pas plus d'un département, la clause qu'ils seront imprimés, et envoyés dans tous les départemens, ou bien qu'ils seront envoyés seulement dans le département, corps administratif ou tribunal qu'ils intéresseront.

2. Les décrets de la première espèce seront imprimés, et envoyés par les ministres à tous les départemens; les autres ne seront envoyés qu'en manuscrit aux départemens, corps administratif ou tribunal qu'ils pourront concerner.

---

8 = 20 JUILLET 1791. — Décret qui fixe le nombre des signataires pour les assignats. (L. 5, 383; B. 16, 77.)

Art. 1er. Le nombre des signataires sera distribué ainsi qu'il suit :

Six seront occupés à signer les assignats de 500 livres; seize aux assignats de 100 livres; vingt aux assignats de 50 livres; huit aux assignats de 90 livres; huit aux assignats du 80 livres; huit aux assignats de 70 livres; huit aux assignats de 60 liv.

2. La liste des signataires nouvellement admis sera rendue publique par la voie de l'impression, et adressée à tous les départemens du royaume.

---

8 = 25 JUILLET 1791. — Décret qui accorde provisoirement des fonds pour les besoins des hôpitaux. (L. 5, 455; B. 16, 74.)

Art. 1er. Il sera destiné, sur les fonds de la caisse de l'extraordinaire, une somme de 3 millions pour les secours provisoires que pourront exiger les besoins pressans et momentanés des hôpitaux du royaume, laquelle sera avancée successivement à titre de prêt, sur la demande des directoires de district et de département, et des municipalités du royaume, en faveur des hôpitaux qui y sont situés, ainsi qu'il sera déterminé par les articles suivans.

2. Les différentes municipalités qui réclameront ces avances en faveur de leurs hôpitaux ne pourront le faire sans l'avis des

directoires de district et de département où elles sont situées, et seront tenues de se procurer l'acquiescement des conseils généraux de leurs communes, avec obligation de rétablir ces avances dans la caisse de l'extraordinaire, dans les six premiers mois de l'année 1792, par le produit des sous additionnels aux contributions foncière et mobilière, et sur les droits des patentes à imposer en 1791.

3. Ces municipalités seront tenues en outre de présenter le consentement du conseil général de la commune, pour donner en garantie de ces avances et de la restitution des deniers à la caisse de l'extraordinaire, le seizième qui leur revient dans le produit de la vente des biens nationaux dont elles sont soumissionnaires.

4. A défaut de cette garantie du seizième, qui revient aux municipalités dans le produit de la vente des biens nationaux, les hôpitaux ou les municipalités seront tenus de présenter en garantie de ces avances, sur l'avis des directoires de district et de département, les capitaux des rentes appartenant aux hôpitaux, sur le Trésor national, ou d'autres créances vérifiées être à la charge dudit Trésor, et liquidées à la caisse de l'extraordinaire, ou même les biens-fonds que pourraient posséder les hôpitaux qui sont dans le besoin, et en faveur desquels seront faites les avances de la caisse de l'extraordinaire.

5. Les sommes qui seront ainsi avancées, à titre de prêt, aux différens hôpitaux de Paris, en remplacement provisoire des revenus dont ils sont privés par la suppression des droits d'entrée, seront rétablies à la caisse de l'extraordinaire, dans les six premiers mois de l'année 1792, sur les premiers deniers provenant des impositions qui seront ordonnées en remplacement de ces revenus; et les créances sur le Trésor national, dont lesdits hôpitaux sont propriétaires, ainsi que leurs biens-fonds, seront, sur l'avis du directoire du département de Paris, reçues en garantie de la restitution de ces deniers.

6. L'état de distribution des avances qui seront faites aux hôpitaux du royaume, conformément aux dispositions déterminées dans les articles précédens, sera dressé par le ministre de l'intérieur. Cet état indiquera, pour chaque hôpital, une somme déterminée pour chaque mois; et le commissaire du Roi à la caisse de l'extraordinaire ne pourra ordonner le paiement de ces avances, que conformément à cet état, qui lui sera communiqué par le ministre de l'intérieur.

7. Les pièces à produire par les municipalités et les hôpitaux, à l'appui de leurs demandes, ne seront point assujéties au timbre.

8 = 10 JUILLET 1791. — Décret relatif aux objets de commerce dont l'exportation est prohibée. (L. 5, 101; B. 16, 78.)

L'Assemblée nationale, ayant entendu le rapport de son comité diplomatique; voulant, conformément à son décret du 24 juin, qu'il ne soit apporté aucun obstacle au cours ordinaire du commerce, déclare que les seuls effets dont elle entend prohiber, quant à présent, le transport à l'étranger, sont les armes et munitions de guerre, les matières d'or et d'argent en lingots, et les espèces monnayées qui ont cours dans le royaume; l'exportation des ouvrages d'orfèvrerie et de joaillerie, neufs et poinçonnés de la marque actuellement existante, demeurant libre: n'entendant, néanmoins, l'Assemblée porter aucune atteinte aux prohibitions portées par les lois et réglement du commerce, lesquelles sont maintenues comme par le passé.

8 = 20 JUILLET 1791. — Décret portant qu'il sera fourni à la Trésorerie nationale, par la caisse de l'extraordinaire, la somme de 24,618,376 livres. (L. 5, 413; B. 16, 77.)

8 = 20 JUILLET 1791. — Décret relatif à la circonscription des paroisses des districts de Melun et de Nemours, département de Seine-et-Marne. (B. 16, 66.)

8 = 12 JUILLET 1791. — Décret concernant la liquidation de plusieurs parties de la dette publique. (B. 16, 78.) *Voy.* les états à la fin du même volume.

8 JUILLET 1791. — Assignats. *Voy.* 19 JUIN 1791.

9 = 25 JUILLET 1791. — Décret relatif aux Nantukois établis en France, et à ceux qui désireraient y venir par la suite. (L. 5, 464; B. 16, 135.)

Art. 1er. Les Nantukois établis en France, et y exerçant la pêche de la baleine, sont exceptés des dispositions du décret du 4 mars dernier, et pourront, en conséquence, continuer à faire venir, pour leur compte, des Etats-Unis de l'Amérique, les bâtimens propres à la pêche de la baleine, à condition toutefois de les employer à cette pêche, en remplissant d'ailleurs toutes les charges, clauses et conditions de leur établissement en France.

2. Il sera aussi permis aux habitans de l'île de Nantuket, qui désireront venir s'établir en France pour se livrer à la pêche de la baleine, de s'y transporter avec tous leurs effets et bâtimens propres à ladite pêche; et ils seront admis à jouir des avantages du pavillon français, et de tous ceux accordés aux pêcheurs nantukois déjà établis dans les ports

de France, sans que leursdits navires puissent avoir aucune autre destination que celle de la pêche de la baleine.

---

9 = 16 JUILLET 1791. — Décret relatif à la liquidation des receveurs des finances. (L. 5, 241; B. 16, 136.)

L'Assemblée nationale, considérant que les receveurs particuliers des finances qui ont fait l'exercice de 1789 ont été chargés, aux termes des proclamations du Roi des 8 août 1790 et 10 avril 1791, des recouvremens de rôles supplétifs sur les ci-devant privilégiés pour les six derniers mois 1789; que, suivant ces proclamations, le produit net desdits rôles, destiné à être réparti en moins imposé sur les anciens contribuables en 1790, a dû être versé, soit dans la caisse du receveur de district, renfermant le chef-lieu de chaque département d'où dépendent aujourd'hui les différentes communautés qui formaient le ressort des ci-devant élections ou bureaux, soit dans la caisse de l'extraordinaire, pour celles qui ont offert le montant desdits rôles supplétifs en don patriotique; qu'ainsi lesdits receveurs ne peuvent être admis à la liquidation définitive de leurs finances, ordonnée par le décret du 4 mai 1791, sanctionnée le 15 du même mois, sans, au préalable, avoir justifié desdits versemens, ou sans laisser au Trésor public une somme égale à celle qui leur reste encore à recouvrer sur lesdits rôles, décrète :

Art. 1er. Les receveurs particuliers des finances qui, ayant fait l'exercice de 1789, ont été chargés, aux termes des proclamations du Roi des 8 août 1790 et 10 avril 1791, du recouvrement des rôles supplétifs sur les ci-devant privilégiés, pour les six derniers mois 1789, ne seront admis à la liquidation définitive de leurs finances, ordonnée par le décret du 4 mai dernier, sanctionné le 15, qu'au préalable ils n'aient justifié du versement du produit net desdits rôles, dans les différentes caisses publiques où ledit versement devait être fait.

2. Pour parvenir à cette justification, lesdits receveurs dresseront un compte final, établissant, d'une part, le montant brut des rôles supplétifs pour toute l'étendue de leur ci-devant élection ou bureau; et, d'autre part, 1° les sommes par eux versées à compte du montant desdits rôles entre les mains des receveurs généraux de l'exercice de 1790, jusqu'à la proclamation du 10 avril 1791; 2° les sommes payées par lesdits receveurs, à compter de la même époque, aux trésoriers des districts renfermant le chef-lieu de chaque département d'où dépendent actuellement les communautés qui composaient auparavant le ressort desdites élections et bureaux; 3° les déductions à faire sur le montant desdits rôles pour les taxations des collecteurs et celles des receveurs particuliers des finances; 4° les déductions à faire également pour les non-valeurs, décharges, modérations ou compensations de décimes, ou capitation privilégiée, qui auront été régulièrement accordées sur lesdits rôles des six derniers mois 1789; enfin les sommes versées dans la caisse de l'extraordinaire pour le produit net des rôles supplétifs des communautés qui en ont offert le montant en don patriotique.

3. Lesdits comptes, ainsi dressés et appuyés des pièces justificatives et de quittances, seront présentés au directoire de chaque département d'où dépendent actuellement les communautés qui composaient auparavant le ressort desdites élections ou bureaux : chaque directoire arrêtera quitte. Lesdits comptes ainsi arrêtés et balancés avec les objets à recevoir, et ceux réellement reçus ou légalement déduits, seront réunis aux autres pièces à fournir par les receveurs particuliers, et remis au bureau général de liquidation, qui procédera alors à la liquidation définitive desdits receveurs particuliers, aux termes du décret du 4 mai 1791.

4. Pour assurer l'exécution des articles ci-dessus, et faire connaître le montant exact desdits rôles supplétifs pour chaque élection ou bureau, le ministre des contributions fera passer au bureau de la liquidation un bordereau de chacun desdits rôles arrêtés par les directoires des départemens.

5. Et, néanmoins, lesdits receveurs à qui il restera encore des recouvremens à faire, d'après les rôles supplétifs, les comptes dressés et arrêtés de la manière ci-dessus indiquée, pourront consentir qu'il soit retenu sur leur finance une somme égale qui restera encore à recouvrer sur lesdits rôles, et le surplus de leur finance sera remboursé aux termes du décret du 4 mai.

6. A l'égard de l'époque à laquelle la portion de finance retenue, aux termes de l'article précédent, sera remise auxdits receveurs, et des prétentions qu'ils pourraient former pour les intérêts d'icelle, l'Assemblée a renvoyé au comité central de liquidation, pour en conférer avec le ministre des contributions publiques, et lui présenter un projet de décret.

7. Les justifications prescrites par les articles précédens seront exigées de la part des receveurs particuliers qui ont été déjà liquidés en exécution du décret du 4 mai, sanctionné le 15; en conséquence, leurs reconnaissances définitives qui n'auront pas été délivrées jusqu'à ce jour ne pourront l'être que sur la représentation des comptes dressés et arrêtés, aux termes des articles précédens.

8. Toutes les dispositions ci-dessus auront lieu à l'égard des receveurs des tailles, rece-

veurs des fouages, et tous autres percepteurs des deniers publics qui ont été chargés du recouvrement desdits rôles supplétifs dans les ci-devant pays conquis, pays d'états et pays abonnés; en conséquence, ils ne pourront être admis à la liquidation et au remboursement de leurs offices, qu'en joignant par eux, à la décharge légale de leur dernier exercice, les comptes dressés et présentés comme ci-dessus.

Et sera le présent décret, en ce qui concerne le réglement relatif aux receveurs des finances, imprimé et envoyé à tous les départemens.

9 = 25 JUILLET 1791.— Décret relatif à l'emploi des assignats de 5 livres. (L. 5, 462; B. 16, 139.)

Art. 1er. La caisse de l'extraordinaire versera par échange à la trésorerie les assignats de 5 livres, à mesure de leur fabrication; elle en réservera ce qui sera nécessaire à ses appoints et à l'échange des coupons d'assignats de 1,000 livres, 300 livres, 200 livres, et annulera, dans la même proportion, des assignats de 2,000 livres et 1,000 livres remis à la caisse de gestion.

2. La Trésorerie nationale, à compter du 11 de ce mois, enverra, autant qu'il sera possible, des assignats de 5 livres dans les départemens, pour le paiement du culte, partie du prêt des troupes françaises, paiement des officiers et autres dépenses des départemens.

3. La Trésorerie remettra aux différens payeurs qui sont chargés de la dette de l'Etat les sommes suffisantes en assignats de 5 livres, pour payer les appoints, et en fournir dans les paiemens jusqu'à la concurrence de 50 livres, autant qu'il sera possible.

4. Il sera présenté incessamment un projet de décret sur les moyens d'échanger de la menue monnaie contre les assignats de 5 livres.

9 JUILLET 1791.— Décret concernant les émigrans. (B. 16, 141.)

Voy. lois du 1er = 6 AOUT 1791; du 24 = 15 SEPTEMBRE 1791 (1).

L'Assemblée nationale décrète que tout Français hors du royaume qui ne rentrera pas dans le délai d'un mois, à compter de la publication du présent décret, sera soumis à une triple imposition, par addition au rôle de 1791, sauf à prendre, dans le cas d'une invasion sur le territoire de France, des mesures ultérieures et telles que les circonstances pourront l'exiger; renvoie aux commissaires pour la rédaction du décret, et présenter les moyens d'exécution.

9 JUILLET 1791.— Décret qui nomme une députation de quinze membres de l'Assemblée nationale, pour assister à la translation de Voltaire. (B. 16, 140.

9 JUILLET 1791. — Complétement des régimens. Voy. 3 JUILLET 1791. — Frontières. Voy. 4 JUILLET 1791.

10 = 20 JUILLET 1791. — Décret relatif aux comptes et recensement des assignats, et au paiement des arrérages des rentes sur l'Etat, et des contributions. (L. 5, 378; B. 16, 141.)

Art. 1er. Les commissaires établis pour la fabrication de 800 millions d'assignats, décrétée le 29 septembre 1790, feront le compte et recensement des assignats délivrés à l'imprimerie, remis à la signature, et qui, lors de cette signature ou de l'application du timbre, ont été mis hors d'état de servir, par quelque vice d'application de la signature, du numéro ou du timbre, ainsi que de ceux qui se trouveraient excéder la quantité qui a été nécessaire pour fournir lesdits 800 millions. Après ledit recensement, lesdits assignats qui n'ont pu servir, et tous ceux qui se trouveraient excéder le nombre qui a rempli l'émission des 800 millions d'assignats, seront brûlés dans la cour de la caisse de l'extraordinaire, en présence des commissaires de ladite caisse et du public. Il sera dressé procès-verbal desdits recensement et brûlement d'assignats, et il sera rendu public par la voie de l'impression.

2. Le trésorier de l'extraordinaire est autorisé à recevoir, sur sa quittance, les arrérages échus au 1er janvier dernier des contrats de rente sur l'Etat, ainsi que des actions, billets de loterie, effets de tout genre, coupons d'iceux, qui se sont trouvés sous les scellés, ou lors des inventaires des biens des ci-devant corps et communautés ecclésiastiques; lesquels ont été ou seront déposés entre ses mains, aux termes du décret du 20 janvier. Le montant desdites recettes sera versé à la caisse de l'extraordinaire, et il en sera compté au nombre des recettes diverses.

3. Les payeurs des rentes dites de l'Hôtel-de-Ville sont autorisés à acquitter les rentes au-dessous de 100 livres, sans exiger, quant à présent, les représentations des actes requis par le décret du 24 juin dernier.

4. Tous receveurs d'impôts ou de contribution patriotique seront tenus de fournir sans frais aux contribuables autant de duplicata de leurs quittances qu'ils en demande-

(1) La loi du 14 = 15 septembre 1791 a abrogé celle du 1er = 6 août 1791; ainsi, le premier acte de la législation sur les émigrés est la loi du 9 = 12 février 1792.

ront, pour justifier du paiement de leurs contributions.

5. Les cessionnaires ou délégataires qui se présenteraient pour toucher, en vertu de cessions ou délégations qui n'auraient pas une date authentique antérieure au 24 juin dernier, seront tenus de justifier que l'auteur de la cession ou délégation en vertu de laquelle ils se présentent a satisfait aux conditions exigées par le décret du 24 juin dernier, relativement aux impositions.

---

10 ＝ 20 JUILLET 1791. — Décret concernant le secret et l'inviolabilité des lettres. (L. 5, 394; B. 16, 143; Mon. du 11 juillet 1791.)

Voy. lois du 10 ＝ 14 AOUT 1790; du 26 ＝ 29 AOUT 1790, art. 2.

L'Assemblée nationale, après avoir ouï son comité, considérant que les précautions qu'elle a ordonnées pour la sûreté de l'État, par son décret du 21 juin dernier, ont été exagérées en plusieurs lieux; que, par l'effet d'un zèle inconsidéré, des corps administratifs et des municipalités avaient cru pouvoir soumettre à leur surveillance et à leur recherche la correspondance des particuliers; que l'arrestation qui a été faite, en plusieurs villes, des courriers des malles, les dépôts forcés de leurs paquets en autres lieux qu'aux bureaux auxquels ils étaient destinés, les perquisitions faites chez les directeurs des postes, la vérification des lettres, les sursis ordonnés à leur distribution, ne peuvent qu'interrompre les relations commerciales, et sont autant d'abus qu'il est indispensable d'arrêter; que ces moyens illégaux, qui ne peuvent être tolérés que dans un moment d'alarme universelle et dans un péril imminent, ne peuvent être plus long-temps employés, d'après les mesures qui ont été arrêtées pour la sûreté et la défense de l'empire;

Décrète qu'il est enjoint aux corps administratifs de surveiller l'exécution du décret du 10 août 1790, concernant le secret et l'inviolabilité des lettres, et de se conformer aux dispositions de l'article 1er du titre des attributions, faisant partie du décret du 26 du même mois d'août, qui défend aux corps administratifs et aux tribunaux d'ordonner aucun changement dans le service des postes.

---

10 ＝ 18 JUILLET 1791. — Décret relatif au paiement de différentes sommes pour liquidation d'offices. (L. 5, 322; B. 15, à la fin du volume.)

---

11 (6 et) ＝ 18 JUILLET 1791. — Décret relatif à la compétence des juges-de-paix en matière de police, et à l'établissement d'un tribunal de police correctionnelle à Paris. (L. 5, 317.)

L'Assemblée nationale décrète ce qui suit:

1° Tout juge-de-paix d'une ville, dans quelque quartier qu'il se trouve établi, sera compétent pour prononcer, soit la liberté des personnes amenées, soit le renvoi à la police municipale, soit le mandat d'amener, ou devant lui, ou devant un autre juge-de-paix, soit enfin le mandat d'arrêt, tant en matière de police correctionnelle qu'en matière criminelle.

2° Néanmoins, pour assurer le service dans la ville de Paris, il sera déterminé, par la municipalité, un lieu vers le centre de la ville, où se trouveront toujours deux juges-de-paix, lesquels pourront donner, chacun séparément, les ordonnances nécessaires. Les juges-de-paix rempliront, tour-à-tour, ce service pendant vingt-quatre heures.

3° A Paris, le tribunal d'appel en matière de police correctionnelle sera composé de neuf juges-de-paix servant par tour; il tiendra une audience tous les jours, et pourra se diviser en trois chambres.

Durant le service des neuf juges-de-paix à ce tribunal, et pareillement durant la journée où les juges-de-paix de la ville de Paris seront occupés au service alternatif établi dans le lieu central par l'article 34 du titre 1er du présent décret, toutes les fonctions qui leur seront attribuées par la loi pourront être exercées, dans l'étendue de leur section, par les juges-de-paix des sections voisines, au choix des parties.

---

11 ＝ 20 JUILLET 1791. — Décret portant que les régimens et autres troupes soldées des colonies seront sous la direction du département de la guerre. (L. 5, 418; B. 16, 149.)

Art. 1er. Les régimens et bataillons coloniaux des Iles de France, de Bourbon, Pondichéry, Port au Prince, du Cap, la Martinique, la Guadeloupe, la Guiane, d'Afrique, Saint-Pierre et Miquelon, le bataillon auxiliaire, ainsi que l'artillerie des colonies et les six compagnies de Cipayes de Pondichéry, et toutes autres troupes soldées employées à la défense des colonies et des possessions nationales hors du royaume, seront à l'avenir sous la direction du département de la guerre.

2. Le comité militaire présentera incessamment les articles nécessaires pour la remise

des fonds que le département de la marine doit faire au département de la guerre pour l'entretien de ces troupes, et pour déterminer le rang que les officiers des colonies doivent prendre dans l'armée.

11 = 28 JUILLET 1791. — Décret relatif à la menue monnaie d'argent. (L. 5, 484; B. 16, 150.)

Art. 1er. Conformément au décret du 11 janvier, les pièces de trente sous contiendront en grains de fin la moitié de l'écu, et celles de quinze sous le quart de l'écu.

2. Néanmoins, chacune desdites pièces sera alliée dans la proportion de huit deniers d'argent fin avec quatre deniers de cuivre.

3. Le graveur général préparera sans délai les poinçons nécessaires à cette fabrication, aux types décrétés le 11 avril dernier; de sorte que, dans trois semaines au plus tard de la publication du présent décret, la fabrication soit en activité.

4. L'argenterie des églises supprimées, et déposée dans les hôtels des monnaies, sera d'abord employée à cette fabrication; elle sera continuée ensuite avec les matières que se procure le Trésor public pour la fabrication des écus, dont il ne sera fabriqué que pour les besoins indispensables, jusqu'à ce que l'émission de la menue monnaie soit déclarée suffisante par un décret du Corps-Législatif.

5. Toute personne qui apportera à la monnaie des matières d'argent recevra, sans aucune retenue, la même quantité de grains de fin en monnaie fabriquée.

————

11 = 20 JUILLET 1791. — Décret relatif à l'organisation de la caisse de l'extraordinaire. (L. 5, 399; B. 16, 144.)

Art. 1er. Les bureaux de l'administration de la caisse de l'extraordinaire, sous le commissaire administrateur, seront composés chacun d'un premier commis; et, sous celui-ci, de commis et expéditionnaires, dont le nombre et les appointemens seront déterminés par le commissaire-administrateur, aux conditions portées par les articles suivans.

2. Le commissaire-administrateur ne pourra donner à aucun de ses premiers commis plus de 8,000 livres par an, soit en appointemens, soit en gratifications; il ne pourra donner à aucun commis moins de 1,800 livres, ni à aucun expéditionnaire moins de 1,200 livres par an, en appointemens fixes.

3. Il sera remis au commissaire-administrateur, 1° pour les appointemens des commis et les gages des garçons de bureau, une somme de 30,833 liv. 6 s. 8 d. par mois (370,000 liv. par an); 2° pour les menus entretiens des commis, pour l'entretien et frais de bureau, papiers, bois, lumières, et pour l'entretien

et gages des deux portiers de l'hôtel, la paie des suisses qui gardent l'entrée du bureau des paiemens, le feu des corps-de-garde placés dans la cour de l'hôtel, une somme de 3,750 livres par mois (45,000 livres par an), en ce non compris les frais d'impression, postes, messageries, envoi des registres dans les districts; 3° pour son traitement personnel, la somme de 2,083 livres 6 sous 8 deniers par mois (25,000 livres par an); lesdites trois sommes faisant ensemble 36,666 livres 13 sous 4 deniers par mois (440,000 livres par an).

4. Sur la somme annuelle de 370,000 livres destinée aux appointemens des commis et gages des garçons de bureau, le commissaire-administrateur pourra distribuer, en appointemens fixes seulement, celle de 360,000 liv. et réserver celle de 10,000 liv. pour distribuer en gratifications aux commis qui, dans l'année, auront montré le plus de zèle, de talent et d'assiduité.

5. La somme de 36,666 livres 13 sous 4 deniers sera délivrée au commissaire-administrateur pour chaque mois, à partir du 1er avril dernier, déduction faite des à-comptes qu'il a reçus jusqu'à ce moment.

6. Quant aux dépenses et appointemens antérieurs au 1er avril dernier, il sera remis au commissaire-administrateur, 1° pour le travail du sieur Godefroy, en 1790, une somme de 4,000 liv.; pour celui du sieur Pardon, dans la même année, 2,400 livres; 2° pour le travail fait dans les bureaux, depuis le 1er janvier dernier, une somme de 23,200 livres, sur laquelle il sera retenu ce qui a été payé à-compte, notamment la somme de 12,400 livres; 3° pour l'établissement et les frais de bureau, jusqu'audit jour 1er avril, la somme de 26,928 livres 15 sous, conformément aux états et mémoires des fournisseurs que le commissaire-administrateur représentera; 4° il sera remis au commissaire-administrateur, pour son traitement, à partir du 15 septembre 1790 jusqu'au 1er avril 1791, la somme de 13,541 livres 13 sous 4 deniers.

7. Les bureaux de la trésorerie de l'extraordinaire seront composés, sous le trésorier, d'un caissier, d'un teneur de livres, d'un premier commis de correspondance, et des commis et expéditionnaires que le trésorier jugera nécessaire d'employer.

8. Il sera remis au trésorier de l'extraordinaire, 1° pour les appointemens des commis et gages des garçons de bureau, la somme de 13,833 livres 6 sous 8 deniers par mois (166,000 livres par an); 2° pour l'entretien et frais de bureau de toute espèce, à l'exception des frais d'impression, frais de postes et messageries, la somme de 1,665 livres 13 sous 4 deniers par mois (20,000 livres par an); 3° pour son traitement personnel, la somme de 3,333 livres 6 sous 8 deniers par mois (40,000 livres par an); lesdites trois sommes

montant à celle de 18,833 livres 6 sous 8 deniers par mois (226,000 livres par an).

9. Sur la somme annuelle de 166,000 liv., destinée aux appointemens des commis et gages des garçons de bureau, le trésorier pourra distribuer, en appointemens fixes seulement, celle de 160,000 livres, et réserver celle de 6,000 livres, pour distribuer en gratifications aux commis qui, pendant l'année, auront montré le plus de zele et d'assiduité.

10. Le trésorier ne pourra donner à aucun de ses commis plus de 8,000 livres par an, soit en appointemens, soit en gratifications : il ne pourra donner à aucun commis moins de 1,800 livres, ni à aucun expéditionnaire moins de 1,200 livres par an en appointemens fixes.

11. Le trésorier sera responsable des erreurs et mécomptes d'assignats et écus provenant de son fait ou de celui de ses employés, sauf la responsabilité de ceux-ci envers lui.

12. Le traitement du trésorier de l'extraordinaire courra à compter du 1er avril 1790; celui de ses employés et les frais de ses bureaux, à compter du 1er avril 1791. A l'égard des dépenses de l'établissement de ses bureaux, traitemens des commis et frais antérieurs au 1er avril 1791, le trésorier en présentera incessamment l'état, pour en être remboursé d'après un décret de l'Assemblée nationale, déduction faite des sommes qui lui ont été payées à-compte.

13. Au mois de décembre de chaque année, le commissaire-administrateur et le trésorier de la caisse de l'extraordinaire rendront publics, par la voie de l'impression, l'état de leurs bureaux, la liste nominative des employés, les appointemens donnés à chacun d'eux, et la distribution des sommes destinées aux gratifications.

14. Toutes les sommes payables aux termes des précédens articles seront fournies sur les quittances du commissaire-administrateur et du trésorier, chacun en ce qui concerne sa partie, par la Trésorerie nationale, sans que, sous aucun prétexte, elles puissent être mises sur la caisse de l'extraordinaire.

15. Il sera remis, sans délai, à l'Assemblée nationale, un état de toutes les dépenses faites depuis le mois de novembre dernier, en constructions, réparations et distributions à l'hôtel de la caisse de l'extraordinaire.

11 JUILLET ⚌ 6 SEPTEMBRE 1791. — Décret relatif à l'instruction des procès criminels, au traitement des accusateurs publics et des commis-greffiers. (L. 5, 1134 ; B. 16, 148.)

Art. 1er. Chacun des six tribunaux criminels provisoires établis à Paris, en vertu du décret du 13 ⚌ 14 mars 1791, est autorisé à nommer deux commis-greffiers pour l'instruction des procès criminels.

2. Les commis-greffiers dont il vient d'être parlé auront pour traitement les deux tiers de celui attribué au greffier, le tout à raison de la durée de leur service près lesdits tribunaux criminels.

3. Les accusateurs publics des six tribunaux criminels auront une indemnité égale à celle des commissaires du Roi de service auprès desdits tribunaux, également à raison de la durée de leur service.

4. Les accusateurs publics des tribunaux de district auront une indemnité égale à la moitié de celle des commissaires du Roi, pour tout le temps de la durée de leur service.

11 ⚌ 28 JUILLET 1791. — Décret relatif au sieur Dupré, nommé graveur général des monnaies. (L. 5, 588 ; B. 16, 151.)

12 ⚌ 20 JUILLET 1791. — Décret relatif aux salines destinées pour l'approvisionnement des départemens du Jura, du Doubs, de la Haute-Saône, des Vosges, de la Meurthe, de la Meuse et de la Moselle. (L. 5, 404 ; B. 16, 170.)

Art. 1er. Il sera annuellement délivré, dans les salines de Salins, d'Arcq et de Montmorot, pour l'approvisionnement des départemens du Jura, du Doubs et de la Haute-Saône, la quantité de cent sept mille trois cent dix quintaux de sel en grain, au prix de six livres le quintal; sauf aux communautés qui préféreraient le sel en pain à le payer 7 liv. par quintal. Cette quantité de sel sera répartie entre ces trois départemens, proportionnellement à celle qui est actuellement fournie à chacun d'eux.

2. Il sera également délivré, dans les salines de Dieuze, de Château-Salins et de Moyenvic, pour l'approvisionnement des départemens des Vosges, de la Meurthe, de la Meuse et de la Moselle, au même prix de 6 livres le quintal, la même quantité de sel qui sera fixée d'après les rôles des dix dernières années, dont il sera fait une année commune.

3. La quantité de sel qu'obtiendra chacun desdits départemens sera répartie par leurs directoires entre les districts qui en dépendent. Les directoires des districts répartiront leurs portions entre les municipalités de leur ressort, qui, à leur tour, feront la distribution de leur contingent entre les habitans de leurs territoires; le tout proportionnellement aux besoins personnels desdits habitans, à la quantité de leur bétail, à celle des fromages qu'ils fabriquent.

4. Après l'approvisionnement desdits départemens et les fournitures qui doivent être faites aux Suisses, conformément aux traités, ce qui restera du sel fabriqué dans lesdites salines sera vendu au profit de l'État.

5. A l'exception des bois actuellement ex-

ploités pour le service de la saline de Montmorot, il est provisoirement réglé qu'il ne sera employé à la cuite des sels de cette saline que la houille ou le charbon de terre, ou la tourbe ; et, en conséquence, elle est déchargée du chauffage de la ville de Lons-le-Saulnier. A l'égard du chauffage d'autres villes et communautés des départemens du Jura et du Doubs, il en sera provisoirement usé comme du passé, jusqu'à ce qu'il y ait été définitivement pourvu.

12 JUILLET (27 MARS, 15 JUIN et) = 28 JUILLET 1791. — Loi relative aux mines. (L. 5, 493 ; B. 16, 155 ; Mon. du 15 juillet 1791.)

Voy. loi du 20 SEPTEMBRE 1791 = 29 MARS 1792 ; arrêté du 3 NIVOSE an 6 ; lois du 13 PLUVIOSE an 9 et du 21 AVRIL 1810.

TITRE Ier. Des mines en général.

Art. 1er. Les mines et minières, tant métalliques que non métalliques, ainsi que les bitumes, charbons de terre ou de pierre et pyrites, sont à la disposition de la nation, en ce sens seulement que ces substances ne pourront être exploitées que de son consentement et sous sa surveillance, à la charge d'indemniser, d'après les règles qui seront prescrites, les propriétaires de la surface, qui jouiront en outre de celles de ces mines qui pourront être exploitées, ou à tranchée ouverte, ou avec fosse et lumière, jusqu'à cent pieds de profondeur seulement.

2. Il n'est rien innové à l'extraction des sables, craies, argiles, marnes, pierres à bâtir, marbres, ardoises, pierres à chaux et à plâtre, tourbes, terres vitrioliques, ni de celles connues sous le nom de cendres, et généralement de toutes substances autres que celles exprimées dans l'article précédent, qui continueront d'être exploitées par les propriétaires, sans qu'il soit nécessaire d'obtenir aucune permission.

Mais, à défaut d'exploitation, de la part des propriétaires, des objets énoncés ci-dessus, et dans le cas seulement de nécessité pour les grandes routes ou pour des travaux d'une utilité publique, tels que ponts, chaussées, canaux de navigation, monumens publics, ou tous autres établissemens et manufactures d'utilité générale, lesdites substances pourront être exploitées, d'après la permission du directoire du département, donnée sur l'avis du directoire du district, par tous entrepreneurs ou propriétaires desdites manufactures, en indemnisant le propriétaire, tant du dommage fait à la surface que de la valeur des matières extraites, le tout de gré à gré ou à dire d'experts.

3. Les propriétaires de la surface auront toujours la préférence (1) et la liberté d'exploiter les mines qui pourraient se trouver dans leurs fonds, et la permission ne pourra leur en être refusée lorsqu'ils la demanderont (2).

4. Les concessionnaires actuels ou leurs cessionnaires qui ont découvert les mines qu'ils exploitent seront maintenus jusqu'au terme de leur concession, qui ne pourra excéder cinquante années, à compter du jour de la publication du présent décret (3).

En conséquence, les propriétaires de la surface, sous prétexte d'aucune des dispositions contenues aux articles 1er, 2 et 3 (4), ne pourront troubler les concessionnaires actuels dans la jouissance des concessions, lesquelles subsisteront dans toute leur étendue, si elles n'excèdent pas celle qui sera fixée par l'article suivant ; et, dans le cas où elles excéderaient cette étendue, elles y seront réduites par les directoires des départemens, en retranchant, sur la désignation des concessionnaires, les parties les moins essentielles aux exploitations.

5. L'étendue de chaque concession sera réglée suivant les localités et la nature des mines par les départemens, sur l'avis des directoires de district ; mais elle ne pourra excéder six lieues carrées. La lieue qui servira de mesure sera celle de vingt-cinq au degré, de deux mille deux cent quatre-vingt-deux toises.

6. Les concessionnaires dont la concession a eu pour objet des mines découvertes et exploitées par des propriétaires seront déchus de leur concession, à moins qu'il n'y ait eu,

---

(1) Un propriétaire est non-recevable à réclamer son droit de préférence, en formant tierce-opposition à la concession faite avec toutes les formalités prescrites (4 août 1811 ; décret, J. C. t. 1, p. 520).

(2) Le propriétaire d'un terrain peut mettre à prix et vendre valablement les propriétés, droits et facultés qu'il a sur une mine existante au-dessous du sol, peu importe que la mine ne puisse être exploitée qu'en vertu d'une concession administrative. La loi réserve au propriétaire, par préférence aux étrangers, des droits et facultés pour l'exploitation, qui, ayant un prix, placent les mines dans le commerce, et font que la vente

est valable (5 août 1819 ; Cass. S. 20, 1, 75).

(3) Cette disposition ne maintient pas, par exception aux lois abolitives des droits féodaux, le droit *d'entre-cens* (redevance que les seigneurs hauts-justiciers percevaient, dans le Hainaut, pour prix des concessions de mines (16 ventôse an 12 ; Cass. S. 4, 1, 289).

L'art. 4, qui maintient les concessionnaires des mines qu'ils exploitent, doit s'entendre d'une exploitation en activité, à l'époque de la promulgation de cette loi (Cass. 1er pluviôse an 9 ; S. 1, 2, 497).

(4) *Voy.* loi du 20 septembre 1791 = 20 mars 1792, qui a fait ajouter les mots *et troisième.*

de la part desdits propriétaires, consentement libre, légal et par écrit, formellement confirmatif de la concession ; sans quoi, lesdites mines retourneront aux propriétaires qui les exploitaient avant lesdites concessions, à la charge par ces derniers de rembourser, de gré à gré ou à dire d'experts, aux concessionnaires actuels, la valeur des ouvrages et travaux dont ils profiteront. Quand le concessionnaire aura rétrocédé au propriétaire, le propriétaire ne sera tenu, envers le concessionnaire, qu'au remboursement des travaux faits par le cessionnaire, desquels le propriétaire pourra profiter (1).

7. Les prorogations de concessions seront maintenues pour le terme fixé par l'article 4, ou annulées, selon que les mines qui en sont l'objet se trouveront de la nature de celles mentionnées aux articles 4 et 6 du présent décret.

8. Toute concession ou permission d'exploiter une mine sera accordée par le département, sur l'avis du directoire du district dans l'étendue duquel elle se trouvera située ; et ladite permission ou concession ne sera exécutée qu'après avoir été approuvée par le Roi, conformément à l'article 5 de la section 3 du décret du 22 décembre 1789 sur les assemblées administratives (2).

9. Tous demandeurs en concession ou en permission seront tenus de justifier de leurs facultés, des moyens qu'ils emploieront pour assurer l'exploitation, et de quels combustibles ils prétendront se servir, lorsqu'il s'agira de l'exploitation d'une mine métallique.

10. Nulle concession ne pourra être accordée qu'auparavant le propriétaire de la surface n'ait été requis de s'expliquer, dans le délai de six mois, s'il entend ou non procéder à l'exploitation, aux mêmes clauses et conditions imposées aux concessionnaires. Cette réquisition sera faite à la diligence du procureur-général-syndic du département où se trouvera la mine à exploiter.

Dans le cas d'acceptation par le propriétaire de la surface, il aura la préférence, pourvu toutefois que sa propriété seule, ou réunie à celle de ses associés, soit d'une étendue propre à former une exploitation. Auront également la préférence sur tous autres, excepté les propriétaires, les entrepreneurs qui auront découvert des mines, en vertu de permission à eux accordée par l'ancienne administration, et en se conformant aux dispositions contenues au présent décret.

11. Toutes demandes en concession ou permission qui seront faites par la suite seront affichées dans le chef-lieu du département, proclamées et affichées dans le lieu du domicile du demandeur, ainsi que dans les municipalités que cette demande pourra intéresser ; et lesdites affiches et proclamations tiendront lieu d'interpellation à tous les propriétaires.

12. Lorsque les concessions ou permissions auront été accordées, elles seront de même rendues publiques par affiches et proclamations, à la diligence du procureur-syndic du département (3).

13. Les limites de chaque concession accordée seront tracées sur une carte ou plan levé aux frais du concessionnaire, et il en sera déposé deux exemplaires aux archives du département.

14. Tout concessionnaire sera tenu de commencer son exploitation au plus tard six mois après qu'il aura obtenu la concession ; passé lequel temps, elle sera regardée comme non avenue et pourra être faite à un autre, à moins que ce retard n'ait une cause légitime, vérifiée par le directoire du district, et approuvée par celui du département.

15. Une concession sera annulée par une cessation de travaux pendant un an, à moins que cette cessation n'ait eu des causes légitimes, et ne soit approuvée par le directoire du département, sur l'avis du directoire du district auquel le concessionnaire sera te-

---

(1) La déchéance d'un concessionnaire de mines, pour les causes prévues par la loi, n'est pas établie dans l'intérêt des particuliers. Les propriétaires et anciens extracteurs ne sont donc pas recevables à réclamer cette déchéance, par le motif que la concession leur serait préjudiciable (4 mai 1809 ; décret, S. 17, 2, 115 ; J. C. t. 1, p. 262 ; 16 août 1808 ; décret, J. C. t. 1, p. 184).

(2) C'est à l'autorité administrative, et non à l'autorité judiciaire, qu'il appartient de statuer sur les contestations relatives au droit d'exploiter telle ou telle mine réclamée par plusieurs (Cass. 14 nivose an 11 ; S. 3, 2, 266).

L'autorité administrative est seule compétente pour statuer sur les contestations relatives au placement des lavoirs ou patouillets nécessaires aux mines. Les tribunaux ne peuvent statuer sur les demandes en dommages-intérêts formées par les

particuliers, qu'après que l'administration a prononcé sur la légitimité du placement des lavoirs (6 mai 1806 ; Cass. S. 6, 2, 602).

Voy. les notes sur les art. 25 et 27.

Lorsqu'une concession est faite par le Roi à tel et à ses associés, sans désignation nominative des associés, nul ne peut, en ce cas, prétendre avoir part à la nouvelle concession, par l'effet seul de l'ordonnance qui l'accorde, et sous prétexte qu'il était associé ; c'est aux tribunaux à déterminer, d'après les actes privés, quels sont les droits des associés (11 février 1829 ; ord., S. 29, 2, 246).

(3) Une concession de mines peut être annulée, relativement à une commune dans laquelle le concessionnaire n'a pas fait faire les publications prescrites (13 mai 1818 ; ord. J. C. t. 4, p. 320).

nu d'en justifier. Il en sera de même des anciennes concessions maintenues dont l'exploitation n'aura pas été suivie pendant un an, sans cause légitime également constatée.

16. Pourront les concessionnaires renoncer à la concession qui leur aura été faite, en donnant, trois mois d'avance, avis de cette renonciation au directoire du département.

17. A la fin de chaque concession, ou dans le cas d'abandon, le concessionnaire ne pourra détériorer ses travaux; en conséquence, il ne pourra vendre que les minéraux extraits, les machines, bâtimens et matériaux existant sur l'exploitation, mais jamais enlever les échelles, étais, charpentes ou matériaux nécessaires à la visite et à l'existence des travaux intérieurs de la mine, dont alors il sera fait un état double, qui sera déposé aux archives du département.

18. S'il se présente de nouveaux demandeurs en concession ou permission, pour continuer l'exploitation d'une mine abandonnée, ils seront tenus de rembourser aux anciens concessionnaires la valeur des échelles, étais, charpentes, matériaux, et de toutes autres machines qui auront été reconnues nécessaires pour l'exploitation de la mine, suivant l'estimation qui en sera faite de gré à gré, sinon par experts, gens de l'art, qui auront été choisis par les parties ou nommés d'office.

19. Le droit d'exploiter une mine, accordé pour cinquante ans ou moins, expirant, les mêmes entrepreneurs qui auront fait exploiter par eux-mêmes ou par ouvriers à forfait seront, sur leur demande, admis de préférence à tous autres, excepté cependant les propriétaires qui seront dans le cas prévu par l'article 10, au renouvellement de la concession, pourvu, toutefois, qu'il soit reconnu que lesdits concessionnaires ont bien fait valoir l'intérêt public, qui leur était confié : ce qui aura lieu, tant pour les anciennes concessions maintenues que pour les nouvelles.

20. Les concessionnaires actuels, ou leurs cessionnaires, qui ont découvert les mines qu'ils exploitent, et qui sont maintenus, aux termes de l'article 4, ainsi que ceux qui le seront conformément à l'article 6, seront obligés d'indemniser les propriétaires de la surface, si fait n'a été, et ce dans le délai de six mois, à compter du jour de la publication du présent décret.

21. L'indemnité dont il vient d'être parlé, ainsi que celle mentionnée dans l'article 1er du présent décret, s'entend seulement des non-jouissances et dégâts occasionés dans les propriétés par l'exploitation des mines, tant à raison des chemins que des lavoirs, fuites des eaux, et tout autre établissement de quelque nature qu'il soit dépendant de l'exploitation, sans cependant que ladite indemnité puisse avoir lieu lorsque les eaux seront parvenues aux ruisseaux, fleuves et rivières.

22. Cette indemnité aura pour base le double de la valeur intrinsèque de la surface du sol qui sera l'objet desdits dégâts et non-jouissances. L'estimation en sera faite de gré à gré ou à dire d'experts, si mieux n'aiment les propriétaires recevoir en entier le prix de leur propriété, dans le cas où elle n'excéderait pas dix arpens, mesure de Paris, et ce, sur l'estimation qui en sera faite à l'amiable ou à dire d'experts.

23. Les concessionnaires ne pourront ouvrir leurs fouilles dans les enclos murés, ni dans les cours, jardins, prés, vergers et vignes attenant aux habitations, dans la distance de deux cents toises, que du consentement des propriétaires de ces fonds, qui ne pourront, dans aucun cas, être forcés à le donner.

24. Les concessionnaires demeureront civilement responsables des dégâts, dommages et désordres occasionés par leurs ouvriers, conducteurs et employés.

25. Lorsqu'il sera nécessaire à une exploitation d'ouvrir des travaux de secours dans un canton ou exploitation du voisinage, l'entrepreneur en demandera la permission au directoire du département, pourvu que ce ne soit pas pour extraire des minéraux provenant de ce nouveau canton, mais pour y étendre des travaux nécessaires, tels que galeries d'écoulement, chemins, prises d'eau ou passage des eaux, et autres de ce genre, à la charge de ne point gêner les exploitations y existant, et d'indemniser les propriétaires de la surface (1).

26. Seront tenus les anciens concessionnaires maintenus, et ceux qui obtiendront à l'avenir des concessions ou permissions, savoir, les premiers dans six mois, pour tout délai, à compter du jour de la publication du présent décret, et les derniers dans les trois premiers mois de l'année qui suivra celle où leur exploitation aura commencé, de remettre aux archives de leurs départemens respectifs un état double, détaillé et certifié véritable, contenant la désignation des lieux où sont situées les mines qu'ils font exploiter, la nature de la mine, le nombre d'ouvriers qu'ils emploient à l'exploitation, les quantités de matières extraites, et si ce sont des charbons de terre, ce qu'ils en font tirer par mois, ensemble les lieux où s'en

_____

(1) La concession accordée à un propriétaire de forges, pour l'établissement d'un canal qui porte les eaux à son usine, ne lui confère ni droit ni privilége au préjudice des propriétaires. S'il fait des travaux sur leur terrain, par voie de fait ou de son autorité privée, il est passible de toutes actions judiciaires (19 octobre 1808; décret, S. 17, 2, 29; J. C. t. 1, p. 205).

fait la principale consommation et le prix desdits charbons, et de continuer à faire ladite remise avant le 1er décembre de chaque année, et de joindre audit état un plan des ouvrages existans et des travaux faits dans l'année.

27. Toutes contestations relatives aux mines, demandes en réglement d'indemnité, et toutes autres sur l'exécution du présent décret, seront portées par-devant les juges-de-paix ou les tribunaux de district, suivant l'ordre de compétence, et d'après les formalités prescrites par les décrets sur l'ordre judiciaire, sans que cependant il puisse être donné aucune suite aux procédures criminelles commencées, depuis le 14 juillet 1789, contre les auteurs des dégâts commis dans des concessions de mines, lesquelles procédures seront civilisées, et les informations converties en enquêtes, à l'effet, par les entrepreneurs, de poursuivre par la voie civile la réparation des dommages faits à leur concession, et la réintégration en icelle, s'il y a lieu, aux termes des articles 4 et 6 du présent décret (1).

TITRE II. Des mines de fer.

Art. 1er. Le droit accordé aux propriétaires par l'article 1er du titre Ier du présent décret, d'exploiter, à tranchée ouverte ou avec fosse et lumière, jusqu'à cent pieds de profondeur, les mines qui se trouveront dans l'étendue de leurs propriétés, devant être subordonné à l'utilité générale, ne pourra s'exercer, pour les mines de fer, que sous les modifications suivantes.

2. Il ne pourra, à l'avenir, être établi aucune usine pour la fonte des minérais, qu'en suite d'une permission qui sera accordée par le Corps-Législatif, sur l'avis du département dans l'étendue duquel cet établissement sera projeté.

3. Toutes les formalités prescrites par les articles 12 et 13 du titre Ier, pour la concession des mines à exploiter, seront exécutées pour la permission d'établir de nouvelles usines.

4. Tout demandeur en permission d'établir un ou plusieurs fourneaux ou usines sera tenu de désigner le lieu où il prétend former son établissement, les moyens qu'il a de se procurer les minérais, et l'espèce de combustible dont il prétend se servir pour alimenter ses fourneaux.

5. S'il y a concurrence entre les demandeurs, la préférence sera accordée aux propriétaires ayant dans leurs possessions des minérais et des combustibles; au défaut de ces propriétaires, et à moyens égaux d'ailleurs, la permission d'établir l'usine sera accordée au premier demandeur en date.

6. La permission d'établir une usine pour la fonte des minérais emportera avec elle le droit d'en faire des recherches, soit avec des sondes à ce destinées, soit par tout autre moyen praticable, sauf dans les lieux exceptés par l'article 22 du titre Ier, ainsi que dans les champs et héritages ensemencés ou couverts de fruits.

7. Les maîtres de forges ou usines avertiront, un mois d'avance, les propriétaires des terrains qu'ils voudront sonder, et leur paieront, de gré à gré ou à dire d'experts, les dommages que cette opération pourrait causer.

8. D'après la connaissance acquise du minérai, les maîtres d'usines en donneront légalement avis aux propriétaires.

9. Lorsque le maître de forges aura besoin, pour le service de ces usines, des minérais qu'il aura reconnus précédemment, il en préviendra les propriétaires, qui, dans le délai d'un mois à compter du jour de la notification pour les terres incultes ou en jachère, et dans le même délai à compter du jour de la récolte pour celles qui seront ensemencées ou disposées à l'être dans l'année, seront tenus de faire eux-mêmes l'extraction desdits minérais.

10. Si, après l'expiration de ce délai, les propriétaires ne font pas l'extraction dudit minérai, ou s'ils l'interrompent ou ne la suivent pas avec l'activité qu'elle exige, les maîtres d'usine se feront autoriser à y faire procéder eux-mêmes; et, à cet effet, ils se

---

(1) Les tribunaux ne sont pas compétens pour prononcer la destruction des chaussées pratiquées par les exploitans sur les terrains de propriétaires de fonds environnans; à l'autorité administrative seule il appartient, soit d'autoriser des travaux, soit de faire supprimer des travaux non autorisés (11 août 1808; décret, S. 16, 2, 389; J. C. t. 1, p. 181).

Les tribunaux sont compétens pour statuer sur la demande en indemnité formée par les anciens concessionnaires contre les concessionnaires actuels, pour raison des travaux faits par les premiers, et dont auraient profité les seconds (24 novembre 1810; décret, J. C. t. 1, p. 440).

La compétence des tribunaux s'étend aux contestations pour indemnités, à raison de l'établis-

sement des lavoirs, patouillets, prises d'eaux, etc. (23 septembre 1810; décret, J. C. t. 1, p. 406).

Les tribunaux sont seuls compétens pour statuer sur la question de savoir si le concessionnaire déchu a droit à une indemnité, alors même qu'un décret a chargé l'administration de nommer des experts pour évaluer les dégradations ou améliorations (16 mai 1810; décret, J. C. t. 1, p. 369).

Voy. les notes sur les art. 8 et 25.

Sous l'empire de cette loi l'autorité administrative n'était pas compétente pour prononcer sur les demandes en indemnité pour le fait des mines (17 avril 1822; ord., Mac. 4, 561).

Mais cette compétence lui a été attribuée par la loi du 21 avril 1810, du moins en certains cas. Voy. art. 15 et 46 de la loi du 21 avril 1810.

pourvoiront par-devant les tribunaux, ainsi qu'il est prescrit par l'article 26 du titre Ier.

11. Lorsque les propriétaires feront l'extraction du minérai, pour le vendre aux maîtres d'usines, le prix en sera réglé entre eux de gré à gré ou par experts choisis ou nommés d'office, lesquels auront égard aux localités et aux frais d'extraction, ainsi qu'aux dégâts qu'elle a occasionés.

12. Lorsque, sur le refus des propriétaires, les maîtres d'usines auront fait extraire le minérai, le prix en sera déterminé ainsi qu'il est annoncé en l'article précédent.

13. Indépendamment du prix du minérai lavé, qui sera payé aux propriétaires par le maître de forges, celui-ci sera tenu d'indemniser lesdits propriétaires, soit à raison de la non-jouissance des terrains, soit pour les dégâts qui seront faits à la superficie, de gré à gré ou à dire d'experts.

14. Le maître d'usine, cessant de jouir de la faculté qui lui aura été accordée d'extraire du minérai, sera tenu de remettre les terrains en état de culture, avec la charrue destinée au labourage; et, dans le cas où l'extraction se serait faite dans des vignes ou prés, il sera également tenu de les remettre en état de culture et de production, et l'indemnité sera réglée en conséquence par les experts, si les parties ne l'ont déterminée entre elles.

15. Ne pourront les maîtres de forges faire aucune exploitation ou fouille dans les bois et forêts, sans avoir, indépendamment des formalités prescrites par les articles 7, 8 et 9 du présent titre, indemnisé préalablement les propriétaires de gré à gré ou à dire d'experts choisis ou nommés d'office, lesquels experts seront obligés, dans leur estimation, d'avoir égard à la valeur superficielle desdits bois et forêts, et au retard qu'éprouvera le recru; et lesdits maîtres de forges seront tenus de laisser au moins vingt arbres ou baliveaux de la meilleure venue, par arpent, et de ne leur causer aucun dommage ni dégradation, sous les peines portées par les ordonnances. Ne pourront, au surplus, lesdits maîtres de forges faire des fouilles dans l'étendue de plus d'un arpent par chaque année; et, l'exploitation finie, ils nivelleront le terrain le plus que faire se pourra, et repiqueront de glands ou sémis les places endommagées par l'extraction de la mine (1).

16. S'il était reconnu par experts qu'il

fût impossible de remettre en culture certaines places de terrain où les fouilles et extractions des minérais auraient été faites, l'entrepreneur dédommagera le propriétaire à proportion de la moins value de son terrain occasionée par l'extraction, soit de gré à gré, soit à dire d'experts.

17. La mine extraite de la terre pourra être lavée et transportée en toute saison, à charge par les maîtres de forges de dédommager ceux sur la propriété desquels ils établiront des patouillets ou lavoirs, des chemins pour le transport ou charroi, ainsi qu'il est prescrit par l'article 20 du titre Ier, sans cependant que le transport puisse s'en faire à travers les héritages ensemencés.

18. Les maîtres de forges se concerteront avec les propriétaires, le plus que faire se pourra, pour établir leurs patouillets et lavoirs, de manière à ne causer aucun préjudice aux propriétés voisines ou inférieures; et, s'il résultait quelques dommages de ces établissemens, les maîtres des usines seront tenus d'indemniser les propriétaires, soit de gré à gré, soit à dire d'experts; mais lesdits lavoirs ne pourront être établis dans des champs et héritages couverts de fruits.

19. Les maîtres de forges actuellement existans seront tenus de se conformer, à compter du jour de la publication du présent décret, à toutes ses dispositions en ce qui les concerne.

20. Dans le cas où les propriétaires voudraient continuer les fouilles ou extractions des mines de fer qui s'exploitent avec fosse et lumière jusqu'à cent pieds de profondeur, déjà commencées par les maîtres de forges, ils seront tenus de rembourser à ces derniers les dépenses qu'ils justifieront légalement avoir faites pour parvenir auxdites extractions.

21. Sera le présent décret adressé incessamment aux départemens, pour être exécuté comme loi du royaume.

12 JUILLET = 10 AOUT 1791 — Décret relatif aux dons patriotiques, pour l'entretien des gardes nationales. (L. 5 , 835 ; B. 16, 152.)

L'Assemblée nationale décrète que les dons patriotiques qui sont offerts pour l'entretien des gardes nationales qui feront le service militaire, ou pour tous autres objets d'utilité publique, seront sur-le-champ portés par un des commis du bureau des procès-verbaux à la trésorerie de l'extraordi-

---

(1) Les maîtres de forges ne pouvaient pas, dans le ci-devant pays de Liége, exploiter, sans le consentement des propriétaires fonciers, les mines de fer existantes dans les héritages de ces propriétaires.

Les maîtres de forges n'ont pu revendiquer les minérais qu'ils ont extraits des fonds d'autrui, depuis la loi du 12 juillet 1791, sans avoir rempli, envers les propriétaires, les formalités prescrites par cette loi (23 vent. an 11 ; Cass. S. 3, 2, 520).

naire, où il lui en sera expédié des reçus, et où il sera tenu un registre desdits dons patriotiques.

———

12 = 20 JUILLET 1791. — Décret qui fixe le nombre de rations de fourrages accordées aux maréchaux de France et officiers-généraux. (L. 5, 381; B. 16, 153.)

———

Art. 1er. Indépendamment des traitemens fixés par les décrets des 18 août, 5 octobre 1790 et 4 mars 1791, aux maréchaux de France, aux lieutenans-généraux commandant en chef, aux lieutenans-généraux commandant les divisions, aux maréchaux-de-camp employés, aux adjudans-généraux et aux aides-de-camp, suivant leur grade, il leur sera accordé un nombre de rations de fourrages proportionnel à leur grade; savoir :

A chaque maréchal de France et lieutenant-général commandant en chef, douze rations;

A chaque lieutenant-général commandant de division, huit rations;

A chaque maréchal-de-camp employé, six rations;

A chaque adjudant-général ou aide-de-camp colonel, quatre rations;

A chaque adjudant-général ou aide-de-camp lieutenant-colonel, trois rations;

A chaque aide-de-camp, deux rations.

2. Ces rations de fourrages seront payées à ces officiers à raison de quinze sous par jour, ou de 270 livres par an de trois cent soixante jours, cumulativement avec leurs appointemens, et ils ne pourront exiger qu'elles leur soient fournies en nature pendant la guerre.

———

12 = 20 JUILLET 1791. — Décret en témoignage de satisfaction du dévouement civique du 53e régiment ci-devant d'Alsace, et du 85e ci-devant de Foix. (L. 5, 347; B. 16, 154.)

———

12 JUILLET 1791. — Décret qui ordonne qu'une députation de vingt-quatre membres assistera au Te Deum qui sera chanté au Champ-de-Mars le 14 juillet. (B. 16, 152.)

———

12 JUILLET 1791.—Arriéré. Voy. 2 JUILLET 1791, 5 JUILLET 1791.—Charleville. Voy. 5 JUILLET 1791.—Dette publique. Voy. 8 JUILLET 1791, 9 JUILLET 1791. — Divers départemens. Voy. 5 JUILLET 1791. — Tourbières et forêts. Voy. 13 JUILLET 1791.—Vaisseau l'Africain. Voy. 6 JUILLET 1791.

———

13 (12 et) = 20 JUILLET 1791. — Décret relatif à l'évaluation des bois et forêts et des tourbières. (L. 5, 396; B. 16, 167.)

Voy. loi du 3 FRIMAIRE an 7.

Art. 1er. Tous les bois au-dessous de l'âge de trente ans seront réputés taillis, et seront évalués et cotisés conformément aux dispositions des articles 18 et 19 du décret du 23 novembre = 1er décembre 1790.

2. Les bois actuellement existans et âgés de plus de trente ans seront estimés à leur valeur actuelle, et cotisés, jusqu'à leur exploitation, comme s'ils produisaient un revenu égal à deux et demi pour cent de cette valeur.

3. A l'avenir, lorsqu'un bois atteindra l'âge de trente ans, sans être aménagé en coupes réglées, il sera estimé à sa valeur, et cotisé, jusqu'à son exploitation, sur le pied d'un revenu égal à deux et demi pour cent de cette valeur.

4. L'évaluation du revenu des forêts en futaies aménagées en coupes réglées, lorsqu'elles s'étendront sur le territoire de plusieurs communautés d'un même district, sera faite par le directoire du district, et le revenu sera porté aux rôles de chaque communauté, en proportion du nombre d'arpens qui sont sur son territoire.

5. L'évaluation des forêts en futaies aménagées en coupes réglées, lorsqu'elles s'étendront sur le territoire de plusieurs districts d'un même département, sera faite par le directoire du département, et le revenu porté aux rôles de chaque communauté, en proportion du nombre d'arpens qui sont sur son territoire.

6. Le revenu des forêts qui s'étendront sur plusieurs départemens sera évalué séparément dans chaque département.

7. Lorsqu'un terrain sera exploité en tourbière, on évaluera, pendant les dix années qui suivront le commencement du tourbage, son revenu au double de la somme à laquelle il était évalué l'année précédente.

8. Il sera fait note, sur chaque rôle, de l'année où doit finir ce doublement d'évaluation. Après ces dix années, ces terrains seront cotisés comme les autres propriétés.

———

13 = 20 JUILLET 1791. — Décret qui règle l'uniforme des gardes nationales. (L. 5, 346; B. 16, 171.)

L'Assemblée nationale décrète ce qui suit : l'uniforme des gardes nationales est définitivement réglé ainsi qu'il suit : Habit bleu de roi, doublure blanche, passe-poil écarlate; parement et collet écarlate et passe-poil blanc; revers blanc et passe-poil écarlate, manche ouverte à trois petits boutons, poche en dehors à trois pointes et trois boutons, avec passe-poil rouge; le bouton tel qu'il est prescrit par le décret du 23 décembre dernier, seulement à l'époque aussi fixée par le décret du 15 janvier aussi dernier; le fleuron du roi troussis écarlate; veste et culotte blanches,

13 JUILLET 1791. — Décret qui suspend à l'avenir tout paiement des diverses sommes que le gouvernement français payait à la cour de Rome. (B. 16, 169.)

13 JUILLET 1791. — Salines. *Voy.* 12 JUILLET 1791.

14 = 25 JUILLET 1791. — Décret relatif à la donation faite au cardinal Mazarin des ci-devant comté de Ferrette et seigneuries de Bedfort, Delle, Thaun, Altkirch et Hissenheim. (L. 5, 471; B. 16, 175.)

Art. 1er. L'Assemblée nationale annule et révoque la donation faite au cardinal Mazarin des ci-devant comté de Ferrette et seigneuries de Bedfort, Delle, Thaun, Altkirch et Hissenheim, par lettres-patentes du mois de décembre 1659, lesquelles demeurent aussi révoquées, comme tout ce qui s'est ensuivi.

En conséquence, les domaines corporels et incorporels, droits et objets quelconques dépendant des ci-devant comté et seigneuries sus-mentionnés, seront, en conformité de l'article 10 du décret du 22 novembre dernier sur la législation domaniale, régis, administrés et perçus, suivant leur nature, par les préposés des régies et administrations nationales.

2. Pourront les agens actuellement chargés des soins et de la manutention desdits biens être conservés provisoirement dans leur place par l'administration, et ils seront susceptibles d'obtenir un remplacement dans les nouvelles régies, en concurrence avec les anciens employés des fermes et régies supprimées, et avec les préposés à la perception des droits jadis levés au profit des apanagistes.

3. Pourront les titulaires d'offices de judicature, officiers municipaux, greffiers, huissiers, dans l'étendue des ci-devant comté et seigneuries, qui ont acquis lesdits offices des successeurs et ayant-cause du cardinal Mazarin, présenter leurs titres et quittances de finances au commissaire du Roi, directeur de la liquidation; et le remboursement leur en sera fait par le Trésor public, dans la même forme, et au taux décrété pour les offices de même nature étant à la charge de l'État.

14 = 25 JUILLET 1791. — Décret qui autorise les directoires des districts de Meaux, Chaumont en Vexin et Forcalquier, à acquérir les bâtimens nécessaires à leur établissement. (L. 5, 459; B. 16, 172 et fin.)

14 = 28 JUILLET 1791. — Décret relatif au rétablissement et au paiement des pensions des personnes nées en 1716 et 1717, comprises dans les premier et second états, et au rejet de celles comprises au troisième état. (L. 5, 545.)

14 JUILLET = 11 SEPTEMBRE 1791. — Décret qui autorise les commissaires administrateurs du droit de timbre et d'enregistrement à transporter leur établissement à l'hôtel de la régie, et qui ordonne la vente de l'hôtel de Mesmes, ci-devant occupé par ces établissemens. (B. 16, 174.)

15 JUILLET 1791. — Décret portant que les ministres se conformeront aux décrets des 21 et 25 juin dernier, pour la forme des décrets qui ne seraient ni acceptés ni sanctionnés par le Roi. (B. 16, 177.)

15 JUILLET 1791. — Abdication du Roi. *Voy.* 16 JUILLET 1791.

16 (15 et) = 16 JUILLET 1791. — Décret qui détermine le cas où le Roi sera censé avoir abdiqué la couronne et pourra être poursuivi comme simple citoyen, et qui ordonne que le sieur Bouillé et ses complices seront poursuivis au tribunal d'Orléans. (L. 5, 302; B. 16, 185; Mon. du 16 juillet 1791.)

Art. 1er. Si le Roi, après avoir prêté son serment à la constitution, le rétracte, il sera censé avoir abdiqué.

2. Si le Roi se met à la tête d'une armée pour en diriger les forces contre la nation, ou s'il ordonne à ses généraux d'exécuter un tel projet, ou enfin s'il ne s'oppose pas, par un acte formel, à toute action de cette espèce qui s'exécuterait en son nom, il sera censé avoir abdiqué.

3. Un Roi qui aura abdiqué, ou qui sera censé l'avoir fait, redeviendra simple citoyen, et il sera accusable, suivant les formes ordinaires, pour tous les délits postérieurs à son abdication.

4. L'effet du décret du 25 du mois dernier, qui suspend l'exercice des fonctions royales et des fonctions du pouvoir exécutif entre les mains du Roi, subsistera jusqu'au moment où, la constitution étant achevée, l'acte constitutionnel entier aura été présenté au Roi.

5. Attendu qu'il résulte des pièces dont le rapport lui a été fait que le sieur de Bouillé, général de l'armée française sur la Meuse, la Sarre et la Moselle, a conçu le projet de renverser la constitution; qu'à cet effet, il a cherché à se faire un parti dans le royaume, sollicité et exécuté des ordres non contresignés, attiré le Roi et sa famille dans une ville de son commandement, disposé des détachemens sur son passage, fait marcher des troupes vers Montmédi, préparé un camp près cette ville, tenté de corrompre les soldats, les a engagés à la désertion pour se réunir à lui, a sollicité les puissances voisines à une invasion sur le territoire français;

Il y a lieu à accusation contre ledit sieur Bouillé, ses complices et adhérens, et son procès lui sera fait et parfait devant la haute cour nationale séant à Orléans; à cet effet, les pièces qui ont été adressées à l'Assemblée seront envoyées à l'officier faisant, auprès de ce tribunal, les fonctions d'accusateur public.

6. Attendu qu'il résulte également des pièces dont le rapport a été fait, que les sieurs d'Heymann, Klinglin et d'Ophise, maréchaux-de-camp, employés dans la même armée; Déjoteux, adjudant-général; Goglas, aide-de-camp; de Bouillé fils, major de hussards; de Choiseul-Stainville, colonel du premier régiment de dragons; le sieur de Mandel, lieutenant-colonel du régiment ci-devant Royal-Allemand, le comte de Fersen, ci-devant colonel propriétaire du régiment Royal-Suédois; les sieurs de Valory, de Malleden et Dumoustier, ci-devant gardes-du-corps, sont prévenus d'avoir eu connaissance des complots dudit Bouillé, et d'avoir agi dans la vue de les favoriser; il y a lieu à accusation contre eux, et leur procès leur sera fait et parfait devant ladite cour d'Orléans, devant laquelle seront renvoyées toutes les informations ordonnées et commencées pour ledit complot, soit devant le tribunal du premier arrondissement, soit par-devant tous autres tribunaux, pour être suivies par ladite cour provisoire.

7. Les particuliers désignés dans les articles 5 et 6 du présent décret, contre lesquels il y a lieu à accusation, qui sont ou seront arrêtés par la suite, seront conduits, sous bonne et sûre garde, dans les prisons d'Orléans.

8. Les sieurs de Damas, colonel du 13e régiment de dragons; Rémy et Floirac, officiers au même corps; les sieurs Daudoin et Lacour, l'un capitaine et l'autre lieutenant au régiment ci-devant Royal-Allemand; Devillecour commissaire ordonnateur des guerres, et Péhondi, sous-lieutenant au régiment de Castellas, suisse, et la dame de Tourzelle, gouvernante des enfans de France, demeureront dans le même état d'arrestation où ils se trouvent, jusqu'à ce qu'il en soit ultérieurement statué par l'Assemblée.

9. Le sieur Debriges, écuyer du Roi, et et les dames Brunières et Neuville, femmes de chambre de M. le Dauphin et de Madame Royale, seront mis en liberté.

16 = 25 JUILLET 1791. — Décret relatif aux reconnaissances définitives de liquidation qui se trouvent grevées d'impositions. (L. 5, 475; B. 16, 181.)

Art. 1er. Les reconnaissances définitives de liquidation qui, se trouvant grevées d'oppositions, ne pourront être payées comptant à la caisse de l'extraordinaire, seront susceptibles d'être employées en acquisitions, de domaines nationaux, en conformité des articles 11 et 12 du décret du 30 octobre, et des articles 5 et 10 de celui des 6 et 7 novembre.

2. Elles ne seront expédiées qu'après que les parties prenantes auront justifié des acquisitions par elles faites, qui seront visées dans lesdites reconnaissances, dans lesquelles il sera en outre fait mention des noms des opposans et de la date des oppositions.

3. Les intérêts dont les créances liquidées seront susceptibles, aux termes des décrets, seront calculés et compris dans lesdites reconnaissances.

4. Lesdites reconnaissances ne pourront être reçues en paiement des domaines nationaux, qu'après que le porteur aura notifié aux créanciers opposans l'acquisition par lui faite, avec sommation à comparaître à jour et heure fixes chez le trésorier du district, pour y assister, par eux ou leurs procureurs fondés, à l'emploi de ladite reconnaissance, et au transport de leurs droits, privilèges et hypothèques.

5. Le trésorier du district qui recevra lesdites reconnaissances en paiement les retirera quittancées par le propriétaire ou son fondé de procuration, et sera tenu de les viser dans la quittance qu'il délivrera, et d'y faire mention du nom des créanciers opposans, de la sommation qui leur aura été faite, et de leur présence ou défaut de comparution, et se conformera en outre à ce qui lui est prescrit par l'article 7 du décret du 30 décembre.

6. Lesdites reconnaissances ne pourront être employées qu'à la charge de payer la totalité d'un ou de plusieurs domaines nationaux, afin qu'en aucun cas l'hypothèque des créanciers ne soit atténuée par le privilège de la nation sur les biens vendus.

7. Les droits, privilèges et hypothèques des créanciers passeront sur le domaine acquis sans novation, en conformité de l'article 12 du décret du 30 octobre.

16 = 20 JUILLET 1791. — Décret qui enjoint aux officiers municipaux de Paris de mettre à exécution les trois premiers articles décrétés sur la police municipale. (L. 5, 414; B. 16, 183.)

L'Assemblée nationale décrète qu'il sera enjoint aux officiers municipaux de Paris de mettre incessamment à exécution les trois premiers articles que l'Assemblée nationale a décrétés pour la police municipale et le maintien de l'ordre public.

(Suivent les trois articles décrétés le 5 juillet 1791.) *Voy.* ci-après au 19 juillet.

16 = 16 JUILLET 1791. — Décret qui ordonne une adresse aux Français, et mande le département, la municipalité de Paris, les six accusateurs publics et les ministres, pour leur enjoindre d'assurer et de maintenir l'ordre public. (L. 5, 300; B. 16, 182.)

16 = 29 JUILLET 1791.—Décret qui ordonne la liquidation de différentes sommes faisant partie de l'arriéré. (L. 5, 241; B. 16, 180.)

16 = 25 JUILLET 1791. — Décret qui réduit les dépenses des employés des hôtels de la guerre de Paris, Versailles, Compiègne et Fontainebleau. (L. 5, 458; B. 16, 180.)

16 = 25 JUILLET 1791. — Décret qui ordonne la libre circulation des caisses expédiées en exécution des décrets de l'Assemblée nationale. (L. 5, 468; B. 16, 179.)

16 JUILLET 1791.— Décret qui ordonne un projet sur tous les cas où le Roi pourrait encourir la déchéance du trône. (B. 16, 184.)

16 = 23 JUILLET 1791.— Décret portant que les procédures commencées dans les tribunaux, relativement aux troubles qui ont eu lieu dans plusieurs districts du département de la Vendée, y seront continuées jusqu'à jugement définitif, sauf l'appel, et qu'il sera envoyé deux commissaires civils. (B. 16, 186.)

16 JUILLET 1791. — Décret qui ordonne le rapport de celui qui ordonne la rédaction d'une adresse. (B. 16, 186.)

16 JUILLET 1791. — Receveurs. *Voy.* 9 JUILLET 1791.

17 = 25 JUILLET 1791.— Décret qui ordonne que la Trésorerie nationale fournira au département des ponts-et-chaussées une somme de 3 trois millions, et que la caisse de l'extraordinaire remplacera les sommes prises sur les fonds de 1791. (L. 5, 473; B. 16, 187.)

17 = 27 JUILLET 1791. — Décret qui confirme l'arrêté du directoire du département du Bas-Rhin, qui réunit dans la ville de Strasbourg tous les religieux de ce département, de quelque ordre qu'ils soient. (L. 5, 473; B. 16, 189.)

17 JUILLET 1791.—Armemens de vaisseaux. *Voy.* 22 JUIN 1791. — Marine. *Voy.* 20 SEPTEMBRE 1791.

18 = 28 JUILLET 1791. — Décret relatif aux frais des estimations des domaines nationaux. (L. 5, 488; B. 16, 193.)

Art. 1er. Les administrateurs de districts feront dresser des états des frais causés par les estimations et ventes des domaines nationaux, autres que ceux dont l'Assemblée nationale a décrété l'aliénation en faveur des municipalités. Lesdits états porteront distinction des frais des ventes déjà consommées, et de celles qui ne le sont pas encore, la date et le prix des adjudications des ventes consommées.

Les états ainsi dressés seront envoyés aux directoires de département, qui seront tenus d'y mettre leur vu et d'y joindre les observations détaillées dont ils seront susceptibles; de les adresser ensuite au comité d'aliénation, sur le rapport duquel l'Assemblée nationale décrétera le paiement des sommes qui seront légitimement dues.

En conséquence, et en conformité du décret de l'Assemblée, les commissaires de la Trésorerie feront passer aux receveurs de district, les sommes nécessaires pour le paiement des frais; et le remboursement desdites sommes sera fait à la Trésorerie nationale, par la caisse de l'extraordinaire, sur une ordonnance du commissaire administrateur de ladite caisse.

A l'avenir, les administrateurs de district enverront aux directoires de département, et ceux-ci au comité d'adjudication, avec les procès-verbaux d'adjudication qu'ils lui feront passer, aux termes du décret du 3 novembre 1790, les états des frais desdites ventes; à la fin de chaque mois, il sera fait un relevé desdits frais, et ils seront payés de la même manière qu'il vient d'être dit pour les frais faits jusqu'à ce jour.

2. Les directoires de district dresseront pareillement des états de tous les frais et avances qu'ils ont été nécessités de faire pour l'administration des domaines nationaux, frais de culture et autres de tout genre; ils enverront lesdits états aux directoires de leurs départemens, qui y mettront leur vu, et y joindront les observations détaillées dont ils leur paraîtront susceptibles. Les directoires des départemens adresseront les états qu'ils auront reçus des districts, et les observations qu'ils y auront faites, au comité d'aliénation, qui en rendra compte à l'Assemblée nationale; et, sur le décret qu'elle prononcera, les commissaires de la Trésorerie nationale feront passer aux receveurs des districts les sommes nécessaires pour le remboursement des frais et dépenses légitimement dus. La caisse de l'extraordinaire fera le remboursement des sommes fournies par la Trésorerie nationale, de la manière qu'il a été ordonné par l'article précédent.

3. En attendant l'exécution des dispositions portées par les articles précédens, les commissaires de la Trésorerie feront, par provision, verser entre les mains des receveurs de district un à-compte d'un pour cent des estimations faites dans les différens districts et comprises dans l'état imprimé par ordre de l'Assemblée, d'après les bordereaux envoyés au comité d'aliénation, jusqu'au 15 mai dernier, et ce, dans la même proportion pour laquelle chaque district est employé dans ledit état. Les fonds envoyés par la Trésorerie nationale, en exécution du présent article, seront remplacés par la caisse de

3.

8

l'extraordinaire, ainsi qu'il a été dit dans l'article 1er.

4. L'Assemblée nationale, renouvelant les défenses portées par le décret du 3 décembre 1790, contre tout emploi des assignats et autres fonds qui rentrent dans les caisses de district, autre que celui qui est réglé par les décrets de l'Assemblée, décrète que lesdits assignats seront envoyés, soit au trésorier de l'extraordinaire, soit à la Trésorerie nationale, selon la destination qui en est faite par les différens décrets de l'Assemblée, à peine contre les administrateurs ou tous autres qui intervertiraient la destination et l'envoi des assignats et fonds publics, d'en répondre en leur propre nom. Le présent décret sera imprimé et envoyé à tous les départemens.

18 = 18 JUILLET 1791. — Décret contre la sédition. (L. 5, 342; B. 16, 209.)

Art. 1er. Toutes personnes qui auront provoqué le meurtre, le pillage, l'incendie, ou conseillé formellement la désobéissance à la loi, soit par des placards ou affiches, soit par des écrits publiés ou colportés, soit par des discours tenus dans des lieux ou assemblées publiques, seront regardées comme séditieuses ou perturbatrices de la paix publique ; et, en conséquence, les officiers de police sont autorisés à les faire arrêter sur-le-champ, et à les remettre aux tribunaux pour être punies suivant la loi.

2. Tout homme qui, dans un attroupement ou émeute, aura fait entendre un cri de provocation au meurtre, sera puni de trois ans de chaîne, si le meurtre ne s'en est pas suivi, et comme complice du meurtre, s'il a eu lieu : tout citoyen présent est tenu de s'employer ou de prêter main-forte pour l'arrêter.

3. Tout cri contre la garde nationale, la force publique en fonctions, tendant à lui faire baisser ou déposer ses armes, est un cri de sédition, et sera puni d'un emprisonnement qui ne pourra excéder deux années.

18 = 28 JUILLET 1791. — Décret relatif à la fabrication de la monnaie de cuivre. (L. 5, 491; B. 16, 211.)

Art. 1er. Le cuivre résultant des expériences faites sur le métal des cloches, en présence des commissaires des comités des monnaies et des finances, sera incessamment porté à l'hôtel des monnaies, pour y être fabriqué et réduit en monnaie.

2. Il sera procédé à de nouveaux travaux de dépuration du métal des cloches, sous la surveillance des mêmes comités, lesquels tiendront note exacte des dépenses et résultats.

3. Le département de Paris délivrera les cloches nécessaires à ces opérations.

18 = 18 JUILLET 1791. — Décret qui autorise l'établissement à Paris d'une caisse d'échange des petits assignats contre de la menue monnaie. (L. 5, 319; B. 16, 196.)

18 = 28 JUILLET 1791. — Décret qui ordonne l'arrestation du particulier qui a tiré un coup de fusil sur M. La Fayette. (L. 5, 321; B. 16, 209.)

18 = 28 JUILLET 1791. — Décret portant que la caisse de l'extraordinaire versera à la Trésorerie nationale la somme de 5,652,958 livres, en remplacement de pareille somme par elle acquittée dans le mois de mai dernier, pour les dépenses particulières à l'année 1791. (B. 16, 195.)

18 = 28 JUILLET 1791. — Décret qui ordonne l'impression du procès-verbal de la municipalité de Paris, du discours du président de l'Assemblée nationale, et la poursuite des auteurs des délits et des chefs des émeutes qui ont eu lieu hier au Champ-de-Mars ; suit la teneur du procès-verbal. (B. 16, 197.)

18 JUILLET 1791. — Décret concernant la liste des députés qui n'ont pas répondu à l'appel général fait le 12 de ce mois. (B. 16, 210.) Voy. cette liste, p. 422 et suiv.

18 JUILLET 1791. — Juges-de-paix. Voy. 11 JUILLET 1791. — Liquidation d'offices. Voy. 10 JUILLET 1791. — Marine. Voy. 20 SEPTEMBRE 1791.

19 = 22 JUILLET 1791. — Décret relatif à l'organisation d'une police municipale et correctionnelle. (L. 5, 424; B. 16, 215; Mon. des 6, 7, 8, 9, 13 et 21 juillet 1791 ; Rapport de M. Desmeuniers.)

Voy. Code du 3 brumaire an 4; Code d'instruction criminelle ; Code pénal.

L'Assemblée nationale, considérant que des décrets antérieurs ont déterminé les bornes et l'exercice des diverses fonctions publiques, et établi les principes de police constitutionnels destinés à maintenir cet ordre ;

Que le décret sur l'institution des jurés a pareillement établi une police de sûreté qui a pour objet de s'assurer de la personne de tous ceux qui seraient prévenus de crimes ou délits de nature à mériter peine afflictive ou infamante ;

Qu'il reste à fixer les règles, 1° de la police municipale, qui a pour objet le maintien habituel de l'ordre et de la tranquillité dans chaque lieu ; 2° de la police correctionnelle, qui a pour objet la répression des délits qui, sans mériter peine afflictive ou infamante, troublent la société et disposent au crime,

Décrète ce qui suit, après avoir entendu le rapport du comité de constitution :

TITRE Iᵉʳ.

POLICE MUNICIPALE.

Dispositions générales d'ordre public.

Art. 1ᵉʳ. Dans les villes et dans les campages, les corps municipaux feront constater l'état des habitans, soit par des officiers municipaux, soit par des commissaires de police, s'il y en a, soit par des citoyens commis à cet effet. Chaque année, dans le courant des mois de novembre et décembre, cet état sera vérifié de nouveau, et on y fera les changemens nécessaires : l'état des habitans de campagne sera recensé au chef-lieu du canton, par des commissaires que nommeront les officiers municipaux de chaque communauté particulière.

2. Le registre contiendra mention des déclarations que chacun aura faites de ses noms, âge, lieu de naissance, dernier domicile, profession, métier et autres moyens de subsistance. Le déclarant qui n'aurait à indiquer aucun moyen de subsistance désignera les citoyens domiciliés dans la municipalité dont il sera connu, et qui pourront rendre bon témoignage de sa conduite.

3. Ceux qui, étant en état de travailler, n'auront ni moyens de subsistance, ni métier, ni répondans, seront inscrits avec la note de *gens sans aveu*.

Ceux qui refuseront toute déclaration seront inscrits, sous leur signalement et demeure, avec la note de *gens suspects*.

Ceux qui seront convaincus d'avoir fait de fausses déclarations seront inscrits avec la note de *gens mal intentionnés*.

Il sera donné communication de ces registres aux officiers et sous-officiers de la gendarmerie nationale, dans le cours de leurs tournées.

4. Ceux des trois classes qui viennent d'être énoncées, s'ils prennent part à une rixe, à un attroupement séditieux, à un acte de voies de fait ou de violence, seront soumis, dès la première fois, aux peines de la police correctionnelle, comme il sera dit ci-après.

5. Dans les villes et dans les campagnes,

les aubergistes, maîtres d'hôtels garnis et logeurs, seront tenus d'inscrire de suite et sans aucun blanc, sur un registre en papier timbré et paraphé par un officier municipal ou un commissaire de police, les noms, qualités, domicile habituel, dates d'entrée et de sortie de tous ceux qui coucheront chez eux, même une seule nuit; de représenter ce registre tous les quinze jours, et en outre toutes les fois qu'ils en seront requis, soit aux officiers municipaux, soit aux officiers de police, ou aux citoyens commis par la municipalité.

6. Faute de se conformer aux dispositions du précédent article, ils seront condamnés à une amende du quart de leur droit de patente, sans que cette amende puisse être au-dessous de trois livres, et ils demeureront civilement responsables des désordres et des délits commis par ceux qui logeront dans leurs maisons.

7. Les jeux de hasard où l'on admet soit le public, soit des affiliés, sont défendus sous les peines qui seront désignées ci-après.

Les propriétaires ou principaux locataires des maisons et appartemens où le public serait admis à jouer des jeux de hasard seront, s'ils demeurent dans ces maisons et s'ils n'ont pas averti la police, condamnés, pour la première fois, à 300 livres, et pour la seconde, à 1,000 livres d'amende, solidairement avec ceux qui occuperont les appartemens employés à cet usage (1).

Règles à suivre par les officiers municipaux, ou les citoyens commis par la municipalité, pour constater les contraventions de police.

8. Nul officier municipal, commissaire ou officier de police municipale, ne pourra entrer dans les maisons des citoyens, si ce n'est pour la confection des états ordonnés par les articles 1ᵉʳ, 2 et 3, et la vérification des registres des logeurs; pour l'exécution des lois sur les contributions directes, ou en vertu des ordonnances, contraintes et jugemens dont ils seront porteurs, ou enfin sur le cri des citoyens, invoquant l'intérieur d'une maison le secours de la force publique.

9. A l'égard des lieux où tout le monde est admis indistinctement, tels que cafés, cabarets, boutiques et autres, les officiers de police pourront toujours (2) y entrer, soit pour

---

(1) Il n'est pas nécessaire, pour encourir la peine portée contre ceux qui tiennent maison de jeux de hasard, d'être pris en flagrant délit (19 août 1819; Cass. S. 10, 1, 92).

Voy. décret du 24 juin 1806.

La modicité des sommes risquées au jeu de hasard n'est pas une cause qui autorise les juges à ne pas appliquer la peine prononcée par la loi contre celui qui a tenu la maison de jeu (5 octobre 1810; Cass. S. 11, 1, 133).

(2) Le mot *toujours* ne doit pas être entendu en ce sens que les officiers de police puissent y entrer à toute heure de la nuit, mais seulement jusqu'à l'heure de la nuit où ces lieux sont ouverts au public; du moins, telle est l'induction qu'on peut tirer d'un arrêt de la Cour de cassation en date du 19 novembre 1829 (Cass. S. 30, 1, 118; D. 29, 1, 397).

prendre connaissance des désordres ou contraventions aux réglemens, soit pour vérifier les poids et mesures, le titre des matières d'or et d'argent, la salubrité des comestibles et médicamens.

10. Ils pourront aussi entrer en tout temps dans les maisons où l'on donne habituellement à jouer des jeux de hasard, mais seulement sur la désignation qui leur en aurait été donnée par deux citoyens domiciliés.

Ils pourront également entrer en tout temps dans les lieux livrés notoirement à la débauche.

11. Hors les cas mentionnés aux articles 8, 9 et 10, les officiers de police qui, sans autorisation spéciale de justice ou de la police de sûreté, feront des visites ou recherches dans les maisons des citoyens, seront condamnés par le tribunal de police, et, en cas d'appel, par celui de district, à des dommages-intérêts qui ne pourront être au-dessous de 100 livres, sans préjudice des peines prononcées par la loi, dans le cas de voies de fait, de violences et autres délits.

12. Les commissaires de police, dans les lieux où il y en a, les appariteurs et autres agens assermentés, dresseront, dans leurs visites et tournées, le procès-verbal des contraventions, en présence de deux des plus proches voisins, qui apposeront leurs signatures, et des experts en chaque partie d'art, lorsque la municipalité, soit par voie d'administration, soit comme tribunal de police, aura jugé à propos d'en indiquer (1).

13. La municipalité, soit par voie d'administration, soit comme tribunal de police, pourra, dans les lieux où la loi n'y aura pas pourvu, commettre à l'inspection du titre des matières d'or ou d'argent, à celle de la salubrité des comestibles et médicamens, un nombre suffisant de gens de l'art, lesquels, après avoir prêté serment, rempliront, à cet égard seulement, les fonctions de commissaire de police.

Délits de police municipale, et peines qui seront prononcées.

14. Ceux qui voudront former des sociétés ou clubs seront tenus, à peine de 200 livres d'amende, de faire préalablement, au greffe de la municipalité, la déclaration des lieux et jours de leur réunion; et, en cas de récidive, ils seront condamnés à 500 livres d'amende. L'amende sera poursuivie contre les présidens, secrétaires ou commissaires de ces clubs ou sociétés.

15. Ceux qui négligeront d'éclairer et de nettoyer les rues devant leurs maisons, dans les lieux où ce soin est laissé à la charge des citoyens;

Ceux qui embarrasseront ou dégraderont les voies publiques;

Ceux qui contreviendront à la défense de rien exposer sur les fenêtres ou au devant de leur maison sur la voie publique, de rien jeter qui puisse nuire ou endommager par sa chute, ou causer des exhalaisons nuisibles;

Ceux qui laisseront divaguer des insensés ou furieux, ou des animaux malfaisans ou féroces;

Seront, indépendamment des réparations ou indemnités envers les parties lésées, condamnés à une amende qui ne pourra être au-dessous de 40 sous ni excéder 50 livres, et, si le fait est grave, à la détention de police municipale : la peine sera double en cas de récidive.

16. Ceux qui, par imprudence ou par la rapidité de leurs chevaux, auront blessé quelqu'un dans les rues ou voies publiques, seront, indépendamment des indemnités, condamnés à huit jours de détention et à une amende égale à la totalité de leur contribution mobilière, sans que l'amende puisse être au-dessous de 300 livres. S'il y a eu fracture de membres, ou si, d'après les certificats des gens de l'art, la blessure est telle qu'elle ne puisse se guérir en moins de quinze jours, les délinquans seront renvoyés à la police correctionnelle.

17. Le refus des secours et services requis par la police, en cas d'incendie ou autres fléaux calamiteux, sera puni par une amende du quart de la contribution mobilière, sans que l'amende puisse être au-dessous de 3 livres.

18. Le refus ou la négligence d'exécuter les réglemens de voirie, ou d'obéir à la sommation de réparer ou démolir les édifices menaçant ruine sur la voie publique, seront, outre les frais de la démolition ou de la réparation de ces édifices, punis d'une amende de la moitié de la contribution mobilière, laquelle amende ne pourra être au-dessous de 6 livres (1).

---

(1) Toute contravention aux réglemens de police peut être poursuivie, encore qu'il n'ait point été dressé procès-verbal de la contravention (7 avril 1809; Cass. S. 10, 1, 352).

Depuis le Code du 3 brumaire an 4, les commissaires ont pu dresser des procès-verbaux, sans être en costume et sans être assistés de voisins. *Voy.* l'arrêté du 12 messidor an 8 (6 juin 1807; Cass. S. 7, 2, 123).

(1) On ne peut pas construire des bâtimens dans les rues d'une ville, ni même les surélever sans permission (30 mai 1821; ord. Mac. 1, 30).

Aux termes des réglemens sur la voirie urbaine, c'est aux maires qu'il appartient de faire exécuter ces réglemens (21 mai 1823; ord. Mac. 5, 365).

Le maire d'une commune est compétent pour

19. En cas de rixe ou dispute avec ameutement du peuple;

En cas de voies de fait ou violences légères, dans les assemblées et les lieux publics, en cas de bruit ou attroupemens nocturnes.

Ceux des trois premières classes mention-

---

accorder ou refuser l'autorisation de construire un balcon en saillie sur la voie publique.

Les arrêtés qu'il rend, dans ce cas, sont, de leur nature, susceptibles d'être déférés à l'administration supérieure. — Le préfet du département et le ministre de l'intérieur sont compétens pour les approuver ou les infirmer.

Les décisions ministérielles intervenues dans ce cas sont purement administratives, et, par conséquent, inattaquables par la voie contentieuse (7 avril 1824 ; ord. Mac. 6, 228).

D'après les lettres-patentes de 1784, concernant la hauteur des maisons dans les rues de Paris, un propriétaire ne peut pas élever sa maison à 17 mètres 54 centimètres (54 pieds), lorsque la largeur de la rue n'est pas de 9 mètres 74 centimètres (30 pieds) (30 mai 1821 ; ord. Mac. 1, 30 ; 1er novembre 1826 ; ord. Mac. 8, 677).

Lorsqu'un propriétaire a excédé la hauteur assignée aux façades des maisons de Paris par les lettres-patentes du 25 août 1784 (10 janvier 1827 ; ord. Mac. 9, 48), il y a lieu de le condamner à démolir l'excédant (4 juillet 1827 ; ord. Mac. 9, 382 et 383 ; 9 janvier 1828, ord. Mac. 10, 41 ; 28 février 1828 ; ord. Mac. 10, 209 ; 8 juin 1832 ; ord. Mac. 14, 306 et 308).

Id. pour la disposition qui fixe la hauteur des combles à 15 pieds (4 juillet 1827 ; ord. Mac. 9, 385).

Il n'y a point contravention aux réglemens de voirie, et, par conséquent, il n'y a pas lieu de condamner à démolir des constructions par cela seul qu'on a employé du vieux bois au lieu de bois neuf dans la construction du plancher d'un bâtiment, s'il est reconnu que les bois, quoique vieux, sont sains, bien ferrés, et de nature à durer autant que le bâtiment (6 janvier 1830 ; ord. Mac. 12, 28).

Un propriétaire se met en contravention aux réglemens, en faisant construire des combles qui excèdent la moitié de la profondeur du bâtiment élevé le long de la rue.

Toutefois, si ce bâtiment est double jusqu'à une certaine hauteur, et qu'il résulte de l'instruction que le comble peut subsister dans son état actuel, sans inconvénient pour la salubrité publique, il y a lieu de le maintenir (18 février 1829 ; ord. Mac. 11, 63).

Lorque la panne de brisis de l'étage en mansarde d'une maison nouvellement construite fait une légère saillie sur l'inclinaison d'un comble ordinaire à 45 degrés, dont le pied correspond au nu-extérieur du mur de face, mais que la saillie disparaît, la mansarde étant inscrite dans un comble dont l'inclinaison est portée jusqu'à l'extrémité de la corniche, ce dernier mode n'est pas interdit par les lois des bâtimens (18 juillet 1827 ; ord. Mac. 9, 401).

Les réglemens défendent d'élever un attique au-dessus des maisons qui ont déjà la hauteur fixée par eux.

On ne peut pas considérer trois lucarnes séparées par le rampant du comble comme un attique ou étage complet, qu'il est défendu d'élever au-dessus des maisons qui ont déjà la hauteur fixée par les réglemens.

Dans le cas même où le propriétaire semblerait, par la dimension donnée aux lucarnes de sa maison, avoir voulu éluder en partie les mesures de police adoptées dans l'intérêt public, on ne pourrait pas exiger la démolition de ces ouvrages, dont aucun réglement ne fixe la largeur (19 février 1823 ; ord. Mac. 5, 131).

Les réglemens de voirie, à Paris, ne permettent pas aux propriétaires de bâtir sur leurs terrains, au-dessus de la voie publique, des arcades, cours et passages, et de les fermer de grilles (2 décembre 1829 ; ord. Mac. 11, 469).

Les réglemens de voirie interdisent de construire en pan de bois les façades sur rue (2 août 1826 ; ord. Mac. 8, 497).

Lorsqu'il résulte de l'avis du Conseil des bâtimens civils, confirmatif en ce point de celui des inspecteurs-généraux de la voirie, que le mode de construction adopté par un propriétaire, pour l'entablement de sa maison, compromet la sûreté publique, il y a lieu d'en ordonner la démolition (6 juillet 1825 ; ord. Mac. 7, 377).

L'administration ne doit pas accorder à un propriétaire l'autorisation de réparer la jambe étrière de sa maison, lorsqu'il est constaté, par les gens de l'art, qu'elle est en état de péril imminent, et qu'elle surplombe sur la voie publique.

Cette autorisation doit d'ailleurs être refusée, lorsque la façade de la maison est sujette à reculement (26 décembre 1827 ; ord. Mac. 9, 632).

La permission de tenir chantier ne confère pas implicitement l'autorisation de construire dans l'emplacement dudit chantier.

Si l'impétrant fait des constructions, il y a lieu d'en ordonner la démolition, et de le condamner à l'amende encourue pour contravention aux réglemens de voirie (2 août 1826 ; ord. Mac. 8, 501).

Si le propriétaire condamné à démolir croit avoir droit, en vertu des réglemens, à donner une plus grande élévation à son bâtiment, il peut se pourvoir, soit devant le préfet, pour obtenir une autorisation nouvelle, soit devant le ministre de l'intérieur, pour faire réformer la première permission (28 février 1828 ; ord. Mac. 10, 209).

La démolition d'édifice menaçant ruine peut, sur le refus du propriétaire d'obtempérer à la sommation de démolir, être poursuivie par la voie d'action civile ; le maire n'est pas tenu d'agir par voie d'action criminelle devant le tribunal de police : l'exercice de cette dernière action n'est que facultatif de sa part (14 août 1832 ; Cass. S. 32, 1, 739 ; D. 32, 1, 325).

Un arrêté de maire, relatif à un plan d'aligne-

nés en l'article 3 seront, dès la première fois, punis ainsi qu'il sera dit au titre de la police correctionnelle.

Les autres seront condamnés à une amende du tiers de leur contribution mobilière, laquelle ne sera pas au-dessous de 12 livres, et pourront l'être, suivant la gravité du cas, à une détention de trois jours dans les campagnes, et de huit jours dans les villes.

Tous ceux qui, après une première condamnation prononcée par la police municipale, se rendraient encore coupables de l'un des délits ci-dessus, seront renvoyés à la police correctionnelle.

20. En cas d'exposition en vente de comestibles gâtés, corrompus ou nuisibles, ils seront confisqués et détruits, et le délinquant condamné à une amende du tiers de sa contribution mobilière, laquelle amende ne pourra être au-dessous de 3 livres (1).

21. En cas de vente de médicamens gâtés, le délinquant sera renvoyé à la police correctionnelle, et puni de 100 livres d'amende et d'un emprisonnement qui ne pourra excéder six mois.

La vente de boissons falsifiées sera punie ainsi qu'il sera dit au titre de la police correctionnelle.

22. En cas d'infidélité des poids et mesures, dans la vente des denrées et autres objets qui se débitent à la mesure, au poids ou à l'aune, les faux poids et fausses mesures seront confisqués et brisés, et l'amende sera, pour la première fois, de 100 liv. au moins, et de la quotité du droit de patente du vendeur, si ce droit est de plus de 100 liv. (2).

23. Les délinquans, aux termes de l'article précédent, seront en outre condamnés à la détention de la police municipale; et, en cas de récidive, les prévenus seront renvoyés à la police correctionnelle.

24. Les vendeurs convaincus d'avoir trompé, soit sur le titre des matières d'or ou d'argent, soit sur la qualité d'une pierre fausse vendue pour fine, seront renvoyés à la police correctionnelle.

25. Quant à ceux qui seraient prévenus d'avoir fabriqué, fait fabriquer ou employé de faux poinçons, marqué ou fait marquer des matières d'or ou d'argent, au-dessous du titre annoncé par la marque, ils seront, dès la première fois, renvoyés par un mandat du juge-de-paix devant le juré d'accusation, jugés, s'il y a lieu, selon la forme établie pour l'instruction criminelle; et, s'ils sont convaincus, punis des peines établies par le Code pénal.

26. Ceux qui ne paieront pas, dans les trois jours à dater de la signification du jugement, l'amende prononcée contre eux, y seront contraints par les voies de droit; néanmoins, la contrainte par corps ne pourra entraîner qu'une détention d'un mois à l'égard de ceux qui sont insolvables (3).

27. En cas de récidive, toutes les amendes établies par le présent décret seront doubles (4), et tous les jugemens seront affichés aux dépens des condamnés.

28. Pourront être saisis ou retenus jusqu'au jugement tous ceux qui, par imprudence ou la rapidité de leurs chevaux, auront fait quelques blessures dans la rue ou voie publique, ainsi que ceux qui seraient prévenus des délits mentionnés aux articles 19, 21 et 22; ils seront contraignables par corps au paiement des dommages-intérêts, ainsi que des amendes.

Confirmation de divers réglemens et dispositions contre l'abus de la taxe des denrées.

29. Les réglemens actuellement existans sur le titre des matières d'or et d'argent, sur la vérification de la qualité des pierres fines ou fausses, la salubrité des comestibles et des médicamens, sur les objets de serrurerie, continueront d'être exécutés jusqu'à ce qu'il en ait été autrement ordonné. Il en sera de même de ceux qui établissent des dispositions de sûreté, tant pour l'achat et la vente des matières d'or et d'argent, des drogues, médicamens et poisons, que pour la présentation, le dépôt et adjudication des effets précieux dans les monts-de-piété, lombards ou autres maisons de ce genre.

---

ment et de façade, ne peut être déféré qu'au préfet, et lorsque l'arrêté a été approuvé par le préfet, il ne peut être déféré qu'au ministre. Ce n'est ni au conseil de préfecture ni au Conseil-d'État à en connaître (12 avril 1832; ord. Mac. 14, 184 et 186).

(1) Le mélange de vitriol dans la fabrication du pain, bien que ce mélange soit nuisible à la santé, ne constitue pas un délit, mais une simple contravention de police. *Voy.* art. 318 et 475, n° 6, Code pénal (21 mai 1829; Cass. S. 29, 1, 250; D. 29, 1, 249).

(2) Ce n'est pas vendre à faux poids que de vendre des denrées qui n'ont pas le poids déter-

miné par les réglemens (2 ventose an 12; Cass. S. 7, 2, 1106).

(3) Lorsqu'une condamnation pécuniaire, prononcée par les tribunaux correctionnels, a été convertie en un mois de détention attendu l'insolvabilité du condamné, cette détention ne l'affranchit que de l'amende et de la contrainte par corps; elle ne le dispense aucunement des frais de la procédure, si par suite il devient solvable (11 mars 1812; S. 12, 1, 255).

(4) La peine du double ne s'applique qu'à l'amende, non à l'emprisonnement (21 décembre 1827; Cass. S. 28, 1, 170; D. 28, 1, 67.—5 septembre 1828; S. 29, 1, 81).

Sont également confirmés provisoirement les réglemens qui subsistent touchant la voirie, ainsi que ceux actuellement existans à l'égard de la construction des bâtimens, et relatifs à leur solidité et sûreté, sans que de la présente disposition il puisse résulter la conservation des attributions ci-devant faites sur cet objet à des tribunaux particuliers (1).

30. La taxe des subsistances ne pourra, provisoirement, avoir lieu dans aucune ville ou commune du royaume que sur le pain et la viande de boucherie, sans qu'il soit permis, en aucun cas, de l'étendre sur le vin, sur le blé, les autres grains, ni autre espèce de denrées; et ce, sous peine de destitution des officiers municipaux (2).

31. Les réclamations élevées par les marchands, relativement aux taxes, ne seront, en aucun cas, du ressort des tribunaux de district; elles seront portées devant le directoire de département, qui prononcera sans appel. Les réclamations des particuliers contre les marchands qui vendraient au-dessus de la taxe seront portées et jugées au tribunal de police, sauf l'appel au tribunal de district (3).

Forme de procéder et règles à observer par le tribunal de police municipale.

32. Tous ceux qui, dans les villes et dans les campagnes, auront été arrêtés, seront conduits directement chez un juge-de-paix, lequel renverra par-devant le commissaire de police ou l'officier municipal chargé de l'administration de cette partie, lorsque l'affaire sera de la compétence de la police municipale.

33. Tout juge-de-paix d'une ville, dans quelque quartier qu'il se trouve établi, sera compétent pour prononcer, soit la liberté des personnes amenées, soit le renvoi à la police municipale, soit le mandat d'amener ou devant lui ou devant un autre juge-de-paix, soit enfin le mandat d'arrêt, tant en matière de police correctionnelle qu'en matière criminelle.

34. Néanmoins, pour assurer le service de la ville de Paris, il sera déterminé par la municipalité un lieu vers le centre de la ville où se trouveront toujours deux juges-de-paix, lesquels pourront chacun donner séparément les ordonnances nécessaires.

Les juges-de-paix rempliront tour-à-tour ce service pendant vingt-quatre heures.

35. Les personnes prévenues de contravention aux lois et réglemens de police, soit qu'il y ait un procès-verbal ou non, seront citées devant le tribunal par les appariteurs ou par tous autres huissiers, à la requête du procureur de la commune ou des particuliers qui croiront avoir à se plaindre. Les parties pourront comparaître volontairement ou sur un simple avertissement, sans qu'il soit besoin de citation.

36. Les citations seront données à trois jours, ou à l'audience la plus prochaine.

37. Les défauts seront signifiés par un huissier commis par le tribunal de police municipale; ils ne pourront être rabattus qu'autant que la personne citée comparaîtra dans la huitaine après la signification du jugement, et demandera à être entendue sans délai: si elle ne comparait pas, le jugement demeurera définitif et ne pourra être attaqué que par la voie d'appel.

38. Les personnes citées comparaîtront par elles-mêmes ou par des fondés de procuration spéciale: il n'y aura point d'avoués aux tribunaux de police municipale.

39. Les procès-verbaux, s'il y en a, seront lus; les témoins, s'il faut en appeler, seront entendus; la défense sera proposée; les conclusions seront données par le procureur de la commune ou son substitut; le jugement préparatoire ou définitif sera rendu avec expression de motifs, dans la même audience, ou au plus tard dans la suivante.

40. L'appel des jugemens ne sera pas reçu, s'il est interjeté après huit jours depuis la si-

---

(1) *Voy.* les notes sur l'art. 18.

(2) Les réglemens, pour la taxe du pain, sont des actes d'administration et de police qui ne peuvent être attaqués par la voie contentieuse (14 août 1822; ord. Mac. 4, 235).

Un réglement municipal obligeant une commune à supporter une *surtaxe* dans le prix du pain, pour un TRAIT DE TEMPS et une longue série d'années, est un de ces actes que les communes ne peuvent faire avec la seule approbation du préfet; il faut encore qu'elles y soient autorisées par l'autorité supérieure. — Les conventions formées sur la foi d'un tel réglement sont donc essentiellement *subordonnées.*— Par suite, si l'autorisation supérieure vient à être refusée, ces

conventions, de même que le réglement municipal, doivent rester sans effet.

Ainsi, un maire ne peut pas, même de l'avis du conseil municipal et avec l'autorisation du préfet, prendre *définitivement* l'engagement d'allouer, pendant un long espace de temps, sur les frais de fabrication dans le tarif servant de base à la fixation du prix du pain, une somme quelconque, pour engager les boulangers à faire moudre leurs grains à une usine particulière.—L'effet d'un tel engagement est toujours subordonné à l'approbation du ministre de l'intérieur (6 août 1829; Montpellier, S. 30, 2, 108 ; D. 30, 2, 85).

(3) Il n'appartient pas aux tribunaux de modifier la taxe du pain faite par l'autorité administrative (Bulletin criminel, an 9, p. 418).

gnification des jugemens à la partie condamnée.

41. La forme de procéder sur l'appel en matière de police sera là même qu'en première instance.

42. Le tribunal de police sera composé de trois membres que les officiers municipaux choisiront parmi eux; de cinq dans les villes où il y a soixante mille ames ou davantage; de neuf à Paris.

43. Aucun jugement ne pourra être rendu que par trois juges, et sur les conclusions du procureur de la commune ou de son substitut.

44. Le nombre des audiences sera réglé d'après le nombre des affaires, qui seront toutes déterminées au plus tard dans la quinzaine.

45. Extrait des jugemens rendus par la police municipale sera déposé, soit dans un lieu central, soit au greffe du tribunal de police correctionnelle, dans tous les cas où le présent décret aura renvoyé à la police correctionnelle les délinquans en récidive.

46. Aucun tribunal de police municipale, ni aucun corps municipal, ne pourra faire de réglemens : le corps municipal, néanmoins, pourra, sous le nom et l'intitulé de *délibération*, et sauf la réformation, s'il y a lieu, par l'administration du département, sur l'avis de celle du district, faire des arrêtés sur les objets qui suivent (1) :

1° Lorsqu'il s'agira d'ordonner les précautions locales sur les objets confiés à sa vigilance et à son autorité, par les articles 3 et 4 du titre XI du décret du 16 août sur *l'organisation judiciaire;*

2° De publier de nouveau les lois et réglemens de police, ou de rappeler les citoyens à leur observation (2).

47. Les objets confisqués resteront au greffe du tribunal de police, mais seront vendus au plus tard dans la quinzaine, au plus offrant et dernier enchérisseur, selon les formes ordinaires. Le prix de cette vente et les amendes versées dans les mains du receveur du droit d'enregistrement seront employés, sur les mandats du procureur-syndic du district, visés par le procureur-général-syndic

du département, un quart aux menus frais du tribunal, un quart aux frais des bureaux de paix et de jurisprudence charitable, un quart aux dépenses de la municipalité, et un quart au soulagement des pauvres de la commune.

48. Les commissaires de police, dans les lieux où il y en a, porteront, dans l'exercice de leurs fonctions, un chaperon aux trois couleurs de la nation, placé sur l'épaule gauche. Les appariteurs chargés d'une exécution de police présenteront, comme les autres huissiers, une baguette blanche aux citoyens qu'ils sommeront d'obéir à la loi. Les dispositions du décret sur le respect dû aux juges et aux jugemens s'appliqueront aux tribunaux de police municipale et correctionnelle, et à leurs officiers.

TITRE II.

POLICE CORRECTIONNELLE.

Dispositions générales sur les peines de la police correctionnelle et les maisons de correction.

Art. 1er. Les peines correctionnelles seront :

1° L'amende; 2° la confiscation, en certains cas, de la matière du délit; 3° l'emprisonnement.

2. Il y aura des maisons de correction destinées, 1° aux jeunes gens au-dessous de vingt-un ans, qui devront y être enfermés conformément aux articles 15, 16 et 17 du titre X du décret du 16 août sur *l'organisation judiciaire;* 2° aux personnes condamnées par voie de police correctionnelle.

3. Si la maison de correction est dans le même local que la maison destinée aux personnes condamnées par jugemens des tribunaux criminels, le quartier de la correction sera entièrement séparé.

4. Les jeunes gens détenus d'après l'arrêté des familles seront séparés de ceux qui auront été condamnés par la police correctionnelle.

5. Toute maison de correction sera maison de travail. Il sera établi, par les conseils ou directoires de département, divers genres de travaux communs ou particuliers, convenables aux personnes des deux sexes : les hommes et les femmes seront séparés.

---

(1) Le Gouvernement peut, en vertu de cet article, remettre en vigueur les lois et réglemens de police anciens; notamment, il a pu remettre en vigueur la déclaration du 14 juillet 1716, prohibitive du port d'armes, à peine de dix francs d'amende; et les tribunaux correctionnels ne peuvent se dispenser d'appliquer cette peine (15 mai 1810; Cass. S. 11, 1, 60).

(2) Lorsqu'il y a lieu de modifier les anciens réglemens sur la voirie, il n'appartient pas au Conseil-d'Etat de prononcer sur ce point (22 novembre 1826; ord. Mac. 8, 731).

Un ancien réglement de voirie peut être considéré comme abrogé par un usage contraire; notamment la déclaration royale de 1701, qui fixe le mode de mesurage des bateaux pour déterminer le salaire des chefs de pont de Paris, est abrogée par cela seul qu'un mode de mesurage différent a été établi (15 mars 1826; Mac. ord. 8, 169).

Voy. sur cet article les notes sur le titre 11 de la loi du 16 = 24 août 1790. *Voy.* aussi l'article 50, loi du 14 décembre 1789; les art. 600, 605 et 606 du Code des délits et des peines du 3 brumaire an 4. *Voy.* Code pénal modifié en 1832, art. 471, n° 15.

6. La maison fournira le pain, l'eau et le coucher. Sur le produit du travail du détenu, un tiers sera appliqué à la dépense commune de la maison.

Sur une partie des deux autres tiers, il lui sera permis de se procurer une nourriture meilleure et plus abondante.

·Le surplus sera réservé pour lui être remis après que le temps de sa détention sera expiré.

Il lui sera également permis de se procurer une nourriture meilleure et plus abondante, sur sa fortune particulière, à moins que le jugement de condamnation n'en ait ordonné autrement.

Classification des délits, et peines qui seront prononcées.

7. Les délits punissables par la voie de la police correctionnelle seront :

1° Les délits contre les bonnes mœurs ;

2° Les troubles apportés publiquement à l'exercice d'un culte religieux quelconque;

3° Les insultes et les violences graves envers les personnes;

4° Les troubles apportés à l'ordre social et à la tranquillité publique, par la mendicité, par les tumultes, par les attroupemens ou autres délits;

5° Les atteintes portées à la propriété des citoyens, par dégâts (1), larcins ou simples vols, escroqueries, ouverture de maisons de jeux où le public est admis.

Premier genre de délits.

8. Ceux qui seraient prévenus d'avoir attenté publiquement aux mœurs, par outrage à la pudeur des femmes, par actions déshonnêtes, par exposition ou vente d'images obscènes, d'avoir favorisé la débauche ou corrompu des jeunes gens de l'un ou de l'autre sexe, pourront être saisis sur-le-champ et conduits devant le juge-de-paix, lequel est autorisé à les faire retenir jusqu'à la prochaine audience de la police correctionnelle (2).

9. Si le délit est prouvé, les coupables seront condamnés, selon la gravité des faits, à une amende de cinquante à cinq cents livres, et à un emprisonnement qui ne pourra excéder six mois, s'il s'agit d'images obscènes. Les estampes et les planches seront en outre confisquées et brisées.

Quant aux personnes qui auraient favorisé la débauche ou corrompu les jeunes gens de l'un ou de l'autre sexe, elles seront, outre l'amende, condamnées à une année de prison.

10. Les peines portées en l'article précédent seront doubles en cas de récidive.

Deuxième genre de délits.

11. Ceux qui auraient outragé les objets d'un culte quelconque, soit dans un lieu public, soit dans les lieux destinés à l'exercice de ce culte, ou ses ministres en fonctions, ou interrompu, par un trouble public, les cérémonies religieuses de quelque culte que ce soit, seront condamnés à une amende qui ne pourra excéder cinq cents livres, et à un emprisonnement qui ne pourra excéder un an. L'amende sera toujours de cinq cents livres, et l'emprisonnement de deux ans, en cas de récidive.

12. Les auteurs de ces délits pourront être saisis sur-le-champ, et conduits devant le juge-de-paix.

Troisième genre de délits.

13. Ceux qui, hors les cas de légitime défense et sans excuse suffisante, auraient blessé ou même frappé des citoyens, si le délit n'est pas de la nature de ceux qui sont punis des peines portées au Code pénal, seront jugés par la police correctionnelle, et, en cas de conviction, condamnés, selon la gravité des faits, à une amende qui ne pourra excéder 500 livres, et, s'il y a lieu, à un emprisonnement qui ne pourra excéder six mois (3).

14. La peine sera plus forte, si les violences ont été commises envers des femmes ou des personnes de soixante-dix ans et au-dessus, ou des enfans de seize ans et au-dessous, ou par des apprentis, compagnons ou domestiques à l'égard de leurs maîtres, enfin, s'il y a eu effusion de sang, et en outre dans le cas de récidive; mais elle ne pourra excéder 1,000 livres d'amende et une année d'emprisonnement (4).

15. En cas d'homicide dénoncé comme involontaire, ou reconnu tel par la déclaration du jury, s'il est la suite de l'imprudence ou de la négligence de son auteur, celui-ci sera condamné à une amende qui ne pourra excéder le double de sa contribution mobilière ;

---

(1) C'est devant le tribunal de police correctionnelle, et non devant celui de simple police, que doit être poursuivi l'auteur d'une effraction faite à une fenêtre donnant sur la rue, sans intention de voler (22 octobre 1807; Cass. S. 7, 2, 279.)

(2) Les outrages faits à la pudeur des femmes s'entendent non pas des simples injures verbales, mais des faits ou actions, qui, en outrageant la pudeur des femmes, offensent publiquement les bonnes mœurs (30 nivose an 11; Cass. S. 3, 2, 403).

(3) Un mari est justiciable des tribunaux pour sévices graves envers son épouse (S. 6, 1, 5).

(4) Un soufflet donné est un délit qui excède essentiellement la compétence du tribunal de police (16 août 1810; Cass. S. 11, 1, 104).

et, s'il y a lieu, à un emprisonnement qui ne pourra excéder un an.

16. Si quelqu'un ayant blessé un citoyen dans les rues et voies publiques, par l'effet de son imprudence ou de sa négligence, soit par la rapidité de ses chevaux, soit de toute autre manière, il en est résulté fracture de membres, ou si, d'après le certificat des gens de l'art, la blessure est telle qu'elle exige un traitement de quinze jours, le délinquant sera condamné à une amende qui ne pourra excéder 500 livres, et à un emprisonnement qui ne pourra excéder six mois. Le maître sera civilement responsable des condamnations pécuniaires prononcées contre le cocher ou conducteur des chevaux, ou les autres domestiques.

17. Toutes les peines ci-dessus seront prononcées indépendamment des dommages-intérêts des parties.

18. Quant aux simples injures verbales, si elles ne sont pas adressées à un fonctionnaire public en exercice de ses fonctions, elles seront jugées dans la forme établie en l'article 10 du titre III du décret sur l'organisation judiciaire.

19. Les outrages ou menaces par paroles ou par gestes, faits aux fonctionnaires publics dans l'exercice de leurs fonctions, seront punis d'une amende qui ne pourra excéder dix fois la contribution mobilière, et d'un emprisonnement qui ne pourra excéder deux années (1).

La peine sera double en cas de récidive.

20. Les mêmes peines seront infligées à ceux qui outrageraient ou menaceraient, par paroles ou par gestes, soit les gardes nationales, soit la gendarmerie nationale, soit les troupes de ligne se trouvant sous les armes, ou au corps-de-garde, ou dans un poste de service, sans préjudice de peines plus fortes, s'il y a lieu, contre ceux qui les frapperaient, et sans préjudice également de la défense et de la résistance légitimes, conformément aux lois militaires.

21. Les coupables des délits mentionnés aux articles 13, 14, 15, 16, 19 et 20 du présent décret, seront saisis sur-le-champ et conduits devant le juge-de-paix.

Quatrième genre de délits.

22. Les mendians valides pourront être saisis et conduits devant le juge-de-paix, pour être statué à leur égard, conformément aux lois sur la répression de la mendicité.

23. Les circonstances aggravantes seront :

1° De mendier avec menaces et violences;

2° De mendier avec armes;

3° De s'introduire dans l'intérieur des maisons, ou de mendier la nuit;

4° De mendier deux ou plusieurs ensemble;

5° De mendier avec faux certificats ou congés, infirmités supposées ou déguisement (2);

---

(1) Cet article n'est point abrogé par l'art. 557 du Code, 3 brumaire an 4 (23 frimaire an 14; Cass. S. 6, 2, 720).

Un fonctionnaire public est réputé en fonctions, respectivement aux personnes qui s'adressent à lui pour son ministère, encore qu'il soit dans sa demeure ordinaire et sans costume (28 décembre 1807; Cass. S. 8, 1, 77).

On ne doit pas assimiler les injures faites à un fonctionnaire public dans l'exercice de ces fonctions à celles faites à raison de ses fonctions (10 décembre 1807; Cass. S. 8, 1, 396).

Les outrages faits à un fonctionnaire public dans l'exercice de ses fonctions sont punis par la loi, encore qu'ils aient pour cause sa conduite privée ou un acte de simple particulier (22 juin 1809; Cass. S. 10, 1, 190).

Lorsqu'en s'adressant à un officier du ministère public en sa qualité, dans un moment où il n'est pas en fonctions, une partie contre laquelle il exerce des poursuites dont la justice est saisie lui fait des interpellations injurieuses, cette partie est pour cela seul censée l'injurier dans ses fonctions, et l'injure est de la compétence des tribunaux correctionnels (Cass. 28 décembre 1807; S. 7, 2, 1017).

L'injure adressée par un témoin à un juge-de-paix sur le lieu où il s'est transporté à raison de ses fonctions, est réputée adressée à un juge-de-paix dans l'exercice de ses fonctions, bien qu'il

n'eût pas déclaré la séance commencée (17 thermidor an 10; Cass. S. 2, 2, 400).

Le plaideur condamné, qui, dans un mémoire déposé au greffe et adressé à l'autorité supérieure, se permet des imputations graves contre les juges, ne peut être poursuivi comme coupable d'injures envers les magistrats dans l'exercice de leurs fonctions (1er thermidor an 12 ; Cass. S. 4, 2, 305).

L'insulte faite à un commissaire de police non revêtu de son costume, n'est pas une insulte à un fonctionnaire dans l'exercice de ses fonctions (23 frimaire an 14 ; Cass. S. 6, 2, 720).

A moins que sa qualité ne fût bien connue (26 mars 1813; Cass. S. 13, 1, 391).

Les tribunaux de police ne peuvent, même du consentement des parties intéressées, connaître des outrages faits par paroles aux fonctionnaires publics dans l'exercice de leurs fonctions, encore qu'au fait de ces outrages se trouve joint un autre délit qui est de leur compétence (Cass. 7 octobre 1809; S. 7, 2, 1016).

(2) Lorsque, pour mendier, un individu a fabriqué de faux certificats constatant des pertes qu'il n'a point éprouvées, il n'y a point crime de faux; mais seulement le délit de mendicité de la compétence des tribunaux correctionnels (11 messidor an 12; Cass. S. 4, 2, 218).

Celui qui se fait délivrer un passeport, qu'il signe sous un faux nom, ne commet pas un crime de faux proprement dit (22 floréal an 12, Cass. S. 4, 2, 692).

6° De mendier après avoir été repris de justice ;

7° Et, deux mois après la publication du présent décret, de mendier hors du canton de son domicile.

24. Les mendians contre lesquels il se réunira une ou plusieurs de ces circonstances aggravantes pourront être condamnés à un emprisonnement qui n'excédera pas une année.

La peine sera double en cas de récidive.

25. L'insubordination, accompagnée de violences ou de menaces dans les ateliers publics ou les ateliers de charité, sera punie d'un emprisonnement qui ne pourra excéder deux années.

La peine sera double en cas de récidive.

26. Les peines portées dans la loi sur les associations et attroupemens des ouvriers et gens du même état, seront prononcées par le tribunal de la police correctionnelle.

27. Tous ceux qui, dans l'adjudication de la propriété ou de la location, soit des domaines nationaux, soit de tous autres domaines appartenant à des communautés ou à des particuliers, troubleraient la liberté des enchères ou empêcheraient que les adjudications ne s'élevassent à leur véritable valeur, soit par offre d'argent, soit par des conventions frauduleuses, soit par des violences ou voies de fait exercées avant ou pendant les enchères, seront punis d'une amende qui ne pourra excéder cinq cents livres, et d'un emprisonnement qui ne pourra excéder une année.

La peine sera double en cas de récidive.

28. Les personnes comprises dans les trois classes mentionnées en l'article 3 du titre Ier, qui seront surprises dans une rixe, attroupement ou un acte quelconque de simple violence, seront punies par un emprisonnement qui ne pourra excéder trois mois. En cas de récidive, la détention sera d'une année.

29. Les citoyens domiciliés qui, après avoir été réprimés une fois par la police municipale, pour rixes, tumultes, attroupemens nocturnes ou désordres en assemblées publiques, commettraient pour la deuxième fois le même genre de délit, seront condamnés, par la police correctionnelle, à une amende qui ne

pourra excéder trois cents livres, et à un emprisonnement qui ne pourra excéder quatre mois.

30. Ceux qui se rendraient coupables des délits mentionnés dans les six articles précédens seront saisis sur - le - champ et conduits devant le juge-de-paix.

Cinquième genre de délits.

31. Tous dégâts commis dans les bois, toutes violations de clôtures, de murs, haies et fossés, quoique non suivies de vol, les larcins de fruits et de productions de terrain cultivé, autres que ceux mentionnés dans le Code pénal, seront punis ainsi qu'il sera dit à l'égard de la police rurale (1).

32. Les larcins, filouteries et simples vols, qui n'appartiennent ni à la police rurale, ni au Code pénal, seront, outre les restitutions, dommages et intérêts, punis d'un emprisonnement qui ne pourra excéder deux ans. La peine sera double en cas de récidive (2).

33. Le vol de deniers ou d'effets mobiliers appartenant à l'Etat, et dont la valeur sera au-dessous de dix livres, sera puni d'une amende du double de la valeur et d'un emprisonnement d'une année. La peine sera double en cas de récidive.

34. Les coupables des délits mentionnés aux trois précédens articles pourront être saisis sur-le-champ et conduits devant le juge-de-paix.

35. Ceux qui, par dol, ou à l'aide de faux noms ou de fausses entreprises, ou d'un crédit imaginaire, ou d'espérances et de craintes chimériques, auraient abusé de la crédulité de quelques personnes et escroqué la totalité ou partie de leurs fortunes, seront poursuivis devant les tribunaux de district, et, si l'escroquerie est prouvée, le tribunal de district, après avoir prononcé les restitutions et dommages et intérêts, est autorisé à condamner, par voie de police correctionnelle, à une amende qui ne pourra excéder 5,000 livres, et à un emprisonnement qui ne pourra excéder deux ans. En cas d'appel, le condamné gardera prison, à moins que les juges ne trouvent convenable de le mettre en liberté, sur une caution triple de l'amende et des dommages et intérêts prononcés (3). En cas

---

(1) Cet article n'est point abrogé par l'art. 595, Code du 3 brumaire an 4 (20 pluviose an 12; Cass. S. 4, 2, 123).

(2) Il y a vol dans le fait du propriétaire qui, après avoir affermé un héritage, enlève les fruits, et se les approprie au préjudice du fermier (27 mai 1807; Cass. S. 7, 2, 1258).

En matière de police correctionnelle ordinaire, la peine, en cas de récidive, doit être prononcée sans égard au temps écoulé entre le 1er et le 2e dé-

lit. La disposition de l'article 608, Code du 3 brumaire an 4, n'a pas modifié cet article (S. 9, 1, 97).

Les époux ne sont pas passibles de poursuites criminelles pour vol ou soustraction de l'un à l'autre (6 pluviose an 10; Cass. S. 6, 1, 8).

En ce cas, les complices peuvent être poursuivis (26 pluviose an 13; Cass. S. 6, 1, 12).

(3) Il y a escroquerie de la part de celui qui, sous prétexte de faire dire des prières à l'inten-

de récidive, la peine sera double (1).

Tous les jugemens de condamnation, à la suite des délits mentionnés au présent article, seront imprimés et affichés.

36. Ceux qui tiendront des maisons de jeux de hasard où le public serait admis, soit librement, soit sur la présentation des affiliés, seront punis d'une amende de 1,000 à 3,000 livres, avec confiscation des fonds trouvés au jeu, et d'un emprisonnement qui ne pourra excéder un an. L'amende, en cas de récidive, sera de 5,000 à 10,000 livres, et l'emprisonnement ne pourra excéder deux ans, sans préjudice de la solidarité pour les amendes qui auraient été prononcées par la police municipale contre les propriétaires et principaux locataires, dans les cas et aux termes de l'article 7 du titre Ier du présent décret.

37. Ceux qui tiendront des maisons de jeux de hasard, s'ils sont pris en flagrant délit, pourront être saisis et conduits devant le juge-de-paix.

38. Toute personne convaincue d'avoir vendu des boissons falsifiées par des mixtions nuisibles sera condamnée à une amende qui ne pourra excéder 1,000 livres, et à un emprisonnement qui ne pourra excéder une année. Le jugement sera imprimé et affiché.

La peine sera double en cas de récidive.

39. Les marchands ou tous autres vendeurs convaincus d'avoir trompé, soit sur le titre des matières d'or ou d'argent, soit sur la qualité d'une pierre fausse vendue pour fine, seront, outre la confiscation des marchandises en délit et la restitution envers l'acheteur, condamnés à une amende de 1,000 à 3,000

---

tion des morts, extorque de l'argent qu'il s'approprie (23 mars 1806; Cass. S. 6, 2, 904).

De la part de celui qui, par dol, espérances chimériques et abus de crédulité, fait souscrire à son profit une obligation ou une quittance (27 thermidor an 8; Cass. S. 7, 2, 945).

De la part de quiconque se fait donner de l'argent, sous prétexte de cadeaux à faire aux magistrats pour en obtenir justice (28 mars 1812; Cass. S. 12, 1, 385).

De la part de celui qui, pour se rendre intermédiaire entre un conseil de recrutement et un conscrit, reçoit de l'argent dont il n'aurait pas à rendre compte au cas de succès (7 juin 1811; Cass. S. 12, 1, 67).

Peut être réputée escroquerie l'action de vendre le secret de gagner aux jeux de hasard (S. 1, 2, 348).

La restitution faite par l'escroc des sommes dont il s'est emparé, n'empêche pas qu'il n'y ait bien escroquerie punissable d'une amende et d'un emprisonnement (19 septembre 1811; Cass. S. 12, 1, 29).

Un abus de confiance n'est pas une escroquerie (25 brumaire an 8; S. 1, 1, 261).

Le créancier qui retient le titre de créance auquel le débiteur en a substitué un autre, ne peut pas être réputé escroc.

Le refus fait par le créancier de donner reconnaissance d'une somme payée par le débiteur ne constitue pas le délit d'escroquerie (29 août 1806; Cass. S. 6, 1, 438).

Celui qui a prêté de l'argent par confiance, à l'exposé que l'emprunteur lui a fait de ses ressources pécuniaires, et sans se donner la peine de rien vérifier, ne peut pas se plaindre d'escrorie (28 mai 1808; Cass. S. 8, 1, 285.)

Celui qui se trouve sans hypothèque sur son débiteur, parce que le débiteur et un tiers auront concerté une inscription antérieure, ne peut pas se plaindre que ce soit un délit d'escroquerie (30 mars 1809; Cass. S. 9, 1, 204).

Le stellionat ne peut pas être poursuivi comme escroquerie, par voie de police correctionnelle. Les complices du stellionat ne peuvent pas non plus être poursuivis (2 mars 1809; S. 9, 1, 299).

Il n'y a pas escroquerie là où les manœuvres frauduleuses ne sont pas de nature à tromper la prévoyance ordinaire du commun des hommes, et moins encore la prudence particulière à la classe des hommes auprès de qui les manœuvres frauduleuses ont été employées (2 août 1811; Cass. S. 11, 1, 380; idem. S. 11, 1, 288).

Il n'y a pas escroquerie de la part du mandataire qui, dans une vente, dissimule une partie du prix au préjudice du mandant, pour se l'approprier (30 mars 1809; Cass. S. 9, 1, 203).

La tentative d'escroquerie n'est pas punissable comme l'escroquerie consommée (3 décembre 1807; Cass. S. 8, 1, 27).

Lorsqu'il y a condamnation pour escroquerie, il ne suffit pas que l'arrêt dise vaguement que le prévenu s'est rendu coupable d'un abus de crédulité; il est nécessaire de détailler tous et un chacun des faits qui ont constitué cet abus de crédulité, et les manœuvres à l'aide desquelles le coupable a réussi dans ses entreprises (3 décembre 1817; Cass. S. 8, 1, 27. — 7 février 1812; Cass. S. 12, 1, 318).

Lorsque l'escroquerie est commise à l'aide d'un faux nom pris par écrit, l'escroc n'est pas seulement soumis aux peines de simple police, il doit être poursuivi comme faussaire en écriture. Ainsi, le tribunal spécial est compétent pour connaître d'un tel crime (17 mai 1811; Cass. S. 12, 1, 68).

Lorsque la loi prononce plusieurs peines cumulativement contre un même délit, les tribunaux doivent toutes les appliquer (15 octobre 1807; Cass. S. 8, 1, 166).

Un enfant est punissable pour soustraction de deniers envers ses parens (S. 6, 1, 7).

L'escroquerie, dans le sens de la loi de 1807 (qui la punit de six mois à deux ans d'emprisonnement, lorsqu'elle est circonstance aggravante de l'usure habituelle), doit être définie selon les dispositions de cet article, et non selon l'art. 405 du Code pénal de 1810 (14 juillet 1827; Cass. S. 27, 1, 530).

(1) Par ces mots, double peine, il faut entendre le double du maximum de la peine applicable, et non pas seulement le double de la peine appliquée (10 avril 1807; Cass. S. 7, 2, 123).

livres, et à un emprisonnement qui ne pourra excéder deux années. La peine sera double en cas de récidive.

Tout jugement de condamnation à la suite des délits mentionnés au présent article sera imprimé et affiché.

40. Ceux qui, condamnés une fois par la police municipale pour infidélité sur les poids et mesures, commettraient de nouveau le même délit, seront condamnés par la police correctionnelle à la confiscation des marchandises fausses, ainsi que des faux poids et mesures, lesquels seront brisés; à une amende qui ne pourra excéder 1,000 livres, et à un emprisonnement qui ne pourra excéder une année. Tout jugement à la suite des délits mentionnés au présent article sera imprimé et affiché; à la seconde récidive, ils seront poursuivis criminellement, et condamnés aux peines portées au Code pénal.

41. Les dommages et intérêts, ainsi que la restitution et les amendes qui seront prononcées en matière de police correctionnelle, emporteront la contrainte par corps (1).

42. Les amendes de la police correctionnelle et municipale seront solidaires entre les complices : celles qui ont la contribution mobilière pour base seront exigées d'après la cote entière de cette contribution, sans déduction de ce qu'on aurait payé pour la contribution foncière (2).

Forme de procéder et composition des tribunaux en matière de police correctionnelle.

43. Dans le cas où un prévenu, surpris en flagrant délit, serait amené devant le juge-de-paix, conformément aux dispositions ci-dessus, le juge, après l'avoir interrogé, après avoir entendu les témoins, s'il y a lieu, dressé procès-verbal sommaire, le renverra en liberté, s'il le trouve innocent; le renverra à la police municipale, si l'affaire est de sa compétence; donnera le mandat d'arrêt, s'il est justement suspect d'un crime; enfin, s'il s'agit des délits ci-dessus mentionnés au présent titre depuis l'article 7, le fera retenir pour être jugé par le tribunal de la police correctionnelle, ou l'admettra sous caution de se présenter. La caution ne pourra être moindre de 3,000 livres, ni excéder 20,000 livres.

44. La poursuite de ces délits sera faite par les citoyens lésés, soit par le procureur de la commune ou ses substituts, s'il y en a, soit par des hommes de loi commis à cet effet par la municipalité.

45. Sur la dénonciation des citoyens ou du procureur de la commune ou de ses substituts, le juge-de-paix pourra donner un mandat d'amener, et, d'après les éclaircissemens nécessaires, prononcera selon ce qu'il est dit en l'article 43.

46. Dans les lieux où il n'y a qu'un juge-de-paix, le tribunal de police correctionnelle sera composé du juge-de-paix et de deux assesseurs; s'il n'y a que deux juges-de-paix, il sera composé de ces deux juges-de-paix et d'un assesseur.

47. Dans les villes où il y a trois juges-de-paix, le tribunal de police correctionnelle sera composé de ces trois juges; et, en cas d'absence de l'un d'eux, il sera remplacé par un des assesseurs.

48. Dans les villes qui ont plus de trois juges-de-paix et moins de six, le tribunal sera de trois, qui siégeront de manière qu'il en sorte un chaque mois.

49. Dans les villes de plus de soixante mille ames, le tribunal de police correctionnelle sera composé de six juges-de-paix, ou, à leur défaut, d'assesseurs; ils serviront par tour, et pourront se diviser en deux chambres.

50. A Paris, il sera composé de neuf juges-de-paix, servant par tour; il tiendra une audience tous les jours, et pourra se diviser en trois chambres.

Durant le service des neuf juges-de-paix à ce tribunal, et pareillement durant la journée où les juges-de-paix de la ville de Paris seront occupés au service alternatif établi dans le lieu central par l'article 34 du titre Ier du présent décret, toutes les fonctions qui leur sont attribuées par la loi pourront être exercées, dans l'étendue de leur section, par les juges-de-paix des sections voisines, au choix des parties.

51. Le greffier du juge-de-paix servira auprès du tribunal de police correctionnelle, dans les lieux où ce tribunal sera tenu par le juge-de-paix et deux assesseurs.

52. Dans toutes les villes où le tribunal de police correctionnelle sera composé de deux ou trois juges-de-paix, le corps municipal nommera un greffier.

53. Dans toutes les villes où le tribunal de police correctionnelle sera composé de plusieurs chambres, le greffier présentera au-

---

(1) Il y a lieu à la contrainte par corps pour paiement des frais de justice correctionnelle (décret du 20 septembre 1809; S. 9, 2, 410).

Le jugement qui condamne un accusé ou un prévenu au remboursement des frais de la procédure, doit prononcer la contrainte par corps (19 ventose an 12; S. 4, 2, 250).

(2) Lorsque plusieurs individus sont condamnés comme auteurs d'un délit correctionnel, et

que chacun d'eux est condamné au maximum de l'amende, la solidarité peut être prononcée entre eux, et on ne peut pas dire que cette solidarité soit une condamnation excédant le maximum de l'amende autorisée (11 septembre 1809; Cass. S. 8, 1, 32).

Un mari n'est pas solidairement responsable de l'amende encourue par sa femme (21 brumaire an 9; Cass. S. 1, 1, 364).

tant de commis-greffiers qu'il y aura de chambres.

54. Les greffiers nommés par le corps municipal pour servir près le tribunal de police correctionnelle, seront à vie : leur traitement sera de 1,000 livres dans les lieux où le tribunal ne formera qu'une chambre ; de 1,800 livres dans les lieux où il en formera deux, et de 2,000 livres dans les lieux où il en formera trois. Le traitement des commis-greffiers sera, pour chacun, la moitié de celui du greffier.

55. Les huissiers des juges-de-paix qui seront de service feront celui de l'audience.

56. Les audiences de chaque tribunal seront publiques, et se tiendront dans le lieu qui sera choisi par la municipalité.

57. L'audience sera donnée sur chaque fait, trois jours au plus tard après le renvoi prononcé par le juge-de-paix.

58. L'instruction se fera à l'audience; le prévenu y sera interrogé; les témoins pour et contre entendus en sa présence; les reproches et défenses proposés; les pièces lues, s'il y en a, et le jugement prononcé de suite, ou au plus tard à l'audience suivante.

59. Les témoins prêteront serment à l'audience. Le greffier tiendra note du nom, de l'âge, des qualités des témoins, ainsi que de leurs principales déclarations et des principaux moyens de défense. Les conclusions des parties et celles de la partie publique seront fixées par écrit, et les jugemens seront motivés.

60. Il ne sera fait aucune autre procédure, sans préjudice du droit qui appartient à chacun d'employer le ministère d'un défenseur officieux.

61. Les jugemens en matière de police correctionnelle pourront être attaqués par la voie de l'appel.

L'appel sera porté au tribunal de district; il ne pourra être reçu après les quinze jours du jugement signifié à la personne du condamné, ou à son dernier domicile.

62. Le tribunal de district jugera en dernier ressort.

63. Le département de Paris n'aura qu'un tribunal d'appel, composé de six juges ou suppléans, tirés des six tribunaux d'arrondissement; il pourra se diviser en deux chambres, qui jugeront au nombre de trois juges.

64. Les six premiers juges ou suppléans qui composeront le tribunal d'appel seront pris, par la voie du sort, dans les six tribunaux, les présidens exceptés : de mois en mois il en sortira deux, lesquels seront remplacés par deux autres, que choisiront les deux tribunaux de district auxquels les deux sortans appartiendront; et ainsi de suite par ordre d'arrondissement.

65. L'audience du tribunal d'appel, ou des deux chambres dans lesquelles il sera divisé, sera ouverte tous les jours, si le nombre des affaires l'exige, sans que le tribunal puisse jamais vaquer.

66. Les six premiers juges qui composeront ce tribunal nommeront un greffier, lequel sera à vie et présentera un commis-greffier pour chacune des deux chambres.

67. Les plus âgés présideront les deux chambres du tribunal d'appel ci-dessus, et il en sera de même, dans toute l'étendue du royaume, pour ceux des tribunaux de première instance qui seront composés de deux ou trois juges-de-paix.

68. Dans toute l'étendue du royaume, l'instruction sur l'appel se fera à l'audience, et dans la forme déterminée ci-dessus : les témoins, s'il est jugé nécessaire, y seront de nouveau entendus, et l'appelant, s'il succombe, sera condamné en l'amende ordinaire.

69. En cas d'appel des jugemens rendus par le tribunal de police correctionnelle, les conclusions seront données par le commissaire du Roi. Dans la ville de Paris, il sera nommé par le Roi un commissaire pour servir auprès du tribunal d'appel de police correctionnelle.

Application des confiscations et amendes.

70. Les produits des confiscations et des amendes prononcées en police correctionnelle seront perçus par le receveur du droit d'enregistrement, et, après la déduction de la remise accordée aux percepteurs, appliqués, savoir :

Un tiers aux menus frais de la municipalité et du tribunal de première instance, un tiers à ceux des bureaux de paix et jurisprudence charitable, et un tiers au soulagement des pauvres de la commune.

La justification de cet emploi sera faite au corps municipal et surveillée par le directoire des assemblées administratives.

71. Les peines prononcées au présent décret ne seront applicables qu'aux délits commis postérieurement à sa publication.

19 JUILLET = 6 AOUT 1791. — Décret relatif aux spectacles. (L. 5, 831; B. 16, 241; Mon. du 21 juillet 1791.)

Art. 1er. Conformément aux dispositions des articles 3 et 4 du décret du 13 janvier dernier, concernant les spectacles, les ouvrages des auteurs vivans, même ceux qui étaient représentés avant cette époque, soit qu'ils fussent ou non gravés ou imprimés, ne pourront être représentés sur aucun théâtre public, dans toute l'étendue du royaume, sans le consentement formel et par écrit des auteurs, ou sans celui de leurs héritiers ou cessionnaires pour les ouvrages des auteurs morts depuis moins de cinq ans, sous peine de confiscation du produit total des représentations au profit de l'auteur, ou de ses héritiers ou cessionnaires.

2. La convention entre les auteurs et les entrepreneurs des spectacles sera parfaitement libre, et les officiers municipaux, ni aucun autre fonctionnaire public, ne pourront taxer lesdits ouvrages, ni modérer ou augmenter le prix convenu, et la rétribution des auteurs, convenue entre eux ou leurs ayant-cause et les entrepreneurs de spectacle, ne pourra être ni saisie ni arrêtée par les créanciers des entrepreneurs de spectacle.

19 = 25 JUILLET 1791. — Décret qui autorise les directoires des districts de Clamecy, de Louhans et de Reims, à acquérir les bâtimens nécessaires à leur établissement. (L. 5, 466 ; B. 16, 212 et suiv.).

19 JUILLET 1791. — Décret qui invite les citoyens de Paris à persister dans leurs sentimens de patriotisme, et enjoint au département, à la municipalité et aux commandans de la garde nationale, de veiller à la sûreté du Roi. (B. 16, 212.)

19 JUILLET 1791. — Décret qui ordonne que les petites fermes, métairies ou autres domaines nationaux de cinquante arpens et au-dessus, enclavés dans les forêts nationales, ne pourront être vendues qu'en suite de l'autorisation de l'Assemblée nationale, après avoir pris l'avis des corps administratifs. (B. 16, 215.)

19 JUILLET = 28 AOUT 1791. Décret qui annulle l'inféodation du sol de la forêt de Beaufort, faite au sieur Baraudier Dessuille. (B. 16, 242.)

19 JUILLET 1791. — Droits supprimés. *Voy.* 25 JUILLET 1791.

20 JUILLET 1791. — Arrérages de rentes. *Voy.* 10 JUILLET 1791. — Bois, etc. *Voy.* 13 JUILLET 1791. — Caisse de l'extraordinaire. *Voy.* 11 JUILLET 1791. — Décrets. *Voy.* 8 JUILLET 1791. — Divers districts. *Voy.* 8 JUILLET 1791. — Gardes nationales. *Voy.* 13 JUILLET 1791. Inviolabilité des lettres. *Voy.* 10 JUILLET 1791. Messageries. *Voy.* 2 JUILLET 1791. — Officiers, etc. *Voy.* 6 JUILLET 1791.—Officiers municipaux de Paris. *Voy.* 16 JUILLET 1791. — Pensions. *Voy.* 2 JUILLET 1791.—Pensionnaires. *Voy.* 2 JUILLET 1791. — Poudre. — *Voy.* 7 JUILLET 1791. — Royal-Comtois. *Voy.* 7 JUILLET 1791.— 53e régiment. *Voy.* 12 JUILLET 1791.—Saint-Domingue. *Voy.* 7 JUILLET 1791. — Salines. *Voy.* 12 JUILLET 1791.—Trésorerie nationale. *Voy.* 8 JUILLET 1791.—Troupes des colonies. *Voy.* 11 JUILLET 1791. — Uniforme des gardes nationales. *Voy.* 13 JUIN 1791.

21 = 29 JUILLET 1791. — Décret relatif au commerce du Levant et de Barbarie. (L. 5, 600; B. 16, 247.)

Art. 1er. Le commerce des échelles du Levant et de Barbarie est libre à tous les Français.

2. Il est libre d'envoyer, de tous les ports du royaume, des vaisseaux et des marchandises dans toutes les échelles.

3. Tout négociant français peut faire des établissemens dans toutes les parties du Levant et de la Barbarie, en fournissant, dans la forme usitée, et jusqu'au réglement qui sera incessamment présenté à l'Assemblée nationale sur le mode d'organisation de l'administration du Levant, un cautionnement qui garantisse les autres établissemens français des actions qui pourraient être exercées contre eux par son fait ou celui de ses agens.

4. Les cautionnemens qui seront fournis par les habitans des départemens autres que celui des Bouches-du-Rhône, pourront être reçus par les directoires de leurs départemens, qui en feront remettre un extrait à la chambre de commerce de Marseille.

5. Les retours du commerce du Levant et de Barbarie pourront se faire dans tous les ports du royaume, après avoir fait quarantaine à Marseille, en avoir acquitté les frais et les droits imposés pour l'administration du Levant, à la charge de rapporter un certificat de santé, *sans entendre rien innover au sujet du Lazaret de Toulon, qui continuera d'exercer le droit de donner la quarantaine comme par le passé* (1).

6. Les marchandises provenant desdits retours, à l'exception des tabacs, qui y seront traités comme dans les autres ports du royaume, pourront entrer à Marseille, s'y consommer, et en être réexportées par mer, en franchise de tout autre droit que celui imposé pour l'administration des échelles.

7. Lesdites marchandises paieront, à leur introduction dans le royaume, les droits auxquels sont assujetties, par le tarif général, celles de même espèce qui viennent de l'étranger, à l'exception cependant des toiles de coton blanches et des cotons filés, qui ne seront soumis qu'à un droit de vingt livres du cent pesant, et du café de Moka, dont le droit sera réduit à douze livres aussi par quintal.

8. Le transit par terre desdites marchandises de Marseille pour Genève, la Suisse, le Piémont, la Savoie, l'Allemagne et les Pays-Bas de la domination étrangère, sera affranchi de tous droits ; à la charge que lesdites marchandises seront expédiées sous plomb, et par acquit-à-caution portant soumission de les faire sortir, dans le délai de trois mois, par l'un des bureaux de Champareillan, Pont-de-Beauvoisin, Seyssel, Meyrin, Ver-

(1) Les mots italiques ont été ajoutés par une loi du 30 août 1791 = 22 juillet 1792.

rières-de-Joux, Jougnes, Héricourt, Strasbourg, Saint-Louis, Sarre-Louis, Thionville, Givet, Valenciennes et Lille.

9. Dans le cas où les retours du Levant s'effectueraient dans d'autres ports que celui de Marseille, après y avoir fait quarantaine, les marchandises importées seront, à leur arrivée, entreposées sous la clef de la régie. Celles desdites marchandises qui seront tirées de l'entrepôt, pour être réexportées par mer ou pour passer à l'étranger en transit, ne seront sujettes à aucun droit. Celles qui entreront dans la consommation du royaume paieront les droits mentionnés en l'art. 7.

10. Pour favoriser le commerce direct des Français au Levant, les marchandises du Levant et de Barbarie comprises dans l'état annexé au présent décret, importées de l'étranger, même sur bâtimens français, ou directement du Levant sur navires étrangers, ou sur navires français ayant relâché à l'étranger et y ayant fait quelque chargement, seront assujéties, tant à Marseille que dans les autres ports du royaume, au droit de vingt pour cent de la valeur portée par ledit état. Ce droit sera indépendant de celui du tarif général, et sera perçu par les préposés de la régie nationale des douanes, et au profit de la nation.

11. Les marchandises importées directement du Levant par navires français, quoique pour le compte des étrangers, jouiront de la même franchise que celles importées pour le compte des Français.

12. Le droit de vingt pour cent sera perçu également par addition à celui d'entrée, sur les marchandises dénommées dans l'état n° 2 annexé au présent décret, importées de l'étranger dans le royaume, tant par terre que par mer, sans être accompagnées de certificats justificatifs d'une origine autre que celle du Levant, délivrés par les consuls ou agens de la nation française, où il y en aura d'établis, et, à leur défaut, par les magistrats des lieux d'envoi. Dans le cas où les certificats n'accompagneraient pas les marchandises, le droit sera consigné, et la restitution n'en sera faite qu'autant que le certificat sera rapporté dans le délai de trois mois.

Etat des marchandises du Levant qui devront le droit de vingt pour cent de la valeur à l'entrée de Marseille lorsqu'elles y seront apportées par vaisseaux étrangers, ou par vaisseaux français qui auront relâché en pays étranger et qui y auront fait quelques chargemens, et de la quotité de ce droit, d'après les valeurs déterminées.

Aloès, le cent pesant estimé quatre-vingt-cinq liv. paiera dix-sept liv. Alun, le cent pesant estimé quatorze livres paiera, deux livres seize sous. Aglu, le cent pesant estimé cent dix liv. paiera vingt-deux livres. Assa fœtida, le cent pesant estimé cent dix liv. paiera vingt-deux liv.

Bois de cerf ou de buis, le cent pesant estimé vingt-deux liv. paiera quatre liv. huit sous. Bourdes de Barbarie, le cent pesant estimé huit liv. paiera une liv. douze sous. Bidellium, le cent pesant estimé quatre-vingt-dix liv. paiera dix-huit liv.

Café, le cent pesant estimé cent soixante-dix liv. paiera trente-quatre liv. Cendres de Tripoli ou de Rome, le cent pesant estimé neuf liv. paiera une liv. seize sous. Cire jaune de toute espèce, le cent pesant estimé cent quatre-vingt liv. paiera trente-six liv. Coque du Levant, le cent pesant estimé quatre-vingt-dix liv. paiera dix-huit liv. Coscomme, le cent pesant estimé quarante-cinq liv. paiera neuf liv. Corduans, la douzaine estimée vingt-quatre liv. paiera 4 liv. seize sous. Coton filé blanc, le cent pesant estimé deux cents liv. paiera quarante liv. Coton filé rouge, le cent pesant estimé quatre cent cinquante liv. paiera quatre-vingt-dix liv. Coton en laine, le cent pesant estimé cent vingt liv. paiera vingt-quatre liv. Couvertures, la pièce estimée neuf liv. paiera une liv. seize sous. Crin, le cent pesant estimé cent liv. paiera vingt liv. Cuirs, buffles et chimbalis, le cent pesant estimé vingt liv. paiera quatre liv. Cuirs escars, le cent pesant estimé douze liv. paiera deux liv. huit sous. Cuirs d'Alger et de Tunis, le cent pesant estimé cinquante-cinq liv. paiera onze liv. Cuivre en pain, le cent pesant estimé quatre-vingts liv. paiera seize liv. Cuivre vieux, le cent pesant estimé quatre-vingt cinq liv. paiera dix-sept liv.

Dattes, le cent pesant estimé vingt-sept liv. paiera cinq liv. huit sous. Dents d'éléphans, le cent pesant estimé deux cent vingt liv. paiera quarante-quatre liv.

Encens en larmes, le cent pesant estimé cinquante liv. paiera dix liv. Encens en sorte, le cent pesant estimé quarante-deux liv. paiera huit liv. huit sous. Encens en poussière, le cent pesant estimé dix liv. paiera deux liv. Eponges fines, le cent pesant estimé deux cent quatre-vingts liv. paiera cinquante-six liv. Eponges communes, le cent pesant estimé cinquante-cinq liv. paiera onze liv. Escaïoles, le cent pesant estimé dix liv. paiera deux liv. Etoupes de soie, le cent pesant estimé trente-trois liv. paiera six liv. douze sous.

Follicules de séné, le cent pesant estimé cent soixante liv. paiera trente-deux liv. Fourrures de soie, le cent pesant estimé vingt-sept liv. paiera cinq liv. huit sous. Figues sèches, le cent pesant estimé quinze liv. paiera trois liv. Fil de chèvre, le cent pesant estimé quatre cent cinquante liv. paiera quatre-vingt-dix liv.

Galbanum, le cent pesant estimé cent dix liv. paiera vingt-deux liv. Galle de toutes sortes, le cent pesant estimé cent liv. paiera vingt liv. Gomme de toutes sortes, le cent pesant estimé cent liv. paiera vingt liv. Grainette, le cent pesant estimé vingt-cinq liv. paiera cinq livres.

Huile d'olive, la millerole estimée soixante liv. paiera douze liv. Hermodattes, le cent pesant estimé soixante-huit livres paiera treize livres douze sous.

Laine de chevron noire, le cent pesant estimé trois cent livres paiera soixante liv. Laine de chevron grise, rousse ou blanche, le cent pesant estimé deux cent cinquante liv. paiera cinquante liv. Les autres espèces sans distinction, le cent pesant estimé quarante liv. paiera huit liv.

Mastic en larmes ou en sortes, le cent pesant estimé deux cent vingt liv. paiera quarante-quatre liv. Mirobolans, le cent pesant estimé vingt-huit livres paiera cinq liv. douze sous. Mirrhe, le cent pesant estimé cent quarante liv. paiera vingt-huit liv. Maroquins, la douzaine estimée trente liv. paiera six liv.

Nacre de perles, le cent pesant estimé cent liv. paiera vingt liv. Noix vomiques, le cent pesant estimé vingt-cinq liv. paiera cinq liv.

Opium, la livre estimée six liv. paiera une livre quatre sous. Opopanax, la livre estimée quatre liv. dix sous paiera dix-huit sous. Orpiment le cent pesant estimé quarante liv. paiera huit liv.

Peaux de chèvres d'Angora, la pièce estimée vingt-sept liv. paiera cinq liv.huit sous. Pignons-Inde, la livre estimée dix sous paiera deux sous. Pirètre, la liv. estimée cinq sous paiera un sou. Pistaches d'Alep, la livre estimée une liv. paiera quatre sous. Poil de chèvre, le cent pesant estimé deux cent trente liv. paiera quarante-six liv.

Queues de zerdara, la pièce estimée dix-huit liv. paiera trois liv. douze sous.

Racine de lizari, le cent pesant estimé soixante-dix liv. paiera quatorze liv. Raisins de Corinthe ou autres, le cent pesant estimé quinze liv. paiera trois liv. Rhubarbe, le cent pesant estimé six cents liv. paiera cent vingt liv.

Safranum, le cent pesant estimé cent dix liv. paiera vingt-deux liv. Sandarac, le cent pesant estimé deux liv. dix sous paiera dix sous. Scammonée d'Alep, la livre estimée vingt-cinq liv. paiera cinq liv. Scammonée de Smyrne, la livre estimée deux liv. paiera deux liv. quatre sous. Sebestes, le cent pesant estimé ving-cinq liv. paiera cinq liv. Sel ammoniac, le cent pesant estimé cent soixante-dix liv. paiera trente-quatre liv. Sel natron, le cent estimé neuf liv. paiera une livre seize sous. Semen-cartami, la livre estimée trente sous paiera six sous. Semencine, le cent pesant estimé une livre trois sous paiera quatre sous sept deniers. Semencontra, le cent pesant estimé dix-sept sous paiera trois sous cinq deniers. Semence de ben, la livre estimée cinq sous paiera un sou. Séné de la plate, la livre estimée deux liv. cinq sous paiera neuf sous. Séné en grabeau, la livre estimée dix sous paiera deux sous. Séné d'Alep, la livre estimée vingt-deux sous, paiera quatre sous cinq deniers. Séné de Tripoli et de Barbarie, la livre estimée douze sous paiera deux sous cinq deniers. Soie non filée, la livre estimée neuf liv. paiera trente-six sous. Spica nardi, la livre estimée trois liv. cinq sous paiera treize sous. Storax en larmes, la livre estimée quatre liv. paiera seize sous. Storax en pain, la livre estimée vingt-deux sous paiera quatre sous cinq deniers. Storax liquide, la livre estimée treize sous paiera deux sous sept deniers.

Tamarins, le cent pesant estimé cinquante liv. paiera dix liv. Terre d'ambre, le cent pesant estimé trente-cinq sous paiera sept sous. Térébenthine de Chio, la livre estimée dix-sept sous paiera trois sous cinq deniers. Turbit,

la livre estimée neuf sous paiera un sou dix deniers.

Vermillon, la livre estimée six liv. paiera vingt-quatre sous. Vin de Chypre, la millerole estimée soixante liv. paiera douze liv. Vitriol de Chypre, le cent pesant estimé cinquante-cinq liv. paiera onze liv.

Zedoria, la livre estimée onze sous paiera deux sous deux deniers.

Etoffes et toileries de soie, fil, coton ou laine.

Alloyas, la pièce estimée six liv. paiera vingt-quatre sous. Abats de Salonique, la pièce estimée quatre liv. dix sous paiera dix-huit sous.

Bourres de soie, la pièce estimée trente liv. paiera six liv. Bourres de soie et coton, la pièce estimée douze liv. paiera deux liv. huit sous. Bourres de soie du petit tirage, la pièce estimée douze liv. paiera deux liv. huit sous. Bourres de Manasie, la pièce estimée six liv. paiera vingt quatre sous. Bourres d'Alexandrie, la pièce estimée deux liv. paiera dix sous. Bonnets d'Aunis, la douzaine estimée trente liv. paiera six liv.

Canevas, la pièce estimée douze liv. paiera deux liv. huit sous. Capots de Salonique, la pièce estimée huit liv. paiera trente-deux sous. Capotins, la pièce estimée six liv. paiera vingt-quatre sous. Capicouly, la pièce estimée seize liv. paiera trois liv. quatre sous. Carmesson, la pièce estimée douze liv. paiera deux liv. huit sous. Ceintures de laine, la douzaine estimée trente-six liv. paiera sept liv. quatre sous. Cotoni, la pièce estimée sept liv. paiera vingt-huit sous.

Demittes en soie, la pièce estimée douze liv. paiera deux liv. huit sous.

Herbage, la pièce estimée vingt-cinq liv. paiera cinq liv. Herbages (petits), la pièce estimée seize liv. paiera trois liv. quatre sous.

Mouchoirs de soie, la pièce estimée quatre liv. paiera seize sous. Mouchoirs d'Alep, la pièce estimée quatre liv. paiera seize sous.

Satin fleuri, la pièce estimée trente liv. paiera six liv. Satin de Chypre, la pièce estimée neuf liv. paiera trente-six sous. Sirsaka, la pièce estimée douze liv. paiera deux liv. huit sous.

Toile ajamis, anquilly, boutanonis, escamise, madrapar, fadales, manotif, moussob et autres espèces blanches, la pièce estimée sept liv. paiera vingt-huit sous. Les bleues, la pièce estimée neuf liv. paiera trente-six sous. Toiles, garas et guinées, la pièce estimée dix-huit liv. paiera trois liv. douze sous.

N° II. *Etat des marchandises venant de l'étranger, qui devront, à toutes les entrées du royaume, indépendamment des droits du tarif général, un droit additionnel de vingt pour cent de la valeur, d'après l'évaluation portée par l'état N° 1er, lorsqu'elles seront du Levant, ou si elles sont de même espèce que celles du Levant, sans être accompagnées du certificat justificatif d'une autre origine.*

Alun de Smyrne, café du Levant, cendres du Levant, cires jaunes, cordouans ou maroquins, coton du Levant en laine, cuirs, buffles ou bufflins, encens, éponges, folium du Levant, follicule de séné, galle, gomme adragante, arabique, ammoniaque, sérapine et thurique, huile du Levant et de Barbarie, laine du Levant et de Barbarie, natron ou soude, opium, plumes d'autruche blanches ou noires, poil de chameau en laine, poil de chevreau ou laine de chevron, poil de chèvre filé, rhubarbe, safranum, séné, soies du Levant, vitriol de Chypre.

21 = 29 JUILLET. 1791. — Décret relatif à l'abbé de l'Epée et à son établissement en faveur des sourds-muets. (L. 5, 596; B. 16, 245.)

Art. 1er. Le nom de l'abbé de l'Épée, premier fondateur de cet établissement, sera placé au rang de ceux des citoyens qui ont le mieux mérité de l'humanité et de la patrie.

2. Le local et les bâtimens du couvent des ci-devant Célestins, situé à Paris, près l'Arsenal, seront, sans distraction, employés à l'établissement des écoles destinées à l'instruction des sourds-muets et des aveugles-nés.

3. L'établissement de l'école des sourds-muets occupera néanmoins provisoirement la partie des bâtimens indiquée par l'arrêté du directoire du département de Paris, du 20 avril dernier.

4. Il sera pris sur les fonds de la Trésorerie nationale :

1° Annuellement et à compter du 1er janvier dernier, la somme de 12,700 livres pour les honoraires du premier instituteur, du second, des deux adjoints, d'un économe, d'un maître d'écriture, de deux répétiteurs et de deux maîtresses ;

2° Pour cette année seulement, pour vingt-quatre pensions gratuites, à raison de 350 liv., chacune, qui seront accordées à vingt-quatre élèves sans fortune, suivant actuellement les écoles, celle de 8,400 livres.

5. Les 12,700 livres d'honoraires, accordées par l'article précédent, seront réparties ainsi qu'il suit :

Au premier instituteur, 4,000 liv.; au second instituteur, 2,400 liv.; à deux adjoints, à raison de 1,200 liv. chacun, 2,400 liv.; à l'économe, 1,500 liv.; au maître d'écriture externe, 500 liv.; aux deux répétiteurs, à raison de 350 liv. chacun, 700 liv.; aux deux maîtresses gouvernantes, à raison de 600 liv. chacune, 1,200 liv. Total 12,700 liv.

Tous auront le logement, excepté le maître d'écriture.

Nul n'aura la table que l'économe, les deux répétiteurs et les deux maîtresses gouvernantes.

6. Le choix des deux instituteurs actuellement occupés à l'instruction des sourds-muets est confirmé.

7. Il leur sera adjoint deux élèves instituteurs, qui seront nommés par le département de Paris, sur la présentation du premier instituteur.

8. La surveillance de l'établissement est spécialement confiée au département de Paris.

21 = 29 JUILLET 1791. — Décret relatif aux régimens d'infanterie allemande, irlandaise et liégeoise. (L. 5, 624; B. 16, 244.)

L'Assemblée nationale décrète que le quatre-vingt-seizième régiment d'infanterie ci-devant Nassau, et tous ceux ci-devant désignés sous le nom d'infanterie allemande, irlandaise et liégeoise, font partie de l'infanterie française; qu'en conséquence ils ne font avec elle qu'une seule et même arme; qu'ils prendront l'uniforme français, suivront la même discipline que les autres troupes françaises, et qu'à compter du 1er de ce mois, ils seront traités de la même manière relativement à la solde, aux appointemens et à la fixation des différentes masses.

21 JUILLET = 2 AOUT 1791. — Décret relatif à la liquidation de différentes sommes faisant partie de l'arriéré. (L. 5, 671; B. 16, 244.)

21 JUILLET 1791. — Décret qui ordonne un rapport sur l'organisation du corps des ingénieurs-géographes. (B. 16, 244.)

21 JUILLET 1791. — Marine. Voy. 30 JUILLET = 20 SEPTEMBRE 1791.

22 JUILLET (21 et) = 1er AOUT 1791. — Décret relatif à la liquidation et comptabilité des ci-devant ferme et régie générales. (L. 5, 651; B. 16, 258; Mon. du 26 juillet 1791.)

TITRE Ier. Liquidation et comptabilité de la ferme générale et de la régie générale.

Art. 1er. Il sera adjoint au commissaire précédemment nommé pour continuer l'exploitation de la régie des objets dépendant de la ferme générale, cinq autres commissaires pour travailler avec lui à la liquidation aux comptes, tant de ladite ferme générale que des régies qui lui étaient confiées.

2. Ces nouveaux commissaires seront choisis par le Roi parmi les ci-devant fermiers généraux.

3. Il en sera usé de même pour la régie générale.

4. Il sera libre aux fermiers généraux et régisseurs de prendre ou donner tous les renseignemens nécessaires à la liquidation des deux compagnies ; mais il ne leur sera alloué aucuns honoraires ni émolumens, à moins qu'ils ne soient au nombre des commissaires.

5. Tous les droits et sommes dus à la ferme et à la régie générale à l'époque de leur suppression seront incessamment acquittés, et le recouvrement en sera fait conformément

aux ordonnances et réglemens, sauf les modifications établies par les lois nouvelles.

6. Les corps administratifs protégeront ledit recouvrement de tout le pouvoir qui leur est confié.

7. Les quittances du droit annuel acquitté pour la présente année entre les mains des préposés, soit de la ferme, soit de la régie générale, seront imputées pour un quart sur les trois premiers mois de ladite année, et les trois autres quarts, sur le droit de patente dû pour les neuf derniers mois.

8. Tous les receveurs et autres agens chargés du recouvrement et de la comptabilité des droits et des sommes dus à la ferme et à la régie générales, seront tenus de continuer lesdits recouvremens, et d'en compter dans la forme ordinaire et accoutumée.

9. Le ministre des contributions publiques remettra incessamment à l'Assemblée nationale un état des villes et lieux dans lesquels la perception et les exercices auraient été suspendus et du produit opéré dans les mêmes villes et lieux dans l'année précédente, pendant le même espace de temps qu'aura duré la suspension, pour être, sur le vu desdits états, statué par l'Assemblée ce qu'il appartiendra.

10. Le ministre des contributions publiques remettra également incessamment à l'Assemblée nationale l'état du nombre des bureaux et employés, et de la dépense qu'il jugera nécessaire pour opérer la liquidation des deux compagnies.

Il y joindra ses vues sur les moyens d'intéresser le zèle des commissaires et employés à l'accélération de cette liquidation et des recouvremens qui doivent en résulter ; et sur le tout il sera statué ce qui sera jugé convenable, d'après le rapport du comité des finances.

11. A la fin de chaque mois, les commissaires remettront au ministre, et le ministre à l'Assemblée nationale, l'état des recouvremens opérés dans le mois des comptabilités particulières vérifiées et apurées des agens qui devront cesser d'être en activité.

12. La liquidation de l'une et l'autre compagnie sera terminée, et tous les comptes formés et présentés avant le 1er janvier 1793: lesdits comptes seront présentés dans l'ordre de leurs dates, et à mesure qu'ils seront en état.

13. Après les comptes rendus, il sera statué sur la partie de la dépense qui devra être à la charge de la ferme générale, à raison de son bail et du temps qu'il a subsisté.

14. Il sera alloué à chacun des commissaires, tant de la régie générale que de la ferme générale, la somme de 1,000 livres par mois, pour honoraires et frais de bureau particuliers pendant la durée de leur travail, sans néanmoins que lesdits honoraires puis-

sent être prolongés au-delà du mois de décembre 1792, quand même la liquidation ne serait pas consommée.

15. Les remises et les indemnités qui pourraient être dues, soit à la ferme générale, soit à la régie générale, ne seront définitivement réglées qu'après les comptes rendus, et il n'en sera rien payé qu'à cette époque.

16. Il sera procédé incessamment, si fait n'a été, à l'inventaire et à l'estimation de toutes les marchandises, effets et bâtimens appartenant à la ferme générale, ainsi que des effets et bâtimens appartenant à la nation, et qu'elle devrait remettre à la fin de son bail.

Il sera pareillement procédé à l'inventaire et reconnaissance des effets et bâtimens qui étaient entre les mains des régisseurs généraux et des fermiers généraux, pour les parties dont la régie leur était confiée.

17. Il sera procédé de même à l'évaluation des effets appartenant aux compagnies secondaires qui avaient traité avec la ferme générale, pour les transports des sels dans les pays de grandes et de petites gabelles.

18. Lesdites estimations seront faites par des experts nommés respectivement par les directoires des districts où seront situés les effets et bâtimens, et par les compagnies auxquelles ils appartiendront ou qui devront les remettre.

19. Les procès-verbaux desdites estimations rapportés, il sera statué ce qu'il appartiendra sur les réclamations qui pourront être faites, et sur les indemnités qui pourront être dues.

20. Il sera statué pareillement sur les diminutions du prix de bail, et sur les indemnités que pourraient prétendre les sous-fermiers des objets dépendant, soit de la régie générale, soit de la ferme générale, à titre de régie.

TITRE II. Liquidation et remboursement des fonds d'avance et de cautionnement des régisseurs généraux et administrateurs généraux des domaines.

Art. 1er. Il sera procédé incessamment à la liquidation et au remboursement des fonds d'avance et de cautionnement, versés dans le Trésor public par les régisseurs généraux et les administrateurs généraux du domaine.

2. En conséquence, Poinsignon et ses cautions, Kalendrin et ses cautions, remettront dans le délai d'un mois, au commissaire général de la liquidation :

1° Les quittances du garde du Trésor royal pour le montant des fonds d'avance et de cautionnement qu'ils ont versés ;

2° Un état signé de leurs receveurs généraux respectifs et certifié par eux, des sommes que chaque régisseur et administrateur a fournies pour ses fonds d'avance et de cautionnement individuel.

3. Un mois après la vérification des quit-

tances du garde du Trésor royal et de l'état ci-dessus, notifiée auxdits Poinsignon et Kalendrin, commencera le remboursement dudit fonds d'avance et de cautionnement.

4. Ledit remboursement total sera fait par la caisse de l'extraordinaire en neuf mois, à raison d'un neuvième par mois, et il sera fait individuellement à chaque régisseur et administrateur.

5. Pour cet effet, lesdits régisseurs et administrateurs seront tenus de se concerter respectivement entre eux, et de former sur cette base un état d'ordre et de distribution dudit remboursement, qu'ils remettront dans le délai d'un mois au directeur général de la liquidation.

6. Pour recevoir son remboursement, chacun desdits régisseurs et administrateurs employés dans les états de distribution rapportera ses récépissés de caisse, et un certificat de non-opposition ou de main-levée des oppositions, s'il y en a.

7. Les prêteurs et bailleurs de fonds desdits régisseurs et administrateurs seront tenus, nonobstant toute stipulation particulière, de recevoir leur remboursement de la même manière et aux mêmes époques que les régisseurs et administrateurs, à la charge par ceux-ci de les avertir ou de les sommer de le faire.

En conséquence, lesdits prêteurs et bailleurs de fonds seront tenus de rapporter tous récépissés de caisse, obligation, main-levée d'opposition et autres pièces nécessaires, ensemble les billets d'intérêts souscrits à leur profit, quand même lesdits billets écherraient à une époque postérieure au remboursement. Et, dans le cas où ils ne pourraient pas représenter lesdits billets, ils consentiront à la déduction des intérêts qui excéderont ce qui leur serait dû à l'époque du remboursement.

8. Faute par lesdits régisseurs et administrateurs, leurs prêteurs et bailleurs de fonds, de satisfaire aux conditions respectives ci-dessus prescrites, leurs fonds resteront à la caisse de l'extraordinaire, à titre de dépôt et sans intérêts.

9. Chacun desdits régisseurs et administrateurs, avant de recevoir la dernière portion de son remboursement, sera tenu de fournir un cautionnement en immeubles réels ou en immeubles fictifs, consistant en créances sur l'Etat.

10. Les quittances de remboursement de fonds d'avance et de cautionnement ne seront assujéties qu'au droit fixe d'enregistrement de vingt sous.

11. Pourront les régisseurs et administrateurs généraux et leurs ayant-cause employer la totalité ou partie de leurs fonds d'avance et de cautionnement, en acquisition de domaines nationaux.

12. Sur la déclaration qu'ils en feront, il leur sera délivré des reconnaissances, en jus-

tifiant de leur propriété dans les formes prescrites. Le montant desdites reconnaissances sera déduit, par neuvième, des fonds destinés au remboursement de chaque mois.

TITRE III. Liquidation et remboursement des fonds d'avance et de cautionnement, et du fonds d'exploitation des fermiers généraux.

Art. 1er. Dans le délai d'un mois, Mager et ses cautions remettront au commissaire général de la liquidation,

1° La quittance du garde du Trésor royal, pour le montant des fonds d'avance et de cautionnement qu'ils y ont versés;

2° Un état de leur receveur général et certifié par eux, des sommes que chaque fermier général a fournies pour ses fonds d'avance et de cautionnement individuel.

2. Un mois après la vérification des quittances du garde du Trésor royal et de l'état ci-dessus, notifiée audit Mager et ses cautions, commencera le remboursement desdits fonds d'avance et de cautionnement.

3. Ledit remboursement sera effectué en cinq mois, à raison d'un cinquième par mois, et il sera fait individuellement à chaque fermier général.

4. Pour cet effet, les fermiers généraux seront tenus de se concerter entre eux, et de former sur cette base un ordre de distribution dudit remboursement, qu'ils remettront dans le même délai d'un mois au directeur général de la liquidation.

5. Tout ce qui est prescrit aux articles 6, 7, 8, 9, 10, 11 et 12 du titre II, aura lieu pour les fermiers généraux comme pour les régisseurs généraux et les administrateurs généraux du domaine.

6. Lesdits fonds d'avance et de cautionnement remboursés, il sera procédé, sous la garantie du même cautionnement en immeubles prescrits par l'article 9 du titre II, et à la charge de la solidarité toujours subsistant entre les ci-devant fermiers généraux, au remboursement du fonds d'exploitation de la ferme générale.

7. Ledit remboursement sera fait à raison de quatre millions par mois, aux conditions et dans les formes prescrites ci-dessus, jusqu'à concurrence de quarante millions.

L'excédent ne sera remboursé qu'après les comptes de la ferme présentés et rendus.

TITRE IV. Liquidation et remboursement des fonds d'avance et de cautionnement des employés de la ferme générale et de la régie générale.

Art. 1er. Dans le délai d'un mois, Mager et ses cautions, Kalendrin et ses cautions, remettront au commissaire général de la liquidation:

1° L'état général et nominatif des employés comptables ou non comptables qui ont fourni des cautionnemens, et du montant de chaque cautionnement individuel ;

2° Les quittances du garde du Trésor royal pour le montant dudit cautionnement.

2. Un mois après que ledit état aura été vérifié, et la somme totale dudit cautionnement arrêtée par un décret de l'Assemblée nationale, les employés non comptables, ou leurs ayant-cause, seront remboursés, en rapportant leurs récépissés de caisse et de certificats de non-opposition, ou main-levée d'opposition, s'il y en a.

3. Quant aux employés comptables, leur remboursement sera effectué à mesure que leur comptabilité sera apurée.

En conséquence, les commissaires liquidateurs des deux compagnies remettront successivement au commissaire général de la liquidation : 1° l'état nominatif des employés comptables dont ils auront vérifié et apuré les comptes; 2° le résultat certifié d'eux desdits comptes.

Ce qui restera dû des cautionnemens, débets déduits, s'il y en a, sera remboursé à ceux qui auront droit, en remplissant les formalités prescrites ci-dessus.

4. Les articles 7, 8, 9 et 10 du titre II seront observés relativement aux remboursemens des employés comptables et non comptables.

Les cautionnemens en argent des employés de l'administration des domaines qui seraient morts ou retirés depuis l'établissement de la régie du droit d'enregistrement, seront remboursés dans les mêmes formes.

Titre V. Régisseurs des poudres, administrateurs de la loterie royale.

Art. 1er. Les régisseurs des poudres seront tenus de fournir, dans le délai d'un mois, un cautionnement en immeubles de 100,000 liv., lequel sera reçu et vérifié par le ministre des contributions publiques.

2. Ledit cautionnement reçu, le remboursement de leurs fonds d'avance et de cautionnement sera effectué en la forme prescrite pour les compagnies de finance et aux mêmes conditions.

3. Il sera fourni, pareillement dans le même délai, par les administrateurs de la loterie royale, un cautionnement en immeubles de 100,000 liv., et le remboursement de leurs fonds d'avance sera effectué de la même manière.

22 = 28 juillet 1791. — Décret qui règle la couleur des affiches. (L. 5, 510; B. 16, 270.)

L'Assemblée nationale décrète que les affiches des actes émanés de l'autorité publique seront seules imprimées sur papier blanc ordinaire, et celles faites par des particuliers

ne pourront l'être que sur papier de couleur, sous peine de l'amende ordinaire de police municipale.

22 = 28 juillet 1791. — Décret contenant des dispositions additionnelles sur la gendarmerie nationale. (L. 5, 507; B. 16, 267.)

Voy. loi du 16 janvier = 16 février 1791.

L'Assemblée nationale décrète ce qui suit :

Art. 1er. Il sera fourni par le ci-devant commandant de la compagnie de robe-courte un état des surnuméraires employés dans ladite compagnie à la date du 1er janvier 1791, et cet état sera certifié par le commissaire des guerres inspecteur de ladite compagnie. Le directoire du département de Paris inscrira lesdits surnuméraires sur le registre ordonné par l'article 2 du titre II du décret du 16 janvier = 16 février 1791, afin qu'ils soient replacés, de préférence à tous autres sujets, dans les deux compagnies de gendarmerie nationale attachées au service des tribunaux, sans qu'aucun desdits surnuméraires puisse être recherché sur le temps de service qui lui manquerait pour y être admis.

2. Les gendarmes de la ci-devant robe-courte ne recevant plus d'extraordinaire, sont rappelés de leur traitement à compter du 1er janvier 1791, sur le pied fixé par l'article 4 du titre VI du décret du 16 janvier = 16 février 1791, sur la gendarmerie nationale. L'Assemblée nationale amendant en ce point l'article 7 de son décret du 22 juin 1791, le ministre de l'intérieur est autorisé à donner pour leur paiement des mandats sur le Trésor public.

3. Il sera attaché un commis au secrétaire-greffier au service des deux compagnies de gendarmerie nationale servant auprès des tribunaux de Paris : son traitement sera de 600 livres, conformément à l'article 2 du titre V du décret du 16 janvier = 16 février 1791.

4. Les commis au secrétariat seront choisis par le secrétaire-greffier, qui en répondra. Le secrétaire-greffier et les commis seront pourvus de commissions par le ministre de l'intérieur, sur la présentation du colonel, qui recevra leur serment.

5. Dans la formation actuelle, la distribution des brigades et les résidences des officiers, sous-officiers et gendarmes nationaux, seront faites ainsi qu'il est prescrit par les articles 8 et 16 du titre Ier du décret du 16 janvier = 16 février 1791 ; mais le placement des officiers, sous-officiers et gendarmes sera fait par le ministre de la guerre.

6. Les officiers, sous-officiers et gendarmes de la gendarmerie nationale, faisant leur service à cheval, ne pourront rester plus de quinze jours sans être montés ; et cependant le colonel, sur les raisons qui lui seront al-

léguées, pourra étendre ce terme jusqu'à un mois, et non au-delà.

Dans le cas où un officier, sous-officier ou gendarme ne se conformerait pas à ce décret, il sera défalqué, savoir, à chaque officier de tout grade, 40 sous par jour, et au sous-officier ou gendarme, 35 sous, à compter du jour où il aura cessé d'être monté.

Enfin, s'il négligeait de se monter dans le cours du second mois, il sera censé avoir renoncé à son état, et le colonel sera tenu d'en rendre compte au ministre de la guerre, lequel destituera le délinquant, sans préjudice de la retenue : lesdites retenues tourneront au profit de la masse.

7. Les lettres de passe, dans le corps de la gendarmerie nationale, auront lieu, comme par le passé, d'une résidence à une autre, toutes les fois que les circonstances l'exigeront ; les sous-officiers et gendarmes seront tenus de s'y conformer, sous peine de destitution.

22 JUILLET 1791. — Proclamation du Roi portant nomination des sieurs le Breton, Poissant et Bocher, pour compléter le nombre des douze régisseurs de l'enregistrement, domaines et droits réunis. (B. 5, 423.)

22 = 28 JUILLET 1791. — Décret qui autorise le directoire du district de Mortain, et ceux des départemens du Morbihan et de l'Ardèche, à acquérir les bâtimens nécessaires à leur établissement. (L. 5, 540 ; B. 16, 256 et suiv.)

22 = 29 JUILLET 1791. — Décret qui met en activité quatre-vingt-dix-sept mille hommes de gardes nationales pour la défense des frontières du nord, et en règle la distribution. (L. 5, 591 ; B. 16, 170.)

22 JUILLET 1791. — Police municipale et correctionnelle. *Voy.* 19 JUILLET 1791.

23 JUILLET (19 et) = 12 SEPTEMBRE 1791. — Décret relatif à ceux qui ont acquis du domaine de l'État des droits supprimés sans indemnité et des justices seigneuriales. (B. 16, 281.)

L'Assemblée nationale, voulant déterminer les effets de l'article 36 du titre II du décret du 15 mars 1790, et de son décret des 22 février et 13 avril 1791, concernant les répétitions accordées à ceux qui ont acquis du domaine de l'État des droits supprimés sans indemnité et des justices seigneuriales, décrète ce qui suit :

§ Ier. Des différentes répétitions à exercer par les aliénataires.

Art. Ier. Ceux qui ont acquis du domaine de l'État, soit par engagement, soit par vente pure et simple, des droits féodaux et autres, abolis sans indemnité, ainsi que des justices seigneuriales, sans mélange d'autres biens ou droits non supprimés, seront remboursés par la caisse de l'extraordinaire du montant des finances versées par eux ou leurs auteurs au Trésor public, suivant la liquidation qui en sera faite, avec intérêt, à compter de la publication des lettres-patentes sur les décrets du 4 août 1789.

2. Ceux qui ont fait lesdites acquisitions par bail à cens ou à rente perpétuelle, pareillement sans mélange d'autres biens ou droits non supprimés, demeureront déchargés, à compter de la même époque, des cens ou rentes dont ils étaient tenus, et seront remboursés de même des finances ou deniers d'entrée qu'ils justifieront avoir été versés au Trésor public.

3. Si lesdites aliénations ont été faites par baux emphytéotiques ou à longues années, les finances ou deniers d'entrée ne seront remboursés qu'à proportion du temps qui sera retranché de la jouissance des aliénataires.

4. En cas de bail à vie, il sera fait déduction sur lesdites finances ou deniers d'entrée, d'un trentième par chaque année de jouissance qu'auront eue les baillistes antérieurement à l'époque ci-dessus énoncée, sans néanmoins que cette déduction puisse réduire le remboursement au-dessous du tiers desdites finances ou deniers d'entrée.

Si le bail était à plusieurs vies, la déduction ne sera que d'un quarantième par année de jouissance ; mais cette déduction pourra se réduire jusqu'au quart de remboursement des finances ou deniers d'entrée.

5. Les taxes représentatives d'impositions ou de charges affectées sur les biens, avant ou depuis les contrats d'aliénation, n'entreront point en liquidation, à l'exception de celles qui auront été exigées pour rachat desdites charges, avec clause spéciale qu'elles tiendront lieu d'un supplément de finance.

6. Les droits de confirmation payés par les aliénataires n'entreront pareillement en liquidation qu'autant qu'ils auront été formellement établis à titre d'augmentation ou supplément de finance.

7. Aucune taxe ni aucun droit de confirmation consistant en rentes annuelles, portions ou années du revenu des biens aliénés, n'entreront en liquidation, en principal ni accessoires.

8. Les sous pour livre accessoires des finances ou supplémens de finances remboursables, entreront en liquidation lorsqu'ils auront été versés au Trésor public, ainsi que le principal.

9. Ceux à qui les aliénations sus-énoncées ont été faites à titre d'indemnité de créance ou répétition légitime contre l'État, seront rem-

boursés de ce à quoi leurs créances ou répétitions devront être liquidées.

10. Les acquéreurs sur reventes recevront le montant des remboursemens qu'ils auront faits aux précédens aliénataires, en conformité des liquidations régulières qui auront eu lieu.

11. Les autres liquidations faites avant l'établissement de la direction générale, dans les formes usitées jusqu'alors, seront pareillement exécutées.

12. Ceux qui ont fait lesdites acquisitions par voie d'échange seront admis à rentrer dans les objets par eux cédés en contre-échange, sans qu'il y ait lieu à indemnité, dans le cas où ces objets consisteraient pareillement en droits abolis ou justices seigneuriales, et les soultes respectives qui auront lieu seront remboursées avec intérêt, depuis l'époque ci-devant énoncée.

13. Si les aliénataires ont traité, transigé ou autrement disposé d'aucuns objets supprimés sans indemnité, dépendant de leurs acquisitions, ils seront tenus de compter ou imputer les sommes principales qu'ils en auront reçues, avec intérêt depuis la même époque.

14. Si les biens cédés à l'État en contre-échange se trouvent hors de sa disposition actuelle en tout ou en partie, l'échangiste sera proportionnellement remboursé de la valeur des droits supprimés et des produits utiles de la justice, déduction faite des charges, avec semblables intérêts.

15. Si lesdits biens sont appliqués à des usages publics, incorporés à un domaine national dont ils ne pourraient être séparés sans le détériorer, dénaturés par des plantations en bois, des conversions de taillis, en futaies ou autrement, ou s'il y a été construit des bâtimens considérables, la nation aura la faculté de les retenir au moyen du même remboursement.

16. La nation aura la même faculté dans le cas où lesdits biens seraient diminués de valeur par des démolitions de bâtimens, des coupes de bois, ou autrement, si mieux n'aime l'échangiste les recevoir en l'état auquel ils se trouveront.

17. Ceux qui ont acquis des droits supprimés sans indemnité, ou des justices seigneuriales, conjointement avec des droits rachetables ou d'autres biens, ne pourront demander que l'entière résiliation des engagemens, achats, baux et rentes, échanges et autres actes intervenus avec le Gouvernement, en remettant à l'État les biens et droits non supprimés qu'ils en auront reçus.

18. Néanmoins ceux desdits acquéreurs qui possédaient à titre incommutable, et qui, par acte authentique, avant la publication des décrets du 4 août 1789, auraient aliéné partie desdits biens ou droits non supprimés, seront reçus à les remplacer, en comptant du prix auquel ils les auront aliénés, avec intérêts, comme il est dit ci-dessus.

19. Les aliénataires rendront les biens qu'ils délaisseront, et particulièrement les bois, chaussées, usines et bâtimens, en aussi bon état qu'ils étaient lors des aliénations, et seront tenus de toutes détériorations et dégradations.

20. Les impenses et améliorations faites dans les mêmes biens seront remboursées jusqu'à concurrence de ce dont ils s'en trouveront augmentés de valeur au temps de la résiliation; néanmoins les engagistes n'auront droit qu'aux impenses qu'ils auront été dûment autorisés à faire, soit par le contrat, soit postérieurement, avec clause expresse de remboursement; et celles faites par les emphytéotes et baillistes à temps ne seront remboursées que dans les proportions fixées par les articles 3 et 4 pour les finances principales.

21. Les aliénataires seront tenus d'imputer les fruits ou produits des biens et droits non supprimés qu'ils seront dans le cas de rétrocéder, sur les intérêts des finances qui devront leur être remboursées, à compter de la publication des décrets du 4 août 1789, sans distinction des produits qui n'auraient pas été perçus, sauf à eux de les recouvrer.

22. Les frais et loyaux coûts des procès-verbaux qui ont été faits pour la vérification ou réception des impenses qui doivent être remboursées aux engagistes, entreront en liquidation; les droits de marc d'or qui pourraient avoir été exigés, en exécution de l'édit de décembre 1770, pour des aliénations à titre onéreux, seront pareillement liquidés et remboursés. Quant aux frais d'aliénation, de visite de lieux, évaluation et autre, ils demeureront à la charge des aliénataires, à l'exception de ceux que le Gouvernement se serait expressément obligé de supporter.

23. L'Assemblée nationale se réserve de prendre en considération les aliénations qui, par les clauses particulières des actes, se trouveraient hors la disposition du présent décret.

24. Les dispositions du présent décret, de ceux des 23 février et 13 avril 1791, et de l'article 36 du titre II du décret du 15 mars 1790, ne s'entendent que des droits et justices acquis du domaine ci-devant dit de la couronne, et non point des acquisitions faites des ci-devant bénéficiers, corps ou communautés ecclésiastiques, ou autres dont les possessions ont été ou pourraient être réunies au domaine national.

§ II. Exécution.

25. Les aliénataires qui voudront se prévaloir des dispositions du présent décret seront tenus de dresser un état détaillé et signé par eux ou un fondé de procuration, des droits supprimés sans indemnité et des justi-

ces seigneuriales qui leur ont été aliénés, en distinguant les droits et justices dont ils étaient en possession réelle au 4 août 1789, de ceux dont ils pourraient avoir disposé. Cet état devra être certifié par la municipalité du chef-lieu desdits droits ou justices, et visé par le directoire du district.

Ils dresseront un second état contenant les titres, reconnaissances, cueilloirs, baux à ferme et autres pièces étant en leur pouvoir, relativement à la propriété et à l'administration desdits droits ou justices; cet état sera pareillement signé, et ils en affirmeront ou feront affirmer la sincérité par-devant le même directoire.

26. Les aliénataires qui seront dans le cas de rétrocéder à la nation des droits rachetables ou d'autres biens, ou d'imputer le montant de ceux qu'ils auraient valablement aliénés, seront tenus d'en dresser pareillement l'état particulier et circonstancié, ainsi que celui des titres et pièces relatifs à la possession et à la gestion des mêmes biens qu'ils auront en leur pouvoir. Ils donneront pareillement l'état des fruits ou produits dont ils pourraient être comptables, à la forme de l'article 22, et signeront et affirmeront ces autres états, comme il est dit en l'article précédent.

27. Si les aliénataires ont à répéter des impenses et améliorations, ils en dresseront de même un état particulier, détaillé, signé et affirmé; et, soit qu'ils aient ou non des impenses à répéter, ils produiront les procès-verbaux de visites de lieux qui auront été faits.

28. Ceux qui auront à répéter des biens cédés en contre-échange seront tenus de les indiquer d'une manière spéciale, et de produire les extraits des procès-verbaux d'évaluation jugés et arrêtés qui auront eu lieu.

29. La liquidation des sommes remboursables aux aliénataires, ou qu'ils seront dans le cas d'imputer, sera faite par le commissaire du Roi, directeur général de la liquidation, sur les actes d'aliénation, et sous-aliénation, quittances de finances, jugemens de liquidation, titres de propriétés, états et autres actes et renseignemens qui lui seront représentés: il prendra préalablement l'avis par écrit de la régie des domaines, et, lorsqu'il l'estimera nécessaire, il consultera les corps administratifs.

30. La rétrocession des biens cédés à l'Etat en contre-échange n'aura lieu qu'en vertu d'un décret du Corps-Législatif, sanctionné par le Roi: en conséquence, les pièces et mémoires des échangistes seront remis au comité qui sera délégué à cet effet, et qui, après avoir pareillement pris l'avis par écrit de la régie des domaines, en fera son rapport.

31. S'il y a lieu à rembourser la valeur des droits supprimés, dans les cas énoncés aux articles 15, 16 et 17, la liquidation en sera faite sur le pied des évaluations qui auront eu lieu lors des échanges.

32. Les aliénataires qui, ensuite de la résiliation de leurs contrats, seront dans le cas de rétrocéder à l'Etat des biens ou droits non supprimés, remettront leurs pièces à la régie des domaines, en la personne de son principal préposé dans le département où lesdits biens seront situés, pour donner son avis, tant sur les demandes desdits aliénataires que sur les fruits dont ils seraient comptables, et les détériorations, dégradations, et autres objets dont ils pourraient être tenus: les pièces seront ensuite communiquées au directoire du département, pour viser et approuver, s'il y a lieu, l'avis de la régie. Les directoires de département consulteront préalablement ceux des districts où les biens seront situés, et ceux-ci, lorsqu'ils l'estimeront convenable, consulteront les municipalités.

33. S'il n'y a lieu à aucune plus ample vérification, les pièces et avis ci-dessus énoncés seront adressés au directeur général de la liquidation, pour liquider les sommes à imputer et rembourser, et elles seront présentées au Corps-Législatif, lorsqu'il y aura des biens contre-échangés à rétrocéder.

34. S'il échoit des vérifications par experts, ils seront convenus, l'un par l'aliénataire, l'autre par le procureur-syndic du district qui sera délégué par le directoire du département; et, à défaut d'en convenir, ils seront nommés d'office par le directoire du même district. Les experts prendront les renseignemens nécessaires sur les faits qui auront besoin d'être constatés, et en feront mention dans leur rapport, qu'ils affirmeront par-devant le même directoire. S'il est besoin d'un tiers-expert, il sera nommé par le directoire du département. L'aliénataire et les préposés de la régie pourront assister aux opérations des experts, et leur faire les observations qu'ils jugeront convenables.

35. Le directoire du district qui aura reçu le rapport des experts, et successivement le directoire du département, donneront leur avis sur le tout; après quoi les pièces seront adressées au directeur général de la liquidation, ou présentées au Corps-Législatif, comme il est dit en l'article 33.

36. Les aliénataires qui, toute compensation faite, seront reconnus débiteurs, seront tenus de verser à la caisse de l'extraordinaire le montant des sommes dont ils seront redevables, et d'en joindre la quittance à leurs pièces et mémoires, pour obtenir la rétrocession des biens par eux cédés en contre-échange.

37. Les aliénataires, avant d'obtenir la délivrance de leur reconnaissance de liquidation et d'être mis en possession des biens par eux cédés en contre-échange, seront tenus de remettre les pièces comprises dans

les états mentionnés aux articles 25 et 26, au secrétariat du district où ils auront affirmé lesdits états, et d'en justifier au directeur général de la liquidation, et à la régie des domaines.

Les titres et pièces relatives à la propriété et jouissance des biens rétrocédés aux aliénataires leur seront remis sur leur décharge par tous dépositaires.

38. Les formalités prescrites par le présent décret ne seront point assujéties à l'enregistrement, et seront faites sur papier libre et sans frais, sauf les salaires des experts, qui seront avancés par les aliénataires sur la taxe du directoire de district, et compris dans la liquidation des sommes qui devront leur être remboursées, lorsqu'ils n'y auront pas donné lieu par de faux exposés, ou que lesdits frais ne seront pas causés par des dégradations à leur charge.

39. Les aliénataires seront tenus de présenter leurs titres, états et mémoires, au plus tard dans les trois ans de la publication du présent décret; et, passé ce terme, ils demeureront déchus de toute prétention.

----

23 = 28 JUILLET 1791. = Décret relatif aux fers et autres objets venant du village des Hayons, principauté de Sedan. (L. 5, 487; B. 16, 275.)

L'Assemblée nationale, après avoir entendu le rapport de son comité d'agriculture et de commerce, décrète que les fers et autres objets qui passeront du village des Hayons, situé à trois lieues des frontières de la ci-devant principauté de Sedan, dans l'enceinte des barrières, et tout ce qui sortira du royaume par ledit village, seront soumis aux droits et aux prohibitions réglées par le décret du 2 = 15 mars dernier, sans rien préjuger relativement à la souveraineté sur ledit village.

Permét, cependant, de faire sortir en exemption de droits, jusqu'au 1er janvier 1793, pour les fabriques dudit village, une quantité de vieux fers proportionnée à celle des fers platinés qui seront apportés desdites fabriques dans le royaume.

----

23 = 23 JUILLET 1791. — Décret qui mande le maire de Paris pour rendre compte à l'Assemblée des mesures prises pour le recensement des habitans et des étrangers qui se trouvent das cette ville. (L. 5, 453; B. 16, 277.)

----

23 = 23 JUILLET 1971. — Décret portant qu'un bataillon complet de gardes nationales du département du Doubs sera mis en activité pour la garde des forts, ports et frontières de Porentry. (L. 5, 454; B. 16, 278.)

23 = 25 JUILLET 1791. — Décret portant qu'il sera informé contre les auteurs des troubles qui ont eu lieu dans le pays de Caux, et contenant des dispositions particulières relatives aux troupes de ligne et gardes nationales, aux ci-devant fonctionnaires publics séculiers et réguliers, et aux ci-devant religieux, même non-fonctionnaires, du département de la Seine-Inférieure, qui n'ont pas prêté le serment. (L. 5, 469; B. 16, 280.)

----

23 = 28 JUILLET 1791. — Décret qui décharge le Trésor public des dépenses municipales de de la ville de Paris. (L. 5, 544; B. 16, 276.)

----

23 JUILLET = 1er AOUT 1791. — Décret portant que les ministres se rendront aux séances de l'Assemblée nationale, de deux jours l'un, et qui ordonne un rapport sur les moyens de correspondance active entre les ministres et les départemens pour la levée des gardes nationales, et sur le mode de remplacement aux places vacantes dans l'armée. (L. 5, 669.)

----

23 JUILLET 1791. — Décret qui autorise le directoire du département de l'Orne à faire vendre quarante étalons du haras du Pin. (B. 16, 276.)

----

23 JUILLET 1791. — Décret qui ordonne au ministre de la justice de rendre compte de l'état des procédures contre les fabricateurs de faux assignats. (B. 16, 277.)

----

23 JUILLET 1791. — Décret qui ordonne au ministre de l'intérieur de rendre compte, dans trois jours, de l'exécution du décret rendu, le 11 juin dernier, contre Louis-Joseph de Bourbon Condé. (B. 16, 277.)

----

23 JUILLET 1791. — Décret portant que le ministre des affaires étrangères enverra auprès de l'évêque de Bâle un ministre chargé de réclamer l'exécution du traité de 1780. (B. 16, 278.)

----

23 = 23 JUILLET 1791. — Décret qui mande l'accusateur public du sixième arrondissement, pour rendre compte des diligences qu'il a dû faire à l'occasion des délits des 15, 16 et 17 du présent mois, et qui autorise les juges de ce tribunal à se faire aider pour l'instruction des procédures relatives auxdits délits. (B. 16, 279.)

----

23 JUILLET 1791. — Vendée. Voy. 16 JUILLET 1791.

----

24 = 29 JUILLET 1791. — Décret relatif au paiement de l'indemnité des juges, commissaires du Roi, accusateurs publics, greffiers et commis attachés aux tribunaux criminels provisoires de Paris, et à la haute cour nationale provisoire d'Orléans. (L. 5, 589; B. 16, 291.)

Art. 1er. La dépense de l'indemnité réglée

par le décret du 13 = 14 mars 1791, à chacun des juges, commissaires du Roi et greffiers des six tribunaux criminels provisoires établis à Paris par la même loi, sera acquittée par mois sur le Trésor public, à compter du 26 mars dernier, ainsi que le traitement de l'accusateur public et des deux commis-greffiers, à compter du jour de leur nomination, d'après l'état de cette dépense qui sera arrêté par le ministre de l'intérieur; sans préjudice du traitement ordinaire des membres composant lesdits tribunaux, qui continuera d'être acquitté complétement et en totalité sur les caisses de leurs districts respectifs.

2. La dépense de l'indemnité réglée par l'article 4 du décret du 13 = 14 mars 1791, à chacun des juges du tribunal criminel provisoire établi à Orléans pour le jugement des crimes de lèse-nation, ainsi que le traitement de l'accusateur public et celui du greffier, seront aussi acquittés par mois sur le Trésor public, à compter du jour de leur installation, d'après l'état de cette dépense, qui sera arrêté par le ministre de l'intérieur, sans préjudice du traitement ordinaire des juges et accusateur public composant le tribunal, qui continuera d'être acquitté complétement et en totalité sur les caisses de leurs districts respectifs.

3. Le montant des sommes qui auront été acquittées par le Trésor public pour la dépense mentionnée en l'article précédent, sera imputé par les commissaires de la Trésorerie nationale sur le fonds qui a été décrété par le décret du 18 = 25 février 1791, pour les dépenses de la haute Cour nationale. La dépense des six tribunaux criminels provisoires établis à Paris sera remboursée particulièrement à la Trésorerie nationale par la caisse de l'extraordinaire.

24 = 29 JUILLET 1791. — Décret relatif aux assignats et à la surveillance de leur fabrication. (L. 5, 612; B. 16, 290.)

Art. 1er. Le Trésor public acquittera ce qui se trouvera rester dû pour le papier et l'impression des 800 millions d'assignats décrétés les 29 septembre et 10 octobre 1790, d'après la représentation des marchés et des quittances de paiemens faits à compte jusqu'au 1er juillet présent mois.

2. Il sera nommé par le pouvoir exécutif, sous la responsabilité du ministre des contributions publiques, un commissaire adjoint aux deux commissaires du Roi déjà en activité, pour remplir avec eux, seulement pendant trois mois, les mêmes fonctions dans tout ce qui a rapport à la confection des assignats de 5 livres, et de ceux de la création de 600 millions portée dans le décret du 19 juin dernier,

3. Le ministre des contributions publiques visera toutes conventions arrêtées et signées par le commissaire du Roi, avec les fabricans et artistes occupés pour les assignats de la création de 600 millions, de la même manière qu'il en a été usé pour ceux de 5 livres, et copie desdites conventions visées sera déposée aux archives nationales.

24 et 25 = 29 JUILLET 1791. — Décret relatif au rétablissement de la discipline militaire. (L. 5, 614; B. 16, 293; Mon. des 25 et 26 juillet 1791.

L'Assemblée nationale, instruite que plusieurs régimens de l'armée sont dépourvus d'un grand nombre de leurs officiers, dont les uns ont été destitués illégalement par les soldats, tandis que d'autres ont abandonné d'eux-mêmes le poste où l'honneur leur faisait un devoir de mourir pour le maintien de la discipline; fortement décidée à la rétablir dans toute sa vigueur; considérant que, par la nature de l'engagement que les militaires contractent envers la nation, le sacrifice de leur vie n'est ni le seul, ni même le plus grand qu'elle soit en droit d'exiger d'eux, mais qu'ils lui doivent celui d'une portion considérable de leur indépendance, à laquelle ils renoncent momentanément pour mieux assurer la liberté de leurs concitoyens; qu'ainsi l'honneur d'un brave et loyal soldat ne peut pas être plus gravement compromis par une lâcheté, qu'il ne le serait par un acte d'insubordination ou de licence; voulant que désormais de semblables actes soient punis irrémissiblement dans toutes les classes du militaire, et que, pour ôter tout prétexte d'excuse, les fautes ou délits de ce genre qui seraient commis à l'avenir ne puissent être confondus avec ceux dont il est possible de rejeter le blâme sur les circonstances dont nous sortons; après avoir entendu le rapport de son comité militaire, décrète ce qui suit:

Art. 1er. Les officiers qui, depuis l'époque du 1er mai dernier, ont abandonné volontairement leurs corps ou drapeaux sans avoir donné leur démission, et qui sont ensuite passés à l'étranger, seront incessamment poursuivis comme transfuges par les commissaires-auditeurs des guerres, et jugés par les cours martiales. Il en sera de même à l'égard des officiers qui, ayant donné leur démission, sont ensuite passés à l'étranger, si, dans le délai de six semaines, à compter du jour de la publication du présent décret, ils ne sont pas rentrés dans le royaume, où les corps administratifs et les municipalités veilleront à ce que les lois protectrices de la sûreté des personnes et des biens soient spécialement observées à leur égard.

2. Les officiers qui, sans être passés à l'étranger, ont abandonné volontairement leur

corps ou leurs drapeaux sans permission ni congé, seront censés avoir renoncé pour toujours au service, et ne pourront prétendre à aucun remplacement ni avancement.

3. A l'égard des officiers qui ont été forcés de quitter leur corps en conséquence de soupçons élevés contre eux, mais non légalement vérifiés, ils reprendront leurs places dans leurs régimens, ou, s'ils l'aiment mieux, ils seront pourvus de places équivalentes dans d'autres corps, pourvu que ces officiers n'aient pas refusé le serment prescrit par le décret du 22 juin dernier, et, dans le cas où ils n'auraient pas été à portée de le prêter à leur régiment, qu'ils l'y fassent sous quinzaine.

4. La disposition de l'article 5 du décret du 24 juin dernier, par laquelle la moitié des emplois vacans dans les différens corps a été réservée aux sous-officiers des corps dans lesquels ils vaqueraient, n'aura pas lieu à l'égard des régimens qui se sont permis des destitutions; et, dans ces mêmes régimens, la nomination aux places d'officiers, spécialement affectée aux sous-officiers par le décret du 23 septembre 1790, demeurera suspendue, jusqu'à ce qu'il en ait été autrement ordonné, d'après le compte qui pourra être rendu par les officiers généraux et supérieurs de la bonne conduite de ces mêmes corps.

5. Toute faute ou délit militaire commis avant ce jour (autres néanmoins que les délits spécifiés dans les deux premiers articles du présent décret, et les crimes de désertion, d'embauchage ou de trahison), toutes plaintes portées en conséquence, mais non encore jugées, toutes condamnations intervenues à l'occasion de ces fautes et délits, mais non encore exécutées, seront censés et réputés non avenus. En conséquence, la liberté sera rendue aux accusés ou condamnés qui se trouvent prisonniers, et il sera expédié à tous ceux qui sont dans le cas du présent article des cartouches pures et simples.

6. A l'avenir et à compter de ce jour, tout acte d'insubordination et de désobéissance, toute contravention aux lois de la discipline militaire, seront punis suivant l'exigence des cas et la rigueur des ordonnances: les commissaires-auditeurs des guerres seront tenus de poursuivre les délinquans, lorsqu'ils leur seront particulièrement dénoncés ou indiqués par la notoriété publique, et demeureront personnellement responsables de leur négligence à cet égard.

7. Du jour de la publication du présent décret, les sous-officiers seront personnellement responsables des mouvemens combinés qui se feront dans les régimens contre la personne des officiers, lorsque les coupables apparens de semblables désordres ne seront pas d'abord désignés ou connus; dans ce cas,

les commissaires-auditeurs des guerres seront tenus de poursuivre et faire juger par les cours martiales lesdits sous-officiers, qui ne pourront encourir de moindres peines que celle d'être cassés et déclarés indignes de porter les armes pour le service de la patrie, à moins qu'ils ne prouvent qu'ils n'ont point eu de part aux mouvemens, qu'ils ont pris toutes les précautions qui dépendaient d'eux pour les arrêter, et qu'ils en ont averti les chefs dès qu'ils en ont eu connaissance.

8. En cas de mouvemens combinés dans les régimens contre l'ordre et la discipline militaire en général, les sous-officiers et soldats en seront graduellement responsables, suivant l'ordre de leur grade ou de leur ancienneté, lorsque les coupables apparens de semblables désordres ne seront pas d'abord désignés ou connus: dans ce cas, les commissaires-auditeurs seront tenus de rendre plainte contre les sergens-majors ou maréchaux-des-logis en chef, premiers sergens ou maréchaux-des-logis, premiers caporaux ou brigadiers, appointés et plus anciens soldats, cavaliers, dragons, hussards, chasseurs ou canonniers, par rapport auxquels il en sera usé ainsi qu'il est dit en l'article précédent.

9. En cas de mouvemens combinés dans les régimens par les officiers contre l'ordre et la discipline militaire en général, les officiers en seront graduellement responsables suivant l'ordre de leur grade ou de leur ancienneté, lorsque les coupables apparens de semblables désordres ne seront pas d'abord désignés ou connus: dans ce cas, les commissaires-auditeurs seront tenus de rendre plainte contre les premiers capitaines, premiers lieutenans et premiers sous-lieutenans, par rapport auxquels il en sera usé ainsi qu'il est dit dans l'article 7.

10. Seront considérés et punis comme mouvemens combinés contre l'ordre et la discipline en général, toute réunion, soit de militaires de différens grades, soit d'officiers, soit de sous-officiers ou soldats, pour délibérer entre eux dans d'autres circonstances que celles permises ou prescrites par la loi, à plus forte raison, toute délibération formée et toute émission de vœu collectif.

11. Aussi long-temps que subsistera l'autorité provisoire accordée aux généraux d'armée par le décret du 24 juin dernier, de suspendre les officiers dont la conduite leur paraîtra suspecte, les commandans en chef des divisions jouiront du même droit, chacun dans sa division, et les conseils de discipline de chaque régiment auront aussi provisoirement le pouvoir d'ordonner, à la pluralité des cinq septièmes des voix, le renvoi, avec une cartouche pure et simple, des sous-officiers et soldats dont la conduite sera répréhensible; néanmoins le conseil de discipline ne pourra jamais user de ce pouvoir que

sur une demande expresse et par écrit, qui devra être signée, s'il est question d'un sous-officier, par neuf de ses camarades du même grade et par un officier de sa compagnie; et, s'il est question d'un soldat, par tous les sous-officiers de sa compagnie, ou par un sergent ou maréchal-des-logis, un caporal ou brigadier, et par neuf soldats de sa compagnie;

25 = 29 JUILLET 1791. — Décret relatif à la suppression des droits qui se percevaient dans les ci-devant pays d'états. (L. 5, 620; B. 16, 301.)

L'Assemblée nationale, voulant assurer l'exécution pleine et entière de son décret du 2 mars, portant suppression à l'avenir des droits établis tant à l'exercice qu'à la fabrication, et qui étaient perçus, soit par la régie générale, soit par des fermiers particuliers, dans les ci-devant pays d'états, et en même temps assurer le recouvrement des droits qui étaient dus et exigibles à l'époque de cette suppression, décrète ce qui suit :

Art. 1er. Le bail passé par les ci-devant états de Languedoc, le 15 janvier 1788, à Pierre Bellocq, de la ferme du droit connu sous le nom d'*équivalent*, et perceptible à la vente en détail sur les vins, viandes et poissons de mer frais et salés, pour en jouir par ledit Bellocq pendant le terme de six années consécutives, à compter du 1er avril 1788 jusqu'au 31 mars 1794, moyennant le prix de 1,376,000 livres par chaque année, est et demeure résilié à compter du 1er avril 1790; en conséquence et à dater de cette époque, ledit Bellocq rendra, d'ici au 1er janvier 1792, son compte de clerc à maître du produit dudit bail, au directoire du département de la Haute-Garonne.

2. Tous les sous-baux passés par ledit Bellocq, et les arrière sous-baux passés par les cessionnaires, sont également résiliés à compter dudit jour 1er avril 1790; à la charge par les sous-fermiers qui se sont plaints légalement de leur non-jouissance, de rendre audit Bellocq leur compte de clerc à maître, pour la troisième année de leur bail, échue le 31 mars 1791, dans le délai de trois mois, lesquels comptes de clerc à maître ne seront reçus qu'après avoir été vérifiés et visés par les municipalités et directoires de district, pour faire partie du compte général de clerc à maître à rendre par ledit Bellocq devant le directoire du département de la Haute-Garonne; et les sommes à recouvrer aujourd'hui pour le compte de la nation seront imputées sur les indemnités qui pourraient lui être dues après la reddition et apurement de son compte.

3. Sur les observations du directoire du département de la Haute-Garonne, qui se-

ront transmises au Corps-Législatif, il sera pourvu au traitement dudit Bellocq, depuis le 1er avril 1790 jusqu'à la présentation de son compte de clerc à maître, ainsi qu'à l'indemnité, s'il y a lieu, pour la non-jouissance des trois dernières années de son bail.

4. L'Assemblée nationale autorise ledit Bellocq, ainsi que ses sous-fermiers, à continuer la perception des restes à recouvrer jusqu'au 1er janvier 1792, terme dans lequel ledit Bellocq sera tenu de rendre son compte de clerc à maître.

5. Toutes les procédures commencées pour demandes en indemnités et résiliement de baux, sont et demeurent supprimées; mais les poursuites nécessaires à l'acquittement des droits dus, tant par les redevables que par les sous-fermiers et arrière sous-fermiers, seront faites et continuées jusqu'à parfait paiement.

6. Tous les baux des bureaux, passés par ledit Bellocq et les sous-fermiers, pour raison de leur exploitation, seront résiliés à compter du 1er octobre prochain, et le prix en sera payé aux propriétaires jusqu'à ladite époque pour leur tenir lieu d'indemnité, attendu qu'ils ont cessé d'être occupés depuis la cessation du bail.

7. Dans le compte de clerc à maître que rendra ledit Bellocq, il portera en recette le prix des meubles et ustensiles de son exploitation, dont la vente sera faite par l'ordre des corps administratifs, sous l'inspection des municipalités, et distraction faite du tiers pour les deux années de la jouissance; il portera en dépense le prix de leur acquisition, comme aussi les frais faits tant pour monter les régies que pour opérer les sous-fermes et autres objets y relatifs. Il lui sera également alloué en dépense, ainsi qu'à ses fermiers et arrière sous-fermiers comptables, les frais des procédures ci-dessus anéanties par l'art. 5.

8. Ledit Bellocq se pourvoira par-devant le comité de liquidation, pour le remboursement de six cent mille livres dont il a fait l'avance à la province en exécution de son bail.

25 = 29 JUILLET 1791. — Décret relatif aux dépenses d'impression, confection de cahiers, loyers et frais de bureaux des anciens directeurs des vingtièmes. (L. 5, 599; B 16, 298.)

L'Assemblée nationale décrète ce qui suit:

Le ministre des contributions publiques fera payer sur le Trésor public, d'après l'état par lui arrêté, la somme de 49,666 l. 13 s. 4 d., aux anciens directeurs des vingtièmes, pour remboursement des dépenses d'impression et confection des seconds cahiers de vingtièmes de 1790, et pour les loyers et frais de bureau relatifs à ladite opération.

25 = 29 JUILLET 1791. — Décret portant circonscription des paroisses des villes d'Avranches, de la Charité, de la marche et d'Auray. (L. 5, 625; B. 16, 298.)

25 = 29 JUILLET 1791. — Décret portant résiliation du bail passé par les ci-devant états du Languedoc, à Pierre Bellocq, de la ferme du droit connu sous le nom d'*équivalent*. (B. 16, 301.)

25 JUILLET 1791. — Assignats de 5 livres. *Voy.* 9 JUILLET 1791. — Caisse de l'Assemblée nationale. *Voy.* 16 JUILLET 1791. — Discipline militaire; Divers districts. *Voy.* 12 JUILLET 1791. — Divers districts; Donation au cardinal Mazarin. *Voy.* 14 JUILLET 1791. — Employés. *Voy.* 16 JUILLET 1791. — Hôpitaux; Nantukois *Voy.* 8 JUILLET 1791. — Ponts-et-chaussées. *Voy.* 17 JUILLET 1791. — Reconnaissance de liquidation. *Voy.* 16 JUILLET 1791. — Troubles du pays de Caux. *Voy.* 23 JUILLET 1791.

26 = 26 JUILLET 1791. — Décret relatif à la police des papeteries. (L. 5, 477; B. 16, 304.)

Voy. 16 fruct. an 4.

L'Assemblée nationale, ouï le rapport de son comité des finances et des assignats, décrète provisoirement ce qui suit :

Les compagnons et ouvriers papetiers ne pourront quitter leurs maitres pour aller chez d'autres, qu'ils ne les aient avertis six semaines auparavant, en présence de deux témoins, à peine de 180 livres d'amende payables par corps contre les compagnons et ouvriers, de 300 livres également payables par corps contre les maitres fabricans qui recevraient à leur service et engageraient aucuns compagnons et ouvriers qu'ils ne leur aient représenté le congé par écrit du dernier maitre chez lequel ils ont travaillé, ou du juge des lieux, en cas de refus mal fondé de la part du maitre. Seront aussi tenus les maitres d'avertir lesdits compagnons et ouvriers, en présence de deux témoins, six semaines avant de les renvoyer, à peine de leur payer, et même par corps, leurs gages et nourriture, ou le prix de leurs journées pendant lesdites six semaines. Charge le pouvoir exécutif d'enjoindre aux corps administratifs de faire exécuter le présent décret, et autorise les commissaires de l'Assemblée nationale, dans les manufactures de Courtalin et du Marais, où se fabrique le papier des assignats, à veiller à son exécution, et même à requérir au besoin la force publique.

26 JUILLET = 1er AOUT 1791. — Décret relatif à l'exécution provisoire des délibérations des assemblées coloniales. (L. 5, 664; B. 16, 305.)

L'Assemblée nationale déclare qu'elle n'a entendu apporter, par ses décrets des 21 et 25 juin et 10 de ce mois, aucun changement à la nature des fonctions légalement établies dans les colonies par le pouvoir exécutif, ni suspendre la faculté attribuée aux gouverneurs, d'accorder ou de refuser l'approbation nécessaire aux arrêtés des assemblées coloniales, pour être provisoirement exécutés.

26 (27 et) JUILLET = 3 AOUT 1791. — Décret relatif à la réquisition et à l'action de la force publique contre les attroupemens. (L. 5, 734; B. 16, 306; Mon. des 27 et 29 juillet 1791.)

Voy. lois du 21 OCTOBRE 1789; du 28 AOUT 1791, et du 23 JUIN 1793; du 10 AVRIL 1831.

L'Assemblée nationale, considérant que la liberté consiste uniquement à pouvoir faire ce qui ne nuit pas aux droits d'autrui, et à se soumettre à la loi ; que tout citoyen appelé ou saisi en vertu de la loi doit obéir à l'instant, et se rend coupable par la résistance ; que les propriétés donnent un droit inviolable et sacré ; qu'enfin la garantie des droits de l'homme et du citoyen nécessite une force publique, décrète ce qui suit, touchant l'emploi et l'action de cette force dans l'intérieur du royaume.

Art. 1er. Toutes personnes surprises en flagrant délit, ou poursuivies par la clameur publique, seront saisies et conduites devant l'officier de police.

Tous les citoyens, inscrits ou non sur le rôle de la garde nationale, sont tenus, par leur serment civique, de prêter secours à la gendarmerie nationale, à la garde soldée des villes, et à tout fonctionnaire public, aussitôt que les mots *force à la loi* auront été prononcés, et sans qu'il soit besoin d'aucune autre réquisition.

2. Les fonctions mentionnées en l'article 1er de la section II du décret du 16 janvier dernier, que la gendarmerie nationale doit exercer sans réquisition particulière, seront remplies pareillement par les gardes soldées dans les villes où il y en aura, non-seulement en ce qui concerne les flagrans délits et la clameur publique, mais aussi contre les porteurs d'effets volés ou d'armes ensanglantées, les brigands, voleurs et assassins, les auteurs de voies de fait et violences contre la sûreté des personnes et des propriétés ; les mendians et vagabonds, les révoltes et attroupemens séditieux.

3. Si des voleurs ou des brigands se portent en troupe sur un territoire quelconque, ils seront repoussés, saisis et livrés aux officiers de police par la gendarmerie nationale et la garde soldée des villes, sans qu'il soit besoin de réquisition.

Ceux des citoyens qui se trouveront en activité de service de garde nationale prê-

teront main-forte au besoin; et si un supplément de force est nécessaire, les troupes de
ligne, ainsi que tous les citoyens inscrits,
seront tenus d'agir sur la réquisition du procureur de la commune, ou, à son défaut, de
la municipalité.

4. Alors la réquisition des communes limitrophes continuera d'être autorisée; celles
qui n'auront pas agi d'après la réquisition
demeureront responsables du dommage envers les personnes lésées, et seront poursuivies, sur la réquisition du procureur-général-
syndic du département, à la diligence du
procureur-syndic du district, devant le tribunal du district le plus voisin.

5. Les dépositaires de la force publique
qui, pour saisir cesdits brigands ou voleurs,
se trouveront réduits à la nécessité de déployer la force des armes, ne seront point
responsables des évènemens.

6. Si le nombre des brigands ou voleurs
rendait nécessaire une plus grande force,
avis en sera donné sur-le-champ, par la
municipalité ou le procureur de la commune,
au juge-de-paix du canton et au procureur-
syndic du district : ceux-ci, et toujours le
procureur-syndic à défaut ou en cas de
négligence du juge-de-paix, seront tenus de
requérir, soit la gendarmerie nationale, soit
la garde soldée des villes qui peuvent se
trouver dans le canton du lieu du délit, ou
même dans les autres cantons du district,
subsidiairement les troupes de ligne qui seront à douze milles du lieu de l'incursion, et
enfin, dans le cas de nécessité, les citoyens
inscrits dans le canton et dans le district pour
le service de la garde nationale.

7. Quiconque s'opposera par violence ou
voies de fait à l'exécution des contraintes légales, des saisies, des jugemens ou mandats
de justice ou de police, des condamnations
par corps, des ordonnances de prises de
corps, sera contraint à l'obéissance par les
forces attachées au service des tribunaux,
par la gendarmerie nationale, par la garde
soldée des villes, et au besoin par les troupes
de ligne.

8. Si la résistance est appuyée par plusieurs personnes ou par un attroupement, les
forces seront augmentées en proportion; et
à ce cri, *Force à la loi*, tous les citoyens seront tenus de prêter secours, de manière
que force demeure toujours à justice. Les
rebelles seront saisis, livrés à la police, jugés
et punis selon la loi.

9. Sera réputé attroupement séditieux, et
puni comme tel, tout rassemblement de plus
de quinze personnes s'opposant à l'exécution
d'une loi, d'une contrainte ou d'un jugement.

10. Les attroupemens séditieux contre la
perception des cens, redevances, agriers, et
champarts, contre celle des contributions

publiques, contre la liberté absolue de la circulation des subsistances, des espèces d'or et
d'argent ou toutes autres espèces monnayées,
contre celle du travail et de l'industrie, ainsi
que des conventions relatives aux prix des
salaires, seront dissipés par la gendarmerie
nationale, les gardes soldées des villes et les
citoyens qui se trouveront de service en qualité de gardes nationales : les coupables seront saisis pour être jugés et punis selon la loi.

11. Si ces forces se trouvent insuffisantes,
le procureur de la commune sera tenu d'en
donner avis sur-le-champ au juge-de-paix du
canton et au procureur-syndic du district.

12. Ceux-ci, et toujours le procureur-syndic à défaut ou en cas de négligence du juge-
de-paix, seront tenus de requérir à l'instant
le nombre nécessaire de troupes de ligne qui
se trouveraient à douze milles, et subsidiairement les citoyens inscrits dans la garde nationale, soit du canton où le trouble se manifeste, soit des autres cantons du district. Les
citoyens actifs des communes troublées par
ces désordres seront en même temps sommés
de prêter secours pour dissiper l'attroupement, saisir les chefs et principaux coupables, et pour rétablir la tranquillité publique
et l'exécution de la loi.

13. La même forme de réquisition et d'action énoncée aux trois articles précédens aura
lieu dans le cas d'attroupement séditieux
et d'émeute populaire contre la sûreté des
personnes, quelles qu'elles puissent être;
contre les propriétés, contre les autorités,
soit municipales, soit administratives, soit
judiciaires; contre les tribunaux civils, criminels et de police; contre l'exécution des
jugemens, ou pour la délivrance des prisonniers ou condamnés; enfin contre la liberté
ou la tranquillité des assemblées constitutionnelles.

14. Tout citoyen est tenu de prêter main-
forte pour saisir sur-le-champ et livrer aux
officiers de police quiconque violera le respect dû aux fonctionnaires publics en exercice de leurs fonctions, et particulièrement
aux juges et aux jurés.

15. Les procureurs-syndics des districts,
aussitôt qu'ils auront été dans le cas de requérir des troupes de ligne, seront tenus,
sous leur responsabilité, d'en instruire les
directoires de district et les procureurs-généraux-syndics de département : ceux-ci, sous
la même responsabilité, en donneront avis
sur-le-champ au Roi, et lui transmettront la
connaissance des évènemens à mesure qu'ils
surviendront.

16. Si la sédition parvenait à s'étendre
dans une partie considérable d'un district,
le procureur-général-syndic de département
sera tenu de faire les réquisitions nécessaires
aux gendarmes nationaux et gardes soldées,
même, en cas de besoin, aux troupes de ligne,

et subsidiairement aux citoyens inscrits comme gardes nationales dans des districts autres que celui où le désordre a éclaté, d'inviter en même temps tous les citoyens· actifs du district troublé par ce désordre à se réunir pour opérer le rétablissement de la tranquillité et l'exécution de la loi. Les procureurs-généraux-syndics, aussitôt qu'ils prendront cette mesure, seront tenus, sous leur responsabilité, d'en donner avis au Roi et à la législature, si elle est assemblée.

17. Les réquisitions des juges-de-paix cesseront à l'instant où les procureurs-syndics en auront fait, et ceux-ci s'abstiendront pareillement de toute réquisition, aussitôt après l'intervention des procureurs-généraux-syndics.

18. Les citoyens inscrits sur le rôle des gardes nationales, et non en activité de service, ne seront requis qu'à défaut et en cas d'insuffisance de la gendarmerie nationale, des gardes soldées et des troupes de ligne.

19. A l'exception de la réquisition de la force des communes limitrophes, il ne pourra en aucun cas être fait de réquisition aux gardes nationales par un département à l'égard d'un autre département, si ce n'est en vertu d'un décret du Corps-Législatif, sanctionné par le Roi.

20. Aucun corps ou détachement de troupes de lignes ne pourra agir dans l'intérieur du royaume sans une réquisition légale, sous les peines établies par les lois.

21. Les réquisitions seront faites aux chefs commandans en chaque lieu, et lues à la troupe assemblée.

22. Les réquisitions adressées aux commandans, soit des troupes de ligne, soit des gardes nationales, soit de la gendarmerie nationale, seront faites par écrit et dans la forme suivante :

« Nous. . . . . . requérons, en vertu de « la loi, N. . . . . commandant, etc., de « prêter le secours de troupes de ligne, ou « de la gendarmerie nationale, ou de la garde « nationale, nécessaire pour repousser les « brigands, etc., prévenir ou dissiper les « attroupemens, etc., ou pour assurer le « paiement de, etc., ou pour procurer l'exé-« cution de tel jugement ou telle ordonnance « de police, etc. « Pour la garantie dudit ou desdits com-« mandans, nous apposons notre signa-« ture. »

23. L'exécution des dispositions militaires appartiendra ensuite aux commandans des troupes de ligne, conformément à ce qui est réglé par l'art. 17 du tit. III du décret du 3 = 10 juillet, sur le service des troupes dans les places, et sur les rapports des pouvoirs civils et de l'autorité militaire, et par la loi qui détermine le mode du service simultané des gardes nationales et des troupes de ligne :

S'il s'agit de faire sortir les troupes de ligne du lieu où elles se trouvent, la détermination du nombre est abandonnée à l'officier commandant, sous sa responsabilité.

24. En temps de guerre, les troupes de ligne ne pourront être requises que dans les lieux où elles se trouveront, soit en garnison, soit en quartier, soit en cantonnement : néanmoins, sur la notification du besoin de secours, elles prêteront main-forte à l'exécution des lois civiles et politiques, des jugemens et des ordonnances de police et de justice, autant qu'elles le pourront sans nuire au service militaire.

25. Les dépositaires des forces publiques, appelés, soit pour assurer l'exécution de la loi, des jugemens et ordonnances ou mandemens de justice ou de police, soit pour dissiper les émeutes populaires et attroupemens séditieux, et saisir les chefs, auteurs et instigateurs de l'émeute ou de la sédition, ne pourront déployer la force des armes que dans trois cas :

Le premier, si des violences ou voies de fait étaient exercées contre eux-mêmes ;

Le second, s'ils ne pouvaient défendre autrement le terrain qu'ils occuperaient, ou les postes dont ils seraient chargés ;

Le troisième, s'ils y étaient expressément autorisés par un officier civil, et, dans ce troisième cas, après les formalités prescrites par les deux articles suivans.

26. Si, par les progrès d'un attroupement ou émeute populaire, ou par toute autre cause, l'usage rigoureux de la force devient nécessaire, un officier civil, soit juge-de-paix, soit officier municipal, procureur de la commune ou commissaire de police, soit administrateur de district ou de département, soit procureur-syndic ou procureur-général-syndic, se présentera sur le lieu de l'attroupement ou du délit, prononcera à haute voix ces mots : Obéissance à la loi : on va faire usage de la force ; que les bons citoyens se retirent. Le tambour battra un ban avant chaque sommation.

27. Après cette sommation trois fois réitérée, et même dans le cas où, après une première ou seconde sommation, il ne serait pas possible de faire la seconde ou la troisième, si les personnes attroupées ne se retirent pas paisiblement, et même s'il en reste plus de quinze rassemblées en état de résistance, la force des armes sera à l'instant déployée contre les séditieux, sans aucune responsabilité des événemens ; et ceux qui pourront être saisis ensuite seront livrés aux officiers de police pour être jugés et punis selon la rigueur de la loi.

28. Pour l'exécution des deux articles précédens, l'obligation de se présenter au lieu de l'attroupement remontera dans l'ordre qui suit : d'abord le procureur de la com-

mune et les commissaires de police, dans les lieux où il y en aura; à leur défaut, tous les officiers municipaux individuellement, ensuite le juge-de-paix du canton; si c'est dans une ville, le juge-de-paix de la ville; et, si elle en a plusieurs, tous les juges-de-paix individuellement; enfin le procureur-syndic du district, et, à son défaut, tous les membres du directoire du district individuellement; le procureur-général-syndic, et, à son défaut, tous les membres du directoire du département individuellement, si l'attroupement ou l'émeute populaire se passe dans le chef-lieu d'une administration de district ou de département.

Les officiers publics dénommés ci-dessus, chacun selon l'ordre de leur élection; et, s'il s'agit des juges-de-paix, dans l'ordre de l'âge, en commençant par les plus jeunes.

29. Si aucun officier civil ne se présente pour faire les sommations, le commandant, soit des troupes de ligne, soit de la garde nationale, sera tenu d'avertir, à son choix, l'un ou l'autre des officiers civils désignés aux articles 27 et 28.

30. Si des troubles agitent tout un département, le Roi donnera, sous la responsabilité de ses ministres, les ordres nécessaires pour l'exécution des lois et le rétablissement de l'ordre, mais à la charge d'en instruire au même instant le Corps-Législatif, s'il est assemblé.

31. Si des troubles agitent tout un département, durant les vacances de la législature, et s'il ne peuvent être réprimés, tant par la gendarmerie nationale et les troupes de ligne qui pourront s'y trouver, que par les gardes nationales, le Roi donnera les ordres nécessaires, mais à la charge de les consigner dans une proclamation qui convoquera en même temps la législature à jour fixe. Il pourra, s'il y a lieu, suspendre les procureurs-généraux-syndics et les procureurs-syndics, lesquels seront remplacés de la manière déterminée dans le décret du 15 = 27 mars 1791, le tout sous la responsabilité des ministres.

32. Les officiers municipaux de chaque commune, aussitôt qu'ils remarqueront des mouvemens séditieux prêts à éclater, seront tenus, sous leur responsabilité, d'en donner avis tant au procureur de la commune qu'au juge-de-paix du canton, et au procureur-syndic du district, lesquels requerront un service de vigilance de la part, soit des troupes de ligne, soit de la gendarmerie nationale, soit des citoyens inscrits dans le canton ou le district, selon l'importance des faits. Dans ce cas, et toutes les fois que le procureur-syndic fera une réquisition, il sera tenu d'en avertir le procureur-général-syndic.

33. Les conseils ou directoires de département seront chargés, sous leur responsabilité, d'examiner les circonstances où une augmentation de force est nécessaire à la conservation ou au rétablissement de l'ordre public; ils seront tenus alors d'en avertir le pouvoir exécutif, et de lui demander un renfort de troupes de ligne.

Ce renfort pourra leur être refusé, si la sûreté et le maintien de l'ordre dans le reste du royaume ne permettent pas de l'accorder.

34. Les corps municipaux, les directoires de district et de département, seront chargés, aussi sous leur responsabilité, de prendre toutes les mesures de police et de prudence les plus capables de prévenir et calmer les désordres; ils seront chargés en outre d'avertir les procureurs des communes, les juges-de-paix, les procureurs-syndics et les procureurs-généraux-syndics, dans toutes les circonstances où, soit la réquisition, soit l'action de la force publique, deviendra nécessaire.

Ils seront chargés enfin de transmettre à la législature et au Roi leurs observations sur la négligence de ces officiers, et sur l'abus de pouvoir qu'ils se permettraient.

35. Les officiers municipaux auront toujours sous leur responsabilité, le droit de suspendre la réquisition, ou d'arrêter l'action de la force publique, faite ou provoquée par les procureurs des communes.

Les directoires de district auront le même droit à l'égard des procureurs-syndics, des procureurs des communes, des officiers municipaux et des juges-de-paix de tout le district.

Les directoires de département auront aussi le même droit à l'égard des procureurs-généraux-syndics.

36. En l'absence ou à défaut du procureur de la commune, du juge-de-paix, du procureur-syndic du district ou du procureur-général-syndic du département, les corps municipaux, les directoires de district ou de département, et subsidiairement les conseils de district et de département, lorsqu'ils se trouveront assemblés, seront, sous leur responsabilité, tenus de faire les réquisitions nécessaires, respectivement et dans l'ordre désigné en l'article précédent.

37. En cas de négligence très-grave ou d'abus du pouvoir touchant la réquisition et l'action de la force publique, les procureurs des communes, les commissaires de police, les juges-de-paix, les procureurs-syndics et les procureurs-généraux-syndics seront jugés par les tribunaux criminels, destitués de leurs emplois, et privés pendant deux ans de l'exercice du droit de citoyens actifs, sans préjudice des peines plus fortes portées par le Code pénal contre les crimes attentatoires à la tranquillité publique.

38. Dans le cas où, soit les officiers municipaux, soit les membres des directoires ou des conseils de district ou de département, contreviendraient aux dispositions du présent

décret, la législature, sur le compte qui lui en sera rendu, pourra dissoudre le corps municipal ou administratif, et renvoyer la totalité ou quelques-uns de ses membres, soit aux tribunaux criminels du département, soit à la haute-cour nationale ;

Sans préjudice de l'annulation des actes irréguliers et de la suspension des membres des municipalités et des corps administratifs autorisés par la loi.

39. La responsabilité sera poursuivie à la diligence des directoires de département, à l'égard des procureurs de la commune, des commissaires de police, des juges-de-paix et des procureurs-syndics de district.

40. En ce qui concerne les procureurs-généraux-syndics, le ministre de l'intérieur donnera connaissance de leur conduite à la législature, qui statuera ce qu'elle jugera convenable, et, s'il y a lieu, les renverra pour être jugés au tribunal criminel du département.

41. Les chefs des troupes de ligne, de la gendarmerie nationale, de la garde soldée des villes, ou des gardes nationales, qui refuseraient d'exécuter les réquisitions qui leur seraient faites, seront poursuivis sur la requête de l'accusateur public, à la diligence du procureur-général-syndic, et punis des peines portées au Code pénal, sans préjudice des peines plus graves prononcées par la loi contre les crimes attentatoires à la tranquillité publique.

42. Les citoyens en activité de service de garde nationale, ou même simplement inscrits sur le rôle, qui, hors le cas de la loi martiale, refuseraient, après une réquisition légale, soit de marcher ou de se faire remplacer, soit d'obéir à un ordre conforme aux lois, seront privés de l'exercice de leurs droits de citoyen actif durant un intervalle de temps qui n'excédera pas quatre années. Ils pourront même, selon la gravité des circonstances, être condamnés à un emprisonnement qui ne pourra excéder un an.

43. Les délits mentionnés en l'article précédent seront poursuivis par voie de police correctionnelle.

44. Indépendamment des réquisitions particulières qui pourront être adressées, selon les règles ci-dessus prescrites, aux citoyens inscrits pour le service des gardes nationales, lorsque leur secours momentané deviendra nécessaire ils seront mis en état de réquisition permanente, soit par les officiers municipaux, dans les villes au-dessus de dix mille ames, soit partout ailleurs, par le directoire du département, sur l'avis de celui de district, lorsque la liberté ou la sûreté publique sera menacée.

45. Cette réquisition permanente obligera les citoyens inscrits à un service habituel de vigilance : les patrouilles seront alors établies ou renforcées et multipliées.

46. Tous les citoyens inscrits sur le rôle des gardes nationales sont mis, par le présent décret, en état de réquisition permanente, jusqu'à ce que, l'exécution des lois constitutionnelles ne rencontrant point d'obstacles, le Corps-Législatif ait expressément déterminé la cessation de cet état.

Article additionnel à ajouter à la loi martiale du mois d'octobre 1789.

La loi martiale continuera à être proclamée lorsque la tranquillité publique sera habituellement menacée par des émeutes populaires ou attroupemens séditieux qui se succéderaient l'un l'autre. Pendant le temps que la loi martiale sera en vigueur, toute réunion d'hommes au-dessus du nombre de quinze, dans les rues ou places publiques, avec ou sans armes, sera réputée attroupement.

---

26 JUILLET 1791. — Décret portant qu'il n'y a pas lieu à inculpation contre le sieur Possel, commissaire-ordonnateur de la marine à Toulon. (B. 16, 305.)

27 JUILLET = 1er AOUT 1791. — Décret qui ordonne aux habitans de Paris de déclarer les noms et les qualités des étrangers qu'ils ont chez eux, sous peine de poursuites par voie de police correctionnelle. (L. 5, 662 ; B. 16, 318.)

L'Assemblée nationale, sur la demande du directoire et de la municipalité de Paris, contenue dans l'arrêté de ladite municipalité du 22 juillet présent mois, décrète ce qui suit :

Art. 1er. Tous les citoyens habitans de Paris seront tenus de déclarer au comité de leur section les noms et qualités des Français non domiciliés à Paris, et des étrangers qui seront logés dans les maisons desdits citoyens, à peine d'une amende égale au quart de la valeur de leur loyer d'habitation, pour chaque individu qu'ils n'auront pas déclaré.

2. Tout portier, concierge ou dépositaire des clefs des maisons dont les propriétaires ou principaux locataires seront absens, seront tenus de faire la même déclaration, à peine d'être condamnés, par voie de police correctionnelle, à une amende qui ne pourra excéder la somme de 50 livres, et à une détention qui ne pourra excéder deux mois.

---

27 JUILLET = 12 SEPTEMBRE 1791. — Décret relatif à l'échange du ci-devant comté de Sancerre. (L. 5, 1210 ; B. 16, 319.)

L'Assemblée nationale, considérant que rien ne justifie que le Gouvernement ait excité, en 1777, le sieur d'Espagnac à faire l'acquisition de la terre de Sancerre ;

Qu'aucun motif réel de justice ou de convenance n'a déterminé l'échange de cette terre en 1784.

Que le consentement donné par le Roi à cet échange a été surpris par un exposé infidèle du sieur de Calonne, alors son ministre, devenue partie intéressée dans ce même échange ;

Que dans le choix des domaines échangés on a compris des forêts considérables, contre l'intention que le Roi avait expressément manifestée ;

Que la masse des domaines donnés en échange a été progressivement augmentée au préjudice de l'Etat, par des distractions et des remplacemens combinés ;

Et qu'enfin l'intérêt national, blessé par la disproportion qui existe entre le domaine de Sancerre et ceux qui ont été cédés en échange ne permet pas de consommer un pareil contrat, décrète ce qui suit :

Art. 1er. L'Assemblée nationale révoque le contrat d'échange passé, le 30 mars 1785, entre les commissaires du Roi, d'une part, et le sieur Jean-Frédéric-Guillaume Sahuguet d'Espagnac, de l'autre, et tout ce qui a précédé et suivi ; décrète, en conséquence, que tous les domaines compris audit contrat et aux lettres-patentes des mois de mars et d'août 1786, sont réunis au domaine national, pour être administrés par les préposés à la régie des domaines nationaux, à compter de la publication du présent décret ; délaisse audit sieur d'Espagnac le ci-devant comté de Sancerre, pour s'en remettre en possession actuelle, et en jouir comme si ledit échange n'avait eu lieu.

2. L'agent du Trésor public se pourvoira, par les voies de droit, en paiement de la somme de 500,000 liv. dont il a été donné quittance audit sieur d'Espagnac par le contrat d'échange.

3. Il se pourvoira également en répétition de pareille somme de 500,000 liv., payée en vertu de l'ordonnance de comptant du 9 janvier pour soulte provisoire dudit échange, et ce, solidairement, tant contre ledit sieur d'Espagnac que contre le sieur de Calonne, qui a fait délivrer cette somme contre la décision du Roi du 26 septembre 1784, sans en assurer l'emploi en paiement des dettes hypothéquées sur le ci-devant comté de Sancerre.

4. L'agent du Trésor public poursuivra en outre le remboursement de la somme de 160,733 liv. 4 sous, payée en vertu des ordonnances de comptant des 28 mars 1784, 10 septembre et 12 novembre 1786, sur laquelle somme il sera fait déduction, au sieur d'Espagnac, des frais relatifs audit échange.

27 JUILLET = 2 AOUT 1791. — Décret contenant liquidation de différentes parties de la dette publique sanctionnées. (L. 5, 704; B. 16, 318.)

27 JUILLET 1791. — Religieux de Strasbourg. *Voy.* 17 JUILLET 1791 — Attroupemens. *Voy.* 26 JUILLET 1791.

28 (27 et) JUILLET = 12 AOUT 1791. — Décret sur l'organisation des gardes nationales (1). (B. 16, 321.)

SECTION Ire. De la composition de la liste des citoyens.

Art. 1er. Les citoyens actifs s'inscriront, pour le service de la garde nationale, sur des registres qui seront ouverts à cet effet dans les municipalités de leur domicile ou de leur résidence continuée depuis un an.

2. A défaut de cette inscription, ils demeureront suspendus de l'exercice des droits que la constitution attache à la qualité de citoyen actif, ainsi que de celui de porter les armes.

3. Ceux qui, sans être citoyens actifs, ont servi depuis l'époque de la révolution, et qui sont actuellement en état de service habituel, seront maintenus dans les droits de leur service. Les gens déclarés suspects, sans aveu et malintentionnés, aux termes des décrets sur la police municipale, en seront exceptés.

4. Aucune raison d'état, de profession, d'âge, d'infirmités ou autres, ne dispensera de l'inscription les citoyens actifs qui voudront conserver l'exercice de leurs droits ; plusieurs d'entre eux seront néanmoins dispensés du service, ou l'exercice en demeurera suspendu, ainsi qu'il sera dit ci-après.

5. Tous fils de citoyens actifs seront tenus de s'inscrire sur lesdits registres, lorsqu'ils seront parvenus à l'âge de dix-huit ans accomplis.

6. Ceux qui, à l'âge de dix-huit ans, n'auront pas satisfait aux dispositions de l'article précédent, ne pourront prendre à vingt-un ans l'inscription civique ; ils ne seront admis à celle-ci que trois ans révolus après l'inscription ci-dessus ordonnée.

7. Les citoyens actifs ou fils de citoyens qui sont maintenant âgés de plus de dix-huit ans, seront admis, à l'âge de vingt-un ans, à prendre l'inscription civique, s'ils se font inscrire dans le délai de trois mois au plus tard après la publication du présent décret.

8. Les étrangers qui auront rempli les conditions prescrites pour devenir citoyens français, et leurs enfans, seront traités à cet égard comme les français naturels.

---

(1) Ce décret a été modifié par un autre décret du 29 septembre = 14 octobre 1791, et nous le rapporterons de nouveau tel qu'il s'est trouvé après les modifications dont nous venons de parler. On pourrait penser qu'il suffisait de le rapporter une seule fois tel qu'il a été rédigé définitivement ; mais comme, dans certaines circonstances, on a argumenté des changemens qui ont eu lieu pour expliquer le sens de quelques articles (*Voy.* Sirey, 9, 1, 430), il nous a paru nécessaire de donner textuellement les deux rédactions.

9. Nul ne sera reçu à s'inscrire par procuration ; mais tous seront tenus de prendre leur inscription en personne : les pères, mères et tuteurs pourront cependant faire inscrire leurs enfans absens, si la suite de leur éducation est cause de leur absence.

10. Les fils de citoyens actifs qui auront satisfait à ces devoirs jouiront, après dix ans révolus de service, de tous les droits de citoyens actifs, quand ils ne paieraient pas la contribution exigée, pourvu que d'ailleurs ils remplissent les conditions prescrites par la constitution.

11. Les registres d'inscription des municipalités seront doubles, et l'un d'eux sera envoyé tous les ans, et conservé dans le directoire du district.

12. Les fils de citoyens actifs qui se seront inscrits dans l'année seront reçus au serment de la garde nationale, qui se prêtera à la fête civique, le 14 juillet suivant, dans le chef-lieu du district.

13. Les citoyens inscrits et distribués dans les compagnies, lorsqu'ils seront commandés pour le service, pourront, en cas d'empêchement légitime, se faire remplacer, mais seulement par des citoyens inscrits sur les registres, et servant dans la même compagnie ; les pères pourront se faire remplacer par leurs fils âgés de dix-huit ans, et les frères par leurs frères ayant l'âge requis.

14. À l'égard de ceux qui, ayant d'ailleurs les qualités requises, ne se seront pas fait inscrire, et qui auront perdu le droit d'activité, ils seront soumis, comme les autres, à un tour de service, à la décharge des citoyens inscrits; mais ils ne feront jamais leur service en personne, et ils seront, sur mandement du directoire de district, taxés pour chaque municipalité, pour le paiement de ceux des citoyens inscrits qui les remplaceront dans le service qu'ils auraient dû faire : cette taxe sera égale à deux journées de travail.

15. Ceux des citoyens inscrits qui ne serviront pas volontairement ou ne fourniront pas volontairement leur service, seront pareillement taxés par la municipalité ; et, à la troisième fois qu'ils auront été contraints à payer cette taxe dans la même année, ils seront suspendus pendant un an de l'honneur de servir en personne, et d'exercice du droit de citoyen actif ou éligible.

Les femmes, les veuves et les filles seront exemptes de toute contribution.

16. Les fonctions de la garde nationale et celles des fonctionnaires publics qui ont droit de requérir la force publique sont incompatibles. En conséquence, les membres du Corps-Législatif, les ministres du Roi, les citoyens qui exercent les fonctions de juge ou de commissaires du Roi près les tribunaux, les juges des tribunaux de commerce,

les juges-de-paix, les présidens des administrations, vice-présidens et membres des directoires, les procureurs-syndics de départemens et de districts, les officiers municipaux, les procureurs de la commune et leurs substituts, pourront, nonobstant leur inscription, ne faire aucun service personnel dans la garde nationale ; mais ceux d'entre eux qui seront salariés par la nation seront soumis au remplacement ou à la taxe.

Les évêques, curés et vicaires, et tous citoyens qui sont dans les ordres sacrés, ne pourront également faire aucun service personnel; mais ils seront soumis au remplacement et à la taxe.

17. Seront dispensés du service de la garde nationale les officiers, sous-officiers, cavaliers et soldats des troupes de ligne et de la marine étant actuellement en activité de service; les officiers, sous-officiers et cavaliers de la gendarmerie nationale et des gardes soldées, et les sexagénaires, les infirmes, les impotens et les invalides.

18. En cas de changement de domicile ou de résidence habituelle, le citoyen actif inscrit fera rayer son nom sur le registre de l'ancienne municipalité, s'inscrira sur celui de la nouvelle, et sera distribué dans une compagnie; faute de quoi, il demeurera sujet au service ou au remplacement dans l'une et dans l'autre municipalité.

SECTION II. De l'organisation des citoyens pour le service de la garde nationale.

Art. 1er. La garde nationale sera organisée par district et par canton; sous aucun prétexte elle ne pourra l'être par commune, si ce n'est dans les villes considérables, ni par départemens.

2. Les sections dans les villes seront, à cet égard, considérées comme cantons, et les villes au-dessus de 5,000 ames, comme districts.

3. Il y aura un ou plusieurs bataillons ou demi-bataillons par cantons, à raison de la population.

4. Les bataillons seront composés de six jusqu'à dix compagnies, qui, au taux commun, seront de 53 hommes chaque, compris les officiers et sous-officiers, le tambour compté en dehors, sous la modification ci-après, par rapport aux grandes villes.

5. Chaque compagnie sera divisée en deux pelotons, quatre sections et huit escouades.

6. Il y aura dans chaque compagnie un capitaine, un lieutenant, deux sous-lieutenans, deux sergens et quatre caporaux.

7. Le lieutenant et l'un des sous-lieutenans commanderont chacun un peloton, et auront chacun un sergent sous leurs ordres.

8. À la tête de chacune des quatre sec-

tions, il y aura un caporal qui commandera la première escouade, et la seconde sera commandée par le plus âgé des soldats de l'escouade.

9. Chaque bataillon aura un commandant en chef, un commandant en second, un adjudant, un porte-drapeau et un maître armurier.

10. La réunion des bataillons du même district, jusqu'au nombre de huit à dix, formera une légion.

11. Chaque légion sera sous les ordres d'un chef de légion, d'un adjudant-général et d'un sous-adjudant-général; les légions réunies auront pour chef un commandant de légion, qui exercera le commandement à tour de rôle pendant trois mois, si ce n'est dans les villes au-dessus de cent mille ames, où il y aura un commandant-général des légions, nommé par les citoyens actifs de chaque section, inscrits et distribués par compagnie.

12. On tirera tous les ans au sort, savoir:

Dans le chef-lieu de district, le rang des légions et des bataillons;

Dans le chef-lieu de canton, le rang des compagnies;

A la tête des compagnies, le rang des pelotons, des sections, des escouades.

13. La formation des compagnies se fera de la manière suivante:

Dans les villes, cinquante-trois citoyens et fils de citoyens inscrits, et du même quartier, composeront une compagnie.

Dans les communes qui ne pourraient pas former une compagnie, il sera formé des pelotons de vingt-quatre hommes, des sections de douze, des escouades de six, de manière que plusieurs communes forment une compagnie en se réunissant de proche en proche, selon les ordres qui seront donnés par les directoires de district.

14. S'il arrivait que le nombre des citoyens inscrits, soit dans une commune de campagne, soit dans plusieurs communes réunies à cet effet, ne s'accordât pas avec le nombre de cinquante-trois dont chaque compagnie doit être formée, la compagnie pourra se réduire à quarante-cinq.

15. Il en sera de même dans le cas où le nombre de citoyens viendrait à varier, soit en augmentation, soit en diminution, jusqu'à ce qu'il y ait lieu de former ou de supprimer une compagnie.

16. Dans les villes au-dessus de 50,000 ames, les compagnies pourront être formées de cent deux hommes, compris le capitaine, le lieutenant, deux sous-lieutenans, quatre sergens et huit caporaux.

17. En ce cas, les compagnies se partageront en deux divisions, commandées, l'une par le capitaine et un sous-lieutenant, l'autre par le lieutenant et le second sous-lieutenant; les quatre pelotons auront chacun un sergent à leur tête; chacune des huit sections aura un caporal qui commandera la première escouade; le second aura à sa tête le plus âgé des soldats.

18. Pour former dans les cantons la première composition des compagnies, les maires ou premiers officiers municipaux des communes, accompagnés chacun d'un des notables, se réuniront au chef-lieu de leur canton, apportant avec eux la liste des citoyens inscrits et de leurs enfans inscrits; ils conviendront ensemble du nombre et de la formation des compagnies; ils adresseront le résultat au directoire du district, et ce dernier réglera ces distributions et en instruira le directoire de département.

19. Les citoyens actifs destinés à former une compagnie se réuniront, tant pour eux que pour leurs enfans, et sans uniforme, avec les maires de leur commune, dont le plus ancien présidera; ceux-ci et les citoyens ainsi réunis éliront ensemble, au scrutin individuel et à la pluralité absolue des suffrages, ceux qui devront remplir, pendant le temps qui sera déterminé dans les articles suivans, les fonctions de capitaine, celles de lieutenant et celles des deux sous-lieutenans; ensuite ils procéderont par scrutin individuel, mais à la simple pluralité relative, à l'élection pour les places de sergens et pour celles de caporaux.

20. Après l'élection des officiers et sous-officiers, les citoyens élus pour les places de capitaines, lieutenans, sous-lieutenans de chaque compagnie, formeront les deux pelotons pour les quatre sergens, et les quatre sections pour les quatre caporaux.

Ils auront soin de réunir dans cette formation les citoyens des mêmes communes dans les campagnes, et des mêmes quartiers dans les villes.

21. Les citoyens élus aux places de capitaines, lieutenans, sous-lieutenans et sergens des différentes compagnies du même canton, se réuniront au chef-lieu du canton; et là, sous la présidence du plus âgé des capitaines, ils formeront la distribution des bataillons, à raison d'un demi-bataillon depuis trois compagnies jusqu'à cinq, et d'un bataillon depuis six compagnies jusqu'à dix.

Ils auront soin de placer dans le même bataillon les compagnies des communes voisines.

22. Cette distribution faite, les capitaines, lieutenans, sous-lieutenans et sergens des compagnies dont chaque bataillon sera composé, en éliront, au scrutin individuel et à la pluralité absolue des suffrages, le commandant en chef, le commandant en second et l'adjudant.

23. Les commandans en chef, commandans

en second et adjudans des bataillons, les capitaines et lieutenans des compagnies dont ces bataillons seront composés, se réuniront au chef-lieu du district; et tous ensemble, sous la présidence d'un commissaire du directoire, ils éliront, au scrutin individuel et à la pluralité absolue des suffrages, le chef, l'adjudant et le sous-adjudant général de la légion, s'il n'y en a qu'une, et ceux de chaque légion, s'il y en a plusieurs, après avoir déterminé les bataillons dont chacune sera composée.

24. Les élections des officiers des légions, de ceux des bataillons, des officiers et sous-officiers des compagnies dans les villes, se feront de la même manière que dans les campagnes, mais en observant que, les sections étant réputées cantons, des commissaires choisis par chaque section au scrutin de liste, et à la pluralité relative, formeront la distribution des compagnies, au terme de l'article 15.

25. Aucun officier de troupes de ligne ni de gendarmerie nationale ne pourra être nommé officier des gardes nationales.

26. Les officiers, sous-officiers de tous grades ne seront élus que pour un an, et ne pourront être réélus qu'après avoir été soldats pendant une année : les élections seront faites par les compagnies, les bataillons et légions, le second dimanche de chaque année. En cas de service contre l'ennemi de l'État, il ne sera fait aucune réélection d'officiers et de sous-officiers tant que durera ce service.

27. L'uniforme national sera le même pour tous les Français en état de service; les signes de distinction seront les mêmes que dans les troupes de ligne.

28. L'uniforme est définitivement réglé ainsi qu'il suit :

Habit bleu de roi, doublure blanche, paremens et collet écarlate et passe-poil blanc; revers blancs et passe-poil écarlate; manche ouverte à trois petits boutons; poches en dehors à trois pointes, et trois boutons avec passe-poil rouge, le bouton tel qu'il est prescrit par le décret du 23 décembre dernier; l'agraffe du retroussis écarlate, veste et culotte blanches.

29. Néanmoins, dans les campagnes, l'uniforme ne pourra être exigé; le service des citoyens actifs et de leurs enfans âgés de dix-huit ans, inscrits, sera reçu sous quelques vêtemens qu'ils se présentent; mais, à dater du 14 juillet prochain, ceux qui porteront l'uniforme seront tenus de se conformer, sans aucun changement, à celui qui est prescrit.

30. Les drapeaux des gardes nationales seront aux trois couleurs, et porteront ces mots : *Le peuple français,* et ces autres mots : *La liberté ou la mort.*

31. Les anciennes milices bourgeoises, compagnies d'arquebusiers, fusiliers, chevaliers de l'arc ou de l'arbalète, compagnies de volontaires, et toutes autres, sous quelque forme et dénomination que ce soit, sont supprimées.

32. Les citoyens qui font actuellement le service des gardes nationales continueront le service dont elles seront requises jusqu'à ce que la nouvelle composition soit établie.

33. L'Assemblée nationale, voulant rendre honneur à la vieillesse des bons citoyens, permet que, dans chaque canton, il se forme une compagnie de vétérans, de gens âgés de plus de soixante ans, organisés comme les autres, et vêtus du même uniforme; et ils seront distingués par un chapeau à la Henri IV et une écharpe blanche. Leur arme sera un esponton.

34. Ces vétérans ne seront employés que dans les évènemens publics; ils assisteront assis aux exercices des gardes nationales, distribueront les prix, et seront appelés les premiers, dans chaque district, au renouvellement de la fédération générale du 14 juillet.

35. L'Assemblée nationale permet également qu'il s'établisse dans chaque canton, sous la même forme d'organisation, une compagnie composée de jeunes citoyens au-dessous de l'âge de dix-huit ans; cette compagnie, commandée par des officiers de la même classe, sera soumise à l'inspection de trois vétérans nommés à cet effet par leurs compagnies, ou, à défaut de vétérans, d'inspecteurs désignés par les municipalités.

36. Il pourra y avoir, dans chaque district, deux compagnies de cavalerie, ce qui sera déterminé par le directoire de département, sur l'avis du directoire de district : on suivra, pour leur formation et la nomination des officiers, les mêmes règles que pour celles des autres compagnies de gardes nationales.

Les officiers et cavaliers de ces compagnies seront tenus d'avoir chacun un cheval.

SECTION III. — Des fonctions des citoyens servant en qualité de gardes nationales.

Art. 1er. Les fonctions des citoyens servant en qualité de gardes nationales sont de rétablir l'ordre et de maintenir l'obéissance aux lois, conformément aux décrets.

2. Les citoyens et leurs chefs requis au nom de la loi ne se permettront pas de juger si les réquisitions ont dû être faites, et seront tenus de les exécuter provisoirement, sans délibération; mais les chefs pourront exiger la remise d'une réquisition par écrit, pour assurer la responsabilité des requérans.

3. Dans l'intérieur des villes, pour le rétablissement de l'ordre public, les troupes de ligne n'agiront qu'en cas d'insuffisance de la garde soldée, s'il y en a, et de la garde nationale; dans les campagnes, les gardes nationales n'agiront que pour soutenir ou pour

suppléer la gendarmerie nationale et les troupes de ligne.

4. Toute délibération prise par les gardes nationales sur les affaires de l'État, du département du district, de la commune, même de la garde nationale, à l'exception des affaires expressément renvoyées au conseil de discipline qui sera ci-après établi, est une atteinte à la liberté publique et un délit contre la constitution dont la responsabilité sera encourue par ceux qui auront provoqué l'assemblée et par ceux qui l'auront présidée.

5. Les citoyens ne pourront ni prendre les armes, ni se rassembler en état de gardes nationales, sans l'ordre des chefs médiats ou immédiats, ni ceux-ci l'ordonner sans une réquisition légale, à la tête de la troupe.

6. Pourront cependant les chefs, sans réquisition particulière, faire toutes les dispositions et donner tous les ordres relatifs au service ordinaire et journalier, aux patrouilles de sûreté et aux exercices.

7. En cas de flagrant délit ou de clameur publique, tous Français, sans exception, doivent secours à ceux qui sont attaqués dans leurs personnes et dans leurs propriétés : les coupables seront saisis sans qu'il soit besoin de réquisition.

8. Dans le cas de la réquisition permanente, qui aura lieu aux époques d'alarmes et de troubles, les chefs donneront les ordres nécessaires pour que les citoyens se tiennent prêts au service effectif; les patrouilles seront renforcées et multipliées.

9. Dans les cas de réquisitions particulières ayant pour objet de réprimer les incursions extraordinaires du brigandage, ou les attroupemens séditieux contre la sûreté des personnes et des propriétés, la perception des contributions ou la circulation des subsistances, les chefs pourront ordonner, selon les occasions, ou des détachemens tirés des compagnies, ou le mouvement et l'action des compagnies entières.

10. Les gardes nationales légalement requis dissiperont toutes émeutes populaires et attroupemens séditieux; ils saisiront et livreront à la justice les coupables d'excès et violences, pris en flagrant délit ou à la clameur publique : ils emploieront la force des armes dans les cas exprimés par la loi martiale, si elle est proclamée; dans ceux où ils ne pourraient pas soutenir autrement le poste de la défense duquel ils sont chargés, et lorsque des violences et voies de fait seront employées contre eux, conformément aux dispositions de la loi martiale et aux articles 25, 26, 27, 28 et 29 de la loi sur la réquisition et l'action de la force publique.

11. Les corps de la garde nationale auront en tous lieux le pas sur la gendarmerie nationale et la troupe de ligne, lorsqu'ils se trouveront en concurrence de service avec elles; le commandement; dans les fêtes ou cérémonies civiles, appartiendra à celui des officiers des trois corps qui aura la supériorité du grade, ou, dans le même grade, la supériorité de l'âge; mais, lorsqu'il s'agira d'action militaire, les corps réunis seront commandés par l'officier supérieur de la troupe de ligne ou de la gendarmerie nationale.

12. S'il n'y a point d'invasion du territoire français, les citoyens actifs et leurs enfans en état de gardes nationales ne pourront être contraints de marcher à la guerre que sur un décret émané du Corps-Législatif.

13. Lorsque les gardes nationales légalement requises sortiront de leurs foyers pour aller contre l'ennemi extérieur, elles seront payées par le Trésor public, et passeront sous les ordres du Roi.

14. Les gardes nationales marchant en corps ne seront point individuellement incorporées dans les troupes de ligne : mais elles marcheront toujours avec leur drapeau, ayant à leur tête les officiers de leur choix, sous le commandement du chef supérieur.

15. Aucun officier des gardes nationales ne pourra, dans le service ordinaire, faire distribuer des cartouches aux citoyens armés, si ce n'est en cas de réquisition précise, à peine de demeurer responsable des évènemens.

16. Tous les dimanches, pendant les mois d'avril, mai, juin, septembre et octobre, ou pendant les cinq mois qui seront déterminés par les administrations ou directoires de départemens, les citoyens se rassembleront par communes, ou dans les villes au-dessus de 4,000 ames par sections, pour être exercés suivant l'instruction arrêtée à cet effet, et qui a été distribuée dans les départemens.

Tous les premiers dimanches des mêmes mois, ils se rassembleront par bataillons dans le chef-lieu du canton, pour y prendre l'ensemble des marches et évolutions militaires, et tirer à la cible. Les administrations de départemens détermineront avec économie la dépense de ces rassemblemens et exercices. Il sera donné chaque fois au meilleur tireur un prix d'honneur, dont la valeur n'excédera pas six livres, et dont les fonds seront faits par compagnie, pour l'année entière.

17. Les citoyens actifs qui se présenteront à une assemblée de commune, assemblée primaire, assemblée électorale, ou toute autre assemblée politique, avec des armes de quelques espèces qu'elles soient, seront avertis de se retirer par devers le président et autres officiers, et toute délibération sera à l'instant interrompue jusqu'à ce qu'ils soient sortis.

18. Les fusils et mousquets de service et le surplus de l'armement, délivrés des arsenaux de la nation, étant une propriété publique, le nombre en sera constaté par chaque municipalité, et les citoyens qui en seront dépositaires seront tenus d'en faire la repré-

sentation tous les trois mois, en bon état, et toutes les fois que la municipalité le requerra, ou d'en payer la valeur.

19. Les drapeaux des bataillons demeureront déposés chez le commandant en chef.

20. Le serment fédératif sera renouvelé chaque année dans le chef-lieu de district, le 14 juillet, jour anniversaire de la fédération générale.

21. Il ne sera fait à l'avenir aucune fédération particulière; tout acte de ce genre est déclaré un attentat à l'unité du royaume et à la fédération constitutionnelle de tous les Français.

Section IV. De l'ordre du service.

Art. 1er. L'ordre et le rang des bataillons, des compagnies de chaque bataillon, des pelotons, sections et escouades de chaque compagnie étant réglés par le sort, tous les ans, ainsi qu'il est dit en l'art. 14 de la section II, l'ordre du service sera déterminé sur cette base toutes les fois qu'il faudra rassembler et mettre en marche des bataillons de gardes nationales.

2. Les bataillons seront formés d'un nombre égal d'escouades tirées de chacune des compagnies.

3. Le tour commencera toujours par la première escouade de la première compagnie du premier bataillon, et continuera par la première escouade de la deuxième compagnie, jusqu'à la première escouade de la dernière compagnie du dernier bataillon, et toutes ces escouades composeront huit compagnies, qui formeront un bataillon.

4. S'il faut un second bataillon, le tour de service sera repris, dans le même ordre, à l'escouade où le précédent tour de service se sera arrêté.

5. Chaque bataillon ainsi formé sera divisé de la même manière que les bataillons primitifs des gardes nationales, et sur le pied du taux moyen, quant au nombre des hommes; il en sera de même des compagnies.

6. Il y aura parmi les officiers de chaque grade un rang de piques réglé par le sort, et l'adjudant général en tiendra note.

7. Les officiers de chaque grade seront appelés au commandement des compagnies, bataillons et détachemens, suivant le rang dont il vient d'être parlé.

8. Il y aura dans le détachement, par compagnies et bataillons, le même nombre d'officiers que dans l'organisation primitive.

9. Les mêmes règles seront suivies dans chaque canton pour les petits détachemens. Les escouades seront tirées à tour de rôle de chaque compagnie du bataillon, de la manière qui vient d'être expliquée.

10. S'il est nécessaire de rassembler deux ou trois compagnies, elles seront formées par d'autres escouades commandées pareillement à tour de rôle, en commençant au point où le précédent tour de service se sera arrêté.

11. Les compagnies ainsi formées seront commandées par le même nombre d'officiers déterminés pour l'organisation primitive, et pris à tour de rôle, aux termes de l'art. 6.

12. En cas d'invasion ou d'alarme subite dans une commune, les citoyens marcheront par compagnies, pelotons, sections ou escouades, tels qu'ils ont été primitivement formés, sous les ordres de leurs capitaines, lieutenans, sous-lieutenans, sergens, caporaux ou anciens, sur la première réquisition qui leur en sera faite par le corps municipal.

13. Les patrouilles, soit ordinaires soit extraordinaires, se feront dans les villes, selon le même tour de rôle, par demi-escouade ou par escouades tirées de diverses compagnies, en reprenant toujours le rang de service au point où le précédent s'est arrêté.

Section V. De la discipline des citoyens servant en qualité de gardes nationales.

Art. 1er. Ceux qui seront élus pour commander dans quelque grade que soit, se comporteront comme des citoyens qui commandent à des citoyens.

2. Chacun de ceux qui font le service de la garde nationale, rentrant, à l'instant où chaque service est fini, dans la classe générale des citoyens, ne sera sujet aux lois de la discipline que pendant la durée de son activité.

3. Le chef médiat et immédiat, quel que soit son grade, n'ordonnera de rassemblement que lorsqu'il aura été requis légalement; mais les citoyens se réuniront à l'ordre de leur chef, sans aucun retard, sauf la responsabilité de celui-ci.

4. S'il arrivait néanmoins que quelques-uns des citoyens inscrits, distribués par compagnie, ne se présentassent ni par eux-mêmes, ni par des soldats citoyens de la même compagnie, aux ordres donnés par les chefs médiats et immédiats, ceux-ci ne pourront user d'aucun moyen de force, mais seulement les déférer aux officiers municipaux, qui les soumettront à la taxe de remplacement, comme il est dit ci-dessus.

5. Tant que les citoyens sont en état de service, ils sont tenus d'obéir aux ordres de leurs chefs.

6. Ceux qui manqueraient, soit à l'obéissance, soit au respect dû à la personne des chefs, soit aux règles du service, seront punis des peines de discipline.

7. Les peines de discipline seront les mêmes pour les officiers, sous-officiers et soldats, sans aucune distinction.

8. La simple désobéissance sera punie des arrêts qui ne pourront excéder deux jours.

9. Si elle est accompagnée d'un manque de respect, ou d'une injure envers les officiers ou sous-officiers, la peine sera des arrêts

pendant trois jours, ou de la prison pendant vingt-quatre heures.

10. Si l'injure est grave, le coupable sera puni de huit jours d'arrêts, ou de quatre jours de prison.

11. Celui qui troublera le service par des conseils d'insubordination sera condamné à sept jours de prison.

12. Ceux qui ne se soumettront pas à la peine prononcée seront notés sur le tableau des gardes nationales, et par suite suspendus de l'exercice des droits de citoyen actif, jusqu'à ce qu'ils viennent exprimer leur repentir et subir la peine imposée; et, néanmoins, ceux qui seront soumis à la taxe seront tenus de la payer.

13. Il sera créé, pour chaque bataillon, un conseil de discipline, lequel sera composé d'un commandant en chef, des deux capitaines les plus âgés, du plus âgé des lieutenans, des deux plus âgés des sous-lieutenans, du plus âgé des sergens, des deux plus âgés des caporaux, et des quatre fusiliers les plus âgés dans chacune des compagnies, lesquels, par tour de quatre, les fourniront alternativement de six en six mois; ce conseil s'assemblera par ordre du commandant en chef, toutes les fois qu'il sera nécessaire; le commandant le présidera.

14. Le conseil est la seule assemblée dans laquelle les gardes nationales pourront exercer en cette qualité le droit de délibérer, et elles ne pourront y délibérer que sur les objets de la discipline intérieure.

15. Ceux qui croiront avoir à se plaindre d'une punition de discipline pourront, après avoir obéi, porter leur plainte à ce conseil, qui ne pourra, en aucun cas, prononcer contre ceux qui auront tort, aucune peine plus forte que celles qui sont établies dans la présente section. Il faut déterminer la peine à infliger à un supérieur qui en aura mal à propos infligé une à son inférieur.

16. Tout délit, tant civil que militaire, qui mériterait de plus grandes peines, ne sera plus réprimé par les lois de discipline, mais rentrera sous la loi générale des citoyens, et sera déféré au juge-de-paix, soit pour être soumis, sauf l'appel, aux peines de police, soit pour être renvoyé au tribunal criminel, s'il y a lieu.

17. Lorsqu'il y aura rassemblement de gardes nationales pour marcher hors de leurs districts respectifs, elles seront soumises aux lois décrétées pour le militaire.

Articles généraux.

Art. 1er. Les chefs et officiers de légion, commandans de bataillon, capitaines et officiers de compagnies, seront responsables à la nation de l'abus qu'ils pourront faire de la force publique, et de toutes violations des articles du présent décret qu'ils auront commises, autorisées ou tolérées.

2. Les administrations et directoires de département veilleront par eux-mêmes, et par les administrations et directoires de district, sur l'exécution du présent décret, et seront tenus, sous leur responsabilité, de donner connaissance au Corps-Législatif de tous les faits de contravention qui seraient de nature à compromettre la sûreté ou la tranquillité des citoyens, sans préjudice de l'emploi provisoire de la force publique, dans tous les cas où cette mesure serait nécessaire au rétablissement de l'ordre.

---

28 JUILLET (26 et) = 1er AOUT 1791. — Décret concernant les relations de commerce de Marseille dans l'intérieur du royaume, dans les colonies et avec l'étranger. (L. 5, 635; B. 16, 341.)

Voy. loi du 16 DÉCEMBRE 1814; ordonnance du 20 FÉVRIER 1815; ordonnance du 10 FÉVRIER 1817.

TITRE Ier. Des relations de Marseille avec l'étranger.

Art. 1er. Les maîtres, capitaines et patrons de bâtimens entrant dans le port de Marseille ou en sortant, continueront de faire à la douane nationale de ladite ville, dans les vingt-quatre heures de leur arrivée pour les navires entrans, et avant le départ pour ceux sortans, la déclaration de leur chargement, en observant, pour l'entrée, de distinguer par ladite déclaration les marchandises qui seront destinées à la consommation de Marseille, de celles que l'on voudra y mettre en entrepôt.

Si les bâtimens entrant dans le port de Marseille sont chargés de marchandises dont les unes soient destinées pour Marseille et les autres pour l'étranger, il sera fait des déclarations particulières relativement à chaque destination; et, par rapport aux marchandises destinées pour l'étranger, il suffira, si l'entrée en est permise, d'indiquer le nombre des caisses, bâles ou ballots, leurs marques et numéros; mais si elles sont prohibées, les espèces et quantités seront énoncées dans la déclaration : le tout à peine de confiscation desdites marchandises, et de 100 livres d'amende.

2. La déclaration des bâtimens devra être faite, quand même ils seraient sur leur lest. Les patrons des barques et autres bateaux pêcheurs en sont cependant dispensés dans ce cas, et dans celui où ils seraient seulement chargés du produit de leur pêche, mais à condition qu'après avoir fait leur débarquement de poisson frais sur les quais ordinaires voisins des marchés publics, ils se placeront dans le port à l'endroit particulier qui leur est destiné.

3. Toutes les prohibitions à l'entrée du royaume, ordonnées par le décret du 2 = 15 mars dernier sur le tarif général, auront lieu à l'entrée du port et territoire de Marseille, sans cependant que les marchandises prohibées chargées sur des bâtimens de cent tonneaux et au-dessus, et ayant une destination ultérieure pour l'étranger, puissent être saisies.

4. Le sucre, le café, le cacao, l'indigo, le thé, le savon, l'amidon, la poudre à poudrer, l'eau-de-vie de vin, la bière, les chairs salées, le poisson autre que le thon mariné, les huiles de poisson et les tabacs, dont l'importation est permise par le décret du 18 = 29 mars dernier; les cuirs tannés et corroyés, les ouvrages de cuir, les chapeaux, les tissus de laine, de fil de chèvre, de soie, de coton, de chanvre, de lin, les cotons filés autres que du Levant, les laines filées, les bourres de soie cardées et filées, les filoselles, les fleurets, les soies ouvrées, les plombs et étains laminés ou autrement ouvrés, le cuivre de toute sorte, le laiton, le bronze, l'airain, et tous autres métaux avec alliage; le soufre, les papiers, la verroterie, la cire blanche, la porcelaine, le liége ouvré, la mercerie, la quincaillerie, la bijouterie, tous autres ouvrages en or, en argent et en cuivre, ainsi que ceux de fer et d'acier (à l'exception des canons et des ancres), venant de l'étranger à Marseille, seront sujets aux droits d'entrée du nouveau tarif, et les marchandises d'Angleterre, nommément comprises dans le traité conclu avec cette puissance, aux droits fixés par ledit traité.

5. Les droits du nouveau tarif seront réduits à soixante livres le quintal, sur les toiles de coton blanches et étrangères, et à vingt livres aussi du quintal, sur celles provenant du commerce français dans l'Inde, lorsqu'elles auront la destination de Marseille.

6. Seront exemptes de tous droits les marchandises et denrées autres que celles dénommées dans les articles 3, 4 et 5 du présent titre, importées par mer de l'étranger à Marseille; la déclaration devra néanmoins en être faite dans la forme prescrite par l'art. 1er du présent titre. Le droit de poids et casse qui était perçu à Marseille, tant sur lesdites marchandises et denrées que sur toutes autres, demeure supprimé, ainsi que les droits additionnels audit poids, et celui de manifeste.

7. Seront pareillement exemptes de tous droits celles des marchandises comprises dans l'article 4 du présent titre et ci-après désignées, lorsque, venant de l'étranger à Marseille par mer, elles devront être réexportées aussi par mer; savoir: les tissus de laine, de poil de chèvre, de soie, de coton, de chanvre ou lin, les fils retors, la verrote-

rie, la quincaillerie, la mercerie, la bijouterie, et tous autres ouvrages en or, argent, cuivre, fer et acier, et les objets portés au traité de commerce avec l'Angleterre: lesdites marchandises seront mises en entrepôt.

8. Pourront également être mis en entrepôt, tant pour la réexportation à l'étranger par mer que pour la consommation du royaume, les toiles de chanvre servant à des emballages et venant du Nord en rouleaux, les soies ouvrées, les papiers, l'indigo, le cacao, le thé, les chairs salées, et les poissons salés autres que la morue sèche, importés de l'étranger à Marseille.

9. Les magasins destinés aux entrepôts des marchandises qui ne pourront être entreposées qu'à la charge de la réexportation, et de celles qui jouiront de la même faveur pour la consommation du royaume, seront distincts, et cependant dans la même enceinte. Lesdits magasins seront aux frais du commerce, et sous la clef d'un de ses préposés et de ceux de la régie.

10. La durée de l'entrepôt sera de dix-huit mois. Les marchandises destinées à la réexportation énoncée dans l'article 7 du présent titre, pourront y être divisées en quelque quantité que ce soit, pour former des assortimens, et pour être embarquées sur un ou sur plusieurs bâtimens.

Celles mentionnées dans l'article 8 ne pourront être retirées de l'entrepôt que par caisse, tonneau, balle ou ballot.

11. Les marchandises qui, pendant les dix-huit mois de la durée de l'entrepôt, en seront retirées pour l'étranger, n'acquitteront aucun droit; celles qui en sortiront pour la consommation de Marseille et de tout autre lieu du royaume, ou qui se trouveront en entrepôt après l'expiration du délai de dix-huit mois, paieront, savoir: les toiles d'emballage, 10 liv. par quintal, et les autres espèces de marchandises, les droits d'entrée du nouveau tarif.

12. Il ne pourra être retiré de l'entrepôt aucunes marchandises, que sur un permis délivré au bureau de la régie, visé par les préposés à la garde des magasins, et après la visite desdites marchandises. Celles expédiées pour l'étranger pourront être accompagnées jusqu'à bord des bâtimens par les préposés de la régie, et les objets destinés à la consommation du royaume seront transportés au bureau, à l'effet d'y acquitter les droits.

13. Les bestiaux, les vins, les bois feuillards, l'amurca, le marc d'olive ou grignon, seront assujétis aux droits du nouveau tarif à la sortie de Marseille pour l'étranger, à l'exception de ceux destinés à l'approvisionnement des équipages des navires français. Toutes autres denrées ou marchandises seront exportées de Marseille en franchise.

14. Les marchandises exemptes de droits à

l'entrée de Marseille pourront être visitées sur les quais au débarquement ou au bureau de la régie, au choix du propriétaire ou consignataire : il en sera de même de celles qui seront expédiées par mer de ce port, soit pour le royaume, soit pour l'étranger. Les objets soumis aux droits d'entrée seront visités dans le bureau de la régie, et ceux qui devront être entreposés, lors de leur mise en entrepôt.

15. Les préposés de la régie ne pourront, dans aucun cas, faire à bord des bâtimens l'ouverture d'aucune balle, caisse ou futaille, pour en vérifier le contenu, ni aucune autre recherche dans l'intérieur desdits bâtimens ; mais si, après la déclaration et pendant le cours du déchargement, ils apercevaient, parmi les objets déclarés pour une destination ultérieure, et sans entrepôt, quelque balle, caisse ou futaille à l'égard desquelles ils soupçonneraient la fausseté de la déclaration, ils auraient la faculté de les faire transporter, à leurs frais, au bureau de la douane, pour y être visitées en présence du capitaine de navire ou de l'un de ses officiers. Dans le cas où, après la visite, la déclaration serait reconnue sincère et véritable, lesdites marchandises seraient remises en bon état et reportées à bord, également aux frais desdits préposés. Si, au contraire, la fausseté est reconnue, les marchandises seront saisies et soumises aux peines portées par l'article final.

16. Les capitaines de navire ne pourront commencer leur embarquement ou débarquement qu'après avoir pris un permis des préposés de la régie ; les marchandises sujettes à des droits, ou destinées à l'entrepôt, ne pourront être embarquées ou débarquées que sur des permis particuliers des mêmes préposés.

Les marchandises étrangères transportées à Marseille par mer, et celles expédiées à la destination de l'étranger, pourront être versées, de bord à bord, en exemption de tous droits, à la charge de prendre également un permis ; et les préposés pourront surveiller les versemens de bord à bord.

TITRE II. Des relations de Marseille avec le royaume.

Art. 1er. Les marchandises qui passeront de la ville et du territoire de Marseille dans le royaume, sans justifier de l'acquit des droits du nouveau tarif, payés à l'entrée de cette ville, ou du certificat de leur fabrication dans ladite ville et territoire, délivré par les officiers municipaux de la ville et visé par les préposés de la douane, acquitteront ces droits aux bureaux de la régie établis sur les limites du territoire, ou aux entrées du royaume.

2. Les huiles d'olive expédiées de ladite ville et territoire pour les autres parties du royaume, continueront d'être accompagnées d'une expédition de la douane de ladite ville pour constater leur origine, et les droits en seront payés, suivant leur espèce, conformément au tarif général.

3. Pour éviter que des huiles de la côte d'Italie soient présentées aux bureaux d'entrée comme huiles du Levant ou d'autres qualités inférieures, afin d'acquitter un moindre droit, la municipalité de Marseille arrêtera, tous les mois, un état du prix des huiles communes et des frais de transport aux divers ports du royaume, à raison du quintal, poids de marc : un double dudit état, signé par les officiers municipaux, sera remis au bureau de la régie à Marseille, et le prix des huiles, conformément au même état, sera porté sur les expéditions. Lorsque les préposés de la régie, aux lieux de destination, soupçonneront que les huiles qui leur seront présentées comme étant de qualité inférieure sont de la côte d'Italie, ils pourront les retenir en payant leur valeur ainsi qu'elle sera portée aux expéditions, et le dixième en sus.

4. Les productions des fabriques de Marseille et de son territoire, accompagnées des certificats de la municipalité, visés par les préposés de la douane nationale de ladite ville, ne paieront à leur passage aux bureaux situés sur les limites du territoire, ou aux autres entrées du royaume, d'autres droits que ceux fixés par le tarif qui sera annexé au présent décret, lesquels sont réglés proportionnellement à la franchise dont lesdites productions jouissent sur les matières entrées dans leur fabrication. Lesdits certificats n'auront cependant leur effet, pour ce qui sera expédié par mer, qu'autant que l'embarquement aura été certifié par les employés de la régie sur le port.

Celles destinées pour la Corse seront expédiées en franchise de droits.

5. Les objets manufacturés dans le royaume, et qui auront été expédiés pour Marseille, pourront être reportés par terre dans l'intérieur du royaume pour sa consommation, en acquittant, aux bureaux placés sur les limites du territoire, les droits énoncés en l'article 4 ci-dessus.

6. Seront cependant exempts desdits droits les mêmes marchandises venues des fabriques de l'intérieur de Marseille que l'on enverra au lieu de la fabrique pour les y faire réparer, à la charge de prendre l'acquit-à-caution sur la soumission de faire rentrer à Marseille lesdites marchandises dans le délai de six mois.

7. Les fabricans de la ville et territoire de Marseille pourront faire passer par terre, dans l'intérieur du royaume, les matières premières qui ont besoin de recevoir quelques apprêts avant d'être mises en œuvre, et

les y faire reporter après qu'elles auront été apprêtées : le tout en exemption de droits, et en donnant, par lesdits fabricans, les soumissions nécessaires au bureau de la régie pour assurer le retour, dans le délai de six mois, desdites matières apprêtées, ou le paiement du droit d'entrée, s'il en est dû.

8. Les fabricans de l'intérieur du royaume qui, ayant blanchi ou fabriqué des cires étrangères destinées à la réexportation, les feront ressortir par Marseille, continueront à recevoir le remboursement des droits acquittés à l'entrée de ces cires venues en jaune, à la charge de justifier du passage desdites cires ouvrées à l'un des bureaux situés sur les limites du territoire de leur entrepôt à Marseille, si elles y ont séjourné, et de leur embarquement en ce port; comme encore de rapporter l'acquit des droits d'entrée, délivré dans les deux années antérieures.

Le même remboursement continuera à avoir lieu, et sans aucune déduction, sur toutes les cires blanchies ou autrement ouvrées qui seront renvoyées du royaume à l'étranger, quel que soit le bureau d'importation et d'exportation, en justifiant de la quittance du droit d'entrée.

9. Les matières premières nécessaires à l'aliment des manufactures de Marseille pourront passer de l'intérieur du royaume à Marseille en exemption de tous droits, mais seulement jusqu'à la concurrence des quantités qui seront déterminées chaque année par la législature, d'après les états fournis par la municipalité, visés par les directoires du district et du département, sur les observations de la régie nationale des douanes. Ces objets devront être accompagnés de passavans, délivrés, pour chaque expédition, par les préposés du bureau de ladite ville.

10. Les bestiaux, les vins, les charbons, les bois de chauffage, de construction et feuillards, l'amurca, le marc d'olive ou grignon, pourront passer du royaume à Marseille et dans son territoire en exemption de droits, en quelque qualité que ce soit.

11. Les marchandises et denrées non comprises dans les articles 9 et 10 ci-dessus seront sujettes au passage, de quelque lieu du royaume que ce soit, dans la ville et territoire de Marseille, aux droits et prohibitions qui ont lieu à toutes les sorties du royaume.

12. Les marchandises et denrées qui devront passer d'un lieu à un autre du royaume, par emprunt de la ville et territoire de Marseille; seront exemptes de tous droits, à la charge, si elles sont transportées par mer, de ne pouvoir être chargées que sur bâtimens français, et d'être expédiées par acquit-à-caution pris aux lieux de chargement, et d'être mises en entrepôt, comme il est réglé par l'article 7 du titre Ier du présent décret; et ,

si c'est par terre, d'être pareillement expédiées par acquit-à-caution délivré au plus prochain bureau de lieux d'enlèvement, avec destination pour l'entrepôt. Le délai dudit entrepôt sera de six mois; et , ce terme expiré, les droits de sortie, s'il en était dû à la destination de Marseille, seront acquittés.

13. Les marchandises et denrées qui seront retirées de l'entrepôt pour être transportées par mer dans un autre port de France, ne pourront également être chargées que sur bâtimens français; elles seront accompagnées d'un acquit-à-caution, si elles sont sujettes aux droits de sortie du nouveau tarif, ou si la sortie du royaume en est prohibée, et d'un simple passavant, si elles sont exemptes des droits de sortie. Celles qui devront rentrer dans l'intérieur du royaume par le territoire de Marseille, seront expédiées par acquit-à-caution pour le premier bureau d'entrée.

TITRE III. Du commerce de Marseille au-delà du cap de Bonne-Espérance et des colonies françaises d'Amérique.

Art. 1er. Le port de Marseille continuera d'être ouvert, pour le départ seulement, aux armemens pour le commerce français au-delà du cap de Bonne-Espérance, aux termes du décret du 28 août 1790, et au commerce des colonies françaises d'Amérique, soit pour le départ, soit pour le retour, en observant les formalités qui seront ci-après prescrites.

2. Les marchandises sujettes à des droits à l'entrée du royaume, et que l'on voudra charger dans la ville et territoire de Marseille, à la destination des commerces énoncés en l'article ci-dessus, seront conduites au bureau des denrées coloniales établi en ladite ville : elles y acquitteront, après déclaration et visite, les droits d'entrée du nouveau tarif, et seront ensuite embarquées, sur un permis des préposés de la douane audit bureau.

Les chairs, lards, beurres, saumons salés et chandelles, seront seuls exempts dudit droit, quoique chargés à Marseille.

3. Jouiront également de l'exemption de tous droits pour lesdites destinations, les marchandises des manufactures de Marseille, sur la représentation des certificats de fabrication délivrés par les officiers municipaux; mais lesdites marchandises de pourront être embarquées qu'avec le permis du préposé du bureau des denrées coloniales, qui sera délivré après la déclaration et la visite. Les savons et les cires blanches desdites fabriques seront seuls assujétis à la destination desdites colonies, au droit de trois livres par quintal.

4. Les denrées et marchandises expédiées du royaume pour Marseille, à la destination de l'Inde et desdites colonies, seront pareil-

lement exemptes de tous droits, mais à la charge d'être expédiées par acquit-à-caution, délivré, si c'est par mer, au bureau du port de l'embarquement, et, si c'est par terre, à l'un des bureaux situés sur les limites du territoire de Marseille, à l'effet d'assurer leur entrepôt réel, à leur arrivée à Marseille, leur embarquement et leur destination.

5. Les capitaines de navires venant des îles et colonies françaises à Marseille seront assujétis aux mêmes déclarations et droits que dans les autres ports ouverts à ce commerce.

6. Les cotons en graine et en laine desdites colonies seront mis, à leur arrivée à Marseille, en entrepôt dont la durée pourra être de dix-huit mois; et, s'ils en sont retirés autrement que pour entrer dans le royaume ou dans la ville de Marseille, pour l'usage de ses fabriques, dans les proportions qui seront déterminées, comme il est prescrit par l'article 9 du titre II, ils seront, en ce cas, sujets au droit de douze livres par quintal.

7. Au moyen des dispositions portées par l'article 5 du présent titre, et de celles énoncées en l'article 4 du titre Ier, les sucres, même rafinés, le cacao, le café et l'indigo, passeront de Marseille dans les autres parties du royaume en exemption de droits, pourvu qu'ils soient accompagnés de passavans. Les autres marchandises des colonies françaises seront, à la même destination, sujettes aux droits du nouveau tarif, à moins qu'à leur arrivée elles n'aient été mises en entrepôt; dans ce dernier cas, elles seront aussi expédiées par passavans pour le premier bureau d'entrée.

8. Pour éviter que l'on n'applique aux cafés du Levant l'exemption de droit dont jouiront les cafés des colonies françaises importés de Marseille dans le royaume, la franchise accordée à ceux-ci ne pourra avoir lieu qu'autant qu'ils passeront par l'un des bureaux de Septèmes, la Penne, la Gavotte, ou par les ports de Toulon, la Ciotat, Arles, Cette, Agde et Port-Vendre; et les préposés auxdits bureaux, lorsqu'ils soupçonneront que les cafés qui leur seront présentés comme cafés des îles sont du Levant, pourront les retenir en payant le prix desdits cafés et le dixième en sus, sur l'évaluation des cafés des îles, qui sera arrêtée tous les mois entre la municipalité de Marseille et les préposés de la régie. Le prix de cette évaluation sera porté sur les expéditions.

Article général et commun.

L'inexécution des formalités prescrites par les trois titres ci-dessus assujétira les contrevenans aux peines portées par les lois générales, dans tous les cas auxquels il n'y aura pas été dérogé par le présent décret.

Tarif des droits à percevoir sur quelques matières premières ouvrées, et sur les marchandises manufacturées à Marseille, à leur passage de cette ville et de son territoire dans le royaume.

Matières premières qui ont reçu quelque main-d'œuvre. Soies ouvrées de toutes sortes non teintes, la livre paiera douze sous. Id. teintes, la liv. paiera quinze sous. Fil simple ou retors, le cent pesant paiera cinq sous.

Objets fabriqués. Ouvrages en soie sans mélange, la livre paiera quinze sous. Ouvrage en soie mêlés de coton, bourre de soie, filoselle et autres matières semblables, la livre paiera sept sous. Ouvrages de coton, le cent pesant paiera vingt liv. Ouvrages mélangés de fil et coton, le cent paiera dix liv. Ouvrages de fil de chanvre et de lin, le cent pesant paiera dix sous. Toiles peintes ou teintes, le cent paiera vingt liv. Ouvrage en bourre de soie, filoselle, fleuret, laine et poil de chèvre, néant. Chapeaux, la douzaine paiera dix sous. Cires jaunes ouvrées et cires blanches, le cent pesant paiera trois liv. Plomb ouvré, le quintal paiera trois liv. dix sous. Étain ouvré, le quintal paiera quarante-cinq sous. Ouvrages en cuivre, laiton, bronze et airain, néant. Ouvrages en fer ou acier, le quintal paiera quarante-cinq sous. Ouvrages en fer ou acier, le quintal paiera quarante-cinq sous. Ouvrages en tôle ou fer noir, le quintal paiera quatre liv. Ouvrages en fer-blanc, le quintal paiera sept liv. Ouvrages en sparterie, le quintal paiera dix sous. Ouvrage en pelleterie, paieront à raison de cinq pour cent de la valeur. Faïence et poterie de grès, le quintal paiera quinze sous. Liége ouvré, le quintal paiera trente sous. Pommades et parfumeries, le quintal paiera quarante sous. Savonnettes, le quintal paiera quatre liv. dix sous. Poissons salés marinés, néant. Fruits en saumure ou confits au vinaigre, le quintal paiera vingt sous. Marbre en cheminée, scié ou travaillé, le pied cube paiera vingt-cinq sous. Ouvrage de bois en menuiserie, tabletterie, marqueterie, etc., néant. Compositions et préparations chimiques, autres que les médicamens composés, paieront la moitié des droits imposés par le tarif général sur les objets de même nature venant de l'étranger.

Tous les autres produits des fabriques de Marseille, composés de matières premières dont l'importation, de l'étranger dans le royaume, est exempte de droits, ou qui sont soumises aux prohibitions ou aux droits du nouveau tarif, à leur entrée à Marseille, passeront de Marseille et de son territoire dans le royaume en franchise de droits.

Nota. Le droit imposé par le présent tarif sur les ouvrages de fer et d'acier comprend en même temps le droit de traite et celui de marque de fers.

—————

28 JUILLET 1791. — Décret qui ordonne au comité des assignats de rendre compte des procédures ordonnées et commencées contre les fabricateurs de faux assignats. (B. 16, 156.)

—————

28 JUILLET 1791. — Caisse de l'extraordinaire. Voy. 18 JUILLET 1791. — Couleur des affiches. Voy. 22 JUILLET 1791. — Départemens muni-

———

29 JUILLET = 6 AOUT 1791. — Décret relatif à la liquidation des offices de substituts des procureurs du Roi près les justices royales, de jurés-crieurs, certificateurs de criées et autres. (L. 5, 785; B. 16, 365.)

Art. 1er. Les offices de substituts des procureurs du Roi près les présidiaux, bailliages et autres justices royales ordinaires et extraordinaires, seront liquidés d'après les bases décrétées pour la liquidation des offices de judicature, les 2 et 6 septembre 1790.

2. Les titulaires desdits offices qui exerçaient la postulation à l'époque de leur suppression, et qui justifieront, par un acte authentique, de l'acquisition d'une pratique ou clientelle, obtiendront, outre le prix de leur évaluation, une indemnité.

3. Cette indemnité sera la même que celle accordée aux procureurs par les articles 6 et suivans des décrets des 21 et 24 décembre 1790.

4. Les sommes payées pour droit de mutation, marc d'or et frais de provisions seront remboursées aux titulaires, conformément à l'article 10 du titre Ier des décrets des 2 et 6 septembre dernier, à la charge des retenues qui s'y trouvent énoncées.

5. A l'égard des substituts qui n'étaient pourvus de leurs offices qu'à vie, il sera procédé à la liquidation des indemnités qui leur sont dues, de la manière ci-après déterminée.

6. Il sera fait masse du montant de l'évaluation, ou, à défaut d'évaluation, du montant de la finance de l'office, ensemble des sommes payées tant pour droit de mutation et marc d'or, que pour sceau des provisions et honoraires.

7. Sur cette masse, il sera fait déduction d'un trentième par année de jouissance; le surplus sera payé à l'officier par forme d'indemnité.

8. Néanmoins cette déduction ne pourra s'étendre au-delà des deux tiers de la masse totale : il en sera payé le tiers à ceux qui jouissaient depuis vingt ans et plus.

9. Les offices de jurés-crieurs seront remboursés sur le pied de l'évaluation faite en exécution de l'édit de février 1771.

10. Les intérêts de leur liquidation seront comptés à partir du jour de la publication du présent décret, pour ceux qui auront remis leurs titres au bureau général de liquidation dans un mois, et, pour tous les autres, à partir du jour de la remise des titres.

11. Les sommes payées par les jurés-crieurs, pour droit de mutation, marc d'or et frais de provisions, leur seront remboursées conformément à l'article 4 ci-dessus.

12. Les dettes contractées en nom collectif par les jurés-crieurs ne seront supportées par la nation qu'après vérification et suivant les règles établies par les officiers ministériels, par les décrets des 21 et 24 décembre dernier.

13. Les certificateurs des criées et les tiers référendaires taxateurs-calculateurs des dépens, qui exerçaient la postulation à l'époque de leur suppression, seront liquidés d'après les dispositions des décrets rendus pour les procureurs des tribunaux près lesquels ils exerçaient.

Pourront néanmoins les titulaires des offices opter entre leur évaluation particulière et celle des procureurs de leurs siéges.

14. Les solliciteurs des causes du Roi près les cours, qui exerçaient la postulation à l'époque de leur suppression, seront liquidés d'après les dispositions des décrets rendus pour les procureurs des cours près lesquelles ils exerçaient.

Ceux de ces officiers qui postulaient dans plusieurs cours opteront, entre les communautés de procureurs près lesdits tribunaux, celle avec laquelle ils préféreront d'être liquidés.

———

29 JUILLET = 1er AOUT 1791. — Décret concernant les poursuites relatives aux assignats suspectés de faux. (L. 5, 667; B. 16, 357.)

Art. 1er. Toute personne à qui l'on présentera en paiement un assignat suspect de faux, notamment un des assignats de 2,000 livres suspects, d'après les caractères qui ont été rendus publics, sera tenu d'aller aussitôt en faire sa déclaration à Paris, au comité de police de la section; hors Paris, à la municipalité du lieu dans lequel on lui aura offert ledit assignat.

2. Le porteur de l'assignat suspect de faux, qui l'aura offert en paiement, sera tenu d'accompagner la personne à qui il aura offert cedit assignat, de faire sa déclaration de la personne de laquelle il a reçu l'assignat suspect, s'il la connaît, et de remettre l'assignat suspect, après l'avoir paraphé, pour qu'il soit envoyé à la caisse de l'extraordinaire, où il sera vérifié. Il y restera en dépôt s'il est reconnu faux. Si l'assignat est reconnu bon, il sera remis au propriétaire.

3. Lorsque des assignats suspects seront présentés en paiement dans les caisses publiques, les trésoriers ou caissiers en feront conduire

sur-le-champ les porteurs, soit au comité de police de la section, soit à la municipalité, ainsi qu'il est dit en l'article précédent, pour que leur déclaration y soit reçue, l'assignat paraphé et déposé.

4. Dans le cas où celui qui aura présenté un assignat suspect de faux refuserait de se rendre au comité de police de la section ou à la municipalité, et d'y représenter l'assignat qu'il avait offert en paiement, le commissaire de police, ou l'un des officiers municipaux chargés de la police, seront autorisés à se transporter au domicile du porteur de l'assignat suspect, à faire dans ses papiers telle perquisition qu'ils croiront nécessaire, à saisir, soit les assignats suspects qu'ils y trouveront, soit tous autres papiers qui pourraient être relatifs à une fabrication d'assignats.

Le présent décret sera imprimé et envoyé à tous les départemens.

29 JUILLET = 6 AOUT 1791. — Décret relatif aux créanciers de Monsieur, de M. le comte d'Artois et de Mesdames, et des différentes personnes absentes du royaume. (L. 5, 769; B. 16, 359.)

Art. 1er. Les créanciers porteurs de titres ayant une date certaine antérieure au 24 juin dernier, et rendus exécutoires, suivant les formes légales, contre les personnes absentes du royaume, ainsi que les ouvriers et fournisseurs qui justifieront de travaux et fournitures faits pour les absens avant la même époque, et qui auront fait prononcer par jugemens sur leurs demandes, seront payés de leurs créances sur sommes dues par l'État à leurs débiteurs, et échues avant ladite époque du 24 juin 1791, pour causes autres que pour pensions ou traitemens postérieurs au 1er janvier 1790.

2. Les créanciers mentionnés en l'article précédent ne pourront être payés que sous les conditions suivantes :

1° Ils seront tenus d'affirmer leur créance sincère et véritable, devant le tribunal du district du lieu où ils se trouveront;

2° Ils justifieront que les impositions ou les contributions patriotiques à la charge de leurs débiteurs ont été acquittées; et, dans le cas où cette justification ne serait pas faite, il demeurera, par forme de nantissement, entre les mains du trésorier et payeur de l'État, un dixième des sommes échues et à payer. Le dixième réservé sera remis lorsqu'on justifiera du paiement des impositions et contributions;

3° Les créanciers qui voudront être payés justifieront individuellement qu'ils ont satisfait aux conditions requises par les décrets des 24 et 27 juin dernier.

3. Le trésorier de la maison de Mesdames tantes du Roi est autorisé à toucher l'arriéré liquidé ou à liquider, pour les différentes parties dues à la maison de Mesdames, échues avant le 24 juin dernier, et à distribuer lesdites sommes aux ouvriers, fournisseurs, et aux diverses personnes employées dans les états de la maison de Mesdames, lesdites personnes étant actuellement en France.

4. A l'égard des créanciers de Monsieur et de M. d'Artois, les trésoriers desdites maisons continueront à recevoir, à la Trésorerie nationale, les sommes ordonnées par les décrets des 20 et 21 décembre dernier, et l'emploi desdites sommes sera fait de la manière suivante :

La somme de 500,000 livres par année, attribuée aux créanciers de Monsieur, et les fonds annuels des rentes viagères accordées aux créanciers desdites rentes sur M. d'Artois, seront employés au paiement desdits créanciers, aux termes dudit décret.

La somme d'un million attribuée à chacun de Monsieur et de M. d'Artois, à titre de traitement annuel, sera employée spécialement à payer les créanciers de Monsieur et de M. d'Artois, qui seraient porteurs de titres de la nature mentionnée dans l'article 1er, ainsi que les ouvriers et fournisseurs étant dans le royaume : elle sera aussi employée à payer les objets de dépense courante et d'entretien des maisons de Monsieur et de M. d'Artois, dans le royaume.

5. Les trésoriers desdites maisons et les séquestres ordonnés par le décret des 20 et 21 décembre, établis pour le paiement des créanciers de Monsieur et de M. d'Artois, justifieront, chaque mois, aux commissaires de la Trésorerie nationale et aux commissaires du comité des finances chargés de la surveillance de la Trésorerie nationale, des paiemens qu'ils auront faits en conformité de l'article précédent.

Ils seront responsables des paiemens qu'ils auraient faits en contravention audit article, et, chaque mois, ils rapporteront à la Trésorerie nationale les sommes qu'ils y auraient reçues pendant le mois, et qui n'auraient pas pu être payées conformément aux dispositions du présent article.

6. Les oppositions que les créanciers de Mesdames, de Monsieur et de M. d'Artois auraient formées ou formeraient entre les mains des conservateurs des hypothèques et finances, et des payeurs des rentes, tiendront entre les mains des trésoriers, séquestres et agens desdites maisons. Tous créanciers pourront également former des oppositions pour la conservation de leurs droits, entre les mains desdits trésoriers, séquestres et agens : la signification desdites oppositions ne sera valable qu'autant qu'elle aura été visée de ceux entre les mains de qui elles auront été faites; mais lesdits trésoriers, séquestres et agens seront tenus de les recevoir et de les viser, à

peine d'en demeurer responsables en leur nom.

7. L'Assemblée, interprétant, en tant que de besoin, ses décrets des 24 et 27 juin, sur les justifications à faire par les créanciers de l'État, pour obtenir le paiement des sommes qui leur sont dues, décrète :

1° Que les impositions dont elle entend que le paiement soit justifié sont les impositions personnelles, desquelles le paiement sera justifié, ou par les certificats des municipalités, portant que les impositions ont été payées, ou par des quittances visées, soit par les municipalités, soit par les districts des lieux, à l'exception des quittances qui seront délivrées par les receveurs des impositions de Paris, lesquelles ne seront point sujettes au *visa*. A défaut de représentation desdits certificats ou quittances, il faudra justifier qu'il ne se payait aucune imposition personnelle dans le lieu où l'on avait son domicile;

2° Que la justification requise par lesdits décrets, du paiement des impositions de l'année 1790 et années antérieures, sera regardée comme faite complétement par la production de la quittance des deux dernières années;

3° Que lesdits certificats et quittances de paiement d'impositions seront expédiés en papier non timbré.

8. Les personnes qui, en justifiant d'ailleurs de leur domicile actuel et habituel dans le royaume, ne pourraient pas justifier à l'instant du paiement de leurs impositions et contributions, pourront obtenir le paiement de ce qui leur est dû, en laissant, par forme de nantissement, entre les mains des trésoriers et payeurs, un dixième de ce qu'elles auraient à recevoir pour chacune desdites années pour lesquelles elles ne justifieraient pas du paiement de leurs impositions et contributions : ce dixième retenu leur sera remis en rapportant les quittances des impositions et contributions qui étaient dues.

9. Les trésoriers et payeurs auxquels le certificat de domicile et les quittances d'impositions et contributions auront été exhibés, les remettront aux parties, à la charge qu'il sera fait état, dans la quittance donnée par les parties prenantes, de chacune desdites pièces, de leur date et des personnes par lesquelles elles auront été expédiées, pour y recourir au besoin.

Les personnes habituellement domiciliées dans les colonies françaises qui se trouvent actuellement à Paris, et les fondés de procuration desdites personnes qui sont actuellement dans les colonies, justifieront de leur domicile par la déclaration de deux colons propriétaires, connus et domiciliés à Paris. A l'égard des impositions et contributions, on n'exigera d'eux d'autre justification que celle du paiement de la contribution patriotique; et, à défaut de cette justification, il sera retenu, par forme de nantissement, comme il est dit ci-dessus, le dixième des sommes qui devraient leur être payées.

10. Lorsqu'une créance sera établie par un titre collectif, mais en faveur de plusieurs individus personnellement dénommés, les justifications requises se feront par chacun desdits individus distinctement, sauf aux parties qui se trouveront en état de faire lesdites justifications à faire diviser le titre, et à s'en faire délivrer une ampliation pour ce qui les concerne. A l'égard des créances qui appartiennent soit à des sociétés, soit à des créanciers unis en direction avec l'établissement de séquestre, il suffira auxdites sociétés de justifier qu'elles ont payé collectivement leurs impositions et contributions, et aux créanciers unis, de justifier du paiement des impositions et contributions de leur débiteur.

11. Après le 1er octobre prochain, les créanciers de l'État et autres personnes dénommées dans le décret du 24 juin dernier, seront tenus de justifier qu'ils ont satisfait au décret du 28 juin pareillement dernier, pour l'acquit des impositions de la présente année 1791.

Sera le présent décret imprimé et envoyé à tous les départemens.

29 JUILLET = 6 AOUT 1791. — Décret relatif au tabac de cantine pour les troupes. (L. 5, 818; B. 16, 356.)

L'Assemblée nationale décrète que le tabac ci-devant fabriqué pour être distribué aux troupes, sous le nom de *tabac de cantine*, ne pourra être vendu à un prix moindre que 20 sous la livre.

29 JUILLET = 1er AOUT 1791. — Décret portant qu'il sera fabriqué du papier pour l'impression des assignats de 500 livres. (L. 5, 670.)

29 JUILLET = 3 AOUT 1791. — Décret qui ordonne la levée des scellés apposés après l'absence de Monsieur, frère du Roi, dans les maisons occupées par lui ou par les personnes de sa maison. (L. 5, 733; B. 16, 364.)

29 JUILLET 1791. — Décret qui suspend de ses fonctions l'accusateur public du tribunal du premier arrondissement de Paris. (B. 16, 356.)

LET 1791. — Troubles de Paris. *Voy.* 23 JUILLET 1791. — Vingtièmes. *Voy.* 25 JUILLET 1791.

30 JUILLET = 1er AOUT 1791. — Décret relatif à l'organisation et au service des troupes coloniales actuellement en France. (L. 5, 665 ; B. 16, 382.)

Art. 1er. Il sera sursis à l'organisation des troupes coloniales actuellement en France, et toute promotion sera suspendue parmi elles, dans quelque grade que ce soit.

2. Les soldats de ces troupes seront tenus en état de subsistance, et assujétis au service ordinaire des places dans les lieux où ils seront cantonnés.

3. Les officiers de ces corps qui se sont séparés pourront être autorisés à ne pas les rejoindre, en conservant leurs appointemens.

4. Le ministre de la guerre pourvoira, par les moyens convenables, au maintien de la police et discipline parmi les troupes coloniales actuellement en France.

30 JUILLET = 6 AOUT 1791. — Décret concernant une instruction pour le paiement des dîmes. (L. 5, 750 ; B. 16, 387.)

L'Assemblée nationale, après avoir entendu la lecture de l'instruction proposée par le comité central de liquidation, pour la liquidation des dîmes dont elle a ordonné le remboursement, approuve ladite instruction, et décrète qu'elle sera suivie par les corps administratifs et par le directeur général de la liquidation, pour l'évaluation de l'indemnité des dîmes supprimées avec indemnité. L'instruction et le présent décret seront imprimés et adressés à tous les départemens.

Instruction à adresser aux administrateurs de district et de département, pour la liquidation des dîmes dont l'Assemblée nationale a ordonné le remboursement.

L'Assemblée nationale, après avoir supprimé, par ses décrets des 14 = 20 avril, 4 août et 10 septembre 1790, toutes les dîmes, ainsi que les droits, redevances et rentes qui en tenaient lieu, a déclaré, par le décret des 14 et 20 avril 1790, qu'il était dû, sur le Trésor public, une indemnité aux propriétaires de dîmes inféodées.

Les administrateurs de district dans le territoire desquels les dîmes inféodées se percevaient ont été chargés, par le décret des 23 et 28 octobre 1790, de la liquidation de l'indemnité due aux propriétaires de ces dîmes. Les districts doivent prendre les observations des municipalités sur la valeur de la dîme, donner un avis, l'envoyer au département qui prononce (*Décret des 23 et 28 octobre*).

Les départemens doivent adresser l'état des indemnités qu'ils ont estimé devoir être accordées, pour la suppression des dîmes inféodées, à la direction générale de liquidation (*Décret du 16 novembre 1790*) ; les propriétaires des dîmes inféodées doivent eux-mêmes y remettre les actes nécessaires pour établir leur propriété et sa valeur (*ibid.*). Aux termes d'un décret du 18 janvier 1791, toute demande en liquidation de dîmes inféodées doit être communiquée par les corps administratifs à l'administration des domaines, pour avoir son avis, et s'assurer si ces dîmes étaient possédées à titre d'engagement ou à titre de propriété incommutable.

Les bases de l'évaluation des dîmes inféodées sont les titres de propriété, les baux et des estimations d'experts.

Dans l'évaluation des dîmes, et dans les procès-verbaux des experts pour parvenir à cette évaluation, il faut faire déduction du capital de la portion congrue, même ce qui en est payable pour les six premiers mois 1791, sur le pied de 1,200 livres pour les curés, 700 liv. pour les vicaires actuels ; plus, du capital des autres charges, tant actuelles qu'éventuelles, à raison de l'insuffisance possible des dîmes ecclésiastiques (*Décret des 23 et 28 octobre 1790*).

Le capital doit être réglé sur le pied du denier 25 du produit net, lorsque la dîme se percevait en nature ; sur le pied du denier 20, si elle est réduite en argent par des abonnemens irrévocables (*Décret des 23 et 28 octobre*). Dans le cas où les dîmes auraient été tenues à titre d'engagement, elles ne seront remboursées que sur le pied de la finance de l'engagement (*Décret du 18 janvier 1791*).

Telle est l'analyse sommaire des décrets prononcés par l'Assemblée nationale et sanctionnés par le Roi, sur le remboursement ou l'indemnité due aux propriétaires des dîmes inféodées. Il s'agit actuellement de mettre ces lois à exécution. Les questions qui ont été adressées au comité central de liquidation, soit par les administrations de district, soit par le commissaire du Roi pour la direction de la liquidation, font connaître la nécessité d'entrer dans quelque détail sur la manière d'exécuter la loi et de remplir complètement le vœu de l'Assemblée nationale. Il est important : 1° de bien connaître les objets pour la suppression desquels la loi accorde indemnité ou remboursement ; 2° de discerner les titres capables d'établir la preuve légitime de l'existence du droit qu'on réclame, de ceux qui seraient insuffisans pour cette preuve ; 3° de n'omettre aucune des charges qui doivent opérer des retranchemens sur la valeur de la dîme à estimer ; 4° enfin de ne prendre pour base de la valeur, les charges déduites, que les titres adoptés par la loi.

ART. 1ᵉʳ. Dîmes pour la suppression desquelles l'Assemblée nationale a accordé une indemnité.

Les objets à la suppression desquels l'Assemblée nationale a attaché une indemnité, sont :

1° Les dîmes inféodées ;

2° Les rentes en argent ou en denrées moyennant lesquelles les propriétaires de dîmes inféodées les auraient abandonnées à l'église ;

3° Les dîmes ecclésiastiques acquises par des laïques propriétaires actuels ou par leurs auteurs, à titre onéreux, et dont le prix a tourné au profit de l'église.

Les objets pour lesquels il n'est point dû d'indemnité, sont :

1° Les dîmes qu'un propriétaire avait droit de lever sur lui-même ; l'exemption personnelle de la dîme n'est pas non plus un sujet d'indemnité ;

2° Les dîmes insolites à l'égard desquelles on ne serait pas en état d'établir une possession quarantenaire ;

3° Les dîmes dont il serait prouvé que l'établissement a été une des clauses du bail de l'héritage, fait à perpétuité ou à titre d'emphytéose. L'Assemblée n'entend rien préjuger, par cette disposition, sur les dîmes du Calaisis et autres semblables ;

4° Les droits casuels qui pourraient être dus aux propriétaires des dîmes inféodées, lors des mutations des héritages chargés de la dîme inféodée.

Ces droits casuels, ainsi que les dîmes stipulées par le bail de l'héritage, sont seulement susceptibles du rachat par les débiteurs, de la même manière que les droits féodaux.

Tels sont les résultats des décrets des 14 et 20 avril, 23 et 28 octobre, 7 novembre 1790.

La conséquence de ces décrets rapprochés les uns des autres, est que l'Assemblée nationale ne s'est pas attachée littéralement au mot *dîme inféodée*, puisque, d'une part, un décret ordonne le remboursement de *dîmes ecclésiastiques*, lorsqu'elles auront été acquises à titre onéreux; et que, d'une autre part, l'Assemblée a déclaré les *dîmes inféodées* non remboursables, quand il serait prouvé qu'elles avaient été établies au moment de la tradition du fonds.

Qu'est-ce donc que l'Assemblée a entendu par la dénomination de *dîmes inféodées?* Elle a entendu les dîmes possédées par les laïques, et que des idées vraies ou fausses, mais généralement répandues, faisaient regarder comme ayant été ecclésiastiques dans leur origine. C'est parce que son décret s'appliquait à des dîmes présumées ecclésiastiques dans leur origine, qu'elle a ordonné, à plus forte raison, le remboursement de dîmes certainement ecclésiastiques, qui ont passé dans la main de laïques, non pas à titre de fief,

mais seulement à titre onéreux. C'est par le même motif que, ne s'arrêtant pas à la dénomination de dîmes inféodées, l'Assemblée a déclaré non remboursables les droits qu'on avait appelés dîmes, mais qui, ayant été établis, au moment de la tradition du fonds, par une stipulation entre le bailleur et le preneur, sont réellement des droits de la classe des ci-devant droits seigneuriaux. C'est encore par la même raison que, dans le décret du 22 juin dernier, sur le cumul de la dîme avec le champart, il est dit (art. 6) que les redevances en qualité de fruits appartenant à des ci-devant seigneurs de fiefs, encore qu'elles soient qualifiées *dîmes*, ne seront point réputées dîmes inféodées, s'il existe dans la paroisse ou dans le canton un décimateur ecclésiastique ou laïque en possession de percevoir la dîme des gros fruits. Dans ce cas donc, l'indemnité du droit dénommé *dîme* n'est donc pas due par la nation ; c'est aux redevables à le racheter, s'ils le jugent à propos.

Lorsque les décimateurs ont contribué à l'acquit des charges affectées sur les dîmes, réparations, portions congrues, il n'y a pas à hésiter sur la nature de la redevance qui a supporté des charges de cette nature ; c'est une dîme proprement dite. A défaut de cette circonstance décisive et caractéristique, il faut rassembler les divers attributs qui accompagnent la redevance dont on aura à déterminer la nature. Les dîmes sont ordinairement *quérables* et non *portables*, hors le cas de transactions ou d'usages particuliers dont il est ordinairement possible de découvrir l'origine. Elles se paient par la seule conséquence d'un droit commun, sans reconnaissance écrite des débiteurs, comme sans quittance du créancier. Les dîmes qui sont un droit purement féodal établi lors du bail d'héritage ne suivent d'autres limites que celles de l'ancien fief. Les dîmes proprement dites s'étendent indistinctement dans le fief ou hors du fief. Les premières ne se partagent jamais avec des ecclésiastiques ; les secondes étaient souvent communes avec eux. Voilà les principaux attributs sur lesquels on doit fixer son attention, non pas pour décider, d'après l'existence d'un seul attribut, que tel droit est ou n'est pas supprimé avec indemnité, mais pour conclure de la réunion de ceux qui peuvent concourir, dans chaque espèce particulière, que le droit de percevoir la redevance est anéanti ou qu'il ne l'est pas, qu'il est ou qu'il n'est pas susceptible d'indemnité.

Art. 2. Titres et preuves par lesquels on doit établir la propriété d'une dîme inféodée.

Le droit qui est supprimé, et pour lequel une indemnité est promise, n'étant pas un droit quelconque de percevoir une portion des fruits que la terre nourrit, mais un droit particulier, qualifié soit *dîme inféodée*, soit *dîme ecclésiastique acquise à titre onéreux*,

3.

*et dont le prix a tourné au profit de l'ordre d'é-
glise,* il s'ensuit que ce n'est pas au propriétaire qui réclame une indemnité de la nation,
de justifier qu'il percevait sur les héritages de
tel canton une redevance en nature ou une redevance abonnée, s'il ne prouve en même
temps qu'à cette redevance appartient le nom
de *dîme,* soit inféodée, soit ecclésiastique, et
que, dans ce dernier cas, elle a été acquise,
aux termes de la loi, à titre onéreux pour
l'acquéreur, et avec profit pour l'église. Cette
dernière hypothèse, lorsqu'on la présente,
doit être la plus facile à établir : car, dès que
la loi demande qu'il soit justifié d'une acquisition à titre onéreux, dont le profit ait été
pour l'église ; et comme, d'un autre côté, un
pareil fait ne peut s'établir que par la production de l'acte d'acquisition où la nature de
l'objet acquis doit être exprimée, il s'ensuit :
1° que, dans ce cas, il faut ou produire l'acte
d'acquisition, ou renoncer à toute demande ;
2° que, l'acte d'acquisition une fois produit,
tout est dit, soit en faveur du propriétaire, si
l'acte établit une acquisition qualifiée telle
qu'elle est désirée par la loi, soit contre le
propriétaire, si l'acte n'établit pas une acquisition qualifiée telle que la loi l'exige.

Le cas où il s'agit d'une dîme inféodée
n'est pas aussi facile à décider, parce qu'il
n'est pas également facile de montrer qu'une
dîme est inféodée. La différence des temps a
introduit une diversité dans les conditions qui
ont été requises pour qu'une dîme fût regardée comme inféodée ; la diversité des usages
des lieux nécessite pareillement des différences relativement aux conditions que l'on
doit exiger pour mettre une dîme dans la classe
des dîmes inféodées.

Lorsqu'après le troisième concile de La-
tran, célébré en 1179, on eut posé pour règle
générale que les laïques ne pourraient posséder de dîmes qu'à titre d'inféodation, on
exigea de ceux qui revendiquaient l'exécution
de cette règle qu'ils justifiassent du titre par
lequel la dîme leur avait été inféodée. Le
temps auquel la règle venait d'être établie
n'étant pas extrêmement éloigné de celui où
les inféodations avaient été consenties, il y
avait possibilité de rapporter les actes d'inféodation ; et, dès que la possibilité de les
produire existait, on devait en demander la
production effective, rien n'étant plus naturel
et plus juste que d'exiger de celui qui articule
un fait, qu'il l'établisse par les preuves directes qui sont en sa puissance.

Telle fut donc la première jurisprudence :
on n'était reconnu propriétaire d'une dîme
inféodée qu'autant qu'on justifiait de l'acte
par lequel on en avait reçu l'inféodation.

A mesure que l'on s'éloignait du temps des
inféodations, les guerres, les ravages, cette
consomption générale de tous les monumens
humains, que le temps traîne à sa suite,
anéantissaient les actes primitifs d'inféodation. Il aurait été injuste d'exiger, après un
laps de deux, trois ou quatre siècles, les
mêmes actes qu'il avait été précédemment
facile de produire.

L'impossibilité de rapporter les actes primitifs d'inféodation était plus certaine encore si le fait que l'on a raconté est vrai,
que, tous les titres relatifs à l'établissement
des dîmes inféodées ayant été rassemblés par
ordre d'un de nos rois, le lieu où ils étaient
réunis fut incendié, et que les titres devin-
rent la proie des flammes.

Les règles subirent donc un changement
par la force même des choses : on cessa
d'exiger les actes *constitutifs* de l'inféodation, mais on voulut les actes *énonciatifs;* on
demanda la production d'actes de féodalité,
c'est-à-dire des aveux et dénombremens,
des actes de foi et hommage où la dîme fût
énoncée comme possédée en fief. On tenait
toujours fortement au principe que les dîmes
ne pouvaient être possédées légitimement
par les laïques qu'à titre de fief : on ne se
contentait donc pas de la seule possession ;
elle devait être qualifiée féodale, et prouvée
telle par des actes féodaux relatifs à la dîme
qu'on réclamait.

Cette jurisprudence fut celle du second
âge ; elle existait avant le temps où le célèbre
Dumoulin écrivait, c'est-à-dire avant le milieu du seizième siècle, et elle subsistait encore dans le siècle où nous sommes, vers 1720.

Néanmoins, au commencement de ce même
siècle, il avait été promulgué une loi qui atta-
quait la règle de la nécessité des actes féodaux, pour obtenir d'être maintenu en possession d'une dîme sous la qualité d'une dîme
inféodée. L'édit du mois de juillet 1708 avait
établi que les possesseurs de dîmes inféodées
seraient maintenus sur la seule preuve d'une
possession centenaire, *quand même ils n'auraient autre titre que les preuves de leur
possession.* Cette loi ne fit pas, au moment
où elle fut promulguée, toute l'impression
qu'elle pouvait causer relativement aux titres
à produire pour conserver une dîme en qualité d'inféodée, parce que la condition écrite
dans la loi, que les possesseurs paieraient
une somme pour conserver leurs dîmes,
donnait à l'édit une apparence de loi bursale;
et que les lois bursales ont généralement peu
d'influence sur la décision des questions
de droit. Cependant on était arrivé à une
époque où l'on devait considérer aussi que
les actes de féodalité commençaient à être
rares à l'égard de certains domaines. Ces
deux causes, la disposition de l'édit de 1708
et la diminution du nombre des actes féodaux, se combinèrent de manière qu'il
s'établit, il y a plus de soixante ans, une
jurisprudence nouvelle, qui n'exigea d'autre
preuve, pour maintenir un laïque dans la

possession de la dîme, que celle d'une possession centenaire. On jugea, depuis lors, qu'il suffisait qu'une dîme fût prouvée avoir été librement dans le commerce entre des laïques pendant cent ans, pour qu'elle dût être réputée et déclarée dîme inféodée.

Ces premières observations sont relatives aux variations de la jurisprudence, à raison de la succession des temps ; voici d'autres observations relatives à la variété des lieux.

Les reconnaissances féodales, dans le temps que le système féodal régnait, ne s'exigeaient pas avec la même exactitude dans toutes les parties du royaume. La France coutumière tenait beaucoup plus à la féodalité que le pays de droit écrit, parce que, dans la France coutumière, presque toutes les dispositions de la loi se rapportaient à la féodalité, au lieu que, dans le pays de droit écrit, la loi romaine était au moins étrangère au système féodal. Les actes de féodalité sont beaucoup moins fréquens dans la partie méridionale de la France, qu'ils ne le sont dans la partie septentrionale.

Ces actes n'existent point du tout dans certains cantons. Les pays de franc-alleu n'admettaient ni foi et hommage, ni aveux et dénombremens, surtout pour les grandes terres qui n'auraient pu être rapportées à la couronne, à titre de fief, qu'en anéantissant le franc-alleu, que ces provinces étaient, avec raison, jalouses de conserver. Néanmoins, dans ces provinces, les seigneurs laïques possédaient un grand nombre de dîmes. Il est peu de cantons dans le royaume où les dîmes fussent en plus grande quantité entre les mains des laïques, que dans ce qu'on appelait la Soule, la Navarre, et toute cette lisière de France qui borde l'Espagne. Jamais la possession des dîmes n'y a été contestée aux laïques : ils ne les possèdent cependant pas à titre d'inféodation ; et cependant encore tout annonce que ces dîmes appartinrent originairement à l'église. Le nom d'*abbés* ou *abbats-laïques*, qu'on donne à ceux qui les perçoivent, les possessions qui sont ordinairement annexées à celle de la dîme, attestent qu'elles furent primitivement perçues, soit par les curés, soit par des religieux. Voilà donc des dîmes qui sont certainement de la même nature de celles que nous connaissons en général sous le nom de *dîmes inféodées*, et à l'égard desquelles on ne pourrait justifier ni d'actes constitutifs, ni d'actes énonciatifs de féodalité.

La conséquence de ces observations est que l'on aurait tort de vouloir rappeler la reconnaissance de toutes les dîmes inféodées à une seule et unique règle, et de n'accorder l'indemnité prononcée par la loi qu'au décimateur qui serait en état de justifier que

sa possession relevait d'un seigneur suzerain. En général, la possession de cent années, avant l'époque du 14 avril 1790, date de la suppression des dîmes inféodées, doit suffire pour avoir droit aux indemnités accordées par la nation. Il faut ensuite, dans chaque département du royaume, avoir égard aux lois particulières qui le régissaient, aux usages qui y avaient interprété la loi ; et, dans le centre où toutes les liquidations doivent être rapportées, il faut connaître ces lois particulières et ces usages, pour y déférer lorsqu'ils seront suffisamment établis.

Lors donc que l'on présentera aux administrateurs d'un district les titres d'une dîme inféodée, ils ne doivent pas rejeter tout ce qui n'est point acte de féodalité : ils doivent au contraire avoir égard aux titres d'une autre nature ; mais, quelques titres qu'ils admettent, ils doivent expliquer nettement les motifs de leur détermination, afin que le directeur général de la liquidation puisse reconnaître le principe qui a fait recevoir ces titres, et s'assurer de la solidité des bases sur lesquelles le principe est fondé.

Passons au troisième objet, la considération des charges dont il doit être fait déduction dans l'estimation de l'indemnité des dîmes.

Art. 3. Déduction à faire sur la valeur des dîmes supprimées avec indemnité, pour raison des charges dont elles sont tenues.

Les déductions à faire sur la valeur des dîmes pour la suppression desquelles il est accordé une indemnité, sont la représentation des charges auxquelles elles sont sujettes, et que les objets par lesquels elles seront remplacées ne supporteront pas. Les charges propres des dîmes sont la portion congrue des curés et vicaires, les réparations du chœur et du cancel, quelquefois celles de toute l'église, comme dans la Flandre maritime ; quelquefois celles d'une partie du presbytère, comme en Provence ; plus, dans certains lieux, en Dauphiné par exemple, la vingt-quatrième des pauvres ; dans la même ci-devant province et dans les ressorts des anciens parlemens de Toulouse et d'Aix, une somme fixée pour ce qu'on appelait *clerc et matière*.

Les impositions que les dîmes supportaient ne sont pas à déduire, parce que les acquisitions auxquelles le prix de l'indemnité des dîmes sera employé supporteront également les impositions. La dîme doit être estimée à raison de sa valeur, sans aucun égard à ce dont cette valeur était diminuée par les impositions, que ces impositions fussent payables par le propriétaire ou par le fermier, qu'elles fussent plus considérables, ou même nulles, eu égard à la qualité du propriétaire.

Il est plusieurs cas dans lesquels, d'après la nature même de l'espèce d'indemnité qui est due, il n'y a aucune opération particulière pour évaluer les déductions. Ainsi, lorsque la dîme a été donnée à titre d'engagement, l'Assemblée nationale ayant décrété que l'indemnité consisterait dans la restitution de la finance de l'engagement, tout autre calcul serait superflu. Il en est de même d'une dîme qui aurait été acquise de l'église, moyennant une rente payable à l'église; toute l'indemnité consiste dans l'extinction et la décharge de la rente.

Une troisième observation générale est que, pour estimer la déduction des charges, il faut prendre les choses en l'état où elles étaient au 1er janvier 1790; la portion congrue des curés, évaluée à 1,200 livres; celle des vicaires à 700 livres; les paroisses, le nombre des curés et celui des vicaires, tels qu'ils existaient alors, sans égard aux suppressions qui ont eu lieu postérieurement.

Après ces observations générales, entrons dans les détails.

Les dîmes pour lesquelles la nation a accordé une indemnité aux propriétaires qui les perdent en ce moment, sont les dîmes ecclésiastiques, acquises à titre onéreux pour l'acquéreur, profitables pour l'église, et les dîmes inféodées. Les dîmes ecclésiastiques qui, dans les temps modernes, sont entrées entre les mains des laïques, y sont arrivées ou par l'effet de l'option de la portion congrue, que le curé n'a pu faire sans abandonner les dîmes dont il jouissait, ou par l'effet d'acquisitions.

Si la dîme est entrée dans la main d'un laïque, par l'effet de l'option de la portion congrue, le propriétaire actuel n'a aucune indemnité à réclamer. La dîme ne lui avait été abandonnée que sous la condition de payer la portion congrue : cette charge n'existe plus, et, par conséquent, il n'y a rien à prétendre pour en être indemnisé.

Au cas d'acquisition de la dîme, il faut se faire représenter les actes de l'acquisition pour vérifier les deux conditions que le décret de l'Assemblée exige, savoir : que l'acquisition a été à titre onéreux, et que les engagemens pris par l'acquéreur ont tourné au profit de l'église. Cette seconde condition portera à faire, dans ce cas particulier, une grande attention au prix de l'acquisition, parce que, quelle que soit aujourd'hui la valeur de la dîme, il n'y a que les sommes stipulées payables lors de l'acquisition, ou de toute autre convention faite à cette époque, qui peuvent seules donner la mesure de l'utilité que l'église a retirée de l'aliénation de la dîme.

Mais ce n'est pas encore le moment de déterminer les actes qui doivent servir au règlement de l'indemnité; il s'agit des charges qui peuvent influer sur l'estimation de la dîme, et d'abord des charges générales, savoir : la portion congrue, tant du curé que du vicaire; les réparations du chœur et du cancel; la fourniture des ornemens, linges, livres, vases sacrés; cette dernière charge seulement à défaut de revenus suffisans de la fabrique. L'assujétissement à ces charges n'est pas ici subsidiaire, comme il l'est, en général, à l'égard des dîmes inféodées; c'est un assujétissement direct, propre à toutes les dîmes ecclésiastiques. Des dîmes de cette nature, aliénées récemment par l'église, et que les laïques ne possèdent pas à titre de fief, conservant toujours leur nature de dîmes ecclésiastiques, demeurent assujéties à toutes les charges des dîmes ecclésiastiques.

Il faut néanmoins distinguer le cas où la dîme ecclésiastique dont on estime la valeur se trouve actuellement même affectée à des charges, du cas où, à raison des circonstances, la contribution aux charges légales n'est pas actuelle, mais possible. Il arrivait, par exemple, souvent que la cure était tellement dotée, soit en fonds, soit en dîmes, soit en rentes, que le curé ne pouvait pas être dans le cas de solliciter la portion congrue. A l'égard des réparations mêmes, il n'était pas sans exemple que, l'église étant à la charge d'un chapitre qui y était établi, ou ayant une fabrique riche, les décimateurs fussent à l'abri de demandes à cet égard, à plus forte raison qu'ils fussent à l'abri de toute demande pour les ornemens, livres et vases sacrés. On doit examiner ces différentes circonstances. On ne saurait perdre de vue que les dîmes ecclésiastiques sont essentiellement assujéties aux réparations, portions congrues, etc.; mais en même temps la justice exige que, dans l'évaluation d'une charge, on distingue celle qui est actuelle de celle qui n'est que possible, et, lorsqu'on est contraint d'entrer dans l'évaluation du possible, il devient indispensable de calculer les degrés plus ou moins nombreux de possibilité. On proposera quelques règles à cet égard, en parlant de l'évaluation des charges des dîmes inféodées : le résultat de ce qui sera dit alors, appliqué à l'espèce présente, serait qu'il faut réduire au vingtième de l'évaluation des charges l'estimation de celles que les dîmes ecclésiastiques, possédées par des laïques, ne supportaient pas actuellement, mais qu'elles pourraient supporter un jour.

Il est un autre cas relatif aux dîmes ecclésiastiques que les laïques ont acquises aux conditions portées par la loi pour obtenir une indemnité. L'acquéreur peut être convenu, soit au moyen d'une augmentation de prix, soit au moyen de tout autre avantage qu'il a fait à l'église, que sa dîme serait exempte des charges ordinaires. Cette stipulation privée n'anéantit pas l'obligation aux charges, parce que des conventions particulières ne détruisent pas le droit public; et il est certain que, nonobstant une telle stipulation, la charge des réparations et autres semblables aurait été réalisée sur les mêmes dîmes, si les circonstances en eussent amené la nécessité. La stipulation n'a donc d'autre effet que de reculer le moment où la charge se réalisera. C'est dans l'ordre des degrés de possibilité de l'assujétissement, qu'il faut placer le résultat de ces conventions : l'assujétissement était toujours réel; mais le moment où il devait s'effectuer était éloigné par les conventions qui autorisaient le détenteur de la dîme à exiger que telles ou telles valeurs fussent discutées et épuisées avant de l'assujétir à une dette personnelle. On pourrait réduire alors l'estimation des charges, du vingtième de leur valeur au quarantième.

Passons aux charges dont l'appréciation doit diminuer la valeur des dîmes inféodées, en considérant ces charges dans le droit qu'on appelle *commun*, parce qu'il régit la plus grande partie de l'empire.

Le droit commun assujétit les dîmes inféodées aux charges que les dîmes ecclésiastiques supportent, mais subsidiairement seulement, c'est-à-dire après que les revenus ecclésiastiques qui peuvent former la dotation propre de la cure et après que les produits de la dîme ecclésiastique sont épuisés. L'incertitude que les recherches des historiens et les systèmes opposés des jurisconsultes ont laissée sur la nature et l'origine des dîmes inféodées, a porté à un parti mitoyen entre l'exemption des charges de la dîme ecclésiastique et l'assujétissement à ces charges; on n'en a pas affranchi les dîmes inféodées, mais on a voulu qu'elles n'y fussent sujettes qu'après l'épuisement des dîmes ecclésiastiques : elles sont en seconde ligne seulement pour subvenir aux réparations, portions congrues, etc.

Il n'est pas rare de trouver des paroisses où l'insuffisance des dîmes ecclésiastiques avait forcé les décimateurs inféodés à contribuer actuellement aux portions congrues, etc. Cette charge n'aurait pas tardé à se réaliser sur un grand nombre de décimateurs inféodés, si, la portion congrue des curés ayant été fixée à 1,200 livres et celle des vicaires à 700 livres, l'une et l'autre fussent demeurées à la charge des décimateurs.

Mais il reste d'autres paroisses aussi dans lesquelles la charge des portions congrues, etc., ne devait être considérée comme susceptible de tomber sur les décimateurs inféodés, que dans un avenir plus ou moins éloigné.

Séparons d'abord de tous les autres cas celui où le décimateur inféodé supportait dès à présent la charge de la portion congrue et autres du même genre. Ce cas est susceptible de peu de difficultés : il est facile d'estimer des charges qui existent actuellement et de fait. On remarquera seulement que, d'après le décret

des 23 et 28 octobre 1790, titre V, article 10, la portion congrue doit être calculée, non pas sur l'ancien pied, mais sur celui de 1,200 livres pour les curés, de 700 livres pour les vicaires; de manière qu'il serait fort possible qu'un décimateur inféodé, qui n'aurait rien payé sur la portion congrue en 1789, fût regardé néanmoins comme y étant assujéti aujourd'hui de fait, parce que les revenus de la cure et les dîmes ecclésiastiques n'auraient pas pu fournir 1,200 livres au curé, et 700 livres à chacun des vicaires.

Le cas qui est réellement difficile est celui où le décimateur inféodé n'était encore assujéti de fait à aucune charge, mais où il était seulement possible qu'il y fût assujéti; et la difficulté vient des divers degrés de possibilité qu'il faut calculer.

La charge de la portion congrue est celle qui dépend d'un moindre nombre de circonstances. On conçoit qu'en supposant dans une paroisse un curé et un vicaire dont les portions congrues réunies montent à 1,900 livres, la contribution du décimateur inféodé devient possible, dès que le produit des dîmes ecclésiastiques n'excède pas 1,900 livres; mais cette possibilité s'éloigne d'autant plus, que le revenu de la cure et le produit des dîmes ecclésiastiques excèdent davantage la somme de 1,900 livres. Il ne faut pas beaucoup de réflexion pour sentir que, dans une paroisse où il y a un curé et un vicaire, 1,900 livres de portions congrues à payer, où la dîme ecclésiastique était du produit de 6,000 livres, et où il existait un trait de dîme inféodée du revenu de 300 livres, il était infiniment moins vraisemblable que le décimateur inféodé fût sujet à une contribution pour la portion congrue, que cela n'était vraisemblable dans une paroisse où les dîmes ecclésiastiques auraient été seulement de 2,000 livres de valeur, et où la dîme inféodée aurait été du produit de 3,000 livres.

Le calcul des possibilités, relativement à la charge des réparations, est beaucoup plus compliqué. Son premier élément est l'examen du produit de la dîme ecclésiastique, ou plutôt de ce qui en reste après les portions congrues acquittées. Un second élément est l'état de l'église paroissiale : suivant que le chœur de l'église était d'une construction plus ou moins riche, plus ou moins solide, la charge du décimateur inféodé devait être plus ou moins considérable, plus ou moins prochaine. Mais il faut faire entrer ici l'examen d'une autre question extrêmement délicate, savoir, comment on devait entendre la disposition des lois qui n'assujétissaient les dîmes inféodées aux réparations des églises, qu'après l'épuisement des dîmes ecclésiastiques. On convenait assez généralement que la condition de l'épuisement n'était pas remplie par le seul fait de l'absorption du revenu d'une année; mais les jurisconsultes étaient divisés sur la manière dont on devait procéder pour opérer l'épuisement de la dîme ecclésiastique, et il n'existait ni loi, ni réglement, ni même d'arrêt bien positif qui pût rallier leurs sentimens.

La charge de là fourniture des ornemens et vases sacrés dépend aussi de plusieurs élémens : 1° ce qui reste de la dîme ecclésiastique après l'acquit des charges annuelles; 2° le plus ou le moins de revenus de la fabrique, parce que ce n'est que l'épuisement de ces revenus qui ouvre l'obligation des décimateurs; 3° l'état des ornemens.

Le premier résultat de ces réflexions doit être de déterminer les experts qui procéderont à l'évaluation des dîmes, à ne pas fixer leur attention seulement sur le produit de la dîme inféodée qu'ils voudront évaluer, mais à l'étendre sur tous les objets de comparaison qui doivent servir à régler l'évaluation. Il faudra qu'ils connaissent les divers objets dont on vient de parler, valeur de la dîme ecclésiastique, état des bâtimens : valeur des revenus de la fabrique : il faudra que tous ces détails soient consignés dans leur procès-verbal, afin qu'on puisse juger ce qu'ils ont fait, et rectifier leur marche, s'il était nécessaire.

Supposant donc les faits établis d'une manière claire et positive, il reste maintenant à déterminer ce que l'on retranchera du produit annuel de la dîme inféodée pour les charges; non pas celles qu'elle supporte actuellement, l'évaluation de ces premières charges n'est pas sujette à difficulté; mais pour les charges dont la dîme inféodée est susceptible. L'Assemblée nationale n'ayant encore rien prononcé à cet égard, il faut chercher ce qui semblera le plus convenable.

Appliquons-nous d'abord à ce qui regarde la portion congrue, et considérons les deux extrêmes, c'est-à-dire le cas où, les dîmes ecclésiastiques étant épuisées par les portions congrues, la dîme inféodée était sujette à être entamée au premier changement que le revenu de la dîme ecclésiastique ou la fixation de la portion congrue aurait éprouvé; et le cas où le revenu des dîmes ecclésiastiques était tel, que la possibilité d'une contribution à la charge de la dîme inféodée était le moins vraisemblable. Dans le premier cas, on pourrait évaluer la diminution que le revenu de la dîme inféodée devrait subir, à un vingtième du montant de la charge, parce que, dans le cas proposé, il y a lieu de croire que la dîme inféodée pourrait supporter, dans l'espace de vingt ans, une fois la charge des portions congrues. Supposant donc toujours ces portions congrues à 1,900 liv., on déduirait sur le revenu de la dîme inféodée 95 liv.; cette déduction du vingtième serait la plus forte possible.

La déduction la plus faible, celle qui aurait lieu dans le cas le moins apparent de la possibilité d'une contribution, serait du centième, parce que, dès qu'une chose est possible, quelque rare qu'elle soit, on peut raisonnablement supposer qu'elle se réalisera dans l'espace d'un siècle. Ainsi, en conservant l'hypothèse proposée, la déduction sur le revenu de la dîme serait de 19 livres.

Si l'on demande ensuite quand on doit être supposé arrivé au point où la contribution est la moins vraisemblable possible, nous répondrons que la contribution la plus vraisemblable, celle qui a lieu quand les dîmes ecclésiastiques sont déjà épuisées, étant évaluée à une année de vingt, le cas le plus éloigné d'une contribution possible doit être lorsque ce qui reste de la dîme ecclésiastique, après les portions congrues acquittées, excède vingt fois la dîme inféodée.

En admettant ces deux extrêmes, celui où la dîme ecclésiastique est *zero* et celui où elle est de vingt fois la valeur de la dîme inféodée; en prenant pour base de déduction le vingtième dans le premier cas, le centième dans le second, il est aisé d'établir une échelle de proportion pour la déduction graduée sur la valeur comparée de la dîme ecclésiastique et de la dîme inféodée. Par exemple, si la dîme ecclésiastique vaut dix fois la dîme inféodée, la déduction sera d'un cinquantième.

Mais voici une autre observation importante. La déduction à faire sur les dîmes inféodées, à cause de l'insuffisance possible des dîmes ecclésiastiques, doit se régler sur la valeur comparée des dîmes ecclésiastiques aux dîmes inféodées de la paroisse; conséquemment, il ne faut pas déduire, sur chaque trait de dîme inféodée, le total de la partie qu'on jugera être à retrancher; cette déduction doit porter sur le total des dîmes inféodées de la paroisse, et chaque décimateur particulier ne doit supporter que sa portion personnelle de la déduction. Y a-t-il 5o livres à déduire, et la dîme inféodée est-elle divisée entre trois propriétaires, dans la proportion d'une moitié et de deux quarts? le premier propriétaire supportera une déduction de 25 livres; chacun des deux autres, une déduction de 12 livres 10 sous.

Tout ce qui vient d'être dit est relatif à la déduction pour la portion congrue. Dans celle qui aura lieu pour les réparations, on doit faire entrer la nécessité de l'épuisement du fonds de la dîme ecclésiastique; et la manière la plus convenable de le calculer, est d'estimer le montant du capital à épuiser au denier vingt du produit. Cette évaluation doit diminuer, dans la même proportion, la déduction à subir par la dîme inféodée. La déduction, réduite sur ce pied, sera d'un vingtième au lieu d'un entier, d'un sou au lieu d'une livre; ainsi, la déduction pour la portion congrue étant de 50 livres, on y ajouterait le sou pour livre, ou 2 livres 10 sous de déduction pour les réparations.

A l'égard des déductions à faire pour la charge des ornemens, il n'y a, ce semble, d'autre observation à faire que celle-ci : les revenus de la fabrique doivent être employés, aussi bien que ceux de la dime ecclésiastique, avant que le décimateur inféodé contribue à la fourniture des ornemens; il faut donc cumuler ces deux revenus, et les comparer ensemble au revenus de la dime inféodée, pour régler la déduction que cette dime éprouvera, en opérant d'ailleurs sur les mêmes bases qui ont été admises pour la contribution à la portion congrue.

Nous avons dit qu'il était à propos de constater, relativement aux réparations qui peuvent tomber à la charge des dimes inféodées, l'état plus ou moins ruineux, plus ou moins dispendieux des églises paroissiales; qu'il était également à propos de constater l'état des ornemens. Il pourrait se trouver des cas où l'état de ces objets forcerait à une déduction plus forte sur le revenu des dimes inféodées; mais, dans les cas ordinaires et peu marqués, cet état ne doit pas influer sur l'estimation; autrement il n'existerait plus de règle générale, et chaque estimation particulière, devenant susceptible de contradiction dans une multitude de détails, formerait un procès à juger.

Les déductions étant une fois établies d'après les règles qui viennent d'être posées, on prendra ce qui restera net pour former la base du capital, soit au denier 25, soit au dernier 20, selon les différentes hypothèses établies par les décrets de l'Assemblée.

Nous ne sommes pas sortis, jusqu'à présent, de ce qui appartient au droit commun : en passant du droit commun au droit particulier des ci-devant provinces, il y a peu d'observations à faire sur le résultat de ce droit particulier. En Flandre et en Artois, les dimes inféodées sont sujettes aux charges décimales, concurremment avec les dimes ecclésiastiques; il s'ensuit qu'il faut opérer, sur leur revenu, la même déduction que sur les dimes ecclésiastiques, et non pas seulement celle qui a lieu sur les dimes inféodées.

Dans la Flandre maritime, les décimateurs ecclésiastiques ne sont pas seulement chargés du chœur de l'église paroissiale, ils sont chargés de toute l'église. C'est une somme plus forte à prendre pour base de la déduction qui doit être évaluée, ainsi que la déduction pour la portion congrue, comme résultat d'une obligation actuelle, et non pas seulement comme résultat d'une obligation subsidiaire.

Ces observations suffisent, par les inductions qu'on peut en tirer, pour tous les cas où il existerait, soit lois, soit usages particuliers.

Il est facile d'opérer la déduction pour le vingt-quatrième des pauvres pour la charge du clerc et matière, pour les presbytères; ce sont autant de sommes à ajouter, soit à la charge annuelle de la portion congrue, soit à la charge casuelle des réparations. Une dernière remarque particulière est relative au cas qu'il se rencontre dans quelques lieux, où, par le résultat, soit des titres, soit d'un usage ancien, quelques dimes, quoiqu'on les regarde comme inféodées, se trouvent chargées de la portion congrue, des réparations, etc., en première ligne et comme des dimes ecclésiastiques pourraient l'être, les autres dimes inféodées du même canton ne supportant les mêmes charges que subsidiairement. Il faut, en ce cas, se conformer aux titres et à l'usage établi, faire sur les dimes inféodées qui sont sujettes aux charges en première ligne, et non subsidiairement, les mêmes déductions qu'on ferait sur les dimes ecclésiastiques.

Il ne s'agit plus maintenant que de voir d'après quels titres ou quelles opérations on doit évaluer la masse du revenu des dimes, masse qui donne le revenu net, base de l'indemnité, lorsqu'on a fait la déduction des charges qui viennent de nous occuper.

ART. 4. Titres et opérations qui doivent servir à estimer le revenu des dimes à la suppression desquelles l'Assemblée nationale a accordé une indemnité.

Il y a un moyen sûr de connaître le produit d'une dime; c'est de savoir : 1° sur quelle étendue de terre elle se perçoit; 2° quel est le genre de fruits que cette terre donne; 3° à quelle quotité la dime se perçoit; 4° quels sont les frais à faire pour percevoir la dime, engranger les grains, et, en un mot, pour réduire la dime soit en argent, soit en toute autre valeur commerciale.

Les connaissances dont on vient de parler s'acquièrent par la remise d'états relatifs à la perception, et par des visites d'experts. L'Assemblée a ordonné ces opérations par ses décrets du 23 octobre 1790 et du 5 mars 1791; mais, en même temps, elle a considéré qu'elles étaient longues et coûteuses; et, pensant qu'on pouvait y suppléer par des baux, quand ils ne seraient pas suspects, elle a voulu (*Décret des 23 et 28 octobre, tit. V, art.* 5) que l'évaluation fût faite d'après les baux, lorsqu'on serait en état d'en rapporter un ou plusieurs qui réuniraient les trois conditions suivantes : être actuellement subsistans en 1790; avoir une date certaine antérieure au 4 août 1789; remonter à quinze années au-delà de l'époque du 4 août 1789.

Les estimations ou les baux sont les seuls actes d'après lesquels on puisse estimer en masse les revenus des dimes à la suppression desquelles l'Assemblée nationale a accordé une indemnité. Si les décrets ordonnent la production des titres d'acquisition et de propriété, ce n'est que pour renseigner la consistance de la dîme dont on demande l'indemnité. On serait souvent injuste, ou envers l'État, ou envers les décimateurs, si l'on prenait pour base de leur liquidation les actes d'acquisition de la dîme. Lorsque l'acte d'acquisition serait ancien, ou que l'acquéreur aurait, par une circonstance quelconque, fait un bon marché, le propriétaire dépossédé ne trouverait pas, dans le dédommagement réglé sur le pied de cet acte, la juste indemnité de ce qu'il perd. Dans le cas, au contraire, où l'acquéreur aurait acheté trop cher, l'indemnité fixée sur le prix de l'acquisition lui donnerait plus qu'il n'avait réellement

Le décret du 5 mars 1791, article 3, a autorisé les possesseurs des dîmes inféodées à produire, à défaut de baux ayant les conditions requises par les décrets, des contrats d'acquisition postérieurs à l'année 1785 et antérieurs au 4 août 1789; mais cette disposition n'est applicable qu'au cas de la demande d'une reconnaissance provisoire. Le temps nécessaire pour procéder à une estimation, à défaut de baux, aurait rendu à peu près inutile aux propriétaires l'avantage que l'Assemblée a voulu leur procurer par les reconnaissances provisoires; il fallait trouver un expédient pour suppléer aux baux dans ce cas particulier; l'Assemblée a adopté celui de la production d'un contrat d'acquisition. On doit se conformer à son décret; et, sur la seule vue du contrat d'acquisition, on doit délivrer la moitié du prix en reconnaissance provisoire; mais on ne doit pas étendre ce décret à un cas pour lequel il n'a point prononcé. Le cas particulier de l'acquisition moderne d'une dîme ecclésiastique, celui d'une dîme prise à titre d'engagement, font exception aux règles générales : pour le premier cas, selon ce qui a été observé dans l'art. 2; pour le second cas, selon ce qui est porté par le décret du 18 janvier 1791.

Le décret des 23 et 28 octobre 1790, art. 6, autorise les propriétaires de dîmes dont les archives et les titres auraient été brûlés ou pillés à l'occasion des troubles survenus depuis 1789, à faire preuve, soit par actes, soit par témoins, d'une possession de trente ans, antérieure à l'incendie ou au pillage, de l'existence, de la nature et de la quotité de leurs droits de dîmes. On a paru appréhender que cette disposition ne contrariât en quelques points les principes sur la nature des preuves qui doivent établir le droit de lever une dîme inféodée : le décret n'a rien d'opposé aux principes. Quand les archives sont brûlées, ou ne peut plus prouver directement par les titres qui y étaient conservés le fait ou de l'inféodation d'une dîme, ou des reconnaissances féodales, ou de la possession centenaire; il

faut alors avoir recours soit à des titres étrangers, mais énonciatifs, soit à des dépositions de témoins. Ces titres énonciatifs ou ces témoins doivent établir différens faits qui sont bien distingués dans le décret; ils doivent justifier : 1° de l'existence du droit, déposer que telle personne jouissait d'une dîme; 2° de la nature du droit, déposer que la dîme était connue pour dîme inféodée, levée comme telle; 3° de la quotité et de la possession depuis trente ans. Une pareille enquête ne saurait porter atteinte aux principes; au contraire, elle les confirme : car si des témoins, par exemple, déposaient qu'ils ont connaissance que, depuis telle époque, un tel jouissait d'une dîme qui passait pour inféodée, mais qu'avant cette époque la dîme appartenait à un corps ecclésiastique et était réputée ecclésiastique, on jugerait que la possession de la dîme comme inféodée n'est pas légitime, et on refuserait l'indemnité. Si les témoins, en attestant la possession trentenaire, n'indiquent pas l'époque à laquelle elle a commencé, il résulte de leur déposition la preuve d'une possession immémoriale, c'est-à-dire telle qu'on ne connaît aucune possession contraire, et cette possession immémoriale doit suppléer à la possession centenaire, dans les cas où les actes qui auraient établi la possession de cent ans se trouvent détruits par une force majeure.

Quant au surplus des questions qui peuvent se présenter, on doit se conformer aux décrets rendus spécialement pour la liquidation des dîmes inféodées, aux décrets qui contiennent des règles générales sur les liquidations aux lois anciennes que l'Assemblée nationale n'a point abrogées, sur les conditions requises pour que les actes dont on prétend induire des conséquences soient reconnus en forme probante.

3o JUILLET = 6 AOUT 1791. — Décret relatif aux passeports. (L. 5, 800; Mon. du 1ᵉʳ avril 1791.)

L'Assemblée nationale, ayant entendu son comité diplomatique, autorise le ministre des affaires étrangères à signer tous passeports nécessaires pour le bien du service, dans les affaires de son département, et pour tout autre d'objet d'utilité évidente ou de nécessité indispensable, en se conformant aux précautions indiquées par le décret du 28 juin, et notamment à la charge de faire enregistrer et numéroter lesdits passeports, desquels numéros et enregistremens mention expresse sera faite en vertu du présent décret sur chacun d'eux. Charge les municipalités des villes frontières de tenir note de l'exhibition à elles faites desdits passeports, sous leurs numéros, et d'en faire mention sur un registre à ce destiné pour y recourir au besoin.

---

30 JUILLET (21 et) = 10 AOUT 1791. — Décret relatif aux écoles de la marine. (L. 5, 837; B. 16, 367; Mon. des 22, 24 juillet 1791.)

Voy. 20 SEPTEMBRE = 14 OCTOBRE 1791.

TITRE Ier. Des examinateurs et des professeurs.

Art. 1er. Il y aura un examinateur des aspirans de la marine, dont les fonctions seront d'être juge des concours qui seront ouverts chaque année dans les principales villes maritimes, tant pour les places d'aspirans de la marine que pour celles d'enseignes entretenus; son traitement sera de 6,000 livres. Les frais de voyages de l'examinateur des aspirans et de ceux des examinateurs hydrographes, seront évalués à 4,800 livres par année.

2. Il y aura deux examinateurs hydrographes, dont les fonctions seront d'examiner les navigateurs qui se présenteront pour le grade d'enseigne non entretenu. Les examens pour ce grade auront lieu deux fois chaque année, et à des époques fixes, dans tous les ports où seront établies les écoles. Le traitement de chacun des examinateurs hydrographes sera de 4,500 livres, et ils seront remboursés en sus de leurs frais de voyages, qui ne pourront excéder pour chacun la somme de 4,800 livres.

3. La place d'examinateur des aspirans de la marine et celles des deux examinateurs hydrographes seront à la nomination du Roi, et elles ne pourront être remplies que par ceux qui auront professé les mathématiques au moins pendant cinq ans dans quelqu'une des écoles nationales.

4. Il sera créé des écoles gratuites et publiques de mathématiques et d'hydrographie dans les villes suivantes, et chaque école aura un professeur dont le traitement sera fixé comme il suit :

Appointemens du professeur.

Toulon, 3,600 liv.; Marseille, 3,600 liv.; Cette, 3,000 liv.; Bayonne, 3,000 liv.; Bordeaux, 3,600 liv.; Rochefort, 3,600 liv.; Nantes, 3,600 liv.; Lorient, 3,000 liv.; Brest (il y aura un second professeur à 3,000 liv.), 6,600 liv.; Saint-Malo, 3,000 liv.; le Havre, 3,000 liv.; Dunkerque, 3,000 liv. — Total, 42,600 liv.

5. Il sera créé des écoles gratuites et publiques d'hydrographie dans les villes suivantes :

Antibes, Saint-Tropez, la Ciotat, Narbonne, Port-Vendre, Libourne, La Rochelle, les Sables-d'Olonne, Paimbœuf, le Croisic, Vannes, Audierne, Saint-Paul-de-Léon, Saint-Brieux, Granville, Cherbourg, Honfleur, Fécamp, Dieppe, Saint-Valery-sur-Somme, Boulogne, Calais.

Dans chacune de ces villes, les appointemens du professeur seront de 1,500 à 2,000 liv.

6. La police des écoles publiques de mathématiques et d'hydrographie appartiendra à la municipalité du lieu.

7. Les places de professeurs de toutes ces écoles seront données au concours.

8. Lorsqu'une place de professeur viendra à vaquer, la municipalité du lieu en informera le ministre de la marine, qui y pourvoira provisoirement, et fera annoncer, par des avis envoyés dans les quatre-vingt-trois départemens, l'époque et le lieu du concours.

9. Le lieu du concours pour la place de professeur sera toujours la ville où la place sera vacante, et l'époque sera celle de la tournée la plus prochaine de l'examinateur; de manière cependant qu'il y ait au moins un mois d'intervalle entre l'annonce et l'ouverture du concours.

10. Ceux qui se présenteront au concours se feront inscrire au greffe de la municipalité, et auront la faculté de le faire jusqu'à la clôture du concours.

11. Le concours sera ouvert et présidé par la municipalité, qui invitera à y assister tous les autres corps administratifs et toutes les personnes chargées de quelque fonction dans l'instruction publique.

12. Le juge du concours pour les places de professeurs de mathématiques et d'hydrographie sera l'examinateur des aspirans de la marine, et celui du concours pour les places de professeurs d'hydrographie sera l'examinateur-hydrographe en tournée.

13. Le concours sera public.

14. Lorsque tous les concurrens auront été appelés et interrogés, l'examinateur déclarera publiquement celui qu'il aura jugé le plus digne de remplir la place, et le président prononcera la clôture du concours. Il en sera dressé procès-verbal, signé par les membres présens de la municipalité, par le juge du concours, et par tous ceux qui, ayant été invités, auront assisté; et copies en seront envoyées au ministre de la marine.

15. A la réception du procès-verbal du concours, le ministre enverra le brevet au nouveau professeur, et donnera tous les ordres nécessaires pour son installation.

16. Dans chacune des villes où seront établies les écoles de mathématiques ou d'hydrographie, il sera fourni, pour les leçons publiques, une salle garnie des meubles indispensables.

17. Les frais d'entretien de meubles et instrumens, ceux de chauffage, etc., seront fixés à 10,000 liv., qui seront répartis par le ministre entre les différentes écoles, suivant leur importance.

18. Tous les jours, excepté les dimanches et fêtes, le professeur donnera cinq heures de leçon en deux séances, destinées, l'une aux élèves qui commenceront, l'autre à ceux

dont l'instruction sera plus avancée ; et les heures de chacune de ces séances seront réglées par la municipalité, sur la demande du professeur.

19. Lorsque, pour cause de maladie ou pour tout autre empêchement, le professeur ne pourra tenir l'école, il sera tenu de se faire remplacer par une personne de confiance, d'après l'agrément de la municipalité.

20. Tous les ans, le professeur aura deux mois de vacances, qui pourront être prises de suite ou en deux parties, selon que la municipalité le trouvera plus convenable au bien de l'instruction.

21. Le professeur aura la police intérieure de l'école ; il y entretiendra l'ordre et la décence, et il pourra faire sortir de la salle ceux des élèves qui manqueraient à l'un ou à l'autre.

22. Les examinateurs surveilleront l'instruction, et la dirigeront d'une manière uniforme dans tous les ports : ils feront part aux municipalités, dans les ports de commerce, de leurs observations sur la manière dont les écoles seront tenues, et ils en rendront compte au ministre de la marine ; et, dans les ports militaires, le commandant de la marine aura l'inspection habituelle des études, auquel, en ce cas, l'examinateur communiquera ses observations.

23. Tout citoyen âgé au moins de treize ans, sachant lire et écrire et les quatre premières règles d'arithmétique, muni d'un certificat de la municipalité du lieu de sa naissance, sera admis de droit à l'école, d'après un ordre de la municipalité du lieu où l'école sera établie ; et cet ordre ne pourra lui être refusé à moins de causes graves, dont le district et le département seront informés.

24. Lorsque les étudians admis à cette école auront atteint l'âge de dix-huit ans, ils seront tenus, pour continuer à y être reçus, de se faire classer, en rapportant un certificat du professeur.

TITRE II. Concours pour les places d'aspirans de la marine.

Art. 1er. Le concours pour les places d'aspirans de la marine seront ouverts tous les ans, et auront lieu successivement dans chacune des villes désignées à l'article 4 du premier titre.

Chacun subira le concours dans le lieu le plus voisin de son domicile, où il se sera fait inscrire.

2. Pour la ville de Toulon, où se fera le premier concours, l'époque de l'ouverture sera toujours fixée au 1er février. Pour les autres villes, l'époque du concours sera annoncée chaque année, de manière que la tournée de l'examinateur se fasse avec le plus de rapidité possible.

3. Ceux qui se proposeront de concourir pour des places d'aspirans de la marine, écriront avant le 1er janvier au ministre de la marine pour lui en faire part, et pour lui déclarer celle des douze villes dans laquelle ils se présenteront au concours.

D'après toutes ces demandes, le ministre fera la répartition de cent places d'aspirans entre les villes de concours proportionnellement au nombre des concurrens qui se seront annoncés pour chacune d'elles.

Et, néanmoins, seront admis ceux que des voyages à la mer auraient empêché de se conformer à cette disposition.

4. Les concurrens, à leur arrivée dans la ville du concours, se présenteront au greffe de la municipalité, pour s'y faire inscrire et y apprendre le lieu et le jour précis de l'ouverture du concours.

5. Le concours des aspirans de la marine sera public ; il sera présidé par la municipalité du lieu, le professeur de mathématiques sera présent, et toutes les personnes chargées de quelque fonction dans l'instruction publique seront invitées d'y assister.

6. Les objets sur lesquels seront examinés les concurrens, seront : l'arithmétique, la géométrie, les élémens de la navigation, les élémens de la statistique.

7. Le juge du concours sera l'examinateur des aspirans de la marine.

8. Les concurrens seront interrogés par l'examinateur, suivant l'ordre de leur inscription au greffe de la municipalité, et lui présenteront leur extrait de baptême, pour justifier que leur âge est compris entre quinze et vingt ans accomplis.

9. Lorsque tous les concurrens auront été appelés et interrogés, l'examinateur déclarera publiquement les noms de ceux qu'il aura jugés mériter de préférence le nombre des places d'aspirans de la marine déterminé par le concours.

Nul n'obtiendra une de ces places, qu'il n'ait répondu d'une manière satisfaisante sur les quatre objets du concours indiqués par l'art. 6, qui sont rigoureusement nécessaires.

10. Le président prononcera la clôture du concours, et en fera dresser procès-verbal, qui sera signé par les membres présens de la municipalité, par l'examinateur, par le professeur, et par tous ceux qui, ayant été invités, auront assisté.

Copie de ce procès-verbal sera envoyée par la municipalité au ministre de la marine, avec les extraits de baptême de ceux que l'examinateur aura déclarés mériter les places vacantes d'aspirans.

11. Le ministre de la marine enverra une lettre d'admission à chacun des nouveaux aspirans ; il leur indiquera le port dans lequel ils devront se rendre, et il donnera les ordres nécessaires pour les faire comprendre sur les états.

TITRE III. Concours pour le grade d'enseigne entretenu.

Art. 1er. Le concours pour le grade d'enseigne entretenu aura lieu, tous les ans, dans chacun des ports de Brest, Toulon et Rochefort, immédiatement après celui pour les places d'aspirans.

Le ministre, en annonçant tous les ans l'époque de celui-ci, indiquera le nombre des places vacantes dans chaque département de la marine, proposé au concours d'enseigne entretenu.

2. Les concurrens, à leur arrivée dans le port, se présenteront au commandant de la marine, qui ne pourra les inscrire qu'après qu'ils auront justifié qu'ils ont les quatre années de navigation prescrites par l'art. 19, et que, pour l'âge, ils sont compris dans les limites fixées par les articles 22 et 29 du décret du 1er = 15 mai 1791, sur le mode d'admission et d'avancement dans la marine.

3. Nul, s'il n'est enseigne, ne sera admis à concourir pour une place d'enseigne entretenu, sans avoir auparavant satisfait à un examen préliminaire dont les objets seront : le gréement, la manœuvre, le canonnage, les évolutions navales.

4. L'examen préliminaire sera public ; il commencera huit jours avant l'ouverture du concours, et il sera fait en présence de l'état-major du port, par un officier du département, un maître d'équipage et un maître canonnier, que le ministre de la marine nommera à chaque concours pour cet objet.

Le commandant du port nommera deux officiers de chaque grade et deux enseignes non entretenus pour y assister.

5. Lorsque chaque concurrent soumis à cet examen aura répondu sur tous les objets, l'officier examinateur prendra l'avis de ses deux collègues, et déclarera publiquement s'il le trouve suffisamment instruit sur la pratique, pour être admis à concourir.

6. Le concours sera fait publiquement ; il sera présidé par le commandant du port, en présence de l'état-major du port et du professeur.

Le commandant nommera deux officiers de chaque grade et deux enseignes non entretenus pour y assister.

7. Les objets sur lesquels les concurrens seront examinés, seront : l'arithmétique, la géométrie, l'algèbre, la mécanique des fluides et des solides, la théorie et la pratique de la navigation.

8. Le juge du concours sera l'examinateur des aspirans de la marine.

9. Lorsque tous les concurrens auront été appelés et interrogés, l'examinateur déclarera publiquement les noms de ceux qu'il aura jugés dignes d'obtenir de préférence le nombre des places d'enseignes entretenus proposées à ce concours ; et nul ne pourra être jugé digne d'obtenir une de ces places, s'il n'a satisfait sur tous les objets indiqués par l'art. 7, qui sont de rigueur : ils seront classés sur la liste dans l'ordre des degrés de connaissances dont ils auront fait preuve à l'examen.

10. Le commandant du port prononcera la clôture du concours, et en fera dresser un procès-verbal qui sera signé par les membres présens de l'état-major, par l'examinateur, par le professeur et par les officiers de tout grade qui, ayant été appelés, auront assisté.

Copie de ce procès-verbal sera envoyée par le commandant du port au ministre de la marine, avec les certificats de la navigation et les extraits de baptême de ceux qui auront été jugés les plus dignes des places vacantes.

Le ministre enverra à chacun d'eux le brevet d'enseigne entretenu, et expédiera les ordres nécessaires pour leur admission.

TITRE IV. Examen pour le grade d'enseigne non entretenu.

Art. 1er. Les examens pour le grade d'enseigne non entretenu auront lieu deux fois par an dans chacune des villes maritimes où seront établies les écoles publiques, soit de mathématiques, soit d'hydrographie.

2. Les examens seront faits par deux examinateurs hydrographes entre lesquels les écoles seront partagées : pour l'un, depuis la ville du Croisic inclusivement jusqu'à Dunkerque, et pour l'autre, depuis Nantes inclusivement jusqu'à Antibes. Ces examinateurs alterneront entre eux, de manière que chacun d'eux fera dans la même année, et la tournée du midi et la tournée du nord.

3. Les navigateurs qui aspireront au grade d'enseigne non entretenu se présenteront au greffe de la municipalité du lieu de l'examen, et ne pourront y être inscrits sur la liste de ceux qui seront admis à subir l'examen, qu'après avoir prouvé (conformément à l'article 23 de la loi sur le mode d'admission et d'avancement) leurs services et navigation par des états certifiés et signés par le chef des classes, lequel ne pourra, sous quelque prétexte que ce soit, refuser de délivrer lesdits états de services et de navigation.

4. L'examen sera fait publiquement dans la maison commune ; il sera présidé par la municipalité du lieu, en présence du professeur et de trois enseignes nommés d'office par la municipalité, et toutes les personnes chargées de quelque fonction dans l'instruction publique seront invitées à y assister.

5. Les objets sur lesquels seront examinés ceux qui aspireront au grade d'enseigne non entretenu, seront : les élémens de mathématiques ; la théorie et la pratique complète de la navigation.

6. Le juge de l'examen sera l'examinateur hydrographe.

7. Lorsque tous les navigateurs inscrits pour l'examen auront été appelés et interrogés, l'examinateur déclarera publiquement les noms de ceux qu'il aura jugés être suffisamment instruits.

8. Les navigateurs jugés suffisamment instruits par l'examinateur hydrographe, seront ensuite interrogés sur les objets indiqués par l'article 3 du titre précédent, par un enseigne, un maître d'équipage et un canonnier des classes, nommés à cet effet, sur la demande de la municipalité, par le chef des classes du quartier; et l'enseigne, après avoir pris l'avis de ses collègues, déclarera publiquement les noms de ceux qu'ils auront jugés avoir satisfait à l'examen pratique.

9. Le président prononcera la clôture de l'examen, et en fera dresser procès-verbal qui sera signé par les membres présens de la municipalité, par l'examinateur hydrographe, par le professeur, par les trois enseignes non entretenus, par les trois examinateurs pratiques, et par tous ceux qui, ayant été invités, auront assisté.

Copie de ce procès-verbal sera envoyée au ministre de la marine, avec les états de services et de navigation de ceux des navigateurs qui auront satisfait aux deux examens.

Le ministre enverra à chacun d'eux le brevet d'enseigne non entretenu.

TITRE V. Examen pour être fait maître au petit cabotage, pilote-côtier, pilote-lamaneur ou locman.

Art. 1er. Pour être fait maître au petit cabotage, il faudra avoir au moins cinq ans de navigation, être âgé de vingt-quatre ans, et avoir satisfait à un examen sur la manœuvre, sur les sondes, la connaissance des fonds, le gisement des terres et écueils, le courant et les marées, sur l'usage de la boussole et de la carte réduite.

2. Cet examen aura lieu deux fois chaque année, à la suite de celui des enseignes non entretenus, en présence des mêmes personnes. Les prétendans seront interrogés par un enseigne et deux anciens maîtres au petit cabotage, nommés par les chefs des classes, sur la demande de la municipalité, qui déclareront publiquement les noms de ceux qu'ils auront jugés suffisamment instruits.

Ces examens pourront être plus multipliés, si le ministre le juge nécessaire, d'après la demande des ports.

L'examinateur ne sera pas tenu de rester et assister aux examens pratiques.

3. L'examen pour être pilote-côtier portera sur toutes les parties indiquées pour l'examen du maître au petit cabotage, et principalement sur la connaissance des entrées des principaux ports du royaume.

4. Il sera fait dans la forme prescrite pour celui des maîtres au petit cabotage, et les examinateurs seront un enseigne et deux anciens pilotes-côtiers.

5. L'examen pour être pilote-lamaneur ou locman sera fait de même par un enseigne et deux anciens lamaneurs, sur la manœuvre, la connaissance des cours et marées, des bancs, courans, écueils et autres empêchemens qui peuvent rendre difficiles l'entrée et la sortie des rivières, ports et hâvres du lieu de son établissement. On ne pourra être reçu pilote-lamaneur ou locman avant l'âge de vingt-quatre ans.

Le ministre fera expédier une lettre d'admission à chacun de ceux qui auront été admis maîtres au petit cabotage, pilotes-côtiers ou pilotes-lamaneurs, et ils la feront enregistrer au bureau des classes du quartier de leur résidence.

TITRE VI. De l'application.

Art. 1er. L'ancien examinateur des élèves de la marine sera l'examinateur des aspirans.

2. Les anciens examinateurs hydrographes seront également conservés pour remplir les fonctions qui leur sont attribuées par le présent décret.

3. Les places de professeurs des élèves dans les départemens de la marine, dans les collèges de Vannes et d'Alais, et dans le port de Lorient, sont supprimées, et celles de mathématiques et d'hydrographie leur seront données sans concours, pour cette fois seulement.

4. Les places de professeurs d'hydrographie pourront aussi être données aux anciens professeurs d'hydrographie, sans concours.

5. Le premier concours pour les places d'aspirans et d'enseignes entretenus sera ouvert à Dunkerque, pour cette fois, au 1er septembre prochain, et sans préjudice de la tournée fixée au 1er février, et successivement dans les autres villes indiquées.

En conséquence, aussitôt après la publication du présent décret et avant le 15 août, ceux qui voudront concourir écriront au ministre de la marine la lettre prescrite par l'article 3 du titre II.

6. Le premier examen pour le grade d'enseigne non entretenu, et pour être fait maître au petit cabotage, sera annoncé par le ministre dans tous les ports, aussitôt que le présent décret sera publié.

---

30 JUILLET == 6 AOUT 1791. — Décret relatif à la suppression des ordres de chevalerie. (L. 5, 816; B. 16, 385; Mon. du 1er août 1791.)

Voy. lois du 19 == 23 JUIN 1791; du 27 SEPTEMBRE == 16 OCTOBRE 1791.

Art. 1er. Tout ordre de chevalerie ou

autre, toute corporation, toute décoration, tout signe extérieur qui suppose des distinctions de naissance, sont supprimés en France ; il ne pourra en être établi de semblables à l'avenir.

2. L'Assemblée nationale se réserve de statuer s'il y aura une décoration nationale unique, qui pourra être accordée aux vertus, aux talens et aux services rendus à l'Etat ; et néanmoins, en attendant qu'elle ait statué sur cet objet, les militaires pourront continuer de porter et de recevoir la décoration militaire actuellement existante.

3. Aucun Français ne pourra prendre aucune des qualités supprimées, soit par le décret du 19 juin 1790, soit par le présent décret, pas même avec les expressions de *ci-devant* ou autres équivalentes ; il est défendu à tout officier public de donner lesdites qualités à aucun Français dans les actes. Il est pareillement défendu à tout officier de faire aucun acte tendant à la preuve des qualités supprimées par le décret du 19 juin 1790 et par le présent décret. Les comités de constitution et de jurisprudence criminelle présenteront incessamment un projet de décret sur les peines à porter contre ceux qui contreviendraient à la présente disposition.

4. Tout Français qui demanderait ou obtiendrait l'admission, ou qui conserverait l'affiliation à un ordre de chevalerie ou autre, ou corporation établie en pays étranger, fondée sur des distinctions de naissance, perdra la qualité et les droits de citoyen français ; mais il pourra être employé au service de France comme tout étranger (1).

---

30 = 31 JUILLET 1791. — Décret qui approuve la conduite de la garde nationale et de la municipalité de Lorient, pendant les troubles de cette ville. (L. 5, 634 ; B. 16, 412.)

30 JUILLET 1791.—Décret qui lève la suspension prononcée contre l'accusateur public du tribunal du premier arrondissement de Paris. (B. 16, 384.)

30 JUILLET 1791. — Décret qui ordonne un projet sur la manière de faire cesser les lenteurs et les négligences dont les accusés et les parties intéressées auraient à se plaindre contre les accusateurs publics et contre les juges. (B. 16, 383.)

30 JUILLET = 6 AOUT 1791. — Décret qui renvoie au ministre des affaires étrangères la demande faite par le sieur André Dubuc de Feret, pour aller à Londres célébrer son mariage. (B. 16, 383.)

30 JUILLET = 1er AOUT 1791. — Décret portant qu'il sera tenu compte des intérêts de la somme de 48,000 liv., arrêtée à Bar-sur-Aube, et appartenant à l'état de Soleure. (B. 16, 384.)

30 JUILLET 1791. — Décret qui ajourne la nomination du gouverneur de M. le Dauphin. (B. 16, 385.)

31 = 31 JUILLET 1791. — Décret relatif aux employés des ci-devant fermes, régies et administrations supprimées. (L. 5, 628 ; B. 16, 413.)

Art. 1er. Tous les employés commissionnés dans les fermes et régies générales, à la caisse des recettes générales des finances, à la recette générale du clergé, dans les devoirs de Bretagne, l'équivalent du Languedoc, les quatre membres belgiques, les postes, la police de Paris, dans les bureaux de l'économat, les administrations des pays d'états, à la perception des octrois et autres droits qui se levaient principalement au profit de l'Etat ; les directeurs, contrôleurs et vérificateurs des vingtièmes ; les commis attachés aux intendances, ou qui étaient passés desdites intendances aux administrations provinciales, tous lesquels se trouvent précédemment supprimés par les décrets rendus, auront droit aux pensions, secours et gratifications qui seront déterminés ci-après, suivant la durée et l'état de leurs services.

2. Lesdits employés seront divisés en trois classes. La première comprendra ceux qui ont vingt ans de service révolus et au-dessus ; la seconde, ceux qui ont de dix ans de service révolus jusqu'à vingt ; et la troisième, ceux qui ont moins de dix ans de service.

3. Les employés n'auront droit aux pensions, secours et gratifications mentionnés en l'art. 1er du présent décret, que dans le cas où l'emploi supprimé formait l'état unique de celui qui l'occupait ; qu'il en était pourvu lors de la suppression dudit emploi, et qu'il n'ait pas été replacé depuis ou n'ait pas refusé de l'être, ainsi qu'il sera dit par l'article ci-après.

4. La suppression des fermes, régies et autres administrations dénommées dans l'art. 1er, n'ayant pas permis à ceux qui étaient employés d'atteindre l'époque du service réglé par le décret du 3 = 22 août 1790 pour l'obtention des pensions, les dispositions de ladite loi seront modifiées quant auxdits employés seulement ; en conséquence, ceux compris dans les articles précédens, et qui, par leurs dispositions, se trouvent avoir droit aux pensions, secours et gratifications dont il y est fait mention, jouiront, après vingt ans

---

(1) Cette dernière disposition, omise dans l'édition de l'imprimerie royale, a été rétablie par un décret du 27 septembre 1791.

de service révolus, du quart de leurs appointemens, et il leur sera en outre accordé un vingtième des trois quarts restans par chaque année de service, de manière qu'après quarante ans de service effectifs, ils obtiendront la totalité de leurs appointemens, qui ne pourra néanmoins excéder le *maximum* fixé par l'article suivant.

5. Les traitemens qui seront accordés aux employés supprimés, conformément aux dispositions précédentes, ne pourront excéder la somme de 2,000 liv., à quelque somme qu'aient pu monter les appointemens de leurs grades, et ils ne pourront être moindres de 150 liv.

6. Après dix ans de service révolus, lesdits employés recevront pour retraite le huitième de leurs appointemens, et il leur sera en outre accordé un dixième d'un semblable huitième pour chaque année de service au-delà de ces dix ans; le *maximum* de ces pensions sera de 800 liv., et le *minimum* de 60 liv.

7. Tout service public que l'employé aura fait avant d'entrer dans les régies, fermes et administrations supprimées, sera compté pour former son traitement, en justifiant de ce service, et qu'il l'a fait et quitté sans reproche.

8. Le décret du 3 = 22 août sera au surplus applicable à tous ceux des employés supprimés qui en réclameront les dispositions.

9. Tout employé supprimé ayant moins de dix ans de service recevra un secours en argent, dans la proportion ci-après, savoir:

Ceux qui avaient 1,200 liv. d'appointemens et au-dessus, 120 liv. par chaque année de service; ceux qui avaient de 8 à 1,200 liv. d'appointemens, 90 liv. par chaque année. Il sera payé 60 liv. par année de service à ceux qui ont moins de 800 livres d'appointemens, et néanmoins le secours ne pourra être, pour aucun d'eux, moindre de 100 liv.

10. Les employés qui justifieront que les emplois ou les distributions de sel ou de tabac dont ils jouissaient au moment de leur suppression leur ont été accordés comme retraite, à raison d'ancienneté de leurs services, ou pour cause d'infirmités constatées résultant du même service, ou de blessures reçues dans l'exercice de leurs fonctions, jouiront du même traitement auquel ils auraient droit s'ils avaient continué d'être en activité de service dans leurs premières places; et le temps qu'ils ont occupé ces nouveaux emplois ou géré lesdites places, leur sera en outre compté pour former le montant de leur retraite.

11. Les pensions et secours accordés par le présent décret ne seront pas payés à ceux des employés qui, depuis leur suppression,

auraient obtenu une place d'un produit égal aux deux tiers de la première; il en sera de même à l'égard de ceux qui en obtiendraient par la suite, ou qui refuseraient de l'accepter; et, dans chacun de ces cas, ils n'auront droit à une pension qu'autant qu'ils pourront présenter un service public d'au moins trente ans, aux termes du titre Ier du décret du 3 = 22 août 1790.

12. Pour établir les bases du traitement auquel chaque employé commissionné supprimé aura droit à raison du produit de sa place, on ne calculera que les appointemens fixes, les gratifications ordinaires et annuelles, et le montant des remises fixes seulement, sans pouvoir y comprendre, sous aucun prétexte, les bénéfices ou gratifications casuels, le logement, les excédans de remises, les intérêts des cautionnemens, les bénéfices d'usance sur la négociation du papier, ou tous autres émolumens de cette espèce.

13. Ceux des employés qui prétendront des indemnités pour raison des dégâts faits dans leurs maisons et meubles, par l'effet des mouvemens qui ont eu lieu depuis le 12 juillet 1789, remettront leurs mémoires au commissaire-liquidateur, lequel les réglera d'après les certificats des municipalités, visés et approuvés par les directoires des districts et des départemens; et néanmoins lesdites indemnités ne pourront excéder le montant de trois années de leurs traitemens, calculé conformément aux dispositions du précédent article.

14. A l'égard des employés qui avaient des commissions directes des compagnies, et dont les émolumens consistaient, en tout ou en partie, en remises fixes sur les débits, tels que les entreposeurs, les débitans principaux, les receveurs des gabelles et sels, les moitiers, il leur sera accordé des pensions ou indemnités dans les proportions établies par les articles 4, 5, 6 et 12 du présent décret; le montant des remises qui leur étaient accordées sur leur débit sera déterminé d'après la fixation de la vente à laquelle ils étaient assujétis.

15. Les pensions de retraite qui existaient sur les régies, fermes, administrations et compagnies supprimées, seront rétablies si elles sont conformes, soit au règlement desdites régies, fermes, administrations et compagnies, soit aux dispositions du décret du 3 = 22 août dernier; et cependant, par provision, lesdites pensions seront payées conformément au décret du 2 juillet présent mois.

16. Les pensions et indemnités qui seront accordées en exécution du présent décret, commenceront à avoir cours à compter du 1er juillet 1791. En attendant que le montant desdites pensions, secours ou indemnités, soit déterminé, les employés dénommés au présent décret jouiront pendant trois mois

des secours fixés par le décret du 8 mars dernier ; mais il leur sera fait déduction de ce qu'ils auront reçu à titre de secours, lors du paiement des pensions et indemnités qui leur seront accordés.

17. Toute personne se prétendant attachée aux régies, fermes, administrations ou compagnies supprimées, ne pourra prétendre ni pension ni indemnité, qu'autant qu'elle se trouvera dans le cas prévu par l'article 3 du présent décret, qu'elle aura prêté serment en justice, ou qu'elle justifiera d'une commission ou nomination émanée directement de la compagnie ou administration à laquelle elle était attachée, antérieure d'un an au moins à la suppression desdites régies, fermes, administrations et compagnies.

18. La présente loi n'aura pas d'effet à l'égard de ceux qui, depuis cinq ans, ont joui de places ou emplois dont les produits, calculés d'après les bases de l'article 12 du présent décret, s'élevaient au-dessus de 4,000 livres, et ils ne pourront obtenir de pensions que dans les cas prévus et d'après les conditions exigées par le décret du 3 = 22 août dernier.

L'Assemblée nationale ordonne, au surplus, que le présent décret sera imprimé et envoyé dans tous les départemens.

---

31 JUILLET = 6 AOUT 1791. — Décret relatif à l'estimation de la valeur locative des édifices occupés par les corps administratifs et les tribunaux. (L. 5, 811 ; B. 16, 418.)

Art. 1ᵉʳ. Les préposés aux administrations des domaines nationaux procéderont, contradictoirement avec les corps administratifs, à un état estimatif de la valeur locative des édifices dans lesquels ces derniers ont formé leurs établissemens provisoires.

2. La base du loyer sera, pour le passé, fixée selon la valeur locative, et, pour l'avenir, au denier vingt-cinq de la valeur estimative des lieux où les corps administratifs et judiciaires tiennent leurs séances ; et le montant en sera payé par les administrés et justiciables, à partir de la date du délai fixé par le décret du 7 février dernier, qui sera au surplus exécuté en tout son contenu.

3. Les corps administratifs sont responsables, en leur propre et privé nom, de l'exécution du présent décret, et, comme tels, tenus de toutes indemnités envers la nation, et, en conséquence, obligés d'en payer le montant aux receveurs des domaines nationaux ou à tous autres qu'il appartiendra, sans en pouvoir rien réclamer contre les administrés et justiciables.

---

31 JUILLET = 1ᵉʳ AOUT 1791. — Décret qui renvoie par-devant le ministre de la justice, pour indiquer un tribunal pour la continuation

de la procédure commencée sur les délits commis à Haguenau. (B. 16, 420.)

31 JUILLET = 1ᵉʳ AOUT 1791. — Décret portant que les ministres se rendront aux séances de l'Assemblée nationale de deux jours l'un, et qui ordonne un rapport sur les moyens de correspondance active entre les ministres et les départemens pour la levée des gardes nationales, et sur le mode de remplacement aux places dans l'armée. (B. 16, 419.)

---

31 JUILLET = 6 AOUT 1791. — Décret portant que le sieur Barbier, premier huissier du département de Metz, sera liquidé de son office, montant à la somme de 18,000 livres, prix porté dans son contrat authentique d'acquisition du 7 janvier 1781. (B. 16, 420.)

---

31 JUILLET = 6 AOUT 1791. — Décret contenant liquidation de plusieurs parties de la dette publique. (B. 16, 421.)

---

31 JUILLET 1791. — Lorient. *Voy.* 30 JUILLET 1791.

1ᵉʳ = 6 AOUT 1791. — Décret relatif au remplacement des officiers qui manquent dans les différens corps de l'armée. (L. 5, 775 ; B. 17, 13.)

L'Assemblée nationale décrète qu'attendu les circonstances, le remplacement actuel des officiers qui manquent dans les différens corps de l'armée se fera comme il suit :

1° Les règles prescrites par les précédens décrets, pour le remplacement des officiers supérieurs et des adjudans-majors dans les différens corps des différentes armes, auront leur pleine et entière exécution.

2° Dans chacun des régimens d'infanterie de ligne où il n'y a pas plus de quatre compagnies vacantes, elles appartiendront aux plus anciens lieutenans du régiment. Dans chacun des bataillons d'infanterie légère où il n'y a pas plus de deux compagnies vacantes, elles appartiendront aux plus anciens lieutenans du bataillon.

3° Les trois quarts au moins du total des compagnies vacantes dans les régimens d'infanterie de ligne et dans les bataillons d'infanterie légère, au-delà du nombre ci-dessus déterminé, seront donnés aux plus anciens lieutenans de toute l'infanterie qui sont actuellement en activité ; l'autre quart pourra être donné par le pouvoir exécutif, soit à des capitaines, soit à des lieutenans d'infanterie réformés ou retirés, qui désireraient et seraient reconnus susceptibles de rentrer en activité, à la condition de présenter de leur part un certificat du directoire du district dans l'étendue duquel ils résident, qui atteste leur attachement à la constitution décrétée par l'Assemblée nationale.

4° Les capitaines qui seront pourvus en vertu de l'article 1er conserveront leur rang entre eux, et le prendront sur tous ceux qui seront nommés en vertu de l'article 2. Ceux de ces derniers qui seront pris sur la colonne des lieutenans actuellement en activité conserveront aussi leur rang entre eux, et le prendront sur tous les officiers ci-devant réformés ou retirés qui pourraient obtenir des compagnies; ceux-ci enfin prendront entre eux le rang que leur assignera le grade qu'ils avaient avant leur réforme ou leur retraite, et, à grade égal, l'ancienneté de leur service.

5° Dans chacun des régimens d'infanterie de ligne où il n'y aura pas plus de quatre lieutenances vacantes, elles appartiendront aux plus anciens sous-lieutenans de ce régiment. Dans chacun des bataillons d'infanterie légère où il n'y aura pas plus de deux lieutenances vacantes, elles appartiendront aux plus anciens sous-lieutenans du bataillon.

6° Les trois quarts au moins du total des lieutenances vacantes dans les régimens d'infanterie de ligne, et dans les bataillons d'infanterie légère, au-delà du nombre ci-dessus déterminé, seront donnés aux plus anciens lieutenans de toute l'infanterie qui sont actuellement en activité; l'autre quart pourra être donné par le pouvoir exécutif, soit à des lieutenans, soit à des sous-lieutenans réformés ou retirés qui désireraient et seraient reconnus susceptibles de rentrer en activité, à la condition de présenter de leur part un certificat du directoire du district dans l'étendue duquel ils résident, qui atteste leur attachement à la constitution décrétée par l'Assemblée nationale.

7° Les lieutenans qui seront pourvus en vertu de l'article 5 conserveront leur rang entre eux, et le prendront sur tous ceux qui seront nommés en vertu de l'article 6; ceux de ces derniers qui seront pris sur la colonne des sous-lieutenans actuellement en activité conserveront aussi leur rang entre eux, et le prendront sur tous les officiers ci-devant réformés ou retirés qui pourraient obtenir des lieutenances; enfin ceux-ci prendront entre eux le rang que leur assignera le grade qu'ils avaient avant leur réforme ou leur retraite, et, à grade égal, l'ancienneté de leur service.

8° Les sous-lieutenances vacantes dans l'infanterie de ligne et dans l'infanterie légère seront données, savoir : dans les régimens et bataillons d'infanterie qui n'ont pas destitué leurs officiers, moitié aux sous-officiers de ce régiment, moitié à des fils de citoyens actifs.

Dans les régimens et bataillons qui ont destitué leurs officiers, les trois quarts des sous-lieutenances vacantes seront données à des fils de citoyens actifs, l'autre quart demeurera réservé aux sous-officiers du régiment, aux termes du décret du.....

9° Les jeunes citoyens ne seront suscepti-

bles des sous-lieutenances vacantes que depuis seize jusqu'à vingt-quatre ans; ceux âgés de plus de dix-huit ans devront avoir servi dans la garde nationale : tous seront tenus de rapporter un certificat du directoire du district dans l'étendue duquel ils résident, qui atteste leur attachement à la constitution décrétée par l'Assemblée nationale.

10° Pour le remplacement actuel des capitaines et lieutenans du corps royal d'artillerie, on suivra les règles d'avancement prescrites par les précédens décrets relatifs à cette arme; les sous-lieutenances vacantes seront partagées entre les élèves du corps et lieutenans en troisième qui n'ont pas encore obtenu leur remplacement.

11° Dans les régimens de troupes à cheval, le tiers des compagnies vacantes sur toute l'arme appartiendra aux plus anciens capitaines de remplacement ou de réforme; les deux autres tiers, aux plus anciens lieutenans actuellement en activité, pris sur toute l'arme.

12° Dans chacun des régimens de troupes à cheval où il n'y aura pas plus de deux lieutenances vacantes, elles appartiendront aux plus anciens sous-lieutenans de ce régiment : le surplus des lieutenances vacantes dans les régimens de troupe à cheval sera donné aux plus anciens sous-lieutenans actuellement en activité, pris sur toute l'arme.

13° Les sous-lieutenances vacantes dans les troupes à cheval seront données, moitié aux sous-officiers de ces régimens, moitié à des fils de citoyens actifs, ayant au moins seize et pas plus de vingt-quatre ans d'âge : ceux qui auront plus de dix-huit ans devront avoir servi dans la garde nationale. Tous seront tenus de présenter un certificat du directoire du district dans l'étendue duquel ils résident, qui atteste leur attachement à la constitution décrétée par l'Assemblée nationale.

14° Dans les régimens de toute arme qui ont actuellement leur colonel, cet officier supérieur indiquera, sous huitaine, à compter du jour de la publication du présent décret, soit au général d'armée, soit au commandant en chef de division aux ordres duquel il est, les sujets qu'il croit susceptibles d'obtenir les sous-lieutenances vacantes dans le régiment qu'il commande. Les généraux d'armée et les commandans en chef des divisions proposeront d'eux-mêmes aux sous-lieutenances vacantes dans les corps qui sont sous leurs ordres et qui n'ont point actuellement de colonel. Ces différentes propositions seront adressées immédiatement au ministre de la guerre, pour le mettre en état de pourvoir, sans aucun délai, à toutes les sous-lieutenances vacantes dans l'armée.

15° Pour que rien ne retarde le remplacement effectif des officiers qui manquent actuellement dans l'armée; les officiers supérieurs et autres seront reçus, mis en fonctions et payés, sans attendre l'expédition de leurs brevets ou commissions, sur l'avis de leur nomination adressée par le ministre de la guerre, soit aux généraux d'armée, soit aux commandans en chef des divisions et aux chefs des corps dans lesquels les remplacemens devront s'opérer. Néanmoins les brevets et commissions seront ensuite expédiés le plus tôt possible, et vaudront du jour de chaque nomination, dont ils rappelleront la date.

1er = 6 AOUT 1791. — Décret relatif aux émigrans. (L. 5, 780; B. 17, 9; Mon. du 2 août 1791) (1).

Voy. lois du 9 JUILLET 1791; du 14 = 15 SEPTEMBRE 1791.

Art. 1er. Tous les Français absens du royaume sont tenus de rentrer en France dans le délai d'un mois, à compter de la publication du présent décret; et, jusqu'à ce qu'il en ait été autrement ordonné, aucun citoyen français ne pourra sortir du royaume sans avoir satisfait à ce qui sera prescrit ci-après.

2. Les émigrés qui rentreront en France seront mis sous la protection et sous la sauvegarde spéciale de la loi; en conséquence, les corps administratifs et les municipalités seront tenus, sous leur responsabilité, de veiller à leur sûreté et de les en faire jouir.

Il est pareillement enjoint aux accusateurs publics de poursuivre la réparation ou la punition de toute contravention aux présentes dispositions.

3. Ceux qui ne rentreront pas dans le délai fixé paieront, par forme d'indemnité du service personnel que chaque citoyen doit à l'Etat, une triple contribution principale foncière et mobilière, pendant tout le temps de leur absence; ils souffriront, en outre, une triple retenue sur les intérêts des rentes, prestations ou autres redevances à raison desquelles la retenue simple est autorisée. Les débiteurs deviendront comptables de deux portions, sur trois de cette même retenue, envers le Trésor public; et, à défaut de paiement, ils seront poursuivis comme pour leurs propres contributions. Lesdits débiteurs seront tenus de faire leurs déclarations aux districts, à peine de demeurer responsables de toutes les retenues qui n'auraient pas été faites.

4. La triple imposition ne pourra nuire aux créanciers légitimes ayant des titres authentiques antérieurs à la loi du 28 juin dernier, lesquels pourront exercer leurs droits, soit sur les fonds, soit sur leurs revenus, par préférence aux deux dernières portions de l'imposition, sans préjudice du droit de la nation de se faire payer du surplus de ladite imposition sur l'excédant des fonds ou des revenus des débiteurs.

5. Les émigrés seront dispensés, aussitôt leur retour, du paiement total de cette taxe, qu'ils ne seront tenus d'effectuer qu'au prorata du temps de leur absence, à partir du 1er juillet de la présente année, se réservant au surplus, l'Assemblée nationale, de prononcer telle peine qu'il appartiendra contre les réfractaires, en cas d'invasion hostile sur les terres de France.

6. Pour l'exécution des articles précédens, chaque municipalité sera tenue de fournir un état nominatif de tous les émigrés compris aux rôles tant de la contribution foncière que de la contribution mobilière; et, à la suite des noms de chacun desdits émigrés, ils indiqueront le montant de la cote d'imposition pour laquelle ils auront été portés dans les rôles; ils indiqueront aussi le montant de la retenue qu'ils sauront devoir leur être faite sur les rentes, prestations et redevances à eux appartenant.

Ces états seront adressés au directoire de district, qui, à vue d'iceux et d'après les détails qui seront à sa connaissance, fera former un rôle de la taxe ordonnée à l'égard desdits émigrés. Ces rôles ainsi formés et visés par les directoires de district, seront envoyés au département, qui les adressera au ministre des impositions, qui donnera les ordres nécessaires pour en assurer l'exécution.

7. Les fermiers, locataires ou autres redevables desdits absens, ne pourront acquitter le prix de leurs baux à ferme, à loyer, les rentes et redevances par eux dues, sans qu'il leur ait été justifié du paiement des rôles d'impositions et taxations desdits absens.

8. Sont exceptés des dispositions ci-dessus les Français établis en pays étranger avant le 1er juillet 1789; ceux dont l'absence est antérieure à ladite époque; ceux qui ne se sont absentés qu'en vertu de passeports en due forme, pour cause de maladie; ceux qui ont une mission du Gouvernement; leurs épouses, pères et mères domiciliés avec eux; les gens de mer, les négocians ou leurs facteurs notoirement connus pour être dans l'usage de faire, à raison de leur commerce, des voyages chez l'étranger.

9. Les congés ou permissions de s'absenter hors du royaume ne seront accordés à aucun citoyen que par le directoire du district dans le ressort duquel il sera domicilié, et d'après l'avis de sa municipalité, pour des causes nécessaires, indispensables, connues ou constatées.

Celui qui sollicitera ladite permission prêtera individuellement le serment civique, ou justifiera qu'il a déjà prêté ce serment

---

(1) Ce décret a été révoqué le 14 septembre suivant.

individuel, et joindra à sa demande une déclaration par écrit qu'il entend y rester fidèle.

10. Conformément à l'article 7 du décret du 28 juin dernier, les congés ou permissions de s'absenter hors du royaume contiendront le nombre des personnes à qui ils sont donnés, leurs noms, leur âge, leur signalement, la paroisse habitée par ceux qui les auront obtenus, lesquels seront obligés de signer sur les registres des passeports et sur les passeports eux-mêmes.

———

1er AOUT 1791.—Décret portant qu'il sera fourni les secours demandés par M. de Rochambeau, pour la formation d'un camp retranché à Maubeuge. (L. 5, 923; B. 17, 13.)

———

1er AOUT 1791. — Décret portant qu'il n'y a lieu à délibérer sur la demande du sieur du Petit Thouars, tendant à obtenir deux avisos pour en faire l'armement à ses frais, et partager les recherches confiées au sieur d'Entrecasteaux. (B. 17, 8.)

———

1er = 8 AOUT 1791. — Décret qui autorise le ministre de la guerre à donner les ordres nécessaires pour compléter l'organisation des gardes nationales, pour opérer leur rassemblement, et pour les porter dans tous les lieux où elles peuvent être utiles à la sûreté et à la défense de l'Etat. (L. 5, 913; B. 17, 18.)

———

1er AOUT 1791. — Décret qui ordonne de faire un cinquième timbre sec pour les assignats. (B. 17, 9.)

———

1er AOUT 1791.—Décret qui ordonne un projet pour remédier aux abus dérivant de l'agiotage exercé sur les assignats, et qui adjoint six membres au comité des monnaies. (B. 17, 9.)

———

1er AOUT 1791. — Assignats de cinq cents livres; Assignats suspects de faux. Voy. 29 JUILLET 1791. — Etrangers. Voy. 27 JUILLET 1791. — Ex-fermier-général. Voy. 22 JUILLET 1791. — Marseille. Voy. 28 JUILLET 1791. — Ministres, etc. Voy. 23 JUILLET 1791; 31 JUILLET 1791. — Sommes arrêtées à Bar-sur-Aube; Troupes coloniales. Voy. 30 JUILLET 1791.

———

2 = 18 août 1791. — Décret relatif aux intérêts des charges de barbiers - perruquiers. (L. 5, 916; B. 17, 25.)

L'Assemblée nationale, après avoir entendu le rapport du comité de judicature, décrète que l'intérêt du montant des liquidations des charges des perruquiers-barbiers-étuvistes, supprimées par le décret du 2 mars 1791, leur sera accordé à partir du jour de la sanction dudit décret, pourvu que lesdits perruquiers aient déposé leurs titres dans les bureaux de liquidation avant le 1er

septembre prochain; et ceux qui déposeront leurs titres après cette époque n'auront les intérêts que du jour du dépôt de leurs titres.

———

2 = 6 AOUT 1791. — Décret portant établissement de tribunaux de commerce dans les villes de Blois, Condé, Dourdan et Quillebœuf, et qui ordonne la nomination de quatre suppléans au tribunal de Bar-le-Duc. (L. 5, 784; B. 17, 19.)

———

2 = 6 AOUT 1791. — Décret qui autorise les directoires des départemens de l'Eure et de la Marne à acquérir les bâtimens nécessaires à leur établissement. (L. 5, 789; B. 17, 20 et 21.)

———

2 = 18 AOUT 1791. — Décret relatif aux délibérations des municipalités de Frontignan et de Marseillan. (L. 5, 810; B. 17, 18.)

———

2 AOUT 1791. — Décret qui ordonne l'impression de l'état des constructions, réparations et dépenses en tout genre, qui ont été ordonnées pour la salle de l'Assemblée nationale. (B. 17, 21.)

———

2 AOUT 1791. — Décret qui ordonne un rapport sur les dépenses des divers comités et bureaux de l'Assemblée nationale. (B. 17, 22.)

———

2 = 22 AOUT 1791. — Décret portant qu'il sera versé à la Trésorerie nationale, par la caisse de l'extraordinaire, 16 millions pour être employés aux dépenses de la guerre. (B. 17, 23.)

———

2 AOUT 1791. — Arriéré. Voy. 21 JUILLET 1791. — Dette publique. Voy. 27 JUILLET 1791. — Gardes nationales. Voy. 1er AOUT 1791.

———

3 = 6 AOUT 1791. — Décret relatif à la fabrication de la menue monnaie avec le métal de cloche. (L. 5, 791; B. 17, 26.)

Art. 1er. La fabrication d'une menue monnaie, avec le métal des cloches, aura lieu sans délai dans tous les hôtels des monnaies du royaume.

2. Le métal des cloches sera allié à une portion égale de cuivre pur, et les flaons qui en proviendront seront frappés.

3. Cette monnaie sera divisée en pièces de deux sous à la taille de dix au marc, en pièces d'un sou à celle de vingt au marc, et en pièces de demi-sou à celle de quarante au marc.

4. Les poinçons et matrices pour la fabrication des pièces d'un sou, pourront être fournis par le sieur Duvivier, suivant ses offres; et il sera tenu compte à cet artiste de ses fournitures, au prix qui sera fixé par l'administration des monnaies.

5. Les directoires des départemens tiendront à la disposition du ministre des contributions publiques les cloches des églises supprimées dans leur arrondissement.

6. Le ministre des contributions prendra les mesures convenables pour procurer incessamment aux divers hôtels des monnaies le cuivre nécessaire, soit par le départ d'une partie du métal des cloches, soit en traitant avec les manufacturiers; et il rendra compte chaque semaine à l'Assemblée nationale de l'état de la fabrication.

Le présent décret sera imprimé et envoyé dans tous les départemens.

3 = 6 AOUT 1791. — Décret qui règle le mode de distribution, entre les départemens, de la menue monnaie fabriquée avec le métal de cloche. (L. 5, 793; B. 17, 28.)

3 AOUT 1791. — Décret portant que les comités des assignats et des finances présenteront leurs vues sur une émission d'assignats de six livres et de six livres dix sous. (B. 17, 27.)

3 = 9 AOUT = 9 OCTOBRE 1791. — Décret portant, comme dispositions préliminaires, que la garde nationale soldée, à Paris, sera distribuée dans les troupes de ligne et dans la gendarmerie nationale, et qui maintient son traitement et sa solde. (B. 17, 36.) Voy. au 5 AOUT.

3 AOUT 1791. — Force publique. Voy. 27 JUILLET 1791. — Scellés après le départ de Monsieur. Voy. 29 JUILLET 1791.

4 = 12 AOUT 1791. — Décret relatif à la formation des corps de gardes nationales destinés à la défense des frontières. (L. 5, 891; B. 17, 37; Mon. du 5 août 1791.)

L'Assemblée nationale, voulant prévenir les difficultés qui pourraient naître de la différence qui existe entre le décret du 21 juin dernier, uniquement applicable à la formation des bataillons des gardes nationales volontaires destinées à la défense des frontières, et le décret du 28 juillet dernier, concernant en général les gardes nationales qui restent dans leurs départemens respectifs, pour y être au besoin les soldats de la Constitution, les défenseurs de la liberté, de l'ordre et de la paix intérieure; voulant aussi rapprocher davantage la formation des bataillons des gardes nationales volontaires de celle des bataillons des troupes de ligne, afin de mieux établir l'unité de principe et d'action dans le service pour lequel ils seront réunis, décrète ce qui suit:

Art. 1er. Les gardes nationales qui se seront présentées volontairement pour marcher à la défense des frontières, seront divisées par les commissaires des départemens en corps de cinq cent soixante-huit hommes chacun, destinés à former un bataillon. Il sera formé, dans chaque département, autant de bataillons qu'il sera possible d'y réunir de corps de

volontaires ayant cette forme. Le comité militaire présentera les moyens d'employer les hommes d'excédant dont le nombre ne s'élèverait pas à celui fixé pour un bataillon.

2. Les commissaires des départemens commenceront par distribuer chaque corps de volontaires en huit compagnies de soixante-onze hommes chacune.

3. Il sera ensuite extrait de chacune de ces compagnies, sur l'indication de leurs camarades, huit hommes de la plus haute taille, pour en composer une compagnie de grenadiers, qui ne sera réunie qu'au moment où le bataillon sera reçu par le commissaire des guerres, pour entrer en activité.

4. Le bataillon sera composé pour lors de neuf compagnies de soixante-trois hommes chacune, dont une de grenadiers et huit de fusiliers.

5. Chaque compagnie, soit de grenadiers, soit de fusiliers, sera composée de trois officiers, savoir: un capitaine, un lieutenant, un sous-lieutenant; de sept sous-officiers, savoir: un sergent-major faisant les fonctions de fourrier, deux sergens, quatre caporaux; enfin de cinquante-deux grenadiers ou fusiliers, et d'un tambour.

6. Le tambour-maître, tiré du corps des volontaires, complétera le nombre de cinq cent soixante-huit hommes; il fera partie de l'état-major, aura le rang et la solde de sergent, et commandera tous les tambours.

7. Chaque compagnie, soit de grenadiers, soit de fusiliers, sera subdivisée en deux pelotons; chaque peloton sera formé de deux sections; chaque section sera composée d'un caporal et de treize gardes.

8. Le lieutenant et un sergent seront spécialement chargés de la surveillance et du commandement du premier peloton; le sous-lieutenant et un sergent seront spécialement chargés de la surveillance et du commandement du deuxième peloton, toujours sous les ordres du capitaine de la compagnie.

9. Le sergent-major aura le commandement sur les deux pelotons, pour tout ce qui a rapport à l'instruction, police, discipline et comptabilité de la compagnie.

10. L'état-major de chaque bataillon sera composé de deux lieutenans-colonels, d'un adjudant-major, d'un adjudant sous-officier, d'un quartier-maître, d'un tambour-maître et d'un armurier, en sorte que la force totale du bataillon sera de cinq cent soixante-quatorze hommes.

11. Chaque bataillon aura son drapeau aux couleurs nationales, sur lequel seront inscrits le nom du département et le numéro du bataillon, supposé que le même département en ait fourni plusieurs. Le drapeau sera porté par l'un des sergens-majors, nommé à cet effet par le premier lieutenant-colonel.

12. Dans le cas où le même département

fournirait plusieurs bataillons, ils tireront au sort le rang qu'ils prendront entre eux : le rang des départemens sera déterminé par l'ordre alphabétique de leurs noms.

13. Les gardes nationales volontaires étant distribuées dans les neuf compagnies qui doivent former le bataillon, chaque compagnie nommera ses officiers et sous-officiers par la voie du scrutin, à la majorité absolue des suffrages.

14. Il sera fait une élection séparée du capitaine, une du lieutenant, une du sous-lieutenant et une du sergent-major ; il n'en sera fait qu'une seule pour les deux sergens et une seule pour les quatre caporaux. Si la majorité absolue n'est pas formée après le second tour de scrutin, dans chaque élection, le troisième scrutin ne pourra porter que sur ceux qui auront eu le plus de voix au précédent scrutin, en prenant toujours deux concurrens pour chaque place.

15. Les officiers et sous-officiers des compagnies ne pourront être choisis que parmi les sujets qui auront servi précédemment, soit dans la garde nationale, soit dans les troupes de ligne.

16. Chaque bataillon nommera ses deux lieutenans-colonels et son quartier-maître par scrutin, à la majorité absolue des suffrages ; il sera fait une élection séparée de chacun de ces officiers, suivant les règles prescrites par l'article 14.

17. Celui des deux lieutenans-colonels qui sera nommé le premier aura le commandement en chef du bataillon ; l'un des deux lieutenans-colonels indifféremment devra être capitaine, et avoir commandé en cette qualité une compagnie de troupes de ligne.

18. L'adjudant-major et l'adjudant sous-officiers ne seront nommés que lorsque le bataillon sera arrivé au lieu où doit commencer son service ; la nomination à ces deux places appartiendra à l'officier général aux ordres duquel le bataillon se trouvera pour lors. L'officier général ne pourra choisir pour adjudant-major qu'un officier, pour adjudant qu'un sous-officier, l'un et l'autre actuellement en activité dans les troupes de ligne. L'adjudant-major aura le rang et la solde de capitaine ; l'adjudant aura rang de premier sous-officier, et une demi-solde de plus qu'un sergent.

19. Le quartier-maître aura le rang et la solde de lieutenant ; l'armurier choisi par les officiers de l'état-major aura le rang et la solde de caporal.

20. Les distinctions des grades, dans les bataillons de gardes nationales volontaires, seront les mêmes que celles reçues dans les troupes de ligne : les mêmes règles seront observées par rapport au commandement, à l'ordre et à la distribution du service.

4 AOUT 1791. — Instruction pour le paiement des pensions à la charge de la liste civile. (L. 5, 748.)

4 = 2 AOUT 1791. — Décret relatif au paiement de différentes sommes faisant partie de l'arriéré. (L. 5, 853 ; B. 17, 36.)

4 AOUT 1791. — Décret pour faire payer à quatre invalides la somme qui leur est due par les précédens décrets, et portant qu'il sera rendu compte de la situation de l'Hôtel des invalides. (B. 17, 41.)

4 AOUT 1791. — Contributions. Voy. 21 AOUT 1791.—Ponts-et-chaussées. Voy. 6 AOUT 1791.

5 = 8 AOUT 1791. — Décret relatif aux assemblées électorales. (L. 5, 829 ; B. 17, 47.)

L'Assemblée nationale décrète qu'elle lève la suspension portée par le décret du 24 juin dernier, et qu'en conséquence les assemblées électorales seront incessamment convoquées dans tous les départemens du royaume, pour nommer les députés au Corps-Législatif, à compter du 25 août présent mois, jusqu'au 5 septembre prochain ; décrète en outre que les députés nommés se rendront immédiatement à Paris, pour entrer en fonctions le jour qui sera fixé par un décret.

5 = 10 AOUT 1791. — Décret relatif aux dettes contractées par les villes et communes, et aux besoins qu'elles peuvent avoir. (L. 5, 830 ; B. 17, 43.)

Voy. lois du 10 = 17 JUIN 1791 ; du 17 = 19 NOVEMBRE 1792 ; du 23 = 25 NOVEMBRE 1792 ; du 24 AOUT 1793 ; du 2 PRAIRIAL an 5.

Art. 1er. Les villes et communes auxquelles il a été adjugé des domaines nationaux seront tenues d'appliquer au paiement de leurs dettes le bénéfice qui leur est attribué par les décrets dans la revente de ces domaines.

2. Les villes et communes qui n'ont point acquis de domaines nationaux, ou dont les dettes excèdent le bénéfice qu'elles doivent faire sur la revente des domaines qui leur avaient été adjugés, seront tenues de vendre les parties de leurs biens patrimoniaux, créances et immeubles réels ou fictifs, qui seront déterminées par le directoire de leur département, vu leurs pétitions et l'avis du directoire de leur district, et d'en appliquer le produit au paiement desdites dettes.

Si une partie desdites dettes ne suffit pas à leur libération, elles seront tenues de vendre la totalité, à la seule exception des édifices et terrains destinés au service public.

Lesdites ventes seront faites en la forme et aux conditions décrétées pour les domaines nationaux, et ne seront assujéties qu'aux mêmes droits.

Les municipalités desdits biens et communes seront tenues de se conformer, dans le délai de deux mois, aux dispositions des décrets pour l'estimation et la mise en vente.

3. Les villes et communes dont les dettes excéderaient le produit de la vente de leurs biens patrimoniaux et le bénéfice à elles attribué dans la revente des domaines nationaux qui leur auront été adjugés, seront tenues d'ajouter à leur contribution foncière et à leur contribution mobilière, un sou pour livre, et d'en appliquer le produit au paiement des arrérages et au remboursement successif de leurs dettes, en telle manière que, de ce sou pour livre, il y en ait dix deniers employés à payer les intérêts, et deux deniers destinés à former le fonds d'amortissement qui s'accroîtra d'année en année par l'extinction des intérêts, jusqu'au parfait remboursement du capital.

4. Il sera libre aux villes et communes dont les dettes seraient moins considérables, d'imposer un moindre nombre de deniers pour livre, à la charge néanmoins que le fonds d'amortissement soit tel, que, joint au produit des intérêts éteints par le remboursement progressif, il puisse opérer la libération totale en trente années.

5. Les villes et communes qui, par le bénéfice à elles attribué sur la revente des domaines nationaux, et par la vente de leurs biens autres que ceux exceptés en l'art. 2, n'auront pu suffire au paiement de toutes leurs dettes, ne seront soumises, sur l'excédant de ce qu'elles resteront devoir, qu'à l'acquittement d'un capital, dont 10 deniers pour livre de leurs contributions foncière et mobilière paieront les intérêts au denier vingt, la nation prenant à sa charge le surplus de leurs dettes.

6. Les villes et communes qui se trouveront dans ce cas formeront, dans le mois de la publication du présent, l'état général de leurs dettes, et le remettront au directoire de leur district, avec les pièces justificatives. Le directoire de district donnera son avis sur chaque créance, et l'enverra au directoire de département, qui fera passer le tout, avec ses observations, au directeur général de la liquidation.

7. Aucune ville ni commune ne pourra désormais être autorisée à faire des acquisitions d'immeubles ni des emprunts, que par décret du Corps-Législatif, vu l'opinion du directoire de district et l'avis du directoire de département, et à la charge, par les villes et communes à qui l'autorisation sera donnée, de fournir assignation de deniers pour le paiement des arrérages et le remboursement du capital, suivant la progression et dans les délais qui seront fixés par le décret (1).

8. Les villes et communes seront tenues de pourvoir à leurs dépenses locales, à compter du 1er avril 1791, par les 2 sous pour livre qui leur sont attribués sur le produit des droits de patentes, et par des sous pour livre additionnels à la contribution foncière et à la contribution mobilière, lesquels seront établis suivant les formalités prescrites par les décrets des 29 mars, 11 et 13 juin 1791, et sur lesquels seront déduites les sommes déjà imposées, conformément à l'article 5 dudit décret du 29 mars.

9. Les villes et communes auxquelles il a été adjugé des domaines nationaux, et qui auraient des dettes exigibles, pourront demander, pour les acquitter, conformément à l'article 1er du présent décret, des avances sur le bénéfice qui leur est attribué dans la revente de ces domaines.

Celles qui, pour leurs dépenses locales, éprouveraient des besoins urgens, pourront demander un prêt sur les sous pour livre additionnels destinés à leurs dépenses municipales.

Si leurs pétitions sont appuyées de l'opinion du directoire de district et de l'avis du directoire de leur département, la caisse de l'extraordinaire sera autorisée, par décret du Corps-Législatif, à faire mois par mois les avances nécessaires jusqu'au dernier octobre, à la charge et sous la soumission, par lesdites villes et communes, de représenter, au plus tard dans le courant dudit mois d'octobre, le certificat visé par les directoires de district et de département, que la contribution patriotique et les impositions ordinaires de leurs habitans pour l'année 1790, sont acquittées, et que les rôles de la contribution foncière et de la contribution mobilière de 1791 sont en recouvrement.

(1) *Voy.* lois du 3 = 10 décembre 1790, 5 = 18 février 1791 ; du 24 avril 1793.

Voy. les lois du 12 germinal an 10, et 23 prairial an 12, dérogeant au présent article, en ce qui touche les logemens des curés et les acquisitions des cimetières.

Voy. décret du 5 avril 1811.

Le mandataire d'une commune qui a acheté pour elle des domaines nationaux sans qu'elle y ait été autorisée, ne peut, après avoir consenti à la mise en possession de la commune, exciper de la nullité résultant du défaut d'autorisation, pour revendiquer, pour lui-même, la propriété des biens acquis ; surtout si, depuis une ordonnance royale a autorisé l'acquisition faite pour la commune (25 novembre 1829 ; Cass. S. 29, 1, 401).

Id. (9 juin 1828 ; Bourges, S. 29, 2, 128 ; D. 29, 2, 230).

Egalement, la nullité résultant de ce qu'une commune aurait, sans autorisation, acquis ou donné mandat d'acquérir pour elle un immeuble, n'est pas proposable par les tiers avec qui la commune a contracté (17 juillet 1827, Colmar, S. 28, 2, 102 ; D. 28, 2, 148).

D'après la représentation desdits certificats, et sur nouvel avis des directoires de district et de département, lesdites avances pourront être étendues jusqu'au dernier décembre, s'il est nécessaire, et non pas plus loin.

Chaque avance sera faite contre délégation de pareille somme sur les sous pour livre additionnels aux contributions, ou sur le bénéfice à la revente des domaines nationaux, selon la nature et l'objet des sommes avancées.

---

5 = 18 AOUT 1791. — Décret relatif au paiement des sommes séquestrées et déposées. (L. 5, 914 ; B. 17, 42.)

L'Assemblée nationale décrète que tous huissiers-priseurs, receveurs des consignations, commissaires aux saisies réelles, notaires-séquestres, et tous autres dépositaires de deniers, ne remettront aux héritiers, créanciers et autres personnes ayant droit de toucher les sommes séquestrées et déposées, qu'en justifiant du paiement des impositions mobilières et contribution patriotique dues par les personnes du chef desquelles lesdites sommes seront provenues. Seront même autorisés, en tant que de besoin, lesdits séquestres et dépositaires, à payer directement les contributions qui se trouveraient dues avant de procéder à la délivrance des deniers ; et les quittances desdites contributions leur seront passées en compte.

Décrète en outre que les réglemens ci-devant faits pour la sûreté du recouvrement des impositions personnelles, notamment dans la ville de Paris, relativement aux déclarations que doivent faire les propriétaires et les principaux locataires, seront exécutés provisoirement, et tant qu'il n'y aura pas été dérogé.

---

5 = 28 AOUT 1791. — Décret portant suppression et recréation des différens corps de la garde nationale parisienne soldée. (L. 5, 1079 ; B. 17, 47.)

5 AOUT 1791. — Décret qui ordonne un projet sur les formes d'après lesquelles l'acte constitutionnel sera présenté à l'examen et à l'acceptation du Roi. (B. 17, 80.)

6 (4 et) = 18 AOUT 1791. — Décret relatif aux ponts-et-chaussées. (L. 5, 917 ; B. 17, 80.)

Art. 1er. L'administration centrale des ponts-et-chaussées sera dans la main et sous la responsabilité du ministre de l'intérieur (1).

2. L'assemblée des ponts-et-chaussées sera présidée par le ministre de l'intérieur, et pourra l'être, en son absence, par un commissaire nommé par le Roi, sur la présentation et sous la responsabilité du ministre.

3. Pour la formation actuelle de l'assemblée des ponts-et-chaussées, le Roi nommera cinq inspecteurs généraux pris parmi ceux qui étaient en activité dans le grade d'inspecteur général des anciens ponts-et-chaussées des ci-devant pays d'élection, et trois parmi les ingénieurs principaux des ci-devant pays d'état.

4. Les articles 1, 2, 3, 4, du titre II du décret du 31 décembre 1790 = 19 janvier 1791, sont révoqués.

5. Il y aura un ingénieur en chef par département, et autant d'ingénieurs ordinaires qu'en demanderont les départemens.

6. Les appointemens de l'ingénieur en chef seront de 4,000 livres, dont 2,400 livres seront à la charge du département, et le surplus sera payé par le Trésor national.

7. Les appointemens des ingénieurs ordinaires seront de 2,400 livres, et payés par les départemens seuls.

8. Il sera accordé aux élèves qui seront envoyés sur les travaux 100 livres par mois en sus du traitement de l'école, et 20 sous par lieue pour frais d'aller et de retour.

9. Il sera compté trois années d'école, dans le temps de service déterminé pour parvenir à la pension de ceux des ingénieurs qui auront réellement suivi l'école nationale des ponts-et-chaussées : la même chose aura lieu pour ceux qui ont suivi les écoles publiques ci-devant établies dans quelques pays d'états.

10. En considération des services importans que J.-R. Perronnet a rendus pendant plus de cinquante-quatre ans d'activité en divers grades, et dans l'établissement et dans la direction de l'école, il jouira de 22,600 livres de traitement.

11. L'établissement et l'école des ponts-et-chaussées demeureront provisoirement fixés rue Saint-Lazare ; et cependant l'administration centrale donnera son avis sur les édifices nationaux qui pourraient convenir à cette destination, et sur les dépenses que cette affectation exigerait.

12. L'administration centrale proposera un projet de réglement pour l'école, après avoir consulté l'assemblée des ponts-et-chaussées.

---

6 AOUT (28 JUILLET et) = 22 AOUT 1791. — Décret pour l'exécution du tarif des droits d'entrée et de sortie dans les relations du royaume avec l'étranger. (L. 5, 946 ; B. 17, 83 ; Mon. des 30 et 31 juillet 1791.)

---

(1) Voy. décret du 7 septembre 1791.

Voy. lois du 4 GERMINAL an 2, 14 FRUCTI-
DOR an 3; du 28 AVRIL 1816. *Voy.* aussi les
lois successives qui, en modifiant les tarifs,
contiennent des dispositions sur la législation.

TITRE Ier. *Des droits d'entrée et de sortie, et du
timbre des expéditions.*

Art. 1er. Les droits de douane fixés par les
tarifs décrétés par l'Assemblée nationale, seront acquittés à toutes les entrées et sorties
du royaume, nonobstant tous passeports,
lesquels demeurent supprimés; il est défendu
aux préposés de la régie d'avoir égard à ceux
qui pourraient être expédiés, ni aux ordres
particuliers qui seraient donnés dans le même
objet. Demeurent pareillement supprimés
tous priviléges, exemptions ou modérations
desdits droits, dont jouissent quelques ports,
villes, hôpitaux et communautés du royaume,
à quelque titre que ce soit, sauf les exceptions
déjà décrétées, et sans rien préjuger relativement aux franchises des port et ville de
Bayonne et du pays de Labour, du port, de
la haute ville et citadelle de Dunkerque,
jusqu'à ce qu'il y ait été statué; sauf aussi à
convenir avec les puissances étrangères des
mesures de réciprocité, relativement aux
passeports qui étaient donnés aux ambassadeurs respectifs.

2. Les bureaux placés sur les côtes du
royaume serviront en même temps à la perception des droits d'entrée et de sortie. A
l'égard des frontières de terre, les droits d'entrée seront acquittés dans les bureaux les plus
voisins de l'étranger, et les droits de sortie,
dans ceux placés sur la ligne intérieure, à
moins que ces derniers ne soient plus éloignés
du lieu du chargement que les bureaux d'entrée, auquel cas les droits de sortie seront
payés dans ceux-ci : ces deux lignes de bureaux se contrôleront, et surveilleront leurs
opérations respectives.

3. Toutes les marchandises paieront les
droits au poids brut, à l'exception des ouvrages de soie, or et argent; des dentelles, du
tabac, et des drogueries et épiceries dont le
droit excédera 20 livres par quintal : ces différens objets acquitteront au poids net. La tare,
pour le tabac en boucauds et pour les drogueries et épiceries en futailles, sera évaluée
à 12 pour 100, et à 2 pour 100 sur les mêmes objets en paniers ou en sacs : à l'égard
des ouvrages de soie, or et argent, et des
dentelles, la perception en sera faite sur la
déclaration au poids net, sauf la vérification
de la part des préposés de la régie. Lorsque
des marchandises qui doivent les droits au
poids net ou à la valeur se trouveront dans
les mêmes balles, caisses ou futailles, avec
d'autres marchandises qui doivent les droits
au poids brut, la totalité desdites caisses,
balles ou futailles, acquittera les droits au
poids brut.

4. Ne pourront ceux à qui les marchandises
seront adressées, être contraints à en payer
les droits, lorsqu'ils en feront par écrit l'a-
bandon dans les douanes; les marchandises
ainsi abandonnées seront vendues, et il sera
disposé du produit, de la manière ci-après
indiquée par l'article 5 du titre IX du présent
décret.

5. Les marchandises et denrées qui auront
été omises au chapitre des droits d'entrée du
tarif général, acquitteront ces droits sur la
valeur qui en sera déclarée, savoir : pour
celles qui auront reçu quelque main-d'œuvre
que ce soit, à raison de 10 pour 100 de cette
valeur, pour les drogueries, de 5 pour 100,
et pour tous autres objets, de 3 pour 100. Il
ne sera perçu aucun droit sur les objets qui
n'auront pas été compris au chapitre relatif à
la sortie.

6. Seront exemptes du droit d'entrée et de
sortie, les marchandises et denrées apportées
de l'étranger dans un port du royaume, lorsque, étant destinées pour l'étranger ou pour un
autre port de France, elles seront déclarées
devoir rester à bord, et quelles ne seront pas
déchargées des navires, à la charge de justifier de leur destination ultérieure.

7. Il ne sera payé aucun droit particulier
pour les acquits et passavans, mais le prix du
timbre de chaque expédition sera remboursé.

TITRE II. *De l'entrée et sortie des marchandises,
des déclarations, de la visite, etc.*

Art. 1er. Toutes les marchandises et denrées importées dans le royaume seront conduites directement au premier bureau d'entrée de la frontière, à peine de confiscation
et de 100 livres d'amende. Les marchands et
voituriers seront tenus de combiner leur marche de manière à prendre la route directe du
lieu où sera situé le premier et le plus prochain bureau. Seront seulement exceptés de
cette disposition les fruits crus, les grains,
graines, légumes et autres menues denrées
qui seront importées par des routes sur lesquelles il ne se trouvera pas de bureau. Dans
ce cas, les préposés à la police du commerce
extérieur pourront vérifier, sur lesdites routes, si ces objets ne servent point à en cacher
qui seraient sujets aux droits.

2. Les mêmes peines seront encourues
lorsque les marchandises auront dépassé les
bureaux, ou lorsque, avant d'y avoir été conduites, elles seront introduites dans quelques
maisons ou auberges : celles qui arriveront
après le temps de la tenue des bureaux seront
déposées dans les dépendances de ces bureaux
et sans frais, jusqu'au moment de leur ouverture; à l'effet de quoi la régie aura, autant
que faire se pourra, des cours et hangards
tenant auxdits bureaux.

3. Ceux qui voudront faire sortir du royaume des marchandises ou denrées seront tenus,

sous les peines portées par l'article 1er, de les
conduire au premier bureau de sortie, par
là route la plus directe et la plus fréquentée :
il leur est défendu de prendre aucun chemin
oblique tendant à contourner et éviter les
bureaux. Il y aura lieu à pareilles peines
lorsqu'ils auront dépassé ces bureaux, et qu'ils
se trouveront entre les deux lignes sur lesquelles ils seront établis, sans les expéditions ci-
après prescrites.

4. Les capitaines ou maîtres de vaisseaux,
bateaux et autres bâtimens qui aborderont
dans un port de mer, avec destination pour
un autre port du royaume, seront tenus de représenter aux préposés à la police du commerce
extérieur, lorsqu'ils se rendront à bord, le
manifeste ou état général de leur chargement.
Ils devront encore, dans les vingt-quatre
heures de leur arrivée, faire au bureau de la
régie une déclaration sommaire, contenant le
nombre des caisses, balles, ballots et tonneaux
de leur chargement; représenter leur chartes-
parties, connaissemens ou polices de chargement; indiquer le port de leur destination
ultérieure, et prendre certificat du tout
des préposés de la régie, à peine de 500 livres
d'amende, pour sûreté de laquelle les bâtimens et marchandises seront retenus. Le délai de vingt-quatre heures, fixé ci-dessus, ne
courra point les jours de dimanches et fêtes (1).

5. Lesdits capitaines et maîtres de bâtimens,
étant rendus aux ports de leur destination,
seront tenus, sous pareille peine d'amende de
500 livres, de donner, dans les vingt-quatre
heures de leur arrivée, la déclaration de leur
chargement, laquelle demeurera au bureau,
sera transcrite sur le registre, et signée d'eux;
et, dans le cas où ils ne sauraient pas signer,
il en sera fait mention sur le registre. La déclaration des bâtimens devra être faite, quand
même ils seraient sur leur lest (2).

6. Les marchands, négocians ou leurs facteurs, courtiers, capitaines ou maîtres de navire, qui voudront faire sortir par mer des
marchandises ou denrées en donneront la déclaration dans la forme ci-dessus prescrite,
et les feront conduire au bureau ou à tel autre endroit dont il sera convenu entre la régie
et le commerce, relativement aux localités,
pour y être vérifiées. S'il y a impossibilité de
faire conduire lesdites marchandises dans un
local particulier, la vérification s'en fera au
lieu de l'embarquement.

Les capitaines et commandans de vaisseaux
de guerre et de tous autres bâtimens employés
au service de la marine nationale seront tenus
de remplir, soit à l'entrée, soit à la sortie,
toutes les formalités auxquelles sont assujétis
par le présent titre les capitaines ou maîtres
de navires marchands; et ce, sous les mêmes
peines, sans néanmoins que les bâtimens
appartenant à la nation puissent être retenus
sous aucun prétexte.

8. Les voituriers ou conducteurs de marchandises entrant et sortant par terre seront
aussi tenus, sous les peines portées par l'article 1er du présent titre, de faire, à leur arrivée dans les lieux ou les bureaux sont établis,
déclaration sur le registre du bureau, ou d'en
présenter une signée des marchands ou propriétaires des marchandises ou de leurs facteurs, laquelle déclaration demeurera au bureau et sera transcrite sur le registre par les
préposés de la régie, et signée par lesdits
voituriers ou conducteurs; et, dans le cas où
ils ne sauraient signer, il en sera fait mention
sur le registre.

9. Les déclarations contiendront la qualité,
le poids, la mesure ou le nombre des marchandises qui devront les droits au poids, à la
mesure ou au nombre, et la valeur lorsque
les marchandises devront les droits suivant leur valeur. Elles énonceront également
le lieu du chargement, celui de la destination,
et, dans les ports, le nom du navire et celui
du capitaine : les marques et numéros des ballots, caisses, tonneaux et futailles, seront mis
en marge des déclarations.

10. Les capitaines ou maîtres des navires et
autres bâtimens, et les voituriers et conducteurs des marchandises qui ne présenteront
pas, à leur arrivée, des déclarations en détail, seront tenu de déclarer le nombre des
ballots, leurs marques et numéros, et de passer leur soumission de rapporter, dans le délai
d'un mois si c'est par terre, de trois mois
si c'est par mer, une déclaration en détail
desdites marchandises. Jusqu'au rapport de
ladite déclaration, les marchandises seront
déposées dans les bureaux de la régie, et,
s'ils n'étaient pas assez vastes, dans des magasins, aux frais des propriétaires, et dont la
clef restera entre les mains des préposés de
ladite régie. Après l'expiration des délais ci-
dessus fixés, il en sera usé à l'égard desdites
marchandises ainsi que pour celles qui restent

---

(1) Les effets saisis sur un navire, pour raison
des contraventions commises par le maître de ce
navire aux lois sur les douanes, peuvent être
retenus, nonobstant la revendication exercée par
les personnes à qui ils appartiennent, pour sûreté
des condamnations prononcées contre le maître
du navire (11 floréal an 9; Cass. S. 2, 2, 518).

(2) Les avaries, donnant lieu à la réduction
proportionnelle des droits de douanes, sont valablement constatées par la déclaration du capitaine, faite dans les formes et délais prescrits
par les lois spéciales des douanes. Il n'y a pas
lieu d'appliquer les articles 243, 245 et 247,
Code com., sur les déclarations à faire par les
capitaines (16 juin 1823; Cass. S. 23, 1, 428).

dans les douanes sans être réclamées. Dans le cas cependant où il ne s'agirait pas de plus de dix caisses ou ballots dont le conducteur ignorerait le contenu, il pourra en requérir l'ouverture en présence des commis, et les droits seront acquittés sur les objets reconnus.

11. Les propriétaires des marchandises laissées dans les bureaux, à défaut de déclaration suffisante, qui se présenteront pour les retirer, seront tenus de justifier de leur propriété, et de faire leur déclaration en détail, si elle n'a pas été fournie par les capitaines ou maîtres de bâtimens et conducteurs des marchandises.

12. Ceux qui auront fait leurs déclarations, n'y pourront plus augmenter ni diminuer, sous quelque prétexte que ce puisse être, et la vérité ou fausseté des déclarations sera jugée sur ce qui aura été premièrement déclaré. Néanmoins, si dans le jour de la déclaration et avant la visite, les propriétaires ou conducteurs de marchandises reconnaissaient quelque erreur dans les déclarations quant au poids, au nombre, à la mesure ou à la valeur, ils pourraient rectifier lesdites déclarations, en représentant toutefois les balles, caisses ou tonneaux en même nombre, marqués et numéros que ceux énoncés aux déclarations, ainsi que les mêmes espèces de marchandises: après ce délai, ils n'y seront plus reçus (1).

13. Il ne pourra être chargé sur les navires ou autres bâtimens, ni en être déchargé, aucune marchandise, sans le congé ou la permission par écrit des préposés de la régie, et qu'en leur présence, à peine de confiscation des marchandises et de 100 livres d'amende. Hors les cas d'urgente nécessité, relatifs à la sûreté du bâtiment, les navires seront mis en déchargement à tour de rôle, suivant la date de leur déclaration, et en aussi grand nombre que le local et le nombre des préposés attachés au bureau pourront le permettre. Les commis nommés pour assister au débarquement ou embarquement, seront tenus de se transporter au lieu de chargement ou déchargement, à la première réquisition, à peine de répondre des évènemens résultant de leur refus. Il est défendu sous les mêmes peines aux capitaines et maîtres de bâtiment, de se mettre en mer ou sur les rivières y affluantes, sans être porteurs de l'acquit de paiement des droits ou autres expéditions, suivant les circonstances, tout usage contraire étant formellement abrogé (2).

14. Les déclarations faites, les marchandises seront visitées, pesées, mesurées ou nombrées, si les préposés de la régie l'exigent, et ensuite les droits seront perçus. Les poids et mesures de la ville de Paris seront les seuls en usage dans les bureaux d'entrée et de sortie, et ceux seulement d'après lesquels on pourra faire les déclarations, liquider et percevoir les droits.

15. Le transport des marchandises aux douanes, leur déballage et remballage pour la visite, seront aux frais des propriétaires: ils pourront, ainsi que les préposés à la conduite, employer les porte-faix et les emballeurs attachés aux douanes, ou telles autres personnes qu'ils jugeront devoir choisir.

16. La visite ne pourra être faite qu'en présence des maîtres des bâtimens ou voituriers, des propriétaires des marchandises ou de leurs facteurs: en cas de refus de leur part d'y assister, les marchandises resteront en dépôt au bureau, et il en sera usé à cet égard comme pour les cas énoncés en l'article 10 de ce titre.

17. Les droits seront perçus suivant le poids, le nombre et la mesure énoncés dans la déclaration; mais, dans le cas où les préposés de la régie ne s'en rapporteraient point au poids, au nombre, à la mesure énoncés dans les déclarations, ils procéderont à la vérification; et, si elle présentait des quantités inférieures aux déclarations, les droits ne seraient acquittés que sur les quantités constatées par la vérification.

18. Si les marchandises représentées excèdent le poids, le nombre ou la mesure déclarés, l'excédant sera assujéti au paiement du double droit, ce qui cependant n'aura pas lieu si l'excédant n'est que du vingtième pour les métaux, et du dixième pour les autres marchandises ou denrées; l'excédant, dans ce cas, ainsi que les quantités déclarées, n'acquitteront ensemble que le simple droit (3).

---

(1) La faculté de rectifier les déclarations précédemment faites au bureau des douanes ne s'entend que de rectifications relatives au poids, au nombre, à la mesure ou à la valeur des marchandises. La rectification n'est jamais admise quant à l'espèce (12 vendémiaire an 9; Cass. S. 7, 2, 1163).

Déclarer des barres de fer carrées, avec fausse indication de la mesure de la surface, c'est faire une fausse déclaration de l'espèce, lorsque la différence de mesure entraîne une différence dans le droit (8 juillet 1822; Cass. S. 22, 1, 435).

(2) Le déficit survenu dans la quantité de marchandises déchargées, pendant l'opération du déchargement, ne peut être mis à la charge de l'administration des douanes, alors même que l'employé de la douane, surveillant le déchargement, aurait, par erreur, constaté l'existence des marchandises manquantes, si, d'ailleurs, rien n'établit que le déficit provient du fait des agens de l'administration (22 mars 1831; Cass. S. 31, 1, 260; D. 31, 1, 106).

Voy. litre 13, art. 19.

(3) Lorsque des marchandises introduites dans

19. La déclaration du poids et de la mesure ne sera point exigée pour les marchandises sujettes à coulage; les capitaines ou maîtres de bâtimens et voituriers devront énoncer seulement, dans leur déclaration, le nombre de futailles, leurs marques et les numéros, les représenter en même quantité que celles portées aux déclarations, lettres de voitures, connaissemens et autres expéditions relatives au chargement, et la perception des droits ne sera faite que sur le poids et sur la contenance effectifs.

20. Tout excédant, quant au nombre de balles, ballots, caisses, tonneaux et futailles déclarés, sera saisi, pour la confiscation en être prononcée avec amende de 100 livres.

21. Si la déclaration se trouve fausse dans la qualité ou l'espèce des marchandises, et si le droit auquel on se soustrairait par cette fausse déclaration s'élève à 12 liv. et au-dessus, les marchandises faussement déclarées seront confisquées, et celui qui aura fait la fausse déclaration sera condamné à une amende de 100 liv. Si le droit est au-dessous de 12 liv., il n'y aura pas lieu à la confiscation, mais seulement à la condamnation en ladite amende de 100 liv., pour sûreté de laquelle la marchandise sera retenue. Lesdites peines n'auront pas lieu en cas de vol ou de substitution juridiquement prouvés (1).

22. Dans le cas où, lors de la visite, les balles, ballots, caisses et futailles se trouveraient en moindre nombre que celui porté en la déclaration, les maîtres des bâtimens,

voituriers, et ceux qui auront fait les déclarations, seront condamnés solidairement en 300 livres d'amende pour chaque ballot, balle, caisse ou futaille manquant, pour sûreté de laquelle amende les bâtimens de mer, bateaux, voitures et chevaux servant au transport seront retenus, sauf le recours, s'il y a lieu, des capitaines et maîtres de bâtimens ou voituriers, contre ceux qui auront fait les déclarations. Dans le cas de naufrage après la déclaration, ou de vol de marchandises, il ne sera fait aucune poursuite sur le défaut de représentation de balles, ballots, caisses, tonneaux et futailles, en rapportant, à l'égard du naufrage, le procès-verbal des juges qui remplaceront ceux de l'amirauté, et, quant au vol, la preuve du vol (2).

23. Les marchandises dont les droits sont perceptibles sur la valeur pourront être retenues, en payant, par les préposés de la régie, l'objet de la valeur déclarée et le dixième en sus, sans qu'il puisse être rien exigé de plus par les propriétaires desdites marchandises ou préposés à la conduite, pour frais de transport et autres. La retenue ne sera soumise à aucune autre formalité qu'à celle du procès-verbal signifié, qui constatera l'offre réelle ou le paiement de la valeur déclarée et du dixième en sus: audit cas de retenue, les propriétaires des marchandises ou préposés à la conduite ne seront soumis au paiement d'aucun droit (3).

24. S'il est reconnu que les marchandises aient souffert des avaries, les propriétaires

---

un port franc excédent la quantité déclarée, l'excédant est passible du double droit (24 octobre 1808 ; S. 9, 1, 128).

(1) Cet article n'a point été abrogé par l'art. 2, tit. 2 de la loi du 4 germinal an 2. Ainsi, même sous l'empire de cette dernière loi, les effets saisis sur un navire pouvaient être retenus pour sûreté des condamnations prononcées contre le capitaine, nonobstant la revendication exercée par les prétendus propriétaires (11 floréal an 9 ; Cass. S. 1, 2, 663). *Voy.* note sur l'art. 4.

Lorsque la fausse déclaration d'une marchandise, faite à la douane, porte sur la qualité de la marchandise, il y a lieu à confiscation. Il n'y a lieu au droit de préemption qu'autant que la fausseté de la déclaration porterait sur la valeur de la marchandise déclarée (5 août 1828 ; Cass. S. 28, 1, 321 ; D. 28, 1, 370).

Voy. art. 23.

L'administration des douanes est non-recevable à exiger, contre les propriétaires ou consignataires d'un navire dont les marchandises ont été déclarées pour l'entrepôt, l'amende de 300 fr. pour déficit dans la quantité des marchandises déclarées et entreposées, lorsque, par le fait même de l'administration ou de ses agens, les propriétaires ou consignataires se trouvent privés de tout recours, à raison de ce déficit, contre le capitaine du na-

vire ou les administrateurs de l'entrepôt (22 mars 1831 ; Cass. S. 31, 1, 258 ; D. 31, 1, 104).

(1 et 2) Le porteur du certificat d'origine contenant déclaration de l'espèce et de la quantité des marchandises importées, est personnellement responsable de l'inexactitude de la déclaration, quoiqu'il ne soit ni voiturier ni propriétaire ; en ce cas, on ne peut se borner à prononcer la confiscation des marchandises saisies ; il y a nécessité de prononcer amende et emprisonnement contre le prévenu (28 juin 1811 ; Cass. S. 12, 1, 79).

L'amende n'est pas une *peine* proprement dite, mais une simple *réparation* pécuniaire du préjudice causé à l'État. En conséquence, la responsabilité civile, en cette matière, s'étend à l'amende comme aux autres condamnations (30 mai 1828 ; Cass. S. 28, 1, 319 ; D. 28, 1, 260 ; 5 septembre 1828 ; Cass. S. 29, 1, 81 ; D. 28, 1, 410).

Voy. art. 20 et les notes.

(3) Des marchandises, et notamment des laines, déclarées pour l'*entrepôt réel*, ne peuvent être soumises à la *préemption*, sous prétexte que la valeur déclarée serait inférieure à la valeur réelle. La préemption ne peut avoir lieu qu'au cas où la déclaration de valeur est faite pour la perception du droit d'entrée (14 avril 1830 ; Cass. S. 30, 1, 129 ; D. 30, 1, 208).

Voy. art. 29.

de ces marchandises, les maîtres des bâtimens ou voituriers, seront admis à donner une déclaration de leur valeur actuelle, d'après laquelle les préposés de la régie pourront ou retenir ces marchandises, comme il est ci-dessus réglé, ou percevoir les droits sur cette déclaration pour celles qui acquitteront à la valeur; et, à l'égard des autres, les droits seront réduits dans la proportion de la perte qu'auront éprouvée les marchandises, et par comparaison avec leur prix ordinaire, lorsqu'elles ne seront pas avariées. En cas de difficulté sur le prix ordinaire de la marchandise non avariée, il sera fixé par experts convenus entre les parties ou nommés d'office.

25. Les acquits de paiement qui seront délivrés pour marchandises qui entreront ou sortiront par terre indiqueront les bureaux de contrôle par lesquels lesdites marchandises devront passer, et les conducteurs seront tenus de remettre auxdits bureaux les acquits dont ils seront porteurs, en échange desquels il leur sera expédié, sans frais, des brevets de contrôle. Les porteurs desdits brevets auront, pendant une année, la faculté de se faire représenter les acquits originaux : ce délai expiré, les préposés seront dispensés de ladite représentation.

26. Les marchandises sujettes aux droits, et qui devront sortir par mer ou par terre, seront, à l'égard des premières, transportées immédiatement après le paiement de ces droits, sur les bâtimens destinés à les recevoir; et les autres conduites aussi immédiatement à l'étranger, sans qu'elles puissent, hors le cas d'avarie, de naufrage et autres semblables, rentrer dans les magasins des marchands, ni être entreposées dans d'autres maisons, à peine de confiscation et d'amende de 100 livres.

27. Les préposés de la régie ne pourront visiter les marchandises qui auront déjà été visitées au premier bureau d'entrée ou de sortie, si ce n'est au bureau de contrôle indiqué par l'acquit de paiement.

28. Il est défendu aux courriers des malles de se charger d'aucune marchandise, à peine de confiscation et de 100 livres d'amende; et, pour vérifier les contraventions, leurs brouettes, malles et valises pourront être visitées aux bureaux de première et de seconde ligne.

29. Les messagers et conducteurs de voitures publiques seront soumis, pour les objets dont leurs voitures se trouveront chargées, aux formalités ordonnées par le présent titre. En cas de contravention ou de fraude, la confiscation des marchandises sera prononcée contre eux, ainsi que l'amende dont les propriétaires, fermiers ou régisseurs desdites voitures seront responsables : néanmoins, la condamnation en l'amende n'aura pas lieu lorsque les objets seront portés sur la feuille qui doit être représentée pour servir à la déclaration. Dans aucun cas, les voitures et chevaux appartenant aux fermiers ou régisseurs des messageries ne pourront être saisis (1).

30. Lorsque l'exécution des formalités prescrites par les articles 1, 2, 3, 4, 5, 6 et 13 du présent titre, ne concernera que des marchandises et denrées exemptes de droits, ou dont les droits ne s'éleveraient pas à 3 livres, les contrevenans seront seulement condamnés à l'amende de 50 livres, pour sûreté de laquelle, partie des marchandises pourra être retenue jusqu'à ce que ladite amende ait été consignée, ou qu'il ait été fourni caution solvable de la payer.

TITRE III. Des acquits-à-caution (2).

Art. 1er. Les marchandises expédiées par mer, d'un port pour un autre du royaume, ne seront sujettes à aucun droit d'entrée et de sortie; il en sera de même des marchandises qui ne pourront être transportées directement par terre d'un lieu à un autre du royaume, qu'en empruntant le territoire étranger; mais, dans ces deux cas, elles seront soumises aux formalités ci-après indiquées.

2. Les marchandises sujettes à des droits de sortie seront déclarées, vérifiées et expédiées par acquit-à-caution. Ces acquits contiendront la soumission de rapporter, dans le délai qui sera fixé suivant la distance des lieux, un certificat de l'arrivée ou du passage des marchandises au bureau désigné, ou de payer le double des droits de sortie. Les expéditionnaires donneront caution solvable, qui s'obligera solidairement avec eux au rapport du certificat de décharge. Si les expéditionnaires préfèrent de consigner le montant des droits de sortie, les registres des déclarations portant lesdites soumissions, énonceront, ainsi que les acquits-à-caution, la reconnaissance des sommes consignées.

3. Les marchandises exemptes des droits de sortie seront expédiées par simples passavans, visés par les préposés à la vérification du chargement; mais, s'il s'agit de marchan-

---

(1) La tentative du délit d'introduction est punissable comme le délit lui-même (26 avril 1828; Cass. S. 28, 1, 430; D. 28, 1, 228).

Les régisseurs et entrepreneurs de messageries ne cessent d'être responsables qu'autant que le propriétaire ou l'expéditeur des marchandises est indiqué sur la feuille, de manière à fournir à l'administration des douanes les moyens d'exercer contre lui des poursuites (26 avril 1828; Cass. S. 28, 1, 430, D. 28, 1, 228).

Voy. tit. 5, notes sur l'art. 1er.

(2) Voy. arrêté du 22 fructidor an 6.

dises dont la sortie du royaume est défendue, ou d'étoffes, toilerie, passementerie, quincaillerie ou d'autres marchandises dont les droits d'entrée, si elles venaient de l'étranger, seraient au moins de 10 pour 100 de la valeur, les caisses, balles ou ballots qui les contiendront seront cordés et plombés. Seront néanmoins dispensés du plombage, les vins, eaux-de-vie et autres liquides, ainsi que les métaux non ouvrés.

4. Si les marchandises expédiées sont prohibées à la sortie du royaume, la destination en sera assurée par un acquit-à-caution. Les expéditionnaires et leurs cautions s'obligeront solidairement, par leurs soumissions, à payer la valeur desdites marchandises, avec amende de 500 livres, dans le cas où ils ne rapporteraient pas, au bureau du départ, dans le délai fixé, l'acquit-à-caution valablement déchargé; à cet effet, l'estimation des marchandises sera énoncée dans les soumissions.

5. Dans les cas où les marchandises devront être expédiées sous plomb, les cordes seront aux frais des expéditionnaires, qui paieront, en outre, chaque plomb sur le pied de 5 sous.

6. Les maîtres et capitaines de bâtimens et les voituriers seront tenus de présenter les marchandises dont ils seront chargés, savoir: celles expédiées par mer, au bureau de leur destination, et celles expédiées par terre, aux bureaux de leur passage, en même qualité et quantité que celles énoncées dans l'acquit-à-caution dont ils seront porteurs. Cet acquit ne pourra être déchargé par les préposés auxdits bureaux, qu'après vérification faite de l'état des cordes et plombs, du nombre des ballots et des marchandises y contenues, et il ne sera rien payé pour les certificats de décharge qui devront être inscrits au dos des acquits-à-caution, et signés au moins de deux desdits préposés dans les bureaux où il y aura plusieurs commis. Il est défendu auxdits préposés, à peine de tous dépens, dommages et intérêts, de différer la remise desdits certificats, lorsque les formalités prescrites par les acquits-à-caution auront été remplies, ou qu'il sera rapporté des procès-verbaux dans la forme indiquée par l'article 8 ci-après; et, pour justifier du refus, le conducteur des marchandises sera tenu d'en faire rédiger acte, qui sera signifié sur-le-champ au receveur du bureau, et aucune preuve par témoins ne sera admise à cet égard.

7. Les préposés de la régie ne pourront délivrer de certificats de décharge pour les marchandises qui seront représentées au bureau de la destination ou du passage, après le temps fixé par l'acquit-à-caution; et, s'il s'agit de marchandises expédiées par mer ou par terre, en empruntant le territoire de l'étranger, elles acquitteront, au bureau où elles seront présentées après ledit délai, les droits d'entrée comme si elles venaient de l'étranger, sans préjudice du double droit de sortie, dans le cas où il en sera dû, et dont le paiement sera poursuivi, au lieu du départ, contre les soumissionnaires.

8. Les capitaines et maîtres de bâtimens seront admis à justifier qu'ils auront été retardés par des cas fortuits, comme fortune de mer, poursuite d'ennemis et autres accidens; et ce par des procès-verbaux rédigés à bord, et signés des principaux de l'équipage, ou par des rapports faits aux juges du tribunal qui remplacera celui de l'amirauté au lieu de destination, ou aux officiers de la municipalité, à défaut de ce tribunal; et les procès-verbaux ou rapports seront affirmés devant lesdits juges. Les marchands ou conducteurs de marchandises transportées par terre seront également admis à justifier des retardemens qu'ils auront éprouvés pendant la route, en rapportant, au bureau de la régie, des procès-verbaux en bonne forme, faits par les juges des lieux où ils auront été retenus, et, à défaut d'établissement d'aucune juridiction, par les officiers municipaux desdits lieux; lesquels procès-verbaux feront mention des circonstances et des causes du retard (1) : dans ces cas, les acquits-à-caution auront leur effet, et les certificats de décharge seront délivrés par les préposés de la régie. Il ne pourra être suppléé par la preuve testimoniale au défaut desdits rapports ou procès-verbaux, qui ne seront admis qu'autant qu'ils auront été déposés au bureau de destination ou de passage, en même temps que les marchandises y auront été représentées (2).

9. Dans le cas où, lors de la visite au bureau de destination ou de passage, les marchandises mentionnées dans l'acquit-à-caution se trouveront différentes dans l'espèce, elles seront saisies, et la confiscation en sera prononcée contre les conducteurs, avec amende de 100 livres, sauf leur recours contre les expéditionnaires. Si la quantité est inférieure à celle portée dans l'acquit-à-caution, il ne sera déchargé que pour la quantité représentée; en cas d'excédent, il sera soumis au double droit, en observant ce qui est réglé par l'art. 19 du titre II. Si les marchandises représentées sont prohibées à l'entrée, elles seront confisquées avec amende de cinq cents livres; le tout indépendamment des condamna-

---

(1) Le propriétaire de tabac en feuille qui veut se prévaloir du refus de la régie de lui délivrer un second acquit-à-caution à l'effet d'exporter ses tabacs, en place du premier qui avait été perdu, doit justifier de ce refus par procès-verbal dressé par le juge du lieu ou par l'officier municipal (20 avril 1818 ; Cass. 18, 1, 328).

(2) *Voy.* arrêté du 17 thermidor an 4, loi du 19 vendémiaire an 6.

nations qui seront poursuivies au bureau du départ contre les soumissionnaires et leurs cautions, et d'après leurs soumissions.

10. Les soumissionnaires qui rapporteront dans les délais les acquits-à-caution déchargés, certifieront au dos desdites expéditions la remise qu'ils en feront; ils seront tenus de déclarer le nom, la demeure et la profession de celui qui leur aura remis le certificat de décharge, pour être procédé, s'il y a lieu, comme à l'égard des falsifications ou altérations de tout genre d'expéditions, soit contre les soumissionnaires ou porteurs des expéditions. Dans ce dernier cas, lesdits soumissionnaires et leurs cautions ne seront tenus que des condamnations purement civiles, conformément à leurs soumissions. Le délai pour s'assurer de la vérité du certificat de décharge, et pour intenter l'action, sera de quatre mois; et, après ledit délai, la régie sera non-recevable à former aucune demande.

11. Les droits consignés seront rendus aux marchands, et les soumissions qu'eux et leurs cautions auront faites seront annulées en leur présence et sans frais sur le registre, en rapportant par eux les acquits-à-caution revêtus des certificats de décharge en bonne forme, sauf le cas prévu par l'article précédent.

12. Si les certificats de décharge qui devront être délivrés dans les bureaux de la destination ou de passage ne sont pas rapportés dans les délais fixés par les acquits-à-caution, et, s'il n'y a pas eu consignation du simple droit à l'égard des marchandises qui y sont soumises, les préposés à la perception dans les bureaux décerneront contrainte contre les soumissionnaires et leurs cautions, pour le paiement du double droit de sortie.

13. Si les marchandises expédiées par acquit-à-caution sont dans la classe de celles prohibées à la sortie, les préposés à la perception pourront pareillement décerner contrainte pour la valeur desdites marchandises, fixée par les soumissions, et pour l'amende de 500 livres, aussi conformément auxdites soumissions.

14. Néanmoins, si lesdits soumissionnaires rapportent, dans le terme de six mois après l'expiration du délai fixé par les acquits-à-caution, les certificats de décharge en bonne forme et délivrés en temps utile, ou les procès-verbaux du refus des préposés, les droits, amendes ou autres sommes qu'ils auront payées, leur seront remis; ils seront néanmoins tenus des frais faits par la régie jus-

qu'au jour du rapport desdites pièces. Après ledit délai de six mois, aucunes réclamations relatives auxdites sommes consignées ou payées, ne seront admises, et il en sera compté par la régie au Trésor public.

15. Les propriétaires ou conducteurs des marchandises et denrées qui passeront de l'intérieur du royaume sur le territoire des deux lieues limitrophes de l'étranger, seront tenus de les conduire au premier bureau de sortie, et d'en faire la déclaration dans la même forme que pour l'acquit des droits. A l'égard de celles qui devront être enlevées dans cette étendue du territoire des deux lieues limitrophes de l'étranger pour y circuler ou être transportées dans l'intérieur du royaume, la déclaration devra en être faite au bureau, soit d'entrée, soit de sortie, le plus prochain du lieu de l'enlèvement, et avant cet enlèvement; le tout à peine de confiscation desdites marchandises et denrées, et d'amende de cent livres (1).

16. Lesdits propriétaires ou conducteurs, dans les cas énoncés par l'article ci-dessus, ne seront point assujétis aux formalités de l'acquit-à-caution; ils seront seulement tenus, sous les peines portées par ledit article, de prendre auxdits bureaux, et avant l'enlèvement, des passavans qui énonceront les qualités, quantités, poids, nombre et mesures des marchandises et le lieu de leur destination. Les passavans fixeront, en toutes lettres, le temps nécessaire pour le transport, suivant la distance du lieu et la date du jour où ils seront délivrés, et ils seront nuls après l'expiration des délais y portés. Lesdits passavans seront représentés aux commis des bureaux qui se trouveront sur la route, pour y être visés, et, à toute réquisition, aux employés des différens postes, qui pourront conduire les marchandises au plus prochain bureau pour y être visitées, sauf les dommages-intérêts envers le conducteur, si ce bureau n'est pas sur la route, et s'il n'y a ni fraude ni contravention (2).

17. Les grains et graines, lorsque la sortie n'en sera pas prohibée, et, dans tous les cas, lorsqu'ils ne feront pas route vers la frontière, les bestiaux, les légumes, les fruits, le beurre, les œufs, et tous autres comestibles, seront, dans les mêmes cas, dispensés des formalités prescrites par les deux articles précédens. Il en sera de même des objets de fabrication des habitans des départemens du Jura, du Doubs de la Haute-Saône, de l'Ain, du Haut et du Bas-Rhin : la régie se concertera avec les

---

(1) *Voy.* arrêté du 17 thermidor an 4, loi du 19 vendémiaire an 6.

(2) Les chevaux ne sont pas compris sous le mot *bestiaux*, dans l'article 4 de la loi du 16 vendémiaire an 6, portant que les bestiaux peuvent,

lorsqu'ils ne font pas route vers la frontière, circuler sans passavant dans les deux lieux limitrophes de l'étranger; il y a ouverture à cassation contre les jugemens qui décident le contraire (17 juin 1806; S. 7, 2, 1095).

directoires de ces départemens, sur les mesures nécessaires à prévenir les abus, sans gêner la circulation.

TITRE IV. Des lieux désignés pour l'entrée et la sortie de diverses espèces de marchandises.

Art. 1er. Les drogueries et épiceries, même les tabacs, pourront entrer dans le royaume par mer, par tous les bureaux; mais ils ne pourront entrer par terre, lorsque la quantité excédera dix livres pesant, que par les bureaux de Lille, Valenciennes, Maubeuge, Givet, la Chapelle, Thionville, Forbach, Sarguemines, Sarre-Louis, Longwy, Saint-Louis, Strasbourg, Jougues, la Cure ou les Rousses, Verrières-de-Joux, Meyrin, Seyssel, le Pont-de-Beauvoisin, Champareillan, Briançon et Septèmes.

2. Les toiles de lin et de chanvre, blanches ou écrues, les basins de fil, bougrans et treillis, lorsqu'ils seront du poids de plus de cinquante livres, ne pourront entrer que par les ports de Bayonne, Bordeaux, la Rochelle, Nantes, St.-Malo, Rouen, le Havre, St.-Valery-sur-Somme ou Abbeville, Boulogne, Calais, Dunkerque, Toulon, Marseille, Cette, Agde, la Nouvelle et Port-Vendre; et par terre, que par les bureaux de Lille, Valenciennes, Givet, la Chapelle, Forbach, Sarguemines, Strasbourg, Saint-Louis, la Cure, Meyrin et Champareillan.

3. L'importation des soies et filoselles ne pourra avoir lieu que par les bureaux de Nantes, Lorient, Rouen, Dunkerque, Lille, Strasbourg, Meyrin, Pont-de-Beauvoisin, Saint-Laurent-du-Var, Marseille, Septèmes, Cette, Agde et Port-Vendre.

Les étoffes et bonneteries de soie et de filoselle, ou dans la composition desquelles entrent ces matières, ne pourront également être introduites dans le royaume que par Saint-Jean-Pied-de-Port, le Pont-de-Beauvoisin, Marseille, Cette, Agde et Port-Vendre (1).

4. Les étoffes et bonneteries de laine, de coton ou fil, ou de ces matières mélangées, les futaines et siamoises, ne seront importées par mer que par Bayonne, Bordeaux, la Rochelle, Nantes, Lorient, Saint-Malo, Rouen, le Havre, Saint-Valery-sur-Somme ou Abbeville, Boulogne, Calais, Dunkerque, Marseille, Cette, Agde et la Nouvelle; et par terre, que par les bureaux de Lille, la Chapelle et Strasbourg.

5. Les toiles teintes ou peintes de toute espèce, les batistes et linons, les mousselines, les toiles de coton blanches, ne pourront être importées que par les bureaux de Dunkerque, Valenciennes, Givet, Jougues, Verrières-de-Joux, Saint-Louis, Meyrin et le Pont-de-Beauvoisin, et seront réputées mousselines, les toiles de coton dont les seize aunes sur la largeur de sept huitièmes, pèseront moins de trois livres.

6. Chaque balle, caisse ou ballot, contenant les objets manufacturés mentionnés aux trois articles précédens, portera une inscription en toutes lettres, qui en indiquera l'espèce. S'il se trouvait dans une même balle, caisse ou ballot, des espèces différentes, chaque espèce formerait un paquet particulier, portant l'inscription indicative de cette espèce. Faute d'inscription sur les balles, caisses, ballots ou paquets contenant lesdits objets manufacturés, arrivés dans un port du royaume, ou trouvés entre l'étranger et le premier bureau d'entrée, ils seront soumis à la confiscation.

7. Les bourres, les laines, les cotons en laine, les fils, les peaux en vert, les métiers à faire bas et autres ouvrages, lorsque le droit de sortie qu'ils auront à acquitter excédera trente livres, ne pourront être exportés à l'étranger que par les ports et bureaux énoncés dans l'article 1er du présent titre.

8. Les marchandises dont l'entrée et la sortie sont restreintes par les ports et bureaux ci-dessus désignés, et que l'on tenterait d'introduire ou d'exporter par d'autres passages, seront confisquées avec amende de 100 livres; ce qui n'aura cependant pas lieu à l'égard de celles qui auraient été présentées dans les douanes, et déclarées sous leur véritable dénomination; dans ce cas, les marchandises importées seront renvoyées à l'étranger, et celles que l'on voudrait exporter resteront dans le royaume, sauf à être ensuite expédiées par les bureaux ouverts à la sortie.

TITRE V. Des marchandises prohibées à l'entrée ou à la sortie.

Art. 1er. Toutes marchandises prohibées à l'entrée, que l'on introduirait par mer ou par terre dans l'étendue du royaume, seront confisquées, ainsi que les bâtimens de mer au-dessous de cinquante tonneaux, voitures, chevaux et équipages servant au transport. Les propriétaires desdites marchandises, maîtres de bâtimens, voituriers et autres préposés à la conduite, seront solidairement condamnés en l'amende de 500 livres, sauf leurs recours contre les marchands et propriétaires, lorsqu'ils auront été induits en erreur par l'énonciation des lettres de voiture, connaissemens et chartes-parties, et leurs dommages et intérêts (2).

_____

(1) Voy. loi du 5 brumaire an 2.
(2) L'introduction en France de tissus prohibés, par exemple de schals de cachemire, encore qu'ils soient ostensiblement portés comme vêtemens au moment de l'introduction, peut, suivant les circonstances et la qualité des personnes, être

2. Seront réputées dans le cas des dispositions de l'article ci-dessus les marchandises prohibées qui auront passé au-delà du premier bureau, ou qui auront pris un chemin différent, ainsi que celles que les préposés de la régie auront trouvées dans les deux lieues des côtes sur des bâtimens au-dessous de cinquante tonneaux; celles enfin qu'ils auront vu charger à bord de toute espèce de bâtimens de mer, ou mettre à terre.

3. Les dispositions des deux articles précédens seront exécutées à l'égard des marchandises prohibées à la sortie, et lesdites marchandises ne pourront être transportées d'un port du royaume à un autre port du royaume, ni passer d'un lieu à un autre, en empruntant le territoire étranger, sans être accompagnées d'un acquit-à-caution; et les conducteurs desdites marchandises seront tenus de remplir les formalités prescrites par le titre III du présent décret.

4. Les marchandises prohibées à l'entrée ou à la sortie qui auront été déclarées sous leur propre dénomination, ne seront point saisies; celles destinées à l'importation seront renvoyées à l'étranger; celles dont on demanderait la sortie resteront dans le royaume (1).

TITRE VI. Des relâches forcées.

Art. 1er. Les capitaines et maîtres de navires, barques et autres bâtimens qui auront été forcés de relâcher par fortune de mer, poursuite d'ennemis ou autres cas fortuits, seront tenus, dans les vingt-quatre heures de leur abord, de justifier, par un rapport, des causes de la relâche et de se conformer à ce qui est prescrit par l'article 4 du titre II du présent décret, sous les peines y portées.

2. Si les navires en relâche forcée ont besoin d'être radoubés, ou de quelques fortes réparations qui exigent le débarquement des marchandises, elles ne seront sujettes à aucun droit, sinon dans le cas où le capitaine serait obligé de vendre partie de son chargement; dans les autres cas, les marchandises seront mises en dépôt aux frais des capitaines ou maîtres des bâtimens, sous leur clef et sous celle des préposés de la régie, jusqu'au départ desdits navires. Lesdits capitaines ou maîtres de bâtimens pourront même les faire charger de bord à bord sur d'autres navires, en prenant le permis des préposés de la régie, après avoir déclaré les qualités et quantités de celles dont ils voudront faire ainsi le chargement.

3. Les marchandises étant à bord des navires dont la relâche sera valablement justifiée seront, après la déclaration, déchargées et mises sous la clef des préposés de la régie, aux frais des capitaines et maîtres des bâtimens, jusqu'au moment de leur départ pour l'étranger. A défaut de déclaration dans les vingt-quatre heures, lesdites marchandises seront saisies et confisquées avec amende de cinq cents livres, pour sûreté de laquelle le bâtiment sera tenu jusqu'au paiement de ladite amende, ou jusqu'à ce qu'il ait été donné bonne et suffisante caution (2).

TITRE VII. Des marchandises qui sont sauvées des naufrages.

Art. 1er. Les préposés de la régie se transporteront sans délai sur les lieux où seront survenus les naufrages, et en préviendront en même temps les officiers chargés d'y pourvoir; les marchandises qui en seront sauvées

---

considérée comme frauduleuse et donner lieu à confiscation. L'appréciation des juges, à cet égard, ne donne point ouverture à cassation (9 janvier 1829; Cass. S. 30, 1, 110; D. 29, 1, 101).

Les messageries qui transportent des ballots de contrebande peuvent bien n'être pas responsables; mais c'est tout autant qu'elles font connaître les auteurs du délit contre lesquels les poursuites peuvent être dirigées (19 août 1819; Cass. S. 19, 1, 396).

L'amende de 500 liv., au cas d'introduction de marchandises prohibées, a lieu pour le cas d'exportation de matières d'or ou d'argent (22 prairial an 10; Cass. S. 2, 2, 358).

Les voituriers publics qui effectuent le transport des marchandises prohibées sont réputés, de droit, complices de la fraude, et, comme tels, passibles de l'amende; c'est à eux à prouver leur innocence. Les lois d'avril 1816 et 1818 n'ont point innové à cet égard (9 juillet 1819; Cass. S. 19, 1, 375).

En matière de contrebande de tabacs fabriqués, il y a lieu de confisquer les chevaux qui servaient au transport, aux termes de cet arti-

cle: l'art. 25 du décret du 29 décembre 1810 ne s'applique qu'à la contrebande des tabacs en feuille (20 mars 1812; Cass. S. 12, 1, 382).

A l'administration des douanes, et non aux tribunaux, appartient le droit de remettre ou de modérer les peines encourues par les voituriers ou porteurs des objets de fraude (11 juin 1813; Cass. S. 20, 1, 489).

(1) Lorsqu'un bâtiment qui porte avec sa cargaison des marchandises prohibées vient mouiller dans un port français, la confiscation n'en peut être prononcée, si, avant toute visite des préposés de la douane, le capitaine a fait la déclaration de toutes ses marchandises sous leur véritable dénomination, peu importe que le bâtiment soit au-dessus ou au-dessous de cent tonneaux (10 juillet 1816; Cass. S. 18, 1, 332).

(2) La relâche forcée d'un navire est une cause qui peut soustraire le chargement à la confiscation; mais, pour que la relâche forcée puisse être prise en considération, le capitaine doit faire, dans les vingt-quatre heures de son abord, la déclaration tant des causes de la relâche que du chargement (14 germinal an 11; Cass. S. 3, 2, 304).

seront mises en dépôt ; et, s'il s'agit de marchandises étrangères, les préposés de la régie les garderont de concert avec ceux qui seront commis à cet effet par lesdits officiers (1).

2. Après la décharge totale du bâtiment naufragé, et le dépôt provisoire des marchandises sauvées dans le lieu le plus prochain du naufrage, s'il est établi un nouveau magasin, lesdites marchandises devront y être conduites par les préposés de la régie : il leur sera donné une clef du nouveau magasin. Ils assisteront aux procès-verbaux de reconnaissance et de description des effets sauvés, et ils signeront ces actes, qui seront rédigés par les officiers compétens, et dont il leur sera délivré des expéditions qui seront taxées avec les frais du sauvetage.

3. Si tout ou partie des marchandises est dans le cas d'être bénéficié avant ou pendant le séjour dans le dépôt provisoire, ou dans le second magasin, le bénéficiement ne pourra avoir lieu qu'en présence des préposés de la régie, qui seront tenus d'y assister à la première réquisition qui leur en sera faite, à peine de demeurer responsables des évènemens. Après le bénéficiement, les marchandises seront rétablies dans lesdits magasins.

4. Lorsque les marchandises devront être vendues, celui qui sera chargé d'en poursuivre la vente fera signifier aux préposés de la régie, au plus prochain bureau du lieu du naufrage, le jour de cette vente, avec fixation d'un délai suffisant pour qu'ils puissent y assister; le tout à peine, par ledit officier, d'être responsable des droits sur la totalité des marchandises portées au procès-verbal de reconnaissance et description. Les préposés de la régie seront présens à ladite vente; ils veilleront à ce que les adjudicataires des marchandises observent les formalités prescrites par le titre II du présent décret, pour les déclarations, visites, acquit des droits.

5. Seront communes aux marchandises naufragées les dispositions de l'article 25 du titre II, qui règlent le paiement des droits sur les marchandises avariées.

6. Les marchandises prohibées à l'entrée ne seront vendues ou remises à ceux qui les auront réclamées, qu'à la charge du renvoi à l'étranger ; elles seront transportées, sous la conduite des préposés de la régie, et aux frais du réclamateur ou de l'adjudicataire, au port le plus voisin où elles seront mises en entrepôt, sous la clef des préposés à la perception, au bureau dudit port, jusqu'à l'exportation. Ladite exportation ne pourra être différée au-delà du délai de trois mois, à compter du jour de la remise qui aura été faite des marchandises aux propriétaires ou adjudicataires, à peine de confiscation desdites marchandises. Il est défendu aux juges d'en faire la remise pure et simple auxdits propriétaires ou adjudicataires, à peine de condamnation qui serait contre eux prononcée de la valeur desdites marchandises, et de l'amende de 500 livres. Dans le cas néanmoins où les marchandises prohibées sauvées du naufrage seraient tellement avariées, qu'elles ne pourraient pas être exportées sans le risque d'une perte totale, les propriétaires ou adjudicataires desdites marchandises auraient la faculté de les faire vendre publiquement, à la charge de payer après la vente, entre les mains desdits préposés à la perception, le droit de quinze pour cent sur le produit de ladite vente, pour le montant de ce droit être remis au receveur le plus prochain des invalides de la marine.

7. Ceux qui seront trouvés par les préposés de la régie, saisis de marchandises naufragées, enlevées, sans être porteurs d'une permission, seront par eux arrêtés et conduits à la maison d'arrestation, et lesdits préposés remettront, dans le jour, leur procès-verbal au juge-de-paix le plus prochain, sans que les frais, en aucun cas, puissent être à la charge de la régie; et seront lesdites marchandises remises dans un dépôt ou magasin, pour être statué sur la propriété de ceux qui les réclameront, et en être usé comme pour le surplus du chargement.

TITRE VIII. Des vivres et avitaillemens des navires.

Art. 1er. Les vivres et provisions des navires étrangers seront, à leur arrivée, déclarés dans le même délai et dans la même forme que les marchandises qui composeront les chargemens; et ceux que les capitaines et maîtres desdits bâtimens voudraient introduire dans le royaume, seront soumis aux droits d'entrée. Les vivres et provisions qui seront embarqués sur lesdits bâtimens, quoique déclarés pour la consommation de l'équipage, acquitteront les droits de sortie.

2. Les vivres et provisions provenant du royaume, et embarqués dans les navires français pour quelque navigation que ce soit, pourvu qu'ils soient uniquement destinés à la nourriture des équipages et passagers, jouiront à la sortie de l'exemption de tous droits (2).

---

(1) Sont saisissables tous bâtimens au-dessous de cent tonneaux qui relâchent dans les ports de France, chargés de marchandises prohibées, encore que le relâche ait été nécessitée par fortune de mer, poursuites d'ennemis ou autres cas fortuits (19 décembre 1807; Cass. S. 7, 2, 731).

(2) Les provisions d'un navire en relâche dans un port, lorsqu'elles ont été régulièrement déclarées devoir rester à bord, pour être employées

3. Pour jouir de ladite exemption, les armateurs ou capitaines des bâtimens seront tenus de faire leur déclaration au bureau de la régie, du nombre d'hommes qui composeront leurs équipages, et de celui des passagers; de déclarer aussi les quantités et espèces de vivres et provisions qu'ils voudront embarquer. Si les quantités paraissent trop fortes, relativement au nombre d'hommes qui devront être à bord du bâtiment, et à la durée présumée du voyage, les préposés de la régie pourront demander que les armateurs ou capitaines des bâtimens fassent régler ces quantités par le tribunal de commerce du lieu, s'il y en a d'établi, sinon par les officiers municipaux dudit lieu, et qu'ils justifient de la fixation qui en sera faite au pied d'une expédition de la déclaration. Dans tous les cas, le nombre d'hommes composant les équipages, celui des passagers, les quantités et les espèces de vivres embarqués, seront portés sur le permis d'embarquement, qui devra être visé par les préposés de la régie.

4. Les vivres qui seront embarqués dans un port autre que celui du départ seront chargés sur le permis d'embarquement, sauf, en cas de difficulté sur les quantités, à se conformer à l'article précédent.

5. Au retour, dans un port de France, d'un navire français, le capitaine représentera le permis d'embarquement qu'il aura pris au départ; les vivres et provisions restans, dont il devra être fait déclaration, seront ensuite déchargés en exemption de tous droits.

6. Les vivres et provisions que le capitaine d'un bâtiment français, en retour d'une navigation étrangère, aura pris à l'étranger, ne pourront être déchargés dans les ports du royaume qu'après déclaration, et en acquittant les droits d'entrée.

TITRE IX. Des marchandises et autres effets qui restent dans les douanes.

Art. 1er. Les ballots, balles, malles et futailles qui n'auront point été déclarés dans la forme prescrite par l'article 9 du titre II, seront inscrits, dans la huitaine du jour de leur dépôt dans les bureaux, sur un registre à ce destiné, avec mention des marques, numéros et adresses qu'ils présenteront, et chaque article du registre sera signé par le receveur et le contrôleur.

2. Lesdits ballots, balles, malles, futailles et tous autres qui n'auront point été réclamés après avoir séjourné dans les bureaux pendant un an, seront, ainsi que les objets qu'ils contiendront, vendus, en remplissant les formalités ci-après prescrites.

3. Le délai d'un an expiré, la régie demandera au tribunal de district à être autorisée à la vente. L'un des juges de ce tribunal, le commissaire du Roi et le greffier, se transporteront au bureau, pour assister à l'ouverture des balles, ballots, malles et futailles, et rédiger l'inventaire des effets y contenus. S'il s'y trouve des papiers, il en sera dressé un état sommaire, et lesdits papiers, paraphés par le juge, seront déposés au greffe du tribunal, pour être remis sans frais à ceux qui justifieront de leur propriété. Le préposé de la régie informera, en conséquence, du dépôt, les particuliers auxquels les papiers paraîtront appartenir, et sans être tenu d'aucune formalité à cet égard.

4. L'inventaire sera affiché à la porte du bureau, dans la place publique et autres lieux accoutumés, avec déclaration que, si dans le mois il ne survient pas de réclamation, il sera procédé à la vente. Ce délai expiré, ladite vente et le jour auquel elle devra être faite seront annoncés par de nouvelles affiches, apposées dans la forme ci-dessus indiquée.

5. Au jour fixé par lesdites affiches, les effets seront vendus au plus offrant et dernier enchérisseur, en présence du préposé à la perception ou du contrôleur du bureau, à la charge du paiement des droits, s'il en est dû, ou du renvoi à l'étranger, si les marchandises sont prohibées. Le prix de la vente demeurera dans la caisse de la régie pendant un an, pour être remis, pendant ce temps, aux réclamateurs qui justifieront de leur propriété, et à la déduction des frais, dans la proportion des objets qu'ils réclameront. Seront, lesdits réclamateurs, tenus de payer un droit de garde, pour le temps pendant lequel leurs marchandises auront été déposées dans les douanes ou bureaux, lequel droit sera de trois deniers par jour du quintal brut, ou pour chaque caisse, boîte, malle ou ballot au-dessous de ce bois; et si, dans le terme de deux années, il ne se présente aucun réclamateur, le produit de la vente des effets, en ce qui n'aura pas été réclamé, sera versé par la régie au Trésor public, comme les autres produits.

6. La présence de l'un des juges et du commissaire du Roi à l'ouverture des caisses et ballots, à l'inventaire des effets et description sommaire des papiers, et l'ordonnance qui permettra la vente des effets abandonnés, seront sans frais; il sera seulement alloué au greffier, pour l'inventaire et l'expédition qui devra en être fournie à la régie, une taxe faite par le juge sur le produit de la vente, et qui ne pourra excéder deux sous pour livre dudit produit.

la consommation de l'équipage, sont exemptes de tous droits d'entrée et d'octroi. La loi du 6 = 22 août n'a été modifiée, à cet égard, par aucune loi subséquente (24 juillet 1820; Cass. S. 21, 1, 87).

TITRE X. Des saisies et procès-verbaux (1).

Art. 1er. Les saisies de marchandises pour fraude ou contravention seront constatées par des procès-verbaux, dans lesquels les préposés de la régie énonceront leurs qualités, leur résidence ordinaire, et le tribunal dans lequel ils auront prêté serment, ainsi que les circonstances et les motifs des saisies.

2. Ils sommeront ceux auxquels la saisie aura été déclarée, d'assister à la description des marchandises et à la rédaction du procès-verbal; en cas de refus de leur part, il en sera fait mention dans le procès-verbal, et cette mention suppléera à leur présence.

3. Si la saisie est faite dans un bureau, les préposés procéderont à l'instant même à la description des marchandises, par la désignation des qualités, poids, nombre ou mesure desdites marchandises, et à la rédaction du procès-verbal.

4. Lorsqu'il y aura lieu de saisir dans une maison, conformément aux articles 36, 37, 38 et 39 du titre XIII du présent décret, la description y sera pareillement faite, et le procès-verbal y sera rédigé : les marchandises non prohibées ne seront pas déplacées, pourvu que la partie donne caution solvable pour leur valeur, qui sera appréciée de gré à gré. Si la partie ne fournit pas caution, ou s'il s'agit d'objets prohibés à l'entrée, les marchandises seront transportées au plus prochain bureau.

5. A l'égard des saisies faites sur les bâtimens de mer, les procès-verbaux seront rédigés sur lesdits bâtimens; ils contiendront une description sommaire du nombre des balles ou ballots, caisses ou tonneaux, ainsi que leurs marques et numéros, et ils seront ensuite transportés au bureau, où la description en détail en sera faite.

6. S'il y a opposition des parties à ce que le procès-verbal soit rédigé dans la maison ou sur le navire, cet acte sera fait dans le bureau le plus voisin.

7. Les marchandises saisies sur les côtes ou en campagne, seront transportées au plus prochain bureau, où la description en sera faite, et où le procès-verbal sera rédigé (2).

8. Les marchandises saisies seront, dans le cas de déplacement, déposées entre les mains du receveur des droits, ou, en son absence, en celles du contrôleur; et celui qui en aura été constitué dépositaire signera en cette qualité l'original du procès-verbal.

9. Dans le cas où le motif de la saisie portera sur le faux ou l'altération des expéditions, les préposés de la régie, en retenant lesdites expéditions, sommeront les marchands ou voituriers de les signer. S'il y a refus de leur part, il en sera fait mention dans le procès-verbal, qui devra spécifier le genre de faux, les altérations et les surcharges que les expéditions pourront présenter. Ils annexeront lesdites expéditions au procès-verbal, après les avoir signées et paraphées, ne varietur.

10. Si la partie assiste à la rédaction du procès-verbal, il lui en sera fait lecture sur-le-champ, et elle sera sommée de le signer; en cas de refus de sa part ou de déclaration qu'elle ne sait signer, il en sera fait mention dans le procès-verbal, dont copie lui sera donnée à l'instant où il sera clos. Le même acte contiendra l'assignation à comparaître devant le tribunal de district, dans l'étendue duquel la saisie aura été faite.

11. Le procès-verbal portera l'heure à laquelle il aura été clos.

12. Si la partie n'assiste point à la rédaction du procès-verbal, et si elle a sa résidence au lieu où il sera procédé à la rédaction, la signification dudit procès-verbal lui sera faite avec assignation à son domicile, par les préposés de la régie, ou par ministère d'huissier, dans les vingt-quatre heures de sa clôture.

13. Lorsque la partie qui n'aura pas assisté à la rédaction du procès-verbal n'aura point, dans le lieu, de domicile réel ou élu par un acte signé d'elle ou signifié par un officier public, la notification dudit procès-verbal, avec assignation, sera faite, dans le délai et dans la forme déterminés par l'article précédent, au domicile du commissaire du Roi près le tribunal de district, s'il en est établi dans ledit lieu, sinon à celui du procureur de la commune, et ladite signification vaudra comme si elle était faite à la partie elle-même.

14. Si le prévenu a abandonné les marchandises sans se faire connaître, il ne sera fait qu'une simple signification du procès-verbal au commissaire du Roi ou au procureur de la commune.

15. Au cas des articles 12, 13 et 14 ci-dessus, la signification du procès-verbal énoncera l'heure à laquelle elle aura été faite; on devra y procéder tous les jours indistinctement.

16. Les marchandises sujettes à dépérissement, les bâtimens, bateaux, voitures, chevaux et équipages saisis, seront rendus aux marchands, maîtres de bâtimens et voitu-

---

(1) Voy. loi du 9 floréal an 7, tit. 4, art. 18.
(2) Le rapport fait par les préposés aux douanes peut être affirmé devant un juge-de-paix autre que celui dans le ressort duquel la saisie a été faite (15 floréal an 12; Cass. S. 4, 1, 278).

riers, sous caution solvable de leur valeur, ou après que le prix en aura été consigné entre les mains du préposé à la perception, estimation préalablement faite ; en conséquence, l'offre de la remise auxdites conditions sera faite par lesdits procès-verbaux ; et, en cas de refus de la part des marchands, maîtres de bâtimens et voituriers, il sera, à la diligence dudit préposé de la régie, procédé à la vente par enchère, en vertu de la permission de l'un des officiers du tribunal de district, laquelle sera signifiée ainsi qu'il est réglé pour les procès-verbaux par les articles 12, 13 et 14 du présent titre. Lesdites offres et remises ne pourront avoir lieu quant aux objets prohibés à l'entrée.

17. L'assignation sera donnée à comparaître le lendemain, si le tribunal est établi dans le lieu de la rédaction du procès-verbal; le surlendemain, si le tribunal est dans la distance de cinq lieues; et, s'il est éloigné de plus de cinq lieues, le délai sera prolongé d'un jour par chaque cinq lieues.

18. Le procès-verbal sera affirmé véritable devant le président du tribunal de district, ou, en son absence, devant l'un des autres juges du même tribunal, dans les vingt-quatre heures, à compter de celle à laquelle il aura été clos : pourront aussi, les procès-verbaux, être affirmés devant les juges-de-paix, et, à défaut, devant le maire ou l'un des officiers municipaux des villes, bourgs et communautés, à l'ordre de la nomination. Il est enjoint auxdits juges, maires et officiers municipaux, de recevoir les affirmations à l'instant et au lieu où les procès-verbaux leur seront présentés, à peine de répondre, en leur propre et privé nom, des condamnations qui pourraient en résulter, sur le procès-verbal de refus qui sera rédigé par les préposés.

19. Avant de recevoir l'affirmation, le juge ou l'officier donnera lecture du procès-verbal aux préposés de la régie; il signera avec eux l'acte d'affirmation, qui sera inscrit à la suite du procès-verbal.

20. Lorsque les saisies seront faites par les gardes nationales, troupes de ligne ou gendarmerie nationale, sans le concours des préposés de la régie, les marchandises seront transportées au plus prochain bureau, où il

en sera fait description par les préposés dudit bureau ; et ceux qui auront procédé à la saisie se rendront devant l'un des juges du tribunal du district, avec la partie saisie, ou elle interpellée : ils demanderont audit juge acte de leur rapport, qui sera rédigé par lui ou par le greffier du tribunal ; et ensuite affirmé par les saisissans. A défaut de tribunal de district dans le lieu, le rapport et l'affirmation se feront devant le juge-de-paix, ou, à défaut, devant l'un des officiers municipaux dudit lieu, à l'ordre de la nomination.

21. Lorsque la procédure criminelle devra avoir lieu, il ne sera pas donné assignation sur le procès-verbal, mais le dépôt en sera fait dans les trois jours de la rédaction, et il sera payé au greffier dix sous pour chaque dépôt.

22. Les procès-verbaux rédigés par les préposés de la régie seront soumis à la formalité de l'enregistrement. Les rapports faits devant les juges et officiers municipaux y seront pareillement assujétis, sans que cette formalité puisse être exigée pour les actes d'affirmation desdits procès-verbaux.

23. Les préposés de la régie ne seront soumis, pour la rédaction de leurs procès-verbaux, à d'autres formalités qu'à celles ci-dessus prescrites ; elles seront observées à peine de nullité des procès-verbaux et des saisies. Dans le cas néanmoins où les marchandises seraient de la classe de celles prohibées à l'entrée, la confiscation en sera poursuivie à la requête du commissaire du Roi, mais sans qu'il puisse être prononcé d'amende (1).

24. Ce qui a été ordonné pour les procès-verbaux de saisie sera exécuté pour tous les autres procès-verbaux des préposés de la régie, sous la même peine.

25. Les procès-verbaux rédigés et signés par deux desdits préposés, et par eux affirmés véritables ; les rapports faits devant les juges et officiers municipaux, par deux hommes des gardes nationales, troupes de ligne ou gendarmerie nationale, suffiront pour la preuve de la fraude ou de la contravention, sauf celle du faux desdits procès-verbaux et rapports (2).

---

(1) La régie des douanes peut seule, et sans l'adjonction du ministère public, interjeter appel d'un jugement correctionnel qui, en déclarant nuls des procès-verbaux de saisie ne prononce pas du moins la confiscation des marchandises.

Les receveurs principaux des douanes ont qualité pour appeler au nom de l'administration (25 juillet 1806; Cass. S. 6, 2, 577).

La nullité d'un procès-verbal de saisie prononcée en matière de douanes pour vice de formes,

n'autorise pas les tribunaux à annuler la saisie ; seulement la confiscation des objets saisis est prononcée dans ce cas, sans amende (18 frimaire an 11 ; Cass. S. 3, 2, 250).

La nullité du procès-verbal n'empêche pas que la confiscation puisse être prononcée (1er germinal an 9; Cass. S. 2, 299).

(2) La partie saisie doit être présente ou appelée à l'affirmation d'un procès-verbal (11 floréal an 9; S. 1, 2, 319).

Titre XI. Des tribunaux, et de la forme de procéder (1).

Art. 1er. Les tribunaux de district seront seuls compétens pour connaître des fraudes et contraventions aux droits de douanes nationales, et de tout ce qui peut y avoir rapport.

2. Les juges desdits tribunaux et leurs greffiers ne pourront cependant expédier des acquits de paiement ou à caution, congés, passavans, réceptions ou décharges de soumissions, ni rendre aucun jugement pour tenir lieu desdites expéditions; mais, en cas de difficultés entre les marchands et voituriers et les préposés de la régie, les juges régleront les dommages et intérêts que lesdits marchands ou voituriers pourraient prétendre, à raison du refus qu'ils auraient éprouvé, de la part desdits préposés, de leur délivrer les acquits de paiement ou à caution, congés ou passavans.

3. Les actions civiles relatives à la perception des droits de douanes seront instruites et jugées dans la forme prescrite par l'article 2 du titre XIV du décret des 6 et 7 septembre dernier; et on se conformera, pour celles concernant tous autres objets que la perception des droits, et notamment les saisies, ainsi que pour les procédures extraordinaires, à ce qui est ou sera prescrit par les lois générales du royaume (2).

Titre XII. Des jugemens et de leur exécution.

Art. 1er. La confiscation des marchandises saisies pourra être poursuivie et prononcée contre les préposés à leur conduite, sans que la régie soit tenue de mettre en cause les propriétaires, quand même ils lui seraient indiqués, sauf si lesdits propriétaires intervenaient ou étaient appelés par ceux sur lesquels les saisies auraient été faites, à être statué, ainsi que de droit, sur leurs interventions et réclamations (3).

2. Il ne pourra être donné main-levée des marchandises saisies qu'en jugeant définitivement, si ce n'est au cas de l'article 16 du titre X du présent décret, et aux conditions et exceptions y énoncées; le tout à peine de nullité des jugemens et des dommages et intérêts de la régie.

3. Les condamnations contre plusieurs personnes, pour un même fait de fraude, seront solidaires, tant pour la restitution du prix des marchandises confisquées dont la remise provisoire aurait été faite, que pour l'amende et les dépens.

4. Les juges ne pourront, à peine d'en répondre en leur propre et privé nom, modérer les confiscations et amendes, ni en ordonner l'emploi au préjudice de la régie, qui ne pourra transiger sur les confiscations et amendes, lorsqu'elles auront été prononcées par un jugement en dernier ressort ou ayant acquis force de chose jugée.

5. Les objets saisis pour fraude ou contravention, ou confisqués, ne pourront être revendiqués par les propriétaires, ni le prix, soit qu'il soit consigné ou non, réclamé par aucun créancier, même privilégié, sauf leur recours contre les auteurs de la fraude.

6. Les jugemens portant condamnation au paiement des droits, à celui de la valeur des objets remis provisoirement et confisqués, ou de l'amende, lorsqu'il n'aura pas été prononcé de confiscation, ou enfin à la restitution des sommes que la régie aurait été forcée de payer, seront exécutés par corps, ce qui aura pareillement lieu contre les cautions, seulement pour le prix des choses confisquées.

7. Dans les cas prévus par les articles 12 et 13 du titre X du présent décret, les jugemens seront signifiés au domicile du commissaire du Roi, ou à celui du procureur de la commune; ils seront encore affichés à la porte du bureau.

8. Les jugemens portant confiscation de marchandises saisies sur les particuliers inconnus, et par eux abandonnées et non réclamées, ne seront exécutés qu'après le mois de l'affiche desdits jugemens; passé ce délai, aucune demande ou répétition ne sera recevable.

9. Toutes saisies du produit des droits faites entre les mains des receveurs, ou en celles des redevables envers la régie, seront nulles et de nul effet : nonobstant lesdites saisies, les redevables seront contraints au paiement des sommes par eux dues, et les huissiers qui auront fait aucuns desdits actes seront interdits de leurs fonctions et condamnés en mille livres d'amende, sauf aussi les dommages et intérêts de la régie contre les huissiers et contre les saisissans.

_____

(1) Voy. lois du 4 germinal an 2, tit. 6, article 13; du 14 fructidor an 3, art. 13 et 10; qui attribuent aux juges-de-paix le contentieux des douanes.

Voy. le décret du 18 octobre 1810, portant création des tribunaux des douanes et des cours prévôtales. Ils ont été abolis par la Charte.

(2) Une décision du ministre des finances en matière de douanes n'est pas une *décision de justice*; c'est un *ordre administratif* : au lieu de recourir au Conseil-d'Etat contre la décision du ministre, il faut se pourvoir devant les tribunaux pour faire dire que le droit n'est pas dû (23 décembre 1815; Ordonn. J. C., 3, 166).

(3) Les propriétaires de marchandises saisies sont *recevables* à intervenir, pour réclamer ces marchandises, sauf aux juges à statuer ainsi que de droit sur leurs interventions et réclamations (8 mai 1827; Cass. S. 27, 1, 424). Voy. art. 5.

TITRE XIII. De la police générale.

Art. 1er. Il ne pourra être établi ou supprimé aucun bureau sans un décret du Corps-Législatif. Dans le cas de nouvel établissement ou de suppression, le décret qui aura été rendu sera publié dans quatre des paroisses les plus prochaines, et qui seront sur la route du bureau nouvellement établi ou de celui qui aura été supprimé, et il sera mis des affiches à l'entrée du lieu où le bureau sera établi.

2. Dans le cas de nouvel établissement d'un bureau, les marchandises ne seront sujettes à confiscation, pour n'y avoir pas été conduites ou déclarées, que deux mois après la publication ordonnée par l'article ci-dessus.

3. La régie sera tenue de faire mettre au-dessus de la porte de chaque bureau, ou en un lieu apparent près ladite porte, un tableau portant ces mots : *Bureau des droits d'entrée et de sortie des douanes nationales;* toute saisie de marchandise qui aurait dépassé un bureau à l'égard duquel l'apposition dudit tableau n'aurait pas eu lieu, serait nulle et de nul effet. La régie sera pareillement obligée de tenir dans les douanes tous les tarifs des droits dont la perception lui sera confiée, et les différentes lois rendues pour leur exécution, pour être communiqués à ceux qui voudront en prendre connaissance, et d'indiquer, par des affiches apposées dans l'intérieur des douanes, les formalités que le commerce aura à remplir pour ces différentes expéditions (1).

4. Les barrières, bureaux, postes ou clôtures destinés à la garde et surveillance des frontières, pourront être établis sur le terrain qui sera nécessaire, en payant par la nation aux propriétaires la valeur dudit terrain de gré à gré; et, en cas de difficulté, sur le pied qui sera réglé par les directoires de département, sur l'avis d'experts convenus entre la régie des douanes et lesdits propriétaires, sinon nommés d'office. Les bureaux de recette pourront être placés dans les maisons qui seront les plus convenables au service public et à celui de ladite régie, autres néanmoins que celles qui seraient occupées par les propriétaires, en payant le loyer desdites maisons sur le pied des baux et aux clauses et conditions y portées; et s'il n'y a point de baux, d'après l'estimation d'experts dans la forme ci-dessus réglée, et encore à la charge des dédommagemens d'u-

sage envers les locataires qui seraient déplacés avant l'expiration de leurs baux.

5. Les bureaux de la régie seront ouverts du 1er avril au 30 septembre, depuis sept heures du matin jusqu'à midi, et depuis deux heures après midi jusqu'à sept heures; et du 1er octobre au 31 mars, depuis huit heures du matin jusqu'à midi, et depuis deux heures jusqu'à six du soir : les commis seront tenus de s'y trouver pendant lesdites heures, à peine de répondre des dommages et intérêts des redevables qu'ils auront retardés.

6. La régie pourra tenir en mer, ou sur les rivières, des vaisseaux, pataches et chaloupes armés, à la charge de remettre tous les ans au greffe du tribunal de commerce du chef-lieu de la direction un rôle certifié du directeur de l'arrondissement, des noms et surnoms de ceux qui monteront lesdits bâtimens.

7. Pourront, les proposés de la régie, sur lesdites pataches, faire visite des bâtimens au-dessous de cinquante tonneaux qui se trouveront à la mer, jusqu'à la distance de deux lieues des côtes, et se faire représenter les connaissemens relatifs à leur chargement. Si ces bâtimens sont chargés de tabac fabriqué ou d'autres marchandises prohibées, la saisie en sera faite, et la confiscation en sera prononcée contre les maîtres des bâtimens, avec amende de 500 livres.

8. Des proposés de la régie pourront être mis, soit avant, soit après la déclaration, à bord de tous les bâtimens entrant dans les ports et rades du royaume, et en sortant, et même à l'embouchure et dans le cours des rivières. Il est enjoint aux capitaines et officiers des bâtimens, à peine de déchéance de leur grade et de 500 livres d'amende, de recevoir lesdits proposés et de leur ouvrir les chambres et armoires desdits bâtimens, à l'effet d'y faire les visites nécessaires pour prévenir la fraude; s'ils s'y refusent, lesdits proposés pourront demander l'assistance d'un juge pour être fait ouverture, en sa présence, desdites chambres et armoires, dont il sera dressé procès-verbal aux frais desdits capitaines et maîtres des navires. Dans le cas où il n'y aurait pas de juge sur le lieu, ou s'il refusait de se transporter sur le bâtiment, le refus étant constaté par un procès-verbal, lesdits proposés requerraient la présence de l'un des officiers municipaux dudit lieu, qui sera tenu de les y accompagner.

S'ils soupçonnent que des caisses, ballots et tonneaux contiennent des marchandises

---

(1) La saisie pratiquée par l'administration des douanes sur des marchandises introduites sans déclaration au bureau, est nulle, si le bureau où la déclaration devait être faite ne portait pas l'écriteau prescrit, bien que l'état de guerre eût empêché de le placer; surtout lorsque le propriétaire justifie de démarches qu'il a faites pour suppléer à la déclaration et qui démontrent sa bonne foi (16 février 1818; Cass. S. 18, 1, 303).

prohibées ou non déclarées, ils les feront transporter à l'instant au bureau, pour être procédé immédiatement à leur visite.

9. Les chargemens et déchargemens des navires ne pourront avoir lieu que dans l'enceinte des ports où les bureaux des droits d'entrée et de sortie seront établis, sauf le cas de force majeure, justifié par un rapport fait dans les formes qui seront prescrites. Lesdits chargemens et déchargemens ne pourront se faire du 1er avril au 30 septembre, que depuis cinq heures du matin jusqu'à huit heures du soir; et du 1er octobre au 31 mars, que depuis sept heures du matin jusqu'à cinq du soir, quand même les marchandises seraient accompagnées de permis, à peine de confiscation desdites marchandises.

10. Les préposés de la régie pourront faire toutes visites dans les vaisseaux et autres bâtimens de guerre, en requérant les commandans de la marine, dans les ports, les capitaines desdits vaisseaux ou les officiers des états-majors, de les accompagner, ce qu'ils ne pourront refuser, à peine de 500 livres d'amende; et, en cas de contravention constatée sur lesdits bâtimens, les capitaines et officiers seront soumis aux peines portées par le présent décret. Lesdites visites ne pourront toutefois être faites après le coucher du soleil.

11. Les parties de marchandises qui seront transportées du port dans les navires, ou des navires dans le port, par le moyen d'alléges, devront être accompagnées d'un permis du bureau, lequel énoncera les quantités et qualités dont chaque allége sera chargée. Quant aux marchandises dont la sortie est défendue ou assujetie à des droits, et qui seront également transportées par alléges d'un lieu où il y aura un bureau dans un autre lieu où il y aura également un bureau, elles seront déclarées et expédiées par acquit-à-caution, pour en assurer la destination. Dans l'un ou l'autre cas, les versemens de bord à bord, ainsi que les déchargemens à terre, ne pourront avoir lieu qu'en présence des commis, à peine de la saisie et de la confiscation des marchandises, et de 100 livres d'amende contre les conducteurs.

12. La régie ne pourra avoir aucun préposé qui ne soit âgé au moins de vingt ans, et il n'en sera point admis qui aient plus de trente ans, s'ils n'ont été précédemment employés dans d'autres parties de régie ou d'administration, à l'exception des hommes qui auront servi huit ans dans les troupes de terre ou de mer, et se présenteront dans l'année de leur congé, lesquels pourront y

être admis jusqu'à l'âge de quarante ans. Lesdits préposés prêteront serment devant le président du tribunal du district, et, à son défaut, devant l'un des juges dudit tribunal, suivant l'ordre de la nomination, auquel juge ils seront tenus de représenter des certificats de bonnes mœurs, donnés, soit par les officiers municipaux du lieu de leur résidence ordinaire, soit par les officiers des régimens où ils auraient servi. La prestation de serment, qui sera inscrite à la suite des commissions qui auront été délivrées, fera mention de la représentation desdits certificats, et sera enregistrée au greffe du tribunal, le tout sans frais.

13. Les préposés de la régie qui auront prêté le serment dans la forme ci-dessus seront dispensés de le renouveler lorsqu'ils passeront dans le ressort d'un autre tribunal de district, à la charge d'en faire enregistrer l'acte dans ce dernier tribunal, ce qui sera exécuté sans frais.

14. Lesdits préposés de la régie sont sous la sauve-garde spéciale de la loi; il est défendu à toute personne de les injurier ou maltraiter, et même de les troubler dans l'exercice de leurs fonctions, à peine de 500 livres d'amende, et sous telle autre peine qu'il appartiendra, suivant la nature du délit. Les commandans militaires dans les départemens, les directoires de département, ceux de district et les municipalités seront tenus de leur faire prêter main-forte, et les gardes nationales, troupes de ligne ou gendarmerie nationale, de leur donner ladite main-forte à la première réquisition, sous peine de désobéissance (1).

15. Les préposés de la régie auront, pour l'exercice de leurs fonctions, le port d'armes à feu et autres : ils ne pourront être forcés à se charger de tutelle, curatelle et de collecte, ni d'aucunes charges publiques, à raison de l'incompatibilité de ces charges avec leur service.

16. Ils seront toujours munis de leurs commissions dans l'exercice de leurs fonctions, et ils seront tenus de les exhiber à la première réquisition. Les préposés des brigades porteront un écusson où seront les mots : *La nation, la loi et le Roi*, avec l'exergue portant ces mots : *Police du commerce extérieur.*

17. Le traitement fixe, les gratifications et émolumens des préposés de la régie, ne pourront être saisis à la requête de leurs créanciers, sinon pour leurs alimens ou logement pendant la dernière année, sauf auxdits

---

(1) Les auteurs d'injures et d'opposition à exercice contre les préposés aux douanes sont punissables, non aux termes du Code pénal, mais aux termes de la loi du 22 août 1791, et de la loi du 4 germinal an 2 (26 août 1816; Cass. S. 17, 1, 186).

créanciers à se pourvoir, pour toute autre cause, sur les biens desdits préposés.

18. Les préposés de la régie pourront faire, pour raison des droits de douane nationale, tous exploits et autres actes de justice que les huissiers sont accoutumés de faire : ils pourront toutefois se servir de tel huissier que bon leur semblera, notamment pour les ventes d'objets saisis, confisqués ou abandonnés (1).

19. La régie sera responsable du fait de ses préposés dans l'exercice et pour raison de leurs fonctions seulement, sauf son recours contre eux ou leurs cautions.

20. Les propriétaires des marchandises seront responsables civilement du fait de leurs facteurs, agens, serviteurs ou domestiques, en ce qui concerne les droits, confiscations, amendes et dépens (2).

21. Dans les cas d'apposition de scellés, sur les effets et papiers des comptables, les registres de recette et autres de l'année courante, ne seront pas renfermés sous les scellés. Lesdits registres seront seulement arrêtés et paraphés par le juge, qui les remettra au préposé chargé de la recette par *interim*, lequel en demeurera garant comme dépositaire de justice, et il en sera fait mention dans le procès-verbal d'apposition des scellés.

22. La régie aura privilége et préférence à tous créanciers, sur les meubles et effets mobiliers des comptables, pour leurs débets, et sur ceux des redevables, pour les droits, à l'exception des frais de justice et autres privilégiés, de ce qui sera dû pour six mois du loyer seulement, et sauf aussi la revendication, dûment formée par les propriétaires, des marchandises en nature qui seront encore sous balle et sous corde. Pareil privilége s'exercera sur les immeubles acquis par les comptables, depuis le commencement de leur gestion (3).

23. Au cas de l'article précédent, la régie aura hypothèque sur les immeubles des comptables et des redevables, savoir : à l'égard des comptables, à dater du jour de leur prestation de serment, et des redevables, à compter de celui où les soumissions ont été faites sur le registre et signées par eux ou leurs facteurs ; pourvu néanmoins que les extraits des registres contenant les soumissions desdits redevables aient été soumis à l'enregistrement dans le délai fixé pour les actes de notaires.

24. Tout préposé destitué de son emploi ou qui le quittera, sera tenu de remettre à l'instant à la régie, ou à son fondé de procuration, sa commission, les registres et autres effets dont il sera chargé pour la régie, et de rendre ses comptes ; sinon et à faute de ce faire, il sera décerné contrainte par ledit fondé de procuration, et la contrainte, visée par l'un des juges du tribunal du district, sera exécutée par toutes voies, même par corps.

25. Aucune personne ne sera recevable à former, contre la régie des douanes nationales, de demandes en restitution de droits et de marchandises, paiement de loyers et appointemens de préposés, deux ans après l'époque que les réclamateurs donneraient au paiement des droits, dépôt des marchandises, échéances des loyers et appointemens (4).

Cependant un arrêt du 17 décembre 1831 a décidé que l'amende de 500 fr. n'avait point le caractère de *peine* proprement dite, mais d'une *réparation civile*, et qu'elle pouvait être cumulée avec la peine portée par l'article 231, Code pénal (17 décembre 1831 ; Cass. S. 31, 1, 272 ; D. 32, 1, 92).

(1) La signification d'un jugement rendu par un juge de paix est valable, et fait courir les délais de l'appel, bien que faite par un huissier qui n'est pas attaché à la justice de paix ou qui n'a pas été commis par le juge ; ici ne s'applique pas la règle tracée par l'art. 16 du Code de procédure, pour la signification des jugemens de justice de paix, en matière ordinaire (1er décembre 1830 ; Cass. S. 30, 1, 397 ; D. 31, 1, 221).

(2) En matière de douanes, l'amende prononcée contre les contrevenans est moins une peine qu'un dédommagement accordé à l'Etat. Ainsi, lorsqu'un mineur est pris en fraude, le père ou la mère, sous la puissance desquels il est placé, sont responsables de l'amende prononcée contre lui, s'ils ne prouvent pas qu'il leur a été impossible d'empêcher la fraude (6 juin 1811 ; Cass. S. 11, 1, 314).

Le fait d'introduction de marchandises prohi-bées, par les gens de l'équipage d'un navire, et pour l'usage particulier de chaque matelot, n'est pas imputable aux armateurs des navires. Il ne donne pas lieu à la saisie du bâtiment avec amende (4 février 1813 ; Cass. S. 16, 1, 210).

(3) Ce privilége est *général*, et prime le privilége *spécial* du prêteur à la grosse, même alors qu'il s'agit de droits de douanes autres que ceux dûs par le navire ou le chargement sur lesquels le prêt a eu lieu (14 décembre 1824 ; Cass. S. 25, 1, 207).

L'administration des douanes n'est pas en cas de faillite de ses redevables, soumise aux formalités imposées aux créanciers ordinaires, telles que celles de la vérification et de l'affirmation de sa créance ; elle peut agir directement par voie de contrainte ou par celle de saisie des meubles ou marchandises du failli (12 août 1829 ; Douai, S. 31, 2, 89 ; D. 31, 2, 17).

(4) Cette prescription est suspendue pendant la durée du séquestre auquel les marchandises sujettes aux droits, auraient été soumises par ordre du Gouvernement ; elle ne peut commencer à courir que du jour où la main-levée du séquestre aura été accordée (29 janvier 1828 ; Cass. S. 28, 1, 148 ; D. 28, 1, 111).

La régie sera déchargée envers les redevables, trois ans après chaque année expirée, de la garde des registres de recette et autres de ladite année, sans pouvoir être tenue de les représenter, s'il y avait des instances encore subsistantes pour les instructions et jugemens desquelles lesdits registres et pièces fussent nécessaires. Ladite régie sera pareillement non-recevable à former aucune demande en paiement des droits, un an après que lesdits droits auront dû être payés, le tout à moins qu'il n'y eût avant lesdits termes, soit pour la régie, soit pour les parties, contrainte décernée et signifiée, demande formée en justice, condamnation, promesse, convention ou obligation particulière et spéciale relativement à l'objet qui sera répété.

26. Les registres de déclarations, paiement des droits, soumissions des redevables et de leurs cautions, descentes des marchandises et décharges des acquits-à-caution, qui seront tenus dans chaque bureau, devront être sans aucune lacune ni interligne, et les sommes y seront inscrites sans chiffres ni abréviations, sauf, après qu'elles auront été écrites en toutes lettres, à les tirer en chiffres hors de ligne. En cas de perte des expéditions, lesdits registres pourront seuls servir à la décharge des redevables, auxquels il sera délivré par les receveurs et contrôleurs, des copies certifiées desdites expéditions, toutes les fois qu'il pourra être pris les précautions suffisantes pour empêcher les doubles emplois et autres abus, et sans qu'au moyen desdites copies certifiées, on puisse prolonger les délais fixés par les expéditions pour les chargemens, déchargemens et transports de marchandises.

27. Lesdits registres seront reliés, les feuillets cotés par premier et dernier, et paraphés sans frais par l'un des juges du district ou par le juge-de-paix.

28. Les receveurs principaux des droits seront en outre tenus d'avoir un registre-journal, sur lequel ils porteront de suite et sans aucune transposition, surcharge ni rature, toutes les parties tant de recettes que de dépenses qu'ils feront. Ledit registre-journal, pareillement relié, sera coté et paraphé par premier et dernier feuillet, par

l'un des juges du tribunal de district, ou par le juge-de-paix, et par le directeur de l'arrondissement.

29. Les préposés à la perception des droits énonceront, dans les acquits de paiement, le titre en vertu duquel ils auront perçu lesdits droits, et ils en justifieront s'ils en sont requis ; à l'effet de quoi, les réglemens arrêtés par le Corps-Législatif seront imprimés et publiés, aussitôt qu'ils seront intervenus. Il leur est défendu de percevoir d'autres et plus forts droits que ceux fixés, à peine de concussion.

30. Les droits seront payés comptant à toutes les entrées et sorties du royaume, et les marchandises ne pourront être retirées des douanes ou bureaux, qu'après le paiement desdits droits, sauf ce qui a été décrété pour les denrées coloniales.

31. Lorsque le receveur aura fait crédit des droits, il sera, en cas de refus ou de retard de la part des redevables, autorisé à décerner contrainte, en fournissant, en tête de la contrainte, extrait du registre qui contiendra la soumission des redevables (1).

32. Les contraintes décernées tant pour le recouvrement des droits dont il aurait été fait crédit, que pour défaut de rapport des certificats de décharge des acquits-à-caution, seront visées sans frais par l'un des juges du tribunal de district, et exécutées par toutes voies, même par corps, sous le cautionnement de la régie (2). Les juges ne pourront, sous quelque prétexte que ce soit, refuser le visa de toutes contraintes qui leur seront présentées, à peine d'être, en leur propre et privé nom, responsables des objets pour lesquels elles auront été décernées.

33. L'exécution des contraintes ne pourra être suspendue par aucune opposition ou autre acte, si ce n'est quant à celles décernées pour défaut de rapport de certificats de décharge des acquits-à-caution, en consignant le simple droit. Il est défendu à tous juges, sous les peines portées en l'article précédent, de donner contre lesdites contraintes aucunes défenses ou surséances, qui seront nulles et de nul effet, sauf les dommages et intérêts de la partie (3).

(1) La sommation faite par l'administration des douanes à un négociant de réexporter dans un délai déterminé des marchandises prohibées déposées à l'entrepôt réel, est régulière bien qu'elle ne contienne pas la liquidation des droits qui pourraient être dûs par le propriétaire de la marchandise ; cette mention de liquidation n'est exigée que lorsqu'il s'agit de la signification d'une contrainte pour la perception des droits de douane dûs pour la marchandise (24 août 1831 ; Bordeaux, S. 32, 2, 598 ; D. 32, 2, 8)

(2) L'art. 18 de la loi de germinal an 6, por-

tant que toute personne légalement incarcérée obtiendra de plein droit son élargissement par le laps de cinq années consécutives de détention, s'applique aux matières des douanes comme à toute autre matière où la contrainte par corps est permise (31 mars 1829 ; Cass. S. 29, 1, 135 ; D. 29, 1, 205).

(3) L'art. 2098 du Code civil ordonne l'exécution des lois du 22 août 1791 et 4 germinal an 2, relativement au privilège du Trésor public (Cass. 17 octobre 1814 ; S. 15, 1, 243).

L'administration des douanes a un privilège sur

34. Les préposés de la régie qui, dans le cours et l'exercice de leurs fonctions, passeront de l'étendue d'un département dans celle d'un autre, pourront se servir, pour leurs procès-verbaux et autres actes, du papier au timbre en usage dans l'un ou l'autre département.

35. Lesdits préposés pourront, en cas de poursuite de la fraude, la saisir même en deçà des deux lieues des côtes et frontières, pourvu qu'ils l'aient vue pénétrer et qu'ils l'aient suivie sans interruption (1).

36. Mêmes préposés pourront, dans le même cas, faire leurs recherches dans les maisons situées dans l'étendue des deux lieues des côtes ou des frontières de terre, pour y saisir les marchandises de contrebande et autres, mais seulement dans le cas où, n'ayant pas perdu de vue lesdites marchandises, ils seraient arrivés au moment où on les aurait introduites dans lesdites maisons. Si alors il y a refus d'ouverture des portes, ils pourront les faire ouvrir en présence d'un juge ou d'un officier municipal du lieu, qui, dans tous les cas, devra être appelé pour assister au procès-verbal. Toutes autres recherches à domicile leur sont interdites, si ce n'est au cas de l'art. 39 du présent titre (2).

37. Tout magasin ou entrepôt de marchandises manufacturées, ou dont le droit d'entrée excède 12 livres par quintal, ou enfin dont la sortie est prohibée ou assujétie à des droits par le nouveau tarif, est défendu dans la distance de deux lieues des frontières de terre, à l'exception des lieux

dont la population sera au moins de deux mille âmes (3).

38. Seront réputées en entrepôt toutes celles desdites marchandises, autres cependant que du crû du pays, qui seront en balles ou ballots, et pour lesquelles on ne pourra pas représenter d'expéditions d'un bureau de douane, délivrées dans le jour, pour le transport desdites marchandises (4).

39. Les marchandises et denrées ainsi entreposées seront saisies et confisquées, avec amende de 100 livres contre ceux qui les auront reçues en entrepôt; à l'effet de quoi les préposés à la régie pourront faire leurs recherches dans les maisons où les entrepôts seront formés, en se faisant assister d'un officier municipal du lieu. Ces visites, dans aucun cas, ne pourront être faites pendant la nuit.

40. S'il n'est point constaté qu'il y ait entrepôt ni motif de saisie, il sera payé la somme de vingt-quatre livres à celui au domicile duquel les recherches auront été faites, sauf plus grands dommages et intérêts auxquels les circonstances de la visite pourraient donner lieu (5).

41. Il ne pourra être formé dans la même étendue des deux lieues des frontières, à l'exception des villes, aucune nouvelle clouterie, papeterie, ou autre grande manufacture ou fabrique, sans l'avis du directoire de département.

42. L'étendue des deux lieues des frontières de l'étranger sera fixée par les directoires de département, sur le pied de la

les meubles des redevables pour le paiement de ses droits; mais elle n'en a point sur les meubles des cautions des redevables (Cass. 14 mai 1816; S. 16, 1, 257; décision en sens contraire, 12 décembre 1822; Cass. S. 23, 1, 164).

L'art. 1er du tit. 8 de l'arrêté des consuls du 27 frimaire an 11 est applicable aux acquits-à-caution pour sortie des grains (4 février 1807; S. 8, 1, 41).

(1) Les marchandises de fabrique étrangère trouvées sans passavant ni certificat d'origine à plus de trois lieues de l'extrême frontière, mais entre les lignes des deux bureaux, l'un d'entrée et l'autre de sortie, peuvent être valablement saisies (28 pluviose an 12; Cass. S. 4, 2, 242).

Est nulle une saisie de marchandises prohibées lorsque le procès-verbal des préposés des douanes constate qu'ils ont vu effectuer un débarquement de ces marchandises sur la côte, sans constater qu'ils aient vu introduire les marchandises dans la maison où elles ont été saisies (2 décembre 1824; Cass. S. 25, 1, 216).

(2) Les préposés des douanes ne peuvent s'introduire dans une maison qu'avec l'agent municipal ou l'officier qui le remplace. Toute saisie que font ces préposés dans les maisons est nulle s'ils n'ont pas été dûment assistés (Cass. 10 prairial an 10; S. 2, 1, 289).

Cependant ils peuvent, au cas d'empêchement du maire, se faire assister par un membre du conseil municipal désigné par lui. Il n'y a pas nécessité absolue que les employés, à défaut du maire, requièrent l'assistance de l'adjoint (21 août 1828; Cass. S. 28, 1, 349, D. 28, 1, 397).

Voy. Décret du 20 septembre 1809.

(3) La loi du 8 floréal an 11 a étendu jusqu'à la distance de deux myriamètres la défense que porte la loi de 1791, d'entreposer des marchandises dans les communes qui, dans les deux lieues de la frontière, n'ont pas plus de 2,000 habitans de population (8 thermidor an 13; Cass. S. 7, 2, 919).

(4) Cette disposition s'applique même aux marchandises dont est propriétaire celui dans le domicile ou magasin duquel on les saisit. Elle ne doit pas être restreinte aux marchandises entreposées chez des commissionnaires (5 fructidor an 11; Cass. S. 7, 2, 940).

Sont réputées en état d'entrepôt toutes les marchandises sujettes à un droit d'entrée excédant 12 livres par quintal, encore qu'elles soient trouvées chez des individus qui justifient de leur propriété (5 fructidor an 11; Cass. S. 3, 2, 370).

(5) Voy. notes sur l'art. 59 de la loi du 28 avril 1816.

lieue de deux mille deux cent quatre-vingt-trois toises, et autant que la position des villes, bourgs, villages et hameaux, les rivières, bois et montagnes pourront le permettre, sans que, dans aucun cas, la distance puisse être moindre de deux lieues, ni excéder cette étendue. La fixation des distances entre le territoire étranger et la ligne sera faite sans égard aux sinuosités des routes, en prenant la mesure la plus droite à vol d'oiseau (1).

43. La ligne sera marquée par la désignation que chaque directoire de département fera des territoires sur lesquels elle devra passer, et dont l'état sera imprimé et affiché dans tous les lieux de la frontière qu'enveloppera ladite ligne. Il sera en outre planté sur cette ligne des poteaux à la distance de deux cents toises les uns des autres, et qui porteront cette inscription : *Territoire des deux lieues de l'étranger.*

6 AOUT 1791.—Instruction à adresser aux administrateurs des districts et des départemens, pour la liquidation des dîmes dont l'Assemblée nationale a ordonné le remboursement. (L. 5, 751.)

6 = 6 AOUT 1791. — Décret qui charge l'accusateur public de faire toute poursuite contre un imprimé argué de faux et ayant pour titre : *la Constitution française.* (B. 17, 82.)

6 AOUT = 19 OCTOBRE 1791. — Décret qui approuve la conduite des membres composant le directoire du département de Seine-et-Marne, et du détachement du Hainaut, et qui déclare qu'il n'y a lieu à délibérer sur la pétition des citoyens de Brie-comte-Robert. (B. 17, 152).

6 AOUT 1791.— Décret qui renvoie le sieur Fournier, habitant de Saint-Domingue, à se pourvoir au tribunal de cassation. (B. 17, 133.)

6 AOUT 1791. — André Dubuc de Ferret. *Voy.* 30 JUILLET 1791. — Barbiers. *Voy.* 31 JUILLET 1791. — Créanciers des princes. *Voy.* 29 JUILLET 1791. — Dette publique. *Voy.* 31 JUILLET 1791.— Dîmes. *Voy.* 30 JUILLET 1791.— Directions diverses. *Voy.* 2 AOUT 1791.— Domaines congéables. *Voy.* 7 JUIN 1791. — Edifices des corps administratifs. *Voy.* 3 JUILLET 1791. — Emigrans. *Voy.* 1er AOUT 1791.— Frontignan. *Voy.* 2 AOUT 1791. — Haguenau. *Voy.* 31 JUILLET 1791.—Menue monnaie. *Voy.* 3 AOUT 1791.— Offices de judicatures. *Voy.* 31 JUILLET 1791. — Officiers. *Voy.* 1er AOUT 1791. Passeports; Passeports à l'étranger. *Voy.*

30 JUILLET 1791. — Spectacles. *Voy.* 19 JUILLET 1791. — Substituts, etc. *Voy.* 29 JUILLET 1791. — Suppression des ordres de chevalerie. *Voy.* 30 JUILLET 1791. — Tabac pour les troupes. *Voy.* 29 JUILLET 1791. — Tribunaux de commerce divers. *Voy.* 2 AOUT 1791.

8 = 12 AOUT 1791. — Décret relatif aux actions ci-devant pendantes au conseil ou dans d'autres tribunaux, relatives aux contrôleurs des bons d'état et à l'agent du Trésor public. (L. 5, 896; B. 17, 137.)

Art. 1er. Toutes les actions qui ont été intentées par les contrôleurs des bons d'état et des rentes, et par l'agent du Trésor public, ou qui étaient pendantes, soit au Conseil, soit dans d'autres tribunaux, et dans les sections qui en émanaient au moment de leur suppression; pareillement les actions qui seraient intentées directement par l'agent du Trésor public, en vertu de titres actuellement existans, contre des personnes qui ont traité immédiatement avec le Trésor public, seront portées au tribunal du premier arrondissement de la ville de Paris, pour y être suivies selon les derniers erremens, et instruites en la même forme que les matières sommaires.

2. Les décisions du Roi, arrêts du Conseil et autres pièces qui seraient produites pour l'instruction desdites affaires, soit par l'agent du Trésor public, soit contre lui, ne pourront être écartées, sous prétexte qu'elles ne seraient pas revêtues de toutes les formes reconnues et admises dans les tribunaux ordinaires; tous autres moyens contre lesdites pièces réservés.

3. L'appel des jugemens rendus par le tribunal du premier arrondissement sur les actions énoncées au premier article, ne pourra être porté que dans l'un des autres tribunaux d'arrondissement de Paris; et, en cas d'appel, les jugemens seront provision exécutés par provision, soit qu'ils aient été prononcés en faveur du Trésor public, ou contre le Trésor public; mais, en ce dernier cas, l'exécution provisoire n'aura lieu qu'en donnant caution par les parties qui poursuivront l'exécution provisoire.

4. Les commissaires de la Trésorerie remettront incessamment à l'agent du Trésor, sous son récépissé, les titres qui peuvent donner lieu à une action en recouvrement de la part du Trésor public, ainsi que les renseignemens qu'ils auront en leur pouvoir.

8 = 12 AOUT 1791. — Décret qui ordonne le paiement des travaux relatifs à la fixation des

---

(1) *Voy.* loi du 28 thermidor an 3.
En matière de douanes, la distance du lieu de la saisie au territoire étranger se mesure par une ligne droite tracée dans un plan parfaitement horizontal, non par une ligne courbe tracée sur la surface montagneuse du terrain (4 août 1806; Cass. S. 6, 2, 731).

poids et mesures. (L. 5, 900; B. 17, 138; Mon. du 9 août 1791.)

L'Assemblée nationale décrète que les commissaires de la Trésorerie nationale feront payer, sur les ordonnances du ministre de l'intérieur, aux commissaires de l'Académie chargés des travaux relatifs à la fixation des poids et mesures, la somme de 100,000 livres, pour les dépenses premières de ce travail et la construction d'instrumens.

Le ministre de l'intérieur présentera au Corps-Législatif l'emploi de cette somme, et l'état projeté des dépenses totales de cette opération.

---

8 = 12 AOUT 1791. — Décret qui autorise le directoire du département de l'Allier à acquérir la maison du sieur Faucompré, à Moulins, pour y loger l'évêque. (B. 17, 133).

---

8 = 12 AOUT 1791. — Décret qui autorise le directoire du district de Florac à louer l'hospice des Capucins de la ville de Florac, pour y placer le corps administratif du district. (B. 17, 134.)

---

8 = 22 AOUT 1791. — Décret portant circonscription des paroisses des districts d'Arras, de Bapaume, de Béthune, de Boulogne-sur-mer, de Montreuil et de Saint-Pol. (B. 17, 135.)

---

8 = 12 AOUT 1791. — Décret qui détermine la compétence du tribunal du sixième arrondissement de Paris relativement à la poursuite des délits commis le 17 juillet, et qui renvoie à celui du 1er arrondissement les procédures relatives à la fabrication de faux assignats. (B. 17, 139.)

---

8 = 28 AOUT 1791. — Décret qui autorise les commissaires envoyés dans le département de la Vendée à se transporter dans le district de Châtillon. (B. 17, 135.)

---

8 AOUT 1791. — Assemblées électorales. *Voy.* 5 AOUT 1791. — Barbiers perruquiers. *Voy.* 2 AOUT 1791.

---

9 = 10 AOUT 1791. — Décret portant que les anciens négocians, marchands, banquiers et autres qui se sont retirés du commerce, sont éligibles en qualité de juges aux tribunaux de commerce. (L. 5, 836; B. 17, 140.)

L'Assemblée nationale, après avoir entendu le rapport du comité de constitution, considérant que les anciens négocians, marchands, banquiers et autres désignés par la loi de l'organisation judiciaire, qui se sont retirés du commerce, ne peuvent, par le fait de cette discontinuation, être assujétis à prendre des patentes, décrète qu'ils sont éligibles en qualité de juges aux tribunaux de commerce, et néanmoins qu'ils ne pourront être électeurs.

9 = 13 AOUT 1791. — Décret relatif à la police de la navigation et des ports de commerce. (L. 5, 901; B. 17, 141; Mon. du 11 août 1791.)

Voy. lois du 7 = 11 SEPTEMBRE 1790, art. 8; du 21 SEPTEMBRE = 12 OCTOBRE 1791; arrêté du 17 floréal an 9.

TITRE Ier. De la compétence dans les affaires maritimes.

Art. 1er. Les tribunaux de commerce connaîtront, dans l'étendue de leurs districts respectifs ou dans l'arrondissement prescrit, de toutes affaires de commerce de terre et de mer, en matière civile seulement, sous les modifications ci-après, et sans y comprendre, quant à présent, la compétence pour les prises.

2. Dans tous les cantons où ne sera pas situé le tribunal de commerce, les juges-de-paix connaîtront sans appel des demandes de salaires d'ouvriers et gens de mer, de la remise des marchandises, et de l'exécution des actes de voiture, des contrats d'affrétement et autres objets de commerce, pourvu que la demande n'excède pas leur compétence.

3. Les juges-de-paix du canton, le maire ou le premier officier municipal du lieu, et le syndic des gens de mer, seront tenus de se rendre au premier avertissement de quelque échouement, bris ou naufrage, pour procurer les secours nécessaires.

4. Les ordres seront donnés par le juge-de-paix dès qu'il sera présent; à son défaut, par l'officier municipal, et, à leur défaut, par le syndic des gens de mer.

5. Dans tous les cas de bris et naufrage, il en sera de suite avis aux chefs des classes le plus prochain et au juge-de-paix du canton, qui, avec les greffiers du tribunal de paix, seront tenus de se transporter sur les lieux, et d'y pourvoir au sauvement des navires et effets, dont ils rapporteront état et procès-verbal.

6. Le juge-de-paix pourra faire vendre de suite, sur la réquisition du chef des classes, les effets qui ne seront pas susceptibles d'être conservés; et, s'il ne se présente point de réclamations dans le mois, il procédera, en présence du même chef, à la vente des marchandises les plus périssables; et, sur les deniers en provenant, seront payés les salaires des ouvriers, suivant le réglement qu'il en aura fait provisoirement et sans frais.

7. En cas de contestation ou refus d'exécuter ce réglement de la part de quelqu'une des parties intéressées, il sera porté, pour servir d'instruction seulement, au tribunal de commerce, qui procédera de nouveau au réglement contesté.

8. Les réglemens d'avarie et les autres demandes et actions civiles des intéressés au navire et marchandises, seront de la compétence du tribunal de commerce : le juge-de

paix pourra cependant ordonner que la remise des effets sauvés soit faite aux réclamans, après l'examen des preuves de leur propriété, et avec le consentement du chef des classes; à défaut de ce consentement, il renverra au tribunal de commerce la demande en réclamation (1).

9. Dans les cas de bris et naufrage des bâtimens espagnols, les juges-de-paix se retireront à la première réquisition des consuls d'Espagne, auxquels ils abandonneront les soins du sauvetage, en conformité des traités.

10. S'il se commet des vols, pillages ou autres délits, le juge-de-paix y pourvoira provisoirement; il en rapportera procès-verbal, qu'il adressera au tribunal de district, sur lequel le commissaire du Roi et l'accusateur public seront tenus de faire poursuivre les coupables.

11. Lorsque des cadavres seront trouvés, soit dans les ports, soit sur les rivages, il en sera donné avis au juge-de-paix du lieu, qui fera les diligences et poursuites nécessaires.

12. Les juges de district connaîtront de tous les crimes et délits commis dans les ports et rades, et sur les côtes; de ceux commis en mer et dans les ports étrangers sur navires français et dans les factoreries françaises, et de toutes accusations de baratterie ou de faux, soit principales, soit incidentes à des affaires poursuivies aux tribunaux de commerce, sans préjudice des cas où la procédure par jurés pourra avoir lieu.

TITRE II. Des congés et rapports.

Art. 1er. Le chef des classes, dans chacun des principaux ports, sera chargé de la délivrance des congés, passeports, et même de celle de commissions en guerre, dans le cas et de la manière qui auront été déterminés; et, quant aux actes de propriété de navires, ils seront enregistrés au greffe des tribunaux de commerce, lesquels tribunaux seront en outre chargés de veiller à ce que les navigateurs n'éprouvent ni retard, ni difficultés, et ne soient obligés de payer autres ni plus grands droits que ceux qui seraient établis, sous quelque dénomination que ce soit.

2. Les congés seront faits à l'avenir dans la forme suivante.

3. Les congés ne seront délivrés que sur la représentation des actes de propriété, des billets de jauge, des procès-verbaux de visite de navires, des déclarations de chargement et acquit-à-caution, ou quittance de paiement des droits, et de la quittance du receveur des droits sur la navigation.

4. Les déclarations et rapports des officiers commandant les bâtimens de commerce, soit au retour du voyage, soit dans le cas de relâche ou d'accidens pendant le voyage, seront faits au bureau chargé de la délivrance des congés. Les commandans des bâtimens de commerce au long cours tiendront un journal de voyage, chiffré et paraphé par le chef des classes du lieu de leur départ; et ils seront tenus, en faisant leur déclaration, de représenter leur journal, qui sera arrêté et visé par le préposé du bureau des classes, et les commandans seront tenus de les représenter au besoin.

5. Dans les ports et havres où il n'y a pas de bureaux des classes, les déclarations des commandans de navires et gens de mer seront reçues de la même manière par le juge-de-paix: les vus de relâche pourront être donnés par le préposé de la douane.

TITRE III. Des officiers de police dans les ports, et de leurs fonctions.

Art. 1er. Dans les villes maritimes où il y a des tribunaux de commerce, il sera nommé des capitaines et lieutenans de port pour veiller à la liberté et sûreté des ports et rades de commerce, et de leur navigation; à la police sur les quais et chantiers des mêmes ports, ou lestage et délestage; à l'enlèvement des cadavres, et à l'exécution des lois de police des pêches et du service des pilotes.

2. Dans les villes maritimes où il n'y a pas de tribunaux de commerce, il sera nommé seulement des lieutenans de port: dans les ports obliques, un ancien navigateur sera chargé de veiller au lestage et délestage.

3. Les visites des navires seront faites par d'anciens navigateurs, et les certificats de jaugeage seront délivrés par des jaugeurs nommés à cet effet.

4. Le nombre des officiers de port et de ceux préposés aux visites sera réglé, sur la demande des villes et sur l'avis du district, par les départemens.

(1) Aux tribunaux de commerce seuls il appartient de décider s'il y a échonement avec bris d'un navire, autorisant le délaissement aux assureurs; c'est là une matière litigieuse sur des intérêts privés, hors de l'attribution des autorités administratives.

Ainsi, le tribunal de commerce peut décider qu'il n'y a pas eu échonement avec bris, et refuser d'admettre le délaissement, encore que le commissaire de la marine ait fait vendre le navire, comme échoué avec bris (3 août 1821; S. 22, 1, 221).

C'est aux tribunaux correctionnels, et non aux tribunaux de police, qu'il appartient de connaître des contraventions aux lois et réglemens sur la police de la pêche maritime; par exemple, du fait d'achat en mer de harengs provenant de pêche étrangère (14 janvier 1832; Cass. S. 32, 1, 536; D. 32, 1, 126).

5. Les officiers de port seront nommés par le conseil général de la commune de chaque ville de leur établissement.

6. Les juges de commerce, dans les villes où il s'en trouvera, et dans les autres les officiers municipaux, nommeront les navigateurs pour la visite des navires.

7. Les places de jaugeurs seront données au concours, sur un examen public fait en présence de la municipalité par les examinateurs hydrographes.

Il y aura une méthode uniforme de jauger pour tous les bâtimens, qui sera déterminée par un réglement à cet effet.

8. Les capitaines et lieutenans de port seront nommés pour six ans. Les officiers préposés pour les visites ne seront nommés que pour un an ; les uns et les autres pourront être réélus : les jaugeurs le seront à vie.

9. Les procès-verbaux d'élection des capitaines et lieutenans de port seront adressés au ministre de la marine, qui leur en fera expédier les commissions sans délai.

10. Ils prêteront le serment de fonctionnaires publics entre les mains du maire du lieu de leur résidence.

11. Nul ne pourra être élu capitaine ou lieutenant de port, ni officier de visite, s'il n'a trente ans accomplis, et n'a le brevet d'enseigne dans la marine française.

12. Lorsqu'un capitaine ou armateur voudra mettre un navire en armement, il sera tenu d'appeler deux officiers visiteurs, qui, après avoir reconnu l'état du navire, donneront leur certificat de visite, en y exprimant brièvement les travaux dont le navire leur aura paru avoir besoin pour être en état de prendre la mer.

13. Lorsque l'armement sera fini et que le navire sera prêt à prendre charge, il sera requis une seconde visite : le procès-verbal de la première sera représenté, et le certificat devra exprimer le bon et dû état dans lequel se trouve alors le navire.

14. Ne seront assujétis à ces formalités que les navires destinés aux voyages de long cours; et, au moyen de ces dispositions, toutes autres visites ordonnées par les précédentes lois sont supprimées (1).

15. Les capitaines de port porteront l'uniforme de lieutenant de vaisseau, et les lieutenans de port celui d'enseigne.

Tous les navigateurs, pêcheurs, portefaix, ouvriers et autres personnes dans les ports de commerce et sur leurs quais, ne pourront refuser le service auquel ils sont propres, sur les réquisitions des capitaines et lieutenans de port qui, dans tous les cas de refus et de contravention aux lois de police, en rapporteront procès-verbal.

16. Les capitaines et lieutenans de port pourront, dans les cas où ils seraient injuriés, menacés ou maltraités dans l'exercice de leurs fonctions, requérir la force publique, et ordonner l'arrestation provisoire des coupables, à la charge d'en rapporter procès-verbal.

17. Les procès-verbaux des capitaines et lieutenans de ports, rapportés contre des particuliers pour fait de contravention à la police, seront déposés, au plus tard dans les vingt-quatre heures de leur date, au greffe de la municipalité de leur résidence, lorsque le procès-verbal sera rapporté dans le port ; et ce délai sera prolongé d'un jour par cinq lieues, lorsque le procès-verbal constatera un délit commis hors le lieu de la résidence de l'officier du port.

18. Les poursuites seront faites à la requête du procureur de la commune : il sera tenu de faire assigner les contrevenans à comparoir à heure fixe. Le délai ne pourra être plus long que de vingt-quatre heures pour les parties résidant sur les lieux, et sera prolongé d'un jour par cinq lieues de distance de leur domicile, et le jugement sera rendu sur la première comparution et par défaut, et exécuté par provision.

19. Dans tous les cas où les procès-verbaux des capitaines et lieutenans de ports auront pour objets des intérêts publics ou d'administration, il en sera par eux adressé un double au ministre de la marine et au directoire du département du lieu.

TITRE IV. Receveurs des droits sur la navigation.

Art. 1er. Pour la recette des droits sur la navigation, inventaire et dépôt des effets des morts ou déserteurs, et le dépôt des marchandises sauvées et séquestrées, ou des deniers provenant de leur vente, autres que ceux qui doivent être versés à la caisse des invalides, il sera établi des receveurs dans les villes maritimes où il y aura des tribunaux de commerce : ces receveurs seront élus par les juges de commerce. Ils seront tenus d'avoir des commis préposés à la recette des mêmes droits, dans les autres ports de l'arrondissement, sous leur inspection et leur responsabilité. Ils fourniront un cautionnement qui sera fixé par les directoires de département, en raison de l'importance de leur recette générale et particulière, et ne pourront être destitués que par délibération du conseil général du département.

---

(1) Par cette disposition, les bâtimens destinés seulement au cabotage ont cessé d'être soumis à ces formalités (27 février 1826, Bordeaux; S. 26, 2, 261).

Le voyage de Rouen à Saint-Pétersbourg n'est pas un voyage de long cours. — Le navire destiné pour un tel voyage n'est pas assujéti à la visite (23 mai 1826; Cass. S. 26, 1, 400).

2. Ils seront tenus de verser tous les mois le produit de la recette des droits à la caisse du district, y compris celle de leurs commis et préposés; et leur remise sera fixée au sou pour livre jusqu'à 50,000 livres, à 6 deniers pour livre sur l'excédant de 50 à 100,000 livres, et à 3 deniers pour livre sur le surplus.

3. Ils fourniront chaque année leur compte général en double au directoire de district, qui l'examinera et l'enverra avec son avis au département, qui l'arrêtera définitivement, et en enverra un double au ministre de la marine.

TITRE V. Application.

Art. 1er. Au moyen des dispositions contenues dans les articles précédens, les tribunaux d'amirauté, les receveurs, les maîtres de quais, les experts et visiteurs, et tous autres préposés à la police et service maritime des ports de commerce, demeurent supprimés. Ils cesseront toutes fonctions du moment que les officiers établis par le présent décret pourront entrer en activité.

2. Les procès civils pendans en première instance aux tribunaux d'amirauté seront portés devant le tribunal de commerce. Les procès criminels seront portés devant le tribunal de district du chef-lieu du tribunal supprimé. Les appellations des tribunaux de commerce seront provisoirement portées aux tribunaux de district, dans l'ordre des appellations des tribunaux de district.

3. Dans les villes maritimes où les tribunaux de commerce vont être établis, les juges élus seront installés par le conseil général de la commune, dans la forme prescrite pour l'installation des juges de district.

4. Les greffiers des tribunaux de commerce des villes maritimes seront nommés et installés par les juges, de la même manière que les greffiers des tribunaux de district. Ils seront tenus de fournir le même cautionnement, et recevront le même traitement, le tout conformément au titre IX du décret du 16 août 1790.

5. La veille de l'installation des juges de commerce, les officiers municipaux se rendront en corps aux auditoires des amirautés, feront apposer par leur secrétaire-greffier les scellés sur les armoires et autres dépôts de papiers ou minutes, en leur présence et en celle de l'ancien greffier du tribunal, qui sera tenu de s'y trouver.

Dans les lieux où les papiers et minutes des greffes se trouveront déposés dans la maison du greffier, le scellé sera mis provisoirement en cette maison sur les armoires et autres lieux de dépôt qui contiendront les papiers et minutes: il en sera ensuite dressé inventaire contradictoirement avec l'ancien greffier; et ils seront remis, savoir: ceux qui concernent l'exercice de la juridiction, au greffe du tribunal de district, si déjà fait n'a été, en conformité du décret du 12 = 19 octobre dernier; et ceux qui ne sont relatifs qu'aux parties d'administration, au bureau du chef chargé de la délivrance des congés, à l'exception des registres des actes de propriété, qui devront être déposés au greffe du tribunal de commerce.

6. Les officiers municipaux se transporteront également chez les anciens receveurs des droits de l'amirauté: ils arrêteront leurs registres et vérifieront leurs caisses, le tout en présence de ces anciens receveurs, qui seront tenus de s'y trouver. Le scellé sera mis provisoirement sur les armoires et autres lieux de dépôt, et sur la caisse; il en sera ensuite dressé inventaire contradictoirement avec les anciens receveurs, et ils seront remis aux receveurs qui auront été nommés.

Il sera incessamment proposé par les comités de marine et de commerce un nouveau tarif des droits sur la navigation; et, jusqu'à ce, les anciens droits d'amirauté continueront d'être payés.

9 = 12 AOUT 1791. — Décret portant qu'il sera remis par la caisse de l'extraordinaire, au sieur François-Xavier de Lowendal et ses enfans la somme de 50,000 livres, par augmentation à celle de 100,000 livres qui leur revient. (B. 17, 151.) Voy. au 28 AVRIL précédent.

10 AOUT 1791. — Dettes des communes. Voy. 1 AOUT 1791. — Ecole de marine. Voy. 30 JUILLET 1791. — Négocians éligibles. Voy. 9 AOUT 1791.

11 = 25 AOUT 1791. — Décret portant liquidation de différentes sommes faisant partie de l'arriéré. (L. 5, 1015; B. 17, 152.)

12 = 28 AOUT 1791. — Décret concernant les filigranes et lettres qui sont sur les formes de papiers d'assignats. (B. 17, 153.)

L'Assemblée nationale, après avoir entendu le rapport de son comité des assignats, décrète que les commissaires de l'Assemblée nationale et du Roi pour surveiller la fabrication des assignats, sont autorisés à faire découdre les filigranes et lettres qui sont sur les formes de papier d'assignats disposées par deux et par trois à la feuille, sur de nouvelles formes disposées par quatre, et les anciennes formes ainsi dépouillées pourront rester à la manufacture de papier.

12 AOUT 1791. — Arriéré. Voy. 4 AOUT 1791 — Bons de l'État; Directoires divers; Districts de Florac; Faux assignats. Voy. 8 AOUT 1791. — François-Xavier de Lowendal. Voy. 9 AOUT 1791. — Gardes nationales. Voy. 1 AOUT 1791. — Poids et mesures. Voy. 8 AOUT 1791.

13 AOUT 1791. — Décret portant qu'il n'y a pas lieu à délibérer sur les demandes des princes, villes et états de l'empire, relativement aux fourrages et munitions prétendus fournis aux troupes françaises pendant la guerre de 1757 à 1763. (B. 17, 154.)

13 AOUT 1791. — Décret qui renvoie au comité des pensions la pétition de madame veuve Guillin Dumontet. (B. 17, 154.)

13 AOUT 1791. — Police de la navigation. *Voy.* 9 AOUT 1791.

14 = 18 AOUT 1791. — Décret relatif au remboursement de l'emprunt de cent millions fait en 1781. (L. 5, 920 ; B. 17, 157.)

L'Assemblée nationale décrète ce qui suit :

La caisse de l'extraordinaire ouvrira le remboursement des sommes dues, en résultat du tirage fait en juin 1791, de l'emprunt de cent millions de 1781, montant à la somme de 7,242,000 livres.

14 = 18 AOUT 1791. — Décret relatif aux titres des espèces de 15 et 30 sous. (L. 5, 921 ; B. 17, 156.)

Art. 1er. Les titres des espèces de 15 et de 30 sous étant déterminés à 8 deniers par le décret du 11 juillet, les fontes des directeurs pourront néanmoins ne se trouver alliées qu'à 7 deniers vingt-deux vingt-quatrièmes ; et ceux dont le travail se trouverait au-dessous de ce titre seront condamnés aux peines contenues en l'article 15 du titre V du décret du 21 mai.

2. Le remède de poids des pièces de 30 sous sera de 24 grains au marc, et celui des pièces de 15 sous, de 36 grains au marc.

3. Il sera alloué aux directeurs des monnaies un déchet d'un marc sur cent marcs, passés en délivrance des espèces fabriquées au titre de 8 deniers.

(*Suit le tableau de ce que doivent peser les pièces de 15 et de 30 sous.*)

14 = 18 AOUT 1791. — Décret qui ordonne un versement de fonds à la Trésorerie nationale par la caisse de l'extraordinaire. (B. 17, 156.)

14 = 14 AOUT 1791. — Décret pour faire réprimer l'insurrection de la 6e division et du 12e régiment de cavalerie ; les contraventions aux lois qui défendent aux corps administratifs, aux municipalités et à toutes sociétés en particulier, sans mission ni pouvoir, de s'immiscer dans aucune partie de l'administration militaire, et qui approuve la conduite de M. de Toulongeon, Lieutenant-général. (B. 17, 155.)

15 AOUT 1791. — Décret qui confirme le contrat d'échange passé entre le Roi et le sieur Oriot d'Aspremont. (B. 17, 158.)

15 = 28 AOUT 1791. — Décret qui distrait de la vente faite à la municipalité de Ragles, la ferme nommée la Métairie, attendu qu'elle ne fait point partie des domaines nationaux. (B. 17, 158.)

15 = 18 AOUT 1791. — Décret relatif à un versement de fonds par la Trésorerie nationale dans la caisse du receveur du département de Paris, pour l'achèvement des travaux du monument des grands hommes. (B. 17, 159.)

16 AOUT (30 JUIN 11 JUILLET et) = 13 NOVEMBRE 1791. — Décret relatif à l'organisation de la Trésorerie nationale. (B. 17, 185 ; Mon. des 1er et 12 juillet 1791.)

OBJETS GÉNÉRAUX.

TITRE Ier. Des suppressions.

Art. 1er. A compter du 1er juillet, les administrateurs créés par l'édit de mars 1788, chargés des recettes et des dépenses du Trésor public, du paiement des dépenses de la guerre, de celles de la marine et des colonies, et de toutes les parties comprises sous le nom de dépenses diverses, seront et demeureront supprimés.

2. Le remboursement de leur finance ou cautionnement sera effectué conformément au décret du 17 février 1791 ; et, en attendant, ils jouiront de l'intérêt de ladite finance ou cautionnement sur le pied de cinq pour cent, mais seulement et ainsi qu'il a été décrété pour tous les comptables, jusqu'au délai qui sera fixé pour la reddition de leurs comptes.

3. Les trésoriers de la guerre et de la marine, nommés administrateurs par l'édit de mars 1788, rendront à leurs frais les comptes antérieurs au 1er juillet 1788, dont ils sont comptables comme trésoriers de la guerre et de la marine ; à cet effet, ils seront autorisés à retirer des bureaux, cartons et dépôts qu'ils avaient au Trésor public, tous les registres, journaux, acquits, récépissés, reconnaissances, et généralement toutes les pièces de comptabilité accessoires à la reddition desdits comptes.

4. Les cinq administrateurs créés par l'édit de mars 1788 n'étant point chargés des frais de reddition de leurs comptes, aux termes dudit édit, ces comptes, depuis le 1er juillet 1788, époque de leur administration, seront faits dans l'intérieur du Trésor national par un bureau à ce destiné, dont les administrateurs dirigeront, presseront et surveilleront les opérations comme de leurs choses propres, attendu qu'ils demeurent spécialement et pri-

vativement chargés des retards, erreurs et omissions résultant de ladite comptabilité.

5. Tous les comptes des gardes du Trésor royal antérieurs audit jour 1er juillet 1788, et qui sont à juger, seront également faits dans le bureau énoncé en l'article précédent, les comptes des gardes du Trésor royal n'ayant jamais été rendus aux frais de ces trésoreries.

6. Lesdits administrateurs remettront aux commissaires de la Trésorerie un état certifié de tout ce qu'ils auront reçu et payé sur l'année 1791, sans néanmoins que ledit état puisse servir autrement que pour ordre, et faire aucun cas titre comptable.

TITRE II. Des commissaires de la Trésorerie, et de leurs fonctions.

Art. 1er. Les six commissaires nommés par proclamation du Roi du 8 mai, en exécution des décrets des 18 et 27 mars 1791, entreront en exercice à compter du 1er juillet 1791. Tous les décrets concernant leur administration ne seront rendus que provisoirement, jusqu'à l'organisation entière et complète de la Trésorerie nationale.

2. Chacun d'eux sera chargé de diriger particulièrement le travail d'une des parties suivantes :

1° La recette journalière ;

2° La dépense du culte, de la liste civile, des affaires étrangères, des ponts-et-chaussées et des dépenses diverses ;

3° Le paiement des intérêts de la dette publique et des pensions ;

4° Les dépenses de la guerre ;

5° Les dépenses de la marine et des colonies ;

6° La comptabilité.

3. Ils prêteront le serment de fidélité entre les mains du pouvoir exécutif, et seront sous la surveillance habituelle des législatures.

4. Le comité sera présidé successivement par un de ses membres, pendant un mois, dans l'ordre de leur nomination.

5. Les délibérations seront prises à la majorité des voix ; et, dans le cas de partage, la voix du rapporteur ne sera pas comptée.

6. Les commissaires qui n'auront pas été de l'avis qui l'aura passé pourront exiger qu'il en soit fait mention sur le registre ; ils pourront même émettre par écrit les motifs de leur opinion, pour être annexés à la délibération.

7. La nomination à toutes les places du Trésor public appartiendra au comité de Trésorerie ; cette nomination sera faite à la pluralité des voix, sur le rapport du commissaire dans la division duquel la place se trouvera vacante. En cas de partage d'opinions, le rapporteur aura voix prépondérante ; et à l'égard des employés dont les receveurs et payeurs seraient personnellement responsables, la nomination n'en sera faite que sur leur présentation, laquelle sera signée d'eux et annexée à la délibération.

8. Le comité de la Trésorerie pourra destituer les sujets qui ne rempliront pas leurs devoirs ; mais les révocations ne pourront être faites qu'aux deux tiers des voix.

9. Ce sera dans les assemblées du comité que seront rapportés les états de distribution de fonds adressés par les ministres de différens départemens, dont il sera question ci-après, que seront signées les lettres collectives, et que se fera la vérification des états de recette et de dépense.

10. Tous les jours, à l'heure de l'ouverture des bureaux, le président du mois se fera remettre l'état de situation du Trésor public, qui aura été arrêté la veille : cet état sera fait double, afin de pouvoir l'adresser, à la première demande, soit à l'Assemblée nationale, soit aux commissaires nommés par elles : le second double sera conservé dans les archives du secrétariat du comité.

11. Tous les quinze jours, en exécution de l'article 20 du décret des 10 et 27 = 30 mars 1791, le compte général de recette et de dépense sera porté au Corps-Législatif et au pouvoir exécutif par le président du comité. Ce même compte sera rendu public tous les mois par la voie de l'impression.

12. Les lettres qui seront adressées au comité de Trésorerie seront ouvertes par le président ; il mettra à part les lettres et mémoires dont il croira devoir faire directement le rapport au comité ; il fera le renvoi des autres à celui des commissaires de la Trésorerie qu'elles concerneront. Il sera tenu registre par le secrétaire tant des renvois qui auront été faits, que des mémoires et pièces dont le président se sera chargé de faire le rapport, et il leur sera donné un numéro pour l'ordre du bureau des renvois, ainsi qu'il sera plus amplement expliqué dans le titre suivant.

13. Les commissaires instruiront le ministre des contributions publiques des causes qui apporteraient ou pourraient apporter du retard dans les recouvremens, et réclameront, par son entremise, les secours des corps administratifs, pour que les rôles des contributions directes soient mis en recouvrement, pour qu'il soit nommé des collecteurs ou des receveurs de communautés, et qu'il soit établi des percepteurs pour les contributions indirectes dans les endroits où il n'en existerait pas, et généralement pour tous les objets qui pourraient intéresser le service public ; et mention sera faite de ladite réclamation dans le compte rendu tous les quinze jours au Corps-Législatif et au pouvoir exécutif.

14. Les commissaires de la Trésorerie correspondront directement avec les corps admi-

nistratifs, sur tout ce qui aura trait au versement des fonds étant dans les mains des receveurs de district, aux obstacles que ce versement pourrait éprouver, à la vérification des caisses des receveurs en retard ; enfin, aux ordres à donner pour assurer le service des receveurs, dans le cas ou il se trouverait ralenti par négligence, rétentions de deniers, faillite ou autrement ; et ils adresseront directement aux receveurs les ordres relatifs au service public.

15. Les receveurs de district ne pourront faire aucun paiement sur les deniers destinés à être versés dans la caisse de la Trésorerie nationale, sans y avoir été autorisés par le comité de la Trésorerie, à peine d'en demeurer personnellement garans et responsables.

16. Les régies et administrations dont les produits n'entreront pas dans les caisses des receveurs de districts ne pourront faire aucun paiement étranger à leur administration sans y avoir été autorisés par le comité de la Trésorerie, à peine de demeurer personnellement garantes et responsables des ordres qu'elles auraient pu donner à leurs caissiers. Il sera arrêté par le ministre des contributions publiques, pour chacune desdites régies, un état des dépenses fixes annuelles, dont un double sera adressé aux commissaires de la Trésorerie.

17. Les préparatifs pour l'achat du numéraire, tant que cette mesure sera nécessaire, seront faits provisoirement, et les faits discutés par le comité de la Trésorerie, l'Assemblée nationale confirmant à cet égard, pour les commissaires de la Trésorerie, l'autorisation qu'elle a précédemment donnée au ministre des finances ; mais les marchés ne seront conclus qu'à la majorité des deux tiers des voix.

18. Les commissaires de la Trésorerie ne rempliront les fonctions d'ordonnateurs qu'à l'égard des frais d'achat du numéraire seulement ; dans tous les autres cas, l'ordonnance de dépense en l'état ordonnancé, sera présentée à la signature du Roi, par le ministre du département que cette dépense concernera ; en conséquence, les bureaux des ordonnances, à compter du 1er juillet prochain, cesseront de faire partie de ceux de la Trésorerie nationale.

19. Les commissaires de la Trésorerie prendront les précautions nécessaires pour que les effets destinés à être brûlés ne puissent pas rentrer en circulation ; et le brûlement desdits effets ne pourra se faire qu'en présence des commissaires nommés par le Corps-Législatif.

20. Indépendamment de leurs fonctions collectives, les commissaires suivront journellement et individuellement toutes les opérations relatives aux diverses sections de la Trésorerie nationale auxquelles ils seront particulièrement attachés, ainsi qu'il est spécifié dans les titres suivans, et ils feront au comité le rapport de toutes les affaires qui les concerneront.

Titre III. Du secrétaire.

Art. 1er. Le secrétaire dont la nomination a été prescrite par l'art. 3 du décret du 18 mars sera chargé de dresser procès-verbal de tout ce qui aura été délibéré et décidé à chaque séance de tenir le registre des délibérations du comité de Trésorerie, d'y faire mention en détail de tous les objets qui auront été traités dans les assemblées.

2. Il fera passer aux commissaires des différentes sections de la Trésorerie, les lettres et mémoires adressés au comité, suivant les ordres de renvoi qui lui seront donnés par le président.

Il en fera l'enregistrement sommaire, qui contiendra la date de la lettre et la date du renvoi. En marge, il fera mention de la date de la réponse et de ce qu'elle contiendra. A cet effet, les commissaires de la Trésorerie, chacun dans leur partie, lui remettront des feuilles contenant la date et l'extrait succinct des lettres qu'ils auront présentées au comité.

Il établira de plus un répertoire, par ordre alphabétique, de toutes les lettres dont il aura fait le renvoi.

3. Le secrétaire sera chargé de la garde des archives du comité, de tenir en ordre les états de recette et de dépense qui seront fournis au comité aux différentes époques ci-après indiquées, ainsi que tous les mémoires et pièces de renseignement ou de comptabilité générale.

DE LA RECETTE.

Titre Ier. Des bureaux chargés de suivre l'entrée et le versement au Trésor public des contributions directes et indirectes.

Art. 1er. Il sera établi, sous les ordres des commissaires de la Trésorerie, un bureau général de correspondance, divisé, comme ci-après, en quatre bureaux ou sections. Ce bureau général sera particulièrement surveillé par le commissaire préposé à la recette journalière, qui, à l'aide d'un premier commis, dirigera tout ce qui a rapport au versement des deniers provenant des contributions directes et indirectes, soit que ces versemens soient faits par les receveurs de district ou par des régies ou administrations chargées de la perception d'impositions indirectes.

2. Les bureaux particuliers créés par décret du 27 décembre 1790, sous le nom de bureaux de correspondance, demeureront fixés au nombre de quatre, entre lesquels seront partagés les quatre-vingt-trois départemens du royaume. La consistance de ces bureaux, et la dénomination des employés dont ils seront composés, seront fixées par l'état annexé au présent décret.

3. Les bordereaux de recette et de dépense que le receveur de chaque district doit faire viser, le dernier jour de chaque mois, par

3. *

deux membres du directoire, conformément à l'article 20 du décret des 12 et 14 = 24 novembre 1790, seront adressés par lesdits receveurs directement aux commissaires de la Trésorerie, pour, d'après l'examen auquel ils seront soumis dans les bureaux chargés de suivre la rentrée et le versement des impositions, et sur le rapport qui en sera fait au comité de la Trésorerie, être ordonné ce qu'il appartiendra.

4. Les régies, les administrations, et généralement tous les comptables qui auront des versemens à faire, soit au Trésor public, soit dans les caisses de district, adresseront de même directement aux commissaires de la Trésorerie des bordereaux dans la forme et aux époques qui leur seront prescrites, et leur fourniront tous les éclaircissemens qui leur seront demandés relativement auxdits versemens.

5. Indépendamment de la comptabilité centrale dont l'établissement est ordonné par le titre II de la comptabilité du présent décret, il sera établi dans chacune des quatre divisions du bureau de la rentrée des impositions tous les livres-journaux et registres auxiliaires qui seront jugés nécessaires pour que la situation des receveurs et celle des recouvremens dans chaque district et dans chaque département puissent être à chaque instant connues et constatées sur chaque nature de perception.

6. Conformément à l'article 21 du décret des 12 et 14 = 24 novembre 1790, les directoires de district vérifieront, tous les six mois, d'après les quittances délivrées aux receveurs de communautés et à ceux des contributions indirectes par les receveurs de district, si ces receveurs ont enregistré exactement et à la date des quittances par eux délivrées, tous les paiemens qui leur ont été faits.

Les directoires de départemens tiendront la main à ce que ces vérifications soient faites aux époques fixées par la loi; ils s'en feront remettre les résultats par les directoires de district, et les transmettront aux commissaires de la Trésorerie.

7. Il sera donné connaissance au bureau central, de la rentrée des impositions, de toutes les rescriptions de service et autres qui seront tirées sur les receveurs de district, pour être payées des premiers deniers de la recette, et il en sera fait écriture.

8. Tous les délais relatifs à la comptabilité des receveurs de district et autres comptables envers la Trésorerie nationale, seront suivis dans le bureau général de la rentrée des impositions, sous les ordres du commissaire chargé de la recette, et les résultats en seront remis habituellement sous les yeux du comité de la Trésorerie. Les formes de cette comptabilité seront au surplus particulièrement déterminées par un décret de l'Assemblée nationale.

9. Le service de l'exercice 1790, pour les impositions directes des ci-devant pays d'élection et conquis, sera continué et achevé en la forme réglée par le décret de l'Assemblée nationale, du 27 décembre 1790. Le commissaire de la Trésorerie chargé du département des recettes, mettra sous les yeux du comité de la Trésorerie, à la fin de chaque semaine, l'état des versemens faits par chacune des ci-devant généralités, et le bordereau de la situation de la caisse.

TITRE II. Des caisses de recette.

Art. 1er. Conformément aux dispositions du décret du 10 mars 1791, il sera établi deux caisses principales pour le service des recettes de la Trésorerie nationale.

L'une, chargée de la recette journalière, sera toujours ouverte pour recevoir, et ne sera jamais aucun paiement de détail.

L'autre, sous le nom de caisse générale, ne sera jamais ouverte qu'en présence du comité de Trésorerie, pour recevoir et pour payer en masse.

2. Pour l'exécution des dispositions portées en l'article précédent, il sera établi un caissier général comptable, un caissier des recettes journalières, un signataire des rescriptions, un contrôleur particulier pour la recette journalière, et un pour les rescriptions, et, en outre, le nombre de commis qui sera déterminé par l'état annexé au présent décret, pour la tenue des livres et pour la confection des états, bordereaux et autres écritures. Toutes autres caisses de recettes dépendant du Trésor public sont et demeureront supprimées et réunies à la caisse de recette journalière.

3. Indépendamment du contrôle particulier établi pour la recette journalière et pour les rescriptions, toutes les opérations du Trésor public seront contrôlées par un contrôleur général des caisses, qui aura connaissance de toutes les recettes et dépenses, et qui en tiendra registre.

4. Les récépissés seront signés par le caissier général, comme seul comptable; mais ils ne seront valables qu'autant qu'ils auront été visés par le contrôleur général des caisses.

5. La caisse générale sera fermée de trois serrures, ayant chacune leur clef particulière et indépendante: l'une sera remise au président du mois, l'autre au président du mois précédent, la troisième restera au caissier général. Cette caisse sera ouverte aussi souvent qu'il sera nécessaire, et au moins une fois par semaine, à l'effet d'y faire le versement en masse des fonds de la caisse de recettes journalières, et d'en tirer les fonds nécessaires pour alimenter les caisses de distribution et de dépense. La caisse de recettes journalières sera fermée de deux serrures ayant également deux clefs particulières et indépendantes; l'une restera entre les mains du caissier géné-

ral, l'autre entre les mains du caissier de la recette journalière : les fonds provenant des rescriptions qui auront été délivrées, et tous autres, y seront renfermés tous les soirs.

6. Le signataire des rescriptions signera, sur le visa du contrôleur particulier établi à cet effet, les rescriptions de service et autres qui lui seront demandées, après toutefois s'être assuré de la situation, par aperçu, de chacune des caisses de receveurs de district sur lesquelles les rescriptions devront être expédiées. Le contrôleur des rescriptions formera, jour par jour, d'après les journaux, un bordereau double de celles qui auront été expédiées. Il remettra l'un de ces bordereaux au caissier général du Trésor public, qui en fera tenir registre. En cas de maladie ou empêchement légitime, soit du caissier signataire des rescriptions, soit du contrôleur particulier chargé de les viser, il sera pourvu à leur remplacement momentané, sur la présentation du caissier général et du contrôleur général des caisses, et il sera donné aussitôt avis de ce remplacement par une lettre du comité de Trésorerie aux receveurs de district.

7. Les envois ou remises de fonds, effets ou lettres de change, ainsi que les acquits d'objets payés à la décharge du Trésor public seront faits par les receveurs de district directement au caissier général du Trésor public. Chaque envoi sera accompagné d'un bordereau contenant le détail des diverses valeurs dont l'envoi sera composé. Un double de ce bordereau sera adressé par les receveurs aux commissaires de la Trésorerie, en même temps que l'état des recettes et dépenses de chaque mois, mentionné en l'article 3 du titre Ier de la recette.

8. Les fonds seront remis par les receveurs de communautés et par les percepteurs de droits indirects, aux receveurs de district, en même nature qu'ils les auront reçus. Les receveurs de district énonceront dans leurs quittances et dans leurs enregistremens comment les paiemens leur auront été faits, et ils les transmettront de la même manière au Trésor public.

9. Lorsque les fonds et effets seront parvenus au caissier général il en fera tenir écriture, après toutefois avoir fait le rapprochement des effets du bordereau ; puis il fera passer le tout au caissier de la recette journalière, qui s'en chargera en recette.

10. Chaque jour, il sera donné connaissance au contrôleur général des caisses, du montant des effets qui auront été adressés au caissier général, de ceux qu'il aura fait passer à la recette journalière, de ceux qui auront été recouvrés ou protestés.

11. Les rescriptions qui auront été tirées par le Trésor public sur les receveurs de district, et qui auront été acquittées par eux, ainsi que les pièces justificatives des dépenses qu'ils auront faites par les ordres du comité de la Trésorerie, seront considérées comme effets, et renvoyées comme tels au caissier général, pour être converties en récépissés. Ces envois seront distingués dans les bordereaux par des articles séparés.

12. Lesdits acquits et pièces justificatives de dépenses seront remis par le caissier général à celui des quatre payeurs de département que cette dépense concernera, lequel en fournira sa reconnaissance, et sera chargé du soin de vérifier toutes les pièces, de les faire enregistrer par nature de dépenses, et de les classer dans l'ordre convenable pour assurer l'exactitude de sa comptabilité personnelle.

13. Ces acquits ne seront registrés dans le bureau du payeur qu'après qu'ils auront été reconnus par lui réguliers et en bonne forme; dans les cas contraires, ils seront renvoyés par le caissier général aux receveurs, qui demeureront toujours garans de la validité des paiemens qu'ils auront faits à la décharge du Trésor public.

14. Les récépissés de chacun des envois des receveurs seront expédiés dans les bureaux chargés de suivre la rentrée des impositions, d'après un état divisé par départemens et arrêté par le caissier général, contenant la somme totale qui devra être énoncée dans chacun de ces récépissés : ils seront visés par le contrôleur général des caisses, après qu'il les aura fait enregistrer. Le caissier général les signera ensuite, et les fera remettre aux bureaux chargés de suivre la rentrée des impositions, où il en sera tenu écriture, et d'où l'envoi en sera fait à chacun des comptables.

15. S'il arrivait que quelques effets fussent protestés, ou que quelques acquits eussent été trouvés irréguliers, le montant en sera déduit sur l'un des envois subséquens faits par le receveur, et il sera fait mention détaillée de cette déduction dans le récépissé qui en sera expédié pour ce même envoi, en la forme prescrite par l'article précédent. Les effets protestés ou les acquits irréguliers seront en même temps renvoyés aux comptables.

La formule des récépissés contiendra toujours une réserve relative aux effets faisant partie de chacun des envois qui pourraient n'être pas acquittés à leur échéance, et aux acquits qui auraient été jugés irréguliers.

16. Le même ordre sera observé pour toutes les remises de fonds et effets qui pourraient être faites directement au Trésor public par les administrations d'impôts indirects, et par tous autres comptables et redevables. Lesdites remises seront accompagnées de bordereaux, qui seront d'abord présentés au caissier général, et qui seront enregistrés et visés par lui. Il fera ensuite passer le tout au

caissier de la recette journalière, qui s'en chargera en recette.

Les régies, administrations ou autres comptables, adresseront un double de ces mêmes bordereaux aux commissaires de la Trésorerie, qui en feront tenir écriture dans le bureau central de recouvrement.

Il en sera usé de la même manière pour les régies, administrations et comptables supprimés, auxquels il reste des versemens à faire au Trésor public.

17. Les fonds et effets reçus par la caisse de recette journalière, seront versés en masse dans la caisse générale à trois clefs, aux époques où l'ouverture en sera faite en présence du comité de la Trésorerie, ainsi qu'il est prescrit article 5 du présent titre.

18. Le contrôleur général des caisses fera habituellement l'appel du registre de contrôle avec les journaux de recette; il fera toutes les vérifications qu'il jugera nécessaires pour s'assurer de l'exactitude du service des caisses ; il retirera de la recette générale les récépissés des caissiers des caisses de distribution, en en donnant reconnaissance, et les échangera, à la fin de la journée, contre les mandats acquittés par lesdits caissiers ; il se concertera avec le caissier général pour l'exécution des ordres qui lui seront adressés par le comité de Trésorerie.

29. Il sera remis par le caissier général au contrôleur général des caisses un bordereau détaillé des effets en retard et des objets à recouvrer; et, sur le rapport qui en sera fait par le contrôleur général des caisses, le comité de Trésorerie décidera s'il y a lieu d'entamer des poursuites ; auquel cas, lesdits effets seront remis à l'agent du Trésor public.

20. Tous les soirs, le caissier général, le caissier de la recette journalière, le signataire des rescriptions et le contrôleur général des caisses, remettront au comité de Trésorerie un état de situation du Trésor public, chacun pour leur partie, signé et certifié d'eux; les recettes et les dépenses y seront portées en masse.

21. Les commissaires de la Trésorerie présenteront incessamment un plan tendant à accélérer la rentrée des débets des comptables et des autres créances du Trésor public, ainsi que pour la suite des affaires contentieuses; et, en attendant, le traitement de l'agent du Trésor public et la consistance de son bureau seront provisoirement réglés en conformité de l'état ci-annexé.

DE LA DÉPENSE.

Titre Ier. De l'aperçu des dépenses de chaque année, et de l'envoi des états de distribution.

Art. 1er. Aussitôt que les dépenses des départemens du ministère auront été fixées par le Corps-Législatif, et que le décret portant cette fixation aura été sanctionné, il en sera adressé une expédition par le ministre de la justice, tant à chaque ministre qu'aux commissaires de la Trésorerie.

2. Dans la quinzaine de la réception du décret portant fixation des dépenses de l'année, les ministres de chaque département formeront, et feront passer aux commissaires de la Trésorerie, le projet de distribution desdites dépenses pour chacun des mois de l'année. Les commissaires de la Trésorerie feront toutes les observations qu'ils jugeront convenables sur les époques de distribution ; et, dans le cas où il s'élèverait des difficultés sur la fixation desdictes époques, il en sera référé au Corps-Législatif.

3. Les commissaires de la Trésorerie, aussitôt que les époques de distribution auront été convenues, feront monter en conformité le livre de prospectus des dépenses, ainsi et dans la forme qui sera ci-après prescrite, article 4 du titre II *de la Comptabilité:* aucune des dépenses publiques ne sera omise dans ce livre, en sorte qu'il présentera, dans une récapitulation générale, la totalité des dépenses présumées pour l'année suivante.

4. Les ministres de chaque département enverront, pour le 1er de chaque mois, au comité de Trésorerie, leur état de distribution des fonds dont ils auront à disposer pendant le mois. Ces états, dûment signés, seront divisés par semaines, et indiqueront : 1° le décret qui aura légitimé la dépense; 2° l'année et la division auxquelles les dépenses auront rapport; 3° la destination de chacune d'elles; 4° le lieu où le paiement devra être fait; 5° le nom des parties prenantes, lorsqu'elles auront à recevoir individuellement, ou la dénomination des corps, lorsque le paiement devra être fait en masse.

5. Ces états seront renvoyés, par le comité de la Trésorerie, au bureau central de comptabilité dont il sera question, titre II *de la Comptabilité.* Le commissaire de la Trésorerie chargé de cette section les rapprochera du registre de prospectus des dépenses, pour s'assurer que les sommes qui y seront portées n'excèdent pas celles pour lesquelles le département a été employé, en exécution des décrets de l'Assemblée nationale. Il les fera ensuite expédier, et, après les avoir visés, il les présentera au comité de Trésorerie assemblé, qui les arrêtera.

6. Ce même commissaire en remettra des expéditions au commissaire de la recette et à chacun des commissaires des sections de la dépense, pour ce qui les concerne, et ils seront chargés de les faire passer aux premiers commis contrôleurs des recettes et dépenses.

TITRE II. De la division des dépenses en quatre sections, et des fonctions des payeurs principaux.

Art. 1er. Les quatre sections de la dépense, établies en exécution de l'article 3 du décret du 10 mars, et dont la consistance a été fixée par l'article 2 du titre II des objets généraux du présent décret, seront confiées à quatre payeurs principaux comptables, surveillés par quatre premiers commis contrôleurs, lesquels feront en même temps la vérification de la comptabilité; le tout sous l'inspection générale et sous les ordres d'un des commissaires de la Trésorerie.

2. Les premiers commis contrôleurs, chacun dans la section de la dépense à laquelle ils seront attachés, projetteront les réponses dont le renvoi leur aura été fait par le commissaire de la Trésorerie de ladite section. Ils se concerteront sur tous les objets avec les payeurs principaux, et prendront dans leurs bureaux tous les renseignemens qui leur seront nécessaires. C'est également aux premiers commis contrôleurs que sera fait, par chacun des commissaires de la Trésorerie, le renvoi des états de distribution arrêtés par le comité. Dès qu'ils leur seront parvenus, ils les feront transcrire sur un registre qui sera tenu dans leur bureau à cet effet; puis ils les remettront au payeur principal attaché à la section, après les avoir visés.

3. Aucun paiement ne sera fait par les payeurs principaux, s'il ne se trouve compris dans l'état de distribution, et si la partie prenante qui se présentera pour recevoir n'est munie d'une lettre d'avis, expédiée dans les bureaux du ministre, dans laquelle lettre sera rappelé l'article de l'état de distribution.

4. Les paiemens seront faits par les payeurs principaux, en mandats, sur l'une des caisses de distribution. Chacun de ces mandats sera accompagné d'un bordereau ou décompte détaillé, et il y sera fait mention du nom de la partie et de l'année sur laquelle la dépense devra être imputée. Les quittances et pièces justificatives de la dépense qu'on a coutume de comprendre sous le nom d'acquit, resteront entre les mains du payeur principal de la section qui aura délivré le mandat, et il en sera fait écriture sur un journal général, sur des journaux par exercices, sur des registres de contrôle, et enfin sur un grand-livre en parties doubles, qui contiendra autant de comptes particuliers qu'il y aura de natures de dépenses.

5. Les caisses de distribution, dont le nombre avait été fixé à quatre par l'article 5 du décret du 10 mars, seront réduites à deux; l'une pour les dépenses du culte, de la liste civile, des paiemens de la dette publique, des dépenses diverses; l'autre pour les dépenses de la guerre et de la marine. Les paiemens faits pour le compte des départemens de la guerre et de la marine, quoique réunis dans une même caisse, seront enregistrés sur des journaux séparés; et, pour éviter toute confusion, les mandats tirés par chacun de ces départemens seront de formats différens.

6. Les lettres de change tirées, soit du royaume, soit de l'étranger, pour achat de matières d'or ou d'argent et de numéraire, seront acquittées par la caisse des dépenses diverses. Il en sera de même des reconnaissances restant à rembourser pour vaisselles portées dans les monnaies, mais à la charge de remplacement de cette dernière dépense par la caisse de l'extraordinaire.

7. Les payeurs des caisses de distribution ne pourront, sous quelque prétexte que ce puisse être, donner des bons de caisse en paiement des dépenses qu'ils seront chargés d'acquitter.

8. Les caisses de distribution seront ouvertes au public tous les jours de la semaine, depuis neuf heures du matin jusqu'à trois heures après midi, à l'exception des fêtes et dimanches. Toutes les écritures des paiemens qui auront été faites le matin, seront passées dans l'après-midi sur les livres qui seront tenus en parties doubles; elles ne seront différées, sous aucun prétexte, jusqu'au lendemain. Tous les soirs, il sera fait, sur une feuille imprimée, un relevé général des résultats de la journée par nature de dépenses, et cette feuille sera remise aux commissaires de la Trésorerie.

9. Les payeurs principaux attachés à chaque service feront tenir dans leurs bureaux, pour la grande facilité de l'expédition, des registres et répertoires par ordre alphabétique, de manière à ce qu'ils retrouvent promptement tous les renseignemens dont ils pourront avoir besoin. Leur correspondance sera transcrite sur des registres à ce destinés, et ils établiront, entre ces registres, les répertoires par ordre alphabétique et les cartons, une correspondance de numéros qui renverra de l'un à l'autre.

TITRE III. Disposition particulière pour le paiement des rentes, des pensions et des intérêts de la dette publique.

Art. 1er. A mesure que le montant des pensions aura été individuellement fixé par l'Assemblée nationale, de manière qu'il n'y ait plus lieu à d'anciens décomptes, elles seront entièrement assimilées aux rentes viagères, et seront acquittées par les mêmes payeurs ou la même caisse.

2. Le paiement des coupons et intérêts de la dette publique sera également réuni à celui des rentes, et sera fait par les mêmes payeurs ou par la même caisse, à compter de l'époque qui sera déterminée par un décret particulier.

3. Les commissaires de la Trésorerie pré-

senteront à l'Assemblée nationale un plan dont l'objet sera de mettre dans le paiement des rentes viagères et perpétuelles, ainsi que des pensions, l'ordre et l'économie nécessaires, d'abréger les retards, de diminuer les frais des parties, d'exclure toute préférence et tout arbitraire, et de procurer une entière sûreté au Trésor public.

DE LA COMPTABILITÉ.

TITRE Ier. De la comptabilité intérieure de la Trésorerie nationale, de celle par année et de celle par exercices.

Art. 1er. La comptabilité de la Trésorerie nationale sera de trois espèces.

La première, purement intérieure, ne s'étendra pas au-delà des caisses du Trésor public; elle en présentera la situation par jour, par quinzaine, par mois et par année, avec distinction de ce qui appartiendra aux exercices antérieurs. Rien ne devant retarder les résultats de cette comptabilité, elle sera tenue à jour, et les bordereaux de la veille seront mis régulièrement tous les matins sous les yeux du comité de Trésorerie.

2. Le bordereau de fin d'année de cette première comptabilité présentera le compte de toutes les recettes et dépenses faites par les caisses du Trésor public, depuis le 1er janvier jusqu'au dernier décembre de l'année expirée, avec distinction d'exercices : il sera toujours formé pour le 10 janvier au plus tard de chaque année.

3. La seconde comptabilité embrassera toutes les caisses des receveurs de district et des payeurs particuliers; elle présentera la totalité de ce qu'ils auront reçu ou dépensé par mois et par année, avec distinction d'exercices. Les états relatifs à cette comptabilité ne seront retardés qu'autant qu'il sera nécessaire pour le rassemblement et le dépouillement des bordereaux des comptables. Celui de fin d'année de cette seconde comptabilité présentera le tableau général de tout ce qui aura été reçu ou dépensé, dans toute l'étendue du royaume, par les caisses dépendant du Trésor public, depuis le 1er janvier jusqu'au dernier décembre de l'année expirée. Ce bordereau ou compte général sera formé ou remis sous les yeux du comité de Trésorerie au plus tard pour le 15 mars de chaque année.

4. Pour ne point retarder la représentation et l'arrêté des états de fin d'année, les envois de fonds faits aux payeurs particuliers de la marine établis dans les colonies, dans l'Inde et aux Iles de France et de Bourbon, seront regardés provisoirement comme dépenses réelles, d'après les pièces qui établiront la réalité de l'envoi. Il en sera usé de même pour les opérations qui pourraient être faites hors du royaume par les ministres de la guerre et de la marine.

5. La première et la seconde espèce de comptabilité n'ayant pour objet que de présenter la totalité des recettes et dépenses nationales faites depuis le 1er janvier jusqu'au dernier décembre de chaque année, il restera à classer ces mêmes recettes et dépenses pour chacun des exercices auxquels elles appartiennent, à quelque époque et pendant quelque année que ces recettes et dépenses aient été faites : ce sera l'objet d'une troisième comptabilité, qui sera définitive, et dont les opérations seront toujours faciles, au moyen des distinctions d'exercices faites dans les comptes par année.

6. La troisième comptabilité sera définitive. A cette comptabilité demeureront annexées les pièces justificatives de la dépense; et néanmoins le payeur principal, à mesure que les pièces et acquits lui seront envoyés par les payeurs particuliers, en fera la vérification : il les rapprochera des articles de dépense portés dans les bordereaux, et les classera dans l'ordre des chapitres du compte.

7. L'Assemblée nationale déterminera la forme et le mode de la vérification des comptes définitifs et par exercices, le délai dans lequel ils seront rendus, et les dispositions qui seront faites pour les objets qui se trouveront encore en retard au moment de la reddition desdits comptes.

8. Les livres en parties doubles des payeurs principaux, dont la tenue a été ordonnée par l'article 4 du titre II *de la Dépense*, seront montés de manière à pouvoir présenter les comptes ouverts avec les différens comptables, par année et avec distinction d'exercices; et lesdits payeurs fourniront au bureau central, dont il va être question dans le titre suivant, tous les résultats et élémens nécessaires pour satisfaire aux opérations dont il sera chargé.

TITRE II. Du bureau central pour la tenue des registres en parties doubles, et pour la formation des bordereaux.

Art. 1er. En conformité de l'article 12 du décret du 10 mars 1791, il sera établi un bureau central de comptabilité, qui sera chargé de la formation de tous les bordereaux et comptes généraux, à l'exception de ceux de comptabilité définitive par exercices dont l'Assemblée nationale s'est réservé de régler le mode par l'article 7 du titre précédent.

2. Il sera tenu dans ce bureau:

1° Un journal à parties doubles, en tête duquel seront enregistrés les fonds et les effets de portefeuille qui se trouveront dans la caisse générale le jour où les commissaires entreront en exercice, et dans lequel seront inscrites, jour par jour, toutes les recettes et dépenses des différentes caisses, divisées par exercices;

2° Un grand-livre à parties doubles, où seront rapportés à leurs comptes respectifs tous les articles du journal. Ce grand-livre aura'des comptes ouverts pour chaque section de la Trésorerie, dans lesquels ils seront débités, jour par jour, des sommes qui leur seront versées en masse, et crédités dans le plus grand détail de leurs paiemens.

Il contiendra aussi deux comptes pour la caisse de l'extraordinaire : l'un relatif aux sommes qu'elle pourra verser au Trésor national, comme secours, en exécution des décrets rendus par l'Assemblée nationale; l'autre, relatif aux sommes que ladite caisse de l'extraordinaire sera tenue, aux termes des décrets, de remplacer au Trésor public. Ces livres seront à jour, au plus tard le surlendemain des dernières recettes et dépenses;

3° Un registre qui présentera chaque jour la balance générale de toutes les opérations et la situation du Trésor national;

4° Un grand-livre auxiliaire, correspondant par des renvois avec le grand-livre général; il contiendra les divisions des comptes principaux qui en seront susceptibles.

3. Pour l'établissement des registres ci-dessus, il sera fourni par la caisse générale, par la caisse journalière des recettes, et par celles des payeurs des quatre départemens, des feuilles journalières qui présenteront en détail toutes leurs recettes et leurs dépenses.

Ces feuilles certifiées seront remises chaque jour au bureau central, avant six heures du soir, afin que la balance ou situation générale du Trésor public puisse être rédigée dans la même soirée.

4. Il sera tenu un registre intitulé *Registre de prospectus*, dans lequel seront inscrites toutes les dépenses à faire d'après les décrets de l'Assemblée nationale. Ce registre sera préparé tous les ans à l'avance pour l'année suivante, et à commencer de l'année 1792. Chaque département aura son compte ouvert, dans lequel il sera crédité des sommes qui lui seront assignées par les décrets de l'Assemblée nationale, et débité de celles qui lui seront versées, d'après les états généraux et particuliers de distribution qui seront expédiés dans ce bureau, et arrêtés par les commissaires de la Trésorerie.

5. Indépendamment des écritures prescrites ci-dessus, dont l'objet est d'établir l'ordre intérieur de la Trésorerie nationale et la situation de ses caisses, il sera tenu un second journal et grand-livre à parties doubles, qui correspondra par des renvois au grand-livre principal; il contiendra les comptes sommaires des divers comptables, tant de Paris que des départemens : ils y seront débités des fonds qui leur seront versés, et crédités de l'emploi qu'ils en auront fait.

6. Chaque année, le 15 mars au plus tard, il sera remis aux commissaires de la Trésorerie un résultat général de la comptabilité énoncée

dans l'article précédent; tous les comptables de la Trésorerie nationale y seront compris en débit et en crédit en une seule ligne, et ces résultats généraux devront cadrer avec ceux obtenus en détail par les comptes courans et en parties doubles, établis, soit dans les bureaux de la recette, soit dans ceux des payeurs principaux. Ces mêmes résultats généraux feront le contrôle et la sûreté de tout le Trésor public.

7. Il sera établi, sur un registre, un tableau général de comparaison, qui embrassera un intervalle de dix années consécutives, sur lequel seront inscrites, à la fin de chacune, toutes les recettes et dépenses par totaux, de manière qu'on puisse embrasser d'un même coup-d'œil les variations qui pourront survenir dans les recettes comme dans les dépenses, et remonter aux causes qui les auront occasionées. Pour la possibilité des comparaisons, les recettes et les dépenses de même nature seront classées sous les mêmes dénominations. Les commissaires de la Trésorerie en présenteront incessamment les divisions, qui seront décrétées par l'Assemblée nationale.

8. C'est dans le bureau central de comptabilité que se prépareront les calculs nécessaires pour les travaux du comité de Trésorerie.

TITRE III. Des cautionnemens.

Art. 1er. Il ne sera point fourni de cautionnement en argent, mais seulement en immeubles ou contrats, libres de toute hypothèque, et dont le capital sera évalué sur le pied du denier vingt du revenu.

2. Seront également admis pour cautionnement les effets publics au porteur, portant intérêts, et le capital en sera également évalué sur le pied du denier vingt du revenu. Lesdits effets seront déposés dans la caisse générale, et les coupons en seront détachés et remis aux comptables, aux époques des paiemens.

3. Les cautionnemens seront provisoirement fixés ainsi qu'il suit :

Pour le caissier général, 500,000 liv.;

Pour chacun des payeurs principaux, 200,000 livres.

TITRE IV. Des traitemens et des dépenses.

Art. 1er. Le traitement de chacun des commissaires de la Trésorerie nationale sera fixé à la somme de 15,000 livres, laquelle commencera à courir du jour de leur nomination.

Ils ne pourront être destitués sans que les causes de leur destitution aient été vérifiées par le Corps-Législatif.

2. Les appointemens et émolumens des premiers commis, directeurs, caissiers, payeurs, contrôleurs, chefs, sous-chefs, teneurs de livres, concierges, garçons de caisse

et de bureau, portiers, et tous autres qui formeront à l'avenir la consistance habituellement permanente de la Trésorerie nationale, seront fixés annuellement à la somme de 742,584 livres, conformément aux détails portés dans l'état ci-annexé.

3. Pourront en outre les commissaires de la Trésorerie distribuer chaque année aux employés des grades inférieurs attachés à la Trésorerie, une somme de 24,000 livres en gratifications, sans que les premiers commis, directeurs et payeurs puissent y participer, à l'exception du secrétaire nommé en exécution de l'art. 3 du décret du 18 mars 1791.

4. Les appointemens, traitemens et gratifications portés par les deux articles précédens, commenceront à courir, à l'égard des employés précédemment attachés à la Trésorerie nationale, à compter du 1er octobre prochain, et à l'égard du secrétaire et des autres employés de nouvelle création, à compter du jour de leur nomination. Jusqu'à ladite époque du 1er octobre, les appointemens et émolumens des employés précédemment attachés à la Trésorerie nationale seront payés en conformité des états arrêtés par l'ordonnateur du Trésor public.

3. Dans les sommes ci-dessus fixées, montant ensemble à 772,584 livres, ne sont point compris les frais de papiers, impressions, fournitures de registres et de bureaux, bois, lumières, transports d'espèces ou assignats par les messageries ou autrement, et généralement tous ceux relatifs à l'entretien et au service général de l'hôtel de la Trésorerie, lesquels formeront l'objet d'états particuliers qui seront arrêtés par les commissaires de la Trésorerie, et par eux adressés au ministre de l'intérieur, pour être compris dans ses états ordinaires de distribution. Pendant le restant de cette année et le cours de l'année 1792, les commissaires de la Trésorerie s'occuperont des moyens de diminuer le plus qu'il sera possible les dépenses de ce genre, en convertissant toutes celles qui en seront susceptibles en des sommes, marchés ou abonnemens fixes, et ils proposeront à cet égard au Corps-Législatif le plan qui leur paraîtra le plus économique et le moins susceptible d'inconvéniens.

6. Dans les sommes ci-dessus n'est point comprise non plus celle de 94,200 livres attribuée aux bureaux de formation des états au vrai ou comptes de toutes les recettes et dépenses du Trésor public, suivant les états précédemment arrêtés par l'ordonnateur du Trésor. Ces bureaux seront provisoirement conservés dans leur consistance actuelle, et il y sera ajouté un premier commis à 8,000 livres d'appointemens, qui dirigera et surveillera le travail, et qui sera en outre chargé des opérations relatives à l'exécution de l'article 6 du titre de la *Transmission du Trésor*

public; au moyen de quoi la dépense totale de ces bureaux s'élèvera à la somme de 102,200 livres.

7. Les employés attachés à ces bureaux s'occuperont de la confection et de la reddition des comptes arriérés, conformément à ce qui a été prescrit, titre Ier de la section 1re du présent décret. Ils passeront successivement aux différentes parties qui exigeront du secours : le nombre en sera diminué en proportion de la diminution du travail, et il sera définitivement fixé lorsque l'Assemblée aura prononcé sur le mode de comptabilité pour l'avenir.

8. Il ne sera rien innové, quant à présent, relativement aux payeurs particuliers, ci-devant trésoriers, chargés d'acquitter dans les départemens les dépenses de la guerre, de la marine et des ponts-et-chaussées, l'Assemblée nationale se réservant de statuer sur leur nombre, leurs fonctions et leur traitement, d'après les plans et mémoires qui lui seront incessamment présentés par les commissaires de la Trésorerie.

9. Jusqu'à ce qu'il ait été définitivement statué sur les fonctions et sur le traitement de l'agent du Trésor public, il lui sera provisoirement accordé, tant pour son traitement personnel que pour celui de ses bureaux, une somme de 16,400 livres, conformément à l'état ci-annexé.

10. Les bureaux de paiement des pensions et des coupons d'intérêts de la dette publique subsisteront dans leur consistance actuelle, jusqu'au moment où s'opérera la réunion desdites parties aux payeurs des rentes ou à l'établissement qui en tiendra lieu. Les commissaires de la Trésorerie s'occuperont des moyens d'accélérer cette réunion; et, en attendant, les employés attachés à ces bureaux jouiront des émolumens qui leur ont été précédemment fixés par l'ordonnateur du Trésor public. Le bureau d'expédition des brevets de pension demeurera supprimé, à compter du 1er janvier prochain, et celui ci-devant établi à la chambre des comptes pour la vérification des certificats de vie sera réuni, dès ce moment, au bureau des rentes.

11. A compter de la date de la publication du présent décret, le bureau de liquidation de l'ancienne compagnie des Indes sera réuni à la direction générale de liquidation, pour les objets qui restent à liquider : la partie administrative sera réunie au ministère de l'intérieur, et les capitaux et coupons d'actions seront acquittés de la même manière que les autres parties de la dette publique, conformément à ce qui a été prescrit par le décret du 14 août 1790. Le traitement des employés à ce bureau, fixé à la somme de 38,700 livres par l'ordonnateur du Trésor public, continuera de leur être payé sur ce pied jusqu'au 1er octobre prochain; et, pour cette époque,

le ministre de l'intérieur et le commissaire de la liquidation proposeront tels arrangemens ultérieurs qu'ils jugeront convenables.

12. Le bureau de surveillance de la loterie royale cessera également de faire partie de la Trésorerie nationale, à compter de la publication du présent décret, et dépendra du ministre des contributions publiques. Celui connu sous le titre de bureau de liquidation, et dont les fonctions consistaient : 1° à suppléer les gardes des registres du contrôle du Trésor public; 2° à suivre et à terminer les opérations relatives à l'édit de 1764, concernant la liquidation des dettes de l'Etat, sera supprimé, ainsi qu'il est ordonné par les décrets du 21 janvier et du 25 mars 1790 : à compter du 1er octobre prochain, ses fonctions seront réunies à la direction générale de liquidation. Enfin, le bureau établi pour l'échange momentané des assignats cessera, à compter de la même époque, d'être à la charge du Trésor public, et sera à celle du département.

13. Dans le cas où des personnes actuellement employées à la Trésorerie voudraient continuer leurs fonctions, quoique l'ancienneté de leurs services leur donnât droit à une pension de retraite supérieure au traitement qui leur est attribué, suivant l'état ci-annexé, on leur paiera, en sus de leurs traitemens, l'excédant qui leur sera nécessaire pour compléter le montant de leur pension.

14. Les appointemens, traitemens, gages et gratifications fixés par les articles précédens, seront payés chaque mois aux employés, sur des états arrêtés par les commissaires de la Trésorerie, et sans autres quittances qu'un émargement.

15. Au mois de décembre de chaque année, les commissaires de la Trésorerie rendront publics, par la voie de l'impression, l'état de leurs bureaux, la liste nominative des employés dont ils seront composés, les appointemens dont ils jouiront, et la distribution des sommes destinées aux gratifications.

16. Les sujets qui se trouveraient privés de leur emploi par l'effet des suppressions relatives à la présente organisation de la Trésorerie nationale, obtiendront toute préférence pour leur établissement, soit dans les places de nouvelle création, soit dans toutes celles qui pourront devenir vacantes, et, en attendant, ils auront droit au traitement fixé par les décrets de l'Assemblée nationale en faveur des fonctionnaires publics. Si, après que tous les replacemens de sujets capables auront été opérés, il se trouve, dans l'espace de trois années, des places disponibles, les sujets supprimés dans les autres parties de finance et d'administration entreront en concurrence pour les remplir, suivant leur mérite et leur ancienneté. Le bureau de comptabilité en parties doubles sera le seul excepté de cette règle, relativement aux connaissances particulières qu'il exige de ceux qui y seront attachés.

17. Les quittances de toutes les parties prenantes qui sont dans le cas de recevoir de différens payeurs du Trésor public, seront en papier timbré; mais les journaux, registres, livres servant aux comptes, à l'ordre et à la manutention de la Trésorerie nationale, ainsi que les récépissés, reconnaissances, quittances, mandats, rescriptions et autres pièces servant à la comptabilité, ne seront point assujétis à la formalité du timbre.

TITRE DERNIER. De la transmission du Trésor public aux commissaires de la Trésorerie.

Art. 1er. Du jour où les commissaires de la Trésorerie nationale entreront en exercice, les écritures des bureaux de la recette et de ceux de la dépense passeront de compte ancien à compte nouveau. Le montant des recettes et dépenses des six premiers mois sera certifié par les comptables, et certifié par les commissaires de la Trésorerie nationale, en présence des commissaires du Corps-Législatif.

2. Le premier enregistrement qui sera fait sur le livre de la recette énoncera par masses, et pour mémoire seulement, les différentes natures des recettes faites depuis le 1er janvier 1791. Le second enregistrement sera la copie exacte de l'inventaire fait, en conformité de l'article 6 du décret du 18 mars de ladite année. Il énoncera : 1° les valeurs et effets caducs; 2° les effets solides qui ne sont pas encore échus, avec leur date et leur échéance; 3° l'or, l'argent, les assignats.

3. Le premier enregistrement qui aura lieu sur les livres de dépense présentera, mais seulement pour mémoire, ce qui aura été acquitté pour chaque partie, à compter du 1er janvier 1791.

4. A cet effet, il sera fourni par les administrateurs du Trésor public, chacun dans leur département, un état certifié d'eux, de toutes les dépenses qu'ils ont faites sur l'année 1791.

5. Les quatre payeurs qui, sous les ordres du comité de Trésorerie, seront chargés d'acquitter toutes les dépenses, tiendront un ordre d'écritures distinct : 1° pour les dépenses ordinaires de 1791, dont l'Assemblée nationale a fixé le montant à 582,700,000 l.; 2° pour les dépenses particulières de la même année qui sont déjà décrétées ou qui le seront par le Corps-Législatif, au-delà de ladite somme de 582,700,000 l.; 3° pour tous les objets qui, appartenant à l'année 1790 et à des années antérieures, doivent être remboursés des fonds de la caisse de l'extraordinaire. Le même ordre d'écritures s'observera dans le bureau de comptabilité centrale.

6. S'il a été expédié des ordonnances en

masse pour quelques dépenses dont les paiemens ne seraient pas consommés à l'époque où commenceront les fonctions des commissaires de la Trésorerie nationale, ces ordonnances seront remises au ministre dont elles concerneront le département, et elles seront remplacées chacune par deux ordonnances, l'une pour la somme acquittée par l'ancienne manutention du Trésor public, et l'autre pour la portion restant à payer par la Trésorerie nationale.

7. Les héritiers et représentans d'un grand nombre de pensionnaires décédés, ayant fourni les quittances totales des décomptes de pensions au moment où il leur a été fait un premier paiement partiel sur ces décomptes, il ne leur sera point demandé de nouvelles quittances, ni de nouvelles pièces justificatives de leurs droits, pour recevoir ce qui leur reste dû. Mais, comme ces titres ne pourraient être divisés et produits sur la comptabilité ancienne du Trésor public, et sur celle de la Trésorerie nationale, ils seront fournis seulement sur la première de ces deux comptabilités. Ces pièces ne serviront de décharge au ci-devant administrateur des dépenses diverses, que jusqu'à concurrence des à-comptes qu'il a payés, et dont il remettra aux commissaires de la Trésorerie nationale des états certifiés par lui.

8. Quant aux sommes qui restent dues, elles seront acquittées par la Trésorerie, en une seule fois, sur la représentation et la remise de chacun des bordereaux de décomptes au porteur, qui ont été donnés à l'instant du premier paiement aux représentans des pensionnaires. Ces bordereaux de décompte, certifiés par les payeurs des dépenses diverses, qui sera chargé de les solder, en faisant mention du compte sur lequel les espèces ont été fournies, serviront d'acquits et de décharges du paiement définitif qui en aura été fait par la Trésorerie nationale.

9. Pour que le service du Trésor national ne puisse éprouver aucun retard, les commissaires seront autorisés à faire acquitter, dans la même forme que le passé, les dépenses décrétées par l'Assemblée nationale pour les différens départemens du ministère, jusqu'à l'époque où les dispositions du présent décret pourront être mises à exécution. A l'égard des états de distribution à fournir chaque mois aux commissaires de la Trésorerie, les ministres se mettront en mesure de satisfaire à ce qui leur est prescrit à cet égard, aussitôt qu'ils auront eu connaissance du présent décret.

10. Il sera tenu de nouveaux registres pour constater la reconstitution des rentes dues par la nation, et la conversion en quittances de finances des effets royaux et contrats provenant des divers emprunts publics, pour lesquels cette facilité a été accordée. Les quittances de finances nouvelles à expédier pour ces différens objets seront signées par le payeur des dépenses diverses. Seront cependant signées par l'ancien administrateur du Trésor public, toutes celles dont les titres auront été enregistrés avant le commencement de l'exercice des fonctions du comité de Trésorerie.

Nota. Suit un état des bureaux qui formeront la consistance habituelle et permanente de la Trésorerie nationale, à compter du 1er octobre 1791, non compris les bureaux de comptabilité définitive.

Cet état présente les divisions suivantes :
Section de la recette. — Caisse de recette. 1re, 2e, 3e et 4e sections de la dépense. — Section de la comptabilité centrale. — Bureaux du secrétariat, commun aux sections précédentes. — Service de l'hôtel de la Trésorerie. — Etats des bureaux précédemment établis pour la formation des états au vrai.

---

16 = 23 AOUT 1791. — Décret qui accorde un dégrèvement sur les contributions foncière et mobilière, en faveur des départemens des Hautes-Alpes, Ardèche, Aube, Cantal, Charente, Corrèze, Creuse, Jura, Landes, Loiret-Cher, Haute-Loire, Lozère, Marne, Haute-Marne, Puy-de-Dôme et Haute-Vienne. (L. 5, 1003; B. 17, 160.)

---

16 AOUT = 12 SEPTEMBRE 1791. — Décret portant circonscription des paroisses du district de Lille, des deux de la ville de Billom, et des trente-six du district de son territoire ; des dix-huit du district de Quimper, de celles des villes d'Hennebond et de Lorient ; qui conserve celle de Lantilly, faubourg de Saumur, et celle de Charignol, comme oratoire de la paroisse de Sancerre ; de celle de Crépy, des trois de la ville de Thiers, et des trente-deux du district du territoire de cette ville, et de celles de campagne du district de Narbonne. (B. 17, 161, 165, 168, 169, 172, 173, 175 et 176.)

---

16 AOUT = 12 SEPTEMBRE 1791. — Décret qui réunit les villages de Chassings et Chagnols au territoire de la paroisse de Job ; les deux fermes de Portes à la paroisse d'Autheuil, et celle de Colligis à celle de Grandelin. (B. 17, 171 et 174.)

---

16 AOUT = 19 OCTOBRE 1791. — Décret qui renvoie le sieur Négrier à se pourvoir au tribunal de cassation contre le jury tenu dans la rade du Port-au-Prince. (B. 17, 184.)

---

16 = 22 AOUT 1791. — Décret portant circonscription des cinq paroisses de l'enceinte et du territoire de la ville de Marseille, et de celle des villes d'Orange et d'Arles. (L. 5, 924.)

16 = 23 AOUT 1791. — Décret qui approuve l'établissement du canal projeté par le sieur Barbe. (L. 5, 933; B. 17, 269.)

17 = 22 AOUT 1791. — Décret qui fixe le prix du transport des lettres, paquets, or et argent par la poste. (L. 5, 934; B. 17, 260; Mon. du 18 août 1791.)

Art. 1er. A compter du 1er janvier 1792, le prix du transport des lettres, paquets, or et argent, sera payé conformément au tarif annexé au présent décret.

2. Pour établir les bases de ce tarif, il sera fixé un point central dans chacun des quatre-vingt-trois départemens.

3. Les distances entre les départemens seront calculées de point central en point central, à vol d'oiseau, et à raison de deux mille deux cent quatre-vingt-trois toises par lieue.

4. La taxe des lettres et paquets partant ou arrivant d'un département pour un autre sera la même pour tous les bureaux des deux départemens.

5. Il sera dressé, sous la surveillance du ministre des contributions publiques, une carte de France où seront désignés les points de centre de chaque département et les bureaux de poste établis dans leur enceinte.

6. Il sera de même dressé un tableau divisé en six mille huit cent quatre-vingt-neuf cases.

Chaque case indiquera la distance du point central d'un département au point central d'un autre, et la taxe de la lettre simple d'un département à un autre.

Cette carte et ce tableau seront déposés aux archives de l'Assemblée nationale; un double de l'un et de l'autre sera aussi déposé dans les archives des postes, et des exemplaires affichés dans tous les bureaux de poste.

7. Il ne sera fait usage, dans tous les bureaux de poste, pour la taxe des lettres et paquets, que du poids de marc.

8. Seront taxées comme lettres simples celles sans enveloppe, et dont le poids n'excédera pas un quart d'once.

9. La lettre avec enveloppe ne pesant point au-delà d'un quart d'once sera taxée, pour tous les points du royaume, un sou en sus du port de la lettre simple.

10. Toute lettre, avec ou sans enveloppe qui paraîtra être du poids de plus d'un quart d'once, sera pesée.

11. La lettre ou paquet pesant plus d'un quart d'once, et au-dessous d'une demi-once, paiera une fois et demie le port de la lettre simple.

La lettre ou paquet pesant demi-once et moins de trois quarts d'once, paiera le double de la lettre simple.

La lettre ou paquet pesant trois quarts d'once et moins d'une once, paiera trois fois le prix de la lettre simple.

La lettre ou paquet pesant une once et au dessous de cinq quarts d'once, paiera quatre fois le port de la lettre simple; et ainsi à proportion, de quart d'once en quart d'once.

12. Toutes les fois que le poids des lettres ou paquets donnera lieu à une fraction de sou, cette fraction sera retranchée de la taxe.

13. Lorsqu'une lettre ou paquet aura été taxé dans l'un des bureaux de poste, sa taxe ne pourra être augmentée dans aucun autre bureau, à moins qu'il ne faille faire renvoi de la lettre ou paquet à une autre adresse.

14. Les ports de lettres et paquets seront payés comptant; il sera libre à tout particulier de refuser chaque lettre ou paquet au moment où il lui sera présenté, et avant de l'avoir décacheté.

15. Il y aura, dans chaque département, un bureau de poste désigné pour la réduction des taxes faites par erreur au-dessus du tarif, et la remise de la surtaxe sera faite au réclamant, aussitôt que la lettre ou paquet détaxé, s'il y a lieu, aura été renvoyé au bureau où il était adressé.

16. Ne seront taxés qu'au tiers du port fixé par le tarif les échantillons des marchandises, pourvu que les paquets soient présentés sous bande, ou d'une manière indicative de ce qu'ils contiennent. Le port ne sera cependant jamais au-dessous de celui de la lettre simple.

17. La taxe des journaux et autres feuilles périodiques sera la même par tout le royaume; savoir: pour ceux qui paraissent tous les jours, de huit deniers par feuille d'impression, et pour les autres, de douze deniers.

La taxe sera de moitié pour les ouvrages qui ne seront que d'une demi-feuille, et les supplémens seront taxés en proportion.

18. Les livres brochés qui seront mis à la poste sous bande ne seront taxés, dans tout le royaume, qu'à un sou la feuille.

19. L'administration des postes ne sera pas responsable des espèces, monnaies, matières d'or ou d'argent, diamans et autres effets précieux qui auraient été insérés dans les lettres ou paquets.

20. Ceux qui voudraient faire charger des lettres ou paquets les remettront aux préposés des postes, qui percevront d'avance le double du port, et en chargeront leurs registres.

21. Lorsqu'une lettre ou paquet chargé à la poste ne sera pas parvenu à sa destination, en France, dans la quinzaine au plus tard du jour du chargement, l'envoyeur ou celui à qui il aura été adressé pourront en faire la réclamation; et faute de remise de la lettre ou paquet dans le mois de la réclama-

tion, l'administration des postes sera tenue de payer au réclamant 300 livres.

22. Le port des matières d'or et d'argent, monnayées ou non, sera, par tout le royaume, de cinq pour cent de leur valeur, et l'administration sera responsable de la totalité de la somme dont elle sera chargée.

23. L'administration des postes fixera le *maximum* des sommes qui pourront être expédiées par chaque courrier de chaque bureau de poste.

24. Les lettres et paquets destinés pour les colonies françaises seront affranchis jusqu'au port de l'embarquement; le port en sera payé conformément au tarif, et deux sous en sus.

25. Les lettres et paquets venant des colonies françaises, et remis aux commandans des navires par les directeurs des postes du lieu de leur départ, seront taxés à quatre sous dans le lieu d'arrivée, lorsqu'ils seront destinés pour le port de débarquement; ceux dont la destination sera plus éloignée seront taxés conformément au tarif, à raison des distances du lieu de leur débarquement à celui de leur destination, et deux sous en sus.

26. Les commandans de navires partant pour les colonies, ou des colonies pour la France, seront tenus de se charger des lettres et paquets qui leur seront remis par le directeur des postes du port de leur départ, et de les remettre, aussitôt leur arrivée, au bureau des postes du lieu de leur débarquement.

Il leur sera payé en France deux sous par chaque lettre ou paquet qu'ils recevront des préposés de l'administration ou remettront au bureau de la poste.

27. Les lettres de France destinées pour les Etats-Unis de l'Amérique septentrionale seront affranchies depuis le bureau de leur départ jusqu'au port de Lorient.

Le port sera conforme au tarif; il sera en outre augmenté d'une livre par chaque lettre ou paquet pesant moins d'une once; d'une livre dix sous pour ceux pesant une once et moins de deux; et ainsi de suite, en augmentant de dix sous par once.

28. Les lettres et paquets envoyés des Etats-Unis à Lorient paieront le même port d'une livre pour la lettre ou paquet pesant moins d'une once; d'une livre dix sous pour la lettre ou paquet pesant une once et moins de deux; et ainsi de suite, en augmentant de dix sous par once.

Ils paieront en outre le port fixé par le tarif, de Lorient à leur destination.

29. La lettre simple envoyée de l'île de Corse en France, ou de France en Corse, paiera quatre sous en sus de la taxe, suivant le tarif, à raison des distances d'Antibes au lieu de sa destination, ou du lieu du départ à Antibes.

30. Il ne sera rien changé, quant à présent, à la taxe des lettres et paquets arrivant des pays étrangers, ou destinés pour eux, telle qu'elle est fixée par des traités ou conventions existant avec les différens offices des postes étrangères, non plus qu'à l'obligation de l'affranchissement jusqu'aux frontières pour certains pays, résultant des conditions desdits traités.

31. Le pouvoir exécutif est autorisé à entamer des négociations avec les offices étrangers pour l'entretien ou le renouvellement des différens traités qui existent avec eux, pour, sur le compte qui en sera rendu au Corps-Législatif, être, par lui, définitivement statué ce qu'il appartiendra.

Tarif des lettres simples, relativement à la distance.

32. Dans l'intérieur du même département, 4 sous; hors du département, et jusqu'à vingt lieues exclusivement, 5 sous; de vingt à trente, 6 sous; de trente à quarante, 7 sous; de quarante à cinquante, 8 sous; de cinquante à soixante, 9 sous; de soixante à quatre-vingts, 10 sous; de quatre-vingts à cent, 11 sous; de cent à cent vingt, 12 sous; de cent vingt à cent cinquante, 13 sous; de cent cinquante à cent quatre-vingts, 14 sous; de cent quatre-vingts et au-delà, 15 sous.

33. L'administration des postes est autorisée à former des établissemens de petites postes, dans tous les lieux où elle le jugera nécessaire.

Les lettres portées par ces petites postes seront taxées, savoir :

La lettre simple, pour l'intérieur de la ville, deux sous; la lettre sera réputée simple jusqu'au poids d'une once, et, lorsqu'elle pesera une once et moins de deux, elle sera taxée quatre sous; du poids de deux onces et moins de trois, six sous; et ainsi de suite, en augmentant de deux sous pour chaque once.

Pour le service de l'arrondissement, la taxe sera, savoir :

La lettre simple, trois sous; au poids d'une once, cinq sous; deux onces, sept sous; et ainsi de suite, en augmentant de deux sous pour chaque once.

---

17 AOUT = 16 OCTOBRE 1791. — Décret qui supprime les ingénieurs-géographes militaires, créés en 1777. (B. 17, 258.)

Art. 1er. Le corps des ingénieurs-géographes militaires, créé par l'ordonnance du Roi du 26 février 1777, est et demeurera supprimé à dater de l'époque de la publication du présent décret.

2. Ceux des ingénieurs-géographes militaires qui seront réformés recevront des pensions de retraite qui seront réglées d'après les appointemens dont ils jouissent, et

de la manière qui a été réglée pour les officiers des états-majors des places, par les articles 6, 7 et 8 du titre II du décret du 8 = 10 juillet 1791.

3. Les ingénieurs-géographes militaires actuellement en activité, qui ne seront pas réformés, auront le choix de prendre leur retraite, conformément au décret du 3 août 1790, ou de rentrer dans la ligne, en profitant des différentes formes indiquées pour les remplacemens.

4. Il sera tenu compte aux ingénieurs-géographes militaires de tout le service qu'ils auront fait en cette qualité avant d'être brevetés : ce temps, désigné communément sous le nom de *surnumérariat*, leur sera compté pour toutes les récompenses militaires qui s'accordent à l'ancienneté du service.

17 = 28 AOUT 1791. — Décret qui fixe l'emplacement de l'école d'artillerie établie à Châlons-sur-Marne. (B. 17, 256.)

17 = 28 AOUT 1791. — Décret qui porte à cent un mille le nombre des gardes nationaux dont le rassemblement a été ordonné, et à douze mille le nombre de ceux destinés à la défense des frontières, depuis Bitche jusqu'à Béfort. (B. 17, 257.)

17 = 25 AOUT 1791. — Décret qui ordonne la restitution des droits acquittés sur les toiles de coton blanches achetées à l'association connue sous le nom de Compagnie des Indes. (B. 17, 258.)

17 = 18 AOUT 1791. — Décret portant que la caisse de l'extraordinaire avancera à la municipalité de Bordeaux une somme de 800,000 livres. (B. 17, 260.)

17 AOUT 1791. — Décret qui renvoie devant les juges qui doivent en connaître la demande en indemnité des sieurs le Maire, Pagnard et compagnie, anciens régisseurs des droits d'octroi dans la ci-devant province d'Artois. (B. 17, 267.)

17 = 28 AOUT 1791. — Décret qui autorise le directoire du district de Crépy à louer une partie de la maison conventuelle de Saint-Arnault. (B. 17, 256.)

18 = 22 AOUT 1791. — Décret interprétatif de celui du 3 août 1790, relatif aux pensions (1). (L. 5, 930; B. 17, 280.)

Art. 1er. L'art. 7 du titre Ier du décret du 3 août 1790, qui porte que, « dans le cas de « défaut de patrimoine, la veuve d'un homme « mort dans le cours de son service public

« pourra obtenir une pension alimentaire, « et les enfans être élevés aux dépens de la « nation, » s'entend *des veuves et enfans des militaires et autres fonctionnaires publics qui, étant actuellement employés, meurent de blessures reçues dans l'exercice de leurs fonctions, ou de maladies que l'on constatera avoir été causées par l'exercice des mêmes fonctions.*

2. La disposition de l'art. 11 du même titre, qui porte qu'il ne pourra être accordé de pensions à ceux qui jouissent d'appointemens, gages ou honoraires, ne s'applique pas aux juges-de-paix ni aux membres des corps administratifs, lesquels jouiront des pensions qu'ils auront méritées, quoiqu'ils reçoivent l'indemnité attribuée à leurs fonctions.

3. La disposition de l'art. 18 du même titre, qui porte que, « quels qu'aient été le « grade ou les fonctions d'un pensionné, sa « pension ne pourra jamais excéder la somme « de 10,000 livres, » s'entend en ce sens, *que, dans tous les cas, et quels que fussent les appointemens, ils ne peuvent être comptés, pour déterminer la pension, que sur le pied de 10,000 liv. ; de manière qu'après trente années de service, on ne doit pas obtenir plus de 2,500 livres de pension, de même qu'on ne saurait obtenir plus de 10,000 livres, après cinquante années de service.*

4. Les pensions et secours accordés par l'Assemblée nationale pourront être saisis, jusqu'à concurrence de la moitié de leur montant, par les créanciers des pensionnaires, fondés en titre, pour entretien, nourriture et logement.

18 = 22 AOUT 1791. — Décret relatif aux pensions sur la loterie et le Port-Louis. (L. 5, 932; B. 17, 282.)

L'Assemblée nationale, ouï le rapport du comité des pensions, décrète que, sur la somme de 74,750 livres qui reste du fonds de 150,000 livres destiné, par le décret du 20 février dernier, à procurer des secours aux personnes employées ci-devant sur les fonds de la loterie royale et du Port-Louis, il pourra être employé, après lesdites personnes, sur la vérification et le rapport du directeur général de la liquidation, des personnes âgées ou infirmes qui avaient des pensions, soit sur des corporations ou communautés supprimées, soit sur tous autres fonds qui, d'après les décrets de l'Assemblée, n'existent plus, et ont été réservés au Trésor national.

_____

(1) *Voy.* les notes sur la loi du 3 = 22 août 1790.

18 = 22 AOUT 1791. — Décret qui ordonne l'envoi de deux commissaires civils aux îles de France et de Bourbon. (B. 17, 267.)

L'Assemblée nationale, après avoir entendu ses comités de marine et des colonies, voulant réunir tous les moyens propres à assurer la tranquillité des îles de France et de Bourbon, faciliter l'organisation qui leur est propre, et l'établissement des lois qui doivent les faire participer à la régénération de l'empire;

Considérant que, pour parvenir à ce but, elle a annoncé qu'il serait envoyé des instructions à toutes les colonies, et qu'en faisant précéder cette mesure d'un degré de puissance capable de réunir les esprits, elle en a confié les dispositions à des commissaires civils qui ont été envoyés dans toutes les autres colonies;

Qu'il est également dans ses vues de faire jouir les îles de France et de Bourbon des mêmes avantages, afin de conduire paisiblement leurs habitans au vœu commun à tous ceux qui désirent le bien, décrète ce qui suit:

Art. 1er. Il sera envoyé deux commissaires civils aux îles de France et de Bourbon, chargés d'y maintenir l'ordre et la tranquillité publique, de faciliter leur organisation, et de veiller à l'exécution des décrets de l'Assemblée nationale: ils y exerceront, s'il y a lieu, les fonctions et pouvoirs délégués, par le décret du 29 novembre dernier, aux commissaires destinés aux Iles-du-Vent; à l'effet de quoi, il leur sera donné tous pouvoirs nécessaires.

2. Lesdits commissaires seront chargés de remettre à chaque assemblée coloniale desdites îles la collection complète des décrets rendus par l'Assemblée nationale jusqu'au jour de leur départ, et semblable expédition des instructions décrétées pour Saint-Domingue, pour faciliter le vœu qu'elles auront à présenter au Corps-Législatif en France.

3. Ils feront prêter et recevront de tous les fonctionnaires publics, des troupes de terre et de mer, s'il n'a eu lieu, le serment décrété par l'Assemblée nationale.

4. Ils prendront connaissance de toutes les sommes dues au Trésor public par les habitans desdites îles, et se concerteront avec leurs assemblées coloniales pour assurer ces créances, et en procurer le recouvrement et le versement au Trésor public.

5. Ils se feront remettre, par les administrateurs de la colonie où ils seront situés, l'état des meubles et immeubles appartenant à la nation; ils en sépareront, de concert avec eux et deux commissaires de l'assemblée coloniale, tout ce qui tiendra à la défense, aux fortifications et aux besoins de l'État, et feront vendre tout ce qui aura été jugé oné-

reux et inutile, dont le produit sera versé au Trésor public.

6. Ils s'entendront avec l'assemblée coloniale, pour les mesures à prendre pour la conservation des réserves nationales, et pour empêcher la dévastation des terrains particuliers.

7. Ils seront autorisés à prendre connaissance de la situation actuelle des finances desdites colonies; ils en examineront la comptabilité, et se concerteront avec les assemblées coloniales pour connaître les abus et les moyens d'y obvier. Ils seront spécialement chargés de présenter les réformes et changemens indispensables pour parvenir à la meilleure et à la plus économique administration, objet dont ils rendront compte, comme de tous autres, le plus tôt possible.

8. Les arrêtés pris par les assemblées générales desdites colonies, approuvés par les gouverneurs, y seront provisoirement exécutés comme ayant force de la loi.

———

18 = 22 AOUT 1791. — Décret qui autorise les sieurs Griguet, Gerdret, Jars et compagnie, à rétablir la navigation de la rivière de Juine, dite d'Etampes, de celles d'Essonne et du Remard. (L. 5, 267; B. 17, 270.)

———

18 = 18 AOUT 1791. — Décret portant rétablissement de pensions, et table alphabétique des noms des personnes employées aux quatre états de ce décret. (L. 7, 281 à 315; B. 17, 291.)

———

18 = 22 AOUT 1791. — Décret qui accorde des gratifications à tous ceux qui ont bien servi la chose publique lors des évènemens des 21 juin et jours suivans. (L. 5, 942; B. 17, 282.)

———

18 AOUT 1791. — Bordeaux. Voy. 17 AOUT 1791. — Caisse de l'extraordinaire. Voy. 14 AOUT 1791. — Dette nationale. Voy. 21 AOUT 1791. — Emprunt de 1790. Voy. 14 AOUT 1791. — Gardes nationales. Voy. 2 AOUT 1791. — Monument des grands hommes. Voy. 14 AOUT 1791. — Pièces de 15 et 30 sous. Voy. 14 AOUT 1791. — Ponts-et-chaussées. Voy. 6 AOUT 1791. — Sommes séquestrées. Voy. 5 août 1791.

———

19 AOUT = 12 SEPTEMBRE 1791. — Décret relatif à la régie des domaines nationaux corporels et incorporels. (L. 5, 1171; B. 17, 287; Mon. du 20 août 1791.)

Voy. loi du 19 NIVOSE an 4.

Art. 1er. Les régisseurs nationaux de l'enregistrement, domaines et droits réunis, leurs commis et préposés, commenceront, dans la quinzaine de la publication du présent décret, la régie qui leur a été confiée par les décrets des 9 mars, 16 et 18 mai derniers, de tous les domaines nationaux, corporels ou incorporels, non aliénés ou non supprimés, sans aucune distinction de leur origine, soit qu'ils consistent en terres, prés, vignes, champarts, agriers, terrages, maisons, moulins, usines, cens, rentes, rachats, lods et ventes, et autres héritages ou droits ci-devant féodaux, tant fixes que casuels, et les administreront pour le compte de la nation, sous la surveillance des corps administratifs.

Ceux-ci ne pourront se mettre ni se maintenir en possession d'aucuns édifices nationaux, s'ils n'y ont été autorisés spécialement par un décret du Corps-Législatif.

2. Le ministre des contributions publiques veillera à ce qu'en exécution des lois rendues pour rétablir la nation dans la propriété et la possession de quelques domaines corporels ou incorporels, la régie s'en mette en possession sans délai, et les administre comme les autres domaines nationaux.

3. La régie sera pareillement chargée de suivre et de faire le recouvrement du produit des bois nationaux, d'après les adjudications, dont des expéditions en forme lui seront remises par les préposés de l'administration forestière.

4. Tous les revenus des domaines nationaux, de même que le prix du rachat des droits incorporels, qui ne seront pas rentrés à l'époque du présent décret, ne pourront être payés qu'entre les mains des préposés de la régie : ils seront tenus de poursuivre le paiement de tous les revenus et droits échus, ainsi que du prix des adjudications des bois, aux termes convenus par lesdites adjudications. En cas de retard de la part des débiteurs ou adjudicataires, le directeur de la régie décernera des contraintes, qui seront visées par le président du tribunal de district de la situation des biens, sur la représentation d'un extrait du titre obligatoire du débiteur, et mises à exécution sans autre formalité (1).

5. Dans la quinzaine de la publication du présent décret, les registres des receveurs de district seront arrêtés par les directoires de chaque district, en présence d'un préposé de la régie ; lesdits registres demeureront en la possession desdits receveurs, à la charge de les représenter toutes fois et quantes à qui de droit, notamment aux préposés de ladite régie, pour en prendre tels extraits ou copies qu'ils jugeront convenables, et que lesdits receveurs seront tenus de certifier. Il sera adressé au commissaire administrateur de la caisse de l'extraordinaire, copie des arrêtés desdits registres, certifiée par le receveur du district et par le préposé qui aura été présent à l'arrêté, laquelle copie sera collationnée par les membres du directoire du district. Cet envoi sera fait par le receveur de chaque district, sans aucun délai.

6. Les préposés de la régie prendront, sans aucun retard, les extraits mentionnés en l'article ci-dessus, et se feront représenter par les fermiers et redevables : 1° les baux ou autres titres de leur jouissance ; 2° les quittances des paiemens par eux faits, relativement aux années 1789, 1790 et 1791 ; et, sur le tout, lesdits préposés seront tenus de former l'état indicatif des sommes dont chaque fermier ou détenteur de domaines nationaux, ou chacun de ceux qui auront fait le rachat de droits incorporels, se trouve redevable. Ils dresseront pareillement l'état des sommes restant à recouvrer sur les adjudications des bois possédés ci-devant par des communautés ecclésiastiques, faites avant 1790, et en poursuivront le recouvrement.

7. Les commis et préposés pourront aussi, toutes les fois qu'ils le jugeront nécessaire, prendre communication sans frais et faire des extraits ou copies des titres, registres et documens déposés aux archives des départemens ou districts ; ils pourront même se faire remettre, sous récépissé, les titres nécessaires au recouvrement, ou s'en faire délivrer des copies par les directoires de département ou de district.

8. Lorsqu'il y aura lieu de faire ou de renouveler des baux de domaines nationaux, ils seront faits à la poursuite et diligence des préposés de la régie, devant le directoire du district de la situation des biens, dans la forme et aux conditions prescrites par le décret des 23 et 28 octobre 1790.

---

(1) Les contraintes décernées par la régie de l'enregistrement pour le recouvrement des amendes, sont assujéties au visa. C'est la loi du 22 frimaire an 7, art. 64, et non l'art. 4 de la loi du 19 août = 12 septembre 1791, qu'il faut consulter (Cass. 12 fructidor an 11 et 8 mai 1809 ; S. 9, 1, 274).

Les cautions d'acquéreurs de biens nationaux peuvent être poursuivies en vertu de la même contrainte qui a été décernée contre l'obligé principal (Cass. 17 thermidor an 12 ; S. 4, 2, 304).

Les contraintes pour patentes ne peuvent être déclarées nulles, faute d'être visées par le président du tribunal (Cass. 13 fructidor an 11 ; S. 3, 2, 371).

En matière de rentes constituées dues à l'État, les contraintes en paiement d'arrérages doivent être visées, non par le président du tribunal du lieu du paiement, mais par le président du tribunal du domicile des débiteurs ou de la situation des hypothèques (Cass. 10 thermidor an 12 ; S. 7, 2, 871).

Dans le cas où quelques objets ne pourraient être affermés, ils seront régis de la manière qui sera jugée la plus avantageuse par le département, sur la proposition du préposé de la régie et l'avis du district.

9. Les baux passés en conformité des précédens décrets seront maintenus; mais tous les fermiers de domaines nationaux dont le prix du bail sera en denrées, et tous redevables de rentes ou autres droits de même nature non affermés, seront tenus de payer en argent, d'après une évaluation des denrées, prise au greffe du chef-lieu du district de la situation des biens, sur le prix commun des marchés de la quinzaine antérieure et du mois postérieur à l'échéance des termes. Les champarts, agriers, terrages et autres redevances en quotité de fruits, se percevront en nature.

10. Les baux des domaines corporels et des champarts, agriers, terrages et autres droits semblables, pourront être faits, soit en totalité par paroisse ou territoire, soit partiellement par lots ou cantons, suivant que les régisseurs l'estimeront plus convenable. Ils pourront être faits pour une ou plusieurs années, mais toujours à la chaleur des enchères, conformément au décret des 23 et 28 octobre 1790.

11. Les régisseurs, leur commis ou préposés, tiendront la main à ce que les fermiers et locataires de biens nationaux fassent toutes les réparations dont ils seront tenus par leurs baux; et quant aux autres, elles seront ordonnées, sur la réquisition du directeur de la régie, par le directoire du département, et l'adjudication en sera faite par le directoire de district. Pourront cependant les directoires de département autoriser les préposés de la régie à faire, sans adjudication les dépenses qui n'excéderont pas cinquante livres.

Les dépenses autorisées pour ces objets seront payées sur les ordonnances des directoires de département et enregistrées par le directeur de la régie, par le receveur de ladite régie, au chef-lieu du district de la situation des biens; et les quittances qu'il recevra sur ces ordonnances lui seront passées pour comptant.

12. Les régisseurs sont spécialement chargés de veiller à la conservation des domaines nationaux, de prévenir et arrêter les prescriptions et les usurpations. Ils feront faire, dans le plus bref délai, par leurs commis et préposés, des états exacts de tous les domaines nationaux corporels et incorporels, suivant le modèle joint au présent décret. Il sera remis un double de cet état aux archives du département, et un autre au commissaire du Roi pour la caisse de l'extraordinaire (1).

13. Les ventes des domaines nationaux seront mentionnées sur cet état à mesure qu'elles seront faites, et on y portera aussi, par supplément, les articles omis ou recouvrés au profit de la nation.

14. Dans le cas d'aliénation d'une partie seulement des objets compris dans un même bail, les dispositions des art. 12 et 13 du décret du 18 avril dernier seront exécutées, et les préposés de la régie feront au fermier, sur le prix de son bail, la diminution qui aura été réglée.

15. Les domaines nationaux incorporels, vendus aux municipalités avant la publication de la loi du 20 mars dernier, et qui existent encore entre leurs mains, ne pourront être aliénés par elles que sur des offres d'en porter le prix à vingt fois le revenu net des droits dus en argent, et vingt-deux fois le revenu net des droits dus en nature; les autres domaines nationaux à elles vendus ne pourront également être aliénés qu'aux conditions prescrites par les précédens décrets.

16. Jusqu'à ce que les municipalités aient aliéné les domaines nationaux qu'elles ont acquis, ils seront régis comme les autres par les préposés de la régie des droits d'enregistrement, et les revenus en seront versés dans la caisse du district, à compte de tous les intérêts dus par lesdites municipalités du prix de leurs acquisitions.

17. Les délais accordés par le décret du 14 novembre dernier, pour le paiement du rachat des droits ci-devant féodaux appartenant à la nation, auront lieu pour le rachat de tous les autres droits incorporels nationaux; en conséquence, les paiemens seront faits ainsi qu'il suit : deux dixièmes dans le mois de la liquidation consommée, un dixième dans le mois suivant, et un dixième dans chacun des deux suivans, et les cinq autres dixièmes de six mois en six mois, de manière que la totalité du paiement soit effectuée dans le cours de deux ans et dix mois.

18. En procédant à la liquidation des droits incorporels, il ne sera fait, pour raison de la contribution foncière, aucune déduction sur le prix de leur rachat.

19. Les cens, rentes et autres droits incorporels nationaux, de prestation annuelle, pour le rachat desquels il sera à l'avenir fait des offres, continueront d'être perçus au profit de la nation, jusqu'au paiement du premier terme de rachat.

20. Les droits de lods et ventes et autres droits casuels pour lesquels il sera à l'avenir fait des offres, seront éteints à compter du jour des offres, si le paiement du premier terme est fait dans le délai prescrit; autrement les offres seront sans effet, et les

_____

(1) Voy. notes sur l'art. 13, tit. 3, loi du 28 octobre = 5 novembre 1790.

droits auxquels il y aura eu ouverture seront perçus.

21. Les offres mentionnées dans les deux articles précédens seront faites au bureau de la régie dans l'arrondissement duquel sont situés, en tout ou en majeure partie, les biens grevés de droits à racheter.

22. Lorsque les particuliers acquéreurs de droits incorporels nationaux, vendus avant la publication de la loi du 20 mars dernier, soit séparément, soit conjointement avec d'autres biens, devront encore tout ou partie de prix de leur acquisition, les débiteurs desdits droits qui voudront les racheter seront tenus d'en faire liquider le rachat dans la forme prescrite pour les droits incorporels possédés par la nation, et au temps prescrit pour les particuliers; et le montant de la liquidation sera perçu par les agens de la régie des domaines, et versé dans la caisse du district, en déduction ou jusqu'à concurrence de ce qui sera dû par les acquéreurs du prix de leur acquisition.

23. Les débiteurs qui voudront racheter des droits incorporels vendus par la nation pourront exiger des acquéreurs la représentation tant de leur contrat d'acquisition, que de la quittance ou prix d'icelle; et à défaut, ou au refus de ladite représentation, le rachat sera liquidé et payé comme il est dit en l'article précédent.

___

19 = 31 AOUT 1791. — Décret portant liquidation d'une partie de la dette arriérée. (L. 7, 316; B. 17, 287.)

___

19 = 19 AOUT 1791. — Décret portant que les sieurs Le Maire, Pagnard et compagnie, régisseurs des droits d'octroi dans la ci-devant province d'Artois, présenteront au directeur-général de la liquidation leur compte de régie jusqu'à l'époque de la résiliation de leur traité. (B. 17, 286.)

___

19 = 18 AOUT 1791. — Décret qui fixe à 12,000 livres les appointemens de M. Gauthier, capitaine de vaisseau et directeur de constructions. (B. 17, 287.)

___

20 = 26 AOUT 1791. Décret relatif aux traitemens et secours à accorder aux ci-devant employés ecclésiastiques ou laïques faisant fonctions relatives au service divin, dans les églises des ci-devant chapitres séculiers ou réguliers. (L. 5, 1059; B. 17, 298.)

Art. 1er. Les officiers ou employés ecclésiastiques ou laïques des chapitres réguliers ou séculiers de l'un ou de l'autre sexe, qui prouveront, par acte capitulaire ou autre écrit ayant date certaine, avoir été reçus à vie, pour remplir, dans les églises desdits chapitres, des fonctions relatives au service divin, sans avoir été pourvus d'aucun titre

de bénéfice, auront pour traitement ou pension de retraite la moitié de ce dont ils jouissaient en gages et émolumens ordinaires; et, néanmoins, ladite moitié ne pourra excéder la somme de 200 livres par chaque année.

2. Il en sera de même à l'égard desdits employés qui, ne prouvant point par écrit, ainsi qu'il est dit ci-dessus, avoir été reçus pour le temps de leur vie, auront plus de vingt ans de service dans une ou plusieurs églises, et plus de cinquante ans d'âge. S'ils ne réunissent pas ces deux circonstances de l'âge et de la durée du service, ils auront seulement droit à une gratification d'une année de leurs gages ou anciens traitemens, qui ne pourra néanmoins excéder la somme de deux cents livres.

3. Les dispositions des deux précédens articles sont déclarées communes aux employés dans les églises des anciennes abbayes où la conventualité avait cessé, et où le service divin était acquitté par des ecclésiastiques séculiers, à la charge des revenus desdites abbayes.

4. Lesdites pensions et secours ne seront payés qu'à ceux qui étaient reçus avant le 1er janvier 1789, qui n'avaient point d'autre état, et qui n'auront point obtenu ou refusé, depuis la suppression de leurs emplois, d'autres places ou emplois publics.

5. Quant à ceux qui, dès avant la suppression desdits chapitres, avaient obtenu des pensions de retraite dont ils jouissaient sans activité, ils les conserveront jusqu'à la concurrence de deux cents livres par chaque année.

6. Les secours provisoires qui ont été accordés auxdits officiers et employés par les directoires de district ou de département, seront imputés sur les pensions et secours autorisés par le présent décret. Il est défendu aux corps administratifs d'accorder de semblables secours à l'avenir.

7. Les pensions créées par le présent décret courront à compter du 1er janvier 1791.

___

20 = 26 AOUT 1791. — Décret qui autorise la municipalité de Bordeaux à acquérir le collège de la Madeleine et à vendre l'ancien hôtel-de-ville et ses dépendances. (B. 17, 294.)

___

20 = 26 AOUT 1791. — Décret qui autorise les administrateurs et le bureau de l'Hôtel-Dieu de Dieuze, à acquérir la maison des Capucins de cette ville. (B. 17, 295.)

___

20 = 27 AOUT 1791. — Décret portant qu'il y a lieu à accusation contre les sieurs Bonne-Savardin, de Maillebois et complices, et qui renvoie au tribunal de la haute Cour nationale, à Orléans, la procédure instruite contre eux au ci-devant Châtelet de Paris. (B. 17, 297.)

___

3.

20 = 26 AOUT 1791. — Décret qui annule et déclare comme non avenues les trois délibérations du directoire du département de la Dordogne, relativement à la nomination du sieur la Fargue à la place de juge-de-paix du canton de Ribagnac, et à une procédure commencée à sa requête devant le tribunal du district de Bergerac. (B. 17, 295.)

20 = 27 AOUT 1791. — Décret qui renvoie au tribunal du district de Montargis la procédure instruite au ci-devant Châtelet de Paris contre le sieur Jacques Marguenot. (B. 17, 297.)

20 AOUT 1791. — Forêts. *Voy.* 15 SEPTEMBRE 1791. — Marseille, etc. *Voy.* 18 AOUT 1791.

21 AOUT = 16 OCTOBRE 1791. — Décret relatif aux plans des territoires dans les départemens.

Voy. loi du 16 = 23 SEPTEMBRE 1791.

L'Assemblée nationale décrète que les directoires de département, sur l'avis de ceux de district, pourront ordonner la levée du plan du territoire et l'évaluation du revenu d'une communauté, lorsque cette demande aura été faite par le conseil général de la commune, même avant qu'il soit formé aucune demande en réduction.

21 AOUT = 16 OCTOBRE 1791. — Décret relatif aux rentes constituées sur le clergé, sous le nom des syndics des diocèses. (B. 17, 321.)

Art. 1er. Les rentes constituées sur le clergé, sous le nom des syndics des diocèses, même dont les capitaux seront prouvés appartenir, soit à des particuliers, soit à des écoles, collèges, fabriques, hôpitaux et pauvres de paroisses, continueront de faire partie de la dette de l'Etat.

2. Pour les constater, les contrats passés sous le nom desdits syndics seront représentés au directoire des districts respectifs où ils résidaient, lesquels certifieront quels sont les propriétaires desdits capitaux, tant sur les registres qu'ont dû tenir les syndics, que sur les documens et reconnaissances qui doivent être aux mains des parties intéressées.

3. Les directoires de district renverront le procès-verbal détaillé de leurs opérations au directoire de département, qui, après l'avoir examiné, le fera passer au directeur général de la liquidation.

4. Le directeur général le vérifiera à son tour; et, sur le rapport du comité central de liquidation, il sera, par le Corps-Législatif, statué ce qu'il appartiendra.

5. Les capitaux qui seront reconnus être de la nature de ceux exprimés dans l'article 1er seront constitués en contrats séparés et individuels au profit des véritables propriétaires, ou bien ils seront réunis par eux à d'autres capitaux de rentes sur l'Etat, s'ils en ont, en remplissant les formes prescrites pour les reconstitutions.

Dans le premier cas, ils ne paieront qu'un droit d'enregistrement de vingt sous.

6. Néanmoins, si lesdits capitaux ne s'élevaient pas à la somme de cinq cents livres, et que les propriétaires ne pussent pas les réunir à d'autres capitaux de rentes pour les reconstituer, lesdits capitaux seront remboursés.

21 (18 et) = 2 AOUT 1791. — Décret concernant les recettes et dépenses publiques et la dette nationale. (L. 5, 999; B. 17, 318; Mon. du 29 août 1791.)

Art. 1er. Les commissaires de la Trésorerie nationale présenteront, d'ici au 15 septembre prochain, un état général de toutes les recettes et dépenses, sans exception, qui ont eu lieu depuis le 1er mai 1789 jusqu'au 1er septembre 1791.

Cet état sera divisé, quant à la recette, en recettes ordinaires et extraordinaires.

Dans les recettes ordinaires seront comprises toutes les parties du revenu public, telles qu'elles ont été versées par chaque mois au Trésor national.

Dans les recettes extraordinaires seront compris tous les recouvremens d'arrérages d'impositions, ceux des reprises et autres dettes actives de l'État; le produit des emprunts, tels qu'ils ont été versés chaque mois au Trésor public.

L'état des dépenses sera divisé en dépenses ordinaires et extraordinaires.

Dans les dépenses ordinaires seront comprises toutes celles arrêtées, et dont les fonds seront assignés par des états de distribution.

Dans les dépenses extraordinaires seront compris tous les objets imprévus, acquittés par des ordres additionnels et postérieurs à la fixation des états de distribution, quelle que soit la nature de ces dépenses, et quelles que soient les parties prenantes.

Dans l'état général ainsi dressé seront rappelés, par ordre de dates et par ordre de recettes et dépenses, les états produits et certifiés par les ministres et ordonnateurs du Trésor public qui ont précédé les commissaires actuels de la Trésorerie.

2. L'état général des recettes et dépenses, certifié par les commissaires de la Trésorerie, sera balancé, quant aux dépenses, par les états particuliers que sera tenu de produire chaque ordonnateur des dépenses publiques, depuis le 1er mai 1789 jusqu'au 1er septembre 1791; lesdits états seront également divisés en recettes et dépenses ordinaires et extraordinaires.

3. Si, dans les états fournis par les ordon-

nateurs, il existe des articles de recette extraordinaire provenant d'autres fonds que ceux remis par le Trésor public, lesdits articles seront employés pour mémoire seulement.

4. Les ordonnateurs des services divers ne seront tenus de certifier que les dépenses et recettes qu'ils ont dirigées; ils rappelleront, pour les gestions qui leur sont étrangères, les états de situation fournis par leurs prédécesseurs.

5. L'état général formé par les commissaires de la Trésorerie sera vérifié, quant aux recettes, lors de la reddition des comptes particuliers, par les récépissés fournis aux divers receveurs de l'État, et à toute autre partie payante au Trésor public; ledit état demeurera, à cet effet, pièce à la charge des commissaires de la Trésorerie, pour leur gestion seulement, lors de la reddition et jugement des comptes de chaque receveur de l'État.

6. Le trésorier de la caisse de l'extraordinaire présentera séparément un état général de toutes ses recettes et dépenses, sans exception, et particulièrement des différentes sommes d'assignats qui lui ont été délivrées depuis la première époque de leur émission. L'emploi desdits assignats sera distingué en versement au Trésor public, et emploi immédiat en remboursement d'offices, rescriptions, arrérages de rentes, et toute autre dette de l'État.

Les quantités brûlées jusqu'au 1er septembre prochain seront spécifiées par époques.

7. La balance desdits états généraux et particuliers sera arrêtée au comité de la Trésorerie.

8. L'état de la dette publique sera dressé par les commissaires de la Trésorerie, et comprendra : 1° la dette constituée; 2° la dette exigible par remboursement à époque fixe; 3° la somme des remboursemens qui doivent s'opérer d'après les titres enregistrés au bureau de liquidation; à l'effet de quoi le commissaire liquidateur en remettra l'état à la Trésorerie, en y énonçant par approximation les parties non vérifiées.

9. L'Assemblée nationale décrète, comme complément au tableau général des affaires publiques, qui lui sera présenté par le ministre des contributions, un état expositif de tous les revenus publics au 1er janvier 1790, un état de recouvremens à faire, soit sur les comptables, soit sur les parties arriérées du revenu, de leur décroissance à l'époque de la suppression de chacun des impôts directs ou indirects, et de leur remplacement à l'époque de la perception des nouveaux impôts qui y ont été substitués, ainsi que les diminutions d'impôts qu'ont éprouvées les contribuables.

10. Les états et tableaux ordonnés par les articles précédens seront remis à la législature suivante, pour être vérifiés et représentés aux comptables comme pièces à leur charge, lors de la reddition des comptes.

11. L'Assemblée nationale décrète que, la veille du jour de la clôture de ses séances, il sera, par ses commissaires, dressé procès-verbal de l'état de la caisse nationale et de celle de l'extraordinaire, lequel procès-verbal, imprimé et rendu public, sera remis en original à la législature.

———

21 (4 et) = 28 AOUT 1791. — Décret relatif aux décharges et réductions sur la contribution foncière. (L. 5, 1062; B. 17, 304.)

Voy. lois du 7, 16 = 11 SEPTEMBRE 1790 et les notes; 23 SEPTEMBRE = 1er DÉCEMBRE 1790.

Art. 1er. Les administrations de département et de district, ainsi que les municipalités, ne pourront, sous aucun prétexte, et ce sous peine de forfaiture, se dispenser de répartir la portion contributive qui leur aura été assignée dans la contribution foncière, savoir : aux départemens, par un décret de l'Assemblée nationale ou des assemblées nationales législatives; aux districts, par la commission de l'administration de département, et aux municipalités par le mandement de l'administration de district.

2. Aucun département, aucun district, aucune municipalité, ni aucun contribuable, ne pourront, sous aucun prétexte, même de réclamation contre la répartition, se dispenser de payer la portion contributive qui leur aura été assignée, sauf à faire valoir leurs réclamations selon les règles ci-après prescrites.

Des demandes formées par les propriétaires ou possesseurs.

3. Toutes les fois qu'une propriété aura été cotisée sous un autre nom que celui du véritable possesseur, la municipalité sera autorisée à accorder la décharge, et ordonner *la mutation de cote,* sinon la réclamation sera adressée au directoire de district, comme toutes les autres demandes relatives aux contributions directes; mais le réclamant ne sera pas tenu de justifier d'avoir payé d'à-compte, et le directoire de district, après la vérification des faits, délivrera une ordonnance de mutation, pour laquelle il sera dit que la cote mal à propos portée dans le rôle sous le nom du réclamant, sera acquittée par le véritable propriétaire.

4. Lorsque, par erreur, une propriété aura été cotisée dans deux communautés, la réclamation contre ce *double emploi* sera faite au directoire de district dans la même forme, et sans qu'il soit besoin de justifier d'un paiement d'à-compte dans les deux communautés, mais dans une seulement. Le directoire de district, d'après la vérification des faits,

ordonnera, au profit du réclamant, la décharge de la cote portée au rôle de la communauté dans laquelle les biens ne sont pas situés.

5. Tout propriétaire ou possesseur qui voudra former une demande en *réduction*, l'adressera au directoire de district dans l'arrondissement duquel seront situés les biens qu'il prétendra être surtaxés.

6. Cette demande ne pourra être admise si elle n'est formée dans les trois mois qui suivront la publication du rôle de la contribution foncière dans la communauté, et si le réclamant ne justifie avoir payé les termes de sa cotisation échus au jour où la demande sera formée.

7. Tout contribuable qui réclamera une réduction sera tenu de joindre à sa demande : 1° un extrait de la matrice de rôle de sa communauté, contenant, par section et numéro, le détail de tous les biens-fonds à lui appartenant sur le territoire de la communauté, et l'évaluation de leur revenu net, portée dans ladite matrice de rôle ; 2° une déclaration de revenu auquel il évaluera lui-même chaque article de ses biens-fonds.

8. Le directoire du district fera enregistrer par extrait au secrétariat, sur un registre d'ordre, tous les mémoires en réduction qui lui seront adressés, après avoir fait constater si toutes les formalités prescrites par les articles 5, 6 et 7 ont été observées par le réclamant, et renverra ensuite, dans la huitaine, chaque mémoire à la municipalité de la situation des biens.

9. A la réception du mémoire, le conseil général de la commune sera convoqué, et sera tenu de délibérer, dans la huitaine au plus tard, si la demande lui paraît fondée ou non, en exprimant sur chaque article, dans le cas de l'affirmative, à quelle somme la réduction lui paraîtra devoir être réglée.

10. Le procureur de la commune renverra, dans la huitaine suivante, le mémoire et les pièces y jointes, avec une expédition de la délibération, au directoire de district.

11. Lorsque le conseil général de la commune aura reconnu que la réclamation est juste, le directoire du district prononcera la réduction demandée.

12. Lorsque le conseil général de la commune aura délibéré que la réclamation n'est fondée qu'en partie, la délibération sera communiquée au réclamant, qui sera tenu de déclarer s'il adhère ou non à la délibération ; et, dans le cas d'adhésion, le directoire de district prononcera la réduction qui aura été délibérée par le conseil général.

13. Dans le cas de refus de la part du réclamant, ou lorsque le conseil général de la commune aura délibéré que la réclamation n'est pas fondée, le directoire du district nommera deux experts, dont un instruit dans l'arpentage, pour procéder à une nouvelle évaluation des biens, et au mesurage, s'il est nécessaire.

14. Les experts prendront, au secrétariat du district, le mémoire et les pièces du réclamant, et la délibération du conseil général de la commune ; le directoire du district fixera, trois jours à l'avance, celui de leur descente sur les lieux ; il en sera donné avis à la municipalité et au réclamant.

15. La municipalité nommera deux commissaires pour être présens aux opérations des experts, et le réclamant y assistera par lui ou par un fondé de pouvoir. Les commissaires et le réclamant indiqueront les biens, et fourniront les autres renseignemens qui seront demandés ; les commissaires représenteront même la matrice de rôle de la communauté, si les experts le demandent.

16. Le directoire de district prononcera dans la quinzaine après le dépôt des procès-verbaux, et il enverra sa décision à la municipalité, qui sera tenue de la faire publier le dimanche suivant.

17. La décision du directoire du district sera exécutée provisoirement ; et, si la partie réclamante ou le conseil général de la commune se croit fondé à se pourvoir devant le directoire du département, il y sera procédé à la discussion et à l'examen de la réclamation, de la même manière que devant le directoire de district.

18. Aucune demande en *réclamation* ne sera reçue au département, si elle est formée avant le délai de quinzaine après la publication de la décision du directoire de district, ou si elle n'est pas formée dans la quinzaine suivante.

19. Toutes les fois que, d'après la réclamation d'un propriétaire, il aura été procédé par experts à une évaluation, aucun des articles ainsi réglés ne pourra être cotisé qu'en conformité de cette évaluation, pendant les dix années suivantes, à moins qu'il ne soit fait de nouvelles constructions, ou qu'avant ce temps il ne soit procédé à la levée du plan du territoire de la communauté, et à une évaluation générale de son revenu.

20. Il sera libre à plusieurs contribuables de se réunir et de former leur demande en commun ; cette demande devra être formée, instruite et décidée conformément aux dispositions ci-dessus prescrites.

21. Lorsque les demandes en réduction seront formées par un ou plusieurs contribuables dont les cotisations réunies excéderont le tiers du montant du rôle de la contribution foncière de la communauté, et qu'il sera nécessaire d'ordonner une vérification d'experts et une nouvelle évaluation, le directoire du département, sur l'avis du directoire du district, ordonnera la levée du plan du territoire de la communauté, et nom-

mera deux experts pour faire une évaluation générale.

22. Les directoires de département, sur l'avis de ceux de district, pourront ordonner la levée du plan du territoire et l'évaluation du revenu d'une communauté, lorsque cette demande aura été faite par le conseil général de la commune, même avant qu'il soit formé aucune demande en réduction.

Des demandes formées par les communautés.

23. Les demandes en réduction que formeront les communautés, ne seront admises qu'autant qu'elles seront adressées au directoire du département dans les deux mois du jour où elles auront reçu le mandement, et qu'elles justifieront avoir mis les rôles en recouvrement.

24. Les demandes en réduction ne pourront être faites que par délibération du conseil général de la commune, et la délibération sera adressée, avec les pièces au soutien, au directoire de département, qui, après vérification, la fera enregistrer sur le registre d'ordre à son secrétariat, et la renverra dans la huitaine au directoire de district.

25. Le directoire du district communiquera, dans la huitaine, le mémoire et la délibération aux communautés du district non réclamantes, dont le territoire sera contigu à celui de la communauté qui aura réclamé; et, dans le cas où toutes les communautés contiguës seraient réclamantes, le directoire en indiquera deux autres des plus voisines. Aussitôt que l'envoi sera reçu, le conseil général de chaque commune sera convoqué, et sera tenu de délibérer, dans la quinzaine, si la réclamation lui paraît fondée ou non, et à quelle somme la réduction demandée lui paraîtra devoir être réglée.

26. Les communautés pourront, avant de donner leur avis, nommer des commissaires pour visiter le territoire de la communauté réclamante, et prendre connaissance de la matrice de rôle, dont la représentation ne pourra leur être refusée.

27. Les délibérations et avis des communautés contiguës à la communauté réclamante seront adressés au directoire du district, qui, sur le tout, donnera son avis motivé, et l'adressera au directoire du département.

28. Le directoire du département prononcera sur la réduction, d'après l'avis du directoire de district.

29. Si le directoire du district est d'avis que la réclamation n'est fondée qu'en partie, son arrêté sera communiqué à la communauté réclamante, qui sera tenue de déclarer si elle adhère ou non à l'arrêté; et, dans le cas d'adhésion, le directoire du département prononcera la réduction proposée par le directoire du district.

30. Dans le cas où la communauté refuserait de faire la déclaration prescrite par l'article précédent, ou lorsque le directoire de district aura délibéré que la réclamation n'est pas fondée, le directoire du département ordonnera d'abord la levée du plan de la communauté, et nommera ensuite deux experts pour procéder à une évaluation de son revenu.

31. Toutes les fois que, par les corps administratifs, la levée d'un plan sera ordonnée, elle sera faite sous la surveillance de l'ingénieur des ponts-et-chaussées du département, suivant les règles qui seront prescrites.

32. Les officiers municipaux nommeront des commissaires, pour donner à celui qui sera chargé de la levée du plan tous les renseignemens et secours nécessaires. L'original du plan sera déposé aux archives du département, et il en sera déposé deux copies, l'une aux archives du district, l'autre à celles de la municipalité.

33. Les experts prendront sous leur récépissé, au secrétariat du département, le plan du territoire de la communauté et son mémoire en réclamation, avec les pièces y jointes; le directoire du département fixera, huit jours à l'avance, celui de la descente sur les lieux, et en informera le directoire de district, pour qu'il en soit donné avis à la communauté réclamante et à celles qui l'avoisinent.

34. Le directoire de district et la communauté réclamante nommeront chacun deux commissaires, et les communautés contiguës ou voisines chacune un, pour donner aux experts les indications et les autres renseignemens qui seront demandés : les deux commissaires de la communauté réclamante représenteront même la matrice du rôle de leur communauté, si elle est demandée.

35. Le directoire de département prononcera aussitôt après la remise du procès-verbal, et adressera sa décision au directoire de district, pour la transmettre à la municipalité, laquelle sera tenue de la faire publier le dimanche suivant.

36. Toutes les fois qu'il aura été procédé à la levée du plan d'une communauté et à l'évaluation de son revenu, elle ne pourra être cotisée qu'en conformité de cette évaluation pendant les quinze années suivantes, à moins qu'avant cette époque il ne soit procédé à la levée du plan du district, et à l'évaluation générale de tous les revenus de son territoire.

Des demandes en réduction formées par les districts.

37. Les demandes en réduction de la part des districts seront formées dans l'année, et par délibération du conseil du district : cette

délibération, avec les pièces au soutien, sera adressée au directoire du département.

38. Le conseil du district justifiera que ses rôles ont été mis en recouvrement aux époques fixées par la loi, sans quoi sa réclamation ne sera pas admise.

39. La délibération portant réclamation sera enregistrée au secrétariat du département, dont le directoire communiquera la demande aux directoires des autres districts, pour donner leur avis sur la réclamation.

40. Les directoires de district pourront, avant de donner leur avis, nommer des commissaires pour visiter le territoire du district réclamant, et prendre connaissance des matrices des rôles des communautés de ce district, lesquelles ne pourront en refuser la communication.

41. Les délibérations et avis des directoires de district seront adressées aux directoires de département, pour être statué sur le tout par le conseil du département.

42. Lorsque le conseil du département aura reconnu que la réclamation est juste, il enverra sa décision aux directoires de tous les districts qui lui sont subordonnés.

43. Lorsque le conseil du département aura délibéré que la réclamation n'est fondée qu'en partie, il fera connaître son arrêté au directoire du district réclamant, qui sera tenu de déclarer s'il adhère ou non à l'arrêté; et, dans le cas d'adhésion, l'arrêté sera publié et aura son exécution.

44. Dans le cas où le directoire du district réclamant refuserait de faire la déclaration prescrite par l'article précédent, ou lorsque le conseil du département aura délibéré que la réclamation n'est pas fondée, le conseil du département, dans une séance publique, fera tirer au sort une communauté par chaque canton du district réclamant, et ordonnera la levée du plan de chacune de ces communautés, conformément aux règles prescrites.

45. Le directoire du district réclamant et les officiers municipaux des communes dont les plans devront être levés, nommeront des commissaires pour donner à celui qui sera chargé de la levée des plans tous les renseignemens et secours nécessaires; les originaux des plans seront déposés aux archives du département, et il en sera déposé deux copies, l'une aux archives du district, et l'autre à celles de chaque municipalité.

46. Aussitôt après la levée des plans, le directoire du département nommera deux experts pour procéder à l'évaluation du revenu des communautés dont les plans auront été levés; il leur fera remettre les plans, la demande en réclamation et pièces y jointes; il fixera, quinze jours à l'avance, celui de la descente sur les lieux, et en donnera avis au directoire du district réclamant et à ceux des deux districts les plus voisins, qui nom-

meront chacun un commissaire, pour être présent aux opérations des experts et faire les réquisitions qu'ils croiront utiles.

47. Le revenu net du district sera calculé d'après l'évaluation faite de celui des communautés vérifiées, dans la proportion de leur quote-part avec le contingent général du district.

48. Le conseil du département prononcera, lors de sa première session, après le dépôt des procès-verbaux, et il fera connaître sa décision à tous les districts qui lui sont subordonnés.

49. Toutes les fois qu'il aura été procédé, sur la réclamation d'un district, à la levée d'un plan d'une communauté par chaque canton, et à l'évaluation de leur revenu par experts, le district ne pourra être cotisé qu'en conformité de cette évaluation pendant les vingt années suivantes, à moins qu'avant cette époque il ne soit procédé à une pareille évaluation pour les autres districts.

Dispositions générales.

50. Dans tous les cas où il aura été nommé des experts, les parties intéressées à la réclamation seront tenues d'adresser leurs moyens de récusation, si elles en ont, au directoire de district ou de département, avant le jour fixé pour la descente des experts.

51. Les procès-verbaux d'experts seront rédigés suivant les modèles joints au présent décret; les experts les dresseront sur les lieux; les commissaires et les réclamans seront interpellés de les signer; et, s'ils s'y refusent, il sera fait mention de leur refus. Ces procès-verbaux ne seront soumis ni au timbre ni à l'enregistrement: l'original sera déposé au secrétariat du corps administratif qui aura ordonné le procès-verbal; il y sera numéroté et enregistré, et il en sera remis des copies aux districts et aux municipalités pour ce qui les concerne.

52. Les réductions accordées seront, pour l'année courante, imputées sur le fonds des non-valeurs, et rejetées, lors de la confection du rôle de l'année suivante, sur les autres contribuables, communautés ou districts, suivant les cas exprimés aux articles 1, 2 et 3 du titre IV du décret du 23 novembre = 1er décembre 1790, concernant la contribution foncière.

53. Dans le cas cependant où le montant des réductions prononcées excéderaient le sixième du montant total du rôle de la communauté, ces réductions ne seront pas imputées sur le fonds des non-valeurs, mais le montant sera réparti sur le rôle de l'année même, en exceptant les réclamans au profit desquels les réductions auraient été prononcées.

54. Les frais de levée de plans, de mesurage et d'expertise, seront réglés au pied des

procès-verbaux, par les corps administratifs qui les auront ordonnés.

55. Dans le cas de réclamation d'un contribuable contre l'évaluation faite par la municipalité de sa communauté, les frais seront supportés par le réclamant, soit que sa demande en réclamation ait été rejetée, soit qu'il ait refusé la réduction offerte par le conseil général, si elle est jugée suffisante ; et ils seront supportés par la communauté, si elle a mal à propos contesté la demande, ou n'a consenti qu'une réduction inférieure à celle qui sera fixée.

56. Il en sera de même lorsque plusieurs contribuables se seront réunis pour former leur demande en réclamation, et lorsqu'elle n'aura point donné lieu à la levée d'un plan général de la communauté.

57. Dans le cas où la demande en réclamation d'un ou plusieurs contribuables, dont les cotisations réunies excéderont le tiers du montant du rôle de la contribution foncière de la communauté, sera rejetée après avoir donné lieu à la levée du plan général de la communauté, les frais seront supportés par tous les revenus de la communauté, en évaluant, pour cette répartition, au double de leur revenu, les biens des contribuables réclamans.

58. Dans le cas, au contraire, où la réclamation des contribuables sera admise, les frais seront supportés par tous les revenus de la communauté, en évaluant, pour cette répartition, les biens des contribuables réclamans à la moitié seulement de leur revenu.

59. Dans le cas où une communauté aura demandé la levée du plan de son territoire, les frais seront supportés par tous les revenus fonciers de la communauté, au marc la livre.

60. Les frais auxquels aura été condamné le contribuable seront, à défaut de paiement dans le mois, portés par émargement à sa cote, avec les taxations du receveur en proportion, et les revenus du contribuable seront affectés au paiement de la somme émargée, comme pour la contribution même.

61. Le montant des frais auxquels sera condamnée une communauté sera émargé sur le rôle de sa contribution foncière, les cotes des réclamans exceptées ; mais ces émargemens ne pourront, chaque année, excéder la moitié du principal de la contribution.

62. Si, d'après la vérification ordonnée par le conseil du département sur la réclamation d'un conseil de district, la demande est rejetée, les frais seront supportés par le district, et répartis, l'année suivante, sur toutes les communautés qui le composent.

63. Si la réduction est ordonnée au profit du district, les frais seront répartis l'année suivante sur les autres districts du département.

21 = 22 AOUT 1791. — Décret portant que la caisse de l'extraordinaire fera à la municipalité de Paris une avance de 300,000 livres par mois, jusqu'au 1ᵉʳ novembre exclusivement. (B. 17, 317.)

21 = 28 AOUT 1791. — Décret qui distrait de la vente faite à la municipalité d'Ornans, les moulins, usines et fours ci-devant banaux situés en ladite ville, et qui maintient le sieur Didier dans la jouissance desdits objets, jusqu'à l'expiration de son bail emphytéotique. (B. 17, 324.)

21 = 28 AOUT 1791. — Décret qui charge le tribunal de Bayeux d'informer contre le sieur Fauchet, évêque du département du Calvados, et le sieur Chaix-d'Estange, son vicaire. (B. 17, 324.)

21 = 23 AOUT 1791. — Décret qui admet tous les artistes français ou étrangers à exposer leurs ouvrages dans la partie du Louvre destinée à cet objet. (B. 17, 322.)

21 = 22 AOUT 1791. — Décret qui accorde un supplément de fonds de 214,000 livres pour le paiement des ouvriers du port de Toulon. (L. 5, 1183 ; B. 17, 300.)

21 AOUT = 3 SEPTEMBRE 1791. — Décret portant liquidation de plusieurs offices de judicature. (L. 7, 358 ; B. 17, 300.)

21 AOUT = 16 OCTOBRE 1791. — Décret qui ordonne la délivrance des reconnaissances définitives de liquidation des offices, données en don patriotique. (B. 17, 300.)

21 AOUT = 19 OCTOBRE 1791. — Décret portant que le sieur Desperriers sera liquidé de son office de lieutenant-général au bailliage d'Orbec, sur le pied de son évaluation faite par acte du 23 janvier 1791. (B. 17, 301.)

21 AOUT = 19 OCTOBRE 1791. — Décret portant qu'il n'y a pas lieu à délibérer sur une pétition relative à la liquidation des offices de secrétaires du Roi, audienciers et contrôleurs en la chancellerie près le parlement de Bordeaux ; sur celle du sieur Aucanté, procureur au ci-devant parlement de Paris, et sur celle du sieur Balot, ci-devant procureur au Châtelet de la même ville. (B. 17, 302 et 303.)

22 = 28 AOUT 1791. — Décret qui approuve le bail fait par le sieur Cratz-Meyer au directoire du district d'Haguenau, et qui autorise ceux de Louviers, de la Tour-du-Pin, de Nogaro, à acquérir les bâtimens nécessaires à leur établissement. (L. 5, 1120 ; B. 17, 326, 327 et 328.)

22 AOUT 1791. — Décret qui enjoint au ministre de la marine de rendre compte des moyens

pris pour l'exécution des décrets des 15 et 16 mai, relatifs aux colonies, et qui adjoint six membres au comité colonial. (B. 17, 329.)

22 AOUT 1791. — Sieur Barbe. *Voy.* 16 AOUT 1791. — Caisse de l'extraordinaire. *Voy.* 21 AOUT 1791. — Circonscriptions diverses. *Voy.* 8 AOUT 1791. — Dépenses de la guerre. *Voy.* 2 AOUT 1791. Droits d'entrée, etc. *Voy.* 6 AOUT 1791.—Gratifications ; Iles de France, etc. *Voy.* 18 AOUT 1791.—Pensions ; Pensions sur la loteterie. *Voy.* 18 AOUT 1791.— Postes. *Voy.* 17 AOUT 1791.—Recettes, etc. *Voy.* 21 AOUT 1791.—Rivière d'Etampes. *Voy.* 18 AOUT 1791.

23 AOUT = 9 OCTOBRE 1791. — Décrets relatifs à la fabrication des assignats. (B. 17, 329.)

PREMIER DÉCRET.

L'Assemblée nationale, ouï ses comités des finances et des assignats, décrète qu'elle autorise son archiviste à remettre aux commissaires chargés de diriger et surveiller la fabrication des assignats, les anciennes formes du papier des assignats de 100 livres et au-dessous jusqu'à 50 livres, pour que leur fabrication soit continuée sur ces mêmes formes.

Décrète en outre que le papier qui a été fabriqué sur de nouvelles formes disposées à quatre à la feuille, et qui existe, soit aux manufactures de Courtalin et du Marais, soit à Paris, sera refondu dans les cuves desdites manufactures, en présence des commissaires de l'Assemblée nationale et de celui du Roi, lesquels en dresseront conjointement procès-verbal, qu'ils feront passer, ainsi que lesdites nouvelles formes disposées à quatre à la feuille, aux archives nationales.

SECOND DÉCRET.

L'Assemblée nationale, ouï son comité des assignats, décrète qu'il sera procédé à la fabrication du papier pour nouveaux assignats de 5 livres, jusqu'à la concurrence d'une somme de 100 millions, lequel restera déposé aux archives, et n'en sera retiré que sur un décret spécial de l'Assemblée nationale.

23 = 29 AOUT, 11 et 12 SEPTEMBRE 1791. — Décret portant réduction et circonscription des paroisses des villes et districts de Saint-Omer, Landerneau, du bourg de Liesse, des villes des Andelys, du bourg d'Ivry, de Rugles, Condé-sur-Ithon, de Châteauroux, des villes de Pont-à-Mousson, Toul et Lunéville, et districts de Riom. (B. 17, 330 et suiv.)

23 AOUT 1791.— Dégrèvemens divers. *Voy.* 16 AOUT 1791. — Exposition. *Voy.* 21 AOUT 1791.

24 AOUT = 7 SEPTEMBRE 1791. — Décret portant liquidation de différentes sommes faisant partie de la dette arriérée. (L. 5, 370; B. 17, 343.)

24 AOUT = 16 OCTOBRE 1791. — Décret portant que les rentes viagères constituées au profit des religieux et religieuses seront liquidées à leur profit et en leur nom personnel, pour continuer, par lesdits religieux et religieuses, à en jouir leur vie durant. (B. 17, 343.)

24 AOUT 1791. — Décret qui ordonne aux ministres et à tous ceux dont les bureaux sont payés sur les revenus de l'Etat, de présenter les plans d'organisation des différens bureaux de leur département. (B. 17, 344.)

25 AOUT 1791. — Compagnie des Indes. *Voy.* 17 AOUT 1791. — Réglement de comptes. *Voy.* 4 JUILLET 1791.

26 = 29 AOUT 1791. — Décret relatif aux vases, meubles et ustensiles de cuivre et de bronze, provenant des communautés, églises et paroisses supprimées. (L. 5, 1128; B. 17, 347.)

L'Assemblée nationale, considérant qu'il existe dans les communautés, églises et paroisses supprimées, beaucoup de vases, meubles et ustensiles de cuivre et de bronze; que le moyen d'en tirer le parti le plus utile à la chose publique serait de les employer à l'alliage du métal des cloches, et que cette mesure, en accélérant leur conversion en espèces, aurait encore l'avantage d'en rendre les procédés moins dispendieux; ouï le rapport de son comité des monnaies, décrète ce qui suit :

Art. 1er. Les vases, meubles et ustensiles de cuivre et de bronze provenant des communautés, églises et paroisses supprimées, seront envoyés, par les directoires du district, aux hôtels des monnaies les plus voisins, ou autres lieux destinés à la fabrication des flaons, qui leur seront indiqués par le ministre des contributions publiques; et les directeurs des monnaies, ou entrepreneurs de la fabrication des flaons, leur en feront passer leurs récipissés.

2. A chaque envoi seront joints des états certifiés par les membres des directoires de district, qui énonceront la nature, le nombre et le poids total des pièces envoyées.

3. A l'arrivée de ces envois dans chaque hôtel des monnaies, ou autre lieu indiqué, la vérification et pesée en seront faites en présence de deux membres du directoire du département, ou du district, dans les lieux qui ne sont pas chefs-lieux de département, et il en sera dressé un procès-verbal, dont une expédition sera adressée par le directoire au ministre des contributions publiques.

26 = 29 Août 1791. — Décret relatif aux opérations de la vente des biens nationaux. (L. 5, 1130 ; B. 17, 349.)

Art. 1er. A compter du 1er septembre prochain, le commissaire du Roi, administrateur de la caisse de l'extraordinaire, sera chargé de la suite des opérations relatives à la vente des domaines nationaux ; en conséquence, le comité d'aliénation lui fera remettre tous les papiers, mémoires et états existant dans ses bureaux, autres que les minutes de décrets et états des ventes faites aux municipalités, lesquels seront déposés aux archives de l'Assemblée nationale.

Le ministre de la justice adressera au commissaire du Roi, administrateur, une expédition en forme de tous lesdits décrets, et de ceux qui seront rendus à l'avenir.

2. Les directoires de département entretiendront avec le commissaire du Roi une correspondance exacte sur tous les objets concernant la vente des biens nationaux, et lui adresseront régulièrement les extraits de procès-verbaux d'estimation ou d'évaluation, exemplaires d'affiches, expéditions des procès-verbaux d'adjudication, et généralement tous les états qu'ils étaient tenus d'adresser au comité d'aliénation. Ils lui adresseront également tous les éclaircissemens qu'il pourra leur demander, conformément à l'article 5 du titre 1er du décret du 6 = 15 décembre 1790 sur l'organisation de la caisse de l'extraordinaire.

3. Le commissaire du Roi surveillera toutes les opérations, maintiendra l'observation des règles et conditions prescrites pour la validité des adjudications, et indiquera aux administrateurs les moyens d'exécuter les lois.

4. Il veillera pareillement à ce que les procureurs-généraux-syndics et les procureurs-syndics sous leurs ordres poursuivent avec exactitude, contre les adjudicataires, le paiement aux termes prescrits et la folle enchère à défaut de paiement, et à ce qu'ils dénoncent à l'accusateur public et poursuivent devant les tribunaux tous les délits, fraudes et prévarications qui pourraient se commettre dans les enchères.

5. En cas de négligence grave de la part des administrateurs, ou de contraventions aux lois concernant la vente des biens nationaux, le commissaire du Roi en instruira le ministre de l'intérieur, afin que le Roi, sur le compte qui lui en sera rendu, puisse annuler les actes irréguliers ou contraires aux lois que les corps administratifs se seraient permis, et employer contre eux tous les moyens que la constitution remet en son pouvoir ; et, quel que soit le résultat du conseil, le ministre de l'intérieur en donnera connaissance officielle au commissaire du Roi.

6. Le commissaire du Roi s'adressera également au ministre de l'intérieur, toutes les fois que l'exécution des lois relatives à l'aliénation des domaines nationaux lui paraîtra exiger des proclamations.

7. A compter de l'époque fixée par l'article 1er du présent décret, le comité d'aliénation n'exercera plus d'autres fonctions que celles qui vont être désignées. Il préparera et rapportera à l'Assemblée nationale les projets de lois nécessaires pour la suite des opérations de l'aliénation des biens nationaux. Il lui fera également le rapport des décrets qui restent à rendre au profit des municipalités. Il surveillera, de concert avec les commissaires de la caisse de l'extraordinaire, les opérations confiées au commissaire du Roi, administrateur, pour en instruire l'Assemblée nationale toutes les fois qu'il en sera nécessaire.

8. Il ne sera plus fait d'expéditions en parchemin des décrets d'aliénation de domaines nationaux aux municipalités, ni des états joints auxdits décrets, soit de ceux qui ont été rendus jusqu'à ce jour et qui n'ont pas encore été expédiés, soit de ceux qui le seront à l'avenir ; mais, après que lesdites aliénations seront terminées, il sera fait une expédition en parchemin, contenant l'état de toutes les municipalités adjudicataires de domaines nationaux, à laquelle expédition le sceau de l'Etat sera apposé, et elle sera remise aux archives nationales.

26 = 29 Août 1791. — Décret portant qu'il sera remis au ministre de l'intérieur la somme de 25,222 livres 19 sous 6 deniers, pour acquitter les frais faits à l'occasion des mouvemens et du séjour des troupes envoyées dans le département de l'Aube, et que la somme de 8,095 livres 15 sous 8 deniers sera imposée sur les contribuables pour indemniser le sieur Verdier. (B. 17, 345.)

26 = 29 Août 1791. — Décret qui substitue au palais épiscopal de Strasbourg la maison ci-devant possédée par le grand chapitre de la cathédrale de cette ville, pour le logement de l'évêque. (B. 17, 346.)

26 = 29 Août 1791. — Décret qui autorise à transférer le tribunal du district de Tarascon dans le monastère des ci-devant religieuses Augustines de la ville de Saint-Remy. (B. 17, 347.)

26 Août = 19 Octobre 1791. — Décret portant qu'il n'y a pas lieu à liquider les offices de porteurs de sel de Rouen. (B. 17, 349.)

26 Août 1791. — Bordeaux; Dieuze; Ecclésiastiques ; Sieur Lafargue. *Voy.* 20 Août 1791.

27 = 31 AOUT 1791. — Décret relatif aux fonctions de l'agent du Trésor public. (B. 17, 352.)

Art. 1er. L'agent du Trésor public tiendra deux registres ou sommiers. Il énoncera sur le premier les titres de créances actives du Trésor public qui donnent et donneront lieu à des actions judiciaires.

Il portera sur le second les demandes et répétitions formées judiciairement contre la nation.

2. Il remettra tous les mois, aux commissaires de la Trésorerie, un état de situation des différentes affaires.

3. Lorsque les affaires lui paraîtront susceptibles de difficulté, soit avant l'instance, soit pendant la durée de leur instruction, il prendra, sur le compte qu'il en rendra aux commissaires de la Trésorerie, l'avis par écrit des hommes de loi qu'ils lui indiqueront. Il présentera cet avis aux commissaires, qui l'autoriseront à agir de la manière qui leur paraîtra la plus convenable aux intérêts de la nation.

4. Dans les cas où, par des circonstances particulières, il y aurait lieu d'adhérer à un contrat d'union de créanciers, ou d'accorder quelques délais à un débiteur poursuivi, les commissaires de la Trésorerie pourront donner à l'agent du Trésor public tous les pouvoirs nécessaires à cet effet.

5. S'il s'agit de transiger, l'agent du Trésor public pourra y être autorisé par les commissaires de la Trésorerie; mais la transaction n'aura d'effet vis-à-vis la nation qu'après l'approbation du Corps-Législatif.

6. Les assignations et significations qui seront dans le cas d'être faites au domicile de l'agent du Trésor public ne seront valables que quand il les aura visées.

7. Chaque année, les commissaires de la Trésorerie comprendront dans un état général les frais de procédures qui auront été faits pendant l'année par les avoués et hommes de loi pour la suite des affaires. Cet état, visé par les commissaires de la Trésorerie, sera présenté au Roi par le ministre de l'intérieur, pour être ordonnancé.

27 AOUT = 7 DÉCEMBRE 1791. — Décret portant établissement de tribunaux de commerce à Saint-Brieuc et à Saint-Quentin, et nomination de suppléans pour ceux de Caen, Amiens et Saumur. (L. 7, 16; B. 17, 353.)

27 AOUT = 16 OCTOBRE 1791. — Décret qui décerne à J.-J. Rousseau les honneurs dus aux grands hommes. (B. 17, 354.)

27 AOUT = 29 OCTOBRE 1791. — Décret portant qu'il n'y a pas lieu à accusation pour crime de lèse-nation contre le sieur Gamache. (B. 17, 355.)

27 AOUT 1791. — Bonne-Savardin, etc.; Jacques Maquenot. Voy. 20 AOUT 1791.

28 = 28 AOUT 1791. — Décret relatif aux moyens de rétablir la subordination dans les troupes de ligne. (L. 5, 1123; B. 17, 356; Mon. du 30 août 1791.)

Art. 1er. Lorsqu'une troupe sera en état de révolte, les moyens donnés par la loi seront incessamment mis en usage pour la faire cesser et parvenir au jugement des coupables.

2. Il sera tiré, par l'ordre du commandant en chef, un coup de canon pour avertir que l'ordre est troublé; et si dans le lieu il n'y a pas de canon, il sera fait une salve de mousqueterie; et ce signal sera répété de quart-d'heure en quart-d'heure, jusqu'à ce que l'ordre soit rétabli.

3. Les troupes réglées qui se trouveront dans le lieu où la révolte est déclarée seront mises sous les armes; et, en cas d'insuffisance, les officiers qui commanderont dans les divisions feront marcher de proche en proche d'autres troupes réglées.

4. Les officiers municipaux du lieu seront incontinent avertis, et ils seront tenus aussitôt, à peine de forfaiture, de requérir la gendarmerie et les gardes nationales, lesquelles de même seront réunies et armées; et, en cas d'insuffisance, d'appeler en aide les municipalités voisines.

5. La force suffisante étant rassemblée, il sera fait au-devant des casernes, s'il y en a, au-devant de l'hôtel commun de la ville et sur la place d'armes, une proclamation en ces termes : *Avis est donné que la force publique va être déployée pour le soutien de la loi militaire; il est enjoint aux soldats révoltés de déposer leurs armes et de rentrer dans l'obéissance, à peine d'être traités comme ennemis publics; et le lieu où ils devront se rendre sans armes, s'ils rentrent dans l'obéissance, leur sera indiqué par la proclamation.*

6. Cette proclamation sera annoncée au bruit des tambours et autres instrumens militaires; elle sera faite par un commissaire des guerres, s'il y en a dans le lieu, ou par un officier que le commandant en chef commettra : elle aura lieu trois fois, de quart-d'heure en quart-d'heure, sur la place d'armes.

7. Si la troupe révoltée était réunie en pleine campagne, la proclamation serait faite seulement en présence, trois fois, de quart-d'heure en quart-d'heure. Si elle était renfermée dans une ville ou dans une citadelle, et en possession des portes, la proclamation serait faite à chaque porte, et trois fois, de quart-d'heure en quart-d'heure, à la dernière porte; et elle contiendrait l'invitation aux citoyens de se retirer dans leurs maisons.

8. Ceux qui, avant la seconde proclamation, rentreront dans l'obéissance, et se rendront sans armes au lieu qui leur aura été indiqué, subiront telle punition de discipline que les supérieurs trouveront bon d'ordonner. Ceux qui, après la seconde proclamation, mais avant l'emploi de la force, rentreront dans l'obéissance et se rendront sans armes au lieu indiqué, seront condamnés, les simples soldats, à un an d'arrestation; les officiers, sous-officiers, à deux ans d'arrestation, et de plus cassés, à moins qu'ils ne soient convaincus d'avoir suscité, conseillé ou provoqué la révolte; auquel cas ils seront condamnés, les simples soldats, à cinq ans de chaîne, et les officiers et sous-officiers, à dix ans.

9. Après la dernière proclamation, et même plus tôt, si quelque agression est commise de la part des révoltés, le commandant disposera de la force rassemblée, ordonnera de faire feu, et prendra toutes les mesures qu'il jugera nécessaires pour soumettre la troupe révoltée.

10. Ceux qui auront attendu l'emploi de la force et n'y auront pas succombé, seront punis, savoir : les officiers et sous-officiers, de mort, et les simples soldats, de vingt ans de chaîne.

11. Le commissaire des guerres, s'il y en a, ou l'officier commis par le commandant, l'un ou l'autre assisté de deux autres officiers, de même commis, dressera procès-verbal, successivement et à mesure, de tout ce qui se passera.

12. La troupe révoltée étant soumise, la cour martiale sera incontinent formée. Le procès-verbal énoncé dans l'article précédent tiendra lieu de toutes déclarations du fait, sans l'intervention du jury, à l'égard de ceux qui auront été saisis par l'emploi de la force; et leur jugement sera prononcé et exécuté sans plus amples formes.

13. A l'égard de ceux qui, étant rentrés dans l'obéissance et ayant déposé leurs armes avant l'emploi de la force, auront néanmoins encouru la peine portée en l'article 8, il sera procédé contre eux dans les formes ordinaires ; mais, pour former le jury, le nombre d'hommes nécessaires sera pris dans les autres corps de troupes réglées, et, à défaut, parmi les citoyens non soldats.

14. Dès que la cour martiale sera formée, il sera fait une proclamation solennelle en ces termes : *Avis est donné que la force est restée à la loi, et que tout rentre dans l'ordre accoutumé.* Le commandant en chef ordonnera aux gardes nationales de se retirer, et les troupes réglées seront envoyées à leurs postes.

28 AOUT 1791. — Décret qui rétablit une omission faite dans le décret du 29 mai, portant abolition des procès pour droits ci-devant perçus par la régie générale. (B. 17, 355.)

Sur l'observation faite à l'Assemblée que dans la loi du 3 juin 1791, sur le décret de l'Assemblée nationale du 29 mai précédent, on avait omis d'insérer dans l'article 1er *la ferme générale* ; après quelques discussions, l'Assemblée nationale a décrété que la ferme générale devait être comprise dans l'art. 1er du décret du 29 mai 1791 et de la loi du 3 juin suivant, et qu'en conséquence les mots *la ferme générale* seraient rétablis dans l'article 1er.

28 AOUT 1791. — Décret relatif au remboursement des fonds d'avance de quatorze principaux employés de la régie générale. (B. 17, 356.)

28 AOUT 1791. — Décret portant que les commissaires de la Trésorerie feront payer 30,000 livres sur les demandes du comité des rapports pour la recherche des fabricateurs de faux assignats. (B. 17, 356.)

28 AOUT 1791. — Décret qui suspend le départ des commissaires civils destinés pour Saint-Domingue. (B. 17, 360.)

29 AOUT = 12 SEPTEMBRE 1791. — Décret portant que les décrets relatifs à l'emplacement des corps administratifs seront rendus sur l'avis du ministre de l'intérieur. (L. 5, 1159; B. 17, 365.)

L'Assemblée nationale décrète qu'à l'avenir tous les décrets qui fixeront l'emplacement que devront occuper les corps administratifs, les tribunaux et autres établissemens, ne pourront être rendus que sur l'avis du ministre de l'intérieur, auquel les départemens et districts seront tenus de s'adresser, et à qui l'Assemblée renvoie les demandes encore existant dans les bureaux de son comité d'emplacement.

29 = 29 AOUT 1791. — Décret qui ordonne la levée des scellés apposés sur les maisons royales et caisses dépendant de la liste civile. (L. 5, 1133; B. 17, 360.)

29 AOUT = 12 SEPTEMBRE et 9 OCTOBRE 1791.
— Décret portant circonscription de deux paroisses de la ville d'Auch et des dix paroisses
de la ville de Toulouse. (B. 17, 360 et suiv.)

29 AOUT = 12 SEPTEMBRE 1791. — Décrets qui
autorisent les directoires du district de Saint-
Dié, de Dôle et de Saint-Claude, à acquérir
les bâtimens nécessaires à leur établissement.
(B. 17, 363 et 364.)

29 AOUT 1791. — Décret qui accorde une indemnité de 45,500 livres au sieur Tribert.
(B. 17, 365.)

29 AOUT 1791. — Biens nationaux. *Voy.* 26
AOUT 1791. — Circonscriptions diverses. *Voy.*
23 AOUT 1791. — Meubles de cuivre ; Strasbourg ; Tarascon. *Voy.* 26 AOUT 1791.

30 AOUT = 8 SEPTEMBRE 1791. — Décret concernant l'organisation des monnaies. (L. 5,
1143 ; B. 17, 371 ; Mon. du 5 septembre
1791.)

Voy. loi du 21 = 27 MAI 1791.

TITRE Ier.

Art. 1er. Les pourvus d'offices d'essayeurs
et graveurs particuliers des monnaies, supprimés par l'article 1er du titre Ier du décret
du 21 mai 1791, qui en exercent actuellement
les fonctions, pourront être nommés aux
places d'essayeurs et de graveurs, créées par
l'article 2 du titre II du même décret, soit
dans les mêmes monnaies auxquelles ils étaient
attachés, soit dans d'autres monnaies du
royaume, sans être assujétis à la formalité du
concours ordonné par l'article 4 du même titre.

2. La même exception pourra avoir lieu
pour ceux qui exerçaient lesdites fonctions
d'essayeur et de graveur, en vertu de commission.

3. Les essayeurs et graveurs, propriétaires
d'offices, et qui, pour raison de la suppression de la cour des monnaies, n'auraient pu
s'y faire recevoir, mais qui se sont présentés
à cet effet depuis cette époque, sont pareillement dispensés du concours.

4. Les directeurs des monnaies ne pourront, sous peine de révocation, vendre ni
appliquer à aucun usage qu'à la fabrication
des espèces les matières qui seront versées
au change des monnaies, soit par les particuliers, soit par les changeurs, ni faire directement ou indirectement aucun commerce
de matières d'or et d'argent.

5. Le commissaire du Roi étant spécialement chargé de veiller à la beauté des empreintes des espèces nationales, s'il se trouve
dans la circulation des espèces mal monnayées, il en sera seul responsable ; et, en
conséquence, il sera averti d'apporter à l'a-
venir plus d'attention dans l'exercice de ses
fonctions. Si cette contravention se renouvelle une seconde fois dans l'espace de deux

années, il sera suspendu de ses fonctions
pendant trois mois, et, pendant ce même
temps, privé de son traitement ; si, dans
le même espace de deux années ou de quatre
semestres, il tombe trois fois dans la même
contravention, il sera révoqué.

6. Les fonctionnaires particuliers de chaque
hôtel des monnaies, qui seront établis en
exécution de l'article 2 du titre II du décret
du 21 mai, entreront en fonctions au 1er septembre prochain, sans que néanmoins, dans
le cas où ils ne pourraient être installés à l'é-
poque dudit jour, les officiers supprimés
puissent, conformément à l'article 2 du titre Ier, discontinuer leurs fonctions avant
l'installation desdits fonctionnaires.

7. Les gages et émolumens attribués aux
officiers supprimés continueront à courir
jusqu'audit jour 1er septembre. Le traitement
des fonctionnaires publics établis pour les
remplacer commencera à courir du même
jour ; ils n'en pourront jouir néanmoins que
de celui de leur installation, et ce qui sera
échu de leur traitement jusqu'audit jour
appartiendra à ceux des officiers supprimés
qui auront rempli leurs fonctions.

8. Les espèces qui seront monnayées dans
chaque hôtel des monnaies, à compter du
1er juillet de chaque année, seront distinguées de celles qui auront été fabriquées pendant le semestre précédent, par une marque
dont il sera fait mention dans le procès-verbal de la première délivrance du semestre de
juillet. Cette marque n'aura lieu, pour la
présente année, qu'à compter du jour de
l'installation des nouveaux fonctionnaires
particuliers des monnaies.

9. Les directoires de département, sur
l'avis qui leur sera donné par le ministre des
contributions publiques, de la nomination
des fonctionnaires des monnaies, commettront deux de leurs membres qu'ils jugeront
à propos de choisir, pour procéder à l'installation desdits fonctionnaires et en dresser
procès-verbal.

10. Des commissaires qui, en vertu de l'article précédent, auront été nommés par les
directoires des départemens, se transporteront, accompagnés des fonctionnaires de la
monnaie, à l'hôtel des monnaies ; ils se feront représenter, par chacun des officiers
supprimés, tous les registres étant en leur
possession, et lesdits registres y seront à
l'instant clos et arrêtés par lesdits commissaires. Ils feront l'inventaire de tous les outils, ustensiles, matières ou espèces fabriquées qui se trouveront, soit au change, soit
dans les ateliers, fonderies, moulin, ajus-
tage, moyennage, chambre de délivrance ou
partout ailleurs, et qui leur seront représentés par les officiers actuellement en
exercice.

11. Ledit inventaire sera fait, tant en

présence du commissaire du Roi et des juges-gardes qu'en celle des autres officiers supprimés et des nouveaux fonctionnaires, en ce qui concerne chacun d'eux respectivement, et sera signé de tous ceux qui y auront concouru.

12. Les espèces fabriquées, ainsi que les matières reçues au change ou en cours de fabrication, seront laissées à la garde du nouveau directeur, qui s'en chargera par ledit inventaire, et en tête du registre du change qui lui sera remis par le commissaire du Roi : il sera tenu d'en verser la valeur en espèces, dans le mois, entre les mains du commis à l'exercice des fonctions du trésorier général des monnaies, à l'exception de celles des matières que le directeur supprimé justifierait appartenir à des particuliers.

13. Les juges-gardes actuels seront avertis, la surveille au plus tard, du jour auquel devra se faire l'installation, à l'effet de procéder, si fait n'a été, à la délivrance des espèces qui se trouveraient fabriquées.

14. Les fonctions attribuées par les articles précédens aux commissaires nommés par les directoires de département, seront remplies à Paris par le commissaire des monnaies.

15. Indépendamment de l'adjoint du commissaire du Roi créé pour chaque monnaie par le décret des 19 et 21 mai, il en sera établi un second dans la monnaie de Paris.

16. La profession d'essayeur sera libre à l'avenir, et pourra être exercée par toutes personnes, soit dans les villes où il y a hôtel des monnaies, soit dans les autres villes du royaume, à la charge néanmoins, par ceux qui voudront exercer ladite profession, de remplir les formalités ci-après ordonnées. Seront néanmoins dispensés de cette formalité ceux qui sont actuellement pourvus de commission.

17. Toute personne qui voudra exercer la profession d'essayeur sera tenue d'en faire sa déclaration par-devant le tribunal de commerce, ou, à défaut de tribunal de commerce, par-devant le tribunal de district. Le tribunal nommera deux experts, qui devront être pris, soit parmi les essayeurs exerçant publiquement ladite profession, soit parmi les anciens gardes de l'orfévrerie : il nommera aussi un de ses membres pour assister aux examens que devra subir l'aspirant.

18. Les experts interrogeront l'aspirant sur la théorie et la pratique de l'art, et lui feront faire plusieurs essais de matières d'or et d'argent à différens titres, le tout en présence du commissaire nommé par le tribunal.

19. Les experts feront leur rapport pardevant ledit commissaire, qui en dressera procès-verbal. Si les deux experts sont d'avis uniforme pour l'admission ou le renvoi de l'aspirant, le tribunal de commerce se conformera à leur avis ; s'ils sont d'avis contraire, il en sera nommé un troisième, qui fera subir à l'aspirant les mêmes examens, et le fera procéder aux mêmes expériences ; il donnera son rapport de la manière ci-dessus prescrite, et, sur son avis, la demande de l'aspirant à fin d'être reçu essayeur sera admise ou rejetée.

20. Dans tous les cas, les aspirans, au lieu de se pourvoir devant le tribunal de leur domicile, pourront former leur demande devant la commission des monnaies, qui suivra, pour l'épreuve ou l'admission des aspirans, les règles ci-dessus prescrites.

21. Il sera délivré à ceux qui auront été admis, soit par le tribunal, soit par la commission des monnaies, une lettre ou brevet d'essayeur. Si elle est délivrée par un tribunal, il en sera remis un double à l'essayeur, qui sera tenu de l'adresser au garde des dépôts de la commission ; dans le cas contraire, il en sera pareillement remis un double à l'essayeur, pour être par lui déposé au greffe du tribunal.

22. Le tribunal donnera à l'essayeur reçu un poinçon, dont il sera tenu de marquer tous les ouvrages ou lingots qui seront par lui essayés : ce poinçon sera insculpé sur une planche de cuivre qui demeurera déposée au greffe du tribunal.

23. Chaque essayeur aura un registre qui sera paraphé par le président du tribunal ; il inscrira sur son registre le poids des lingots qu'il essaiera et les noms des propriétaires : il ne pourra les rendre qu'après y avoir apposé son poinçon, avec le numéro sous lequel il sera porté sur son registre et le nom de la ville où il sera établi. Il est tenu de se conformer au surplus à ce qui est prescrit par les articles 4 et 6 du chapitre IV du titre III du décret des 19 et 21 mai dernier.

24. Si un essayeur change de domicile, il ne pourra exercer sa profession dans le lieu où il aura établi sa nouvelle résidence qu'après avoir justifié devant le tribunal de son brevet d'essayeur, et y avoir fait insculper son poinçon : il lui sera délivré un certificat de l'insculpation de son poinçon, qui sera par lui adressé à la commission des monnaies.

25. Chaque essayeur sera garant et responsable du titre qu'il aura apposé sur les lingots et matières par lui essayés, et qui se trouveront marqués de son poinçon ; il pourra en conséquence être appelé en garantie, et condamné, s'il y a lieu, aux dommages-intérêts des parties.

TITRE II. Du concours des essayeurs.

Art. 1er. Lorsque le concours des essayeurs sera indiqué, qu'ils auront été prévenus du temps où il commencera et du lieu destiné à l'examen, soit pour les questions qu'on aura à leur faire, soit pour les essais des différentes matières qu'on exigera d'eux, ils se rendront à l'hôtel des monnaies, où le secrétaire général de la commission prendra leur nom et inscrira le jour où ils se seront présentés, et l'examen se fera dans l'ordre de leur demande pour concourir.

2. L'examen sera public; les concurrens cependant ne pourront y être admis. Cet examen sera fait sous les yeux de deux membres de la commission et de l'inspecteur général des essais, par les cinq examinateurs qu'elle aura choisis, y compris l'essayeur général.

3. Les examinateurs donneront leurs avis séparément et par écrit. Ces avis seront remis à l'inspecteur général des essais, qui, conformément à l'article 2 du chapitre Ier du titre III du décret du 21 mai, sera chargé de les mettre sous les yeux de la commission, et d'y joindre les observations dont il les croira susceptibles.

4. La place d'essayeur sera accordée à celui qui aura obtenu la pluralité des suffrages des examinateurs.

TITRE III. Du concours des graveurs.

Art. 1er. Lorsque le concours pour une place de graveur particulier aura été indiqué, chacun de ceux qui voudront concourir sera tenu de se présenter chez le secrétaire général de la commission, et d'y inscrire ses nom, surnoms et demeure, sur un registre à ce destiné. Il lui sera remis en même temps, par le secrétaire général, un programme qui énoncera le nombre et les dimensions des carrés qui devront être fabriqués par chacun des concurrens, avec un certificat de son inscription sur le registre de concours, et du numéro sous lequel il sera inscrit.

2. Il sera fabriqué, pour chaque concours, deux carrés au moins, l'un de tête et l'autre de revers. Chaque concurrent devra aussi faire un certain nombre de poinçons de détail sur les matrices qui lui seront fournies par le graveur général, ainsi qu'il sera dit ci-après.

3. Les concurrens prépareront leurs carrés, et les mettront en état d'être dressés avant le jour qui leur aura été indiqué pour se rendre dans l'atelier du graveur général.

4. Au jour qui aura été fixé par la commission, tous les concurrens se rendront à l'atelier du graveur général; ils y seront examinés chacun séparément par le graveur général, en présence de deux membres de la commission, sur la théorie de leur art, sur la manière de former les carrés, sur la nature et les proportions des différentes espèces d'acier qui doivent y être employées, enfin sur le procédé de la trempe. Après cet examen, le graveur général indiquera à tous les aspirans, en présence de deux membres de la commission, les jours et heures auxquels ils

devront se trouver dans son atelier pour y travailler, sans que le graveur général puisse accorder aucun rendez-vous particulier à quelqu'un des concurrens à l'exclusion des autres.

5. Les deux membres de la commission qui auront assisté à l'examen des aspirans pourront se transporter dans l'atelier du graveur général, pendant les heures destinées au travail des concurrens.

6. Chacun des concurrens dressera ses carrés, et les travaillera par lui-même et sans aucun secours étranger, jusqu'à ce qu'ils soient en état de servir au monnayage, et il ne sera permis à aucun concurrent de travailler hors la présence et ailleurs que dans l'atelier du graveur général.

7. Lorsque les carrés seront entièrement achevés, chacun des concurrens les remettra, sous son cachet et celui du graveur général, au garde des dépôts de la commission, et chaque carré sera marqué d'un numéro qui correspondra à celui sous lequel l'aspirant sera inscrit sur le registre du concours.

8. La commission indiquera le jour pour l'épreuve des carrés. Cette épreuve se fera en présence des deux membres de la commission, du graveur général et de tous les aspirans, par le monnayage d'une ou plusieurs pièces. Chaque aspirant reconnaîtra préalablement, ainsi que le graveur général, les cachets apposés sur l'enveloppe de ses carrés; et, après le monnayage, les carrés de chaque aspirant et les pièces provenues du monnayage seront remis séparément sous les cachets des membres de la commission et du graveur général.

9. Après que cette épreuve aura été faite, la commission nommera cinq graveurs pour juges du concours, y compris le graveur général, et elle indiquera le jour où ils devront être entendus et donner leur rapport.

10. Il ne sera donné aux aspirans aucune connaissance des noms des juges du concours. Les juges devront pareillement ignorer les noms des concurrens.

11. Les juges du concours examineront, chacun séparément, les ouvrages des aspirans, et ils donneront leur avis séparément et par écrit. Ces avis seront remis au graveur général, qui les remettra dans les vingt-quatre heures au secrétaire général de la commission, et y joindra par écrit les observations dont il les croira susceptibles.

12. La place sera accordée à celui des concurrens qui aura obtenu la pluralité des suffrages des juges du concours.

30 AOUT = 12 SEPTEMBRE 1791. — Décret qui accorde une pension annuelle de 700 livres à Louis Gillet, maréchal-des-logis, et une de 600 livres à Simon Lucot, canonnier. (B. 17, 366.)

30 AOUT = 1er SEPTEMBRE 1791. — Décret qui ordonne le remboursement des offices de la ci-devant compagnie des Gardes-de-la-Porte, et qui ordonne la vente, comme domaines nationaux, des hôtels situés à Versailles et à Fontainebleau, ci-devant occupés par cette compagnie. (B. 17, 367.)

30 AOUT = 28 OCTOBRE 1791. — Décret portant que le sieur Perronet, premier ingénieur des ponts-et-chaussées, touchera, pour 1790, la moitié d'une pension de 5,000 livres, et que son traitement actuel sera compté à partir du 1er janvier 1791. (B. 17, 368.)

30 AOUT = 12 SEPTEMBRE 1791. — Décret qui accorde des gratifications à divers particuliers, pour le courage qu'ils ont montré lors du débordement de la Loire. (B. 17, 369.)

30 AOUT 1791. — Décret qui charge le comité de constitution de présenter un projet de loi sur la manière d'admettre auprès des tribunaux de justice les avoués et les huissiers. (B. 17, 366.)

30 AOUT 1791. — Décret portant addition au décret du 21 juillet dernier concernant le commerce des Echelles du Levant et de Barbarie. (B. 17, 368.)

30 AOUT = 3 SEPTEMBRE 1791. — Décret qui ordonne la continuation de l'instruction du procès commencé au tribunal du sixième arrondissement de Paris, contre le sieur Thévenot et la dame Lacombe. (B. 17, 369.)

30 AOUT 1791. — Décret portant qu'il sera expédié, par duplicata, à la veuve Erambert, des coupons de quittances de finances de l'emprunt de 1782, etc. (B. 17, 380.)

31 AOUT = 6 SEPTEMBRE 1791. — Décret qui fixe les limites des municipalités de Saint-Cloud et de Boulogne. (L. 5, 1136; B. 17, 381.)

31 AOUT = 6 SEPTEMBRE 1791. — Décret portant que les procureurs au grand-conseil seront remboursés de leurs titres sur le pied de la finance fixée par la déclaration de 1775. (B. 17, 380.)

31 AOUT 1791. — Décret portant que chaque opinant commencera son opinion par la lecture de son projet de décret. (B. 17, 382.)

31 AOUT 1791. Agent du Trésor public. Voy. 27 AOUT 1791. — Dette arriérée. Voy. 19 AOUT 1791.

1er SEPTEMBRE = 19 OCTOBRE 1791. — Décret portant que les députés élus pour la formation de la première législature se présenteront, dès leur arrivée à Paris, aux archives nationales, et y feront inscrire leurs noms et leurs adresses sur un registre qui y sera tenu à cet effet. (B. 18, 1.)

1er = 7 SEPTEMBRE 1791. — Décret portant que le ministre de la guerre présentera le tableau général des dépenses de son département, et qui ordonne un projet de décret sur le mode d'admission au service dans le grade d'officier, et sur les formules de brevets et d'engagemens, et qui renvoie à plusieurs comités une pétition de la ville de Bordeaux. (B. 18, 2.)

1er SEPTEMBRE 1791. — Décret qui charge le comité d'impositions de proposer ses vues sur le dégrèvement à accorder aux départemens dont les récoltes ont été les plus mauvaises. (B. 18, 4.)

1er SEPTEMBRE 1791. — Décret portant qu'il sera nommé une députation pour offrir l'acte constitutionnel à l'adoption du Roi. (B. 18, 3.) Voy. au 3 SEPTEMBRE 1791.

1er SEPTEMBRE 1791. — Décret portant que l'acte constitutionnel ne sera présenté au Roi que lorsqu'il aura été relu, et que l'Assemblée nationale aura déclaré qu'elle n'y changera rien. (B. 18, 4.)

1er SEPTEMBRE 1791. — Gardes-de-la-Porte. Voy. 30 AOUT 1791.

2 SEPTEMBRE 1791. — Décret qui charge le ministre de l'intérieur de rappeler à l'assemblée électorale de Paris le décret qui en interdit l'entrée aux députés de l'Assemblée nationale. (B. 18, 4.)

2 SEPTEMBRE 1791. — Décret qui enjoint à M. Dubois-Crancé de se rendre sur-le-champ dans le sein de l'Assemblée nationale. (B. 18, 5.)

2 SEPTEMBRE 1791. — Dégrèvement. Voy. 1er SEPTEMBRE 1791.

CONSTITUTION FRANÇAISE.

3 = 14 SEPTEMBRE 1791. — Déclaration des droits de l'homme et du citoyen. (L. 5, 1213; B. 18, 10; Mon. des 16 et 17 juillet; du 6 au 30 août; du 1er au 4 septembre 1791) (1).
Voy. constitutions du 24 JUIN 1793; du 5 FRUCTIDOR an 3; du 22 FRIMAIRE an 8; sénatus-consulte organique du 16 THERMIDOR an 10; du 28 FLORÉAL an 12; charte constitutionnelle du 4 JUIN 1814; acte additionnel aux constitutions de l'empire du 22 AVRIL 1815.

(1) Voy. à la suite de la constitution, la loi des 22, 23, 24, 25, 26, 28 et 29 mars = 12 septembre 1791, relative à la régence, à la garde du Roi mineur, et à la résidence des fonctionnaires publics.

Les représentans du peuple Français, constitués en Assemblée nationale, considérant que l'ignorance, l'oubli ou le mépris des droits de l'homme, sont les seules causes des malheurs publics et de la corruption des gouvernemens, ont résolu d'exposer dans une déclaration solennelle, les droits naturels, inaliénables et sacrés de l'homme, afin que cette déclaration, constamment présente à tous les membres du corps social, leur rappelle sans cesse leurs droits et leurs devoirs ; afin que les actes du pouvoir législatif et ceux du pouvoir exécutif, pouvant être à chaque instant comparés avec le but de toute institution politique, en soient plus respectés ; afin que les réclamations des citoyens, fondées désormais sur des principes simples et incontestables, tournent toujours au maintien de la constitution et au bonheur de tous.

En conséquence, l'Assemblée nationale reconnaît et déclare, en présence et sous les auspices de l'Etre suprême, les droits suivans de l'homme et du citoyen.

Art. 1er. Les hommes naissent et demeurent libres et égaux en droits. Les distinctions sociales ne peuvent être fondées que sur l'utilité commune.

2. Le but de toute association politique est la conservation des droits naturels et imprescriptibles de l'homme. Ces droits sont la liberté, la propriété, la sûreté et la résistance à l'oppression.

3. Le principe de toute souveraineté réside essentiellement dans la nation ; nul corps, nul individu ne peut exercer d'autorité qui n'en émane expressément.

4. La liberté consiste à pouvoir faire tout ce qui ne nuit pas à autrui : ainsi l'exercice des droits naturels de chaque homme n'a de bornes que celles qui assurent aux autres membres de la société la jouissance de ces mêmes droits. Ces bornes ne peuvent être déterminées que par la loi.

5. La loi n'a le droit de défendre que les actions nuisibles à la société. Tout ce qui n'est pas défendu par la loi ne peut être empêché, et nul ne peut être contraint à faire ce qu'elle n'ordonne pas.

6. La loi est l'expression de la volonté générale. Tous les citoyens ont droit de concourir personnellement, ou par leurs représentans, à sa formation. Elle doit être la même pour tous, soit qu'elle protège, soit qu'elle punisse. Tous les citoyens, étant égaux à ses yeux, sont également admissibles à toutes dignités, places et emplois publics, selon leur capacité, et sans autre distinction que celle de leurs vertus et de leurs talens.

7. Nul homme ne peut être accusé, arrêté ni détenu que dans les cas déterminés par la loi, et selon les formes qu'elle a prescrites. Ceux qui sollicitent, expédient, exécutent ou font exécuter des ordres arbitraires, doivent être punis : mais tout citoyen appelé ou saisi en vertu de la loi doit obéir à l'instant ; il se rend coupable par la résistance.

8. La loi ne doit établir que des peines strictement et évidemment nécessaires, et nul ne peut être puni qu'en vertu d'une loi établie et promulguée antérieurement au délit, et légalement appliquée.

9. Tout homme étant présumé innocent jusqu'à ce qu'il ait été déclaré coupable, s'il est jugé indispensable de l'arrêter, toute rigueur qui ne serait pas nécessaire pour s'assurer de sa personne doit être sévèrement réprimée par la loi.

10. Nul ne doit être inquiété pour ses opinions, même religieuses, pourvu que leur manifestation ne trouble pas l'ordre public établi par la loi.

11. La libre communication des pensées et des opinions est un des droits les plus précieux de l'homme ; tout citoyen peut donc parler, écrire, imprimer librement, sauf à répondre de l'abus de cette liberté dans les cas déterminés par la loi.

12. La garantie des droits de l'homme et du citoyen nécessite une force publique ; cette force est donc instituée pour l'avantage de tous, et non pour l'utilité particulière de ceux auxquels elle est confiée.

13. Pour l'entretien de la force publique, et pour les dépenses d'administration, une contribution commune est indispensable ; elle doit être également répartie entre tous les citoyens, en raison de leurs facultés.

14. Tous les citoyens ont le droit de constater, par eux-mêmes ou par leurs représentans, la nécessité de la contribution publique, de la consentir librement, d'en suivre l'emploi, et d'en déterminer la quotité, l'assiette, le recouvrement et la durée.

15. La société a le droit de demander compte à tout agent public de son administration.

16. Toute société dans laquelle la garantie des droits n'est pas assurée, ni la séparation des pouvoirs déterminée, n'a point de constitution.

17. La propriété étant un droit inviolable et sacré, nul ne peut en être privé, si ce n'est lorsque la nécessité publique, légalement constatée, l'exige évidemment, et sous la condition d'une juste et préalable indemnité.

CONSTITUTION FRANÇAISE.

L'Assemblée nationale, voulant établir la constitution française sur les principes qu'elle vient de reconnaître et de déclarer, abolit irrévocablement les institutions qui blessaient la liberté et l'égalité des droits.

Il n'y a plus ni noblesse, ni pairie, ni distinction héréditaire, ni distinction d'ordres, ni régime féodal, ni justices patrimoniales, ni aucun des titres, dénominations et prérogatives qui en dérivaient, ni aucun ordre de chevalerie, ni aucune des corporations ou décorations pour lesquelles on exigeait des preuves de noblesse, ou qui supposaient des distinctions de naissance, ni aucune autre supériorité, que celle des fonctionnaires publics dans l'exercice de leurs fonctions.

Il n'y a plus ni vénalité ni hérédité d'aucun office public.

Il n'y a plus, pour aucune partie de la nation, ni pour aucun individu, aucun privilége ni exception au droit commun de tous les Français.

Il n'y a plus ni jurandes, ni corporations de professions, arts et métiers.

La loi ne reconnaît plus ni vœux religieux, ni aucun autre engagement qui serait contraire aux droits naturels ou à la constitution.

TITRE Ier. Dispositions fondamentales garanties par la constitution.

La constitution garantit, comme droits naturels et civils :

1° Que tous les citoyens sont admissibles aux places et emplois, sans autre distinction que celle des vertus et des talens ;

2° Que toutes les contributions seront réparties entre tous les citoyens également, en proportion de leurs facultés ;

3° Que les mêmes délits seront punis des mêmes peines, sans aucune distinction des personnes.

La constitution garantit pareillement, comme droits naturels et civils :

La liberté à tout homme d'aller, de rester, de partir sans pouvoir être arrêté ni détenu que selon les formes déterminées par la constitution;

La liberté à tout homme de parler, d'écrire, d'imprimer et publier ses pensées, sans que ses écrits puissent être soumis à aucune censure ni inspection avant leur publication, et d'exercer le culte religieux auquel il est attaché;

La liberté aux citoyens de s'assembler paisiblement et sans armes, en satisfaisant aux lois de police ;

La liberté d'adresser aux autorités constituées des pétitions signées individuellement.

Le pouvoir législatif ne pourra faire aucune loi qui porte atteinte et mette obstacle à l'exercice des droits naturels et civils consignés dans le présent titre, et garantis par la constitution ; mais, comme la liberté ne consiste qu'à pouvoir faire tout ce qui ne nuit ni aux droits d'autrui, ni à la sûreté publique, la loi peut établir des peines contre les actes qui, attaquant ou la sûreté publique ou les droits d'autrui, seraient nuisibles à la société.

La constitution garantit l'inviolabilité des propriétés, ou la juste et préalable indemnité de celles dont la nécessité publique, légalement constatée, exigerait le sacrifice.

Les biens destinés aux dépenses du culte et à tous services d'utilité publique, appartiennent à la nation', et sont dans tous les temps à sa disposition.

La constitution garantit les aliénations qui ont été ou qui seront faites suivant les formes établies par la loi.

Les citoyens ont le droit d'élire ou choisir les ministres de leurs cultes.

Il sera créé et organisé un établissement général de *secours publics*, pour élever les enfans abandonnés, soulager les pauvres infirmes, et fournir du travail aux pauvres valides qui n'auraient pas pu s'en procurer.

Il sera créé et organisé une *instruction publique*, commune à tous les citoyens, gratuite à l'égard des parties d'enseignement indispensables pour tous les hommes, et dont les établissemens seront distribués graduellement, dans un rapport combiné avec la division du royaume.

Il sera établi des fêtes nationales pour conserver le souvenir de la révolution française, entretenir la fraternité entre les citoyens, et les attacher à la constitution, à la patrie et aux lois.

Il sera fait un code de lois civiles communes à tout le royaume.

TITRE II. De la division du royaume, et de l'état des citoyens.

Art. 1er. Le royaume est un et indivisible; son territoire est distribué en quatre-vingt-trois départemens, chaque département en districts, chaque district en cantons.

2. Sont citoyens français :

Ceux qui sont nés en France d'un père français (1) ;

Ceux qui, nés en France d'un père étran-

---

(1) Cette disposition s'applique même à l'enfant dont le père n'est devenu Français qu'après la naissance de cet enfant. — Pour jouir de la qualité de Français, l'enfant ainsi né d'un père devenu Français n'est nullement soumis à la nécessité de faire la déclaration prescrite par l'art. 9 du Code civil : cet article ne lui est pas applicable.

En est-il de même de l'enfant né en France, depuis le Code civil, d'un père étranger qui ne serait devenu Français que postérieurement à la naissance de l'enfant? (26 décembre 1829; Colmar; S. 30, 2, 62).

Cet arrêt m'a paru consacrer un principe général, duquel dérive cette conséquence, que les enfans mineurs nés d'un père étranger et d'une mère française, mais devenue étrangère par l'effet de son mariage, deviennent eux-mêmes Français de plein droit, dans le cas où leur mère, après le décès de son mari et durant

ger, ont fixé leur résidence dans le royaume ;

Ceux qui, nés en pays étranger d'un père français, sont venus s'établir en France, et ont prêté le serment civique ;

Enfin ceux qui, nés en pays étranger, et descendant, à quelque degré que ce soit, d'un Français ou d'une Française expatriés pour cause de religion, viennent demeurer en France et prêtent le serment civique.

3. Ceux qui, nés hors du royaume de parens étrangers, résident en France, deviennent citoyens français après cinq ans de domicile continu dans le royaume, s'ils y ont en outre acquis des immeubles ou épousé une Française, ou formé un établissement d'agriculture ou de commerce, et s'ils ont prêté le serment civique.

4. Le pouvoir législatif pourra, pour des considérations importantes, donner à un étranger un acte de naturalisation, sans autres conditions que de fixer son domicile en France et d'y prêter le serment civique.

5. Le serment civique est : *Je jure d'être fidèle à la nation, à la loi et au Roi, et de maintenir de tout mon pouvoir la constitution du royaume, décrétée par l'Assemblée nationale constituante aux années 1789, 1790 et 1791.*

6. La qualité de citoyen français se perd :

1° Par la naturalisation en pays étranger ;

2° Par la condamnation aux peines qui emportent la dégradation civique, tant que le condamné n'est pas réhabilité ;

3° Par un jugement de contumace, tant que le jugement n'est pas anéanti ;

4° Par l'affiliation à tout ordre de chevalerie étranger, ou à toute corporation étrangère qui supposerait, soit des preuves de noblesse, soit des distinctions de naissance, ou qui exigerait des vœux religieux.

7. La loi ne considère le mariage que comme contrat civil.

Le pouvoir législatif établira pour tous les habitans, sans distinction, le mode par lequel les naissances, mariages et décès seront constatés, et il désignera les officiers publics qui en recevront et conserveront les actes.

8. Les citoyens français, considérés sous le rapport des relations locales qui naissent de leur réunion dans les villes et dans de certains arrondissemens du territoire des campagnes, forment des *communes*.

Le pouvoir législatif pourra fixer l'étendue de l'arrondissement de chaque commune.

9. Les citoyens qui composent chaque commune ont le droit d'élire à temps, et suivant les formes déterminées par la loi, ceux d'entre eux qui, sous le titre d'*officiers municipaux*, sont chargés de gérer les affaires particulières de la commune.

Il pourra être délégué aux officiers municipaux quelques fonctions relatives à l'intérêt de l'Etat.

10. Les règles que les officiers municipaux seront tenus de suivre dans l'exercice, tant des fonctions municipales que de celles qui leur auront été déléguées pour l'intérêt général, seront fixées par les lois.

TITRE III. Des pouvoirs publics.

Art. 1er. La souveraineté est une, indivisible, inaliénable et imprescriptible ; elle appartient à la nation : aucune section du peuple ni aucun individu ne peut s'en attribuer l'exercice.

2. La nation, de qui seule émanent tous les pouvoirs, ne peut les exercer que par délégation.

La constitution française est représentative ; les représentans sont le Corps-Législatif et le Roi.

3. Le pouvoir législatif est délégué à une Assemblée nationale composée de représentans temporaires, librement élus par le peuple, pour être exercé par elle, avec la sanction du Roi, de la manière qui sera déterminée ci-après.

4. Le gouvernement est monarchique : le pouvoir exécutif est délégué au Roi, pour être exercé, sous son autorité, par des ministres et autres agens responsables, de la manière qui sera déterminée ci-après.

5. Le pouvoir judiciaire est délégué à des juges élus à temps par le peuple.

CHAPITRE Ier. De l'Assemblée nationale législative.

Art. 1er. L'Assemblée nationale formant le Corps-Législatif est permanente, et n'est composée que d'une chambre.

2. Elle sera formée tous les deux ans par de nouvelles élections.

Chaque période de deux années formera une législature.

3. Les dispositions de l'article précédent n'auront pas lieu à l'égard du prochain Corps-Législatif, dont les pouvoirs cesseront le dernier jour d'avril 1793.

4. Le renouvellement du Corps-Législatif se fera de plein droit.

5. Le Corps-Législatif ne pourra être dissous par le Roi.

SECTION Ire. Nombre des représentans. — Bases de la représentation.

Art. 1er. Le nombre des représentans au

la minorité de ses enfans, remplit les formalités voulues par la loi, pour recouvrer la qualité de Française. M. Sirey a bien voulu insérer dans son recueil, tome 32, 2e partie, page 642, une consultation que j'ai délibérée sur cette question.

Corps-Législatif est de sept cent quarante-cinq, à raison des quatre-vingt-trois départemens dont le royaume est composé, et indépendamment de ceux qui pourraient être accordés aux colonies.

2. Les représentans seront distribués entre les quatre-vingt-trois départemens, selon les trois proportions du territoire, de la population et de la contribution directe.

3. Des sept cent quarante-cinq représentans, deux cent quarante-sept sont attachés au territoire.

Chaque département en nommera trois, à l'exception du département de Paris, qui n'en nommera qu'un.

4. Deux cent quarante-neuf représentans sont attribués à la population.

La masse totale de la population active du royaume est divisée en deux cent quarante-neuf parts, et chaque département nomme autant de députés qu'il a de parts de population.

5. Deux cent quarante-neuf représentans sont attachés à la contribution directe.

La somme totale de la contribution directe du royaume est de même divisée en deux cent quarante neuf parts, et chaque département nomme autant de députés qu'il paie de parts de contribution.

Section II. Assemblées primaires. — Nomination des électeurs.

Art. 1er. Pour former l'Assemblée nationale législative, les citoyens actifs se réuniront tous les deux ans en assemblées primaires dans les villes et dans les cantons.

Les assemblées primaires se formeront de plein droit le second dimanche de mars, si elles n'ont pas été convoquées plus tôt par les fonctionnaires publics déterminés par la loi.

2. Pour être citoyen actif, il faut être né ou devenu Français ; être âgé de vingt-cinq ans accomplis ; être domicilié dans la ville ou dans le canton depuis le temps déterminé par la loi ;

Payer, dans un lieu quelconque du royaume, une contribution directe au moins égale à la valeur de trois journées de travail, et en représenter la quittance;

N'être pas dans un état de domesticité, c'est-à-dire de serviteur à gages;

Être inscrit, dans la municipalité de son domicile, au rôle des gardes nationales ;

Avoir prêté le serment civique.

3. Tous les six ans, le Corps-Législatif fixera le *minimum* et le *maximum* de la valeur de la journée de travail, et les administrateurs de département en feront la détermination locale pour chaque district.

4. Nul ne pourra exercer les droits de citoyen actif dans plus d'un endroit, ni se faire représenter par un autre.

5. Sont exclus de l'exercice des droits de citoyen actif:

Ceux qui sont en état d'accusation;

Ceux qui, après avoir été constitués en état de faillite ou d'insolvabilité, prouvé par pièces authentiques, ne rapportent pas un acquit général de leurs créanciers.

6. Les assemblées primaires nommeront des électeurs en proportion du nombre des citoyens actifs domiciliés dans la ville ou le canton.

Il sera nommé un électeur à raison de cent citoyens actifs présens ou non à l'assemblée.

Il en sera nommé deux, depuis cent cinquante-un jusqu'à deux cent cinquante, et ainsi de suite.

7. Nul ne pourra être nommé électeur, s'il ne réunit aux conditions nécessaires pour être citoyen actif, savoir :

Dans les villes au-dessus de six mille ames, celle d'être propriétaire ou usufruitier d'un bien évalué sur les rôles de contribution à un revenu égal à la valeur locale de deux cents journées de travail, ou d'être locataire d'une habitation évaluée sur les mêmes rôles à un revenu égal à la valeur de cent cinquante journées de travail ;

Dans les villes au-dessous de six mille ames, celle d'être propriétaire ou usufruitier d'un bien évalué sur les rôles de contribution à un revenu égal à la valeur locale de cent cinquante journées de travail, ou d'être locataire d'une habitation évaluée sur les mêmes rôles à un revenu égal à la valeur de cent journées de travail ;

Et dans les campagnes, celle d'être propriétaire ou usufruitier d'un bien évalué sur les rôles de contribution à un revenu égal à la valeur locale de cent cinquante journées de travail, ou d'être fermier ou métayer de biens évalués sur les mêmes rôles à la valeur de quatre cents journées de travail.

A l'égard de ceux qui seront en même temps propriétaires ou usufruitiers d'une part, et locataires, fermiers ou métayers de l'autre, leurs facultés à ces divers titres seront cumulées, jusqu'au taux nécessaire pour établir leur éligibilité.

Section III. Assemblées électorales. — Nomination de représentans.

Art. 1er. Les électeurs nommés en chaque département se réuniront pour élire le nombre des représentans dont la nomination sera attribuée à leur département, et un nombre de suppléans égal au tiers de celui des représentans.

Les assemblées électorales se formeront de plein droit le dernier dimanche de mars, si elles n'ont été convoquées plus tôt par les fonctionnaires publics déterminés par la loi.

2. Les représentans et les suppléans seront élus à la pluralité absolue des suffrages, et

ne pourront être choisis que parmi les citoyens actifs du département.

3. Tous les citoyens actifs, quel que soit leur état, profession ou contribution, pourront être élus représentans de la nation.

4. Seront néanmoins obligés d'opter les ministres et les autres agens du pouvoir exécutif révocables à volonté, les commissaires de la Trésorerie nationale, les percepteurs et receveurs des contributions directes, les préposés à la perception et aux régies des contributions indirectes et des domaines nationaux, et ceux qui, sous quelque dénomination que ce soit, sont attachés à des emplois de la maison militaire et civile du Roi.

Seront également tenus d'opter les administrateurs, sous-administrateurs, officiers municipaux, et commandans des gardes nationales.

5. L'exercice des fonctions judiciaires sera incompatible avec celle de représentant de la nation, pendant toute la durée de la législature.

Les juges seront remplacés par leurs suppléans, et le Roi pourvoira, par des brevets de commission, au remplacement de ses commissaires auprès des tribunaux.

6. Les membres du Corps-Législatif pourront être réélus à la législature suivante, et ne pourront l'être ensuite qu'après l'intervalle d'une législature.

7. Les représentans nommés dans les départemens ne seront pas représentans d'un département particulier, mais de la nation entière, et il ne pourra leur être donné aucun mandat.

Section IV. Tenue et régime des assemblées primaires et électorales.

Art. 1er. Les fonctions des assemblées primaires et électorales se bornent à élire; elles se sépareront aussitôt après les élections faites, et ne pourront se former de nouveau que lorsqu'elles seront convoquées, si ce n'est au cas de l'article 1er de la section II et de l'article 1er de la section III ci-dessus.

2. Nul citoyen actif ne peut entrer ni donner son suffrage dans une assemblée, s'il est armé.

3. La force armée ne pourra être introduite dans l'intérieur sans le vœu exprès de l'Assemblée, si ce n'est qu'on y commit des violences; auquel cas, l'ordre du président suffira pour appeler la force publique.

4. Tous les deux ans il sera dressé, dans chaque district, des listes, par cantons, des citoyens actifs, et la liste de chaque canton y sera publiée et affichée deux mois avant l'époque de l'assemblée primaire.

Les réclamations qui pourront avoir lieu, soit pour contester la qualité des citoyens employés sur la liste, soit de la part de ceux qui se prétendront omis injustement, seront portées aux tribunaux pour y être jugées sommairement.

La liste servira de règle pour l'administration des citoyens dans la prochaine assemblée primaire, en tout ce qu'n'aura pas été rectifié par des jugemens rendus avant la tenue de l'assemblée.

5. Les assemblées électorales ont le droit de vérifier la qualité et les pouvoirs de ceux qui s'y présenteront, et leurs décisions seront exécutées provisoirement, sauf le jugement du Corps-Législatif lors de la vérification des pouvoirs des députés.

6. Dans aucun cas et sous aucun prétexte, le Roi, ni aucun des agens nommés par lui, ne pourront prendre connaissance des questions relatives à la régularité des convocations, à la tenue des assemblées, à la forme des élections, ni aux droits politiques des citoyens, sans préjudice des fonctions des commissaires du Roi dans les cas déterminés par la loi, où les questions relatives aux droits politiques des citoyens doivent être portées dans les tribunaux.

Section V. Réunion des représentans en Assemblée nationale législative.

Art. 1er. Les représentans se réuniront, le premier lundi du mois de mai, au lieu des séances de la dernière législature.

2. Ils se formeront provisoirement en assemblée, sous la présidence du doyen d'âge, pour vérifier les pouvoirs des représentans présens.

3. Dès qu'ils seront au nombre de trois cent soixante-treize membres vérifiés, ils se constitueront sous le titre d'*Assemblée nationale législative* : elle nommera un président, un vice-président et des secrétaires, et commencera l'exercice de ses fonctions.

4. Pendant tout le cours du mois de mai, si le nombre des représentans présens est au-dessous de trois cent soixante-treize, l'Assemblée ne pourra faire aucun acte législatif.

Elle pourra prendre un arrêté pour enjoindre aux membres absens de se rendre à leurs fonctions dans le délai de quinzaine au plus tard, à peine de 3,000 liv. d'amende, s'ils ne proposent pas une excuse qui soit jugée légitime par l'Assemblée.

5. Au dernier jour de mai, quel que soit le nombre des membres présens, ils se constitueront en Assemblée nationale législative.

6. Les représentans prononceront tous ensemble, au nom du peuple français, le serment de *vivre libre ou mourir*.

Ils prêteront ensuite individuellement le serment de *maintenir de tout leur pouvoir la constitution du royaume, décrétée par l'Assemblée nationale constituante, aux années 1789, 1790 et 1791; de ne rien proposer ni consentir, dans le cours de la législature, qui puisse y porter atteinte, et d'être en tout fidèles à la nation, à la loi et au Roi.*

7. Les représentans de la nation sont inviolables: ils ne pourront être recherchés, accusés ni jugés en aucun temps, pour ce qu'ils auront dit, écrit ou fait dans l'exercice de leurs fonctions de représentans.

8. Ils pourront, pour faits criminels, être saisis en flagrant délit, ou en vertu d'un mandat d'arrêt; mais il en sera donné avis, sans délai, au Corps-Législatif; et la poursuite ne pourra être continuée qu'après que le Corps-Législatif aura décidé qu'il y a lieu à accusation.

CHAPITRE II. De la royauté, de la régence et des ministres.

SECTION Ire. *De la royauté et du Roi.*

ART. 1er. La royauté est indivisible, et déléguée héréditairement à la race régnante, de mâle en mâle, par ordre de primogéniture, à l'exclusion perpétuelle des femmes et de leur descendance.

(Rien n'est préjugé sur l'effet des renonciations, dans la race actuellement régnante.)

2. La personne du Roi est inviolable et sacrée: son seul titre est *Roi des Français.*

3. Il n'y a point en France d'autorité supérieure à celle de la loi; le Roi ne règne que par elle, et ce n'est qu'au nom de la loi qu'il peut exiger l'obéissance.

4. Le Roi, à son avènement au trône, ou dès qu'il aura atteint sa majorité, prêtera à la nation, en présence du Corps-Législatif, le serment *d'être fidèle à la nation et à la loi, d'employer tout le pouvoir qui lui est délégué à maintenir la constitution décrétée par l'Assemblée nationale constituante, aux années 1789, 1790 et 1791, et à faire exécuter les lois.*

Si le Corps-Législatif n'est pas assemblé, le Roi fera publier une réclamation dans laquelle seront exprimés ce serment et la promesse de le réitérer aussitôt que le Corps-Législatif sera réuni.

5. Si, un mois après l'invitation du Corps-Législatif, le Roi n'a pas prêté ce serment, ou si, après l'avoir prêté, il le rétracte, il sera censé avoir abdiqué la royauté.

6. Si le Roi se met à la tête d'une armée et en dirige les forces contre la nation, ou s'il ne s'oppose pas par un acte formel à une telle entreprise qui s'exécuterait en son nom, il sera censé avoir abdiqué la royauté.

7. Si le Roi, étant sorti du royaume, n'y rentrait pas après l'invitation qui lui en serait faite par le Corps-Législatif, et dans le délai qui sera fixé par la proclamation, lequel ne pourra être moindre de deux mois, il serait censé avoir abdiqué la royauté.

Le délai commencera à courir du jour où la proclamation du Corps législatif aura été publiée dans le lieu de ses séances; et les ministres seront tenus, sous leur responsabilité, de faire tous les actes du pouvoir exécutif, dont l'exercice sera suspendu dans la main du Roi absent.

8. Après l'abdication expresse ou légale, le Roi sera dans la classe des citoyens, et pourra être accusé et jugé comme eux pour les actes postérieurs à son abdication.

9. Les biens particuliers que le Roi possède à son avènement au trône sont réunis irrévocablement au domaine de la nation : il a la disposition de ceux qu'il acquiert à titre singulier; s'il n'en a pas disposé, ils sont pareillement réunis à la fin du règne.

10. La nation pourvoit à la splendeur du trône par une liste civile, dont le Corps-législatif déterminera la somme à chaque changement de règne, pour toute la durée du règne.

11. Le Roi nommera un administrateur de la liste civile, qui exercera les actions judiciaires du Roi, et contre lequel toutes les actions à la charge du Roi seront dirigées, et les jugemens prononcés. Les condamnations obtenues par les créanciers de la liste civile seront exécutoires contre l'administrateur personnellement, et sur ses propres biens.

12. Le Roi aura, indépendamment de la garde d'honneur qui lui sera fournie par les citoyens gardes nationales du lieu de sa résidence, une garde payée sur les fonds de la liste civile; elle ne pourra excéder le nombre de douze cents hommes à pied, et de six cents hommes à cheval.

Les grades et les règles d'avancement y seront les mêmes que dans les troupes de ligne; mais ceux qui composeront la garde du Roi rouleront pour tous les grades exclusivement sur eux-mêmes, et ne pourront en obtenir aucun dans l'armée de ligne.

Le Roi ne pourra choisir les hommes de sa garde que parmi ceux qui sont actuellement en activité de service dans les troupes de ligne, ou parmi les citoyens qui ont fait depuis un an le service de gardes nationales, pourvu qu'ils soient résidans dans le royaume, et qu'ils aient précédemment prêté le serment civique.

La garde du Roi ne pourra être commandée ni requise par aucun autre service public.

SECTION II. De la régence (1).

ART. 1er. Le Roi est mineur jusqu'à l'âge de dix-huit ans accomplis; et pendant sa minorité, il y a un régent du royaume.

2. La régence appartient au parent du Roi, le plus proche en dégré, suivant l'ordre de

_____

(1) *Voy.* à la fin de la constitution.

l'hérédité au trône , et âgé de vingt-cinq ans accomplis, pourvu qu'il soit Français et regnicole, qu'il ne soit pas héritier présomptif d'une autre couronne, et qu'il ait précédemment prêté le serment civique.

Les femmes sont exclues de la régence.

3. Si un Roi mineur n'avait aucun parent réunissant les qualités ci-dessus exprimées, le régent du royaume sera élu ainsi qu'il va être dit aux articles suivans.

4. Le Corps-Législatif ne pourra élire le régent.

5. Les électeurs de chaque district se réuniront au chef-lieu de district , d'après une proclamation qui sera faite dans la première semaine du nouveau règne , par le Corps-Législatif, s'il est réuni ; et, s'il était séparé, le ministre de la justice sera tenu de faire cette proclamation dans la même semaine.

6. Les électeurs nommeront en chaque district , au scrutin individuel et à la pluralité absolue des suffrages, un citoyen éligible et domicilié dans le district, auquel ils donneront, par le procès-verbal de l'élection, un mandat spécial borné à la seule fonction d'élire le citoyen qu'il jugera en son ame et conscience le plus digne d'être élu régent du royaume.

7. Les citoyens mandataires nommés dans les districts seront tenus de se rassembler dans la ville où le Corps-Législatif tiendra sa séance , le quarantième jour, au plus tard, à partir de l'avénement du Roi mineur au trône, et ils formeront l'assemblée électorale qui procédera à la nomination du régent.

8. L'élection du régent sera faite au scrutin individuel et à la pluralité absolue des suffrages.

9. L'assemblée électorale ne pourra s'occuper que de l'élection, et se séparera aussitôt que l'élection sera terminée ; tout autre acte qu'elle entreprendrait de faire est déclaré inconstitutionnel et de nul effet.

9. L'assemblée électorale fera présenter, par son président, le procès-verbal de l'élection au Corps-Législatif, qui, après avoir vérifié la régularité de l'élection, la fera publier dans tout le royaume par une proclamation.

11. Le régent exerce, jusqu'à la majorité du Roi , toutes les fonctions de la royauté, et n'est pas personnellement responsable des actes de son administration.

12. Le régent ne peut commencer l'exercice de ses fonctions qu'après avoir prêté à la nation, en présence du Corps-Législatif, le serment *d'être fidèle à la nation , à la loi et au Roi ; d'employer tout le pouvoir délégué au Roi , et dont l'exercice lui est confié pendant la minorité du Roi, à maintenir la constitution décrétée par l'Assemblée nationale constituante, aux années 1789, 1790 et 1791, et à faire exécuter les lois.*

Si le Corps-Législatif n'est pas assemblé, le régent fera publier une proclamation dans laquelle seront exprimés ce serment et la promesse de le réitérer aussitôt que le Corps-Législatif sera réuni.

13. Tant que le régent n'est pas entré en exercice de ses fonctions , la sanction des lois demeure suspendue ; les ministres continuent de faire, sous leur responsabilité, tous les actes du pouvoir exécutif.

14. Aussitôt que le régent aura prêté le serment, le Corps-Législatif déterminera son traitement, lequel ne pourra être changé pendant la durée de la régence.

15. Si, à raison de la minorité d'âge du parent appelé à la régence, elle a été dévolue à un parent plus éloigné, ou déférée par élection, le régent qui sera entré en exercice continuera ses fonctions jusqu'à la majorité du Roi.

16. La régence du royaume ne confère aucun droit sur la personne du Roi mineur.

17. La garde du Roi mineur sera confiée à sa mère ; et, s'il n'a pas de mère, ou si elle est remariée au temps de l'avénement de son fils au trône, ou si elle se remarie pendant la minorité, la garde sera déférée par le Corps-Législatif.

Ne peuvent être élus pour la garde du Roi mineur, ni le régent et ses descendans, ni les femmes.

18. En cas de démence du Roi notoirement reconnue, légalement constatée, et déclarée par le Corps-Législatif après trois délibérations successives prises de mois en mois, il y a lieu à la régence tant que la démence dure.

SECTION III. De la famille du Roi.

Art. 1er. L'héritier présomptif portera le nom de *Prince royal.*

Il ne peut sortir du royaume sans un décret du Corps-Législatif et le consentement du Roi.

S'il en est sorti, et si, étant parvenu à l'âge de dix-huit ans, il ne rentre pas en France après avoir été requis par une proclamation du Corps-Législatif, il est censé avoir abdiqué le droit de succession au trône.

2. Si l'héritier présomptif est mineur, le parent majeur, premier appelé à la régence, est tenu de résider dans le royaume.

Dans le cas où il en serait sorti, et n'y rentrerait pas sur la réquisition du Corps-Législatif, il sera censé avoir abdiqué son droit à la régence.

3. La mère du Roi mineur ayant sa garde ou le gardien élu, s'ils sortent du royaume, sont déchus de la garde.

Si la mère de l'héritier présomptif mineur sortait du royaume, elle ne pourrait, même après son retour, avoir la garde de son fils mineur devenu Roi que par un décret du Corps-Législatif.

4. Il sera fait une loi pour régler l'éducation du Roi mineur et celle de l'héritier présomptif mineur.

5. Les membres de la famille du Roi appelés à la succession éventuelle au trône jouissent des droits de citoyen actif, mais ne sont éligibles à aucune des places, emplois ou fonctions qui sont à la nomination du peuple.

A l'exception des départemens du ministère, ils sont susceptibles des places et emplois à la nomination du Roi; néanmoins, ils ne pourront commander en chef aucune armée de terre ou de mer, ni remplir les fonctions d'ambassadeurs, qu'avec le consentement du Corps-Législatif, accordé sur la proposition du Roi.

6. Les membres de la famille du Roi appelés à la succession éventuelle au trône ajouteront la dénomination de *prince français* au nom qui leur aura été donné dans l'acte civil constatant leur naissance, et ce nom ne pourra être ni patronymique, ni formé d'aucune des qualifications abolies par la présente constitution.

La dénomination de *prince* ne pourra être donnée à aucun autre individu, et n'emportera aucun privilége, ni aucune exception au droit commun de tous les Français.

7. Les actes par lesquels seront légalement constatés les naissances, mariages et décès des princes français, seront présentés au Corps-Législatif, qui en ordonnera le dépôt dans ses archives.

8. Il ne sera accordé aux membres de la famille du Roi aucun apanage réel.

Les fils puînés du Roi recevront, à l'âge de vingt-cinq ans accomplis, ou lors de leur mariage, une rente apanagère, laquelle sera fixée par le Corps-Législatif, et finira à l'extinction de leur postérité masculine.

Section IV. Des ministres.

Art. 1er. Au Roi seul appartiendront le choix et la révocation des ministres.

2. Les membres de l'Assemblée nationale actuelle et des législatures suivantes, les membres du tribunal de cassation, et ceux qui serviront dans le haut-jury, ne pourront être promus au ministère, ni recevoir aucune place, don, pension, traitement ou commission du pouvoir exécutif ou de ses agens, pendant la durée de leurs fonctions, ni pendant deux ans après en avoir cessé l'exercice.

Il en sera de même de ceux qui seront seulement inscrits sur la liste du haut-jury, pendant tout le temps que durera leur inscription.

3. Nul ne peut entrer en exercice d'aucun emploi, soit dans les bureaux du ministère, soit dans ceux des régies ou administrations des revenus publics, ni en général d'aucun

emploi à la nomination du pouvoir exécutif, sans prêter le serment civique, ou sans justifier qu'il l'a prêté.

4. Aucun ordre du Roi ne pourra être exécuté s'il n'est signé par lui et contre-signé par le ministre ou l'ordonnateur du département.

5. Les ministres sont responsables de tous les délits par eux commis contre la sûreté nationale et la constitution;

De tout attentat à la propriété et à la liberté individuelle;

De toute dissipation des deniers destinés aux dépenses de leur département.

6. En aucun cas, l'ordre du Roi, verbal ou par écrit, ne peut soustraire un ministre à la responsabilité.

7. Les ministres sont tenus de présenter chaque année au Corps-Législatif, à l'ouverture de la session, l'aperçu des dépenses à faire dans leur département, de rendre compte de l'emploi des sommes qui y étaient destinées, et d'indiquer les abus qui auraient pu s'introduire dans les différentes parties du gouvernement.

8. Aucun ministre en place, ou hors de place, ne peut être poursuivi en matière criminelle pour fait de son administration, sans un décret du Corps-Législatif.

CHAPITRE III. De l'exercice du pouvoir législatif.

SECTION Ire. *Pouvoirs et fonctions de l'Assemblée nationale législative.*

Art. 1er. La constitution délègue exclusivement au Corps-Législatif les pouvoirs et fonctions ci-après:

1° De proposer et décréter les lois: le Roi peut seulement inviter le Corps-Législatif à prendre un objet en considération;

2° De fixer les dépenses publiques;

3° D'établir les contributions publiques, d'en déterminer la nature, la quotité, la durée et le mode de perception;

4° De faire la répartition de la contribution directe entre les départemens du royaume, de surveiller l'emploi de tous les revenus publics, et de s'en faire rendre compte;

5° De décréter la création ou la suppression des offices publics;

6° De déterminer le titre, le poids, l'empreinte et la dénomination des monnaies;

7° De permettre ou de défendre l'introduction des troupes étrangères sur le territoire français, et des forces navales étrangères dans les ports du royaume;

8° De statuer annuellement, après la proposition du Roi, sur le nombre d'hommes et de vaisseaux dont les armées de terre et de mer seront composées; sur la solde et le nombre d'individus de chaque grade; sur les règles d'admission et d'avancement, les formes de l'enrôlement et du dégagement, la formation des équipages de mer; sur l'admission des troupes ou des forces navales étrangères au service de France, et sur le traitement des troupes en cas de licenciement;

9° De statuer sur l'administration, et d'ordonner l'aliénation des domaines nationaux;

10° De poursuivre devant la haute cour nationale la responsabilité des ministres, et des agens principaux du pouvoir exécutif;

D'accuser et de poursuivre devant la même cour ceux qui seront prévenus d'attentat et de complot contre la sûreté générale de l'Etat ou contre la constitution;

11° D'établir les lois d'après lesquelles les marques d'honneur ou décorations purement personnelles seront accordées à ceux qui ont rendu des services à l'Etat;

12° Le Corps-Législatif a seul le droit de décerner les honneurs publics à la mémoire des grands hommes.

2. La guerre ne peut être décidée que par un décret du Corps-Législatif, rendu sur la proposition formelle et nécessaire du Roi, et sanctionné par lui.

Dans le cas d'hostilités imminentes ou commencées, d'un allié à soutenir, ou d'un droit à conserver par la force des armes, le Roi en donnera, sans aucun délai, la notification au Corps-Législatif, et en fera connaître les motifs. Si le Corps-Législatif est en vacances, le Roi le convoquera aussitôt.

Si le Corps-Législatif décide que la guerre ne doive pas être faite, le Roi prendra sur-le-champ des mesures pour faire cesser ou prévenir toutes hostilités, les ministres demeurant responsables des délais.

Si le Corps-Législatif trouve que les hostilités commencées soient une agression coupable de la part des ministres ou de quelque autre agent du pouvoir exécutif, l'auteur de l'agression sera poursuivi criminellement.

Pendant tout le cours de la guerre, le Corps-Législatif peut requérir le Roi de négocier la paix; et le Roi est tenu de déférer à cette réquisition.

A l'instant où la guerre cessera, le Corps-Législatif fixera le délai dans lequel les troupes élevées au-dessus du pied de paix seront congédiées, et l'armée réduite à son état ordinaire.

3. Il appartient au Corps-Législatif de ratifier les traités de paix, d'alliance et de commerce; et aucun traité n'aura d'effet que par cette ratification.

4. Le Corps-Législatif a le droit de déterminer le lieu de ses séances, de les continuer autant qu'il le jugera nécessaire, et de s'ajourner. Au commencement de chaque règne, s'il n'est pas réuni, il sera tenu de se rassembler sans délai.

Il a le droit de police dans le lieu de ses séances, et dans l'enceinte extérieure qu'il aura déterminée.

Il a le droit de discipline sur ses membres; mais il ne peut prononcer de punition plus forte que la censure, les arrêts pour huit jours, ou la prison pour trois jours.

Il a le droit de disposer, pour sa sûreté et pour le maintien du respect qui lui est dû, des forces qui, de son consentement, seront établies dans la ville où il tiendra ses séances.

5. Le pouvoir exécutif ne peut faire passer ou séjourner aucun corps de troupes de ligne, dans la distance de trente mille toises du Corps-Législatif, si ce n'est sur sa réquisition ou avec son autorisation.

SECTION II. Tenue des séances, et forme de délibérer.

Art. 1er. Les délibérations du Corps-Législatif seront publiques, et les procès-verbaux de ses séances seront imprimés.

2. Le Corps-Législatif pourra cependant, en toute occasion, se former en *comité général*.

Cinquante membres auront le droit de l'exiger.

Pendant la durée du comité général, les assistans se retireront, le fauteuil du président sera vacant; l'ordre sera maintenu par le vice-président.

3. Aucun acte législatif ne pourra être délibéré et décrété que dans la forme suivante.

4. Il sera fait trois lectures du projet de décret, à trois intervalles, dont chacun ne pourra être moindre de huit jours.

5. La discussion sera ouverte après chaque lecture; et néanmoins, après la première ou seconde lecture, le Corps-Législatif pourra déclarer qu'il y a lieu à l'ajournement, ou qu'il n'y a pas lieu à délibérer; mais, dans ce dernier cas, le projet de décret pourra être représenté dans la même session.

Tout projet de décret sera imprimé et distribué avant que la seconde lecture puisse en être faite.

6. Après la troisième lecture, le président sera tenu de mettre en délibération, et le Corps-Législatif décidera s'il se trouve en état de rendre un décret définitif, ou s'il veut renvoyer la décision à un autre temps, pour recueillir de plus amples éclaircissemens.

7. Le Corps-Législatif ne peut délibérer si la séance n'est composée de deux cents membres au moins, et aucun décret ne sera formé que par la pluralité absolue des suffrages.

8. Tout projet de loi qui, soumis à la discussion, aura été rejeté après la troisième lecture, ne pourra être représenté dans la même session.

9. Le préambule de tout décret définitif énoncera: 1° les dates des séances auxquelles les trois lectures du projet auront été faites; 2° le décret par lequel il aura été arrêté, après la troisième lecture, de décider définitivement.

10. Le Roi refusera sa sanction au décret dont le préambule n'attestera pas l'observation des formes ci-dessus : si quelqu'un de ces décrets était sanctionné, les ministres ne pourront le sceller ni le promulguer, et leur responsabilité à cet égard durera six années.

11. Sont exceptés des dispositions ci-dessus les décrets reconnus et déclarés urgens par une déclaration préalable du Corps-Législatif ; mais ils peuvent être modifiés ou révoqués dans le cours de la même session.

Le décret par lequel la matière aura été déclarée urgente en énoncera les motifs ; et il sera fait mention de ce décret préalable dans le préambule du décret définitif.

SECTION III. De la sanction royale.

Art. 1er. Les décrets du Corps-Législatif sont présentés au Roi, qui peut leur refuser son consentement.

2. Dans le cas où le Roi refuse son consentement, ce refus n'est que suspensif.

Lorsque les deux législatures qui suivront celle qui aura présenté le décret auront successivement représenté le même décret dans les mêmes termes, le Roi sera censé avoir donné la sanction.

3. Le consentement du Roi est exprimé sur chaque décret par cette formule signée du Roi : *Le Roi consent et fera exécuter.*

Le refus suspensif est exprimé par celle-ci : *Le Roi examinera.*

4. Le Roi est tenu d'exprimer son consentement ou son refus sur chaque décret, dans les deux mois de la présentation.

5. Tout décret auquel le Roi a refusé son consentement ne peut lui être présenté par la même législature.

6. Les décrets sanctionnés par le Roi, et ceux qui lui auront été présentés par trois législatures consécutives, ont force de loi, et portent le nom et l'intitulé de *lois.*

7. Seront néanmoins exécutés comme lois, sans être sujets à la sanction, les actes du Corps-Législatif concernant sa constitution en assemblée délibérante ;

Sa police intérieure, et celle qu'il pourra exercer dans l'enceinte extérieure qu'il aura déterminée ;

La vérification des pouvoirs de ses membres présens ;

Les injonctions aux membres absens ;

La convocation des assemblées primaires en retard ;

L'exercice de la police constitutionnelle sur les administrateurs et sur les officiers municipaux ;

Les questions, soit d'éligibilité, soit de validité des élections.

Ne sont pareillement sujets à la sanction les actes relatifs à la responsabilité des ministres, ni les décrets portant qu'il y a lieu à accusation.

8. Les décrets du Corps-Législatif concernant l'établissement, la prorogation et la perception des contributions publiques, porteront le nom et l'intitulé de *lois.* Ils seront promulgués et exécutés sans être sujets à la sanction, si ce n'est pour les dispositions qui établiraient des peines autres que des amendes et contraintes pécuniaires.

Ces décrets ne pourront être rendus qu'après l'observation des formalités prescrites par les articles 4, 5, 6, 7, 8 et 9 de la section II du présent chapitre ; et le Corps-Législatif ne pourra y insérer aucune disposition étrangère à leur objet.

SECTION IV. Relations du Corps-Législatif avec le Roi.

Art. 1er. Lorsque le Corps-Législatif est définitivement constitué, il envoie au Roi une députation pour l'en instruire. Le Roi peut, chaque année, faire l'ouverture de la session, et proposer les objets qu'il croit devoir être pris en considération pendant le cours de cette session, sans néanmoins que cette formalité puisse être considérée comme nécessaire à l'activité du Corps-Législatif.

2. Lorsque le Corps-Législatif veut s'ajourner au-delà de quinze jours, il est tenu d'en prévenir le Roi par une députation, au moins huit jours d'avance.

3. Huitaine au moins avant la fin de chaque session, le Corps-Législatif envoie au Roi une députation, pour lui annoncer le jour où il se propose de terminer ses séances. Le Roi peut venir faire la clôture de la session.

4. Si le Roi trouve important au bien de l'Etat que la session soit continuée, ou que l'ajournement n'ait pas lieu, ou qu'il n'ait lieu que pour un temps moins long, il peut à cet effet envoyer un message, sur lequel le Corps-Législatif est tenu de délibérer.

5. Le Roi convoquera le Corps-Législatif dans l'intervalle de ses sessions, toutes les fois que l'intérêt de l'Etat lui paraîtra l'exiger, ainsi que dans les cas qui auront été prévus et déterminés par le Corps-Législatif avant de s'ajourner.

6. Toutes les fois que le Roi se rendra au lieu des séances du Corps-Législatif, il sera reçu et reconduit par une députation ; il ne pourra être accompagné dans l'intérieur de la salle que par le prince royal et par les ministres.

7. Dans aucun cas, le président ne pourra faire partie d'une députation.

8. Le Corps-Législatif cessera d'être corps délibérant, tant que le Roi sera présent.

9. Les actes de la correspondance du Roi avec le Corps-Législatif seront toujours contre-signés par un ministre.

10. Les ministres du Roi auront entrée

dans l'Assemblée nationale législative ; ils y auront une place marquée.

Ils seront entendus, toutes les fois qu'ils le demanderont, sur les objets relatifs à leur administration, ou lorsqu'ils seront requis de donner des éclaircissemens.

Ils seront également entendus sur les objets étrangers à leur administration, quand l'Assemblée nationale leur accordera la parole.

CHAPITRE IV. De l'exercice du pouvoir exécutif.

Art. 1er. Le pouvoir exécutif suprême réside exclusivement dans la main du Roi.

Le Roi est le chef suprême de l'administration générale du royaume : le soin de veiller au maintien de l'ordre et de la tranquillité publique lui est confié.

Le Roi est le chef suprême de l'armée de terre et de l'armée navale.

Au Roi est délégué le soin de veiller à la sûreté extérieure du royaume, d'en maintenir les droits et les possessions.

2. Le Roi nomme les ambassadeurs et les autres agens des négociations politiques.

Il confère le commandement des armées et des flottes, et les grades de maréchal de France et d'amiral.

Il nomme les deux tiers des contre-amiraux, la moitié des lieutenans-généraux, maréchaux-de-camp, capitaines de vaisseau, et colonels de la gendarmerie nationale.

Il nomme le tiers des colonels et des lieutenans-colonels, et le sixième des lieutenans-de vaisseau.

Le tout en se conformant aux lois sur l'avancement.

Il nomme, dans l'administration civile de la marine, les ordonnateurs, les contrôleurs, les trésoriers des arsenaux, les chefs des travaux, sous-chefs des bâtimens civils, la moitié des chefs d'administration et des sous-chefs de constructions.

Il nomme les commissaires auprès des tribunaux.

Il nomme les préposés en chef aux régies des contributions indirectes, et à l'administration des domaines nationaux.

Il surveille la fabrication des monnaies, et nomme les officiers chargés d'exercer cette surveillance dans la commission générale et dans les hôtels des monnaies.

L'effigie du Roi est empreinte sur toutes les monnaies du royaume.

3. Le Roi fait délivrer les lettres-patentes, brevets et commissions, aux fonctionnaires publics ou autres qui doivent en recevoir.

4. Le Roi fait dresser la liste des pensions et gratifications, pour être présentée au Corps-Législatif à chacune de ses sessions, et décrétée, s'il y a lieu.

SECTION Ire. De la promulgation des lois (1).

Art. 1er. Le pouvoir exécutif est chargé de faire sceller les lois du sceau de l'Etat, et de les faire promulguer.

Il est chargé également de faire promulguer et exécuter les actes du Corps-Législatif qui n'ont pas besoin de la sanction du Roi.

2. Il sera fait deux expéditions originales de chaque loi, toutes deux signées du Roi, contre-signées par le ministre de la justice, et scellées du sceau de l'Etat.

L'une restera déposée aux archives du sceau, et l'autre sera remise aux archives du Corps-Législatif.

3. La promulgation sera ainsi conçue :

« N. (le nom du Roi) par la grace de
« Dieu et par la loi constitutionnelle de l'E-
« tat, Roi des Français, à tous présens et à
« venir, salut. L'Assemblée nationale a dé-
« crété, et nous voulons et ordonnons ce qui
« suit :

(La copie littérale du décret sera insérée sans aucun changement.)

« Mandons et ordonnons à tous les corps
« administratifs et tribunaux, que les pré-
« sentes ils fassent consigner dans leurs re-
« gistres, lire, publier et afficher dans leurs
« départemens et ressorts respectifs, et exé-
« cuter comme loi du royaume. En foi de
« quoi nous avons signé ces présentes, aux-
« quelles nous avons fait apposer le sceau de
« l'Etat. »

4. Si le Roi est mineur, les lois, proclamations et autres actes émanés de l'autorité royale, pendant la régence, seront conçus ainsi qu'il suit :

« N. (le nom du régent) régent du royaume,
« au nom de N. (le nom du Roi), par la grace
« de Dieu et par la loi constitutionnelle de
« l'Etat, Roi des Français, etc. etc. »

5. Le pouvoir exécutif est tenu d'envoyer les lois aux corps administratifs et aux tribunaux, de faire certifier cet envoi, et d'en justifier au Corps-Législatif.

6. Le pouvoir exécutif ne peut faire aucune loi, même provisoire, mais seulement des proclamations conformes aux lois, pour en ordonner ou en rappeler l'exécution.

SECTION II. De l'administration intérieure.

Art. 1er. Il y a dans chaque département une administration supérieure, et dans chaque district une administration subordonnée.

2. Les administrateurs n'ont aucun caractère de représentation.

Ils sont agens élus à temps par le peuple, pour exercer, sous la surveillance et l'autorité du Roi, les fonctions administratives.

3. Ils ne peuvent, ni s'immiscer dans l'exercice du pouvoir législatif, ou suspendre l'exé-

_____

(1) Voy. loi du 2 = 5 novembre 1790, et les notes.

cution des lois, ni rien entreprendre sur l'ordre judiciaire, ni sur les dispositions ou opérations militaires.

4. Les administrateurs sont essentiellement chargés de répartir les contributions directes, et de surveiller les deniers provenant de toutes les contributions et revenus publics dans leur territoire.

Il appartient au pouvoir législatif de déterminer les règles et le mode de leurs fonctions, tant sur les objets ci-dessus exprimés que sur toutes les autres parties de l'administration intérieure.

5. Le Roi a le droit d'annuler les actes des administrateurs de département, contraires aux lois ou aux ordres qu'il leur aura adressés.

Il peut, dans le cas d'une désobéissance persévérante, ou s'ils compromettent par leurs actes la sûreté ou la tranquillité publique, les suspendre de leurs fonctions.

6. Les administrateurs de département ont de même le droit d'annuler les actes des sous-administrateurs de district, contraires aux lois ou aux arrêtés des administrateurs de département, ou aux ordres que ces derniers leur auront donnés ou transmis. Ils peuvent également, dans le cas d'une désobéissance persévérante, ou si ces derniers compromettent par leurs actes la sûreté ou la tranquillité publique, les suspendre de leurs fonctions, à la charge d'en instruire le Roi, qui pourra lever ou confirmer la suspension.

7. Le Roi peut, lorsque les administrateurs de département n'auront pas usé du pouvoir qui leur est délégué dans l'article ci-dessus, annuler directement les actes des sous-administrateurs, et les suspendre dans les mêmes cas.

8. Toutes les fois que le Roi aura prononcé ou confirmé la suspension des administrateurs ou sous-administrateurs, il en instruira le Corps-Législatif.

Celui-ci pourra ou lever la suspension, ou la confirmer, ou même dissoudre l'administration coupable, et, s'il y a lieu, renvoyer tous les administrateurs ou quelques-uns d'eux aux tribunaux criminels, ou porter contre eux le décret d'accusation.

SECTION III. Des relations extérieures.

Art. 1er. Le Roi seul peut entretenir des relations politiques au-dehors, conduire les négociations, faire des préparatifs de guerre proportionnés à ceux des Etats voisins, distribuer les forces de terre et de mer ainsi qu'il le jugera convenable, et en régler la direction en cas de guerre.

2. Toute déclaration de guerre sera faite en ces termes : *De la part du Roi des Français, au nom de la nation.*

3. Il appartient au Roi d'arrêter et de signer, avec toutes les puissances étrangères, tous les traités de paix, d'alliance et de commerce, et autres conventions qu'il jugera nécessaires au bien de l'Etat, sauf la ratification du Corps-Législatif.

CHAPITRE V. Du pouvoir judiciaire.

Art. 1er. Le pouvoir judiciaire ne peut, en aucun cas, être exercé par le Corps-Législatif ni par le Roi.

2. La justice sera rendue gratuitement par des juges élus à temps par le peuple, et institués par lettres-patentes du Roi, qui ne pourra les refuser.

Ils ne pourront être ni destitués que pour forfaiture dûment jugée, ni suspendus que par une accusation admise.

L'accusateur public sera nommé par le peuple.

3. Les tribunaux ne peuvent ni s'immiscer dans l'exercice du pouvoir législatif, ou suspendre l'exécution des lois, ni entreprendre sur les fonctions administratives, ou citer devant eux les administrateurs, pour raison de leurs fonctions.

4. Les citoyens ne peuvent être distraits des juges que la loi leur assigne, par aucune commission, ni par d'autres attributions et évocations que celles qui sont déterminées par les lois.

5. Le droit des citoyens, de terminer définitivement leurs contestations par la voie de l'arbitrage, ne peut recevoir aucune atteinte par les actes du pouvoir législatif.

6. Les tribunaux ordinaires ne peuvent recevoir aucune action au civil, sans qu'il leur soit justifié que les parties ont comparu, ou que le demandeur a cité sa partie adverse devant des médiateurs, pour parvenir à une conciliation.

7. Il y aura un ou plusieurs juges-de-paix dans les cantons et dans les villes ; le nombre en sera déterminé par le pouvoir législatif.

8. Il appartient au pouvoir législatif de régler le nombre et les arrondissemens des tribunaux, et le nombre des juges dont chaque tribunal sera composé.

9. En matière criminelle, nul citoyen ne peut être jugé que sur une accusation reçue par des jurés, ou décrétée par le Corps-Législatif, dans les cas où il lui appartient de poursuivre l'accusation.

Après l'accusation admise, le fait sera reconnu et déclaré par des jurés.

L'accusé aura la faculté d'en récuser jusqu'à vingt, sans donner de motifs.

Les jurés qui déclareront le fait ne pourront être au-dessous du nombre de douze.

L'application de la loi sera faite par des juges.

L'instruction sera publique, et l'on ne pourra refuser aux accusés le secours d'un conseil.

Tout homme acquitté par un jury légal ne

peut plus être repris ni accusé à raison du même fait.

10. Nul homme ne peut être saisi que pour être conduit devant l'officier de police; et nul ne peut être mis en arrestation ou détenu, qu'en vertu d'un mandat des officiers de police, d'une ordonnance de prise-de-corps d'un tribunal, d'un décret d'accusation du Corps-Législatif, dans le cas où il lui appartient de le prononcer, ou d'un jugement de condamnation à prison ou détention correctionnelle.

11. Tout homme saisi et conduit devant l'officier de police sera examiné sur-le-champ, ou, au plus tard, dans les vingt-quatre heures.

S'il résulte de l'examen qu'il n'y a aucun sujet d'inculpation contre lui, il sera remis aussitôt en liberté; ou, s'il y a lieu de l'envoyer à la maison d'arrêt, il y sera conduit dans le plus bref délai, qui, en aucun cas, ne pourra excéder trois jours.

12. Nul homme arrêté ne peut être retenu s'il donne caution suffisante, dans tous les cas où la loi permet de rester libre sous cautionnement.

13. Nul homme, dans le cas où sa détention est autorisée par la loi, ne peut être conduit et détenu que dans les lieux légalement et publiquement désignés pour servir de maison d'arrêt, de maison de justice ou de prison.

14. Nul gardien ou geôlier ne peut recevoir ni retenir aucun homme qu'en vertu d'un mandat ou ordonnance de prise-de-corps, décret d'accusation ou jugement mentionné dans l'article 10 ci-dessus, et sans que la transcription en ait été faite sur son registre.

15. Tout gardien ou geôlier est tenu, sans qu'aucun ordre puisse l'en dispenser, de représenter la personne du détenu à l'officier civil ayant la police de la maison de détention, toutes les fois qu'il en sera requis par lui.

La représentation de la personne du détenu ne pourra de même être refusée à ses parens et amis, porteurs de l'ordre de l'officier civil, qui sera toujours tenu de l'accorder, à moins que le gardien ou geôlier ne représente une ordonnance du juge, transcrite sur son registre, pour tenir l'accusé au secret.

16. Tout homme, quelle que soit sa place ou son emploi, autre que ceux à qui la loi donne le droit d'arrestation, qui donnera, signera, exécutera ou fera exécuter l'ordre d'arrêter un citoyen, ou quiconque, même dans les cas d'arrestation autorisée par la loi, conduira, recevra ou retiendra un citoyen dans un lieu de détention non publiquement et légalement désigné, et tout gardien ou geôlier qui contreviendra aux dispositions des articles 14 et 15 ci-dessus, seront coupables du crime de détention arbitraire.

17. Nul homme ne peut être recherché ni poursuivi pour raison des écrits qu'il aura fait imprimer ou publier sur quelque matière que ce soit, si ce n'est qu'il ait provoqué à dessein la désobéissance à la loi, l'avilissement des pouvoirs constitués, la résistance à leurs actes, ou quelques-unes des actions déclarées crimes ou délits par la loi.

La censure sur les actes des pouvoirs constitués est permise; mais les calomnies volontaires contre la probité des fonctionnaires publics et la droiture de leurs intentions dans l'exercice de leurs fonctions, pourront être poursuivies par ceux qui en sont l'objet.

Les calomnies et injures contre quelques personnes que ce soit, relatives aux actions de leur vie privée, seront punies sur leurs poursuites.

18. Nul ne peut être jugé, soit par la voie civile, soit par la voie criminelle, pour faits d'écrits imprimés ou publiés, sans qu'il ait été reconnu et déclaré par un jury : 1° s'il y a délit dans l'écrit dénoncé; 2° si la personne poursuivie est coupable.

19. Il y aura pour tout le royaume un seul tribunal de cassation, établi auprès du Corps-Législatif. Il aura pour fonctions de prononcer :

Sur les demandes en cassation contre les jugemens rendus en dernier ressort par les tribunaux.

Sur les demandes en renvoi d'un tribunal à un autre, pour cause de suspicion légitime;

Sur les réglemens de juges et les prises à partie contre un tribunal entier.

20. En matière de cassation, le tribunal de cassation ne pourra jamais connaître du fond des affaires; mais, après avoir cassé le jugement qui aura été rendu sur une procédure dans laquelle les formes auront été violées, ou qui contiendra une contravention expresse à la loi, il renverra le fond du procès au tribunal qui doit en connaître.

21. Lorsque, après deux cassations, le jugement du troisième tribunal sera attaqué par les mêmes moyens que les deux premiers, la question ne pourra plus être agitée au tribunal de cassation, sans avoir été soumise au Corps-Législatif, qui portera un décret déclaratoire de la loi, auquel le tribunal de cassation sera tenu de se conformer.

22. Chaque année, le tribunal de cassation sera tenu d'envoyer à la barre du Corps-Législatif une députation de huit de ses membres, qui lui présenteront l'état des jugemens rendus, à côte de chacun desquels seront la notice abrégée de l'affaire, et le texte de la loi qui aura déterminé la décision.

23. Une haute cour nationale, formée des membres du tribunal de cassation et de hauts-jurés, connaîtra des délits des ministres et agens principaux du pouvoir exécutif, et des crimes qui attaqueront la sûreté générale de

l'Etat, lorsque le Corps-Législatif aura rendu un décret d'accusation.

Elle ne se rassemblera que sur la proclamation du Corps-Législatif, et à une distance de trente mille toises au moins du lieu où la législature tiendra ses séances.

24. Les expéditions exécutoires des tribunaux seront conçues ainsi qu'il suit :

« N. (le nom du Roi), par la grace de Dieu « et par la loi constitutionnelle de l'Etat, Roi « des Français, à tous présens et à venir sa-« lut. Le tribunal de..... a rendu le jugement « suivant : »

(Ici sera copié le jugement, dans lequel sera fait mention du nom des juges).

« Mandons et ordonnons à tous huissiers, « sur ce requis, de mettre ledit jugement à « exécution, à nos commissaires auprès des « tribunaux, d'y tenir la main ; et à tous « commandans et officiers de la force publi-« que, de prêter main-forte, lorsqu'ils en « seront légalement requis. En foi de quoi, « le présent jugement a été signé par le pré-« sident du tribunal et par le greffier. »

25. Les fonctions des commissaires du Roi auprès des tribunaux seront de requérir l'observation des lois dans les jugemens à rendre, et de faire exécuter les jugemens rendus.

Ils ne seront point accusateurs publics, mais ils seront entendus sur toutes les accusations, et requerront, pendant le cours de l'instruction, pour la régularité des formes, et, avant le jugement, pour l'application de la loi.

26. Les commissaires du Roi auprès des tribunaux dénonceront au directeur du jury, soit d'office, soit d'après les ordres qui leur seront donnés par le Roi :

Les attentats contre la liberté individuelle des citoyens, contre la libre circulation des subsistances et autres objets de commerce, et contre la perception des contributions ;

Les délits par lesquels l'exécution des ordres donnés par le Roi dans l'exercice des fonctions qui lui sont déléguées, serait troublée ou empêchée ; ,

Les attentats contre le droit des gens;

Et les rébellions à l'exécution des jugemens et de tous les actes exécutoires émanés des pouvoirs constitués.

27. Le ministre de la justice dénoncera au tribunal de cassation, par la voie du commissaire du Roi, et sans préjudice du droit des parties intéressées, les actes par lesquels les juges auraient excédé les bornes de leur pouvoir.

Le tribunal les annulera ; et, s'ils donnent lieu à la forfaiture, le fait sera dénoncé au Corps-Législatif, qui rendra le décret d'accusation, s'il y a lieu, et renverra les prévenus devant la haute cour nationale.

TITRE IV. De la force publique.

Art. 1er. La force publique est instituée pour défendre l'Etat contre les ennemis du dehors, et assurer au-dedans le maintien de l'ordre et l'exécution des lois.

2. Elle est composée de l'armée de terre et de mer, de la troupe spécialement destinée au service de l'intérieur, et subsidiairement des citoyens actifs, et de leurs enfans en état de porter les armes, inscrits sur le rôle de la garde nationale.

3. Les gardes nationales ne forment ni un corps militaire, ni une institution dans l'Etat ; ce sont les citoyens eux-mêmes appelés au service de la force publique.

4. Les citoyens ne pourront jamais se former ni agir comme gardes nationales, qu'en vertu d'une réquisition ou d'une autorisation légale.

5. Ils sont soumis, en cette qualité, à une organisation déterminée par la loi.

Ils ne peuvent avoir, dans tout le royaume, qu'une même discipline et un même uniforme.

Les distinctions de grade et la subordination ne subsistent que relativement au service, et pendant sa durée.

6. Les officiers sont élus à temps, et ne peuvent être élus qu'après un intervalle de service comme soldats.

Nul ne commandera la garde nationale de plus d'un district.

7. Toutes les parties de la force publique employées pour la sûreté de l'Etat contre les ennemis du dehors agiront sous les ordres du Roi.

8. Aucun corps ou détachement de troupes de ligne ne peut agir dans l'intérieur du royaume, sans une réquisition légale.

9. Aucun agent de la force publique ne peut entrer dans la maison d'un citoyen, si ce n'est pour l'exécution des mandemens de police et de justice, ou dans les cas formellement prévus par la loi.

10. La réquisition de la force publique dans l'intérieur du royaume appartient aux officiers civils, suivant les règles déterminées par le pouvoir législatif.

11. Si des troubles agitent tout un département, le Roi donnera, sous la responsabilité de ses ministres, les ordres nécessaires pour l'exécution des lois et le rétablissement de l'ordre, mais à la charge d'en informer le Corps-Législatif, s'il est assemblé ; et de le convoquer, s'il est en vacance.

12. La force publique est essentiellement obéissante ; nul corps armé ne peut délibérer.

13. L'armée de terre et de mer, et la troupe destinée à la sûreté intérieure, sont soumises à des lois particulières, soit pour le maintien de la discipline, soit pour la forme des jugemens et la nature des peines en matière de délits militaires.

Titre V. Des contributions publiques.

Art. 1er. Les contributions publiques seront délibérées et fixées chaque année par le Corps-Législatif, et ne pourront subsister au-delà du dernier jour de la session suivante, si elles n'ont pas été expressément renouvelées.

2. Sous aucun prétexte, les fonds nécessaires à l'acquittement de la dette nationale et au paiement de la liste civile ne pourront être ni refusés ni suspendus.

Le traitement des ministres du culte catholique pensionnés, conservés, élus ou nommés en vertu des décrets de l'Assemblée nationale constituante, fait partie de la dette nationale.

Le Corps-Législatif ne pourra, en aucun cas, charger la nation du paiement des dettes d'aucun individu.

5. Les comptes détaillés de la dépense des départemens ministériels, signés et certifiés par les ministres ou ordonnateurs généraux, seront rendus publics par la voie de l'impression au commencement des sessions de chaque législature.

Il en sera de même des états de recette des diverses contributions, et de tous les revenus publics.

Les états de ces dépenses et recettes seront distingués suivant leur nature, et exprimeront les sommes touchées et dépensées, année par année, dans chaque district.

Les dépenses particulières à chaque département, et relatives aux tribunaux, aux corps administratifs et autres établissemens, seront également rendues publiques.

4. Les administrateurs de département et sous-administrateurs ne pourront ni établir aucune contribution publique, ni faire aucune répartition au-delà du temps et des sommes fixées par le Corps-Législatif, ni délibérer ou permettre, sans y être autorisés par lui, aucun emprunt local à la charge des citoyens du département.

5. Le pouvoir exécutif dirige et surveille la perception et le versement des contributions, et donne tous les ordres nécessaires à cet effet.

Titre VI. Des rapports de la nation française avec les nations étrangères.

La nation française renonce à entreprendre aucune guerre dans la vue de faire des conquêtes, et n'emploiera jamais ses forces contre la liberté d'aucun peuple.

La constitution n'admet point de droit d'aubaine.

Les étrangers, établis ou non en France, succèdent à leurs parens, étrangers ou français.

Ils peuvent contracter, acquérir et recevoir des biens situés en France, et en disposer de même que tout citoyen français, par tous les moyens autorisés par les lois.

Les étrangers qui se trouvent en France sont soumis aux mêmes lois criminelles et de police que les citoyens français, sauf les conventions arrêtées avec les puissances étrangères ; leur personne, leurs biens, leur industrie, leur culte, sont également protégés par la loi.

Titre VII. De la révision des décrets constitutionnels.

Art. 1er. L'Assemblée nationale constituante déclare que la nation a le droit imprescriptible de changer sa constitution : et, néanmoins, considérant qu'il est plus conforme à l'intérêt national d'user seulement, par les moyens pris dans la constitution même, du droit d'en réformer les articles dont l'expérience aurait fait sentir les inconvéniens, décrète qu'il y sera procédé par une assemblée de révision, en la forme suivante.

2. Lorsque trois législatures consécutives auront émis un vœu uniforme pour le changement de quelque article constitutionnel, il y aura lieu à la révision demandée.

3. La prochaine législature et la suivante ne pourront proposer la réforme d'aucun article constitutionnel.

4. Des trois législatures qui pourront par la suite proposer quelques changemens, les deux premières ne s'occuperont de cet objet que dans les deux derniers mois de leur dernière session, et la troisième à la fin de sa première session annuelle, ou au commencement de la seconde.

Leurs délibérations sur cette matière seront soumises aux mêmes formes que les actes législatifs ; mais les décrets par lesquels elles auront émis leur vœu ne seront pas sujets à la sanction du Roi.

5. La quatrième législature, augmentée de deux cent quarante-neuf membres élus en chaque département, par doublement du nombre ordinaire qu'il fournit pour sa population, formera l'assemblée de révision.

Ces deux cent quarante-neuf membres seront élus après que la nomination des représentans au Corps-Législatif aura été terminée, et il en sera fait un procès-verbal séparé.

L'Assemblée de révision ne sera composée que d'une chambre.

6. Les membres de la troisième législature qui aura demandé le changement ne pourront être élus à l'assemblée de révision.

7. Les membres de l'assemblée de révision, après avoir prononcé tous ensemble le serment de *vivre libre ou mourir*, prêteront individuellement celui de « se borner à statuer « sur les objets qui leur auront été soumis « par le vœu uniforme des trois législatures « précédentes ; à maintenir au surplus, de « tout leur pouvoir, la constitution du royau- « me, décrétée par l'Assemblée nationale « constituante, aux années 1789, 1790 et

« 1791, et d'être en tout fidèles à la nation, « à la loi et au Roi. »

8. L'assemblée de révision sera tenue de s'occuper ensuite, et sans délai, des objets qui auront été soumis à son examen : aussitôt que son travail sera terminé, les deux cent quarante-neuf membres nommés en augmentation se retireront, sans pouvoir prendre part, en aucun cas, aux actes législatifs.

Les colonies et possessions françaises dans l'Asie, l'Afrique et l'Amérique, quoiqu'elles fassent partie de l'empire français, ne sont pas comprises dans la présente constitution.

Aucun des pouvoirs institués par la constitution n'a le droit de la changer dans son ensemble ni dans ses parties, sauf les réformes qui pourront y être faites par la voie de la révision, conformément aux dispositions du titre VII ci-dessus.

L'Assemblée nationale constituante en remet le dépôt à la fidélité du Corps-Législatif, du Roi et des juges, à la vigilance des pères de famille, aux épouses et aux mères, à l'affection des jeunes citoyens, au courage de tous les Français.

Les décrets rendus par l'Assemblée nationale constituante, qui ne sont pas compris dans l'acte de constitution, seront exécutés comme lois, et les lois antérieures auxquelles elle n'a pas dérogé seront également observées, tant que les uns ou les autres n'auront pas été révoqués ou modifiés par le pouvoir législatif.

L'Assemblée nationale, ayant entendu la lecture de l'acte constitutionnel ci-dessus, et après l'avoir approuvé, déclare que la constitution est terminée, et qu'elle ne peut y rien changer.

Il sera nommé à l'instant une députation de soixante membres, pour offrir, dans le jour, l'acte constitutionnel au Roi.

22, 23, 24, 25, 26, 28 et 29 MARS = 12 SEPTEMBRE 1791. — Loi relative à la régence, à la garde du Roi mineur, et à la résidence des fonctionnaires publics.

Art. 1er. Au commencement de chaque règne, le Corps-Législatif, s'il n'était pas réuni, sera tenu de se rassembler sans délai.

2. Si le Roi est mineur, il y aura un régent du royaume.

3. La régence du royaume appartiendra de plein droit, pendant tout le temps de la minorité du Roi, à son parent, âgé de vingt-cinq ans accomplis, le plus proche suivant l'ordre de l'hérédité au trône.

4. Aucun parent du Roi ayant les qualités ci-dessus ne pourra cependant être régent s'il n'est pas Français et regnicole, s'il n'a pas précédemment prêté le serment civique, ou s'il est héritier présomptif d'une autre couronne.

5. Le régent ne pourra commencer l'exercice de ses fonctions qu'après avoir prêté à la nation, entre les mains du Corps-Législatif, s'il est assemblé, le serment « d'employer « tout le pouvoir délégué au Roi par la loi « constitutionnelle de l'État, et dont l'exer- « cice lui est confié pendant la minorité du « Roi, tant à maintenir la constitution dé- « crétée par l'Assemblée nationale consti- « tuante, aux années 1789, 1790 et 1791, « acceptée par le Roi Louis XVI, qu'à faire « exécuter les lois. »

6. Si le Corps-Législatif n'était pas rassemblé, le régent ne pourra pareillement commencer l'exercice de ses fonctions qu'après avoir publié une proclamation par laquelle il déclarera prêter à la nation le serment ci-dessus, dont il énoncera la formule, et promettra de le réitérer entre les mains du Corps-Législatif, aussitôt qu'il sera réuni.

7. Les femmes sont exclues de la régence.

8. Si un Roi mineur n'avait aucun parent réunissant les qualités ci-dessus exprimées, le régent du royaume sera élu ainsi qu'il va être dit aux articles suivans.

9. Le Corps-Législatif ne pourra pas élire le régent.

10. Les électeurs de chaque district se réuniront au chef-lieu du district, d'après une proclamation qui sera faite dans la première semaine du nouveau règne par le Corps-Législatif, s'il est réuni ; et, s'il était séparé, le ministre de la justice sera tenu de faire cette proclamation dans la même semaine.

11. Les électeurs nommeront en chaque district, au scrutin individuel et à la pluralité absolue des suffrages, un citoyen éligible et domicilié dans le district, auquel ils donneront, par le procès-verbal de l'élection, un mandat spécial, borné à la seule fonction d'élire le citoyen qu'il jugera en son ame et conscience le plus digne d'être régent du royaume.

12. Les citoyens mandataires nommés dans les districts seront tenus de se rassembler dans la ville où le Corps-Législatif tiendra sa séance, le quarantième jour au plus tard à partir de celui de l'avènement du Roi mineur au trône, et ils y formeront l'assemblée électorale qui procédera à la nomination du régent.

13. L'élection du régent sera faite au scrutin individuel, à la pluralité absolue des suffrages.

14. L'assemblée électorale ne pourra s'occuper que de l'élection, et se séparera aussitôt que l'élection sera terminée : tout autre acte qu'elle entreprendrait de faire est déclaré inconstitutionnel et de nul effet.

15. L'assemblée électorale fera présenter, par son président, le procès-verbal de l'élection au Corps-Législatif, qui, après avoir vérifié la régularité de l'élection, la fera

publier dans tout le royaume par une proclamation.

Si, par quelque cause que ce soit, le régent ne pouvait commencer sur-le-champ l'exercice de ses fonctions, ou si, aux termes de l'article 8 ci-dessus, la régence devenait élective, les ministres seront tenus de faire provisoirement, sous leur responsabilité, les actes du pouvoir exécutif qui seront nécessaires à la suite de l'administration du royaume; mais ils ne pourront, sous aucun prétexte, s'immiscer en rien de ce qui concerne la sanction des décrets.

Tant que le régent ne sera pas entré en exercice, les ministres seront tenus de se réunir en conseil, pour délibérer sur tous les actes qui excéderont les détails d'expédition journalière confiés à chaque département ministériel; ils tiendront registre de ces délibérations, qui seront signées par tous ceux dont les suffrages auront concouru à les former.

Si, à raison de la minorité d'âge du parent appelé à la régence, elle avait été déférée par élection ou dévolue à un parent plus éloigné, le régent qui sera entré en exercice continuera ses fonctions jusqu'à la majorité du Roi.

Le régent exercera toutes les fonctions de la royauté, en se conformant aux règles établies par la constitution, et il ne sera pas responsable personnellement de ses actes relatifs à ces mêmes fonctions.

Les lois, proclamations et autres actes du gouvernement émanés de l'autorité royale pendant la régence, seront conçus ainsi qu'il suit :

« N.... (le nom du régent), régent du « royaume, au nom de N.... (le nom du « Roi), par la grace de Dieu et par la loi « constitutionnelle de l'État, Roi des Fran- « çais, etc. »

Le Roi, parvenu à l'âge de quatorze ans accomplis, pourra assister au conseil, pour son instruction seulement.

Le Roi sera majeur à l'âge de dix-huit ans accomplis ; de ce jour, la régence cessera de plein droit, et les lois, proclamations et autres actes du gouvernement ne seront plus intitulés du nom de régent.

Aussitôt que le Roi sera devenu majeur, il annoncera, par une proclamation publiée dans tout le royaume, qu'il a atteint sa majorité, et qu'il est entré en exercice des fonctions de la royauté.

Le Roi exprimera, par cette proclamation, qu'il prête à la nation le serment « d'em- « ployer tout le pouvoir qui lui est délégué « par la loi constitutionnelle de l'État, tant « à maintenir la constitution décrétée par « l'Assemblée nationale constituante, aux « années 1789, 1790 et 1791, et acceptée « par le Roi *Louis XVI*, qu'à faire exécu- « ter les lois; » et il promettra de réitérer

ce serment entre les mains du Corps-Législatif, en la forme qui sera déterminée.

De la garde du Roi mineur.

Art. 1er. La régence du royaume ne confère aucun droit sur la personne du Roi mineur.

2. La garde de la personne du Roi mineur sera confiée à sa mère.

3. Si le Roi mineur n'a plus de mère, ou si elle est remariée au temps de l'avénement de son fils au trône, ou si elle se remarie pendant la durée de la minorité, la garde sera déférée par élection du Corps-Législatif.

4. Dans tous les cas énoncés en l'article ci-dessus, le ministre de la justice sera tenu de pourvoir provisoirement à la conservation de la personne du Roi, jusqu'à ce que le gardien soit élu, et il en demeurera responsable.

5. L'acte par lequel le Corps-Législatif nommera à la garde du Roi mineur n'aura pas besoin d'être sanctionné.

6. Le régent et ses descendans, et les femmes, ne pourront être élus pour la garde du Roi mineur.

7. Celui qui, à défaut de la mère, sera chargé de la garde du Roi mineur, prêtera à la nation, entre les mains du Corps-Législatif, le serment *de veiller religieusement à la conservation de la vie et de la santé du Roi.*

8. L'assemblée nationale se réserve de régler, par une loi particulière, ce qui est relatif à l'éducation du Roi mineur ou de l'héritier présomptif du trône.

De la résidence des fonctionnaires publics.

Art. 1er. Les fonctionnaires publics seront tenus de résider, pendant toute la durée de leurs fonctions, dans les lieux où ils les exercent, s'ils n'en sont dispensés pour causes approuvées.

2. Les causes ne pourront être approuvées et les dispenses leur être accordées que par le corps dont ils sont membres, ou par leurs supérieurs, s'ils ne tiennent pas à un corps, ou par les directoires administratifs, dans les cas spécifiés par la loi.

3. Le Roi, premier fonctionnaire public, doit avoir sa résidence à vingt lieues de distance au plus de l'Assemblée nationale, lorsqu'elle est réunie ; et, lorsqu'elle est séparée, le Roi peut résider dans toute autre partie du royaume.

4. L'héritier présomptif de la couronne, étant, en cette qualité, le premier suppléant du Roi, est tenu de résider auprès de sa personne. La permission du Roi lui suffira pour voyager dans l'intérieur de la France; mais il ne pourra sortir du royaume sans un décret de l'Assemblée nationale, sanctionné par le Roi.

5. Si l'héritier présomptif est mineur, le parent âgé de vingt-cinq ans, qui sera le premier appelé à l'exercice de la régence du

royaume, s'il y avait lieu, sera assujéti à la résidence, conformément au précédent article.

6. La mère de l'héritier présomptif, tant qu'il sera mineur, la mère du Roi mineur, pendant qu'elle aura la garde du Roi, et celui qui, à défaut de la mère, aura été élu à la garde, seront tenus à la même résidence.

7. Les autres membres de la famille du Roi ne sont point compris dans les dispositions du présent décret; ils ne sont soumis qu'aux lois communes aux autres citoyens.

8. Si le Roi sortait du royaume, et si, après avoir été invité par une proclamation du Corps-Législatif, il ne rentrait pas en France, il serait censé avoir abdiqué la royauté.

9. Dans le même cas, le régent du royaume serait déchu de la régence.

10. Dans le même cas encore, l'héritier présomptif, et, s'il est mineur, le parent âgé de vingt-cinq ans, premier appelé à l'exercice de la régence, seront censés avoir renoncé personnellement à sans retour, le premier, à la succession au trône, et le second, à la régence, si, après avoir été pareillement invités par une proclamation du Corps-Législatif, ils ne rentrent pas en France.

11. La mère du Roi mineur et celui qui, à défaut de la mère, aura été élu à la garde du Roi, seront censés avoir renoncé sans retour à la garde, par le seul fait de leur sortie du royaume sans l'autorisation du Corps-Législatif.

12. La mère de l'héritier présomptif mineur qui serait sortie du royaume ne pourra, même après qu'elle y serait rentrée, obtenir la garde de son fils devenu Roi, que par un décret du Corps-Législatif.

13. Les fonctionnaires publics dont il est parlé dans les premiers articles ci-dessus, qui contreviendront aux dispositions de ces deux articles, seront censés, par le seul fait de leur contravention, avoir renoncé sans retour à leurs fonctions, et devront être remplacés.

3 SEPTEMBRE = 12 OCTOBRE 1791. — Décret qui envoie à Pondichéry six cents recrues d'infanterie et cent quarante hommes d'artillerie. (L. 6, 259; B. 18, 6.)

3 = 7 SEPTEMBRE 1791. — Décret portant qu'il sera délivré au sieur Mallet Vendegré des coupons de reconnaissance provisoire, pour une somme de 45,000 livres, à valoir sur l'indemnité qui lui est due pour dîmes inféodées. (B. 18, 6.)

3 SEPTEMBRE 1791. — Décret contenant la liste de députation de soixante membres, chargée d'offrir l'acte constitutionnel au Roi. (B. 18, 53.)

3 SEPTEMBRE 1791. — Décret contenant liquidation de plusieurs parties de la dette publique. (B. 18, 10.)

3 SEPTEMBRE 1791. — Forêts. *Voy.* 15 SEPTEMBRE 1791. — Offices de judicature. *Voy.* 21 AOUT 1791. — Sieur Thévenot, etc. *Voy.* 30 AOUT 1791.

4 = 7 SEPTEMBRE 1791. — Décret relatif à l'équipement des gardes nationales volontaires enrôlées pour la défense du royaume. (L. 5, 1141; B. 18, 54.)

L'Assemblée nationale, informée que plusieurs des gardes nationaux volontaires enrôlés pour la défense du royaume, n'ont pu fournir à la dépense de leur équipement, ce qui a retardé la marche des corps qui ont été formés à leur destination, décrète ce qui suit :

Les directoires de département pourvoiront sans délai à l'équipement de ceux des gardes nationaux volontaires enrôlés qui n'ont pas eu les moyens d'y fournir, lesquels souffriront respectivement et successivement la retenue de la dépense relative sur la solde qui leur a été attribuée ; en conséquence, les ministres sont autorisés à faire aux départemens, sur leurs demandes, les avances nécessaires.

4 = 12 SEPTEMBRE 1791. — Décret portant qu'il sera délivré, sur la caisse de l'extraordinaire, une somme de 1,500,000 livres destinée pour les hôpitaux du royaume. (L. 5, 1200; B. 18, 54.)

4 SEPTEMBRE 1791. — Forêts. *Voy.* 15 SEPTEMBRE 1791.

5 = 12 SEPTEMBRE 1791. — Décret relatif aux clauses impératives ou prohibitives insérées dans les testamens, donations et autres actes. (L. 5, 1191; B. 18, 72; Mon. du 6 septembre 1791.)

Voy. lois du 5 BRUMAIRE an 2, art. 1er; du 17 NIVOSE an 2, art. 12.

L'Assemblée nationale, après avoir entendu le rapport de ses comités de constitution et d'aliénation, décrète ce qui suit :

Toute clause impérative ou prohibitive qui serait contraire aux lois et aux bonnes mœurs, qui porterait atteinte à la liberté religieuse du donataire, héritier ou légataire, qui gênerait la liberté qu'il a, soit de se marier même avec telle personne, soit d'embrasser tel état, emploi ou profession, ou qui tendrait à le détourner de remplir les devoirs imposés et d'exercer les fonctions déférées par la constitution aux citoyens actifs et éligibles, est réputée non écrite (1).

---

(1) Cette loi ne proscrit pas la clause prohibitive du convol (Cass. 20 oct. 1807; S. 8, 1, 121).

Jugé en sens contraire; mais l'arrêt décide en même temps que l'obligation de ne pas con-

5 = 12 SEPTEMBRE 1791. — **Décret relatif aux officiers privés de leur état sans cause légitime, ou arbitrairement suspendus de leurs fonctions. (L. 5, 1192; B. 18, 56.)**

L'Assemblée nationale, après avoir entendu son comité militaire, décrète que les officiers qui, sans démission volontaire ou sans jugement, auront été arbitrairement privés de leur état, ou suspendus de leurs fonctions, seront censés les avoir toujours exercées, et, en conséquence, seront replacés au rang et grade qui leur appartiendraient s'ils n'avaient pas éprouvé d'injustices.

5 = 12 SEPTEMBRE 1791. — **Décret relatif aux officiers pourvus de commissions de colonels ou lieutenans-colonels, antérieurement au 1er janvier 1779. (L. 5, 1194; B. 18, 56.)**

L'Assemblée nationale, après avoir entendu son comité militaire, décrète que les officiers pourvus de commissions de colonels ou de lieutenans-colonels, antérieurement au 1er janvier 1779, avec des lettres d'attache aux troupes à cheval ou à l'infanterie, obtiendront le grade de maréchal-de-camp pour retraite, conformément aux décrets du 15 février et du 3 mars 1791.

5 SEPTEMBRE = 12 OCTOBRE 1791. — **Décret relatif aux concessions des domaines nationaux de l'île de Corse. (B. 18, 57.)**

L'Assemblée nationale, après avoir entendu le rapport de son comité des domaines sur les concessions faites dans l'île de Corse,

Considérant que, pour rapprocher plus promptement cette partie de l'empire français du degré de prospérité auquel l'avantage de sa situation, la fertilité de son sol, et le bienfait des nouvelles lois l'appellent, il est nécessaire de révoquer les concessions et inféodations des biens nationaux situés dans cette île;

Voulant pourvoir aux moyens de rétablir son agriculture et son industrie, faire cesser les contestations qui s'élèvent entre les communautés pour des propriétés et des usages réclamés sur une partie des biens nationaux, et donner à l'administration de ce département la faculté d'accélérer la régénération de cette île,

Décrète ce qui suit:

Art. 1er. Les dons, concessions, acensemens et inféodations, et tous autres actes d'aliénation, sous quelque dénomination que ce soit, et qui sont compris dans le tableau suivant, de divers domaines nationaux situés dans l'île de Corse, faits depuis 1768, époque de sa réunion à la France, par divers arrêts du conseil, lettres-patentes et autres actes, sont révoqués, et, conformément aux lois domaniales, sont et demeurent réunis au domaine national, suivant le tableau ci-après:

1° Le domaine des Porettes, concédé en 1789 en faveur du sieur Pellino l'aîné;

2° L'étang de Biguglia et de Chioalino et dépendances, concédé au sieur Butafoco, par lettres-patentes du 10 juillet 1776;

3° Le domaine des Agriattes, concédé à François-Joseph, prince français, par un bon du Roi, en date du mois de janvier 1772;

4° Le procojo d'Aléria, concédé au sieur Casabianca par arrêt du conseil du 30 juillet 1776, revêtu de lettres-patentes le 8 septembre suivant;

5° L'étang del Sale, démembré du procojo d'Aléria, et concédé à M. Ferdinando Agostani, par contrat du 23 février 1775;

6° Le procojo de Vignale, la forêt de la Pinca et l'étang d'Ourbino, concédés au sieur Gauthier, ci-devant président au ci-devant conseil supérieur de l'île de Corse;

7° Les terrains et masures sis à la place de San-Pelegrino, concédés au sieur Mari, par acte du 4 mars 1776;

8° Les îles Cavallo et Larezzo, concédées à la famille Maestroni;

9° Le procojo de Santa-Giula, concédé au sieur de Mainbourg, par lettres-patentes du 5 mai 1778, et par contrat du 5 février 1781;

10° Le domaine de Porto-Vecchio, inféodé pour vingt-cinq ans, au sieur Colonna;

11° Presqu'île de la Parada, dite *la Chasse aux commissaires génois*, inféodée pour quarante ans, par acte du 24 octobre 1776, au sieur Gautier;

12° Le domaine de la Consina, concédé à feu sieur Georges-Marie Stefanopol et sa fille, par lettres-patentes du 17 juillet 1778;

13° Les îles Sanguinaires, concédées à la famille Ponte d'Ajaccio, en 1640, par la république de Gênes, moyennant 32 livres de cens, dont le sieur Jacques-Marie Ponte a obtenu la remise, sa vie durant, par acte du 30 septembre 1770;

14° Les bois et terres de Verdana, con-

---

voler, imposée à un légataire comme condition du legs, est valable sous le Code civil, comme elle l'était sous les lois anciennes, et qu'à cet égard le Code civil a abrogé les lois de 1791 et de l'an 2 (25 avril 1826, Toulouse; S. 27, 2, 13).

Celui qui a été institué héritier à condition d'un mariage indiqué ne peut pas se dispenser d'accomplir la condition pour recueillir l'institution (Cass. 6 floréal an 11; S. 3, 1, 237).

La clause qui assure à la femme un droit d'habitation tant qu'elle restera dans l'état de viduité cesse d'avoir son effet lorsque la veuve passe à de secondes noces (18 nivose an 12; S. 4, 2, 104).

cédés aux sieurs Pozzo di Borgo, Colonna et Ginarga, et autres particuliers, par acte du 12 septembre 1781 ;

15° Domaine de Chiavari, concédé : 1° au sieur de Rossi, par lettres patentes du 26 avril 1778, et par contrat du 22 décembre 1780 ; 2° au sieur de Commènes et à sa famille, par arrêt du conseil du 17 janvier 1771, et par arrêt interprétatif du 20 décembre 1789 ; et 3° au sieur Fleury ;

16° Le domaine de cent arpens, dans le territoire de Sia, concédé au sieur Benedetti d'Olta ;

17° Le domaine de Galeria, concédé en diverses parties au sieur de Murat-Sistrières, les sieurs et dame de Mauder, le sieur Ottavio Colonna, le sieur Bretoux de Fontblanc, le sieur Lyde ;

18° Trois magasins sous Fornali, dans le golfe de Saint-Florent, concédés à feu sieur Demanbal, et par lui cédés au sieur Sitivox.

2. Les trois colons lorrains qui sont établis dans le domaine des Porettes sont maintenus dans la propriété des terrains qu'ils possèdent, ainsi que le sieur Kykinzoth, apothicaire à Calvi.

3. Les concessionnaires et détenteurs dont les titres sont révoqués remettront incessamment leurs titres et mémoires au commissaire du Roi, directeur général de la liquidation, pour être procédé, s'il y a lieu, à la liquidation de leurs créances, et des indemnités qu'ils pourront prétendre.

4. Dans le cas où les indemnités prétendues auraient pour cause des constructions, plantations, améliorations, desséchemens ou défrichemens sur les biens ou domaines nationaux, concédés ou inféodés, il ne sera procédé à leur liquidation qu'après des estimations par experts, convenus entre les concessionnaires et le directoire du département, ou, à défaut, nommés d'office par le directoire, lequel donnera son avis, après avoir pris celui de district de la situation des biens.

5. Tout ce qui concerne la régie, administration et exploitation des bois et forêts nationaux, situés dans l'île et département de la Corse, sera réglé conformément à la loi pour l'administration forestière du royaume.

6. Les communes ou les particuliers qui prétendront droit à la propriété de quelques bois, forêts ou terrains réunis au domaine national, se pourvoiront par-devant les tribunaux de district de la situation des biens, pour y être statué contradictoirement avec le procureur-général-syndic du département, et sur les conclusions des commissaires du Roi près lesdits tribunaux.

7. A l'égard desdites communes ou particuliers qui prétendront des droits d'usage à exercer sur lesdits bois, forêts et terrains nationaux, ils se pourvoiront par-devant le directoire du département, pour être statué par voie de cantonnement, après que le droit aura été reconnu par-devant les tribunaux de district.

———

5 = 12 SEPTEMBRE 1791. — Décret qui ordonne un rapport sur l'administration du garde-meuble de la couronne, depuis le 10 mai 1774 jusqu'à ce jour, et le transport au cabinet des médailles des monumens des arts et des sciences déposés au trésor de la ci-devant abbaye de Saint-Denis. (B. 18, 55.)

———

5 SEPTEMBRE 1791. — Décret qui ordonne d'informer contre les auteurs, fauteurs et distributeurs d'une édition de la constitution française, portant faussement le chiffre et le nom de l'imprimerie nationale. (B. 18, 61.)

———

5 SEPTEMBRE 1791. — Décret portant vente de domaines nationaux à diverses municipalités des départemens de l'Ain, de l'Aisne, des Ardennes, des Bouches - du - Rhône, des Deux - Sèvres, de la Drôme, du Doubs, de l'Eure, d'Eure - et - Loir, des Hautes - Alpes, de la Haute-Loire, du Haut-Rhin, de la Lozère, de la Manche, de la Meurthe, de la Moselle, du Nord, de l'Orne, de Rhône-et-Loire, de Saône-et-Loire, de la Sarthe, de la Seine-Inférieure et de la Vienne. (B. 18, 61 et suiv.)

———

5 SEPTEMBRE 1791. — Décret qui ordonne le rétablissement d'un article de la constitution rayé à l'imprimerie (1). (B. 13, 73.)

———

5 = 12 SEPTEMBRE 1791. — Décret concernant l'abandon fait à la nation par MM. Carré et Bédu, d'une somme de 12,000 livres qui leur avait été accordée, et qui statue l'emploi de cette somme. (B. 18, 73.)

———

6 = 12 SEPTEMBRE 1791. — Décret relatif aux courriers de la poste aux lettres. (L. 5, 1184 ; B. 18, 76 ; Mon. du 7 septembre 1791.)

Art. 1er. A compter du 1er janvier 1792, il sera établi, sur les routes ci-après désignées, le nombre de courriers de poste aux lettres, en voitures, fixé dans l'état suivant.

SECTION Ire.

2. De Paris à Valenciennes, par Saint-Quentin, il y aura, chaque jour, un courrier de départ et un d'arrivée ;

De Paris à Mézières, par Reims, il y aura,

———

(1) Cet article est celui qui est placé à la fin de la constitution, et portant que l'Assemblée nationale déclare que la constitution est terminée et qu'elle n'y peut rien changer.

chaque jour, un courrier de départ et un d'arrivée ;

De Paris à Strasbourg, par Metz, il y aura trois courriers de départ et trois d'arrivée par semaine;

De Paris à Strasbourg, par Nancy, il y aura trois courriers de départ et trois d'arrivée par semaine;

De Paris à Huningue, par Troyes, il y aura trois courriers de départ et trois d'arrivée par semaine;

De Paris à Besançon, par Dijon, il y aura trois courriers de départ et trois d'arrivée par semaine;

De Paris à Lyon, par Autun, il y aura trois courriers de départ et trois d'arrivée par semaine;

De Paris à Lyon, par Moulins, il y aura trois courriers de départ et trois d'arrivée par semaine;

De Paris à Toulouse, par Limoges, il y aura trois courriers de départ et trois d'arrivée par semaine;

De Paris à Bordeaux, par Poitiers, il y aura trois courriers de départ et trois d'arrivée par semaine;

De Paris à Nantes, par le Mans, il y aura deux courriers de départ et deux d'arrivée par semaine;

De Paris à Brest, par Rennes, il y aura trois courriers de départ et trois d'arrivée par semaine;

De Paris à Cherbourg, par Rouen, il y aura chaque jour un courrier de départ et un d'arrivée ;

De Paris à Calais et Dunkerque, par Amiens, il y aura chaque jour un courrier de départ et un d'arrivée.

Section II.

De Lille à Strasbourg, par Metz, il y aura trois courriers de départ et trois d'arrivée par semaine ;

De Strasbourg à Lyon, par Besançon, il y aura trois courriers de départ et trois d'arrivée par semaine ;

De Lyon à Bordeaux, par Clermont et Limoges, il y aura trois courriers de départ et trois d'arrivée par semaine ;

De Poitiers à La Rochelle, par Niort, il y aura trois courriers de départ et trois d'arrivée par semaine ;

De Bordeaux à Rennes, par Nantes, il y aura trois courriers de départ et trois d'arrivée par semaine ;

De Rennes à Rouen, par Alençon, il y aura trois courriers de départ et trois d'arrivée par semaine ;

De Rouen à Amiens, par Neufchâtel, il y aura trois courriers de départ et trois d'arrivée par semaine;

D'Amiens à Dunkerque, par Lille, il y

aura, chaque jour, un courrier de départ et un d'arrivée;

De Besançon à Pontarlier, par Ornans, il y aura trois courriers de départ et trois d'arrivée par semaine ;

De Strasbourg à Landau, par Haguenau, il y aura trois courriers de départ et trois d'arrivée par semaine ;

De Strasbourg à Huningue, par Neuf-Brisach, il y aura trois courriers de départ et trois d'arrivée par semaine ;

De Lyon au Pont-de-Beauvoisin, par Bourgoing, il y aura deux courriers de départ et deux d'arrivée par semaine ;

De Lyon à Genève, par Nantua, il y aura quatre courriers de départ et quatre d'arrivée par semaine ;

De Lyon à Grenoble, par Bourgoing, il y aura six courriers de départ et six d'arrivée par semaine ;

De Lyon à Marseille, par Remoulins, il y aura trois courriers de départ et trois d'arrivée par semaine ;

De Lyon à Marseille, par Avignon, il y aura trois courriers de départ et trois d'arrivée par semaine ;

D'Aix à Antibes, par Brignolles, il y aura quatre courriers de départ et quatre d'arrivée par semaine ;

De Remoulins à Toulouse, par Montpellier, il y aura six courriers de départ et six d'arrivée par semaine ;

De Toulouse à Bayonne, par Auch, il y aura deux courriers de départ et deux d'arrivée par semaine ;

De Bordeaux à Bayonne, par Castels, il y aura trois courriers de départ et trois d'arrivée par semaine ;

De Toulouse à Bordeaux, par Montauban, il y aura trois courriers de départ et trois d'arrivée par semaine ;

De Moulins à Mende, par Clermont-Ferrand, il y aura trois courriers de départ et trois d'arrivée par semaine ;

De Moulins à Limoges, par Montluçon, il y aura deux courriers de départ et deux d'arrivée par semaine ;

De Tours à Nantes, par Angers, il y aura trois courriers de départ et trois d'arrivée par semaine ;

De Nantes à Brest, par Vannes, il y aura trois courriers de départ et trois d'arrivée par semaine ;

De Rouen au Havre, par Yvetot, il y aura, chaque jour, un courrier de départ et un d'arrivée;

De Rouen à Dieppe, par Tostes, il y aura, chaque jour, un courrier de départ et un d'arrivée.

3. Les maîtres de postes aux chevaux seront chargés de la conduite des malles sur toutes les routes ci-dessus désignées, et ne

pourront s'en dispenser qu'en remettant leurs brevets, et en cessant le service six mois après la date de leur démission.

Il leur sera payé trois chevaux par malle pour le service de celles qui seront établies sur les routes de Paris à Strasbourg, à Huningue, à Besançon, à Lyon, à Toulouse, à Bordeaux et à Brest, et deux pour le service des autres routes.

4. Il sera payé à chaque maître de poste, chargé du service, à la fin de chaque trimestre, la somme de 25 sous par cheval, par poste, y compris les guides, qui seront à leur charge, à raison de 10 sous par poste.

Les postillons conducteurs des malles ne pourront exiger des courriers aucune rétribution.

5. Les maîtres de postes ne pourront, en aucun cas, exiger le paiement d'un plus grand nombre de chevaux que celui fixé sur chaque route pour le service ordinaire des malles.

Chaque voiture de poste aux lettres ne sera chargée que d'un seul conducteur et de dépêches.

6. Il sera établi en outre des courriers de poste aux lettres en voiture, à cheval, ou des piétons, pour assurer une correspondance directe entre le chef-lieu de chaque département et ceux des départemens contigus. Il en sera de même établi pour la correspondance entre le chef-lieu de chaque département et les villes où siègent les administrations de district ou les tribunaux, et les autres lieux qui en seront susceptibles.

7. Le transport des malles, autre que sur les quarante-une routes ci-dessus désignées, sera fait par entreprise.

8. L'administration des postes, sous l'autorisation du ministre des contributions publiques, établira le nombre de bureaux et celui de préposés utiles au service, et fera tous les traités et adjudications nécessaires pour le transport des dépêches. Il sera remis à chaque directoire de département un double des traitemens et adjudications passés pour son arrondissement. Il n'y aura de clauses obligatoires pour le Trésor public, que celles comprises auxdits traités.

9. Il est défendu aux corps administratifs et tribunaux de rien ordonner concernant l'organisation, le travail et la marche du service des postes aux lettres; ils adresseront leurs demandes et leurs plaintes, sur ces objets, au pouvoir exécutif.

———

6 SEPTEMBRE = 12 OCTOBRE 1791. — Décret qui ordonne la fabrication des flaons de cuivre qui sont et seront déposés à l'hôtel des monnaies de Paris par le sieur Delessert. (L. 6, 227; B. 16, 81.)

L'Assemblée nationale, après avoir entendu son comité des domaines, décrète que les flaons de cuivre déposés à l'hôtel des monnaies de cette ville, par le sieur Delessert, et une quantité égale qu'il a annoncé devoir y faire incessamment arriver, le tout composant environ 45,000 marcs, seront sans délai mis en fabrication, pourvu qu'ils se trouvent conformes, pour la taille et le poids, à ce qui est prescrit par les précédens décrets de l'Assemblée nationale, et que lesdits flaons ne soient payés audit sieur Delessert que sur le pied accordé aux autres fournisseurs.

———

6 = 12 SEPTEMBRE 1791. — Décret portant qu'il n'y a pas lieu à délibérer sur le rapport du comité militaire relatif à la prestation du serment des officiers du 58e régiment. (L. 5, 1165; B. 18, 74.)

———

6 SEPTEMBRE = 12 OCTOBRE 1791. — Décret portant que le bail fait par le Gouvernement pour l'illumination de Paris, cessera d'avoir son effet à compter du jour où la munipalité aura procédé à une adjudication au rabais de cette illumination. (B. 18, 80.)

———

6 SEPTEMBRE 1791. — Décret portant qu'il ne sera mis à l'ordre du jour aucun autre projet de décrets que ceux absolument nécessaires pour l'exécution des décrets précédemment rendus. (B. 18, 81.)

———

6 SEPTEMBRE 1791. — Procès criminels. *Voy.* 11 JUILLET 1791. — Procureurs au grand conseil; Saint-Cloud et Boulogne. *Voy.* 31 AOUT 1791.

———

7 SEPTEMBRE 1791. — Décret qui ordonne une nouvelle rédaction de l'article 1er du décret sur les ponts-et-chaussées. (B. 18, 83.)

Un membre ayant observé que, le 4 août dernier, l'Assemblée nationale avait décrété qu'en l'absence du ministre de l'intérieur, les assemblées de l'administration centrale des ponts-et-chaussées seraient présidées par son préposé, et que, néanmoins, il est dit dans le procès-verbal que le ministre de l'intérieur pourra le faire remplacer par un commissaire du Roi, il a demandé que l'article fût rétabli comme il avait été décrété le 4 août. La proposition mise aux voix, l'Assemblée a ordonné que l'art. 1er sur l'administration des ponts-et-chaussées serait rétabli dans les termes suivans:

Art. 1er. L'administration centrale des ponts-et-chaussées est confiée au ministre de l'intérieur; il pourra présider les assemblées, et, en son absence, se faire remplacer, sous sa responsabilité, par un préposé.

———

7 = 12 SEPTEMBRE 1791. — Décret qui charge le tribunal du district de Dunkerque de faire le procès aux nommés Brunet et Gamotew, fa-

bricateurs de faux assignats; qui enjoint au sieur Polverel, accusateur public du tribunal du 1ᵉʳ arrondissement de Paris, de rendre compte au ministre de la justice de l'état de la procédure qui s'instruit contre des fabricateurs de faux assignats, et qui accorde une somme de 100,000 livres pour la recherche desdits fabricateurs. (B. 18, 84.)

7 ≡ 12 SEPTEMBRE 1791. — Décret portant qu'il n'y a pas lieu à délibérer sur une transaction passée le 24 mai 1777, entre l'évêque de St.-Omer et les administrateurs du collége anglais de cette ville, et qui ordonne néanmoins que la rente de trois cent vingt-huit rasières de blé de froment sera portée dans les dépenses à la charge du Trésor public. (B. 18, 85.)

7 ≡ 19 SEPTEMBRE 1791. — Décret par lequel l'Assemblée nationale se déclare incompétente et passe à l'ordre du jour sur diverses opérations de l'assemblée électorale de la ville de Nantes. (B. 18, 85.)

7 ≡ 12 SEPTEMBRE 1791. — Décret portant que la caisse de l'extraordinaire avancera et paiera, en l'acquit de la ville de Dieppe, une somme de 316,880 livres 16 sous 4 deniers à plusieurs négocians anglais, pour subsistances fournies à ladite ville. (B 18, 87.)

7 ≡ 12 SEPTEMBRE 1791. — Décret qui résilie le bail de l'hôtel des députés de la ci-devant province d'Artois. (B. 18, 88.)

7 ≡ 12 SEPTEMBRE 1791. — Décret qui ordonne le paiement de différentes sommes faisant partie de l'arriéré. (L. 7, 427 ; B. 18, 86.)

7 SEPTEMBRE 1791. — Décret qui rectifie une erreur commise dans le décret du 26 avril dernier, concernant la réunion de la paroisse de Saint-Clair au département de l'Isère. (B. 18, 82.) Voy. au 6 AOUT 1791.

7 SEPTEMBRE 1791. — Décret portant que le salon du Louvre ne sera ouvert que le 15 de ce mois. (B. 18, 88.)

7 SEPTEMBRE 1791. — Décret qui ordonne un rapport sur les mesures à prendre relativement au décret du 15 mai, concernant les gens de couleur nés de père et mère libres. (B. 18, 89.)

7 SEPTEMBRE 1791. — Dette arriérée. Voy. 24 AOUT 1791. — Gardes nationales. Voy. 4 SEPTEMBRE 1791. — Mallet Vendegré. Voy. 3 sep-TEMBRE 1791. — Ministre de la guerre. Voy. 1ᵉʳ SEPTEMBRE 1791. — Receveurs des consignations. Voy. 10 SEPTEMBRE 1791. — Vivres et fourrages de l'armée. Voy. 21 MAI 1791.

8 ≡ 10 SEPTEMBRE 1791. — Décret relatif aux testamens et autres actes de dernière volonté. (L. 5, 1155 ; B. 18, 89.)

L'Assemblée nationale, après avoir entendu le rapport de ses comités de constitution et des rapports, sur les observations et réclamations des électeurs assemblés, en 1789, à Villeneuve-de-Berg, et sur celles du directoire du département de Rhône-et-Loire et de la municipalité de Lyon,

Décrète que les testamens et autres actes de dernière volonté reçus, jusqu'à la dernière publication du présent décret, par les notaires des ci-devant provinces de Vivarais, Lyonnais, Forez et Beaujolais (1), dans lesquels les notaires se seraient bornés à énoncer l'impossibilité ou l'ignorance des testateurs ou des témoins de signer, sans faire mention formelle que lesdits testateurs ou témoins ont déclaré ne le savoir ou pouvoir faire, ou ne savoir ou pouvoir écrire, ne pourront être, sous ce prétexte, attaqués de nullité en justice ; valide, à cet effet, lesdits testamens et autres actes de dernière volonté, en ce qui concerne ladite omission ; défend aux tribunaux d'avoir égard aux demandes déjà formées ou qui pourraient l'être par la suite, afin d'en faire prononcer la nullité, sans préjudice néanmoins de l'exécution des jugemens rendus en dernier ressort ou passés en force de chose jugée, avant la publication du présent décret, et sans préjudice également aux parties, de leur action pour raison de frais faits dans les demandes formées et non jugées avant ladite publication.

Décrète, en outre, qu'à l'avenir, dans les testamens et autres actes de dernière volonté que les notaires recevront, lorsque les testateurs ou témoins ne sauront ou ne pourront signer, lesdits notaires seront tenus de faire mention formelle de la réquisition par eux faite aux testateurs ou témoins de signer, et de leur déclaration ou réponse de ne pouvoir ou savoir signer; le tout à peine de nullité des testamens et autres actes de dernière volonté, dans lesquels ladite mention aurait été omise (2).

---

(1) Cette disposition peut-elle être appliquée aux testamens passés dans d'autres provinces que celles y désignées ? (8 février 1827, Montpellier ; S. 27, 2, 249).

(2) Le testament doit mentionner non-seulement la déclaration du testateur de ne savoir ou ne pouvoir signer, mais encore l'interpellation que le notaire doit lui faire de signer, le tout à peine de nullité (3 vendémiaire an 10; S. 2, 1, 42).

L'énonciation dans un testament fait sous l'empire de l'ordonnance de 1735, et antérieurement à la présente loi, que *le testateur ne sait signer*, de ce requis, est suffisante pour la validité du testament, bien qu'il ne soit pas dit expressément que le testateur l'a ainsi déclaré (8 février 1827 ; Montpellier, S. 27, 2, 249).

8 SEPTEMBRE 1791. — Décret qui supprime les octrois de la Saône. (L. 5, 1180; B. 18, 91.)

8 SEPTEMBRE 1791. — Décret portant qu'il n'y aura pas de tribunal unique pour la comptabilité. (B. 18, 91.)

8 SEPTEMBRE 1791. — Monnaie. *Voy.* 30 AOUT 1791.

9 = 9 SEPTEMBRE 1791. — Décret portant que les électeurs ne seront point payés. (L. 5, 1154; B. 18, 91; Mon. du 10 septembre 1791.)

L'Assemblée nationale décrète que les électeurs ne seront pas payés.

9 = 12 SEPTEMBRE 1791. — Décret relatif aux jugemens de la cour martiale. (L. 5, 1168; B. 18, 93; Mon. du 21 septembre 1791.)

Voy. loi du 22 SEPTEMBRE = 29 OCTOBRE 1790.

L'Assemblée nationale, s'étant réservé, par l'art. 71 du décret du 22 septembre 1790, sanctionné par le Roi le 29 octobre suivant, de déterminer ce que les juges de la cour martiale auraient à faire lorsque les jurés de jugement leur rapporteraient que l'accusé est coupable, mais excusable, décrète provisoirement : 1° qu'en pareil cas, les juges doivent user d'indulgence dans l'application de la loi, et prononcer une peine moins rigoureuse, à raison des circonstances qui atténuent le délit ; 2° que désormais la modification excusable, ajoutée au rapport des jurés, ne pourra servir de motif pour suspendre l'exécution des jugemens qui interviendront ; mais que, jusqu'à ce qu'il en ait été autrement ordonné, il sera sursis à l'exécution de ceux rendus jusqu'à présent en semblables circonstances, et que le ministre de la guerre en donnera l'état dans la huitaine au plus tard.

9 = 12 SEPTEMBRE 1791. — Décret relatif aux gratifications et secours à accorder (aux artistes. (L. 5, 1160; B. 18, 95; Mon. du 11 septembre 1791.)

TITRE Iᵉʳ. Distribution des récompenses nationales.

Art. 1ᵉʳ. Sur le fonds de 2 millions, destinés, par le décret du 3 août 1790, à être annuellement employé en dons, gratifications et encouragemens, il sera distribué une somme de 300,000 livres, selon le mode ci-après déterminé, en gratifications et secours aux artistes qui, par leurs découvertes, leurs travaux et leurs recherches dans les arts utiles, auront mérité d'avoir part aux récompenses nationales.

2. Lesdites récompenses seront accordées, d'après les instructions envoyées, au sujet des différens artistes par le directoire du département de leur domicile ordinaire, ensuite, de l'attestation de leur district et du certificat de leur municipalité.

Il suffira cependant à ces artistes d'un certificat des corps administratifs de leur domicile actuel, lorsque ces corps se trouveront suffisamment instruits pour le leur délivrer.

3. Les travaux pour lesquels il pourra être accordé des récompenses nationales seront divisés en deux classes principales : ceux qui ont pu exiger des sacrifices, de quelque genre que ce soit, et ceux qui, par leur nature, n'en exigent point.

Dans les récompenses affectées à chacune de ces classes, il sera établi trois degrés, sous les noms de *minimum, medium* et *maximum*, applicables en proportion du mérite des objets, d'après l'avis motivé d'un bureau de consultation pour les arts, qui sera, pour cet effet, établi à Paris, et dont la composition sera déterminée dans le titre II du présent décret (1).

Le *medium* sera d'un quart, et le *maximum* d'une moitié en sus du *minimum*.

Dans la première classe, le *minimum* sera de 4,000 livres, le *medium* de 5,000 livres, et le *maximum* de 6,000 livres.

Dans la seconde classe, le *minimum* sera de 2,000 livres, le *medium* de 2,500 livres, et le *maximum* de 3,000 livres.

Ceux des artistes qui auront passé l'âge de soixante ans obtiendront, en sus de la récompense qui leur aura été fixée, une somme égale au *minimum* de leur classe.

4. Indépendamment de ces deux classes, il pourra être accordé des gratifications particulières aux artistes indigens dont les talens auront été reconnus par des approbations des corps savans, et dont l'honorable pauvreté sera certifiée par les corps administratifs.

Le *minimum* de ces gratifica-
cations sera de. . . . . 200 liv.
Le *medium* de. 250
Le *maximum* de. 300
Ceux de ces artistes récompensés qui auront passé l'âge de soixante ans, obtiendront, conformément à l'article 3, une somme égale au *minimum* de leur classe.

5. Le ministre de l'intérieur sera néanmoins autorisé à proposer à l'Assemblée nationale d'accorder un supplément de récompense pour les découvertes d'une importance majeure, faites dans le royaume ou importées

_____

(1) Ce titre II forme un décret particulier. *Voy.* 27 septembre = 16 octobre 1791.

des pays étrangers, particulièrement lorsque ces découvertes seront dues à des travaux pénibles ou à des voyages longs et périlleux.

6. Partie des mêmes fonds pourra aussi être employée, d'après les instructions des corps administratifs, soit à la publication d'ouvrages qui auraient été jugés utiles aux progrès des arts, soit en expériences, essais et constructions de modèles, ou même de machines dont les avantages et la possibilité seraient vérifiés par le bureau de consultation, mais dont les frais excéderaient les facultés de leurs auteurs.

7. Il sera publié tous les ans, par la voie de l'impression, un état nominatif des artistes qui, dans le cours de l'année, auront obtenu des récompenses nationales, avec le compte général des sommes employées à ces récompenses, ainsi qu'aux publications d'ouvrages et aux frais d'expériences et de constructions ordonnées par le ministre de l'intérieur, d'après les avis du bureau de consultation.

8. Les pensions assurées, par un brevet signé du Roi, aux artistes qui, à ce prix, ont ci-devant cédé à l'État leurs inventions, découvertes ou importations légalement constatées, seront regardées comme faisant partie de la dette publique, et en conséquence renvoyées à la liquidation.

9. Les artistes avec lesquels l'administration du commerce a ci-devant contracté des engagemens conditionnels, et qui justifieront avoir satisfait aux conditions stipulées, seront aussi regardés comme créanciers de l'État pour les sommes qui ne leur auraient point encore été payées, et, en cette qualité, renvoyés à la liquidation.

10. Les artistes dont les machines importées de l'étranger, ou nouvellement construites d'après les demandes de l'administration du commerce, auraient été détruites lors des troubles populaires survenus en quelques parties du royaume, seront indemnisés de leurs pertes, sur une attestation des corps administratifs desdits lieux, à laquelle devra être jointe une évaluation faite par des hommes à ce connaissaus. Ces attestations tiendront lieu de titres, et seront, comme telles, reçues à la liquidation.

11. Les objets déjà récompensés ou achetés par le Gouvernement, ou pour lesquels les artistes auraient acquis des brevets d'invention, ne seront point susceptibles des récompenses nationales.

12. Nul artiste, quels qu'aient été ses travaux, ne pourra être admis dans la même année à recevoir au-delà du *maximum* de la première classe; mais il en sera fait une mention honorable lors de la publication de la liste des récompensés, et il pourra y être admis l'année d'après.

9 SEPTEMBRE 1791. — Décret qui distrait une somme de 300,000 fr. sur les deux millions destinés à récompenser les artistes, pour être employés à récompenser et pensionner les artistes utiles. (B. 18, 94.)

9 ⹀ 12 SEPTEMBRE 1791. — Décrets portant circonscription des six paroisses de la ville de Montpellier et des trois paroisses de celle d'Alby. (B. 18, 92 et 93.)

10 ⹀ 12 SEPTEMBRE 1791. — Décret relatif aux secours provisoires à accorder aux artistes pauvres. (L. 5, 1199; B. 18, 99; Mon. du 12 septembre 1791.)

En attendant que l'Assemblée nationale ait statué sur l'organisation du bureau de consultation des arts et métiers, elle autorise le ministre de l'intérieur à distribuer, jusqu'à la concurrence de la dixième partie des fonds affectés auxdites récompenses, en secours provisoires, depuis 100 jusqu'à 300 livres, aux artistes indigens dont les travaux, constatés par les corps administratifs auront obtenu des approbations authentiques de l'Académie des sciences; et lesdits secours seront en déduction des gratifications qui pourraient être accordées à ces mêmes artistes, sur l'avis du bureau de consultation des arts et métiers.

10 ⹀ 12 SEPTEMBRE 1791. — Décret portant que les chanoinesses qui se marieront conserveront leur traitement. (L. 5, 1181; B. 18, 99.)

L'Assemblée nationale, rapportant ses décrets du 4 octobre 1790 et 6 janvier 1791, qui privent de leur traitement les chanoinesses qui se marieraient,

Décrète que les chanoinesses qui se marieront conserveront leur traitement.

10 (7 et) ⹀ 12 SEPTEMBRE 1791. — Décret relatif à la suppression des receveurs des consignations et des commissaires aux saisies-réelles. (L. 5, 1196; B. 18, 98.)

Voy. loi du 30 SEPTEMBRE ⹀ 19 OCTOBRE 1791.

Art. 1er. Tous offices de receveurs des consignations et commissaires aux saisies-réelles, sont et demeurent supprimés : le comité de judicature fera incessamment son rapport sur le mode de leur liquidation et la reddition de leurs comptes.

2. Jusqu'à ce qu'il en ait été autrement ordonné, il sera pourvu à l'exercice provisoire des fonctions attachées aux offices de receveurs des consignations et commissaires aux saisies réelles, près les tribunaux où il n'y en a pas d'établis.

Les titulaires des offices supprimés, qui sont maintenus dans l'exercice provisoire de leurs fonctions, ensemble ceux qui seront nommés conformément au présent article, seront tenus de résider près les tribunaux.

3. Il sera fourni par ceux qui seront nommés à l'exercice provisoire de ces fonctions, un cautionnement égal au quart de celui fourni par les trésoriers de district, pour recettes des contributions directes. A l'égard des titulaires des offices supprimés, la finance desdits offices leur tiendra lieu de cautionnement.

4. Du jour de la publication de la présente loi, et pendant le cours dudit exercice provisoire, les préposés à la recette des deniers consignés seront tenus de se conformer aux dispositions de l'édit de 1789 et autres lois subséquentes, sans que la déclaration de 1669 et autres lois interprétatives de cette déclaration puissent désormais être exécutées. Ils auront, dans tous les cas, pour tous droits, trois deniers pour livre des sommes qui seront effectivement versées dans leurs caisses; et ceux des commissaires aux saisies-réelles, douze deniers pour livre du produit des baux.

5. Dans les villes où il se trouve plusieurs tribunaux, la même personne pourra être nommée pour faire le service auprès desdits tribunaux, et on pourra, dans tous les districts, confier au même préposé la recette des deniers consignés et celle des biens saisis.

6. Les fonctions provisoires des préposés à la recette des deniers consignés et de la régie des biens saisis, seront incompatibles avec les fonctions de juge, d'avoué, de comptable, de greffier et notaire, et de membre du directoire de l'administration du département.

10 SEPTEMBRE 1791. — Testamens. *Voy.* 8 SEPTEMBRE 1791.

11 = 12 SEPTEMBRE 1791. — Décret relatif aux nominations d'officiers de la gendarmerie, faites par les directoires des départemens. (L. 5, 1179; B. 18, 108.)

Les nominations d'officiers de la gendarmerie nationale, faites conformément à la loi par les directoires de département, sortiront leur effet.

Lesdits officiers recevront leurs commissions du pouvoir exécutif, et seront envoyés, dans le plus court délai possible, aux lieux qui ont été ou qui seront fixés pour leur résidence.

11 = 12 SEPTEMBRE 1791. — Décret qui supprime les alternats des administrations et assemblées de département, et contient une disposition relative au département du Cantal. (L. 5, 1189; B. 18, 100.)

Art. 1er. Les alternats des administrations de département, de district, ceux des assemblées de département établis par les décrets de la division du royaume, sont supprimés.

2. Lesdites administrations et assemblées de département, dont l'Assemblée nationale avait admis l'alternative, demeureront, en conséquence des dispositions de l'article précédent, dans les villes où les directoires sont actuellement établis.

3. Les législatures pourront, après que l'expérience aura manifesté l'intérêt et le vœu des administrés, décréter en d'autres villes les siéges desdites administrations et assemblées de département, qui d'abord avaient été déclarées alternatives, et qui n'ont pas été fixés antérieurement au présent décret.

4. Le siége de l'administration du département du Cantal sera fixé par les législatures dans la ville de Saint-Flour, ou dans celle d'Aurillac, après que l'expiration de son alternat à Aurillac aura manifesté l'intérêt et le vœu des administrés de ce département pour l'une ou pour l'autre de ces villes.

11 = 12 SEPTEMBRE 1791. — Décrets portant circonscription des paroisses des districts de Morlaix, de Carhaix, de Pont-Croix et de Lesueven. (B. 18, 101 et suiv.)

11 = 12 SEPTEMBRE 1791. — Décret portant que l'église de Notre-Dame de la ville de Nantes sera construite sur la place de l'entrepôt des cafés, quartier du Gigant. (B. 18, 107.)

11 = 13 SEPTEMBRE. — Décret qui autorise le garde des archives nationales à remettre au ministre de la justice des copies collationnées, tant des minutes des décrets que des expéditions en parchemin des lois qui manquent aux archives de la chancellerie. (B. 18, 108.)

11 SEPTEMBRE 1791. — Circonscriptions diverses. *Voy.* 23 AOUT 1791. — Enfans trouvés. *Voy.* 28 JUIN 1791. — Maréchaussée. *Voy.* 26 JUIN 1791.

12 = 12 SEPTEMBRE 1791. — Décret relatif à une fabrication d'assignats de 200 et de 300 livres. (L. 5, 1193; B. 18, 109.)

L'Assemblée nationale, ouï le rapport de son comité des assignats, décrète qu'au lieu de fabriquer des assignats de 90 livres, de 80 livres et de 70 livres, pour 150 millions, faisant partie des 600 millions décrétés le 19 juin dernier, ladite somme sera convertie en assignats de 2 et 300 livres, jusqu'à la concurrence de la somme de 75 millions pour chaque sorte; lesquels seront fabriqués sur les formes d'assignats de 100 livres et de 50 liv., de quatre à la feuille, ci-devant déposés aux archives de l'Assemblée nationale, et qui, à cet effet, en seront tirées et envoyées à la manufacture par les commissaires, qui y feront insérer en chiffres la valeur de l'assignat et le millésime *mil sept cent quatre-vingt-onze*.

12 = 29 SEPTEMBRE 1791. — Décret portant liquidation d'offices de judicature. (L. 5, 480; B. 8, 114.)

12 = 23 SEPTEMBRE 1791. — Décrets relatifs à la garde nationale parisienne, et à la formation d'un corps de troupes à cheval, sous la dénomination de gardes nationales volontaires parisiennes à cheval. (L. 5, 1235 et 1290; B. 18, 114.)

12 SEPTEMBRE 1791. — Décret qui assigne une place dans la salle de l'Assemblée nationale pour les députés à la première législature. (B. 18, 109.)

12 = 12 SEPTEMBRE 1791. — Décret qui transfère les religieuses de la visitation de Belley, dans la maison ci-devant occupée par les cordeliers de la même ville. (B. 18, 110.)

12 = 12 SEPTEMBRE 1791. — Décret qui confirme les élections des sieurs Chevrier et Meiller aux places de juges des tribunaux de Pont-de-Veyle et d'Ambérieux. (B. 18, 110.)

12 = 23 SEPTEMBRE 1791. — Décret qui règle la forme des brevets des officiers de tous grades et celles des engagemens des soldats. (L. 5, 1296; B. 18, 111.)

12 SEPTEMBRE 1791. — Alby. *Voy.* 9 SEPTEMBRE 1791. — Arriéré; Artistes. *Voy.* 9 SEPTEMBRE 1791. — Auch, etc. *Voy.* 29 AOUT 1791. — Biens nationaux. *Voy.* 19 AOUT 1791. — Capitaines de places fortes. *Voy.* 17 AVRIL 1791. — Carré et Bedu. *Voy.* 5 SEPTEMBRE 1791. — Chanoinesses. *Voy.* 10 SEPTEMBRE 1791. — Circonscriptions diverses. *Voy.* 16 AOUT 1791, 23 AOUT 1791, 11 SEPTEMBRE 1791. — Colonels. *Voy.* 5 SEPTEMBRE 1791. — Comté de Sancerre. *Voy.* 27 JUILLET 1791. — Corps administratifs. *Voy.* 29 AOUT 1791. — Cour martiale. *Voy.* 9 SEPTEMBRE 1791. — Députés de l'Artois; Dieppe. *Voy.* 7 SEPTEMBRE 1791. — Divers districts. *Voy.* 29 AOUT 1791. — Domaines nationaux de Corse. *Voy.* 5 SEPTEMBRE 1791. — Église de Nantes. *Voy.* 11 SEPTEMBRE 1791. — Faux assignats. *Voy.* 7 SEPTEMBRE 1791. — Garde - Meuble. *Voy.* 5 SEPTEMBRE 1791. — Gardes du corps. *Voy.* 25 JUIN 1791. — L. Gillet, etc. *Voy.* 30 AOUT 1791. — Hôpitaux. *Voy.* 4 SEPTEMBRE 1791. — Illumination de Paris. *Voy.* 6 SEPTEMBRE 1791. — Insurgés. *Voy.* 21 AVRIL 1791.

— Monnaie de cuivre. *Voy.* 6 SEPTEMBRE 1791. — Officiers de gendarmerie. *Voy.* 11 SEPTEMBRE 1791. — Officiers destitués. *Voy.* 5 SEPTEMBRE 1791. — Poste au lettres. *Voy.* 6 SEPTEMBRE 1791. — Receveurs des consignations. *Voy.* 10 SEPTEMBRE 1791. — Régence du Roi mineur. *Voy.* 29 MARS 1791. — 58e Régiment. *Voy.* 6 SEPTEMBRE 1791. — Réunions diverses. *Voy.* 16 AOUT 1791. — Saint - Omer. *Voy.* 7 SEPTEMBRE 1791. — Testamens. *Voy.* 5 SEPTEMBRE 1791.

13 SEPTEMBRE = 16 OCTOBRE 1791. — Décret relatif aux déclarations de command ou élections d'ami. (B. 18, 123; Mon. du 14 septembre 1791.)

Voy. lois du 26 VENDÉMIAIRE an 7, art. 11; du 22 FRIMAIRE an 7, art. 68, § 1er, n° 24.

Le délai pour faire et accepter les déclarations de command ou élections d'ami demeure fixé dans tout le royaume, pour toute espèce de biens et pour tous effets, à six mois, à compter de la date des ventes ou adjudications contenant les réserves en vertu desquelles elles auront été faites.

En conséquence, toute personne au profit de laquelle aura été faite, et qui aura accepté dans les six mois d'une adjudication de biens nationaux en vertu des réserves et aux mêmes conditions qui y seront stipulées, une déclaration de command ou élection d'ami, portant sur les biens compris dans ladite adjudication, sera de plein droit subrogée à l'acquéreur qui aura fait cette déclaration d'ami, et ne pourra, en payant à la nation le prix desdits biens, être recherchée ni poursuivie, soit hypothécairement, soit autrement, par qui que ce soit, du chef dudit acquéreur (1).

13 SEPTEMBRE = 16 OCTOBRE 1791. — Décret relatif aux marques distinctives des ordres supprimés. (B. 18, 121.)

L'Assemblée nationale décrète qu'aucun Français ne pourra continuer de porter les marques distinctives des ordres supprimés, à l'exception du Roi et du prince royal, qui seuls pourront conserver comme distinction

_____

(1) Les acquéreurs nationaux ne peuvent couper ni démolir avant d'avoir soldé.

S'ils tombent en déchéance, les baux faits par eux ne sont maintenus qu'autant qu'ils ne sont point à un prix moindre que les baux précédens (Avis du Conseil-d'État des 24 décembre 1808 = 30 janvier 1809; S. 9, 2, 163.)

L'acquéreur désigné comme command par l'adjudicataire ne peut indiquer lui-même un autre command, encore que les deux commands successifs soient désignés dans les vingt-quatre heures. La loi n'admet pas deux élections de command (22 août 1809; Cass. S. 10, 1, 287.)

L'acquéreur qui, en vertu de la faculté qu'il s'était réservée par le contrat de vente, a fait dans le délai convenu une déclaration de command, s'est par là dégagé de toute obligation envers le vendeur, encore qu'il n'ait fait la déclaration qu'après avoir pris possession du bien vendu qu'après l'avoir hypothéqué par privilége à un emprunt qu'il a fait, pour payer une partie du prix, et qu'après avoir employé à ce paiement la somme qu'il a ainsi empruntée. Peu importe, d'ailleurs, que par le contrat de vente l'acquéreur ait affecté tous ses biens présens et à venir au paiement du prix. On peut considérer comme réserve de déclarer un command, et non pas seulement comme réserve d'associer un tiers à l'acquisition, la clause portant que l'acquéreur achète *pour lui et pour un ami à élire* (27 janvier 1808; Cass. S. 7, 2, 30.)

personnelle les décorations dont ils sont revêtus. A l'égard des décorations militaires réservées par le décret du 30 juillet = 6 août dernier, elles ne sont point comprises dans le présent décret.

13 = 12 OCTOBRE 1791. — Décret portant qu'il n'y a pas lieu à délibérer sur la pétition du sieur Romainville, et que le décret du 18 août dernier, qui autorise les sieurs Grignet, Gerdret, Jars et compagnie à rétablir la navigation des rivières de Juine, d'Essonne, sera exécuté dans ses différentes dispositions. (L. 6, 223 ; B. 18 , 122.)

13 SEPTEMBRE 1791. — Décret portant que la caisse de l'extraordinaire paiera une somme de 88,000 livres, à titre de prêt, aux administrateurs du bureau de la charité générale de la ville de Lille. (B. 18 , 120.)

13 SEPTEMBRE 1791. — Décret portant qu'aucun membre de l'Assemblée nationale ne sera admis à proposer une matière pour l'ordre du jour, sans s'être auparavant concerté avec le comité central. (B. 18 , 121.)

13 SEPTEMBRE 1791. — Décret qui déclare n'y avoir lieu à délibérer sur les pétitions relatives aux droits de gruerie perçus dans le département du Loiret, et à la dîme du ci-devant Calaisis. (B. 18 , 123.)

13 SEPTEMBRE = 9 OCTOBRE 1791. — Décret portant que la caisse de l'extraordinaire avancera à la commune de Toulouse une somme de 400,000 liv., en quatre paiemens égaux. (B. 18 , 124.)

13 SEPTEMBRE 1791. — Décret qui ordonne l'impression et l'insertion dans le procès-verbal de la lettre du Roi, par laquelle il déclare accepter la constitution. (B. 18 , 125.)

13 SEPTEMBRE 1791. — Décret qui rend la liberté aux personnes arrêtées à l'occasion du départ du Roi, et qui ordonne un projet pour l'abolition des poursuites commencées au sujet des évènemens de la révolution, etc. (B. 18 , 129.)

13 SEPTEMBRE 1791. — Chancellerie. Voy. 11 SEPTEMBRE 1791.

14 = 14 SEPTEMBRE 1791. — Décret portant réunion du comtat d'Avignon à la France. (L. 5 , 1268; B. 18 , 142; Mon. des 13 , 14, 15 septembre 1791.)

L'Assemblée nationale, après avoir entendu le rapport de ses comités diplomatique et d'Avignon;

Considérant que, conformément aux préliminaires de paix arrêtés et signés à Orange le 15 juin de cette année, par les députés de l'assemblée électorale des deux états réunis,

des municipalités d'Avignon et de Carpentras, et de l'armée de Vaucluse, en présence et sous la garantie provisoire des médiateurs de la France envoyés par le Roi, garantie que l'Assemblée nationale a confirmée par son décret du 4 juillet dernier, les communes des deux états réunis d'Avignon et Comtat Venaissin se sont formées en assemblées primaires, pour délibérer sur l'état politique de leur pays;

Considérant que la majorité des communes et des citoyens a émis librement et solennellement son vœu pour la réunion d'Avignon et du Comtat Venaissin à l'empire français;

Considérant que, par un décret du 25 mai dernier, les droits de la France sur Avignon et le Comtat Venaissin ont été formellement réservés;

L'Assemblée nationale déclare qu'en vertu des droits de la France sur les états réunis d'Avignon et du Comtat Venaissin, et que, conformément au vœu librement et solennellement émis par la majorité des communes et des citoyens de ces deux pays pour être incorporés à la France, lesdits deux états réunis d'Avignon et du Comtat Venaissin font, dès ce moment, partie intégrante de l'empire français;

L'Assemblée nationale décrète que le Roi sera prié de nommer des commissaires qui se rendront incessamment à Avignon et dans le Comtat Venaissin, pour faciliter l'incorporation de ces deux pays à l'empire français.

L'Assemblée nationale décrète que, dès ce moment, toutes voies de fait, tous actes d'hostilités, sont expressément défendus aux différens partis qui peuvent exister dans ces deux pays. Les commissaires envoyés par le Roi veilleront à l'exécution la plus exacte des lois; ils pourront requérir, avec les formes accoutumées, les troupes de ligne et gardes nationales, pour le rétablissement et le maintien de l'ordre public et de la paix.

L'Assemblée nationale décrète que le Roi sera prié de faire ouvrir des négociations avec la cour de Rome, pour traiter des indemnités et dédommagemens qui pourraient lui être légitimement dus.

L'Assemblée nationale charge ses comités de constitution, diplomatique et d'Avignon, de lui présenter incessamment un projet de décret sur l'établissement provisoire des autorités civiles, judiciaires et administratives qui régiront les deux pays réunis d'Avignon et du Comtat Venaissin, jusqu'à leur organisation définitive.

14 = 15 SEPTEMBRE 1791. — Décret portant abolition de toutes procédures instruites sur les faits relatifs à la révolution, amnistie générale en faveur des hommes de guerre, et révocation du décret du 1er août dernier, relatif aux émigrans. (L. 5 , 1270 ; B. 18 , 143 ; Mon. du 15 septembre 1791.)

Voy. loi du 1er = 6 août 1791.

L'Assemblée nationale, considérant que l'objet de la révolution française a été de donner une constitution à l'empire, et qu'ainsi la révolution doit prendre fin au moment où la constitution est achevée et acceptée par le Roi ;

Considérant qu'autant il serait désormais coupable de résister aux autorités constituées et aux lois, autant il est digne de la nation française d'oublier les marques d'opposition dirigées contre la volonté nationale, lorsqu'elle n'était pas encore généralement reconnue ni solennellement proclamée; et qu'enfin le temps est venu d'éteindre toutes les dissensions dans un sentiment commun de patriotisme, de fraternité et d'affection pour le monarque qui a donné l'exemple de cet oubli généreux, décrète ce qui suit :

Art. 1er. Toutes procédures instruites sur des faits relatifs à la révolution, quel qu'en puisse être l'objet, et tous jugemens intervenus sur semblables procédures, sont irrévocablement abolis.

2. Il est défendu à tous officiers de police ou juges de commerce, aucune procédure pour les faits mentionnés en l'article précédent, ni de donner continuation à celles qui seraient commencées.

3. Le Roi sera prié de donner des ordres au ministre de la justice, pour se faire adresser, par les juges de chaque tribunal, l'état visé par le commissaire du Roi, des procédures et jugemens compris dans la présente abolition: le ministre certifiera le Corps-Législatif de la remise desdits états.

4. L'Assemblée nationale décrète une amnistie générale en faveur de tout homme de guerre prévenu, accusé ou convaincu de délits militaires, à compter du 1er juin 1789; en conséquence, toutes plaintes portées, poursuites exercées ou jugemens rendus à l'occasion de semblables délits, seront regardés comme non avenus, et les personnes qui en étaient l'objet seront mises immédiatement en liberté, si elles sont détenues, sans néanmoins qu'on puisse induire du présent article que ces personnes conservent aucun droit sur les places qu'elles auraient abandonnées.

5. L'Assemblée nationale décrète qu'il ne sera plus exigé aucune permission ou passeport dont l'usage avait été momentanément établi. Le décret du 1er août dernier, relatif aux émigrans, est révoqué, et, conformément à la constitution, il ne sera plus apporté aucun obstacle au droit de tout citoyen français de voyager librement dans le royaume et d'en sortir à volonté.

14 SEPTEMBRE 1791. — Serment du Roi pour l'acceptation de la constitution. (B. 18, 52.)

14 SEPTEMBRE = 18 OCTOBRE et 19 NOVEMBRE 1791. — Décret relatif à la circonscription des paroisses des districts de Tarascon, de Salon, d'Apt et de Grasse. (B. 18, 129 et suivantes.)

14 SEPTEMBRE 1791. — Constitution française. *Voy.* 3 SEPTEMBRE 1791. — Droits féodaux. *Voy.* 15 SEPTEMBRE 1791.

15 SEPTEMBRE = 16 OCTOBRE 1791. — Décret relatif aux baux emphytéotiques. (B. 18, 151; Mon. du 6 septembre 1791.)

Voy. loi du 3 = 9 MAI 1790.

SECTION Ire. Des fonds patrimoniaux des particuliers, aliénés à bail emphytéotique ou à rente non perpétuelle.

Art. 1er. Il sera libre, soit au preneur, possesseur actuel du fonds à titre de bail emphytéotique ou à rente non perpétuelle, soit au bailleur, propriétaire de la rente et ayant-droit à la propriété réversible, de racheter les droits ci-devant seigneuriaux, fixes ou casuels, dont ledit fonds se trouvera chargé, et dont lesdits bailleur et preneur sont respectivement tenus, en se conformant par chacun d'eux aux règles ci-après.

2. Le preneur, possesseur actuel du fonds, qui voudra ne racheter que les droits dont il peut être tenu pendant sa jouissance, sera tenu de faire le rachat des droits fixes et annuels, eu égard à leur valeur totale et perpétuelle, d'après le mode et les taux prescrits par le décret du 3 mai 1790; et, au moyen dudit rachat, il demeurera subrogé aux droits du ci-devant seigneur, quant à la propriété de ladite rente seulement, dont il pourra se faire payer, après l'expiration du bail, par le bailleur qui sera rentré dans son fonds, si mieux n'aime celui-ci rembourser au premier la somme qui lui aura été payée pour ledit rachat.

Quant aux droits casuels dont le preneur peut être tenu pendant sa jouissance, pour en liquider le rachat, 1° il sera fait une évaluation du prix auquel le fonds pourrait être vendu, déduction faite de la rente ou canon emphytéotique, eu égard au nombre des années de jouissance qui resteront à courir; 2° le rachat desdits droits casuels sera ensuite fixé d'après ledit capital, conformément au mode et aux taux prescrits par le décret du 3 mai 1790; 3° au moyen dudit rachat, le ci-devant seigneur, pendant la durée du bail, ne pourra plus jouir des droits casuels vis-à-vis du bailleur, et, en cas de vente ou autres mutations, de la rente et du droit à la propriété réversible, dans les pays et les cas où ladite vente et lesdites mutations donnent ouverture à un droit; 4° après l'expiration du bail, le propriétaire qui sera rentré dans son fonds demeurera chargé de la totalité des droits casuels, en cas de mutation, jusqu'au rachat d'iceux.

3. Le preneur, possesseur actuel du fonds, pourra néanmoins, s'il le juge à propos, racheter les droits casuels, eu égard à leur valeur entière et perpétuelle; auquel cas il sera tenu de les racheter sur le pied de la valeur totale du fonds, sans déduction de la rente annuelle portée au bail emphytéotique, ou de la rente non perpétuelle: audit cas, le preneur sera et demeurera subrogé au droit du ci-devant seigneur, pour exercer lesdits droits casuels contre le bailleur, savoir: pendant la durée du bail, en cas de vente ou mutation de la rente, dans les pays et les cas dans lesquels cette vente ou mutation donne ouverture auxdits droits; et, après l'expiration du bail, en cas de vente ou mutation du fonds, conformément à la coutume ou aux titres particuliers, et ce jusqu'au rachat que le bailleur en pourra faire, ainsi qu'il sera dit ci-après.

4. Si le bailleur, propriétaire de la rente et du droit de la propriété réversible, se présente au rachat avant que le preneur ait fait les rachats qui lui sont permis par les articles 2 et 3 ci-dessus, le bailleur sera tenu de racheter tant les droits fixes que les droits casuels, en totalité et de la même manière que s'il était rentré dans la pleine propriété, conformément au mode et aux taux prescrits par le décret du 3 mai 1790; et, en ce faisant, il sera subrogé au droit du ci-devant seigneur, soit quant aux droits fixes, soit quant aux droits casuels, pour les exercer contre le preneur pendant la durée du bail seulement, dans les mêmes cas et de la même manière que le ci-devant seigneur aurait pu les exercer contre ledit preneur.

5. Si le bailleur, propriétaire de la rente et du droit de propriété réversible, ne se présente au rachat qu'après que le preneur aura lui-même usé de la faculté qui lui est accordée par l'article 2 ci-dessus, audit cas le bailleur ne sera tenu de racheter du ci-devant seigneur que les droits casuels; et, sur l'estimation qui en sera faite, conformément à l'article 4 ci-dessus, il lui sera fait déduction de la somme qui aura été payée par le preneur pour le rachat desdits droits casuels, relatif à la durée de sa jouissance.

A l'égard des droits fixes et annuels qui auront été rachetés par le preneur, aux termes de l'article 2 ci-dessus, le bailleur, après l'expiration du bail, et lorsqu'il sera rentré dans sa propriété, sera tenu d'en continuer la prestation audit preneur, si mieux il n'aime rembourser la somme qui aura été payée par le preneur, pour le rachat desdits droits fixes et annuels seulement.

6. Si le bailleur, propriétaire de la rente et du droit de propriété réversible, se présente au rachat après que le preneur aura racheté la totalité des droits fixes et casuels, en vertu de la faculté qui lui en est accordée par l'article 3 ci-dessus, audit cas le bailleur sera tenu de rembourser au preneur la somme qui aura été par lui payée pour le rachat des droits casuels, à la déduction de celle qui se trouvera être à la charge du preneur, conformément à ce qui est prescrit par l'article 2 ci-dessus; et, après l'expiration du bail, le bailleur sera tenu de continuer au preneur la prestation des redevances fixes et annuelles que celui-ci aura remboursées, si mieux il n'aime alors rembourser la somme qui aura été payée par le preneur pour le rachat desdits droits.

7. Si le preneur, possesseur actuel du fonds, ne se présente au rachat qu'après que le bailleur aura racheté tous les droits fixes et casuels, en vertu de la faculté qui lui en est accordée par l'article 4 ci-dessus, audit cas le preneur ne sera tenu de rembourser au bailleur que les droits casuels dont il est personnellement tenu pendant la durée du bail, et l'évaluation desdits droits se fera conformément à ce qui est prescrit par la seconde partie de l'article 2 ci-dessus.

A l'égard des droits fixes annuels qui auront été rachetés par le bailleur, le montant annuel en sera ajouté à la rente portée au bail emphytéotique ou à rente, pour être payé par le preneur au bailleur, en sus de ladite rente, pendant la durée de son bail.

8. Lorsque le preneur se trouvera subrogé au droit du ci-devant seigneur, quant aux redevances fixes et annuelles seulement, aux termes et dans les cas prévus par les articles 2 et 6 ci-dessus, lesdites redevances ne pourront emporter aucun droit casuel, et ne formeront qu'une simple rente foncière rachetable, ainsi qu'il est dit aux articles 2 et 6.

9. Le preneur qui aura remboursé la totalité des droits ci-devant seigneuriaux, tant fixes que casuels, en vertu de la faculté qui lui est accordée par l'article 2, sera tenu de le dénoncer au bailleur; et réciproquement le bailleur sera tenu de faire la même dénonciation au preneur, lorsqu'il aura remboursé la totalité desdits droits, en exécution de l'article 4, à peine des dommages et intérêt, s'il y a lieu.

SECTION II. Des fonds nationaux, soit aliénés à titre de bail emphytéotique ou à rente non perpétuelle, soit possédés au même titre par la nation, comme subrogée aux lieu et place des bénéficiers, corps et communautés séculières ou régulières.

Art. 1er. Lorsque les fonds des ci-devant bénéfices, corps ou communautés ecclésiastiques ou laïques, dont les biens et les droits ont été déclarés nationaux, auront été donnés en tout ou partie à des particuliers, à titre de bail emphytéotique ou de bail à rente non perpétuelle, le paiement des droits ci-devant seigneuriaux fixes ou casuels et le rachat des droits seront faits d'après les règles et les distinctions ci-après.

2. Si lesdits fonds relevaient d'un ci-devant fief patrimonial et non déclaré national, et si l'indemnité en avait été payée au ci-devant seigneur, ou était prescrite, le preneur, possesseur actuel du fonds, demeurera seul chargé, pendant la durée de son bail, du paiement des redevances fixes et annuelles, ainsi que des droits casuels dont il peut être tenu dans les pays et les cas où les mutations de la part du preneur donnent ouverture auxdits droits, sans préjudice de la faculté qui lui est réservée de racheter lesdits droits casuels seulement, conformément à l'article 2 de la section Iʳᵉ du présent décret.

Dans le cas où la nation vendrait le droit à la rente et à la propriété réversible, conformément au décret du 18 avril 1791, sanctionné le 27 des mêmes mois et an, elle ne sera tenue d'aucun rachat envers le ci-devant seigneur, qui ne pourra exercer, pendant la durée du bail, que les droits dont il jouissait vis-à-vis du preneur.

3. Si l'indemnité due au ci-devant seigneur, à raison de l'acquisition faite par la mainmorte, n'avait été acquittée que par une rente annuelle ou par une prestation d'un droit de quint, lods, demi-lods, ou autre redevance payable tous les vingt, trente, quarante ans, ou autre révolution périodique, audit cas, et lors de la vente seulement du droit à la rente et à la propriété, là nation sera tenue de racheter lesdits droits au ci-devant seigneur, et ledit rachat se fera conformément à ce qui est prescrit par les articles 11 et 12 du décret d'hier et de ce jour.

4. Si, lors de l'acquisition faite par la mainmorte des fonds désignés aux articles précédens, il n'a été payé aucune indemnité au ci-devant seigneur, et si ladite indemnité n'est point prescrite, en cas de vente du droit à la rente et à la propriété réversible, là nation demeurera chargée de racheter, tant les droits fixes que les droits casuels dont le fonds peut être tenu, au taux et suivant le mode prescrit par le décret du 3 mai 1790. Au moyen dudit rachat, la nation percevra à son profit, pendant la durée du bail, tant les droits fixes que les droits casuel qui pourraient être dus par le preneur, lequel sera tenu de continuer à la nation, pendant la durée du bail, le paiement des droits annuels fixes, et demeurera chargé envers la nation des droits casuels, dans les cas auxquels il en est tenu, jusqu'au rachat d'iceux, qu'il en pourra faire en la forme prescrite par l'art. 2 du présent décret.

5. Dans le même cas, prévu par l'article précédent, jusqu'à ce que la nation ait vendu le droit à la rente et à la propriété réversible, le preneur, possesseur du fonds, demeurera seul chargé envers le ci-devant seigneur de la prestation des droits fixes et des droits casuels, dans les cas où il en est tenu; sauf le rachat qu'il pourra faire desdits droits, conformément à l'article 2 de la première section du présent décret, et sauf son recours contre la nation pour la prestation ou pour le remboursement des droits fixes seulement.

6. Si les fonds nationaux ci-devant aliénés par le bail emphytéotique ou bail à rente non perpétuelle à des particuliers, étaient ci-devant sous la mouvance d'un ci-devant fief national, audit cas, lors de la vente du droit à la rente et propriété réversible, la nation ne se chargera d'aucun rachat des ci-devant droits seigneuriaux; et la nation, pendant la durée du bail, percevra sur le preneur tant les droits fixes que les droits casuels seulement, ainsi qu'il est dit en la deuxième partie de l'article 2 de la première section du présent décret.

7. Si le fonds national mouvant d'un autre fonds national a été cédé à titre de bail emphytéotique ou à rente non perpétuelle à un des ci-devant bénéficiers, corps ou communautés ecclésiastiques ou laïques, dont la vente des biens a été ordonnée, soit que l'indemnité ait été payée ou non, que les deux fonds soient situés ou non dans le même district ou le même département, le bail sera ou demeurera résolu; la pleine et entière propriété du fonds sera vendue libre de toutes charges quelconques; et, jusqu'à la vente, les revenus en seront administrés en la forme prescrite par le décret du 20 août, et il ne pourra être exercé aucune action d'un district sur l'autre à raison des arrérages de la rente échus pour le passé.

8. Il en sera de même encore que le fonds soit possédé audit titre de bail emphytéotique ou bail à rente non perpétuelle, par l'un des corps ou communautés ecclésiastiques ou laïques qui ont été conservés provisoirement dans la jouissance de leurs biens: lesdits fonds pourront être vendus; et, après la vente, il sera payé au corps ou à la communauté qui possédait le fonds, l'intérêt à quatre pour cent du prix de la vente, à la déduction du capital au même denier de la rente portée au bail. Jusqu'à la vente, le corps ou la communauté qui possédait le fonds paiera la rente annuelle portée au bail.

9. Si le fonds qui était possédé par un bénéficier ou par un corps ou communauté ecclésiastique ou laïque audit titre de bail emphytéotique ou à rente non perpétuelle, appartenait à un propriétaire particulier, mais était sous la mouvance d'un ci-devant fief national, en cas de vente du droit de jouissance temporaire résultant du bail, ladite vente sera faite purement et simplement, à la charge

seulement par l'acquéreur de payer au bailleur la rente portée au bail, pendant sa durée, et sans aucune charge des ci-devant droits seigneuriaux fixes et casuels, desquels le bailleur sera seul tenu, après sa rentrée dans la propriété et jusqu'au rachat d'iceux.

10. Si le fonds donné à titre de bail emphytéotique ou à rente non perpétuelle par un propriétaire particulier, à un bénéficier ou à un corps ou communauté ecclésiastique ou laïque, était sous la mouvance d'un ci-devant fief non national, en cas de vente du droit de la jouissance temporaire résultant du bail, il sera seulement payé par la nation au ci-devant seigneur un droit de vente *au prorata* du prix d'icelle; sauf à ce ci-devant seigneur à exercer, soit vis-à-vis de l'acquéreur pendant la durée du bail, soit vis-à-vis du bailleur, les droits fixes et casuels tels que le droit, jusqu'au rachat d'iceux.

15 = 23 SEPTEMBRE 1791. — Décret relatif aux élèves du génie et de l'artillerie. (L. 5, 1277, B. 18, 208.)

Art. 1er. Dès cette année, il sera reçu, d'après l'examen au concours, vingt élèves à l'école du génie; et successivement, d'année en année, il en sera reçu le nombre nécessaire pour que les trois cents officiers qui composent le corps du génie soient toujours portés au complet.

2. Tous les fils des citoyens actifs qui voudront concourir à l'examen se feront inscrire au bureau de la guerre; le ministre de ce département leur fera connaître l'époque à laquelle ils devront se présenter aux examinateurs.

3. Les sujets seront examinés sur le même cours qui, jusqu'à ce moment, a été exigé des aspirans au corps du génie, en présence des deux examinateurs actuels du génie et de l'artillerie, et d'un commissaire qui sera nommé par le directoire du département dans le ressort duquel l'examen aura lieu.

4. Les sujets qui seront admis à l'école du génie prendront rang entre eux selon l'ordre de leur réception, laquelle sera déterminée en conformité de l'avis de la majorité des examinateurs, et d'après le tableau fourni par eux, en sorte que le premier inscrit sera le premier de la promotion, et ainsi de suite.

5. Les articles précédens, relatifs au corps du génie, auront aussi lieu provisoirement pour les aspirans de l'artillerie, et l'examen de ces derniers sera fait sur le cours d'instruction affecté jusqu'à ce jour au corps d'artillerie.

6. Les examens préliminaires pour l'admission aux écoles de l'artillerie et du génie, continueront de se faire séparément, mais seulement jusqu'à ce qu'il ait été composé un cours d'instruction commun à ces deux corps. Le ministre de la guerre donnera les ordres nécessaires pour que ce cours soit composé dans le plus court délai. Quant aux examens à subir par les élèves de l'artillerie et du génie, pour passer des écoles dans ces deux corps, ils continueront d'avoir lieu selon la forme usitée ci-devant.

7. Le directeur des fortifications des places des Ardennes et deux officiers employés aux fortifications de Mézières seront chargés du commandement de l'école du génie, et de diriger l'instruction des élèves.

8. A raison de ces doubles fonctions, il sera continué à ces commandans un traitement particulier, lequel, à compter du 1er janvier 1791, sera réglé ainsi qu'il suit :

Au directeur commandant en chef, par an, 2,000 liv.; au commandant en second, 1,500 liv.; au commandant en troisième, 1,000 liv. Total, 4,500.

9. Sur le nombre des seize officiers-généraux employés, dont l'augmentation a été décrétée le 24 juin dernier, il sera attaché au corps du génie un troisième maréchal-de-camp inspecteur des fortifications, et au corps de l'artillerie, un sixième maréchal-de-camp inspecteur.

10. Il sera ajouté aux dépenses de l'école du génie une somme de 6,000 livres, pour la conservation de l'établissement des jeunes gens sans fortune qui se destinent à apprendre le dessin, la coupe des pierres, la charpente et autres parties relatives à l'architecture civile et militaire, sous les ordres et l'inspection du directeur des fortifications des Ardennes, cette administration ne devant changer qu'à l'époque de l'organisation publique (1).

15 (20 AOUT, 2, 3, 4, et) = 29 SEPTEMBRE 1791. — Décret sur l'administration forestière. (L. 5, 1391; B. 18, 160; Mon. du 21 août, 3, 4, 5, 10, 15 septembre 1791.)

Voy. lois du 19 = 25 DÉCEMBRE 1790; du 28 SEPTEMBRE = 6 OCTOBRE 1791, et les lois indiquées sur les divers articles. *Voy.* Code forestier du 21 MAI 1827.

TITRE Ier. Des bois soumis au régime forestier.

Art. 1er. Les forêts et bois dépendant du ci-devant domaine de la couronne et des ci-devant apanages, ceux ci-devant possédés par les bénéficiers, corps et communautés ecclésiastiques, séculiers et réguliers, et généralement tous les bois qui font ou pourront faire partie du domaine national, seront l'objet d'une administration particulière.

(1) *Voy.* loi du 22 septembre = 12 octobre 1791.

2. Les bois tenus du ci-devant domaine de la couronne, à titre de concession, engagement, usufruit ou autre titre révocable, seront soumis à la même administration.

3. Les bois possédés en gruerie, grairie, segrairie, tiers et dangers, ou indivis entre la nation et des communautés, y seront pareillement soumis.

4. Les bois appartenant aux communautés d'habitans seront soumis à ladite administration, suivant ce qui sera déterminé.

5. Il en sera de même des bois possédés par les maisons d'éducation et de charité, par les établissemens de main-morte étrangers, et par l'ordre de Malte.

6. Les bois appartenant aux particuliers cesseront d'y être soumis, et chaque propriétaire sera libre de les administrer et d'en disposer à l'avenir comme bon lui semblera (1).

TITRE II. Organisation de l'administration forestière (2).

Art 1er. Il y aura, sous les ordres du Roi, une administration centrale, sous le titre de conservation générale des *forêts*; ses membres seront au nombre de cinq, et auront le titre de commissaires de la conservation générale.

2. Les commissaires de la conservation n'agiront qu'en vertu de délibération prise en commun, à la pluralité des suffrages, et tiendront registre de leurs délibérations, qui seront signées par les membres présens à chaque séance.

3. Ils nommeront leur président annuellement, et le même membre ne pourra être réélu qu'après un an d'intervalle.

4. Il y aura un secrétaire attaché à la conservation, lequel sera chargé de tenir les registres des délibérations, de signer les expéditions, et du dépôt des papiers, sous les précautions qui seront jugées convenables.

5. Il y aura, sous les ordres de la conservation générale, un nombre de conservateurs proportionné à l'étendue et à la distance relative des forêts, dans les départemens où ils seront employés.

6. Il sera établi, sous chaque conservateur, un nombre suffisant d'inspecteurs, déterminé sur les mêmes bases.

7. Il sera établi, sous chaque inspecteur, le nombre des gardes nécessaires à la conservation des bois.

8. Le nombre et la répartition des préposés de la conservation générale seront fixés par un décret particulier, sauf les changemens qui pourront être faits dans la suite, après avoir pris l'avis des commissaires.

9. En attendant le bornage général des bois et des coupes en dépendant, il y aura dans chaque division forestière un nombre suffisant d'arpenteurs attachés au service de la conservation.

10. Il y aura auprès des conservateurs une ou plusieurs places d'élèves, lesquels travailleront sous leurs ordres, pour acquérir les connaissances propres à être admis aux emplois. Le nombre en sera déterminé par la conservation générale.

11. Lorsqu'un élève aura trois ans d'activité et l'âge qui sera ci-après fixé, il pourra lui être délivré une commission de suppléant, en vertu de laquelle il sera susceptible de remplir les fonctions des inspecteurs, lorsqu'il sera délégué à cet effet.

12. Les préposés de la régie d'enregistrement, dans chaque district, seront chargés du recouvrement des produits, pour en faire le versement, ainsi que des autres deniers de leur recette.

13. Les corps administratifs rempliront les fonctions de surveillance et autres qui leur seront déléguées.

TITRE III. Nomination aux emplois; incompatibilité et révocation.

Art. 1er. Tous les agens de l'administration forestière devront être âgés de vingt-cinq ans accomplis, avoir prêté le serment civique, être instruits des lois concernant le fait de leur emploi, et avoir les connaissances forestières nécessaires (3).

Les commissaires de la conservation générale seront nommés par le Roi; ils seront choisis, pour cette fois, parmi les personnes ayant le plus de connaissances dans l'administration des forêts. A l'avenir, ils seront pris parmi les conservateurs, et, à compter du 1er janvier 1797, parmi ceux qui auront au moins cinq ans d'exercice en cette qualité.

3. La conservation générale nommera son secrétaire et les employés des bureaux.

4. Les conservateurs seront nommés par le Roi, entre trois sujets qui lui seront présentés par la conservation générale, et qui, pour cette fois, et jusqu'au 1er janvier 1797, seront pris parmi les sujets les plus expérimen-

---

(1) Le propriétaire d'un bois ne peut, sans se rendre passible d'une amende, le défricher sans l'autorisation préalable du Gouvernement. Il y a eu dérogation à cet article par la loi du 9 floréal an 11 (9 juillet 1807; Cass. S. 7, 2, 153).
Celui qui fait couper des bois de futaie sans déclaration préalable au conservateur forestier

n'encourt aucune peine (8 septembre 1809; Cass. S. 10, 1, 1).
(2) *Voy.* loi du 16 nivose an 9; ordonnances du 17 mai 1817, et du 11 octobre 1820.
(3) L'âge de 25 ans, requis pour l'exercice de certaines fonctions publiques, n'a pas été réduit à 21 ans par l'effet de la majorité fixée à ce dernier âge (11 juin 1791; Cass. S. 7, 2, 125).

tés dans la matière forestière; après cette époque, il ne pourra être présenté, pour les places de conservateurs, que des inspecteurs ayant au moins cinq ans d'exercice en cette qualité.

5. La conservation générale nommera à toutes les autres places, sauf ce qui sera statué relativement aux gardes des bois mentionnés aux titres X, XII et XIII.

6. A compter du 1ᵉʳ janvier 1797, les inspecteurs ne pourront être nommés que parmi les élèves ayant au moins trois ans d'activité; et ils devront connaître les règles et la pratique de l'arpentage. Jusqu'à cette époque, la conservation générale dirigera ses choix comme il est dit dans l'article 4, et ne pourra donner des commissions de suppléant hors la classe des élèves.

7. Les gardes seront nommés parmi des personnes domiciliées dans le département où ils seront employés, ou parmi d'anciens militaires : la conservation générale s'assurera de leur capacité, et ils devront produire un certificat de bonne conduite, délivré par le directoire de leur district.

8. Les gardes actuellement en place continueront leurs fonctions, sauf les changemens qui seront jugés nécessaires dans la distribution de leur service.

Les gardes, après cinq ans d'exercice, seront susceptibles d'être nommés aux places d'inspecteurs, comme les élèves, lorsqu'ils réuniront les connaissances requises.

10. Immédiatement après la nomination des commissaires de la conservation générale, le Roi en donnera connaissance au Corps-Législatif. Le ministre donnera connaissance de celle des conservateurs aux départemens dans lesquels ils devront exercer leurs fonctions, et la conservation générale donnera, tant aux départemens qu'aux districts, l'état des inspecteurs et des gardes qui exerceront dans leurs arrondissemens : elle fera pareillement connaître aux municipalités les gardes qui devront exercer dans leur territoire.

11. Les agens de la conservation fourniront des cautionnemens en immeubles, savoir : les commissaires, jusqu'à concurrence de 40,000 liv.; les conservateurs, jusqu'à concurrence de 20,000 liv.; les inspecteurs, jusqu'à concurrence de 6,000 liv.; les arpenteurs, jusqu'à concurrence de 2,000 liv.; et les gardes, jusqu'à concurrence de 300 liv.

12. Les divers agens de la conservation prêteront serment, devant le tribunal de district de leur résidence, de remplir avec exactitude et fidélité les fonctions qui leur seront confiées : ils seront tenus de représenter au tribunal l'acte de leur nomination, celui de

leur cautionnement, leur extrait de naissance et l'acte de leur serment dans le grade qu'ils auront dû remplir auparavant, ou leur commission d'élève. S'il s'agit de passer à des fonctions de suppléans ou à la place d'inspecteur, les commissaires du Roi seront préalablement ouïs.

13. Toutes les places de la conservation forestière seront incompatibles avec celles de membres des corps administratifs, des municipalités et des tribunaux; et ceux qui pourront être nommés à ces différentes places seront tenus d'opter.

14. Nul agent de la conservation ne pourra tenir hôtellerie ni auberge, vendre des boissons en détail, faire le commerce des bois, ni exercer ou faire exercer aucun métier à bois, directement ni indirectement, à peine de destitution.

15. Nul propriétaire ou fermier de forges, fourneaux, verreries ou autres usines à feu, ni les associés ou cautions des baux d'aucune de ces usines, ne pourront obtenir ni exercer aucune place dans la conservation forestière.

16. Un inspecteur ne pourra être employé sous un conservateur, son parent ou allié en ligne directe, ou au degré de frère ou d'oncle et neveu : il en sera de même des gardes relativement aux inspecteurs.

17. Toutes les places de la conservation seront à vie, et néanmoins les employés pourront être révoqués, ainsi qu'il va être déterminé.

18. La révocation des commissaires et des conservateurs ne pourra être faite que par le Roi, sur l'avis de la conservation générale; les autres préposés, ainsi que les gardes de tous les bois soumis au régime forestier, pourront être révoqués par une simple délibération de ladite conservation. Les membres présens à la délibération ne pourront être moins de quatre.

19. Les conservateurs pourront provisoirement suspendre les gardes de leurs fonctions et commettre à leur remplacement, à la charge d'en donner incessamment avis à la conservation générale, pour statuer définitivement.

TITRE IV. Fonctions des gardes (1).

Art. 1ᵉʳ. Les gardes résideront dans le voisinage des forêts et triages confiés à leur garde; le lieu de leur résidence sera indiqué par le conservateur de l'arrondissement.

2. Ils seront tenus de faire des visites journalières dans l'étendue de leur garde, pour prévenir et constater les délits, et reconnaître les délinquans.

3. Ils dresseront, jour par jour, des procès-verbaux de tous les délits qu'ils reconnaîtront (2).

---

(1) *Voy.* 6 pluviose an 2, et 20 thermidor an 3.

(2) Ainsi, les gardes qui ont connaissance d'un délit le 14 à sept heures et demie du matin, ont

4. Ils spécifieront dans leurs procès-verbaux le jour de la reconnaissance et le lieu du délit, les personnes et le nombre des délinquans (1), lorsqu'ils seront parvenus à les connaître; l'essence et la grosseur des bois coupés ou enlevés (2), les instrumens, voitures et attelages employés, la qualité et le nombre des bestiaux en délit, et généralement toutes les circonstances propres à faire connaître les délits et les délinquans.

5. Ils suivront les bois de délits dans les lieux où ils auront été transportés, et les mettront en séquestre; mais ils ne pourront s'introduire dans les ateliers, bâtimens et cours adjacentes, qu'en présence d'un officier municipal, ou par autorité de justice (3).

6. Ils séquestreront, dans le cas fixé par la loi, les bestiaux trouvés en délit, ainsi que les instrumens, voitures et attelages des délinquans.

7. Ils signeront leurs procès-verbaux, et les affirmeront dans les vingt-quatre heures, par-devant le juge-de-paix du canton de leur domicile, et, à son défaut, par-devant l'un de ses assesseurs (4).

8. Lorsqu'un procès-verbal de séquestre aura été fait en présence d'un officier municipal, ledit officier y sera dénommé, et le garde prendra sa signature avant l'affirmation, à moins que ledit officier ne sache ou ne veuille signer; et alors il en sera fait mention.

9. Lorsqu'un garde aura saisi des bestiaux, instrumens, voitures ou attelages, il les mettra en séquestre dans le lieu de la résidence du juge-de-paix; et, aussitôt après l'affirmation de son procès-verbal, il en sera fait une expédition, pour demeurer entre les mains du greffier, pour en être donné communication à ceux qui réclameront les objets saisis.

10. Les gardes auront un registre d'ordre qui leur sera délivré par la conservation générale, et qu'ils feront coter et parapher à chaque feuillet par le président du directoire de leur district, sur lequel ils transcriront régulièrement leurs procès-verbaux selon leur

---

le temps jusqu'au lendemain, à pareille heure, pour en dresser procès-verbal (21 avril 1827; Cass. S. 28, 1, 67).

Les gardes-champêtres qui ne rédigent pas leurs procès-verbaux de leur main doivent les faire rédiger par les fonctionnaires désignés dans l'art. 1er de la loi du 19 = 25 décembre 1790. Ceux rédigés par une personne sans qualité ne font aucune foi en justice (Cass. 1er juillet 1813; S. 17, 1, 322).

Le procès-verbal d'un garde-forestier qui n'est point écrit et rédigé de sa propre main, doit, à peine de nullité, être écrit et rédigé par le fonctionnaire désigné par la loi. La nullité doit être prononcée quoique le procès-verbal soit signé par le garde et qu'il ait été affirmé par lui (26 juillet 1821; S. 21, 1, 376).

(1) L'article qui veut que les procès-verbaux désignent les délinquans n'exige pas précisément qu'ils soient désignés par leurs noms. Il suffit qu'il y ait toute autre désignation spéciale qui ne permette pas de les méconnaître (26 janvier 1816; S. 16, 1, 248).

(2) Lorsqu'un procès-verbal de garde forestier constate que plusieurs pieds d'arbres coupés en délit ont été mesurés et ont produit un tout un certain nombre de mètres de pourtour, il est suffisamment établi que chaque arbre a été mesuré séparément. Il y a lieu d'appliquer l'art. 1er, titre 32, ord. de 1669, qui prononce une amende par pied de pourtour, et qui, par conséquent, n'est applicable que lorsque chaque arbre a été mesuré séparément (5 octobre 1822; Cass. S. 23, 1, 203).

(3) Le procès-verbal dressé par un garde-forestier qui s'est introduit dans le domicile d'un particulier sans l'assistance d'un officier municipal est nul, et ne fait foi ni du délit forestier ni du délit de rébellion qu'il énonce (25 mai 1821; Rouen, 25, 2, 38).

(4) En cas de maladie, absence ou autre empêchement du juge-de-paix, son suppléant a caractère légal pour recevoir l'affirmation d'un procès-verbal de garde-forestier, même dans la commune habitée par le juge-de-paix (25 octobre 1824; Cass. 25, 1, 228).

Le délai de vingt-quatre heures dans lequel les gardes-forestiers doivent affirmer leurs procès-verbaux se compte de momento ad momentum, de manière qu'un procès-verbal dressé aujourd'hui à sept heures du matin doit, à peine de nullité, être affirmé demain à la même heure (5 janvier 1809; S. 7, 2, 884).

Le délai de 24 heures, pour l'affirmation des procès-verbaux en matière de délits forestiers, doit se compter d'heure à heure (5 janvier 1809; S. 9, 1, 131).

Idem (S. 23, 1, 248).

Idem (22 messidor an 13; S. 5, 2, 187).

Ce délai court, non du moment où le garde a eu connaissance du délit, mais de celui où il a clos son procès-verbal (21 avril 1827; Cass. S. 28, 1, 67).

Voy. loi du 28 floréal an 10.

Il n'est pas nécessaire que les actes d'affirmation rappellent en détail les faits ou délits énoncés dans les procès-verbaux qui les constatent (19 févr. 1808; S. 16, 1, 215).

Les procès-verbaux des gardes-forestiers, réguliers d'ailleurs, ne sont pas nuls quand bien même ils ne seraient pas signés de l'officier municipal qui a dû les assister dans leurs opérations (5 mars 1807; S. 16, 1, 220).

Lorsqu'un procès-verbal est dressé par un agent supérieur de l'administration forestière, le garde forestier qui l'assiste n'est pas tenu d'affirmer en justice sa déclaration, en ce qu'il n'est là qu'auxiliaire d'un agent supérieur, lequel est exempt de la formalité de l'affirmation (29 octobre 1824; Cass. S. 25, 1, 227).

date; ils signeront chaque transcription, et inscriront en marge du procès-verbal le folio de son enregistrement.

11. Ils feront parvenir leurs procès-verbaux dûment affirmés à leur inspecteur au plus tard dans la huitaine de leur date, et inscriront, en marge de la transcription sur leur registre, la date de l'affirmation et de l'envoi.

12. Ils constateront régulièrement, sur le même registre, les chablis ou arbres abattus par les vents dans l'étendue de leur garde, et en donneront avis à leur inspecteur. Ils veilleront à la conservation desdits arbres, ainsi qu'à celle de tous bois gisant dans les forêts.

13. Ils assisteront, à toute réquisition, les préposés de la conservation dans leurs fonctions, ainsi que les commissaires des corps administratifs dans les visites qu'ils feront dans les forêts: ils exhiberont leurs registres et signeront, lorsqu'ils en seront requis, les procès-verbaux qui seront dressés, ou diront la cause de leur refus.

14. En cas d'empêchement par maladies, les gardes en donneront avis à l'inspecteur au plus tard dans les trois jours, pour faire suppléer à leur service par les gardes voisins, qui seront tenus de se conformer aux ordres qui leur seront donnés pour cet effet.

15. Les gardes ne pourront s'absenter du lieu de leur service sans nécessité, et sans la permission de l'inspecteur; cette permission ne pourra être donnée au-delà de huit jours que par le conservateur. Il sera suppléé au service de l'absent, comme il est dit dans l'article précédent.

TITRE V. Fonctions des inspecteurs.

Art. 1er. Les inspecteurs seront tenus de résider dans les districts où ils exerceront leurs fonctions, au lieu qui leur sera indiqué par la conservation générale.

2. Ils veilleront à l'exactitude du service des gardes, et feront suppléer ceux qui se trouveront empêchés ou absens.

3. Ils visiteront, chaque mois, les bois de leur inspection, et réitéreront leurs visites toutes les fois qu'il sera nécessaire.

4. Ils se feront accompagner de proche en proche, dans leurs visites, par les gardes, dont ils se feront représenter les registres; ils vérifieront l'état des forêts, et en rendront compte, ainsi que de l'état des bornes et clôtures; ils constateront les délits et accidens que les gardes auraient négligé de constater, pour les en rendre responsables.

5. Ils vérifieront spécialement les coupes et exploitations, rendront compte de leur état, et constateront les malversations qui pourraient y être commises.

6. Ils dresseront, lors de chaque visite, l'état exact des chablis et arbres de délit qui auront été reconnus.

7. Ils constateront annuellement l'état des glandées, et donneront leur avis sur le nombre des porcs qu'ils estimeront pouvoir être mis en panages dans les forêts.

8. Ils procéderont, chacun dans leur inspection, à l'assiette des coupes, conformément aux ordres que le conservateur leur transmettra de la part de la conservation générale.

9. Ils feront les balivages et martelages des ventes assises; pour cet effet, ils auront chacun un marteau particulier qui leur sera remis par la conservation générale, et dont ils déposeront l'empreinte tant au secrétariat de leur département qu'au secrétariat des directoires, et au greffe des tribunaux de leurs districts respectifs.

10. L'inspecteur local procédera aux balivage et martelage, conjointement avec un autre inspecteur qui sera délégué à cet effet. Les deux préposés marqueront, chacun de leur marteau, les arbres qui devront l'être, sauf les baliveaux de l'âge des taillis, qui pourront n'être marqués que d'un seul marteau.

11. Les inspecteurs rempliront les formalités nécessaires pour parvenir aux ventes; ils assisteront les conservateurs lors des adjudications, et les suppléeront lorsqu'ils en seront chargés.

12. Ils assisteront les conservateurs dans leurs opérations de récolement. Lorsque le conservateur ne vaquera pas auxdites opérations, l'inspecteur qui sera délégué pour le remplacer sera pareillement assisté de l'inspecteur local.

13. Les inspecteurs rempliront les autres fonctions forestières qui leur seront déléguées par la conservation générale.

14. Ils dresseront des procès-verbaux particuliers de leurs visites et opérations.

15. Ils auront des registres qui leur seront délivrés par la conservation générale, et qu'ils feront coter et parapher par le président du directoire de leur district: ils y enregistreront leurs différens procès-verbaux par ordre de dates. L'inspecteur local sera chargé de l'enregistrement des procès-verbaux de balivage, ainsi que de ceux de récolement; ils signeront leurs enregistremens, et en rapporteront le folio en marge des procès-verbaux.

16. Ils auront des registres différens, savoir: un pour ce qui regarde les bois nationaux actuellement possédés par l'État ou concédés à titre irrévocable; un second pour les bois indivis, et un troisième pour les autres bois soumis au régime forestier.

17. Ils adresseront leurs procès-verbaux de visite de chaque mois à leur conservateur, dans la première quinzaine du mois suivant, et en adresseront en même temps une copie certifiée au directoire de leur district.

18.

18. Ils déposeront les plans et procès-verbaux d'assiette, balivage et récolement, au secrétariat du directoire du district, dans la quinzaine après la clôture des opérations, et en enverront préalablement copie certifiée aux conservateurs. Ils inscriront, en marge de leurs enregistremens, la mention et la date des envois énoncés dans les deux articles précédens.

19. Les inspecteurs se chargeront, sur un registre particulier, également coté et paraphé, de la réception des procès-verbaux qui leur seront envoyés ou remis par les gardes, et ils en feront mention sur les procès-verbaux.

20. Les inspecteurs seront tenus d'assister leurs supérieurs en fonctions, à toute réquisition, ainsi que les commissaires des corps administratifs, dans les descentes et vérifications que lesdits commissaires pourront faire dans l'étendue de l'inspection; ils seront tenus de leur exhiber leurs registres, s'ils en sont requis, et de signer de même les procès-verbaux qui seront dressés, ou d'exprimer la cause de leur refus.

21. Si les inspecteurs ne pouvaient vaquer à leurs fonctions pour cause de maladie, ils en donneront avis au conservateur, pour être remplacés par d'autres inspecteurs ou par des suppléans, lesquels seront tenus de se conformer aux ordres qu'ils recevront.

22. Ils ne pourront s'absenter de leur arrondissement sans cause légitime, et ne pourront le faire plus de huit jours sans la permission du conservateur, et plus de vingt jours sans celle de la conservation générale: il sera suppléé à leur absence, comme il est dit en l'article précédent.

TITRE VI. Fonctions des conservateurs.

Art. 1er. Les conservateurs feront leur résidence dans l'un des chefs-lieux de département de leur arrondissement, qui sera indiqué par la loi.

2. Ils surveilleront avec exactitude le service des préposés de cet arrondissement et feront suppléer ceux qui ne pourront pas vaquer à leurs fonctions.

3. Ils correspondront avec la conservation générale, l'instruiront de l'ordre et de l'exactitude du service, ainsi que de tout ce qui pourra intéresser la conservation, l'exploitation et l'amélioration des bois, et transmettront et exécuteront les ordres qu'ils en recevront.

4. Ils feront au moins une visite générale par année, dans l'étendue de leur arrondissement, et y feront des visites particulières toutes les fois que le bien du service l'exigera.

5. Ils se feront accompagner, dans leurs visites par les inspecteurs et par les gardes, de proche en proche; ils examineront leurs registres, qu'ils se feront représenter, ainsi que les procès-verbaux des gardes. Ils vérifieront l'état des forêts, bornages et clôtures, les délits commis dans l'intervalle d'une tournée à l'autre, l'état particulier des assiettes, balivages et martelages, coupes et exploitations, et s'assureront si les réglemens sont observés, et si les délits, abus ou malversations ont été dûment constatés par les gardes et par les inspecteurs, chacun pour ce qui le concerne.

6. Ils rendront compte de leurs vérifications, et constateront exactement les délits et malversations (1), contraventions ou négligences qu'ils reconnaîtront.

7. Ils donneront aux préposés qui leur sont subordonnés tous les avis qu'ils jugeront bons être, et, dans le cas où ils les trouveront en malversation ou négligence, ils en instruiront incessamment la conservation générale, pour aviser au parti convenable.

8. Les conservateurs, en procédant à leur visite, feront l'examen et rendront compte des changemens de coupes et aménagemens, des coupes extraordinaires, des travaux de recépage, repeuplement, desséchement ou vidange, et des autres améliorations dont les forêts leur paraîtront susceptibles; ils s'informeront et rendront pareillement compte du prix des bois dans les principaux lieux de chaque département.

9. Ils vérifieront et indiqueront les cantons défensables dans les pâturages, et en feront publier la déclaration dans les communautés usagères.

10. Les conservateurs, à la suite de leurs visites, indiqueront aux inspecteurs l'assiette des coupes de l'année suivante, conformément aux ordres qu'ils auront reçus de la conservation générale.

11. Ils auront un marteau particulier qui leur sera remis par la conservation générale, duquel ils déposeront l'empreinte tant au secrétariat des directoires de département qu'au secrétariat des directoires et au greffe des tribunaux de district dans l'étendue de leur arrondissement, pour s'en servir dans les opérations qui le requerront.

12. Ils donneront les ordres nécessaires pour les balivages et martelages, et commettront l'inspecteur qui y procédera avec l'inspecteur local; ils feront procéder auxdites opérations en leur présence, lorsque le bien du service l'exigera.

13. Ils indiqueront le jour des adjudications; ils en préviendront les directoires du département et du district où les coupes se-

---

(1) Voy. les notes sur les articles 6 et 9.

ront assises, et donneront les ordres nécessaires pour les affiches et publications.

·14. Ils dresseront les cahiers des charges et conditions des adjudications, et en feront remettre copie au secrétariat du district où elles devront être passées, pour que les marchands et enchérisseurs puissent en prendre connaissance; ils feront viser lesdits cahiers par le procureur-syndic et par un membre du directoire du district.

15. Ils assisteront aux enchères et adjudications, et ne laisseront allumer les feux que lorsque la mise à prix leur paraîtra se rapprocher de la valeur des bois à adjuger.

16. Ils feront incessamment procéder aux adjudications des chablis et arbres de délit gisant dans les forêts ou saisis sur les délinquans, et à celles des panages et glandées.

17; Ils pourront commettre les inspecteurs de leur arrondissement, pour les adjudications énoncées en l'article précédent et autres semblables menus marchés; mais ils ne pourront être substitués, pour les ventes ordinaires ou extraordinaires, que par commission de la conservation générale, hors le cas pressant de nécessité, où ils pourront se faire suppléer par l'inspecteur local.

18. Ils feront, autant qu'ils le pourront, les récolemens des ventes usées, assistés de l'inspecteur local qui aura fait l'assiette; et, lorsqu'ils n'y vaqueront pas, ils commettront l'inspecteur qui devra les remplacer, ainsi que l'arpenteur qui sera chargé des opérations de réarpentage au nom de la conservation générale.

19. Ils seront tenus de commettre, pour le récolement, un autre inspecteur que celui qui aura assisté l'inspecteur local, lors des balivage et martelage, et ils commettront pareillement, pour le réarpentage, un autre arpenteur que celui qui aura procédé à l'assiette (1).

20. Les conservateurs donneront leur consentement à la délivrance des congés de cours ou décharges d'exploitation, lorsqu'ils trouveront que les adjudicataires auront satisfait à leurs obligations.

·21. Ils vaqueront à toutes les commissions particulières dont ils seront chargés par la conservation générale.

22. Ils dresseront des procès-verbaux circonstanciés des visites et opérations dont ils sont chargés.

23. Ils auront, pour chaque département, des registres qui leur seront remis par la conservation générale; ils les feront coter et parapher par le président du directoire du département; ils y enregistreront leurs procès-

verbaux par ordre de dates, et rapporteront, en marge de chaque procès-verbal, le folio de son enregistrement. Ces registres seront au nombre de trois, ainsi qu'il est dit en l'article 16 du titre précédent.

24. Ils adresseront tous les trois mois à la conservation générale les résultats des visites des inspecteurs de leur arrondissemens, avec l'état des ventes de chablis et arbres de délits qui auront eu lieu d'un trimestre à l'autre, et feront partiellement les mêmes expéditions au directoire de chaque département.

25. Au plus tard dans les deux mois de la clôture de leur visite, les conservateurs en adresseront les procès-verbaux à la conservation générale, et en expédieront des copies certifiées aux directoires de département, pour ce qui concernera chacun d'eux. Ils inscriront la date de ces envois en marge des enregistremens prescrits par l'article précédent.

26. Dans le mois de la clôture des adjudications, ils en dresseront l'état, contenant l'indication et la contenance des coupes, la quantité des arbres vendus ou réservés, les noms, surnoms et demeures des adjudicataires, avec le montant du prix des ventes et les termes dans lesquels il doit être payé. Ils adresseront un double certificat de cet état à la conservation générale, et un pareil double à chaque directoire de département, pour ce qui les concernera.

27. Incessamment après les récolemens, ils dresseront l'état des surmesures ou défauts de mesures qui se seront trouvés dans les ventes, et en enverront expédition certifiée, tant à la conservation générale qu'aux directoires de département et de district, et aux préposés chargés des recouvremens, chacun pour ce qui le concerne.

28. Ils assisteront, lorsqu'ils en seront requis, les commissaires de la conservation générale dans l'exercice de leurs fonctions, ainsi que les commissaires des administrations de département, dans les descentes et visites qu'ils feront dans les forêts du département; ils signeront de même, s'ils en sont requis, les procès-verbaux qui seront dressés, ou exprimeront la cause de leur refus.

29. Ils ne pourront s'absenter sans cause légitime, et qu'en vertu d'une permission de la conservation générale.

TITRE VII. Fonctions des commissaires de la conservation générale.

Art. 1er. Les commissaires de la conservation seront tenus à la résidence, sauf les

---

(1) Le procès-verbal de récolement d'une adjudication de coupes dans les forêts royales doit, à peine de nullité, être dressé par un inspecteur ou sous-inspecteur autre que celui qui a fait l'assiette et le balivage de la même coupe (28 juillet 1812; S. 17, 1, 322).

tournées et inspections générales dont il sera ci-après parlé.

2. Ils veilleront à l'exécution des lois forestières et à l'exactitude du service dans toutes les parties ; ils donneront, pour cet effet, tous les ordres et commissions nécessaires.

3. La conservation générale déléguera annuellement un ou deux de ces membres, pour faire ensemble ou séparément les visites et tournées qui seront jugées convenables.

Ces tournées auront pour objet tout ce qui peut intéresser l'exactitude et la fidélité du service, et l'avantage des propriétés forestières : elles auront lieu pendant quatre mois chaque année, et plus lorsqu'il sera nécessaire.

4. Les commissaires de la conservation se feront accompagner, dans leurs tournées, par tel préposé sur les lieux que bon leur semblera, sans nuire à l'activité du service.

5. Ils vérifieront spécialement les sujets des plaintes qui auront été adressées à la conservation, ou qui leur seront portées sur les lieux ; ils recevront les renseignemens des corps administratifs, qui pourront, quand ils le jugeront à propos, nommer des commissaires pris dans leur sein, pour être présens à leurs visites et opérations, et leur faire telles observations et réquisitions qu'ils jugeront convenables.

6. Ils dresseront des procès-verbaux circonstanciés de leurs visites, qu'ils mettront sous les yeux de la conservation à leur retour. Si, dans le cours de leurs tournées, ils reconnaissent des malversations ou des opérations vicieuses, ils en référeront sur-le-champ à la conservation, pour ordonner ce qu'elle jugera convenable ; et cependant ils pourront provisoirement suspendre la suite desdites opérations.

7. La conservation générale ordonnera annuellement les coupes qui devront avoir lieu dans les divers départemens du royaume, conformément aux aménagemens ou à l'ordre existant. La qualité desdites coupes, dans chaque département, sera mise sous les yeux du Corps-Législatif, avec un aperçu des produits présumés (1).

8. La conservation examinera et proposera les changemens qui lui paraîtront utiles dans l'ordre des coupes ou aménagemens ; et, lorsque lesdits changemens auront été approuvés par le Corps-Législatif et sanctionnés par le Roi, elle sera tenue de s'y conformer (2).

9. Si, pendant l'intervalle des sessions du Corps-Législatif, il survenait des besoins imprévus de bois de construction ou de chauffage qui exigeassent des coupes extraordinaires, la conservation pourra y pourvoir, de l'ordre spécial du pouvoir exécutif, et il en

sera rendu compte à la prochaine session de la législature (3).

10. La conservation proposera, chaque année, les projets de bornage, clôture, recépage, repeuplement, desséchement, vidanges et autres travaux nécessaires ou utiles à l'amélioration des bois ; elle joindra à ces projets l'état des dépenses par aperçu, et fera exécuter les travaux, lorsqu'ils auront été décrétés par le Corps-Législatif et sanctionnés par le Roi.

11. Elle dressera pareillement, chaque année, l'état des produits effectifs des coupes et adjudications de l'année précédente, l'état de situation des travaux en activité, et celui des dépenses ordinaires ou extraordinaires qui auront eu lieu : ces différens états seront mis sous les yeux du Corps-Législatif.

12. Il sera mis de même, chaque année, sous les yeux du Corps-Législatif, le résultat des visites des conservateurs, et un double des procès-verbaux de visite des commissaires de tournée.

13. Les commissaires de la conservation générale ne pourront s'absenter sans un congé de la conservation, approuvé par le ministre : ils ne pourront être moins de trois présens aux délibérations ordinaires.

TITRE VIII. Fonctions des corps administratifs et des municipalités relativement à l'administration forestière.

Art. 1er. Les corps administratifs et les municipalités sont chargés, chacun dans leur territoire, et selon l'ordre de leur institution, de veiller à la conservation des bois, et de fournir main-forte, pour cet effet, lorsqu'ils en seront requis par les préposés de la conservation.

2. Les officiers municipaux assisteront, sur les réquisitions qui leur en seront faites, aux perquisitions des bois de délit dans les ateliers, bâtimens et enclos adjacens où lesdits bois auraient été transportés.

3. Les corps administratifs pourront, quand bon leur semblera, visiter les bois nationaux et autres soumis au régime forestier, dans l'étendue de leur territoire, pour s'assurer de l'exactitude et de la fidélité des préposés, dresser des procès-verbaux, et les renvoyer avec leurs avis et observations, soit à la conservation générale, soit au pouvoir exécutif ou au Corps-Législatif, pour prendre les mesures qui seront jugées convenables.

4. Les directoires de district de la situation des bois procéderont aux adjudications des ventes, ainsi qu'à celles des travaux relatifs à l'entretien ou amélioration desdits bois, et ils pourront commettre les municipalités des lieux pour les menus marchés dont

(1, 2 et 3) Voy. arrêté du 8 thermidor an 4.

le montant ne paraîtra pas devoir s'élever au-dessus de la somme de 200 livres : quant aux adjudications des travaux qui s'étendront dans plusieurs districts, il y sera procédé par-devant le directoire du département.

5. Les directoires qui auront procédé aux adjudications recevront les cautions et certificateurs de cautions des adjudicataires, en présence et du consentement du procureur-syndic et du préposé de la régie des droits d'enregistrement, chargé du recouvrement. Quant aux adjudications pour lesquelles les municipalités auraient été commises, les cautions et leurs certificateurs seront reçus du consentement du procureur de la commune.

6. Les directoires de district accorderont les congés de cour ou décharges d'exploitation, d'après le consentement des conservateurs, et en dresseront acte au bas des procès-verbaux de récolement déposés en leurs secrétariats.

TITRE IX. De la poursuite des actions forestières (1).

Art. 1er. La poursuite des délits et malversations commis dans les bois nationaux, et des contraventions aux lois forestières, sera faite au nom et par les agens de la conservation générale (2).

2. Les actions seront portées immédiatement devant les tribunaux du district de la situation des bois.

3. Néanmoins, les juges-de-paix pourront donner main-levée provisoire des bestiaux, instrumens, voitures et attelages séquestrés par les gardes dans leur territoire, en exigeant bonne et suffisante caution jusqu'à concurrence de la valeur des objets saisis, et en faisant satisfaire aux frais de séquestre.

4. Si les bestiaux saisis n'étaient pas réclamés dans les trois jours de la séquestration, lesdits juges en ordonneront la vente à l'enchère au marché le plus voisin, après en avoir fait afficher le jour vingt-quatre heures à l'avance ; et les deniers de la vente resteront déposés entre les mains de leur greffier, sous la déduction desdits frais de séquestre, qui seront modérément taxés.

5. Les inspecteurs seront chargés de la poursuite des délits constatés par les procès-verbaux des gardes (3).

6. Les conservateurs seront chargés de la poursuite des malversations dans les coupes et exploitations et de celle des contraventions aux lois forestières (4).

7. Les actions auxquelles pourra donner lieu la responsabilité des agens de la conservation seront poursuivies par elle.

8. Les actions en réparation de délits seront intentées au plus tard dans les trois mois (5) où ils auront été reconnus, lorsque les délinquans seront désignés par les procès-verbaux : à défaut de quoi elles seront éteintes et prescrites. Le délai sera d'un an, si les délinquans n'ont pas été connus.

---

(1) V. décrets des 22 mars 1806 et 18 juin 1809.

(2) Les dommages commis dans les bois communaux donnent lieu à une action publique de la part du ministère public, indépendante de l'action privée, de la part des agens forestiers (4 avril 1806 ; Cass. S. 6, 1, 279).

Les actions forestières doivent être intentées à la requête de l'administration générale elle-même, non à la requête de ses agens particuliers chargés de faire les poursuites (4 nov. 1824 ; Cass. S. 25, 1, 198).

(3 et 4) Les malversations commises dans les bois nationaux peuvent être poursuivies par les inspecteurs, au nom de l'administration générale, comme par les conservateurs (13 août 1807 ; S. 7, 2, 264).

Les tribunaux correctionnels ne sont pas compétens pour examiner si l'acquéreur d'une coupe de bois a malversé dans l'exploitation, en excédant les termes de son contrat (2 messidor an 13 ; Cass. S. 5, 1, 159).

Les sous-inspecteurs forestiers ont qualité tout aussi bien que l'inspecteur pour poursuivre les abus et malversations dans les coupes (22 novembre 1811 ; S. 12, 1, 239).

(5) La prescription de trois mois, établie en matière de délits forestiers, est encore en vigueur. Les dispositions générales du Code du 3 brumaire an 4, n'ont point dérogé à cette prescription spéciale (Cass. 14 germinal an 13 ; S. 20, 1, 483. — 2 janvier 1807 ; S. 6, 2, 518).

Il y a eu décision contraire le 17 brumaire an 8 (S. 1, 1, 258).

La prescription se compte par l'échéance des mois, date par date, et non par tel ou tel nombre de jours. Ainsi, la prescription d'un délit commis le 31 mai n'est acquise que le 31 août suivant : bien qu'il se soit écoulé dans cet intervalle plus de quatre-vingt-dix jours.

Lorsqu'un délit a été constaté par plusieurs procès-verbaux, dont le dernier est fait à la réquisition du prévenu, le délai de la prescription ne court que du jour du dernier de ces deux procès-verbaux (9 juin 1808 ; Cass. S., 9, 1, 416).

La prescription court, bien que le délit commis par un adjudicataire soit constaté par un procès-verbal de récolement, et que l'adjudicataire n'ait pas obtenu un congé de cour (24 mars 1809 ; Cass. S. 9, 1, 411).

Lorsque le procès-verbal qui constate un délit forestier ne désigne pas son auteur, le délit n'est pas prescriptible par défaut de poursuites dans trois mois.

La notification du procès-verbal ne suffit pas pour interrompre la prescription (8 avril 1808 ; Cass. S. 9, 1, 386).

La prescription de trois mois est interrompue par un mandat d'amener décerné contre le prévenu par suite d'une procédure dirigée contre lui, et à la fois contre les agens forestiers poursuivis comme ayant autorisé la malversation (Cass. 26 février 1806 ; S. 7, 2, 1112).

9. Il sera donné copie des procès-verbaux aux prévenus : les assignations indiqueront le jour fixe de l'audience, qui sera la première après la huitaine ; et, faute par les assignés de comparaître au jour indiqué, il sera statué par défaut, sans autre délai ni formalité (1).

10. Les oppositions aux jugemens rendus par défaut ne seront reçues que pendant la huitaine à dater de leur signification, et à la charge par les opposans de se présenter à la première audience, après leur opposition, sans autre formalité.

11. L'instruction sera faite à l'audience ; il ne pourra être fourni que de simples mémoires sans frais, sauf les cas où il s'éleverait des questions de propriété.

12. Si, dans une instance en réparation de délit, il s'élève une question incidente de propriété, la partie qui en excipera sera tenue d'appeler le procureur-général-syndic du département de la situation des bois, et de lui fournir copie de ses pièces dans la huitaine du jour où elle aura proposé son exception ; à défaut de quoi, il sera provisoirement passé outre au jugement du délit, la question de propriété demeurant réservée.

13. Les procès-verbaux feront preuve suffisante dans tous les cas où l'indemnité et l'amende n'excéderont pas la somme de 100 livres, s'il n'y a pas inscription de faux, ou s'il n'est pas proposé de cause valable de récusation (2).

14. Si le délit est de nature à emporter une plus forte condamnation, le procès-verbal devra être soutenu d'un autre témoignage (3).

15. Les procès-verbaux des inspecteurs et

La prescription s'applique sans distinction à toute espèce de délit ou de malversation dans les coupes des forêts royales (Cass. 17 avril 1807; S. 7, 2, 130).

L'enlèvement de jeunes arbres coupés dans un bois constitue un délit forestier sujet à la prescription de trois mois (22 février 1821; Cass. S. 21, 1, 246).

Le propriétaire qui a fait des défrichemens en contravention à la loi peut invoquer la prescription de trois mois (8 janvier 1808; Cass. S. 8, 1, 256).

La prescription doit être suppléé d'office par le juge ; et les tribunaux ne peuvent, dans aucun cas, modérer l'amende prononcée par la loi (Cass. 27 février 1807; S. 7, 2, 330).

Voy. les notes sur l'art. 185 du Code forestier de 1827.

(1) Il n'est pas nécessaire, à peine de nullité, que la signification au prévenu du procès-verbal dressé contre lui par un garde forestier contienne la copie de l'acte d'affirmation de ce procès-verbal (Cass. 8 octobre 1819; S. 20, 1, 81).

Il ne suffit pas que la citation énonce les faits, il faut que le procès-verbal soit notifié au prévenu (27 novembre 1818; Cass. S. 19, 1, 157).

Les tribunaux correctionnels sont seuls compétens pour connaître des délits forestiers, quelle que soit la quotité de la peine, et la loi applicable (11 frimaire an 14; S. 7, 2, 807).

(2) Un procès-verbal dans lequel des gardes forestiers attestent qu'ils ont trouvé un animal qu'ils ont reconnu appartenir à telle personne, fait foi, jusqu'à inscription de faux, qu'effectivement c'est l'animal de cette personne qui a été trouvé en délit (14 novembre 1806; S. 7, 2, 1144).

On peut, sans prendre la voie de l'inscription de faux, être admis à prouver, la non-identité du bois trouvé dans une visite domiciliaire, et constaté, par un procès-verbal en bonne forme, être le même que celui qui a été récemment coupé en délit (24 octobre 1806; S. 7, 2, 1144).

Lorsque le procès-verbal ne constate pas les signes matériels de l'identité du bois coupé en délit, mais énonce seulement que les gardes ont reconnu cette identité, en ce cas, l'inscription de faux n'est pas nécessaire, ni même admissible contre le procès-verbal (15 octobre 1808; S. 7, 2, 1144).

L'inscription de faux n'est pas nécessaire pour atténuer les procès-verbaux des gardes-forestiers, lorsque ces procès-verbaux constatent des voies de fait contre les gardes (18 décembre 1807; S. 7, 2, 1144).

La voie de l'inscription de faux est indispensable pour rendre sans effet un procès-verbal de récolement, lorsque l'adjudicataire n'a pas fait faire d'avance un procès-verbal de souchetage (26 juillet 1810; S. 11, 1, 103).

On ne peut, sans l'inscription de faux, être admis à prouver *l'alibi* des gardes-forestiers à l'époque indiquée dans leurs procès-verbaux (10 avril 1807; S. 7, 2, 706).

Le défaut de signature de l'officier municipal qui a assisté à une perquisition de bois de délit n'ôte pas au procès-verbal de cette perquisition l'effet de faire foi jusqu'à inscription de faux (24 octobre 1806; S. 7, 2, 1144).

Au cas de chasse prohibée, la valeur des instrumens confisqués n'entre pas en compte pour former la somme de 100 fr. (26 janvier 1816; Cass. S. 16, 1, 274).

Le prévenu de délits forestiers ne peut être renvoyé de poursuites, sous prétexte d'insuffisance des preuves, lorsqu'un procès-verbal régulier constate les délits d'après l'aveu même du prévenu, et que ce procès-verbal n'a pas été attaqué par les voies légales (1er juillet 1825; Cass. S. 26, 1, 205).

Lorsqu'un délit forestier est constaté par procès-verbal faisant foi jusqu'à inscription de faux, et que le prévenu, tout en rendant hommage à la véracité du garde-rédacteur, prétend qu'il y a *erreur* dans les faits et circonstances énoncés, les juges ne peuvent, à la demande du prévenu, ordonner l'audition du garde, à l'effet d'établir l'erreur. Ce serait porter atteinte à la foi due au procès-verbal (28 août 1824; Cass. S. 25, 1, 40).

(3) Les procès-verbaux des agens forestiers font foi par eux-mêmes, jusqu'à inscription de faux, des délits qu'ils constatent, quel que soit

des autres préposés de la conservation générale ne seront pas soumis à l'affirmation (1).

16. S'il y a appel des jugemens obtenus par les préposés de la conservation, il lui en sera incessamment rendu compte ; et cependant le préposé qui aura agi en première instance proposera, s'il y a lieu, les exclusions réservées aux intimés par la loi sur l'organisation judiciaire, et défendra sur l'appel, en attendant l'avis de la conservation (2).

17. Les préposés de la conservation ne pourront interjeter eux-mêmes aucun appel sans son autorisation ; et, après cette autorisation, l'appel sera suivi par le préposé qui aura fait les poursuites de première instance (3).

18. Il en sera usé pour les cas de requête civile comme pour les instances d'appel.

19. Aucun préposé ne pourra se désister de ses poursuites, ni acquiescer à aucune condamnation prononcée contre la conservation générale, sans son autorisation (4).

20. Les instances en cassation seront instruites et jugées avec la conservation générale.

21. Les frais seront avancés par chacun des préposés chargés de la poursuite, et leur seront remboursés comme il sera dit ci-après.

22. Les registres des agens de la conservation ne seront pas sujets au timbre ; leurs procès-verbaux et les actes de procédure faits à leur diligence, ainsi que les jugemens par eux obtenus, seront soumis à l'enregistrement ; mais les droits ne seront portés en recette que pour mémoire, sauf à les comprendre dans les dépens auxquels les délinquans seront condamnés.

23. Lorsque les jugemens obtenus au nom de la conservation auront été signifiés, ils seront remis au receveur du droit d'enregistrement, pour faire le recouvrement des condamnations prononcées (5).

24. Le même receveur remboursera les frais avancés par les préposés de la conserva-

---

le montant de la condamnation, si d'ailleurs ils sont réguliers et dressés par plus d'un fonctionnaire ayant qualité à cet effet et non valablement récusé (14 décembre 1810 ; S. 11, 1, 139).

La foi due au procès-verbal d'un garde-forestier, dans le cas où l'amende et l'indemnité réclamée n'excédent pas 100 fr., cesse entièrement, ou du moins n'a plus son effet qu'avec le secours d'un autre témoignage, alors que le délit est de nature à entraîner, outre la peine pécuniaire, une peine d'un an d'emprisonnement : l'emprisonnement est considéré comme une peine plus forte que toutes condamnations pécuniaires (31 décembre 1819 ; Cass. S. 21, 1, 96).

Ainsi, quand le délit constaté est punissable d'emprisonnement, le procès-verbal d'un garde-forestier ne fait pas foi jusqu'à inscription de faux, mais seulement jusqu'à preuve contraire (28 octobre 1824 ; Cass. S. 25, 1, 99.— 30 juin 1827 ; Cass. S. 28, 1, 28).

Si le procès-verbal est signé et affirmé par un garde-forestier et un garde-champêtre, le second témoignage se trouve alors réuni à celui du garde-forestier, et le procès-verbal doit faire preuve jusqu'à inscription de faux (Cass. 1er mai 1811 ; S. 16, 1, 303).

Les tribunaux ne peuvent pas refuser au ministère public de faire entendre des témoins à l'appui des procès-verbaux constatant des délits emportant une amende au-dessus de 100 fr., pour établir la preuve supplémentaire (Cass. 8 juin 1809 ; S. 16, 1, 295).

Le vœu de cet article ne serait pas rempli par cela seul que le procès-verbal serait signé par deux gardes : il faut encore qu'il soit affirmé par les deux signataires (Cass. S. 4, 2, 655, et 6 février 1806 ; Cass. S. 6, 2, 551).

Le procès-verbal dressé par un seul garde-forestier, d'un délit qui emporte une condamnation au-dessus de 100 fr., est absolument nul, en ce sens qu'il ne forme pas une preuve suffi-

sante, alors même que le prévenu ne le détruit point par une preuve contraire (Cass. 21 octobre 1808 ; S. 7, 2, 92).

(1) Les arpenteurs forestiers ont qualité pour dresser procès-verbal des délits qu'ils reconnaissent dans le cours de leurs opérations (6 novembre 1807 ; S. 7, 2, 1141).

(2) Des gardes-forestiers qui ont constaté un délit sans affirmer leur procès-verbal ne peuvent pas être entendus comme témoins même sur l'appel, dans le cas où leur audition n'a pas été requise en première instance.

Le défaut d'appel de l'administration forestière n'est pas un obstacle à ce que le ministère public appelle lui-même (Cass. 19 mai 1807 ; S. 7, 2, 119).

En matière de délits forestiers, on est en droit de faire entendre des témoins devant la cour criminelle d'appel lorsqu'on ne les a pas fait entendre devant le tribunal correctionnel (9 mai 1807 ; S. 7, 2, 133).

(3) La disposition qui défend aux préposés de l'administration de l'autorité forestière d'appeler sans l'autorisation de cette administration, est implicitement abrogée par le Code du 3 brumaire an 4, qui a restreint le délai de l'appel à dix jours (20 mars 1812 ; Cass. S. 12, 1, 392, et 18 juin 1807 ; S. 7, 2, 148).

Un sous-inspecteur forestier a qualité suffisante pour interjeter appel (7 septembre 1810 ; S. 11, 1, 127).

(4) Lorsque le receveur de l'enregistrement a reçu une amende prononcée par jugement rendu sur les poursuites de l'administration forestière, le fait de réception de l'amende ne peut être considéré comme un acquiescement qui lie l'administration forestière, et la rende non-recevable à interjeter appel (29 octobre 1824 ; Cass. S. 25, 1, 144).

(5) Voy. Décret du 2 février 1811.

tion, ainsi que ceux qui pourraient être adjugés contre elle, d'après la liquidation qui en aura été faite par le tribunal.

25. Chaque mois, les inspecteurs enverront aux conservateurs et aux directoires de leur district l'état des procès-verbaux qui leur auront été remis par les gardes dans l'intervalle d'un mois à l'autre, avec celui des poursuites qu'ils auront faites et des jugemens qui auront été rendus; et, lorsqu'ils laisseront des procès-verbaux sans poursuite, ils en exprimeront les motifs.

26. Tous les trois mois, les conservateurs dresseront l'état des procès-verbaux, poursuites et jugemens qui auront eu lieu dans leur arrondissement; et adresseront ces états tant à la conservation générale qu'au directoire des départemens, pour ce qui les concerna.

27. Il sera annuellement rendu compte au Corps-Législatif des frais de poursuite occasionés par les délits, malversations ou contraventions, et des recouvremens qui auront eu lieu.

TITRE X. De l'administration des bois nationaux ci-devant aliénés à titre de concession, douaire, engagement, usufruit ou échange non consommé (1).

Art. 1er. Les bois énoncés au présent titre seront régis par la conservation générale, ainsi que les autres bois nationaux, sous les seules restrictions ci-après.

2. Les possesseurs auront la nomination des gardes, à la charge de les choisir parmi les personnes ayant les qualités requises par l'article 1er du titre III; mais leur choix devra être confirmé par la conservation générale, et ils ne pourront les destituer sans son consentement spécial.

3. Les directoires de département, sur la réquisition de la conservation générale et sous la surveillance du pouvoir exécutif, régleront au besoin le nombre des gardes nécessaires à la conservation desdits bois et le traitement qui devra leur être fourni par les possesseurs.

4. Au défaut par lesdits possesseurs de choisir des sujets capables de remplir les places de gardes, dans la quinzaine où elles seront vacantes, la nomination sera déférée à la conservation.

5. Il est réservé auxdits possesseurs de vendre de gré à gré, exploiter ou faire exploiter les bois dont les lois et réglemens leur donnent la jouissance, en se conformant d'ailleurs, par eux ou leurs préposés, à tout ce qui est prescrit pour l'usance des autres bois nationaux.

TITRE XI. De l'administration des bois possédés en gruerie ou par indivis avec la nation (2).

Les bois en gruerie ou indivis avec la nation seront régis par la conservation générale, ainsi que les bois nationaux.

TITRE XII. De l'administration des bois appartenant aux communautés d'habitans (3).

Art. 1er. Les communautés d'habitans seront tenues de pourvoir à la conservation de leurs bois, et d'entretenir à cet effet le nombre de gardes nécessaires.

2. Si une communauté négligeait d'établir un nombre suffisant de gardes, ou de leur fournir un traitement convenable, le nombre et le traitement seront réglés par le directoire du district, à la réquisition et sur l'avis de l'inspecteur.

3. Les communes auront le choix de leurs gardes parmi les personnes ayant les qualités requises par l'art. 1er du titre III; mais leur choix devra être approuvé par le conservateur, et elles ne pourront les destituer sans le consentement de la conservation. Le choix sera fait par le conseil général de la commune.

4. A défaut par les communes de faire la nomination de leurs gardes dans la quinzaine de la vacance des places, la nomination sera déférée à la conservation.

5. Lesdits gardes fourniront un cautionnement, et prêteront serment, ainsi que ceux des bois nationaux.

6. Ils se conformeront à tout ce qui est prescrit par le titre IV du présent décret, si ce n'est qu'après avoir affirmé leurs procès-verbaux concernant les délits ordinaires de pâturage, ou de maraudage, ou de vol de taillis, ils les déposeront au greffe du juge-de-paix, et en avertiront le procureur de la commune, pour faire les poursuites requises, conformément aux lois de police; mais ils adresseront à l'inspecteur tous leurs procès-verbaux concernant les délits commis dans les quarts de réserve, et les vols de futaie.

7. La conservation et l'exploitation des bois des communautés d'habitans seront surveillées ainsi qu'il va être expliqué.

8. Lesdits bois seront visités par les préposés de la conservation, savoir: par les inspecteurs, au moins deux fois chaque année, et une fois par les conservateurs; ils seront pareillement visités au besoin par les commissaires de la conservation générale. Ces visites auront le même objet que dans les bois nationaux, et elles seront pareillement constatées.

9. Les coupes ordinaires ne seront mises en exploitation que d'après le procès-verbal d'assiette, balivage et martelage de l'inspecteur local, conformément aux divisions des coupes et aménagemens (4).

_____

(1, 2 et 3) Voy. loi du 9 floréal an II.

(4) Il ne peut être fait de coupe dans un bois

10. Les communautés qui, pour leur plus grand avantage, jugeraient à propos de vendre leurs coupes ordinaires, au lieu de les partager en nature, ne pourront le faire qu'en vertu de la permission du directoire du district, rendue sur l'avis de l'inspecteur, et visée par le directoire du département.

11. Aucune coupe de futaie sur taillis ou quart de réserve ne pourra être faite qu'en vertu de la permission du pouvoir exécutif, qui ne sera accordée que pour cause de nécessité, et sur l'avis des corps administratifs et de la conservation générale. Il sera procédé aux assiette, balivage et martelage desdites coupes, ainsi que dans les bois nationaux.

12. Aucune coupe ordinaire ou extraordinaire ne pourra être vendue que par-devant le directoire du district, en la forme qui aura lieu pour les ventes de bois nationaux. Il sera procédé aux adjudications à la diligence du procureur de la commune, et en présence du maire ou d'un autre officier municipal.

13. Les deniers provenant des ventes extraordinaires seront versés par l'adjudicataire entre les mains du trésorier du district, pour être employés, sur l'avis du directoire du district, ordonnancé par celui du département, conformément aux dispositions qui auront permis lesdites coupes.

14. Les coupes ordinaires et extraordinaires seront sujettes au récolement, et les adjudicataires ou entrepreneurs devront obtenir leur congé de cour, ou décharge d'exploitation. Il suffira que le récolement des coupes ordinaires soit fait par l'inspecteur local.

15. Les habitans ne pourront enlever leurs chablis qu'ensuite de la visite et reconnaissance de l'inspecteur.

16. Ils ne pourront mettre leurs bestiaux en pâturage que dans les cantons reconnus et déclarés défensables dans le procès-verbal de visite du conservateur (1).

17. Les travaux de recépage, repeuplement et autres, nécessaires à l'entretien et amélioration, seront ordonnés par le pouvoir exécutif, d'après les procès-verbaux des préposés de la conservation, et sur l'avis des corps administratifs, qui entendront préalablement les communes intéressées.

18. La poursuite des délits commis sur la futaie et dans les quarts de réserve, et celle des malversations dans les coupes et exploitations, seront faites par les préposés de la conservation, suivant ce qui est dit au titre IX; sauf aux habitans à fournir les instructions qu'ils jugeront convenables, et à se prévaloir des restitutions et indemnités qui seront prononcées contre les délinquans.

19. Toutes les opérations des préposés de la conservation générale dans les bois des communautés seront faites sans frais, sauf les vacations des arpenteurs qui seront employés; mais les adjudicataires des coupes, tant ordinaires qu'extraordinaires, seront tenus de payer, entre les mains des préposés de la régie d'enregistrement, les deux sous pour livre du prix de leur adjudication, outre et par-dessus icelui; et, moyennant ce, les vingt-six deniers pour livre ci-devant établis sont et demeurent supprimés.

TITRE XIII. De l'administration des bois possédés par les maisons d'éducation et de charité, les établissemens de main-morte étrangers.

Toutes les dispositions du titre précédent s'appliqueront à l'administration desdits bois, si ce n'est que les possesseurs n'auront pas besoin de la permission prescrite par l'article 10, pour la vente des coupes ordinaires, et que les poursuites et autres fonctions attribuées aux procureurs des communes ou officiers municipaux appartiendront aux syndics, procureurs, économes, administrateurs ou autres préposés desdites maisons ou établissemens.

TITRE XIV. Responsabilité.

Art. 1er. Les gardes seront responsables de toutes négligences ou contraventions dans l'exercice de leurs fonctions, ainsi que de leurs malversations personnelles.

2. Par suite de cette responsabilité, les

---

(1) communal, même pour chauffage, sans qu'il y ait eu préalablement délivrance et autorisation de l'administration des forêts.

Vainement on exciperait d'usage et de prescription contraire, on ne prescrit pas contre le droit public.

Tout aussi vainement on exciperait d'un partage illégal exécuté à l'insu de l'administration (9 octobre 1824; Cass. S. 25, 1, 88).

L'ébranchage fait dans un bois communal est un délit s'il n'est autorisé par l'administration forestière, bien qu'il y ait autorisation du maire local et désignation du garde-forestier (15 juillet 1815; Cass. 16, 1, 71; décret du 19 ventose an 10).

(1) L'introduction des bestiaux dans tout bois communal non déclaré défensable par le conservateur local est un délit punissable. Le prévenu n'est pas fondé à proposer pour excuse l'attestation du maire, que de tout temps les habitans de la commune ont fait paître leurs bestiaux dans les bois dont il s'agit, et que la défense de les y faire paître n'a jamais été publiée (25 novembre 1819; Cass. S. 20, 1, 101).

Vainement aussi les habitans d'une commune argumenteraient d'un droit de dépaissance sur la forêt communale (12 avril 1812; Cass. S. 22, 1, 368).

gardes seront tenus des indemnités et amendes encourues par les délinquans, lorsqu'ils n'auront pas dûment constaté les délits ; et le montant des condamnations qu'ils subiront sera retenu sur leur traitement, sans préjudice à toute autre poursuite.

3. Les inspecteurs seront responsables de leurs faits personnels, ainsi que des malversations, contraventions et négligences des gardes qu'ils n'auraient pas constatées.

4. Par suite de cette responsabilité, les inspecteurs seront solidairement tenus des condamnations encourues par les gardes, sauf leur recours contre ceux-ci.

5. Les conservateurs seront également responsables de leurs faits personnels, ainsi que des malversations, contraventions ou négligences des inspecteurs qu'ils n'auraient pas constatées.

6. Par suite de cette responsabilité, ils seront solidairement tenus des condamnations encourues par les inspecteurs, sauf le recours contre ces derniers.

7. Les commissaires de la conservation générale seront responsables de leurs faits personnels, et spécialement de toute négligence à faire exécuter les lois dans les différentes parties du régime forestier.

8. Les erreurs de mesures, lorsqu'elles excéderont un arpent sur quarante, seront à la charge de ceux qui auront fait l'arpentage.

9. Les corps administratifs et les municipalités seront responsables du dommage souffert, à défaut par eux d'accorder la main-forte nécessaire pour la conservation des bois, lorsqu'ils en seront requis ; et les officiers municipaux requis d'assister aux perquisitions des bois de délit seront responsables de tout refus illégitime.

TITRE XV. Suppression de l'ancienne administration.

Art. 1er. Les officiers des ci-devant grueries ou maîtrises et des siéges de réformation, les grands maîtres ordonnateurs, et généralement tous les préposés titulaires, ou par commission, chargés de l'administration des forêts du royaume, cesseront leurs fonctions lorsque les nouveaux préposés entreront en activité ; sauf ce qui a été prescrit relativement aux gardes actuellement en place.

2. Tous les plans, titres, procès-verbaux et autres pièces concernant la propriété ou l'administration des forêts, étant au greffe des ci-devant maîtrises et des siéges de réformation, seront remis au secrétariat du département de leur établissement, où les préposés de la conservation pourront en prendre toute communication, copie et extrait qu'ils jugeront nécessaires. Quant aux plans et pièces déposés au bureau général des eaux et forêts, aux dépôts des grands maîtres et aux greffes des tables de marbre, ils seront remis au secrétariat de la conservation générale.

3. Il sera fait un bref état des pièces énoncées en l'article précédent, au bas duquel il en sera donné décharge aux dépositaires, et un double dudit état demeurera joint aux pièces.

4. Il sera incessamment fait une loi sur les aménagemens, ainsi que pour fixer les règles de l'administration forestière ; et, jusqu'à ce, l'ordonnance de 1669 et les autres réglemens en vigueur continueront à être exécutés en tout ce à quoi il n'est pas dérogé par les décrets de l'Assemblée nationale ; et, néanmoins, les formes prescrites pour l'adjudication des biens nationaux seront substituées, dans la vente des bois, à celles ci-devant usitées (1).

Décret concernant le nombre, la répartition et le traitement des agens de la conservation générale.

Art. 1er. Les commissaires de la conservation seront au nombre de cinq.

2. Les conservateurs seront au nombre de trente-cinq, et les inspecteurs au nombre de trois cent trois, savoir :

1° Dans les départemens de la Somme, du Pas-de-Calais et du Nord, un conservateur, résidant à Arras, et douze inspecteurs ;

2° Dans les départemens de l'Aisne et de l'Oise, un conservateur, résidant à Laon, et quinze inspecteurs ;

3° Dans les départemens des Ardennes et de la Marne, un conservateur, à Châlons, et onze inspecteurs ;

4° Dans le département de la Meuse, un conservateur, à Bar-le-Duc, et six inspecteurs ;

5° Dans le département de la Moselle, un conservateur, à Metz, et dix inspecteurs ;

6° Dans le département de la Meurthe, un conservateur, à Nancy, et neuf inspecteurs ;

---

(1) Les gardes généraux et particuliers des forêts ont le droit de faire les significations de leurs procès-verbaux, d'assigner en justice et de signifier les jugemens intervenus en matière de bois et de forêts (Cass. 16 nivose an 14 ; S. 7, 2, 113 ; avis du Conseil-d'État du 16 mai = 6 juin 1807).

Les art. 4 et 13 de l'ordonnance de 1669, qui donnent aux gardes-forestiers le droit de faire tous les actes et exploits relatifs à la poursuite des délits forestiers, ne sont point abrogés par les lois survenues depuis la révolution (Cass. 6 nivose an 14 ; S. 6, 2, 531).

7° Dans le département des Vosges, un conservateur, à Épinal, et huit inspecteurs;

8° Dans les départemens des Haut et Bas-Rhin, un conservateur, à Strasbourg, et neuf inspecteurs;

9° Dans le département de la Haute-Saône, un conservateur, à Vesoul, et sept inspecteurs;

10° Dans le département de Doubs, un conservateur, à Besançon, et neuf inspecteurs;

11° Dans le département du Jura, un conservateur, à Lons-le-Saulnier, et cinq inspecteurs;

12° Dans le département de la Côte-d'Or, un conservateur, à Dijon, et cinq inspecteurs;

13° Dans les départemens de la Haute-Marne et de l'Aube, un conservateur, à Chaumont, et neuf inspecteurs;

14° Dans le département de l'Yonne, un conservateur, à Auxerre, et huit inspecteurs;

15° Dans les départemens de Seine-et-Marne, de Paris, et de Seine-et-Oise, un conservateur, à Paris, et neuf inspecteurs;

16° Dans les départemens de l'Eure et de la Seine-Inférieure, un conservateur, à Rouen, et neuf inspecteurs;

17° Dans les départemens du Calvados, de la Manche et de l'Orne, un conservateur, à Caen, et quinze inspecteurs;

18° Dans les départemens d'Ille-et-Vilaine, des Côtes-du-Nord, du Finistère et du Morbihan, un conservateur, à Rennes, et six inspecteurs;

19° Dans les départemens de Maine-et-Loire, de la Mayenne, de la Sarthe et de la Loire-Inférieure, un conservateur, à Angers, et huit inspecteurs;

20° Dans les départemens de Loir-et-Cher, du Loiret et d'Eure-et-Loir, un conservateur, à Orléans, et quinze inspecteurs;

21° Dans les départemens de l'Allier, de la Nièvre et du Cher, un conservateur, à Nevers, et douze inspecteurs;

22° Dans les départemens de Saône-et-Loire et de Rhône-et-Loire, un conservateur, à Mâcon, et sept inspecteurs;

23° Dans le département de l'Ain, un conservateur, à Bourg, et six inspecteurs;

24° Dans les départemens de l'Isère, la Drôme et les Hautes-Alpes, un conservateur, à Grenoble, et onze inspecteurs;

25° Dans les départemens des Basses-Alpes, du Var et des Bouches-du-Rhône, un conservateur, à Digne, et cinq inspecteurs;

26° Dans les départemens de l'Hérault, du Gard et de l'Ardèche, un conservateur, à Nîmes, et six inspecteurs;

27° Dans les départemens du Cantal, du Puy-de-Dôme et de la Haute-Loire, un con-servateur, à Clermont, et quatre inspecteurs;

28° Dans les départemens d'Indre-et-Loire, de l'Indre et de la Creuse, un conservateur, à Châteauroux, et onze inspecteurs;

29° Dans les départemens de la Haute-Vienne, de la Vienne, des Deux-Sèvres et de la Vendée, un conservateur, à Poitiers, et sept inspecteurs;

30° Dans les départemens de la Charente-Inférieure, la Charente, la Dordogne et la Corrèze, un conservateur, à Périgueux, et neuf inspecteurs;

31° Dans les départemens des Landes, de Lot-et-Garonne et de la Gironde, un conservateur, à Bordeaux, et quatre inspecteurs;

32° Dans les départemens du Lot, de la Lozère, l'Aveyron et le Tarn, un conservateur, à Rodez, et dix inspecteurs;

33° Dans les départemens de la Haute-Garonne, du Gers, des Hautes-Pyrénées et des Basses-Pyrénées, un conservateur, à Auch, et neuf inspecteurs;

34° Dans les départemens de l'Aude, des Pyrénées-Orientales et de l'Ariége, un conservateur, à Carcassonne, et onze inspecteurs;

35° Dans le département de la Corse, un conservateur, à Corte, et six inspecteurs;

3. La conservation fera provisoirement, dans chaque arrondissement, la répartition du nombre des inspecteurs ci-dessus déterminé, et indiquera le lieu de leur résidence; il y sera ensuite définitivement statué par le Corps-Législatif.

4. Elle dressera incessamment l'état des gardes nécessaires à la conservation des bois nationaux dans chaque inspection, pour, le dit état rapporté au Corps-Législatif, être statué ce qu'il appartiendra.

5. Le traitement de chacun des commissaires de la conservation générale sera de 8,000 livres annuellement; ceux qui iront en tournée recevront, en outre, le remboursement de leurs frais de voyage, à raison de 24 livres par jour.

6. Le traitement annuel du secrétaire de la conservation sera de 6,000 livres.

7. Il sera statué sur les frais de commis et de bureaux, d'après l'état qui sera présenté au Corps-Législatif.

8. Il y aura trois classes de traitement pour les conservateurs, savoir: 3,000 livres, 4,000 livres et 5,000 livres, eu égard à la quantité de bois et l'étendue de leur arrondissement.

9. Il y aura de même trois classes de traitement pour les inspecteurs, savoir: 2,000 livres, 2,500 livres ou 3,000 livres, d'après les mêmes bases.

10. La conservation générale fixera provisoirement la classe du traitement des conser-

vateurs et des inspecteurs, conformément aux deux articles précédens, sans que le total des traitemens réunis puisse excéder le taux moyen fixé par les mêmes articles.

11. En cas d'absence des conservateurs ou inspecteurs, il leur sera fait déduction d'une partie proportionnelle de leur traitement, pour accroître à la somme dont il va être parlé.

12. Il sera mis annuellement une somme de 50,000 livres à la disposition de la conservation, pour être distribuée en gratifications aux suppléans, lorsqu'ils seront employés en vertu de commission particulière, sans que lesdites gratifications puissent excéder la somme de 120 livres par mois de travail ; ce qui restera sera distribué aux inspecteurs qui auront été employés à des travaux extraordinaires, ou qui auront rempli leur service avec le plus d'activité.

13. Les opérations des arpenteurs seront taxées par les conservateurs, et le montant des taxes, après avoir été visé par les directoires de département, sera acquitté sur le produit des ventes.

14. La conservation dressera l'état du traitement qu'elle estimera devoir être fourni aux gardes, eu égard à l'étendue des bois, la difficulté de la garde et le prix local des subsistances, pour, ledit état rapporté au Corps-Législatif, être statué ce qu'il appartiendra ; et cependant le traitement actuel des gardes en exercice sera provisoirement continué.

15. La moitié du produit des amendes, déduction faite de tous frais de poursuite et recouvrement, sera laissée à la disposition de la conservation, pour être distribuée, à titre de gratifications, aux gardes qui auront le mieux rempli leur service. L'état de cette répartition et celui des gratifications énoncées en l'article 12 seront rendus publics et envoyés dans les départemens (1).

16. Il sera retenu, sur le traitement des gardes, de quoi leur fournir un surtout bleu de roi, sur lequel ils porteront un médaillon de drap rouge, avec cette inscription en couleur jaune : *Conservateur des forêts nationales*, et le nom du district.

17. Toutes concessions ou attributions de bois de chauffage, de pâturage, et de tous autres droits ou jouissances dans les forêts ou biens nationaux, ou dans les coupes ou produits des ventes, pour raison de l'exercice d'aucunes fonctions forestières, sont abolies, sans qu'aucun agent de la conservation générale puisse s'en prévaloir, sous aucun prétexte, à peine de prévarication.

15 = 15 SEPTEMBRE 1791. — Décret relatif à la proclamation de la loi constitutionnelle. (L. 5,

1273; B. 18, 145; Mon. du 16 septembre 1791.)

L'Assemblée nationale décrète que ses commissaires, pour porter les décrets à la sanction se retireront à l'instant par-devers le Roi, pour prier Sa Majesté de donner des ordres pour que dimanche prochain, dans la capitale, la constitution soit solennellement proclamée par les officiers municipaux, et pour qu'il soit fait des réjouissances publiques, pour célébrer son heureux achèvement ;

Et que la même publication solennelle et les mêmes réjouissances aient lieu dans tous les chefs-lieux de département, le dimanche qui suivra le jour où la constitution sera parvenue officiellement aux administrations de département, et dans les autres municipalités, le jour qui sera fixé par un arrêté du directoire du département.

L'Assemblée nationale décrète que les prisonniers détenus, à Paris, pour dettes de mois de nourrice, seront mis en liberté, et que la dette pour laquelle ils étaient détenus sera acquittée des fonds du Trésor public.

Renvoie aux comités des finances et de mendicité, pour présenter à l'Assemblée un projet pour faire participer les départemens à cet acte de bienfaisance.

15 SEPTEMBRE (14 et) = 9 OCTOBRE 1791. — Décret relatif au rachat des ci-devant droits féodaux. (B. 18, 147.)

Voy. loi du 5 = 9 MAI 1790.

L'Assemblée nationale, voulant faire cesser plusieurs difficultés qui se sont élevées sur l'exécution des articles 7, 48, 49, 50, 51 et 52 du décret du 3 mai 1790, et 4 du titre II du décret du 18 décembre dernier, ainsi que sur les articles 19, 20, 40 et 53 du décret du 3 mai, décrète ce qui suit :

Art. 1er. Lorsqu'il s'agira de racheter des droits ci-devant seigneuriaux, soit fixes, soit casuels, ou des rentes foncières ci-devant non rachetables, qui seront affectés à un douaire, soit coutumier, soit préfixe, non ouvert, ledit rachat ne pourra être fait qu'à la charge du remploi, sauf au redevable qui ne voudra point demeurer garant du remploi à consigner le prix du rachat, lequel ne pourra être délivré au mari grevé dudit douaire qu'en vertu d'une ordonnance du tribunal du district sous le rapport duquel se trouveront situés les fonds chargés desdits droits ou desdites rentes, rendue sur sur les conclusions du commissaire du Roi, auquel il sera justifié de l'emploi.

2. Dans les pays où la femme peut consentir à l'aliénation du fonds affecté au douaire,

(1) *Voy.* loi du 2 ventose an 12.

le défaut de remploi ne pourra être opposé par la femme qui aura donné son consentement au rachat, ni par les enfans qui seront héritiers purs et simples de la femme qui aura donné ce consentement, encore que le fonds dudit douaire leur ait été déclaré propre par la loi ou par la convention.

3. Les deux dispositions précédentes ne pourront autoriser aucun recours de la part de la femme ou des enfans, à l'égard des rachats qui auront été consommés avant la publication du présent décret.

4. Dans les coutumes de Berri et Bourbonnais, ou autres semblables, dans lesquelles le douaire coutumier n'a lieu que sur les immeubles que le mari laisse au jour de son décès, l'emploi prescrit par l'article 1er n'aura lieu qu'à l'égard du douaire conventionnel, et lorsque l'affectation de ce douaire n'aura point été restreinte aux biens que le mari possédait au jour de son décès.

5. Dans tous les cas où le remploi du prix du rachat des droits ci-devant seigneuriaux ou des rentes foncières est prescrit, soit par le présent décret, soit par les décrets des 3 mai, 18 décembre 1790 et 31 avril 1791, le redevable qui ne voudra point demeurer grevé du remploi pourra consigner les deniers par lui offerts, sans autorisation de justice; mais il ne pourra faire cette consignation qu'un mois après la date des offres, et dans le cas où il ne lui aurait été justifié d'un jugement contenant reconnaissance d'un emploi accepté par le commissaire du Roi.

6. Lorsque le propriétaire d'un fonds situé dans les pays où les lieux dans lesquels la maxime *nulle terre sans seigneur* n'était point admise, ignorera quel est le ci-devant fief dont il peut relever, et les droits auxquels son fonds peut être assujéti, et voudra néanmoins libérer ce fonds des charges dont il peut être tenu, il pourra se faire autoriser, par le tribunal du district dans le ressort duquel sera situé son fonds à faire publier et afficher à la porte de l'église paroissiale du lieu où sera situé son fonds, des offres à tout prétendant droit de ci-devant féodalité sur ledit fonds, de racheter ceux qui pourront lui être dus. Lesdites offres contiendront la déclaration de la situation du fonds, de sa contenance et de ses tenans et aboutissans, ainsi que son évaluation, avec élection de domicile dans l'étendue de ladite paroisse, et sommation à tout prétendant droit ci-devant seigneuriaux sur ledit fonds de les faire connaître au domicile élu dans la quinzaine; et, à défaut par tout prétendant droit de faire sa déclaration dans la quinzaine, le redevable jouira, en vertu desdites offres, du bénéfice attribué par l'arti-

cle 42 du décret du 3 mai 1790, et par celui du 12 novembre suivant, aux propriétaires qui auront exécuté le rachat et à ceux qui ont fait des offres verbales non acceptées.

7. Dans les pays où la maxime *nulle terre sans seigneur* était admise, le rachat qui aura été fait entre les mains de celui qui avait ci-devant le titre de seigneur universel de la paroisse dans laquelle se trouvera situé le fonds racheté, sera valable s'il n'a été formé d'oppositions de la part d'aucun prétendant droit de mouvance particulier sur ledit fonds ; sauf au propriétaire qui réclamerait, après le rachat, ladite mouvance, à se pourvoir contre celui qui aurait reçu ledit rachat en vertu de son titre universel.

8. Les dispositions des deux articles précédens n'auront point lieu pour ceux qui auront reconnu personnellement un ci-devant seigneur particulier, par aveu, acte de foi ou reconnaissance, ni pour ceux qui seraient héritiers ou successeurs à titre universel de celui qui aurait ainsi reconnu, depuis trente ans, un ci-devant seigneur particulier, lesquels ne pourront être valablement libérés que par des offres faites audit ci-devant seigneur, ou par un rachat fait entre ses mains.

9. La disposition de l'article 53 du décret du 3 mai 1790 qui permet de faire des offres au chef-lieu du ci-devant fief n'ayant pas pu ôter aux redevables la faculté de faire des offres à la personne ou au domicile du propriétaire du ci-devant fief, les redevables continueront d'avoir l'option de faire lesdites offres, soit au chef-lieu du ci-devant fief, soit au domicile du propriétaire. Dans le cas où il n'y aura point de chef-lieu certain et connu dudit ci-devant fief, les offres pourront être faites à la personne ou au domicile de celui qui sera préposé à la recette des droits dudit ci-devant fief ; et, dans le cas où il n'y aurait ni préposé à la recette, ni fermiers, les offres ne pourront être faites qu'à la personne ou au domicile du propriétaire dudit ci-devant fief, lequel, audit cas, supportera l'excédant des frais que cette circonstance aura occasionés (1).

10. Le défaut de consignation de la somme offerte n'emporte pas la nullité des offres; mais le propriétaire du droit pourra se pourvoir devant le juge, pour faire ordonner à son profit, provisoirement et sous la réserve de ses droits, la délivrance de la somme offerte, dans le délai d'un mois du jour du jugement; et, faute de réalisation et d'exécution de la part du débiteur, il sera déchu de ses offres.

En cas d'insuffisance de la somme offerte,

_____

(1) On n'a pu offrir le capital à celui qui avait seulement pouvoir de toucher les arrérages (4 thermidor an 9; Cass. S. 1, 2, 485).

l'intérêt du surplus courra du jour de la demande.

11. Dans les pays et les lieux où l'usage était de ne point payer en argent l'indemnité due par les gens de main-morte aux ci-devant seigneurs de fief, à raison des acquisitions faites sous leur mouvance, mais où il était d'usage de fournir, pour cette indemnité, une rente annuelle, soit en argent, soit en grains, la nation demeure chargée de la prestation de ladite rente jusqu'à la vente des fonds; et, en cas de vente, elle demeure chargée du remboursement de ladite rente, suivant le taux et les modes fixés par le décret du 3 mai 1790.

Il en sera de même dans les pays où l'usage était de payer l'indemnité par une somme d'argent, si ladite indemnité a été convertie en une rente par convention.

12. Dans les pays et les lieux où il était d'usage, pour indemnité due par les gens de main-morte aux ci-devant seigneurs de fief, d'accorder à ceux-ci une prestation d'un droit de quint, lods, mi-lods, ou une autre prestation quelconque, payable à certaines révolutions, telles que vingt, trente, quarante ans ou autre révolution, la nation demeure chargée d'acquitter lesdites prestations à leur échéance, jusqu'à la vente des fonds; et, en cas de vente, elle sera tenue de racheter les droits ci-devant seigneuriaux ou casuels dont lesdits fonds étaient tenus avant l'acquisition faite par la main-morte, aux taux et aux modes prescrits par le décret du 3 mai 1790, et de la même manière que si le fonds n'était point passé en main-morte.

15 SEPTEMBRE = 19 OCTOBRE 1791. — Décret portant que le sceau dont le Corps-Législatif se servira portera ces mots : *la Nation, la Loi et le Roi*. (L. 6, 519; B. 18, 207.)

L'Assemblée nationale décrète que le sceau dont le Corps-Législatif se servira désormais sera semblable à celui qui est déposé aux archives nationales, et portera ces mots : *la Nation, la Loi et le Roi*; et que celui qui portait seulement les mots : *la loi et le Roi*, sera brisé.

15 SEPTEMBRE = 13 NOVEMBRE 1791. — Décret relatif au régiment des gardes-suisses. (L. 6, 670; B. 18, 146.)

L'Assemblée nationale décrète que le Roi sera prié de faire présenter incessamment au Corps-Législatif une nouvelle formation du ci-devant régiment des gardes-suisses, d'après les conventions et capitulations qui auront été agréées par le corps helvétique.

Et cependant l'Assemblée nationale, considérant que ce régiment s'est comporté de la manière la plus satisfaisante et a bien mérité de la nation par sa conduite, décrète qu'il sera entretenu sur l'ancien pied, jusqu'à ce qu'il ait été statué autrement sur sa destination et sur le mode de son service.

15 SEPTEMBRE 1791. — Décret portant vente de domaines nationaux à différentes municipalités des départemens des Bouches-du-Rhône, de la Haute-Loire, de la Haute-Marne, des Hautes-Pyrénées, de l'Hérault, de Maine-et-Loire, de la Meurthe, du Puy-de-Dôme, de Seine-et-Marne et de Seine-et-Oise. (B. 18, 198 et suiv.)

15 = 23 SEPTEMBRE 1791. — Décret pour faire participer aux bienfaits de l'amnistie accordée à tous les citoyens français aux soldats suisses condamnés pour faits relatifs à la révolution. (L. 5, 1270; B. 18, 207.)

15 SEPTEMBRE 1791. — Amnistie générale. *Voy.* 14 SEPTEMBRE 1791. — Comptabilité. *Voy.* 17 SEPTEMBRE 1791. — Vacances des tribunaux. *Voy.* 19 SEPTEMBRE 1791.

16 = 23 SEPTEMBRE 1791. — Décret qui fixe les règles à suivre pour les plans du territoire des communautés, à faire en vertu des articles 21 et 30 du décret des 4 et 21 août 1791. (L. 5, 1293; B. 18, 210.)

L'Assemblée nationale, considérant qu'il est nécessaire de prescrire, pour les plans qui seront levés en vertu des articles 21 et 30 du décret des 4 et 21 août 1791, des règles uniformes de lier la levée de ces plans à des opérations plus étendues, et de les diriger toutes vers la confection d'un cadastre général qui aura pour bases les grands triangles de la carte de l'Académie des sciences, décrète ce qui suit :

Art. 1er. Lorsqu'il sera procédé à la levée du territoire d'une communauté, en vertu de l'ordonnance du directoire du département, l'ingénieur chargé de l'opération fera d'abord un plan de *masse* qui présentera la circonscription de la communauté et sa division en sections, et formera ensuite les plans de détail qui composeront le *parcellaire* de la communauté.

2. L'ingénieur prendra toujours pour base une ligne droite, dont les deux points extrêmes seront reconnus par les officiers municipaux, qui en dresseront procès-verbal, et les feront marquer par des bornes à la conservation desquelles ils veilleront, pour que cette base puisse être retrouvée lorsqu'il y en aura besoin.

3. L'original du plan de la communauté sera déposé aux archives du département, conformément à l'article 32 du décret du 21 août 1791, et l'ingénieur aura soin d'y noter les points qu'il aura déterminés géométriquement.

4. Les directoires de département feront procéder, en une ou plusieurs années, à la détermination géométrique de tous les clochers et autres points remarquables situés dans l'étendue de leur département.

5. Le ministre des contributions publiques choisira l'un des inspecteurs généraux ou l'un des ingénieurs des ponts-et-chaussées, et le chargera de la direction générale de ces opérations.

6. Le ministre des contributions publiques fera recueillir, dans le bureau de cette direction, tous les points déterminés géométriquement, tant par les grands triangles de la carte de l'Académie, que par les travaux, soit des officiers du corps du génie, soit des ingénieurs géographiques du département de la guerre, soit des ingénieurs des ponts-et-chaussées, et fera envoyer aux directoires de département le tableau de ceux de ces points qui seront dans chacun de leurs arrondissemens respectifs, pour servir aux opérations prescrites par l'article 4.

7. Il sera envoyé à chaque directoire de département une toise étalonnée sur celle de l'Académie, et cette toise servira pour étalonner celle que l'on emploiera dans tous les travaux qui seront exécutés dans le département.

8. Le ministre des contributions publiques présentera incessamment à l'Assemblée nationale législative une instruction sur les moyens d'exécution des différentes opérations prescrites ci-dessus, et dans laquelle on déterminera une échelle uniforme pour les *plans de masse*, une autre pour les *parcelluires*, et une autre pour l'intérieur des villes ou villages, si elle est jugée nécessaire; et cette instruction sera envoyée à tous les départemens, qui seront chargés de publier une table comparative des mesures usitées dans leur département, avec la toise de l'Académie.

16 = 29 SEPTEMBRE 1791. — Décret concernant la police de sûreté, la justice criminelle et l'établissement des jurés. (L. 5, 1325; B. 18, 213; Mon. des 2, 17 juillet, et 20 septembre 1791. — Rapp. M. Lepelletier.

Voy. loi en forme d'instruction du 29 SEPTEMBRE = 21 OCTOBRE 1791.

L'Assemblée nationale décrète ce qui suit :

DE LA POLICE DE SÛRETÉ.

TITRE Ier. De l'institution des officiers de police de sûreté.

Art. 1er. Le juge-de-paix de chaque canton sera chargé des fonctions de la police de sûreté, ainsi qu'elles seront ci-après détaillées.

2. Il y aura de plus un ou plusieurs fonctionnaires publics chargés d'exercer, concur-

remment avec les juges-de-paix des divers cantons, les fonctions de la police de sûreté.

3. Cette concurrence sera exercée par les capitaines et lieutenans de la gendarmerie nationale, sous l'exception portée en l'art. 14 du titre V: néanmoins, dans les villes où il y a plus d'un juge-de-paix établi, les officiers de gendarmerie ne pourront remplir les fonctions d'officiers de police, mais seulement celles qui sont attribuées à la gendarmerie par l'article 1er de la seconde section du décret du 16 janvier 1791.

4. Les officiers de police auront le droit de faire agir la force publique pour l'exécution de leurs mandats.

TITRE II. Du mandat d'amener et du mandat d'arrêt.

Art. 1er. L'ordre d'un officier de police de sûreté pour faire comparaître les prévenus de crime ou délit, s'appellera *mandat d'amener*.

2. Le *mandat d'amener* sera signé de l'officier de police, et scellé de son sceau : le prévenu y sera nommé ou désigné le plus clairement qu'il sera possible; il sera exécutoire par tout le royaume, aux conditions prescrites par les articles 8 et 9 du titre V, et copie en sera laissée à celui qui est désigné dans le mandat.

3. Si l'inculpé est trouvé hors de la résidence de l'officier de police, il sera conduit devant le juge-de-paix du lieu, lequel visera le *mandat d'amener*, mais sans pouvoir en empêcher l'exécution.

4. Aucun citoyen ne peut refuser de venir rendre compte aux officiers de police des faits qu'on lui impute; et s'il refuse d'obéir, ou si, après avoir déclaré qu'il est prêt à obéir, il tente de s'évader, le porteur du *mandat d'amener* pourra employer la force pour le contraindre; mais il sera tenu d'en user avec modération et humanité.

5. Si l'officier de police de sûreté devant qui l'inculpé est amené trouve, après l'avoir entendu, qu'il y a lieu à le poursuivre criminellement, il donnera ordre qu'il soit envoyé à la maison d'arrêt du tribunal du district; cet ordre s'appellera *mandat d'arrêt*.

6. Le *mandat d'arrêt* sera également signé et scellé de l'officier de police, lequel tiendra registre de tous ceux qu'il délivrera. Il sera remis à celui qui doit conduire le prévenu en la maison d'arrêt, et copie en sera laissée à ce dernier.

7. Le *mandat d'arrêt* contiendra le nom du prévenu et son domicile, s'il l'a déclaré, ainsi que le sujet d'arrestation; faute de quoi, le gardien de la maison d'arrêt ne pourra le recevoir, sous peine d'être poursuivi criminellement.

8. Aucun dépositaire de la force publique ne pourra entrer de force dans la maison d'un

3.

citoyen, sans un mandat de police ou ordonnance de justice.

Titre III Fonctions générales de l'officier de police.

Art. 1er. Tous ceux qui auront connaissance d'un meurtre ou d'une mort dont la cause est inconnue ou suspecte seront tenus d'en donner avis sur-le-champ à l'officier de police de sûreté du lieu, ou, à son défaut, au plus voisin, lequel se rendra incontinent sur les lieux.

2. Dans les cas énoncés en l'article précédent, l'inhumation ne pourra être faite qu'après que l'officier de police se sera rendu sur les lieux, accompagné d'un chirurgien ou homme de l'art, et aura dressé un procès-verbal détaillé du cadavre et de toutes les circonstances, en présence de deux citoyens actifs, lesquels, ainsi que le chirurgien ou homme de l'art, signeront l'acte avec lui.

3. L'officier de police, assisté comme il vient d'être dit, entendra les parens, voisins ou domestiques du décédé, ou ceux qui sont trouvés en sa compagnie avant son décès; il recevra sur-le-champ leurs déclarations, et les interpellera de les signer, ou de déclarer qu'ils ne le savent faire.

4. L'officier de police pourra défendre que qui que ce soit ne sorte de la maison ou s'éloigne du lieu dans lequel le mort aura été trouvé, et ce, jusqu'à la clôture du procès-verbal et des déclarations.

5. L'officier de police fera saisir sur-le-champ celui ou ceux qui seront prévenus d'avoir été les auteurs ou les complices du meurtre; et, après avoir reçu leurs déclarations, il pourra délivrer des mandats d'arrêt contre eux et les faire conduire à la maison d'arrêt du tribunal du district.

6. En cas de meurtre ou de mort dont la cause est inconnue et suspecte, l'officier de police sera personnellement tenu, sans attendre aucune réquisition et sans y préjudicier, de commencer la poursuite et de délivrer à cet effet les mandats nécessaires.

Titre IV. Du flagrant délit.

Art. 1er. Lorsqu'un officier de police apprendra qu'il se commet un délit grave dans un lieu, ou que la tranquillité publique y aura été violemment troublée, il sera tenu de s'y transporter aussitôt, d'y dresser procès-verbal détaillé du corps du délit, quel qu'il soit, et de toutes ses circonstances, enfin de tout ce qui peut servir à conviction ou à décharge.

2. En cas de flagrant délit ou sur la clameur publique, l'officier de police fera saisir et amener devant lui les prévenus, sans attendre les déclarations des témoins; et, si les prévenus ne peuvent être saisis, il délivrera un *mandat d'amener* pour les faire comparaître devant lui.

3. Tout dépositaire de la force publique, et même tout citoyen, sera tenu de s'employer pour saisir un homme trouvé en flagrant délit ou poursuivi par la clameur publique comme coupable d'un délit, et de l'amener devant l'officier de police le plus voisin.

4. Tout dépositaire de la force publique, et même tout citoyen, pourra conduire devant l'officier de police un homme fortement soupçonné d'être coupable d'un délit déjà dénoncé, comme dans le cas où il serait trouvé saisi des effets volés ou d'instrumens servant à faire présumer qu'il est l'auteur du délit, sauf à être responsables s'ils ont agi méchamment et par envie de nuire.

5. L'officier de police recevra les éclaircissemens donnés par le prévenu; et, s'il les trouve suffisans pour détruire les inculpations formées contre lui, il ordonnera qu'il soit mis sur-le-champ en liberté.

6. Si le prévenu n'a pas détruit les inculpations, il en sera usé à son égard ainsi qu'il sera statué ci-après.

Titre V. De la dénonciation du tort personnel, ou de la plainte.

Art. 1er. Tout particulier qui se prétendra lésé par le délit d'un autre particulier pourra porter ses plaintes à la police, devant un juge-de-paix ou un des officiers de gendarmerie désignés plus haut.

2. La dénonciation du tort personnel, ou la plainte, pourra être rédigée par la partie ou son fondé de procuration spéciale, ou par l'officier de police, s'il en est requis : la procuration sera toujours annexée à la plainte.

3. La plainte sera signée à chaque feuillet par l'officier de police; elle sera également signée et affirmée par celui qui l'aura faite ou par son fondé de procuration spéciale : il sera fait mention expresse de la signature de la partie ou de sa déclaration de ne pouvoir signer, à peine de nullité de la plainte.

4. Les plaintes seront écrites, de suite et sans aucun blanc, sur un registre tenu à cet effet; la date y sera toujours exprimée.

5. Celui qui aura porté plainte aura vingt-quatre heures pour s'en désister, auquel cas elle sera biffée et anéantie huit jours après, à moins que l'officier de police n'ait jugé convenable de la prendre pour dénonciation, ce qu'il sera tenu de faire dans tous les délits qui intéressent le public.

6. L'officier de police qui aura reçu la plainte recevra également la déposition des témoins produits par l'auteur de cette plainte; il sera aussi tenu d'ordonner que les personnes et les lieux seront visités, et qu'il en sera dressé procès-verbal, toutes les fois qu'il s'agira d'un délit dont les traces peuvent être constatées.

7. Dans le cas où l'officier de police qui a reçu la plainte est celui du lieu du délit, ou de la résidence habituelle ou momentanée du

prévenu, il pourra, d'après les charges, délivrer un *mandat d'amener* contre le prévenu, pour l'obliger à comparaître et à lui fournir des éclaircissemens sur le fait qu'on lui impute.

8. Néanmoins, en vertu du *mandat d'amener*, le prévenu ne pourra être contraint à venir qu'autant qu'il sera trouvé dans les deux jours de la date du mandat, à quelque distance que ce puisse être, ou passé les deux jours, s'il est trouvé dans la distance de dix lieues du domicile de l'officier qui l'a signé.

9. Si, après les deux jours, le prévenu est trouvé au-delà de dix lieues, il en sera sur-le-champ donné avis à l'officier de police qui aura signé le mandat; et, suivant l'ordre qui y sera porté, il sera gardé à vue ou mis en état d'arrestation, en faisant viser le mandat par l'officier de police du lieu, jusqu'à ce que le jury ait prononcé s'il y a lieu ou non à accusation à son égard.

10. Pour cet effet, quatre jours après la délivrance du mandat d'amener, si le prévenu n'a pas comparu devant l'officier qui l'a signé, celui-ci enverra copie de la plainte et des déclarations des témoins au greffe du tribunal du district du lieu du délit, pour y être procédé ainsi qu'il sera prescrit ci-après.

11. Si néanmoins le prévenu est trouvé saisi des effets volés ou d'instrumens servant à faire présumer qu'il est l'auteur du délit, il sera amené sur-le-champ devant l'officier de police qui aura signé le *mandat d'amener*, quels que soient la distance et le délai dans lesquels il aura été saisi.

12. Dans le cas où le *mandat d'amener* a été rendu contre un *quidam*, s'il est arrêté dans les deux jours ou dans les dix lieues, il sera amené aussitôt devant l'officier de police qui l'a signé; et si, passé les deux jours il est arrêté au delà de dix lieues, il en sera donné avis à l'officier de police, ainsi que de son nom et domicile, s'il l'a déclaré. Les quatre jours pour envoyer la procédure au greffe du district ne commenceront que de cette époque.

13. Enfin, dans le cas ou l'officier de police qui a reçu la plainte n'est ni celui du lieu du délit, ni celui de la résidence du prévenu, il sera tenu de renvoyer l'affaire, avec toutes les pièces, devant le juge-de-paix du lieu du délit, pour qu'il soit déterminé par celui-ci s'il y a lieu ou non à délivrer le *mandat d'amener*.

14. Si la plainte a été portée devant un des officiers de gendarmerie nationale ci-dessus désignés, il pourra délivrer le *mandat d'amener*; mais devant le juge-de-paix de la résidence du prévenu, ou du lieu du délit, lequel juge-de-paix pourra seul donner, s'il y a lieu, le *mandat d'arrêt*, qui sera également signé de l'officier de gendarmerie.

15. Les dépositions des témoins seront faites et reçues par écrit devant l'officier de police, mais en présence du prévenu, s'il est arrêté.

16. Lorsque le prévenu comparaîtra devant l'officier de police, il sera examiné sur-le-champ, ou au plus tard dans les vingt-quatre heures; et, s'il résulte des éclaircissemens qu'il n'y a aucun sujet d'inculpation contre lui, l'officier de police le renverra en liberté.

17. Lorsque le prévenu ne donnera pas des éclaircissemens suffisans pour détruire les inculpations, alors, si le délit est de nature à mériter peine afflictive, l'officier de police, soit celui du lieu du délit, soit celui de la résidence du prévenu, délivrera un *mandat d'arrêt* pour le faire conduire à la maison d'arrêt du district du lieu du délit.

18. Si le délit est de nature à mériter une peine infamante, l'officier de police délivrera également un *mandat d'arrêt* contre le prévenu, à moins qu'il ne fournisse une caution suffisante de se représenter lorsqu'il en sera besoin, auquel cas il sera laissé à la garde de ses amis qui l'auront cautionné.

19. Si le délit n'est pas de nature à mériter peine afflictive ou infamante, il ne pourra être donné de *mandat d'arrêt* contre le prévenu; mais celui qui a porté plainte à la police sera renvoyé à se pourvoir par la voie civile.

20. Le refus de l'officier de police de délivrer un *mandat d'amener* ou un *mandat d'arrêt* contre un prévenu, n'étant qu'une décision provisoire de police, celui qui a porté sa plainte pourra se pourvoir ultérieurement, ainsi qu'il sera prescrit ci-après. Lorsque l'officier de police aura refusé de délivrer un mandat, la partie plaignante ou dénonciatrice pourra exiger de lui un acte portant le refus.

TITRE VI. De la dénonciation civique.

Art. 1er. Tout homme qui aura été témoin d'un attentat, soit contre la liberté et la vie d'un autre homme, soit contre la sûreté publique ou individuelle, sera tenu d'en donner aussitôt avis à l'officier de police du lieu du délit.

2. L'officier de police demandera au dénonciateur s'il est prêt ou non à signer et affirmer sa dénonciation.

3. Si le dénonciateur signe sa dénonciation et l'affirme, l'officier de police sera tenu d'ordonner aux témoins qu'il indiquera de venir faire devant lui leur déclaration.

4. Sur cette déclaration, le dénonciateur pourra demander à l'officier de police un *mandat d'amener* contre le prévenu.

5. Il sera observé, à l'égard de la dénonciation civique, ce qui est porté dans les articles 4, 5, 7, 8, 9, 10, 11, 13, 14 du

titre de la *Dénonciation du tort personnel*, ou de la *Plainte*.

6. Si les éclaircissemens donnés ne détruisent pas l'inculpation, l'officier de police sera tenu de délivrer un *mandat d'arrêt* contre le prévenu, ou il le recevra à caution, si le délit n'est pas de nature à emporter peine afflictive.

7. Si les éclaircissemens donnés détruisent l'inculpation, l'officier de police renverra le dénoncé en liberté, sauf au dénonciateur à présenter son accusation au tribunal de district, ainsi qu'il sera prescrit plus bas, et sauf au dénoncé à se pourvoir en dommages et intérêts.

8. Si le dénonciateur refuse de signer et d'affirmer sa dénonciation, l'officier de police ne sera pas tenu d'y avoir égard; il pourra néanmoins d'office prendre connaissance des faits, entendre les témoins, délivrer un *mandat d'amener* contre le prévenu, et, s'il y a lieu, un *mandat d'arrêt*, sauf, dans ce cas, à en être personnellement responsable, s'il est prouvé qu'il ait agi méchamment et avec envie de nuire.

DE LA JUSTICE CRIMINELLE ET DE L'INSTITUTION DES JURÉS (1).

TITRE Ier. De la procédure devant le tribunal du district, et du jury d'accusation.

Art. 1er. Il sera désigné dans chaque tribunal un des juges pour remplir, dans les matières criminelles, les fonctions qui vont être détaillées; en cas d'absence ou d'empêchement, ce juge sera remplacé par celui qui le suit dans l'ordre du tableau.

2. Ce juge s'appellera *directeur du jury*; il sera pris à tour de rôle, tous les six mois, parmi les membres composant le tribunal, le président excepté.

3. Celui qui, sur le mandat d'arrêt d'un officier de police, aura fait au gardien de la maison d'arrêt remise du prévenu, en prendra reconnaissance : il remettra les pièces au greffier du tribunal, et en prendra pareillement reconnaissance : il rapportera à l'officier de police ces deux actes visés dans le jour par le directeur du jury.

4. Aussitôt après avoir délivré son *visa*, ou au plus tard dans les vingt-quatre heures, le directeur du jury examinera les pièces remises, pour vérifier si l'inculpation est de nature à être présentée au jury : il pourra même à cet effet entendre le prévenu.

5. Aucun acte d'accusation ne pourra être présenté au jury, que pour un délit emportant peine afflictive ou infamante.

6. Dans le cas où il n'y a point de partie plaignante ou dénonciatrice, soit que l'accusé soit présent ou non, si le directeur du jury trouve, par la nature du délit, que l'accusation ne doit pas être présentée au jury, il assemblera dans les vingt-quatre heures le tribunal, lequel prononcera sur cette question, après avoir entendu le commissaire du Roi.

7. Si, dans le même cas, il trouve que, par la nature du délit, l'accusation doit être présentée au jury, ou si, contre son opinion, le tribunal l'a décidé ainsi, il dressera l'acte d'accusation.

8. Dans le cas où il y a une partie plaignante ou dénonciatrice, le directeur du jury ne pourra ni dresser l'acte d'accusation, ni porter au tribunal la question mentionnée en l'article 6, si ce n'est après deux jours révolus depuis la remise du prévenu en la maison d'arrêt, ou des pièces au greffe du tribunal; mais, ce délai passé sans que ladite partie ait comparu, il sera tenu d'agir ainsi qu'il est prescrit par les articles précédens.

9. Lorsqu'il y aura une partie plaignante ou dénonciatrice, et qu'elle se présentera au directeur du jury par elle-même ou par un fondé de procuration spéciale, dans le susdit délai de deux jours, l'acte d'accusation sera dressé de concert avec elle.

10. Si le directeur du jury et la partie ne peuvent s'accorder, soit sur les faits, soit sur la nature de l'accusation, chacun d'eux pourra rédiger séparément son acte d'accusation.

11. Si le directeur du jury ne trouve pas le délit de nature à être présenté aux jurés, la partie pourra néanmoins dresser seule son acte d'accusation.

12. Celui qui aura porté sa plainte ou dénonciation à l'officier de police, pourra, sur son refus constaté de délivrer un *mandat d'amener* ou un *mandat d'arrêt*, présenter directement son accusation au jury du district du lieu du délit.

13. Les actes d'accusation seront toujours communiqués au commissaire du Roi, avant d'être présentés au jury. Si le commissaire du Roi trouve que, d'après la loi, le délit est de nature à mériter peine afflictive ou infamante, il exprimera son adhésion par ces mots : *La loi autorise*; au cas contraire, il exprimera son opposition par ceux-ci : *La loi défend*. Dans ce dernier cas, la question pourra être portée au tribunal de district, qui la décidera dans les vingt-quatre heures.

14. Dans tous les cas où le corps du délit aura pu être constaté par un procès-verbal, il sera joint à l'acte d'accusation pour être présenté conjointement devant le jury, à peine de nullité de l'acte d'accusation.

15. L'acte d'accusation contiendra le fait et

---

(1) *Voy.* loi du 17 = 29 septembre 1791.

toutes les circonstances ; celui ou ceux qui en sont l'objet y seront clairement désignés et dénommés ; la nature du délit y sera déterminée aussi précisément qu'il sera possible ; il sera dit qu'il a été commis méchamment et à dessein.

16. Les témoins qui n'auront pas fait leur déclaration devant l'officier de police la feront devant le directeur du jury ; ces déclarations seront reçues par écrit, avant que les témoins soient examinés de vive voix par le jury d'accusation.

17. Dans tous les cas ci-dessus énoncés, s'il résulte un ou plusieurs actes d'accusation, le directeur du jury fera assembler les jurés dans la forme qui sera déterminée au titre X.

18. Les jurés étant assemblés au jour indiqué, le directeur du jury fera prêter d'abord, en présence du commissaire du Roi, le serment suivant :

CITOYENS,

« Vous jurez et promettez d'examiner avec « attention les témoins et pièces qui vous se- « ront présentés, et d'en garder le secret. « Vous vous expliquerez avec loyauté sur « l'acte d'accusation qui va vous être remis ; « vous ne suivrez ni les mouvemens de la « haine et de la méchanceté, ni ceux de la « crainte ou de l'affection. »

19. Le directeur du jury exposera aux jurés l'objet de l'accusation, et leur expliquera avec clarté et simplicité les fonctions qu'ils ont à remplir : les pièces de la procédure leur seront remises, à l'exception de la déclaration écrite des témoins.

20. Les pièces seront lues d'abord ; ensuite les témoins produits seront entendus de vive voix, ainsi que la partie plaignante ou dénonciatrice, si elle est présente. Cela fait, le directeur du jury se retirera, et laissera les jurés délibérer entre eux.

21. Le plus ancien d'âge sera leur chef, les présidera, et sera chargé de recueillir les voix.

22. Si les jurés trouvent que l'accusation doit être admise, leur chef mettra au bas de l'acte cette formule affirmative : *La déclaration du jury est : oui, il y a lieu.* S'ils trouvent que l'accusation ne doit pas être admise, il mettra au bas de l'acte cette formule négative : *La déclaration du jury est : non, il n'y a pas lieu.*

23. Dans le cas mentionné en l'art. 10, où le directeur du jury et la partie plaignante ou dénonciatrice auraient présenté chacun un acte d'accusation séparé, les jurés détermineront celle des deux accusations qui doit avoir lieu, en mettant au bas de l'acte la formule négative ; et si aucune des deux accusations ne leur paraît devoir être admise, leur chef mettra la formule négative au bas des deux actes.

24. S'ils estiment qu'il y a lieu à une accusation, mais différente de celle qui est portée dans l'acte ou dans les actes d'accusation, le chef du jury mettra au bas : *La déclaration du jury est : il n'y a pas lieu à la présente accusation.*

25. Dans ce cas, le directeur du jury pourra, sur les déclarations écrites des témoins et sur les autres renseignemens, dresser un nouvel acte d'accusation.

26. Dans tous les cas, les déclarations des jurés seront signées par leur chef, et remises par lui en leur présence au directeur du jury, lequel en dressera un acte.

27. Le nombre de huit jurés sera absolument nécessaire pour former un jury d'accusation, et la majorité des suffrages pour déterminer qu'il y a lieu à accusation.

28. Si les jurés prononcent qu'il n'y a lieu à accusation, le prévenu sera mis en liberté et ne pourra plus être poursuivi à raison du même fait, à moins que, sur de nouvelles charges, il ne soit présenté un nouvel acte d'accusation.

29. Lorsque le jury d'accusation aura déclaré qu'il y a lieu à accusation, le directeur du jury rendra sur-le-champ une ordonnance de prise de corps contre l'accusé, d'après laquelle, s'il n'est pas déjà arrêté, il sera saisi en quelque lieu qu'il soit trouvé, et amené devant le tribunal criminel.

30. S'il n'échoit pas de peine afflictive, mais infamante, et que le prévenu n'ait pas déjà été reçu à caution, le directeur du jury rendra contre lui une ordonnance de prise de corps, sauf à l'accusé à demander sa liberté, laquelle ne lui sera accordée qu'en donnant caution.

31. Si, au contraire, le prévenu a déjà été reçu à caution, l'ordonnance contiendra seulement l'injonction à l'accusé de paraître à tous les actes de la procédure, et d'élire domicile dans le lieu du tribunal criminel, le tout à peine d'y être contraint par corps.

32. Le nom de l'accusé, ainsi que sa désignation et son domicile, s'il est connu, seront marqués précisément dans l'ordonnance de prise de corps ; elle contiendra en outre la copie de l'acte d'accusation, ainsi que l'ordre de conduire directement l'accusé en la maison de justice du tribunal criminel.

33. Dans tous les cas, il sera donné copie à l'accusé tant de l'ordonnance de prise de corps ou à l'effet de se représenter, que de l'acte d'accusation.

34. Si, sur l'ordonnance de prise de corps, l'accusé ne peut être saisi, on procédera contre lui ainsi qu'il sera dit au titre *des Contumaces.*

35. Lorsque le jury d'accusation aura déclaré qu'il n'y a pas lieu à accusation, le directeur du jury en donnera avis sans délai à

l'officier de police qui a délivré le mandat d'amener, afin que, dans le cas mentionné dans l'article 9 du titre V, *de la Police*, il fasse cesser sur-le-champ toute poursuite ou détention du prévenu.

36. Il en serait de même si le tribunal de district avait jugé que l'accusation n'est pas de nature à être présentée au jury, sauf à prendre, s'il y a lieu, les formes qui sont indiquées pour la police correctionnelle.

TITRE II. Formation du tribunal criminel.

Art. 1er. Il y aura un tribunal criminel par chaque département.

2. Le tribunal sera composé d'un président et de trois juges, pris chacun tous les trois mois et par tour dans les tribunaux de district, le président excepté.

3. Il y aura près du tribunal criminel un accusateur public, un commissaire du Roi et un greffier.

4. Le président du tribunal criminel, l'accusateur public et le greffier seront nommés par les électeurs du département.

5. L'accusateur public sera nommé à la prochaine élection pour quatre ans seulement, et à la suivante pour six années; le président sera nommé pour six années : l'un et l'autre pourront être réélus. Le greffier sera à vie.

Le tout conformément au décret du 28 mai 1791 (1).

TITRE III. Fonctions particulières du président.

Art. 1er. Le président, outre les fonctions de juge, est chargé d'entendre l'accusé au moment de son arrivée, de faire tirer au sort les jurés et de les convoquer : il pourra néanmoins déléguer ses fonctions à l'un des juges. Il est chargé personnellement de diriger les jurés dans l'exercice des fonctions qui leur sont assignées par la loi, de leur exposer l'affaire, même de leur rappeler leur devoir. Il présidera à toute l'instruction, déterminera l'ordre entre ceux qui demanderont à parler, et aura la police de l'auditoire.

2. Le président du tribunal criminel peut prendre sur lui de faire ce qu'il croira utile pour découvrir la vérité, et la loi charge son honneur et sa conscience d'employer tous ses efforts pour en favoriser la manifestation.

TITRE IV. Fonctions de l'accusateur public.

Art. 1er. L'accusateur public est chargé de poursuivre les délits sur les actes d'accusation admis par les premiers jurés, et il ne peut porter au tribunal aucune autre accusation, à peine de forfaiture.

2. Lorsque l'accusateur public aura reçu une dénonciation du pouvoir exécutif ou du tribunal criminel, ou d'un commissaire du Roi, il la transmettra aux officiers de police, et veillera à ce qu'elle soit poursuivie par les voies et suivant les formes ci-dessus établies. La dénonciation du pouvoir exécutif ne pourra être transmise à l'accusateur public que par l'intermédiaire du commissaire du Roi.

3. L'accusateur public aura la surveillance sur tous les officiers de police du département. En cas de négligence de leur part, il les avertira; en cas de faute plus grave, il les déférera au tribunal criminel, lequel, selon la nature du délit, prononcera les peines correctionnelles déterminées par la loi.

Si, d'office, ou sur la plainte ou dénonciation d'un particulier, l'accusateur public trouve qu'un officier de police est dans le cas d'être poursuivi pour prévarication dans ses fonctions, il décernera contre lui le *mandat d'amener*, et, s'il y a lieu, il donnera au directeur du jury la notice des faits, les pièces et la déclaration des témoins, au cas qu'il en ait reçu, pour que celui-ci dresse l'acte d'accusation et le présente au jury dans la forme ci-dessus prescrite.

TITRE V. Des fonctions du commissaire du Roi (2).

Art. 1er. Dans tous les procès criminels, soit au tribunal de district, soit au tribunal criminel, le commissaire du Roi sera tenu de prendre communication de toutes les pièces et actes, et d'assister à l'examen et au jugement.

2. Le commissaire du Roi pourra toujours faire aux juges, au nom de la loi, toutes les réquisitions qu'il jugera convenables, desquelles il lui sera délivré acte.

3. Lorsque le directeur du jury ou le tribunal criminel n'auront pas jugé à propos de déférer à la réquisition du commissaire du Roi, l'instruction ni le jugement n'en pourront être arrêtés ni suspendus, sauf au commissaire du Roi du tribunal criminel à se pourvoir en cassation après le jugement, ainsi qu'il va être détaillé ci-après.

4. Si, néanmoins, quelque affaire de la nature de celles qui sont réservées au Corps-Législatif était présentée au tribunal criminel, le commissaire du Roi sera tenu d'en requérir la suspension et le renvoi au Corps-Législatif, et le président de l'ordonner, à peine de forfaiture.

TITRE VI. Procédure devant le tribunal criminel.

Art. 1er. Nul homme ne peut être poursuivi devant un tribunal criminel et jugé que

(1) *Voy.* loi additionnelle du 29 septembre 1791.
(2) *Voy.* loi du 17 = 23 septembre 1791.

sur une accusation reçue par un jury composé de huit citoyens.

2. Si le jury a déclaré qu'il y a lieu à accusation, le procès et l'accusé, dans le cas où il sera détenu, seront envoyés, par les ordres du commissaire du Roi, au tribunal criminel du département, et ce, dans les vingt-quatre heures de la signification qui aura été faite à l'accusé de l'ordonnance de prise de corps.

3. Néanmoins, dans les deux cas ci-après, savoir : si le jury d'accusation est celui du lieu où est établi le tribunal criminel, ou si l'accusé est domicilié dans le district où siège le tribunal, l'accusé aura le droit de demander à être jugé par l'un des tribunaux criminels des deux départemens les plus voisins.

4. L'accusé ne pourra cependant exercer ce droit qu'autant que le tribunal criminel, qu'il est autorisé à décliner dans les deux cas ci-dessus, se trouve établi dans une ville au-dessous de quarante mille ames.

5. Lorsque l'accusé se trouvera dans l'un des deux cas mentionnés dans l'article ci-dessus, l'ordonnance de prise de corps, après avoir énoncé l'ordre de le conduire dans la maison de justice du tribunal criminel du département, dénommera en outre les tribunaux criminels les plus voisins entre lesquels l'accusé pourra opter.

6. Dans les cas mentionnés ci-dessus, si l'accusé est détenu dans la maison d'arrêt, il notifiera au greffe son option, dans les vingt-quatre heures de la signification qui lui aura été faite de l'acte d'accusation, après lequel temps il sera envoyé à la maison de justice, soit du tribunal direct, soit de celui qu'il aura choisi. S'il y a plusieurs accusés qui ne puissent s'accorder sur le tribunal, il sera tiré au sort entre eux.

7. Si, dans les mêmes cas, l'accusé n'avait pu être saisi sur le mandat d'amener de l'officier de police, mais seulement en vertu de l'ordonnance de prise de corps, il sera conduit par celui qui en est porteur devant le juge-de-paix du lieu où il sera trouvé, pour y passer sa déclaration de l'option dont il vient d'être parlé, ou de son refus de la faire, de laquelle déclaration le juge-de-paix gardera minute et délivrera expédition au porteur de l'ordonnance.

8. Le porteur de l'ordonnance, après avoir remis l'accusé dans la maison de justice du tribunal direct ou de celui qu'il aura choisi, remettra également au greffe la déclaration de l'accusé, ainsi que l'ordonnance de prise de corps.

9. Le greffier donnera connaissance de ces deux actes à l'accusateur public. Si le tribunal que l'accusé a préféré n'est pas le tribunal direct, l'accusateur public fera notifier ces actes au greffier du tribunal du district où l'accusation a été reçue, et, sur la réquisition qu'il en fera par l'acte même de notification, les pièces lui seront aussitôt envoyées.

10. Dans tous les cas, vingt-quatre heures au plus tard après son arrivée et la remise des pièces au greffe, l'accusé sera entendu par le président, ou par l'un des juges qu'il commettra à cet effet, en présence de l'accusateur public : le greffier tiendra note de ses réponses, laquelle sera remise au président.

11. Les notes de l'interrogatoire, ainsi que les éclaircissemens par écrit qui auront été pris par les officiers de police et le directeur du jury, seront envoyés au greffe du tribunal criminel, et remis au président, lequel en donnera connaissance à l'accusateur public, le tout pour servir de renseignement seulement.

12. Si l'accusateur public ou la partie produisent des témoins nouveaux, leurs dépositions seront faites et reçues par écrit par le président ou par le juge qu'il commettra à cet effet; il en sera de même à l'égard de ceux qui seront produits par l'accusé : le tout sans préjudice des témoins que l'accusé pourra toujours faire entendre lors de l'examen. Ces nouvelles dépositions, ainsi que les anciennes, seront toutes remises au président, pour servir de renseignement seulement.

13. Tout accusé pourra faire choix d'un ou deux amis pour l'aider et lui servir de conseil dans sa défense, sinon le président lui en désignera un; mais les conseils ne pourront jamais communiquer avec l'accusé que lorsqu'il aura été entendu.

14. Les témoins seront tenus de comparaître sur l'assignation qui leur sera donnée, sous peine d'amende et de contrainte par corps, lesquelles peines seront prononcées par les officiers de police, tribunal de district ou tribunal criminel devant lesquels les témoins auront été assignés pour déposer, à moins qu'ils ne présentent une excuse, laquelle sera jugée par le tribunal qui les aura assignés.

15. Chaque témoin qui demandera une indemnité sera taxé, par l'officier qui l'aura fait assigner, suivant un tarif uniforme qui sera dressé à cet effet par les directoires de département.

16. Les témoins pourront néanmoins être entendus dans le débat, quoiqu'ils n'aient pas été assignés ni reçus à déposer préalablement par écrit.

17. Le 1er de chaque mois, le président du tribunal criminel fera former le tableau des jurés, de la manière qu'il sera dit au titre XI.

18. Le 15 de chaque mois, s'il y a quelque affaire à juger, le jury de jugement s'assemblera, sur la convocation qui en sera faite le 5 du même mois.

19. L'accusateur public sera tenu, aussitôt après l'interrogatoire, de faire ses diligences de manière que l'accusé puisse être jugé à la première assemblée du jury qui suivra son arrivée.

20. Si l'accusateur public ou l'accusé ont des motifs de demander que l'affaire ne soit pas portée à la première assemblée du jury, ils présenteront leur requête en prorogation de délai au tribunal criminel, lequel décidera si cette prorogation doit ou non être accordée.

21. Si le tribunal criminel juge qu'il y a lieu d'accorder la demande, ce délai ne pourra néanmoins être prorogé au-delà de l'assemblée de jurés qui aura lieu le 15 du mois suivant.

22. La requête en prorogation de délai sera présentée avant le 5 de chaque mois, époque de la convocation du jury.

23. Le nombre de douze jurés sera absolument nécessaire pour former un jury de jugement.

24. Le président, en présence du public, du commissaire du Roi, de l'accusateur et de l'accusé, fera prêter à chaque juré séparément le serment suivant :

Citoyen,

« Vous jurez et promettez d'examiner avec « l'attention la plus scrupuleuse les charges « portées contre un tel. . . . . . de ne com- « muniquer avec personne jusqu'après votre « déclaration; de n'écouter ni la haine ou la « méchanceté, ni la crainte ou l'affection ; de « vous décider d'après les charges et moyens « de défense, et suivant votre conscience et « votre intime conviction, avec l'impartialité « et la fermeté qui conviennent à un homme « libre. »

25. Le serment prêté, les jurés prendront place tous ensemble sur des siéges séparés du public et des parties, et ils seront placés en face de l'accusé et des témoins.

TITRE VII. De l'examen et de la conviction.

Art. 1er. En présence des juges, de l'accusateur public, du commissaire du Roi, des jurés et du public, l'accusé comparaîtra à la barre, libre et sans fers; le président lui dira qu'il peut s'asseoir, lui demandera son nom, âge, profession et demeure, dont il sera tenu note par le greffier.

2. Le président avertira l'accusé d'être attentif à tout ce qu'il va entendre; il ordonnera au greffier de lire l'acte d'accusation; après quoi il dira à l'accusé : « Voilà de quoi « l'on vous accuse; vous allez entendre les « charges qui seront produites contre vous. »

3. L'accusateur public exposera le sujet de l'accusation; il fera entendre ses témoins, ainsi que la partie plaignante, s'il y en a. Les témoins, avant de déposer, prêteront serment de parler *sans haine et sans crainte*, *de*

dire la vérité, toute la vérité, rien que la vérité.

4. La liste des témoins qui doivent déposer sera notifiée à l'accusé vingt-quatre heures au moins avant l'examen.

5. L'examen des témoins sera toujours fait de vive voix, et sans que leurs dépositions soient écrites.

6. Après chaque déposition, le président demandera à l'accusé s'il veut répondre à ce qui vient d'être dit contre lui; l'accusé pourra, ainsi que ses amis ou conseils, dire, tant contre les témoins que contre leur témoignage, ce qu'il jugera utile à sa défense.

7. Le témoin sera toujours tenu de déclarer d'abord si c'est de l'accusé présent qu'il entend parler, et s'il connaissait l'accusé avant le fait qui a donné lieu à l'accusation.

8. Il sera demandé au témoin s'il est parent, allié, serviteur ou domestique d'aucune des parties.

9. Lorsque les témoins de l'accusateur public et de la partie plaignante, s'il y en a, auront été entendus, l'accusé pourra faire entendre les siens; l'accusateur public ou la partie plaignante pourront également s'adresser au président pour les questionner, et dire sur eux ou leur témoignage tout ce qu'ils jugeront nécessaire.

10. Les témoins ne pourront jamais s'interpeller entre eux.

11. Les témoins seront entendus séparément; néanmoins, l'accusé pourra par lui-même, ou par ses amis ou conseils, demander qu'ils soient entendus en présence les uns des autres; il pourra demander encore, après qu'ils auront déposé, que ceux qu'il désignera se retirent de l'auditoire, et qu'un ou plusieurs d'entre eux soient introduits et entendus de nouveau séparément, ou en présence les uns des autres.

12. L'accusateur public aura la même faculté à l'égard des témoins produits par l'accusé.

13. Les conseils prêteront serment de n'employer que la vérité dans la défense des accusés, et seront tenus de s'exprimer avec décence et modération.

14. L'accusé pourra faire entendre des témoins pour attester qu'il est homme d'honneur et de probité, et d'une conduite irréprochable ; les jurés auront tel égard que de raison à ce témoignage.

15. Ne pourront être entendus en témoignage les ascendans contre leurs descendans, et réciproquement les frères et sœurs contre leurs frères et sœurs, un mari contre sa femme ou une femme contre son mari, et les alliés au même degré.

16. Pendant l'examen, les juges et les jurés pourront prendre note de ce qui leur paraîtra important, pourvu que la discussion n'en soit pas interrompue.

17. Tous les effets trouvés lors du délit ou depuis, pouvant servir à conviction, seront représentés à l'accusé, et il lui sera demandé de répondre personnellement s'il les reconnaît.

18. A la suite des dépositions, l'accusateur public sera entendu; la partie plaignante pourra demander à faire des observations; l'accusé ou ses amis pourront leur répondre.

19. Le président résumera l'affaire, fera remarquer aux jurés les principales preuves pour et contre l'accusé; il terminera en leur rappelant avec simplicité les fonctions qu'ils ont à remplir, et en posant nettement les diverses questions qu'ils doivent décider relativement au fait, à son auteur et à l'intention.

20. Le président dira aux jurés qu'ils doivent d'abord déclarer si le fait de l'accusation est constant ou non; ensuite, si un tel, qui est accusé, est ou non convaincu de l'avoir commis.

21. Le président posera les questions relatives à l'intention résultant de l'acte d'accusation, ou qu'il jugera résulter de la défense de l'accusé ou du débat; il disposera ces questions suivant l'ordre dans lequel elles doivent être décidées, en commençant par les plus favorables à l'accusé; il les remettra par écrit au chef des jurés, lesquels seront tenus d'y délibérer.

22. Le président ordonnera aux jurés de se retirer dans leur chambre; ils y resteront sans pouvoir communiquer avec personne : le premier inscrit sur le tableau sera leur chef.

23. Lorsque les jurés se trouveront en état de donner leurs déclarations, ils feront avertir le président, qui commettra l'un des juges, lequel, avec le commissaire du Roi, passera dans la chambre du conseil, où le chef du jury se rendra pareillement : les jurés successivement, et en l'absence les uns des autres, feront chacun devant eux leurs déclarations particulières, de la manière qui va être expliquée.

24. Chaque juré, en commençant par leur chef, donnera d'abord sa déclaration sur le fait, pour décider si le fait porté dans l'acte d'accusation est constant ou non : si cette première déclaration est affirmative, il en fera sur-le-champ une seconde sur l'accusé, pour déclarer s'il est ou non convaincu.

25. Ceux des jurés qui auront déclaré que le fait n'est pas constant n'auront pas d'autre déclaration à faire, et leurs voix seront comptées en faveur de l'accusé pour les déclarations suivantes. Ceux qui, ayant trouvé le fait constant, auront déclaré que l'accusé n'en est pas convaincu, n'auront aucune autre déclaration à faire, et leurs voix seront également comptées en faveur de l'accusé pour les déclarations qui pourront suivre.

26. Ceux des jurés dont les premières déclarations auront été affirmatives en feront une troisième relative à l'intention, sur les questions posées par le président.

27. Dans les délits qui renferment des circonstances indépendantes entre elles, telles que dans une accusation de vol, pour savoir s'il a été commis de nuit avec effraction, par une personne domestique, avec récidive, etc. le président posera séparément ces diverses questions, et il sera fait sur chacune d'elles une déclaration distincte et séparée par tous ceux des jurés qui auront fait une déclaration affirmative sur le fait de l'accusation et sur l'auteur.

28. L'option de trois jurés suffira toujours en faveur de l'accusé, soit pour décider que le fait n'est pas constant, soit pour décider en sa faveur les questions relatives à l'intention, posée par le président.

29. Chaque juré prononcera les diverses déclarations ci-dessus dans la forme suivante: il mettra la main sur son cœur et dira : *Sur mon honneur et ma conscience, le fait est constant*, ou *le fait ne me paraît pas constant : l'accusé est convaincu*, ou *l'accusé ne me paraît pas convaincu*. La même forme sera observée dans les autres déclarations.

30. Pour constater ces diverses déclarations, des boîtes blanches et des boîtes noires seront placées sur le bureau de la chambre du conseil. Les boîtes blanches serviront pour exprimer que le fait n'est pas constant, que l'accusé n'est pas convaincu, et la décision favorable à l'accusé sur les questions relatives à l'intention, posées par le président.

31. Après chacune de ces déclarations, chaque juré, en témoignage de son opinion, qu'il aura prononcée à haute voix, déposera ostensiblement dans les boîtes des boules d'une couleur semblable.

32. Cela fait, les jurés seront appelés, et, en leur présence, il sera fait ouverture des boîtes; les boules seront comptées, les déclarations partielles seront rassemblées pour former la déclaration générale du jury.

33. Les jurés rentreront dans l'auditoire; et, après avoir repris leurs places, le président leur demandera si un tel est convaincu d'avoir, etc., etc.; le chef du jury dira : *Sur mon honneur et ma conscience, la déclaration du jury est : un tel n'est pas convaincu, ou bien, un tel est convaincu; un tel est convaincu d'avoir..... mais involontairement, ou pour la légitime défense de soi et d'autrui, etc.*

34. La déclaration du jury sera reçue par le greffier, signée de lui et du président.

35. Tous les accusés compris dans le même acte d'accusation seront jugés par le même jury.

36. S'il y a plusieurs coaccusés, le tribunal déterminera celui qui sera le premier présenté au débat, en commençant toujours par

le principal accusé, s'il y en a un : les autres coaccusés y seront présens et pourront y faire leurs observations : il sera fait ensuite un débat pour chacun d'eux, sur les circonstances qui lui seront particulières.

37. Le jury ne pourra donner de déclaration sur un délit qui ne serait pas porté dans l'acte d'accusation, quelle que soit la déposition des témoins.

38. Si l'accusé est déclaré non convaincu du fait porté dans l'acte d'accusation, et qu'il ait été inculpé sur un autre par les dépositions des témoins, le président, d'office, ou sur la demande de l'accusateur public, ordonnera qu'il soit arrêté de nouveau : il recevra les éclaircissemens que le prévenu donnera sur ce nouveau fait; et, s'il y a lieu, il délivrera un mandat d'arrêt, et renverra le prévenu, ainsi que les témoins, devant un jury d'accusation, pour être procédé à une nouvelle instruction.

39. Dans ce cas, le jury d'accusation pourra être celui du district dans le chef-lieu duquel siège le tribunal criminel.

40. Si l'accusé est déclaré convaincu du fait porté dans l'acte d'accusation, il pourra encore être poursuivi pour raison du nouveau fait; mais, s'il est déclaré convaincu du second délit, il n'en subira la peine qu'autant qu'elle serait plus forte que celle du premier, auquel cas il sera sursis à l'exécution du jugement.

41. Si la déposition d'un témoin est évidemment fausse, le président, d'office, en fera dresser procès-verbal, et pourra, sur la réquisition de l'accusateur public ou de l'accusé, faire arrêter sur-le-champ le témoin, et, après avoir reçu les éclaircissemens, délivrer un mandat d'arrêt contre lui, et le renvoyer devant le jury d'accusation du lieu : l'acte d'accusation, dans ce cas, sera dressé par le président.

TITRE VIII. Du jugement et de l'exécution.

Art. 1er. Lorsque l'accusé, aura été déclaré non convaincu, le président prononcera qu'il est acquitté de l'accusation, et ordonnera qu'il soit mis sur-le-champ en liberté.

2. Il en sera de même si les jurés ont déclaré que le fait a été commis involontairement, sans aucune intention de nuire, ou pour la légitime défense de soi ou d'autrui.

3. Tout particulier ainsi acquitté ne pourra plus être repris ni accusé pour raison du même fait.

4. Lorsque l'accusé aura été déclaré convaincu, le président, en présence du public, le fera comparaître, et lui donnera connaissance de la déclaration du jury.

5. Sur cela, le commissaire du Roi fera sa réquisition au tribunal pour l'application de la loi.

6. Le président demandera à l'accusé s'il n'a rien à dire pour sa défense : lui, ses amis ou conseils ne pourront plus plaider que le fait est faux, mais seulement qu'il n'est pas défendu ou qualifié crime par la loi, ou qu'il ne mérite pas la peine dont le commissaire du Roi a requis l'application.

7. Les juges prononceront ensuite, et sans désemparer, la peine établie par la loi, ou acquitteront l'accusé, dans le cas où le fait dont il est convaincu n'est pas défendu par elle. Il sera libre aux juges de se retirer dans une chambre, pour y délibérer.

8. Lorsque les jurés auront déclaré que le fait de l'excuse proposée par le président est prouvé, les juges prononceront ainsi qu'il est dit dans le Code pénal.

9. Les juges donneront leur avis à haute voix, en présence du public, en commençant par le plus jeune et finissant par le président.

10. Si les juges étaient partagés pour l'application de la loi, l'avis le plus doux passera; s'il y a plus de deux avis ouverts, et si deux juges sont réunis à l'avis le plus sévère, ils appelleront des juges du tribunal de district pour les départager, à commencer par le premier après le président, et ainsi de suite par ordre du tableau.

11. Le président, après avoir recueilli les voix, et avant de prononcer le jugement, lira le texte de la loi sur laquelle il est fondé.

12. Le greffier écrira le jugement, dans lequel sera inséré le texte de la loi lue par le président.

13. Le président prononcera à l'accusé son jugement de condamnation; il lui retracera la manière généreuse et impartiale avec laquelle il a été jugé; il pourra l'exhorter à la fermeté et à la résignation, et il lui rappellera les voies de droit qu'il peut encore employer pour sa défense.

14. Lorsque le jugement de condamnation aura été prononcé à l'accusé, il sera sursis pendant trois jours à son exécution.

15. Le condamné aura le droit de se pourvoir en cassation contre le jugement du tribunal : à cet effet, il sera tenu, dans le susdit délai de trois jours, de remettre sa requête en cassation au greffier, lequel lui en délivrera reconnaissance; celui-ci remettra la requête au commissaire du Roi, qui sera tenu de l'envoyer aussitôt au ministre de la justice, après en avoir délivré reconnaissance au greffier.

16. Le commissaire du Roi pourra également demander, au nom de la loi, la cassation du jugement : il sera tenu, dans le même délai de trois jours, d'en passer sa déclaration au greffe.

17. Néanmoins, dans le cas d'absolution par un jugement, le commissaire du Roi

n'aura que vingt-quatre heures pour se pourvoir, pendant lequel temps il sera sursis à l'élargissement du prisonnier.

18. Les requêtes en cassation seront adressées directement au ministre de la justice, lequel sera tenu, dans les trois jours, d'en donner avis au président, et d'en accuser la réception au commissaire du Roi, qui en donnera connaissance au condamné et à son conseil.

19. Dans le cas où la demande en cassation aura été présentée par le condamné, elle ne pourra être jugée qu'après un mois révolu à compter du jour de l'admission de la requête; et, pendant ce délai, le condamné pourra faire parvenir au tribunal de cassation, par le ministre de la justice, les moyens qu'il voudra employer.

20. Le tribunal de cassation rejettera la requête ou annulera le jugement : dans ce dernier cas, il exprimera sa décision, le motif de la cassation, et renverra le procès à un autre tribunal criminel.

21. Le ministre de la justice enverra sans délai la décision du tribunal de cassation au président du tribunal criminel et au commissaire du Roi, lequel en donnera connaissance à l'accusé et à son conseil.

22. Lorsque le jugement aura été annulé, l'accusé sera toujours renvoyé en personne devant le tribunal criminel indiqué par le tribunal de cassation.

23. Dans le cas où le jugement aura été annulé à raison de fausse application de la loi, le tribunal criminel rendra son jugement sur la déclaration déjà faite par le jury, après avoir entendu l'accusé ou ses conseils, ainsi que le commissaire du Roi.

24. Dans le cas où le jugement aura été annulé à raison de violation ou d'omission de formes essentielles dans l'instruction du du procès, l'accusé, ainsi que les témoins, seront présentés à l'examen d'un nouveau jury qui sera assemblé à cet effet.

25. Passé le délai de trois jours mentionné en l'article 16, s'il n'y a point eu de demande en cassation, ou dans les vingt-quatre heures après la réception de la décision qui aura rejeté cette demande, la condamnation sera exécutée.

26. Cette exécution se fera sur les ordres du commissaire du Roi, qui aura le droit, à cet effet, de requérir l'assistance de la force publique.

27. La décision des jurés ne pourra jamais être soumise à l'appel. Si, néanmoins, le tribunal est unanimement convaincu que les jurés se sont trompés, il ordonnera que trois jurés seront adjoints aux douze premiers, pour donner une déclaration aux quatre cinquièmes des voix.

28. A cet effet, après avoir formé le tableau du jury, il en sera toujours tiré au sort trois de plus, lesquels seront placés séparément dans l'auditoire : ils prêteront serment lorsqu'ils seront requis de se joindre aux autres jurés.

29. Le nouvel examen ne pourra avoir lieu que dans le cas seulement où l'accusé aurait été convaincu, et jamais lorsqu'il aurait été acquitté.

30. Le silence le plus absolu sera observé dans l'auditoire. Si quelque particulier s'écartait du respect dû à la justice, le président pourra le reprendre, le condamner à une amende, ou même à garder prison jusqu'au terme de huit jours, suivant la gravité des faits.

31. Le tribunal criminel sera compétent pour connaître des intérêts civils résultant des procès criminels, et il y statuera sur-le-champ en dernier ressort.

32. Le tribunal criminel sera également compétent pour prononcer les punitions correctionnelles résultant des procès portés devant lui.

TITRE IX. Des contumaces.

Art. 1er. Si, sur l'ordonnance de prise de corps ou de se représenter en justice, l'accusé ne comparaît pas dans la huitaine, et ne peut pas être saisi, le président du tribunal criminel rendra une ordonnance portant qu'il sera fait perquisition de sa personne, et que chaque citoyen est tenu d'indiquer l'endroit où il se trouve.

2. Cette ordonnance, avec celle de prise de corps, sera affichée à la porte de l'accusé et à son domicile élu, ainsi qu'à la porte de l'auditoire, pour ceux qui ne sont pas domiciliés; elle sera également notifiée à ses cautions, s'il en a fourni.

3. Cette ordonnance sera proclamée dans les lieux ci-dessus énoncés pendant deux dimanches consécutifs; passé ce temps, les biens de l'accusé seront saisis.

4. Huitaine après la dernière proclamation, le président du tribunal rendra une seconde ordonnance, portant qu'un tel..... est déchu du titre de citoyen français, que toute action en justice lui est interdite pendant tout le temps de sa contumace, et qu'il va être procédé contre lui, malgré son absence. Cette ordonnance sera signifiée, proclamée et affichée au lieu et dans la même forme que dessus. -

5. Après un nouveau délai de quinzaine, le procès sera continué dans la forme qui est prescrite pour les accusés présens, à l'exception, toutefois, que les dépositions de témoins reçues par écrit seront lues aux jurés qui auront été tirés au sort.

6. Aucun conseil ne pourra se présenter pour défendre l'accusé contumax sur le fond de l'affaire seulement. S'il est dans l'impossibilité absolue de se rendre, il enverra son

excuse, dont la légitimité pourra être plaidée par ses amis, et sera décidée par le tribunal.

7. Dans le cas où le tribunal trouverait l'excuse légitime, il ordonnera qu'il sera sursis à l'examen et au jugement pendant un temps qu'il fixera, eu égard à la nature de l'excuse et à la distance des lieux.

8. Les condamnations qui interviendront contre un accusé coutumax seront exécutées, en les inscrivant dans un tableau qui sera suspendu au milieu de la place publique.

9. L'accusé coutumax pourra en tout temps se représenter, en se constituant prisonnier et donnant connaissance au président de sa comparution ; de ce jour, tout jugement et procédures faits contre lui seront anéantis, sans qu'il soit besoin d'aucun jugement nouveau ; il en sera de même s'il est repris et arrêté.

10. Il rentrera également dans tous ses droits civils, à compter de ce jour; ses biens lui seront rendus, ainsi que les fruits de ceux qui auront été saisis, à la déduction des frais de régie et de ceux du procès.

11. Il sera de nouveau procédé à l'examen et au jugement de l'accusé coutumax qui se sera représenté ou qui aura été repris : néanmoins, les dépositions écrites des témoins décédés pendant son absence seront lues au jury, qui aura tel égard que de raison à cette circonstance.

12. Dans le cas même d'absolution, l'accusé qui a été coutumax pourra être condamné, par forme de correction, à garder prison pendant huit jours ; le juge pourra aussi lui faire, en public, une réprimande pour avoir douté de la justice et de la loyauté de ses concitoyens.

13. Pendant tout le temps de la contumace, le produit des biens de l'accusé sera versé dans la caisse du district ; néanmoins, s'il a une femme et des enfans, ou un père et une mère dans le besoin, ils pourront demander, sur les biens personnels de l'accusé, la distraction à leur profit d'une somme, laquelle sera fixée par le tribunal civil.

14. Tout accusé qui s'évadera des maisons d'arrêt ou de justice sera regardé comme contumax, et il sera procédé contre lui ainsi qu'il vient d'être dit.

15. La peine portée dans le jugement de condamnation sera prescrite par vingt années, à compter de la date du jugement; mais, ce temps passé, l'accusé ne sera plus reçu à se présenter pour purger sa contumace.

16. Après la mort de l'accusé prouvée légalement, ou après cinquante ans de la date du jugement, les biens, à l'exception des fruits, seront restitués à ses héritiers légitimes ; néanmoins, après vingt ans, les héritiers pourront être provisoirement envoyés en possession des biens, en donnant caution.

TITRE X. De la manière de former le jury d'accusation.

Art. 1er. Le procureur-syndic formera, tous les trois mois, la liste de trente citoyens, qui serviront de jurés dans les accusations ; elle sera approuvée par le directoire, et envoyée à chacun des membres qui la composeront.

2. Nul ne pourra être placé sur la liste, s'il ne réunit les conditions requises pour être électeur.

3. Le tribunal de district indiquera un des jours de la semaine, pour l'assemblée du jury d'accusation.

4. Huitaine avant ce jour, le directeur du jury fera tirer au sort, en présence du commissaire du Roi et du public, huit citoyens sur la liste des trente, pour en former le tableau du jury d'accusation.

5. S'il y a lieu d'assembler le jury d'accusation, ceux qui doivent le composer seront avertis, quatre jours d'avance, de se rendre au jour fixé, sous peine de 30 livres d'amende, et d'être privés de droit d'éligibilité et de suffrage pendant deux ans.

6. Lorsque les citoyens inscrits sur la liste prévoiront, pour l'un des jours d'assemblée du jury, quelque obstacle qui pourrait les empêcher de s'y rendre, s'il arrivait qu'ils y fussent appelés par le sort, ils en donneront connaissance au directeur du jury, deux jours au moins avant celui de la formation du tableau des huit pour lequel ils désirent d'être excusés.

7. La valeur de cette excuse sera jugée dans les vingt-quatre heures par le tribunal du district.

8. Si l'excuse est jugée suffisante, le nom de celui qui l'a présentée sera retiré pour cette fois de la liste: si elle est jugée non-valable, son nom sera soumis au sort comme celui des autres.

9. Si celui qui a présenté l'excuse est désigné par le sort pour être un des huit qui formeront le tableau du jury d'accusation, il lui sera signifié que son excuse a été jugée non-valable, qu'il est sur le tableau des jurés, et qu'il ait à se rendre au jour fixé par l'assemblée: copie de cette signification sera laissée à sa personne ou à son domicile ; à défaut de signification à la personne, elle sera laissée à un des officiers municipaux du lieu, qui sera tenu de lui en donner connaissance.

10. Tout juré qui ne se sera pas rendu sur la sommation qui lui en aura été faite, sera condamné aux peines mentionnées dans l'article 5. Sont exceptés de la présente disposition ceux qui prouveraient qu'ils sont retenus pour cause de maladie grave.

11. Dans tous les cas, s'il manquait un ou

plusieurs jurés au jour indiqué, le directeur du jury les fera remplacer par des citoyens de la ville, tirés au sort, en présence du commissaire du Roi et du public, dans *la liste* des trente, et subsidiairement parmi les citoyens du lieu ayant les conditions requises pour être électeurs.

TITRE XI. De la manière de former le jury de jugement.

Art. 1er. Nul citoyen désigné par la loi pour servir de juré ne peut se refuser à cette obligation.

2. Tout citoyen ayant les conditions requises pour être électeur se fera inscrire, avant le 15 décembre de chaque année, pour servir de jury de jugement, sur un registre qui sera tenu à cet effet par le secrétaire-greffier de chaque district.

3. Le procureur-syndic du district enverra, dans les quinze derniers jours de décembre, une copie de ce registre au procureur-général-syndic du département, et en fera remettre un exemplaire à chaque municipalité de son arrondissement.

4. Ceux qui auront négligé de se faire inscrire pendant le mois de décembre, au plus tard, sur le registre du district dans l'arrondissement duquel ils exercent les droits de citoyen actif et d'éligibilité, seront privés des droits de suffrage à toute fonction publique pendant le cours des deux années suivantes.

5. Ne pourront être jurés les officiers de police, les juges, les commissaires du Roi, l'accusateur public, les procureurs-généraux-syndics et procureurs-syndics des administrations, ainsi que tous les citoyens qui n'ont pas les conditions requises pour être électeurs : les ecclésiastiques et les septuagénaires pourront s'en dispenser.

6. Sur tous les citoyens ayant les qualités susdites, inscrits dans les registres des directoires, le procureur-général-syndic du département en choisira, tous les trois mois, deux cents, qui formeront la liste du jury de jugement; cette liste sera approuvée par le directoire, imprimée et envoyée à tous ceux qui la composeront.

7. Un citoyen ne pourra jamais, sans son consentement, être placé plus d'une fois sur la liste pendant la révolution d'une année : et si, pendant les trois mois que son nom sera sur la liste, il a assisté à une assemblée de jurés, il pourra s'excuser d'en remplir une seconde fois les fonctions : le tout à moins qu'il n'habite la ville même où siège le tribunal criminel.

8. Nul ne pourra être juré de jugement dans la même affaire où il aurait été juré d'accusation.

9. Lorsqu'il s'agira de former, le 1er de chaque mois, le tableau des douze jurés,

ainsi qu'il est dit article 17, titre VI, le président du tribunal criminel, en présence du commissaire du Roi et de deux officiers municipaux, lesquels prêteront le serment de garder le secret, présentera à l'accusateur public la liste de deux cents jurés : celui-ci aura la faculté d'en exclure vingt, sans donner le motif. Le reste des noms sera mis dans le vase, pour être tiré au sort et former le tableau des douze jurés.

10. Le tableau des douze jurés de jugement, ainsi formé, sera présenté à l'accusé, qui pourra, dans les vingt-quatre heures, récuser ceux qui le composent; ils seront remplacés par le sort.

11. Si l'accusé avait exercé vingt récusations, celles qu'il voudrait présenter ensuite devront être fondées sur des causes dont le tribunal jugera la validité.

12. Cette récusation de vingt jurés pourra être faite par plusieurs coaccusés, s'ils se concertent ensemble pour l'exercer; et, s'ils ne peuvent s'accorder, chacun d'eux, séparément, pourra récuser dix jurés.

13. Dans ce dernier cas, chacun d'eux récusera successivement un des jurés, jusqu'à ce que sa faculté de récuser soit épuisée.

14. Lorsque les citoyens inscrits sur la liste des deux cents prévoiront, pour le 15 du mois suivant, quelque obstacle qui pourrait les empêcher de se rendre à l'assemblée du jury, s'il arrivait qu'ils y fussent appelés par le sort, ils en donneront connaissance au président du tribunal criminel, deux jours au moins avant le 1er du mois pendant lequel ils désirent d'être excusés.

15. La valeur de cette excuse sera jugée, dans les vingt-quatre heures, par le tribunal criminel.

16. Si l'excuse est jugée suffisante, le nom de celui qui l'a présentée sera retiré, pour cette fois, de la liste; si elle est jugée non valable, son nom sera soumis au sort comme celui des autres.

17. Si celui qui a présenté l'excuse est désigné par le sort pour être un des douze qui forment le tableau du jury de jugement, il lui sera signifié que son excuse a été jugée non valable, qu'il est sur le tableau du jury, et qu'il ait à se rendre au jour fixé pour l'assemblée du jury: copie de cette signification sera laissée à sa personne ou à son domicile; et, à défaut de signification à la personne, elle sera laissée à l'un des officiers municipaux du lieu, qui sera tenu de lui en donner connaissance.

18. Tout juré qui ne se sera pas rendu sur la sommation qui lui en aura été faite sera condamné en 50 livres d'amende, et à être privé du droit d'éligibilité et de suffrage pendant deux ans. Sont exceptés de la présente disposition ceux qui prouveraient

qu'ils sont retenus pour cause de maladie grave.

19. Dans tous les cas, s'il manquait un ou plusieurs jurés au jour indiqué, le directeur du jury les fera remplacer par des citoyens de la ville, tirés au sort, en présence du commissaire du Roi et du public, dans la liste de deux cents, et, subsidiairement, parmi les citoyens du lieu ayant les conditions d'électeurs.

TITRE XII. Procédure particulière sur le faux, la banqueroute, concussion, malversation de deniers.

Art. 1er. Toute plainte ou dénonciation en faux, en banqueroute frauduleuse, en concussion, péculat, vol de commis ou d'associés en matière de finance, commerce ou banque, seront portées devant le directeur du jury du lieu du délit ou de la résidence de l'accusé, à l'exception des villes au-dessus de quarante mille ames, dans lesquelles elles pourront être portées devant les juges-de-paix.

2. Dans les cas mentionnés en l'article ci-dessus, le directeur du jury exercera les fonctions d'officier de police; il dressera, en outre, l'acte d'accusation.

3. L'acte d'accusation, ainsi que l'examen de l'affaire, seront présentés à des jurys spéciaux d'accusation et de jugement.

4. Pour former le jury spécial d'accusation, le procureur-syndic, parmi les citoyens éligibles en choisira seize ayant les connaissances relatives au genre de délit, sur lesquels il en sera tirés au sort huit, qui composeront le tableau du jury.

5. Le jury spécial de jugement sera formé par le procureur-général-syndic, lequel, à cet effet, choisira vingt-six citoyens ayant les qualités ci-dessus désignées.

6. Sur ces vingt-six citoyens, on en tirera au sort douze pour former un tableau, lequel sera présenté à l'accusé ou aux accusés, qui auront le droit de récuser ceux qui le composeront.

7. Une première récusation pourra être faite sur la liste entière, comme ayant été formée en haine de l'accusé; et, dans le cas où le tribunal le jugerait ainsi, il sera formé une nouvelle liste par le vice-président du directoire. Ceux qui auront été portés sur la première liste pourront néanmoins être employés sur la seconde.

8. Tous les membres du jury spécial qui auront été récusés seront remplacés par des citoyens tirés au sort, d'abord, parmi les douze autres choisis par le procureur-général-syndic, et, subsidiairement, par des citoyens tirés au sort dans la liste ordinaire des jurés.

9. L'accusateur public n'aura aucune récusation à exercer sur les jurys spéciaux.

10. Dans tout le reste de la procédure, l'on se conformera aux règles établies par les titres précédens.

TITRE XIII. Du faux.

Art. 1er. Dans toutes les plaintes ou dénonciations en faux, les pièces arguées de faux seront déposées au greffe, signées par le greffier, qui en dressera un procès-verbal détaillé: elles seront signées et paraphées par le directeur du jury, ainsi que par la partie plaignante ou dénonciatrice, et par le prévenu, au moment de sa comparution.

2. Les plaintes et dénonciations en faux pourront toujours être reçues, quoique les pièces qui en sont l'objet puissent servir de fondement à des actes judiciaires ou civils.

3. Tout dépositaire public, et même tout particulier dépositaire de pièces arguées de faux, sera tenu, sous peine d'amende et de prison, de les remettre sur l'ordre qui en sera donné par écrit par le directeur du jury, lequel lui servira de décharge envers tous ceux qui ont intérêt à la pièce.

4. Les pièces qui pourront être fournies pour servir de comparaison seront signées et paraphées, à toutes les pages, par le greffier, par le directeur du jury et par le plaignant ou dénonciateur, ou leur fondé de procuration spéciale, ainsi que par l'accusé au moment de la comparution.

5. Les dépositaires publics seuls pourront être contraints à fournir les pièces de comparaison qui seraient en leur possession, sur l'ordre par écrit du directeur du jury, qui leur servira de décharge envers ceux qui pourraient avoir intérêt à la pièce.

6. S'il est nécessaire de déplacer une pièce authentique, il en sera donné une copie collationnée, laquelle sera signée par le juge-de-paix du lieu.

7. Lorsque les témoins s'expliqueront sur une pièce du procès, ils seront tenus de la parapher.

8. Si, dans le cours d'une instruction ou d'une procédure, une pièce produite est arguée de faux par une des parties, elle sommera l'autre partie de déclarer si elle entend se servir de la pièce.

9. Si la partie déclare qu'elle ne veut pas se servir de la pièce, elle sera rejetée du procès, et il sera passé outre à l'instruction et au jugement.

10. Dans le cas où la partie déclarerait qu'elle entend se servir de la pièce, l'instruction sur le faux sera suivie civilement devant le tribunal saisi de l'affaire principale.

11. Mais si la partie qui a argué de faux la pièce soutient que celui qui l'a produit est l'auteur du faux, l'accusation sera suivie criminellement dans les formes ci-dessus prescrites: il sera sursis au jugement du pro-

cès jusqu'après le jugement de l'accusation en faux.

12. Les procureurs-généraux-syndics, les procureurs-syndics, les procureurs des communes, les juges, ainsi que les officiers de police, seront tenus de poursuivre et de dénoncer tous les auteurs et complices de faux qui pourront venir à leur connaissance, dans la forme ci-dessus prescrite.

13. L'officier public poursuivant, ainsi que le plaignant ou dénonciateur, pourront présenter au jury d'accusation et à celui de jugement toutes les pièces et preuves de faux, mais l'accusé ne pourra être contraint à en produire ou en fabriquer aucune.

14. Si un tribunal trouve, dans la visite d'un procès, même civil, des indices qui conduisent à connaître l'auteur d'un faux, le président pourra, d'office, délivrer le mandat d'amener et remplir, à cet égard, les fonctions d'officier de police.

15. Lorsque des actes authentiques auront été déclarés faux en tout ou en partie, leur rétablissement, leur radiation ou réformation seront ordonnés par le tribunal qui aura connu de l'affaire : les pièces de comparaison seront renvoyées sur-le-champ dans les dépôts dont elles ont été tirées.

16. Dans tout le reste de la procédure, les règles prescrites dans les titres ci-dessus seront observées.

Titre XIV. Des prisons et maisons d'arrêt.

Art. 1er. Il y aura, près de chaque tribunal de district, une maison d'arrêt pour y retenir ceux qui seront envoyés par mandat d'officier de police, et, près de chaque tribunal criminel, une maison de justice pour détenir ceux contre lesquels il sera intervenu une ordonnance de prise corps, indépendamment des prisons qui sont établies comme peine.

2. Les procureurs-généraux-syndics veilleront, sous l'autorité des directoires de département, à ce que ces différentes maisons soient non-seulement sûres, mais propres et saines, de manière que la santé des personnes détenues ne puisse être aucunement altérée.

3. La garde de ces maisons sera donnée par le directoire de département, sur la présentation de la municipalité du lieu, à des hommes d'un caractère et de mœurs irréprochables, lesquels prêteront serment de veiller à la garde de ceux qui leur seront remis, et de les traiter avec douceur et humanité.

4. Les gardiens des maisons d'arrêt, maisons de justice ou geôliers des prisons, seront tenus d'avoir un registre signé et paraphé à toutes les pages par le président du tribunal.

5. Tout exécuteur de mandat d'arrêt, d'ordonnance de prise de corps ou de jugement de condamnation à prison, sera tenu, avant de remettre la personne qu'il conduit, de faire inscrire en sa présence, sur le registre, l'acte dont il est porteur : l'acte de remise sera écrit devant lui ; le tout sera signé tant par lui que par le gardien ou geôlier, qui lui en donnera copie signée pour sa décharge.

6. Nul gardien ou geôlier ne pourra recevoir ou retenir aucun homme qu'en vertu des mandats, ordonnances ou jugemens dont il vient d'être parlé, à peine d'être poursuivi et puni ainsi qu'il est porté au Code pénal.

7. Le registre ci-dessus mentionné contiendra également, en marge de l'acte de remise, la date de la sortie du détenu, ainsi que l'ordonnance ou le jugement en vertu desquels elle a eu lieu.

8. Dans toutes les villes où il y aura, soit une maison d'arrêt, soit une maison de justice, soit une prison, un des officiers municipaux du lieu sera tenu de faire, au moins deux fois par semaine, la visite de ces maisons.

9. L'officier municipal veillera à ce que la nourriture des détenus soit suffisante et saine ; et, s'il s'aperçoit de quelque tort à cet égard contre la justice et l'humanité, il sera tenu d'y pourvoir par lui-même ou d'y faire pourvoir par la municipalité, laquelle aura le droit de condamner le geôlier à l'amende, même de demander sa destitution au directoire du département, sans préjudice de la poursuite criminelle contre lui, s'il y a lieu.

10. La police des maisons d'arrêt, de justice et de prison appartiendra à la municipalité du lieu. Le président du tribunal pourra néanmoins donner tous les ordres qu'il jugera nécessaires pour le jugement et l'instruction. Si quelque détenu usait de menaces, injures ou violences, soit à l'égard du gardien ou geôlier, soit à l'égard des autres détenus, l'officier municipal pourra ordonner qu'il sera resserré plus étroitement, renfermé seul, même mis aux fers en cas de fureur ou de violence grave, sans préjudice de la poursuite criminelle, s'il y a lieu.

11. Les maisons d'arrêt ou de justice seront entièrement distinctes des prisons qui sont établies pour peines, et jamais un homme condamné ne pourra être mis dans la maison d'arrêt, et réciproquement.

Titre XV. Des moyens d'assurer la liberté des citoyens contre les détentions illégales, ou autres actes arbitraires.

Art. 1er. Tout homme, quelle que soit sa place ou son emploi, autre que ceux à qui la loi donne le droit d'arrestation, qui donnera, signera, exécutera l'ordre d'arrêter un citoyen, ou qui l'arrêtera effectivement, si ce n'est pour le remettre sur-le-champ à la police dans les cas déterminés par la loi, sera poursuivi criminellement et puni ainsi qu'il est dit au Code pénal.

2. Nul homme, dans le cas où sa détention est autorisée par la loi, ne peut être conduit que dans les lieux légalement et publiquement désignés par l'administration du département pour servir de maison d'arrêt, de maison de justice ou de prison, sous la même peine contre ceux qui le conduiraient, retiendraient ou prêteraient leur maison pour le détenir.

3. Quiconque aura connaissance qu'un homme est détenu illégalement dans un lieu est tenu d'en donner avis à un des officiers municipaux ou au juge-de-paix du canton ; il pourra aussi en faire sa déclaration signée de lui au greffe de la municipalité ou du juge-de-paix.

4. Ces officiers publics, d'après la connaissance qu'ils en auront, seront tenus de se transporter aussitôt, et de faire remettre en liberté la personne détenue, à peine de répondre de leur négligence, et même d'être poursuivis comme coupables d'attentat à la liberté individuelle, s'il est prouvé qu'ils avaient connaissance de la détention.

5. Personne ne pourra refuser l'ouverture de sa maison pour cette recherche; en cas de résistance, l'officier municipal ou le juge-de-paix pourra se faire assister de la force nécessaire, et tous les citoyens seront tenus de prêter main-forte.

6. Dans le cas de détention légale, l'officier municipal, lors de sa visite dans les maisons d'arrêt, de justice ou prisons, examinera ceux qui y sont détenus et les causes de leur détention ; et tout gardien ou geôlier sera tenu, à sa réquisition, de lui représenter la personne de l'arrêté, sans qu'aucun ordre puisse l'en dispenser, et ce, sous peine d'être poursuivi criminellement comme coupable d'attentat à la liberté individuelle.

7. Si l'officier municipal, lors de la visite, découvrait qu'un homme est détenu sans que la détention soit justifiée par aucun des actes mentionnés dans les articles 5 et 6 du titre XII, il en dressera sur-le-champ procès-verbal, fera conduire le détenu à la municipalité, laquelle, après avoir de nouveau constaté le fait, le mettra définitivement en liberté, et, dans ce cas, poursuivra la punition du gardien et du geôlier.

8. Les parens ou amis de l'arrêté, porteurs de l'ordre de l'officier municipal, lequel ne pourra le refuser, auront aussi le droit de se faire représenter la personne du détenu, et le gardien ne pourra s'en dispenser qu'en justifiant de l'ordre exprès du président ou directeur du jury, inscrit sur son registre, de le tenir au secret.

9. Tout gardien qui refuserait de montrer au porteur de l'ordre de l'officier municipal la personne de l'arrêté, sur la réquisition qui lui en sera faite, ou de montrer l'ordre du président ou directeur du jury qui le lui

défend, sera poursuivi ainsi qu'il est dit article 6 et autres.

10. Pour mettre les officiers publics ci-dessus désignés à portée de prendre les soins qui viennent d'être imposés à leur vigilance et à leur humanité, lorsque le prévenu aura été envoyé à la maison d'arrêt du district, copie du mandat sera remise à la municipalité du lieu et une autre envoyée à celle du domicile du prévenu, s'il est connu; celle-ci en donnera avis aux parens ou amis du prévenu.

11. Le directeur du jury donnera également avis auxdites municipalités de l'ordonnance de prise de corps rendue contre le prévenu, sous peine d'être suspendu de ses fonctions.

12. Le président du tribunal criminel sera tenu, sous la même peine, d'envoyer auxdites municipalités copie du jugement d'absolution ou de condamnation du prévenu.

13. Il y aura, à cet effet, dans chaque municipalité un registre particulier pour y tenir note des avis qui leur auront été donnés.

---

16 SEPTEMBRE 1791. — *Décret qui renvoie au pouvoir exécutif l'exécution du décret relatif à la solde des gardes nationales du département de Seine-et-Oise.* (B. 18, 212.)

16 SEPTEMBRE 1791. — *Décret portant vente de domaines nationaux à différentes municipalités des départemens de l'Aveyron, du Cantal, de la Corrèze, du Puy-de-Dôme et de Seine-et-Marne.* (B. 18, 358 et suiv.)

16 SEPTEMBRE 1791. — *Ordres supprimés. Voy.* 13 SEPTEMBRE 1791.

17 SEPTEMBRE = 16 OCTOBRE 1791. — *Décret relatif aux saisies faites à la requête des ci-devant corps et communautés d'arts et métiers.* (L. 6, 403; B. 18, 363.)

Art. 1er. Les marchandises et effets saisis par les anciens gardes ou syndics des ci-devant corps et communautés d'arts et métiers, dont la confiscation n'aura pas été jugée, seront rendus aux particuliers qui justifieront y avoir droit, et cela dans un mois à compter de la publication du présent décret, passé lequel temps lesdits effets seront vendus avec ceux qui faisaient partie du mobilier des ci-devant corps et communautés.

2. Toutes instances qui auraient pu suivre la saisie desdits effets sont et demeurent éteintes, ainsi que tout procès entre les communautés pour l'exercice de leurs privilèges.

---

17 = 23 SEPTEMBRE 1791. — *Décret relatif aux commissaires du Roi près les tribunaux criminels.* (L. 5, 1282.)

L'Assemblée nationale décrète ce qui suit :

Il y aura un commissaire du Roi particulier et exclusif pour exercer ses fonctions auprès des tribunaux criminels.

17 = 23 SEPTEMBRE 1791. — Décret relatif au serment à prêter par les officiers et par les soldats. (L. 5, 1283 ; B. 18, 364.)

L'Assemblée nationale décrète que la formule du serment à prêter par les officiers et celle du serment à prêter par les soldats seront conçues dans les termes suivans :

Serment des officiers.

« Je jure d'être fidèle à la nation, à la loi
« et au Roi, de maintenir de tout mon pou-
« voir la constitution, et d'exécuter et faire
« exécuter les réglemens militaires. »

Serment des soldats.

« Je jure d'être fidèle à la nation, à la loi
« et au Roi, de défendre la constitution, de
« ne jamais abandonner mes drapeaux, et de
« me conformer en tout aux règles de la dis-
« cipline militaire. »

17 = 23 SEPTEMBRE 1791. — Décret relatif aux vacances des tribunaux. (L. 5, 1280 ; B. 18, 362.)

Voy. loi du 19 = 28 SEPTEMBRE 1791.

Art. 1er. Les tribunaux auront deux mois de vacances, depuis le 15 septembre jusqu'au 15 novembre.

Pour cette année, les vacances des tribunaux seront d'un mois seulement, depuis le 15 octobre jusqu'au 15 novembre.

2. Celui des juges qui est chargé des fonctions de directeur du jury restera de service au tribunal, soit pour remplir lesdites fonctions, soit pour décider les affaires sommaires et provisoires qui sont portées aux tribunaux.

Pour cette année, les juges nommeront l'un d'entre eux pour faire l'instruction des affaires criminelles, et décider les affaires sommaires et provisoires.

3. Dix membres du tribunal de cassation resteront de service pendant les vacances, pour décider sur l'admission des requêtes seulement.

17 = 29 SEPTEMBRE 1791. — Décret qui accorde un secours annuel pour le soutien des arts de peinture, sculpture et gravure. (L. 5, 1383 ; B. 18, 376.)

Art. 1er. Il sera accordé annuellement, pour le soutien des arts de peinture, sculpture et gravure, une somme pour des travaux d'encouragement : elle est fixée provisoirement pour cette année à 100,000 liv., dont 70,000 liv. se répartiront entre les peintres et les statuaires ; les autres 30,000 liv. seront

réparties entre les peintres dits de *genre* et les graveurs tant en taille douce qu'en pierres fines et en médailles. Sur ladite somme de 30,000 liv. il sera pris celle de 10,000 liv., pour faire travailler, dès cette année, à la continuation de la collection des ports de France de Joseph Vernet, par l'artiste que le pouvoir exécutif a déjà désigné pour ce travail.

2. Ces travaux seront distribués vers le milieu du temps de l'exposition publique, et seulement aux artistes qui se seront fait connaître dans l'exposition de la présente année.

3. Pour cette année seulement, et sans préjuger ce qui sera déterminé à l'avenir, les travaux ci-dessus ordonnés seront distribués par les membres de l'Académie de peinture et de sculpture, deux membres de l'Académie des sciences, deux membres de l'Académie des belles-lettres, et vingt artistes non académiciens, lesquels seront choisis parmi les artistes qui ont exposé leurs ouvrages au salon du Louvre.

4. Pour faire cesser toute distinction entre les membres de l'Académie de peinture, en cette circonstance, les agréés à ladite académie seront appelés à ce jugement.

17 = 29 SEPTEMBRE 1791. — Décret qui fixe l'époque à laquelle l'institution des jurés commencera à avoir son exécution. (L. 5, 1390 ; B. 18, 362.)

Art. 1er. L'institution du jury commencera à être mise à exécution au 1er janvier 1792. Le pouvoir exécutif donnera des ordres relatifs aux dispositions préliminaires à cet effet.

2. Les procédures et jugemens continueront à avoir lieu d'après les formes actuellement existantes.

17 = 29 SEPTEMBRE 1791. — Décret relatif à la suppression des chambres des comptes et à la nouvelle forme de comptabilité. (L. 5, 1437 ; B. 18, 365 ; Mon. des 10 et 17 septembre 1791.)

Voy. lois du 8 = 12 FÉVRIER 1792 ; du 16 SEPTEMBRE 1807.

L'Assemblée nationale décrète ce qui suit :

DE LA COMPTABILITÉ.

TITRE Ier. De la suppression des chambres des comptes.

Art. 1er. A compter du jour de la publication et de la notification du présent décret aux chambres des comptes du royaume, supprimées par le décret du 2 septembre 1790, elles cesseront toutes fonctions.

2. A compter du même jour, les offices de procureurs postulans et les autres offices mi-

3.

nistériels près lesdites chambres des comptes seront supprimés.

3. Aussitôt que le présent décret sera parvenu aux directoires de département, ils le feront notifier aux chambres des comptes situées dans l'étendue de leurs départemens; et, dans le jour, les directoires des départemens feront procéder par deux de leurs membres, assistés du procureur-général-syndic du département, à l'apposition des scellés sur les greffes, dépôts et archives desdites chambres des comptes, ainsi que sur leur mobilier.

4. Lesdits commissaires, lors de l'apposition des scellés, se feront représenter et remettre tous les comptes non encore définitivement jugés, apurés ou corrigés, qui se trouveront exister dans les greffes, ainsi que les pièces à l'appui; ils en dresseront un bref état, dont un double sera délivré aux greffiers pour leur décharge desdits comptes et pièces.

5. Ils se feront représenter les registres aux distributions des comptes, et remettre ceux desdits registres sur lesquels il se trouvera des articles non encore déchargés.

6. Les officiers qui se sont chargés, sur les registres, des comptes et pièces à l'appui, seront tenus de remettre lesdits comptes et pièces aux directoires du département, dans la quinzaine, à compter de la notification; après laquelle quinzaine, faute par eux d'avoir remis lesdits comptes et pièces, les intérêts de leur finance cesseront de plein droit, et, après une seconde quinzaine, ils seront en outre condamnés à une amende de 300 liv., laquelle sera ensuite augmentée de 10 liv. par chaque jour de retard.

7. Les directoires des départemens feront parvenir, sans délai, au bureau de comptabilité qui sera ci-après établi, les comptes et pièces à l'appui qu'ils auront retirés, soit des greffes, soit des mains des conseillers rapporteurs.

8. L'Assemblée nationale pourvoira à la levée des scellés, à l'inventaire et conservation des pièces reposant aux greffes, dépôts et archives des chambres des comptes supprimées.

9. Il sera pourvu incessamment au remboursement des offices supprimés par le présent décret, et ce, suivant les formes et les principes décrétés par l'Assemblée nationale, concernant la liquidation et le remboursement des offices de judicature et ministériels.

TITRE II. — De la reddition des comptes des deniers publics.

Art. 1er. L'Assemblée nationale législative verra et apurera définitivement par elle-même les comptes de la nation.

2. Il sera établi un bureau de comptabilité, composé de quinze personnes qui seront nommées par le Roi. Ces quinze commissaires seront divisés en cinq sections composées de trois membres chacune, lesquels alterneront tous les ans, sauf à augmenter leur nombre, si l'accélération des travaux et l'utilité publique l'exigent.

3. Lesdits commissaires recevront tous les comptes dont il va être mention ci-après, et prépareront le rapport.

4. Chaque rapport sera signé par trois commissaires, qui demeureront responsables des faits qu'ils auront attestés.

5. Chaque commissaire fournira un cautionnement en immeubles de la somme de 60,000 livres.

6. Les receveurs de districts, et tous trésoriers et payeurs particuliers, compteront des sommes qu'ils auront reçues et de l'emploi qu'ils en auront fait, aux commissaires de la Trésorerie nationale, pour tous les objets de recette ordinaire qui doivent y être versés; ils compteront au trésorier de la caisse de l'extraordinaire, sous les yeux du commissaire du Roi, administrateur de ladite caisse, pour tous les objets de recette extraordinaire qui doivent y être versés.

7. Dans le cas où il s'élèverait des contestations sur quelques-uns des articles des comptes présentés par les receveurs de district et autres trésoriers et payeurs particuliers, soit aux commissaires de la Trésorerie nationale, soit au trésorier de l'extraordinaire, lesdites contestations seront suivies, à la requête des commissaires de la Trésorerie et du trésorier de l'extraordinaire, devant les tribunaux de district dans le territoire desquels les comptables seront domiciliés.

8. Le caissier général, les payeurs principaux de la Trésorerie nationale, le trésorier de l'extraordinaire, les administrateurs des domaines, ceux des douanes, ceux de la régie des droits d'enregistrement et de timbre, ainsi que tous préposés généraux à la recette des droits perçus dans toutes les parties du royaume, présenteront les comptes de l'universalité des recettes qu'ils auront faites ou dû faire, et de l'emploi qu'ils en auront fait, au bureau de comptabilité, pour être lesdits comptes, après l'examen qui en aura été fait au bureau de comptabilité, vus et apurés définitivement par l'Assemblée nationale législative, aux termes de l'article 1er du présent titre.

9. Si, en procédant à l'apurement desdits comptes, l'Assemblée nationale législative reconnaît que quelques articles sont sujets à contestation, elle ordonnera la communication des comptes à l'agent du Trésor public, à l'effet par lui de poursuivre la contestation devant le tribunal de district dans le territoire duquel la Trésorerie nationale, ou la

caisse de l'extraordinaire, ou les chefs-lieux des administrations et régies seront établis. Dans toutes les contestations relatives aux comptes des deniers publics, les commissaires du Roi près les tribunaux de district seront entendus; ils veilleront à la prompte expédition de ces causes.

10. Le recouvrement des débets résultant des arrêtés des comptes sera poursuivi contre les receveurs de district et les receveurs ou payeurs particuliers, à la requête des commissaires de la Trésorerie nationale, pour ce qui doit rentrer à ladite Trésorerie; à la requête du trésorier de l'extraordinaire, sous la surveillance de l'administrateur de ladite caisse, pour ce qui doit rentrer à la caisse de l'extraordinaire. Le recouvrement des débets résultant des arrêtés des comptes rendus par les receveurs généraux, les payeurs principaux de la Trésorerie nationale et par le trésorier de l'extraordinaire, sera poursuivi à la requête de l'agent du Trésor public.

11. Tous receveurs particuliers comptables à la Trésorerie nationale ou à la trésorerie de l'extraordinaire, pour des objets postérieurs au 1er janvier 1791, seront tenus, sous les peines portées par l'article 6 du titre III du présent décret, de remettre leurs comptes auxdits trésoriers, au 1er juin de chaque année au plus tard, pour l'année qui aura fini au 31 décembre précédent; et à l'égard des objets antérieurs au 1er janvier dernier, lesdits comptes seront remis dans les délais et de la manière exprimée au titre III du présent décret.

12. Avant d'adresser leurs comptes aux trésoriers, soit de la caisse nationale, soit de la caisse de l'extraordinaire, les receveurs de district les feront passer au directoire de district, pour qu'il propose les observations dont le compte lui paraîtra susceptible. Les directoires de district ne pourront retenir le compte plus de quinze jours pour en faire l'examen; le receveur le remettra au directoire, au plus tard le 1er mai, de manière que, sous aucun prétexte, la remise du compte entre les mains des commissaires de la Trésorerie nationale ou du trésorier de l'extraordinaire ne puisse être différée au-delà du 1er juin.

13. Le caissier général de la Trésorerie nationale, ou les autres comptables dénommés en l'article 8, seront tenus, sous les mêmes peines, de remettre au bureau de comptabilité le compte de chaque année, le 1er octobre au plus tard de l'année suivante.

14. Les comptes annuels de la Trésorerie nationale et de la caisse de l'extraordinaire seront rendus publics par la voie de l'impression, et envoyés à tous les départemens. Les comptes des receveurs de district seront imprimés, envoyés aux départemens et à tous les districts du même département.

15. Dans le cas où, lors de l'examen des comptes, il paraîtrait qu'il y a lieu à exercer l'action résultant de la responsabilité contre quelques-uns des ministres ou autres agens du pouvoir exécutif, le bureau de comptabilité en rendra compte à l'Assemblée nationale législative, et lui proposera, s'il y a lieu, les éclaircissemens préalables qu'il paraîtra convenable de prendre, même la vérification des dépenses sur les lieux par des commissaires nommés à cet effet. L'Assemblée nationale législative décidera, après la vérification des faits par le bureau de comptabilité, s'il y a lieu à l'action de responsabilité; alors cette action sera intentée à la requête de l'agent du Trésor public, devant le tribunal dans le territoire duquel le ministre ou agent du pouvoir exécutif sera domicilié.

16. L'agent du Trésor public sera tenu de mettre, tous les mois, sous les yeux de l'Assemblée nationale législative, l'état de la poursuite des différentes actions qui lui seront confiées, et de rendre, tous les trois mois, cet état public par la voie de l'impression. En cas de négligence de sa part, il deviendra personnellement responsable des sommes dont il aurait négligé de poursuivre la rentrée. L'agent du Trésor public fournira un cautionnement en immeubles de 60,000 livres.

17. Les appointemens des commissaires du bureau de comptabilité, et les détails de l'organisation de ce bureau, seront réglés par l'Assemblée nationale, sur l'examen des plans qui seront présentés par les commissaires, après leur nomination.

TITRE III. De la présentation des comptes.

Art. 1er. Dans le délai d'un mois, à compter du 1er octobre prochain, tous les individus ou compagnies qui comptaient de la recette ou dépense des deniers publics, soit par-devant les chambres des comptes, soit par-devant le conseil du Roi; tous héritiers et ayant-cause d'individus comptables, comme aussi les receveurs, économes, séquestres, régisseurs ou administrateurs tenus de rendre compte par-devant le Corps-Législatif, aux termes des décrets, adresseront au bureau de comptabilité un état de situation de leur comptabilité, contenant : 1° la date de leur dernier compte, jugé, apuré et corrigé, avec le certificat de quitus ou décharge à l'appui;

2° La date de leurs comptes jugés, mais non encore apurés ni corrigés, avec copie des jugemens;

3° La date des comptes par eux présentés, et qui n'ont pas encore été jugés;

4° La date des années de leur exercice dont ils n'ont pas encore présenté le compte, jusques et compris l'année 1790.

2. Lesdits comptables ou leurs ayant-cause joindront, dans le même délai, au précédent

état, un mémoire motivé et expositif du temps qu'ils jugeront leur être nécessaire pour dresser et présenter leurs comptes, comme aussi pour les apurer; le tout dans les formes qui seront ci-après prescrites, avec leur soumission de satisfaire à ladite présentation et audit apurement dans ledit délai.

3. Tous comptables qui n'auront pas envoyé au bureau de comptabilité les états et mémoires indiqués aux deux articles précédens, dans le délai ci-dessus énoncé, cesseront, à compter de l'expiration dudit délai, d'avoir droit aux intérêts du montant de leurs finances, cautionnemens ou fonds d'avance, et seront, en outre, condamnés à une amende de trois cents livres, qui sera augmentée de dix livres par chaque jour de retard; et, à cet effet, ils seront tenus de se pourvoir au bureau de comptabilité, d'un certificat de remise de leurs états et mémoires, où le jour de ladite remise sera énoncé. Le décompte de leurs finances, fonds d'avances ou cautionnemens, ne pourra être fait que sur la représentation dudit certificat.

4. L'Assemblée nationale connaîtra, par le rapport qui lui en sera fait, du délai demandé par chacun des comptables ou leurs ayant-cause, pour présenter leurs comptes jusques et compris l'année 1790; elle fixera par un décret le temps qui sera accordé à chacun d'eux pour y satisfaire.

5. Tout comptable, pour des objets de recette et de dépense antérieurs au 1er janvier 1791, qui n'aura pas présenté ses comptes dans le délai décrété par l'Assemblée nationale, perdra, à compter du jour de l'expiration dudit délai, l'intérêt de ses finances, cautionnemens ou fonds d'avance, et sera tenu, en outre, de payer les intérêts à cinq pour cent des débets dont il sera définitivement jugé reliquataire; et trois mois après l'expiration du délai, s'il n'avait pas encore satisfait, il sera contraint par corps.

6. Tout comptable, pour des objets de recette ou dépense postérieurs au 1er janvier 1791, qui n'aura pas présenté ses comptes dans le délai qui lui aura été prescrit par le Corps-Législatif, paiera, à compter du jour de l'expiration du délai, l'intérêt à cinq pour cent des débets dont il sera jugé reliquataire; plus, il paiera, par forme d'amende, une somme égale au montant dudit intérêt; et, s'il laisse écouler trois mois après l'expiration du délai, sans présenter son compte, il sera contraint par corps.

TITRE IV. Des formes à suivre par les comptables pour rendre compte.

Art. 1er. Au moyen de la suppression des procureurs à la chambre des comptes, tous comptables dresseront et présenteront eux-mêmes leurs comptes, et pourront en suivre l'examen par eux-mêmes, ou par leurs fondés de procuration.

2. Les comptables ne seront pas tenus à la formalité de rapporter les états au vrai, signés du ministre ou des ordonnateurs; ils dresseront un compte par chapitre de recettes, dépenses et reprises, et rapporteront les pièces à l'appui.

3. Les recettes, dépenses et reprises, seront établies et justifiées d'après les décrets de l'Assemblée, et par les mêmes pièces qui ont été requises jusqu'à ce jour par les lois pour chaque nature de comptabilité.

4. Il sera joint à chaque compte un état de frais nécessaire pour le dresser, et il sera prononcé sur cet état de frais en même temps que sur l'arrêté de compte.

5. Les comptables d'objets antérieurs au 1er janvier 1791, et dont les recettes et dépenses sont fixées, pourront réunir en un seul compte les exercices de plusieurs années, et porter en un même article la somme d'une même recette ou d'un même paiement qui a lieu pendant les années qu'embrasse le compte.

6. Il ne sera rien innové à la forme des comptes déjà présentés.

17 SEPTEMBRE = 19 OCTOBRE 1791. — Décret qui improuve la conduite tenue par les électeurs du département de Paris, relativement à l'huissier Damiens. (B. 18, 361.)

17 SEPTEMBRE 1791. — Décret qui autorise les habitans de Quintigny à élever un monument à la liberté de la patrie. (B. 18, 374.)

17 SEPTEMBRE = 13 NOVEMBRE 1791. — Décret qui ordonne au ministre de la guerre de présenter l'état des maréchaux de France en activité. (B. 18, 374.)

17 = 29 SEPTEMBRE 1791. — Décret qui ordonne le remboursement de la finance des charges des officiers, exempts, fourriers et gardes de la ci-devant compagnie des Cent-Suisses. (B. 18, 375.)

17 = 29 SEPTEMBRE 1791. — Décret portant que les arrêts et décisions intervenus relativement à la créance de MM. Haller et le Couteulx de la Norraye, seront remis à l'agent du Trésor public. (B. 18, 377.)

17 SEPTEMBRE = 28 OCTOBRE 1791. — Décret portant liquidation de diverses pensions, et table alphabétique des noms des personnes portées sur les quinze états de ce décret. (L. 7, 495, 606 et suiv.; B. 18, 360.)

17 = 29 SEPTEMBRE 1791. — Décret qui renvoie aux tribunaux provisoires établis au palais, à Paris, les procès existant dans les tribunaux de la même ville. (L. 5, 1385; B. 18, 361.)

17 SEPTEMBRE 1791. — Patentes. *Voy.* 20 SEPTEMBRE = 9 OCTOBRE 1791.

18 = 29 SEPTEMBRE 1791. — Décret relatif aux officiers, sous-officiers et cavaliers de la ci-devant maréchaussée qui doivent être employés sur le pied de gendarmerie. (L. 5, 1434; B. 18, 378:)

Art. 1er. Le ministre de la guerre est autorisé à ordonner à tous les officiers, sous-officiers et cavaliers de la ci-devant maréchaussée qui doivent être employés sur le pied de gendarmerie, de se rendre dans les départemens et les résidences qu'il leur assignera. Les officiers choisis par les directoires de département occuperont, dans ceux où ils auront été nommés, les résidences dans lesquelles ils seront placés, suivant leurs grades par le ministre de la guerre.

2. L'emplacement des brigades de la ci-devant maréchaussée subsistera dans l'état où elles sont actuellement, jusqu'à ce que les dispositions suivantes aient été exécutées.

3. Les directoires enverront au ministre de la guerre un état des brigades qui existent actuellement dans leur département, avec leur emplacement, lequel état sera exécuté provisoirement et maintenu;

4. Ils enverront ensuite un état d'augmentation des brigades qu'ils jugeront leur être nécessaires, ainsi que de leur placement et des changemens qu'ils estimeront convenables; mais il ne sera fait droit sur aucune de ces demandes qu'au préalable l'article précédent n'ait été exécuté.

5. Pour faciliter cette opération, il sera envoyé par le ministre de la guerre à chaque directoire des tableaux à remplir, qui présenteront les indications relatives aux correspondances intérieures et aux correspondances extérieures.

6. Faute par les directoires d'exécuter ce qui vient d'être prescrit dans le délai de trois semaines, à dater du jour de la réception du présent décret, constatée par la lettre d'envoi du ministre, le ministre de la guerre sera autorisé à présenter un état du nombre des brigades dans les départemens dont les directoires ne se seront pas conformés au présent décret, ainsi que des augmentations et placemens qu'il jugera plus convenables au bien du service, d'après l'avis des colonels; le ministre de la guerre en rendra compte ensuite au Corps-Législatif, pour qu'il y soit définitivement statué.

18 SEPTEMBRE = 9 OCTOBRE 1791. — Décrets qui fixent la retraite des officiers qui servent avec appointemens dans la garde nationale soldée de Paris, et qui autorisent le ministre de la guerre à fixer le lieu de leur résidence. (L. 6, 194; B. 18, 380.)

Art. 1er. Les officiers qui servent avec ap-

pointemens dans la garde nationale de Paris, et qui ne seront pas remplacés suivant leur grade, soit dans les nouveaux corps créés par le décret des 3, 4 et 5 août dernier, soit dans les autres régimens de ligne, ou dans la gendarmerie nationale, jouiront annuellement, pour retraite, d'autant de trentièmes parties de leurs appointemens qu'ils ont actuellement d'années de service.

2. Il leur sera fait état de leurs services antérieurs, soit dans les troupes de ligne, soit dans un corps faisant partie de la force publique, encore qu'ils aient été interrompus: néanmoins, le temps d'interruption ne sera point compté.

3. Ceux desdits officiers qui ont au moins quinze ans de service, et qui se retireront volontairement, obtiendront la décoration militaire à l'époque fixée par les réglemens.

4. Les sous-officiers et soldats de la garde nationale parisienne soldée qui y servent depuis le commencement de la révolution, sous la condition de pouvoir se retirer en avertissant six mois d'avance, pourront prendre leur congé absolu, soit à l'époque de la nouvelle formation, soit après la nouvelle formation, lors de la révolution complète de l'année courante de leur service. Les sous-officiers et soldats de la garde parisienne nationale soldée qui y servent en vertu d'engagemens contractés pour quatre ans, pourront prendre leur congé absolu, soit à l'époque de la nouvelle formation, soit après la nouvelle formation, à l'expiration de leurs engagemens.

Après les époques ci-dessus marquées, les sous-officiers et soldats de la garde nationale parisienne soldée qui voudront continuer à servir dans les nouveaux corps auxquels ils se trouveront attachés, seront tenus de se conformer aux réglemens généraux sur les engagemens et leur durée.

5. Il sera fait état à tous les sous-officiers et soldats de la garde nationale parisienne soldée de leur service antérieur, ainsi qu'il est dit en l'article 2.

Ceux qui se retireront n'ayant pas huit ans de service effectif n'auront droit à aucune retraite, ils emporteront seulement leurs habits, veste, culotte et chapeau.

6. Les sous-officiers et soldats de la garde nationale parisienne soldée qui compteront au moins huit ans de service, et qui se retireront avant de contracter un nouvel engagement, ou à l'expiration d'un nouvel engagement par eux contracté, jouiront annuellement, pour leur retraite, du soixantième de leur solde actuelle, suivant leur grade, pour chacune des huit premières années de leurs services; d'un quarantième pour chacune des huit années suivantes; d'un trentième pour chacune des années depuis la dix-septième, jusques et compris la vingt-quatrième; d'un

vingt-quatrième pour chacune de celles depuis la vingt-cinquième jusques et compris la trente-deuxième; en sorte qu'après trente-deux ans de service effectif, ils aient pour retraite la totalité de leurs appointemens.

7. Les sous-officiers et soldats de la garde nationale parisienne soldée dont la retraite annuelle n'excédera pas la somme de 100 livres, auront la liberté de choisir entre un traitement annuel et une gratification une fois payée, qui sera de douze fois le montant du traitement, s'il n'excède pas 50 livres; de onze fois, s'il est au-dessus de 50 livres, mais n'excédant pas 75 livres; enfin de dix fois, lorsqu'il sera au-dessus de 75 jusqu'à 100 liv.

8. Les gratifications ne seront payées aux soldats retirés que six mois après l'époque de leur retraite, sur la demande qu'ils en feront au directoire du district dans lequel ils auront pris leur résidence; elles seront acquittées, sans aucune déduction et sans frais, par les trésoriers de district, sur les simples quittances des parties prenantes, passées en présence des membres du directoire, et par eux certifiées véritables.

9. Attendu que la solde de la cavalerie nationale parisienne a été fixée à raison de l'obligation imposée aux sous-officiers et cavaliers de se fournir de chevaux, d'habits, d'armes, d'équipage, et de pourvoir à la nourriture et au logement de leurs chevaux, il sera distrait de la solde des sous-officiers et cavaliers cinquante-huit sous par jour, et le reste seulement entrera dans le calcul de la fixation de leur retraite.

10. Il sera pareillement distrait de la solde des sous-officiers et soldats de la compagnie chargée de la garde des ports, quais et îles, quatre sous par jour, attendu l'obligation où ils étaient de pourvoir à leur habillement et petit équipement; le reste seulement entrera dans le calcul de la fixation de leur retraite.

18 SEPTEMBRE 1791. — Décret qui ordonne un projet sur le mode de correspondance qui doit exister entre les agens du pouvoir exécutif et les corps administratifs, et portant que le ministre des contributions publiques rendra compte de l'état du recouvrement des impositions. (B. 18, 379.)

19 SEPTEMBRE = 2 OCTOBRE 1791. — Décret qui fixe l'époque à laquelle s'assembleront chaque année les conseils de district et de département. (L. 6, 8; B. 18, 384.)

Art. 1er. Les conseils de district se réuniront chaque année le 2 octobre, et les conseils de département, le 2 novembre.

Néanmoins, en la présente année, la réunion des conseils de district n'aura lieu que le 15 octobre, et celle des conseils de département que le 15 novembre.

2. L'Assemblée nationale, instruite que, dans plusieurs départemens, on a procédé, avant la nomination des députés à la législature, au tirage de la moitié des membres des directoires de département et de district qui doivent sortir par le sort; qu'il en résulte que quelques directoires seraient composés en entier d'administrateurs nouveaux, et que d'autres ne conserveraient plus la moitié des anciens, décrète que, nonobstant ce tirage, les membres exclus par le sort demeureront au directoire jusqu'à concurrence de moitié, autant que faire se pourra.

3. Si le nombre des places à remplir pour compléter la moitié des directoires, aux termes de l'article précédent, est moindre que celui des membres exclus par le sort, en état d'y reprendre leurs fonctions, le sort déterminera ceux qui y rentreront.

19 = 28 SEPTEMBRE 1791. — Décret portant que, dans la suite, les vacances des tribunaux seront de deux mois, à compter du 15 septembre. (L. 5, 1314; B. 18, 384.)

Voy. lois du 17 = 23 SEPTEMBRE 1791.

L'Assemblée nationale décrète que, dans la suite, les vacances des tribunaux seront de deux mois, à commencer du 15 septembre, et finiront le 15 novembre de chaque année.

19 SEPTEMBRE = 2 OCTOBRE 1791. — Décret contenant différentes liquidations d'offices de judicature. (L. 6, 35.)

19 = 28 SEPTEMBRE 1791. — Décret qui fixe au 30 de ce mois la cessation des travaux de l'Assemblée nationale, et portant que les officiers actuels resteront en place jusqu'à la fin de la session. (B. 18, 383.)

19 = 28 SEPTEMBRE 1791. — Décret qui accorde 80,000 livres au ministre de la guerre, pour faciliter les retraites des commis qu'il supprimera. (B. 18, 384.)

19 SEPTEMBRE 1791. — Décret portant vente de domaines nationaux à différentes municipalités des départemens de la Charente-Inférieure, de Lot-et-Garonne, du Nord, de la Seine, de Seine-et-Oise et de la Vendée. (B. 18, 385 et suivans.)

19 SEPTEMBRE 1791. — Assemblée électorale de Nantes. *Voy.* 7 SEPTEMBRE 1791.

20 = 29 SEPTEMBRE 1791. — Décret relatif à l'établissement d'un bureau pour l'échange des gros assignats. (L. 5, 1324; B. 18, 398.)

L'Assemblée nationale décrète que les commissaires de la Trésorerie sont autorisés à établir, sous leur responsabilité, un bureau pour les échanges de gros assignats contre ceux de cinq livres, en faveur des manufacturiers, cultivateurs et autres qui occupent un grand nombre d'ouvriers.

Lesdits échanges se feront sur des états arrêtés par le comité de la Trésorerie, et d'après des demandes par écrit et appuyées de certificats des corps administratifs.

Les frais dudit bureau seront réglés par les commissaires de la Trésorerie, sans néanmoins que la dépense totale puisse excéder la somme de 30,000 livres.

L'état des échanges par départemens sera imprimé chaque quinzaine.

———

20 SEPTEMBRE = 14 OCTOBRE 1791. — Décret relatif aux écoles de la marine. (L. 6, 365; B. 18, 420.)

Art. 1ᵉʳ. Lorsqu'un aspirant aura complété quatre années de navigation, le commandant de l'escadre, de la division ou du vaisseau où il sera employé, pourra, sur la demande de son capitaine, lui ordonner de faire les fonctions d'enseigne, dans le cas où il y aurait des places vacantes d'enseigne sur le vaisseau, la division ou l'escadre.

2. Tout aspirant qui aura été employé de cette manière sera tenu de retourner en France, de se présenter au premier examen d'enseigne, ou au premier concours d'enseigne entretenu, qui aura lieu trois mois après son arrivée; et, s'il est fait enseigne d'après le concours ou l'examen, il comptera comme service d'enseigne celui pendant lequel il en aura rempli les fonctions. S'il ne se présente point au premier examen ou au premier concours, ou si, après s'être présenté, il n'est point fait enseigne, il ne pourra compter comme service d'enseigne celui pendant lequel il en aura rempli les fonctions.

3. Le titre d'aspirant entretenu ne pourra être donné aux élèves et volontaires, en vertu de la disposition de l'article 19 du décret du 29 avril = 15 mai, sur l'application de la disposition de la marine, que jusqu'à la concurrence de deux cents places; les cent autres seront données au concours.

Sont préférés pour les deux cents premières places ceux des élèves et volontaires désignés dans cet article 19, qui auront le plus de navigation en cette qualité; ils seront congédiés à mesure qu'ils auront complété les trois années de navigation en qualité d'aspirant, élève ou volontaire.

4. Le ministre de la marine est autorisé à fixer l'époque à laquelle aura lieu le concours pour les aspirans, qui devait commencer à Dunkerque le 1ᵉʳ septembre. Le concours pour les enseignes entretenus aura lieu à mesure que l'examinateur arrivera successivement dans les trois grands ports.

5. Il sera établi une école d'hydrographie à Rouen, à Martigues et à Agde.

6. La dépense pour les appointemens des professeurs d'hydrographie sera fixée à 43,500 livres, conformément au tableau ci-après, présenté par le ministre de la marine.

Tableau des appointemens des professeurs des écoles d'hydrographie.

ÉCOLES A 2,000 FR.

Dieppe, Honfleur, Rouen, Cherbourg, Granville, Saint-Brieuc, Vannes, La Rochelle, Libourne, la Ciotat.

ÉCOLES A 1,500 FR.

Saint-Tropez, Antibes, Martigues, Narbonne, Port-Vendre, les Sables d'Olonne, Paimbœuf, le Croisic, Audierne, Saint-Pol-de-Léon, Fécamp, Saint-Valery, Boulogne, Calais, Agde.

———

20 SEPTEMBRE (17 et) = 9 OCTOBRE 1791. — Décret relatif aux patentes. (L. 6, 164; B. 18, 393.)

Voy. lois du 2 = 17 MARS 1791, articles 7 et suivans; du 1ᵉʳ BRUMAIRE an 7.

Art. 1ᵉʳ. Les régisseurs nationaux de l'enregistrement, des domaines et des droits réunis, seront tenus d'approvisionner tous leurs bureaux de vente de papier timbré, de feuilles imprimées pour la formation des registres à souche destinés à recevoir les déclarations et soumissions pour obtention de patentes.

2. Ces feuilles de registre à souche seront imprimées conformément au modèle annexé au présent décret, et seront fournies par la régie aux municipalités, qui en acquitteront le prix, soit comptant, soit par une reconnaissance payable dans le délai de six mois au plus tard, et se feront rembourser le droit de timbre par les soumissionnaires, en délivrant les certificats, lesquels, ainsi que la quittance, ne seront point assujétis au droit d'enregistrement.

3. Les municipalités qui sont déjà approvisionnées de registres continueront à se servir des mêmes registres pour l'année 1791 seulement.

4. Toutes les patentes, à l'exception de celles des propriétaires vendant des vins en détail pendant six mois au plus, et de celles des colporteurs, seront désignées par demi-patentes, patentes simples et patentes supérieures : en conséquence, les déclarations, certificats et patentes ne contiendront la désignation d'aucune profession, mais seulement la désignation de demi-patente, patente simple, patente supérieure.

5. Les particuliers qui ne seront pourvus que de la demi-patente ne pourront exercer que la profession de boulanger, conformé-

ment à l'article 13 du décret du 2 mars dernier.

Ceux qui seront pourvus d'une patente simple pourront exercer telle profession ou en cumuler, autant qu'ils le jugeront convenable, conformément à l'article 7 du même décret, à l'exception de celles désignées par l'article 14 du même décret.

Ceux qui seront pourvus de la patente supérieure pourront exercer toutes les professions et se livrer à tous les commerces ou industries, sans aucune exception.

6. Les directoires de district feront faire, dans les premiers jours de chaque trimestre, le relevé des déclarations portées sur le registre à souche de chaque municipalité.

7. Sur ces relevés, il sera formé, pour chaque municipalité, un rôle qui désignera le nom des soumissionnaires du trimestre précédent, la nature de la patente, le montant du loyer, le prix de la patente, et la distribution des termes de paiement; conformément au modèle annexé au présent décret.

8. La réunion des rôles formés par trimestre pour chaque municipalité donnera le montant total du produit du droit de patentes dont le percepteur de la communauté devra compter, à la déduction de deux sous pour livre alloués à la caisse de la commune, et de trois deniers pour livre de taxations, entre les mains du receveur du district, et celui-ci à la Trésorerie nationale, à la déduction de ses taxations sur le pied d'un denier pour livre.

9. Il sera formé, dans les premiers mois de chaque trimestre, pour toutes les communautés du district, un bordereau général du montant des rôles de patentes expédiées pour le trimestre précédent : et le directeur de district adressera une expédition de ce bordereau, signée et certifiée de lui, au receveur du district, et une seconde sera remise au directoire de département.

10. Le directoire du département, aussitôt après la réunion de ces bordereaux, en formera un état général par district, dont une expédition sera adressée au ministre des contributions publiques, qui en fera passer une copie aux commissaires de la Trésorerie nationale.

11. Il sera établi, dans chaque département, des préposés sous le nom de *visiteurs de rôles*, au nombre de six au plus, et dont l'un aura celui de visiteur principal. Ils seront chargés de compulser, dans chaque municipalité, le nombre des déclarations de patentes, et d'aider lesdites municipalités à la formation des matrices de rôles des contributions foncière et mobilière, conformément à l'article 8 du décret des 11 et 13 juin 1791.

12. Ces visiteurs seront subordonnés à un inspecteur général des rôles, dont la résidence sera fixée dans le chef-lieu et auprès du directoire du département. Les relevés faits par les visiteurs des rôles et visiteur principal seront adressés à cet inspecteur général, qui sera chargé de faire former les rôles.

13. Les visiteurs, visiteur principal et inspecteur général des rôles seront tous nommés, pour cette première fois, par le Roi, qui ne pourra les choisir, conformément à l'article 3 du décret du 7 mars dernier, que parmi les personnes qui justifieront avoir été précédemment employées au service de la nation, dans les administrations réduites ou supprimées.

14. A compter du 1er janvier 1792 jusqu'au 1er avril 1794, les directoires de département pourvoiront pareillement à ceux des emplois qui deviendraient vacans, en faveur d'employés des anciennes administrations réduites ou supprimées.

15. A compter dudit jour 1er avril 1794, les visiteurs des rôles seront choisis et nommés par les directoires de département, parmi les employés de leurs bureaux ou de ceux des directoires de district.

16. Le visiteur principal des rôles sera toujours choisi parmi les visiteurs ordinaires du département; mais l'inspecteur général pourra être choisi hors du département parmi tous les visiteurs généraux.

17. Le traitement des visiteurs des rôles sera de 1,500 livres, dont 1,200 livres acquittées sur le produit des patentes, et 300 livres sur les sous pour livre additionnels du département.

Celui de visiteur principal sera de 2,000 livres, dont 1,500 livres sur le produit des patentes, et 500 livres sur les sous pour livre additionnels.

Enfin, celui de l'inspecteur général sera de 3,6000 livres, dont 2,400 livres sur le produit des patentes, et 1,200 livres sur les sous pour livre additionnels.

18. Pourront, au surplus, les directoires de département délibérer en faveur desdits employés telles gratifications qu'ils jugeront convenables, de manière cependant que le traitement des visiteurs des rôles ne puisse excéder 1,800 livres, celui du visiteur principal, 2,400 livres, et celui de l'inspecteur général, 4,000 livres.

19. Lorsque les inspecteurs et visiteurs reconnaîtront la fausseté ou l'insuffisance des déclarations, ou lorsqu'ils seront avertis de cette fausseté par les municipalités, ils seront tenus d'en dresser procès-verbal, qu'ils remettront dans huitaine au procureur-syndic du district, pour être par lui demandé la rectification devant le directoire du district.

---

20 SEPTEMBRE = 12 OCTOBRE 1791. — Décret sur l'organisation d'une cour martiale maritime.

(L. 6, 233 ; B. 18, 399 (Mon. du 21 septembre 1791.)

Voy. lois du 21 = 22 AOUT 1791 ; 22 = 23 JANVIER 1791 ; décrets du 22 JUILLET et du 12 NOVEMBRE 1806.

TITRE Ier. Cour martiale maritime, et sa composition.

Art. 1er. Il sera établi dans chacun des ports de Brest, Toulon, Rochefort et Lorient, une cour martiale maritime, qui sera composée d'un grand-juge et de deux assesseurs. L'ordonnateur fera les fonctions de grand juge (1); le plus ancien des capitaines de vaisseau qui se trouveront dans le port, et le plus ancien des chefs d'administration, feront celles d'assesseurs.

Sa compétence.

2. Les cours martiales établies par l'article précédent prononceront sur tous les délits commis dans les arsenaux, et sur tous ceux relatifs au service maritime commis par les officiers d'administration et tous autres employés dans le département de la marine, autres que les délits de police simple et de police correctionnelle.

3. Elles prononceront également sur tous les délits militaires commis à terre par les officiers de la marine militaire, et par les officiers, sous-officiers et soldats des troupes de la marine. Les équipages des bâtimens en armement seront également soumis à leur juridiction pour les délits commis relatifs au service maritime, jusqu'au moment de la mise en rade, et au désarmement, depuis la rentrée dans le port jusqu'au licenciement de l'équipage.

4. La cour martiale ne prononcera que sur le rapport d'un jury.

5. Il y aura dans chaque port un commissaire auditeur. Le commissaire auditeur sera à la nomination du Roi. Les conditions de son admissibilité seront, pour l'avenir, les mêmes que celles exigées pour le commissaire du Roi dans les tribunaux de district.

6. En cas d'absence ou d'empêchement, l'ordonnateur sera remplacé par celui qui est appelé par la loi à remplir ses fonctions; le plus ancien capitaine de vaisseau et le chef d'administration, par ceux de leur grade qui suivront immédiatement; et le commissaire auditeur, par le chef de la gendarmerie nationale maritime.

7. La cour martiale aura un greffier, qui sera également attaché au conseil d'administration et à la gendarmerie nationale maritime; il sera à la nomination du Roi.

8. Le jury sera composé de sept jurés, dont quatre de grade supérieur à celui de l'accusé, et trois de grade égal ou état correspondant.

A défaut de personnes du grade de l'accusé, il en sera pris dans les grades supérieurs; et, à défaut de personnes des grades supérieurs, on prendra dans le grade ou état de l'accusé, et ensuite dans le grade inférieur.

9. Les jurés seront indiqués en nombre double de chaque grade, et l'accusé proposera ses récusations conformément à la loi du 22 août 1790.

10. Lorsqu'il y aura plusieurs accusés, le nombre des jurés indiqués sera de huit de grade supérieur à tous les accusés, et de six jurés de plus pour chacun des accusés, pris dans le grade ou état respectif de chaque accusé (2).

11. La récusation sera faite par les accusés, ensemble ou séparément, de manière qu'il reste toujours quatre jurés de grade supérieur et trois des autres grades.

Si la récusation est faite séparément, chaque accusé, en commençant par le plus jeune, récusera tour-à-tour un juré, jusqu'à ce qu'il en reste quatre de grade supérieur et trois des autres grades.

12. Les forçats sont exceptés des dispositions précédentes; ils seront jugés sans jury, sur la poursuite du commissaire auditeur, par la cour martiale.

Le commissaire auditeur instruira les procédures, et donnera ses conclusions.

Forme de procéder.

13. Chaque commissaire auditeur recevra les dénonciations qui lui seront faites par les chefs, ou par toutes autres personnes, de tout le délit prétendu commis dans les arsenaux et des délits relatifs au service, commis par les militaires et tous autres agens du département de la marine en exercice de fonctions. Il aura soin d'exiger du dénonciateur la déclaration circonstanciée des faits, la remise des pièces servant à conviction, et l'indication des témoins qui peuvent servir à la preuve. La dénonciation sera signée par le dénonciateur, s'il sait signer, et, s'il ne sait pas signer, par deux témoins, en présence desquels elle devra être faite en pareil cas.

14. Le commissaire auditeur sera tenu de rendre plainte de tous les délits prétendus commis dans les arsenaux, et de ceux commis par les employés du département de la marine dans l'exercice de leurs fonctions, dans les vingt-quatre heures qu'il en aura eu connaissance par voie de dénonciation, par la clameur publique ou autrement; comme aussi de constater immédiatement par procès-verbal le corps et les circonstances du délit, s'il a laissé des traces permanentes.

---

(1) *Voy.* Arrêté du 3 vendémiaire an 9.

(2) *Voy.* Arrêté du 4 fructidor an 8.

15. Le commissaire auditeur qui aura connaissance de tous les délits relatifs au service maritime, commis hors de son arrondissement, sera tenu d'en avertir, sans aucun délai, celui de ses confrères dans l'arrondissement duquel ces délits passeront pour avoir été commis, et de lui envoyer tous les renseignemens qu'il aura pu se procurer, notamment copie de la dénonciation, s'il en a reçu une.

16. Sera pareillement tenu le commissaire auditeur qui aura connaissance d'un délit civil commis dans son arrondissement et hors de l'arsenal, d'en avertir immédiatement tel magistrat civil qu'il appartiendra, du lieu dans lequel ce délit passera pour avoir été commis, et de lui envoyer tous les renseignemens qu'il aura pu se procurer, notamment copie de la dénonciation, s'il en a reçu une.

17. Le commissaire auditeur qui sera dans le cas de porter une plainte la dressera par écrit, faisant mention du dénonciateur, s'il y en a un; il la communiquera au major-général de la marine, si les accusés sont militaires, ou au contrôleur du port, si l'accusé est agent de l'administration ou employé dans le port, et requerra l'indication du jury; il requerra en même temps du grand-juge l'ordonnance nécessaire pour l'instruction et le jugement.

18. Le commissaire auditeur, lorsqu'il aura constaté par procès-verbal le corps de délit et les principales circonstances, pourra faire arrêter et constituer prisonnier l'accusé, s'il ne l'est pas déjà en vertu des ordres de ses chefs, et des règles de la discipline militaire ou de la police des arsenaux : s'il l'est, il le fera écrouer sur le registre de la prison ; en même temps il lui fera donner copie certifiée par le greffier de la plainte et du procès-verbal ou des procès-verbaux qui auront été dressés en exécution de l'article 14. L'accusé sera pareillement averti qu'il lui est libre de prendre ou de demander un conseil.

19. La prison dans le port, ou les fers sur les vaisseaux, sont une punition militaire pour les fautes de discipline; mais, par rapport à l'homme prévenu ou accusé d'un délit, ils ne sont plus qu'un moyen de sûreté ; ainsi les chefs qui feront emprisonner quelqu'un comme prévenu d'un délit ne pourront, sous aucun prétexte, aggraver sa détention, en y ajoutant une espèce de peine ou de privation qui ne serait pas indispensable pour s'assurer de sa personne.

20. Le lieu, le jour et l'heure auxquels le grand-juge et ses assesseurs, ou leurs suppléans, devront tenir la cour martiale, seront fixés par l'ordonnance du grand-juge. Elle portera réquisition au major général de la marine ou au contrôleur d'y faire trouver les jurés, et à l'auditeur d'y produire ses témoins, et d'y faire amener l'accusé ou les accusés.

La cour martiale se tiendra toujours le matin.

21. L'ordonnance du grand-juge sera communiquée au major général ou au contrôleur, par le commissaire auditeur, et notifiée, à sa diligence, tant à l'accusé qu'aux témoins.

22. Les témoins qui ne comparaîtront pas, et qui ne feront pas proposer d'excuse légitime, seront cités une seconde fois à leurs frais ; et, s'ils ne comparaissent pas cette seconde fois, ils seront, en vertu de l'ordonnance du grand-juge de la cour martiale maritime, appréhendés au corps, amenés et condamnés aux frais de leur arrestation et conduite, ainsi qu'à une amende qui ne pourra pas être moindre de la valeur d'une demi-once, ni plus forte que la valeur d'un marc d'argent.

23. Au jour et à l'heure indiqués par l'ordonnance du grand-juge, lui et ses deux assesseurs, le commissaire auditeur, le greffier et toutes les personnes désignées par le jury, se rendront dans une des salles de l'arsenal où se tiendra la cour martiale, les portes ouvertes, en présence de tous ceux qui voudront y assister.

24. Le grand-juge prendra sa place à l'extrémité de la table disposée à cet effet. Ses assesseurs seront à ses côtés ; près d'eux, sur la gauche, le commissaire auditeur, ayant à côté de lui le greffier : les personnes désignées pour le jury se rangeront à droite.

25. Le grand-juge annoncera l'objet de la tenue de cette cour martiale, pour juger l'accusation portée contre tel ou tel, à qui on impute tel délit. Il ordonnera de suite que l'auditeur produise ses témoins : ils seront appelés, et se rangeront sur la gauche, à la suite du greffier ; après quoi le juge ordonnera d'amener l'accusé ou les accusés, qui se placeront, avec leur conseil, à l'extrémité de la table, faisant face au grand-juge et ses assesseurs. Tous pourront s'asseoir lorsqu'ils ne parleront pas.

26. Le grand-juge nommera les personnes désignées pour le jury, et avertira les accusés du droit qu'ils ont d'en récuser la moitié, sans être obligés, sans pouvoir même motiver leurs récusations, de l'ordre à tenir en les proposant; qu'il y sera suppléé par la voie du sort, dans le cas où les accusés refuseraient de le faire eux-mêmes. Les accusés pourront s'expliquer à cet égard par leur propre bouche ou par l'organe de leur conseil ; mais ils devront du moins exprimer qu'ils adoptent ce qui sera proposé en leur nom par leur conseil.

27. Le greffier fera mention sur son procès-verbal des récusations. Le jury étant réduit au nombre compétent, le grand-juge requerra de ceux qui le composent de prêter serment, de donner leur avis en leur âme et conscience, ce qu'ils seront tenus de faire en levant la main et prononçant : *Je le jure,*

28. Le commissaire auditeur donnera lecture de la plainte, des procès-verbaux, s'il y en a, ainsi que des écrits venant à l'appui de la plainte, s'il en existe : les pièces prétendues de conviction seront mises en évidence ; enfin, les témoins seront nommés et désignés l'un après l'autre par leurs noms, âge, états, qualités et domiciles.

29. Le grand-juge ordonnera aux témoins de prêter serment de dire la vérité, toute la vérité, rien que la vérité ; ce qu'ils seront tenus de faire en levant la main et prononçant : *Je le jure.*

30. Il sera libre aux accusés ou à leur conseil, non-seulement de proposer les motifs de suspicion qu'ils peuvent avoir contre le témoin, mais encore de faire telles observations qu'ils jugeront à propos sur son témoignage, même de lui proposer, pour l'éclaircissement des faits, telles questions qu'ils voudront, et auxquelles le témoin sera tenu de répondre. L'auditeur, les jurés et les juges pourront ensuite successivement demander au témoin les explications dont ils croiront sa déposition susceptible.

31. Les témoins ayant été tous entendus et examinés l'un après l'autre dans une ou plusieurs séances, suivant l'exigence du cas, l'auditeur établira le mérite de sa plainte par les divers témoignages qu'il résumera : il conclura, s'il y a lieu, à ce que l'accusé soit déclaré coupable, et condamné à la peine que la loi prononce pour son délit.

32. L'accusé ou les accusés pourront, soit par eux-mêmes, soit par l'organe de leur conseil, proposer leurs moyens de justification, de défense ou d'atténuation. Il sera libre au commissaire auditeur de reprendre la parole après les accusés, et ceux-ci seront les maîtres de lui répondre à leur tour ; mais les plaidoiries ne s'étendront pas plus loin, et il ne sera jamais accordé de duplique.

33. Lorsque l'accusé ou les accusés produiront les témoins, soit à l'appui des moyens de suspicion qu'ils auront proposés contre les témoins du plaignant, soit pour établir des faits tendant à leur justification ou à leur décharge, on ne pourra pas leur refuser d'entendre à l'instant ces témoins ; et quand même l'accusé ou les accusés ne produiraient aucun moyen pour établir des faits justificatifs qui paraîtraient concluans, et dont ils offriraient la preuve, cette preuve serait toujours admissible à la pluralité des voix du grand-juge et de ses assesseurs qui fixeront le délai dans lequel elle devra être faite.

34. Les mêmes formalités seront observées, tant pour l'audition et l'examen des témoins produits par les accusés, que pour l'audition et l'examen des témoins produits par le plaignant.

35. Le greffier rédigera le procès-verbal

de chaque séance, de manière qu'il puisse servir à constater l'accomplissement ou l'inobservation de chacune des formalités qui doivent avoir lieu dans le cours de l'instruction, pour assurer la régularité du jugement.

36. Toutes les formalités ci-dessus prescrites étant remplies, toutes les questions incidentes à l'instruction du procès étant décidées, le grand-juge prendra la parole, et avertira les jurés qu'ils ont à prononcer sur deux questions qu'ils doivent traiter séparément : la première, de savoir s'ils sont convaincus que le délit énoncé dans la plainte ait été commis ; la seconde, s'ils sont convaincus que ce soit par l'accusé que ce même délit ait été commis. En conséquence, le grand-juge sera tenu de donner lecture du présent article aux jurés.

37. Il présentera sur l'une et sur l'autre de ces questions les témoignages à charge et décharge, et le degré de croyance dont ils lui paraîtront susceptibles. Il résumera les moyens pour et contre, faisant valoir ceux en faveur de l'accusé, quand même ils n'auraient été employés ni par lui, ni par son conseil. Il s'attachera surtout, dans les cas où le délit paraîtrait constant, aux termes de la loi ; mais où les circonstances dont il serait environné pourraient faire penser que l'accusé est excusable ou non criminel, à fixer sur ces circonstances toute l'attention des jurés. Il les exhortera à donner leur avis dans leur ame et conscience ; enfin il les invitera à passer dans une pièce voisine, où ils seront tenus de se retirer, et de rester sans aucune communication au-dehors, jusqu'à ce qu'ils aient formé leur résultat. En même temps, le commissaire auditeur se retirera de son côté, et le grand-juge ordonnera que l'accusé ou les accusés soient reconduits en prison.

38. Les jurés, sous la présidence du plus ancien d'entre eux, opineront à haute voix et séparément sur chacune des deux questions soumises à leur détermination, le plus jeune parlant le premier, et ainsi de suite en remontant : ils seront les maîtres de motiver leur avis dans le premier tour d'opinions qui se fera sur chaque question. Il sera fait ensuite un second tour, où les avis seront énoncés simplement par *oui* ou par *non*.

39. L'avis contraire à l'accusé ne peut être formé dans le jury que par la réunion des cinq septièmes des voix des jurés.

S'il passe à la négative sur la première question qu'ils ont à décider, la seconde sera résolue de droit, et les jurés rapporteront que l'accusé n'est pas coupable. S'il passe à l'affirmative sur cette première question, mais à la négative sur la seconde, les jurés rapporteront également que l'accusé n'est pas coupable ; mais, s'il passe à l'affirmative sur chacune des deux questions, les jurés rapporteront que l'accusé est coupable.

40. Si l'accusé est convaincu d'un fait que la lettre de la loi place au rang des délits, mais que les circonstances environnantes peuvent excuser, en prouvant même que son intention n'a pas été criminelle, il sera permis aux jurés, qui sont les juges du fait, de modifier leur rapport suivant les circonstances, en prononçant ainsi : *Coupable, mais excusable;* ou bien ainsi, *Convaincu du fait, mais non criminel.* Ces modifications pourront être ajoutées au rapport, à la pluralité des cinq septièmes des voix des jurés.

41. Le jury, ayant formé son résultat, en préviendra le grand-juge, et rentrera immédiatement dans la salle d'audience, où étant à leurs premières places, debout et découverts, tous les jurés lèveront la main, et le plus ancien dira : « Nous jurons, sur notre « conscience et notre honneur, qu'après avoir « observé scrupuleusement dans notre déli- « bération les règles qui nous étaient pres- « crites par la loi, nous avons trouvé qu'un « tel, accusé de tel fait, n'était pas coupable; « ou bien, qu'un tel, accusé de tel fait, « en était coupable; ou bien, qu'un tel, ac- « cusé de tel fait, en était coupable, mais « excusable; ou bien enfin, qu'un tel, accusé « de tel fait, en était convaincu, mais non « criminel. »

42. Le greffier dressera sur-le-champ procès-verbal du rapport des jurés, qu'ils seront tenus de signer, ou de déclarer qu'ils ne le savent pas faire; après quoi ils se retireront.

43. La délibération entre le grand-juge et ses assesseurs commençant immédiatement après la retraite des jurés, si ceux-ci ont rapporté que l'accusé n'était pas coupable, le jugement portera que l'accusé est déchargé de l'accusation, sans ajouter rien de plus. Si les jurés ont rapporté *coupable,* il sera dit que la loi condamne l'accusé à telle peine, et la loi sera citée avec les motifs de son application.

Lorsque les jurés auront rapporté *coupable, mais excusable,* les juges seront autorisés à réduire la peine d'un degré inférieur à celle que la loi prononce.

44. Il faut l'unanimité des voix de trois juges pour condamner à la mort; la loi ne la prononce que dans cette présupposition; et, en général, son intention est toujours qu'on se réduise à la moindre peine, lorsque les circonstances font naître des doutes sur l'application de la peine la plus rigoureuse.

45. Pour condamner à toute autre peine que la mort, il suffit de la pluralité des voix; mais si les juges diffèrent absolument d'opi-

nion sur le genre de peine à prononcer, il en sera fait mention dans le jugement, et l'avis le plus doux prévaudra.

46. Les jugemens de la cour martiale seront prononcés par le grand-juge, en présence de tout l'auditoire. Avant la levée de l'audience, ils seront signés tant par le grand-juge que par ses deux assesseurs, et par le greffier.

47. Le greffier se transportera immédiatement après à la prison, où il donnera lecture de la sentence aux accusés, qui l'entendront debout et découverts. Le procès-verbal de la lecture sera écrit au bas de la sentence, et signé seulement du greffier.

48. Dans tous les cas où l'effet d'un jugement de la cour martiale n'est pas suspendu par la disposition précise de quelque loi, son exécution ne pourra être empêchée ni retardée sous aucun prétexte, et aura lieu le jour même, s'il y a peine de mort.

49. Le greffier, ou tout autre officier public qui pourra être désigné à la suite, assistera et veillera aux exécutions, dont il dressera procès-verbal au bas de la sentence. Il sera très-attentif à ce que la peine ne soit aggravée par aucun accessoire, et que la volonté arbitraire de qui que ce soit ne puisse rien ajouter à la sévérité du jugement.

Accusé absent.

50. Lorsqu'un accusé n'aura pu être arrêté et constitué prisonnier, le commissaire auditeur requerra du major-général de la marine ou du contrôleur, qu'il nomme un curateur à l'accusé absent, parmi les militaires de son grade, ou parmi les employés de son état; ce que le major ou le contrôleur sera tenu de faire. Le curateur ainsi nommé devra prendre un conseil.

51. La procédure s'instruira avec le curateur, comme elle se serait instruite avec l'accusé en personne. Les dires et déclarations des témoins seront insérés tout au long dans le procès-verbal. Les juges et les jurés redoubleront d'attention lorsqu'ils auront à prononcer sur le sort d'un homme qui ne se défend pas lui-même (1).

52. Si l'accusé absent est arrêté, ou s'il se constitue volontairement prisonnier dans le cours de l'instruction, elle sera recommencée avec lui, et tout ce qui aura été fait avec son curateur sera réputé non avenu.

53. Si l'accusé fugitif est condamné à des peines afflictives ou infamantes, la sentence sera exécutée en effigie. Néanmoins, l'accusé sera toujours admis à faire valoir ses moyens de défense et sa justification, au cas qu'il soit

---

(1) Contrairement à la règle générale, le contumace incompétemment condamné peut se pourvoir en cassation (20 fructidor an 13; Cass. S. 6, 1, 96).

arrêté, ou qu'il se présente volontairement, dans quelque temps que ce soit.

54. Les auteurs, fauteurs ou complices d'un délit relatif au service maritime ou d'un délit commis dans l'arsenal, pourront être poursuivis par-devant la cour martiale, encore qu'ils ne soient pas gens de guerre ou employés dans l'arsenal.

55. Si un ou plusieurs particuliers étrangers au département de la marine sont poursuivis par-devant la cour martiale pour délits commis dans l'arsenal, le jury sera composé de jurés civils, et suivant les règles établies ci-dessus.

56. Si les particuliers étrangers au département de la marine sont poursuivis par-devant la cour martiale concurremment avec quelque militaire ou employé du département, il sera ajouté au jury, pour chacun d'eux, six jurés civils ; et la récusation sera faite comme il est dit précédemment, de manière cependant qu'il reste toujours dans le jury un juré civil.

57. Il ne pourra être intenté aucune action criminelle pour raison d'un crime, après trois années révolues, lorsque, dans cet intervalle, il n'aura été fait aucune poursuite.

Quand il aura été commencé des poursuites à raison d'un crime, nul ne pourra être poursuivi pour raison dudit crime après six années révolues, lorsque, dans cet intervalle, aucun juré d'accusation n'aura déclaré qu'il y a lieu à accusation contre lui, soit qu'il ait ou n'ait été impliqué dans les poursuites qui auront été faites.

Les délais portés au présent article et au précédent commenceront à courir du jour où l'existence du crime aura été connue et légalement constatée.

Aucun jugement de condamnation rendu par un tribunal criminel ne pourra être mis à exécution, quant à la peine, après un laps de vingt années révolues, à compter du jour où ledit jugement aura été rendu (1).

TITRE II. Police des arsenaux (2).

Art. 1er. La police du port appartient à l'ordonnateur ; elle sera exercée, sous son autorité, par le commissaire auditeur, et, à son défaut, par l'officier commandant des brigades de gendarmerie nationale, attaché au service de l'arsenal.

2. Seront réputés délits de police tous ceux commis contre l'ordre public et le service des arsenaux, ou en contravention des réglemens particuliers des ports, lesquels ne sont point énoncés dans le titre suivant, et

dans le titre II du Code pénal des vaisseaux, du 21 août 1790 (3).

3. Seront aussi réputés délits de police tous les vols simples au-dessous de six livres commis dans les arsenaux.

4. Les peines de police, pour délits commis dans les arsenaux, sont les arrêts, la prison au-dessous de trois mois, l'amende au-dessous de cent livres, l'interdiction, la réduction de paie, l'expulsion de l'arsenal et du service.

5. Les arrêts et la prison, pendant huit jours au plus, pourront être prononcés en simple police par l'ordonnateur et le commissaire auditeur ; toute autre peine ne pourra être ordonnée que par le conseil d'administration, qui, dans ce cas, prendra le titre de tribunal de police correctionnelle, et sur le rapport du commissaire auditeur.

6. Ce tribunal renverra à la cour martiale tous les délits emportant une peine plus grave que ceux énoncés à l'article 4.

7. Cette juridiction de police s'étendra sur toutes les personnes, indistinctement, qui se rendront coupables de délits ou de fautes dans l'intérieur de l'arsenal.

8. Les chefs et les sous-chefs d'administration auront le droit de faire arrêter et conduire en prison tout homme prévenu d'un délit ou faute, à la charge d'en faire prévenir aussitôt le commissaire auditeur.

9. La discipline intérieure des troupes de la marine, lorsqu'elles ne seront point embarquées, sera réglée par le décret relatif à la discipline intérieure des corps militaires, du 15 septembre 1790, dont toutes les dispositions sont rendues applicables aux troupes de la marine.

10. Il y aura des brigades de gendarmes employés dans les principaux ports, et spécialement destinées au service des arsenaux de marine.

Chaque brigade sera composée de quatre gendarmes, et commandée par un maréchal-des-logis ou par un brigadier. Il y aura de plus, dans chacun des trois grands ports, Brest, Toulon et Rochefort, un commandant des brigades, qui sera au moins lieutenant.

11. Les gendarmes de tous les ports rouleront entre eux pour parvenir aux places de brigadier, et ensuite de maréchal-des-logis. Une moitié de ces places sera donnée à l'ancienneté, et l'autre au choix du Roi.

12. Sur deux places de lieutenans vacantes, une sera donnée au plus ancien maréchal-des-logis, et l'autre sera laissée au choix du Roi, qui pourra choisir parmi les officiers

---

(1) L'art. 637 Code d'inst. crim. n'a point abrogé cet article (Cass. 27 janvier 1820 ; S. 20, 1, 147.)
(2) Voy. l'art. 10, titre 2 du décret du 12 novembre 1806, et la note.

(3) Notamment les injures proférées dans un arsenal de marine par un ouvrier contre son supérieur (28 octobre 1819 ; Cass. S. 20, 1, 87).

attachés au département de la marine, ou parmi les maréchaux-des-logis des brigades de la gendarmerie des arsenaux.

13. Le lieutenant nouvellement promu prendra rang avec les lieutenans de la division de gendarmerie nationale où sera situé le port, et deviendra, comme eux, capitaine, à son tour d'ancienneté; mais il ne cessera pas d'être attaché au service de l'arsenal, et il ne sera point remplacé dans son grade de lieutenant.

14. Ces brigades feront leur service à pied pour la garde des arsenaux, sous les ordres des ordonnateurs des ports et des commissaires auditeurs. Il y en aura chaque jour au moins la moitié employée dans les ports d'une manière active.

15. Le traitement des gendarmes et brigadiers attachés au service des arsenaux sera d'un quart en sus de celui fixé pour les gendarmes nationaux par le titre IV du décret du 16 janvier 1791.

Celui des lieutenans, maréchaux-des-logis et brigadiers sera conforme au titre IV, et ils ne seront pas tenus à l'entretien des chevaux.

16. Les fonctions des gendarmes attachés au service des ports seront analogues à celles attribuées à la gendarmerie nationale par le décret du 16 janvier 1791, dans tout ce qui peut intéresser le service et la sûreté des ports et arsenaux.

17. Les compagnies des prévôtés de la marine sont supprimées; elles feront partie des brigades de gendarmerie des ports, dans lesquelles elles seront incorporées, et les officiers, sous-officiers et archers seront placés chacun dans son grade et selon son rang.

18. Les officiers, sous-officiers et archers des prévôtés de la marine, qui seront compris dans la nouvelle formation, compteront leur service en cette qualité pour la décoration militaire.

19. Les commissaires auditeurs seront pris, pour cette fois, parmi les prévôts des prévôtés de la marine; et, à défaut, parmi les lieutenans ou les procureurs du Roi actuels, selon leur capacité.

Les prévôts de la marine qui ne seront pas replacés auront pour retraite les deux tiers de leur traitement d'activité.

20. Les archers employés dans les quartiers des classes seront supprimés, et seront replacés dans les brigades de gendarmerie des arsenaux, et, à défaut, dans la gendarmerie nationale.

21. Les officiers d'administration et syndics des gens de mer, pour l'exécution des ordres relatifs au service des classes, pourront requérir la gendarmerie nationale de leurs quartiers, qui ne pourra se refuser à leurs réquisitions.

TITRE III. Des délits et des peines.

Art. 1er. Les peines énoncées dans ce titre ne pourront être infligées que par jugement de la cour martiale.

2. Les délits militaires commis dans les ports et arsenaux seront jugés en conformité du décret du 21 août 1790, concernant les délits sur les vaisseaux; et dans les cas non prévus par ce décret, ou dans le cas de peines qui ne seraient pas de nature à être exécutées à terre, on aura recours aux décrets rendus ou à rendre pour les délits de troupes de terre.

3. Tout homme convaincu d'un vol de la valeur de six livres et au-dessus sera condamné au carcan, à une amende triple de la valeur de la chose volée, à l'expulsion de l'arsenal et à la dégradation civique. Dans tous les cas de vol ou larcin, l'accusé sera condamné à la restitution de l'effet volé.

4. Lorsque le vol aura été commis ou favorisé par des personnes spécialement chargées de veiller à la conservation des effets, tels que garde-magasins, gardiens de vaisseaux, maîtres, contre-maîtres, commis d'administration embarquans, commis des vivres, et autres chargés d'un maniement ou d'un dépôt, la peine sera celle de la chaîne pour six ans.

5. La même peine aura lieu contre les suisses, gendarmes, gardiens et consignes qui auront commis ou favorisé ledit vol.

6. Tous vols caractérisés seront punis ainsi qu'il a été décrété dans le Code général des délits et des peines, au titre II de la seconde section, dans les dispositions applicables aux arsenaux; de telle sorte que la peine de la chaîne prononcée par ce Code, dans tous les cas où le vol sera commis de nuit, avec armes, fausses clefs, attroupement, effraction et autres circonstances aggravantes, soit toujours augmentée de trois années en sus du nombre déterminé dans ledit Code, lorsqu'il aura été commis avec les mêmes circonstances, par les personnes désignées dans les 5e et 6e articles ci-dessus: toutefois, la durée de ladite peine ne pourra excéder trente ans, à raison desdites circonstances, en quelque nombre qu'elles se trouvent réunies.

7. Les maîtres, contre-maîtres et ouvriers qui seraient convaincus d'avoir fabriqué dans leurs ateliers des ouvrages pour leur compte seront condamnés aux mêmes peines prononcées contre le vol, si la matière desdits ouvrages est reconnue avoir été prise dans l'arsenal; et, si elle leur appartient, ils seront condamnés à perdre ce qui pourra leur être dû en appointemens ou en journées, et à être renvoyés du service.

8. Si aucun des entrepreneurs et maîtres d'ouvrages dans l'arsenal était convaincu d'avoir substitué aux matières ou marchan-

dises qui leur sont délivrées du magasin général pour être fabriquées, d'autres matières d'une moindre valeur et qualité, il sera condamné au paiement de la plus-value, à une amende qui ne pourra excéder 300 livres, et à la dégradation civique.

9. Il est défendu à tous maîtres et autres à la solde de l'Etat de recevoir aucune espèce d'intérêt, présent ou gratification de la part d'un entrepreneur ou fournisseur, lorsque leur fonction pourra influer sur le bénéfice de la fourniture, à peine d'une amende qui ne pourra excéder 100 livres, d'un mois de prison, et d'être renvoyés du service, et, contre ledit fournisseur ou entrepreneur qui leur aurait accordé cet avantage illicite, d'une amende qui ne pourra excéder 300 livres.

10. Ceux qui troubleront et compromettront le service par des discours séditieux seront condamnés à la gêne pendant un an, et ceux qui se porteront à des actes de révolte seront punis de six années de chaîne. La peine sera double contre ceux qui seront convaincus d'avoir excité lesdites séditions et révoltes.

11. Les voies de faits commises envers l'ordonnateur, les chefs, sous-chefs et autres supérieurs, seront punies par cinq années de gêne au plus, et l'expulsion de l'arsenal.

Les autres actes d'insubordination qui ne porteront pas de caractères seront punis par voie de police.

12. Ceux qui auront falsifié ou altéré les registres, rôles, quittances et autres papiers de service, ou qui auront fabriqué ou fait fabriquer de faux rôles, fausses quittances et autres actes, et qui les emploieront à leur profit, ou enfin, qui supposeront effectifs, au détriment des deniers de la nation, des hommes, des matières et des sommes non existans, seront condamnés à dix ans de chaîne.

13. Ceux qui se présenteront aux bureaux des classes, et qui prendront frauduleusement le nom d'un marin employé sur les vaisseaux de l'Etat, pour s'approprier ses salaires, parts de prises, ou autres sommes à lui revenant, seront condamnés au carcan et à la prison pendant une année. La même peine aura lieu contre tous ceux indistinctement qui auront eu part à ce faux, soit en attestant l'identité de l'homme, soit en concourant de toute autre manière à l'infidélité du faussaire.

14. Seront punis de la même manière les faux créanciers et leurs complices, qui emploieront des moyens frauduleux pour constater leur prétendu titre à l'égard d'un marin mort ou absent.

15. Il est défendu, sous peine d'être mis à la gêne pendant trois ans, de faire du feu dans l'arsenal, si ce n'est dans les bureaux et autres lieux qui seront déterminés par l'ordonnateur pour les besoins indispensables du service. La même peine aura lieu contre ceux qui, étant commis pour veiller lesdits feux, les quitteraient avant qu'ils soient entièrement éteints (1).

16. Les délits commis par les bas-officiers des galères et par les forçats continueront d'être punis en conformité des réglemens rendus pour la police et la justice des chiourmes, avec cette seule exception que chaque évasion de forçats sera punie seulement par trois années de chaîne de plus pour les forçats à terme, et par l'application à la double chaîne, pendant le même temps, pour les forçats qui sont actuellement condamnés à vie (2).

17. A l'égard des autres crimes et délits non prévus par le présent décret, et qui seraient commis dans l'arsenal, ils seront jugés conformément aux dispositions décrétées par le Code général des vaisseaux, du 21 août 1790, par le Code général des délits, et le Code de la police correctionnelle (3).

18. Ledit Code pénal des vaisseaux sera également suppléé pour les dispositions qui n'y seront pas prévues par le présent Code, et par le Code général des peines et délits.

19. Les articles 59 et 60 du Code pénal des vaisseaux, n'étant que provisoires et en attendant le présent décret, seront supprimés, ainsi que les dispositions pénales des anciennes ordonnances relatives aux arsenaux.

20 SEPTEMBRE = 14 OCTOBRE 1791. — Décret portant suppression du corps des commissaires des guerres, établissement de commissaires ordonnateurs, grand-juges militaires, et de commissaires-auditeurs (4) et ordinaires des guerres, et qui détermine leurs fonctions dans les différentes cours martiales. (L. 6, 305; B. 18, 423; Mon. du 22 septembre 1791.

Voy. lois du 16 AVRIL 1793; du 12 MAI 1793; du 23 NIVOSE an 3, et ordonnances du 29 JUILLET 1817.

L'Assemblée nationale décrète ce qui suit :

TITRE Ier. Dispositions générales.

Art. 1er. Le corps des commissaires des guerres est supprimé; les pourvus moyennant finance en seront remboursés sur le pied de la liquidation qui sera faite de leurs offices,

---

(1, 2 et 3) *Voy.* Décret du 17 thermidor an 13.
(4) Loi qui supprime les commissaires auditeurs. *Voy.* 11 septembre 1792, et 13 décembre 1792.

conformément aux décrets précédemment rendus sur cet objet.

2. Le nombre des cours martiales établies par l'article 7 du décret du 22 septembre 1790, sanctionné par le Roi le 29 octobre suivant, sera fixé à vingt-trois pour tout le royaume; il y en aura une dans chaque division militaire.

3. Il sera établi vingt-trois commissaires ordonnateurs, grands-juges militaires; chacun d'eux présidera une cour martiale et dirigera en chef, dans l'étendue de son territoire, toutes les parties de l'administration militaire, sous les ordres et d'après les instructions qui lui seront donnés à cet égard par le ministre de la guerre.

4. Il sera établi vingt-trois commissaires auditeurs des guerres, qui seront répartis dans les vingt-trois cours martiales. La poursuite des crimes et délits militaires leur appartiendra dans le territoire soumis à leur surveillance; elle s'étendra sur toutes les parties de l'administration militaire, sur tous les objets qui tiennent au bon ordre et à la discipline, sur tout ce qui intéresse l'exactitude et la régularité du service.

5. Les détails de l'administration militaire seront confiés, sous les ordres des commissaires ordonnateurs, à cent trente-quatre commissaires ordinaires des guerres, qui seront pareillement établis et répartis dans les vingt-trois cours martiales. Les commissaires ordinaires seront tenus de concourir, sous la direction des auditeurs, à la surveillance prescrite à ces derniers, pour assurer la parfaite exécution des lois concernant les gens de guerre.

6. Les commissaires des guerres seront tous inamovibles, et ne pourront être privés de leur état que par un jugement légal. Ils ne pourront être traduits, en matière civile ou criminelle, que devant les tribunaux ordinaires.

7. Personne ne sera pourvu d'une place de commissaire ordinaire des guerres, qu'il n'ait vingt-cinq ans accomplis; d'une place de commissaire auditeur ou de commissaire ordonnateur, qu'il n'ait au moins 35 ans.

8. Les commissaires ordinaires ne pourront, en cette qualité, faire aucune fonction de magistrature avant d'avoir atteint l'âge de trente ans.

9. Les commissaires des guerres ne pourront accepter aucune autre place ou commission, pour exercer un emploi, ni remplir d'autres fonctions que celles propres à leur état, et qui sont déterminées par le présent décret. Ils pourront néanmoins être élus députés à l'Assemblée nationale, et membres des conseils généraux de département, de district et de commune, lorsqu'ils auront d'ailleurs les qualités requises.

TITRE II. Des commissaires ordonnateurs et de leurs fonctions.

Art. 1er. Les commissaires ordonnateurs, considérés comme grands-juges militaires, sont des magistrats institués pour présider les cours martiales, dont la compétence, soit dans l'intérieur du royaume, soit à l'armée, est réglée par les articles 3, 4 et 82 du décret du 22 septembre 1790, sanctionné par le Roi le 29 octobre suivant.

2. Les fonctions propres des grands-juges militaires consistent à rendre les ordonnances préparatoires pour l'ordre et la marche des procédures, à juger conjointement avec leurs assesseurs, et à prononcer les jugemens des cours martiales, le tout en suivant les formes prescrites par la loi. Les grands-juges ne peuvent faire aucune réquisition; ils ne peuvent non plus donner aucun ordre de leur propre mouvement, si ce n'est pour la police de leurs audiences. Dégagés de toute subordination individuelle en qualité de magistrats, ils ne doivent à ce titre obéissance qu'à la loi, et ne sont responsables que devant les tribunaux qui en sont l'organe.

3. Les commissaires ordonnateurs sont, en cette qualité, les premiers et principaux agens de l'administration militaire, dans l'étendue de leur territoire respectif; en conséquence, ils sont aux ordres du ministre de la guerre, et lui doivent un compte exact et détaillé de leurs opérations. Ils sont de plus obligés de déférer sans retard à toutes réquisitions écrites qui leur seront faites, en choses dépendant de l'administration militaire, par les officiers généraux, et, en leur absence, par les commandans en chef des troupes employées dans leur directoire, sauf la responsabilité desdits officiers généraux ou commandans en chef.

4. Les ordres relatifs à l'administration militaire seront adressés directement aux commissaires ordonnateurs, qui les transmettront aux commissaires ordinaires employés dans leurs directoires respectifs. Les commissaires ordinaires rendront aux commissaires ordonnateurs de ce qu'ils auront fait pour assurer l'exécution de ces mêmes ordres.

5. Les commissaires ordonnateurs n'ont individuellement aucune autorité ni juridiction sur les citoyens, ni même sur les militaires qui ne sont pas en activité dans leur territoire, à moins qu'ils n'y passent en venant, soit de leur garnison, soit de leur camp, ou en allant les joindre, ou enfin qu'ils ne soient dans les hôpitaux. Dans tout autre cas, ils ne peuvent leur prescrire, commander ou défendre quoi que ce soit; mais, lorsque le bien du service le demande, ils doivent s'adresser à l'autorité civile compétente, pour la mettre en état d'intimer

aux citoyens et aux militaires qui ne sont pas en activité, les ordres que les circonstances exigent.

6. Toutes entreprises de fournitures militaires, excepté celles des vivres et des fourrages, doivent être laissées au rabais par adjudication publique, après affiches et publications solennelles ; il en sera de même de toutes entreprises de constructions et réparations, et de toutes autres entreprises dont le prix est payable par le département de la guerre. Attendu la part que les citoyens sont dans le cas de prendre aux unes et aux autres, le commissaire ordonnateur sera tenu, lorsqu'il s'agira de procéder à de semblables publications et adjudications, suivant que leur objet sera restreint à une municipalité, ou étendu, soit à un district, soit à un département, de se réunir au bureau municipal ou au directoire, soit du district, soit du département, pour qu'en vertu de l'autorité municipale ou de celle des corps administratifs, les affiches soient apposées partout où besoin sera, et ensuite les publications, enchères et adjudications faites dans le lieu ordinaire des séances, soit de la municipalité, soit du directoire du district ou du directoire du département.

7. En pareil cas, la préséance restant au chef de l'administration civile, la seconde place et la présidence, par rapport aux objets militaires, seront données au commissaire ordonnateur. Les réquisitions nécessaires seront faites par le procureur de la commune ou par le procureur-général du district, ou par le procureur-général-syndic du département, conformément aux ordres du ministre, qui lui seront remis en originaux par le commissaire ordonnateur, sans que les administrateurs civils puissent y apporter aucun changement ou modification, sous quelque prétexte que ce puisse être, leur intervention n'ayant ici pour objet que de garantir la plus scrupuleuse observation des formes, et non pas d'apprécier la valeur des mesures adoptées quant au fond.

8. Si l'entreprise embrasse par son objet plusieurs départemens compris dans la même division militaire, il sera procédé conformément à ce qui est prescrit par les deux articles précédens, par le directoire du département dans lequel le commissaire ordonnateur aura sa résidence. Si l'entreprise embrasse plusieurs divisions, le ministre adressera ses ordres au plus ancien commissaire ordonnateur entre ceux de toutes ces divisions, et il sera procédé par le directoire du département de sa résidence. Enfin, si l'entreprise est générale par tout le royaume, le ministre donnera ses ordres à l'ordonnateur de Paris, et ce sera le directoire du département de Paris qui procédera.

9. Les pièces remises au procureur de la commune ou au procureur-syndic du district,

ou au procureur-général-syndic du département, en exécution de l'art. 7 du présent titre, resteront au greffe ou secrétariat, soit des municipalités, soit des corps administratifs, ainsi que les minutes des actes de publications, enchères et adjudications ; il sera fourni du tout au commissaire ordonnateur une expédition sans frais.

10. Le paiement d'aucune dépense, même de celles ordonnées par le ministre, ne sera valablement fait qu'en vertu de l'ordonnance spéciale du commissaire ordonnateur dans le territoire duquel cette dépense aura eu lieu. L'ordonnance elle-même ne sera expédiée par l'ordonnateur que sur un état ou mémoire détaillé, certifié par les entrepreneurs, fermiers, fournisseurs ou autres parties prenantes, réglé et approuvé, s'il y a lieu, suivant la nature des objets, par les officiers militaires qui ont le droit d'en connaître, et toujours vérifié et arrêté par le commissaire ordinaire. La solde, les appointemens et traitemens des officiers et soldats de tous grades et de toutes armes, qui se sont toujours payés sur les revues, continueront seuls à l'être sur la signature du commissaire qui aura fait la revue.

11. L'administration militaire comprenant tous les objets confiés à la conduite et direction du ministre de la guerre, et les commissaires ordonnateurs n'étant, à cet égard, que ses premiers et principaux coopérateurs dans leurs territoires respectifs, l'étendue de leur compétence en matière d'administration, et les règles d'après lesquelles ils l'exerceront, doivent être déterminées par le plan d'administration et de comptabilité que le ministre de la guerre proposera pour son département ; en conséquence, il sera tenu de le présenter incessamment, pour y être statué, soit par l'Assemblée nationale, soit par la législature prochaine, ainsi qu'il appartiendra.

12. Aucun officier général, supérieur ou autre, pourvu d'un commandement quelconque depuis la publication du présent décret, ne pourra en exercer les fonctions que préalablement il n'ait prêté le serment civique entre les mains du commissaire ordonnateur, ou d'un commissaire ordinaire par lui délégué à cet effet, savoir: l'officier général, à la tête des troupes réunies dans le principal lieu de son commandement; l'officier supérieur, à la tête de son corps, et tout autre à la tête de la troupe à laquelle il est spécialement attaché. Les appointemens et traitemens des officiers généraux, supérieurs et autres, ne pourront leur être payés qu'en rapportant, la première fois, une expédition en bonne forme de procès-verbal de leur prestation de serment, dont l'original sera toujours envoyé au ministre, pour être déposé dans les bureaux de la guerre.

13. En temps de paix, les commissaires ordonnateurs résideront dans la ville de leur

territoire où il y a communément le plus de troupes, et dont les établissemens militaires seront les plus importans. Le lieu de leur résidence, étant une fois déterminé, sera fixe et invariable.

TITRE III. Des commissaires auditeurs et de leurs fonctions (1).

Art. 1er. Les commissaires auditeurs sont chargés spécialement de la poursuite des délits militaires commis dans le territoire de la cour martiale à laquelle ils sont attachés. S'ils ont connaissance d'un délit de cette espèce commis dans une autre cour martiale, ils doivent en avertir leur collègue; s'ils ont connaissance d'un délit civil commis par un militaire en activité dans leur ressort, c'est encore un devoir étroit pour eux d'en avertir sans délai le magistrat civil.

2. Ils ne peuvent donner aucun ordre; ils ont seulement le droit de provocation et de réquisition à l'égard des diverses autorités, pour que chacune d'elles fasse ou ordonne ce qu'il lui appartient de faire et d'ordonner pour l'entière et parfaite exécution des lois concernant l'armée. Ils sont obligés de correspondre avec le ministre de la guerre, pour le tenir instruit de leurs plaintes et réquisitions, et des effets qu'elles produiront. Dégagés de toute subordination individuelle, les commissaires auditeurs ne doivent obéissance qu'à la loi, et ne sont responsables que devant les tribunaux qui en sont l'organe.

3. Aucune fonction administrative ne peut être exercée par un commissaire auditeur; mais, chacune des parties de l'administration militaire pouvant donner lieu à des plaintes ou réquisitions de sa part, il doit les surveiller toutes : en conséquence, les corps administratifs, les municipalités, les conseils d'administration des régimens, les commissaires ordonnateurs, les commissaires ordinaires des guerres, les payeurs de troupes, les particuliers chargés de quelque fourniture ou partie d'administration militaire, quelle qu'elle soit, sont obligés de lui donner, à sa première réquisition, toutes informations, communications de pièces, renseignemens et éclaircissemens qu'il croira devoir leur demander, en telle sorte que rien n'arrête ni ne gêne l'activité de sa surveillance.

4. Le commissaire auditeur a le droit d'assister à toutes inspections, montres et revues des troupes employées dans son ressort, et doit être averti, par les commissaires des guerres, du lieu, du jour et de l'heure où se feront les inspections et revues, et ce assez à temps pour qu'il puisse s'y trouver s'il le juge à propos, ce qu'il est de son devoir de faire aussi souvent qu'il le pourra.

5. Il a pareillement le droit et le devoir de visiter les prisons, les hôpitaux, les corps-de-garde, les magasins et tous les établissemens militaires de son ressort, de quelque espèce qu'ils soient, pour s'assurer par lui-même que les lois et réglemens militaires qui les concernent sont fidèlement exécutés, et, suivant la nature des contraventions, prendre les mesures convenables pour les faire réprimer, et punir les contrevenans, soit par voie d'administration, soit par voie de justice, ainsi qu'au cas appartiendra.

6. Le commissaire auditeur écoutera les plaintes que les militaires de tout état et de tout grade voudront lui porter, quel qu'en soit l'objet. Lorsqu'il en recevra en matière de police et de discipline, s'il croit les plaignans fondés, il s'entremettra auprès des chefs, commandans, officiers généraux, pour leur faire rendre la justice qu'il estimera leur être due; il pourra même recourir, à cet effet, aux conseils de discipline des régimens, et, s'il en est besoin, s'adresser au ministre de la guerre.

7. Toutes les fois que le conseil de discipline aura à statuer sur quelque plainte, elle sera préalablement communiquée par le commandant du corps au commissaire auditeur du territoire, pour qu'il puisse donner ses conclusions motivées à charge et à décharge. Le commissaire auditeur pourra les porter ou les envoyer au conseil de discipline; et, quoique ses conclusions n'emportent pour les membres du conseil aucune obligation de s'y conformer en tout ou en partie, néanmoins elles devront toujours être prononcées ou lues avant qu'ils ouvrent leurs avis.

8. Un commissaire auditeur peut requérir, sous sa responsabilité, l'arrestation provisoire de tout militaire qui lui aura été dénoncé, ou qui sera notoirement prévenu d'un délit militaire ou civil. L'officier général, le commandant du corps, ou l'officier de la gendarmerie nationale, auquel le commissaire auditeur adressera sa réquisition par écrit, sera lui-même responsable, s'il n'y défère pas.

9. Toutes les contestations qui pourront naître à l'occasion des marchés passés pour entreprises militaires, entre l'administration et les entrepreneurs, fermiers ou fournisseurs, seront portées dans les tribunaux ordinaires, et y seront intentées ou soutenues seulement contre eux, à la diligence du commissaire auditeur, d'après les instructions qui lui seront données à cet effet par le ministre de la guerre.

10. Toutes les lois et réglemens militaires à proclamer dans l'armée seront adressés directement aux commissaires auditeurs. Chacun d'eux présentera la loi ou le réglement au grand-juge, avec réquisition d'en faire

(1) Voy. loi du 11 septembre 1792, qui les supprime.

faire incontinent la publication à la tête des corps militaires, dans toute l'étendue de la cour martiale. Le commissaire ordonnateur préviendra l'officier général commandant la division, pour qu'il donne les ordres nécessaires à cet effet, et fera de suite les dispositions en conséquence, soit pour faire par lui-même, soit pour faire faire cette publication par un commissaire ordinaire : dans tous les cas, il en sera dressé procès-verbal par celui qui l'aura faite, et on y désignera les troupes qui y auront assisté. Les procès-verbaux de publication de lois, réglemens militaires, seront réunis par le commissaire ordonnateur, qui les fera passer au commissaire auditeur, lequel en gardera note et les enverra au ministre, pour être déposés au bureau de la guerre.

11. Lorsqu'il ne sera pas possible que la publication se fasse par un commissaire des guerres, comme dans les postes où il n'y a que des détachemens peu considérables et qui sont éloignés de la résidence des commissaires, le commandant des troupes fera faire la publication par l'officier ou sous-officier qui commande immédiatement sous lui : dans ce cas, le procès-verbal de publication devra être signé par cet officier ou sous-officier, et le commandant sera tenu de l'envoyer au commissaire ordonnateur.

12. Dans chaque garnison ou quartier, il ne sera fait qu'une seule publication pour toutes les troupes réunies, chaque corps étant formé à cet effet du nombre d'hommes qui sera déterminé par le commandant en chef. Les troupes seront en grande tenue, avec leurs drapeaux, étendards ou guidons ; et, pendant tout le temps que durera la lecture de la loi ou du règlement, les drapeaux, étendards ou guidons seront tenus en état de salut, et les officiers en conserveront l'attitude, et les troupes présenteront les armes.

13. La résidence des commissaires auditeurs sera fixée dans les mêmes lieux que celle des commissaires ordonnateurs.

TITRE IV. Des commissaires ordinaires des guerres, et de leurs fonctions.

Art. 1er. Lorsque le grand-juge militaire est empêché de tenir la cour martiale, il doit être remplacé par le plus ancien des commissaires ordinaires employés dans le ressort. Les commissaires ordinaires sont aussi les assesseurs du grand-juge ; ils sont encore les substituts des auditeurs pour la poursuite et l'instruction des procédures criminelles que ceux-ci jugent à propos de leur confier Dans tous les cas où les commissaires ordinaires remplissent accidentellement des fonctions de magistrature, ils ne doivent, sous aucun rapport, obéissance qu'à la loi, et ne sont responsables que devant les tribunaux ; dans toutes autres circonstances, les com-

missaires ordinaires des guerres sont des administrateurs immédiatement subordonnés au commissaire ordonnateur, sous l'autorité du ministre de la guerre.

2. Les commissaires ordinaires sont spécialement chargés des revues des troupes et des visites journalières des hôpitaux, des prisons et des établissemens militaires situés dans leurs arrondissemens. Au surplus, leur compétence administrative s'étend sur les mêmes objets qu'embrasse celle des ordonnateurs, à cela près que les commissaires ordinaires ne peuvent l'exercer que sous les ordres de l'ordonnateur, et à la charge de lui rendre compte.

3. Dans tous les cas où un commissaire ordinaire est délégué par un ordonnateur pour faire quelque opération à sa place, il doit être considéré et traité, soit par les administrateurs civils, soit par les chefs militaires, ou par toutes autres personnes auxquelles il peut avoir à faire, comme le serait le commissaire ordonnateur en personne. Il en est de même lorsque le commissaire ordinaire représente le commissaire auditeur.

4. Les commissaires ordinaires sont tenus d'avertir sans retard le commissaire auditeur du ressort, des délits militaires commis dans l'étendue de leur arrondissement, et même des délits civils qui y sont commis par des militaires en activité. Ils peuvent recevoir les dénonciations qu'on voudra leur faire, en se conformant à ce qui est prescrit par l'article 29 du décret du 12 septembre 1790, sanctionné par le Roi le 29 octobre suivant, et à la charge d'en prévenir sur-le-champ le commissaire auditeur.

5. Les commissaires ordinaires des guerres sont obligés de constater immédiatement, par procès-verbal, le corps et les circonstances des délits militaires, et même des délits civils commis par des militaires en activité dans l'étendue de leurs arrondissemens, à moins que déjà ce procès-verbal n'ait été dressé, soit par les officiers civils, soit par ceux de la gendarmerie nationale.

6. Les commissaires auditeurs peuvent charger les commissaires ordinaires de rendre plainte, soit en général de tous délits militaires, soit spécialement de tel délit militaire commis dans l'étendue de leurs arrondissemens, et de suivre l'effet de la plainte jusqu'au résultat du jury d'accusation, ou même jusqu'au jugement définitif. Les commissaires ordinaires ne peuvent refuser leur assistance aux commissaires auditeurs, qui restent obligés de surveiller la marche des procédures, et les maîtres d'en reprendre la conduite en tout état de cause.

7. Les plaintes qui, dans le cas de l'article 6 du titre III, pourraient être portées à un commissaire ordinaire par des militaires en activité dans son arrondissement, seront par

lui reçues; mais il ne pourra faire aucune démarche en conséquence, sans l'aveu du commissaire auditeur, auquel il sera tenu de rendre compte de semblables plaintes aussitôt qu'elles lui auront été portées.

8. Le territoire de chaque cour martiale sera partagé en arrondissemens, qui pourront comprendre plusieurs garnisons, quartiers et postes. Il y aura dans chaque arrondissement au moins un commissaire ordinaire des guerres; leur résidence sera fixée dans les lieux où leur présence sera jugée plus nécessaire, à raison du nombre des troupes ou des établissemens militaires. Cependant le ministre restera le maître de faire passer les commissaires ordinaires d'une résidence dans une autre; il devra même user de ce pouvoir pour leur faire parcourir successivement celles dans lesquelles ils pourront trouver une plus grande instruction, ou rendre des services proportionnés à l'expérience qu'ils auront acquise.

TITRE V. De la première nomination des commissaires des guerres, et de leur réception.

Art. 1er. Les commissaires ordonnateurs supprimés par le présent décret qui n'ont pas soixante-dix ans d'âge, seront, en vertu des brevets de notification et des provisions que le Roi sera prié de leur faire expédier, placés les premiers sur la nouvelle liste des ordonnateurs, et y conserveront entre eux le rang qu'ils avaient sur l'ancienne.

2. S'il reste des places de commissaires ordonnateurs à remplir, elles seront conférées par le Roi à des commissaires des guerres supprimés par le présent décret, ayant dix ans de service en cette qualité, au moins trente-cinq et pas plus de soixante-dix ans d'âge. Ceux-ci seront placés à la suite des anciens ordonnateurs, et conserveront entre eux, dans ce nouveau grade, leur rang d'ancienneté.

3. Les vingt-trois places de commissaires auditeurs seront données par le Roi à des commissaires des guerres supprimés par le présent décret, ayant au moins trente-cinq et pas plus de soixante-dix ans d'âge, que leurs études et le genre des travaux dont ils ont été occupés feront estimer les plus propres à bien remplir ces nouvelles fonctions; ils conserveront entre eux, dans ce nouveau grade, leur rang d'ancienneté.

4. Les commissaires des guerres supprimés par le présent décret, qui n'auront pas été nommés aux places d'ordonnateurs vacantes ou à celles d'auditeurs, et qui ont au moins vingt-cinq ans et pas plus de soixante-dix ans d'âge, seront, en vertu des brevets de nomination et des provisions que le Roi sera prié de leur faire expédier, placés sur l'état des commissaires ordinaires, suivant la date de leurs premiers ordres de service.

5. Les places de commissaires ordinaires des guerres qui resteront vacantes seront conférées par le Roi : 1º aux commissaires des guerres réformés en 1788 avec réserve d'activité jusqu'à leur replacement, qui ont au moins vingt-cinq et pas plus de soixante ans d'âge; ils prendront rang sur l'état des commissaires ordinaires, de la date de leurs premiers ordres de service;

2º Aux premiers élèves commissaires, aux élèves commissaires et aux élèves commissaires surnuméraires supprimés par le présent décret, qui ont au moins vingt-cinq ans; ils prendront rang entre eux, suivant la date de leurs premiers ordres de service, après tous ceux ci-dessus mentionnés;

3º A des citoyens ayant au moins vingt-cinq et pas plus de quarante-cinq ans, que leurs études et le genre des travaux dont ils ont été occupés feront estimer les plus propres à bien remplir des fonctions administratives et judiciaires; ceux-ci prendront rang après tous les autres, et entre eux, suivant leur ancienneté d'âge. Cependant, s'il se trouve parmi eux des personnes à qui le titre de commissaire des guerres ait été conféré ci-devant, ces personnes prendront rang avant ceux qui n'ont pas encore ce titre, et entre elles suivant la date de leurs brevets.

6. Il sera expédié à chacun de ceux que le Roi jugera à propos de pourvoir des places de commissaires des guerres, un brevet de nomination, contre-signé par le ministre de la guerre, sur lequel brevet seront expédiées des provisions par le ministre de la justice. Il en sera de même lorsqu'un commissaire ordinaire passera à une place d'auditeur ou d'ordonnateur, soit à titre d'ancienneté, soit en conséquence du choix du Roi, ainsi qu'il sera dit ci-après.

7. Avant d'exercer les fonctions de commissaire ordinaire, auditeur ou ordonnateur, le pourvu sera tenu de prêter serment, d'abord devant le tribunal du district, et ensuite devant le directoire du département du chef-lieu de la cour martiale. Il adressera de suite une expédition de l'acte de la prestation de serment devant le tribunal, à tous les commissaires du Roi auprès des autres tribunaux de district compris dans l'étendue de la même cour martiale, et une expédition de l'acte de sa prestation de serment devant le directoire du département, à tous les procureurs-généraux-syndics des autres départemens compris dans l'étendue de la même cour martiale, pour qu'à la diligence des uns et des autres, ces actes de serment soient enregistrés aux greffes de leurs tribunaux et aux secrétariats de leurs départemens respectifs.

8. Lorsque le pourvu prêtera son serment, il y sera présenté, l'audience tenant, par le premier en grade ou le plus ancien des commissaires des guerres employés dans le ressort

de la cour martiale, et par une députation de militaires, à la tête de laquelle se mettra le commandant en chef, et qu'il composera du nombre d'officiers, sous-officiers et soldats qu'il croira convenable, en observant qu'il y en ait de tous les grades et de tous les corps en activité dans le lieu. La présentation au directoire du département, dont les séances ne sont pas publiques, se fera par le même commissaire des guerres et par un des principaux membres de la députation militaire, qui sera nommé à cet effet par le commandant en chef.

9. Après que le pourvu aura prêté son serment au tribunal de district et au directoire de département, le commandant militaire du chef-lieu de la cour martiale le fera reconnaître par les troupes; elles seront, à cet effet, réunies avec leurs drapeaux, étendards et guidons. Le commandant fera battre un ban et porter les armes; il se placera en avant du centre avec le commissaire des guerres et le pourvu. Le commissaire des guerres lira les provisions données par le Roi; ensuite le pourvu prononcera, à haute voix, le serment de maintenir de tout son pouvoir la constitution du royaume, décrétée par l'Assemblée nationale et acceptée par le Roi, d'être fidèle à la nation, à la loi et au Roi, et de remplir avec exactitude et impartialité les fonctions de son office. Cela fait, le commandant militaire ôtera son chapeau, le remettra, et dira à haute « voix : Messieurs, nous reconnaissons M. tel « pour commissaire ordinaire des guerres, « (ou bien) pour commissaire ordonnateur « des guerres, grand-juge militaire, et, en « cette qualité, nous promettons, comme « bons citoyens et braves militaires, de res- « pecter les pouvoirs qui lui sont délégués « par la loi et conférés par le Roi. » Les troupes défileront ensuite devant le nouveau commissaire des guerres; et, s'il est auditeur ou ordonnateur, le commandant militaire ordonnera de présenter les armes, immédiatement après avoir prononcé l'engagement de le reconnaître.

TITRE VI. Du traitement des commissaires supprimés qui ne seront pas compris dans la première nomination.

Art. 1er. Les commissaires des guerres actuellement en exercice qui, ayant plus de soixante-dix ans d'âge, ne pourront être employés, et ceux âgés de trente ans au moins qui ne voudront plus continuer leurs services, auront pour retraite autant de cinquantièmes parties de leurs appointemens qu'ils comptent d'années de service pleines et révolues, sans qu'en aucun cas la retraite des ordonnateurs puisse excéder 6,000 livres, et celle des autres commissaires 3,000 livres.

2. Les années passées dans les troupes et dans les bureaux de la guerre ou intendances, seront comptées, pourvu qu'elles soient bien vérifiées, et qu'il n'y ait pas plus d'une année d'interruption entre l'un ou l'autre de ces services et celui de commissaire des guerres. Une campagne à l'armée en qualité de soldat, d'officiers ou de commissaire, équivaudra à deux ans.

3. Les commissaires des guerres réformés en 1788, auxquels l'activité a été conservée avec promesse de remplacement, et qui ne seront pas compris dans la première nomination, auront pour retraite, au lieu du traitement qui leur avait été accordé, et qui cessera à compter du 1er juillet 1791, autant de cinquantièmes parties de leurs anciens appointemens qu'ils avaient d'années de service en 1788, en suivant d'ailleurs les règles prescrites par les deux articles précédens.

4. Ceux des commissaires des guerres supprimés par le présent décret, ou réformés en 1788 avec réserve d'activité, qui ne seront pas compris dans la première nomination, et qui ont à présent vingt-quatre années de service pleines et révolues, soit dans les troupes, soit en qualité de commissaire des guerres, auront la décoration militaire en se retirant; et, s'ils n'ont pas à présent leur temps de service complet, ils recevront la décoration militaire à l'époque où ils auraient eu vingt-quatre années pleines et révolues.

TITRE VII. Des règles qui seront observées à l'avenir pour l'admission aux places de commissaires des guerres.

Art. 1er. A l'avenir, les sujets qui aspireront aux places de commissaires des guerres se feront inscrire, avant le 1er juillet, chez le commissaire ordonnateur dans le territoire duquel ils résident. Le commissaire ordonnateur demandera pour eux au ministre, dans les quinze premiers jours de juillet, des lettres d'examen, qui ne pourront leur être refusées sous aucun prétexte.

2. D'après les demandes que le ministre de la guerre aura reçues, il déterminera s'il doit être ouvert un ou plusieurs examens, et dans quelles villes ils doivent l'être, eu égard au nombre et à la situation du domicile des aspirans, pour que leur déplacement leur soit le moins à charge qu'il sera possible.

3. Dans les huit premiers jours d'août, le ministre fera parvenir aux ordonnateurs les lettres d'examen qu'ils lui auront demandées; elles feront mention du lieu où chaque aspirant devra se rendre pour être examiné. Les commissaires ordonnateurs les feront remettre sans retard, et donneront avis des ordres du ministre pour la tenue de l'examen, tant au

directoire du département du lieu où il doit se faire, qu'au commandant en chef de la division militaire.

4. Dans la ville désignée pour l'examen, se réuniront, le 14 septembre, les examinateurs au nombre de neuf, savoir : le commissaire ordonnateur, le commissaire auditeur, et le plus ancien des commissaires ordinaires attachés à la division militaire dans l'étendue de laquelle se fera l'examen, trois officiers supérieurs ou capitaines en activité, nommés par le commandant en chef de la division, et trois citoyens membres d'un corps administratif ou d'un corps municipal, nommés par le directoire du département.

5. L'examen s'ouvrira le 15 septembre, dans une salle de la maison commune du lieu. Les examinateurs seront sous la présidence du commissaire ordonnateur, grand-juge militaire, ayant à sa droite le commissaire auditeur, qui fera les fonctions de rapporteur, et à sa gauche le commissaire ordinaire, qui fera celles de secrétaire. Les examinateurs civils et militaires se rangeront ensuite de droite et de gauche, sans observer aucun rang entre eux. Le public ne sera point admis à l'examen, mais seulement au rapport et au jugement des titres d'admission, ainsi qu'il va être dit.

6. Les aspirans, appelés tous ensemble, présenteront l'un après l'autre et remettront sur le bureau leurs titres d'admission, savoir : 1° leur lettre d'examen ; 2° leur acte de naissance, pour constater qu'ils ont plus de dix-huit et moins de vingt-trois ans d'âge ; 3° un certificat de leur inscription sur les registres de la garde nationale de leur domicile, et, s'ils ont atteint leur vingt-unième année, l'acte de leur inscription civique, sinon l'attestation que la cérémonie de l'inscription civique n'a pas eu lieu dans leur domicile depuis qu'ils ont atteint leur vingt-unième année ; 4° un certificat, soit d'études, soit d'examen dans les écoles nationales, par lequel il soit attesté qu'ils ont les connaissances élémentaires que peuvent acquérir, en suivant les écoles, les jeunes gens destinés à remplir des fonctions judiciaires, administratives et militaires, et notamment qu'ils savent l'une des deux langues allemande ou anglaise ; 5° une attestation de bonne conduite à eux donnée par la municipalité ou les municipalités du lieu ou des lieux dans lesquels ils ont résidé depuis l'âge de quinze ans, certifiée tant par les juges-de-paix que par les officiers de gendarmerie nationale exerçant la police dans ces mêmes lieux.

7. Le commissaire auditeur fera successivement, en présence du public et de tous les aspirans, le rapport de leurs titres. Les aspirans dont les titres ne seront pas trouvés en bonne forme ou seront jugés insuffisans, à la pluralité des voix des examinateurs, seront renvoyés ; les autres seront avertis de se présenter à l'examen selon leur rang d'âge.

8. L'examen doit rouler : 1° sur la constitution, la division et l'organisation des différens pouvoirs ; 2° sur les lois et réglemens militaires, notamment celles ou ceux concernant la composition des différens corps dans les différentes armes, le recrutement, les congés, la forme des revues, la discipline intérieure, les règles établies pour chaque partie d'administration militaire et pour la comptabilité ; 3° enfin sur les lois criminelles en général, mais plus particulièrement sur les formes de procéder dans les cours-martiales, et sur l'application tant des punitions aux fautes de discipline, que des peines légales aux crimes et délits.

9. Avant l'ouverture de l'examen, les examinateurs prépareront entre eux, sur chacune des trois divisions marquées par l'article précédent, un nombre de questions égal à celui des aspirans multiplié par quatre. L'état de toutes ces questions, arrêté et signé par les examinateurs, restera entre les mains du commissaire faisant les fonctions de secrétaire. L'ordonnateur en fera passer la copie au ministre, en lui envoyant le procès-verbal de l'examen.

10. Il y aura sur le bureau à l'entour duquel les examinateurs seront rangés trois urnes dans chacune desquelles seront déposées les questions préparées par les administrateurs, sur l'une des trois divisions marquées par l'article 8 du présent titre. Chaque question sera écrite sur un papier séparé ; tous ces papiers seront exactement de même qualité et de même format.

11. L'aspirant en tour d'être examiné tirera de chacune de trois urnes trois questions, qu'il posera sur la table ; chacun des examinateurs en prendra une au hasard : le président, et ensuite chacun des autres examinateurs, en passant alternativement de sa droite à sa gauche, proposera la question qui lui sera échue. L'aspirant pourra répondre debout ou assis, comme il le jugera à propos.

12. Non-seulement il est libre, mais il est recommandé à chaque examinateur de proposer les questions incidentes par lesquelles un aspirant peut être conduit, soit à bien saisir le sens des questions principales, soit à donner un plus grand développement à ses réponses.

13. Aussitôt qu'un aspirant aura été examiné et qu'il se sera retiré, on procédera à son jugement par la voie du scrutin, comme il suit : sur une table placée à la plus grande distance possible du bureau des examinateurs, il y aura une boîte de scrutin, garnie

d'un très-grand nombre de boules blanches, rouges et noires; les blanches, chargées du chiffre 3; les rouges, du chiffre 2; et les noires, du chiffre 1.

Chaque examinateur, dans l'ordre où il aura proposé sa question, se levera de sa place, et ira successivement à la table du scrutin, où il déposera dans la boîte l'une des boules blanches, rouges ou noires, selon ce qui lui conviendra le mieux, en observant que les boules blanches sont pour accepter, les rouges pour différer, et les noires pour rejeter. Le dernier votant apportera la boîte du scrutin devant le président; elle sera ouverte, et les boules comptées: s'il s'en trouve neuf, le scrutin sera bon, s'il s'en trouve plus ou moins de neuf, le scrutin sera recommencé jusqu'à ce qu'il soit régulier.

14. Le scrutin étant régulier, on additionnera les points marqués sur les boules : si le total des points est de vingt-un ou au-dessus, l'aspirant sera reçu; si le total des points est de quinze ou plus jusqu'à vingt, l'aspirant sera renvoyé à un nouvel examen; si le nombre des points est inférieur à quinze, l'aspirant sera refusé.

15. L'aspirant renvoyé à un nouvel examen, mais qui aura eu dix-neuf ou vingt points, pourra demander une seconde épreuve, c'est-à-dire d'être réexaminé dans la même session, après tous les autres aspirans, ce qui lui sera toujours accordé. Le second examen subi dans la même session ne sera compté que pour un seul et même avec le premier.

16. L'aspirant renvoyé à un nouvel examen, et qui n'aura pas réussi dans la seconde épreuve, ou qui ne l'aura pas demandée, ne pourra se représenter qu'à la prochaine session; et alors, s'il n'est pas définitivement reçu, il sera définitivement refusé : bien entendu qu'en ce cas l'aspirant ne pourra être écarté du second examen, sous prétexte qu'il aurait passé sa vingt-troisième année.

17. L'aspirant refusé, mais qui aura eu treize ou quatorze points, pourra aussi demander une seconde épreuve, c'est-à-dire d'être réexaminé dans la même session après tous les autres aspirans, ce qui lui sera toujours accordé. Le second examen qu'il subira dans la même session ne sera non plus compté que pour un seul et même avec le premier. Mais, si le résultat de la seconde épreuve est de renvoyer l'aspirant à un nouvel examen, il ne pourra profiter des dispositions de l'article 15.

18. Le procès-verbal de l'examen, signé de tous les examinateurs, et faisant mention de chaque scrutin particulier, sera envoyé au ministre, qui rendra publique la liste de tous les aspirans reçus, rangés suivant l'ordre que leur assignera sur cette liste le nombre de points qu'ils auront obtenu, et, à nombre de points égal, leur ancienneté d'âge. La liste de chaque année, formée de la même manière, sera ajoutée à celle de l'année précédente, s'il y a lieu.

19. Les aspirans reçus parviendront aux places de commissaires des guerres vacantes, suivant l'ordre de leur inscription sur la liste générale mentionnée dans l'article précédent, pourvu qu'ils aient atteint l'âge de vingt-cinq ans, et que, depuis leur examen, ils aient continué à travailler sans interruption dans les bureaux et sous les ordres d'un commissaire des guerres, ordonnateur, auditeur ou ordinaire; auquel cas ils auront le titre d'aides-commissaires. Il sera fait mention expresse de l'accomplissement de cette condition dans les brevets de nomination à la place de commissaire des guerres et dans les provisions qui seront expédiées en conséquence.

20. Néanmoins les aspirans reçus qui, depuis l'examen, entreront au service en qualité de soldats ou d'officiers, ne seront pas censés avoir interrompu leur cours d'instruction, et pourront, ainsi que les aides-commissaires, prendre à leur tour la place des commissaires des guerres qui leur écherra, pourvu qu'ils aient atteint l'âge de vingt-cinq ans, et qu'ils aient été constamment employés, depuis leur entrée dans le corps, aux détails de l'administration et de la comptabilité; ce qu'ils devront justifier par une attestation du conseil d'administration du régiment; dont il sera fait mention expresse dans le brevet de nomination, ainsi que dans les provisions.

21. Les aspirans reçus seront susceptibles, encore qu'ils ne soient pas actuellement au service, d'être choisis par les conseils d'administration des régimens pour remplir la place de quartier-maître; mais ceux qui l'auront acceptée cesseront dès lors d'être sur la liste mentionnée en l'article 18 du présent titre, et ne pourront plus prétendre aux places de commissaires des guerres.

22. Lorsqu'une place de commissaire des guerres vaquera, et que le sujet en tour pour l'obtenir n'aura pas encore atteint l'âge compétent, la place sera donnée au suivant dans l'ordre de la liste, s'il a lui-même l'âge compétent. En pareil cas, celui ou ceux qui n'auront pas passé à leur tour faute d'âge, garderont leur rang sur la liste des aspirans; et, lorsqu'ils parviendront à la suite à une place de commissaire des guerres, ils le reprendront sur ceux qui les avaient précédés.

23. Toutes les fois qu'il restera sur la liste des aspirans plus de sujets que n'en exigent

les remplacemens probables pendant deux ans, le ministre pourra suspendre les examens pendant une ou deux années au plus.

24 Les commissaires des guerres et élèves commissaires de toute classe, supprimés par le présent décret, qui, n'ayant pas atteint leur vingt-cinquième année, n'auront pu obtenir leur remplacement actuel, et qui voudront se présenter à l'un des trois premiers examens, le pourront, quel que soit leur âge, et sans être obligés de présenter aucun certificat d'étude ou d'examen dans les écoles nationales ; il leur suffira de produire, avec les autres pièces énoncées dans l'article 6 du présent titre, la preuve qu'ils étaient ci-devant commissaires des guerres ou élèves commissaires. Ceux qui seront reçus seront placés les premiers sur la liste de leur examen, et y prendront entre eux le rang d'ancienneté qu'ils avaient dans le corps supprimé ; ils seront dispensés de l'obligation de continuer leur cours d'instruction, soit chez les commissaires des guerres, soit dans les régimens, à compter de leur examen jusqu'à leur remplacement effectif.

TITRE VIII. Des règles qui seront observées à l'avenir pour l'avancement des commissaires des guerres.

Art. 1er. Les commissaires auditeurs seront toujours pris, au choix du Roi, parmi les commissaires ordinaires ayant dix ans de service en cette qualité, et au moins trente-cinq ans d'âge.

2. Sur quatre places d'ordonnateurs qui viendront à vaquer, la première sera donnée au plus ancien commissaire auditeur, la seconde à tel commissaire ordinaire que le Roi voudra choisir, pourvu qu'il ait dix ans de service en cette qualité, et au moins trente-cinq ans d'âge ; la troisième au plus ancien commissaire ordinaire ; la quatrième à tel commissaire ordinaire que le Roi voudra choisir, pourvu qu'il ait dix ans de service en cette qualité, et au moins trente-cinq ans d'âge.

3. Celui qui sera nouvellement appelé au grade d'auditeur ou d'ordonnateur ne sera pas nécessairement attaché à la même cour martiale que son prédécesseur ; en ce cas, le ministre pourra faire, pour le grand intérêt du service, les dispositions qu'il jugera convenables, pourvu qu'en temps de paix il n'opère le déplacement d'aucun ordonnateur ou auditeur que de son consentement exprès.

4. Lorsqu'un auditeur ou un ordinaire refuseront la place supérieure à laquelle ils seront appelés par droit d'ancienneté, leur tour sera passé, sans qu'ils puissent jamais le reprendre, et la place à laquelle ils étaient appelés sera dévolue au plus ancien après

eux. Il en sera de même par rapport aux aspirans qui refuseront la place de commissaire ordinaire.

TITRE IX. Des appointemens des commissaires des guerres.

Art. 1er. Sous la dénomination générale d'appointemens, seront aussi compris les fourrages, logement et frais de bureau.

2. Les vingt-trois commissaires ordonnateurs seront divisés en trois classes relativement à leurs appointemens : les sept plus anciens dans ce grade auront 10,800 livres chacun, les huit suivans 9,600 livres chacun, et les huit derniers 8,700 livres chacun.

3. Les vingt-trois commissaires auditeurs seront divisés en trois classes relativement à leurs appointemens, les sept plus anciens dans ce grade auront 7,800 livres chacun, les huit suivans 6,900 livres chacun, et les huit derniers 6,000 livres chacun.

4. Les cent trente-quatre commissaires ordinaires seront divisés en cinq classes relativement à leurs appointemens : les dix plus anciens de ce grade auront 4,800 livres chacun, les vingt suivans 4,200 livres chacun, les trente ensuite 4,600 livres chacun ; les cinquante qui viennent après auront 3,000 livres chacun ; enfin les vingt-quatre derniers auront chacun 2,400 livres.

5. Il sera distribué, chaque année, aux aides-commissaires qui montreront le plus d'exactitude et de zèle dans les bureaux des commissaires ordonnateurs, auditeurs et ordinaires auxquels ils seront attachés, des gratifications de 400 livres au moins, de 800 livres au plus, jusqu'à la concurrence d'un total de 22,600 livres. Ces gratifications ne pourront être accordées par le ministre que sur la demande que lui en feront les ordonnateurs, auditeurs et ordinaires, pour les aides-commissaires qui travailleront dans leurs bureaux.

6. Les appointemens des commissaires ordonnateurs, auditeurs et ordinaires, seront payés sur le pied fixé par le présent décret, à dater du 1er octobre prochain, par le payeur des dépenses de la guerre, comme la solde et les appointemens des troupes.

7. La correspondance des commissaires ordonnateurs, auditeurs et ordinaires entre eux et avec les officiers généraux et commandans en chef dans toute l'étendue de la même division militaire, et celle des ordonnateurs et auditeurs entre eux dans toute l'étendue du royaume, se feront gratuitement par la poste, pour tous les objets relatifs au service ; auquel cas les paquets devront toujours être sous deux bandes de papier croisées.

8. Il est sévèrement défendu de comprendre dans les paquets aucune lettre, billet, papier ou chose quelconque étrangère au

service; il sera libre aux préposés de l'administration des postes d'exiger que l'ouverture et la vérification s'en fasse en leur présence, lorsqu'ils le jugeront à propos, ce qui ne pourra leur être refusé sous aucun prétexte. En cas de contravention, les commissaires des guerres seront traduits devant les tribunaux, et condamnés à cent écus d'amende, et au double s'il y a récidive.

TITRE X. Des récompenses et retraites auxquelles les commissaires des guerres auront droit à l'avenir.

Art. 1er. Les commissaires des guerres seront susceptibles de la décoration militaire, à la même époque et aux mêmes conditions que les officiers des troupes de ligne.

2. Ceux qui se trouveront, à l'avenir, ayant trente ans de service, auront pour retraite le quart de leurs appointemens; chaque année de service au-delà de trente jusqu'à cinquante emportera de plus une vingtième partie des trois autres quarts.

3. Les appointemens dont jouira un commissaire ordonnateur ou un commissaire auditeur, au moment de sa retraite, ne deviendront la règle de son traitement qu'autant qu'il aurait servi deux ans dans ce grade; autrement la retraite sera fixée sur le pied des derniers appointemens dont il jouissait avant d'être auditeur ou ordonnateur.

4. Les services des commissaires des guerres dateront du jour qu'ils auront été reçus à l'examen prescrit par le titre VII du présent décret; les campagnes de guerre qu'ils auront faites leur seront comptées pour deux ans.

TITRE XI. De l'uniforme des commissaires des guerres.

Art. 1er. Les commissaires des guerres porteront l'habit de couleur écarlate, le collet renversé, bleu, la doublure bleue, la veste et la culotte blanches; boutons de cuivre dorés, conformes au modèle actuel, avec ces mots dans le milieu, la Loi ; des brandebourgs en or sur l'habit, avec des houppes ou franges.

Les ordonnateurs et les auditeurs auront une broderie de six lignes sur l'habit : les ordonnateurs seront distingués par la double broderie sur le parement et sur la poche. Au lieu d'épaulettes, seront placées une, deux ou trois gauses d'or de chaque côté, suivant le grade d'ordinaire, d'auditeur ou d'ordonnateur.

Tous porteront le chapeau retapé à l'ordinaire, avec la cocarde nationale, les ordinaires sans plumet, les auditeurs avec le plumet noir, et les ordonnateurs avec le plumet blanc.

La dragonne de l'épée en or, avec le gland garni de cordes à puits, pour les ordonnateurs et les auditeurs; le cordon de ceux-ci liséré en blanc et rouge aux deux extrémités. Les ordinaires porteront la dragonne en or, avec un liséré bleu et rouge au milieu du cordon, et le gland orné d'une frange à graine d'épinards.

2. Les aides-commissaires porteront le même uniforme que les commissaires ordinaires, mais sans brandebourgs, sans ganse; la dragonne de leur épée sera tissue de parties égales d'or et de soie bleue et rouge; le gland sera orné d'une frange semblable au cordon.

3. Lorsque les commissaires des guerres de tout grade seront en fonctions, soit à la cour martiale, soit devant une troupe armée, ils porteront le même ruban et la même médaille dont les juges sont décorés, et seront en bottes et en éperons.

TITRE XII. Des honneurs à rendre aux commissaires des guerres.

Art. 1er. L'ordre et le mot seront portés tous les jours par un sergent au commissaire ordonnateur et au commissaire auditeur, lorsqu'ils seront dans une place de leur ressort, et, s'il n'y a pas de commissaire ordonnateur ni de commissaire auditeur dans la place, au plus ancien des commissaires ordinaires y résidant : les autres iront prendre l'ordre et le mot chez l'ordonnateur, ou à son défaut chez l'auditeur, et, à défaut de l'un et de l'autre, chez l'ancien des ordinaires.

2. Les commissaires des guerres seront traités, relativement aux honneurs militaires dans toutes circonstances, savoir : les ordonnateurs comme les colonels, les auditeurs comme les lieutenans-colonels, et les commissaires ordinaires comme les capitaines.

3. Les commissaires des guerres n'infligeront eux-mêmes aucune punition à un militaire en activité dans leur ressort, s'il est avec son corps ou une troupe dont il fasse partie ; mais en ce cas, lorsqu'ils auront des plaintes individuelles à porter contre un militaire, ils en préviendront son chef immédiat, qui sera tenu de punir le contrevenant, et responsable s'il ne punit pas. On observera toujours, pour régler la punition, l'assimilation établie par l'article précédent.

TITRE XIII. De ce qui sera particulièrement observé en cas de campement et de guerre.

Art. 1er. Lorsque les troupes camperont dans l'intérieur du royaume en temps de paix, elles resteront soumises à la juridiction de la cour martiale dans l'étendue de laquelle le camp sera assis; cependant les détails de l'administration militaire du camp et des troupes qui l'occupent pourront être confiés à tel commissaire ordonnateur et à tels commissaires ordinaires des guerres que le Roi voudra désigner pour cet objet.

2. En temps de guerre, le Roi fixera le nombre des cours martiales qui seront nécessaires pour chaque armée, lorsqu'elle sera hors du royaume. La juridiction de chacune de ces cours martiales s'étendra sur toutes les troupes étant immédiatement sous les ordres d'un même officier général, et sur tous les lieux qu'elles occuperont.

3. Le Roi choisira, sur tous les commissaires employés dans le royaume, ceux qu'il jugera à propos d'envoyer à l'armée. Le supplément d'appointemens qu'ils seront dans le cas d'obtenir fera partie des dépenses extraordinaires qui seront proposées au Corps-Législatif, et par lui décrétées.

4. Lorsque les armées rentreront dans le royaume, les personnes nommées par le Roi pour exercer, pendant la guerre, les fonctions de greffiers des cours martiales, seront tenues de remettre, dans le délai de trois mois, au greffe de la municipalité du chef-lieu de la cour martiale par laquelle elles seront rentrées en France, tous les papiers et dépôts dont elles étaient chargées comme greffiers de la cour martiale.

5. Les commissaires des guerres, sous prétexte d'anciennes lois, ordonnances, coutumes et usages, ne pourront réclamer aucun privilége particulier, ni faire valoir d'autres droits que ceux qui leur sont précisément accordés par le présent décret.

20 SEPTEMBRE 1791 = 23 MARS 1792. — Décret qui rétablit une omission faite dans les deux expéditions originales de la loi sur les mines. (B. 18, 932.)

L'Assemblée nationale décrète que, sur les deux expéditions originales de la loi du 28 juillet dernier, relatives aux mines, seront rétablis les mots et troisième, après ces mots de l'article 4 : *Sous prétexte d'aucunes des dispositions contenues aux articles premier et second;* que la même rectification sera faite sur la minute du procès-verbal du 15 juin dernier, et qu'il sera fait en marge, tant dudit procès-verbal que des deux expéditions originales, mention de la rectification décrétée.

20 = 29 SEPTEMBRE 1791. — Décret portant que le ministre de l'intérieur fera payer la solde des gardes nationales volontaires du département de Seine-et-Marne, jusqu'au moment où elles deviendront à la charge du département de la guerre. (L. 5, 1448; B. 18, 398.)

20 SEPTEMBRE 1791. — Décret par lequel l'Assemblée nationale témoigne sa satisfaction des services rendus par les sieurs Jauge et Cottin, dans le cours de la révolution. (B. 18, 391.)

20 SEPTEMBRE = 12 OCTOBRE 1791. — Décret qui supprime le tribunal provisoire établi à Orléans. (B. 18, 392.)

20 = 29 SEPTEMBRE et 9 OCTOBRE 1791. — Décrets portant que la caisse de l'extraordinaire avancera 900,000 livres à la municipalité de Marseille, 15,000 livres par mois à celle de Rennes, pour les six derniers mois de 1791, et qu'elle versera 12,530,403 livres à la Trésorerie nationale. (B. 18, 397, 399 et 456.)

20 SEPTEMBRE = 19 OCTOBRE 1791. — Décret portant que l'acquit des droits pour les cuirs et peaux qui étaient en charge au 1er avril 1791, paieront les droits sur le pied du taux du prix moyen de l'année précédente. (B. 18, 457.)

21 = 29 SEPTEMBRE 1791. — Décret relatif à l'établissement de commissaires de police dans les différentes villes du royaume où ils seront jugés nécessaires. (L. 5, 1318; B. 18, 494; Mon. du 22 septembre 1791.)

Voy. lois du 19 VENDÉMIAIRE an 4; Code du 3 BRUMAIRE an 4; du 19 NIVOSE an 8; Code d'instruction criminelle.

Art. 1er. Il sera établi par le Corps-Législatif des commissaires de police dans toutes les villes du royaume où on les jugera nécessaires, après l'avis de l'administration du département.

2. Ces commissaires veilleront au maintien et à l'exécution des lois de police municipale et correctionnelle, et ils pourront dresser les procès-verbaux en matière criminelle, conformément à ce qui sera dit ci-après. Les municipalités détermineront, selon les localités, et avec l'autorisation de l'administration du département, sur l'avis de celle du district, le détail des fonctions qui pourront leur être attribuées dans l'ordre des pouvoirs propres ou délégués aux corps municipaux.

3. Dans les lieux où la loi n'aura pas déterminé le mode de la fixation de leur traitement, il sera fixé par le directoire de département, sur la demande de la municipalité et l'avis du directoire de district, et payé par la commune.

4. D'après les fonctions déléguées aux juges-de-paix, les dispositions provisoires contenues aux articles 14, 15 et 16 du titre IV de l'organisation de la municipalité de Paris, demeurent abrogées en tout ce qui est contraire au décret sur la police municipale et correctionnelle, et au présent décret.

5. Les commissaires de police, lorsqu'ils en auront été requis, ou même d'office, lorsqu'ils seront informés du délit, seront tenus de dresser les procès-verbaux tendant à constater le flagrant délit ou le corps de délit, encore qu'il n'y ait point eu de plainte rendue.

6. Ils pourront aussi être commis, soit en matière de police municipale, par les muni-

cipalités, soit en conséquence d'une plainte, par les officiers de police de sûreté, ou par les juges, pour dresser les procès-verbaux qui seront jugés nécessaires.

7. En cas d'effraction, assassinat, incendie, blessures et autres délits laissant des traces après eux, les commissaires de police seront tenus de dresser les procès-verbaux du corps du délit en présence des personnes saisies, lesquelles seront ensuite conduites chez le juge-de-paix, sans néanmoins que les commissaires de police puissent procéder aux informations.

8. Tous les commissaires de police pourront dresser des procès-verbaux hors de l'étendue de leur territoire, pourvu que ce soit dans le territoire de la municipalité.

9. Dans le cas où il y aura procès-verbal dressé par les commissaires de police, ils en tiendront note sommaire sur un registre coté et paraphé par un des officiers municipaux. Ils transmettront au juge-de-paix la minute même du procès-verbal, avec les objets volés, les pièces de conviction et la personne saisie. Les greffiers des juges-de-paix donneront décharge du procès-verbal et des pièces.

———

21 = 29 SEPTEMBRE 1791. — Décret relatif à la compétence du tribunal de police municipale de la ville de Paris. (L. 5, 1321; B. 18, 496; Mon. du 23 septembre 1791.)

Art 1er. La municipalité de Paris sera seule chargée de faire exécuter les règlemens, et d'ordonner toutes les dispositions de police sur la rivière de Seine, ses ports, rivages, berges et abreuvoirs, dans l'intérieur de Paris, sans préjudice du renvoi à la police correctionnelle, à l'égard des faits qui en seront susceptibles.

2. Les marchands faisant le commerce pour l'approvisionnement de Paris, par eau, seront tenus, à peine d'une amende de trois cents livres, de déclarer à la municipalité ou à l'un des commissaires de police la quantité des marchandises, les lieux où ils doivent les charger, et l'époque de l'arrivée.

3. Les contestations qui pourraient s'élever sur l'exécution des traités, marchés, entreprises et fournitures relatifs aux approvisionnemens de Paris, par eau, en ce qui concerne seulement la livraison des marchandises, les obstacles et difficultés qui surviendraient dans le transport, seront portées au tribunal de police municipale.

4. Le tribunal de police municipale connaîtra des contestations relatives à la justification des qualités, à la régularité des paiemens, et au rebut des quittances, qui pourront s'élever entre les payeurs des rentes sur l'Hôtel-de-Ville et les rentiers.

5. Il connaîtra pareillement des contraventions aux règlemens de police, à l'égard des monts-de-piété, lombards et autres établissemens de ce genre, ainsi que de toutes les contestations qui peuvent en être la suite.

6. L'appel de tous jugemens rendus par le tribunal de police municipale sera porté au tribunal établi par l'article 63 du titre II du décret sur la police municipale et la police correctionnelle.

7. Le corps municipal nommera le greffier et les commis qui seront attachés au tribunal de police municipale; il réglera, avec l'autorisation du directoire du département, leur traitement, lequel sera payé par la commune.

8. Le corps municipal est autorisé, en cas de besoin, à commettre un homme de loi ou tout autre citoyen pour remplir les fonctions de substitut du procureur de la commune auprès du tribunal de police municipale.

9. Le traitement des hommes de loi ou autres citoyens qui pourront être commis pour aider le procureur de la commune et ses substituts dans la poursuite des délits en matière de police municipale et correctionnelle, sera payé par la commune et déterminé par le corps municipal, avec l'autorisation du directoire du département, proportionnellement au travail dont ils devront être chargés.

———

21 = 29 SEPTEMBRE 1791. — Décret relatif à l'établissement de vingt-quatre officiers de police, sous le nom d'officiers de paix, dans la ville de Paris. (L. 5, 1387; B. 18, 499; Mon. du 23 septembre 1791.)

Art. 1er. Il sera établi à Paris vingt-quatre officiers de police, sous le nom d'officiers de paix, avec les fonctions ci-après.

2. Les officiers de paix seront chargés de veiller à la tranquillité publique, de se porter dans les endroits où elle sera troublée, d'arrêter les délinquans et de les conduire devant le juge-de-paix.

3. Ils seront nommés par les officiers municipaux, et leur service durera quatre ans.

4. Ils porteront pour marque distinctive un bâton blanc à la main; ils diront à celui qu'ils arrêteront : Je vous ordonne, au nom de la loi, de me suivre devant le juge-de-paix.

5. Les citoyens seront tenus de leur prêter assistance à leur réquisition; et ceux qui refuseront d'obéir aux officiers de paix seront condamnés, pour cela seulement, à trois mois de détention.

6. Les officiers de paix, pendant la nuit, pourront retenir les personnes arrêtées; elles seront conduites, au jour, devant les commissaires de police, s'il s'agit d'objets attribués à la municipalité.

7. S'il s'agit d'objets du ressort de la police correctionnelle ou de la police de sûreté, les officiers de police conduiront les prévenus,

soit devant le juge-de-paix du district, soit devant le bureau central des juges-de-paix.

8. Les officiers de paix ne pourront être destitués que par trois délibérations successives du bureau central des juges-de-paix, prises à huit jours de distance l'une de l'autre.

9. Le traitement annuel des officiers de paix sera de 3,000 livres, aux frais de la commune.

10. Les gardes du commerce continueront provisoirement et personnellement à exercer les fonctions qui leur sont attribuées par les lois.

----

21 = 29 SEPTEMBRE 1791. — Décret relatif au paiement des intérêts dus aux créanciers des pays d'états, à la liquidation et à la rénovation de leurs titres. (L. 5, 1449; B. 18, 484; Mon. du 24 septembre 1791.)

Art. 1er. Les créanciers des ci-devant pays d'états ou leurs ayant-cause pour les dettes mentionnées dans le décret du 12 avril dernier, relatif à la liquidation des dettes de ces mêmes pays à la charge de la nation, seront payés de leurs intérêts échus ou à échoir jusqu'au 1er janvier 1792, quelle que fût l'échéance des précédentes stipulations, par les payeurs, receveurs ou trésoriers qui en étaient précédemment chargés pour l'année 1792, dans les mêmes bureaux, et sur l'état ou rôle qui contenait la mention des parties prenantes.

2. La Trésorerie nationale fera, en conséquence, passer, sur les ordonnances du ministre de l'intérieur, auxdits payeurs, receveurs ou trésoriers, les sommes que ceux-ci demanderont par un état sommaire signé d'eux, et visé, pour en assurer l'authenticité, par le directoire du département dans le territoire duquel leur bureau est situé.

3. Les receveurs ou trésoriers des ci-devant pays d'états, qui avaient des bureaux de paiement à Paris, feront viser leur état sommaire par le directoire du département dans le territoire duquel était situé le siège de l'ancienne administration.

4. Il sera fait une remise de deux deniers pour livre auxdits payeurs, receveurs ou trésoriers, pour leur tenir lieu de tout traitement et indemnité. Ils rendront compte de leurs paiemens dans le courant des mois d'avril, mai et juin prochains, devant le bureau de comptabilité.

5. Le paiement prescrit par l'article 1er du présent décret sera le dernier fait en cette forme. Les intérêts desdites dettes des ci-devant pays d'états seront à l'avenir, à compter du 1er janvier prochain, payés aux mêmes caisses et en la même forme que les diverses rentes constituées sur l'État : à cet effet, les créanciers seront tenus de faire procéder à la liquidation et à la rénovation de leurs titres, ainsi qu'il suit :

6. Lesdits créanciers feront, d'ici au 1er avril prochain, par eux ou par leurs fondés de procuration, au commissaire du Roi directeur général de la liquidation, la remise des titres qu'ils auront en leur possession. Les créanciers des rentes viagères y joindront l'acte de leur naissance et un certificat de vie en bonne forme.

7. Pour effectuer ladite remise de titres, lesdits créanciers fourniront, savoir :

Quant au titre constitutif de la créance, ledit titre en original, sinon, sur leur affirmation ou celle de leurs fondés de procuration que ledit titre original est égaré, une copie collationnée et authentique ou ampliation d'icelui, et enfin, à défaut desdits titres originaux et ampliations, un extrait authentique délivré par le directoire de district du dernier compte légalement rendu et alloué, dans lequel le paiement des intérêts de ladite créance aura été passé en dépense au payeur.

Et, quant aux actes translatifs et justificatifs de la propriété desdites créances, ils fourniront, pour y suppléer, s'ils ne les ont pas en leur pouvoir, un extrait de l'immatricule délivré, soit par le payeur, soit par tous archivistes ou autres détenteurs des registres, constatant que lesdits créanciers sont compris dans l'état des dettes contractées au nom desdits pays, soit comme créanciers primitifs, soit comme étant aux droits d'iceux. Lesdits certificats délivrés en administration ne seront sujets à aucun droit d'enregistrement, et ils seront conformes au modèle annexé au présent décret.

8. En échange de cette remise de titres, il sera délivré aux propriétaires de rentes perpétuelles ou viagères une reconnaissance valant contrat ou titre nouvel par le commissaire du Roi liquidateur général, stipulant pour l'État. Cette reconnaissance portera le capital originaire, l'intérêt actuel, avec la jouissance des arrérages, à compter du 1er janvier 1792, pour être acquittés de six mois en six mois par les payeurs des rentes sur l'État. Lesdites reconnaissances ou titres nouvels seront exempts du droit d'enregistrement.

9. Lesdites reconnaissances ou titres nouvels ne seront remis que sur une quittance ou récépissé donné par le propriétaire ou par son fondé de procuration par-devant un notaire de Paris, qui l'expédiera en brevet sur un papier à un seul timbre, et la délivrera aux parties intéressées, sans qu'il soit nécessaire de la faire enregistrer, et sans pouvoir exiger d'aucune d'elles au-delà de trois livres pour tous frais et honoraires.

10. La délivrance desdits titres nouvels ne donnant point ouverture à une aliénation ou changement de propriété, mais seulement à une novation de titre, il ne sera pas requis

par le commissaire du Roi directeur général de la liquidation de certificat du conservateur des oppositions; mais seulement, le 31 décembre de la présente année, lesdits payeurs qui acquitteront les arrérages desdites rentes seront tenus d'adresser au commissaire du Roi un état certifié d'eux des oppositions qui pourraient, audit jour, subsister entre leurs mains, pour être par lui notifié aux payeurs des rentes sur l'Etat.

11. Les créanciers qui auront plusieurs rentes sur les mêmes pays d'états, et au même taux d'intérêt, pourront les réunir pour les faire liquider et comprendre dans le même titre nouvel.

12. Après que lesdites rentes ou créances des ci-devant pays d'états auront été ainsi reconnues, elles jouiront de la faculté de la reconstitution accordée aux autres rentes sur l'Etat, et, jusqu'à la première reconstitution, la propriété en sera soumise aux lois et régime du domicile du créancier.

13. Les propriétaires de ces mêmes rentes qui en recevaient les intérêts dans les ci-devant provinces, pourront, même après le 1er janvier 1792, et lorsqu'elles auront été reconnues au nom de l'Etat, en être payés dans les districts qu'ils voudront choisir, en se conformant à ce qui est prescrit par les articles 8, 9 et 10 du décret du 15 août 1790 concernant les rentes dues par le ci-devant corps du clergé et les pays d'états.

14. Le commissaire du Roi directeur général de la liquidation procédera à la liquidation définitive de toutes les parties de rentes perpétuelles qui, dans leur état actuel, sont de 20 livres et au-dessous, pour le remboursement en être fait par la caisse de l'extraordinaire.

15. Les ci-devant receveurs ou trésoriers des pays d'états, même les receveurs des diocèses de la ci-devant province de Languedoc, en exercice pendant l'année 1790, qui n'auraient pas encore remis l'état exact des dettes et intérêts qu'ils étaient chargés de payer conformément à ce qui est prescrit par l'article 3 du décret du 12 avril dernier, seront tenus de les remettre, sous les peines portées par le décret sur la comptabilité, d'ici au 1er janvier prochain, au directoire du département dans le territoire duquel était situé le siège de leur administration respective, pour y être visés, certifiés et réunis aux titres et pièces qui ont autorisé les différens emprunts. Lesdits directoires les feront passer dans le mois qui suivra la remise au directeur général de la liquidation, pour qu'il les emploie au récolement des titres et certificats qui lui seront rapportés par les créanciers.

16. A compter du 1er novembre prochain, les commissaires nommés par les départemens

formés des ci-devant pays d'états, en exécution du décret du 22 décembre 1789, cesseront toutes fonctions pour être remplacés et représentés comme il suit :

17. Toutes personnes qui auront des créances exigibles ou des sommes à répéter, à quelque titre que ce soit, vis-à-vis des anciens pays d'états, se pourvoiront auprès du commissaire du Roi directeur général de la liquidation, en la forme prescrite à l'égard des autres créanciers de l'Etat, pour, sur son rapport présenté par le comité de liquidation, être statué par le Corps-Législatif ce qu'il appartiendra.

18. Toutes personnes qui auront des droits litigieux à poursuivre contre les ci-devant pays d'états, ou qui auraient déjà introduit des instances à raison de ce dans les anciens tribunaux, les suivront contradictoirement avec l'agent du Trésor public par-devant le tribunal du premier arrondissement de Paris, auquel toute compétence et juridiction en cette partie est expressément attribuée par le présent décret.

Ledit agent du Trésor public poursuivra réciproquement devant les tribunaux ordinaires la rentrée de toutes les sommes et l'exercice de tous les droits appartenant aux ci-devant pays d'états.

19. Les payeurs, receveurs, trésoriers et autres anciens comptables des ci-devant pays d'états rendront leurs comptes aux temps fixés par les précédens décrets, par-devant le bureau de la comptabilité. Les corps administratifs des départemens qui ont été formés seront tenus, notamment pour l'exécution du présent article et des deux précédens, de fournir les renseignemens qui leur seront demandés par le ministre des contributions publiques.

20. Il sera établi momentanément auprès des archives des ci-devant pays d'états un dépositaire archiviste nommé par le ministre de l'intérieur et salarié par le Trésor public, pour être, par lui, sous la surveillance du corps administratif auprès duquel le dépôt est établi, procédé à la séparation de tout ce qui peut intéresser particulièrement les départemens formés des ci-devant pays d'états, ou le général du royaume.

21. Il sera dressé, si fait déjà n'a été, aux frais du Trésor public, un inventaire en double original des titres et papiers déposés dans lesdites archives. Le premier sera rapporté à la bibliothèque du Roi avec tous les titres qui concernent le général du royaume; l'autre demeurera en dépôt auprès de l'administration du département dans lequel était situé le siège de l'ancienne administration, avec les titres et papiers concernant particulièrement le territoire qui en dépendait.

Modèle du certificat prescrit par l'article 7.

Département d

Faisant partie de l'ancien pays d'états.

Je soussigné (*ancien payeur, ou receveur ou trésorier, ou archiviste, ou détenteur de registres des rentes dues par l'ancienne province de..... suivant la qualité du signataire*) reconnais et certifie, en exécution de la loi du *(date de la sanction du présent décret)*, que, vérification par moi faite sur les registres et sommiers du paiement desdites rentes, M. *(mettre ici le nom de baptême du ou des créanciers).....* est propriétaire de la rente de *(mettre ici la rente en capital et intérêts ainsi que les impositions dont elle était ou n'était pas grevée)*, originairement créée par l'administration dudit pays, à son profit *(ou au profit de M....., créancier primitif)*, et qu'il a justifié des titres et pièces nécessaires pour constater qu'il est propriétaire de ladite rente, dont le paiement des arrérages a lui fait a été passé en compte.

Fait à . . . . le . . . .

Nota. Ce certificat doit être expédié sur papier timbré; mais il sera exempt du droit d'enregistrement.

21 SEPTEMBRE = 6 OCTOBRE 1791. — Décret relatif aux concessions faites en France au prince de Monaco. (L. 6, 58; B. 18, 529; Mon. du 24 septembre 1791.)

L'Assemblée nationale, considérant qu'il paraît que le prince de Monaco n'a point été remis en possession des biens qui devaient lui être restitués en Italie en conséquence de l'article 104 du traité des Pyrénées, et voulant manifester son respect pour la foi des traités;

Ouï le rapport des comités des domaines et diplomatique;

Décrète : 1° qu'il n'y a lieu à délibérer sur la dénonciation de la commune de Baux, tendant à faire prononcer la révocation des concessions faites en France au prince de Monaco, en exécution du traité d'alliance et de protection fait à Péronne, le 14 septembre 1641;

2° Qu'il y a lieu à indemnité en faveur du prince de Monaco, à cause de la suppression des droits féodaux, de justice et de péage, dépendant desdites concessions;

3° Que le Roi sera prié de faire négocier avec le prince de Monaco la détermination amiable de ladite indemnité, conformément aux obligations résultant du traité de Péronne, pour, sur le résultat de la négociation, être, par le Corps-Législatif, délibéré ainsi qu'il appartiendra;

4° Enfin, que les offices de judicature dépendant des domaines concédés au prince de Monaco seront liquidés et remboursés aux

dépens du Trésor public, sauf imputation, s'il y a lieu, de tout ou de partie de la liquidation sur l'indemnité due au prince de Monaco.

21 SEPTEMBRE = 12 OCTOBRE 1791. — Décret concernant l'administration des ports et objets y relatifs. (L. 6, 259; B. 18, 501; Mon. des 23 et 24 septembre 1791.)

Art. 1er. Le ministre sera seul chargé de l'exécution des ordres du Roi relatifs à son département, et responsable de son administration.

2. L'administration des ports sera civile; elle sera incompatible avec toutes fonctions militaires.

3. La direction générale de tous les travaux et approvisionnemens, de la comptabilité, de toutes dépenses de la police générale et des clauses du ressort, sera confiée dans chaque grand port à un administrateur unique, sous le titre d'ordonnateur.

4. L'administration de chacun de ces ports sera divisée en six détails principaux, qui seront confiés, comme il suit, à des chefs d'administration :

1° Les constructions, travaux et mouvemens de port, à un chef;

2° L'arsenal et la comptabilité de l'arsenal en journées d'ouvriers et matières, à un chef;

3° Le magasin général et approvisionnement, à chef;

4° La comptabilité des armemens, les vivres et classes, à un chef;

5° Les fonds et revues, à un chef;

6° Les hôpitaux et bagnes, à un chef.

5. Les mouvemens des ports seront dirigés par un sous-chef, sous les ordres du chef des travaux.

6. Le commandant des armes, dans chaque port, nommera tous les trois mois les enseignes au nombre qui lui sera demandé par l'ordonnateur, pour être employés à l'exécution des mouvemens des ports, sous les ordres du chef et du sous-chef des travaux.

7. Dans les ports où il sera établi un sous-chef des mouvemens du port, le capitaine et le lieutenant de port lui seront subordonnés. Il pourra, dans ces villes, n'être établi qu'un lieutenant de port, si les besoins du service n'exigent rien de plus.

Garde-magasin.

8. La garde et conservation des matières et munitions sera confiée à un garde-magasin qui sera directement responsable et comptable envers l'ordonnateur, et sous la surveillance du chef des approvisionnemens. Il aura sous son autorité immédiate les sous-gardes magasins et les autres agens nécessaires. Les fonctions de garde-magasin seront remplies

par des sous-chefs, et celles de sous-garde-magasin par des commis.

9. La garde et distribution des fonds seront confiées à un payeur, qui sera directement comptable à la Trésorerie nationale : il sera chargé d'acquitter les dépenses de la marine, d'après les ordres de l'ordonnateur, et suivant la forme qui sera prescrite. Il sera sous la surveillance du chef des fonds et du contrôleur, qui pourront vérifier ses comptes et inspecter sa caisse : il aura sous son autorité immédiate les agens nécessaires au service de la caisse. Il sera nommé et pourra être destitué par les commissaires à la Trésorerie nationale, et fournira le cautionnement qui sera prescrit.

Contrôleur.

10. Le dépôt des minutes, des marchés, états de recette et fournitures, comptes de dépenses et recettes, plans et devis, lois, ordonnances, brevets et ordres du Roi relatifs à la marine, sera confié à un contrôleur.

Le contrôleur sera tenu d'inspecter et vérifier toutes les recettes et dépenses de fonds et de matières, revues, fournitures, marchés, adjudications, et les travaux en ce qui concerne l'emploi des hommes et matières, sur lesquels objets il pourra requérir ou remontrer ce qu'il avisera, rendre compte au ministre de ses réquisitions et remontrances, s'il n'y était fait droit, sans qu'il puisse arrêter ni suspendre l'exécution d'aucun ordre de l'ordonnateur.

11. En tout ce qui concerne l'expédition de toutes les pièces de son dépôt, l'ordre des écritures, la police des bureaux du contrôle, l'exactitude de son service, le contrôleur sera subordonné à l'ordonnateur; il en sera indépendant dans les détails d'inspection dont il est chargé, pour l'exécution desquels il lui sera donné tous les renseignemens et communications de pièces nécessaires.

Le contrôleur aura sous ses ordres des sous-contrôleurs et des commis, dont le nombre sera réglé suivant les besoins du service.

12. Les détails particuliers de comptabilité de l'administration, et les quartiers des classes, seront, suivant leur importance, confiés à des chefs ou à des sous-chefs d'administration, à la charge d'en être responsables. Le nombre des chefs et sous-chefs sera fixé suivant les besoins du service de chaque port, de même que celui des commis qui seront trouvés nécessaires.

Commis d'administration.

13. Les places de commis seront données, au concours, à ceux des citoyens français qui, ayant l'âge de dix-huit ans accomplis, satisferont le mieux à un examen sur l'écriture, l'orthographe et l'arithmétique.

14. Les commis, après deux ans de service, seront examinés sur la conduite qu'ils auront tenue pendant ces deux ans, sur leur travail et leur capacité. Ceux qui seront approuvés continueront le service de commis ; les autres seront congédiés.

15. La comptabilité sur les gabares, corvettes et autres bâtimens au-dessous de vingt canons, pourra être confiée à des commis ayant au moins vingt-un ans accomplis et deux ans de service dans les ports, et qui auront alors le brevet de sous-chefs d'administration pour la campagne. A une seconde campagne, et après avoir rendu des comptes satisfaisans de la première, ils pourront faire les mêmes fonctions sur une frégate et sur un vaisseau de ligne.

Concours pour les places de sous-chefs d'administration.

16. Lorsqu'il y aura des places de sous-chefs d'administration ou de sous-contrôleurs vacantes, elles seront données à un concours, auquel pourront se présenter tous les commis ayant au moins cinq ans de service dans les ports et fait une campagne de mer. L'examen aura lieu sur l'arithmétique, la géométrie, jusques et compris les solides seulement; sur la comptabilité des ports, sur les munitions navales, les opérations pratiques des arsenaux, des bureaux et des classes ; et, à mérite égal, seront préférés ceux qui auront plus de service.

17. Les concours seront publics; ils seront présidés par l'ordonnateur. Les corps administratifs et militaires y seront invités, ainsi que toutes les personnes chargées de fonctions dans l'institution publique : le conseil d'administration sera juge du concours. Les concurrens seront examinés par le professeur de l'école, sur l'arithmétique et la géométrie; et par le contrôleur et sous-contrôleur, et par tous les membres du conseil d'administration, sur les objets de pratique du service.

Chefs d'administration.

18. Les places de chefs d'administration seront données, moitié par ancienneté et moitié au choix du Roi, aux sous-chefs et sous-contrôleurs qui auront au moins cinq ans de service dans leur grade et l'âge de trente ans accomplis. Les contrôleurs et les chefs de travaux seront toujours pris, au choix du Roi, les premiers parmi les chefs, sous-chefs et sous-contrôleurs, et les autres parmi les sous-chefs des travaux.

Choix des ordonnateurs.

19. Les ordonnateurs des grands ports seront pris, au choix du Roi, parmi les chefs d'administration et contrôleurs, pourvu qu'ils aient trois ans de service dans leur grade.

Chefs, sous-chefs, aides et élèves des constructions et travaux.

20. Le chef des constructions et travaux sera secondé, dans ses diverses fonctions, par des sous-chefs et des aides de constructions, dont le nombre sera réglé suivant les besoins du service de chaque port, de même que celui des élèves.

21. Il y aura une école à Paris pour les élèves.

22. Nul ne sera admis au titre d'élève qu'au concours sur l'algèbre, l'application de l'algèbre à la géométrie et les sections coniques, les élémens du calcul infinitésimal et la mécanique, l'hydraulique et les calculs du déplacement et de la stabilité des vaisseaux. Ils seront tenus aussi de faire preuve de la connaissance du dessin nécessaire à leurs fonctions; et ceux qui auront le mieux satisfait à l'examen seront envoyés dans les ports.

Concours pour les aides de constructions.

23. Les places d'aides seront données, au concours, à ceux des élèves qui auront au moins deux ans de service dans le port, et qui satisferont le mieux à l'examen sur la théorie et la pratique de leur état, suivant le réglement qui sera fait.

Sous-chefs de constructions.

24. Lorsqu'il y aura des places de sous-chefs de constructions vacantes, elles seront données aux élèves, moitié à l'ancienneté, moitié au choix du Roi, à ceux qui auront au moins trois ans de service dans ce grade.

25. Les sous-chefs et les élèves seront chargés de suivre les travaux de constructions, réparations et entretien des vaisseaux et autres travaux du port, sous les ordres du chef des constructions et travaux; ils pourront être embarqués sur les escadres et armées navales, pour y remplir le service qui leur est attribué.

26. Les constructions et entretien des bâtimens civils seront confiés à un sous-chef, sous les ordres du chef des travaux. Il aura sous ses ordres un ou plusieurs élèves, qui seront pris au concours parmi les élèves des ponts-et-chaussées.

27. Le sous-chef chargé des bâtimens civils sera choisi par le Roi, parmi les élèves-architectes ayant au moins trois ans de service dans les ports.

Fonctions communes à tous les officiers d'administration.

28. Les visites des forêts, celles des forges et manufactures de la dépendance d'un port et arsenal de l'armée navale, seront faites par les ordres de l'ordonnateur, indistinctement par les sous-chefs des travaux et autres détails, qu'il en chargera.

29. La visite et réception des approvisionnemens sera faite en présence du contrôleur, tant pour le chef d'administration et par le garde-magasin auquel ils devront être confiés, que par le chef des travaux, lorsqu'il s'agira de munitions navales nécessaires à la construction et au grément des vaisseaux, et par un capitaine de vaisseau de service dans le port, lorsqu'il s'agira des vivres et autres objets d'armement. Le procès-verbal de recette sera signé des uns et des autres; en cas de contestation, l'ordonnateur prononcera sous sa responsabilité; mais le contrôleur sera obligé d'instruire sans délai le ministre de la contestation et de la décision.

30. La réception des ouvrages sera faite de même par le chef d'administration au détail duquel ils ressortiront, et par le chef des travaux.

31. Il sera embarqué sur toutes les escadres, à bord du vaisseau commandant, deux chefs ou sous-chefs d'administration; l'un, pris dans les chefs de comptabilité, qui sera chargé de la comptabilité générale des approvisionnemens et dépenses de l'escadre, et d'inspecter la comptabilité particulière de chaque vaisseau; l'autre, pris dans les chefs des travaux, qui sera chargé de toute la partie d'entretien et de réparation des vaisseaux.

32. Les achats, approvisionnemens et autres dépenses, seront faits par les ordres du général, d'après les demandes de chaque vaisseau, sur lesquelles le chef chargé de la comptabilité et celui chargé des travaux seront tenus de donner leur avis par écrit, chacun pour sa partie.

33. Les ordres du général dans une escadre, ou du capitaine d'un vaisseau particulier, seront toujours donnés par écrit en matière d'administration et de comptabilité, et exécutés nonobstant tout avis contraire : dans ce cas, le général ou le capitaine en sera particulièrement responsable, comme les officiers d'administration le seront de leurs opérations.

34. La destination des officiers civils, dans les ports et arsenaux, dans les quartiers des classes et colonies, appartiendra au Roi, en observant les règles établies pour leur avancement de grade à l'autre : leur nombre et la distribution seront réglés par le Corps-Législatif, suivant les besoins du service.

Administration des classes.

35. Les quartiers des classes seront distribués, suivant leur localité, dans la dépendance de l'ordonnateur du port le plus voisin, et conformément à la nouvelle division géographique du royaume, et suivant le réglement qui sera présenté par le ministre et décrété par le Corps-Législatif.

36. Il sera dressé de même un état des paroisses maritimes, pour régler leur dépendance de chaque quartier des classes, et le service des syndics.

37. Les chefs et sous-chefs d'administration des classes seront subordonnés à l'ordonnateur du port dans la dépendance duquel ils seront établis.

Ils auront différentes paies, suivant l'importance et l'étendue de leurs quartiers respectifs, ainsi qu'il sera arrêté par un règlement à cet effet.

38. Les syndics des marins établis dans chaque syndicat auront des émolumens ou gages réglés par la loi, et proportionnés à l'importance de leur service.

Pensions de retraite des officiers civils.

39. Les officiers civils de la marine obtiendront des pensions de retraite et d'invalides, par les mêmes règles que les officiers militaires de la marine, et leurs services seront calculés de même à la mer, dans les colonies, en paix et en guerre.

Règles générales pour les officiers civils.

40. Tout officier civil pourvu d'un grade ou emploi prêtera, en recevant son brevet ou entrant en fonctions, le serment de fonctionnaire public.

41. Toutes les fois qu'un subordonné responsable recevra des ordres qu'il croira contraires à la loi, il pourra demander qu'on les lui donne par écrit, sans pouvoir se dispenser de les exécuter. Il sera tenu d'en joindre une copie aux pièces de sa comptabilité.

42. Tout officier civil de la marine achevant de remplir une mission, fonction ou emploi, sera tenu de rendre compte de ses opérations.

43. Tout officier civil pourra être provisoirement suspendu de ses fonctions par l'ordonnateur, mais ne pourra être destitué sans une décision du conseil d'administration d'un des grands ports de l'armée navale, auquel le ministre renverra les plaintes.

44. Le conseil d'administration sera composé de l'ordonnateur, du chef des travaux, de deux chefs et d'un sous-chef de comptabilité, d'un sous-chef et d'un élève des travaux : ces cinq derniers y seront appelés à tour de rôle, chacun dans son grade.

Le contrôleur ou un des sous-contrôleurs assistera aux conseils d'administration, et y aura voix représentative.

Inspection des classes.

45. L'ordonnateur de chaque département chargera, tous les ans, un contrôleur ou sous-contrôleur de se rendre dans les différens quartiers des classes de son arrondissement, d'y vérifier la caisse et les registres des chefs,

3.

sous-chefs, préposés aux classes, des caissiers des invalides et syndics des gens de mer.

Comptabilité et inspection des ports et arsenaux.

46. Chaque officier civil chargé d'un détail sera comptable et responsable : il sera tenu d'arrêter son registre à la fin de chaque mois, et de faire son bordereau du compte du mois. Ces comptes seront vérifiés par le contrôleur de la marine, et arrêtés par l'ordonnateur.

47. A la fin de chaque construction, radoub, et de tout autre ouvrage exécuté dans l'arsenal, il sera fait un compte particulier de la dépense à laquelle s'élevera chaque nature d'ouvrage, en matière et main-d'œuvre, de l'emploi desquelles seront responsables le chef des travaux et celui de l'arsenal. Le compte sera fait par le chef de l'arsenal, signé de lui et du chef des travaux, vérifié par le contrôleur et arrêté par l'ordonnateur.

48. Au désarmement de chaque bâtiment, il sera dressé un compte particulier de la dépense dudit bâtiment, en solde, appointemens, subsistances, frais de relâche, et remplacement de consommations de tout genre. Ce compte sera fait par l'officier d'administration chargé de la comptabilité du vaisseau, certifié par le capitaine du vaisseau, vérifié par le contrôleur, et arrêté par l'ordonnateur.

49. Les comptes de chaque port seront présentés, chaque année, à l'examen d'une commission d'inspection, qui prendra toutes communications qu'elle croira nécessaires, et inspectera également l'état des magasins et des travaux des ports.

50. La commission sera également chargée de constater si les restans en magasin et en caisse sont conformes à la balance des états de recette et de dépense, et l'état dans lequel ils auront été tenus.

51. La commission sera composée de trois officiers militaires, d'un chef de comptabilité, d'un chef des travaux, et de deux personnes étrangères au département de la marine, et exercées par état à la comptabilité : ils seront tous nommés par le Roi, à l'époque de chaque inspection, et les chefs de comptabilité et des travaux seront pris dans un autre département que celui où ils devront faire l'inspection.

52. Les comptes examinés et vérifiés seront envoyés au ministre, qui les vérifiera de nouveau; il soumettra au bureau de comptabilité qui sera établi par l'Assemblée nationale la totalité des comptes de la dépense de son département.

21 = 28 SEPTEMBRE 1791. — Décret relatif à l'administration de la marine. (L. 7, 465; B. 18, 512.)

22

Voy. loi du 28 février 1793.

Art. 1er. Pour l'exécution du décret du 21 de ce mois (1), sur l'administration de la marine, l'ancienne administration est supprimée; les nominations seront faites avant le 1er novembre prochain, et le mode de nomination, pour la nouvelle création, sera exécuté (pour cette fois seulement) de la manière ci-après.

2. Les ordonnateurs des ports de Brest, Toulon, Rochefort et Lorient, seront choisis par le Roi, parmi les anciens commandans des ports, les intendans de la marine, les commissaires généraux des ports et arsenaux de marine, les intendans et ordonnateurs des colonies, ayant au moins dix ans de service dans l'administration de la marine ou des colonies, les ingénieurs généraux et ingénieurs directeurs actuellement existans.

3. Les chefs d'administration destinés à la construction et aux travaux seront choisis par le Roi parmi les ingénieurs-directeurs ou sous-directeurs qui seront trouvés les plus capables.

4. Les contrôleurs et les chefs d'administration destinés à la comptabilité ou à faire fonctions d'ordonnateurs dans les ports ordinaires et au service des classes, seront choisis par le Roi, parmi les commissaires généraux et ordinaires des ports et arsenaux de marine, les contrôleurs de la marine, les commissaires surnuméraires des ports et arsenaux, les commissaires des classes, les garde-magasins de la marine, les sous-contrôleurs, et parmi les commissaires généraux et ordinaires, les contrôleurs et les garde-magasins des colonies ayant au moins huit ans de service dans l'administration de la marine ou des colonies; ils pourront être pris aussi parmi les écrivains principaux des colonies, ayant au moins vingt ans de service.

5. Les sous-chefs des travaux de construction seront pris d'abord parmi les ingénieurs, sous-directeurs, et ensuite parmi les ingénieurs ordinaires de la marine et constructeurs de mâture, au choix du Roi.

Les sous-chefs des travaux des bâtimens civils seront pris, au choix du Roi, parmi les ingénieurs en chef et ingénieurs ordinaires des bâtimens civils; ceux pour les mouvemens des ports pourront être pris parmi les anciens officiers de port.

6. Les sous-chefs d'administration pour les détails des ports et pour les classes, et les sous-contrôleurs, seront pris, au choix du Roi, parmi les contrôleurs, les commissaires ordinaires et surnuméraires des ports et arsenaux de marine, les commissaires des classes, les syndics faisant fonctions de commissaires des classes, les sous-contrôleurs de la marine,

les garde-magasins de la marine, les écrivains principaux et ordinaires, et les garde-magasins des colonies, les sous-garde-magasins et les chefs de détail ayant au moins trois ans d'ancienneté dans ces fonctions; les élèves commissaires et les commis principaux et ordinaires des ports ayant au moins huit ans de service.

7. Les aides de construction et de travaux seront pris parmi les ingénieurs ordinaires et sous-ingénieurs, et sous-constructeurs de mâtures.

Les élèves ingénieurs-constructeurs employés dans les ports, continueront de l'être en qualité d'élèves.

Les aides des bâtimens civils seront pris parmi les ingénieurs ordinaires et sous-ingénieurs actuels, chacun dans leur partie.

8. Les commis d'administration seront pris, au choix du Roi, parmi les élèves commissaires des ports et des colonies qui seront trouvés les plus capables, sans égard à l'ancienneté.

Seront réputés commis actuels des ports les secrétaires des bureaux du commandant et intendant de la marine, de la direction générale et des directions du port, des constructions et de l'artillerie.

9. Après la première formation, tous les officiers civils d'administration rouleront entre eux dans chaque classe, sans aucune distinction de départemens. Tous les emplois, grades et dénominations non énoncés dans la présente formation, sont supprimés.

10. Les officiers civils d'administration et des prévôtés qui, par l'effet de la nouvelle organisation, occuperont des places dont les appointemens seront inférieurs à ceux qu'ils avaient auparavant, recevront, par forme de supplément, le montant de la différence de leur ancien traitement au nouveau.

11. La moitié des places qui viendront à vaquer dans l'administration pourra être donnée à ceux des officiers civils et des employés supprimés de l'ancienne administration qui occupaient un grade correspondant; elle sera donnée au choix du Roi.

12. Les officiers des prévôtés de marine qui ne seront pas placés dans la nouvelle formation pourront être placés dans l'administration, selon leur capacité.

Ceux des officiers de l'ancienne administration qui ne seront pas compris dans la nouvelle formation auront, jusqu'à leur remplacement, une retraite proportionnée à leurs services et à leur dernier traitement d'activité, pourvu qu'il n'excède pas 10,000 livres, auquel cas on partira toujours de cette fixation.

13. Ceux qui auront vingt ans de service révolu auront moitié de leur traitement

_____

(1) Le précédent décret.

d'activité, et un vingtième de la moitié restante pour chaque année de service.

14. Ceux qui auront dix ans révolus de service, et moins de vingt, auront le quart de leur dernier traitement d'activité, et un dixième de ce même quart pour chaque année de service au-delà de ces dix ans.

15. Ceux qui auront moins de dix ans de service recevront un secours en argent, dans la proportion d'un dixième de leur dernier traitement d'activité par chacun an, sans que ce secours puisse être au-dessous de 200 livres, ni excéder le *maximum* de 10,000 livres.

16. Les articles 11, 12, 13 et 14 ci-dessus seront applicables aux professeurs et maîtres supprimés des écoles et colléges de marine, et autres employés de la marine réformés par les décrets, et sur le sort desquels il n'a pas été statué.

17. Tout service public que l'officier d'administration aura fait avant d'entrer dans l'administration sera compté pour former son traitement de retraite, en justifiant de ce service, et qu'il l'a fait et quitté sans reproche.

18. Le décret du 3 août 1790 sur les pensions sera au surplus applicable à tous ceux des officiers d'administration qui en réclameront les dispositions.

19. Les pensions et indemnités qui seront accordées en exécution du présent décret auront cours à commencer du jour de la suppression du traitement d'activité.

20. Les employés de l'administration et des ports ne pourront être obligés à aucun service public, ni fonction publique ; et si, sous quelque prétexte que ce soit, ils s'absentent sans congé de leurs bureaux, et abandonnent momentanément le service qu'ils ont à remplir, ils cesseront d'être payés de leurs appointemens pendant le temps de leur absence. Chaque chef et sous-chef d'administration sera tenu de rendre compte à l'ordonnateur de l'absence de son subordonné, à peine d'en demeurer responsable.

21. Le nombre et les appointemens des différens employés dans l'administration de la marine seront fixés suivant l'état annexé au présent décret.

22. Les chefs et sous-chefs d'administration, les sous-contrôleurs, les aides et élèves des travaux, et les commis d'administration, passeront d'une paie à l'autre par rang d'ancienneté.

23. Les officiers d'administration de la marine employés aux colonies jouiront d'une moitié en sus du traitement affecté à leur grade, sans que cette augmentation puisse compter dans le calcul de leurs pensions de retraite.

24. Tous les officiers d'administration logés dans des bâtimens nationaux supporteront, sur la totalité de leur traitement, une retenue d'un dixième.

25. Les frais continueront d'être alloués aux contrôleurs, chefs et sous-chefs d'administration, sous-chefs et commis des classes ; les loyers de bureaux seront alloués à ces derniers seulement.

Le ministre de la marine présentera au Corps-Législatif un réglement pour déterminer définitivement la somme qui devra être allouée à chacun desdits chefs et sous-chefs, suivant l'étendue de leurs fonctions et les localités.

Ne pourront désormais les employés dans l'administration, et les syndics des marins, rien recevoir ni se faire payer à titre de supplément, soit en argent, soit en matières ou denrées.

26. Les préposés des classes, dans les petits endroits dépendant des quartiers, auront 200 livres à 600 livres, suivant l'importance des fonctions qu'ils auront à remplir. Les syndics des marins auront de 100 livres à 400 livres d'appointemens, suivant la population maritime de leur syndicat.

27. Les officiers qui remplaceront par *interim* ceux qui jouissent d'augmentations de traitemens attachés à la place, en obtiendront la moitié tant que dureront leurs fonctions.

28. Les ordonnateurs auront l'uniforme des ordonnateurs des guerres ;

Les contrôleurs, chefs d'administration et commissaires auditeurs, celui des commissaires auditeurs des guerres ;

Les sous-contrôleurs et sous-chefs d'administration, celui des commissaires ordinaires ;

Les aides des travaux et commis d'administration, celui des aides-commissaires des guerres.

Tous les employés ci-dessus porteront des boutons de cuivre doré, timbrés d'une ancre.

Les officiers d'administration jouiront des mêmes honneurs et prérogatives que les commissaires des guerres.

État des employés dans l'administration de la marine, et des appointemens qui leur seront alloués en exécution du décret ci-dessus.

Quatre ordonnateurs à Brest, Toulon, Rochefort et Lorient, à 12,000 livres. — Total, 48,000 livres.

Supplément à ceux de Brest, Toulon et Rochefort, 12,000 livres ; à celui de Lorient, 6,000 livres. — Total, 42,000 livres.

Sept contrôleurs, dont ceux de Brest, Toulon et Rochefort, à 6,600 livres, et ceux de Lorient, Saint-Domingue, la Martinique, et des îles de France et de Bourbon, à 5,400 livres. — Total, 41,400 livres.

Quatre chefs d'administration pour les travaux, dont ceux de Brest, Toulon et Rochefort, à 7,200 livres, et celui de Lorient à 6,000 livres. — Total, 27,600 livres.

Trente-sept chefs d'administration, dont douze à 5,400 livres, douze à 4,800 livres, et treize à 4,200 livres. — Total, 177,000 liv.

Supplément à ceux faisant fonctions d'ordonnateurs, à Bordeaux, 9,000 livres; au Havre, 7,200 livrés; à Cherbourg, 4,800 liv.; à Dunkerque, à Nantes et à Bayonne, 3,600 livres. — Total, 31,800 liv.

Supplément à ceux chargés du service à Saint-Malo, à Marseille et en Corse, 3,000 liv. — Total 9,000 liv.

Quatre commissaires auditeurs, dont ceux de Brest, Toulon et Rochefort, à 3,600 liv., et celui de Lorient, à 2,400 livres. — Total, 13,200 liv.

Vingt sous-contrôleurs, dont six à 2,700 liv., sept à 2,400 liv., et sept à 2,100 livres. — Total, 45,300 liv.

Cent trente-cinq sous-chefs d'administration, dont quarante-cinq à 2,700 liv., quarante-cinq à 2,400 liv., et quarante-cinq à 2,100 liv. — Total, 324,000 liv.

Supplément de 1,000 liv. aux garde-magasins de Brest, Toulon et Rochefort; à celui de Lorient, 600 liv. — Total, 3,600 liv.

Trente-huit sous-chefs pour les travaux, dont douze à 3,600 liv., treize à 3,000 liv. et treize à 2,400 liv. — Total, 113,400 liv.

Quatre greffiers de la cour martiale maritime et du conseil d'administration, dont ceux de Brest, Toulon et Rochefort, à 2,100 liv., et celui de Lorient à 1,500 liv. — Total, 7,800 liv.

Dix-neuf aides de constructions et bâtimens civils, dont neuf à 1,800 et dix à 1,500 liv. — Total, 31,200 liv.

Trois cent cinquante-trois commis d'administration, dont cinquante à 1,800 liv., soixante-un à 1,500 liv., soixante-un à 1,200 liv., cinquante à 900 liv., et trente-un à 600 liv. — Total, 318,300 liv.

Six élèves de construction, à 900 liv. — Total, 5,400 liv.

Soixante-onze préposés des classes, ensemble, 24,000 liv.

Deux cent quatre-vingt-dix syndics des marins, ensemble, 42,000 liv.

Supplément aux chefs d'administration faisant fonctions d'ordonnateurs à Saint-Domingue, à la Martinique, aux Iles de France et de Bourbon, à 12,000 liv.; à la Guiane, à Pondichéry et au Sénégal, à 6,000 liv.; à trois contrôleurs employés aux colonies, 8,100 liv.; à quarante-quatre sous-contrôleurs et sous-chefs, 52,800 liv.; à cinquante-deux commis d'administration, 35,000 liv.; à dix préposés des classes, 2,000 livres. — Total, 151,900 liv.

Total général, 1,456,900 liv.

(Voyez le décret du 28 février 1792, qui rectifie les erreurs et omissions commises dans le présent décret.)

21 SEPTEMBRE = 14 OCTOBRE 1791. — Décret relatif à la liquidation des dettes actives et passives des communautés supprimées, et liquidées ou à liquider. (L. 6, 369; B. 18, 520; Mon. du 23 septembre 1791.)

L'Assemblée nationale, ouï le rapport de ses comités de judicature et central de liquidation, décrète:

Il sera procédé, suivant la forme ci-après, à la liquidation des dettes actives et passives des communautés, corps et compagnies supprimés et liquidés, tant de ceux qui l'ont été précédemment que de ceux qui le seront par la suite.

TITRE Ier. Dettes actives.

Art. 1er. Les arrérages de rentes échus du 1er janvier 1791, et à échoir, ensemble les sommes exigibles, même les capitaux de rentes, si les remboursemens en étaient offerts ou exigibles, dus par des particuliers ou corporations particulières, appartenant à la nation comme étant aux droits des ci-devant corps et compagnies supprimés, par les résultats de la liquidation des offices de judicature et autres faites et à faire, seront touchés par les receveurs des districts dans l'étendue desquels ces objets sont dus; et, à cet effet, il sera envoyé aux directoires desdits districts par le trésorier de l'extraordinaire, lorsque la remise lui en aura été faite par le directeur général de la liquidation, aux termes du décret du 17 du précédent mois de mars, avec les titres desdites créances, un bordereau ou état énonciatif du nom du débiteur, du montant et de la nature de sa dette, du nom du siége ou des ofticiers qui en étaient ci-devant créanciers, et portant le numéro sous lequel cette créance aura été classée au bureau de la liquidation générale, aux termes du décret susdaté.

2. Chaque directoire de district se fera remettre, soit par les greffiers, soit par les syndics desdites compagnies et corps supprimés, ou par tout autre dépositaire, ceux desdits titres dont les originaux n'auraient pas été adressés, en conformité des précédens décrets, soit au comité de judicature, soit à la direction générale de liquidation, et chargera son receveur de faire le recouvrement desdites créances, et l'autorisera à donner toutes quittances nécessaires à la décharge de l'Etat, à faire la remise de tous titres et pièces, et à remplir pour cet objet toutes les formalités nécessaires.

3. A mesure de la recette que feront les receveurs de district, ils seront tenus d'en verser le montant dans les caisses de l'extraordinaire, dans le mois de leur perception.

4. Les arrérages ou intérêts de tous capitaux aliénés, de quelque manière que ce soit, ci-devant dus par l'Etat aux différens corps et compagnies supprimés, avant que les titres en soient anéantis et brûlés aux termes du décret du 17 mars, seront rejetés par les différens

trésoriers qui en étaient payeurs, à compter du 1er janvier dernier, comme amortis à compter de cette époque ; et mention en sera faite, tant par lesdits trésoriers sur leurs registres, que sur les minutes des titres desdites créances, par tous notaires dépositaires desdites minutes, et sans frais, à la réquisition du trésorier de l'extraordinaire ou de l'administration du Trésor public.

TITRE II. Dettes passives exigibles.

Art. 1er. Quant aux dettes passives comprises dans un procès-verbal de liquidation d'offices, décrété par l'Assemblée nationale, elles seront vérifiées par le commissaire du Roi directeur général de la liquidation, et celles qui sont exigibles seront remboursées à la caisse de l'extraordinaire, en remplissant les formalités prescrites par l'article ci-après.

2. Pour recevoir leur remboursement, les propriétaires des créances énoncées en l'article ci-dessus donneront quittances de remboursement devant notaire à Paris, du montant de leurs créances, entre les mains du commissaire du Roi directeur général de la liquidation, à la décharge de l'État et à celle des débiteurs originaires de l'objet remboursé ; et ils remettront audit sieur directeur général de la liquidation, avec l'expédition de leurs quittances de remboursement, un certificat de non-opposition au conservateur des hypothèques, les pièces justificatives de leur propriété, et l'expédition en forme de leur titre de créance, laquelle, dans les cas où les créanciers n'auraient pas satisfait aux dispositions prescrites par l'art. 2 du titre III des décrets des 2 et 6 septembre 1790, sera certifiée par le directoire du district, qui se fera à cet effet représenter les livres et états desdits corps ou compagnies.

3. Sur lesdites quittances de remboursement, il sera délivré par le directeur général de la liquidation des reconnaissances de liquidation qui porteront le nom du créancier, celui du ou des débiteurs originaires, le nom de la créance, la date du procès-verbal de liquidation et du décret particulier par lequel la nation s'est chargée de cette dette.

4. Les reconnaissances qui seront délivrées par le directeur général de la liquidation, en échange des quittances de remboursement, seront acquittées à la caisse de l'extraordinaire, sur mandat de l'administrateur de ladite caisse.

Dettes passives constituées.

5. Les dettes passives constituées et aliénées ou dans le cas de l'être, et les rentes viagères dont la nation se trouve particulièrement chargée, aux termes d'un décret rendu sur un procès-verbal de liquidation d'offices, seront reconstituées au profit des créanciers, de la manière ci-après.

6. Pour opérer cette reconstitution, les propriétaires des créances énoncées en l'article ci-dessus donneront aussi quittances de remboursement, comme en l'article 2 du présent titre, sans aucune déduction sur leurs capitaux, pas même à raison des retenues ; et ils remettront au directeur général de la liquidation, avec l'expédition de leurs quittances de remboursement, leurs contrats et titres de propriété, en la forme prescrite par l'article 2 ci-dessus ; lesquelles quittances de remboursement contiendront cessation d'arrérages ou d'intérêts à compter du 1er janvier 1791.

7. Les créanciers des rentes viagères y joindront l'acte de leur naissance et un certificat de vie.

8. Les créanciers qui ne pourront produire que des titres sous signature privée seront tenus de joindre à leurs titres, certifiés en la forme ci-dessus prescrite, un extrait de la délibération en vertu de laquelle l'emprunt a été fait, ou de justifier qu'ils étaient employés depuis vingt ans dans les états des dettes des compagnies supprimées, et ce par un certificat qui sera expédié par le directoire de district, sur l'exhibition des livres et états desdits corps et compagnies supprimés, qu'il sera à cet effet autorisé à se faire représenter.

9. Sur lesdites quittances de remboursement seront délivrées, au nom et profit desdits créanciers, par ledit sieur commissaire du Roi directeur général de la liquidation, des reconnaissances de liquidation en parchemin, valant contrat ou titre nouvel desdites rentes sur l'État, avec la jouissance des arrérages à compter dudit jour 1er janvier dernier.

Lesdites reconnaissances contiendront l'énonciation des capitaux, rentes, débiteurs et créanciers originaires, et des retenues auxquelles elles étaient ou devaient être assujéties, ainsi que des exemptions desdites retenues autorisées par la loi.

Lesdites rentes reconstituées seront acquittées, pour le premier paiement, aux premiers jours de janvier 1792, pour l'année échue à partir du 1er janvier 1791, et ensuite par semestre, aux mêmes époques que les autres rentes de l'État, par les payeurs des rentes sur l'État, auxquels la distribution en sera faite à mesure que lesdites reconnaissances de liquidation en seront expédiées.

10. Toutes quittances de remboursement qui seront données pour quelque nature de créances que ce soit pourront contenir autant de parties que les propriétaires jugeront à propos d'en réunir, pourvu seulement qu'elles soient au même taux, également exemptes des retenues et impositions, ou qu'elles soient sujettes à des retenues et impositions pareilles, et dues originairement par les mêmes débiteurs.

Lesdits remboursemens n'étant que fictifs et seulement destinés à établir l'ordre et l'uniformité dans les titres desdites créances, et dans la manière dont elles seront acquittées et reconnues comme dettes nationales, les quittances de remboursement seront affranchies des droits d'enregistrement et de timbre, et il ne sera point exigé de certificat des hypothèques.

11. Les notaires ne pourront percevoir, pour lesdites quittances, que les mêmes sommes qui ont été fixées pour les quittances de remboursement d'offices par l'article 11 du décret du 28 novembre 1790.

21 SEPTEMBRE = 16 OCTOBRE 1791. — Décret relatif à la suppression des lieutenances générales, lieutenances du Roi et majorités. (L. 6, 408; B. 18, 527.)

L'Assemblée nationale, ouï le rapport du comité central de liquidation, et vu le décret du 20 février dernier, qui supprime les lieutenances générales, lieutenances de Roi, majorités qui n'obligeaient point à résidence, et dont on était pourvu soit par brevet, soit par provision, décrète qu'il n'y a pas lieu à rembourser les principaux desdits offices, mais que ceux qui les avaient acquis, ou leurs représentans, doivent continuer à être payés des rentes qui leur avaient été attribuées pour gages, lesdites rentes faisant partie de la dette constituée de l'État; et ce, par les payeurs des rentes, et pour les sommes nettes pour lesquelles elles étaient employées dans les précédens états de paiemens.

21 SEPTEMBRE = 16 OCTOBRE 1791. — Décret relatif aux ci-devant titulaires d'offices de judicature ou de finance, et aux propriétaires de parties héréditaires sur les tailles. (L. 6, 473; B. 18, 525.)

L'Assemblée nationale étant informée que, depuis l'entière confection des états des finances de 1790, plusieurs ci-devant titulaires d'offices se sont présentés pour réclamer le paiement de diverses années de gages dont le fonds a été porté au Trésor public, comme non réclamé, faute par lesdits titulaires de les avoir réclamés à temps; que d'autres avaient négligé de se faire employer dans les états des finances, depuis l'époque à laquelle ils avaient été pourvus de leurs offices;

Qu'enfin des propriétaires de parties héréditaires sur les tailles se présentent journellement pour obtenir le remplacement de l'état, qui s'arrêtait ci-devant, par chaque année, des arrérages dont ils avaient pareillement négligé de réclamer le paiement;

Ouï le rapport du comité central de liquidation, décrète ce qui suit:

Art. 1er. Les ci-devant titulaires d'offices de judicature ou de finances, auxquels il est dû des portions de leurs anciens gages dont le fonds aurait été versé au Trésor public, faute par eux d'en avoir réclamé à temps le paiement, seront employés dans les états de supplément qui seront dressés et arrêtés en la même forme que l'ont été les états de finances de 1790, et dont le paiement sera décrété par l'Assemblée nationale, sur le rapport de son comité central de liquidation.

2. Il en sera usé de même à l'égard de ceux des ci-devant titulaires qui auraient négligé de se faire employer dans les états de finances depuis l'époque de l'acquisition de leurs offices, en justifiant par eux de leurs droits en la forme ordinaire, sans toutefois que le défaut d'enregistrement de leurs provisions aux chambres des comptes et aux bureaux des finances puisse leur être opposé.

3. Il sera pareillement dressé des états de supplément à celui qui a été formé en exécution du décret de l'Assemblée nationale, du 25 avril 1791, des remplacemens qui se trouveront dus à des propriétaires de parties héréditaires sur les tailles, dont le paiement a été reporté, depuis le 1er janvier 1785, à l'Hôtel-de-Ville de Paris.

4. Le paiement des sommes portées auxdits états, après qu'il aura été décrété à l'Assemblée nationale, sera exécuté, savoir: pour les gages d'offices, par la caisse de l'extraordinaire, et pour les parties héréditaires, par les payeurs des rentes de l'Hôtel-de-Ville de Paris, en la même forme que par le passé.

5. Les arrérages de rente, augmentations de gages et locations, qui appartenaient collectivement aux corps et compagnies supprimés, seront payés comme par le passé aux syndics ou ayant-droit desdits corps et compagnies, jusques et compris les arrérages échus le 31 décembre 1790.

21 SEPTEMBRE = 19 OCTOBRE 1791. — Décret relatif à la résiliation du bail des domaines et droits domaniaux de la principauté de Sedan et dépendances. (L. 6, 520; B. 18, 458.)

L'Assemblée nationale, après avoir ouï le rapport de son comité des domaines,

Décrète que le bail des domaines et droits domaniaux de Sedan, Raucourt, Saint-Manges, Château-Renaud et Mohon, et des ci-devant prévôtés de Montmédy, Marville, Damvillier et le Hauvancy-le-Château; des domaines de Mouzon, Beaumont, l'Étonne, la Bazale et dépendances, fait au profit du sieur Husson, ci-devant subdélégué de l'intendance de Metz, par arrêt du conseil du 18 mai 1784, pour le prix annuel de 75,000 livres, et pour le temps de douze années, qui ont commencé au 1er janvier 1787, sera résilié et révoqué à compter du 1er janvier prochain, époque à laquelle la régie des domaines nationaux rentrera en jouissance des domaines, et les fera régir ou administrer au profit de la nation, jusqu'à ce qu'il ait été procédé à leur vente, conformément aux décrets de l'Assemblée nationale. Remettra ledit sieur Husson à ladite régie tous les titres, reconnaissances et papiers concernant les biens qui sont dans sa main.

---

21 SEPTEMBRE = 13 NOVEMBRE 1791. — Décret qui ordonne l'exécution des anciens réglemens de police relatifs aux usines, ateliers ou fabriques établis dans les villes. (L. 6, 660; B. 18, 499.)

L'Assemblée nationale décrète que les anciens réglemens de police relatifs à l'établissement ou l'interdiction, dans les villes, des usines, ateliers ou fabriques qui peuvent nuire à la sûreté et à la salubrité de la ville, seront provisoirement exécutés.

---

21 SEPTEMBRE = 13 NOVEMBRE 1791. — Décret relatif aux citations faites devant les bureaux de conciliation de la ville de Paris. (L. 6, 674; B. 18, 494.)

L'Assemblée nationale décrète que les citations devant les bureaux de conciliation de la ville de Paris ne pourront, à peine de nullité, être faites que par les huissiers attachés aux juges-de-paix établis dans cette ville.

---

21 SEPTEMBRE 1791 = 15 AVRIL 1792. — Décret relatif aux ci-devant avocats aux conseils. (B. 18, 498.)

Voy. lois du 14 = 17 AVRIL 1791, article 5; 27 VENTOSE an 8, article 93.

L'Assemblée nationale décrète que l'autorisation provisoire accordée aux ci-devant avocats aux conseils, d'exercer en même temps les fonctions d'avoués auprès du tribunal de cassation et auprès des tribunaux de district, demeure abrogée.

---

21 SEPTEMBRE = 19 OCTOBRE 1791. — Décret portant réduction, réunion et circonscription des paroisses des districts de Besse, Commercy, Dourdan, Gonesse, Uzerche, Neuilly-Saint-Front, Bar-sur-Aube, Vichiers, Saint-Florent, Boulogne, Calais, Confolens, Chabannais, Issoire, et qui rectifie une erreur commise dans le décret de circonscription des districts de Clermont et de Riom. (B. 18, 459 et suiv.)

---

21 SEPTEMBRE = 19 OCTOBRE 1791. — Décret qui conserve comme oratoire l'église du ci-devant monastère des Ursulines de la ville de Ligny. (B. 18, 462.)

---

21 SEPTEMBRE = 12 OCTOBRE 1791. — Décret portant que le caissier de l'extraordinaire paiera

40,000 livres à la municipalité de Melun. (B. 18, 483.)

---

21 SEPTEMBRE = 26 OCTOBRE 1791. — Décret qui accorde à la veuve du maréchal de Richelieu, comme aux autres veuves des maréchaux de France, une pension de 10,000 livres, quoiqu'elle n'ait pas les soixante-dix ans requis par la loi. (B. 18, 491.)

---

21 SEPTEMBRE 1791. — Décret concernant la remise aux archives nationales des registres, états, renseignemens et papiers qui se trouvent dans les comités; qui met sous l'inspection de l'archiviste les bureaux des procès-verbaux et de correspondance, et qui ordonne un projet sur les secours qui peuvent être dus aux commis à raison de la cessation de leurs travaux. (B. 18, 492.)

---

21 SEPTEMBRE 1791. — Décret qui renvoie au pouvoir exécutif l'exécution des décrets qui ordonnent d'élever une statue et accordent les honneurs publics à la mémoire de J.-J. Rousseau. (B. 18, 493.)

---

21 SEPTEMBRE = 14 OCTOBRE 1791. — Décret portant nomination des deux substituts du commissaire du Roi auprès du tribunal de cassation, et qui fixe leur traitement. (B. 18, 498.)

---

21 SEPTEMBRE 1791. — Décret portant liquidation des offices supprimés antérieurement au 1er mai 1789. (B. 18, 528.)

---

22 SEPTEMBRE = 9 OCTOBRE 1791. — Décret relatif aux cautionnemens des employés comptables et non comptables de la ferme générale. (L. 6, 160; B. 18, 530.)

Art. 1er. L'état général des cautionnemens fournis par les employés comptables de la ferme générale, en vertu des arrêts du conseil des 30 avril 1758 et 17 février 1779, demeure définitivement arrêté à la somme de 18,480,000 livres.

Celui des cautionnemens fournis par les employés non comptables, aux termes des mêmes arrêts, demeure aussi fixé à la somme de 8,661,900 livres.

2. L'état général des cautionnemens fournis par les employés non comptables de la régie générale, en exécution de l'arrêt du conseil du 17 février 1779, demeure arrêté à la somme de 1,669,600 livres.

Celui des cautionnemens fournis par les employés comptables de la même régie demeure aussi fixé à 1,631,500 livres.

3. Mager et ses cautions seront remboursés des avances par eux faites sur les cautionnemens de leurs employés, en produisant par ledit sieur Mager et ses cautions, au bureau de liquidation, un état certifié d'eux de ces mêmes avances, et d'après lequel il sera délivré au profit dudit Mager, sous la respon-

sabilité de ses cautions, une reconnaissance de liquidation de la somme à laquelle elles seront constatées s'élever.

4. Outre les certificats de non-opposition que les employés de la ferme générale et de la régie seront tenus de rapporter, aux termes de l'art. IV de la loi du 1er août dernier, et qui leur seront délivrés, tant par le receveur général de chacune de ses compagnies que par le conservateur des hypothèques, ou la main-levée des oppositions, lesdits employés ne pourront recevoir leur remboursement qu'en justifiant du consentement de ceux au profit de qui il aura été inséré, soit dans les récépissés, soit sur les registres desdites compagnies, des déclarations des sommes prêtées auxdits employés, ou en rapportant les quittances données devant notaires par lesdites personnes.

22 SEPTEMBRE = 12 OCTOBRE 1791. — Décret additionnel à celui du 15 de ce mois, relatif aux élèves de l'école du génie. (L. 6, 216; B. 18, 536.)

Art. 10. Il sera ajouté aux dépenses de l'école du génie une somme de 6,000 livres, pour la conservation de l'établissement des jeunes gens sans fortune, qui se destinent à apprendre le dessin, la coupe des pierres, la charpente et autres parties relatives à l'architecture civile et militaire, sous les ordres et l'inspection du directeur des fortifications des Ardennes, cette administration ne devant changer qu'à l'époque de l'organisation de l'éducation publique.

22 SEPTEMBRE = 16 OCTOBRE 1791. — Décret relatif à la liquidation des dettes des communautés religieuses et des communautés d'arts et métiers. (L. 6, 388; B. 18, 535.)

Art. 1er. Les formalités prescrites pour la liquidation des dettes exigibles des communautés religieuses, par les art. 2, 6, 7, 3, 9, du titre Ier du décret des 8, 12 et 14 avril dernier, seront observées pour la liquidation des dettes exigibles et contractées conformément aux lois et réglemens concernant les corps et communautés d'arts et métiers, supprimés par le décret du 2 mars dernier.

2. Après la liquidation et sur la reconnaissance définitive qui en sera délivrée par le commissaire du Roi liquidateur général, les dettes exigibles des corps et communautés d'arts et métiers seront acquittées par la caisse de l'extraordinaire, avec les intérêts des sommes qui sont de nature à en produire.

3. La liquidation des rentes perpétuelles et viagères, dues par les corps et communautés d'arts et métiers, se fera dans la forme réglée par les articles 3 et 4 tit. II, du décret desdits jours 8, 12 et 14 avril dernier, et les arrérages desdites rentes seront payés par les payeurs des rentes de l'Etat, à compter

du jour qu'il sera justifié que lesdits corps et communautés ont cessé de les payer.

Il en sera usé de même pour la liquidation des dettes des corps et communautés supprimés par édit de février 1776, et autres subséquens, dont l'achèvement a été renvoyé au commissaire du Roi par l'art. 5 du décret du 2 mars dernier.

5. Il sera rendu compte à la nation, à la diligence de l'agent du Trésor public, de l'argent comptant, vente de meubles, effets, créances actives, prix d'immeubles, et généralement de tout ce qui appartenait aux corps et communautés mentionnés au présent décret.

22 SEPTEMBRE = 19 OCTOBRE 1791. — Décret qui déclare nulle des élections faites par le district de Pont-à-Mousson, et qui fixe les règles à suivre en pareilles circonstances par les assemblées électorales et les administrations de district et de départemens. (L. 6, 482; B. 18, 533; Mon. du 24 septembre 1791.)

L'Assemblée nationale, ouï le rapport de ses comités ecclésiastique et de constitution,

Déclare nulles et comme non avenues les élections faites, dans le mois de juillet dernier, par l'assemblée électorale du district de Pont-à-Mousson, département de la Meurthe, aux cures de Saint-Laurent, de Saint-Martin, de Villers-sous-Pressy, de Villecey, de Vaudelainville, de Sainte-Géneviève, de Regneville, de Movian, de Lemcy, de Scarponne, de Charrey et de Port-sur-Seille;

Défend aux assemblées électorales de procéder à aucune élection, si ce n'est pour les places qui leur auront été désignées par les procureurs-syndics du district, ou par les procureurs-généraux-syndics de département, chacun en ce qui les concerne, sans préjudice de la réunion ordonnée par la constitution, des assemblées électorales pour la nomination des membres des législatures, lorsque les convocations n'auront pas été faites par les pouvoirs constitués, aux époques déterminées;

Défend pareillement aux procureurs-syndics de district, ainsi qu'aux administrateurs de district et de département, d'autoriser l'élection pour des cures dont ils auront arrêté, soit la suppression, soit l'augmentation par la réunion de quelque autre paroisse, jusqu'à ce que l'Assemblée nationale ait statué sur les suppressions ou réunions projetées.

Les élections faites par contravention aux règles déclarées par le présent décret seront annulées par le conseil ou directoire du département, sauf le recours des parties intéressées au conseil ou directoire du département dont le chef-lieu sera le plus voisin du chef-lieu du directoire du département qui aura prononcé.

22 SEPTEMBRE = 19 OCTOBRE 1791. — Décret qui ordonne l'exécution du traité passé entre le directeur-général des finances et les sieurs Testevuide et Bédigis, pour la continuation et l'achèvement du terrier général de l'Ile-de-Corse. (L. 6, 484; B. 18, 531.)

22 SEPTEMBRE 1791. — Décret portant vente de domaines nationaux à la municipalité de Bar-le-Duc. (B. 18, 533.)

22 SEPTEMBRE 1791. — Décret contenant liquidation de plusieurs parties de la dette publique. (B. 18, 536.)

22 SEPTEMBRE = 19 OCTOBRE 1791. — Décret portant que les officiers et gendarmes de la ci-devant gendarmerie, à qui il a été accordé un logement aux casernes de Lunéville, le conserveront leur vie durant. (B. 18, 537.)

22 SEPTEMBRE 1791. — Décret portant réunion des domaines nationaux dont les aliénations sont révoquées par le présent décret. (B. 18, 538.)

22 SEPTEMBRE 1791. — Alternats. Voy. 11 SEPTEMBRE 1791. — Port de Toulon. Voy. 21 AOUT 1791.

23 = 28 SEPTEMBRE 1791. — Décret relatif à la libre exportation des différentes marchandises y énoncées. (L. 5, 1306; B. 18, 540.)

L'Assemblée nationale, après avoir entendu le rapport de son comité d'agriculture et de commerce, décrète :

Que l'exportation à l'étranger, des sabres, épées, couteaux de chasse et pistolets de poche, non plus que des fusils de chasse, des pierres à fusil, de la poudre de chasse et du salpêtre, uniquement destinés au commerce avec l'étranger, et expédiés, soit par terre, soit par mer, à cette destination, ne sont point compris dans la prohibition portée dans ses décrets des 21, 24, 28 juin et 8 juillet dernier : la sortie de ces différens objets est et demeure entièrement libre, ainsi que celle des espèces monnayées autres que celles au coin de France, et de toutes sortes d'ouvrages d'or, d'argent et bijoux. En conséquence, l'Assemblée nationale fait défense aux corps administratifs et municipaux, à peine d'en demeurer personnellement responsables, d'exercer aucune perquisition ou visite envers les voyageurs et négocians. Les déclarations et vérifications ne devront désormais être faites que dans les bureaux des douanes nationales. Donne main-levée des matières d'or et d'argent autres que des espèces monnayées au coin du royaume, retenues en vertu des précédens décrets. Le Roi sera prié de donner le plus promptement possible les ordres nécessaires pour l'exécution du présent décret.

23 SEPTEMBRE = 16 OCTOBRE 1791. — Décret relatif aux protestations faites contre la constitution. (L. 6, 413; B. 18, 548.)

Art. 1er. Tous ceux qui ont signé ou signeraient quelque protestation ou autres actes quelconques ayant pour objet de déclarer que la constitution décrétée par l'Assemblée nationale et acceptée par le Roi ne doit pas être regardée comme la loi du royaume obligatoire pour tous les Français, ne pourront être élus ou nommés à aucune place ou emploi civil ou militaire, ni à aucune autre place ou emploi auxquels on n'est admis qu'après la prestation du serment de maintenir la constitution, et ils seront tous déchus de tous ceux qu'ils pourraient occuper maintenant.

2. Tous ceux qui, pourvus des places ou emplois mentionnés en l'article précédent, ont signé de semblables protestations ou déclarations, seront tenus de les rétracter dans un mois, en prêtant le serment civique et celui attaché à la fonction qu'ils exercent; faute de quoi ils en seront déchus, et aucun d'eux ne pourra être choisi ou nommé à quelque place ou emploi civil ou militaire quelconque, sans avoir prêté lesdits sermens.

3. Le Roi sera prié de donner des ordres à chacun de ses ministres, de faire connaître dans six semaines au Corps-Législatif si la présente loi a été mise à exécution, et s'il a été procédé au remplacement des signataires desdites protestations ou déclarations, qui auraient refusé de prêter lesdits sermens.

23 SEPTEMBRE = 16 OCTOBRE 1791. — Décret relatif aux demandes d'indemnités formées par les ci-devant officiers des états-majors de places. (L. 6, 462; B. 18, 539.)

L'Assemblée nationale décrète que, dans le cas où quelques-uns des ci-devant officiers des états-majors des places formeraient des demandes en indemnités, à raison des réparations ou changemens qu'ils pourraient avoir faits dans les bâtimens, jardins ou autres terrains dont la jouissance leur avait été concédée à titre d'émolumens, ils seront tenus de s'adresser au commissaire du Roi chargé de la liquidation, lequel prendra l'avis des corps administratifs. Nulle indemnité ne pourra être accordée aux pétitionnaires qu'autant qu'il sera prouvé : 1° que le Gouvernement a autorisé les changemens ou réparations qu'ils ont faits; 2° qu'après qu'il aura été constaté par les corps administratifs et par les agens militaires préposés à cet effet par le ministre de la guerre, que les objets auxquels ont été faits lesdits changemens ou réparations en ont reçu une amélioration réelle. Dans ce cas, si les pétitionnaires n'ont pas été dédommagés de leurs frais par le temps de leur jouissance, ils auront droit à une indemnité, laquelle pourra consister dans une prolongation de jouissance plus ou moins étendue, même à vie, des objets améliorés; mais le commissaire à la liquidation ne pourra proposer cette disposition pour des objets compris dans le nombre des propriétés nationales confiées au département de la guerre, sans le consentement du ministre de ce département.

23 SEPTEMBRE = 19 OCTOBRE 1791. — Décret portant répudiation du legs fait à la patrie par la dame de Melliand. (L. 6, 481; B. 18, 540.)

L'Assemblée nationale, après avoir entendu le rapport de son comité des domaines et la lecture du testament olographe de la dame Thiessin de Melliand, du 20 juillet 1790, et de son codicile du 22 décembre suivant, par lesquels elle donne à la patrie deux de ses métairies et leurs accessoires, avec les semences et bestiaux qui lui appartiennent;

Déclare répudier purement et simplement le legs fait à la patrie par ladite dame, de Melliand.

23 SEPTEMBRE = 19 OCTOBRE 1791. — Décret relatif aux eaux-de-vie de grains dites de genièvre. (L. 6, 487; B. 18, 541.)

Art. 1er. Les eaux-de-vie de grains dites de genièvre, venant de l'étranger, pourront être entreposées en franchise de tous droits dans les ports de Gravelines, Calais, Boulogne, Dieppe, Fécamp, Cherbourg, Saint-Malo, Morlaix et Roscoff, à la charge d'être réexportées à l'étranger dans l'année de l'arrivée, en observant les formalités prescrites pour les entrepôts, et sous les peines déterminées par l'art. 5 ci-après.

2. Il pourra être établi dans lesdits ports, aux frais du commerce, et dans les lieux qui seront convenus avec la régie nationale des douanes, des dépôts où les tafias des colonies françaises reçus en entrepôt pourront être convertis en rhum, en exemption des droits, à la charge d'être également réexportés dans l'année à l'étranger.

3. Les cours et bâtimens destinés auxdites fabriques n'auront de communication extérieure que par une seule porte placée du côté du port, laquelle fermera à deux clefs différentes, dont une sera remise à un préposé de la régie nationale des douanes, et l'autre aux propriétaires; lesdits tafias et rhum ne pourront être extraits desdits bâtimens que pour être transportés dans les magasins de l'entrepôt ou pour être embarqués à la destination de l'étranger.

4. Les habitans des ports dénommés dans l'article 1er pourront également recevoir en entrepôt réel et réexporter à l'étranger, en exemption de droits, les raisins de Corinthe.

5. Toute soustraction et versement auxquels les entrepôts, transvasemens et conversions permis par le présent décret pourraient donner lieu, seront punis par la confiscation de la marchandise ou de sa valeur, et d'une amende de trois cents livres pour la première fois. En cas de récidive, l'amende sera double, et celui qui aura fait ou contribué à la fraude sera déchu de la faculté d'entrepôt ou de fabrication : les propriétaires des marchandises seront garans, à cet égard, des faits de leurs agens.

23 SEPTEMBRE = 19 OCTOBRE 1791. — Décret relatif à la fabrication et vente de poudres et salpêtres. (L. 6, 490; B. 18, 665; Mon. du 29 septembre 1791.)

Voy. lois du 14 = 23 MAI 1792; 9 FÉVRIER = 10 juin 1793.

TITRE Ier. De la fabrication et vente des poudres et salpêtres.

Art. 1er. La fabrication et vente des poudres continuera d'être exploitée et régie pour le compte de la nation.

Les propriétaires et possesseurs des nitrières pourront en continuer l'exploitation comme au passé, à la condition de livrer leurs produits à la régie.

2. Les réglemens faits sur la fabrication des poudres et salpêtres continueront d'être exécutés; et cependant il ne pourra être fait aucune fouille dans les lieux d'habitation sans la permission des citoyens.

3. Le ministre des contributions proposera incessamment ses vues sur le mode de paiement et sur la fixation du prix du salpêtre fourni par les salpêtriers.

4. Les départemens de la guerre et de la marine recevront les poudres de guerre qui leur seront nécessaires, sur les ordres donnés par les ministres de ces départemens.

5. Les fournitures qui leur seront faites seront payées comptant par les ministres de la guerre et de la marine, à la régie, à porter aux comptes des départemens de la guerre et de la marine, à mesure des livraisons dans les fabriques, au prix de quinze sous la livre, barillage compris, d'après les récépissés fournis par l'artillerie et la marine.

6. Les poudres ne seront recevables qu'autant qu'à l'épreuve faite au mortier elles donneront des portées moyennes de cent toises, au lieu de quatre-vingt-dix précédemment prescrites par les ordonnances.

7. Les départemens de la guerre et de la marine remettront à la régie les poudres avariées; elles leur seront remplacées en poudre neuve, de bonne qualité. Les remises seront faites d'après procès-verbaux de vérification, et le remplacement ne sera dû que dans la proportion du salpêtre qu'elles contiendront

8. Les ministres des départemens de la guerre et de la marine feront vérifier et essayer les poudres anciennes qui sont dans les dépôts de leurs départemens, et remettront successivement comme poudres avariées celles qui ne supporteront pas l'épreuve de cent toises, portées moyennes, en commençaut par celles de la moindre qualité.

9. Les poudres de guerre nécessaires au service des gardes nationales seront demandées par les municipalités; leurs demandes, visées et autorisées par le district et le département, seront adressées au ministre de l'intérieur, qui donnera ordre de faire les fournitures qu'il jugera nécessaire : elle seront payées comptant par les municipalités, quinze sous la livre.

10. Il ne pourra, au surplus, être vendu de la poudre de guerre qu'après les approvisionnemens complets des départemens de la guerre et de la marine, et seulement aux négocians pour le commerce extérieur, au prix de vingt sous la livre.

11. Le salpêtre nécessaire aux fabricans d'acides minéraux dans les divers départemens leur sera vendu, à la charge par eux de rapporter des certificats de leurs municipalités, visés par leurs directoires de district, qui constatent leurs qualités et l'activité de leurs fabriques. Le salpêtre brut sera payé par lesdits fabricans le même prix qui aura été réglé pour celui fourni par les salpêtriers.

12. Les bâtimens destinés au service des poudres et salpêtres, les fabriques, magasins, ateliers, raffineries et dépendances, acquis ou construits aux dépens de la nation, resteront affectés à cette destination, tant qu'il n'en sera pas autrement ordonné par le Corps-Législatif; ils seront cependant portés aux tableaux des domaines nationaux, et les titres de propriété déposés avec ceux desdits domaines.

13. Les poudres et salpêtres de différentes qualités, vendus aux citoyens, seront payés comme suit, la livre poids de marc :

1° Salpêtre brut, 14 sous la livre; salpêtre de deux cuites, 17 sous; salpêtre de trois cuites, 20 sous;

2° Poudre de traite aux armateurs et négocians, 20 sous; poudre de mine, 18 sous; poudre de chasse, dans les magasins de la régie, 1 livre 16 sous; poudre superfine, 3 livres.

TITRE II. De l'organisation de la régie des poudres et salpêtres.

14. Le régie des poudres et salpêtres sera confiée à une seule administration, aux conditions suivantes.

15. Le nombre des régisseurs sera de trois; ils seront tenus de résider à Paris, et de tenir des assemblées pour l'expédition des affaires de la régie. Ils tiendront registre de leurs délibérations, qui seront signées des membres présens.

16. Les régisseurs seront sous la surveillance et les ordres du ministre des contributions publiques, et tous les employés nécessaires à l'exploitation et fabrication seront sous les ordres des régisseurs, qui ne pourront les destituer que par délibération.

17. Il sera établi des commissaires comptables à la tête des fabriques, des raffineries, des bureaux de réception et ventes, et de ceux de simple vente, suivant l'état annexé au présent.

18. Il y aura deux inspecteurs généraux, deux inspecteurs particuliers, neuf contrôleurs et quatre élèves, qui seront envoyés par les régisseurs dans les fabriques, raffineries et établissemens où ils le jugeront utile.

19. Il sera formé un bureau de correspondance près la régie centrale; il sera composé d'un directeur, un caissier, un sous-directeur, un premier commis, un vérificateur des comptes, un commis principal et huit commis expéditionnaires.

20. Les commissaires comptables et le caissier fourniront des cautionnemens en immeubles, de la valeur de ceux qu'ils avaient en argent.

Les contrôleurs et inspecteurs particuliers fourniront des cautionnemens de 6,000 liv.;

Les inspecteurs généraux, de 12,000 liv.;

Les régisseurs, de 60,000 livres.

Ceux qui ont précédemment fourni des cautionnemens en espèces en seront remboursés après qu'il auront fourni les cautionnemens en immeubles fixés pour leurs emplois, sans pouvoir exiger d'intérêts de leurs fonds de cautionnement, à compter du 1er janvier 1792.

TITRE III. Fonctions des employés.

21. Les commissaires comptables seront tenus de résider aux lieux de leurs établissemens, de tenir registre, jour par jour, de toutes leurs opérations en dépense et recette, d'en compter mois par mois, et de fournir un compte général de l'année avant le 1er avril de l'année suivante, à peine de perte sur leurs remises, d'un sixième pour chaque mois de retard.

22. Les contrôleurs seront tenus de suivre avec assiduité les opérations des commissaires comptables de l'arrondissement auquel ils auront été préposés, d'arrêter les registres des commissaires, et de rendre compte aux régisseurs de l'état des établissemens, de la conduite des employés et ouvriers, des abus à corriger et des améliorations à faire : ils tiendront registre de leurs opérations.

23. Les inspecteurs rempliront les mêmes fonctions dans les tournées qui leur seront prescrites par les régisseurs. Ils vérifieront et

arrêteront de plus les registres des contrôleurs, et rendront compte de tout ce qui leur paraîtra intéresser le service de la régie.

24. Les élèves seront envoyés dans les fabriques et raffineries, sous les ordres des commissaires et des contrôleurs, et suppléeront ces derniers en cas d'absence ou de maladie.

25. Les régisseurs exerceront une surveillance active sur tous les préposés, dirigeront leurs mouvemens, nommeront aux emplois, ordonneront les changemens et les destitutions, feront poursuivre les comptables reliquataires, ordonneront les paiemens d'achats faits pour le compte de la régie, fourniront pour chaque mois un bordereau des recettes et dépenses et un état de situation des matières, vérifieront, cloront et arrêteront les comptes de chaque comptable, et rendront chaque année, dans le mois de décembre au plus tard, leur compte général des produits et dépenses de l'année précédente; auquel compte ils joindront toutes les pièces de recette et dépense, à peine de perte, par chaque mois de retard, d'un sixième sur leurs remises.

Ces comptes et lesdits bordereaux de quartier seront remis au ministre des contributions publiques, et des doubles déposés aux archives nationales.

TITRE IV. De l'admission aux emplois, et des règles d'avancement.

26. Nul ne pourra parvenir aux emplois de la régie des poudres et salpêtres, sans avoir été élève, sauf les exceptions ci-après; et, pour obtenir une commission d'élève, il faudra au moins dix-huit ans, et subir un examen au concours sur la géométrie et la mécanique élémentaire, la physique expérimentale et la chimie.

27. Lorsqu'une place d'élève deviendra vacante, le concours sera publié au moins trois mois avant d'avoir lieu; l'époque en sera fixée, et l'examen sera fait publiquement par des professeurs attachés à l'institution nationale pour les objets de l'examen.

28. Les places de contrôleurs qui viendront à vaquer ne seront données qu'aux élèves.

29. Les places de commissaires comptables seront divisées en trois classes: dans la première seront comprises les fabriques du premier rang: dans la seconde, les fabriques et les raffineries du second ordre; et dans la troisième, les entrepôts ordinaires de vente, suivant le tableau annexé au présent décret.

30. Les places de commissaires comptables qui viendront à vaquer dans la seconde classe ne pourront être données qu'aux contrôleurs ou aux premiers commis et vérificateurs des comptes qui auront été élèves.

31. Les places d'inspecteurs ne pourront être données qu'à des commissaires de première et de seconde classe, ou à des contrôleurs.

32. Les places de commissaires de la première classe ne pourront être données qu'aux inspecteurs ou aux commissaires de seconde classe.

33. Les places de commis expéditionnaires seront données à des jeunes gens de dix-huit ans au moins, après examen sur les qualités nécessaires pour en remplir les fonctions.

34. Les places de premier commis, de vérificateur des comptes, et commis principal, seront données aux contrôleurs, aux élèves, ou aux commis expéditionnaires.

35. La place de sous-directeur sera donnée au premier commis, à un commis de seconde classe, au vérificateur ou à un des contrôleurs.

36. Les places de directeur et de caissier seront données aux commissaires de la première ou seconde classe, ou aux inspecteurs ayant au moins trois ans d'exercice en ces qualités.

37. Les places de commissaires de la troisième classe ne pourront être données qu'à des élèves, ou, à titre de retraite, à des commis de la régie, ou à d'autres employés des régie et administration, pourvu que, par le temps de leurs services, ils aient droit à une pension sur le Trésor public.

38. Les régisseurs seront choisis et nommés par le Roi entre tous les commissaires de première classe, le directeur de correspondance, le caissier et les inspecteurs, pourvu qu'ils aient au moins cinq ans d'exercice en ces qualités.

39. Les régisseurs rendront, chaque trimestre, compte au ministre de l'assiduité et des talens et service des inspecteurs et commissaires de première classe, et il en sera tenu registre; ils tiendront un registre particulier des comptes rendus par les contrôleurs et inspecteurs de la conduite des autres employés.

40. Les régisseurs seront tenus de se conformer aux dispositions précédentes; il ne pourra, dans aucun cas, être disposé des places à titre de survivance, adjonction ou autrement.

TITRE V. Du traitement des employés.

41. Les traitemens de tous les employés seront composés de remises sur la vente des poudres et salpêtres, sur la fabrication du salin, de la potasse, et sur la qualité de la poudre, ou de sommes fixes, suivant le tableau annexé au présent.

42. Les traitemens composés en partie de remises ne pourront, en aucun cas, excéder, tant en sommes fixes qu'en produit de remises, savoir: pour les régisseurs, la somme de 15,000 livres; pour les commissaires de première classe, celle de 7,000 livres; pour les

commissaires de seconde classe, celle de 2,000 livres, et pour les commissaires de troisième classe, celle de 1,500 livres.

43. Pour tous les frais de registres, papiers, lumières, bois de chauffage, entretien de l'hôtel et autres dépenses de la régie à Paris, il lui sera alloué 5,000 livres, sans qu'elle puisse rien prétendre de plus.

44. Il sera passé chaque année une somme de 12,000 livres pour être distribuée en gratifications aux employés des divers grades, et même aux ouvriers, d'après l'état de distribution qu'en feront les régisseurs, et qui sera arrêté par le ministre : cette somme sera distribuée, une moitié entre les commissaires et les inspecteurs, un quart entre les contrôleurs et employés des bureaux de Paris, et un quart entre les ouvriers des diverses fabriques.

45. Si des fournitures extraordinaires ou d'autres évènemens imprévus nécessitaient une augmentation dans les dépenses ci-dessus fixées, le pouvoir exécutif pourra provisoirement l'autoriser, sur la demande des régisseurs, jusqu'à la concurrence de 20,000 livres.

46. Le pouvoir exécutif pourra également autoriser provisoirement des achats de salpêtre à l'étranger, dans le cas où des circonstances imprévues rendraient cette mesure nécessaire; et il veillera à ce qu'il y ait toujours dans les magasins de la régie, soit en poudre fabriquée, soit en salpêtre, soufre et charbon, de quoi compléter un approvisionnement de quatre millions de livres de poudres de toute espèce.

TITRE VI. Dispositions de discipline générale.

47. Il ne pourra être donné de poudres gratuitement, ni être accordé par les préposés à la régie et autres agens du pouvoir exécutif aucune modération ni remise des prix fixés ci-devant, à peine d'en compter personnellement.

48. Les poudres étrangères saisies, et dont la confiscation sera ordonnée, seront remises par la régie des douanes aux bureaux de celle des poudres, qui les paiera dix sous la livre, dont la distribution sera faite par forme de gratification entre les employés des douanes.

49. Aucun employé ne pourra s'absenter sans un congé par écrit des administrateurs, et il n'en sera expédié que sous la condition expresse que les employés perdront le quart de leurs traitemens et remises après quinze jours d'absence, au prorata du temps qu'ils n'auront pas fait leur service, et ce quart tournera au profit de ceux qui les remplaceront.

50. Au moyen des traitemens et remises accordés aux préposés de la régie, suivant le tableau annexé au présent, il ne leur sera passé aucune dépense pour loyer de maisons, magasins, frais de commis et autres quelconques.

51. Les commissaires seront tenus de compter à la caisse générale, à Paris, le montant de leur recettes : tous les frais de transports et risques d'insolvabilité seront à leur charge, et il leur sera seulement passé demi pour cent sur le montant de leurs remises. Les régisseurs seront tenus de compter tous les mois à la Trésorerie nationale les produits des recettes; et, dans le cas de fournitures extraordinaires de la régie aux départemens de la guerre et de la marine, la Trésorerie nationale fournira à la régie les fonds nécessaires pour subvenir aux dépenses d'exploitation.

52. La régie ne pourra faire aucun nouvel établissement ou construction de fabriques, que d'après un décret du Corps-Législatif. Elle fera procéder aux réparations ordinaires et extraordinaires, mais en rendra compte au ministre, pour se faire autoriser toutes les fois que les réparations pourront exiger plus de 1,200 livres de dépense.

53. Les employés de la régie des poudres auront droit aux mêmes pensions et retraites que tous les employés des autres compagnies de finances.

23 = 23 SEPTEMBRE 1791.—Décret qui déclare nuls et attentatoires à la constitution et à l'ordre public, les arrêtés pris par le directoire et le conseil du département des Bouches-du-Rhône, relatifs aux troubles d'Arles. (L. 6, 1275; B. 18, 549.)

23 SEPTEMBRE = 2 OCTOBRE 1791. — Décret portant organisation provisoire du ci-devant état d'Avignon et Comtat-Venaissin. (L. 6, 10; B. 18, 543.)

23 SEPTEMBRE 1791. — Amnistie pour les Suisses. *Voy.* 15 SEPTEMBRE 1791. — Brevets d'officiers. *Voy.* 12 SEPTEMBRE 1792. — Commissaires du Roi. *Voy.* 17 SEPTEMBRE 1792. — Élèves du génie. *Voy.* 15 SEPTEMBRE 1791. Gardes nationales. *Voy.* 12 SEPTEMBRE 1792. — Serment pour l'armée. *Voy.* 17 SEPTEMBRE 1792. — Vacances des tribunaux. *Voy.* 17 SEPTEMBRE 1792.

24 = 28 SEPTEMBRE 1791. — Décret relatif aux colonies. (L. 6, 1308; B. 18, 560; Mon. du 24 SEPTEMBRE 1791.)

Voy. loi du 28 SEPTEMBRE 1791.

Art. 1er L'Assemblée nationale législative statuera exclusivement, avec la sanction du Roi, sur le régime extérieur des colonies : en conséquence, elle fera : 1° les lois qui règlent les relations commerciales des colonies; celles qui en assurent le maintien par l'établissement des moyens de surveillance, la poursuite, le jugement et la punition des contraventions, et celles qui garantissent l'exécution des engagemens entre le commerce et les habitans des colonies; 2° les lois qui concernent la défense des colonies, les parties militaires et administratives de la guerre et de la marine.

2. Les assemblées coloniales pourront faire sur les mêmes objets toutes demandes et représentations; mais elles ne seront considérées que comme de simples pétitions, et ne pourront être converties, dans les colonies, en réglemens provisoires; sauf néanmoins les exceptions extraordinaires et momentanées relatives à l'introduction des subsistances, lesquelles pourront avoir lieu à raison d'un besoin pressant légalement constaté, et d'après un arrêté des assemblées coloniales approuvé par les gouverneurs.

3. Les lois concernant l'état des personnes non libres et l'état politique des hommes de couleur et nègres libres, ainsi que les réglemens relatifs à l'exécution de ces mêmes lois, seront faites par les assemblées coloniales actuellement existantes; et celles qui leur succéderont s'exécuteront provisoirement, avec l'approbation des gouverneurs des colonies, pendant l'espace d'un an pour les colonies d'Amérique, et pendant l'espace de deux ans pour les colonies au-delà du cap de Bonne-Espérance, et seront portés directement à la sanction absolue du Roi, sans qu'aucun décret antérieur puisse porter obstacle au plein exercice du droit conféré par le présent article aux assemblées coloniales.

4. Quant aux formes à suivre pour la confection des lois du régime intérieur qui ne concerne pas l'état des personnes désignées dans l'article ci-dessus, elles seront déterminées par le pouvoir législatif, ainsi que le surplus de l'organisation des colonies, après avoir reçu le vœu que les assemblées coloniales ont été autorisées à exprimer sur leur constitution.

24 SEPTEMBRE = 2 OCTOBRE 1791. — Décret relatif aux dépenses de l'ordre judiciaire et des administrations de département. (L. 6, 5; B. 18, 556.)

L'Assemblée nationale, voulant mettre les administrateurs de département à portée de subvenir, sans retard, au paiement de la dépense de l'ordre judiciaire et de celle d'administration pour le trimestre de juillet 1791, en attendant qu'ils trouvent dans le produit des sous additionnels le moyen de pourvoir, avec leurs propres fonds, à ces dépenses mises à leurs charges, et de remplacer à la Trésorerie nationale les avances qui leur auront été faites, décrète ce qui suit:

Art. 1er. Les commissaires de la Trésorerie nationale feront mettre à la disposition des directoires des quatre-vingt-trois départemens, à titre d'avance, la somme de 3,318,525 livres, pour subvenir à la dépense des tribunaux pour le trimestre de juillet 1791, et compléter, s'il y a lieu, le paiement des deux trimestres précédens.

2. Les commissaires de la Trésorerie nationale feront également mettre à la disposition des directoires de département, aussi à titre d'avance, la somme de 4,121,294 livres 15 sous, pour subvenir aux dépenses d'administration pour le même trimestre de juillet 1791, et compléter le paiement de celles des deux trimestres précédens.

3. L'une et l'autre somme seront partagées entre les départemens, d'après l'état de distribution qui en sera arrêté par le ministre des contributions publiques, conformément aux deux tableaux déposés au comité des finances.

4. Le receveur du district renfermant le chef-lieu du département fournira aux commissaires de la Trésorerie nationale un récépissé de la totalité de la somme qui aura été envoyée au directoire du département pour l'une et l'autre dépense, et la distribution de cette somme sera faite ensuite en proportion de la dépense à faire acquitter en chaque district.

5. Ce récépissé sera visé par les administrateurs du directoire de département, lesquels, par l'arrêté mis au bas de ce récépissé, prendront l'engagement de faire remplacer à la Trésorerie nationale, sur le produit des sous par livre additionnels pour marc la livre des contributions de 1791, et opéreront en effet ce remplacement en 1791, au fur et à mesure des recouvremens.

———

24 SEPTEMBRE = 12 OCTOBRE 1791. — Décret portant établissement, dans chaque département, d'un payeur général des dépenses de la guerre, de la marine et autres. (L. 6, 217; B. 18, 554.)

Art. 1er. Il sera établi, dans chaque département, un payeur général chargé d'y acquitter les dépenses de la guerre, de la marine et autres, à la décharge de la Trésorerie nationale, de quelque nature qu'elles soient.

2. Ils n'en pourront acquitter aucune qu'en vertu de l'autorisation des commissaires de la Trésorerie nationale.

3. Ils seront soumis à l'ordre de comptabilité et aux formes de paiement établies à la Trésorerie nationale, et ils tiendront des registres séparés pour chaque genre de dépense, suivant les mêmes divisions.

4. Ils fourniront, soit en immeubles, soit en effets publics, un cautionnement qui sera réglé d'après le montant des sommes que la nécessité du service oblige de leur confier habituellement.

5. La masse totale de leurs appointemens sera, pour quatre-vingt-sept payeurs, de trois cent mille livres, qui seront distribuées de manière que les moindres appointemens soient de dix-huit cent livres, et les plus forts de dix mille livres.

6. Deux, trois ou quatre de ces payeurs seront placés dans les départemens où l'activité du service de la guerre ou de la marine ne permettrait pas de se contenter d'une seule caisse.

7. Les payeurs généraux de département seront nommés par les commissaires de la Trésorerie nationale.

24 SEPTEMBRE = 12 OCTOBRE 1791. — Décret relatif au papier d'assignats. (L. 6, 222; B. 18, 553.)

L'Assemblée nationale décrète que le papier fabriqué, en exécution du décret du 23 août dernier, pour des assignats de cinq livres, sera de suite imprimé et remis aux archives de l'Assemblée, pour y rester jusqu'à ce qu'il ait été statué par la législature sur son émission.

24 SEPTEMBRE = 16 OCTOBRE 1791. — Décret relatif aux rentes constituées au profit des religieux et religieuses ou acquises avec le produit de leur pécule. (L. 6, 412.)

L'Assemblée nationale, ouï le rapport de son comité central de liquidation, décrète que les rentes viagères qui auraient été constituées au profit de religieux et religieuses, indépendamment de la dot fournie à leur monastère, et celles qui seront justifiées, dans les formes prescrites par l'Assemblée, avoir été acquises de leur pécule, seront liquidées à leur profit et en leur nom personnel, pour continuer par lesdits religieux et religieuses à en jouir leur vie durant.

24 SEPTEMBRE = 16 OCTOBRE 1791. — Décret qui déclare résilié le bail fait au sieur Baudouin pour l'entreprise des transports des effets d'habillement, équipement, campement et autres du ressort du département de la guerre. (L. 6, 417; B. 18, 551.)

L'Assemblée nationale décrète que les marchés passés par le conseil de la guerre, le 2 mai 1789, au sieur Guillaume-Augustin Baudouin, pour l'entreprise des transports des effets d'habillement, d'équipement, de campement et autres du ressort du département de la guerre, pour celle des transports des effets et munitions d'artillerie, seront et demeureront résiliés à compter du 1er janvier prochain.

Renvoie au pouvoir exécutif pour déterminer le parti le plus avantageux à prendre pour cette partie de l'administration militaire, et la mettre, suivant qu'il jugera convenable, en régie ou en entreprise.

Décrète que, soit qu'il y ait une régie, soit qu'il y ait des entrepreneurs, les réglemens de la régie ou les clauses de l'entreprise seront communiqués au Corps-Législatif et imprimés;

Que si les transports sont donnés en entreprise, ils le seront par adjudication publique et au rabais, sans que jamais et dans aucun cas les entrepreneurs puissent réclamer d'indemnité, ni être reçus à compter de clerc à maître.

Renvoie au pouvoir exécutif les réclamations des commissaires généraux chargés des transports militaires avant le sieur Baudouin, pour y être statué ainsi qu'il appartiendra.

24 SEPTEMBRE = 16 OCTOBRE 1791. — Décret relatif aux tanneurs et aux fabricans de cuirs. (L. 6, 421.)

Sur ce qui a été représenté à l'Assemblée nationale, que son décret du 26 novembre 1790, qui autorise les tanneurs et autres fabricans de cuirs et peaux qui avaient des cuirs et autres peaux en charge au 1er avril 1790, à en payer les droits de mois en mois, ou sur le pied du nouveau tarif décrété par elle le 9 octobre 1790, ou sur celui de l'ancien tarif, n'avait pu être appliqué qu'aux cuirs et peaux qui étaient encore en charge le 26 novembre 1790, et qui ont pu être pesés depuis cette époque, et qu'il s'était élevé des contestations entre les tanneurs et autres fabricans et les préposés de la régie, relativement aux cuirs et peaux débités depuis le 1er avril 1790 jusqu'au 26 novembre de la même année, lesquels n'ont pu être pesés, contestations qui ont servi de prétexte à retarder les recouvremens;

L'Assemblée nationale décrète que, pour les cuirs et peaux qui étaient en charge au 1er avril 1790, et qui n'ont pu être pesés, chaque fabricant acquittera les droits sur le prix du taux moyen de ceux qu'il a payés pour les cuirs et peaux de même nature dans l'année précédente; et, attendu que tous les délais qu'elle avait accordés pour ledit paiement sont expirés, l'Assemblée nationale décrète que lesdits paiemens qui auraient dû être effectués de mois en mois par douzième, à compter du 1er juillet 1770, le seront par quart aux derniers septembre, octobre, novembre et décembre prochains, sans que lesdits délais puissent être prolongés.

24 SEPTEMBRE = 16 OCTOBRE 1791. — Décret qui proroge les fonctions des commissaires chargés de surveiller la fabrication du papier des assignats. (B. 18, 554.)

24 SEPTEMBRE 1791. — Décret portant que la Trésorerie nationale remboursera à M. le Couteulx 53,058 fr. 14 sous, pour avances faites pour la fabrication des assignats. (B. 18, 553.)

24 SEPTEMBRE 1791. — Décret portant vente de domaines nationaux à différentes municipalités des départemens de la Seine, Seine-et-Marne et Yonne. (B. 18, 558.)

24 SEPTEMBRE = 2 OCTOBRE 1791. — Décret portant que la caisse de l'extraordinaire remboursera les sommes résultant du tirage fait en avril dernier, de la loterie d'octobre 1783. (L. 6, 18 ; B. 18, 356.)

24 SEPTEMBRE 1791. — Proclamation du Roi portant nomination des commissaires liquidateurs des fermes et régies générales. (L. 5, 1302.)

24 SEPTEMBRE 1791. — Décret relatif à une somme de 5,439,819 liv. 15 sous, que les commissaires de la Trésorerie remettront à la disposition des départemens pour subvenir à la dépense des tribunaux et administrations pour le trimestre de juillet 1791. (B. 18, 556.)

24 SEPTEMBRE = 16 OCTOBRE 1791. — Décret qui ordonne la formation d'une cour martiale pour juger la réclamation du sieur Jacques-Henri Moreton. (B. 18, 550.)

24 SEPTEMBRE 1791. — Décret relatif à l'omission faite de la paroisse de Sayat dans le décret de circonscription des paroisses du district de Clermont, et qui rectifie l'erreur faite, au sujet de la paroisse de Maisat, dans le décret de circonscription des paroisses du district de Riom. (B. 18, 552.)

24 SEPTEMBRE = 9 OCTOBRE 1791. — Décret portant qu'une somme de 23,723 liv. 9 sous sera payée par la Trésorerie nationale, pour solder les gardes nationales du département du Var, qui ont été envoyées pour protéger la frontière. (B. 18, 553.)

CODE PÉNAL.

25 SEPTEMBRE = 6 OCTOBRE 1791. — (L. 6, 110; B. 18, 571; Mon. des 6, 10, 19, 20, 21, 22, 29 janvier 1791; 2, 3, 5, 6, 7, 8 février 1791; 30, 31 mai 1791 ; 1er, du 4 au 10, 17, 19 juin 1791 ; 2 juillet 1791 ; 21, 27 septembre = 2 octobre 1791.)

Voy. Code du 3 BRUMAIRE an 4.

PREMIÈRE PARTIE.

DES CONDAMNATIONS.

TITRE Ier. Des peines en général.

Art. 1er. Les peines qui seront prononcées contre les accusés trouvés coupables par le jury sont : la peine de mort, les fers, la réclusion dans la maison de force, la gêne, la détention, la déportation, la dégradation civique, le carcan (1).

2. La peine de mort consistera dans la simple privation de la vie, sans qu'il puisse jamais être exercé aucune torture envers les condamnés.

3. Tout condamné aura la tête tranchée.

4. Quiconque aura été condamné à mort pour crime d'assassinat, d'incendie ou de poison, sera conduit au lieu de l'exécution revêtu d'une chemise rouge.

Le parricide aura la tête et le visage voilés d'une étoffe noire; il ne sera découvert qu'au moment de l'exécution.

5. L'exécution des condamnés à mort se se fera dans la place publique de la ville où le jury d'accusation aura été convoqué.

6. Les condamnés à la peine des fers seront employés à des travaux forcés au profit de l'État, soit dans l'intérieur des maisons de force, soit dans les ports et arsenaux, soit pour l'extraction des mines, soit pour le desséchement des marais, soit enfin pour tous autres ouvrages pénibles qui, sur la demande des départemens, pourront être déterminés par le Corps-Législatif.

7. Les condamnés à la peine des fers traîneront à l'un des pieds un boulet attaché avec une chaîne de fer.

8. La peine des fers ne pourra, en aucun cas, être perpétuelle.

9. Dans le cas où la loi prononce la peine des fers pour un certain nombre d'années, si c'est une femme ou une fille qui est convaincue de s'être rendue coupable desdits crimes, ladite femme ou fille sera condamnée, pour le même nombre d'années, à la peine de la réclusion dans la maison de force.

10. Les femmes et les filles condamnées à cette peine seront enfermées dans une maison de force, et seront employées, dans l'enceinte de ladite maison, à des travaux forcés au profit de l'État.

11. Les corps administratifs pourront déterminer le genre des travaux auxquels les condamnés seront employés dans lesdites maisons.

12. Il sera statué, par un décret particulier, dans quel nombre et dans quels lieux

---

(1) Un individu condamné au carcan et à la dégradation civique n'est pas incapable d'être témoin dans un *testament*, si la condamnation a été prononcée en exécution de la présente loi, qui n'attachait pas à ces peines la déchéance des droits civils (14 décembre 1825 ; Caen, S. 26, 2, 243)..(

seront formés les établissemens desdites maisons.

13. La durée de cette peine ne pourra, dans aucun cas, être perpétuelle.

14. Tout condamné à la peine de la gêne sera enfermé seul, dans un lieu éclairé, sans fers ni liens; il ne pourra avoir, pendant la durée de sa peine, aucune communication avec les autres condamnés ou avec des personnes du dehors.

15. Il ne sera fourni au condamné à ladite peine que du pain et de l'eau, aux dépens de la maison; le surplus sur le produit de son travail.

16. Dans le lieu où il sera détenu, il lui sera procuré du travail à son choix dans le nombre des travaux qui seront autorisés par les administrateurs de ladite maison.

17. Le produit de son travail sera employé ainsi qu'il suit:

Un tiers sera appliqué à la dépense commune de la maison.

Sur une partie des deux autres tiers, il sera permis au condamné de se procurer une meilleure nourriture.

Le surplus sera réservé pour lui être remis au moment de sa sortie, après que le temps sera expiré.

18. Il sera statué, par un décret particulier, dans quel nombre et dans quels lieux seront formés les établissemens destinés à recevoir les condamnés à la peine de la gêne.

19. Cette peine ne pourra, en aucun cas, être perpétuelle.

20. Les condamnés à la peine de la détention seront enfermés dans l'enceinte d'une maison destinée à cet effet.

21. Il leur sera fourni du pain et de l'eau aux dépens de la maison, le surplus sur le produit de leur travail.

22. Il sera fourni aux condamnés du travail à leur choix, dans le nombre des travaux qui seront autorisés par les administrateurs de ladite maison.

23. Les condamnés pourront, à leur choix, travailler ensemble ou séparément, sauf toutefois les réclusions momentanées qui pourront être ordonnées par ceux qui seront chargés de la police de la maison.

24. Les hommes et les femmes seront enfermés et travailleront dans des enceintes séparées.

25. Le produit du travail des condamnés à cette peine sera employé ainsi qu'il est spécifié en l'article 17 ci-dessus.

26. La durée de cette peine ne pourra excéder six années.

27. Il sera statué, par un décret particulier, dans quel nombre et dans quels lieux seront formés les établissemens desdites maisons de détention.

28. Quiconque aura été condamné à l'une

des peines des fers, de la réclusion dans la maison de force, de la gêne, de la détention, avant de subir sa peine sera préalablement conduit sur la place publique de la ville où le jury d'accusation aura été convoqué.

Il y sera attaché à un poteau placé sur un échafaud, et il y demeurera exposé aux regards du peuple, pendant six heures, s'il est condamné aux peines des fers ou de la réclusion dans la maison de force; pendant quatre heures, s'il est condamné à la peine de la gêne; pendant deux heures, s'il est condamné à la détention. Au-dessus de sa tête, sur un écriteau, seront inscrits en gros caractères ses noms, sa profession, son domicile, la cause de sa condamnation et le jugement rendu contre lui.

29. La peine de la déportation aura lieu dans le cas et dans les formes qui seront déterminés ci-après.

30. Le lieu où seront conduits les condamnés à cette peine sera déterminé incessamment par un décret particulier.

31. Le coupable qui aura été condamné à la peine de la dégradation civique sera conduit au milieu de la place publique où siége le tribunal criminel qui l'aura jugé.

Le greffier du tribunal lui adressera ces mots à haute voix: *Votre pays vous a trouvé convaincu d'une action infâme; la loi et le tribunal vous dégradent de la qualité de citoyen français.*

Le condamné sera ensuite mis au carcan au milieu de la place publique; il y restera pendant deux heures exposé aux regards du peuple. Sur un écriteau seront tracés en gros caractères ses noms, son domicile, sa profession, le crime qu'il a commis et le jugement rendu contre lui.

32. Dans le cas où la loi prononce la peine de la dégradation civique, si c'est une femme ou une fille, ou un étranger, ou un repris de justice, qui est convaincu de s'être rendu coupable desdits crimes, le jugement portera: « Tel, ou telle..... est condamné à la peine du carcan. »

33. Le condamné sera conduit au milieu de la place publique de la ville où siége le tribunal criminel qui l'aura jugé.

Le greffier du tribunal lui adressera ces mots à haute voix: *Le pays vous a trouvé convaincu d'une action infâme.*

Le condamné sera ensuite mis au carcan, et restera pendant deux heures exposé aux regards du peuple. Sur un écriteau seront tracés en gros caractères ses noms, sa profession, son domicile, le crime qu'il a commis et le jugement rendu contre lui.

34. Les dommages et intérêts et réparations civiles seront prononcés lorsqu'il y écherra, indépendamment des peines ci-dessus spécifiées.

3.

23

35. Toutes les peines actuellement usitées autres que celles qui sont établies ci-dessus, sont abrogées.

TITRE II. De la récidive.

Art. 1er. Quiconque aura été repris de justice pour crime, s'il est convaincu d'avoir, postérieurement à la première condamnation, commis un second crime emportant l'une des peines des fers, de la réclusion dans la maison de force, de la gêne, de la détention, de la dégradation civique ou du carcan, sera condamné à la peine prononcée par la loi contre ledit crime; et, après l'avoir subie, il sera transféré pour le reste de sa vie au lieu fixé pour la déportation des malfaiteurs (1).

2. Toutefois, si la première condamnation n'a emporté autre peine que celle de la dégradation civique ou du carcan, et que la même peine soit prononcée par la loi contre le second crime dont le condamné est trouvé convaincu, en ce cas le condamné ne sera pas déporté; mais, attendu la récidive, la peine de la dégradation civique ou du carcan sera convertie en celle de deux années de détention.

TITRE III. De l'exécution des jugemens contre un accusé contumax.

Art. 1er. Lorsqu'un accusé aura été condamné à l'une des peines établies ci-dessus, il sera dressé, dans la place publique de la ville où le jury d'accusation aura été convoqué, un poteau auquel on appliquera un écriteau indicatif des noms du condamné, de son domicile, de sa profession, du crime qu'il a commis et du jugement rendu contre lui.

2. Cet écriteau restera exposé aux yeux du peuple pendant douze heures, si la condamnation emporte la peine de mort; pendant six heures, si la condamnation emporte la peine des fers ou de la réclusion dans la maison de force; pendant quatre heures, si la condamnation emporte la peine de la gêne; pendant deux heures, si la condamnation emporte la peine de la détention, de la dégradation civique ou du carcan.

TITRE IV. Des effets des condamnations.

Art. 1er. Quiconque aura été condamné à l'une des peines des fers, de la réclusion dans la maison de force, de la gêne, de la détention, de la dégradation civique ou du carcan, sera déchu de tous les droits attachés à la qualité de citoyen actif, et rendu incapable de les acquérir.

Il ne pourra être rétabli dans ses droits, ou rendu habile à les acquérir, que sous les conditions et dans les délais qui seront prescrits au titre de la Réhabilitation.

2. Quiconque aura été condamné à l'une des peines des fers, de la réclusion dans la maison de force, de la gêne ou de la détention, indépendamment des déchéances portées en l'article précédent, ne pourra, pendant la durée de la peine, exercer par lui-même aucun droit civil: il sera, pendant ce temps, en état d'interdiction légale, et il lui sera nommé un curateur pour gérer et administrer ses biens (2).

3. Le curateur sera nommé dans les formes ordinaires et accoutumées pour la nomination des curateurs aux interdits.

4. Les biens du condamné lui seront remis après qu'il aura subi sa peine, et le curateur lui rendra compte de son administration et de l'emploi de ses revenus.

5. Pendant la durée de sa peine, il ne pourra lui être remis aucune portion de ses revenus; mais il pourra être prélevé sur ses biens les sommes nécessaires pour élever et doter ses enfans, ou pour fournir des alimens à sa femme, à ses enfans, à son père ou à sa mère, s'ils sont dans le besoin.

6. Ces sommes ne pourront être prélevées sur ses biens qu'en vertu d'un jugement rendu à la requête des demandeurs, sur l'avis des parens et du curateur, et sur les conclusions du commissaire du Roi.

7. Les conducteurs des condamnés, les commissaires et les gardiens des maisons où ils seront enfermés, ne permettront qu'ils reçoivent, pendant la durée de leur peine, aucun don, argent, secours, vivres ou aumônes, attendu qu'il ne peut leur être accordé du sou-

---

(1) On ne peut condamner à la déportation ou à la flétrissure l'auteur d'un crime commis par récidive d'un autre qui avait été aboli par une amnistie générale (13 messidor an 4; Cass. S. 7, 2, 780).

On pouvait condamner, comme coupable de récidive, des individus condamnés par des jugemens antérieurs à la publication de ce Code (16 thermidor an 8; Cass. S. 7, 2, 1162).

(2) Le condamné par contumace à une peine afflictive temporaire a pu, sous le Code pénal de 1791 et la loi du 3 brumaire an 4, aliéner ses biens au détriment des reprises du fisc, s'il n'y

avait pas eu de séquestre apposé; si, d'ailleurs, l'acte d'aliénation n'a pas été fait exprès pour frauder les droits du fisc. Ainsi l'accusation, et moins encore la prévention, ne suffit pas pour que le fisc ait un droit éventuel sur les propriétés de l'accusé ou prévenu (Cass. 25 mai 1820; S. 20, 1, 331).

L'interdiction légale peut être étendue à un militaire condamné à cinq ans de fers et à la dégradation, pour insubordination, aux termes des articles 15 et 21 du Code pénal militaire du 21 brumaire an 5 : ainsi, pendant la durée de sa peine, il est incapable de tester (4 mai 1831; Paris, S. 31, 2, 181).

lagement qu'en considération et sur le produit de leur travail.

Ils seront responsables de leur négligence à exécuter cet article, sous peine de destitution.

8. Les effets résultant de la déportation seront déterminés lors du réglement qui sera fait pour la formation de l'établissement destiné à recevoir les malfaiteurs qui auront été déportés.

Titre V. De l'influence de l'âge des condamnés sur la nature et la durée des peines.

Art. 1er. Lorsqu'un accusé déclaré coupable par le jury, aura commis le crime pour lequel il est poursuivi avant l'âge de seize ans accomplis, les jurés décideront, dans les formes ordinaires de leur délibération, la question suivante : *Le coupable a-t-il commis le crime avec ou sans discernement ?*

2. Si les jurés décident que le coupable a commis le crime sans discernement, il sera acquitté du crime; mais le tribunal criminel pourra, suivant les circonstances, ordonner que le coupable sera rendu à ses parens, ou qu'il sera conduit dans une maison de correction, pour y être élevé et détenu pendant tel nombre d'années que le jugement déterminera, et qui toutefois ne pourra excéder l'époque à laquelle il aura atteint l'âge de vingt ans.

3. Si les jurés décident que le coupable a commis le crime avec discernement, il sera condamné; mais, à raison de son âge, les peines suivantes seront commuées :

Si le coupable a encouru la peine de mort, il sera condamné à vingt années de détention dans une maison de correction;

S'il a encouru les peines des fers, de la réclusion dans la maison de force, de la gène ou de la détention, il sera condamné à être renfermé dans la maison de correction pendant un nombre d'années égal à celui pour lequel il aurait encouru l'une desdites peines à raison du crime qu'il a commis.

4. Dans les cas portés en l'article précédent, le condamné ne subira pas l'exposition aux regards du peuple, sinon lorsque la peine de mort aura été commuée en vingt années de détention dans une maison de correction, auquel cas l'exposition du condamné aura

lieu pendant six heures, dans les formes qui sont ci-dessus prescrites.

5. Nul ne pourra être déporté s'il a soixante-quinze ans accomplis.

6. Dans le cas où la loi prononce l'une des peines des fers, de la réclusion dans la maison de force, de la gène ou de la détention pour plus de cinq années, la durée de la peine sera réduite à cinq ans, si l'accusé trouvé coupable est âgé de soixante-quinze ans accomplis ou au-delà.

7. Tout condamné à l'une desdites peines qui aura atteint l'âge de quatre-vingts ans accomplis, sera mis en liberté par jugement du tribunal criminel, rendu sur sa requête, s'il a subi au moins cinq années de sa peine.

Titre VI. De la prescription en matière criminelle.

Art. 1er. Il ne pourra être intenté aucune action criminelle pour raison d'un crime, après trois années révolues, lorsque, dans cet intervalle, il n'aura été fait aucune poursuite (1).

2. Quand il aura été commencé des poursuites à raison d'un crime, nul ne pourra être poursuivi pour raison dudit crime, après six années révolues, lorsque, dans cet intervalle, aucun jury d'accusation n'aura déclaré qu'il y a lieu à accusation contre lui, soit qu'il ait été ou non impliqué dans les poursuites qui auront été faites. Les délais portés au présent article et au précédent commenceront à courir du jour où l'existence du crime aura été connue ou légalement constatée.

3. Aucun jugement de condamnation rendu par un tribunal criminel ne pourra être mis à exécution, quant à la peine, après un laps de vingt années révolues, à compter du jour où ledit jugement aura été rendu (2).

Titre VII. De la réhabilitation des condamnés.

Art. 1er. Tout condamné qui aura subi sa peine pourra demander à la municipalité du lieu de son domicile une attestation à l'effet d'être réhabilité;

Savoir : les condamnés aux peines des fers, de la réclusion dans la maison de force, de la gène, de la détention, dix ans après l'expiration de leurs peines; les condamnés à la peine

---

(1) Il n'est pas nécessaire, pour faire courir la prescription, de la réunion des deux circonstances, que le délit soit connu et qu'il soit constaté. Il suffit de la seule connaissance du délit (22 vendémiaire an 11; S. 3, 2, 383).

Les tribunaux de répression ne connaissent de l'action civile qu'accessoirement à l'action publique, il s'ensuit que, s'ils rejettent l'action publique, ils restent sans pouvoir pour statuer sur l'action civile; ainsi ils ne peuvent condamner la partie civilement responsable à des réparations

civiles, lorsqu'ils relaxent le prévenu, notamment en ce qu'il aurait prescrit le délit ou la contravention qui lui étaient imputés (2 août 1828; Cass. S. 28, 1, 398; D. 28, 1, 368).

(2) Cette disposition n'est pas applicable au cas où il y a eu *exécution* de la condamnation et évasion du condamné pendant qu'il subissait sa peine. En ce cas, la prescription ne commence à courir que du jour de *l'évasion*; le temps de la peine subie ne compte pas (20 juillet 1827; Cass. S. 27, 532).

23.

de la dégradation civique ou du carcan, après dix ans à compter du jour de leur jugement.

2. Aucun condamné ne pourra demander sa réhabilitation, si, depuis deux ans accomplis, il n'est domicilié dans le territoire de la municipalité à laquelle sa demande est adressée, et s'il ne joint à ladite demande des certificats et attestations de bonne conduite qui lui auront été délivrés par les municipalités sur le territoire desquelles il a pu avoir son habitation ou son domicile pendant les deux années qui ont précédé sa demande;

Lesquels certificats ou attestations de bonne conduite ne pourront lui être délivrés qu'à l'instant où il quittera lesdits domicile ou habitation.

3. Huit jours au plus après la demande, le conseil général de la commune sera convoqué, et il lui sera donné connaissance de la demande.

4. Le conseil général de la commune sera de nouveau convoqué au bout d'un mois; pendant ce temps, chacun de ses membres pourra prendre, sur la conduite du condamné, les renseignemens qu'il jugera convenables.

5. Les avis seront recueillis par la voie du scrutin, et il sera décidé à la majorité des voix si l'attestation sera ou non accordée.

6. Si la majorité est pour que l'attestation soit accordée, deux officiers municipaux, revêtus de leur écharpe, ou, avec leur procuration, deux officiers municipaux de la ville où siége le tribunal criminel du département dans le territoire duquel le condamné est actuellement domicilié, conduiront le condamné devant ledit tribunal criminel.

Ils y paraîtront avec lui dans l'auditoire, en présence des juges et du public.

Après avoir fait lecture du jugement prononcé contre le condamné, ils diront à haute voix : « Un tel a expié son crime en faisant sa peine; maintenant sa conduite est irréprochable : nous demandons, au nom de son pays, que la tache de son crime soit effacée. »

7. Le président du tribunal, sans délibération, prononcera ces mots : « Sur l'attestation et la demande de votre pays, la loi et le tribunal effacent la tache de votre crime. »

8. Il sera dressé du tout procès-verbal.

9. Si le tribunal criminel où le jugement de réhabilitation sera prononcé est autre que celui où a été rendu le jugement de condamnation, la copie dudit procès-verbal sera envoyée pour être transcrite sur le registre, en marge du jugement de condamnation.

10. La réhabilitation fera cesser, dans la personne du condamné, tous les effets et toutes les incapacités résultant de la condamnation.

11. Toutefois, l'exercice des droits de citoyen actif du condamné demeurera suspendu à l'égard du réhabilité, jusqu'à ce qu'il ait satisfait aux dommages et intérêts, ainsi qu'aux autres condamnations pécuniaires qui auront pu être prononcées contre lui.

12. Si la majorité des voix du corps municipal est pour refuser l'attestation, le condamné ne pourra former une nouvelle demande que dans deux ans après; et ainsi de suite de deux ans en deux ans, tant que l'attestation n'aura pas été accordée.

13. L'usage de tous actes tendant à empêcher ou suspendre l'exercice de la justice criminelle, l'usage des lettres de grace, de rémission, d'abolition, de pardon et de commutation de peine, sont abolis pour tout crime poursuivi par voie de jurés.

DEUXIÈME PARTIE.

DES CRIMES ET DE LEUR PUNITION.

TITRE Ier. Crimes et attentats contre la chose publique.

SECTION Ire. — Des crimes contre la sûreté extérieure de l'Etat.

Art. 1er. Quiconque sera convaincu d'avoir pratiqué des machinations, ou entretenu des intelligences avec les puissances étrangères ou avec leurs agens, pour les engager à commettre des hostilités, ou pour leur indiquer les moyens d'entreprendre la guerre contre la France, sera puni de mort, soit que les machinations ou intelligences aient été ou non suivies d'hostilités.

2. Lorsqu'il aura été commis quelques agressions hostiles ou infractions des traités, tendant à allumer la guerre entre la France et une nation étrangère, et que le Corps-Législatif, trouvant coupables lesdites agressions hostiles ou infractions de traités, aura déclaré qu'il y a lieu à accusation contre les auteurs, le ministre qui en aura donné ou contre-signé l'ordre, ou le commandant des forces nationales de terre ou de mer qui, sans ordre, aura commis lesdites agressions hostiles ou infractions de traités, sera puni de mort.

3. Tout Français qui portera les armes contre la France sera puni de mort.

4. Toute manœuvre, toute intelligence avec les ennemis de la France, tendant, soit à faciliter leur entrée dans les dépendances de l'empire Français, soit à leur livrer des villes, forteresses, ports, vaisseaux, magasins ou arsenaux appartenant à la France, soit à leur fournir des secours en soldats, argent, vivres ou munitions, soit à favoriser d'une manière quelconque le progrès de leurs

armes sur le territoire français, ou contre nos forces de terre ou de mer, soit à ébranler la fidélité des officiers, soldats et des autres citoyens envers la nation française, seront punis de mort.

5. Les trahisons de la nature de celles mentionnées en l'article précédent, commises en temps de guerre envers les alliés de la France agissant contre l'ennemi commun, seront punies de la même peine.

6. Tout fonctionnaire public chargé du secret d'une négociation, d'une expédition ou d'une opération militaire, qui sera convaincu de l'avoir livré méchamment et traîtreusement aux agens d'une puissance étrangère, ou, en cas de guerre, à l'ennemi, sera puni de mort.

Tout fonctionnaire public chargé, à raison des fonctions qui lui sont confiées, du dépôt des plans, soit de fortifications ou d'arsenaux, soit de ports ou de rades, qui sera convaincu d'avoir méchamment et traîtreusement livré lesdits plans aux agens d'une puissance étrangère, ou, en cas de guerre, à l'ennemi, sera puni de la peine de vingt années de gêne.

Section II. Des crimes contre la sûreté intérieure de l'État.

Art. 1er. Tous les complots et attentats contre la personne du Roi, du régent ou de l'héritier présomptif du trône, seront punis de mort.

2. Toutes conspirations ou complots tendant à troubler l'État par une guerre civile, en armant les citoyens les uns contre les autres, au contre l'exercice de l'autorité légitime, seront punis de mort.

3. Tout enrôlement de soldats, levée de troupes, amas d'armes et de munitions pour exécuter les complots et machinations mentionnées en l'article précédent ;

Toute attaque ou résistance envers la force publique agissant contre lesdits complots ;

Tout envahissement de ville forteresse, magasin, arsenal, port ou vaisseau, seront punis de mort.

Les auteurs, chefs et instigateurs desdites révoltes, et tous ceux qui seront pris les armes à la main, subiront la même peine.

4. Les pratiques et intelligences avec les révoltés, de la nature de celles mentionnées en l'article 4 de la première section du présent titre, seront punies de la même peine.

5. Tout commandant d'un corps de troupes, d'une flotte ou d'une escadre, d'une place forte ou d'un poste, qui en retiendra le commandement contre l'ordre du Roi ;

Tout commandant qui tiendra son armée rassemblée lorsque la séparation en aura été ordonnée ; tout chef militaire qui retiendra sa troupe sous les drapeaux, lorsque le licenciement en aura été ordonné,

Seront coupables du crime de révolte et punis de mort.

Section III. Crimes et attentats contre la constitution.

Art. 1er. Tous complots et attentats pour empêcher la réunion ou pour opérer la dissolution d'une assemblée primaire ou d'une assemblée électorale, seront punis de la peine de la gêne pendant quinze ans.

2. Quiconque sera convaincu d'avoir, par force ou violence, écarté ou chassé un citoyen actif d'une assemblée primaire, sera puni de la peine de la dégradation civique.

3. Si des troupes investissent le lieu des séances desdites assemblées, ou pénètrent dans son enceinte sans l'autorisation ou la réquisition desdites assemblées, le ministre ou commandant qui en aura donné ou contre-signé l'ordre, les officiers qui l'auront fait exécuter, seront punis de la peine de la gêne pendant quinze années.

4. Toutes conspirations ou attentats pour empêcher la réunion ou pour opérer la dissolution du Corps-Législatif, ou pour empêcher, par force et violence, la liberté de ses délibérations ; tous attentats contre la liberté individuelle d'un de ses membres, seront punis de mort.

Tous ceux qui auront participé auxdites conspirations ou attentats, par les ordres qu'ils auront donnés ou exécutés, subiront la peine portée au présent article.

5. Si des troupes de ligne approchent ou séjournent plus près de trente mille toises de l'endroit où le Corps-Législatif tiendra ses séances, sans que le Corps-Législatif en ait autorisé ou requis l'approche ou le séjour, le ministre qui en aura donné ou contre-signé l'ordre, ou le commandant en chef qui, sans ordre donné ou contre-signé par le ministre, aura fait approcher ou séjourner lesdites troupes, sera puni de la peine de dix années de gêne.

6. Quiconque aura commis l'attentat d'investir d'hommes armés le lieu des séances du Corps-Législatif, ou de les y introduire sans son autorisation ou sa réquisition, sera puni de mort.

Tous ceux qui auront participé audit attentat par les ordres qu'ils auront donnés ou exécutés, subiront la peine portée au présent article.

7. Toutes conspirations ou attentats ayant pour objet d'intervertir l'ordre de la succession au trône, déterminé par la constitution, seront punis de mort.

8. Si quelque acte était publié contre la loi, sans avoir été décrété par le Corps-Législatif, et que ledit acte fût extérieurement revêtu d'une forme législative différente de celle prescrite par la constitution, tout mi

nistre qui l'aura contre-signé sera puni de mort.

Tout agent du pouvoir exécutif qui l'aura fait publier ou exécuter sera puni de la peine de la dégradation civique.

9. Si quelque acte extérieurement revêtu de la forme législative prescrite par la constitution était publié comme loi, sans toutefois que l'acte eût été décrété par le Corps-Législatif, le ministre qui l'aura contre-signé sera puni de mort.

10. En cas de publication d'une loi extérieurement revêtue de la forme législative prescrite par la constitution, mais dont le texte aurait été altéré ou falsifié, le ministre qui l'aura contre-signée sera puni de mort.

Dans le cas porté aux présent et précédent articles, le ministre sera seul responsable.

11. Si quelque acte portant établissement d'un impôt ou emprunt national était publié sans que ledit emprunt ou impôt eût été décrété par le Corps-Législatif, et que ledit acte fût extérieurement revêtu d'une forme législative différente de celle prescrite par la constitution, le ministre qui aura contre-signé ledit acte, donné ou contre-signé des ordres pour percevoir ledit impôt ou recevoir les fonds dudit emprunt, sera puni de mort.

Tout agent du pouvoir exécutif qui aura exécuté lesdits ordres, soit en percevant ledit impôt, soit en recevant les fonds dudit emprunt, sera puni de la peine de la dégradation civique.

12. Si ledit acte, extérieurement revêtu de la forme législative prescrite par la constitution, était publié, sans toutefois que ledit emprunt ou impôt ait été décrété par le Corps-Législatif, le ministre qui aura contre-signé ledit acte, donné ou contre-signé des ordres pour recevoir ledit impôt ou recevoir les fonds dudit emprunt, sera puni de mort.

Dans le cas porté au présent article, le ministre seul sera responsable.

13. Si quelque acte ou ordre émané du pouvoir exécutif rétablissait des ordres, corps politiques, administratifs ou judiciaires que la constitution a détruits, détruisait les corps établis par la constitution, ou créait des corps autres que ceux que la constitution a établis, tout ministre qui aura contre-signé ledit acte ou ledit ordre sera puni de la peine de vingt années de gêne.

Tout ceux qui auront participé à ce crime, soit en acceptant les pouvoirs, soit en exerçant les fonctions conférées par ledit ordre ou ledit acte, seront punis de la peine de la dégradation civique.

14. S'il émanait du pouvoir exécutif un acte portant nomination, au nom du Roi, d'un emploi qui, suivant la constitution, ne peut être conféré que par l'élection libre des citoyens, le ministre qui aura contre-signé ledit acte sera puni de la peine de la dégradation civique.

Ceux qui auront participé à ce crime en acceptant ledit emploi ou en exerçant lesdites fonctions, seront punis de la même peine.

15. Toutes machinations ou violences ayant pour objet d'empêcher la réunion ou d'opérer la dissolution de toute assemblée administrative, d'un tribunal, ou de toute assemblée constitutionnelle et légale, soit de commune, soit municipale, seront punies de la peine de six années de gêne, si lesdites violences ont été exercées avec armes, et de trois années de détention, si elles l'ont été sans armes.

16. Tout ministre qui sera coupable du crime mentionné en l'article précédent, par les ordres qu'il aura donnés ou contre-signés, sera puni de la peine de douze années de gêne.

Les chefs, commandans et officiers qui auront contribué à exécuter lesdits ordres, seront punis de la même peine.

Si, par l'effet desdites violences, quelque citoyen perd la vie, la peine de mort sera prononcée contre les auteurs desdites violences, et contre ceux qui, par le présent article, en sont rendus responsables.

Le présent article et le précédent ne portent point atteinte au droit délégué par la constitution aux autorités légitimes, de suspendre de leurs fonctions les assemblées administratives ou municipales.

17. Tout ministre qui, en temps de paix, aura donné ou contre-signé des ordres pour lever ou entretenir un nombre de troupes de terre supérieur à celui qui aura été déterminé par les décrets du Corps-Législatif, ou pour augmenter le nombre proportionnel des troupes étrangères fixé par lesdits décrets, sera puni de la peine de vingt années de gêne.

18. Toute violence exercée par l'action des troupes de ligne contre les citoyens, sans réquisition légitime et hors des cas expressément prévus par la loi, sera punie de la peine de vingt années de gêne.

Le ministre qui en aura donné ou contre-signé l'ordre, les commandans et officiers qui auront exécuté ledit ordre, ou qui, sans ordre, auront fait commettre lesdites violences, seront punis de la même peine.

Si, par l'effet desdites violences, quelque citoyen perd la vie, la peine de mort sera prononcée contre les auteurs desdites violences, et contre ceux qui, par le présent article, en sont rendus responsables.

19. Tout attentat contre la liberté individuelle, base essentielle de la constitution française, sera puni ainsi qu'il suit :

Tout homme, quelle que soit sa place ou son emploi, autre que ceux qui ont reçu de la loi le droit d'arrestation, qui donnera, signe-ra, exécutera l'ordre d'arrêter une personne vivant sous l'empire et la protection des lois françaises, ou l'arrêtera effectivement, si ce n'est pour la remettre sur-le-champ à la police, dans les cas déterminés par la loi, sera puni de la peine de six années de gêne.

20. Si ce crime était commis en vertu d'un ordre émané du pouvoir exécutif, le ministre qui l'aura contre-signé sera puni de la peine de douze années de gêne.

21. Tout geôlier et gardien de maisons d'arrêt, de justice, de correction ou de prison pénale, qui recevra ou retiendra ladite personne, sinon en vertu de mandat, ordonnance, jugement ou autre acte légal, sera puni de la peine de six années de gêne.

22. Quoique ladite personne ait été arrêtée en vertu d'un acte légal, si elle est détenue dans une maison autre que les lieux légalement et publiquement désignés pour recevoir ceux dont la détention est autorisée par la loi, tous ceux qui auront donné l'ordre de la détenir, ou qui l'auront détenue, ou qui auront prêté leur maison pour la détenir, seront punis de six années de gêne.

Si ce crime était commis en vertu d'un ordre émané du pouvoir exécutif, le ministre qui l'aura contre-signé sera puni de la peine de douze années de gêne.

23. Quiconque sera convaincu d'avoir volontairement et sciemment supprimé une lettre confiée à la poste, ou d'en avoir brisé le cachet et violé le secret, sera puni de la peine de la dégradation civique.

Si le crime est commis, soit en vertu d'un ordre émané du pouvoir exécutif, soit par un agent du service des postes, le ministre qui en aura donné ou contre-signé l'ordre, quiconque l'aura exécuté, ou l'agent du service des postes qui, sans ordre, aura commis ledit crime, sera puni de la peine de deux ans de gêne.

24. S'il émanait du pouvoir exécutif quelque acte ou quelque ordre pour soustraire un de ses agens, soit à la poursuite légalement commencée de l'action en responsabilité, soit à la peine prononcée légalement en vertu de ladite responsabilité, le ministre qui aura contre-signé ledit ordre ou acte, et quiconque l'aura exécuté, sera puni de la peine de dix ans de gêne.

25. Dans tous les cas mentionnés en la présente section et dans les précédentes, où les ministres sont rendus responsables des ordres

qu'ils auront donnés ou contre-signés, ils pourront être admis à prouver que leur signature a été surprise ; et en conséquence les auteurs de la surprise seront poursuivis, et, s'ils sont convaincus, ils seront condamnés aux peines que le ministre aurait encourues.

SECTION IV. Délits des particuliers contre le respect et l'obéissance dus à la loi et à l'autorité des pouvoirs constitués pour la faire exécuter.

Art. 1er. Lorsqu'un ou plusieurs agens préposés, soit à l'exécution d'une loi, soit à la perception d'une contribution légalement établie, soit à l'exécution d'un jugement, mandat, d'une ordonnance de justice ou de police ; lorsque tout dépositaire quelconque de la force publique, agissant légalement dans l'ordre de ses fonctions, aura prononcé cette formule, *Obéissance à la loi ;*

Quiconque opposera des violences et voies de fait sera coupable du crime d'offense à la loi, et sera puni de la peine de deux années de détention (1).

2. Si ladite résistance est opposée avec armes, la peine sera de quatre années de fers.

3. Lorsque ladite résistance aura été opposée par plusieurs personnes réunies au-dessous du nombre de seize, la peine sera de quatre années de fers, si la résistance est opposée sans armes, et de huit années de fers, si la résistance est opposée avec armes.

4. Lorsque ladite résistance aura été opposée par un attroupement de plus de quinze personnes, la peine sera de huit années de fers, si la résistance est opposée sans armes, et de seize années de fers, si la résistance est opposée avec armes.

5. Lorsque le progrès d'un attroupement séditieux aura nécessité l'emploi de la force des armes, prescrit par les articles 26 et 27 du décret du 27 juillet = 3 août 1791, relatif à la force publique contre les attroupemens, après que les sommations prescrites par lesdits articles auront été faites aux séditieux par un officier civil, quiconque sera saisi sur-le-champ en état de résistance sera puni de mort.

6. Les coupables des crimes mentionnés aux 1er, 2e, 3e et 4e articles de la présente section, qui auraient commis personnellement des homicides ou incendies, seront punis de mort.

7. Quiconque aura outragé un fonctionnaire public en le frappant au moment où il

---

(1) Sous l'empire de cette législation, la résistance n'était pas qualifiée *rébellion, si l'agent n'agissait pas légalement dans l'exercice de ses fonctions* (21 prairial an 10 ; Cass. S. 21, 1, 164). Cette jurisprudence a été modifiée sous l'empire du Code pénal de 1810.

Un attroupement pour charivari ne peut être qualifié attroupement séditieux, encore que par suite il y ait des violences commises contre l'autorité publique (6 octobre 1808 ; Cass. S. 9, 1, 294).

exerçait ses fonctions, sera puni de la peine de deux années de détention.

8. Quiconque aura délivré ou sera convaincu d'avoir tenté de délivrer par force ou violence des personnes légalement detenues, sera puni de trois années de fers.

9. Si le coupable du crime mentionné en l'article précédent était porteur d'armes à feu ou de toutes autres armes meurtrières, la peine sera de six années de fers.

10. Lorsque les crimes mentionnés aux deux précédens articles auront été commis par deux ou plusieurs personnes réunies, la durée de la peine sera de six années, si le crime a été commis sans armes, et de douze années, si les coupables dudit crime étaient porteurs d'armes à feu ou de toutes autres armes meurtrières.

SECTION V. Crimes des fonctionnaires publics dans l'exercice des pouvoirs qui leur sont confiés.

Art. 1er. Tout agent du pouvoir exécutif ou fonctionnaire public quelconque qui aura employé ou requis l'action de la force publique dont la disposition lui est confiée, pour empêcher l'exécution d'une loi, ou la perception d'une contribution légitimement établie, sera puni de la peine de la gêne pendant dix années.

2. Tout agent du pouvoir exécutif, tout fonctionnaire public quelconque, qui aura employé ou requis l'action de la force publique dont la disposition lui est confiée, pour empêcher l'exécution d'un jugement, mandat ou ordonnance de justice, ou d'un ordre émané d'officiers municipaux de police ou de corps administratifs, ou pour empêcher l'action d'un pouvoir légitime, sera puni de la peine de six années de détention.

Le supérieur qui le premier aura donné lesdits ordres en sera seul responsable, et subira la peine portée au présent article.

3. Si, par suite et à l'occasion de la résistance mentionnée aux deux précédens articles, il survient un attroupement séditieux de la nature de ceux désignés aux articles 4, 5 et 6 de la précédente section, l'agent du pouvoir exécutif ou le fonctionnaire public en sera responsable, ainsi que des meurtres, violences et pillages auxquels cette résistance aura donné lieu, et il sera puni des peines prononcées contre les séditieux et les auteurs des meurtres, violences et pillages.

4. Tout dépositaire ou agent de la force publique qui, après en avoir été requis légitimement, aura refusé de faire agir ladite force, sera puni de la peine de trois années de détention.

5. Tout fonctionnaire public qui, par abus de ses fonctions, et sous quelque prétexte que ce soit, provoquerait directement les citoyens à désobéir à la loi ou aux autorités légitimes, ou les provoquerait à des meurtres ou à d'autres crimes, sera puni de la peine de six années de gêne.

Et si, par suite et à l'occasion de ladite provocation, il survient quelque attroupement séditieux de la nature de ceux désignés aux 4e, 5e et 6e articles de la précédente section, meurtres ou autres crimes, le fonctionnaire public en sera responsable, et subira les peines portées contre les séditieux et les auteurs de meurtres et autres crimes qui auront été commis.

6. Tout fonctionnaire public révoqué ou destitué, suspendu ou interdit par l'autorité supérieure qui avait ce droit; tout fonctionnaire public, électif et temporaire, après l'expiration de ses pouvoirs, qui continuerait l'exercice des mêmes fonctions publiques, sera puni de la peine de deux années de gêne.

Si, par suite et à l'occasion de sa résistance, il survient un attroupement de ceux mentionnés aux articles 4, 5 et 6 de la précédente section, meurtres ou autres crimes, ledit fonctionnaire public en sera responsable, et subira les peines portées contre les séditieux et les auteurs des meurtres et autres crimes qui auront été commis.

7. Tout membre de la législature qui sera convaincu d'avoir, moyennant argent, présent ou promesse, trafiqué de son opinion, sera puni de mort.

8. Tout fonctionnaire, tout citoyen placé sur la liste des jurés, qui sera convaincu d'avoir, moyennant argent, présent ou promesse, trafiqué de son opinion ou de l'exercice du pouvoir qui lui est confié, sera puni de la peine de la dégradation civique.

9. Tout juré, après le serment prêté, tout juge criminel, tout officier de police en matière criminelle, qui sera convaincu d'avoir, moyennant argent, présent ou promesse, trafiqué de son opinion, sera puni de la peine de vingt années de gêne.

10. Les coupables mentionnés aux deux articles précédens seront en outre condamnés à une amende égale à la valeur de la somme ou de l'objet qu'ils auront reçu.

11. Tout fonctionnaire public qui sera convaincu d'avoir détourné les deniers publics dont il était comptable sera puni de la peine de quinze années de fers.

12. Tout fonctionnaire ou officier public qui sera convaincu d'avoir détourné ou soustrait des deniers, effets, actes, pièces ou titres dont il était dépositaire à raison des fonctions publiques qu'il exerce, et par l'effet d'une confiance nécessaire, sera puni de la peine de douze années de fers.

13. Tout geôlier ou gardien qui aura volontairement fait évader ou favorisé l'évasion de personnes légalement détenues, et dont la garde lui était confiée, sera puni de la peine de douze années de fers.

14. Tout fonctionnaire ou officier public, toute personne commise à la perception des droits et contributions publiques, qui sera convaincu d'avoir commis, par lui ou par ses préposés, le crime de concussion, sera puni de la peine de six années de fers, sans préjudice de la restitution des sommes reçues illégitimement (1).

15. Tout fonctionnaire ou officier public qui sera convaincu de s'être rendu coupable du crime de faux dans l'exercice de ses fonctions, sera puni de la peine des fers pendant vingt ans.

Section VI. Crimes contre la propriété publique.

Art. 1er. Quiconque sera convaincu d'avoir contrefait ou altéré les espèces ou monnaies nationales ayant cours, ou d'avoir contribué sciemment à l'exposition desdites espèces ou monnaies contrefaites ou altérées, ou à leur introduction dans l'enceinte de l'empire français, sera puni de la peine de quinze années de fers (2).

2. Quiconque sera convaincu d'avoir contrefait des papiers nationaux ayant cours de monnaie, ou d'avoir contribué sciemment à l'exposition desdits papiers contrefaits, ou à leur introduction dans l'enceinte du territoire français, sera puni de mort.

3. Quiconque sera convaincu d'avoir contrefait le sceau de l'Etat sera puni de quinze années de fers.

4. Quiconque sera convaincu d'avoir contrefait le timbre national sera puni de douze années de fers.

5. Quiconque sera convaincu d'avoir contrefait le poinçon servant à marquer l'or et l'argent, ou les marques apposées au nom du Gouvernement sur toute espèce de marchandises, sera puni de dix années de fers.

6. Toute personne autre que le dépositaire comptable, qui sera convaincue d'avoir volé des deniers publics ou effets mobiliers appartenant à l'Etat, d'une valeur de 10 livres ou au-dessus, sera puni de la peine de quatre années de fers, sans préjudice des peines plus graves portées ci-après contre les vols avec violence envers les personnes, effractions, escalades ou fausses clefs; si ledit vol est commis avec l'une desdites circonstances, dans ces cas les peines portées contre lesdits vols seront encourues, quelle que soit la valeur de l'objet volé.

7. Quiconque sera convaincu d'avoir mis le feu à des édifices, magasins, arsenaux, vaisseaux ou autres propriétés appartenant à l'Etat, ou à des matières combustibles disposées pour communiquer le feu aux édifices, magasins, arsenaux, vaisseaux ou autres propriétés, sera puni de mort.

8. Quiconque sera convaincu d'avoir détruit par l'explosion d'une mine, ou disposé l'effet d'une mine pour détruire les propriétés mentionnées en l'article précédent, sera puni de mort.

Titre II. Crimes contre les particuliers.

Section Ire. Crimes et attentats contre les personnes.

Art. 1er. En cas d'homicide commis involontairement, s'il est prouvé que c'est par un accident qui ne soit l'effet d'aucune sorte de négligence ni d'imprudence de la part de celui qui l'a commis, il n'existe point de crime, et il n'y a lieu à prononcer aucune peine ni même aucune condamnation civile.

2. En cas d'homicide commis involontairement, mais par l'effet de l'imprudence ou de la négligence de celui qui l'a commis, il n'existe point de crime, et l'accusé sera acquitté ; mais, en ce cas, il sera statué par les juges sur les dommages et intérêts, et même sur les peines correctionnelles, suivant les circonstances.

3. Dans le cas d'homicide légal, il n'existe point de crime, et il n'y a lieu à prononcer aucune peine ni aucune condamnation civile.

4. L'homicide est commis légalement lorsqu'il est ordonné par la loi et commandé par une autorité légitime.

5. En cas d'homicide légitime, il n'existe point de crime, et il n'y a lieu à prononcer aucune peine ni même aucune condamnation civile.

6. L'homicide est commis légitimement lorsqu'il est indispensablement commandé par la nécessité actuelle de la légitime défense de soi-même et d'autrui.

7. Hors les cas déterminés par les précédens articles, tout homicide commis volontairement envers quelques personnes, avec quelques armes, instrumens et par quelque moyen que ce soit, sera qualifié et puni ainsi qu'il suit, selon le caractère et les circonstances du crime.

---

(1) Il ne peut y avoir concussion, dans le sens des lois pénales, de la part d'individus qui ne sont ni fonctionnaires, ni receveurs de deniers publics.

Ainsi, celui qui, pour son compte particulier, tient une maison de prêt avec l'autorisation de la police, ne commet pas le délit de concussion lorsqu'il perçoit de plus forts intérêts que ceux réglés par l'ordonnance de police (4 juin 1812; S. 13, 1, 50).

(2) Il y a crime de fausse monnaie par cela seul qu'on induit frauduleusement d'un minéral blanc des monnaies de cuivre auxquelles, par ce procédé, on donne à peu près le luisant et la ressemblance d'une monnaie d'argent de valeur supérieure (9 octobre 1811; S. 12, 1, 109).

8. L'homicide commis sans préméditation sera qualifié meurtre et puni de la peine de vingt années de fers.

9. Lorsque le meurtre sera la suite d'une provocation violente, sans toutefois que le fait puisse être qualifié homicide légitime, il pourra être déclaré excusable, et la peine sera de dix années de gène.

La provocation par injures verbales ne pourra, en aucun cas, être admise comme excuse de meurtre.

10. Si le meurtre est commis dans la personne du père ou de la mère légitimes ou naturels, ou de tout autre ascendant légitime du coupable, le parricide sera puni de mort, et l'exception portée au précédent article ne sera point admissible.

11. L'homicide commis avec préméditation sera qualifié d'assassinat et puni de mort (1).

12. L'homicide commis volontairement par poison sera qualifié de crime d'empoisonnement et puni de mort.

13. L'assassinat, quoique non consommé, sera puni de la peine portée en l'art. 11, lorsque l'attaque à dessein de tuer aura été effectuée.

14. Sera qualifié assassinat, et comme tel puni de mort, l'homicide qui aura précédé, accompagné ou suivi d'autres crimes tels que ceux de vol, d'offense à la loi, de sédition ou tous autres.

15. L'homicide par poison, quoique non consommé, sera puni de la peine portée en l'art. 12, lorsque l'empoisonnement aura été effectué ou lorsque le poison aura été présenté ou mêlé avec des alimens ou breuvages spécialement destinés, soit à l'usage de la personne contre laquelle ledit attentat aura été dirigé, soit à l'usage de toute une famille, société ou habitans d'une même maison, soit à l'usage du poison (2).

16. Si toutefois, avant l'empoisonnement effectué ou avant que l'empoisonnement des alimens et breuvages ait été découvert, l'empoisonneur arrêtait l'exécution du crime, soit en supprimant lesdits alimens ou breuvages, soit en empêchant qu'on n'en fasse usage, l'accusé sera acquitté (3).

17. Quiconque sera convaincu d'avoir, par breuvage, par violence ou par tous autres moyens, procuré l'avortement d'une femme enceinte, sera puni de vingt années de fers.

18. Toutes les dispositions portées aux articles 1, 2, 3, 4, 5 et 6 de la présente section, relatives à l'homicide involontaire, à l'homicide légal ou à l'homicide légitime, s'appliqueront également aux blessures faites, soit involontairement, soit légalement, soit légitimement.

19. Les blessures qui n'auront pas été faites involontairement, mais qui ne porteront point les caractères qui vont être spécifiés ci-après, seront poursuivies par action civile, et pourront donner lieu à des dommages et intérêts et à des peines correctionnelles sur lesquelles il sera statué d'après les dispositions du décret concernant la police correctionnelle.

20. Les blessures qui n'auront pas été faites involontairement, et qui porteront les caractères qui vont être spécifiés ci-après, seront poursuivies par action criminelle, et punies des peines déterminées ci-après.

21. Lorsqu'il sera constaté par les attestations légales des gens de l'art que la personne maltraitée est, par l'effet desdites blessures, rendue incapable de vaquer pendant plus de quarante jours à aucun travail corporel, le coupable desdites violences sera puni de deux années de détention.

22. Lorsque, par l'effet desdites blessures, la personne maltraitée aura eu un bras, une jambe ou une cuisse cassée, la peine sera de trois années de détention.

23. Lorsque, par l'effet desdites blessures, la personne maltraitée aura perdu l'usage absolu, soit d'un œil, soit d'un membre, ou éprouvé a mutilation de quelque partie de la tête ou du corps, la peine sera de quatre années de détention.

24. La peine sera de six années de fers, si la personne maltraitée s'est trouvé privée, par l'effet desdites violences, de l'usage absolu de la vue ou de l'usage absolu des deux bras et des deux jambes.

25. La durée des peines portées aux quatre articles précédens sera augmentée de deux années lorsque lesdites violences auront été commises dans une rixe, ou que celui qui les aura commises aura été l'agresseur.

---

(1) Une femme ne doit pas nécessairement être condamnée comme coupable d'infanticide par cela seul qu'elle a célé sa grossesse et son accouchement, et que son enfant a disparu. Il ne peut résulter de ces circonstances que de graves présomptions dont il appartient à la conscience des jurés d'apprécier la valeur et de déterminer l'effet (Cass. 28 fructidor an 11; S. 7, 2, 993).

(2 et 3) Concerter l'empoisonnement, se former des complices, acheter du poison, se confier à l'individu chargé de l'administrer, ce n'est encore là que préparer l'empoisonnement, il n'y a pas encore commencement d'exécution.

Lorsqu'il y a commencement d'exécution, si le crime ne se consomme pas, parce que l'instigateur déclare ne plus le vouloir, les juges peuvent-ils examiner la cause impulsive de la volonté? pourraient-ils décider que, l'ordre ayant été changé par suite d'alarmes, la suspension de la tentative est due, non à la volonté, mais à une circonstance fortuite; qu'ainsi la tentative doit être réputée crime? (Cour imp. de la Seine; 11 mai 1811; S. 11, 2, 411).

26. Toute mutilation commise dans la personne du père et de la mère naturels ou légitimes, ou de tout autre ascendant légitime des coupables, sera punie de vingt années de fers.

27. Lorsque les violences spécifiées aux articles 21, 22, 23, 24 et 26 auront été commises avec préméditation et de guet-apens, le coupable sera puni de mort.

28. Le crime de la castration sera puni de mort.

29. Le viol sera puni de six années de fers.

30. La peine portée en l'article précédent sera de douze années de fers, lorsqu'il aura été commis dans la personne d'une fille âgée de moins de quatorze ans accomplis, ou lorsque le coupable aura été aidé dans son crime par la violence et les efforts d'un ou de plusieurs complices.

31. Quiconque aura été convaincu d'avoir, par violence et à l'effet d'en abuser ou de la prostituer, enlevé une fille au-dessous de quatorze ans accomplis, hors de la maison des personnes sous la puissance desquelles est ladite fille, ou de la maison dans laquelle lesdites personnes la font élever ou l'ont placée, sera puni de la peine de douze années de fers.

32. Quiconque sera convaincu d'avoir volontairement détruit la preuve de l'état civil d'une personne, sera puni de la peine de douze années de fers (1).

33. Toute personne engagée dans les liens du mariage qui en contractera un second avant la dissolution du premier, sera puni de douze années de fers. En cas d'accusation de ce crime, l'exception de la bonne foi pourra être admise, lorsqu'elle sera prouvée.

SECTION II. Crimes et délits contre les propriétés.

Art. 1er. Tout vol commis à force ouverte ou par violence envers les personnes sera puni de dix années de fers.

2. Si le vol à force ouverte et par violence envers les personnes est commis, soit dans un grand chemin, rue ou place publique, soit dans l'intérieur d'une maison, la peine sera de quatorze années de fers (2).

3. Le crime mentionné en l'article précédent sera puni de dix-huit années de fers, si le coupable s'est introduit dans l'intérieur de la maison ou du logement où il a commis le crime, à l'aide d'effraction faite par lui-même ou par ses complices, aux portes et clôtures, soit en ladite maison, soit dudit logement, ou à l'aide de fausses clefs, ou en escaladant les murailles, toits ou autres clôtures extérieures de ladite maison, ou si le coupable est habitant ou commensal de ladite maison, ou reçu habituellement dans ladite maison, pour y faire un travail ou un service salarié, ou s'il y était admis à titre d'hospitalité (3).

4. La durée de la peine des crimes mentionnés aux trois articles précédens sera augmentée de quatre années par chacune des circonstances suivantes qui s'y trouvera réunie :

La première, si le crime a été commis la nuit ;

La deuxième, s'il est commis par deux ou par plusieurs personnes ;

La troisième, si le coupable ou les coupables dudit crime étaient porteurs d'armes à feu ou de toute autre arme meurtrière.

5. Toutefois, la durée des peines des crimes mentionnés aux quatre articles précédens ne pourra excéder vingt-quatre ans, en quelque nombre que les circonstances aggravantes s'y trouvent réunies.

6. Tout autre vol commis sans violence envers les personnes, à l'aide d'effraction faite, soit par le voleur, soit par son complice, sera puni de huit années de fers.

7. La durée de la peine dudit crime sera augmentée de deux ans par chacune des circonstances suivantes qui s'y trouvera réunie :

La première, si l'effraction est faite aux portes et clôtures extérieures des bâtimens, maisons ou édifices ;

La deuxième, si le crime est commis dans une maison actuellement habitée ou servant à habitation ;

La troisième, si le crime a été commis la nuit :

La quatrième, s'il a été commis par deux ou par plusieurs personnes ;

La cinquième, si le coupable ou les coupables étaient porteurs d'armes à feu ou de toute autre arme meurtrière.

8. Lorsqu'un vol aura été commis avec effraction intérieure dans une maison, par une personne habitante ou commensale de ladite maison, ou reçue habituellement dans ladite maison pour y faire un service ou un travail salarié, ou qui y soit admise à titre d'hospitalité, ladite effraction sera punie comme effraction extérieure, et le coupable encourra la peine portée aux articles précédens, à raison de la circonstance de l'effraction extérieure.

9. Le vol commis à l'aide de fausses clefs sera puni de la peine de huit années de fers.

10. La durée de la peine mentionnée en l'article précédent sera augmentée de deux années par chacune des circonstances suivantes qui se trouvera réunie audit crime :

La première, si le crime a été commis dans une maison actuellement habitée ou servant à habitation;

La deuxième, s'il a été commis la nuit;

La troisième, s'il a été commis par deux ou par plusieurs personnes;

La quatrième, si le coupable ou les coupables étaient porteurs d'armes à feu ou de toute autre arme meurtrière;

La cinquième, si le coupable a fabriqué lui-même ou travaillé les fausses clefs dont il aura fait usage pour consommer son crime;

La sixième, si le crime a été commis par l'ouvrier qui a fabriqué les serrures ouvertes à l'aide de fausses clefs, ou par le serrurier qui est actuellement ou qui a été précédemment employé au service de ladite maison.

11. Tout vol commis en escaladant des toits, murailles et toutes autres clôtures extérieures de bâtimens, maisons et édifices, sera puni de la peine de huit années de fers.

12. La durée de la peine mentionnée en l'article précédent sera augmentée de deux années par chacune des circonstances suivantes qui se trouvera réunie au crime :

La première, si le crime a été commis dans une maison actuellement habitée ou servant à habitation ;

La deuxième, s'il a été commis la nuit;

La troisième, s'il a été commis par deux ou par plusieurs personnes;

La quatrième, si le coupable ou les coupables étaient porteurs d'armes à feu ou de toute autre arme meurtrière.

13. Lorsqu'un vol aura été commis dans l'intérieur d'une maison, par une personne habitante ou commensale de ladite maison, ou reçue habituellement dans ladite maison pour y faire un service ou un travail salarié, ou qui y soit admise à titre d'hospitalité, la peine sera de huit années de fers.

14. La durée de la peine mentionnée en l'article précédent sera augmentée de deux années par chacune des circonstances suivantes qui se trouvera réunie audit crime :

La première, s'il a été commis la nuit (1).

La deuxième, s'il a été commis par deux ou par plusieurs personnes;

La troisième, si le coupable ou les coupables étaient porteurs d'armes à feu ou de toute autre arme meurtrière.

15. La disposition portée en l'article 13 ci-dessus contre les vols faits par les habitans ou commensaux d'une maison, s'appliquera également aux vols qui seront commis dans les hôtels garnis, auberges, cabarets, maisons de traiteurs-logeurs, cafés et bains publics. Tout vol qui y sera commis par les maîtres desdites maisons ou par leurs domestiques envers ceux qu'ils y reçoivent, ou par ceux-ci envers les maîtres desdites maisons, ou toute autre personne qui y est reçue, sera puni de huit années de fers.

Toutefois, ne sont point comprises dans la précédente disposition les salles de spectacle, boutiques, édifices publics; les vols commis dans lesdits lieux seront punis de quatre années de fers.

16. Lorsque deux ou plusieurs personnes armées, ou une seule personne portant arme à feu ou toute autre arme meurtrière, se seront introduites sans violences personnelles, effraction, escalade ni fausses clefs, dans l'intérieur d'une maison actuellement habitée ou servant à habitation, et y auront commis un vol, la peine sera de six années de fers.

17. Lorsque le crime aura été commis par deux ou par plusieurs personnes, si les coupables ou l'un des coupables étaient porteurs d'armes à feu ou de toute autre arme meurtrière, la peine sera de huit années de fers.

18. Si le crime a été commis la nuit, la durée de chacune des peines portées aux deux précédens articles sera augmentée de deux années.

19. Quiconque se sera chargé d'un service ou d'un travail salarié, et aura volé les effets ou marchandises qui lui auront été confiés pour ledit service ou ledit travail, sera puni de quatre années de fers.

20. La peine sera de quatre années de fers pour le vol d'effets confiés aux cochers, messageries et autres voitures publiques par terre ou par eau, commis par les conducteurs desdites voitures, ou par les personnes employées au service des bureaux desdites administrations.

21. Tout vol commis dans lesdites voitures par les personnes qui occupent une place sera puni de la peine de quatre années de détention.

22. Tout vol qui ne portera aucun des caractères ci-dessus spécifiés, mais qui sera commis par deux ou par plusieurs personnes sans armes, ou par une seule personne portant armes à feu ou toute autre arme meurtrière, sera puni de la peine de quatre années de détention.

23. Lorsque le crime aura été commis par deux ou plusieurs personnes, et que les coupables ou l'un des coupables seront porteurs d'armes à feu ou de toute autre arme meurtrière, la peine sera de quatre années de fers.

24. Si le crime mentionné aux deux précédens articles a été commis la nuit, la durée

---

(1) Le vol commis dans l'intérieur d'une maison, par une personne qui y est admise à titre d'hospitalité est punissable de dix années de fers, s'il a lieu la nuit (12 juin 1807; S. 7, 2, 1256).

de chacune des peines portées auxdits articles sera augmentée de deux années.

25. Tout vol commis dans un terrain clos et fermé, si ledit terrain tient immédiatement à une maison habitée, sera puni de la peine de quatre années de fers.

La durée de la peine portée au présent article sera augmentée de deux années par chacune des circonstances suivantes dont ledit crime aura été accompagné :

La première, s'il a été commis la nuit ;

La deuxième, s'il a été commis par deux ou par plusieurs personnes réunies ;

La troisième, si le coupable ou les coupables étaient porteurs d'armes à feu ou de toutes autres armes meurtrières.

26. Tout vol commis dans un terrain clos et fermé, si ledit terrain ne tient pas immédiatement à une maison habitée, sera puni de quatre années de détention : la peine sera de six années de détention, si le crime est commis la nuit.

27. Tout vol de charrues, instrumens aratoires, chevaux et autres bêtes de somme, bétail, ruches d'abeilles, marchandises ou effets exposés sur la foi publique, soit dans la campagne, soit sur les chemins, ventes de bois, foires, marchés et autres lieux publics, sera puni de quatre années de détention : la peine sera de six années de détention lorsque le crime aura été commis la nuit.

28. Tout vol qui n'est pas accompagné de quelqu'une des circonstances spécifiées dans les articles précédens sera poursuivi et puni par voie de police correctionnelle.

29. Quiconque sera convaincu d'avoir détourné à son profit, ou dissipé, ou, méchamment et à dessein de nuire à autrui, brûlé ou détruit d'une manière quelconque des effets, marchandises, deniers, titres de propriété ou autres emportant obligation ou décharge, et toutes autres propriétés mobilières qui lui avaient été confiées gratuitement, à la charge de les rendre ou de les présenter, sera puni de la peine de la dégradation civique.

30. Toute banqueroute faite frauduleusement et à dessein de tromper les créanciers légitimes, sera punie de la peine de six années de fers.

31. Ceux qui auront aidé ou favorisé lesdites banqueroutes frauduleuses, soit en divertissant les effets, soit en acceptant des transports, ventes ou donations simulées, soit en souscrivant tous autres actes qu'ils savent être faits en fraude des créanciers légitimes, seront punis de la peine portée en l'article précédent.

32. Quiconque sera convaincu d'avoir, par malice ou vengeance et à dessein de nuire à autrui, mis le feu à des maisons, bâtimens, édifices, navires, magasins, chantiers, forêts, bois taillis, récoltes en meule ou sur pied, ou à des matières combustibles disposées pour communiquer le feu auxdites maisons, bâtimens, édifices, navires, bateaux, magasins, chantiers, forêts, bois taillis, récoltes en meule ou sur pied, sera puni de mort.

33. Quiconque sera convaincu d'avoir détruit par l'effet d'une mine, ou disposé une mine pour détruire les bâtimens, maisons, édifices, navires ou vaisseaux, sera puni de mort.

34. Quiconque sera convaincu d'avoir verbalement, ou par écrits anonymes ou signés, menacé d'incendier la propriété d'autrui, quoique lesdites menaces n'aient pas été réalisées, sera puni de quatre années de fers.

35. Quiconque sera convaincu d'avoir volontairement, par malice ou vengeance, et à dessein de nuire à autrui, détruit ou renversé, par quelque moyen violent que ce soit, des bâtimens, maisons, édifices quelconques, digues et chaussées qui retiennent les eaux, sera puni de six années de fers ; et, si lesdites violences sont exercées par une ou plusieurs personnes réunies, la peine sera de neuf années de fers, sans préjudice de la peine prononcée contre l'assassinat, si quelque personne perd la vie par l'effet dudit crime.

36. Quiconque sera convaincu d'avoir, par malice ou vengeance et à dessein de nuire à autrui, empoisonné des chevaux et autres bêtes de charge, moutons, porcs, bestiaux et poissons dans des étangs, viviers ou réservoirs, sera puni de six années de fers.

37. Quiconque, volontairement, par malice ou par vengeance, et à dessein de nuire à autrui, aura brûlé ou détruit d'une manière quelconque des titres de propriété, billets, lettres de change, quittances, écrits ou actes opérant obligation ou décharge, sera puni de la peine de quatre années de fers.

38. Lorsque ledit crime aura été commis par deux ou par plusieurs personnes réunies, la peine sera de six années de fers.

39. Toute espèce de pillage et dégât de marchandises, d'effets et de propriétés mobilières, commis avec attroupement et à force ouverte, sera puni de la peine de six années de fers.

40. Quiconque sera convaincu d'avoir extorqué, par force ou par violence, la signature d'un écrit, d'un acte emportant obligation ou décharge, sera puni comme voleur à force ouverte et par violence envers les personnes, et encourra les peines portées aux cinq premiers articles de la présente section, suivant les circonstances qui auront accompagné lesdits crimes.

41. Quiconque sera convaincu d'avoir méchamment, et à dessein de nuire à autrui,

commis le crime de faux, sera puni ainsi qu'il suit (1).

42. Si ledit crime de faux est commis en écriture privée, la peine sera de quatre années de fers.

43. Si ledit crime de faux est commis en lettres de change et autres effets de commerce ou de banque, la peine sera de six années de fers.

44. Si ledit crime de faux est commis en écritures authentiques et publiques, la peine sera de huit années de fers.

45. Quiconque aura commis ledit crime de faux, ou aura fait usage d'une pièce qu'il savait être fausse, sera puni des peines portées ci-dessus contre chaque exposé de faux.

46. Quiconque sera convaincu d'avoir, sciemment et à dessein, vendu à faux poids ou à fausse mesure, après avoir été précédemment puni deux fois par voie de police à raison d'un délit semblable, subira la peine de quatre années de fers.

47. Quiconque sera convaincu du crime de faux témoignage en matière civile sera puni de la peine de six années de gêne (2).

48. Quiconque sera convaincu du crime de faux témoignage dans un procès criminel sera puni de la peine de vingt années de fers, et de la peine de mort, s'il est intervenu condamnation à mort contre l'accusé dans le procès duquel aura été entendu le faux témoin.

Titre III. Des complices des crimes.

Art. 1er. Lorsqu'un crime aura été commis, quiconque sera convaincu d'avoir, par dons, promesses, ordres ou menaces, provoqué le coupable ou les coupables à le commettre;

Ou d'avoir sciemment, et dans le dessein du crime, procuré au coupable ou aux coupables les moyens, armes ou instrumens qui ont servi à son exécution;

Ou d'avoir sciemment, et dans le dessein du crime, aidé et assisté le coupable ou les coupables, soit dans les faits qui ont préparé ou facilité son exécution, soit dans l'acte même qui l'a consommé, sera puni de la même peine prononcée par la loi contre les auteurs dudit crime (3).

2. Lorsqu'un crime aura été commis, quiconque sera convaincu d'avoir provoqué directement à le commettre, soit par des discours prononcés dans les lieux publics, soit par placards ou bulletins affichés ou répandus dans lesdits lieux, soit par des écrits rendus publics par la voie de l'impression, sera puni de la même peine prononcée par la loi contre les auteurs du crime.

3. Lorsqu'un vol aura été commis avec l'une des circonstances spécifiées au présent article, quiconque sera convaincu d'avoir reçu gratuitement, ou acheté ou recelé tout ou partie des effets volés, sachant que lesdits effets provenaient d'un vol, sera réputé complice, et puni de la peine prononcée par la loi contre les auteurs dudit crime.

4. Quiconque sera convaincu d'avoir caché et recelé le cadavre d'une personne homicidée, encore qu'il n'ait pas été complice d'homicide, sera puni de la peine de quatre années de détention.

Pour tout fait antérieur à la publication du présent Code, si le fait est qualifié crime par les lois actuellement existantes, et qu'il ne le soit pas par le présent décret, ou si le fait est qualifié crime par le présent code, et qu'il ne le soit pas par les lois anciennes, l'accusé sera acquitté, sauf à être correctionnellement puni (4) s'il y échet.

Si le fait est qualifié crime par les lois anciennes et par le présent décret, l'accusé qui aura été déclaré coupable sera condamné aux peines portées par le présent code.

Les dispositions du présent Code n'auront lieu que pour les crimes qui auront été poursuivis par voie de jurés.

---

(1) Cet article et celui de la loi du 23 floréal an 10 s'appliquent aux faux commis méchamment en écritures, dans l'intention de soustraire des conscrits déserteurs aux recherches de la gendarmerie, comme à ceux commis méchamment dans l'intention de nuire à des particuliers; il y a lieu de casser les jugemens et arrêts qui décident le contraire (8 août 1806; S. 7, 2, 979).

Fabriquer un acte essentiellement inefficace dans l'ordre civil, ce n'est pas commettre un faux caractérisé.

Et singulièrement, la fabrication d'un acte constatant qu'un prêtre a donné la bénédiction nuptiale n'est pas un faux depuis que les prêtres ne sont plus officiers de l'état civil (13 octobre 1809; S. 10, 1, 306).

(2) La déposition faite *sciemment* contre la vérité constitue le crime de faux témoignage.

Elle n'est pas excusable par le motif qu'elle a été faite *sans dessein de nuire* (3 janvier 1811; Cass. S. 11, 1, 186).

(3) On ne peut poursuivre criminellement contre une femme le vol qu'elle a fait à son mari. On le peut contre ses complices (16 pluviose an 10; Cass. S. 2, 2, 553).

En matière d'escroquerie, celui qui a servi de médiateur et de proxénète à l'escroc est censé l'avoir aidé et assisté. En conséquence, il doit être puni pour cela seul et traité comme complice (29 mai 1807; Cass. S. 7, 2, 846).

Celui qui a donné l'ordre de commettre un délit peut être poursuivi sans que l'auteur même du délit soit en cause (11 juin 1808; Cass. S. 10, 1, 217).

(4) *Voy.* loi du 19 octobre 1791, qui a autorisé l'addition du mot *puni*, omis.

25 SEPTEMBRE 1791. — Proclamation du Roi, qui commet le sieur Breton, régisseur-général des forges de la Chaussade, à la place du sieur de Sionville. (L. 5, 1304.)

25 SEPTEMBRE 1791. — Décret qui règle la distribution et l'emploi de 5,760,000 livres destinées pour des travaux à faire dans plusieurs départemens. (L. 6, 181 ; B. 18, 563.)

25 SEPTEMBRE 1791. — Décret portant que les députés à la première législature, se réuniront le 1er octobre prochain dans la salle de l'Assemblée nationale, et qu'il y sera procédé à l'appel. (B. 18, 562.)

26 SEPTEMBRE = 16 OCTOBRE 1791. — Décret relatif à la décoration militaire. (L. 6, 464; B. 18, 619)

L'Assemblée nationale décrète : 1° qu'il ne sera plus exigé de serment de ceux qui obtiendront la décoration militaire, et que les formes usitées pour la conférer aux officiers à qui elle est due, aux termes de la loi, sont abolies ;

2° Que la décoration militaire et les lettres en vertu desquelles un militaire sera autorisé à la porter, seront les mêmes pour tous les officiers, quelle que soit leur religion. Les lettres seront conçues dans la forme de celles annexées au présent décret ;

3° Que les officiers qui ne font pas profession de la religion catholique, apostolique et romaine, et qui auraient quitté le service, seront particulièrement susceptibles de la décoration militaire, pourvu qu'ils aient servi le nombre d'années fixé par la loi.

Lettres pour conférer la décoration militaire à

LA NATION, LA LOI ET LE ROI.

LOUIS, par la grace de Dieu et par la loi constitutionnelle de l'État, Roi des Français, chef suprême de l'armée;

Ayant trouvé que, par les services que le sieur   a rendus à l'État, cet officier était digne d'obtenir la décoration militaire, Sa Majesté lui accorde cette marque honorable de ses services, et l'autorise, en conséquence, à la porter.

Donné à   le   jour du mois d   l'an de grace mil sept cent quatre-vingt   et de notre règne le

Par le Roi.

26 (18 et) SEPTEMBRE = 2 OCTOBRE 1791.—Décret relatif à la libre circulation des grains et des subsistances dans tout le royaume. (L. 6, 15 ; B. 18, 649.)

L'Assemblée nationale, considérant que, malgré les mesures qui ont été prises pour maintenir la libre circulation des grains et assurer la subsistance à toutes les parties de l'empire, ses vues pourraient être trompées par les artifices des ennemis de la constitution et par les craintes exagérées du peuple, quoiqu'il soit reconnu que le royaume renferme plus de subsistances qu'il n'en faut pour la consommation d'une année ; considérant que le vrai moyen de porter l'abondance dans tout le royaume, et de rassurer les commerçans, en leur procurant protection et garantie dans leurs spéculations, décrète ce qui suit :

Art. 1er. Le Roi sera prié de donner les ordres les plus précis pour faire poursuivre et punir, suivant la rigueur des lois, toute personne qui s'opposerait, sous quelque prétexte que ce puisse être, à la libre circulation des subsistances.

2. Les propriétaires, fermiers, cultivateurs, commerçans et autres personnes faisant circuler des grains en remplissant les conditions exigées par la loi, qui éprouveront des violences ou le pillage de leurs grains, seront indemnisés par la nation, qui reprendra la valeur de l'indemnité, en l'imposant sur le département dans lequel le désordre aura été commis. Le département fera porter cette charge sur le district, sur les communes dans le territoire desquelles le délit aura été commis, et sur celles qui, ayant été requises de prêter du secours pour maintenir la libre circulation, s'y seraient refusées, sauf à elles à exercer leur recours solidaire contre les auteurs des désordres.

3. Il sera mis à la disposition du ministre de l'intérieur, jusqu'à concurrence d'une somme de 12 millions, pour être employée sous l'autorité du Roi, et sur la responsabilité du ministre, à prêter progressivement aux départemens les secours imprévus qui seront reconnus leur être nécessaires ; à la charge par lesdits départemens de rembourser dans deux ans, avec les intérêts à 5 pour 100, les avances qui leur seront faites à titre de prêt. La Trésorerie nationale en fera l'avance chaque mois, en proportion des besoins reconnus par le ministre, qui sera tenu de justifier de l'emploi à la prochaine législature, toutes les fois qu'elle l'exigera. Au 1er octobre 1792, l'emploi détaillé desdits fonds sera rendu public par la voie de l'impression, et envoyé aux quatre-vingt-trois départemens. La caisse de l'extraordinaire restituera successivement à la Trésorerie nationale les sommes qu'elle aura avancées pour cet objet.

26 (14 et) SEPTEMBRE = 12 OCTOBRE 1791. — Décret relatif à tous les corps et établissemens d'instruction et éducation publiques. (L. 6, 257; B. 18, 617.)

Art. 1er. Tous les corps et établissemens

d'instruction et d'éducation publiques, existant à présent dans le royaume, continueront provisoirement d'exister sous leur régime actuel, et suivant les mêmes lois, statuts et réglemens qui les gouvernent.

2. A compter du mois d'octobre prochain, toutes les facultés de droit seront tenues de charger un de leurs membres, professeurs dans les universités, d'enseigner aux jeunes étudians la constitution française (1).

26 SEPTEMBRE = 16 OCTOBRE 1791. — Décret relatif aux erreurs de noms dans les contrats ou dans les quittances de finances. (L. 6, 415; B. 18, 621.)

Art. 1er. Les erreurs de noms qui se seraient glissées dans les contrats de rente perpétuelle pourront être rectifiées en vertu d'une délibération des commissaires de la Trésorerie, et sur leur responsabilité.

2. Les erreurs de noms qui se seraient glissées dans les quittances de finances pour rentes viagères, ou dans les contrats desdites rentes, ne pourront être rectifiées qu'en vertu d'un décret du Corps-Législatif, rendu sur la proposition des commissaires de la Trésorerie.

26 SEPTEMBRE = 16 OCTOBRE 1791. — Décret relatif aux biens provenant des fondations. (L. 6, 430; B. 18, 622.)

Art. 1er. Les biens dépendant des fondations faites en faveur d'ordres, de corps et de corporations qui n'existent plus dans la constitution française, soit que lesdites fondations eussent pour objet lesdits ordres, corps, corporations en commun, ou les individus qui pouvaient en faire partie, considérés comme membres desdits ordres, corps et corporations, font partie des biens nationaux, et sont, comme tels, à la disposition de la nation (2).

2. Les biens dépendant desdites fondations seront en conséquence administrés et vendus comme les autres biens nationaux, nonobstant toute clause, même de réversion, qui serait portée aux actes de fondations.

3. L'Assemblée réserve à la législature d'établir les règles d'après lesquelles il sera statué sur les demandes particulières qui pourraient être formées en conséquence des clauses écrites dans les actes de fondation (3).

4. Et néanmoins les individus qui jouiraient de quelque partie desdites fondations, uniquement à titre de secours pour subvenir à leurs besoins, continueront d'en jouir personnellement, aux termes desdites fondations. Les fondations faites dans les paroisses seront au surplus exécutées en conformité des précédens décrets.

26 SEPTEMBRE = 2 OCTOBRE 1791. — Décret relatif à la perception des contributions foncière et mobilière, et du droit de patentes. (L. 6, 19; B. 18, 632.)

Voy. lois du 23 NOVEMBRE = 1er DÉCEMBRE 1790; du 3 BRUMAIRE an 5; du 3 FRIMAIRE an 7, et arrêté du 16 THERMIDOR an 8 (4).

Adjudication de la perception.

Art. 1er. La perception de la contribution foncière, de la contribution mobilière et des patentes, sera faite dans chaque communauté par le même ou les mêmes percepteurs.

2. Aussitôt que les officiers municipaux auront reçu le mandement du directoire de district, ils dresseront un tableau contenant : 1° le montant de la contribution mobilière de la communauté, en principal et sous additionnels; et hors ligne, le montant des trois deniers additionnels de taxations, alloués au percepteur par l'article 44 du décret du 13 janvier = 18 février 1791.

2° Le montant, par aperçu, du produit du droit de patentes dans la communauté, et hors ligne, le montant des trois deniers de taxations, alloués au percepteur par l'art. 8 du décret du 20 septembre dernier.

3° Le total de ces deux espèces de taxations sera additionné, et il sera énoncé que celui qui se rendra adjudicataire de la perception de la contribution foncière fera la perception de la contribution mobilière et du droit de patentes, pour cette même rétribution de trois deniers pour livre sur chacune de ces contributions.

3. A la suite de cet état seront transcrites les principales obligations du percepteur, telles qu'elles résultent des dispositions des lois sur les contributions, conformément au modèle ci-joint.

4. Il sera ajouté, au bas de cet état, le calcul de ce que produiraient les taxations sur la contribution foncière, si elles étaient

---

(1) Il y a deux décrets séparés dans la collection Baudouin.

(2) La régie de l'enregistrement peut exiger, au profit du Trésor public, les sommes annuelles destinées à l'acquit des fondations qu'a supprimées la loi du 26 septembre 1791 (Cass. 11 nivose an 11; S. 2, 2, 338).

(3) On ne peut distinguer entre les rentes créées pour fondation de messes, au profit des églises cathédrales et paroissiales, et celles créées au profit d'églises paroissiales, telles, par exemple, que celles des ci-devant religieuses, pour se dispenser de faire à la nation le service des rentes de la dernière espèce (10 germinal an 10; S. 7, 2, 971).

(4) *Voy.* les notes sur la loi du 23 novembre = 1er décembre 1790.

réglées à six deniers pour livre ; et tous ceux qui voudront s'eu charger aux conditions énoncées, et à raison de ces taxations ou au-dessous, seront invités à se présenter dans la huitaine devant les officiers municipaux, pour y faire connaître leur solvabilité et les cautions qu'ils pourront donner.

Il ne pourra pas être exigé de cautionnement plus fort que le tiers du montant des rôles des contributions foncière et mobilière.

Cet état où tableau ainsi rédigé sera affiché aux lieux accoutumés.

5. Huit jours après l'affiche du tableau, et un jour de dimanche, les officiers municipaux s'assembleront au lieu de leurs séances, et là, après la lecture du tableau ci-dessus, on proposera la perception de la contribution foncière au rabais. Toutes les personnes dont la solvabilité aura été reconnue seront admises à sous-enchérir, et l'adjudication sera faite à celle dont les offres seront les plus avantageuses.

Dans le cas même où il ne se présenterait qu'une seule personne, l'adjudication lui sera faite, si elle consent à rester adjudicataire à six deniers pour livre sur la contribution foncière.

6. Dans le cas où personne ne se présenterait, la municipalité en dressera procès-verbal, et formera dans le jour même un second tableau semblable au précédent, excepté que les taxations sur la contribution foncière y seront calculées à raison de neuf deniers. Ce tableau sera également affiché sur-le-champ ; et, huit jours après, il sera procédé à l'adjudication au profit de celui qui offrira de s'en charger à la plus faible remise. Dans le cas où il ne se présenterait qu'une seule personne, l'adjudication lui sera faite, si elle consent à rester adjudicataire à neuf deniers pour livre sur la contribution foncière.

7. S'il ne se présente personne à cette seconde adjudication, il sera formé un troisième tableau, dans lequel la remise sur la contribution foncière sera portée à douze deniers, et il sera procédé à l'adjudication de la manière ci-dessus prescrite.

8. Dans le cas où les augmentations progressives des remises sur la contribution foncière jusqu'à concurrence de douze deniers, ne procureraient aucune adjudication, le conseil général de la commune s'assemblera, et nommera pour recevoir un de ses membres, qui ne pourra refuser de faire la perception à douze deniers, seulement sur la contribution foncière, trois deniers sur la contribution mobilière et trois deniers sur les patentes, sans être tenu de répondre des non-valeurs, pourvu qu'il justifie de ses diligences.

9. Dans les villes de vingt-cinq mille ames et au-dessus, si le conseil général de la com-mune juge plus utile de nommer un receveur des contributions, que de mettre la perception en adjudication, il pourra y être autorisé par le directoire du département, sur l'avis de celui de district, pourvu que les taxations du receveur n'excédent point le taux moyen de celles des adjudicateurs, à la moins dite des communautés du district.

10. Lorsque la perception de la communauté aura été adjugée, ou que le receveur aura été nommé, il en sera dressé procès-verbal au bas du tableau sur lequel l'adjudication aura été faite, et l'adjudicataire ou receveur nommé sera tenu de faire et signer au procès-verbal sa soumission de se conformer à tout ce qui est prescrit, et à toutes les lois relatives à la perception.

11. La municipalité adressera un double de ce procès-verbal au directoire du district, et le directoire fera former un état de toutes les communautés de son ressort, avec le taux des remises auxquelles la perception aura été adjugée ou la recette donnée : il s'occupera, dans le cours de l'année, des moyens de diminuer pour l'année suivante les frais de perception.

Perception.

12. A défaut de paiement de la contribution foncière à l'échéance de chaque trimestre, le percepteur de la communauté pourra faire toutes les saisies de fruits ou de loyers, et tous les actes conservatoires propres à accélérer et à assurer le paiement de la contribution.

13. Les percepteurs seront tenus d'émarger exactement sur les rôles les paiemens à mesure qu'il leur en sera fait, et de décharger ou de croiser, en présence des contribuables, les articles entièrement soldés, même de leur en donner quittance, s'ils en sont requis.

14. Un officier municipal ou le procureur de la commune, à ce commis par la municipalité, examinera, quand il le jugera à propos, et au moins une fois par mois, les différens rôles dont le percepteur sera porteur, à l'effet de vérifier : 1° si le recouvrement est en retard, et quelles en sont les causes ; 2° si les sommes recouvrées sont émargées sur les rôles ; 3° si les sommes recouvrées dans le mois précédent, et qui doivent être versées dans la caisse du district, l'ont été en totalité ; 4° si les sommes recouvrées depuis le dernier versement existent dans les mains du percepteur.

15. L'officier municipal ou le procureur de la commune vérificateur visera toutes les quittances qui seront entre les mains du percepteur, et remettra, dans le délai de trois jours, à la municipalité, l'état de ces quittances, certifié de lui et du percepteur, et le bordereau, pareillement signé de l'un et de l'autre, du montant des recouvremens faits

3.

pendant le mois, et des sommes qui restent à recouvrer.

16. Ne pourront être saisis pour contributions arriérées les lits et vêtemens nécessaires, pain et pot-au-feu, les portes, fenêtres, les animaux de trait servant au labourage, les harnais et instrumens servant à la culture, ni les outils et métiers à travailler.

Il sera laissé au contribuable en retard une vache à lait ou une chèvre à son choix, ainsi que la quantité de grains ou graines nécessaires à l'ensemencement ordinaire des terres qu'il exploite.

Les abeilles, les vers-à-soie, les feuilles de mûrier, ne seront saisissables que dans les temps déterminés par les décrets sur les biens et usages ruraux.

Les porteurs de contrainte qui contreviendront à ces dispositions seront condamnés à 100 livres d'amende.

17. Les receveurs de district remettront chaque année, dans les premiers jours de janvier, aux directoires de district, un état nominatif des porteurs de contraintes qu'ils proposeront d'employer : ils ne pourront les choisir que parmi les citoyens actifs domiciliés dans le district, sachant lire et écrire.

Les directoires de district en fixeront le nombre, les choisiront parmi ceux qui auront été proposés, et leur donneront des commissions conformes au modèle ci-joint. Ces porteurs de contraintes feront seuls les fonctions d'huissiers des contributions foncière, mobilière et les patentes; ils prêteront serment devant les directoires de district.

18. Les porteurs de contraintes pourront être destitués par délibération du directoire de district, qui en donnera avis au directoire de département, et lui en fera connaître les motifs.

19. Ils seront tenus, en arrivant dans chaque communauté, de faire constater par un officier municipal ou le procureur de la commune le jour et l'heure de leur arrivée, et de même, en se retirant, le jour et l'heure de leur départ.

20. Le temps que les porteurs de contraintes auront employé dans la communauté étant ainsi constaté, le bulletin des frais à leur allouer sera ensuite réglé par le directoire de district, et le total de ces frais sera réparti à la suite du bulletin, au marc la livre des sommes dues par les contribuables dénommés dans les contraintes, à l'époque où elles seront décernées.

21. Il sera fait deux expéditions de ce bulletin: l'une sera rendue exécutoire par le directoire de district, et sera remise par le receveur du district au percepteur, pour lui servir au recouvrement des frais qui y sont alloués, et dont il versera le montant entre les mains du receveur; la seconde expédition restera au receveur du district, pour distribuer aux porteurs de contraintes les sommes revenant à chacun d'eux pour leurs journées, et les porteurs de contraintes donneront quittance au pied du bulletin.

Ceux des contribuables qui, sans attendre de saisies et ventes, satisferont à la contrainte, ne supporteront que leur part des premiers frais.

Ceux qui nécessiteront des saisies et ventes en supporteront les frais.

22. Les municipalités donneront assistance et protection aux porteurs de contraintes, et, en cas de refus, ceux-ci dresseront un procès-verbal qu'ils enverront au directoire de district, lequel, après en avoir donné communication aux officiers municipaux, prononcera, s'il y a lieu, contre eux la responsabilité solidaire du montant total de l'arriéré des contributions foncière et mobilière, et des patentes, pour leur communauté. Signification de l'arrêté du directoire sera faite sans délai aux officiers municipaux, à la requête du receveur du district.

23. En cas de rébellion, le porteur de contraintes en dressera procès-verbal, qu'il fera viser par un officier municipal ou le procureur de la commune, et l'enverra sur-le-champ au directoire du district. Le procureur-syndic dénoncera les faits à l'accusateur public, et, lorsque l'institution du jury sera en activité, à l'officier de police ou au directeur du jury.

24. Les receveurs de district et les officiers municipaux pourront dresser des procès-verbaux des plaintes qui leur auront été faites contre les porteurs de contraintes; et ils adresseront sur-le-champ ces procès-verbaux au procureur-syndic, qui en rendra compte au directoire du district, lequel révoquera ces employés, s'il y a lieu.

25. Si les plaintes étaient telles qu'il y eût lieu à une poursuite criminelle contre ces porteurs de contraintes, les directoires de district feront remettre par leurs procureurs-syndics ces plaintes à l'accusateur public, et, lorsque l'institution du jury sera en activité, à l'officier de police ou au directeur du jury.

26. Chaque receveur de district tiendra des registres par communauté, tant des saisies ou contraintes qu'il aura fait viser, que des frais auxquels elles auront donné lieu. Ces registres seront paraphés par le président du directoire de district. A la fin de chaque trimestre, le receveur du district remettra au procureur-syndic un état certifié de lui, contenant : 1° le montant total des contributions de sa recette; 2° le total des sommes recouvrées; 3° le total des frais faits pendant les trimestres antérieurs; 4° la somme recouvrée pendant le dernier trimestre; 5° le montant

des frais faits pendant ce trimestre; 6° la somme restant à recouvrer.

27. Les procureurs-syndics enverront de même, tous les trois mois, un extrait sommaire de ces états au procureur-général-syndic du département, qui en fera former un état général, d'après lequel le directoire du département pourra comparer la marche du recouvrement dans les différens districts et communautés. Le directoire du département enverra une copie de cet état général au ministre des contributions publiques, avec ses observations.

Versement à la caisse du district.

28. Lorsque les percepteurs viendront apporter leur recette du mois à la caisse du district, le receveur leur donnera une quittance d'à-compte conforme au modèle ci-joint.

29. Dans le cas où un percepteur serait obligé de quitter la perception pour divertissement de deniers et insolvabilité de ses cautions, ou autres causes forcées, on procédera sur-le-champ à l'apurement du compte et à une nouvelle adjudication.

30. Dans le cas où un percepteur n'aurait pas apporté, dans les quinze premiers jours du mois, à la caisse du district, le montant de son recouvrement, le receveur du district enverra un avertissement à la municipalité; et si, quinzaine après cet avertissement, il n'y a pas encore satisfait, le receveur présentera au directoire du district une contrainte, qui sera sur-le-champ visée et mise à exécution comme il suit.

31. Il sera d'abord procédé contre le percepteur et ses cautions à une simple saisie de meubles et effets; et, en cas d'insuffisance du produit de la vente des objets saisis, sur la demande du receveur, il sera procédé à la saisie et vente des immeubles du receveur et de ses cautions.

32. Dans le cas de divertissement des deniers, la municipalité, aussitôt qu'elle en aura connaissance, sera tenue d'en dresser un procès-verbal qu'elle enverra sur-le-champ au procureur-syndic du district, pour être pris par le directoire, après en avoir communiqué avec le receveur, les mesures les plus promptes et les plus convenables pour assurer la rentrée des deniers divertis.

33. En cas de faillite d'un percepteur et d'insolvabilité de ses cautions, la municipalité sera tenue de justifier qu'elle a fait exactement les vérifications prescrites; faute de quoi, les officiers municipaux seront personnellement responsables du déficit.

34. Les membres du conseil général de la commune étant responsables envers le receveur du district de la solvabilité et du paiement du percepteur auquel ils auront adjugé la perception de leurs contributions foncière, mobilière et des patentes, lorsqu'il y aura un

déficit, le receveur se pourvoira devant le directoire de district, et lui présentera une contrainte à l'effet d'obliger les membres du conseil général de la commune à acquitter la somme dont le percepteur se trouvera définitivement reliquataire.

35. Après discussion des biens du percepteur et de ceux de ses cautions, les membres du conseil général de la commune, en justifiant alors qu'il n'y a de leur part aucune négligence, se pourvoiront au directoire de district pour obtenir la réimposition à leur profit de la somme qu'ils auront payée, et qui devra, en définitif, rester à la charge de la communauté et être réimposée sur les rôles de la même année.

36. Dans le cas où un percepteur serait accusé de concussion ou de falsification de rôle, le procureur-syndic du district fera dresser procès-verbal des faits, et le remettra à l'accusateur public, et, lorsque l'institution du jury sera en activité, à l'officier de police ou au directeur du jury.

37. Lorsque, par la stérilité de l'année, la grêle, la gelée, l'inondation ou autres vimaires, la récolte, les maisons ou bâtimens d'un contribuable ou d'une communauté auront été détruits en totalité ou en grande partie, le contribuable ou la communauté en donnera connaissance au directoire de district, qui nommera sans délai un ou plusieurs commissaires membres du conseil du district, pour se transporter sur les lieux, vérifier les faits, et en rapporter procès-verbal, qui sera déposé aux archives du district: copie par extrait en sera envoyée au directoire du département.

38. Si les récoltes de la majeure partie des communautés d'un district ont essuyé des fléaux ou vimaires, le directoire du district en donnera avis à celui du département, qui nommera un ou plusieurs commissaires parmi les membres du conseil du département, pour se transporter sur les lieux et dresser procès-verbal des pertes. Il en sera fait deux expéditions; l'une sera déposée aux archives du département, l'autre à celle du district: des extraits de ces divers procès-verbaux seront adressés au Corps-Législatif et au ministre des contributions.

39. Les directoires de département feront, chaque année, dresser l'état des pertes résultant des causes ci-dessus mentionnées; et le conseil du département distribuera entre les districts les sommes ou partie des sommes faisant le fonds destiné aux décharges ou réductions, remises ou modérations et secours, et qui est à la disposition du département.

40. Lorsque l'Assemblée nationale législative aura accordé, sur les fonds de non-valeur dont la disposition lui est réservée, une somme en dégrèvement ou secours à un

24.

département, le conseil en fera la répartition entre les districts de son territoire.

41. Les directoires de district feront, entre les communautés, la répartition des sommes qui leur seront allouées.

Lorsqu'il n'y aura qu'une partie des contribuables d'une communauté qui auront essuyé des dommages, la répartition de la somme qui aura été accordée sera faite par le directoire du district, sur l'avis de la municipalité.

Une portion des secours à distribuer pourra être accordée aux fermiers, métayers ou colons.

Perception de la contribution foncière, de la contribution mobilière et du droit de patentes.

DE PAR LA LOI ET LE ROI.

Les officiers municipaux de la communauté d   font savoir que le dimanche   du mois d   ils procéderont, au lieu ordinaire de leurs séances, à l'adjudication de la perception de la contribution foncière de l'année 179... à celui qui offrira de s'en charger au plus bas prix, et aux conditions suivantes :

1° L'adjudicataire sera chargé de faire la perception de la contribution mobilière de la même année 179..., à raison de trois deniers pour livre ; et, attendu que le rôle de la contribution mobilière s'élève pour le principal à...., pour les sous additionnels à...., et pour les charges de la municipalité à... = Total....

Les taxations à raison de trois deniers, sont, etc.

2° L'adjudicataire sera chargé de faire la perception du droit de patentes, pendant la même année 179..., à raison de trois deniers pour livre ; et, attendu que le produit de ce droit peut être évalué, d'après à une somme de

Les taxations à raison de trois deniers, sont de....

3° Le percepteur adjudicataire sera chargé de faire la perception de la contribution foncière, à raison des taxations qui résulteront de son adjudication.

4° Attendu que les deux contributions foncière et mobilière de 179.... s'élèvent, la contribution foncière à...., et la contribution mobilière à.... = Total....

L'adjudicataire sera tenu de donner un cautionnement de. . . . . revenant au tiers des deux contributions, suivant l'article 4 de la loi du 2 octobre 1791.

5° Le percepteur sera tenu de faire sur les rôles tous les émargemens de paiement (Décret du 6 septembre = 2 octobre 1791, art. 13).

6° Le percepteur sera tenu de donner communication de son rôle et de toutes les pièces relatives à ses recouvremens au procureur de la commune, ou à un officier municipal, toutes les fois qu'il en sera requis (Même décret, articles 13 et 14).

7° Le percepteur portera à la fin de chaque mois ou enverra, à ses risques et périls, à la caisse du district, le montant de sa recette du mois précédent (Même décret, art. 27).

8° En cas de retard de paiement, le percepteur sera poursuivi dans les formes prescrites par les articles 29 et 30 du même décret.

9° En cas de divertissement de deniers ou de falsification de rôles, le percepteur sera poursuivi ainsi qu'il est porté dans les articles 31, 32 et 36 du même décret.

Toute personne quelconque sera admise à l'adjudication de la perception.

Attendu que la contribution foncière de 179.... s'élève, pour le principal à..., pour les sous additionnels à...., et pour les charges de la municipalité à.... = Total....

Nul ne sera admis à l'adjudication, s'il n'offre de s'en charger à raison de (1). . . . . deniers pour livre au plus formant.

Enfin, nul ne sera admis à l'adjudication qu'après s'être présenté devant la municipalité, pour y faire connaître sa solvabilité et les cautions qu'il pourra donner.

---

26 SEPTEMBRE = 9 OCTOBRE 1791. — Décret qui établit l'administration des traites à l'hôtel de Grimois; la régie des domaines et de l'enregistrement à l'hôtel de l'ancienne régie ; la conservation forestière et les payeurs des rentes à l'hôtel de Mesmes, et les bureaux de la comptabilité générale à l'hôtel de Sillery. (B. 18, 651.)

26 SEPTEMBRE 1791. — Décret relatif à la circonscription des paroisses de la ville de Bar. (B. 18, 616.)

26 SEPTEMBRE 1791. — Décret portant que bibliothèque de Lyon continuera d'être ouvert au public, et qui maintient l'académie dans le local de l'hôtel commun. (B. 18, 618.)

26 SEPTEMBRE 1791. — Décret relatif à l'emplacement de l'administration du département de l'Aisne. (B. 18, 618.)

26 SEPTEMBRE 1791. — Décret relatif au comité des savans réunis aux Quatre-Nations. (B. 18, 626.)

26 SEPTEMBRE 1791. — Décret relatif à la destitution des commissaires de la Trésorerie. (B. 18, 627.)

. (1) Dans le premier tableau, six deniers; dans le second, neuf deniers, et dans le troisième, quinze deniers.

26 SEPTEMBRE 1791. — Décret relatif aux gratifications à accorder aux secrétaires, commis, employés et huissiers de l'Assemblée nationale. (B. 18, 623.)

26 SEPTEMBRE 1791. — Décret portant vente à différentes municipalités des départemens de Seine-et-Marne, Paris, Nord, Charente-Inférieure, Isère. (B. 18, 632.)

27 SEPTEMBRE = 12 OCTOBRE 1791. — Décret relatif à l'établissement d'une masse destinée à diverses dépenses de l'armée. (L. 6, 228; B. 18, 659.)

Art. 1er. A compter du 1er janvier 1791, il sera établi une masse de seize livres dix sous par an, sur le pied du complet de l'armée, par chaque officier général de l'état-major, de l'artillerie, du génie, officier supérieur et autres, sous-officier et soldat de toute arme, chirurgien-major et aumônier, pour subvenir aux dépenses d'entretien, réparations, constructions ou augmentations des bâtimens faisant partie des logemens militaires;

A celles de leurs ameublemens et ustensiles;

Et aux dépenses résultant du loyer de maisons, dans les lieux où il n'y aura pas de logemens militaires pour y caserner les troupes de ligne, conformément à l'article 8 du titre V du décret du 8 = 10 juillet 1791, concernant la conservation et le classement des postes militaires.

2. Ladite masse servira également au paiement en argent du logement des officiers généraux de l'état-major, de l'artillerie, du génie, des officiers supérieurs et autres, des chirurgiens-majors et aumôniers, ainsi que des fonctionnaires militaires, pour leur tenir lieu de logement quand il ne pourra leur être fourni en nature, conformément à l'article 11 du titre VIII du décret ci-dessus.

3. Lesdits officiers généraux de l'état-major, de l'artillerie et du génie; les officiers supérieurs et autres, les chirurgiens-majors et aumôniers, et fonctionnaires, ne pourront jouir que d'un seul logement, soit en nature, soit en argent, dans la principale ville de leur résidence ou garnison, sauf le cas prévu par l'article suivant.

4. Lorsque les officiers généraux de l'état-major, de l'artillerie et du génie, et les commissaires des guerres, auront ordre de marcher avec les troupes, ou qu'ils seront employés dans des cantonnemens ou rassemblemens momentanés, le logement leur sera fourni en nature chez l'habitant.

5. Le ministre de la guerre sera chargé de proposer les réglemens sur le logement en nature dont devront jouir les individus de chaque grade, lorsqu'ils seront établis dans les bâtimens militaires ou chez l'habitant, et les sommes qui seront également attribuées à chaque grade pour tenir lieu du logement, quand il ne pourra être fourni en nature dans les établissemens militaires.

27 SEPTEMBRE = 16 OCTOBRE 1791. — Décret relatif au bureau de consultation des arts et métiers. (L. 6, 423; B. 18, 657.)

Art. 1er. Pour cette année seulement, le bureau de consultation des arts et métiers sera composé d'une section de quinze membres de l'Académie des sciences, au choix de cette société, et de pareil nombre d'hommes instruits dans les différens genres d'industrie, et choisis dans les différentes autres sociétés savantes, par le ministre de l'intérieur.

2. Les fonctions des membres de ce bureau, indiquées dans le titre précédent, seront absolument gratuites; mais le ministre de l'intérieur demeure autorisé à y employer le nombre de commis nécessaires, dont il présentera incessamment l'état à l'Assemblée nationale, et les frais, ainsi que ceux de bureau, seront acquittés au moyen d'une retenue d'un sou pour livre sur les récompenses nationales.

27 SEPTEMBRE = 16 OCTOBRE 1791. — Décret portant défense à tout citoyen français de prendre, dans aucun acte, les titres et qualifications supprimés par la constitution. (L. 6, 466; B. 18, 662; Mon. du 30 septembre 1791.)

Voy. lois du 19 = 23 JUIN 1790, et du 30 JUILLET = 6 AOUT 1791.

Art. 1er. Tout citoyen français qui, à compter du jour de la publication du présent décret, insérerait dans ses quittances, obligations, promesses, et généralement dans tous ses actes quelconques, quelques-unes des qualifications supprimées par la constitution, ou quelques-uns des titres ci-devant attribués à des fonctions qui n'existent plus, sera condamné, par corps, à une amende égale à six fois la valeur de sa contribution mobilière, sans déduction de la contribution foncière.

Lesdites qualifications ou titres seront rayés par procès-verbal des juges du tribunal, et ceux qui auront commis ce délit contre la constitution seront condamnés en outre à être rayés du tableau civique, et seront déclarés incapables d'occuper aucun emploi civil ou militaire.

2. La peine et l'amende seront encourues et prononcées, soit que lesdits titres et qualifications soient, dans le corps de l'acte, attachés à un nom, ou réunis à la signature, ou simplement énoncés comme anciennement existans.

3. Seront punis des mêmes peines et sujets à la même amende tous citoyens français qui

porteraient les marques distinctives qui ont été abolies, ou qui feraient porter des livrées à leurs domestiques et placeraient des armoiries sur leurs maisons ou sur leurs voitures. Les officiers municipaux et de police seront tenus de constater cette contravention par leurs procès-verbaux, et de les remettre aussitôt, dans la personne du greffier du tribunal, au commissaire du Roi, qui, sous peine de forfaiture, sera tenu d'en faire état aux juges dans les vingt-quatre heures de la remise qui lui aura été faite desdits procès-verbaux par la voie du greffe.

4. Les notaires et tous autres fonctionnaires et officiers publics ne pourront recevoir des actes où ces qualifications et titres seraient contenus ou énoncés, à peine d'interdiction absolue de leurs fonctions, et leur contravention pourra être dénoncée par tout citoyen.

5. Seront également destitués pour toujours de leurs fonctions tous notaires, fonctionnaires et officiers publics qui auraient prêté leur ministère à établir les preuves de ce qu'on appelait ci-devant la noblesse; les particuliers contre lesquels il serait prouvé qu'ils ont donné des certificats tendant à cette fin seront condamnés à une amende égale à six fois la valeur de leur contribution mobilière, et à être rayés du tableau civique: ils seront déclarés incapables d'occuper à l'avenir aucune fonction publique.

6. Les préposés au droit d'enregistrement seront tenus, à peine de destitution, d'arrêter les actes qui leur seraient présentés, et qui, datés du jour de la publication de la présente loi, contiendraient quelques-uns des titres et qualifications abolis par la constitution, et de les remettre au commissaire du Roi du tribunal, lequel sera tenu d'agir comme il est prescrit par l'article 3.

27 SEPTEMBRE = 16 OCTOBRE 1791. — Décret portant suppression de toutes les chambres de commerce existant dans le royaume. (L. 6, 469; B. 18, 682; Mon. du 30 septembre 1791.)

Voy. arrêté du 3 NIVOSE an 11.

Art. 1er. Toutes les chambres de commerce qui existent dans le royaume, sous quelque titres et dénominations qu'elles aient été créées ou formées, sont supprimées à compter de la publication du présent décret.

2. Les bureaux établis pour la visite et marque des étoffes, toiles et toileries, sont supprimés, ainsi que lesdites visites et marques. Les commissions données aux préposés chargés du service desdits bureaux, ainsi qu'aux inspecteurs et directeurs généraux du commerce et des manufactures, inspecteurs ambulans et élèves des manufactures, sont révoquées.

3. Le bureau créé à Paris pour l'administration du commerce et des manufactures, par le réglement du 2 février 1788, ainsi que le bureau de la balance du commerce, sont également supprimés, et toutes les commissions données aux personnes qui composent lesdits bureaux sont révoquées.

4. Les traitemens et appointemens aux commissions ou emplois supprimés par les articles 2 et 3 ci-dessus, et qui sont payés par le Trésor public, ne seront payés que jusqu'au 1er janvier prochain, sauf à être accordé des retraites ou secours à celles des personnes supprimées qui en sont susceptibles par la durée et la nature de leurs services, conformément aux décrets du 3 août 1790 et du 31 juillet dernier.

27 SEPTEMBRE = 16 OCTOBRE 1791. — Décret portant réunion à la France du pays de Dombes et dépendances. (L. 6, 479; B. 18, 684.)

L'Assemblée nationale, après avoir entendu son comité des domaines, déclare que le pays de Dombes, avec ses dépendances, est uni à l'empire français, et, en conséquence, décrète ce qui suit:

Art. 1er. Les évaluations commencées en exécution du contrat du 17 mars 1762 seront reprises, continuées et parachevées suivant les derniers erremens, d'après les règles et les formes qui seront établies par un décret particulier.

2. Le même décret déterminera le tribunal ou les tribunaux chargés de juger lesdites évaluations, et de régler les distractions, réductions et réformes dont elles pourront être susceptibles.

27 SEPTEMBRE = 4 NOVEMBRE 1791. — Décret portant réunion à la France du pays d'Enrichemont. (L. 6, 632; B. 18, 683.)

L'Assemblée nationale a déclaré que le pays d'Enrichemont, avec ses dépendances, est uni à l'empire français, et, en conséquence, décrète ce qui suit:

Les évaluations commencées en exécution du contrat du 24 septembre 1760 seront reprises, continuées et parachevées, sur le pied du denier soixante, à l'égard du pays d'Enrichemont, et au denier trente à l'égard des domaines cédés par la nation, ainsi qu'il est énoncé audit contrat, et ce, d'après les règles et les formes qui seront déterminées par un décret particulier.

Le même décret déterminera le tribunal ou les tribunaux chargés de juger lesdites évaluations, et de régler les déductions, distractions et réformes dont elles pourront être susceptibles.

27 SEPTEMBRE = 13 NOVEMBRE 1791. — Décret relatif aux juifs qui prêteront le serment civi-

que. (L. 6, 752; B. 18, 664; Mon. du 29 septembre 1791.)

L'Assemblée nationale, considérant que les conditions nécessaires pour être citoyen français et pour devenir citoyen actif, sont fixées par la constitution, et que tout homme qui, réunissant lesdites conditions, prête le serment civique et s'engage à remplir tous les devoirs que la constitution impose, a droit à tous les avantages qu'elle assure;

Révoque tous ajournemens, réserves et exceptions insérés dans les précédens décrets relativement aux individus juifs qui prêteront le serment civique, qui sera regardé comme une renonciation à tous privilèges et exceptions introduits précédemment en leur faveur.

27 (26 et) = 23 SEPTEMBRE et 30 DÉCEMBRE 1791. — Décret relatif à la peine de mort, à celle de la marque, et aux délais accordés aux condamnés pour se pourvoir en cassation. (L. 6, 1313; B. 18, 651; Mon. du 27 septembre 1791.)

Art. 1er. Dès à présent la peine de mort ne sera plus que la simple privation de la vie.

2. La marque est abolie de ce jour.

3. Le condamné aura trois jours pour déclarer qu'il entend se pourvoir en cassation; du jour de cette déclaration, il aura quinzaine pour présenter sa requête et y faire statuer.

Le temps sera augmenté d'un jour pour dix lieues, tant pour l'aller que pour le retour, en faveur des condamnés détenus ou domiciliés hors du lieu où siégera le tribunal de cassation; pendant ces différens délais, il sera sursis à l'exécution.

27 SEPTEMBRE = 16 OCTOBRE 1791. — Décret relatif aux pensions des officiers du Point-d'Honneur. (L. 6, 393; B. 18, 656; Mon. du 29 septembre 1791.)

Les pensions qui étaient attribuées, par l'édit du 13 janvier 1791, aux officiers du Point-d'Honneur, et qui, aux termes du décret des 28 et 29 mai dernier, doivent continuer à être payées, seront réparties, en cas de vacance, à compter de l'époque du décret, et dans chacune des trois classes des officiers du Point-d'Honneur, uniquement à raison de l'ancienneté entre lesdits officiers.

27 SEPTEMBRE = 2 OCTOBRE 1791. — Décret relatif à l'avancement des chefs de division de la garde nationale parisienne, qui ont servi sans traitement depuis le commencement de la révolution. (B. 18, 661.)

L'Assemblée nationale décrète que les chefs de division de la garde nationale parisienne qui ont servi sans traitement en cette qualité depuis le commencement de la révolution, sont compris dans le nombre des officiers susceptibles d'obtenir des grades supérieurs dans les nouveaux corps de troupes de ligne, d'infanterie légère et de gendarmerie nationale, qui seront formés de la garde nationale soldée.

27 SEPTEMBRE 1791. — Décret qui rapporte celui du 26, concernant les commissaires de la Trésorerie nationale. (B. 18, 652.)

27 SEPTEMBRE = 12 OCTOBRE 1791. — Décret interprétatif de celui du 30 juillet dernier, concernant l'affectation d'un million accordé à Monsieur et à M. le comte d'Artois, frère du Roi, pour le paiement des officiers de leurs maisons. (B. 18, 657.)

27 SEPTEMBRE = 23 OCTOBRE 1791. — Décret qui met 100,000 livres à la disposition du ministre de l'intérieur, pour acquisition de livres et manuscrits pour la Bibliothèque nationale. (B. 18, 658.)

27 SEPTEMBRE = 12 OCTOBRE 1791. — Décret qui ajourne à la prochaine législature les projets et devis présentés par le département de Paris pour l'achèvement du Panthéon français, et qui accorde 50,000 livres pour les travaux du mois d'octobre. (B. 18, 661.)

27 SEPTEMBRE 1791. — Décret qui ajourne à la prochaine législature l'organisation des secours dont la constitution ordonne l'établissement. (B. 18, 664.)

27 SEPTEMBRE = 9 OCTOBRE 1791. — Décret qui accorde une indemnité de 200 livres à M. Santo-Domingo. (B. 18, 675.)

27 SEPTEMBRE 1791. — Décret qui ajourne à la prochaine législature la réclamation du sieur Vealer, ingénieur-mécanicien de la marine. (B. 18, 675.)

27 SEPTEMBRE 1791. — Décret portant vente de domaines nationaux à différentes municipalités des départemens de l'Aisne, des Basses Pyrénées, de la Dordogne, de la Haute-Marne, des Hautes-Pyrénées, de la Seine, de la Seine-Inférieure, de Seine-et-Marne et de Seine-et-Oise. (B. 18, 676.)

27 SEPTEMBRE = 19 OCTOBRE 1791. — Décret qui suspend la vente des haras de Rozières. (B. 18, 676.)

27 SEPTEMBRE = 19 OCTOBRE 1791. — Décret qui rectifie et confirme l'échange fait entre le Roi et les auteurs de la dame Castanier, veuve du sieur Poulpri. (B. 18, 680.)

27 SEPTEMBRE = 19 OCTOBRE 1791. — Décret qui accepte la résiliation offerte par le sieur Duchatelet, du bail emphytéotique à lui passé le 6 juin 1772. (B. 18, 681.)

27 SEPTEMBRE 1791. — Décret qui ordonne la liquidation de l'indemnité qui peut être due au sieur de Maimbourg, pour le domaine qui lui avait été concédé dans l'île de Corse. (B. 18, 683.)

27 SEPTEMBRE = 12 OCTOBRE 1791. — Décret portant établissement de tribunaux de commerce dans la ville de Rouen, à Tarbes et à Paimpol, et réunion de plusieurs communes. (L. 6, 219 ; B. 18, 652 et 654.)

27 SEPTEMBRE 1791. — Poudres et salpêtres. *Voy.* 23 SEPTEMBRE 1791.

28 SEPTEMBRE = 6 OCTOBRE 1791. — Décret concernant les biens et usages ruraux et la police rurale. (L. 6, 60 ; B. 18, 697 ; Mon. du 28 septembre 1791.)

Voy. lois du 5 = 12 JUIN 1791; du 23 THERMIDOR an 4. *Voy.* aussi l'ordonnance de 1669.

TITRE Ier. Des biens et usages ruraux.

SECTION Ire. *Des principes généraux sur la propriété nationale.*

Art. 1er. Le territoire de France, dans toute son étendue, est libre comme les personnes qui l'habitent : ainsi, toute propriété territoriale ne peut être sujette envers les particuliers qu'aux redevances et aux charges dont la convention n'est pas défendue par la loi, et, envers la nation, qu'aux contributions publiques établies par le Corps-Législatif et aux sacrifices que peut exiger le bien général, sous la condition d'une juste et préalable indemnité.

2. Les propriétaires sont libres de varier à leur gré la culture et l'exploitation de leurs terres, de conserver à leur gré leurs récoltes, et de disposer de toutes les productions de leur propriété dans l'intérieur du royaume et au dehors, sans préjudicier au droit d'autrui et en se conformant aux lois.

3. Tout propriétaire peut obliger son voisin au bornage de leurs propriétés contiguës, à moitié frais (1).

4. Nul ne peut se prétendre propriétaire exclusif des eaux d'un fleuve ou d'une rivière navigable ou flottable ; en conséquence, tout propriétaire riverain peut, en vertu du droit commun, y faire des prises d'eau, sans néanmoins en détourner ni embarrasser le cours d'une manière nuisible au bien général et à la navigation établie (2).

SECTION II. Des baux des biens de campagne.

Art. 1er. La durée et les clauses des baux des biens de campagne seront purement conventionnelles.

2. Dans un bail de six années ou au-dessous, fait après la publication du présent décret, quand il n'y aura pas de clause sur le droit du nouvel acquéreur à titre singulier, la résiliation du bail, en cas de vente du fonds, n'aura lieu que de gré à gré.

3. Quand il n'y aura pas de clause sur ce droit dans les baux de plus de six années, en cas de vente du fonds, le nouvel acquéreur à titre singulier pourra exiger la résiliation, sous la condition de cultiver lui-même sa propriété, mais en signifiant le congé au fermier au moins un an à l'avance, pour qu'il sorte à pareils mois et jours que ceux auxquels le bail aurait fini, et en dédommageant au préalable ce fermier, à dire d'experts, des avantages qu'il aurait retirés de son exploitation ou culture continuée jusqu'à la fin de son bail, d'après le prix de la ferme, et d'après les avances et les améliorations qu'il aura faites à l'époque de la résiliation (3).

4. La tacite reconduction n'aura plus lieu à l'avenir en bail à ferme ou à loyer des biens ruraux (4).

5. A l'avenir, il ne sera payé aucun droit de quint, treizième, lods et ventes, et autres précédemment connus sous le titre de droits de vente, à raison des baux à ferme ou à loyer faits pour un temps certain et limité, encore qu'ils excèdent le terme de neuf années, soit que le bail soit fait moyennant une redevance annuelle, soit pour une somme une fois payée, nonobstant toutes lois, coutumes,

(1) *Voy.* Code civil, art. 646.

(2) Une digue construite jadis par un seigneur, sur une rivière, n'est pas une propriété particulière, tellement que nul autre riverain ne puisse aujourd'hui en tirer avantage, même en indemnisant celui qui l'a construite.

Des conventions faites à cet égard sont susceptibles de modifications d'après les lois nouvelles (18 juin 1806; Cass. S. 6, 1, 325).

L'administration agit sur les rivières navigables ou flottables : 1° comme autorité, pour tout ce qui est voirie et police de navigation ; 2° comme gestion domaniale, pour tout ce qui est avantage réel du droit de propriété, que les lois attribuent

à l'Etat sur les propriétés domaniales (arrêté du 16 ventôse an 6 ; S. 23, 2, 215).

Voy. art. 15 et suiv. du tit. 2.

(3) Cette disposition s'applique même au cas où l'éviction résulte d'une vente judiciaire (7 messidor an 12 ; Cass. S. 4, 2, 169). *Voy.* Code civil, art. 1743 et suivans.

(4) La question de savoir si le fait de possession continuée par le bailliste a opéré une tacite reconduction, doit être décidée, non par les lois sous l'empire desquelles le bail avait été passé, mais par les lois sous l'empire desquelles le fait de possession a eu lieu (17 mai 1811, Rouen ; S. 12, 2, 32).

Voy. Code civil, art. 1738.

statuts ou jurisprudence à ce contraires; sans préjudice de l'exécution des lois, coutumes ou statuts qui assujétissent les baux à vie et les aliénations d'usufruits à des droits de vente ou autres droits seigneuriaux.

Section III. Diverses propriétés rurales.

Art. 1er. Nul agent de l'agriculture employé avec des bestiaux au labourage, ou à quelque travail que ce soit, occupé à la garde des troupeaux, ne pourra être arrêté, sinon pour crime, avant qu'il ait été pourvu à la sûreté desdits animaux; et, en cas de poursuite criminelle, il y sera également pourvu immédiatement après l'arrestation, et sous la responsabilité de ceux qui l'auront exercée.

2. Aucun engrais ni ustensile, ni autre meuble utile à l'exploitation des terres, et aucuns bestiaux servant au labourage, ne pourront être saisis ni vendus pour contributions publiques; et ils ne pourront l'être pour aucune cause de dettes, si ce n'est au profit de la personne qui aura fourni lesdits effets ou bestiaux, ou pour l'acquittement de la créance du propriétaire envers son fermier, et ce seront toujours les derniers objets saisis, en cas d'insuffisance d'autres objets mobiliers.

3. La même règle aura lieu pour les ruches; et, pour aucune raison, il ne sera permis de troubler les abeilles dans leurs courses et leurs travaux; en conséquence, même en cas de saisie légitime, une ruche ne pourra être déplacée que dans les mois de décembre, janvier et février.

4. Les vers-à-soie sont de même insaisissables pendant leur travail, ainsi que la feuille du mûrier qui leur est nécessaire pendant leur éducation.

5. Le propriétaire d'un essaim a le droit de le réclamer et de s'en ressaisir, tant qu'il n'a point cessé de le suivre; autrement l'essaim appartient au propriétaire du terrain sur lequel il s'est fixé.

Section IV. Des troupeaux, des clôtures, du parcours et de la vaine pâture.

Art. 1er. Tout propriétaire est libre d'avoir chez lui telle quantité et telle espèce de troupeaux qu'il croit utiles à la culture et à l'exploitation de ses terres, et de les y faire pâturer exclusivement, sauf ce qui sera réglé ci-après relativement au parcours et à la vaine pâture (1).

2. La servitude réciproque de paroisse à paroisse, connue sous le nom de *parcours*, et qui entraîne avec elle le droit de vaine pâture, continuera provisoirement d'avoir lieu avec les restrictions déterminées à la présente section, lorsque cette servitude sera fondée sur un titre ou sur une possession autorisée par les lois et les coutumes : à tous autres égards, elle est abolie (2).

3. Le droit de vaine pâture dans une paroisse, accompagné ou non de la servitude du parcours, ne pourra exister que dans des lieux où il est fondé sur un titre particulier, ou autorisé par la loi ou par un usage local immémorial, et à la charge que la vaine pâture n'y sera exercée que conformément aux règles et usages locaux qui ne contrarieront point les réserves portées dans les articles suivans de la présente section (3).

4. Le droit de clore et de déclore ses héritages résulte essentiellement de celui de propriété, et ne peut être contesté à aucun propriétaire. L'Assemblée nationale abroge toutes lois et coutumes qui peuvent contrarier ce droit (4).

---

(1) Le droit de parcours et de vaine pâture, ne peut être exercé que suivant l'usage local, même sur ses propres biens non clos (13 brumaire an 13; S. 5, 2, 332).

Voy. art. 9 et suiv.

(2) Lorsque l'une des communes sur le territoire desquelles existe réciprocité de parcours a soustrait, par la clôture, une partie de ses fonds à l'exercice du parcours, la demande en suppression totale du droit de parcours, formée par l'autre commune, ne peut être repoussée par le motif que la commune demanderesse aurait également, de son côté, soustrait une partie de son territoire à l'exercice du parcours (23 novembre 1828, Besançon; S. 29, 2, 307).

(3) La pâture dans les bois est une *vive pâture* qui ne peut s'acquérir que par *titres*. Vainement une commune qui prétendrait un droit de pâturage dans les bois d'un particulier exciperait, à défaut de titres, du statut local ou coutumier, ou même de prescription ou possession immémoriale; ces moyens d'acquérir ne sont relatifs qu'à la *vaine pâture* (12 novembre 1828; Cass. S. 28, 1, 463; D. 29, 1, 17).

La possession la plus longue de la vaine pâture sur un terrain vain et vague ne peut faire acquérir, par prescription, aucun droit de propriété sur ce terrain, ni même une servitude d'usage (25 juin 1825, Amiens; S. 26, 2, 49).

Voy. Code civil, art. 647 et 648.

Le propriétaire sur le terrain duquel les entrepreneurs de travaux publics prennent des matériaux, en vertu de l'arrêt du conseil du 7 septembre 1755, peut se soustraire à l'exercice de cette servitude, en faisant clore son héritage (5 novembre 1828; ord., Mac. 10. 773). *Voy.* ci-après notes sur la section 5, art. 1er.

(4) Le droit de parcours reconnu par des jugemens passés en force de chose jugée ne peut être considéré comme un droit de vaine pâture aboli par cette loi.

Lorsque la vente d'un bien national porte que le fonds est vendu avec ses servitudes actives et passives, cette déclaration s'étend au droit de

5. Le droit de parcours et le droit simple de vaine pâture ne pourront, en aucun cas, empêcher les propriétaires de clore leurs héritages; et tout le temps qu'un héritage sera clos de la manière qui sera déterminée par l'article suivant, il ne pourra être assujéti ni à l'un ni à l'autre ci-dessus (1).

6. L'héritage sera réputé clos, lorsqu'il sera entouré d'un mur de quatre pieds de hauteur, avec barrière ou porte, ou lorsqu'il sera exactement fermé et entouré de palissades ou de treillages, ou d'une haie vive, ou d'une haie sèche, faite avec des pieux ou cordelée avec des branches, ou de toute autre manière de faire les haies en usage dans chaque localité, ou enfin d'un fossé de quatre pieds de large au moins à l'ouverture, et de deux pieds de profondeur.

7. La clôture affranchira de même du droit de vaine pâture réciproque ou non réciproque entre particuliers, si ce droit n'est pas fondé sur un titre (2). Toutes lois et tous usages contraires sont abolis (3).

8. Entre particuliers, tout droit de vaine pâture fondé sur un titre, même dans les bois, sera rachetable, à dire d'experts, suivant l'avantage que pourrait en retirer celui qui avait ce droit s'il n'était pas réciproque, ou eu égard au désavantage qu'un des propriétaires aurait à perdre la réciprocité, si elle existait; le tout sans préjudice au droit de cantonnement, tant pour les particuliers que pour les communautés, confirmé par l'arti-

cle 8 du décret des 17, 19 et 20 septembre 1790 (4).

9. Dans aucun cas et dans aucun temps, le droit de parcours ni celui de vaine pâture ne pourront s'exercer sur les prairies artificielles, et ne pourront avoir lieu sur aucune terre ensemencée ou couverte de quelques productions que ce soit, qu'après la récolte.

10. Partout où les prairies naturelles sont sujettes au parcours ou à la vaine pâture, ils n'auront lieu provisoirement que dans le temps autorisé par les lois et coutumes, et jamais tant que la première herbe ne sera pas récoltée.

11. Le droit dont jouit tout propriétaire de clore ses héritages, a lieu, même par rapport aux prairies, dans les paroisses où, sans titre de propriété et seulement par l'usage, elles deviennent communes à tous les habitans, soit immédiatement après la récolte de la première herbe, soit dans tout autre temps déterminé (5).

12. Dans les pays de parcours ou de vaine pâture soumis à l'usage du troupeau en commun, tout propriétaire ou fermier pourra renoncer à cette communauté, et faire garder, par troupeau séparé, un nombre de têtes de bétail proportionné à l'étendue des terres qu'il exploitera dans la paroisse (6).

13. La quantité de bétail, proportionnellement à l'étendue du terrain, sera fixée dans chaque paroisse à tant de bêtes par arpent, d'après les réglemens et usages locaux; et, à

---

parcours sur ce fonds (13 fructidor an 9; Cass. S. 20, 1, 467).

Le pâturage des bestiaux dans les champs d'autrui est un délit punissable, s'il n'y a consentement exprès. Vainement le prévenu demanderait à prouver, par forme de question préjudicielle, que le propriétaire du terrain est en tort de n'avoir pas fermé son terrain (27 avril 1819; Cass. S. 19, 1, 406). *Voy.* art. 7 et 12.

Cette disposition s'applique indistinctement à tous les pays, soit qu'ils fussent anciennement régis par le droit coutumier, soit qu'ils fussent régis (comme le Dauphiné) par le droit écrit (8 mai 1828; S. 28, 1, 228; D. 28, 1, 239).

(1) Le propriétaire grevé d'un droit de pâturage ne peut se clore qu'il le pourrait s'il n'était grevé que d'un droit de vaine pâture (27 brumaire an 14; Cass. S. 6, 2, 696).

(2) Par la clôture, le propriétaire peut s'affranchir de tous droits de vaine pâture réciproque non établie contre lui par titre contradictoire ou obligatoire (27 mai 1812, Rennes; S. 15, 2, 102). *Voy.* art. 11.

(3) Le droit de vaine pâture, considéré comme servitude légale, n'est pas aboli.

Le propriétaire de l'héritage asservi ne peut s'affranchir de la servitude en se faisant clore (13 décembre 1808; Cass. S. 9, 1, 72).

La faculté de *racheter* les droits de vaine pâture fondés sur des titres ne doit s'entendre

que du cas où ces droits appartiennent à des *particuliers*; s'ils étaient établis au profit d'une *commune*, le seul moyen de s'en affranchir serait le cantonnement (27 janvier 1829; Cass. S. 29, 1, 107; D. 29, 1, 119).

Le cantonnement ne peut plus être réclamé par l'usager lorsque le propriétaire de l'immeuble grevé du droit de vaine pâture en demande le rachat; l'action en cantonnement est subordonnée à l'action en rachat (14 février 1827, Rouen; S. 28, 2, 7).

(4) La circonstance de clôture n'empêche pas que le propriétaire grevé de la servitude du pacage, après les premières et deuxièmes herbes, ne puisse bien se rédimer de cette servitude au moyen du rachat autorisé par la loi (26 janvier 1813; Cass. S. 14, 1, 212).

(5) Les propriétaires des prairies peuvent s'affranchir, par la clôture, du droit dont les communes sont en possession immémoriale, de vendre à leur profit les secondes herbes, si la possession des communes n'est point fondée sur un titre (29 juillet 1807, Bruxelles; S. 8, 2, 42).

(6) Un propriétaire, même en pays de parcours, soumis à l'usage du troupeau commun, peut être autorisé à avoir un pâtre particulier, et, par suite, dispensé de concourir au paiement du pâtre communal (4 juillet 1821; Cass. S. 21, 1, 432).

défaut de documens positifs à cet égard, il y sera pourvu par le conseil général de la commune (1).

14. Néanmoins, tout chef de famille domicilié qui ne sera ni propriétaire, ni fermier d'aucun des terrains sujets au parcours ou à la vaine pâture, et le propriétaire ou fermier à qui la modicité de son exploitation n'assurerait pas l'avantage qui va être déterminé, pourront mettre sur lesdits terrains, soit par troupeau séparé, soit en troupeau en commun, jusqu'au nombre de six bêtes à laine et d'une vache avec son veau, sans préjudicier aux droits desdites personnes sur les terres communales, s'il y en a dans la paroisse, et sans entendre rien innover aux lois, coutumes ou usages locaux et de temps immémorial, qui leur accorderaient un plus grand avantage.

15. Les propriétaires ou fermiers exploitant des terres dans les paroisses sujettes au parcours ou à la vaine pâture, et dans lesquelles ils ne seraient pas domiciliés, auront le même droit de mettre dans le troupeau commun, ou de faire garder, par troupeau séparé, une quantité de têtes de bétail proportionnée à l'étendue de leur exploitation, et suivant les dispositions de l'article 13 de la présente section; mais, dans aucun cas, ces propriétaires ou fermiers ne pourront céder leurs droits à d'autres.

16. Quand un propriétaire d'un pays de parcours ou de vaine pâture aura clos une partie de sa propriété, le nombre de têtes de bétail qu'il pourra continuer d'envoyer dans le troupeau commun, ou par troupeau séparé, sur les terres particulières des habitans de la communauté, sera restreint proportionnellement et suivant les dispositions de l'article 13 de la présente section.

17. La commune dont le droit de parcours sur une paroisse voisine sera restreint par des clôtures faites de la manière déterminée à l'art. 6 de cette section, ne pourra prétendre, à cet égard, à aucune espèce d'indemnité, même dans le cas où son droit serait fondé sur un titre; mais cette communauté aura le droit de renoncer à la faculté réciproque qui résultait de celui de parcours entre elle et la paroisse voisine : ce qui aura également lieu si le droit de parcours s'exerçait sur la propriété d'un particulier.

18. Par la nouvelle division du royaume, si quelques sections de paroisse se trouvent réunies à des paroisses soumises à des usages différens des leurs, soit relativement au parcours ou à la vaine pâture, soit relativement

au troupeau en commun, la plus petite partie dans la réunion suivra la loi de la plus grande, et les corps administratifs décideront des contestations qui naîtraient à ce sujet. Cependant, si une propriété n'était point enclavée dans les autres, et qu'elle ne gênât point le droit provisoire de parcours ou de vaine pâture auquel elle n'était point soumise, elle serait exceptée de cette règle.

19. Aussitôt qu'un propriétaire aura un troupeau malade, il sera tenu d'en faire la déclaration à la municipalité : elle assignera sur le terrain du parcours ou de la vaine pâture, si l'un ou l'autre existe dans la paroisse, un espace où le troupeau malade pourra pâturer exclusivement, et le chemin qu'il devra suivre pour se rendre au pâturage. Si ce n'est point un pays de parcours ou de vaine pâture, le propriétaire sera tenu de ne point faire sortir de ses héritages son troupeau malade.

20. Les corps administratifs emploieront constamment les moyens de protection et d'encouragement qui sont en leur pouvoir pour la multiplication des chevaux, des troupeaux, et de tous bestiaux de race étrangère qui seront utiles à l'amélioration de nos espèces, et pour le soutien de tous les établissemens de ce genre.

Ils encourageront les habitans des campagnes par des récompenses, et suivant les localités, à la destruction des animaux malfaisans qui peuvent ravager les troupeaux, ainsi qu'à la destruction des animaux et des insectes qui peuvent nuire aux récoltes.

Ils emploieront particulièrement tous les moyens de prévenir et d'arrêter les épizooties et la contagion de la morve des chevaux.

SECTION V. Des récoltes.

Art. 1er. La municipalité pourvoira à faire serrer la récolte d'un cultivateur absent, infirme, ou accidentellement hors d'état de la faire lui-même, et qui réclamera ce secours; elle aura soin que cet acte de fraternité et de protection de la loi soit exécuté aux moindres frais. Les ouvriers seront payés sur la récolte de ce cultivateur.

Chaque propriétaire sera libre de faire sa récolte, de quelque nature qu'elle soit, avec tout instrument et au moment qui lui conviendra, pourvu qu'il ne cause aucun dommage aux propriétaires voisins.

Cependant, dans les pays où le ban de vendanges est en usage, il pourra être fait à cet égard un règlement chaque année par le conseil général de la commune, mais seulement pour les vignes non closes (2). Les réclama-

---

(1) Le conseil municipal de la commune a le pouvoir de déterminer le nombre de têtes de bétail que chacun doit envoyer au pâturage (2 mai 1808 ; Cass. S. 9, 1, 167).

(2) Doivent être considérées comme vignes non closes les vignes appartenant à différens propriétaires, qui ne sont point séparées les unes des autres par des clôtures particulières, bien

tions qui pourraient être faites contre le réglement, seront portées au directoire du département, qui y statuera sur l'avis du directoire de district.

2. Nulle autorité ne pourra suspendre ou intervenir les travaux de la campagne dans les opérations de la semence et des récoltes (1).

Section VI. Des chemins.

Art. 1er. Les agens de l'administration ne pourront fouiller dans un champ pour y chercher des pierres, de la terre ou du sable nécessaires à l'entretien des grandes routes ou autres ouvrages publics, qu'au préalable ils n'aient averti le propriétaire, et qu'il ne soit justement indemnisé à l'amiable ou à dire d'experts, conformément à l'article 1er du présent décret (2).

2. Les chemins reconnus par le directoire de district pour être nécessaires à la communication des paroisses, seront rendus praticables et entretenus aux dépens des communautés sur le territoire desquelles ils sont établis; il pourra y avoir à cet effet une imposition au marc la livre de la contribution foncière (3).

3. Sur la réclamation d'une des communautés, ou sur celle des particuliers, le directoire de département, après avoir pris l'avis de celui du district, ordonnera l'amélioration d'un mauvais chemin, afin que la communication ne soit interrompue dans aucune saison, et il en déterminera la largeur.

Section VII. Des gardes champêtres (4).

Art. 1er. Pour assurer les propriétés et conserver les récoltes, il pourra être établi des gardes champêtres dans les municipalités, sous la juridiction des juges-de-paix, et sous la surveillance des officiers municipaux. Ils seront nommés par le conseil général de la commune, et ne pourront être changés ou destitués que dans la même forme.

2. Plusieurs municipalités pourront choisir et payer le même garde champêtre, et une municipalité pourra en avoir plusieurs. Dans les municipalités où il y a des gardes établis pour la conservation des bois, ils pourront remplir les deux fonctions.

3. Les gardes champêtres seront payés par la communauté ou les communautés, suivant le prix déterminé par le conseil général; les gages seront prélevés sur les amendes qui appartiendront en entier à la communauté. Dans le cas où elles ne suffiraient pas au salaire des gardes, la somme qui manquerait serait répartie au marc la livre de la contribution foncière, mais serait à la charge de l'exploitant: toutefois les gages des gardes des bois communaux seront prélevés sur le produit de ces bois, et séparés des gages de ceux qui conservent les autres propriétés rurales (5).

4. Dans l'exercice de leurs fonctions, les gardes champêtres pourront porter toutes sortes d'armes qui seront jugées leur être nécessaires par le directoire du département. Ils auront sur le bras une plaque de métal ou d'étoffe, où seront inscrits ces mots, LA LOI, le nom de la municipalité, celui du garde.

5. Les gardes champêtres seront âgés au moins de vingt-cinq ans; ils seront reconnus pour gens de bonnes mœurs, et ils seront reçus par le juge-de-paix; il leur sera prêter le serment de veiller à la conservation de toutes les propriétés qui sont sous la foi publique, et de toutes celles dont la garde leur aura été confiée par l'acte de leur nomination.

6. Ils feront, affirmeront et déposeront leurs rapports devant le juge-de-paix de leur canton, ou l'un de ses assesseurs, ou feront devant l'un ou l'autre leurs déclarations.

---

qu'elles soient comprises dans une clôture commune (18 août 1827; Cass. S. 28, 1, 20; 5 août 1830; Cass. S. 31, 1, 24; D. 30, 1, 359).

Voy. art. 475, n° 1, Cod. pén. — *Voy.* notes sur l'art. 8, section 7.

(1) *Voy.* loi du 5 = 12 juin 1791.

(2) Aux termes de l'arrêt du Conseil du 7 novembre 1755, les entrepreneurs des travaux publics peuvent prendre les matériaux pour l'exécution des ouvrages dont ils sont adjudicataires, dans tous *les lieux qui leur sont indiqués par les devis*, sans néanmoins qu'ils puissent les prendre dans les lieux qui sont fermés de cours *ou autre clôture équivalente, suivant les usages du pays.*

Il est défendu, par le même arrêt, aux propriétaires des lieux non clos, d'apporter aucun trouble ni empêchement à l'enlèvement des matériaux.

Il n'y a pas de disposition législative qui leur interdise la faculté d'enclore les terrains contenant des carrières en exploitation pour un service public (5 novembre 1828; ord., Mac. 10, 773).

Voy. supra, notes sur l'art. 4, sect. 4.

(3) Une commune ne peut pas réclamer l'usage d'un chemin en vertu de sa possession, lorsque ce chemin ne lui est pas nécessaire (30 prairial an 13; Cass. S. 6, 2 72).

Lorsqu'il y a litige sur la largeur d'un chemin servant aux communications rurales, la connaissance du litige est dévolue à l'autorité administrative, sans qu'il y ait lieu à examiner si le chemin ou sentier a le caractère de chemin public, ou s'il a le caractère de servitude privée (10 novembre 1807; Décret, S. 16, 2, 299, et J. C., t. 1, p. 131).

(4) *Voy.* loi du 20 messidor an 3, et arrêté du 25 fructidor an 9; ordonnance du 29 novembre 1820.

(5) Les communes sont rétablies dans la jouissance des amendes de police qui leur ont été attribuées par la loi (arrêté des consuls; 26 brumaire an 10; S. 2, 2, 9).

Leurs rapports, ainsi que leurs déclarations, lorsqu'ils ne donneront lieu qu'à des réclamations pécuniaires, feront foi en justice pour tous les délits mentionnés dans la police rurale, sauf la preuve contraire (1).

7. Ils seront responsables des dommages, dans le cas où ils négligeront de faire, dans les vingt-quatre heures, les rapports des délits.

8. La poursuite des délits ruraux sera faite au plus tard dans le délai d'un mois, soit par les parties lésées, soit par le procureur de la commune ou ses substituts, s'il y en a, soit par des hommes de loi commis à cet effet par la municipalité, faute de quoi il n'y aura plus lieu à poursuite (2).

TITRE II. De la police rurale (3).

Art. 1er. La police des campagnes est spécialement sous la juridiction des juges-de-paix et des officiers municipaux, et sous la surveillance des gardes champêtres et de la gendarmerie nationale.

2. Tous les délits ci-après mentionnés sont, suivant leur nature, de la compétence du juge-de-paix ou de la municipalité du lieu où ils auront été commis.

3. Tout délit rural ci-après mentionné sera punissable d'une amende ou d'une détention, soit municipale, soit correctionnelle, ou de détention et d'amende réunies, suivant les circonstances et la gravité du délit, sans préjudice de l'indemnité qui pourra être due à celui qui aura souffert le dommage. Dans tous les cas, cette indemnité sera payable par préférence à l'amende. L'indemnité et l'amende sont dues solidairement par les délinquans.

4. Les moindres amendes seront de la valeur d'une journée de travail, au taux du pays, déterminée par le directoire de département. Toutes les amendes ordinaires qui n'excéderont pas la somme de trois journées de travail seront doubles en cas de récidive dans l'espace d'une année, ou si le délit a été

---

(1) L'affirmation devant le fonctionnaire désigné pour la recevoir est une formalité substantielle dont l'omission emporte nullité; à défaut d'autres preuves contre le prévenu, il doit être renvoyé de la plainte (10 décembre 1824; Cass. S. 25, 1, 232)

Un garde champêtre n'a pas qualité pour faire citer, à sa requête, devant un tribunal répressif et dans l'intérêt de la vindicte publique, le prévenu d'une contravention (15 décembre 1827; Cass. S. 28, 1, 216).

(2) Cette prescription court du jour où le délit a été commis, et non pas seulement du jour où il a été connu ou constaté (5 juillet 1830, Bourges; S. 31, 2, 51; D. 31, 2, 109).

Voy. notes sur la loi du 9 ventose an 13.

La prescription d'un mois n'est pas interrompue par la plainte; elle n'est interrompue que par la citation du prévenu (2 messidor an 13; Cass. S. 5, 2, 117).

Il y a poursuites propres à empêcher la prescription d'un délit rural, lorsqu'il y a eu acte fait par un magistrat compétent pour constater le délit. Il n'est pas nécessaire qu'il y ait eu assignation donnée au prévenu (18 août 1809; Cass. S. 10, 1, 294).

— *Idem* (18 août 1809; Cass. S. 10, 1, 369).

Lorsque le tribunal saisi s'est déclaré incompétent, la prescription, interrompue jusque là par les poursuites, reprend son cours à partir du jugement d'incompétence (4 août 1831; Cass. S. 32, 1, 105).

La prescription d'un mois ne peut être applicable aux contraventions et délits ruraux prévus et punis par le Code pénal de 1810; par exemple, à la contravention au ban des vendanges, réprimée par l'art. 475, n° 1 (24 avril 1829; Cass. S. 29, 1, 400; D. 29, 1, 226).

La prescription des dégâts sur les bois particuliers est acquise par le délai d'un mois, quand le délit est rural (22 février 1822; Cass. S. 23, 1, 280).

La prescription d'un mois, réglée pour les délits ruraux, n'est applicable au vol d'un arbre qu'autant que ce vol a été commis dans un terrain en plantation, futaies ou bois taillis, dans le sens de l'art. 37, tit. 2. Dans tous les autres cas, le vol d'arbres ne se prescrit que par le laps de trois ans, conformément aux dispositions générales du Code d'instruction criminelle (8 juin 1820; Cass. S. 21, 1, 147).

Le possesseur de mauvaise foi d'un bien rural, assigné par le propriétaire en réparation des dégradations commises sur ce fonds durant l'indue possession, n'est pas fondé à opposer la prescription établie par la loi contre les délits ruraux et forestiers. Il ne s'agit pas là d'un délit rural; l'action du propriétaire dure trente ans (6 février 1816; Cass. S. 18, 1, 205).

Cette prescription n'a été étendue ni abrogée par le Code du 3 brumaire an 4 (14 germinal an 13; Cass. S. 20, 1, 423, et 6 floréal an 11; S. 3, 2, 421).

Il y avait eu décision en sens contraire (17 brumaire an 8; Cass. S. 1, 1, 258).

La prescription des dégâts sur les bois particuliers est acquise par le délai d'un mois quand le délit est rural ou compris dans les dispositions spéciales de l'art. 8, sect. 7 de la loi du 6 octobre 1791. Elle est de trois mois quand le délit est forestier, ou que, n'étant pas compris dans les dispositions spéciales de la loi du 28 septembre = 6 octobre 1791, il rentre dans les cas prévus par les ordonnances forestières. Elle est de trois ans quand le délit d'abatis et dévastation de bois, étant commis en champ ouvert ou dans des pépinières, n'est ni rural ni forestier; quand il est, selon le droit commun, punissable, d'après l'art. 444 du Code pénal (22 février 1821; S. 23, 1, 280).

Voy. notes sur les art. 37, 38 et 40, tit. 2, et la loi du 28 floréal an 10, art. 11.

(3) *Voy.* Code pénal de 1810, *passim*.

commis avant le lever ou après le coucher du soleil ; elles seront triples quand les deux circonstances précédentes se trouveront réunies : elles seront versées dans la caisse de la municipalité du lieu.

5. Le défaut de paiement des amendes et des dédommagemens ou indemnités n'entraînera la contrainte par corps que vingt-quatre heures après le commandement. La détention remplacera l'amende à l'égard des insolvables ; mais sa durée en commutation de peine ne pourra excéder un mois. Dans les délits pour lesquels cette peine n'est point prononcée, et dans les cas graves où la détention est jointe à l'amende, elle pourra être prolongée du quart du temps prescrit par la loi.

6. Les délits mentionnés au présent décret qui entraîneraient une détention de plus de trois jours dans les campagnes, et de plus de huit jours dans les villes, seront jugés par voie de police correctionnelle ; les autres le seront par voie de police municipale (1).

7. Les maris, pères, mères, tuteurs, maîtres, entrepreneurs de toute espèce, seront civilement responsables des délits commis par leurs femmes et enfans, pupilles, mineurs n'ayant pas plus de vingt ans et non mariés, domestiques, ouvriers, voituriers et autres subordonnés. L'estimation du dommage sera toujours faite par le juge-de-paix ou ses assesseurs, ou par des experts par eux nommés (2).

8. Les domestiques, ouvriers, voituriers, ou autres subordonnés, seront, à leur tour, responsables de leurs délits envers ceux qui les emploient.

9. Les officiers municipaux veilleront généralement à la tranquillité, à la salubrité et à la sûreté des campagnes ; ils seront tenus particulièrement de faire, au moins une fois par an, la visite des fours et cheminées de toutes maisons et de tous bâtimens éloignés de moins de cent toises d'autres habitations : ces visites seront préalablement annoncées huit jours d'avance.

Après la visite, ils ordonneront la réparation ou la démolition des fours et cheminées qui se trouveront dans un état de délabrement qui pourrait occasioner un incendie ou d'autres accidens ; il pourra y avoir lieu à une amende au moins de 6 livres, et au plus de 24 livres.

10. Toute personne qui aura allumé du feu dans les champs plus près que cinquante toises des maisons, bois, bruyères, vergers, haies, meules de grains, de paille ou de foin, sera condamnée à une amende égale à la valeur de douze journées de travail, et paiera en outre le dommage que le feu aura occasioné Le délinquant pourra de plus, suivant les circonstances, être condamné à la détention de la police municipale.

11. Celui qui achettera des bestiaux hors des foires et marchés sera tenu de les restituer gratuitement au propriétaire en l'état où ils se trouveront, dans le cas où ils auraient été volés.

12. Les dégâts que les bestiaux de toute espèce laissés à l'abandon feront sur les propriétés d'autrui, soit dans l'enceinte des habitations, soit dans un enclos rural, soit dans les champs ouverts, seront payés par les personnes qui ont la jouissance des bestiaux : si elles sont insolvables, ces dégâts seront payés par celles qui en ont la propriété. Le propriétaire qui éprouvera les dommages aura le droit de saisir les bestiaux, sous l'obligation de les faire conduire, dans les vingt-quatre heures, au lieu du dépôt qui sera désigné à cet effet par la municipalité.

Il sera satisfait aux dégâts par la vente des bestiaux, s'ils ne sont pas réclamés, ou si le dommage n'a point été payé dans la huitaine du jour du délit (3).

Si ce sont des volailles, de quelque espèce

---

(1) Le tribunal de simple police est incompétent pour connaître d'une action ayant pour objet la répression de dommages causés aux champs, lorsque la valeur de ces dommages n'est pas déterminée. — Peu importe qu'il arbitre lui-même les dommages à une somme inférieure au taux de sa compétence. — En un tel cas, l'incompétence est absolue, et, par suite, peut être proposée, même après toutes défenses au fond (15 octobre 1829 ; Cass. S. 30, 1, 39, D. 29, 1, 370).

(2) La responsabilité civile d'un délit de pâturage commis dans un bois communal ne s'étend qu'aux dommages-intérêts encourus par le délinquant ; elle ne s'étend pas à l'amende. Il en serait autrement si le délit était commis dans un bois domanial (25 février 1820 ; Cass. S. 20, 1, 350).

La responsabilité des maîtres, pour le fait de leurs domestiques, telle qu'elle est établie par le Code civil, art. 1384, ne s'applique pas aux matières réglées par les lois spéciales.

En tous cas, il suffit que le délit d'un domestique qui a écorcé des arbres dans une forêt de l'État, en y gardant les bestiaux de son maître, ait été commis pendant la durée des fonctions auxquelles il était préposé, et qu'il soit entré dans la forêt dans l'intérêt et par l'ordre de son maître, pour que le domestique soit réputé avoir commis le délit dans les fonctions auxquelles son maître l'avait employé, et qu'il y ait lieu à responsabilité du maître (13 janvier 1814 ; Cass. S. 14, 1, 190).

(3) Le pâturage dans un champ de blé, par des vaches, est un délit et non une contravention (13 août 1813 ; Cass. S. 17, 1, 328).

L'art. 475 du Code pénal n'est applicable qu'au délit de faire ou de laisser passer des bestiaux sur le terrain d'autrui ; il ne s'applique

que ce soit, qui causent le dommage, le propriétaire, le détenteur ou le fermier qui l'éprouvera, pourra les tuer, mais seulement sur les lieux, au moment du dégât (1).

13. Les bestiaux morts seront enfouis dans la journée, à quatre pied de profondeur, par le propriétaire, et dans son terrain, ou voiturés à l'endroit désigné par la municipalité, pour y être également enfouis, sous peine par le délinquant de payer une amende de la valeur d'une journée de travail, et les frais de transport et d'enfouissement (2).

14. Ceux qui détruiront les greffes des arbres fruitiers ou autres, et ceux qui écorceront ou couperont en tout ou en partie des arbres sur pied qui ne leur appartiendront pas, seront condamnés à une amende double du dédommagement dû au propriétaire, et à une détention de police correctionnelle qui ne pourra excéder six mois (3).

15. Personne ne pourra inonder (4) l'héritage de son voisin, ni lui transmettre volontairement les eaux d'une manière nuisible, sous peine de payer le dommage et une amende qui ne pourra excéder la somme du dédommagement.

16. Les propriétaires ou fermiers des moulins et usines construits ou à construire seront garans de tous dommages que les eaux pourraient causer aux chemins ou aux propriétés voisines, par la trop grande élévation du déversoir, ou autrement. Ils seront forcés de tenir les eaux à une hauteur qui ne nuise à personne, et qui sera fixée par le directoire du département, d'après l'avis du directoire de district. En cas de contravention, la peine sera une amende qui ne pourra excéder la somme du dédommagement (5).

17. Il est défendu à toute personne de recombler les fossés, de dégrader les clôtures,

---

pas un délit de faire ou laisser paître. Le délit de dépaissance est resté soumis au Code rural.

En matière de police rurale, l'introduction des bestiaux sur le terrain d'autrui peut autoriser une action correctionnelle. Il n'en est pas de même du simple abandon (1er août 1818 ; Cass. S. 19, 1, 153).

L'abandon d'animaux sur une terre ensemencée est un fait qui rentre, quant à sa répression, dans les cas prévus par cet article (18 septembre 1829 ; Cass. S. 29, 1, 426).

(1) La tenue des pigeons dans les campagnes n'est soumise à aucune mesure administrative ni à aucune règle judiciaire, que la loi du 4 août 1789, laquelle loi donne à cet égard liberté entière, sous la condition de les enfermer au temps des semences ou moissons, à peine de les voir tuer par le propriétaire dont ils dévorent les fruits (27 juillet 1820 ; Cass. S. 20, 1, 404).

Voy. les notes sur l'art. 2 de la loi du 4 août 1789.

Le propriétaire de volailles qui ont été trouvées à l'abandon sur le terrain d'autrui est personnellement passible des peines de simple police (11 août 1808 ; Cass. S. 7, 2, 1186). *Idem* (22 août 1816 et 18 novembre 1824 ; Cass. S. 25, 1, 130 et 131).

L'action peut être intentée, soit par le ministère public, soit même par le propriétaire du terrain. Le droit qu'a le propriétaire de tuer les volailles laissées à l'abandon sur son terrain, et l'exercice qu'il fait de ce droit, ne le rendent pas non-recevable à poursuivre la contravention devant le tribunal de police (11 août 1808 et 22 août 1816 ; Cass. S. 25, 1, 130).

(2) *Voy.* art. 459 et 460 Cod. pén.

(3) *Voy.* art. 36.

Les art. 445 et 447 Cod. pén. abrogent l'art. 14 de la loi du 28 septembre = 6 octobre 1791. Au surplus, les articles du Code pénal, relatifs aux arbres mutilés, écorcés, etc., ne s'appliquent qu'aux arbres épars sur des fonds ruraux. Pour les délits commis dans les forêts, c'est le Code forestier qui est applicable.

Voy. mon Code pénal annoté, art. 445.

(4) Il n'y a pas violation de cette disposition par cela seul qu'on a fait une construction qui peut occasioner l'inondation de l'héritage voisin (16 frimaire an 14 ; S. 6, 1, 145).

Le propriétaire d'un étang qui élève les eaux à une trop grande hauteur, et par là occasione une inondation, est non-seulement responsable, mais encore punissable, bien que l'inondation ne provienne pas de la trop grande élévation d'un déversoir. Ce cas rentre dans l'application, non du Code pénal, mais bien dans l'application de cet article (23 janvier 1819 ; Cass. S. 19, 1, 176).

Le propriétaire d'un moulin qui inonde le champ voisin n'est pas seulement *responsable* du dommage ; il est *punissable* d'amende, bien qu'il n'existe pas de réglement sur la hauteur des eaux. En ce cas, il est punissable seulement aux termes de l'art. 15 ; et, s'il y avait inondation par suite d'infraction à un réglement, il serait punissable par application des art. 16 et 457 Cod. pén. (4 novembre 1824 ; Cass. S. 25, 1, 90).

L'inondation d'une rue provenant de ce que les vannes d'un moulin n'ont pas été levées au moment convenable, ne peut être considérée comme simple *embarras de la voie publique*, dans le sens de l'art. 471, n° 4 Cod. pén. Ce fait rentre dans le cas prévu par le présent article, et peut être puni d'une amende égale aux dommages (15 janvier 1825 ; Cass. S. 1, 277).

Le propriétaire d'un fonds traversé par un ruisseau ne peut pas, pour l'irrigation de son héritage, y pratiquer à son gré des prises d'eau, même au préjudice du fonds inférieur.

Lorsqu'il y a des réglemens à faire sur des prises d'eau entre les propriétaires, l'autorité judiciaire peut renvoyer à l'autorité administrative (7 avril 1807 ; Cass. S. 7, 1, 183).

(5) *Voy.* arrêté du 19 ventose an 6 ; Cod. civ. art. 640 et suiv., et notes sur l'art. précédent.

Les tribunaux sont compétens pour statuer sur

de couper des branches de haies vives, d'enlever des bois secs des haies, sous peine

d'une amende de la valeur de trois journées de travail. Le dédommagement sera payé au

---

les intérêts privés, relativement à la hauteur des eaux (19 frimaire an 8 ; Cass. S. 1, 1, 271).

Les tribunaux sont compétens pour statuer :

Sur une contestation au sujet d'un droit d'usage sur un cours d'eau, encore que le débat ait lieu par suite d'une adjudication de domaine national, et que les eaux soient destinées à l'utilité publique (11 avril 1820, décret J. C., t. 1, p. 360) ;

Sur les anticipations commises sur une rivière qui n'est ni navigable ni flottable, lorsque l'acte de vente administratif, sur lequel la partie se fonde pour en demander la répression, ne contient aucune disposition spéciale sur la jouissance des eaux (31 octobre 1821 ; ord., Mac. 2, 422) ;

Sur l'application d'un réglement administratif, relatif au cours d'une rivière non navigable ni flottable, lorsque ce réglement n'est pas attaqué, et qu'il s'agit de contestations d'intérêt privé (20 février 1822 ; ord., Mac. 3, 140 ; 3 mai 1832 ; ord., Mac. 14, 237) ;

Sur la demande en destruction de nouvel œuvre et en dommages-intérêts, lorsque les champs voisins d'un étang sont inondés par le fait du propriétaire de l'étang, qui en a élevé le déversoir au-dessus de la hauteur déterminée par un réglement ancien (9 mai 1827 ; ord., Mac. 9, 245 ; S. 28, 2, 32) ;

Sur toute action qui a pour objet de faire réprimer un nouvel œuvre sur un cours d'eau navigable, et d'obtenir des dommages-intérêts (9 janvier 1828 ; ord., Mac. 10, 18) ;

Sur l'action en dommages-intérêts formée par un propriétaire riverain contre le propriétaire d'un moulin, à raison du préjudice occasioné par la trop grande élévation des eaux, lors même que la surélévation des eaux serait uniquement produite par les travaux prescrits dans l'arrêté autorisant la construction du moulin..... surtout si cet arrêté déclare expressément que le propriétaire du moulin sera responsable des dommages que ses travaux pourront causer à autrui (2 janvier 1832 ; Cass. ; S. 32, 1, 156 ; D. 32, 1, 63) ;

Sur les contestations qui peuvent s'élever sur le réglement des eaux d'un étang, propriété privée (31 octobre 1821 ; ord., Mac. 2, 419) ;

Pour ordonner la destruction d'ouvrages nouvellement construits, sans autorisation de l'administration, sur un cours d'eau non dépendant du domaine public et portant préjudice à des usines anciennement établies sur ce cours d'eau (30 août 1830 ; Cass. S. 31, 1, 42).

Les tribunaux peuvent aussi, dans ce cas, renvoyer, avant faire droit, devant l'autorité administrative, pour qu'elle ait à fixer la hauteur des eaux (28 décembre 1830 ; Cass. S. 31, 1, 44) ;

Lorsqu'il ne s'agit pas de détruire ou de modifier une usine et le régime des eaux, mais d'une demande en dommages-intérêts formée par le fermier de l'usine contre son propriétaire, à raison de l'inexécution des obligations contractées

par ce dernier dans le bail notarié qui a été passé entre eux (12 mai 1830 ; ord., Mac. 12, 239) ;

En matière de cours d'eau soumis à des réglemens touchant aux droits privés, lorsqu'il s'agit de réglemens anciens à appliquer, ou même aussi quand il s'agit de déterminer quelle a été la destination du père de famille (2 février 1825 ; ord., S. 26, 2, 341) ;

Sur toute contestation touchant le volume d'eau appartenant aux moulins supérieur ou inférieur, et relative à l'intérêt privé des propriétaires (27 février 1826 ; Bordeaux ; S. 26, 2, 313) ;

Sur une contestation dans laquelle, sans critiquer aucunement les conditions sous lesquelles la construction d'un moulin a été autorisée par l'administration, un particulier prétend que le propriétaire du moulin ne s'est pas conformé à ces conditions (17 mai 1831, Bourges ; S. 32, 2, 30) ;

Lorsqu'il s'agit d'une demande en conservation d'un moulin, le préfet et le ministre de l'intérieur doivent, jusqu'à ce qu'il ait été statué par le Roi en Conseil-d'État, se borner à ordonner, dans l'intérêt de l'ordre public, le rétablissement des lieux dans leur ancien état, en renvoyant aux tribunaux pour l'application des titres privés et l'exécution des anciens réglemens (1er juillet 1829 ; ord., Mac. 11, 224).

Lorsqu'il s'agit d'une usine construite sur un ruisseau, sans autorisation, aux termes de l'arrêté du Gouvernement du 19 ventose an 6, et l'instruction ministérielle de 19 thermidor suivant, on ne doit consulter, pour l'irrigation des prairies voisines, que les anciens usages, aux termes de la loi de 1791, puisque c'est sur la foi de ces usages que l'usine a été construite. En un tel cas, les tribunaux seuls sont compétens ; l'administration n'a pas à statuer (11 juin 1817 ; Ord., J. C., t. 4, p. 36).

Les contestations qui s'élèvent entre particuliers au sujet d'un droit d'usage sur un cours d'eau qui ne fait pas partie du domaine public, doivent indispensablement être soumises aux tribunaux ordinaires, et non à l'autorité administrative. Les motifs d'utilité locale qui pourraient se rattacher à l'existence des moulins et usines, et le droit qu'a l'administration de fixer la hauteur des eaux qui les alimentent, ne sauraient changer la nature de l'action, ni la compétence de l'autorité judiciaire (15 octobre 1809, décret ; J. C., t. 1, p. 325).

En matière de cours d'eau, et relativement à une vanne ordonnée par l'administration, l'autorité judiciaire peut statuer sur tout ce qui est droit de propriété ou de servitude ; mais elle ne peut pas se permettre d'ordonner, par des motifs d'utilité publique, que la vanne soit levée, si l'administration a ordonné qu'elle fût fermée (28 juillet 1820 ; Ord., J. C., t. 5, p. 428).

La question de savoir par qui doivent être réprimées les contraventions commises sur les rivières et cours d'eau qui ne sont ni navigables ni flottables, a été résolue en ce sens, que les tribunaux de simple police et de police correctionnelle sont seuls compétens.

Cela a été d'abord jugé par un avis du Conseil-d'État en date du 24 ventose an 12, qui porte « que les contraventions aux réglemens de « police sur les rivières non navigables, canaux « et autres petits cours d'eau, doivent, suivant « les dispositions du Code civil et autres lois « existantes, être portées, suivant leur nature, « devant les tribunaux de police municipale ou « correctionnelle, et les contestations qui inté- « ressent les propriétaires, devant les tribunaux « civils. »

A la vérité, M. Henrion de Pansey (Compétence des juges-de-paix, pages 307 et 308) émet l'opinion que cette règle a été modifiée par la survenance de la loi du 9 ventose an 13, qui, en attribuant aux conseils de préfecture certaines contraventions relatives aux chemins vicinaux, aurait disposé implicitement de la même manière pour les cours d'eau non navigables. M. Garnier (Régime des eaux, nos 247 et suiv.) combat ce système, et cite à l'appui de son avis les autorités les plus graves, notamment le décret du 12 avril 1812. Voy. ce décret à sa date.

La jurisprudence est conforme à l'opinion de M. Garnier.

Voy. les décisions suivantes : 28 novembre 1821 ; ord. Mac. 2, 340. — 14 août 1822 ; ord. Mac. 4, 185 et 195. — 21 mai 1823 ; ord. Mac. 5, 367. — 24 décembre 1823 ; ord. Mac. 5, 856. — 7 avril 1824 ; ord. Mac. 6, 207. — 19 janvier 1825 ; ord. Mac. 7, 27 et 30. — 6 septembre 1826 ; ord. Mac. 8, 586. — 18 février 1827 ; Cass. S. 27, 1, 482.

Cette attribution judiciaire ne saurait être neutralisée par cette circonstance, qu'il s'agit de régler les eaux entre des usines, et que déjà l'administration s'est réservé de faire un règlement nouveau différent du règlement ancien (19 janvier 1825 ; ord. S. 25, 2, 345).

C'est à l'autorité administrative, et non aux tribunaux, que doivent s'adresser ceux qui auraient à se plaindre que la construction d'une digue faite par un particulier sur un ruisseau, leur est préjudiciable, en ce qu'elle aurait élevé le niveau des eaux (13 octobre 1809, décret ; S. 17, 2, 193 ; J. C., t. 1, p. 822).

L'administration seule est chargée de veiller à ce que les eaux soient à une hauteur qui ne nuise à personne.

Une discussion entre particuliers, sur un cours d'eau, est du ressort de l'administration du préfet, et non de la justice administrative du conseil de préfecture, lorsqu'il s'agit de déterminer la hauteur des eaux, de manière à ce qu'elle ne soit pas nuisible (11 août 1808, décret ; J. C., t. 1, p. 183).

Un arrêté de préfet, portant réglement pour l'usage des eaux d'un ruisseau, sollicité par les riverains et approuvé par le ministre de l'intérieur, ne peut être attaqué par un seul des propriétaires riverains, s'il n'a un titre pour prétendre plus que les autres à la jouissance des eaux (13 mai 1809, décret ; J. C., t. 1, p. 288).

L'autorité administrative, chargée de la police des cours d'eau, a, par suite, la connaissance des difficultés qui naissent sur l'exécution de ses arrêtés en matière de cours d'eau ; ainsi, les tribunaux ne peuvent statuer sur l'opposition formée par un particulier contre l'arrêté d'un maire portant qu'il sera tenu de démolir les ouvrages par lui construits sur un cours d'eau, en ce qu'ils causent des inondations (19 mars 1808, décret ; J. C., t. 1, p. 150).

Aux préfets est attribué le droit de fixer la hauteur des eaux pour l'établissement des moulins et usines sur les cours d'eau ; mais c'est aux conseils de préfecture qu'il appartient de statuer sur les réclamations des propriétaires riverains qui prétendraient avoir éprouvé des dommages par suite ou par extension des mesures ordonnées (19 mars 1808, décret ; J. C., t. 1, p. 151).

L'autorité administrative qui a permis l'établissement d'un déversoir de moulin peut seule statuer en matière de contestation relative à la position et à la hauteur de ce déversoir (28 mai 1807 ; Cass. S. 7, 2, 716).

L'autorité administrative est seule compétente pour statuer sur les contestations relatives au placement des lavoirs ou patouillets nécessaires aux mines. Les tribunaux ne peuvent statuer sur les demandes en dommages-intérêts formées par les particuliers qu'après que l'administration a prononcé sur la légitimité du placement des lavoirs (25 novembre 1811 ; Cass. S. 12, 2, 256).

A l'égard de tous les moulins à eau, l'administration a le droit de fixer la hauteur des eaux (29 décembre 1819 ; Ord. S. 20, 2, 301).

Lorsque les eaux du moulin sont au-dessous du déversoir autorisé par l'administration, les dommages en résultant ne peuvent donner lieu à une action judiciaire (25 août 1808 ; S. 9, 1, 291).

De ce qu'un acte de l'autorité administrative aurait permis des constructions sur un cours d'eau pour l'établissement d'un moulin, il ne s'ensuit pas que cette autorité soit empêchée de revenir sur son arrêté, en ordonnant la destruction de ces travaux, lorsqu'elle les reconnaît nuisibles à l'écoulement des eaux (18 septembre 1807, décret ; S. 16, 2, 295, et J. C., t. 1, p. 127).

A l'administration seule appartient le droit de fixer la hauteur des retenues des usines établies sur les cours d'eau (2 juillet 1828 ; ord. Mac. 10, 519).

Ces sortes de réglemens ne peuvent être attaqués par la voie contentieuse (18 juin 1823 ; ord. Mac. 5, 443).

L'expression administration désigne le ministre de l'intérieur et les préfets (18 juin 1823 ; ord. Mac. 5, 443 ; 14 août 1822 ; ord. Mac. 4, 195).

L'exercice du droit de réglementer ne peut être entravé, ni par la longue possession du propriétaire (17 janvier 1831 ; ord. Mac. 13, 19 ; S. 31, 2, 349).

Id. — (20 juillet 1832 ; ord. Mac. 14, 396).

Ni par les clauses d'un acte de vente nationale (22 octobre 1830 ; ord. Mac. 12, 447. — 20 juillet 1832 ; ord. Mac. 14, 396).

Ni par des conventions particulières, puisque aucune usine ne peut exister légalement sans un réglement d'eaux administratif.

Les frais pour visites et opérations ayant pour

3.

objet le réglement d'eau de l'usine, sont à la charge du propriétaire (17 janvier 1831; ord. Mac. 13, 21).

Ce droit ne peut être neutralisé, par l'existence de titres privés dont exciperaient les propriétaires des moulins, comme leur donnant le droit de conserver, vis-à-vis des riverains, les eaux à leur hauteur actuelle (17 janvier 1831; S. 31, 2, 349).

Ainsi, le préfet méconnaît ses pouvoirs en se déclarant incompétent pour réglementer un cours d'eau, par le motif qu'il n'est ni navigable, ni flottable (2 juillet 1828; ord. Mac. 10, 519. — 31 juillet 1832; ord. Mac. 14, 426).

L'autorité administrative est compétente pour faire des réglemens prohibitifs de certains ouvrages, construits sur les cours d'eau sans autorisation, et qui sont contraires au libre écoulement des eaux (28 août 1822; ord. Mac 4, 262).

Pour statuer sur la conservation d'une usine et sur les conditions auxquelles elle peut être maintenue, et lorsqu'elle s'est déterminée par des considérations d'ordre public, sans préjudice du droit des parties et des tiers résultant d s titres privés; ces actes sont inattaquables.

Une demande ayant pour objet de faire modifier les conditions d'autorisation ne peut être introduite par la voie contentieuse (28 octobre 1831; ord. Mac. 31, 406).

Pour régler entre les riverains le mode d'irrigation et l'usage des prises d'eau, même sur les cours d'eau ou rivières *non navigables ni flottables.*

Les réglemens administratifs rendus à cet égard doivent être appliqués par les tribunaux même à ceux des riverains qui arguent de titres particuliers leur conférant des droits de prises d'eau, si ces titres ne déterminent pas la manière dont les droits doivent être exercés (21 juillet 1828, Paris; S. 29, 2, 11; D. 28, 2, 241).

Pour prononcer dans une contestation où il s'agit du réglement d'eau d'une usine construite sans autorisation sur une rivière non navigable ni flottable, et d'une digue servant à établir, sur le même cours d'eau, la continuité d'un chemin vicinal (19 décembre 1821; ord. Mac. 2, 559).

Si cette digue porte préjudice à un chemin vicinal, c'est au conseil de préfecture qu'il appartient de prononcer sur les plaintes auxquelles cette digue a donné lieu.

Si cette digue ne porte préjudice qu'aux propriétés particulières, c'est aux tribunaux ordinaires à statuer sur les plaintes qu'elle a fait naître (28 novembre 1821; ord. Mac. 2, 539).

Lorsque le propriétaire d'un moulin demande l'autorisation d'établir un barrage à travers une rivière, il faut qu'il rapporte le consentement du propriétaire de la rive opposée.

S'il trompe l'autorité administrative par un faux exposé, il y a lieu, sur la plainte du véritable propriétaire, de rapporter l'ordonnance qui accorde l'autorisation (10 août 1828; ord. Mac. 10, 609).

Lorsqu'il résulte des visites des eaux t des

rapports d'experts que l'exhaussement accordé à un propriétaire d'usine ne peut porter préjudice aux propriétés des riverains, le pourvoi de celui-ci contre l'ordonnance royale qui a autorisé la surélévation n'est pas fondé (14 juillet 1831; ord. Mac. 31, 268).

Lorsqu'un moulin n'a jamais obtenu l'autorisation nécessaire, l'administration, en réglant le cours des eaux de la rivière sur lesquelles il est situé, n'a fait qu'exercer un droit que lui confère la loi, sans préjudicier en rien aux actions qui peuvent résulter, en faveur du réclamant, des conventions particulières (12 août 1831; ord. Mac. 31, 309).

Les réglemens des préfets ne peuvent être l'objet d'un pourvoi au Conseil-d'Etat, s'ils n'ont pas été préalablement déférés au ministre de l'intérieur (14 août 1822; ord. Mac. 4, 191. — 20 janvier 1830; ord. Mac. 12, 41).

Ils ne peuvent être attaqués devant les tribunaux (17 décembre 1828; ord. Mac. 10, 820).

Les arrêtés des préfets ne sont définitifs qu'après avoir été approuvés par une ordonnance royale rendue sur le rapport du ministre de l'intérieur.

Dès lors, un particulier qui a à se plaindre d'un arrêté du préfet, en cette matière, doit préalablement le déférer au ministre de l'intérieur.

Il peut former opposition à une ordonnance qui, selon lui, approuve l'arrêté du préfet (2 avril 1828; ord. Mac. 10, 280).

Mais, lorsque le réglement a été fait par le préfet contradictoirement avec les propriétaires riverains, le ministre de l'intérieur n'est pas compétent pour y faire des changemens, dans un intérêt purement privé (30 mai 1821; ord. Mac. 1, 602).

Lorsqu'il résulte de l'instruction de l'affaire que l'arrêté du préfet et la décision du ministre, concernant le réglement d'eau d'une usine, reposent sur des renseignemens dont plusieurs sont reconnus inexacts, il y a lieu de procéder à un nouveau réglement (12 août 1825; ord. Mac. 11, 322.

Lorsque les parties s'accordent pour demander leur renvoi devant le ministre de l'intérieur, à l'effet de procéder à un réglement d'eau, conformément à leurs titres et aux jugemens intervenus entre elles; qu'une partie intervenante demande seulement que, dans le réglement à faire, ses droits, consacrés par des décisions judiciaires qui ont acquis l'autorité de la chose jugée, soient respectés, et que le ministre de l'intérieur reconnaît lui-même la nécessité d'un nouveau réglement d'administration publique, qui conciliera les intérêts des parties, ceux de la navigation et des propriétaires riverains : dans cet état de choses, il y a lieu de faire droit aux conclusions des parties, et d'ordonner le renvoi demandé (24 juin 1829; ord. Mac. 11, 211).

Lorsque le propriétaire d'un moulin a construit un barrage sans autorisation, le ministre de l'intérieur peut en ordonner la destruction, lors surtout que cette mesure est réclamée par les riverains dans l'intérêt de leurs fonds, naturel-

propriétaire; et, suivant la gravité des circonstances, la détention pourra avoir lieu, mais au plus pour un mois (1).

18. Dans les lieux qui ne sont sujets ni au parcours ni à la vaine pâture, pour toute chèvre qui sera trouvée sur l'héritage d'autrui, contre le gré du propriétaire de l'héritage, il sera payé une amende de la valeur d'une journée de travail par le propriétaire de la chèvre.

---

lement marécageux (11 août 1822 ; ord. Mac. 4, 522).

La décision du ministre de l'intérieur, qui ordonne, dans l'intérêt public, l'abaissement des buses de l'écluse d'un canal, est un acte d'administration qui ne peut être attaqué devant le Conseil-d'État par voie contentieuse (26 décembre 1830 ; ord. Mac. 12, 556).

Le préfet ne peut, lorsqu'un particulier prétend avoir un droit illimité sur les eaux d'une fontaine qui traversent son fonds, sur la réclamation de tiers intéressés, prendre un arrêté pour régler le mode de jouissance de ces eaux.

Les tribunaux sont seuls compétens pour prononcer sur cette espèce de contestation.

L'administration serait seule compétente s'il s'agissait de régler, par des motifs d'ordre public ou d'utilité générale, le partage ou le mode de jouissance de ces eaux (13 juillet 1828 ; ord. Mac. 10, 541).

Le préfet ne peut, sans excéder ses pouvoirs, accorder l'autorisation d'ouvrir un déversoir pour faire une prise d'eau dans une rivière non navigable, lorsqu'il est constant, qu'au moment de cette concession des contestations sont élevées sur la propriété du canal par lequel doivent être conduites les eaux à dériver (28 août 1822 ; ord. Mac. 4, 259).

Les conseils de préfecture sont incompétens pour faire des arrêtés sur les réglemens d'eau (6 janvier 1830 ; ord. Mac. 12, 20).

Pour réprimer, entre deux parties privées, les contraventions faites à l'ancien réglement ou à l'ancien état des eaux d'un étang.

Pour ordonner l'établissement d'un nouveau déversoir.

C'est devant le préfet que, pour ce dernier objet, les parties doivent se pourvoir (14 novembre 1821 ; ord. Mac. 2, 464).

Pour prononcer sur la question de savoir si la hauteur du déversoir d'un moulin vendu nationalement est ou non fixée par les actes qui ont préparé et consommé la vente administrative.

Vice versâ, c'est aux tribunaux qu'il appartient de déclarer si cette hauteur se trouvait réglée par les titres anciens.

Dans le silence des titres anciens, la hauteur des eaux doit être fixée par le préfet (31 décembre 1828 ; ord. Mac. 10, 852).

Mais les tribunaux doivent se déclarer incompétens lorsqu'on leur demande la réformation des arrêtés rendus par les préfets, pour ordonner le curage et le redressement d'un ruisseau (17 mars 1825 ; ord. Mac. 7, 143).

L'ordonnance qui autorise la construction d'une usine sur un cours d'eau qui n'est ni navigable ni flottable, ne constitue qu'une simple permission, accordée sous les rapports de police, et sans préjudice des droits relatifs à la propriété du sol, à l'usage des eaux et aux autres droits des tiers.

Si donc il s'élève des difficultés de cette espèce, les parties doivent être renvoyées devant les tribunaux ordinaires, nonobstant l'ordonnance royale d'autorisation (13 février 1828 ; ord. Mac. 10, 149).

Id. — (10 janvier 1832 ; ord. Mac. 14, 10, et 13 juillet 1828 ; S. 29, 2, 58).

Il en est de même d'un réglement fait par le préfet et confirmé par le ministre de l'intérieur (6 mai 1829 ; ord. Mac. 21, 156; S. 29, 2, 356).

Mais, lorsqu'une ordonnance royale n'a autorisé ni la conversion d'un moulin pendant en une usine fixe, ni les travaux d'un déversoir, le ministre de l'intérieur est fondé à ordonner la suppression de ces ouvrages non autorisés ou la modification de ceux autorisés par le préfet seulement (29 août 1821 ; ord. Mac. 2, 295).

L'autorisation de construire un pont est accordée sans préjudice des questions de propriété, de possession et d'usage des eaux qui sont du ressort des tribunaux (2 mars 1832; ord. Mac. 14, 66).

Une ordonnance royale portant réglement d'eau ne peut être modifiée par une décision ministérielle.

Le ministre de l'intérieur doit se borner à prescrire les mesures nécessaires pour l'exécution de l'ordonnance (8 juin 1831; ord. Mac. 13, 238).

Lorsqu'une ordonnance royale, rendue sur la demande d'un propriétaire d'usine, a autorisé des modifications au système de l'usine, et que le propriétaire renonce ensuite au bénéfice de cette ordonnance, il y a lieu de rapporter ladite ordonnance et de procéder à un réglement d'eau (13 juin 1830 ; ord. Mac 12, 324).

Il y a lieu de surseoir à l'exécution d'une ordonnance qui a prescrit des modifications dans le système hydraulique d'une usine, lorsqu'il en résulterait un dommage réel pour l'impétrant, dans les cas où cette ordonnance serait ultérieurement révoquée (18 octobre 1829 ; ord. Mac. 11, 380).

Lorsqu'un tiers se prétend lésé dans ses droits par une ordonnance royale autorisant l'établissement d'une usine, son opposition doit être suivie par la voie contentieuse.

Une demande en autorisation de construire un nouveau moulin ne peut être présentée au Roi en Conseil-d'État par la voie contentieuse (25 septembre 1830 ; ord. Mac. 12, 428).

La demande d'un réglement d'eau supplémentaire doit être formée par voie administrative, et non par voie contentieuse (31 octobre 1821; ord. Mac. 2, 418).

(1) Cette disposition n'a pas été abrogée par l'art. 456 Cod. pén. Cet article doit être restreint au cas de destruction de clôtures. Ainsi, le délit de dégradation de clôtures est prescrit à défaut de poursuites dans le mois (18 décembre 1830 ; Poitiers ; S. 32, 2, 154; D. 31, 2, 232).

25.

Dans le pays de parcours ou de vaine pâture où les chèvres ne sont pas rassemblées et conduites en troupeau commun, celui qui aura des animaux de cette espèce ne pourra les mener aux champs qu'attachés, sous peine d'une amende de la valeur d'une journée de travail par tête d'animal.

En quelque circonstance que ce soit, lorsqu'elles auront fait du dommage aux arbres fruitiers ou autres, haies, vignes, jardins, l'amende sera double, sans préjudice du dédommagement dû au propriétaire.

19. Les propriétaires ou les fermiers d'un même canton ne pourront se coaliser pour faire baisser ou fixer à vil prix la journée des ouvriers ou les gages des domestiques, sous peine d'une amende du quart de la contribution mobilière des délinquans, et même de la détention de police municipale, s'il y a lieu.

20. Les moissonneurs, les domestiques et ouvriers de la campagne ne pourront se liguer entre eux pour faire hausser et déterminer le prix des gages ou les salaires, sous peine d'une amende qui ne pourra excéder la valeur de douze journées de travail, et, en outre, de la détention de police municipale.

21. Les glaneurs, les râteleurs et les grappilleurs, dans les lieux où les usages de glaner, de râteler ou de grappiller sont reçus, n'entreront dans les champs, prés et vignes récoltés et ouverts, qu'après l'enlèvement entier des fruits. En cas de contravention, les produits du glanage, du râtelage et du grappillage seront confisqués, et, suivant les circonstances, il pourra y avoir lieu à la détention de police municipale. Le glanage, le râtelage et le grappillage sont interdits dans tout enclos rural, tel qu'il est défini à l'article 6 de la section IV du titre Ier du présent décret.

22. Dans les lieux de parcours ou de vaine pâture, comme dans ceux où ces usages ne sont point établis, les pâtres et les bergers ne pourront mener les troupeaux d'aucune espèce dans les champs moissonnés et ouverts que deux jours après la récolte entière, sous peine d'une amende de la valeur d'une journée de travail : l'amende sera double si les bestiaux d'autrui ont pénétré dans un enclos rural (1).

23. Un troupeau atteint de maladie contagieuse qui sera rencontré au pâturage sur les terres du parcours ou de la vaine pâture autres que celles qui auront été désignées pour lui seul, pourra être saisi par les gardes-champêtres, et même par toute personne; il sera ensuite mené au lieu du dépôt qui sera indiqué par cet effet par la municipalité.

Le maître de ce troupeau sera condamné à une amende de la valeur d'une journée de travail par tête de bêtes à laine, et à une amende triple par tête d'autre bétail.

Il pourra, en outre, suivant la gravité des circonstances, être responsable du dommage que son troupeau aurait occasioné, sans que cette responsabilité puisse s'étendre au-delà des limites de la municipalité.

A plus forte raison, cette amende et cette responsabilité auront lieu, si ce troupeau a été saisi sur les terres qui ne sont point sujettes au parcours ou à la vaine pâture (2).

24. Il est défendu de mener sur le terrain d'autrui des bestiaux d'aucune espèce, et en aucun temps dans les prairies artificielles, dans les vignes, oseraies, dans les plants de câpriers, dans ceux d'oliviers, de mûriers, de grenadiers, d'orangers et arbres du même genre, dans tous les plants ou pépinières d'arbres fruitiers ou autres, faits de main d'homme.

L'amende encourue pour le délit sera une somme de la valeur du dédommagement dû au propriétaire : l'amende sera double si le dommage a été fait dans un enclos rural, et, suivant les circonstances, il pourra y avoir lieu à la détention de police municipale (3).

---

(1) Pour légitimer le parcours, il est nécessaire que la récolte soit achevée depuis deux jours dans la totalité du champ où les troupeaux sont conduits (19 brumaire an 8; S. 1, 1, 260).

(2) *Voy.* art. 459 et 460 Cod. pén.

(3) Lorsque les bestiaux laissés à l'abandon se sont introduits dans une propriété rurale, il y a délit, et, par conséquent, lieu à l'application des dispositions pénales, encore que le procès-verbal constate qu'il n'a été commis aucun dégât (15 février 1811; Cass. S. 11, 1, 187).

L'action pour délit de pâturage doit être portée devant le tribunal qui a la juridiction supérieure, et auquel il appartient de faire apprécier ce dommage d'après les règles tracées par la loi. — Le ministère public ne peut, en un tel cas, déterminer lui-même arbitrairement la valeur du dommage souffert pour fixer la compétence de la juridiction inférieure (S. 26, 1, 368).

De ce que l'amende prononcée serait inférieure à quinze francs, on ne peut rien induire contre la compétence du tribunal correctionnel qui a jugé. Ce tribunal a dû être saisi tant que le dommage n'a pas été fixé à moins de 15 francs (S. 27, 1, 144).

Il y a délit de la part du cohéritier qui, avant tout partage, et sans autorisation de ses cohéritiers, fait paître ses bestiaux sur les biens de la succession. Le ministère public peut poursuivre (1er décembre 1827; Cass. S. 28, 1, 167; D. 28, 1, 41).

Lorsqu'un réglement municipal a assigné à chaque habitant de la commune un cantonne-

25. Les conducteurs des bestiaux revenant des foires ou les menant d'un lieu à un autre, même dans les pays de parcours ou de vaine pâture, ne pourront les laisser pacager sur les terres des particuliers ni sur les communaux, sous peine d'une amende de la valeur de deux journées de travail, en outre du dédommagement. L'amende sera égale à la somme du dédommagement, si le dommage est fait sur un terrain ensemencé ou qui n'a pas été dépouillé de sa récolte, ou dans un enclos rural.

A défaut de paiement, les bestiaux pourront être saisis et vendus jusqu'à concurrence de ce qui sera dû pour l'indemnité, l'amende et autres frais relatifs; il pourra même y avoir lieu, envers les conducteurs, à la détention de police municipale, suivant les circonstances.

26. Quiconque sera trouvé gardant à vue ses bestiaux dans les récoltes d'autrui sera condamné, en outre du paiement du dommage, à une amende égale à la somme du dédommagement, et pourra l'être, suivant les circonstances, à une détention qui n'excédera pas une année (1).

27. Celui qui entrera à cheval dans les champs ensemencés, si ce n'est le propriétaire ou ses agens, paiera le dommage et une amende de la valeur d'une journée de travail: l'amende sera double si le délinquant y est entré en voiture. Si les blés sont en tuyau et que quelqu'un y entre même à pied, ainsi que dans toute autre récolte pendante, l'amende sera au moins de la valeur d'une journée de travail, et pourra être d'une somme égale à celle due pour dédommagement au propriétaire (2).

28. Si quelqu'un, avant leur maturité, coupe ou détruit de petites parties de blé en vert ou d'autres productions de la terre, sans intention manifeste de les voler, il paiera en dédommagement au propriétaire une somme égale à la valeur que l'objet aurait eue dans sa maturité; il sera condamné à une amende égale à la somme du dédommagement et il

pourra l'être à la détention de police municipale (3).

29. Quiconque sera convaincu d'avoir dévasté des récoltes sur pied, ou abattu des plants venus naturellement ou faits de main d'homme, sera puni d'une amende double du dédommagement dû au propriétaire et d'une détention qui ne pourra excéder deux années (4).

30. Toute personne convaincue d'avoir, de dessein prémédité, méchamment, sur le territoire d'autrui, blessé ou tué des bestiaux ou chiens de garde, sera condamnée à une amende double de la somme du dédommagement. Le délinquant pourra être détenu un mois si l'animal n'a été que blessé, et six mois si l'animal est mort de sa blessure ou est resté estropié : la détention pourra être du double si le délit a été commis la nuit ou dans une étable ou dans un enclos rural (5).

31. Toute rupture ou destruction d'instrumens de l'exploitation des terres qui aura été commise dans les champs ouverts, sera punie d'une amende égale à la somme du dédommagement dû au cultivateur, d'une détention qui ne sera jamais de moins d'un mois et qui pourra être prolongée jusqu'à six mois suivant la gravité des circonstances (6).

32. Quiconque aura déplacé ou supprimé des bornes, ou pieds corniers, ou autres arbres plantés ou reconnus pour établir les limites entre différens héritages pourra, en outre du paiement du dommage et des frais de remplacement des bornes, être condamné à une amende de la valeur de douze journées de travail, et sera puni par une détention dont la durée, proportionnée à la gravité des circonstances, n'excédera pas une année. La détention cependant pourra être de deux années, s'il y a transposition de bornes à fin d'usurpation (7).

33. Celui qui, sans la permission du propriétaire ou fermier, enlevera des fumiers, de la marne, ou tous autres engrais portés sur les terres, sera condamné à une amende qui n'excédera pas la valeur de six journées

---

ment dans le pâturage communal, la contravention de celui qui conduit ses troupeaux sur le cantonnement d'un autre est plus qu'une simple contravention à un réglement municipal, punissable des peines de police. — Il y a délit de dépaissance sur le *terrain d'autrui* (20 août 1824; Cass. S. 25, 1, 35).

(1) Le fait d'avoir gardé un troupeau pâturant sur une terre ensemencée et appartenant à autrui est un délit correctionnel (30 juillet 1825; Cass. S. 25, 1, 366).

(2) La loi du 23 thermidor an 4, qui a augmenté la peine du délit rural simple (d'entrer à cheval dans les champs ensemencés), a par cela même augmenté la peine du délit qui doit être puni au double (celui d'entrer en voiture dans

les champs ensemencés) (8 octobre 1808; Cass. S. 9, 1, 296).

Le fait d'avoir conduit des chevaux sur le terrain d'autrui ensemencé est aujourd'hui punissable, aux termes de l'article 475, n° 10, Cod. pén., et non aux termes de la loi du 28 septembre = 6 octobre 1791. Dès lors est seule applicable la prescription d'un an établie par l'article 640, Cod. inst. crim., et non la prescription d'un mois établie par l'art. 8, sect. 7, tit. 1er de la loi du 28 septembre = 6 octobre 1791.

(3) *Voy.* art. 450 Cod. pén.

(4) *Voy.* art. 449 Cod. pén.

(5) *Voy.* art. 453 Cod. pén.

(6) *Voy.* art. 452 Cod. pén.

(7) *Voy.* art. 456 Cod. pén.

de travail, en outre du dédommagement, et pourra l'être à la détention de police municipale. L'amende sera de douze journées, et la détention pourra être de trois mois, si le délinquant a fait tourner à son profit lesdits engrais.

34. Quiconque maraudera, dérobera des productions de la terre qui peuvent servir à la nourriture des hommes, ou d'autres productions utiles, sera condamné à une amende égale au dédommagement dû au propriétaire ou fermier : il pourra aussi, suivant les circonstances du délit, être condamné à la détention de police municipale (1)

35. Pour tout vol de récolte fait avec des paniers ou des sacs, ou à l'aide des animaux de charge, l'amende sera du double du dédommagement, et la détention, qui aura toujours lieu, pourra être de trois mois, suivant la gravité des circonstances (2).

36. Le maraudage ou enlèvement de bois fait à dos d'homme dans les bois taillis ou futaies, ou autres plantations d'arbres des particuliers ou communautés, sera puni d'une amende double du dédommagement dû au propriétaire. La peine de la détention pourra être la même que celle portée en l'article précédent (3).

37. Le vol dans les bois taillis, futaies et autres plantations d'arbres des particuliers ou communautés, exécuté à charge de bête de somme ou de charrette, sera puni par une détention qui ne pourra être de moins de trois jours, ni excéder six mois. Le coupable paiera en outre une amende triple de la valeur du dédommagement dû au propriétaire (4).

38. Les dégâts faits dans les bois taillis des particuliers ou des communautés par des bestiaux ou troupeaux, seront punis de la manière suivante (5).

Il sera payé d'amende, pour une bête à

---

(1) Le maraudage est l'enlèvement des fruits de la terre pendans par racines, commis dans les champs ouverts. Si l'enlèvement a été commis dans des lieux clos attenant à une maison d'habitation, il ne doit plus être considéré comme simple maraudage ; il constitue le vol prévu par l'art. 401 Cod. pén. (31 janvier 1828 ; Cass. S. 28 ; 1, 237 ; D. 28, 1, 116).

Le fait d'avoir coupé de l'herbe dans la propriété d'autrui et de se l'être appropriée, pouvant donner lieu, suivant les circonstances, à une amende excédant 15 francs, est de la compétence des tribunaux de police correctionnelle. — Les tribunaux de simple police ne peuvent en connaître (17 juin 1825 ; Cass. S. 26, 1, 165).

(2) Le vol de blés coupés n'est pas punissable des peines prononcées par le Code rural. Il faut lui appliquer la peine prononcée contre le vol des effets exposés à la foi publique (10 avril 1807 ; Cass. S. 7, 2, 135).

(3) On doit entendre par bois taillis tous les bois au-dessous de trente ans, lorsque rien n'annonce qu'ils sont destinés à croître en futaie.

Les dégâts commis par un troupeau de bêtes à laine ou de chèvres dans un bois âgé de moins de trente ans, encore qu'il n'ait pas été soumis à la coupe depuis qu'il est planté, sont punissables comme dégâts dans les bois taillis (13 juin 1823 ; Cass. S. 23, 1, 372).

Les délits ruraux, et notamment les vols de bois et maraudages qui ne sont point l'objet d'un système complet de législation dans le Code pénal, continuent d'être jugés et punis par la loi du 28 septembre 1791 (19 février 1813 ; Cass. S. 13, 1, 250).

La loi du 28 septembre 1791 n'a point dérogé aux dispositions pénales de l'ordonnance de 1669, relatives à la coupe des arbres abattus par le pied dans les forêts, soit de l'État, soit des communes, soit des particuliers. En conséquence, la coupe d'un arbre par le pied est un délit punissable, même depuis la loi du 28 septembre

1791, d'une amende qui se règle au pied de tour, et d'une restitution égale à l'amende (13 avril 1810 ; Cass. S. 10, 1, 62).

Couper de jeunes arbres dans un bois est un délit forestier et correctionnel, sans égard à leur dimension. Il n'est pas permis de qualifier ce fait délit rural et de police.

En général, les dérogations à l'ordonnance des eaux et forêts contenues dans cette loi doivent être restreintes aux délits ruraux et forestiers, qui ont été l'objet spécial de cette nouvelle loi (28 octobre 1824 ; Cass. S. 25, 1, 98).

Les membres d'une commune ne peuvent pas couper individuellement du bois dans leur forêt communale (27 février 1807 ; Cass. S. 7, 2, 77).

(4) L'enlèvement d'un arbre est essentiellement un délit correctionnel, et ne peut aucunement être jugé par le tribunal de police, quand même le tribunal correctionnel n'appliquerait que des peines de simple police (30 août 1810 ; Cass. S. 11, 1, 144).

Si la prescription d'un vol de bois peut être acquise par un mois de non poursuites, lorsqu'il s'agit de vol de bois dans les bois taillis, futaies et autres plantations, il n'en est pas de même d'un vol commis sur des terrains qui ne sont ni plantations, ni futaies, ni taillis. La prescription en ce cas ne peut être acquise que par trois ans de non poursuites (8 juin 1820 ; Cass. S. 20, 1, 306).

Voy. notes sur l'art. 8, sect. 7, t't. 1er.

Le vol d'un char de bois coupé et façonné n'est pas un délit forestier proprement dit, encore qu'il ait été commis dans un bois.

La circonstance que la chose volée était exposée à la foi publique aggrave le délit, et le soumet aux peines prononcées par la loi du 25 frimaire an 8 (16 germinal an 12 ; Cass. S. 4, 2, 690).

(5) Le délit de pacage dans la partie dépeuplée d'une forêt doit être puni des mêmes peines que s'il eût été commis dans les parties de ce bois qui sont plantées d'arbres (26 avril 1816 ; Cass. S. 20, 1, 501).

laine, 1 livre; pour un cochon, 1 livre; pour une chèvre, 2 livres; pour un cheval ou autre bête de somme, 2 livres; pour un bœuf, une vache ou un veau, 3 livres.

Si les bois taillis sont dans les six premières années de leur croissance, l'amende sera double.

Si les dégâts sont commis en présence du pâtre et dans des bois taillis de moins de six années, l'amende sera triple.

S'il y a récidive dans l'année, l'amende sera double, et, s'il y a réunion des deux circonstances précédentes, ou récidive avec une des deux circonstances, l'amende sera quadruple.

Le dédommagement dû au propriétaire sera estimé de gré à gré ou à dire d'experts.

39. Conformément au décret sur les fonctions de la gendarmerie nationale, tout dévastateur des bois, des récoltes, ou chasseur masqué, pris sur le fait, pourra être saisi par tout gendarme national, sans aucune réquisition d'officier civil.

40. Les cultivateurs ou tous autres qui auront dégradé ou détérioré, de quelque manière que ce soit, des chemins publics, ou usurpé sur leur largeur, seront condamnés à la réparation ou à la restitution, et à une amende qui ne pourra être moindre de 3 livres, ni excéder 24 livres (1).

Un délit de pâturage commis dans le quart d'un bois taillis communal, réservé pour croître en futaie, est punissable des peines prononcées par l'art. 10, tit. 2 de l'ordonnance de 1669. Ce n'est pas le cas d'appliquer seulement les peines prononcées par l'art. 38 de la loi du 28 septembre 1791, pour les dégâts commis par les bestiaux dans les bois taillis (21 juin 1822; Cass. S. 22, 1, 432).

Pour les bois particuliers, la prescription d'un délit est acquise au bout de trente jours, encore que le délai soit de trois mois pour les délits commis dans les bois nationaux (10 juin 1808; Cass. S. 8, 1, 540).

Voy. notes sur l'art. 36.

(1) Les tribunaux de police sont incompétens pour connaître des délits de dégradation, détérioration ou usurpation de *chemins publics* : ces délits sont de la compétence des tribunaux correctionnels (14 brumaire an 11; Cass. S. 3, 2, 391; 2 août 1828; Cass. S. 28, 1, 417; D. 28, 1, 368).

Les embarras commis sur les chemins publics, dans les campagnes, constituent, aussi bien que les détériorations ou usurpations de ces chemins, des délits ruraux, que les gardes-champêtres ont qualité pour constater (1er décembre 1827; Cass. S. 28, 1, 198; D. 28, 1, 41).

Les chemins publics et les voies publiques sont deux choses différentes dans le sens des lois qui punissent les entreprises qui y sont commises. Par voie publique, on doit entendre les rues, places et carrefours des villes et villages; les chemins publics s'entendent des communications qui conduisent de villes à villes ou qui servent hors l'enceinte des communes à l'exploitation des propriétés rurales (15 février 1828; Cass. S. 28 1, 270).

Lorsqu'il y a eu anticipation sur un chemin ou sentier que le ministère public qualifie chemin public et le prévenu chemin d'exploitation, rien n'empêche les tribunaux d'examiner et de décider si le sentier ou chemin est réellement un chemin public, dans le sens de la loi qui punit tout acte d'anticipation sur les chemins publics; ce n'est pas le cas de renvoyer à l'administration pour faire décider si le chemin est ou non public (4 janvier 1828; Cass. 28, 1, 217; D. 28, 1, 83).

L'usurpation d'un chemin est un délit correctionnel qui ne peut être confondu avec la simple dégradation de la voie publique, délit de simple police (28 décembre 1809; Cass. S. 10, 1, 263; 12 fructidor an 11; Cass. S. 4, 2, 18).

C'est à l'autorité judiciaire, et non à l'autorité administrative, qu'il appartient de statuer en matière de dégradation de chemins vicinaux (30 janvier 1807; Cass. S. 7, 2, 825).

Le fait d'avoir usurpé sur la voie publique en y faisant une construction ne doit pas être confondu avec le fait d'avoir embarrassé la voie publique en y déposant des matériaux. Le deuxième délit est de simple police; mais le premier est de la compétence des juges correctionnels (29 juin 1820; Cass. S. 20, 1, 336). Jugé dans le même sens, le 22 mars 1822; S. 22, 1, 277.

Cet arrêt a été rendu sur la plaidoirie de M. Garnier, avocat aux conseils du Roi et à la Cour de cassation, auteur d'un excellent *Traité des chemins*. Ce jurisconsulte, en rapportant l'espèce de l'arrêt, cite le texte de l'autorité du *Répertoire* de M. Merlin, verbo *Délit rural*; mais, après avoir ainsi établi ce point de jurisprudence, il fait remarquer que le Conseil-d'État, qui, autrefois, attribuait également aux tribunaux correctionnels la connaissance des délits commis sur les chemins vicinaux, décide maintenant qu'ils sont de la compétence des conseils de préfecture, et il cite une ordonnance du 28 novembre 1821. *Voy. Traité des chemins*, p. 340 et suiv. *Voy.* aussi les *Questions de droit administratif* de M. Cormenin, verbo *Chemin vicinal*. M. Cormenin paraît vouloir concilier, par une distinction, la jurisprudence de la Cour de cassation et celle du Conseil-d'État.

La jurisprudence du Conseil-d'État a été confirmée par de nombreuses décisions. *Voy.* notes sur la loi du 9 ventose an 13. Mais les tribunaux, de leur côté, ont persévéré dans le système contraire, et ont décidé qu'il fallait distinguer que, s'il s'agissait de l'exécution des réglemens des préfets sur la largeur des chemins vicinaux, leur direction, et la plantation des arbres qui les bordent, c'était aux conseils de préfecture à prononcer; mais que leur compétence était restreinte à ces objets, et que, s'il s'agissait de *dégradations*, *détériorations ou anticipations*, les tribunaux devaient seuls en connaître. *Voy.* arrêts de la cour de Nîmes du 25 mars 1829 (S. 29, 2, 1425; D.

41. Tout voyageur qui déclôra un champ pour se faire un passage dans sa route paiera le dommage fait au propriétaire, et, de plus, une amende de la valeur de trois journées de travail, à moins que le juge-de-paix du canton ne décide que le chemin public était impraticable; et alors les dommages et les frais de clôture seront à la charge de la communauté (1).

42. Le voyageur qui, par la rapidité de sa voiture ou de sa monture, tuera ou blessera des bestiaux sur les chemins, sera condamné à une amende égale à la somme du dédommagement dû au propriétaire des bestiaux.

43. Quiconque aura coupé ou détérioré des arbres plantés sur les routes sera condamné à une amende du triple de la valeur des arbres, et à une détention qui ne pourra excéder six mois (2).

44. Les gazons, les terres ou les pierres des chemins publics ne pourront être enlevés, en aucun cas, sans l'autorisation du directoire du département. Les terres ou matériaux appartenant aux communautés ne pourront également être enlevés, si ce n'est par suite d'un usage général établi dans la commune pour les besoins de l'agriculture, et non aboli par une délibération du conseil général.

Celui qui commettra l'un de ces délits sera, en outre de la réparation du dommage, condamné, suivant la gravité des circonstances, à une amende qui ne pourra excéder 24 liv., ni être moindre de 3 liv.; il pourra, de plus, être condamné à la détention de police municipale.

45. Les peines et les amendes déterminées par le présent décret ne seront encourues que du jour de sa publication.

28 SEPTEMBRE = 12 OCTOBRE 1791. —Décret relatif à la nouvelle émission de 100 millions d'assignats. (L. 6, 221; B. 18, 721.)

L'Assemblée nationale décrète ce qui suit:
Il sera, si le cas l'exige, mis en émission 100 millions d'assignats, sur la fabrication décrétée le 19 juin dernier, au-delà de la quantité qui se trouvera éteinte par le brûlement.

28 SEPTEMBRE = 16 OCTOBRE 1791. — Décret relatif au paiement de diverses pensions. (L. 6, 395; B. 18, 742.)

Art. 1er. Il ne sera pas expédié de brevets pour les secours accordés en placement des pensions supprimées, sur les 2 millions à ce destinés par le décret du 3 août 1790; mais ils seront payés d'après les états annexés au décret de l'Assemblée, sur les quittances et certificats de vie présentés par les parties prenantes, dans les formes prescrites par les décrets de l'Assemblée. Lors de la demande du premier paiement, il sera présenté un certificat du commissaire du Roi directeur de la liquidation, portant que le brevet original lui a été remis, et qu'il a été annulé.

2. Les héritiers des personnes qui seraient mortes avant que leur nouveau brevet de pension leur eût été expédié seront pareillement payés à raison des portions de temps dues à leurs auteurs, sur les actes annexés au décret, en justifiant de leur qualité et de la remise de l'ancien brevet entre les mains du commissaire du Roi directeur de la liquidation.

3. Les veuves des employés dans les fermes et autres administrations publiques supprimées ne pourront obtenir de pensions qu'aux termes du décret du 18 août dernier

---

29, 2, 265, et de la Cour de cassation du 7 avril 1827; S. 29, 1, 36).
Parmi les arrêts du conseil rendus à une époque éloignée qui consacraient la même doctrine, on peut citer celui du 16 avril 1823; Mac. 5, 264, dans lequel il est dit formellement que les attributions des conseils de préfecture ont été bornées, par la loi du 9 ventose an 13, aux plantations et aux empiétemens sur la largeur des chemins vicinaux, et que les autres contraventions sont demeurées, aux termes de l'art. 40, tit. 2 de la loi du 28 septembre = 6 octobre 1791, à la connaissance des tribunaux de police.
Voy. au surplus les lois du 29 floréal an 10, du 9 ventose an 13, et le décret du 16 décembre 1811.
Un chemin vicinal ne peut pas être rétréci par le riverain sans autorisation administrative, alors même que, de fait, il y aurait lieu à rétrécissement ou suppression (30 janvier 1808; Cass. S. 8, 1, 323).

L'anticipation sur un chemin vicinal est qualifiée délit rural, surtout en ce qui touche la prescription; mais la prescription de l'action correctionnelle laisse à la partie lésée le droit de réclamer, par action civile, le terrain prétendu usurpé (25 août 1809; Cass. S. 17, 1, 346).

(1) Les voituriers peuvent, quand un chemin est impraticable, passer sur les propriétés riveraines, encore que ces propriétés soient des forêts royales ou des forêts de l'Etat, même depuis la publication du Code forestier, qui punit (art. 147) ceux dont les voitures sont *trouvées* dans les forêts hors des routes et chemins ordinaires, et qui abolit (art. 218) les lois, réglemens, etc., antérieurs sur la matière des forêts (16 août 1828; Cass. S. 29, 1, 38; D. 28, 1, 385).

(2) *Voy.* loi du 9 ventose an 13; décret du 16 décembre 1811. Abrogation par l'art. 448 du Code pénal.

sur les pensions dues aux veuves des fonctionnaires publics.

4. Les secours accordés par le décret du 21 août dernier aux ci-devant employés pour le service divin dans les églises des chapitres séculiers et réguliers, seront liquidés par les directoires de département, sur l'avis des directoires de district, et payés dans la même forme que les traitemens des religieux et des titulaires ecclésiastiques. Les états desdits secours et des personnes qui doivent les recevoir, étant définitivement arrêtés, seront envoyés au ministre de l'intérieur, à l'effet de faire parvenir les fonds nécessaires dans chaque département.

5. Les pensions accordées par les administrations des ci-devant pays d'état demeurent supprimées; et néanmoins ceux qui jouissaient desdites pensions, soit pour récompenses militaires, soit à titre d'employés près desdites administrations, soit à titre de secours, percevront les secours provisoires accordés par le décret du 2 juillet dernier, jusqu'à ce qu'il ait été statué définitivement sur lesdites pensions; à l'effet de quoi, ils feront passer leurs mémoires au directeur général de la liquidation.

28 (26 et) SEPTEMBRE = 16 OCTOBRE 1791. — Décret relatif aux assemblées primaires, électorales, municipales, de district ou de département. (L. 6, 410; B. 17, 723; Mon. du 27 septembre 1791.)

Art. 1er. Si des conseils ou des directoires de district ou de département donnent suite à des actes annulés, soit par l'administration de département, soit par le Roi, celui qui aura présidé la délibération, ou le procureur-syndic qui en aura requis ou ordonné l'exécution, encourront la peine de la dégradation civique.

2. La même peine sera prononcée contre celui qui aura présidé une assemblée d'officiers municipaux, et contre le procureur de la commune qui aura donné suite à des actes déclarés nuls.

3. Si une assemblée électorale se permet de prendre des délibérations sur des objets étrangers aux élections ou à sa police intérieure, ceux qui auront présidé la délibération ou fait fonctions de secrétaires seront punis de la même peine.

4. Les mêmes peines auront lieu contre les mêmes personnes, lorsque les assemblées primaires, les assemblées de commune, par communauté entière ou par section, ou les assemblées municipales, auront commis les mêmes délits.

28 SEPTEMBRE = 16 OCTOBRE 1791. — Décret relatif au nouveau mode de paiement des domaines nationaux. (L. 6, 448; B. 18, 729; Mon. du 4 octobre 1791.)

Voy. lois du 14 = 17 MAI 1790; du 9 = 25 JUILLET 1790; du 24 FÉVRIER = 30 MARS 1791; du 27 AVRIL = 4 MAI 1791; du 24 FLORÉAL an 3; décret du 22 OCTOBRE 1808.

L'Assemblée nationale, sur le rapport qui lui a été fait par son comité d'aliénation, des difficultés qu'éprouvent tant le mode de paiement des domaines nationaux, désigné par son décret du 14 mai 1790, que celui relatif à la liquidation des frais de vente et d'administration de ces domaines; considérant que la compensation des cinq pour cent dus par les municipalités auxquelles il a été aliéné des domaines nationaux, avec les fermages, loyers, revenus, etc., perçus pour leur compte par les receveurs de district, entraîne une comptabilité difficile et pénible, dont l'effet présente, entre autres inconvéniens, celui de retarder la jouissance du seizième de la part de ces municipalités; que les annuités et obligations prescrites par le décret des 14 mai et 24 février 1791 présentent aux acquéreurs des difficultés dans leur calcul, lors des paiemens anticipés qu'ils font dans les caisses de district et de l'extraordinaire; que la rédaction et la souscription de ses titres obligatoires, gênantes pour les acquéreurs et infiniment longues en elles-mêmes, sont encore dispendieuses pour la nation;

Que les frais de vente, d'estimation et d'administration, prévus, par le décret du 14 mai 1790, devoir être supportés, partie par la nation, partie par les municipalités aliénataires, offrent dans leur répartition un travail compliqué et susceptible de difficultés et de retards dans le paiement de ces frais; que la délivrance aux municipalités du montant du seizième qui leur est accordé sur les ventes, étant une opération qui dérive essentiellement de l'exécution de ces différentes mesures, peut être long-temps arrêté, et suspendre la liquidation de leurs dettes dans le moment où elles ont le plus pressant besoin de ce bénéfice pour y pourvoir; l'Assemblée nationale, voulant faire cesser ces difficultés, simplifier les formalités à remplir, ainsi que le travail qui en résulte; voulant d'ailleurs faire jouir promptement les municipalités du bénéfice qui leur est accordé sur les ventes, a décrété ce qui suit:

TITRE Ier. Du paiement du prix des biens nationaux par les municipalités; du paiement des biens nationaux par les acquéreurs, soit directs, soit sur reventes.

SECTION Ire. *Paiement du prix des biens nationaux par les municipalités.*

Art. 1er. Les municipalités aliénataires de domaines nationaux ne souscriront plus les obligations prescrites par l'art. 5 du titre 1er du décret du 14 mai 1790, et celles déjà souscrites leur seront rendues après qu'elles auront satisfait aux formalités suivantes.

2. Toutes les municipalités qui auront obtenu des décrets d'aliénation seront tenues, d'ici au 1er janvier prochain, et ensuite tous les trois mois, de régler leur compte avec les directoires de district de la situation des biens, à l'effet de constater et d'arrêter l'état des reventes effectuées et de celles qui restent à faire.

3. Les directoires de district, après avoir arrêté les états ci-dessus mentionnés, les adresseront à leurs départemens respectifs, à l'effet d'y ajouter telles observations qu'ils jugeront nécessaires, et d'en faire l'envoi au commissaire du Roi administrateur de la caisse de l'extraordinaire, dans le mois qui suivra chaque époque d'arrêté de compte.

4. Les dispositions des deux articles précédens seront communes à la municipalité de Paris, pour ce qui concerne les reventes des domaines nationaux par elle acquis hors des limites de son territoire.

À l'égard des reventes de domaines nationaux par elle acquis dans l'étendue de son territoire, auxquelles elle a procédé directement en vertu de la délégation du département de Paris, elle en dressera des états particuliers, dont le premier comprendra toutes celles faites jusqu'au 1er octobre, et les autres seront fournies de trois mois en trois mois; mais ces états seront présentés par elle au directoire du département de Paris, qui, après les avoir vérifiés et approuvés, s'il y a lieu, les adressera au commissaire du Roi administrateur de la caisse de l'extraordinaire.

5. Au moyen de ces formalités et de la remise qui aura été faite des obligations aux municipalités qui en ont souscrit, il n'y aura plus lieu au compte de clerc à maître prescrit par le décret du 14 mai 1790, entre la nation et les municipalités, pour la compensation des cinq pour cent qu'elles doivent sur le montant de leurs obligations, avec le produit des fermages, loyers, rentes, etc., perçus par les receveurs de district sur les biens aliénés aux municipalités, et auxquelles elles n'auront plus de droit.

6. À l'égard des frais d'estimation et de vente qui, aux termes du décret du 14 mai 1790, doivent être supportés sur le seizième revenant aux municipalités, il y sera pourvu ainsi qu'il sera dit ci-après.

Section II. Du paiement des biens nationaux par les acquéreurs, soit directs, soit sur reventes des municipalités.

Art. 1er. Les acquéreurs de domaines nationaux ne souscriront plus d'annuités ni obligations pour le paiement du prix de ventes qui seront faites à compter de la promulgation du présent décret, en se conformant toutefois à ce qui va être réglé par les articles suivans.

2. À compter de cette époque, les directoires de district seront tenus d'énoncer au procès-verbal de vente la portion du prix de l'acquisition à acquitter dans la quinzaine ou dans le mois de l'adjudication, suivant la nature du bien dont il sera question, et, pour le surplus, la quantité d'années accordées par les décrets à l'acquéreur pour se délibérer, en se conformant, pour le tout, à ce qui est prescrit par l'article 5 du titre III du décret du 14 mai 1790, aux articles 2, 3 et 4 du décret du 3 novembre suivant, et au décret du 27 avril 1791.

Dans le cas où le bien aurait été précédemment aliéné à une municipalité, on en fera mention sur le procès-verbal d'adjudication, et les receveurs en tiendront également écritures sur leurs registres, lors des paiemens qui leur seront faits par les acquéreurs.

3. Les acquéreurs seront libres d'anticiper leurs paiemens, et de faire, à quelque époque que ce soit, tels paiemens à compte qu'ils jugeront convenables, et de les imputer sur les sommes à payer dans l'une ou plusieurs desdites années, sans s'assujétir à l'ordre successif, et de manière qu'aucun des termes non anticipés ne puisse être retardé sous le prétexte desdites anticipations.

4. Lorsqu'un acquéreur se présentera pour anticiper ses paiemens, il soldera d'abord les intérêts échus jusqu'au jour de son paiement; le surplus sera imputé sur le capital.

Les paiemens faits à compte sur le capital ne dispenseront pas l'acquéreur de se présenter, chaque année, aux échéances portées par l'adjudication, pour acquitter les intérêts du capital qui restera dû.

5. Il sera libre à tous acquéreurs qui auraient souscrit des annuités ou obligations de les retirer; ils en feront leur déclaration en acquittant le premier paiement dont ils sont débiteurs, et ils rapporteront alors au directoire du district l'expédition du procès-verbal d'adjudication. Il sera fait mention par un arrêté additionnel, tant sur cette expédition que sur la minute, de la remise qui s'opérera au même instant entre les mains de l'acquéreur de toutes lesdites obligations ou annuités, et cet arrêté contiendra en outre les dispositions énoncées en l'article 2 du présent décret (1).

6. La faculté énoncée en l'article 2 précé-

---

(1) Lorsqu'un acquéreur des domaines nationaux a fait option de payer par douzième et non par annuité, il ne peut être tenu au paiement par annuité, bien que le paiement par lui-même

dent sera commune aux acquéreurs qui sont en retard de fournir des obligations ou annuités ; mais ils seront tenus de faire leur option par-devant le directoire du district, dans le délai d'un mois à compter de la promulgation du présent décret ; et, dans le cas où ils préféreraient de s'en tenir au procès-verbal d'adjudication, ils en rapporteront l'expédition sur laquelle, ainsi que sur la minute, seront inscrites les dispositions énoncées en l'article 2.

Après l'expiration du délai d'un mois, lesdits acquéreurs ne pourront plus être admis à souscrire ni obligations ni annuités (1).

7. Les directoires de district adresseront successivement au commissaire du Roi administrateur de la caisse de l'extraordinaire les expéditions des arrêtés additionnels prescrits par les articles 2, 5 et 6.

8. Au moyen de ce que, d'après la forme de paiement établie par les articles 2, 5 et 6, il ne se trouvera point d'intérêts confondus avec le capital, l'acquéreur ne pourra prétendre aucun escompte pour raison des paiemens qu'il anticipera, mais seulement la cessation des intérêts à compter du jour que le paiement sera effectué.

9. Les acquéreurs qui souscriront des annuités ou obligations pour ventes antérieures à la promulgation du présent décret, et ceux qui laisseront subsister les annuités ou obligations qu'ils ont déjà souscrites, ne pourront affecter les paiemens qu'ils feront par anticipation, qu'à une ou plusieurs annuités et obligations entières, sans fraction de sommes ni d'années, et sans pouvoir intervertir l'ordre successif des annuités, conformément à l'instruction du 31 mai 1790, et nonobstant la disposition du décret du 24 février 1791.

10. En cas d'anticipation de paiemens de la part des acquéreurs désignés dans l'article précédent, sur leurs obligations, le montant de l'escompte qui doit leur être fait à raison de cinq pour cent ne pourra être arrêté que par l'administration de la caisse de l'extraordinaire.

A l'égard des paiemens par anticipation sur les annuités, ils seront réglés conformément à la table annexée au décret du 9 = 25 juillet 1790, et le montant n'en pourra également être arrêté que par l'administrateur de la caisse de l'extraordinaire. Les receveurs de district lui adresseront, à cet effet, le bordereau sommaire du montant de la vente et de tous les paiemens qui auront lieu à différentes époques.

En attendant l'accomplissement de cette formalité, les receveurs seront tenus de fournir aux acquéreurs un récépissé provisoire d'à-compte, et les quittances définitives seront données au pied du bordereau arrêté par l'administrateur.

11. A l'égard des acquéreurs qui, ayant déjà souscrit des annuités ou obligations, les laisseront subsister, l'imputation des à-comptes ou avances par eux payés en sus des 12, 20 et 30 pour 100, sera réglée définitivement par le commissaire de la caisse de l'extraordinaire, à qui les receveurs de district adresseront, à cet effet, le bordereau mentionné en l'article précédent.

Il sera envoyé un pareil bordereau des paiemens faits par ceux des acquéreurs qui, en retirant leurs annuités ou obligations, voudront imputer les à-comptes ou avances par eux payés sur les paiemens qui leur restent à faire.

12. Les acquéreurs sur reventes qui auraient, en vertu de l'article 7 du décret du 31 décembre 1790, souscrit des annuités ou

---

soit une somme égale au montant d'une annuité (17 juin 1820 ; ord. J. C. t. 5, p. 389).

L'adjudicataire d'un bien national qui a souscrit des annuités, et qui, postérieurement à la loi du 28 septembre = 16 octobre 1791, a payé le prix de son adjudication par douzièmes, sans remplir, pour le retirement de ses annuités, les formalités et conditions qui lui étaient imposées par la loi, ne peut pas se prétendre valablement libéré à la faveur d'une quittance pour solde que lui a fournie le receveur des domaines, lorsque cette quittance n'a pas été précédée d'un compte réglé par l'une des autorités désignées dans l'article 1er du décret du 22 octobre 1808 ; cet adjudicataire ne peut pas s'opposer à la formation d'un décompte (10 janvier 1821 ; J. C. t. 5, p. 528 ; 10 janvier 1821 ; ord. Mac. 1, 17).

(1) Les acquéreurs de domaines nationaux qui ont un mois pour opter entre la libération par annuité et la libération par douzièmes, et qui, dans ce délai, n'ont pas fait d'option formelle, doivent payer les décomptes dans la forme des premiers paiemens effectués par eux postérieurement à la publication de la loi. Ils n'ont plus le droit d'opter (24 mars 1819 ; ord. J. C. t. 5, p. 83 ; 12 janvier 1825 ; ord. Mac. 7, 15).

Cette décision est applicable aux cas où l'acquéreur ne justifie pas de sa déclaration d'option, et où il est certain que, postérieurement à la loi, il a effectué plusieurs paiemens successifs, dans la forme des annuités (14 juillet 1824 ; ord. Mac. 6, 403).

Voy. M. Cormenin, *Questions de droit administratif*, verbo *Domaines nationaux* (19 novembre 1823 ; ord. Mac. 5, 781. *Id.* 26 novembre 1828 ; ord. Mac. 10, 785)

Elle s'applique surtout si l'adjudication a été passée sous l'empire de la loi du 14 mai 1790, qui avait établi ce mode de paiement (26 novembre 1828 ; ord. Mac. 10, 785).

obligations pour le seizième revenant aux municipalités aliénataires, ne pourront les retirer qu'avec le consentement desdites municipalités; mais, à l'avenir, soit que les ventes aient précédé la promulgation du présent décret, soit qu'elles soient postérieures, il ne sera plus souscrit d'obligations ni annuités au profit des municipalités, dérogeant à cet égard à l'article 7 du décret du 31 décembre 1790.

13. Pour l'exécution du présent décret, le trésorier de l'extraordinaire est autorisé à renvoyer aux receveurs de district les annuités ou obligations qui lui ont été adressées.

TITRE II. Du seizième revenant aux municipalités, et du paiement des frais relatifs à l'aliénation des biens nationaux (1).

SECTION Ire. *Paiement du seizième aux municipalités.*

Art. 1er. Le premier article du décret du 9 juin 1791 sera exécuté suivant sa forme et teneur; en conséquence, les receveurs de districts formeront l'état de toutes les ventes faites jusqu'au 1er octobre, sur lesquelles les municipalités ont le seizième à percevoir, à la suite duquel seront annotés les paiements faits par les acquéreurs. Cet état sera visé et certifié par les administrateurs de district.

A compter de cette époque, les receveurs de district formeront de pareils états tous les trois mois.

2. Les municipalités ne pourront toucher le premier paiement qui leur revient sur le seizième, qu'au préalable elles n'aient fait leur déclaration par-devant le directoire du district qu'elles n'ont reçu par elles-mêmes aucun denier du revenu des biens nationaux dont elles ont eu l'administration, ou qu'elles n'aient rendu compte par-devant le directoire des sommes qu'elles auraient reçues.

Dans ce dernier cas, les comptes seront envoyés à l'administrateur de la caisse de l'extraordinaire, visés et certifiés par le directoire de district et de département, pour être fait imputation du reliquat qui pourrait avoir lieu au profit de la caisse de l'extraordinaire sur le seizième revenant auxdites municipalités.

3. A compter du 1er janvier 1792, les municipalités, indépendamment de la déclaration qu'elles auront à fournir, s'il est question d'un premier paiement sur leur seizième, devront encore joindre un certificat du directoire du district, portant que la municipalité a satisfait à l'article 2 du présent décret, section 1re du titre Ier.

4. Les déclarations et certificats prescrits par les deux articles précédens seront remis par les directoires de district aux receveurs, pour les joindre à l'envoi qu'ils feront au commissaire du Roi administrateur de la caisse de l'extraordinaire des états mentionnés à l'article 1er du présent décret.

5. A l'avenir, le trésorier de la caisse de l'extraordinaire fera aux receveurs de district, sur les ordonnances du Roi qui lui seront remises par l'administrateur de ladite caisse, l'envoi des fonds nécessaires pour le paiement du seizième aux municipalités, dérogeant à cet effet à l'article 3 du décret du 9 juin 1791.

6. Ces paiemens seront distingués par un article séparé dans le compte de la caisse de l'extraordinaire.

7. Pour prévenir les difficultés et les lenteurs qui naîtraient des opérations à faire dans chaque district pour déterminer avec précision les frais de vente, d'estimation et d'administration de domaines nationaux auxquels ont donné lieu les reventes faites par suite d'aliénation aux municipalités, il sera fait par le trésorier de la caisse de l'extraordinaire, sur le seizième revenant à chaque municipalité, une retenue de deux sous pour livre, au moyen de laquelle la nation sera chargée de tous les frais bien et légitimement faits.

8. Cette retenue aura lieu sur la totalité du seizième à provenir des reventes consommées, et elle s'effectuera en entier sur le premier paiement.

9. Les municipalités qui, en vertu de l'article 9 du décret du 5 août 1791, auraient obtenu ou seraient dans le cas d'obtenir des fonds d'avance sur le bénéfice du seizième qui leur est attribué sur les reventes, seront tenues de déposer entre les mains des commissaires de la Trésorerie nationale les annuités et obligations qui, en vertu du décret du 31 décembre 1790, auraient été souscrites à leur profit par les acquéreurs des domaines nationaux, jusqu'à concurrence de la somme qui leur sera avancée; et, dans le cas où lesdites municipalités n'auraient en leur possession aucun de ces titres, elles en fourniront leur déclaration visée par le directoire de district.

10. Lors du remboursement qui sera fait à la Trésorerie nationale, par la caisse de l'extraordinaire, du montant de ces avances, les commissaires de la Trésorerie nationale remettront à ladite caisse les annuités et obligations qui auraient pu leur être fournies en garantie par les municipalités, et l'administrateur de la caisse de l'extraordinaire veil-

---

Voy. loi du 9 = 17 juin 1792.

llera à ce qu'elles soient payées par les débiteurs à leurs échéances.

A l'égard des municipalités qui n'auront déposé ni annuités ni obligations, les commissaires de la Trésorerie nationale feront passer chaque mois au commissaire du Roi administrateur de la caisse de l'extraordinaire l'état des avances faites aux municipalités, à l'effet, par ce dernier, d'en faire faire la déduction par le trésorier de ladite caisse, lors des paiemens du seizième qui seront échus à ces municipalités.

SECTION II. Du paiement des frais d'estimation, de vente et d'administration des domaines nationaux.

Art. 1er. La nation sera chargée de tous les frais d'estimation, de vente et d'administration des domaines nationaux; mais il ne pourra, dans l'état de frais, être compris, sous aucun prétexte, aucune somme à payer aux administrateurs, membres ou commissaires des départemens, districts et municipalités.

2. Les administrateurs de district feront dresser l'état de tous les frais auxquels ont donné lieu tant l'estimation que les ventes de domaines nationaux.

Ils feront pareillement dresser un second état des frais et avances qu'ils ont été nécessités de faire pour les frais d'administration des domaines nationaux, frais de culture et autres de tous les genres, jusqu'au moment où la régie de l'enregistrement en a été chargée.

Ces états seront arrêtés à l'époque du 1er octobre prochain, et envoyés aux directoires de département, qui y mettront leur vu et y joindront leurs observations détaillées.

3. Les directoires de département adresseront les états mentionnés ci-dessus au commissaire du Roi administrateur de la caisse de l'extraordinaire, qui, après les avoir vérifiés et examinés, en présentera le résultat à l'Assemblée nationale; et, sur le décret qu'elle prononcera, le trésorier de la caisse de l'extraordinaire fera passer aux receveurs de district les sommes nécessaires pour le remboursement des frais.

4. A compter du 1er octobre prochain, les états de frais mentionnés au paragraphe 1er de l'article 2 seront formés tous les trois mois et adressés au commissaire du Roi administrateur de la caisse de l'extraordinaire, qui fera pourvoir à leur paiement de la manière expliquée en l'article précédent.

5. Dans la huitaine de la promulgation du présent décret, les commissaires de la Trésorerie nationale remettront au commissaire du Roi administrateur de la caisse de l'extraordinaire l'état des à-comptes d'un pour cent des estimations comprises dans les états imprimés par ordre de l'Assemblée nationale jusqu'au 15 mai dernier, qu'ils auront fait passer aux receveurs de district; et, en exécution de l'article 3 du décret du 18 juillet dernier, le remplacement du montant de ces états sera fait à la Trésorerie nationale par la caisse de l'extraordinaire. A compter de la même époque, les fonds de ces à-comptes, comme tous ceux de frais d'estimation et de vente, seront adressés directement aux receveurs de district par le trésorier de la caisse de l'extraordinaire, sur l'ordonnance du commissaire-administrateur de ladite caisse.

6. La régie de l'enregistrement sera désormais chargée de payer aux receveurs de district les impositions dues sur les domaines nationaux dont l'administration lui a été confiée par les décrets des 20 mai et 19 août derniers, l'article 6 du décret du 1er juin 1791 demeurant abrogé.

ARTICLE ADDITIONNEL.

L'Assemblée nationale décrète, de plus, que les directoires de département, d'après l'avis des directoires de district, statueront à l'avenir ce qu'il appartiendra sur les demandes en subrogation formées par les municipalités à l'égard desquelles il n'est point intervenu de décret; et, ce fait, lesdits directoires de département en donneront avis tous les mois au commissaire du Roi administrateur de la caisse de l'extraordinaire.

28 = 28 SEPTEMBRE 1791. — Décret relatif aux colonies. (L. 1, 1311; B. 18, 720; Mon. du 29 septembre 1791.)

Art. 1er. Le décret du 24 de ce mois, constitutionnel pour les colonies, sera porté à l'acceptation du Roi.

2. Les instructions sur l'organisation des colonies, adressées à l'île de Saint-Domingue par le décret du 15 juin dernier, seront également envoyées aux autres colonies, pour servir de mémoire en ce qui n'a pas été décidé par le décret du 24 de ce mois; et, en conséquence, l'assemblée coloniale de la Martinique, dont les séances ont été suspendues par le décret du 29 novembre 1790, sanctionné le 8 décembre suivant, rentrera en activité.

3. La suspension du départ des commissaires du Roi destinés à l'île de Saint-Domingue, est levée.

4. Pour faire cesser, dans les colonies, l'effet des troubles et des dissentions qui ont eu lieu, et opérer entre leurs habitans une réconciliation générale, le décret du 14 de ce mois, sanctionné le 15 du même mois, portant abolition de toutes poursuites et procédures sur les faits relatifs à la révolution, et amnistie générale en faveur des hommes de guerre, sera étendu auxdites colonies; en conséquence, les commissaires civils qui y

ont été envoyés cesseront toutes informations sur l'origine et les auteurs des troubles, et publieront, dans chaque colonie, une proclamation pour rappeler dans leurs foyers les citoyens domiciliés qui s'en sont éloignés, et inviter tous les habitans à l'union, à la concorde et à l'oubli du passé.

28 SEPTEMBRE = 16 OCTOBRE 1791. — Décret portant que tout homme est libre en France, et que, quelle que soit sa couleur, il y jouit de tous les droits de citoyen, s'il a les qualités prescrites par la constitution. (L. 6, 471; B. 18, 725; Mon. du 29 septembre 1791.)

Art. 1er. Tout individu est libre aussitôt qu'il est entré en France.

2. Tout homme, de quelque couleur qu'il soit, jouit en France de tous les droits de citoyen, s'il a les qualités prescrites par la constitution pour les exercer.

28 SEPTEMBRE 1791 (18 AOUT 1790 et) = 21 OCTOBRE 1791. — Décret relatif à la composition de l'armée. (L. 6, 522; B. 18, 685; Mon. du 30 septembre 1791.)

Art. 1er. L'armée sera composée, à dater du 1er janvier 1791, tant en officiers qu'en soldats, de cent dix mille cinq cent quatre-vingt-dix hommes d'infanterie, et de trente mille quarante de troupes à cheval, non compris l'artillerie et le génie, sur lesquels l'Assemblée nationale se réserve de statuer.

Le nombre des officiers généraux employés ne pourra pas excéder quatre-vingt-quatorze; l'Assemblée nationale se réserve de statuer sur le nombre des adjudans, sur celui des aides-de-camp, et sur le nombre des commissaires des guerres qui doivent être mis en activité pendant l'année 1791.

2. Les troupes étrangères qui feront partie du nombre ci-dessus et qui seront à la solde de la nation, ne pourront pas, sans un décret du Corps-Législatif sanctionné par le Roi, excéder celui de vingt-six mille hommes.

3. Le nombre d'individus de chaque grade et dans chaque arme sera déterminé ainsi qu'il est expliqué par l'état ci-annexé, sauf les changemens que les circonstances pourraient exiger dans les différens corps de l'armée.

4. Le ministre proposera les changemens qui pourront avoir lieu dans l'armée, dans des notes particulières qu'il adressera au Corps-Législatif.

5. Les appointemens et solde seront fixés, pour chaque grade, à compter du 1er janvier 1791, ainsi qu'il est dit à l'état ci-annexé.

6. Les régimens suisses et grisons conserveront, jusqu'au renouvellement de leurs capitulations, les appointemens et solde dont ils jouissent en vertu d'icelles.

7. Les officiers, sous-officiers et soldats qui, par l'effet de la nouvelle formation, éprouveraient une réduction sur leur traitement actuel, le conserveront jusqu'à ce qu'il en obtiennent un équivalent; en attendant ils seront payés du supplément sur des états particuliers, dans la forme prescrite par les ordonnances.

8. Les carabiniers seront rendus à leur institution primitive de grenadiers de la cavalerie; en conséquence, ils se recruteront dans les troupes à cheval, ou par des sujets ayant fait au moins un congé dans lesdites troupes, et ils jouiront d'un sou de haute paie, comme les grenadiers en jouissent dans l'infanterie.

9. Les appointemens et solde réglés par l'article 5 seront payés par le Trésor public sur des revues, savoir: les appointemens, à raison de trente jours par mois, et la solde à raison du nombre de jours dont chaque mois est composé.

10. Indépendamment de la solde réglée par l'article 5, il sera fourni à chaque soldat présent sous les drapeaux ou détaché pour le service, conformément au décret du 24 juin, une ration de pain de munition du poids de vingt-quatre onces, laquelle ration fera partie de la solde de l'homme présent, sans que l'homme absent des drapeaux puisse y prétendre.

11. Il sera fourni des rations de fourrage aux chevaux des officiers, suivant le détail ci-après, savoir:

Infanterie. A chaque colonel de régiment ou lieutenant-colonel commandant les bataillons d'infanterie légère, deux rations; à chaque lieutenant-colonel, une ration.

Cavalerie. A chaque colonel, trois rations; à chaque lieutenant-colonel ou capitaine, deux rations; à chacun des autres officiers une ration.

12. Les paiemens qui seront faits en vertu des articles précédens ne devant avoir lieu qu'à l'effectif, il sera constaté tous les trois mois par des revues de commissaires des guerres, dans la forme qui sera prescrite par les ordonnances.

13. Pour subvenir aux dépenses du recrutement, rengagement, remonte, habillement, équipement, armement, frais de bureau, sera payé à chaque régiment une somme par homme au complet, pour former la masse générale, suivant ce qui sera réglé dans un travail particulier.

14. Il sera également formé des masses pour subvenir aux dépenses des vivres, fourrages, hôpitaux et effets de campement, dont les fonds seront faits au département de la guerre, sur le pied du complet de l'armée. Toutes les masses ci-dessus indiquées, non compris celle de linge et chaussure, sont destinées au besoin collectif de tous les régimens

mens, mais elles appartiennent à la nation ; en conséquence, nul individu n'a droit d'y prétendre. Les corps rendront compte, tous les ans, au ministre de la guerre, de la partie desdites masses dont l'administration leur sera confiée, et le ministre rendra compte de la totalité desdites masses aux personnes qui en auront été chargées par le Corps - Législatif.

15. Les fonds destinés tant aux travaux de l'artillerie qu'à ceux du génie, pour 1791, sont provisoirement fixés à 5,400,000 livres, dont la répartition sera faite par le ministre de la guerre.

16. Il y aura pareillement un fonds affecté pour les frais de bureau du ministre, frais d'impression des ordonnances, ceux des courses et d'escorte, et autres frais relatifs aux procédures et jugemens militaires ; mais les sommes qui doivent y être destinées ne seront définitivement réglées qu'après une connaissance exacte et motivée des tableaux de dépense de ces divers objets, et provisoirement elles sont réduites sur le pied de 1,500,000 livres par an.

Etat général du nombre d'individus de chaque grade qui doivent composer l'armée, et des appointemens et soldes qui leur sont attribués par la loi du 26 août 1790, savoir :

Etat-major de l'armée. Quatre généraux d'armée à 40,000 liv. par an ; trente lieutenans-généraux à 20,000 liv. ; soixante maréchaux-de-camp à 12,000 livres. Les adjudans généraux, aides-de-camp et commissaires des guerres sont ajournés.

Infanterie de ligne française, allemande, irlandaise et liégeoise. Quatre-vingt-onze colonels à 6,000 liv. par an ; quatre-vingt-onze lieutenans colonels de 1re classe à 4,200 liv. ; quatre-vingt-onze de 2e à 3,600 liv. ; quatre-vingt-onze quartiers-maîtres trésoriers à 1,400 liv. ; cent quatre-vingt-deux adjudans majors à 1,200 liv. ; cent quatre-vingt-deux capitaines de 1re classe à 2,500 liv. ; cent quatre-vingt-deux de 2e à 2,400 liv. ; trois cent soixante-quatre de 3e à 2,200 liv. ; trois cent soixante-quatre de 4e à 2,000 liv. ; cinq cent quarante-six de 5e à 1,500 liv. ; huit cent dix-neuf lieutenans de 1re classe à 1,050 liv. ; huit cent dix-neuf de 2e à 950 liv. ; seize cent trente-neuf sous-lieutenans à 800 liv. ; quatre-vingt-onze aumôniers ; quatre-vingt-onze chirurgiens. Total des officiers, 5,460.

Hommes de l'état-major. Cent quatre-vingt-deux adjudans à 1 liv. 13 s. 4 d. par jour ; quatre-vingt-onze tambours-majors à 18 s. 2 d. ; quatre-vingt-onze caporaux tambours à 12 s. 6 d. ; sept cent vingt-huit musiciens à 13 s. 2 d. ; deux cent soixante-treize ouvriers à 7 s. 6 d. — *Grenadiers.* Cent quatre-vingt-deux sergens-majors à 19 s. 2 d. ;

trois cent soixante-quatre sergens à 16 s. 6 d. ; cent quatre-vingt-deux caporaux-fourriers à 12 s. 6 d. ; sept cent vingt-huit caporaux à 11 s. 6 d. ; sept cent vingt-huit appointés à 9 s. ; sept mille deux cent quatre-vingts grenadiers à 8 s. 6 d. ; cent quatre-vingt-deux tambours à 10 s. 6 d. — *Fusiliers.* Quatorze cent cinquante-six sergens-majors à 18 s. 2 d. ; deux mille neuf cent douze sergens à 14 s. 6 d. ; quatorze cent cinquante-six caporaux - fourriers à 11 s. 6 d. ; cinq mille huit cent vingt-quatre caporaux à 10 s. 6 d. ; cinq mille huit cent vingt-quatre appointés à 8 s. ; cinquante-huit mille deux cent quarante fusiliers à 7 s. 6 d. ; quatorze cent cinquante-six tambours à 9 s. 6 d. Total des soldats, 88,179.

Infanterie suisse. Onze colonels ; onze lieutenans-colonels ; onze majors ; vingt-deux aides-majors ; vingt-deux sous - aides - majors ; onze quartiers-maîtres trésoriers ; quarante-quatre porte-drapeaux ; vingt-deux capitaines de grenadiers ; vingt-deux de fusiliers de 1re classe ; cent cinquante-quatre de 2e ; vingt-deux lieutenans de grenadiers ; cent soixante-seize de fusiliers ; vingt-deux sous-lieutenans de grenadiers ; cent soixante-seize de fusiliers ; onze chirurgiens - majors ; onze aumôniers ; onze ministres. Total des officiers, 726. — *Hommes de l'état-major.* Onze tambours-majors ; quarante-quatre prévôts ; quarante-quatre garçons chirurgiens. — *Grenadiers.* Vingt-deux fourriers ; quarante - quatre sergens ; quatre-vingt-huit caporaux ; quatre-vingt-huit appointés ; huit cent quatre-vingts grenadiers ; vingt-deux tambours. — *Fusiliers.* Cent soixante-seize fourriers ; cinq cent vingt-huit sergens ; mille cinquante-six caporaux ; mille cinquante-six appointés ; six mille trois cent trente-six fusiliers ; trois cent cinquante-deux tambours. Total des soldats, 10,747.

NOTA. Les onze régimens suisses et grisons conserveront, jusqu'au renouvellement de leurs capitulations, les appointemens et solde dont ils jouissent en vertu d'icelles.

Infanterie légère. Douze lieutenans-colonels de 1re classe, à 5,000 liv. par an ; douze de 2e, à 3,600 liv. ; douze adjudans-majors à 1,200 liv. ; douze quartiers-maîtres trésoriers à 1,400 liv. ; douze capitaines de 1re classe à 2,500 liv. ; douze de 2e à 2,400 liv. ; vingt-quatre de 3e à 2,200 liv. ; vingt-quatre de 4e à 2,000 liv. ; vingt-quatre de 5e à 1,500 liv. ; quarante-huit lieutenans de 1re classe à 1,000 liv. ; quarante-huit de 2e à 950 liv. ; quatre-vingt-seize sous-lieutenans à 800 liv. ; douze chirurgiens-majors. Total des officiers, 336. — Douze adjudans à 1 liv. 13 s. 4 d. par jour ; douze tambours-majors à 18 s. 8 d. ; trente-six ouvriers à 8 s. ; quatre-vingt-seize sergens-majors à 18 s. 8 d. ; cent quatre-vingt-douze sergens à 15 s. ; quatre-vingt-seize caporaux-fourriers à 12 s. ; trois cent quatre-vingt-quatre caporaux à 11 s.; trois cent quatre-vingt-quatre appointés à 8 s. 6 d.; trois mille huit cent quarante chasseurs à 8 s.; quatre-vingt-seize tambours à 10 s. Total des chasseurs, 5,148.

Récapitulation de l'infanterie française et étrangère: officiers, 6,522; soldats, 104,074. Total, 110,595 hommes.

Carabiniers. Deux colonels à 6,000 liv. par an; deux lieutenans-colonels de 1re classe, à 4,400 liv.; deux de 2e, à 3,800 liv.; deux quartiers-maîtres trésoriers à 1,400 liv.; quatre capitaines de 1re classe, à 2,700 liv.; quatre de 2e à 2,500 liv.; huit de 3e à 2,000 liv.; seize lieutenans à 1,200 liv.; trente-deux sous-lieutenans à 1,000 liv.; deux aumôniers; deux chirurgiens-majors. Total des officiers, 72. — Quatre adjudans à 1 liv. 4 s. 4 d. par jour; deux trompettes-majors à 1 liv. 2 d.; deux maîtres maréchaux à 18 s. 10 d.; deux maîtres ouvriers à 9 s. 10 d.; quatre maîtres selliers à 18 s. 10 d.; vingt-six maréchaux-des-logis en chef, à 1 liv. 2 d.; trente-deux maréchaux-des-logis ordinaires à 18 s. 2 d.; seize fourriers-brigadiers à 14 s. 6 d.; soixante-quatre brigadiers à 12 s. 6 d.; soixante-quatre appointés à 10 s. 4 d.; huit cent soixante-quatre carabiniers à 9 s. 10 d.: seize trompettes à 17 s. 2 d. Total des carabiniers, 1,099.

Cavalerie. Vingt-quatre colonels à 6,000 liv. par an; vingt-quatre lieutenans-colonels de 1re classe, à 4,400 liv.; vingt-quatre de 2e, à 3,800 liv, vingt-quatre quartiers-maîtres trésoriers à 1,400 liv.; vingt-quatre capitaines de 1re classe à 2,700 liv.; quarante-huit de 2e, à 2,500 liv.; soixante-douze de 3e, à 2,000 liv.; cent quarante-quatre lieutenans à 1,200 liv.; deux cent quatre-vingt-huit sous-lieutenans à 1,000 liv.; vingt-quatre aumôniers; vingt-quatre chirurgiens-majors. Total des officiers, 672. — Quarante-huit adjudans à 1 liv. 13 s. 4 d. par jour; vingt-quatre trompettes-majors à 19 s. 2 d.; vingt-quatre maîtres-maréchaux à 17 s. 10 d.; vingt-quatre maîtres selliers à 17 s. 10 d.; quatre-vingt-seize maîtres ouvriers à 8 s. 10 d.; cent quarante-quatre maréchaux-des-logis en chef à 19 s. 10 d.; deux cent quatre-vingt-huit maréchaux-des-logis ordinaires à 17 s. 2 d.; cent quarante-quatre brigadiers-fourriers à 13 s. 6 d.; cinq cent soixante-seize brigadiers à 11 s. 6 d.; cinq cent soixante-seize appointés à 8 s. 4 d.; sept mille sept cent soixante-seize cavaliers à 9 s. 10 d.; cent quarante-quatre trompettes à 16 s. 2 d. Total des cavaliers, 9,864.

Dragons. Dix-huit colonels à 6,000 liv. par an; dix-huit lieutenans-colonels de 1re classe, à 4,400 liv.; dix-huit de 2e, à 3,800 liv.; dix-huit quartiers-maîtres trésoriers à 1,400 liv.; dix-huit capitaines de 1re classe à 2,700 liv.;

trente-six de 2e, à 2,500 liv.; cinquante-quatre de 3e, à 2,000 liv.; cent huit lieutenans à 1,200 liv.; deux cent seize sous-lieutenans à 1,000 liv.; dix-huit aumôniers; dix-huit chirurgiens-majors. Total des officiers, 504. — Trente-six adjudans à 1 liv. 13 s. 4 d. par jour; dix-huit trompettes-majors à 19 s. 2 d.; dix-huit-maîtres-maréchaux à 17 s. 10 d.; dix-huit maîtres selliers à 17 s. 10 d.; soixante-douze maîtres-ouvriers à 8 s. 6 d.; cent huit maréchaux-des-logis en chef à 19 s. 2 d.; deux cent seize maréchaux-des-logis ordinaires à 17 s. 2 d.; cent huit brigadiers-fourriers à 13 s. 6 d.; quatre cent trente-deux brigadiers à 11 s. 6 d.; quatre cent trente-deux appointés à 9 s.; cinq mille huit cent trente-deux dragons à 8 s. 6 d.; cent huit trompettes à 16 s. 2 d. Total des dragons, 7,398.

Chasseurs et hussards. Dix-huit colonels à 6,000 liv. par an; dix-huit lieutenans-colonel de 1re classe à 4,400 liv.; dix-huit de 2e, à 3,800 liv.; dix-huit quartiers-maîtres trésoriers à 1,400 liv.; trente-six capitaines de 1re classe à 2,700 liv.; trente-six de 2e, à 2,500 liv.; soixante-douze de 3e, à 2,000 liv.; cent quarante-quatre lieutenans à 1,200 liv.; deux cent quatre-vingt-huit sous-lieutenans à 1,000 liv.; dix-huit aumôniers; dix-huit chirurgiens-majors. Total des officiers, 648. — Trente-six adjudans à 1 liv. 13 s. 4 d. par jour; dix-huit trompettes-majors à 19 s. 2 d.; dix-huit maîtres-maréchaux à 17 s. 10 d.; dix-huit maîtres-selliers à 17 s. 10 d.; cinquante-quatre maîtres-ouvriers à 8 s. 6 d.; cent quarante-quatre maréchaux-des-logis en chef à 19 s. 2 d.; deux cent quatre-vingt-huit maréchaux-des-logis ordinaires à 17 s. 2 d.; cent quarante-quatre brigadiers-fourriers à 13 s. 6 d.; cinq cent soixante-seize brigadiers à 11 s. 6 d.; cinq cent soixante-seize appointés à 9 s.; sept mille sept cent soixante-seize chasseurs et hussards à 8 s. 6 d.; cent quarante-quatre trompettes à 16 s. 2 d. Total des chasseurs et hussards, 9,792.

Récapitulation de la cavalerie: officiers, 1,896; soldats, 28,144. Total, 30,040 hommes.

Nota. Les articles *Artillerie* et *Génie* sont ajournés.

28 SEPTEMBRE = 13 NOVEMBRE 1791. — Décret relatif au mode de nominations aux emplois de sous-lieutenans dans l'armée. (L. 6, 666; B. 13, 726.)

Art. 1er. Le mode provisoire de nomination aux emplois de sous-lieutenant dans l'armée, qui a été fixé par le décret du 1er août 1791, n'aura son effet que pour les places actuellement vacantes et pour celles qui viendront à vaquer d'ici au 15 octobre prochain. A cette époque, les lois sur l'avancement militaire auxquelles il avait été momentanément dérogé, reprendront leur cours.

2. En conséquence, à dater du 15 octobre prochain, nul ne pourra être admis aux emplois de sous-lieutenans dans l'armée qu'après avoir justifié d'une instruction et capacité suffisantes, en se soumettant à des concours et examens, ainsi qu'il sera dit ci-après.

3. Jusqu'à ce que le Corps-Législatif ait statué sur la partie de l'institution publique militaire et sur la forme définitive des examens qui en seront le résultat, il sera fait, à commencer du 1er avril prochain, par les examinateurs des corps du génie et de l'artillerie, dans le chef-lieu de chaque division militaire, et en présence des officiers supérieurs de la garnison et de trois commissaires choisis par le directoire du département, des examens provisoires et publics, qui auront pour objet les principes de la constitution et les élémens de l'arithmétique, de la géométrie et de la fortification.

4. Tous les citoyens français, depuis l'âge de seize ans jusqu'à celui de vingt ans accomplis, pourront se présenter à ces examens, pourvu qu'ils soient d'une bonne conformation et qu'ils puissent fournir des certificats de civisme, de bonnes mœurs et de bonne conduite, de leurs municipalités respectives.

5. Le nombre des aspirans qui pourront être admis chaque année par ces examens sera déterminé d'après celui des emplois vacans dans l'armée. Le ministre de la guerre en donnera avis un mois à l'avance aux commandans de chacune des divisions militaires, lesquels seront tenus de lui faire parvenir directement la liste nominative des sujets admis et le procès-verbal de l'examen, signé par les officiers civils et militaires qui y auront assisté, ainsi que par les examinateurs.

6. Le ministre de la guerre fera former du rassemblement de toutes les listes partielles une liste générale, qui sera rendue publique par la voie de l'impression, et sur laquelle devront être exclusivement choisis par le Roi tous les sujets destinés à remplir les places de sous-lieutenans vacantes dans l'armée, autres que celles destinées aux sous-officiers.

7. Les colonels seront autorisés à choisir sur cette liste les sujets qu'ils désireront présenter pour remplir les emplois de sous-lieutenans vacans dans les régimens; mais, dans tous les cas, la liste de la date la plus ancienne devra être épuisée avant qu'on en puisse entamer une nouvelle.

8. Les cours et examens pour les corps de l'artillerie et du génie continueront à avoir lieu dans les formes et aux époques accoutumées. Les sujets qui se présenteront pour la première fois à ces examens seront néanmoins tenus d'être munis des mêmes certificats exigés ci-dessus pour les examens de

sous-lieutenans, et ils seront également interrogés sur les principes de la constitution.

---

28 SEPTEMBRE = 13 NOVEMBRE 1791. — Décret relatif aux officiers généraux employés dans les possessions françaises de l'Asie, de l'Afrique et de l'Amérique. (L. 6, 671; B. 18, 722.)

Art. 1er. Les officiers généraux employés dans les colonies ne font pas nombre parmi ceux décrétés pour le service de l'armée dans le royaume.

2. Ils concourront pour la suite de leur avancement, soit par ancienneté, soit au choix du Roi, avec les officiers généraux en France.

3. Les appointemens attribués à ces officiers généraux continueront à leur être payés sur les fonds des colonies, comme ci-devant; néanmoins leur nombre, provisoirement et jusqu'à l'organisation définitive du service des troupes employées dans les colonies, ne pourra excéder celui de neuf, dont trois pour les îles sous le Vent, deux pour les îles du Vent, trois pour l'Inde et les îles de France et de Bourbon, un pour la Guiane.

De ces neuf officiers généraux, trois pourront être lieutenans-généraux, savoir: ceux qui commanderont en chef aux îles sous le Vent, aux îles du Vent et dans l'Inde.

4. Les aides-de-camp nommés par lesdits officiers généraux seront maintenus dans leurs grades et fonctions, après que leur nomination aura été confirmée par le Roi.

---

28 SEPTEMBRE = 13 NOVEMBRE 1791. — Décret relatif aux créances des juifs de la ci-devant province d'Alsace. (L. 6, 677; B. 18, 724.)

Art. 1er. Dans le mois, les juifs de la ci-devant province d'Alsace donneront aux directoires des districts du domicile des débiteurs l'état détaillé de leurs créances, tant en principal qu'intérêts, sur des particuliers non juifs dénommés dans les anciens réglemens de la ci-devant classe du peuple de la même province.

2. Les directoires de district prendront aussitôt tous les renseignemens nécessaires pour constater les moyens connus des débiteurs pour acquitter ces créances; ils feront passer ces renseignemens, avec leur avis sur le mode de liquider ces créances, aux directoires des départemens du Haut et du Bas-Rhin.

3. Les directoires des départemens du Haut et du Bas-Rhin donneront, sans délai, leur avis sur ce mode de liquidation, communiqueront cet avis aux juifs, et l'enverront avec les observations de ces derniers au Corps-Législatif, pour être statué ce qu'il appartiendra.

3.

28 SEPTEMBRE 1791 = 19 JUIN 1792. — Décret qui comprend la désertion dans l'amnistie. (B. 18, 725.)

L'Assemblée nationale décrète que la désertion, depuis le commencement de la révolution, était comprise dans l'amnistie.

28 SEPTEMBRE 1791 = 19 juin 1792. — Décret relatif à l'exploitation des salins et salines. (L. 9, 384; B. 18, 722.)

L'Assemblée nationale, en ajournant le projet du décret sur l'administration des salins et salines, décrète que les forêts affectées aux différentes salines seront régies par l'administration forestière, qui fera les délivrances des bois nécessaires pour l'exploitation des salines.

28 SEPTEMBRE = 12 OCTOBRE 1791. — Décret relatif à l'établissement des aveugles-nés, et sur sa réunion à celui des sourds-muets. (B. 18, 747; Mon. du 1er octobre 1791.)

L'Assemblée nationale, après avoir entendu le rapport fait au nom de ses comités de l'extinction de la mendicité, d'aliénation des biens nationaux, des finances et de constitution, et conformément à l'article 2 de son décret du 21 juillet dernier, d'après lequel « le local et les bâtimens du couvent des ci-devant Célestins, situés à Paris, près l'arsenal, seront dans leur entier, et sans distraction quelconque, employés à l'établissement des écoles destinées à l'instruction des sourds-muets et des aveugles-nés, » en confirmant ce deuxième article de son susdit décret, décrète ce qui suit :

Art. 1er. Le directoire du département de Paris indiquera la partie desdits bâtimens qu'il destinera à l'instruction et aux travaux des aveugles-nés.

2. Il sera pris sur les revenus de l'hôpital des Quinze-Vingts, et, en cas d'insuffisance, sur le Trésor national :

1° Annuellement, et à compter du 1er janvier dernier, la somme de 13,900 livres pour les honoraires du premier instituteur, du second, d'un adjoint, de deux inspecteurs chefs d'ateliers, de deux gouvernantes de filles, maitresses de travaux; de quatre maitres de musique, tant vocale qu'instrumentale; enfin, de huit répétiteurs aveugles;

2° Pour cette année seulement, pour trente pensions gratuites, à raison de 350 livres chacune, qui seront accordées à trente élèves sans fortune suivant actuellement les écoles, celle de 10,500 liv.

3. Les 13,900 liv. d'honoraires accordées par l'article précédent seront réparties ainsi qu'il suit, savoir :

Au premier instituteur, 3,500 liv.; au second, 2,000 liv.; à un adjoint, 1,200 liv.; à

deux inspecteurs chefs d'ateliers, à raison de 600 livres chacun, 1,200 liv.; à deux gouvernantes-maitresses de travaux, à raison de 600 liv. chacune, 1,200 liv.; à quatre maitres de musique, à raison de 400 liv. chacun, 1,600 liv.; à huit répétiteurs aveugles, à raison de 400 liv. chacun, 3,200 liv. Total 13,900 liv.

Tous auront le logement.

L'adjoint, les inspecteurs d'ateliers, les maitresses de travaux et répétiteurs aveugles, auront seuls la table.

4. L'emploi du premier instituteur actuellement occupé à l'instruction des aveugles-nés est confirmé.

5. Le deuxième instituteur, adjoint, inspecteurs, gouvernantes et répétiteurs, seront choisis par le département de Paris, sur la présentation du premier instituteur des aveugles-nés, conjointement avec le premier instituteur des sourds-muets. Les aveugles-nés seront admis de préférence aux places que leur infirmité et leurs talens leur permettront de remplir.

6. L'économe actuel des sourds-muets le sera aussi des aveugles-nés; et toutes les dépenses seront faites en commun pour les uns et les autres, de manière que le tout ne forme qu'un seul et même établissement, sous la surveillance et l'inspection du département de Paris.

28 SEPTEMBRE 1791. — Décret portant que le tableau représentant le serment prêté à Versailles, le 20 juin 1789, au jeu de paume, commencé par le sieur Jacques-Louis David, peintre, sera fait aux frais du Trésor public, et qu'il sera placé dans le lieu destiné aux séances de l'Assemblée nationale. (B. 18, 720.)

28 SEPTEMBRE 1791. — Décret pour faire participer les soldats du régiment de Chateau-Vieux à l'amnistie accordée à tous les Français accusés ou jugés pour délits qui tenaient à la révolution. (B. 18, 726.)

28 SEPTEMBRE = 9 OCTOBRE 1791. — Décret qui accorde 38,291 livres 16 sous au directeur-général de la liquidation, pour les frais d'établissement de ses bureaux. (B. 18, 744.)

28 SEPTEMBRE 1791. — Décret portant que les décrets rendus qui n'ont pas encore été présentés à la sanction, et ceux qui seront rendus avant la fin de la présente session, seront expédiés et présentés à la sanction. (B. 18, 746.)

28 SEPTEMBRE = 16 OCTOBRE 1791. — Décret qui ordonne le paiement de diverses pensions et gratifications pour patriotisme et actions courageuses. (L. 6, 405.)

28 SEPTEMBRE 1791 — Proclamation du Roi relative à la réunion des membres de la première législature au 1er octobre 1791. (L. 5, 1305.)

28 SEPTEMBRE = 16 OCTOBRE 1791. — Décret relatif aux pensions, et table alphabétique des noms des personnes qui y sont employées. (L. 6, 395 ; B. 18, 741.)

28 SEPTEMBRE 1791. — Cessation des travaux de l'Assemblée nationale. *Voy.* 19 SEPTEMBRE 1791. — Colonies ; Exportation de marchandises. *Voy.* 23 SEPTEMBRE 1791. — Ministre de la guerre. *Voy.* 19 SEPTEMBRE 1791. — Peine de mort. *Voy.* 27 SEPTEMBRE 1791.

29 SEPTEMBRE = 2 OCTOBRE 1791. — Décret relatif à l'organisation des bureaux des départemens de la justice, de l'intérieur, des contributions publiques et de la marine. (L. 6, 1 ; B. 18, 778)

Art. 1er. Tous les traitemens, appointemens et dépenses des différens bureaux de la justice seront fixés à la somme de 120,500 livres, y compris les huissiers du sceau, l'officier et les deux gardes à cheval de la gendarmerie nationale, le troisième garde sédentaire, la dépense des deux chevaux des gardes pour la demi-paie en sus qui est accordée auxdits gardes par le présent décret. Demeurent, en outre, compris dans la somme ci-dessus, les garçons chauffe-cire et de bureau, de même que les frais desdits bureaux, et ce, à compter du 1er octobre.

2. Tous les traitemens, appointemens et dépenses qui composent le département du ministre de l'intérieur, demeurent fixés à la somme de 506,420 livres, y compris les frais de bureaux, à compter du 1er octobre, sauf et excepté ce qui concerne l'ancienne compagnie des Indes, pour ce qui en a été réuni audit département.

3. Tous les traitemens, appointemens et dépenses des différens bureaux du département des contributions publiques, sont fixés à la somme de 488,920 livres, à compter du 1er octobre.

4. Les ministres de la justice, de l'intérieur et des contributions publiques seront, de plus, autorisés à faire distribuer, à titre de gratification, et sous leur surveillance, savoir : le ministre de la justice, par le secrétaire général du département, et les deux autres ministres, par les chefs de chaque bureau, à ceux des membres attachés auxdits départemens qui auront fait quelque travail extraordinaire ou rempli leurs fonctions avec le plus de zèle et d'exactitude, le ministre de la justice 15,000 liv.; ceux de l'intérieur et des contributions publiques, chacun 24,000 livres.

5. La répartition et distribution des traitemens, appointemens et salaires sera faite par le ministre, à raison et à proportion de la nature et de l'importance du travail des chefs, sous-chefs, commis et employés, sans que le *maximum* puisse excéder 12,000 livres pour les chefs. Le secrétaire général du département de la justice, chargé seul de tous les détails de l'administration, conservera son traitement.

6. Le service des personnes attachées aux différens bureaux ne devant jamais être interrompu, ils sont dispensés de tout service public.

7. Les ministres de ces différens départemens se conformeront, pour la nomination aux places, au décret rendu par l'Assemblée nationale.

8. Il sera donné, chaque année, par lesdits ministres, un état imprimé contenant le détail des bureaux, les noms, fonctions, traitemens et appointemens des chefs, sous-chefs, commis et employés, ainsi que des frais de chaque bureau.

9. Ceux de ces ministres qui ont été dans le cas de former provisoirement des bureaux pour l'exécution des décrets et le régime de leur département, seront autorisés, *sous leur responsabilité*, à faire payer l'arriéré, à se faire rembourser les avances faites sur les états par eux dûment certifiés, ainsi qu'à faire payer ce qui peut rester dû des anciens traitemens aux anciens préposés et commis desdits bureaux ; de telle sorte qu'à compter du 1er octobre prochain, tous paiemens soient faits d'après les sommes ci-dessus fixées pour chaque département.

10. Il sera alloué au ministre de la marine une somme de 420,000 livres pour ses bureaux, y compris celui des invalides de la marine, le dépôt des papiers à Versailles, celui des cartes et celui des plans, cartes et journaux des colonies, et le traitement des officiers y attachés.

11. Il sera de plus alloué au ministre de la marine 24,000 livres, pour être distribuées en gratifications aux employés des bureaux.

29 SEPTEMBRE = 14 OCTOBRE 1791. — Décret relatif à l'organisation de la garde nationale. (L. 6, 341 ; B. 18, 809 ; Mon. du 17 août et 2 octobre 1791.)

Voy. lois du 7 = 12 SEPTEMBRE 1790 ; des 26 et 27 JUILLET = 3 AOUT 1791 ; du 28 JUILLET = 12 AOUT 1791 ; du 28 PRAIRIAL an 3 ; arrêté du 26 NIVOSE an 6 ; sénatu-consulte du 2 VENDÉMIAIRE an 14 ; décrets du 8 VENDÉMIAIRE an 14 ; du 12 NOVEMBRE 1806 ; du 5 AVRIL 1813 ; ordonnance du 17 JUILLET 1816 ; loi du 22 MARS 1831.

SECTION Ire. De la composition de la liste des citoyens.

Art. 1er. Les citoyens actifs s'inscriront, pour le service de la garde nationale, sur les registres qui seront ouverts à cet effet dans les municipalités de leur domicile, ou de leur résidence continuée depuis un an (1).

2. A défaut de cette inscription, ils demeureront suspendus de l'exercice des droits que la constitution attache à la qualité de citoyen actif, ainsi que de celui de porter les armes.

3. Ceux qui, sans être citoyens actifs, ont servi depuis l'époque de la révolution, et qui sont actuellement en état de service habituel, seront maintenus dans les droits de leur service : les gens déclarés suspects, sans aveu et malintentionnés, aux termes des décrets sur la police municipale, en seront exceptés.

4. Aucune raison d'état, de profession, d'âge, d'infirmités ou autres, ne dispensera de l'inscription des citoyens actifs qui voudront conserver l'exercice de leurs droits; plusieurs d'entre eux seront néanmoins dispensés du service, ou l'exercice en demeurera suspendu, ainsi qu'il sera dit ci-après.

5. Tous les fils de citoyens actifs seront tenus de s'inscrire sur lesdits registres, lorsqu'ils seront parvenus à l'âge de dix-huit ans accomplis.

6. Ceux qui, à l'âge de dix-huit ans, n'auront pas satisfait aux dispositions de l'article précédent, ne pourront prendre à vingt-un ans l'inscription civique : ils ne seront admis à celle-ci que trois ans révolus après l'inscription ci-dessus ordonnée.

7. Les citoyens actifs ou fils de citoyens actifs qui sont maintenant âgés de plus de dix-huit ans, seront admis, à l'âge de vingt-un ans, à prendre l'inscription civique, s'ils se font inscrire dans le délai de trois mois au plus tard après la publication du présent décret.

8. Les étrangers qui auront rempli les conditions prescrites pour devenir citoyens français, et leurs enfans, seront traités à cet égard comme les Français naturels.

9. Nul ne sera reçu à s'inscrire par procuration, mais tous seront tenus de prendre leur inscription en personne. Les pères, mères et tuteurs pourront cependant faire inscrire leurs enfans absens, si la suite de leur éducation est la cause de leur absence.

10. Les fils de citoyens actifs qui auront satisfait à ces devoirs jouiront, après dix ans révolus de service, de tous les droits de citoyens actifs, quand ils ne paieraient pas la contribution exigée, pourvu que, d'ailleurs, ils remplissent les conditions prescrites par la constitution.

11. Les registres d'inscription des municipalités seront doubles, et l'un d'eux sera envoyé tous les ans et conservé dans le directoire du district.

12. Les fils de citoyens actifs qui se seront inscrits dans l'année seront reçus au serment de la garde nationale, qui se prêtera à la fête civique du 14 juillet suivant dans le chef-lieu du district.

13. Les citoyens inscrits et distribués dans les compagnies, lorsqu'ils seront commandés pour le service, pourront, en cas d'empêchement légitime, se faire remplacer, mais seulement par des citoyens inscrits sur les registres et servant dans la même compagnie : les pères pourront se faire remplacer par leurs fils âgés de dix-huit ans, et les frères par leurs frères ayant l'âge requis.

14. A l'égard de ceux qui, ayant d'ailleurs les qualités requises, ne se seront pas fait inscrire, et qui auront perdu le droit d'activité, ils seront soumis comme les autres à un tour de service, à la décharge des citoyens inscrits; mais ils ne feront jamais leur service en personne, et ils seront, sur mandement du directoire de district, taxés par chaque municipalité pour le paiement de ceux des citoyens inscrits qui les remplaceront dans le service qu'ils auraient dû faire. Cette taxe sera égale à deux journées de travail (2).

15. Ceux des citoyens inscrits qui ne serviront pas volontairement, ou ne fourniront pas volontairement leur remplacement au jour indiqué pour leur service, seront pareillement taxés par la municipalité; et, à la troisième fois qu'ils auront été contraints à payer cette taxe dans la même année, ils seront suspendus pendant un an de l'honneur de servir en personne, et de l'exercice du droit de citoyens actifs éligibles (3).

Les femmes, les veuves et les filles seront exemptes de toute contribution.

---

(1) Lorsqu'un citoyen n'a pas cessé de résider dans une ville et d'y avoir son principal établissement, c'est là qu'il doit faire son service sédentaire (16 février 1826; ord. Mac. 8, 91).

(2) Dans les communes où la garde nationale est organisée suivant les anciennes lois, et fait un service sédentaire, les citoyens qui ne font pas personnellement leur service peuvent être contraints à payer l'indemnité de remplacement telle qu'elle est fixée par le conseil municipal, et cela, en vertu d'un simple rôle exécutoire créé par le préfet, lequel emporte exécution

par voie parée (29 août 1817, décret, J. C. t. 1, p. 302).

Voy. instruction du directoire, du 13 floréal an 7.

(3) Un maire ne peut, par un arrêté, attribuer aux tribunaux de police la connaissance des contraventions en matière de service ordinaire de la garde nationale. Aux municipalités seules appartient le droit de prononcer, contre un citoyen qui ne se rend pas volontairement ou ne se fait pas remplacer, la taxe ou indem-

16. Les fonctions de la garde nationale et celles des fonctionnaires publics qui ont droit de requérir la force publique sont incompatibles; en conséquence, les membres du Corps-Législatif, les ministres du Roi, les citoyens qui exercent les fonctions de juges ou commissaires du Roi près les tribunaux, les juges des tribunaux de commerce, les juges-de-paix, les présidens des administrations, vice-présidens et membres des directoires, les procureurs-syndics de département et de district, les officiers municipaux, les procureurs de la commune et leurs substituts, ne pourront, nonobstant leur inscription, faire aucun service personnel dans la garde nationale; mais ceux d'entre eux qui seront salariés par la nation seront soumis au remplacement ou à la taxe (1).

Les évêques, curés et vicaires, et tous citoyens qui sont dans les ordres sacrés ne pourront également faire aucun service personnel, mais ils seront soumis au remplacement et à la taxe.

17. Seront dispensés du service de la garde nationale les officiers, sous-officiers, cavaliers et soldats des troupes de ligne et de la marine étant actuellement en activité de service; les officiers, sous-officiers et cavaliers de la gendarmerie nationale et des gardes soldées, et les sexagénaires, les infirmes, les impotens et les invalides.

18. En cas de changement de domicile ou de résidence habituelle, le citoyen inscrit fera rayer son nom sur le registre de l'ancienne municipalité, s'inscrira sur celui de la nouvelle, et sera distribué dans une compagnie; faute de quoi, il demeurera sujet au service ou au remplacement dans l'une et dans l'autre municipalité (2).

Section II. De l'organisation des citoyens pour le service de la garde nationale.

Art. 1er. La garde nationale sera organisée par district et par canton : sous aucun prétexte, elle ne pourra l'être par commune, si ce n'est dans les villes considérables, ni par département.

2. Les sections, dans les villes, seront à cet égard considérées comme cantons, et les villes au-dessus de cinquante mille ames, comme districts.

3. Les bataillons des gardes nationales seront formés, dans les districts et dans les cantons, de quatre compagnies, dans lesquelles seront distribués, en nombre à peu près égal, tous les citoyens inscrits dans le registre des gardes nationales.

4. Il sera pris sur les quatre compagnies de quoi en former une cinquième de grenadiers, composée comme dans la garde nationale parisienne. Dans les lieux où les compagnies de grenadiers actuelles excéderaient le nombre de quatre-vingts hommes sur quatre compagnies, elles tendront à se réduire au nombre prescrit par le présent décret, en ne recevant plus de nouveaux sujets jusqu'à la réduction ci-dessus désignée.

5. Chaque compagnie sera divisée en deux pelotons, quatre sections et huit escouades.

6. Il y aura, dans chaque compagnie, un capitaine, un lieutenant, deux sous-lieutenans, deux sergens et quatre caporaux.

7. Le lieutenant et l'un des sous-lieutenans commanderont chacun un peloton, et auront chacun un sergent sous leurs ordres.

8. A la tête de chacune des quatre sections, il y aura un caporal qui commandera la première escouade, et la seconde sera commandée par le plus âgé des soldats de l'escouade.

9. Chaque bataillon aura un commandant en chef, un commandant en second, un adjudant, un porte-drapeau et un maître-armurier.

10. La réunion des bataillons du même district jusqu'au nombre de huit à dix formera une légion.

11. Chaque légion sera sous les ordres d'un chef de légion, d'un adjudant général et

---

nité établie par la loi (30 août 1811; Cass. S. 21, 1, 230).

La disposition qui punissait le *refus* ou la *désobéissance* à l'ordre de service, d'une taxe prononcée par la municipalité, a été modifiée quant à la peine et quant à l'autorité compétente pour l'appliquer. — Aujourd'hui, c'est le *conseil de discipline* qui doit connaître du *refus* ou de la *désobéissance* à l'ordre de service, et il peut prononcer contre le coupable, la peine *des arrêts* ou *de la détention*. Pour justifier cette attribution des conseils de discipline, on s'est fondé sur le sénatus-consulte du 2 vendémiaire an 14, sur les décrets du 12 novembre 1806 et du 5 avril 1813, et sur l'ordonnance du Roi du 17 juillet 1816 (19 décembre 1822; Cass. S. 23, 1, 57).

Voy. section 5 de la présente loi.

(1) Les huissiers ne sont pas exempts du service de la garde nationale (23 juin 1809; Cass. S. 9, 1, 430).

(2) La question de savoir en quel lieu un citoyen peut être assujéti au service de la garde nationale appartient au contentieux de l'administration, et peut être soumise au Conseil-d'État.

Un citoyen n'est tenu de faire le service de la garde nationale que dans la commune où il a son domicile. L'obligation cesse quand le domicile change. Il y a changement de domicile constaté par la déclaration faite à la municipalité que l'on quitte et à la municipalité où l'on s'établit (31 mars 1819; Ord. J. C. t. 5, p. 101, et S. 20, 2, 63).

d'un sous-adjudant général. Les légions réunies auront pour chef un commandant de légion, qui exercera ce commandement à tour de rôle, pendant trois mois, si ce n'est dans les villes au-dessus de cent mille âmes, où il y aura un commandant général des légions, nommé par les citoyens actifs de chaque section inscrits et distribués par compagnie.

12. On tirera tous les ans au sort, savoir:
dans le chef-lieu de district, le rang des légions et des bataillons;
Dans le chef-lieu de canton, le rang des compagnies;
A la tête des compagnies, le rang des pelotons, des sections et des escouades.

13. La formation des compagnies se fera de la manière suivante:
Dans les villes, chaque compagnie sera composée des citoyens du même quartier, et, dans les campagnes, des citoyens réunis des communautés les plus voisines.

14. Dans les communes qui ne pourraient pas former une compagnie, on formera des pelotons, des sections ou des escouades, selon la population de chaque communauté.

15. Pour former dans les cantons la première composition des compagnies, les maires ou premiers officiers municipaux des communes, accompagnés chacun d'un des notables, se réuniront au chef-lieu de leur canton, apportant avec eux la liste des citoyens actifs et de leur enfans inscrits. Ils conviendront ensemble du nombre et de la formation des compagnies; ils adresseront le résultat au directoire de district, et ce dernier réglera ces distributions et en instruira le directoire du département.

16. Les citoyens actifs destinés à former une compagnie se réuniront, tant pour eux que pour leurs enfans, et sans uniformes, avec les maires des communes, dont le plus ancien présidera: ceux-ci et les citoyens ainsi réunis éliront ensemble, au scrutin individuel et à la pluralité absolue des suffrages, ceux qui devront remplir, pendant le temps qui sera déterminé dans les articles suivans, les fonctions de capitaine, celles de lieutenant et celles de deux sous-lieutenans.

Ensuite ils procéderont par scrutin individuel, mais à la simple pluralité relative, à l'élection pour les places de sergens et pour celles de caporaux.

17. Après l'élection des officiers et sous-officiers, les citoyens élus pour les places de capitaine, lieutenans et sous-lieutenans de chaque compagnie, formeront les deux pelotons pour les deux sergens, et les quatre sections pour les quatre caporaux: ils auront soin de réunir, dans cette formation, les citoyens des mêmes communes dans les campagnes, et des mêmes quartiers dans les villes.

18. Les citoyens élus aux places de capitaines, lieutenans, sous-lieutenans et sergens des différentes compagnies du même canton, se réuniront au chef-lieu du canton, et là, sous la présidence du plus âgé des capitaines, ils formeront la distribution des bataillons, à raison d'un demi-bataillon depuis trois compagnies jusqu'à cinq, et d'un bataillon depuis six compagnies jusqu'à dix.

Ils auront soin de placer dans le même bataillon les compagnies des communes voisines.

19. Cette distribution faite, les capitaines, lieutenans, sous-lieutenans et sergens des compagnies dont chaque bataillon sera composé, en éliront, au scrutin individuel et à la pluralité absolue des suffrages, le commandant en chef, le commandant en second et l'adjudant.

20. Les commandans en chef, commandans en second et adjudans des bataillons, les capitaines et lieutenans des compagnies dont ces bataillons seront composés, se réuniront au chef-lieu du district, et, tous ensemble, sous la présidence d'un commissaire du directoire, ils éliront, au scrutin individuel et à la pluralité absolue des suffrages, le chef, l'adjudant et sous-adjudant général de la légion, s'il n'y en a qu'une, et ceux de chaque légion, s'il y en a plusieurs, après avoir déterminé les bataillons dont chacune sera composée.

21. Les élections des officiers des légions, de ceux des bataillons, des officiers et sous-officiers des compagnies dans les villes, se feront de la même manière que dans les campagnes, mais en observant que, les sections étant réputées cantons, dix commissaires choisis par chaque section, au scrutin de liste et à la pluralité relative, formeront la distribution des compagnies, aux termes des articles 13 et 14.

22. Aucun officier des troupes de ligne, ni de gendarmerie nationale, ne pourra être nommé officier des gardes nationales.

23. Les officiers et sous-officiers de tout grade ne seront élus que pour un an, et ne pourront être réélus qu'après avoir été soldats pendant une année. Les élections seront faites par les compagnies, les bataillons et les légions, le second dimanche de mai de chaque année. En cas de service contre l'ennemi de l'État, il ne sera fait aucune réélection d'officiers et de sous-officiers tant que durera le service.

24. L'uniforme national sera le même pour tous les Français en état de service; les

signes de distinction seront les mêmes que dans les troupes de ligne (1).

25. L'uniforme est définitivement réglé ainsi qu'il suit : habit bleu de roi, doublure blanche, passe-poil écarlate, paremens et collet d'écarlate et passe-poil blanc, revers blanc et passe-poil écarlate, manches ouvertes à trois petits boutons, poches en dehors à trois pointes et trois boutons avec passe-poil rouge, le bouton tel qu'il est prescrit par le décret du 23 décembre dernier, l'agraffe du retroussis écarlate, veste et culotte blanches.

26. Néanmoins, dans les campagnes, l'uniforme ne pourra être exigé ; le service des citoyens actifs et de leurs enfans âgés de dix-huit ans, inscrits, sera reçu, sous quelque vêtement qu'ils se présentent ; mais, à dater du 14 juillet prochain, ceux qui porteront l'uniforme seront tenus de se conformer, sans aucun changement, à celui qui est prescrit.

27. Les drapeaux des gardes nationales seront aux trois couleurs, et porteront ces mots : *Le peuple Français*, et ces autres mots : *La liberté ou la mort*.

28. Les anciennes milices bourgeoises, compagniers d'arquebusiers, fusiliers, chevaliers de l'arc ou de l'arbalète, compagnies de volontaires et toutes autres, sous quelques forme et dénomination que ce soit, sont supprimées.

29. Les citoyens qui font actuellement le service de gardes nationales continueront le service dont elles seront requises, jusqu'à ce que la nouvelle composition soit rétablie.

30. L'Assemblée nationale, voulant rendre honneur à la vieillesse des bons citoyens, permet que, dans chaque canton, il se forme une compagnie de vétérans, de gens âgés de plus de soixante ans, organisés comme les autres et vêtus du même uniforme ; et ils seront distingués par un chapeau à la Henri IV, et une écharpe blanche : leur arme sera un esponton.

31. Ces vétérans ne seront employés que dans les évènemens publics : ils assisteront, assis, aux exercices des gardes nationales, distribueront les prix, et seront appelés les premiers, dans chaque district, au renouvellement de la fédération générale du 14 juillet.

32. L'Assemblée nationale permet également qu'il s'établisse dans chaque canton, sous la même forme d'organisation, une compagnie composée de jeunes citoyens au-dessous de l'âge de dix-huit ans. Cette compagnie, commandée par des officiers de la même classe, sera soumise à l'inspection de trois vétérans nommés à cet effet par leurs compagnies, ou, à défaut de vétérans, d'inspecteurs destinés par les municipalités.

33. Il pourra y avoir dans chaque district deux compagnies de cavalerie, ce qui sera déterminé par le directoire du département, sur l'avis du directoire du district : on suivra, pour leur formation et la nomination des officiers, les mêmes règles que pour celles des autres compagnies des gardes nationales.

Les officiers et cavaliers de ces compagnies seront tenus d'avoir chacun leur cheval.

34. Dans les districts qui voudront profiter de la permission qui leur est accordée de mettre sur pied deux compagnies de gardes nationales à cheval, elle seront formées du même nombre d'hommes déterminé pour la garde nationale parisienne à cheval : mais, outre les deux capitaines, il y aura pour tout état-major un chef d'escadron qui commandera les deux compagnies.

35. Dans les villes qui ont actuellement des compagnies de gardes nationales à cheval, elles se réduiront à deux, qui seront formées et commandées comme il a été dit dans l'article précédent ; mais les hommes excédant le nombre de la formation, et qui ont fait jusqu'à présent partie du corps, y resteront attachés jusqu'à ce que le corps soit réduit au nombre fixé par les décrets, et l'on ne pourra y admettre jusque là aucun nouveau sujet. Ils pourront conserver leur uniforme jusqu'au 14 juillet 1793.

L'uniforme de la cavalerie sera pareil à celui qui est fixé pour la garde nationale parisienne à cheval. Le bouton portera le nom du district.

36. Les villes qui auront des pièces d'artillerie pourront en attacher deux à chacun de leurs bataillons de gardes nationales, soit sédentaires, soit volontaires, destinés à la défense des frontières ; et, dans ce cas, il sera attaché à la compagnie de grenadiers du bataillon une section de canonniers, composée d'un officier, de deux sergens, deux caporaux et douze canonniers.

37. L'uniforme des canonniers de la garde nationale est réglé ainsi qu'il suit :

Habit bleu de roi, doublure écarlate, paremens et collet écarlates, passe-poil blanc, revers blancs, passe-poil écarlate, les pattes des poches de l'habit à trois pointes, un gros bouton sur chaque pointe, quatre gros boutons au-dessous du revers, la manche ouverte et fermée par trois boutons.

Veste bleu de roi, passe-poil écarlate culotte bleu de roi ; pour retroussis, un canon et une grenade ; les boutons comme ceux des gardes nationales.

---

(1) Les gardes nationaux, convoqués en grande tenue doivent se présenter en *uniforme*. — Leur refus, surtout au cas de récidive, peut être puni d'emprisonnement (19 janvier 1826; Cass. S. 26, 1, 255).

SECTION III. Des fonctions des citoyens servant en qualité de gardes nationales.

Art. 1er. Les fonctions des citoyens servant en qualité de gardes nationales sont de rétablir l'ordre et de maintenir l'obéissance aux lois, conformément aux décrets.

2. Les citoyens et leurs chefs, requis au nom de la loi, ne se permettront pas de juger si les réquisitions ont dû être faites, et seront tenus de les exécuter provisoirement, sans délibération ; mais les chefs pourront exiger la remise d'une réquisition par écrit, pour assurer la responsabilité des requérans.

3. Les gardes nationales qui ne seront pas en activité de service ne seront requises et employées qu'à défaut ou en cas d'insuffisance de la gendarmerie nationale, des gardes soldées dans les villes où il y en a, et des troupes de-ligne.

4. Toute délibération prise par les gardes nationales sur les affaires de l'État, du département, du district, de la commune, même de la garde nationale, à l'exception des affaires expressément renvoyées au conseil de discipline qui sera établi ci-après, est une atteinte à la liberté publique et un délit contre la constitution, dont la responsabilité sera encourue par ceux qui auront provoqué l'assemblée et par ceux qui l'auront présidée.

5. Les citoyens ne pourront ni prendre les armes, ni se rassembler en état de gardes nationales sans l'ordre des chefs médiats ou immédiats, ni ceux-ci l'ordonner sans une réquisition légale, dont il sera donné communication aux citoyens, à la tête de la troupe.

6. Pourront cependant les chefs, sans réquisition particulière, faire toutes les dispositions et donner tous les ordres relatifs au service ordinaire et journalier, aux patrouilles de sûreté et aux exercices.

7. En cas de flagrant délit ou de clameur publique, tous Français, sans exception, doivent secours à ceux qui sont attaqués dans leurs personnes ou dans leurs propriétés ; les coupables seront saisis, sans qu'il soit besoin de réquisition.

8. Dans le cas de la réquisition permanente qui aura lieu aux époques d'alarmes et de troubles, les chefs donneront les ordres nécessaires pour que les citoyens se tiennent prêts à un service effectif ; les patrouilles seront renforcées et multipliées.

9. Dans les cas de réquisitions particulières ayant pour objet de réprimer les incursions extraordinaires du brigandage ou les attroupemens séditieux contre la sûreté des personnes et des propriétés, la perception des contributions ou la circulation des subsistances, les chefs pourront ordonner, selon les occasions, ou des détachemens tirés des compagnies, ou le mouvement et l'action des compagnies entières.

10. Les gardes nationales légalement requises dissiperont toutes émeutes populaires et attroupemens séditieux ; ils saisiront et livreront à la justice les coupables d'excès et violences pris en flagrant délit ou à la clameur publique ; ils emploieront la force des armes, dans le cas où ils en seront spécialement requis par les officiers civils, aux termes, soit de la loi martiale, soit des articles 25, 26, 27, 28 et 29 du décret du 27 = 3 août 1791 sur la réquisition de la force publique.

11. Les corps de la garde nationale auront, en tous lieux, le pas sur la gendarmerie nationale et la troupe de ligne, lorsqu'ils se trouveront en concurrence de service avec elles. Le commandement, dans les fêtes ou cérémonies civiles, appartiendra à celui des officiers des trois corps qui aura la supériorité du grade, ou, dans le même grade, la supériorité de l'âge ; mais, lorsqu'il s'agira d'actions militaires, les corps réunis seront commandés par l'officier supérieur de la troupe de ligne ou de la gendarmerie nationale.

12. En cas d'invasion du territoire français par une troupe étrangère, le Roi pourra, par l'intermédiaire des procureurs-généraux-syndics, faire parvenir ses ordres relativement au nombre de gardes nationales qu'il jugera nécessaire.

13. Lorsque les gardes nationales légalement requises sortiront de leurs foyers pour aller contre l'ennemi extérieur, elles seront payées par le Trésor public, et passeront sous les ordres du Roi.

14. Les gardes nationales marchant en corps ne seront point individuellement incorporées dans les troupes de ligne, mais elles marcheront toujours avec leurs drapeaux, ayant à leur tête les officiers de leur choix, sous le commandement du chef supérieur.

15. Aucun officier des gardes nationales ne pourra, dans le service ordinaire, faire distribuer des cartouches aux citoyens armés, si ce n'est en cas de réquisition précise, à peine de demeurer responsable des évènemens.

16. Tous les dimanches, pendant les mois d'avril, mai, juin, septembre et octobre, ou pendant les cinq mois de l'année qui seront déterminés par les administrations ou directoires de département, les citoyens se rassembleront par communes, ou, dans les villes au-dessus de 4,000 ames, par sections, pour être exercés suivant l'instruction arrêtée à cet effet, et qui a été distribuée dans les départemens.

Tous les premiers dimanches des mêmes mois, ils se rassembleront par bataillons dans le chef-lieu de canton, pour y apprendre l'ensemble des marches et évolutions militaires et tirer à la cible. Les administrations de département détermineront avec économie la dépense de ces rassemblemens et exercices.

Il sera donné chaque fois au meilleur tireur un prix d'honneur dont la valeur n'excédera pas six livres, et dont les fonds seront faits par compagnie, pour l'année entière.

17. Les citoyens actifs qui se présenteront à une assemblée de commune, assemblée primaire, assemblée électorale, ou toute autre assemblée politique, avec des armes de quelque espèce qu'elles soient, seront avertis de se retirer, par le président et autres officiers, et toute délibération sera à l'instant interrompue jusqu'à ce qu'ils soient sortis.

18. Les fusils et mousquets de service, et le surplus de l'armement, délivrés des arsenaux de la nation, étant une propriété publique, le nombre en sera constaté par chaque municipalité, et les citoyens qui en seront dépositaires seront tenus d'en faire la représentation tous les trois mois en bon état, et toutes les fois que la municipalité le requerra, ou d'en payer la valeur.

19. Le drapeau de chaque bataillon sera déposé chez le commandant du bataillon : les flammes des compagnies seront déposées chez les capitaines.

20. Le serment fédératif sera renouvelé chaque année dans le chef-lieu du district, le 14 juillet, jour anniversaire de la fédération générale.

21. Il ne sera fait à l'avenir aucune fédération particulière : tout acte de ce genre est déclaré un attentat à l'unité du royaume et à la fédération constitutionnelle de tous les Français.

Section IV. De l'ordre du service.

Art. 1er. L'ordre et le rang des bataillons, des compagnies de chaque bataillon, des pelotons, sections et escouades de chaque compagnie, étant réglés par le sort tous les ans, ainsi qu'il est dit en l'art. 12 de la section II, l'ordre de service sera déterminé sur cette base toutes les fois qu'il faudra rassembler et mettre en marche des bataillons de gardes nationales.

2. Les bataillons seront formés d'un nombre égal d'escouades tirées de chacune des compagnies. ✿

3. Le tour commencera toujours par la première escouade de la première compagnie du premier bataillon, et continuera par la quatrième escouade de la deuxième compagnie, jusqu'à la première escouade de la dernière compagnie du dernier bataillon, et toutes ces escouades composeront huit compagnies qui formeront un bataillon.

4. S'il faut un second bataillon, le tour de service sera repris dans le même ordre, à

l'escouade où le précédent tour du service se sera arrêté.

5. Chaque bataillon ainsi formé sera divisé de la même manière que les bataillons primitifs des gardes nationales et sur le pied du taux moyen, quant au nombre des hommes ; il en sera de même des compagnies.

6. Il y aura, parmi les officiers de chaque grade, un rang de piquet réglé par le sort, et l'adjudant général en tiendra note.

7. Les officiers de chaque grade seront appelés au commandement des compagnies, bataillons et détachemens, suivant le rang dont il vient d'être parlé.

8. Il y aura, dans le détachement par compagnies et escouades, le même nombre d'officiers que dans l'organisation primitive.

9. Les mêmes règles seront suivies dans chaque canton pour les petits détachemens ; les escouades seront tirées à tour de rôle de chaque compagnie du bataillon, de la manière qui vient d'être expliquée.

10. S'il est nécessaire de rassembler deux ou trois compagnies, elles seront formées par d'autres escouades commandées pareillement à tour de rôle, en commençant au point où le précédent tour de service se sera arrêté.

11. Les compagnies ainsi formées seront commandées par le même nombre d'officiers déterminés pour l'organisation primitive, et pris à tour de rôle, aux termes de l'art. 6.

12. En cas d'invasion ou d'alarme subite dans une commune, les citoyens marcheront par compagnies, pelotons, sections ou escouades, tels qu'ils ont été primitivement formés, sous les ordres de leurs capitaines, lieutenans, sous-lieutenans, sergens, caporaux ou anciens, sur la première réquisition qui leur en sera faite par le corps municipal.

13. Les patrouilles, soit ordinaires, soit extraordinaires, se feront dans les villes, selon le même tour de rôle, par demi-escouades ou par escouades tirées des diverses compagnies, en reprenant toujours le rang de service au point où le précédent s'est arrêté.

Section V. De la discipline des citoyens servant en qualité de gardes nationales.

Art. 1er. Ceux qui seront élus pour commander dans quelque grade que ce soit se comporteront comme des citoyens qui commandent à des citoyens.

2. Chacun de ceux qui font le service de la garde nationale, rentrant, à l'instant ou chaque service est fini, dans la classe générale des citoyens, ne sera sujet aux lois de la discipline que pendant la durée de son activité.

3. Le chef médiat ou immédiat, quel que soit son grade, n'ordonnera de rassemblement que lorsqu'il aura été requis légalement ; mais les citoyens se réuniront à l'ordre

de leur chef, sans aucun retard, sauf la responsabilité de celui-ci.

4. S'il arrivait néanmoins que quelques-uns des citoyens inscrits, distribués par compagnie, ne se présentassent ni par eux-mêmes, ni par des soldats-citoyens de la même compagnie, aux ordres donnés par les chefs médiats ou immédiats, ceux-ci ne pourront user d'aucun moyen de force, mais seulement les déférer aux officiers municipaux, qui les soumettront à la taxe de remplacement, comme il est dit ci-dessus.

5. Tant que les citoyens sont en état de service, ils sont tenus d'obéir aux ordres de leurs chefs.

6. Ceux qui manqueraient, soit à l'obéissance, soit au respect dû à la personne des chefs, soit aux règles du service, seront punis des peines de discipline.

7. Les peines de discipline seront les mêmes pour les officiers, sous-officiers et soldats, sans aucune distinction.

8. La simple désobéissance sera punie des arrêts, qui ne pourront excéder deux jours.

9. Si elle est accompagnée d'un manque de respect ou d'une injure envers les officiers ou sous-officiers, la peine sera des arrêts pendant trois jours, ou de la prison pendant vingt-quatre heures.

10. Si l'injure est grave, le coupable sera puni de huit jours d'arrêts ou de quatre jours de prison.

11. Pour manquement au service ou à l'ordre, la peine sera d'être suspendu de l'honneur de servir depuis un jour jusqu'à trois.

12. La sentinelle qui abandonnera son poste sera punie par huit jours de prison: le détachement qui abandonnerait le poste qui lui serait confié sera puni de quatre jours de prison. Si le commandant ne pouvait justifier qu'il a fait tout ce qu'il a pu pour conserver le poste, il sera puni de deux fois vingt-quatre heures de prison; s'il l'avait abandonné, il sera également puni de deux fois vingt-quatre heures de prison et destitué.

13. Celui qui troublera le service par des conseils d'insubordination sera condamné à sept jours de prison.

14. Ceux qui ne se soumettront pas à la peine prononcée seront notés sur le tableau des gardes nationales, et par suite suspendus de l'exercice des droits de citoyen actif jusqu'à ce qu'ils viennent exprimer leur repentir et subir la peine imposée; et néanmoins ceux qui seront soumis à la taxe seront tenus de la payer.

15. Il sera créé, pour chaque bataillon, un conseil de discipline, lequel sera composé du commandant en chef, des deux capitaines les plus âgés, du plus âgé des lieutenans, des deux plus âgés des sous-lieutenans, du plus

âgé des sergens, des deux plus âgés des caporaux, et des quatre fusiliers les plus âgés dans chacune des compagnies, lesquelles les fourniront alternativement de six mois en six mois, par tour de quatre. Ce conseil s'assemblera, par ordre du commandant en chef, toutes les fois qu'il sera nécessaire; le commandant le présidera.

16. Ce conseil est la seule assemblée dans laquelle les gardes nationales pourront exercer, en cette qualité, le droit de délibérer; et ils ne pourront y délibérer que sur les objets de la discipline intérieure.

17. Ceux qui croiront avoir à se plaindre d'une punition de discipline pourront, après avoir obéi, porter leurs plaintes à ce conseil, qui ne pourra en aucun cas prononcer, contre ceux qui auront tort, aucune peine plus forte que celles qui sont établies dans la présente section.

18. Tout délit, tant militaire que civil, qui mériterait de plus grandes peines, ne sera plus réprimé par les lois de la discipline, mais rentrera sous la loi générale des citoyens, et sera déféré au juge-de-paix, soit pour être soumis, sauf l'appel, aux peines de police, soit pour être renvoyé au tribunal criminel, s'il y a lieu.

19. Lorsqu'il y aura rassemblement de gardes nationales pour marcher hors de leurs districts respectifs, elles seront soumises aux lois décrétées pour le militaire.

Articles généraux.

Art. 1er. Les chefs et officiers de légions, commandans de bataillons, capitaines et officiers des compagnies, seront responsables à la nation de l'abus qu'ils pourront faire de la force publique, et de toute violation des articles du présent décret qu'ils auront commise, autorisée ou tolérée.

2. Les administrations et directoires de département veilleront, par eux-mêmes et par les administrations et directoires de district, sur l'exécution du présent décret, et seront tenus, sous leur responsabilité, de donner connaissance au Corps-Législatif de tous les faits de contravention qui seraient de nature à compromettre la sûreté ou la tranquillité des citoyens, sans préjudice de l'emploi provisoire de la force publique dans tous les cas où cette mesure serait nécessaire au rétablissement de l'ordre.

---

29 SEPTEMBRE = 6 OCTOBRE 1791. — Décret sur la nouvelle organisation du notariat et sur le remboursement des offices de notaires (L. 6, 85; B. 18, 749; Mon. du 17, 22, 24 et 30 septembre 1791.)

Voy. Ordre du jour du 7 MARS 1793 et du 26 MAI 1793. *Voy.* lois du 14 MARS 1793; du 18 BRUMAIRE an 2; du 19 BRUMAIRE an 4; arrêté du 9 BRUMAIRE an 5 et 2 VENDÉMIAIRE an

7 ; avis du Conseil-d'État du 17 PLUVIOSE an 9 ; loi du 25 VENTOSE an 11.

TITRE Ier. Suppression des notaires royaux et autres, et création des notaires publics.

SECTION Ire. Suppression des notaires royaux et autres.

Art. 1er. La vénalité et l'hérédité des offices royaux de notaires, tabellions, notaires-clercs aux inventaires, notaires connus en quelques lieux sous le nom de greffiers, ou sous toute autre dénomination que ce soit, sont abolies (1).

2. Les offices de notaires ou tabellions authentiques, seigneuriaux, apostoliques, et tous autres offices du même genre, sous quelque dénomination qu'ils existent, sont supprimés.

3. Ces divers officiers seront remplacés par des notaires publics, dont l'établissement sera formé, pour le présent et pour l'avenir, ainsi qu'il sera dit ci-après.

4. Jusqu'à la formation dudit établissement, les officiers supprimés par les articles 1 et 2 seront libres de continuer provisoirement leurs fonctions dans l'étendue de leur ancien arrondissement.

5. Les actes qui, jusqu'à la publication du présent décret, auraient été reçus par lesdits officiers hors des limites de leur ancien arrondissement, ne pourront être attaqués pour cause d'incompétence.

SECTION II. Création des notaires publics.

Art. 1er. Il sera établi, dans tout le royaume, des fonctionnaires publics chargés de recevoir tous les actes qui sont actuellement du ressort des notaires royaux et autres, et de leur donner le caractère d'authenticité attaché aux actes publics.

2. Ces fonctionnaires porteront le nom de *Notaires publics* ; ils seront institués à vie, et ils ne pourront être destitués que pour cause de prévarication préalablement jugée.

3. L'exercice des fonctions de notaire public sera incompatible avec celui des fonctions d'avoué et de greffier et avec la recette des contributions publiques.

4. Provisoirement, et jusqu'à la confection du Code civil, les actes des notaires publics seront reçus dans chaque lieu suivant les anciennes formes ; et néanmoins, dans les lieux où la présence de deux notaires était textuellement requise et déclarée suffisante pour certains actes, ils pourront être reçus par un seul notaire public et deux témoins (2) âgés de vingt-un ans, sachant signer, et ayant d'ailleurs les autres qualités requises par les coutumes et ordonnances.

5. Les notaires ne pourront instrumenter sans connaître le nom, l'état et la demeure des parties, ou sans qu'ils leur soient attestés dans l'acte par deux citoyens ayant les mêmes qualités que celles requises pour être témoin instrumentaire.

6. A moins d'empêchement légitime, les notaires publics seront tenus de prêter leur ministère lorsqu'ils en seront requis : ils feront, au surplus, observer dans les conventions les lois qui intéressent l'ordre public ; et, tant à cet égard qu'en ce qui concerne la conservation des minutes et généralement l'exercice de leurs fonctions, ils se conformeront aux anciennes ordonnances et réglemens concernant les notaires royaux, jusqu'à ce qu'il ait été autrement statué par le pouvoir législatif.

7. Les notaires pourront, sur la seule réquisition d'une partie intéressée, représenter dans les inventaires, ventes, comptes, partages et autres opérations amiables, les absens qui n'auront pas de fondés de procurations spéciales et authentiques ; mais ils ne pourront en même temps instrumenter dans lesdites opérations.

8. Le nombre et le placement de ces fonctionnaires seront déterminés, pour chaque département, par le Corps-Législatif, d'après les instructions qui lui seront adressées par les directoires desdits départemens.

9. Pour les villes, la population, et pour les campagnes, l'éloignement des villes et l'étendue du territoire combinés avec la population, seront les principales bases de l'établissement des notaires publics.

10. Les notaires publics seront tenus de résider dans les lieux pour lesquels ils auront été établis.

11. Ils ne pourront exercer leurs fonctions hors des limites des départemens dans lesquels ils se trouveront placés ; mais tous ceux du même département exerceront concurremment entre eux dans toute son étendue.

---

(1) Le bail d'un office de notaire consenti avant la loi de 1791, qui en a prononcé la suppression, est annulé (comme étant sans cause) par la promulgation de cette loi ; peu importe que postérieurement le preneur soit maintenu dans les fonctions de notaire, par une nomination du Gouvernement (7 septembre 1814 ; Cass. S. 16, 1, 318).

(2) Un individu ne peut être considéré comme clerc de notaire et par suite être déclaré incapable d'être témoin, par cela seul qu'il s'occupe dans son étude, si ses principales occupations sont étrangères au notariat (20 mars 1811, Bruxelles ; S. 11, 2, 316). *Voy.* tit. 4, art. 3, n° 3.

Un seul témoin signataire, sur deux présens, ne peut pas suffire à la validité d'une obligation reçue par un notaire (25 fructidor an 10 ; S. 4, 1, 75).

12. Ils prendront en conséquence la qualité de *notaires publics établis pour le département de*....... *à la résidence de la ville ou du bourg de*.......

13. Les actes des notaires publics seront exécutoires dans tout le royaume, nonobstant l'inscription de faux, jusqu'à jugement définitif.

14. A cet effet, leurs grosses ou expéditions exécutoires seront intitulées de la formule suivante : (le nom du Roi) *par la grace de Dieu et la loi constitutionnelle de l'État, Roi des Français, salut. Savoir faisons que par devant*, etc. Et elles seront terminées, immédiatement, avant la date, par cette autre formule : *Mandons que les présentes soient mises à exécution par qui il appartiendra* (1).

15. Et, néanmoins, lorsque ces actes devront être mis à exécution hors du département dans lequel ils auront été passés, les grosses ou expéditions seront en outre légalisées par l'un des juges du tribunal d'immatriculation du notaire public qui les aura délivrés, sans qu'il soit besoin d'aucun autre scel ni de *visa*.

16. Il sera déposé par chaque notaire public, à titre de garantie des faits de ses fonctions, un fonds de responsabilité en deniers, dont le versement se fera entre les mains des receveurs de district, qui en feront aussitôt la remise au Trésor national.

Les notaires n'en recevront aucun intérêt; mais ils seront exempts de tous droits de patentes.

17. Ce fonds de responsabilité demeure dès à présent fixé, savoir :

Pour les notaires publics de la ville de Paris, à 40,000 liv.; pour ceux des villes de soixante mille ames et au-dessus, à 15,000 liv.; pour ceux des villes de quarante à soixante mille ames, à 8,000 liv.; pour ceux des villes de vingt à quarante mille ames, à 4,000 liv.; pour ceux des villes de dix à vingt milles, à 3,000 livres ; pour toutes les autres villes, bourgs ou villages, à 2,000 liv.

18. Il sera délivré à chaque notaire public une reconnaissance du montant de son dépôt; et, lors des démissions ou des décès, le capital de ces reconnaissances sera remboursé au notaire public démis, ou à l'héritier du décédé, par le sujet qui aura été nommé pour le remplacer, en justifiant qu'il n'existe pas d'empêchement entre les mains du conservateur des oppositions.

19. Et dans le cas où, après la démission ou le décès d'un notaire public, il n'y aurait pas lieu de pourvoir à son remplacement, le remboursement dudit fonds de responsabilité lui sera fait ou à ses héritiers par le Trésor public, dans l'année de la démission ou du décès.

TITRE II. Établissement des notaires publics.

Art. 1er. Les notaires publics seront à l'avenir, nommés et institués dans les formes prescrites par le titre IV de ce décret, mais leur premier établissement sera fait d'après les dispositions suivantes.

2. Les notaires ou tabellions royaux qui, à l'époque de cet établissement, se trouveront en exercice, soit en vertu de provisions, soit en vertu de commissions émanées du sceau, et tous les autres officiers supprimés par les articles 1er et 2 de la première section du titre Ier, seront, dans chaque département, considérés sous trois classes :

1° Les notaires royaux résidant actuellement dans les lieux où il sera établi des notaires publics, et les notaires seigneuriaux des mêmes lieux, lorsqu'ils tenaient à une juridiction seigneuriale ayant son principal siége dans cette résidence, et ressortissant nuement à une cour souveraine;

2° Les notaires royaux qui résident actuellement dans les lieux où il ne sera pas établi de notaires publics;

3° Les notaires seigneuriaux autres que ceux désignés dans la première classe.

3. Les notaires de la première classe seront admis de préférence à se faire recevoir notaires publics dans les lieux où ils résident, mais ils ne pourront, dans aucun cas, opter une autre résidence.

Quel que soit leur nombre, ils seront tous admis à exercer, et ne seront point tenus de se réduire. Leur réduction ne s'opérera que par mort ou démission.

4. En conséquence, après la fixation des chefs-lieu de résidence et du nombre des notaires publics, le procureur-général-syndic de chaque département fera notifier dans tout le département aux notaires de la première classe, en la personne du plus ancien d'entre eux dans chaque résidence, qu'ils aient à lui déclarer dans le mois de cette notification, et chacun individuellement, s'ils veulent être confirmés dans l'exercice de leurs fonctions, en qualité de notaires publics.

5. Ceux desdits notaires qui, dans ce délai, n'auront pas envoyé d'acceptation, seront présumés avoir renoncé à leurs droits; leurs places, de même que celles des notaires qui auront donné un refus formel, seront

_____

(1) Sous le régime des lois de la révolution, un titre n'a pu être déclaré non exécutoire par cela seul qu'il n'était pas revêtu de la formule prescrite par la présente loi (21 vendémiaire an 11 ; Cass. S. 3, 2, 503). — *Idem*, 25 mai 1807; Cass. S. 7, 2, 747 ; *Idem*, S. 8, 1, 487).

comprises dans le tableau des places vacantes, si le nombre n'est pas complet; et, dès l'expiration du mois, ils seront irrévocablement déchus de toute préférence.

6. Immédiatement après ledit délai, le directoire du département vérifiera les acceptations remises; et, pour les lieux où le nombre de ces acceptations complétera ou lors même qu'il excéderait celui requis, le tableau nominatif des acceptans sera dressé suivant l'ordre de leur ancienne réception en qualité de notaires.

7. Si, au contraire, en certains lieux, le nombre des acceptations se trouve insuffisant, il sera complété ainsi qu'il suit.

8. Les notaires de la seconde classe et ceux de la troisième pourront se présenter pour remplir les places de notaires publics vacantes dans diverses résidences du département, en désignant la résidence à laquelle ils demanderont à être attachés.

9. En conséquence, après le premier placement qui aura été fait en conformité des articles 3 et 4, le directoire du département fera publier et afficher dans son arrondissement le tableau des places vacantes, soit dans les résidences nouvellement créées, soit dans les résidences conservées et où le nombre des notaires ne sera pas complet.

10. Dans le mois après cette publication, les notaires de la seconde et de la troisième classe qui voudront occuper des places de notaires publics, seront tenus d'adresser au procureur-général-syndic du département leurs déclarations portant désignation de la résidence dans laquelle ils demandent à être placés.

Seront d'abord préférés les notaires de la seconde classe; ensuite, parmi les notaires de la troisième, seront préférés ceux qui demeuraient dans le lieu où une résidence de notaire public aura été établie.

Les notaires, ainsi appelés par degré à occuper des places de notaires publics, seront admis suivant l'ancienneté de leur exercice, jusqu'à ce que le nombre fixé soit rempli.

11. Ceux qui, dans le délai d'un mois, n'auront pas fait leur déclaration, seront censés avoir renoncé à leur droit, et ne pourront plus se faire inscrire pour les places vacantes.

12. Les notaires qui n'auront pu être placés dans la résidence par eux désignée pourront en indiquer une autre dans laquelle il y aurait encore des places vacantes, et ainsi de suite, jusqu'à ce que toutes les résidences du département soient complètes; et les mêmes règles de préférence et d'ancienneté seront observées dans ce cas comme dans ceux ci-dessus spécifiés.

13. Immédiatement après le premier placement et le placement successif, le tableau nominatif des notaires publics attachés à chaque résidence, sera envoyé par le procureur-général-syndic au commissaire du Roi près le tribunal dans l'arrondissement duquel sera le chef-lieu de résidence de ces notaires publics.

Et à l'égard des villes où il existe plusieurs tribunaux judiciaires, cet envoi sera fait au commissaire près celui desdits tribunaux dans le ressort duquel la maison municipale se trouve située.

14. Dans le délai de deux mois à compter du jour de la réquisition qui en sera faite à chacun d'eux par le commissaire du Roi, les officiers inscrits sur le tableau seront tenus d'effectuer le dépôt de leur fonds de responsabilité, de se retirer par-devers le Roi à l'effet d'obtenir une commission, et de se présenter au tribunal pour y être reçus en qualité de notaires publics.

La commission du Roi ne pourra leur être refusée, en justifiant par eux du dépôt de leurs fonds de responsabilité, et elle rappellera, au surplus, la date de leur ancienne réception.

15. Sur la représentation de cette commission, ils seront admis devant le tribunal, pour consigner, au bas du procès-verbal qui sera dressé à cet effet, la signature et paraphe dont ils entendent se servir dans l'exercice de leurs fonctions, et prêter le serment prescrit par l'article dernier du titre IV.

16. Il sera remis à chacun d'eux un extrait de ce procès-verbal, lequel extrait leur servira d'institution et réception, et, de ce jour seulement, ils prendront la qualité de notaires publics, et auront le droit d'exercer dans tout le département.

17. Faute par lesdits notaires d'avoir rempli, dans le délai de deux mois, les formalités prescrites par les articles 14 et 15, leurs places seront réputées vacantes; et, sur l'avis qui en sera donné au directoire du département par le commissaire du Roi, il sera pourvu à leur remplacement.

18. Lorsque tous les notaires de la seconde et de la troisième classe inscrits pour devenir notaires publics, seront placés, ou lorsque, n'ayant pu l'être dans les résidences qu'ils auront désignées, ils n'auront pas fait de désignation nouvelle, s'il y a encore des places vacantes, il y sera pourvu suivant les formes qui vont être établies par le titre IV de ce décret.

19. Dans chaque département, après la clôture du placement des notaires publics, le directoire enverra aux commissaires du Roi auprès des divers tribunaux de son ressort un état nominatif des anciens notaires royaux ou autres qui, par refus formel, par défaut d'acceptation ou par toute autre cause, ne se trouveront pas compris dans le nouvel établissement.

Cet état sera publié et affiché sans délai, à la diligence desdits commissaires du Roi, tant dans les nouvelles que dans les anciennes résidences de notaires de leurs arrondissemens respectifs ; et, huitaine après cette publication, tous les anciens notaires non placés seront tenus de cesser l'exercice de leurs fonctions, à peine de faux et de nullité.

20. Et à l'égard des notaires admis dans le placement, mais qui s'en trouveraient déchus aux termes de l'article 17, ils seront tenus pareillement et sous les mêmes peines de cesser leurs fonctions, huitaine après l'injonction qui leur en sera faite par le commissaire du Roi.

TITRE III. De la conservation et du dépôt des minutes d'actes des notaires.

Art. 1er. Les minutes dépendant des offices de notaires royaux et autres supprimés par le titre 1er de ce décret, seront mises en la garde des notaires publics établis dans la résidence la plus prochaine du lieu de leur dépôt actuel.

2. En conséquence, les minutes actuellement conservées dans les lieux où il sera établi des notaires publics ne pourront en être déplacées, et celles qui se trouveront partout ailleurs seront portées dans le plus prochain chef-lieu de résidence de notaire public, en suivant, à cet égard, la démarcation par cantons.

3. A cet effet, après que le directoire de l'administration du département aura fait publier le tableau des notaires publics de chaque résidence, le directoire de l'administration du district dressera l'état des anciens offices, soit du lieu même, soit des lieux circonvoisins, dont les minutes doivent être remises auxdits notaires publics, et adressera cet état au commissaire du Roi du tribunal.

4. Les notaires royaux et autres devenus notaires publics dans les lieux où leurs minutes devront rester ou être apportées, en conserveront exclusivement le dépôt.

5. Les notaires qui auront cessé d'exercer, ou qui auront été placés dans une autre résidence que celle où leurs minutes doivent être déposées, ainsi que les héritiers des anciens titulaires décédés, pourront, dans un mois à compter du jour de la notification qui leur sera faite par le commissaire du Roi, remettre leurs minutes à celui des notaires publics qu'ils jugeront à propos de choisir parmi ceux établis dans le chef-lieu de résidence où les minutes devront être apportées, et faire sur les recouvremens telles conventions que bon leur semblera.

6. Mais, à défaut de remise dans le cours de ce délai, les possesseurs de ces minutes seront tenus de les déposer incontinent, avec les répertoires, entre les mains du plus an-

cien notaire public de cette résidence, lequel s'en chargera provisoirement sur son récépissé, après récolement et vérification.

Ils remettront en même temps un état des recouvremens à faire sur lesdites minutes, et seront tenus de déclarer par écrit s'ils veulent que lesdits recouvremens soient faits pour leur compte, ou s'ils préfèrent en céder la perception.

7. Au premier cas, les minutes et répertoires, ainsi que l'état des recouvremens, seront remis, après nouvelle vérification, à celui des notaires publics de la résidence qui offrira de se charger du tout et d'effectuer les recouvremens ; et, à défaut, ou en cas de concurrence, la remise en sera faite par la voie du sort.

8. Lorsque, au contraire, les anciens possesseurs auront déclaré vouloir céder les recouvremens, la possession des minutes sera adjugée, eu égard auxdits recouvremens, sur enchères entre les notaires publics de la résidence, par-devant le maire ou premier officier municipal.

Et néanmoins, si le prix de la dernière enchère est au-dessous des trois quarts du total des recouvremens, les possesseurs auront la faculté d'empêcher l'adjudication, en demandant que la perception des recouvremens soit faite pour leur compte ; et, dans ce cas, on suivra les règles prescrites par l'article 7 du présent titre.

9. Les minutes d'actes de notaires qui se trouveront contenues dans les bureaux de tabellionnage ou autres dépôts publics établis en certains lieux, y seront provisoirement conservées.

Celles qui peuvent exister encore dans les greffes des ci-devant justices seigneuriales seront, à la diligence des commissaires du Roi, remises incessamment aux greffes des tribunaux de district dans le ressort desquels elles sont actuellement en dépôt.

Les gardiens desdites minutes pourront en délivrer des expéditions, en se conformant aux ordonnances.

10. A l'égard des minutes existant dans les archives des ci-devant seigneurs ou entre les mains de toutes autres personnes privées, elles seront remises, avec les répertoires, s'il s'en trouve, au plus ancien notaire public de la résidence voisine, huitaine après la sommation qui en sera par lui faite aux possesseurs actuels, lesquels, à raison de cette remise, ne pourront exiger aucun remboursement ni indemnité.

11. Ces minutes seront d'abord classées en corps distincts, formés par la réunion des actes dépendant d'un même office ; et les corps complets seront ensuite distribués un par un, avec les répertoires, entre les notaires publics de la résidence, en commen-

çant par le plus ancien, et continuant jusqu'à l'entière distribution.

A l'égard des minutes qui se trouveront faire partie d'un corps déposé dans une autre résidence, elles seront immédiatement envoyées dans le lieu de ce dépôt, pour y être réunies.

12. Deux mois au plus tard après la distribution de ces corps de minutes anciennes, les notaires publics qui en auront reçu le dépôt seront tenus d'en faire la déclaration au greffe du tribunal dans le ressort duquel leur résidence se trouvera située, et d'indiquer en même temps le nom des divers notaires de qui lesdites minutes proviennent.

Ils dresseront, en outre, dans les six mois du dépôt, un répertoire exact des minutes, s'il n'en existait pas lors de la distribution.

13. Lors de la démission ou du décès des notaires publics au remplacement desquels il n'y aura pas lieu de pourvoir, les démettans ou les héritiers des décédés auront la faculté de remettre leurs minutes à l'un des notaires publics de la résidence, et de s'arranger pour les recouvremens, dans le délai d'un mois à compter de la démission et du décès; et, après ce délai, le commissaire du Roi auprès du tribunal poursuivra la remise des minutes entre les mains du plus ancien des notaires publics, pour être procédé à leur dépôt, ainsi qu'il a été dit par les articles 6, 7 et suivans (1).

14. A l'avenir, dans tous les cas où il y aura lieu au remplacement d'un notaire public par démission ou décès, les minutes passeront à son successeur, et la remise lui en sera faite, sauf à tenir compte des recouvremens.

15. L'évaluation des recouvremens sera faite de gré à gré, s'il est possible, sinon par deux notaires choisis de part et d'autre parmi ceux de la résidence du notaire démettant ou décédé, et, à leur défaut, parmi ceux de la résidence la plus voisine; lesquels appréciateurs, en cas de diversité d'avis, prendront un autre notaire de la résidence, pour les départager.

16. A compter du 1er janvier 1793, les notaires seront tenus de déposer, dans les deux premiers mois de chaque année, au greffe du tribunal de leur immatriculation, un double

par eux certifié du répertoire des actes qu'ils auront reçus dans le cours de l'année précédente, à peine de 100 livres d'amende par chaque mois de retard (2).

TITRE IV. Nouvelle forme de nomination et d'institution des notaires publics.

Art. 1er. Les places de notaires publics ne pourront être occupées à l'avenir que par des sujets antérieurement désignés dans un concours public, qui aura lieu à cet effet le 1er de septembre de chaque année, dans les villes chefs-lieux de département.

Le premier concours se fera extraordinairement le 1er mars prochain.

2. Les juges du concours seront au nombre de neuf, savoir : deux membres du tribunal établi dans le lieu où se fera le concours, le commissaire du Roi près le même tribunal, deux membres du directoire du département, le procureur-général-syndic, et trois notaires publics de la ville, pris par ordre d'ancienneté, à tour de rôle.

3. Dans les villes où il se trouvera plusieurs tribunaux, les juges et les commissaires du Roi seront pris alternativement dans chacun d'eux, en commençant par le numéro 1er pour le premier concours.

4. Pour être admis à concourir, il faudra : 1° Avoir satisfait à l'inscription civique, en quelque lieu du royaume que ce soit : 2° Etre âgé de vingt-cinq ans accomplis ; 3° Avoir travaillé pendant huit années sans interruption, savoir : pendant les quatre premières, soit dans les études des ci-devant procureurs ou des avoués, soit dans les études de notaire, en quelque lieu que ce soit du royaume ; mais nécessairement, pendant les quatre dernières, en qualité de clerc de notaire dans l'étendue du département où le concours aura lieu, et y être actuellement employé en cette qualité.

Les juges et les hommes de loi remplissant les deux premières conditions et exerçant depuis cinq ans, dont trois au moins dans l'étendue du département, seront pareillement admis au concours.

5. Dans le mois qui précédera le concours, lequel, après celui du 1er mars prochain, se fera toujours le 1er septembre, sans avoir

---

(1) Le remplaçant d'un notaire décédé n'a pas droit aux minutes du défunt (26 nivose an 12; S. 4, 2, 66).

(2) Le successeur d'un notaire n'est pas tenu de déposer au greffe le répertoire des actes reçus par son prédécesseur, comme il y est tenu pour les actes reçus par lui-même (7 décembre 1820; Cass. S. 21, 1, 343).

Voy. loi du 16 floréal an 4.

Voy. loi du 16 juin 1824, art 10.

Le notaire qui, pour le dépôt du double de son répertoire au greffe, est en retard d'un ou deux jours, est passible de la peine que la loi inflige, de 100 fr. pour un mois de retard (6 juin 1809; Cass. S. 10, 1, 257).

Lorsque les notaires ne déposent pas les doubles de leurs répertoires dans les deux premiers mois de l'année, ils encourent l'amende, encore que le mois de retard ne soit pas expiré ; il suffit que le mois soit commencé (12 juin 1811; Cass. S. 11, 1, 267).

besoin d'être annoncé ni proclamé, et sans que, sous aucun prétexte, il puisse être retardé ou n'avoir pas lieu, tous ceux qui désireront être admis audit concours remettront au commissaire du Roi, désigné par l'un des juges, les titres et certificats servant à constater les qualités et conditions ci-dessus requises; et les clercs rapporteront en outre, avec les certificats d'études qui leur auront été délivrés par les divers officiers chez lesquels ils les auront faites, des attestations de leur vie et mœurs, signées par lesdits officiers, et dûment légalisées.

6. Les ci-devant notaires royaux qui, après avoir fait les déclarations prescrites par le titre II, n'auront pu être employés lors du prochain établissement, seront dispensés du concours; et ils pourront, sur leur demande, être inscrits en premier ordre, et en suivant entre eux le rang de leur réception, sur le premier tableau de candidats qui sera dressé.

7. Mais ceux desdits notaires royaux qui n'auront fait aucune déclaration, ainsi que les notaires ci-devant seigneuriaux qui n'auraient pas été placés, soit qu'ils aient ou non demandé à l'être, seront simplement admis à concourir sur la seule énonciation et justification de leur ancienne qualité.

8. Les juges qui procéderont à l'examen commenceront par vérifier les titres de sujets qui se présenteront, pour savoir s'ils remplissent les conditions requises.

Les sujets qui rempliront ces conditions seront seuls admis à l'examen : il consistera dans un interrogatoire fait à chacun séparément sur les principes de la constitution, les fonctions et les devoirs de notaire public, et dans la rédaction d'un acte dont le programme sera donné par les juges, et rempli sans déplacer par les aspirans.

9. La capacité des sujets sera jugée à la majorité absolue des voix.

10. Ceux qui seront ainsi reconnus capables seront déclarés, par les juges de l'examen, habiles à remplir les fonctions de notaires publics, et inscrits aussitôt sur un tableau, suivant le nombre des voix qu'ils auront eues pour leur admission. En cas d'égalité de suffrages pour deux ou pour plusieurs aspirans, ils seront inscrits sur le tableau à raison de leur temps d'étude ou d'exercice, et, en cas d'égalité de temps, à raison de leur âge.

11. Ce tableau sera continué chaque année de la même manière. Il restera affiché dans la principale salle de l'administration du département, et sera envoyé par le procureur-général-syndic à tous les tribunaux du ressort, pour y être pareillement affiché.

12. Jusqu'à leur placement effectif, les sujets ainsi élus continueront sans interruption dans le département, savoir : les clercs, leurs études chez les notaires, et les autres, leurs fonctions de juges ou d'hommes de loi.

13. En cas de décès ou de démission, les sujets inscrits sur le tableau des admis auront droit à la place vacante, suivant la priorité de leur rang et la date d'inscription.

Néanmoins, les juges et les hommes de loi ne pourront prétendre aux places vacantes dans les résidences qui entraîneront un fonds de responsabilité de 15,000 liv. et au-dessus, qu'autant qu'il ne se trouvera aucun clerc desdites résidences inscrit sur le tableau.

14. En conséquence, lorsqu'une place de notaire public deviendra vacante, la municipalité de la résidence en donnera avis au directoire du département, lequel sera tenu de faire aussitôt annoncer cette vacance par proclamation et affiches dans tout son ressort, avec réquisition aux sujets inscrits d'envoyer leur acceptation dans le délai de quinze jours au procureur-général-syndic.

15. Après ledit délai, le directoire conférera la place vacante au premier par rang et date d'inscription de ceux qui, ayant droit de la requérir, auront donné leur acceptation ; et ceux qui les précédaient dans l'ordre, mais qui se seront trouvés en retard de fournir leur acceptation, ne pourront être admis à réclamation pour cette fois, sans néanmoins préjudicier à leurs droits pour l'avenir (1).

16. Il sera remis au sujet ainsi nommé un extrait du procès-verbal de sa nomination, et, avec cet extrait, il se pourvoira auprès du Roi à l'effet d'obtenir une commission, qui ne pourra lui être refusée, pourvu qu'il justifie préalablement du remboursement par lui fait à son prédécesseur ou héritier, du montant de son fonds de responsabilité et de ses recouvremens, ou d'arrangemens pris à ce sujet.

17. Après avoir obtenu la commission du Roi, le sujet se présentera au tribunal dans le ressort duquel sa résidence se trouvera placée.

18. Sur la représentation de l'extrait de son inscription au tableau, de sa nomination et de la commission du Roi, il sera admis à prêter le serment à l'audience publique, en rapportant aussi préalablement un certificat de sa continuation d'exercice ou d'étude depuis son inscription au tableau, et de ses vie et mœurs ; lequel certificat sera donné, pour les juges et hommes de loi, par le président du tribunal dans lequel ils auront exercé leurs fonctions, et pour les clercs, par les notaires chez lesquels ils auront travaillé.

___

(1) C'est à l'autorité administrative, et non à l'autorité judiciaire, qu'il appartient de décider si un notaire est incapable d'exercer ses fonctions (23 thermidor an 10 ; Paris, S. 2, 2, 300).

19. Dans le procès-verbal de ladite prestation de serment, le notaire public reçu consignera les signature et paraphe dont il entend se servir dans l'exercice de ses fonctions, et il ne pourra en employer d'autres, à peine de faux.

20. La formule du serment sera ainsi conçue : « Je jure sur mon honneur d'être fidèle « à la constitution et aux lois du royaume, « et de remplir mes fonctions avec exacti- « tude et probité. »

TITRE V. Remboursement des notaires royaux.

Art. 1er. Attendu que l'évaluation des offices de notaires au ci-devant Châtelet de Paris, faite en exécution de l'édit de 1771, est dans une disproportion immense avec la valeur effective desdits offices et accessoires, et que beaucoup de titulaires sont dans l'impossibilité de constater par pièces authentiques le montant de leurs acquisitions, il sera établi, pour le remboursement desdits notaires, un prix commun sur le prix des acquisitions faites par les soixante-dix derniers pourvus, tel qu'il se trouvera établi par traités, quittances et autres actes authentiques.

2. La masse de ces prix réunis, divisée par leur nombre, donnera le prix de chacun des cent treize offices de notaires.

3. Les titulaires des cent treize offices seront divisés en trois classes :

La première comprendra tous ceux qui ont été reçus antérieurement au 1er juillet 1771 ;

La seconde, tous ceux qui ont été reçus depuis le 1er juillet 1771 jusqu'au 1er juillet 1781 exclusivement ;

La troisième classe sera formée de tous ceux qui ont été reçus depuis le 1er juillet 1781 jusqu'à présent.

4. Sur le prix moyen, il sera retranché aux divers titulaires, tant pour les recouvremens et meubles d'études confondus dans leurs acquisitions, qu'à cause de leur temps d'exercice, savoir : un tiers aux titulaires de la première classe, un sixième aux titulaires de la seconde classe, et un douzième aux titulaires de la troisième classe, excepté toutefois ceux depuis le 1er janvier 1785, lesquels ne supporteront aucune déduction.

5. Ce qui restera du prix moyen pour les divers titulaires assujétis à une déduction, et la totalité pour ceux qui en sont affranchis, sera payé aux titulaires de chaque classe individuellement, tant à titre de remboursement qu'à titre d'indemnité, sans qu'ils puissent exercer aucune autre répétition, soit pour leurs offices, soit pour les taxes ou finances qu'ils ont pu fournir de leurs deniers, soit enfin pour les remboursemens qu'ils ont pu faire aussi de leurs deniers sur leurs emprunts collectifs.

6. Quant aux offices des notaires royaux des autres villes et départemens, ils seront distingués en deux classes :

1° Ceux qui ont été évalués en exécution de l'édit de 1771 ;

2° Ceux qui n'ont pas été évalués.

7. Il sera donné aux titulaires des offices de la première classe, tant pour remboursement que pour indemnité, d'abord le montant de l'évaluation, sans aucune déduction, et ensuite le surplus du prix de leur acquisition constaté par actes authentiques, à la déduction du prix des recouvremens, s'il est spécifié dans le contrat, et, s'il n'est pas déterminé, la déduction sera de moitié de ce qui restera du prix total de l'acquisition, l'évaluation prélevée.

Si le contrat ne porte aucune vente de recouvremens, le prix de l'acquisition sera remboursé en totalité, à moins que l'évaluation ne soit inférieure au tiers de ce prix, auquel cas il ne sera payé que le montant de l'évaluation, et deux tiers du prix porté au contrat.

8. A l'égard des titulaires des offices de la deuxième classe, ils recevront la totalité du prix de leur acquisition, établi par pièces authentiques, si le contrat ne porte aucune vente de recouvremens.

Mais, lorsqu'il y aura des recouvremens compris dans l'acquisition, le prix en sera aussi déduit, s'il est spécifié dans le contrat, et, s'il n'est pas déterminé, la déduction sera d'un sixième du prix total.

Et, à défaut de preuves authentiques du prix des acquisitions, il ne sera payé à ces derniers titulaires que le montant des finances versées dans le Trésor public.

9. Les dispositions du décret des 2 et 6 septembre 1790, et de l'article 24 du décret du 24 décembre suivant, relativement aux frais des provisions des officiers et aux dettes des compagnies, seront exécutées tant pour les notaires du ci-devant Châtelet de Paris, que pour les notaires des autres départemens.

10. Les intérêts courront, en faveur de chaque titulaire, à compter du jour de la remise des titres nécessaires pour sa liquidation.

11. Les fonds de responsabilité à fournir par les notaires royaux qui deviendront notaires publics demeureront compensés jusqu'à due concurrence avec les remboursemens qui leur seront dus pour leurs offices et accessoires ; et, à ce moyen, les privilèges et hypothèques dont les offices pourraient être chargés seront transférés, aussi jusqu'à due concurrence, sur les fonds de responsabilité, pour n'avoir lieu néanmoins que subordonnément à la garantie des fonctions desdits notaires.

12. Les notaires dont le remboursement s'élèvera au-delà du fonds de responsabilité déterminé ne recevront ce remboursement

qu'en déclarant s'ils se font inscrire sur le tableau des notaires publics, ou s'ils renoncent à exercer cet état : dans le premier cas, ce fonds de responsabilité leur sera retenu sur la somme qui leur reviendra ; dans le second, toute la somme leur sera remboursée.

13. Il pourra, au surplus, leur être délivré des reconnaissances applicables au paiement des domaines nationaux, dans la proportion et suivant les formes réglées pour d'autres officiers par les précédens décrets, lesquels décrets leur deviendront communs.

14. Ceux des notaires dont le remboursement sera inférieur au fonds de responsabilité recevront un certificat du montant de leur liquidation, et seront tenus de compléter ledit fonds de responsabilité un mois après entre les mains du receveur du district de leur résidence ; faute de quoi ils cesseront toutes fonctions, à peine de faux et de nullité.

15. Les anciens notaires appelés en troisième ordre à occuper, dans le prochain établissement, des places de notaires publics, et qui n'ont aucun remboursement à recevoir, seront, sous la même peine, tenus de fournir leurs fonds de responsabilité dans un mois après leur inscription sur le tableau des notaires publics.

16. Tous les notaires publics seront tenus de constater au commissaire du Roi du tribunal de leur résidence, qu'ils ont exécuté les dispositions contenues dans les articles 14 et 15 du présent titre.

29 SEPTEMBRE = 9 OCTOBRE 1791.—Décret contenant des articles additionnels aux décrets des 5 décembre 1790, 18 mai et 10 juin 1791, sur le timbre et l'enregistrement. (L. 6, 187 ; B. 18, 783 ; Mon. du 1er octobre 1791.)

Voy. loi des 6 = 7 SEPTEMBRE 1790.

Articles additionnels au décret du 5 = 19 décembre 1790.

Art. 1er. *Addition à l'article* 2. — Les pères qui viendront à l'administration et jouissance que quelques coutumes leur donnent, des biens appartenant aux enfans non émancipés, en vertu de la simple puissance paternelle, ne devront aucun droit, et il n'y aura pas lieu pour eux à la déclaration prescrite par l'article 2.

2. *Addition à l'article* 4. — La déduction accordée au propriétaire par l'article 4 aura lieu également en faveur de l'usufruitier.

3. *Addition à l'article* 8. — Lorsque les testamens n'auront pas été présentés à l'enregistrement dans le délai de trois mois après la mort des testateurs ou de l'ouverture des testamens, suivant l'article 8 du décret des 5 = 19 décembre dernier, les préposés de la régie pourront contraindre les notaires qui les auront reçus à les présenter au bureau, et poursuivre le paiement des droits contre les héritiers et légataires qui auront mis le testament à exécution.

Ne pourront, dans tous les cas, les héritiers et les légataires mettre à exécution, en tout ou en partie, les testamens avant qu'ils aient été enregistrés, à peine du double droit en cas de contravention.

4. *Addition à l'article* 9. — Les huissiers comme les notaires seront tenus, à défaut d'enregistrement des procès-verbaux de vente de meubles, ou autres actes sujets au droit proportionnel, de la restitution du droit, sans préjudice de l'amende de dix livres pour chaque omission.

5. *Addition à l'article* 10.—Toutes citations faites devant les juges-de-paix , sans distinction de celles faites par les huissiers ou par les greffiers, ne seront assujétis ni à la formalité, ni au droit d'enregistrement.

6. *Addition à l'article* 10. — Les jugemens des juges-de-paix seront enregistrés sur les minutes, lorsqu'ils contiendront transmission des biens immeubles, réels ou fictifs : les appositions des scellés , les inventaires , les émancipations , les actes de tutelle, faits par les juges-de-paix , seront aussi enregistrés. Les jugemens et expéditions des jugemens préparatoires des juges de-paix ne seront assujétis à aucune formalité. Les expéditions des jugemens définitifs et l'exploit de notification de ces jugemens seront enregistrés et assujétis au seul droit de cinq sous.

7. Les décisions des tribunaux de famille seront assujéties aux mêmes droits que les jugemens des tribunaux de district, sans pouvoir être assujéties à plus grands droits.

8. *Addition à l'article* 10. — Les certificats des bureaux de paix ne seront pas sujets à l'enregistrement.

9. *Addition à l'article* 11. — Les billets à ordre au porteur pourront n'être présentés à l'enregistrement qu'avec le protêt qui en aura été fait.

10. *Addition à l'article* 11.—Les actes passés en pays étranger ou dans les colonies seront sujets à la formalité de l'enregistrement dans tous les cas où les actes sous signatures privées y sont assujétis, et dans les mêmes délais et sous la même peine.

11. *Addition à l'article* 11. — La date des actes sous signatures privées ne pourra être opposée par preuve de prescription, contre la demande des droits ouverts par la transmission d'immeubles réels ou fictifs.

12. *Addition à l'article* 12. — Le délai de six mois , fixé par l'article 12 pour les déclarations, sera d'un an pour les héritiers, légataires ou donataires des personnes décédées hors du royaume ; et, pour les héritiers des absens, le délai de six mois ne commencera à courir que du jour qu'ils auront pris la suc-

cession; et, en cas de retour de l'absent, les droits seront restitués.

13. *Addition à l'article* 12. — Les rentes constituées et les rentes viagères seront à l'avenir assujéties, dans tout le royaume, aux droits d'enregistrement fixés sur les immeubles fictifs.

14. *Addition à l'article* 16. — Les notaires et autres officiers publics qui se trouveront en contravention aux dispositions des articles 10 et 11, seront assujétis à payer deux fois le montant des droits des actes qui n'auront point reçu la formalité de l'enregistrement.

15. *Addition à l'article* 17. — Les préposés ne pourront exiger des parties, pour les recherches et pour les extraits qui leur seront demandés, que dix sous par année indiquée, et cinq sous par extrait, y compris le papier timbré.

Ces extraits ne pourront être délivrés que sur une ordonnance du juge, lorsqu'ils ne seront pas demandés par quelqu'une des parties contractantes ou leurs ayant-cause.

16. *Addition à l'article* 25. — La prescription des droits dus sur des actes publics antérieurs au décret du 5 = 19 décembre dernier, et non insinués, aura lieu après cinq ans, à compter du jour de leur date.

17. *Addition à l'article* 25. — La forme de procédure prescrite par l'article 25 du décret du 5 = 19 décembre, sera suivie pour toutes les instances relatives aux domaines et droits dont la régie est réunie à celle de l'enregistrement (1).

18. Toutes les quittances de remboursement d'offices, dettes arriérées et autres créances sur le Trésor public, exceptées de la formalité et du droit d'enregistrement par le décret du 3 avril 1791, seront enregistrées dans le délai fixé par la loi, mais au simple droit de cinq sous pour simple formalité.

SUR LE TARIF.

Art. 1er. *Addition au* n° 3 *de la seconde section de la première classe.* — Les droits d'enregistrement sur les cautionnemens ne pourront, en aucun cas, excéder ceux perçus sur les dispositions qu'ils ont pour objet.

2. *Addition au* n° 6 *de la seconde section de la première classe.* — Les déclarations prescrites, à la seconde section de la première

classe, aux époux survivans, des biens dont ils recueillent l'usufruit, comprendront les biens meubles comme les immeubles.

3. *Addition au* n° 1er *de la sixième section de la première classe.* — Les droits sur les baux à vie, soit qu'ils soient sur une ou plusieurs têtes, sont fixés à quarante sous par cent livres, sur le capital au denier six.

4. *Addition au* n° 3 *de la septième section de la troisième classe.* — Les significations et déclarations d'appel des jugemens au tribunal de district qui doit juger en dernier ressort.

Addition au décret du 18 = 27 mai 1791.

Art. 1er. La remise de deux et deux tiers d'un pour cent accordée par le décret du 18 = 27 mai dernier, pour les receveurs des droits de la régie de l'enregistrement, sera répartie par les régisseurs entre tous les receveurs, dans la proportion qu'ils jugeront la plus convenable, à la charge par eux d'en faire arrêter le tableau par le ministre des contributions.

2. La régie est autorisée à augmenter les employés des bureaux de correspondance et à leur fixer des traitemens et remises relatifs à ceux des employés des mêmes grades actuellement en exercice, lesquels traitemens et remises seront pris sur la remise des treize vingt-quatrièmes d'un pour cent, accordés par le décret du 18 = 27 mai pour les frais des bureaux de correspondance.

Article additionnel au décret du 10 = 17 juin 1791.

Les registres ou minutes sur lesquels les greffiers de tous les tribunaux porteront les adjudications, les cautionnemens, les affirmations de voyages, les représentations et les défauts, les enregistremens et publications des testamens, donations, substitutions, des extraits des contrats déposés à l'effet d'obtenir les lettres de ratification, seront assujétis au timbre.

Les minutes des procès-verbaux d'apposition et levée des scellés, d'inventaire, d'émancipation, de tutelle et curatelle, seront assujétis au timbre.

Chacun des quatre-vingt-trois directeurs de l'enregistrement, domaines et droits réunis, sera tenu de demeurer dans la ville chef-lieu du département.

---

(1) Les actions du domaine autres que celles qui ont pour objet la perception d'un impôt indirect doivent, comme les actions ordinaires, subir deux degrés de juridiction (20 floréal an 11; S. 3, 2, 323).

Les contestations relatives au paiement des fermages des biens nationaux sont de la compétence de l'autorité judiciaire (S. 4, 2, 507).

Idem, S. 7, 2, 118.

En matière de contestations relatives aux fermages des biens nationaux, les tribunaux sont compétens toutes les fois qu'il s'agit, non de l'interprétation des baux, mais de l'application des lois sur les obligations respectives des parties.

Les actions relatives à la propriété des biens meubles contestés à l'État peuvent et doivent être exercées par les préfets (24 septembre 1807; décision du grand-juge; S. 7, 2, 290).

Voy. les notes sur la loi des 6, 7 = 11 septembre 1790.

29 SEPTEMBRE = 12 OCTOBRE 1791. — Décret
portant qu'il sera attaché un chirurgien à chaque bataillon de gardes nationales volontaires
en activité de service. (L. 6, 214; B. 18,
800.)

Art. 1er. Il sera attaché à chaque bataillon
de gardes nationales volontaires en activité
e service un chirurgien dout le traitement
sera fixé à quatre soldes par jour.

2. La nomination de ces chirurgiens sera
faite par le ministre de la guerre parmi des
sujets ayant servi au moins pendant deux ans
dans les hôpitaux.

29 SEPTEMBRE = 12 OCTOBRE 1791. — Décret
concernant les dépenses à faire pour l'établissement des tribunaux criminels. (L. 6, 225;
B. 18, 807.)

Art. 1er. Les dépenses nécessaires à l'établissement des tribunaux criminels seront
faites par le directoire du département: elles
ne pourront excéder 1,800 livres par chaque
tribunal, et 3,000 livres pour Paris.

2. Les juges de district qui se déplaceront
pour servir auprès des tribunaux criminels
recevront, en sus de leur traitement ordinaire, une indemnité égale au traitement
des juges du lieu où siège le tribunal criminel, à raison des trois mois de leur service.

3. Les accusateurs publics auront le même
costume que les juges, à l'exception des plumes, qui seront couchées autour de leur chapeau; ils porteront sur leur médaille ces
mots: La sûreté publique.

SEPTEMBRE = 12 OCTOBRE 1791.—Décret relatif au mode d'imposition pour les propriétaires de champarts et autres redevances annuelles. (L. 6, 231; B. 18, 798.)

L'Assemblée nationale, considérant que les
possesseurs de champarts, agriers, terrages,
cens, rentes et autres redevances annuelles,
qui n'ont pas d'autres biens, ou qui sont cotisés à raison de la totalité de leurs biens,
quoiqu'ils en aient une partie en champarts et
autres redevances, et que, pour cette partie,
la retenue du cinquième doive leur être faite
par les redevables, ne pourraient sans double
emploi payer, à raison des mêmes redevances, l'à-compte ordonné par le décret du 22
juin = 17 juillet dernier, et voulant prévenir
ce double emploi, décrète ce qui suit:

Les propriétaires de redevances annuelles
soumises à la retenue du cinquième sont autorisés à faire à leurs municipalités déclaration de la contenance et du produit des héritages et biens-fonds qu'ils possèdent dans le
territoire de la commune, à laquelle déclaration ils joindront la quittance du paiement
de la moitié de la contribution foncière desdits biens; et, vérification faite par la mu-

nicipalité de l'exactitude desdites déclarations, sur l'avis du directoire de district, ils
seront, par le directoire du département,
déchargés de payer l'à-compte de moitié de
la portion de contribution directe, qui aurait
eu rapport à leur revenu en rentes ou redevances sur lesquelles la retenue du cinquième leur a été ou leur sera faite par les redevables.

29 SEPTEMBRE = 12 OCTOBRE 1791. — Décrets
relatifs à la levée des scellés apposés sur les
livres et papiers de la chambre des comptes de
Paris. (L. 6, 268; B. 18, 776.)

L'Assemblée nationale autorise le directoire du département de Paris à faire procéder à la levée des scellés apposés sur les livres et papiers de la chambre des comptes,
et à nommer provisoirement des gardiens
qui veilleront à la conservation desdits livres
et papiers, et délivreront les expéditions qui
seront requises, conformément au décret
précédemment rendu pour l'expédition des
arrêts du ci-devant parlement de Paris.

29 SEPTEMBRE = 14 OCTOBRE 1791. — Décret
concernant la répartition et la fixation des
contributions foncière et mobilière pour l'année 1792. (L. 6, 282; B. 18, 791; Mon. du
1er octobre 1791.)

Art. 1er. La contribution foncière sera,
pour l'année 1792, de 240 millions, qui seront versés en totalité au Trésor public.

2. La contribution mobilière sera, pour
l'année 1792, de 60 millions, qui seront versés en totalité au Trésor public.

3. Il sera perçu, en outre du principal de
240 millions pour la contribution foncière,
un sou pour livre, formant un fonds de non-
valeur de 12 millions, dont 8 seront à la disposition de la législature, pour être employés
par elle en dégrèvemens ou secours pour les
départemens, et 4 seront à la disposition des
administrations de département pour être
employés par elles en décharges ou réductions, remises ou modérations.

4. Il sera perçu, en outre du principal de
60 millions pour la contribution mobilière,
2 sous pour livre, formant un fonds de non-
valeur, dont 3 millions à la disposition de la
législature, pour être employés par elle en
dégrèvemens ou secours pour les départemens, et 3 millions à la disposition des administrations de département, pour être employés par elles en décharges ou réductions,
remises ou modérations, conformément aux
mêmes articles.

5. Les départemens et les districts fourniront aux frais de perception et aux dépenses
particulières mises à leur charge par le décret de l'Assemblée nationale, au moyen de

sous et deniers additionnels en nombre égal sur les contributions foncière et mobilière.

6. Les municipalités fourniront pareillement à la rétribution et aux taxations de leurs receveurs, au moyen de deniers additionnels aux contributions foncière et mobilière.

7. Les décrets des 23 novembre = 1er décembre 1790, et 12 et 13 = 20 juillet 1791, relatifs à la contribution foncière, seront exécutés pour 1792.

8. L'Assemblée nationale législative déterminera, avant le 1er janvier 1792, la proportion avec le revenu net foncier au-delà de laquelle la cotisation ne devra pas s'élever; et tout contribuable qui justifierait que sa propriété a été cotisée à une somme plus forte que ce *maximum* aura droit à une réduction, en se conformant aux règles prescrites par le décret des 4 et 21 = 28 août 1791 sur les décharges et réductions.

9. L'Assemblée nationale législative déterminera aussi, à la même époque, le taux de la retenue à faire sur les rentes ci-devant seigneuriales foncières, perpétuelles ou viagères.

10. Les décrets des 13 janvier = 18 février et 27 mai = 3 juin 1791, relatifs à la contribution mobilière, seront exécutés pour 1792.

11. Aussitôt que les directoires de département auront reçu le présent décret, ils prépareront le répartement entre leurs districts de la portion contributive assignée à chaque département dans les contributions foncière et mobilière pour l'année 1792. Ce répartement sera définitivement arrêté par les conseils de département dans leur prochaine session, et les directoires enverront aussitôt aux directoires de district deux commissions séparées, qui fixeront le contingent de chaque district dans chacune des deux contributions.

La disposition du présent article n'autorisera point les conseils des départemens à rien changer au répartement de 1791, qui, aux termes du décret des 11 et 13 = 17 juin 1791, a dû être définitivement arrêté par les directoires.

12. Aussitôt que les commissions des directoires de département seront parvenues aux directoires de district, ceux-ci feront entre les communautés la répartition du contingent assigné à leur district, et enverront à ces communautés deux mandemens qui fixeront la quote-part de chacune dans les deux contributions.

13. La commission du directoire du département, pour chacune des deux contributions, contiendra par articles séparés la fixation:

1° Du principal des contributions, soit foncière, soit mobilière;

2° Des sous additionnels, au marc la livre du principal de l'une et de l'autre contribution, destinés aux fonds de non-valeurs, décharges, réductions, remises ou modérations;

3° Des sous et deniers additionnels qui seront nécessaires pour les dépenses à la charge du département.

14. Le mandement du directoire du district contiendra de même, par articles séparés, la fixation:

1° Du principal des contributions, soit foncière, soit mobilière;

2° Des sous additionnels destinés aux fonds de non-valeurs, décharges, réductions, remises ou modérations;

3° Des sous et deniers additionnels pour les frais et dépenses du département;

4° Des sous et deniers additionnels pour les frais et dépenses du district et taxations de son receveur.

15. Les préambules des rôles des contributions pour les communautés énonceront la fixation:

1° Du principal des contributions;

2° Des sous additionnels destinés aux fonds de non-valeurs, décharges, réductions, remises ou modérations;

3° Des sous et deniers additionnels pour le département;

4° Des sous et deniers additionnels pour le district;

5° Des deniers additionnels à répartir pour les taxations du receveur de la communauté.

16. Quant aux sous et deniers additionnels nécessaires aux communautés pour leurs charges et dépenses locales, ils seront rapportés par émargement sur la colonne du rôle à ce destinée, aussitôt après que l'état en aura été arrêté par les directoires de département, sur l'avis des directoires de district, et d'après la demande et l'examen des besoins des municipalités.

17. Les directoires de département pourront envoyer les inspecteurs ou visiteurs des rôles, créés par la loi du 9 octobre 1791, dans les communautés qui les demanderont et dans celles dont les matrices de rôles seraient en retard, pour les aider à parachever lesdites matrices de rôles.

18. Les principaux des contributions foncière et mobilière pour 1792 seront répartis entre les quatre-vingt-trois départemens du royaume, ainsi qu'il suit (1).

19. Les taxes de l'enregistrement, du timbre, des patentes et des douanes seront perçues en 1792 conformément aux différentes lois qui les ont établies et qui en ont réglé la perception.

_____

(1) *Voy.* la loi du 27 mai = 3 juin 1791; les deux répartitions sont faites de la même manière

20. La caisse de l'extraordinaire versera pendant l'année 1792 à la Trésorerie nationale la somme de 60 millions, pour tenir lieu du revenu des domaines nationaux, et celle de 35 millions, pour tenir lieu de la contribution patriotique.

29 SEPTEMBRE = 16 OCTOBRE 1791. — Décret qui conserve et supprime différentes places relatives à la marine. (L. 6, 390; B. 18, 782.)

Art. 1er. Les places d'inspecteur des constructions et de l'école des élèves ingénieurs de la marine, aux appointemens de 4,000 livres; d'ingénieur mécanicien, aux appointemens de 1,500 livres; de deux commissaires des chaînes, aux appointemens de 1,500 livres chacun; du garde des instrumens astronomiques, aux appointemens de 2,000 livres, leur sont provisoirement conservées.

2. Les places de tous officiers militaires et ingénieurs, d'officiers de santé, d'officiers d'administration de la marine ou des colonies, généralement toutes places de personnes attachées près du ministre à Paris, n'ayant point de fonctions actives ou permanentes, sous quelque dénomination que lesdites places aient été jusqu'à présent désignées, sont et demeurent supprimées.

3. Les personnes comprises dans la suppression énoncée par l'article précédent, qui, par la nature de leurs fonctions, et en conformité des organisations décrétées par l'Assemblée nationale, pourront être placées dans les départemens, y seront renvoyées pour reprendre leur service, et toutes celles qui ne sont pas susceptibles ou ne pourront pas être employées en activité, recevront le traitement de réforme réglé par le décret d'application sur l'organisation des officiers d'administration.

4. Les fonctions des personnes ci-devant attachées à M. l'amiral, et qui étaient payées par le département de la marine, sont également supprimées, sauf le traitement de réforme indiqué par l'article précédent.

5. Il en sera de même pour les fonctions du procureur-général du conseil des prises et des commissaires pour la visite des ports et arsenaux.

6. Le présent décret aura son exécution à compter du 1er octobre prochain, et sera présenté dans le jour à la sanction du Roi.

29 SEPTEMBRE = 16 OCTOBRE 1791. — Décret relatif à la signature des procès-verbaux et expéditions des décrets de l'Assemblée nationale constituante. (L. 6, 400; B. 18, 774.)

L'Assemblée nationale décrète que M. Camus, un de ses ex-présidens, et MM. Bouche, Target et Biauzat, trois de ses ex-secrétaires,

s'ront chargés de signer tous les procès-verbaux, tous les tableaux de décrets de vente de biens nationaux auxquels la signature des présidens et des secrétaires de l'Assemblée nationale n'est point apposée, et de signer pareillement toutes les pièces et expéditions non signées, et auxquelles la signature des présidens et secrétaires aurait été apposée.

Déclare, au surplus, que tous les décrets rendus par l'Assemblée constituante depuis l'acceptation du Roi doivent être exécutés comme lois, ainsi que ceux qui ont précédé, tant qu'ils n'auront pas été révoqués ou modifiés par le pouvoir législatif.

29 SEPTEMBRE = 16 OCTOBRE 1791. — Décret qui licencie les divers régimens ci-devant employés à la garde des colonies, et qui fixe le mode de leur remplacement. (L. 6, 434; B. 18, 772.)

Art. 1er. Les régimens du Port-au-Prince, du Cap, de la Martinique, de la Guadeloupe, de l'île de France et de Bourbon, de Pondichéry; les bataillons d'Afrique et de la Guiane et la compagnie de Saint-Pierre et Miquelon, employés jusqu'ici à la garde des colonies, et réunis par le décret du 11 juillet 1791 au département de la guerre, sont licenciés.

2. Il sera formé, en remplacement de ces régimens, bataillons et compagnies, six régimens d'infanterie de ligne, dont la composition sera la même que celle adoptée pour les autres régimens de l'armée.

3. Ces six régimens tireront entre eux et prendront rang après le cent cinquième régiment d'infanterie.

4. A dater du présent décret, les régimens d'infanterie française indistinctement seront employés à la défense des colonies.

5. Pour conserver aux régimens des moyens plus efficaces de s'entretenir en hommes, ce service se fera plus habituellement par bataillons, et les bataillons, dans chaque régiment, y fourniront indistinctement.

6. Indépendamment des bataillons qui seront fournis pour la défense des colonies, il continuera d'y être entretenu deux bataillons de Cipayes, dont l'avancement roulera sur eux-mêmes.

7. Le corps d'artillerie des colonies conservera sa formation actuelle et continuera à y être employé jusqu'aux dispositions ultérieures qui seront prises à son égard.

8. L'Assemblée nationale renvoie au pouvoir exécutif le reste de la formation, composition, solde et appointemens, suivant le mode adopté pour l'infanterie de ligne; et l'augmentation des bataillons employés aux colonies sera fournie des fonds du département de la marine.

29 SEPTEMBRE = 16 OCTOBRE 1791. — Décret relatif aux créanciers de l'arriéré de 1790 qui ne sont pas liquidés. (L. 6, 437; B. 18, 777.)

L'Assemblée nationale, considérant que tous les créanciers de l'arriéré de 1790 ont eu neuf mois pour se présenter au Trésor public et y faire reconnaître leurs créances, et en obtenir le paiement; ouï le rapport de son comité des finances, décrète :

Art. 1er. La Trésorerie nationale continuera de faire les avances nécessaires pour l'acquit de toutes les parties de rentes, pensions ecclésiastiques et autres, et intérêts de la dette publique, qui resteraient dus antérieurement à l'époque du 1er juillet 1790, ainsi que les frais du culte antérieurs au 1er janvier de la présente année, conformément au décret du 17 avril dernier; et la caisse de l'extraordinaire continuera de rembourser au Trésor public, mois par mois, le montant de ces avances, dont la Trésorerie nationale continuera de tenir et de rendre un compte particulier.

2. Quant aux restes des dépenses de l'année 1790, de quelque nature qu'elles soient, celles qui ne seront pas acquittées au 1er octobre prochain seront renvoyées à la liquidation générale. Le commissaire du Roi directeur de la liquidation recevra les titres de ses créances, les examinera, et en fera son rapport, ainsi que de toutes les autres dettes arriérées; et le paiement ne pourra en être fait qu'en vertu du décret du Corps-Législatif.

29 SEPTEMBRE = 16 OCTOBRE 1791. — Décret relatif aux pensions assignées sur les décimes et chambres diocésaines, ou accordées à de pauvres ecclésiastiques. (L. 6, 444; B. 18, 803; Mon. du 1er octobre 1791.)

§ Ier. Secours provisoires.

Art. 1er. Les pensions assignées sur les décimes et chambres diocésaines, ou accordées à de pauvres ecclésiastiques sur des biens spécialement affectés à leur soulagement, et celles établies par titres antérieurs au 2 novembre 1789, sur des revenus ecclésiastiques, seront payées par provision, si fait n'a été, pour les années 1790 et 1791; mais seulement jusqu'à concurrence de six cents livres par an, pour les pensions qui excédaient cette somme, et en totalité pour celles qui étaient égales ou inférieures.

2. Les sommes qui auraient été payées sur lesdites pensions, à compte des années 1790 et 1791, par les receveurs des décimes, trésoriers de district, ou autres préposés, en vertu des décrets de l'Assemblée nationale, et notamment de celui du 11 janvier 1791, ou autrement, seront déduites sur le montant

des secours accordés aux pensionnaires par l'article précédent.

3. Le paiement de ces secours sera fait par la Trésorerie nationale, sur la représentation du titre constitutif de chaque pension, certifié par le directoire du département où se trouvait l'établissement sur lequel ladite pension était assignée, ainsi qu'il sera dit ci-après.

4. Les pensionnaires dénommés au présent décret ne pourront toucher, à quelque titre que ce soit, que la somme de six cents livres, et dans les formes prescrites par les décrets précédens.

5. Pour l'exécution des articles ci-dessus, les directoires de département seront tenus de vérifier et de certifier, s'il y a lieu, le titre rapporté par chaque prétendant-droit auxdits secours provisoires; ils vérifieront aussi jusqu'à quelle époque la pension a été payée, les à-comptes qui auraient pu être donnés sur les termes non acquittés, si le pensionnaire jouit d'un autre traitement à la charge de l'État, et enfin le montant de ce traitement; ils feront mention du tout dans leur avis.

§ II. Pensions de retraite des fonctionnaires publics ecclésiastiques.

6. Le décret du 3 = 22 août 1790, concernant les pensions de retraite, est applicable, ainsi qu'il sera dit ci-après, aux curés, vicaires et autres fonctionnaires publics ecclésiastiques qui n'auraient aucun traitement public, soit comme anciens bénéficiers, soit autrement, sans qu'on puisse inférer le contraire des articles 9 et 10 du titre III du décret du 24 juillet = 16 août 1790 sur l'organisation civile du clergé, et sans déroger à ces mêmes articles.

7. Le taux de la pension que chaque fonctionnaire public ecclésiastique pourra obtenir, en conséquence du décret du 3 = 22 août 1790, sera réglé sur le revenu ou traitement attaché à l'emploi qu'il aura occupé pendant trois années consécutives, sans néanmoins que ladite pension puisse excéder en aucun cas la somme de douze cents livres.

8. Les pensions de retraite demandées d'après les articles 9 et 10 du titre III du décret du 24 juillet = 24 août 1790 sur l'organisation civile du clergé, ou en conformité du décret du 3 = 22 août 1790 et du présent décret, par des fonctionnaires publics ecclésiastiques, seront accordées d'après l'état qui en sera dressé et présenté à l'Assemblée nationale, dans les formes prescrites par les articles 22 et 23 du titre Ier du décret du 3 = 22 août 1790.

9. Les ecclésiastiques pauvres que leurs infirmités constatées ou leur âge de plus de soixante-dix ans ont forcés de se retirer, et qui ne réuniraient pas les conditions exigées par le décret du 3 = 22 août 1790 pour obte-

nir une pension de retraite, s'adresseront aux directoires de département; ceux-ci enverront leur avis, avec ceux des directoires de district, au ministre de l'intérieur, qui les remettra au directeur général de la liquidation, pour en être rendu compte à l'Assemblée nationale.

---

29 SEPTEMBRE = 16 OCTOBRE 1791. — Décret relatif aux officiers des troupes de ligne qui ont servi dans la garde nationale depuis 1789. (L. 6, 476; B. 18, 800.)

L'Assemblée nationale décrète ce qui suit :

Le service de tous officiers de tous grades, retirés des troupes de ligne, qui ont servi dans la garde nationale depuis 1789 jusqu'aujourd'hui, leur sera compté pour les décorations et récompenses militaires, en addition à leur service dans la ligne.

---

29 SEPTEMBRE = 21 OCTOBRE 1791. — Décret en forme d'instruction pour la procédure criminelle. (L. 6, 536; B. 18, 806)

Voy. loi du 16 = 29 SEPTEMBRE 1791.

De la police.

L'Assemblée nationale, en s'occupant de pourvoir à la sûreté publique par la répression des délits qui troublent la société, a senti que l'accomplissement de ce but exigeait le concours de deux pouvoirs, celui de la police et celui de la justice.

La police, considérée sous ses rapports avec la sûreté publique, doit précéder l'action de la justice; la vigilance doit être son caractère principal : la société, considérée en masse, est l'objet essentiel de sa sollicitude.

L'action de la police sur chaque citoyen doit être assez prompte et assez sûre pour qu'aucun d'eux ne puisse l'éluder : elle doit faire en sorte que rien ne lui échappe; mais son action doit être assez modérée pour ne pas blesser l'individu qu'elle atteint. Il ne faut pas qu'il ait à regretter l'institution d'un pouvoir constitué pour son avantage, et que les précautions prises en sa faveur soient plus insupportables que les maux dont elles doivent l'affranchir.

L'Assemblée nationale n'a point créé de nouveaux mandataires pour exercer la police de sûreté; elle l'a confiée à des agens déjà honorés par la constitution du dépôt d'une grande confiance : c'est principalement aux juges-de-paix qu'elle en a conféré la plénitude; et, en ajoutant ce nouveau pouvoir à celui dont les juges-de-paix jouissaient antérieurement, elle a pensé que ces diverses attributions se prêteraient dans leurs mains une force mutuelle.

Les fonctions de la police sont délicates. Si les principes en sont constans, leur application du moins est modifiée par mille circons-

tances qui échappent à la prévoyance des lois, et ces fonctions ont besoin, pour s'exercer, d'une sorte de latitude de confiance qui ne peut se reposer que sur des mandataires infiniment purs. Les juges-de-paix, élus par le peuple pour exercer le plus doux et le plus consolant de tous les ministères politiques, dans un cercle peu étendu, dont ils connaissent tous les individus, et où ils sont connus de tous, ne semblaient-ils pas désignés pour accumuler sur leurs personnes tout ce qui peut rendre la police tranquillisante pour ceux qu'elle protège, respectable pour ceux qu'elle surveille, et rassurante pour ceux mêmes qu'elle soumet à son action !

Mais il est des cas où un juge-de-paix ne suffirait pas à tant de détails. La police de sûreté exige souvent des déplacemens : ce n'est point assez que ceux qui l'exercent soient impassibles et intrépides, il faut encore qu'ils soient agissans, qu'ils voient par leurs yeux, et que leur présence prenne sur le fait, s'il est possible, les auteurs du délit, ou du moins en saisisse les traces encore si récentes, qu'elles décèlent inévitablement leurs auteurs. Cette considération a dû conduire l'Assemblée nationale à associer, dans les circonstances actuelles, les officiers de la gendarmerie nationale à une grande partie des fonctions de police attribuées aux juges-de-paix, relativement aux délits commis hors l'enceinte des villes. Elle a lieu de penser qu'honorés des suffrages des administrateurs choisis par le peuple, et justement flattés de la haute importance du pouvoir dont ils partagent l'exercice, ils justifieront cette détermination par un respect profond pour la loi et pour la liberté de leurs concitoyens.

Ainsi, l'on comprend sous le nom général d'officiers de police les juges-de-paix et les officiers de la gendarmerie nationale. On verra, dans la suite de cette instruction, quelques légères différences introduites par la loi entre les attributions de pouvoirs délégués aux uns et aux autres; mais ces nuances, que nous ferons remarquer soigneusement, n'empêchent pas qu'ils ne soient désignés par la commune désignation d'*officiers de police*.

Les fonctions d'officiers de police consistent :

1° A recevoir les plaintes ou dénonciations qui leur sont portées;

2° A constater par des procès-verbaux les traces des délits qui en laissent quelquesunes après eux, et à recueillir les indications sur les individus qui s'en sont rendus coupables;

3° A entendre les individus inculpés de délits, et à s'assurer, s'il est possible, de leur personne.

Tous dommages donnent lieu à une action.

L'action résultant du dommage causé par un délit, se nomme *plainte*. La plainte doit être adressée à l'officier de police, non pour qu'il y statue en définitif, car c'est à la justice que cette fonction appartient, mais pour qu'il mette la justice à portée d'y statuer par les actes préparatoires qui vont être désignés.

Le premier de ces actes est de constater les griefs de la partie qui se prétend lésée; et, à cet effet, il faut que la partie remette sa plainte toute rédigée, ou qu'elle la rédige sous les yeux de l'officier de police, ou, enfin, que l'officier de police la rédige lui-même sous les yeux de la partie, et sur l'exposé qu'elle le requiert de consigner dans ce procès-verbal. Une partie qui rend plainte ne peut se faire représenter, à cet effet, que par un fondé de procuration spéciale; car l'action qui naît d'un délit commis envers nous, ou envers les personnes dont la sûreté nous est aussi précieuse que celle de notre propre individu, ne peut pas être confondue avec ces intérêts purement pécuniaires sur lesquels un fondé de procuration générale peut être autorisé à stipuler pour nous. Dans ces cas, toujours imprévus, et dont l'importance est graduée par mille considérations purement personnelles à l'individu qui souffre, il peut seul délibérer et agir par lui-même. Il ne suffit pas que le procureur spécial justifie de cette qualité devant le juge; il faut encore que sa qualité puisse demeurer constante et prouvée à tous ceux qui prendront connaissance de la plainte; et c'est pour remplir ce but que l'acte de procuration demeurera annexé. Il est sensible que, dans le cas où la plainte est portée par un procureur fondé, la procuration doit contenir le détail exact des faits dont elle charge le fondé d'affirmer la vérité.

Les faits consignés dans une plainte doivent l'être d'une manière authentique et à laquelle on ne puisse apporter aucun changement. C'est pourquoi la plainte doit être signée par la partie qui la rend; et, afin qu'on n'en puisse pas altérer la teneur, cette signature doit être répétée à toutes les feuilles, lesquelles seront cotées et paraphées par le juge de police. Celui-ci doit également signer la plainte en toutes ses feuilles, la dater, et affirmer la vérité des faits y contenus: il doit encore faire une mention expresse de la signature de la partie plaignante, ou du moins de sa déclaration qu'elle ne le peut ou ne le sait; car la partie qui, pouvant signer, ne le voudrait pas, doit être considérée comme ne voulant pas rendre plainte.

Un premier mouvement peut porter à rendre une plainte inconsidérée. Il est juste de laisser place aux regrets qu'amènent une réflexion plus lente et le refroidissement d'une passion trop vivement émue. Ainsi, celui qui, dans les vingt-quatre heures, se sera désisté de sa plainte, sera considéré comme s'il n'avait point agi; sa plainte demeurera biffée et anéantie. L'effet de cet anéantissement ne doit pas être confondu avec la simple faculté de se désister, qu'il est libre au plaignant d'exercer quand bon lui semble, et à quelque époque que ce soit, en vertu du principe qui permet à chacun de renoncer à une action introduite en matière criminelle, comme en matière civile, sauf à l'accusé à se pourvoir contre le plaignant pour ses dommages et intérêts, s'il s'y croit fondé.

Il en est autrement quand le désistement intervient dans les vingt-quatre heures; alors il ne peut y avoir lieu aux dommages et intérêts pour le fait de la plainte.

Quoique le plaignant renonce à suivre sa plainte, si les faits qu'il y a énoncés ont averti l'officier de police de l'existence d'un délit qui intéresse le public, sa vigilance ne manquera point de profiter de cet avis salutaire pour agir d'office.

Une partie qui rend plainte doit, pour justifier autant qu'il lui est possible, dans ce premier instant, les faits qu'elle allègue, amener avec elle les témoins qui en ont connaissance. Cette précaution est nécessaire, autant pour constater le degré de croyance que mérite la plainte, que pour préparer à la justice les moyens de juger de la vérité des faits sur lesquels elle aura à prononcer, en lui indiquant d'avance une partie des personnes qui en seront instruites, et dans les déclarations desquelles peuvent se trouver d'utiles renseignemens, qui conduiront à découvrir d'autres témoins. Le juge doit donc recevoir les déclarations des témoins produits par le plaignant, et en tenir procès-verbal; mais il ne doit pas confondre ces déclarations avec les dépositions qui se recevaient et s'écrivaient dans les formes de l'ancienne procédure criminelle.

Ces déclarations ne sont point destinées à faire charge au procès; leur principal objet, comme on l'a dit, est de corroborer la plainte et de servir à l'officier de police de guide sur la conduite qu'il doit tenir envers les personnes inculpées. Lorsque le temps de l'action de police sera écoulé, et que la justice sera entrée en connaissance de l'affaire, ces dépositions écrites produiront encore le bon effet de soutenir la conscience des témoins trop pusillanimes, lesquels s'expliqueront avec plus de franchise quand ils se sentiront appuyés sur les déclarations écrites, sans être néanmoins liés par elles. L'accusé qui en aura connaissance y pourra puiser les moyens d'atténuer des témoignages évidemment contradictoires.

Enfin, si, après la procédure consommée, de nouveaux faits inopinément connus venaient porter un jour inattendu sur une affaire, les déclarations écrites des témoins en.

tendus devant l'officier de police fourniront du moins quelques renseignemens sur les causes de la condamnation, et pourraient servir à rectifier le jugement. Ce que nous venons de dire des déclarations écrites devant l'officier de police s'appliquera également, quant aux effets, à toutes les autres dépositions écrites qui pourront être reçues, soit devant le juge de district, soit devant celui du tribunal criminel. Il a paru nécessaire, pour ne laisser aucune ambiguïté sur la nature de ces déclarations et sur la forme qu'il convient de leur donner, de spécifier, avant tout, l'usage auquel elles étaient destinées : le plus grand des inconvéniens serait qu'on pût les considérer comme le dépôt des vraies charges du procès, et y chercher la vérité de préférence à ce qui doit résulter des dépositions orales, de l'examen et du débat. Les formes de ces déclarations écrites doivent cependant être assez régulières pour que l'on y puisse trouver tous les renseignemens qui peuvent aider à bien connaître le témoin, et à ne pas le confondre avec une autre personne du même nom ; ainsi l'officier de police comprendra dans le procès-verbal les noms et surnoms, l'âge, la demeure et la qualité du témoin, sans toutefois que l'omission d'une de ces circonstances puisse opérer une nullité ; car on ne doit pas chercher dans un renseignement cette même précision de forme qui n'est rigoureusement nécessaire que dans une pièce probante.

Si la partie qui rend une plainte n'amenait pas avec elle des témoins, mais se contentait d'en indiquer, l'officier de police devrait alors les faire comparaître devant lui, et se conformer, pour leur audition, à tout ce qui a été dit des témoins amenés par la partie. Cette évocation des témoins doit se faire en vertu d'une cédule délivrée par l'officier de police, laquelle est notifiée aux témoins par un huissier ou gendarme national : cette cédule doit indiquer le jour, l'heure et le lieu de la comparution des témoins.

Ce ne sont pas seulement des plaintes que les citoyens sont autorisés à porter devant l'officier de police, il est encore du droit, et même de leur devoir, de dénoncer tous les attentats dont ils auront été témoins, soit contre la liberté ou la vie d'un autre homme, soit contre la sûreté publique ou individuelle. La liberté ne pouvant subsister que par l'observation des lois qui protègent tous les membres de la société contre les entreprises d'un homme puissant ou audacieux, rien ne caractérise mieux un peuple libre que cette haine vigoureuse du crime, qui fait de chaque citoyen un adversaire direct de tout infracteur des lois sociales.

Ce devoir est encore bien plus sacré lorsque le délit a privé la société de la vie d'un cito en : il n'y a que des hommes lâches et indignes de la liberté qui puissent connaître un si grand crime et ne pas le dénoncer, lors même que le meurtrier serait inconnu, lorsque la cause immédiate de la mort ne serait pas clairement manifestée ; il suffirait qu'il existât un homme frappé de mort par une cause inconnue ou suspecte, pour que tous ceux qui ont connaissance du fait fussent tenus d'en donner avis sur-le-champ à la police.

Rien n'est plus éloigné des formes obscures et perfides de la délation que la dénonciation civique ; mais elle ne prend le caractère généreux qui la distingue, et ne devient une véritable dénonciation civique, que par la fermeté du dénonciateur, lorsqu'il consent à déclarer, sur la réquisition de l'officier de police, qu'il est prêt à signer et à affirmer sa dénonciation, et qu'il veut donner caution de la poursuivre ; par cette démarche authentique, le dénonciateur impose à l'officier de police la nécessité de donner une suite à la dénonciation qui lui est portée, et d'entendre les témoins qu'il lui indiquera.

Une dénonciation qui ne serait point appuyée de la signature et de l'affirmation du dénonciateur, et pour la suite de laquelle il refuserait de donner caution, ne serait plus une dénonciation civique proprement dite, mais un simple renseignement qui, quoique fort utile, n'aurait pas la même efficacité, et n'obligerait pas aussi étroitement l'officier de police à commencer des procédures.

Les actes qu'il pourrait faire d'après une semblable notice seraient des actes faits d'office, et sur lesquels on ne pourrait le considérer comme ayant été provoqué d'une manière légale.

Tout délit dont l'existence et dont les circonstances peuvent être constatées par un procès-verbal, doit l'être ainsi dans l'instant le plus voisin du temps auquel il a été commis.

En effet, plus cet acte suit de près l'époque où le délit a eu lieu, et plus les renseignemens sont véridiques, et propres, soit à faire connaître le délit en lui-même, soit à désigner quel en est l'auteur. Il est donc du devoir de l'officier de police, aussitôt qu'il est informé d'un délit semblable, soit par une plainte, soit par une dénonciation, soit enfin par la rumeur publique, de se transporter sur les lieux, et de se faire accompagner des personnes qui sont désignées par leur art comme les plus capables d'en apprécier la nature et les circonstances, et, après avoir visité avec elles toutes les traces qu'il pourra découvrir, de les constater, ainsi que les observations des gens de l'art, dans un procès-verbal.

Cette précaution est particulièrement recommandée dans tous les cas où il existerait une mort d'homme qui pourra donner lieu à quelques soupçons du crime. Comme il est extrêmement important que les traces d'un fait aussi grave soient saisies avec la plus diligente attention, l'Assemblée nationale a chargé spécialement l'officier de la gendarmerie nationale du lieu, ou, à son défaut, celui du lieu le plus voisin, de se transporter, dans ces cas, à l'endroit où gît le cadavre, et de faire toutes les premières poursuites d'office et sans attendre aucune réquisition. Elle l'a rendu personnellement responsable de toute négligence à cet égard. Cette disposition n'exclut point la compétence du juge-de-paix du canton, qui sera tenu de faire les mêmes diligences lorsqu'il aura été averti; mais comme il est impossible qu'une responsabilité d'une grande importance puisse résider à la fois sur plusieurs têtes, l'Assemblée nationale s'est déterminée à charger spécialement l'officier de la gendarmerie nationale de ses premiers devoirs, qu'il pourrait être plus difficile à un juge-de-paix de remplir à l'instant même où la nécessité exigerait qu'ils fussent accomplis sans délai.

Au procès-verbal tenu sur les lieux, doivent comparaître les parens, amis, voisins ou domestiques du décédé, et, en outre, toutes les personnes qui peuvent donner des renseignemens utiles. Leurs déclarations sommaires doivent être reçues au procès-verbal : elles doivent le signer, ou déclarer qu'elles ne le peuvent ou ne le savent, de ce interpellées; il en doit être fait mention dans le procès-verbal; et, pour compléter autant qu'il est possible les notions précieuses qui doivent être recueillies dans le premier instant, l'officier défendra que qui que ce soit sorte ou s'éloigne du lieu où le mort aura été trouvé, et pourra contraindre aussi les contrevenans, en les saisissant eux-mêmes sur-le-champ, à éclairer la société sur les faits qu'il lui importe de connaître.

Toutes ces opérations doivent se faire en présence de deux notables du lieu, qui signeront au procès-verbal, sans être assujétis à aucune obligation.

S'il résulte de ces recherches une preuve quelconque, ou même des indices frappans contre quelque particulier, l'officier de police peut et doit même l'obliger à comparaître devant lui.

C'est une partie délicate des fonctions de la police, que celle qui consiste à évoquer par-devant l'officier qui l'exerce le citoyen inculpé, soit par une dénonciation, soit par une plainte, soit enfin par la rumeur publique ou par une réunion de circonstances qui déterminent l'officier de police à diriger contre lui d'office ses suspicions. Il est clair, cependant, aux yeux de tous ceux qui se sont fait une idée juste de la liberté, que la loi

seule peut assurer la liberté de tous; ainsi, nul ne peut refuser de venir rendre compte de sa conduite à l'officier préposé par la loi. Cet hommage rendu à la puissance uniforme de la loi est tout à la fois le prix et la sauvegarde de la liberté de chaque individu; cependant, le droit d'évoquer les citoyens pour les examiner sur leur conduite n'est pas un droit arbitraire, et la police a ses règles dont elle ne doit pas s'écarter.

Lorsque l'oreille de l'officier de police est frappée de la connaissance d'un délit par une plainte, il pourra, d'après les connaissances et les commencemens de preuves qui lui seront fournis à l'appui de la plainte, juger s'il y a lieu ou non de faire comparaître devant lui la personne inculpée; car, s'il lui paraissait clair que l'inculpation fût sans fondement et qu'elle se réduisît à une vaine allégation, il ne devrait pas sacrifier le repos du citoyen légèrement inculpé au caprice d'un plaignant si peu digne de confiance. D'un autre côté, si, l'officier de police refusant de faire comparaître devant lui un citoyen désigné dans une plainte, le plaignant se croyait lésé par le refus, comme cette décision de la police n'est que provisoire, il sera indiqué ci-après par quel moyen le plaignant pourra donner suite à sa plainte.

Si l'officier de police juge qu'il y ait lieu de faire comparaître devant lui le prévenu, alors il faut considérer trois hypothèses : ou l'officier de police qui reçoit la plainte a dans l'étendue de son ressort le lieu du délit, ou il a dans son ressort, soit le domicile habituel, soit la résidence actuelle du prévenu; ou enfin son ressort ne s'étend ni sur le lieu du délit, ni sur celui de la résidence du prévenu.

Aux deux premiers cas, l'officier de police peut délivrer un ordre pour faire comparaître le prévenu. Au troisième cas, il doit renvoyer l'affaire, avec toutes les pièces, devant le juge-de-paix du lieu du délit, et ce sera celui-ci qui jugera s'il y a lieu ou non à faire comparaître le prévenu. L'ordre en vertu duquel un prévenu doit comparaître s'appelle *mandat d'amener*.

Le juge-de-paix qui décerne un mandat d'amener doit toujours faire amener devant lui le prévenu qu'il évoque; cette circonstance constitue une différence essentielle entre son attribution en fait de police de sûreté, et celle qui est déférée à l'officier de la gendarmerie. Celui-ci, dans le cas où il est saisi de l'affaire par la voie de plainte, ou même de dénonciation, après avoir entendu les déclarations sommaires qui lui sont présentées à l'appui, peut et doit, s'il le juge convenable, faire comparaître le prévenu, mais non pas le faire comparaître devant lui. Son mandat d'amener doit ordonner de conduire le prévenu devant le juge-de-paix du lieu du délit. Ce n'est que dans le cas où l'officier de la gendarmerie s'est transporté, soit sur le lieu d'un délit encore flagrant, soit pour constater les traces d'un délit qui en a laissé de permanentes, qu'il peut faire amener devant lui les prévenus. On peut encore traduire devant l'officier de la gendarmerie, quoiqu'il ne se soit pas transporté sur les lieux, les personnes saisies en flagrant délit, ou saisies munies d'effets suspects, ou d'instrumens servant à les faire présumer coupables.

Lorsqu'un officier de police, après avoir reçu des déclarations de témoins sur le lieu du délit où il s'est transporté pour dresser procès-verbal, trouvera dans ces déclarations des raisons de suspecter un citoyen, il pourra le faire saisir sur-le-champ, et, si on ne peut le saisir, délivrer contre lui le mandat d'amener. Il pourra également le faire saisir, et, faute de pouvoir le saisir, délivrer contre lui le mandat d'amener, dans tous les cas de flagrant délit.

Dans les cas de flagrant délit, tout dépositaire de la force publique, et même tout citoyen, doit, pour l'intérêt de la société, s'employer de lui-même à saisir le délinquant; car tous les bons citoyens doivent former sans cesse une ligue sainte et patriotique contre les infracteurs de la constitution et des lois, concourir à empêcher qu'un délit ne se commette, et à remettre entre les mains des ministres de la loi les délinquans qu'ils ont surpris troublant l'ordre public.

On doit considérer comme équivalant au cas de flagrant délit celui où un délinquant, surpris au milieu de son crime, est poursuivi à la clameur publique, ou celui où un particulier est trouvé saisi d'effets volés ou d'instrumens propres à commettre le crime; car, si ces indices sont trompeurs et peuvent accuser parfois un moment une personne innocente, ils exigent du moins que le fait de l'innocence soit éclairé: l'homme ainsi arrêté doit être conduit aussitôt devant l'officier de police le plus voisin.

Toutes les fois qu'un citoyen s'est rendu dénonciateur civique, en signant et en affirmant sa dénonciation, et en donnant caution de la poursuivre, l'officier de police ne peut refuser de décerner un mandat d'amener le prévenu.

Les mandats d'amener doivent être portés, soit par les huissiers attachés au tribunal de paix, soit par les cavaliers de la gendarmerie nationale.

Le porteur d'un ordre semblable ne doit jamais oublier que c'est à des hommes libres qu'il notifie une évocation légale, et que toute insulte, tout mauvais traitement volontaire, sont des crimes de la part de celui qui agit au nom de la loi.

Ainsi, le porteur du mandat demandera d'abord au prévenu s'il entend y obéir; et, dans le cas où le prévenu consentira et se mettra en devoir d'obéir, le porteur n'aura qu'à l'accompagner et à le protéger jusqu'à ce qu'il se soit rendu devant l'officier de police.

Ceux qui refuseraient d'obéir à l'évocation contenue dans le mandat d'amener doivent sans doute être contraints par la force à y obtempérer; car il est impossible, dans un État bien ordonné, que l'obéissance ne demeure à la loi, et que la résistance d'un seul ne soit pas vaincue par la force publique; mais l'emploi même de cette force doit être sagement modéré; elle doit contraindre l'individu, mais non pas l'accabler.

Les formes requises dans un mandat d'amener sont: 1° la désignation claire et précise, autant que faire se pourra, de l'individu contre lequel il est décerné; 2° que le mandat soit signé et scellé de l'officier qui le délivrera; 3° qu'il contienne l'ordre d'amener le prévenu devant l'officier de police, après l'avoir préalablement conduit devant la municipalité du lieu où le mandat lui parviendra, s'il le requiert ainsi.

Ce mandat peut être présenté à un citoyen dans sa maison; et, s'il en défendait l'entrée, le porteur du mandat pourra requérir la force publique pour s'y introduire et notifier le mandat au prévenu même, pour l'amener devant l'officier de police, s'il était refusant de s'y rendre volontairement.

Il y aurait cependant trop d'inconvéniens à ce qu'en vertu d'un mandat d'amener, un prévenu pût être conduit d'une extrémité du royaume à l'autre sur de simples suspicions, qui peuvent servir de base à une détermination aussi provisoire qu'un mandat d'amener. Cet inconvénient serait plus sensible encore si l'officier de police dans le canton duquel le délit a été commis, ou celui de la résidence de l'accusé, faisait amener devant lui, longtemps après, un prévenu qui, depuis cette époque, se serait éloigné du lieu où l'on viendrait à élever contre lui quelques suspicions.

L'Assemblée nationale a prévenu cet abus, en décrétant qu'au-delà de la distance de dix lieues et après deux jours d'intervalle, on se contenterait de retenir le prévenu et d'en donner avis à l'officier de police qui aurait décerné le mandat. La personne du prévenu ainsi gardée, l'officier de police enverra les pièces de l'affaire au jury d'accusation, suivant les formes qui seront ci-après exposées; et le prévenu demeurera dans cet état de saisie provisoire de sa personne, jusqu'à ce que le jury d'accusation ait prononcé s'il y a lieu ou non de l'accuser.

La manière de s'assurer de la personne d'un prévenu arrêté après les deux jours et à la distance de dix lieues du domicile de l'officier qui a délivré le mandat d'amener, a été laissée par la loi à la prudence des officiers municipaux. C'est à eux de juger, d'après la nature du délit dont il est prévenu, d'après toutes les autres circonstances, quelles précautions sont nécessaires à prendre pour qu'il n'échappe pas à la police, s'il suffira de le garder à vue ou de le consigner dans quelque lieu sûr, ou s'il faudra le déposer dans la maison d'arrêt.

Néanmoins, un homme trouvé saisi d'effets volés ou d'instrumens propres à le faire présumer coupable, sera toujours conduit devant l'officier de police qui aura délivré le mandat d'amener, à quelque distance du lieu qu'il ait été saisi; car ces indices sont suffisans pour que l'intérêt de la sûreté publique l'emporte sur le désir d'épargner à un homme si suspect les incouvéniens d'un déplacement considérable.

Si le prévenu ne comparait pas, quatre jours après la délivrance du mandat d'amener, devant l'officier de police, soit celui du lieu du délit, soit celui du domicile habituel ou de la résidence passagère de l'accusé, cet officier sera tenu d'agir comme au cas précédent, c'est-à-dire d'envoyer copie de la plainte et la note de la déclaration des témoins au greffe du tribunal de district, pour être procédé par le jury d'accusation ainsi qu'on le verra dans la suite de cette instruction. Lorsque le prévenu sera amené, conformément au mandat, devant l'officier de police, le devoir de celui-ci est de l'examiner sans délai, et, au plus tard, dans les vingt-quatre heures.

L'Assemblée nationale a été convaincue de ce principe, fondé sur la présomption de l'innocence, et suivant lequel la société doit se charger de faire la preuve contre l'individu qu'elle accuse; en conséquence, elle s'est bien gardée d'établir rien de semblable à la procédure contre le muet volontaire, qui avait lieu suivant les anciennes formes. Quant aux muets naturels, l'assistance de leurs amis et conseils lèvera toutes les difficultés à leur égard. Cette assistance aura lieu pour eux dans toutes les parties de la procédure : la loi n'a pas de dispositions sur ce sujet, parce qu'elle laisse à la prudence et à la conscience des juges l'emploi de tous les moyens propres à mettre la vérité dans son jour.

Si le prévenu détruit les inculpations qui ont décidé le juge à le faire amener devant lui, et s'il se justifie pleinement, l'officier de police ne doit pas hésiter à le renvoyer en liberté.

S'il ne détruit pas les inculpations, et si elles demeurent vraisemblables, alors, ou le délit, par sa nature, doit conduire à une condamnation à peine afflictive, ou il ne peut pas donner lieu à une semblable peine.

Au premier cas, l'officier de police délivrera un ordre pour faire conduire le prévenu à la maison d'arrêt du district du lieu du délit. La désignation de cette maison d'arrêt est essentielle à observer, encore que le prévenu ait été amené devant un juge-de-paix autre que celui dans le canton duquel le délit a été commis, tel que le juge-de-paix de son domicile.

Cet ordre de conduire un prévenu dans la maison d'arrêt du district se nomme *mandat d'arrêt*.

Le mandat d'arrêt doit contenir le nom et le domicile du prévenu, si celui-ci l'a déclaré, ou faire mention de son refus de s'expliquer à ce sujet; il doit contenir aussi le sujet d'arrestation, et être signé et scellé de l'officier de police.

Aucun gardien de maison d'arrêt ne pourra recevoir un citoyen qu'en vertu d'un mandat revêtu des formes ci-dessus énoncées : toute détention qui ne sera pas ainsi motivée sera considérée comme détention arbitraire, et le gardien en répondra en son propre et privé nom.

Si le délit n'est pas de nature à donner lieu à une peine afflictive, mais seulement à une peine infamante, le prévenu pourra néanmoins être envoyé à la maison d'arrêt; mais il pourra aussi en être dispensé, au cas qu'il puisse trouver des amis qui veuillent répondre pour lui qu'il se représentera à la justice, s'il en est requis, et donner caution de cette promesse.

La somme de cette caution ne peut être fixée d'une manière invariable; elle doit être laissée à l'arbitrage de l'officier de police. Le principe qui doit le diriger est qu'un tel cautionnement ne doit pas être illusoire et de simple forme, ni tendre à soustraire les accusés à la justice; mais, au contraire, qu'il doit être d'une assez grande importance pour n'être jamais donné que par des personnes bien convaincues que le prévenu est incapable de rompre son engagement; car c'est un contrat sacré que celui qui se forme par le cautionnement entre le prévenu qui évite ainsi le malheur de la détention, et les amis qui lui donnent, en le cautionnant, la plus haute preuve de leur confiance et de leur estime.

Les réponses du prévenu amené à l'examen de l'officier de police doivent être rédigées en un procès-verbal tenu par cet officier, et signé de lui et du prévenu. Il est précieux de suivre les traces de la vérité dans ce premier instant où elle se déclare sans préparation et sans détour.

Elle doit être jointe (1) aux déclarations des témoins et aux procès-verbaux du corps du

_____

(1) Il faudrait : *Elles doivent être jointes.*

délit; leur réunion forme le corps de l'instruction de police, et complète les devoirs confiés à l'officier de police qui exerce ce pouvoir préjudiciaire.

Lorsqu'il a été pourvu par la police aux premiers besoins de sûreté que la société réclame, la marche de la justice doit commencer : alors le règne des présomptions et des suspicions doit faire place à celui de la certitude et de la conviction; et si la police a dû consulter avant tout la sûreté publique, la justice doit placer avant toute autre considération le respect et la précaution qui sont dus à l'innocence en péril.

De la justice.

La justice criminelle ne sera plus désormais confiée, comme elle l'avait été jusqu'à présent, aux mêmes tribunaux qui jugeront les procès civils. Un tribunal particulier, créé dans chaque département, sera chargé d'appliquer la loi et de prononcer les peines prescrites contre ceux que les jurés auront déclarés convaincus du crime dont ils étaient accusés; mais l'accusé sortant des mains de la police ne sera point traduit directement à ce tribunal.

Il subira une épreuve intermédiaire au tribunal du district : c'est là que commencent les premières fonctions des jurés, et que doit se décider, suivant les formes indiquées, la question préliminaire de savoir s'il y a lieu ou non à l'accusation contre le prévenu. Dans le premier cas seulement, il est envoyé au tribunal criminel, où il trouve d'autres jurés et des juges qui prononcent sur l'accusation; dans le second cas, il est remis en liberté. Ainsi la loi a distingué deux sortes de jurés. Le jury d'accusation peut avoir lieu soit à l'égard d'un prévenu absent, soit à l'égard d'un prévenu présent.

Le prévenu est présent quand, après avoir été conduit devant l'officier de police en vertu d'un mandat d'amener, celui-ci l'a, par un autre mandat, envoyé dans la maison d'arrêt, ou l'a reçu à caution.

Le prévenu est absent quand le mandat d'amener délivré contre lui n'a pas pu être mis à exécution, ou quand le porteur du mandat a trouvé le prévenu au-delà de la distance de dix lieues, ainsi qu'il a été dit en parlant du mandat d'amener, au chapitre de la police. L'officier de police chargé de l'exécution d'un mandat d'arrêt conduit le prévenu en la maison d'arrêt du tribunal de district dans le ressort duquel demeure l'officier de police; il remet le prévenu au gardien de la maison d'arrêt, qui lui en donne une reconnaissance; il porte ensuite au greffier du tribunal les pièces relatives au délit et à l'arrestation, et en prend également une reconnaissance; il fait voir les deux reconnaissances dans le jour même au directeur du jury, qui met sur l'une et sur l'autre son vu, qu'il date et signe. Le directeur du jury doit tenir note sur un registre de ces *visa*, afin de ne pas oublier d'agir dans le délai prescrit par la loi. Si le porteur du mandat d'arrêt néglige de prendre le *visa* dans le jour, il est répréhensible, parce qu'en contrevenant à la loi, il a prolongé la détention du prévenu.

Le prévenu ainsi remis entre les mains de la justice, la loi a pourvu à ce que sa condition ne fût point aggravée dans le lieu même de sa détention : elle veut qu'il y ait, auprès de chaque tribunal de district, une maison d'arrêt pour y retenir ceux qui y seront envoyés par un mandat d'officier de police, et, auprès de chaque tribunal criminel, une maison de justice pour détenir ceux contre lesquels il sera intervenu une ordonnance de prise de corps.

Il faut bien se garder de confondre ces maisons d'arrêt et de justice avec les prisons établies pour lieu de peine. La réclusion dans les prisons est la peine même ou la correction infligée par la loi; celui qui s'y trouve détenu est un homme déjà jugé; il subit l'exécution de son jugement : mais le citoyen prévenu ou accusé d'un délit n'est point encore jugé quand il est détenu dans les maisons d'arrêt ou de justice; il n'y est détenu qu'en attendant son jugement, et parce que l'intérêt public a exigé qu'on s'assurât de sa personne; sa détention n'est donc point une peine; et, de même qu'un homme condamné ne pourrait être mis dans la maison d'arrêt, de même il est défendu de mettre dans les prisons un homme arrêté, fût-il même décrété.

Les maisons d'arrêt et de justice et les prisons doivent être sûres; mais il n'est pas moins nécessaire qu'elles soient propres et bien aérées, de manière que la santé des personnes détenues ne puisse y être aucunement altérée par le séjour qu'elles sont forcées d'y faire.

Les procureurs-généraux-syndics des départemens sont chargés, sous l'autorité des directoires, de veiller à ce que les municipalités ne négligent aucune de ces précautions.

Un des officiers municipaux est obligé de faire, au moins deux fois par semaine, la visite de ces maisons ou prisons, dont la police appartient aux municipalités.

Il doit porter son attention principalement sur la nourriture des détenus, veiller à ce qu'elle soit suffisante et saine; et, s'il aperçoit quelque tort, ou si quelques faits contraires à la justice et à l'humanité lui sont dénoncés, il les vérifiera, et pourvoira lui-même à une prompte et suffisante réparation, ou en référera à la municipalité, qui pourra condamner le geôlier en une amende : elle pourra même, non le destituer de son autorité privée, mais demander sa destitution au directoire du département, qui prononcera sur cette demande. Si le geôlier s'était rendu coupable d'ailleurs de quelque fait grave, il pourrait être, en outre, poursuivi criminellement.

L'officier municipal chargé de la visite des prisons doit également veiller à ce que le bon ordre et la tranquillité règnent dans ces maisons.

Mais cette surveillance ne doit pas être celle d'un inspecteur sévère, toujours prêt à punir : l'autorité tempérée par des manières douces et humaines agira bien plus efficacement sur des hommes déjà assez malheureux par la privation de leur liberté, que des rigueurs inutiles.

Une sévérité déplacée non-seulement serait contraire à l'intention de la loi, mais rendrait coupable l'officier qui abuserait de la mission qui lui est confiée. Il ne doit jamais perdre de vue que ces individus, dont la société a cru devoir s'assurer par la détention de leurs personnes, n'en sont pas moins sous la protection de la loi; qu'elle prend même un soin plus particulier de leur conservation, et pourvoit d'autant plus soigneusement à leurs besoins, qu'ils se trouvent privés des secours ordinaires qu'ils recevaient de leurs familles et de leurs amis. L'officier municipal ne doit donc paraître, aux yeux des détenus, que comme un consolateur toujours disposé à entendre leurs plaintes, à satisfaire à leurs besoins, à arranger leurs querelles, s'il s'en élevait parmi eux; enfin, à leur procurer tous les moyens possibles et convenables d'adoucir le désagrément de leur détention.

Tous ces devoirs, tous ces ménagemens que recommande l'humanité, peuvent très-bien s'allier avec une conduite ferme et rigoureuse, quand la nécessité l'exige.

Par exemple, si quelque détenu usait de menaces, injures, violences, soit à l'égard du gardien ou geôlier, soit à l'égard des autres détenus, l'officier municipal pourrait ordonner qu'il serait resserré plus étroitement, renfermé seul, et même mis aux fers en cas de fureur ou de violence grave, sans préjudice de la poursuite criminelle, s'il y a lieu.

Si quelque accusé s'évade des maisons d'arrêt et de justice, il sera regardé comme contumax, et l'on procédera contre lui ainsi qu'il sera dit, à ce sujet, pour les contumax.

La municipalité, comme on vient de le dire, ne peut destituer de son propre mouvement le gardien ou le geôlier, parce qu'il n'est point à sa nomination; elle présente seulement les sujets au directoire du département, qui les nomme, et ces sujets doivent être de mœurs irréprochables; ils doivent en outre savoir lire et écrire. La loi les oblige, avant de pouvoir exercer leurs fonctions, de prêter serment de veiller à la garde de ceux qui leur seront remis, et de les traiter avec douceur et humanité : ce serment sera prêté pardevant le tribunal du district de la situation desdites maisons.

Ces gardiens ou geôliers seront tenus d'avoir un registre signé et paraphé à toutes les pages par le président du tribunal de district.

Tout porteur de mandats d'arrêt, d'ordonnances de prise de corps, ou de jugemens de condamnation, sera tenu de les faire inscrire sur ce registre, en sa présence, avant de remettre la personne qu'il conduira auxdites maisons ou prisons : on écrira à la suite de cette inscription l'acte qui constate la remise du particulier détenu; et le tout doit être signé tant par l'exécuteur des mandats, ordonnances et jugemens, que par le geôlier ou gardien, qui lui en donnera copie signée de lui pour la décharge dudit porteur. On doit remettre également copie du mandat d'arrêt tant à la municipalité du lieu de la situation de la maison d'arrêt, qu'à celle du domicile du prévenu, s'il est connu.

Le directeur du jury est chargé de cet envoi, et la municipalité du lieu du domicile du prévenu doit donner avis à ses parens, voisins ou amis, de sa détention.

Enfin, le registre du geôlier est encore destiné à constater la sortie du détenu. Le gardien ou geôlier est tenu de faire mention, en marge de l'acte de remise dont il vient d'être parlé, tant de la date de la sortie que de l'ordonnance ou jugement en vertu desquels le détenu a été mis en liberté, et dont il énonce par extrait la disposition relative à la relaxation. Lorsque ces ordonnances lui sont notifiées par un huissier, celui-ci, outre la copie laissée au geôlier, doit encore lui exhiber l'original dont il est porteur. Le geôlier fait mention desdits actes, signe cette mention, et requiert l'huissier, et même la personne relâchée, de signer avec lui, sinon relate qu'ils n'ont voulu signer.

Ces registres, à mesure qu'ils sont clos, doivent être remis par le geôlier au greffe du tribunal, en présence du président; le greffier lui en donne une reconnaissance visée par le président. Ainsi il reste des témoignages perpétuels de toutes les détentions qui ont eu lieu dans les maisons indiquées par la loi : ces registres sont des dépôts où chacun peut puiser les renseignemens dont il a besoin; on ne peut en refuser la communication à qui que ce soit.

Le but de toutes ces précautions est de prévenir les détentions arbitraires; et ce n'est pas seulement en menaçant les dépositaires du pouvoir que la loi a voulu rendre difficile et presque impossible toute atteinte illégale contre la liberté individuelle : elle a cherché à arrêter le mal dès sa source, en défendant expressément à tout gardien ou tout geôlier de recevoir ou retenir qui que ce soit, si ce n'est en vertu des mandats d'arrêt, ordonnances de prise de corps, ou jugemens de condamnation, sous peine d'être poursuivi comme coupable de crime de détention arbitraire.

L'officier municipal, faisant sa visite, qui découvre qu'un homme est détenu sans que sa détention soit justifiée par un mandat d'arrêt, ordonnance de prise de corps ou jugement de condamnation, doit sur-le-champ en dresser procès-verbal, et faire conduire le détenu à la municipalité, qui, après avoir de nouveau constaté le fait, le mettra définitivement en liberté, et, dans ce cas, fera poursuivre la punition du gardien ou geôlier, en le faisant dénoncer par le procureur de la commune à l'officier de police.

Cet officier municipal ne doit donc pas manquer, lors de ses visites, d'examiner ceux qui sont détenus et les causes de leur détention. Il peut donc, dans tous les cas, requérir le gardien ou geôlier de lui représenter la personne d'un accusé, et le gardien ou geôlier ne peut refuser d'obéir à cette réquisition, sans qu'aucun ordre ni prétexte quelconque puissent l'en dispenser, sous pareille peine d'être poursuivi comme coupable de crime de détention arbitraire. Les parens, voisins ou amis de la personne arrêtée peuvent même, en prenant un ordre de l'officier municipal, qui ne pourra le refuser, obliger le gardien ou geôlier de leur représenter ladite personne, et celui-ci ne peut s'en dispenser, sous peine d'être poursuivi comme ci-dessus, à moins qu'il n'ait un ordre du juge, inscrit sur son registre, de tenir le détenu au secret, et, dans ce cas, il doit et ne peut refuser de justifier de cet ordre, sous les mêmes peines.

Ce respect scrupuleux pour la liberté individuelle est un des premiers devoirs de la législation chez un peuple libre. Ce n'est point assez que les grandes masses de la constitution assurent la liberté politique, il faut encore que tous les détails des institutions secondaires protègent la liberté individuelle. Tout citoyen qui ne trouble pas l'ordre public peut vivre tranquillement à l'abri de la loi, qui veille à ce qu'il ne soit porté aucune atteinte à la sûreté de sa personne; elle regarde comme coupable du crime de détention arbitraire et punit rigoureusement tout homme, quelle que soit sa place ou son emploi, qui, n'ayant pas été investi du droit d'arrestation, donnerait, signerait ou exécuterait l'ordre d'arrêter un citoyen, ou qui l'arrêterait effectivement, si ce n'est pour le remettre sur-le-champ à la police, dans les cas déterminés par les décrets.

La même peine est également prononcée contre ceux qui, dans le cas même où la détention d'un homme est autorisée par la loi,

le conduiraient ailleurs que dans les lieux légalement et publiquement désignés par l'administration du département, pour servir de maison d'arrêt, de justice ou de prison; et celui qui prêterait sa maison pour cette détention illégale serait coupable du même crime, et puni des peines qui seront indiquées dans le *Code pénal* présenté par l'Assemblée.

La loi permet à toute personne qui aurait connaissance d'une détention de cette espèce d'en donner avis à l'un des officiers municipaux ou au juge-de-paix du canton, et même d'en faire au greffe une déclaration signée.

Ces officiers, avertis par cette dénonciation, et dans le cas même où ils auraient été instruits par toute autre voie, doivent, sous peine d'être responsables de leur négligence, se transporter aussitôt au lieu de la détention illégale : nul n'a droit de leur refuser l'ouverture de sa maison pour cette recherche; ils peuvent même, en cas de résistance, se faire assister de la force nécessaire, et tout citoyen est tenu de leur prêter main-forte. S'ils trouvent la personne illégalement détenue, ils doivent la remettre en liberté.

Il ne peut donc exister d'autre lieu de détention que les maisons d'arrêt et de justice et les prisons; et, de tous ceux qui y sont détenus, aucun ne doit s'y trouver sans une cause dont la loi puisse à tout instant demander compte. Il ne sera plus question, dans cette instruction, que des personnes détenues dans les maisons d'arrêt et de justice : celles-là y attendent ou la déclaration des premiers jurés, sur la question de savoir s'il y a lieu ou non à accusation, ou le jugement qui doit prononcer sur l'accusation admise.

Dans ces deux cas, le sort du prévenu ou de l'accusé dépend de la décision des jurés. Ceux-ci sont des citoyens appelés à l'occasion d'un délit pour examiner le fait allégué contre le prévenu ou l'accusé, et décider, d'après leurs connaissances personnelles et les preuves qui leur sont fournies, si le délit existe, et quel est le coupable.

Les jurés ne sont donc point des fonctionnaires publics qui exercent la profession particulière de juger dans les matières criminelles. Ils ne sont point connus d'avance de ceux qui seront soumis à leur jugement. Aucun caractère public, aucune marque extérieure ne les désigne au peuple comme ceux qui doivent être les juges dans telle et telle circonstance; ils ne s'élèvent point au-dessus de la classe des simples citoyens. Si l'exercice instantané des fonctions de juré leur donne un pouvoir que la loi autorise et que tous doivent respecter, leur mission finie, ils se confondent dans le sein de la société, et ne conservent aucun signe de cette juridiction du moment.

La loi n'a pas voulu cependant confier à

tous indistinctement l'importante fonction de décider de l'honneur et de la vie de leurs semblables; elle a circonscrit le choix des jurés dans la classe des citoyens qui sont capables des fonctions d'électeurs. Outre les motifs qui précédemment avaient dicté les conditions de l'éligibilité, l'Assemblée nationale a considéré les inconvéniens de la perte de temps que pourrait occasioner aux citoyens le service public de juré; elle serait trop onéreuse à ceux qui ne vivent que du produit de leur travail.

La loi n'a pas laissé entièrement libre l'acceptation ou le refus des fonctions de juré.

Elle compte sans doute sur la bonne volonté des citoyens et les progrès de l'esprit public; mais, autant il pourrait résulter d'inconvéniens de l'admission indéfinie et sans aucun choix de tous ceux qui se présenteraient pour être jurés, autant il serait dangereux d'être exposé à manquer de jurés dans le moment où leur ministère est nécessaire : tous les citoyens éligibles qui n'auraient pas d'excuse valable ne peuvent donc se dispenser de payer à la société ce tribut civique, sans encourir les peines déterminées par la loi.

On a vu qu'il y avait des jurés de deux sortes; mais cette manière de s'exprimer ne signifie pas qu'il y ait des distinctions personnelles entre un juré et un autre juré : tous sont égaux, car tous sont citoyens, et la même aptitude est requise pour les deux espèces de jurés; la différence n'existe donc que dans l'objet de leur mission. Les uns doivent décider s'il y a lieu à accusation, les autres si l'accusation est fondée; de là la distinction de jury d'accusation et de jury de jugement.

Leur formation est soumise à des règles différentes, indiquées par la loi. Voici la manière de former le jury d'accusation.

Tous les trois mois, le procureur-syndic de chaque district dresse une liste de trente citoyens pris parmi tous les citoyens éligibles du district qui ont les qualités requises pour être électeurs.

Le directoire du district examine cette liste, et l'arrête : s'il l'approuve, un exemplaire en est renvoyé à chacun des citoyens qui la composent.

Ces trente citoyens ne peuvent faire aucune fonction que quand ils sont appelés.

Le tribunal du district doit indiquer un jour dans la semaine auquel s'assemblera le jury d'accusation.

Huitaine avant le jour de l'assemblée, le directeur du jury, dont il sera ci-après parlé, fait mettre dans un vase les noms des trente citoyens inscrits sur la liste; et, au milieu de l'auditoire, en présence du public et du commissaire du Roi, il fait tirer les noms de huit citoyens; ce sont ces huit citoyens qui forment le tableau du jury d'accusation.

Lorsqu'il y a lieu d'assembler ce jury, le directeur du jury avertit quatre jours d'avance les huit membres choisis par le sort de se rendre au jour fixé : et si quelqu'un d'eux ne s'y trouve pas, le tribunal, sur la réquisition du commissaire du Roi, rend un jugement qui déclare le juré absent privé du droit d'éligibilité et de suffrages pendant deux ans, et le condamne en outre en 50 livres d'amende.

Si l'un ou l'autre des trente citoyens inscrits sur la liste prévoyait quelque obstacle qui dût l'empêcher de se rendre au jour fixé pour l'assemblée du jury d'accusation, dans les cas où le sort le placerait au nombre des huit citoyens du tableau, il doit prévenir le directeur du jury deux jours au moins avant celui de la formation dudit tableau, afin de donner le temps d'examiner la validité de l'excuse; dans ce cas, le directeur du jury donne connaissance de l'excuse au tribunal, qui doit, dans les vingt-quatre heures, ou l'admettre ou la rejeter.

Si elle est jugée suffisante, le directeur du jury, sans qu'il soit besoin d'en instruire le citoyen qui l'a présentée, fait retirer pour cette fois son nom du nombre des trente qui doivent être tirés au sort.

Si, au contraire, l'excuse n'est pas jugée valable, le nom de celui qui l'a présentée reste au nombre de ceux qui sont tirés au sort; et si le sort le place parmi les huit, le directeur du jury lui fait déclarer, par une signification d'huissier, que son excuse a été jugée non valable, que le sort l'a placé sur le tableau des jurés, qu'en conséquence il ait à se rendre au jour fixé pour l'assemblée du jury d'accusation. On laissera également copie de cette signification à l'un des officiers municipaux du lieu de son domicile.

Le juré qui ne satisferait pas à cette sommation serait condamné aux mêmes peines et amendes que ci-dessus : si cependant il était retenu pour cause de maladie, il serait dispensé de se rendre à l'assemblée; mais, dans ce cas, il faudrait qu'il justifiât de l'empêchement qui l'a retenu.

L'Assemblée nationale n'a pas cru devoir détailler les divers genres d'empêchemens qui pourraient servir d'excuse aux citoyens pour se dispenser des fonctions de jurés; elle a laissé la détermination de ces cas à la prudence des juges : mais son intention est que les juges n'admettent ces sortes d'excuse que très-difficilement, et dans le cas seulement où il y aurait de la part du citoyen impossibilité absolue de se rendre à son devoir de juré.

Mais, soit qu'un ou plusieurs jurés ne se trouvent pas au jour de l'assemblée, par quelque motif que ce soit, l'assemblée doit toujours avoir lieu : le directeur pourvoit alors au remplacement, en prenant au sort, dans la liste des trente, un des citoyens de la ville;

3.

28

et, si la liste ne suffisait pas, on pourrait choisir également au sort parmi les autres citoyens capables d'être électeurs.

C'est le directeur du jury qui met en mouvement le jury d'accusation.

Chaque tribunal de district doit désigner un de ses membres, le président excepté, pour remplir cette fonction dans les matières criminelles; il l'exercera pendant six mois, au bout desquels il en sera choisi un autre à tour de rôle. En cas d'absence ou d'empêchement, le directeur du jury sera remplacé par celui qui le suit dans l'ordre du tableau.

Le premier devoir du directeur du jury, quand il a délivré son *visa* au porteur du mandat d'arrêt qui a conduit le prévenu en la maison d'arrêt, est d'entendre aussitôt, ou au plus tard dans les *vingt quatre heures*, le prévenu, et d'examiner les pièces qui lui ont été remises pour vérifier si l'inculpation est de nature à être présentée au jury, c'est-à-dire si le délit dont on se plaint emporte peine afflictive ou infamante; car ce n'est que dans ces cas que le ministère des jurés sera nécessaire.

Cette audition du prévenu et cette vérification doivent se faire dans l'auditoire. Le directeur du jury, averti par les deux reconnaissances qu'il a visées de la remise du prévenu, ordonne au gardien de la maison d'arrêt de faire paraître le prévenu devant lui.

Comme la formalité de l'audition du prévenu dans les vingt-quatre heures est de rigueur; comme il est intéressant de connaître si elle a été remplie, le directeur du jury doit en dresser procès-verbal, qui contiendra les déclarations et réponses du prévenu, sans qu'il soit besoin d'observer les anciennes formules des interrogatoires, ni de prendre le serment du prévenu qu'il va dire la vérité: le simple bon sens suffit pour convaincre de l'inutilité et de l'immoralité d'un tel serment, qui place le prévenu entre le parjure et l'aveu d'un délit qui l'expose à des peines.

Il répugne également à la raison de faire au prévenu cette question insignifiante, s'il entend prendre droit par les charges: en un mot, le directeur du jury ne doit jamais oublier que cette audition n'est qu'une facilité accordée à un individu arrêté, d'expliquer les preuves de son innocence et les raisons qu'il voudra alléguer pour sa justification. Le directeur du jury ne doit se permettre aucune question captieuse; il doit entendre la déclaration libre du prévenu.

Le directeur du jury n'est pas le maître de décider seul que l'accusation ne doit pas être présentée au jury; un pareil droit serait trop dangereux dans la main d'un seul homme, que l'on corrompt plus facilement qu'un tribunal entier. Il doit donc en référer au tribunal; mais il est une distinction de circonstances à observer: ou il n'y a point de partie plaignante ni dénonciatrice, ou il y en a une; s'il n'y a point de partie plaignante, que l'accusé soit présent ou non, lorsque le directeur du jury trouve, par la nature du délit, que l'accusation ne doit pas être présentée au jury, il doit, dans les vingt-quatre heures à compter du moment où il a vérifié les pièces, assembler le tribunal, qui prononcera sur cette question, d'après l'examen desdites pièces, et après avoir entendu le commissaire du Roi.

Dans ce cas, la décision du tribunal se donne à huis clos, sur le rapport du directeur du jury, et on l'inscrit sur un registre différent du registre des audiences, lequel servira à inscrire tout ce qui est relatif à la procédure qui se fera devant le tribunal du district et le jury d'accusation.

La convocation des membres du tribunal doit se faire par le ministère de l'un des huissiers-audienciers du tribunal, soit que le directeur du jury ne donne qu'un avertissement verbal, ou qu'il prévienne les juges par écrit.

Dans le même cas où il n'y a point de partie plaignante, si le directeur du jury trouve que l'accusation doit être présentée au jury, ou si le tribunal l'a décidé ainsi contre l'avis du directeur du jury, il dressera l'acte d'accusation. S'il y a une partie plaignante ou dénonciatrice, le directeur doit attendre deux jours révolus depuis la remise du prévenu en la maison d'arrêt, ou des pièces au greffe du tribunal; dans cet intervalle, il ne peut faire autre chose qu'entendre l'accusé.

Ce délai expiré, ou la partie se présente, ou elle ne se présente pas: si elle ne se présente pas, le directeur du jury, sans qu'il soit besoin de constater la non-comparution de la partie, agit comme il eût dû le faire dans le cas où il n'y aurait pas de partie plaignante.

Si la partie ou son fondé de procuration spéciale se présente au directeur du jury, dans le délai, cet officier, de concert avec elle, dresse l'acte d'accusation.

L'acte d'accusation n'est autre chose qu'un exposé exact, mais précis, dans lequel on énonce que tel jour, à telle heure et en tel endroit, il a été commis un délit de telle et telle nature; que telle personne est l'auteur de ce délit, ou soupçonnée de l'avoir commis. Cet acte doit contenir tous les détails, toutes les circonstances qui ont précédé, accompagné et suivi le délit; en un mot, présenter dans toute leur étendue les faits qui ont rapport au délit, de sorte que le lieu, le jour, l'heure, les personnes et le délit soient désignés le plus clairement possible. L'acte d'accusation n'est sujet d'ailleurs à aucune autre forme.

Il ne faut pas oublier d'y joindre le procès-verbal qui constate le corps du délit, s'il en a été dressé un, pour être conjointement présenté au jury : la loi recommande cette formalité, à peine de nullité.

Il peut arriver que le directeur du jury et la partie ne soient pas d'accord sur les faits et sur la nature de l'accusation ; chacun d'eux peut alors faire une rédaction séparée.

L'opinion du directeur du jury qui penserait que le délit n'est pas de nature à être présenté au jury, n'empêcherait pas même la partie de dresser son acte d'accusation.

Cet acte, ainsi rédigé, doit être avant communiqué, ainsi que toutes les pièces et actes ultérieurs de procédure, au commissaire du Roi, qui l'examine. S'il trouve que le délit est de nature à mériter peine afflictive ou infamante, il écrit au bas de l'acte d'accusation ces mots : *La loi autorise*, et il signe. Dans le cas contraire, il exprime son opposition par ceux-ci : *La loi défend*, et il signe. Cette opposition du commissaire du Roi arrêterait la présentation de l'acte d'accusation aux jurés, si, d'ailleurs, le directeur du jury avait été du même avis que le commissaire du Roi ; car, dans ce cas, la partie serait seule juge de la nature du délit ; mais la loi permet alors de faire juger la question par le tribunal auquel la partie, le commissaire du Roi ou le directeur du jury en référera, et le tribunal est obligé de la juger dans les *vingt-quatre heures*. Il prononce que le délit est ou n'est pas de nature à mériter peine afflictive ou infamante : s'il décide l'affirmative, l'acte d'accusation est présenté aux jurés, en la forme qui suit ; si, au contraire, le délit n'est pas de nature à mériter peine afflictive ou infamante, l'acte d'accusation est comme non avenu, et le même jugement prononce la relaxation du prévenu, sauf les punitions correctionnelles, et sauf aux parties intéressées à se pourvoir à fin civile, ainsi qu'elles aviseront. Dans tous les cas, s'il résulte un acte d'accusation, il doit être présenté aux jurés, et c'est à cette époque seulement que leur ministère devient nécessaire.

Le directeur du jury fait avertir les huit citoyens qui forment le tableau du jury d'accusation ; et, quand ils sont rassemblés dans le lieu et au jour indiqués, il leur fait d'abord prêter, en présence du commissaire du Roi, le serment en ces termes : « Citoyens, « vous jurez et promettez d'examiner avec « attention les témoins et les pièces qui vous « seront présentés, et d'en garder le secret. » (Deux motifs principaux rendent ici le secret nécessaire, et ces motifs ne contrastent point avec la publicité de la procédure, publicité qui doit être la sauve-garde des accusés ; car nous ne sommes point encore arrivés à la partie de la procédure qui doit faire ju-

ger si l'accusé est coupable ou non ; tout sera public alors. Quant à présent, il ne s'agit encore que de découvrir s'il y a lieu ou non à accusation, et le secret est nécessaire pour ne point avertir les complices de prendre la fuite, et pour ne point avertir les parens et amis de l'accusé du nom des témoins qu'ils auraient intérêt à écarter ou à séduire, avant qu'ils ne déposent par devant le jury de jugement). « Vous vous expliquerez avec « loyauté sur l'acte d'accusation qui va vous « être remis ; vous ne suivrez ni les mouve- « mens de la haine et de la méchanceté, ni « ceux de la crainte ou de l'affection. »

Les jurés doivent répondre chacun individuellement : *Je le jure*.

S'il y avait de nouveaux témoins qui n'eussent pas encore été entendus, le directeur du jury recevra leurs dépositions secrètement, et elles seront écrites par le greffier du tribunal, non dans la forme qui s'observait dans l'ancien régime judiciaire pour les informations, mais comme simples déclarations destinées seulement à servir de renseignemens.

Ces déclarations faites, les témoins paraissent en présence des jurés et y déposent de nouveau ; mais alors leurs dépositions sont verbales.

On remet ensuite aux jurés toutes les pièces, à l'exception des déclarations des témoins ; puis ils se retirent seuls dans la chambre qui leur est destinée : le plus ancien d'âge d'entre eux les préside et est chargé de recueillir leurs voix.

Ils examinent l'acte ou les actes d'accusation ; car il peut y avoir deux actes de cette espèce, l'un présenté par le directeur du jury, l'autre par la partie plaignante ou dénonciatrice, dans le cas où ils ne se seraient point accordés sur les faits et la nature du délit.

Les jurés qui ont à porter une décision dans cette circonstance doivent bien se pénétrer de l'objet de leur mission ; ils n'ont pas à juger si le prévenu est coupable ou non, mais si le délit qu'on lui impute est de nature à mériter l'instruction d'une procédure criminelle, et s'il y a déjà des preuves suffisantes à l'appui de l'accusation ; ils apercevront aisément le but de leurs fonctions en se rappelant les motifs qui ont déterminé à établir un jury d'accusation.

Ces motifs ont leur base dans le respect pour la liberté individuelle : la loi, en donnant au ministère actif de la police le droit d'arrêter un homme prévenu d'un délit, a borné son pouvoir au seul fait de l'arrestation.

Mais une simple prévention, qui souvent a pu suffire pour qu'on s'assurât d'un homme, ne suffit pas pour le priver de sa liberté pendant l'instruction du procès, et l'exposer à subir l'appareil d'une poursuite criminelle.

La loi a prévenu ce dangereux inconvénient ; et, à l'instant même où un homme est arrêté par la police, il trouve des moyens faciles et prompts de recouvrer sa liberté, s'il ne l'a perdue que par l'effet d'une erreur ou de soupçons mal fondés, ou si son arrestation n'est que le fruit de l'intrigue, de la violence ou d'un abus d'autorité. Il faut alors qu'on articule contre lui un délit grave : ce ne sont plus de simples soupçons, une simple prévention, mais de fortes présomptions, mais un commencement de preuves déterminantes, qui doivent provoquer la décision des jurés pour l'admission de l'acte d'accusation.

Ce n'est qu'après avoir subi cette première épreuve, ce n'est que sur l'accusation reçue par un jury de huit citoyens, que le détenu peut être poursuivi criminellement et jugé.

Les jurés d'accusation ne peuvent décider qu'au nombre de huit, à la majorité des voix, s'il y a lieu à accusation. S'ils sont d'avis que l'accusation doive être admise, ils exprimeront leur opinion en écrivant au bas de l'acte d'accusation cette formule affirmative : « La « déclaration du jury est : oui, il y a lieu. » Si, au contraire, ils trouvent que l'accusation ne doive pas être admise, ils mettront également au bas de l'acte cette formule négative : « La déclaration du jury est : non, il « n'y a pas lieu. »

Dans le cas où il y aurait deux actes d'accusation, comme on l'a dit plus haut, ils doivent les examiner l'un et l'autre, en admettre un, ou les rejeter tous deux, selon leur opinion. S'ils n'admettent aucune des deux accusations, ils écrivent la formule négative sur les deux actes, et le chef ou président des jurés signe ces déclarations.

Il peut arriver aussi, d'après l'examen de l'acte ou des actes d'accusation, que les jurés trouvent qu'il y ait lieu à une accusation différente de celle portée auxdits actes. Ce n'est point aux jurés à indiquer l'espèce d'accusation qu'ils pensent devoir être substituée à celle qu'on leur a présentée ; ils doivent se contenter d'écrire au bas de l'acte cette formule : « La déclaration du jury est : il n'y a « pas lieu à la présente accusation. »

Dans ce cas, le directeur du jury doit dresser un nouvel acte d'accusation, en observant les mêmes formes ci-dessus prescrites ; et il fera auparavant entendre devant lui les témoins.

Lorsque les jurés ont décidé, leur chef remet en leur présence leurs déclarations au directeur du jury, qui en dresse un acte.

Si les jurés prononcent qu'il n'y a pas lieu à accusation, le directeur du jury, d'après cette décision, ordonne que le prévenu sera mis en liberté ; et le prévenu ne pourra plus être poursuivi pour raison du même fait, à moins que, sur de nouvelles charges, il ne soit présenté un nouvel acte d'accusation.

Ce qui vient d'être dit suppose la présence du prévenu.

Si le prévenu n'était point détenu en la maison d'arrêt du lieu où se tient le jury d'accusation, mais gardé à vue ou arrêté dans un lieu où il aurait été trouvé deux jours après le mandat d'amener, à une distance de dix lieues du domicile de l'officier de police qui aurait délivré le mandat, le directeur du jury doit donner avis de la décision des jurés à cet officier de police, afin qu'il fasse cesser toute poursuite ou relâcher le prévenu, s'il est arrêté.

Si les jurés décident qu'il y a lieu à l'accusation, le directeur du jury rendra sur-le-champ une ordonnance dont les dispositions ne sont pas les mêmes dans tous les cas.

Si le délit n'est pas de nature à mériter peine afflictive, mais seulement infamante, et si le prévenu a déjà été reçu à caution, l'ordonnance du directeur contiendra seulement injonction à l'accusé de comparaître à tous les actes de la procédure, et d'élire domicile dans le lieu du tribunal criminel, le tout à peine d'y être contraint par corps. Cette ordonnance est signifiée à l'accusé, ainsi que l'acte d'accusation ; celui-ci est tenu, en conséquence, dans le plus court délai, d'élire domicile dans la ville où est établi le tribunal criminel, et il doit faire notifier son élection de domicile au commissaire du Roi près le tribunal criminel. S'il ne fait pas élection de domicile et ne se présente pas aux actes de procédure où sa présence sera nécessaire, ou si, ayant fait élection de domicile, il ne comparaît pas lorsqu'il sera averti, le tribunal criminel, après avoir entendu le commissaire du Roi, ordonne que, faute par lui d'avoir satisfait à l'ordonnance du...., il sera pris au corps et conduit en la maison de justice.

Si, dans le cas où il n'échoit que peine infamante, le prévenu n'a pas déjà été reçu à caution, le directeur du jury rend une ordonnance portant que l'accusé sera pris au corps et conduit directement en la maison de justice du tribunal criminel, sauf à lui à demander à ce tribunal son élargissement, qui lui sera accordé en donnant caution.

Dans tout autre cas, le directeur du jury rend une ordonnance de prise de corps, dont il est obligé, sous peine de suspension de ses fonctions, de donner avis tant à la municipalité du lieu de la situation de la maison d'arrêt du district qu'à celle du domicile du prévenu, en la personne du greffier de la municipalité. Cette ordonnance doit contenir d'une manière précise le nom de l'accusé, sa désignation et son signalement, son domicile, s'il est connu, la copie de l'acte d'accusation, et l'ordre de conduire l'accusé directement à la maison de justice; et le tout doit être signifié à celui-ci.

Si cet accusé est détenu dans la maison d'arrêt, on le transfère, en vertu de l'ordonnance, dans la maison de justice du tribunal criminel. Cette translation de l'accusé et l'envoi du procès doivent être faits par les ordres du commissaire du Roi du tribunal de district, dans les vingt-quatre heures de la signification de l'ordonnance de prise de corps.

Si l'accusé n'est pas arrêté, il peut être saisi en quelque lieu qu'il se trouve, et amené devant le tribunal criminel.

Si on ne peut le saisir, on procède contre lui comme contumax, ainsi qu'il sera dit ci-après.

Maintenant que la personne arrêtée n'est plus détenue sur une simple prévention, mais en vertu d'une ordonnance de prise de corps; maintenant qu'il existe contre elle une accusation positive, elle va subir son jugement et rester privée de sa liberté pendant l'instruction du procès, à moins qu'elle ne se trouve dans un des cas où la loi lui permet d'obtenir son élargissement en fournissant une caution.

Mais ce ne seront pas les mêmes jurés qui prononceront sur son accusation : ici la scène change entièrement pour l'accusé. Le lieu de sa détention n'est plus le même ; il ne retrouve plus ni le tribunal, ni les jurés, ni aucun des individus qui ont influé sur l'admission de l'acte d'accusation. Un seul tribunal par département est établi pour juger toutes les accusations criminelles.

Les préventions personnelles, les impressions locales, qui auraient pu déterminer une première décision contre l'accusé, s'effacent à une certaine distance du lieu du délit ; de nouveaux jurés, d'autres juges vont statuer sur le sort de l'accusé : ainsi la loi n'a négligé aucun des moyens capables de le rassurer contre toute espèce d'influence défavorable.

Elle lui donne même le droit, s'il est domicilié dans le district où siège le tribunal criminel du département, ou si le jury d'accusation est celui du lieu où est établi ce tribunal, de demander à être jugé par l'un des tribunaux criminels des deux départemens les plus voisins.

Mais, cette faculté, la loi ne la lui accorde pourtant pas dans les grandes villes dont la population est au-dessus de quarante mille âmes. Les préventions locales sont bien moins sensibles dans une cité nombreuse, où les habitans se connaissent à peine, ont des communications moins rapprochées, sont distraits par une foule d'évènemens qui se succèdent, ou occupés d'intérêts majeurs et variés qui absorbent leur attention et atténuent l'effet des passions, toujours d'autant plus actives qu'elles sont concentrées.

Si l'accusé se trouve donc dans l'un des cas où il aura le droit de demander à être jugé par un tribunal voisin, le directeur du jury aura soin, dans son ordonnance de prise de corps, après avoir énoncé l'ordre de le conduire dans la maison de justice du tribunal criminel du département, de dénommer en outre les villes des deux tribunaux criminels les plus voisins entre lesquels l'accusé pourra opter; et, dans les vingt-quatre heures de la signification qui lui aura été faite de l'acte d'accusation, cet accusé, s'il est détenu en la maison d'arrêt, doit notifier au greffe du tribunal son option; après lequel temps, il sera envoyé ou au tribunal direct ou à celui qu'il aura choisi. S'il y avait plusieurs accusés qui ne s'accordassent pas sur le choix du tribunal, le directeur du jury les ferait tirer au sort.

La faculté d'opter est laissée dans le même cas à l'accusé qui n'aurait pas été saisi en vertu du mandat d'amener de l'officier de police, mais qui n'a pu être arrêté qu'en vertu de l'ordonnance de prise de corps : alors le porteur de l'ordonnance conduit l'accusé devant le juge-de-paix du lieu où il aura été trouvé et saisi, à l'effet de faire devant ce juge la déclaration de l'option d'un tribunal ou de son refus d'opter. Le juge-de-paix reçoit cette déclaration, en garde minute, et en délivre une expédition au porteur de l'ordonnance, qui, en conséquence, conduit l'accusé dans la maison de justice du tribunal direct ou de celui qui aura été choisi par l'accusé.

Ce même porteur remet au greffe, et l'ordonnance de prise de corps, et la déclaration faite par l'accusé, contenant option ou refus de la faire.

Le greffier lui donne reconnaissance du tout, et communique les deux actes à l'accusateur public. L'accusateur public du tribunal d'option fait notifier ce choix par un huissier au greffe du tribunal direct ; et, sur cette notification et la réquisition que l'accusateur public en fait par l'acte même de notification, le tribunal direct doit lui envoyer les pièces du procès. Dans le cas où il y aurait plusieurs accusés compris dans le même acte d'accusation, celui d'entre eux qui serait arrêté en vertu de l'ordonnance de prise de corps postérieurement à l'option faite d'un tribunal criminel par ses coaccusés, ou après leur envoi au tribunal direct, sera exclu de pouvoir exercer la faculté d'opter, quand bien même il serait domicilié dans le district où siège le tribunal criminel direct.

L'accusé remis en la maison de justice, et toutes ces formalités préliminaires remplies, il s'agit de commencer l'instruction de la procédure criminelle.

On a déjà annoncé que le tribunal criminel établi dans chaque département était seul chargé de juger les affaires criminelles, d'après la décision des jurés qui forment le jury de jugement.

Ce tribunal sera établi et fixé dans la ville qui est le chef de l'administration de département (alternats supprimés).

Nota. Dans le département du Cantal, où l'Assemblée a laissé subsister l'alternat par une exception particulière, elle n'a point entendu que le tribunal criminel pût alterner comme chef-lieu du département, et elle en a fixé la résidence à.....

Quatre juges seulement (y compris le président), un accusateur public, un commissaire du Roi et un greffier, composent le tribunal criminel.

Le président est nommé par les électeurs du département, pour six années, et peut être réélu.

A l'égard des juges, ils ne sont point élus directement pour être membres du tribunal criminel. Le directoire du département désigne, tous les trois mois et par tour, trois juges des tribunaux de district de son ressort, qui viennent siéger pendant ce temps au tribunal criminel. L'accusateur public est également nommé par les électeurs du département; ses fonctions dureront quatre ans seulement, pour la première nomination qui en sera faite lorsque l'institution des jurés sera mise en vigueur; mais, à l'avenir, les fonctions de l'accusateur public seront de six années.

Les mêmes électeurs nommeront à vie un greffier du tribunal criminel.

Les conditions d'éligibilité pour être nommé président et accusateur public, et pour le commissaire du Roi qui exercera ses fonctions près le tribunal criminel, sont les mêmes que pour les juges et commissaires du Roi des tribunaux civils de district.

Les fonctions du président, de l'accusateur public et du commissaire du Roi sont déterminées par la loi.

Le président exerce les fonctions de juge comme les autres membres du tribunal; mais il est de plus personnellement chargé d'entendre l'accusé au moment de son arrivée, de faire tirer au sort les jurés, de les convoquer, de les diriger dans l'exercice des fonctions qui leur sont assignées par la loi, de leur exposer l'affaire, et de leur remettre sous les yeux les devoirs qu'ils ont à remplir.

On ne peut trop recommander aux électeurs qui auront à choisir un président du tribunal criminel de se bien pénétrer de toute l'importance de cette place. Quelle probité, quelle sagacité, quelle expérience du cœur humain, ne sont pas requises en celui que la loi investit d'une si grande confiance! Il devra lui-même se pénétrer profondément du sentiment de ses devoirs et de la nature de l'institution sublime dont il est le principal moteur. Toutes les questions soumises au jury sont des questions de fait très-importantes, et pour l'individu accusé du fait, et pour la société qui en recherche l'auteur.

La vérité de ces faits doit être poursuivie avec bonne foi, avec franchise, avec loyauté, avec un vrai et sincère désir de parvenir à la connaître; rien de ce qui peut servir à la rendre palpable ne doit être négligé. Tous les moyens d'éclaircissemens proposés par les parties ou demandés par les jurés eux-mêmes, s'ils peuvent effectivement jeter un jour utile sur le fait en question, doivent être mis en usage; aucun ne doit être rejeté que ceux qui tendraient inutilement à prolonger le débat, sans donner lieu d'espérer plus de certitude dans les résultats; et, comme toutes les demandes des parties ou des jurés doivent s'adresser au président du tribunal criminel, il est sensible que le cœur le plus pur et l'esprit le plus droit sont les bases de la confiance de la loi, quand elle se repose sur ce président du soin de rendre, d'après les circonstances, une multitude de décisions sur lesquelles on ne peut lui tracer d'avance aucun règle. Ce pouvoir discrétionnaire est tempéré et dirigé par la présence du public, dont les regards doivent toujours être particulièrement appelés sur l'exercice de toutes les fonctions qui, par leur nature, touchent à l'arbitraire; ils portent avec eux le meilleur préservatif contre l'abus qu'on pourrait être tenté d'en faire.

Le devoir de l'accusateur public est principalement de poursuivre les délits, sur les actes d'accusation admis par les premiers jurés.

Il a la surveillance sur tous les officiers de police du département. Il peut, en cas de négligence, les avertir ou les réprimander; il doit même, en cas de faute plus grave, les déférer au tribunal criminel et les y traduire à sa requête par voie d'action, pour y être, suivant la nature du délit, condamnées aux peines correctionnelles déterminées par la loi.

Si un officier de police avait prévariqué dans ses fonctions, s'il était dans le cas d'être poursuivi criminellement, l'accusateur public qui en sera instruit délivrera un mandat d'amener, en vertu duquel l'officier accusé de prévarication sera appelé devant lui. L'accusateur public recevra les éclaircissemens, entendra même les témoins; et, si le cas était assez grave, il remettra au directeur du jury la notice des faits, les pièces et la déclaration des témoins, pour que celui-ci dresse l'acte d'accusation et le présente au jury d'accusation, dans la forme ci-dessus indiquée.

Les fonctions de l'accusateur public et l'autorité que la loi lui défère annoncent assez que le seul homme qui convienne à cette place est un homme juste et impartial. Rien ne serait plus coupable dans un accusateur public qu'une conduite passionnée. Cet officier stipule au nom de la société, et l'intérêt public seul doit constamment présider à toutes ses démarches.

Les fonctions du commissaire sont marquées dans le détail de la procédure.

Enfin, les jurés dont le ministère est nécessaire près du tribunal criminel sont chargés de décider si l'accusé est coupable ou non.

Le jury de jugement ne se forme pas comme le jury d'accusation, quoique composé de citoyens qui doivent réunir les mêmes conditions d'éligibilité.

Tout citoyen qui peut être électeur doit se faire inscrire, au plus tard avant le 15 décembre de chaque année, comme juré de jugement, sur un registre qui est tenu à cet effet par le secrétaire greffier de chaque district.

Les ecclésiastiques et les septuagénaires pourront se dispenser des fonctions de jurés; elles sont déclarées incompatibles avec celles des officiers de police, des juges, des commissaires du Roi, de l'accusateur public, des procureurs-généraux-syndics, des procureurs-syndics des administrations.

Tous les citoyens qui ne pourront pas être électeurs ne pourront également être jurés.

Ceux qui auraient négligé de se faire inscrire pendant le mois de décembre au plus tard seront privés du droit des électeurs et éligibles à toutes les élections qui auront lieu pendant le cours de l'année suivante.

Le défaut d'inscription n'empêcherait pas pourtant qu'ils ne fussent pris pour jurés dans le cas où les éligibles inscrits ne seraient pas en nombre suffisant.

Chaque année, le procureur-syndic de district enverra, dans les derniers jours de décembre, au directoire du département, une copie du registre de l'inscription des jurés de jugement, et en fera remettre un exemplaire à chaque municipalité de son arrondissement.

Le procureur-général-syndic du département fera, tous les trois mois, une liste composée de deux cents des citoyens éligibles inscrits sur le registre envoyé par les procureurs-syndics du directoire, laquelle liste sera arrêtée par le directoire. Ces deux cents citoyens formeront la liste du jury de jugement, qui sera imprimée, et envoyée à tous ceux qui la composeront.

Le procureur-général doit observer, en formant cette liste, de ne pas y placer deux fois de suite, dans le cours de l'année, le même citoyen, à moins qu'il n'habite la ville même du tribunal criminel, ou que ce ne soit de son consentement.

Celui qui, pendant les trois mois que son nom sera sur la liste, aura assisté à une assemblée de jurés, pourra s'excuser d'en remplir une seconde fois les fonctions : d'un autre côté, s'il avait été juré d'accusation, il ne pourrait être juré de jugement dans la même affaire; mais, outre les quatre listes qui seront formées de trois mois en trois mois, on formera, le premier de chaque mois, le tableau des jurés de jugement.

Cette mission appartient au président du tribunal criminel.

Le jour de la formation du tableau, le commissaire du Roi et deux officiers municipaux se trouvant au lieu destiné à cette opération, là le président du tribunal criminel leur fait prêter le serment de garder le secret, et, en leur présence, il présente à l'accusateur public la liste des deux cents jurés qui lui a été remise par le procureur-général-syndic.

L'accusateur public a la faculté d'en exclure vingt des deux cents, sans donner de motifs : s'il le fait, on met les cent quatre-vingts noms restans dans le vase, et on en tire au sort douze, qui formeront le tableau du jury; on joint à ces douze trois autres jurés qui sont également tirés au sort, et qui sont destinés à servir d'adjoints, dans le cas où le tribunal serait convaincu que les jurés se sont évidemment trompés, comme il sera ci-après expliqué.

L'accusé a également la faculté de récuser : on lui présente le tableau, et il peut récuser, sans donner de motifs, ceux qui le composent; on les remplace par le sort.

Lorsque l'accusé en aura récusé vingt sans motifs, il sera obligé de déduire les causes de récusation qu'il voudrait présenter; ensuite le tribunal criminel en jugera la validité. Cette récusation de vingt jurés peut être faite par plusieurs coaccusés, s'ils se concertent ensemble pour l'exercer; et, s'ils ne peuvent s'accorder, chacun d'eux en récusera successivement un jusqu'au nombre de dix.

Les douze citoyens composant le tableau doivent être toujours prêts à se rendre, au jour indiqué, à l'assemblée du jury, lorsqu'ils seront convoqués par le président du tribunal.

Cette assemblée se tient le 15 de chaque mois, dimanche ou fête, et la convocation doit être faite le 5 du même mois.

Si l'un des jurés prévoyait pour le 15 du mois quelque obstacle qui pût l'empêcher de se rendre à l'assemblée des jurés, dans le cas où le sort le placerait sur le tableau, il doit en prévenir le président au moins deux jours avant le 1er du mois pendant lequel il désire être excusé.

Le président en réfère au tribunal criminel, qui doit juger la valeur de l'excuse dans les vingt-quatre heures.

Si elle est suffisante, on retire du nombre de ceux dont les noms doivent être mis dans le vase le nom de celui qui s'est fait excuser. Dans le cas contraire, ce nom est soumis au sort comme les autres; et, s'il est du nombre des douze qui doivent composer le jury, le président du tribunal lui fera signifier que son excuse a été jugée non valable, qu'il est sur le tableau du jury, et qu'il ait à se rendre au jour fixé pour l'assemblée du jury : il sera laissé en outre aux officiers municipaux du lieu de son domicile une copie de cette signification.

Tout citoyen qui ne se rendrait pas sur la sommation qui lui sera faite sera condamné par le tribunal criminel en cinquante livres d'amende, et privé en outre du droit d'éligibilité et de suffrage pendant deux ans, à moins qu'il ne soit retenu pour cause de maladie grave.

Mais, dans tous les cas, s'il manquait un des jurés au jour indiqué, le président du tribunal le fera remplacer par un des citoyens de la ville, pris au sort dans la liste des deux cents, et subsidiairement parmi les éligibles.

L'accusé, conduit à la maison de justice, ne paraît pas aussitôt devant le jury de jugement. Il doit d'abord être entendu dans l'auditoire par le président, dans les vingt-quatre heures au plus tard après son arrivée et la remise des pièces au greffe, en présence de l'accusateur public et du commissaire du Roi. Le greffier tient note de ses réponses, et les remet au président pour servir de renseignemens seulement.

L'accusé a le droit de choisir un ou deux amis ou conseils, pour l'aider dans sa défense; et, s'il ne fait pas ce choix, le président lui désigne un conseil; mais il ne pourra jamais communiquer avec l'accusé que deux jours après qu'il aura été amené dans la maison de justice.

Les conseils doivent prêter serment devant le tribunal de n'employer que la vérité dans la défense de l'accusé, et de se comporter avec décence et modération. Aussitôt que l'accusé a été entendu, l'accusateur public doit faire ses diligences pour que l'accusé puisse être jugé à la première assemblée de jury qui suivra son arrivée.

Si cependant l'accusé ou l'accusateur public avaient des motifs pour que l'affaire ne fût pas portée à la première assemblée, ils doivent alors présenter leur requête au tribunal à fin de prorogation du délai avant le cinq de chaque mois, époque de la convocation du jury; et, si le tribunal criminel juge la demande fondée, il accorde un délai, qui ne peut être néanmoins prorogé au-delà de l'assemblée des jurés qui aura lieu le quinze du mois suivant.

Si l'accusateur public et l'accusé avaient des témoins à produire qui n'eussent point encore été entendus, ils doivent d'abord, et avant le jour de l'assemblée du jury, les faire entendre devant un des juges du tribunal criminel: leurs dépositions seront écrites comme l'ont été celles des témoins produits devant l'officier de police ou devant le directeur du jury d'accusation, et il en sera donné communication à l'accusé.

Au jour de l'assemblée, les douze jurés formant le tableau se rendent dans l'intérieur de l'auditoire; là se trouvent, chacun à leur place, les juges, l'accusateur public et le commissaire du Roi : l'accusé est aussi présent.

Le public doit garder le silence le plus absolu dans l'auditoire; les témoins et les défenseurs de l'accusé sont tenus de s'exprimer avec décence et modération. Si quelque particulier, quel qu'il soit, s'écarte du respect dû à la justice, le président peut le reprendre, le condamner à une amende, et même à garder la prison jusqu'au terme de huit jours, suivant la gravité du cas.

Lorsque les douze jurés sont introduits, le président du tribunal criminel, en présence du public et de tous ceux qu'on vient de désigner, fait prêter à chaque juré séparément le serment suivant : « Citoyen, vous jurez et « promettez d'examiner, avec l'attention la « plus scrupuleuse, les charges portées contre « un tel....; de n'écouter ni la haine, ni la « méchanceté, ni la crainte ou l'affection ; « de n'en communiquer avec qui que ce soit « jusqu'après votre déclaration ; de vous dé- « cider d'après les témoignages, et suivant « votre conscience et votre intime et pro- « fonde conviction, avec l'impartialité et la « fermeté qui conviennent à un homme libre. »

Chacun des jurés répond : « Je le jure. » Ensuite ils prennent place tous ensemble sur des sièges séparés du public et des parties, de manière qu'ils se trouvent placés en face de l'accusé et des témoins.

Les trois jurés adjoints dont on a parlé plus haut se placent aussi dans l'auditoire, mais séparément des autres, et ils n'ont de fonctions et ne prêtent même serment que lorsqu'ils sont requis de se joindre aux jurés.

À compter de ce moment, les jurés ne peuvent plus communiquer avec personne par écrit, parole ou geste, tant qu'ils seront dans l'auditoire, à moins qu'ils n'aient des éclaircissemens à demander, ce qu'ils peuvent faire en la forme qui va être expliquée.

L'accusé comparaît à la barre, libre et sans fers. La loi a voulu écarter de l'accusé tout ce qui pourrait influer sur sa liberté morale, en gênant sa liberté physique; il pourra cependant y avoir des gardes autour de l'accusé, pour l'empêcher de s'évader.

Le président lui dit qu'il peut s'asseoir, lui demande ses noms, âge, profession et demeure, et le greffier tient note des réponses.

Le président avertit ensuite l'accusé d'être attentif à tout ce qu'il va entendre; il ordonne au greffier de lire l'acte d'accusation. Le greffier fait cette lecture à haute et intelligible voix; après quoi le président rappelle à l'accusé, le plus clairement possible, ce qui est contenu en l'acte d'accusation, et lui dit : « Voilà de quoi vous êtes accusé; vous « allez entendre les charges qui seront pro- « duites contre vous. » La même chose se pratique, s'il y a plusieurs coaccusés.

Les noms des témoins doivent être connus de l'accusé; la loi veut que la liste lui en soit notifiée au moins vingt-quatre heures avant l'examen : ainsi il a eu le temps de connaître ses témoins, de savoir quel degré de foi ils méritent et de prévoir les objections qui pourraient s'attacher à leurs personnes.

Un mari ne peut déposer contre sa femme, ni une femme contre son mari. Les ascendans ne peuvent aussi être entendus en témoignage contre les descendans, et réciproquement; il en est de même d'un frère et d'une sœur contre leurs frères et sœurs, et des alliés au même degré.

Les témoins, soit qu'ils soient produits par la partie plaignante ou par l'accusateur public, se présentent l'un après l'autre pour faire leur déposition en public et séparément, à moins que l'accusé, comme il en a le droit, ainsi que l'accusateur public, n'ait demandé par lui-même ou par son conseil que les témoins produits contre lui soient introduits et entendus ensemble.

Le président, avant la déposition, fait prêter serment aux témoins individuellement de parler sans haine et sans crainte, de dire la vérité, rien que la vérité.

Il demande ensuite à chacun des témoins, avant que sa déposition soit commencée, si c'est de l'accusé présent qu'il entend parler, s'il le connaissait avant le fait, enfin, s'il est parent, allié, ami, serviteur ou domestique d'aucune des parties.

Cela fait, le témoin dépose : après chaque déposition, le président demande à l'accusé s'il veut répondre à ce qui vient d'être dit contre lui. L'accusé et ses amis, ou conseils présens, peuvent dire, tant contre les témoins personnellement que contre leur témoignage, tout ce qu'ils jugeront utile à la défense de l'accusé; ils peuvent même questionner les témoins. Il est également libre à l'accusateur public, aux jurés et au président, de demander aux témoins et à l'accusé tous les éclaircissemens dont ils croiront avoir besoin.

Si la déposition d'un témoin paraît évidemment fausse, le président en dresse procès-verbal, et peut, d'office et sur la réquisition de l'accusateur public ou de l'accusé et de ses conseils, le faire arrêter sur-le-champ et le renvoyer par-devant le jury du district du lieu, pour prononcer sur l'accusation, dont l'acte, dans ce cas, sera dressé par le président lui-même.

Lorsque les témoins de l'accusateur public et de la partie plaignante auront été entendus, l'accusé peut alors faire entendre les siens, non-seulement pour établir son innocence et se justifier du fait qu'on lui impute, mais pour attester qu'il est homme d'honneur et de probité et qu'il est d'une conduite irréprochable. La loi, en recommandant aux jurés d'avoir tel égard que de raison aux témoignages de cette dernière espèce, n'a pas voulu cependant priver l'accusé d'une ressource que les circonstances et la confiance que peuvent mériter les témoins pourraient rendre très-précieuse à sa justification.

Il est également libre à l'accusateur public et à la partie plaignante de questionner tous ces témoins, de les reprocher, en un mot, de dire contre eux et leur témoignage tout ce qu'ils jugeront nécessaire.

Les témoins, après leur déposition, restent dans l'auditoire, mais ils ne peuvent jamais s'interpeller entre eux. L'accusé peut, s'il le juge à propos, requérir, par lui ou par ses conseils, que ceux des témoins qu'il désignera soient entendus de nouveau séparément ou en présence les uns des autres. L'accusateur public a la même faculté à l'égard des témoins produits par l'accusé.

S'il y a des effets trouvés lors du délit ou depuis qui puissent servir à conviction, ils seront représentés à l'accusé, et il lui sera demandé de répondre personnellement, s'il les reconnaît.

Il en est de même quand il y a plusieurs coaccusés; s'ils sont compris dans le même acte d'accusation, ils seront jugés par le même jury. Il sera fait un débat pour chacun d'eux sur les circonstances qui lui seront particulières, et le tribunal déterminera l'ordre dans lequel ils pourront être présentés au débat, en commençant toujours par le principal accusé, s'il y en a un. Les autres coaccusés y seront présens et pourront y faire leurs observations.

Dans les cas où l'accusé, les témoins ou l'un d'eux, les jurés ou l'un d'eux, ne parleraient pas le même langage, et auraient besoin d'un interprète pour s'entendre et se communiquer leurs pensées dans le débat, le président du tribunal criminel en fera appeler un qui soit âgé de vingt-cinq ans au moins, et lui fera prêter serment de traduire fidèlement, et suivant sa conscience, le discours qu'il sera chargé de transmettre entre ceux qui parlent des langages différens. L'accusé et l'accusateur public pourront récuser l'interprète, en motivant leur récusation : les motifs seront jugés par le tribunal. Les officiers de police, directeurs de jury et présidens des tribunaux criminels, pourront également appeler des interprètes toutes les fois qu'ils en auront besoin pour recevoir des déclarations et dépositions.

Tout cet examen, les débats et la discussion qui en seront la suite, ne seront point rédigés par écrit. Les jurés et les juges pourront bien prendre note de ce qui leur paraîtra important, mais sans que la discussion puisse en être arrêtée ni interrompue. Le commissaire du Roi, présent et obligé d'assister à toute cette instruction, peut toujours faire aux juges, au nom de la loi, toutes les réquisitions qu'il jugera convenables, et il lui en sera donné acte.

Le tribunal criminel ni le directeur du jury, chacun dans les affaires de leur compétence, ne sont obligés de déférer aux réquisitions du commissaire du Roi, et l'instruction ni le jugement n'en peuvent être arrêtés ni suspendus, sauf au commissaire du Roi du tribunal criminel à se pourvoir en cassation après le jugement, s'il le juge à propos, suivant la forme indiquée par la loi.

Lorsque tous les témoins de part et d'autre ont fini leur déposition, l'accusateur public et la partie plaignante, s'il y en a, doivent être entendus, et expliquer les moyens par lesquels ils prétendront justifier l'accusation. L'accusé ou ses amis ou conseils peuvent répondre; ensuite le président du tribunal fait un résumé de l'affaire, et la réduit à ses points les plus simples; il fait remarquer aux jurés les principales preuves produites pour ou contre l'accusé.

Ce résumé est destiné à éclairer le jury, à fixer son attention, à guider son jugement requis; il ne doit pas gêner sa liberté. Les jurés doivent au juge respect et déférence; ils doivent même lui obéir en tout ce qui concerne que la police de l'auditoire; mais ils ne lui doivent point le sacrifice de leur opinion, dont ils ne sont comptables qu'à leur propre conscience.

Le juge, ayant fini son résumé, dira aux jurés de se retirer dans la chambre qui leur est destinée. Il ordonne en même temps que l'accusé ou les accusés soient conduits en la maison de justice.

Les jurés, retirés dans leur chambre, doivent y rester sans pouvoir communiquer avec personne: le premier d'entre eux inscrit sur le tableau est leur chef.

Ils doivent examiner les pièces du procès, parmi lesquelles il ne faut pas comprendre les déclarations écrites des témoins, qui ne doivent pas être remises au jury, mais seulement l'acte d'accusation, les procès-verbaux et autres pièces semblables. C'est sur ces bases, et particulièrement sur les dépositions et le débat qui ont eu lieu en leur présence, qu'ils doivent asseoir leur conviction personnelle : car c'est de leur conviction personnelle qu'il s'agit ici; c'est elle que la loi leur demande d'énoncer; c'est à elle que la société,

que l'accusé s'en rapportent. La loi ne leur demande pas compte des moyens par lesquels ils se sont formé une conviction ; elle ne leur prescrit point des règles auxquelles ils doivent attacher particulièrement la plénitude et la suffisance d'une preuve; elle leur demande de s'interroger eux-mêmes dans le silence et le recueillement, et de chercher, dans la sincérité de leur conscience, quelle impression ont faite sur leur raison les preuves apportées contre l'accusé, et les moyens de la défense. La loi ne leur dit point : « Vous « tiendrez pour vrai tout fait attesté par tel « ou tel nombre de témoins, ou vous ne re- « garderez pas comme suffisamment établie « toute preuve qui ne sera pas formée « de tant de témoins, ou de tant d'in- « dices; » elle ne leur fait que cette question, qui renferme toute la mesure de leur devoir : « Avez-vous une intime conviction? »

Ce qui est bien essentiel de ne pas perdre de vue, c'est que toute la délibération du jury de jugement a pour base l'acte d'accusation. C'est à cet acte qu'ils doivent s'attacher : leur mission n'a pas pour objet la poursuite des délits; ils ne sont appelés que pour décider si l'accusé est coupable ou non du crime dont on l'accuse.

Et d'abord, avant de chercher si l'accusé est coupable, ils doivent examiner si le délit est constant; car en vain chercherait-on un coupable s'il n'existait pas un délit.

Lorsqu'ils se sont assurés qu'il en existe un, ils examinent si l'accusé dénommé en l'acte d'accusation est ou non convaincu de ce même délit. Mais la loi a porté plus loin encore la prévoyance; et, comme c'est l'intention qui fait le crime, elle a voulu que les jurés, quoique certains du fait matériel et connaissant son auteur, puissent scruter les motifs, les circonstances et la moralité du fait. Un délit involontaire, ou commis sans intention de nuire, ne peut pas être l'objet d'une punition; d'un autre côté, il peut arriver que la nature de l'accusation ait changé par la défense de l'accusé et les preuves fournies par lui. Nous rendrons ces observations encore plus sensibles par des exemples, et l'on reconnaîtra qu'il serait impossible, sans une injustice révoltante, d'astreindre les jurés à s'en tenir strictement au contenu en l'acte d'accusation: la loi leur ordonne donc, lorsqu'ils ont trouvé que le délit existait et que l'accusé était convaincu de l'avoir commis, de faire une troisième déclaration d'équité sur les circonstances particulières du fait, soit pour déterminer si le délit a été commis volontairement ou involontairement, avec ou sans dessein de nuire, soit pour prononcer en atténuation du même genre de délit.

Cette marche, qui est nécessairement conforme à la raison, puisqu'elle est absolument prescrite par la justice, sera donc facile à suivre dans sa pratique, car les institutions raisonnables s'apprennent aisément et se gravent comme le souvenir d'un bienfait dans la mémoire des hommes; ainsi les jurés et les juges s'en pénétreront en peu de temps. Mais il est bon de ne négliger aucun des développemens qui peuvent lever les premiers embarras causés par le défaut d'habitude et d'expérience. C'est dans cet esprit que nous allons analyser l'opération des jurés.

Ils délibéreront d'abord sur l'existence matérielle du fait qui avait constitué le corps du délit.

Après avoir reconnu l'existence du fait, ils délibéreront ensuite sur l'application de ce fait à l'individu accusé, pour reconnaître s'il en est l'auteur.

Enfin ils examineront la moralité du fait, c'est-à-dire les circonstances de volonté, de provocation, d'intention, de préméditation, qu'il est nécessaire de connaître pour savoir à quel point le fait est coupable, et pour le définir par le vrai caractère qui lui appartient.

La première question à laquelle doivent répondre les jurés porte donc sur l'existence du fait qui est l'objet de l'accusation. S'il s'agit d'un assassinat, d'un incendie, d'un faux, l'existence d'un tel fait est toujours facile à séparer des autres idées accessoires, telles que celles de l'auteur du crime et des intentions dans lesquelles il a été commis; l'inspection du cadavre, de la maison brûlée ou de la pièce falsifiée, rend la certitude de ces faits absolument complète, indépendamment des notions ultérieures sur le nom du coupable et sur les motifs qui l'ont fait agir.

Dans le crime de vol, au contraire, il peut quelquefois paraître plus difficile de séparer le fait matériel de l'intention. La définition même du vol, telle qu'elle a été conçue par les jurisconsultes, prête à cette confusion de pensées, en ce qu'elle renferme une partie intentionnelle, et n'attache l'idée précise de vol qu'à l'intention de voler.

Mais il n'est pas moins vrai que tout vol suppose la soustraction d'un effet quelconque à la possession de celui qui en était le détenteur; et, si toute soustraction d'un effet n'est pas nécessairement un vol, tout vol au moins suppose cette soustraction, qui est le fait matériel sur lequel, avant tout, les jurés doivent donner leur déclaration.

Chacun d'eux se formera donc une conviction intime sur ce premier point: le fait est-il constant?

Ce sera aussi sur ce premier point qu'ils donneront leur déclaration, lorsqu'ils passeront de la chambre des jurés, où ils délibèrent entre eux, dans celle du conseil, où ils doivent donner leur opinion en présence d'un juge et du commissaire du Roi: la formule de cette déclaration est indiquée par la loi. Le juré met la main sur son cœur, et dit: « Sur mon honneur et ma conscience, le délit ne me paraît pas constant. » Et, pour qu'il ne puisse jamais y avoir lieu à aucune méprise dans la manière de compter les voix, les boules noires et blanches serviront à recueillir, dans des boîtes de même couleur que les boules, les suffrages des jurés. L'opinion favorable à l'accusé sera exprimée en jetant une boule blanche dans la boîte blanche; l'opinion contraire, en jetant une boule noire. Le juge présentera les boules des deux espèces au juré; celui-ci choisira la boule propre à exprimer son opinion, et la jettera dans la boîte de couleur correspondante.

Ainsi, pour décider le premier point: le fait est-il constant? les jurés qui croiront que le fait n'est pas constant, exprimeront leur avis en mettant une boule blanche dans la boîte. Ceux qui croiront le fait constant mettront une boule noire dans la boîte noire(1); enfin, pour que les boîtes qui auront servi à exprimer sur la première question ne puissent pas se confondre avec les boîtes qui serviront aux questions suivantes, ces boîtes porteront chacune une inscription: Sur la boîte noire sera écrit: *Fait constant;* sur la boîte blanche: *Fait non constant.*

Sur la seconde question: l'accusé est-il l'auteur du fait? il ne se présentera aucune difficulté. Il est sensible que les jurés doivent en donner la solution, qui se présente sous des termes également simples dans tous les genres de délits. La formule de leur décision sera: « Sur mon honneur et ma conscience, « l'accusé est convaincu, ou l'accusé ne me « paraît pas convaincu. »

Ils jetteront ensuite les boules noires ou blanches dans les boîtes de même couleur que les boules, et dont la noire portera pour inscription: *L'accusé convaincu;* la blanche, cette autre inscription: *L'accusé non convaincu.*

Vient ensuite la troisième question, qui se divise en plusieurs branches, et qui demande à être considérée avec quelques détails.

Il s'agit ici d'examiner la moralité de l'action, et il est des actions qui, par leur nature, sont plus ou moins susceptibles d'autres de changer de caractère, suivant qu'elles sont produites par des intentions différentes.

Par exemple, une fausse signature n'admet pas de circonstances atténuantes, et ne

(1) Il sera utile de faire construire les boîtes de manière que la boule noire ne puisse pas entrer dans l'ouverture de la boîte blanche.

peut pas trouver son excuse dans ses motifs. On ne commet point un faux involontairement, ni pour une défense légitime, ni emporté par un premier mouvement : ce crime porte avec lui le caractère de la volonté décidée et de la préméditation.

Au contraire, la mort donnée à un homme, ce qui s'exprime par le mot générique et indéfini d'*homicide*, est un fait susceptible des modifications les plus étendues, en sorte que le même fait matériel peut recevoir, des circonstances qui l'accompagnent, toutes les nuances que l'on peut concevoir entre un crime atroce et un acte légitime. C'est pourquoi nous choisirons l'homicide pour servir d'exemple à la subdivision de la troisième question, qui porte sur la moralité intentionnelle du fait.

Nous supposons que l'homicide soit déclaré constant par les jurés, et que l'accusé soit reconnu pour en être véritablement l'auteur ; alors plusieurs circonstances peuvent être essentielles à distinguer.

L'accusé peut avoir commis l'homicide en défendant sa vie, ou, ce qui revient au même, en défendant la vie d'une personne que l'on voulait assassiner devant ses yeux ; dans ce cas, l'homicide serait légitime.

L'accusé peut avoir donné la mort par pur accident, et non-seulement sans aucune volonté, mais encore sans aucune imprudence ; et alors l'homicide est innocent.

L'accusé peut avoir donné la mort sans aucune volonté, mais par une simple imprudence ; et alors il a encouru, non la peine de l'homicide, mais celle de l'imprudence, qui est du ressort de la police correctionnelle.

L'accusé peut avoir donné la mort dans un mouvement impétueux dans lequel il a été précipité par une provocation plus ou moins capable de troubler sa raison, d'exciter en lui une passion violente, et de lui ravir l'usage libre de sa volonté (1).

L'accusé peut avoir donné la mort volontairement ; mais ce crime peut avoir été par lui aussitôt exécuté que conçu, commis sans réflexion, par l'effet d'un premier mouvement ; et c'est le cas du meurtre proprement dit.

Enfin, l'accusé peut avoir donné la mort après avoir conçu et préparé cet horrible dessein, concerté les moyens, épié le moment de le mettre à exécution : et c'est là le cas du dessein prémédité ou de l'assassinat.

Il est clair que ces différentes suppositions, qui toutes peuvent s'appliquer à l'existence prouvée du même fait matériel et à la certitude que tel en est l'auteur, apportent une différence immense entre les caractères moraux de la même action, et que les jurés ne peuvent se dispenser d'étudier ces nuances et de les spécifier, pour prononcer sur le fait dont un homme traduit devant eux est accusé.

Car ils n'auraient rien fait pour la vérité et pour l'application de la loi, s'ils n'avaient fait que déclarer : Un tel a commis un homicide, puisqu'il resterait encore à leur demander si c'est un homicide innocent ou légitime, volontaire ou involontaire, de premier mouvement ou de dessein prémédité.

Il faut donc que la déclaration des jurés contienne cette explication, et c'est pour cela que la loi veut qu'ils en délibèrent. Mais faut-il que, dans tous ces cas, ils se proposent à eux-mêmes autant de questions qu'il y a de nuances admissibles entre l'assassinat et l'homicide légitime ? Il en résulterait une complication inutile dans leur travail, et une absurdité dans la position de ces questions différentes, puisqu'il y en a qui s'excluent nécessairement. Par exemple, quand il y a lieu d'examiner si, ou non, un meurtre a été occasioné par une provocation grave, certes, il n'y a pas lieu d'examiner si c'est un pur homicide, innocent, arrivé par hasard et causé par un simple accident.

L'incohérence évidente de ces deux questions rebuterait tout homme de bon sens, et dégoûterait les jurés, qui doivent toujours prendre leur raison pour guide, d'une institution où des idées raisonnables seraient si manifestement blessées.

Mais, d'un côté, il y aurait de l'inconvénient à ne pas guider les jurés sur la position des questions différentes qu'ils doivent se proposer sur la moralité du fait ; il serait à craindre qu'ils n'en omissent d'essentielles, ou qu'il ne s'élevât entre eux des débats sur la manière de les poser, et ces difficultés pourraient prolonger beaucoup leur opération, quelquefois même les jeter dans des embarras dont ils auraient peine à sortir.

(1) C'est particulièrement aux faits de cette nature que se rapporte la prononciation d'excusable, mesure juste et salutaire qui fait concourir l'équité avec la justice, précaution nécessaire dans toute législation qui ne veut pas être inhumaine. Les lettres de grace étaient destinées à remplir cet objet dans l'ancien régime ; mais cette manière de distribuer le remède d'équité était si partiale, si inégale, si indulgente pour le crime protégé, si inofficieuse pour le malheur sans appui, que l'inflexible justice eût paru moins dure au grand nombre, qu'une clémence si *injurieusement* ré-artie. Mais nous traiterons séparément de la prononciation d'excusable, qui doit être l'objet d'une délibération réservée pour une autre époque de jugement. Les jurés n'auront à examiner en ce moment que la question de savoir s'il y a eu ou non provocation.

Ce sera donc au juge qui conduit la procédure et qui préside et dirige le débat, de recueillir attentivement les différentes questions relatives à l'intention, auxquelles la nature du fait et des charges peut donner ouverture, pour les indiquer au jury, et fixer sur cet objet sa délibération.

Après avoir pris l'avis du tribunal sur la manière de poser les questions, il les posera en présence du public, de l'accusé, de ses conseils et des jurés, auxquels il les remettra par écrit et arrangées dans l'ordre dans lequel ils devront en délibérer. L'accusé, ses conseils et l'accusateur public pourront lui faire quelques observations à cet égard, s'ils le jugent nécessaire, et les jurés délibéreront sur ces questions dans l'ordre où elles leur auront été présentées par le juge.

Ils en délibéreront comme sur les deux premières, avec des boules noires et des boules blanches, et des boules de l'une et de l'autre couleur, sur lesquelles on inscrira l'affirmative et la négative de chacune des questions posées par le juge. Il y aura autant de paires de boîtes qu'il y aura de questions différentes recommandées par le juge à la décision des jurés ; la boule et la boîte blanches serviront constamment à exprimer l'opinion favorable à l'accusé ; la boule et la boîte noires serviront à exprimer l'opinion contraire.

Cette méthode est d'une facile exécution, et la pratique habituelle la rendra chaque jour plus sensible et plus aisée.

On se rappelle que les jurés se sont retirés dans leur chambre pour y délibérer, et former leur opinion individuelle sur chacun des points que le juge leur a donnés à décider.

Lorsque tous sont prêts à prononcer, ils font avertir les juges ; et l'un d'eux, autre que le président, passe, ainsi que le commissaire du Roi, dans la chambre du conseil, pour y recevoir la déclaration des jurés.

Le chef des jurés, c'est-à-dire le premier inscrit sur la liste, se présente le premier ; il fait sa déclaration dans les termes ci-dessus rapportés, d'abord sur cette question : « Le « fait est-il constant ? » et il la constate de suite, en posant une boule noire ou blanche dans la boîte qui correspond à sa déclaration. S'il n'a pas trouvé le fait constant, il n'a d'autre déclaration à faire.

S'il l'a trouvé constant, il passe à la seconde déclaration sur cette question : « L'ac-« cusé est-il l'auteur du fait ? » Il appuie ensuite cette déclaration, comme la première, en plaçant une boule noire ou une boule blanche, suivant son opinion, dans l'une des boîtes disposées à cet effet. S'il ne pense pas que l'accusé soit l'auteur du délit en question, il n'a plus de suffrage ultérieur à donner ; si, au contraire, il pense que le fait ait été com-

mis par l'accusé, alors il doit opiner sur les questions intentionnelles posées par le juge.

Lorsque le juge pose plusieurs questions relatives aux différens degrés d'intention, il doit les disposer de telle sorte, que la plus favorable à l'accusé se décide toujours la première, et ainsi de suite, jusqu'à celle qui lui serait la moins favorable. Ainsi, la question de savoir si un accusé a commis un homicide à son corps défendant, doit précéder la question de savoir s'il l'a commis d'après une provocation qui puisse l'excuser.

Le chef des jurés énonce donc son opinion, dans ce même ordre, sur chacune des questions intentionnelles qui ont été posées par le juge, et la confirme par l'émission d'une boule noire ou blanche ; d'où il suit naturellement que, s'il y a plusieurs questions intentionnelles posées par le juge, le juré qui a donné une boule blanche sur la première question n'a plus à donner de suffrage sur la seconde : la raison en sera rendue sensible en continuant à nous servir du même exemple. Si le juré a exprimé par une boule blanche qu'un homicide a été commis par l'accusé à son corps défendant, il n'a plus à s'expliquer sur le fait de savoir si l'accusé avait été suffisamment provoqué pour que cette provocation lui servît d'excuse ; car la première proposition que le juré a affirmée va au-delà de la seconde ; elle est plus favorable à l'accusé et le justifie plus complètement.

On voit, par cette observation qu'aussitôt que le juré s'est déclaré en faveur de l'accusé, sur une des questions soumises successivement et par ordre à sa décision, et qu'il a, en conséquence, émis une boule blanche, il n'a plus à donner de suffrage sur les questions ultérieures ; au contraire, tant qu'il donne des boules noires, c'est-à-dire tant qu'il juge contre l'accusé les questions qui lui sont présentées dans leur ordre graduel, il lui reste à prononcer sur les questions ultérieures, jusqu'à ce qu'il ait donné son opinion sur toutes celles que le juge a posées.

Quand le chef des jurés a fini d'opiner, il reste dans la chambre du conseil, pour être témoin des opinions que donneront après lui tous les autres jurés, qui doivent suivre exactement la même marche dans la manière de donner leur suffrage ; mais lui seul d'entre les jurés doit rester présent, avec un des juges et le commissaire du Roi, à toute cette opération, et les autres jurés doivent se retirer à mesure qu'ils ont fini leurs déclarations.

Les douze jurés ayant achevé de donner leur déclaration individuelle, ils doivent tous rentrer dans la chambre du conseil ; et là, en leur présence et en celle du commissaire du Roi, le juge fait l'ouverture des boîtes dans le même ordre que celui dans lequel ont été posées les questions auxquelles elles correspondent. D'abord, on ouvre les boîtes qui ont servi à décider si le fait est constant ou non constant. Sur cette première question, s'il se trouve trois boules blanches, il est décidé que le fait n'est pas constant, et la délibération est terminée.

S'il ne se trouve pas trois boules blanches données sur la question du fait, on passe à l'ouverture des boîtes sur la question de savoir quel est l'auteur du fait; mais, avant de passer au recensement des boules blanches, il ne faut pas manquer de réserver les boules blanches qui peuvent avoir été données sur la première question, et qui, n'étant pas au nombre de trois, n'ont pas emporté la balance. Ces boules doivent s'additionner avec les boules blanches qui seront trouvées dans la boîte blanche servant à la seconde question, et cela est de toute justice; car les jurés qui, sur la première question, ont estimé qu'il n'y avait pas de fait constant, doivent, sur la seconde, se joindre à ceux qui ne pensent pas que tel accusé en soit l'auteur.

Si cette addition des boules blanches émises sur la première et sur la seconde question donne trois boules blanches, la délibération se termine là, et il est décidé que l'accusé n'a pas paru aux jurés convaincu du fait porté en l'accusation.

Si, au contraire, cette addition ne donne pas le nombre de trois boules blanches, le juge passera à l'ouverture des boîtes relatives à la question intentionnelle, ou à la première de ces questions, s'il y en a eu plusieurs de posées.

Dans ce troisième recensement, les boules blanches fournies sur les deux premières questions doivent encore se réunir à celles qui vont se trouver dans la boîte blanche. En effet, les jurés qui ont été d'avis qu'il n'y avait pas de fait constant, ou que l'accusé n'était pas convaincu, n'ayant pas été en assez grand nombre de cet avis pour le faire valoir, ne peuvent s'empêcher de se réunir à ceux des jurés qui se décideront en faveur de l'accusé sur les questions intentionnelles.

S'il y a eu plusieurs questions intentionnelles posées, et si les trois premiers recensemens réunis n'ont pas encore fourni une somme additionnelle de trois boules blanches, on passe à l'ouverture des boîtes sur la seconde question intentionnelle, ainsi de suite jusqu'à ce que le recensement des suffrages soit terminé, soit par l'ouverture de toutes les boîtes, soit par une somme de trois boules blanches qui arrête et fixe la décision des jurés sur la question sur laquelle l'accusé a obtenu la troisième boule blanche.

Cette décision recueillie par le juge, en présence du commissaire du Roi, et constatée par le chef des jurés, tous rentrent dans la chambre d'audience; chacun y reprend sa place, et le chef des jurés, se levant, prononce en leur nom la déclaration en ces termes : « Sur mon honneur et ma conscience, la déclaration du jury est que l'accusé est, ou que l'accusé n'est pas convaincu; et que (ou) mais que..... » (Ici se place la déclaration sur le fait intentionnel posé par le juge sur cette seconde question.)

Nous pensons que ces détails suffiront pour éclairer la marche des jurés et du juge qui doit les diriger, pour faire disparaître à leurs yeux les difficultés nées d'une complication apparente de moyens, qui n'est, au fond, qu'une méthode analytique pour obtenir d'eux des réponses catégoriques sur des questions nettement posées.

Mais, avant de quitter cette matière, nous devons encore quelques développemens sur la méthode que le président doit employer pour faire opiner les jurés sur les circonstances indépendantes, qu'il faut bien se garder de confondre avec les modifications aggravantes ou atténuantes d'un même fait. Ces circonstances sont nommées indépendantes, parce qu'elles sont tellement isolées les unes des autres, que chacune d'elles peut être jugée vraie ou fausse, sans que cela puisse influer sur le jugement à prononcer relativement aux autres.

Un exemple rendra cette définition plus palpable, et nous l'emprunterons du crime de vol.

N..... est convaincu d'avoir volé une somme de mille écus : son délit est de nature différente s'il l'a volée de nuit ou de jour, avec effraction extérieure, ou sans effraction extérieure.

Ces circonstances sont indépendantes les unes des autres ; l'effraction peut être prouvée sans que le vol de nuit soit prouvé ; et, réciproquement, tel juré qui est d'avis que ce vol ne s'est pas commis la nuit ne préjuge par là rien de relatif à l'effraction. Il peut donner une boule blanche sur la première question, et une boule noire sur la seconde, et vice versâ.

D'où il suit, 1° que, pour faire prononcer le jury sur les circonstances indépendantes, le juge ne trouvera pas l'ordre des questions indiqué par la série des idées, et qu'ainsi il pourra les présenter dans l'ordre qu'il voudra, sans s'astreindre à commencer par celles qui sont les moins aggravantes, puisque ce sont autant de faits séparés et sans affinité ;

2° Que les boules blanches fournies sur chacune des différentes circonstances indépendantes ne doivent pas s'additionner entre elles, mais qu'elles doivent seulement s'additionner avec les boules blanches fournies sur les deux premières questions relatives à l'existence du corps du délit et à la conviction de l'auteur de ce délit ;

3° Que le juré qui a fourni une boule blanche sur une circonstance indépendante ne continue pas moins à donner son opinion sur les autres circonstances indépendantes, parce que son opinion sur l'une des circonstances n'influe en rien sur ce qui reste à juger relativement aux autres, les décisions subséquentes n'étant pas implicitement renfermées dans celle qu'il a rendue.

Tous ces détails vont s'expliquer par un exemple.

Je suppose les circonstances suivantes. Sur la première question : Le fait est-il constant ? il s'est trouvé une boule blanche.

Sur la seconde question : Quel est l'auteur du fait ? il n'y a pas eu de boule blanche.

Sur la troisième question, relative à une circonstance indépendante : Le vol a-t-il été commis la nuit ? il se trouve une boule blanche : elle s'additionne avec la boule blanche donnée sur la première question; mais, comme cette addition ne donne en somme que deux boules blanches, les dix boules noires l'emportent, et la déclaration est que le vol a été commis de nuit. Le juré qui a donné ici la boule blanche n'opinera pas moins sur la question suivante.

Sur cette quatrième question, relative à une autre circonstance indépendante, savoir : Le vol a-t-il été commis avec effraction extérieure ? il ne se trouve qu'une boule blanche; si cette boule s'additionnait avec celle qui signifiait que le vol n'a pas été commis la nuit, et ensuite avec celle qui a signifié que le fait n'est pas constant, cette quatrième question serait résolue en faveur de l'accusé; mais cette supputation serait injuste et déraisonnable; car le juré qui a été d'avis que le vol n'était pas fait de nuit n'a rien préjugé sur l'effraction extérieure. On n'additionnera donc pas les deux boules blanches fournies sur les deux circonstances indépendantes, mais on réunira seulement celle fournie sur chacune de ces circonstances séparément à celles qui ont été recensées sur les deux premières questions relatives à l'existence du fait et à la conviction de l'accusé; et, dans l'exemple posé, il en résulte que, par la majorité de dix boules noires contre deux boules blanches, chaque circonstance indépendante est prouvée à la charge de l'accusé. Ces distinctions bien établies, nous revenons au moment où le chef des jurés a prononcé la déclaration en présence de l'auditoire.

Le greffier reçoit et écrit cette déclaration, qui est signée de lui et du président.

Si l'accusé est déclaré non convaincu du fait porté dans l'acte d'accusation, et qu'il ait été inculpé sur un autre par les dépositions des témoins, l'accusateur public pourra demander au président de faire arrêter le prévenu; et, à l'occasion de ce nouveau fait, le président, après avoir pris du prévenu les éclaircissemens qu'il voudra donner, pourra, s'il y a lieu, le faire arrêter, et le renvoyer devant un jury d'accusation avec les témoins,

pour être procédé à une nouvelle accusation.

Dans ce cas, le jury d'accusation sera celui du district dans le chef-lieu duquel siége le tribunal criminel.

Mais, si l'accusé est convaincu du fait porté dans l'acte d'accusation, il ne pourra jamais être poursuivi pour raison du nouveau fait qu'autant que celui-ci mériterait une peine plus forte que le premier; auquel cas il sera sursis à l'exécution de la première peine, jusqu'après le second jugement.

Lorsque l'accusé aura été déclaré non convaincu du fait, ou que le jury aura déclaré que le fait a été commis involontairement et sans intention de nuire, cette décision suffira pour absoudre l'accusé; et le président, sans avoir besoin ni de consulter les juges, ni d'entendre le commissaire du Roi, prononcera que l'accusé est acquitté de la condamnation, et ordonnera qu'il soit mis sur-le-champ en liberté.

Le Code criminel et celui de police correctionnelle ont réglé la peine encourue par les délits que les jurés prononceront avoir été commis involontairement ou par simple imprudence, sans préjudice aux dommages et intérêts de la partie.

Le Code pénal règle aussi les condamnations auxquelles la peine doit être réduite lorsque le juge prononcera, d'après la déclaration des jurés, que le délit est excusable. Cette prononciation sera employée lorsque le juge aura estimé que les faits de provocation allégués par l'accusé, ou résultant du débat, renferment une excuse suffisante, et aura posé la question de savoir si, ou non, cette provocation a existé. Si les jurés trouvent que les faits de cette provocation soient bien justifiés, et en font la déclaration sur la question intentionnelle, alors le juge prononce que le délit est excusable.

Tout particulier acquitté de l'accusation ne pourra plus être repris ni accusé pour le même fait; mais il n'aura à prétendre aucune indemnité contre la société; ce sera à lui à poursuivre ses dénonciateurs.

La décision des jurés, dans aucun cas, ne peut être soumise à l'appel. Cependant, comme tous les hommes peuvent se tromper, la loi ne permet pas que le sort de l'accusé soit tellement dépendant des jurés que celui-ci ne puisse jamais, même en cas d'erreur sensible ou d'opinion évidemment fausse, éviter une condamnation injuste. C'est pourquoi elle a établi un remède dont l'usage ne doit être employé qu'avec la plus grande circonspection, et dans les cas infiniment rares, où la décision des jurés paraîtra au juge évidemment erronée; alors le tribunal, dans le cas seulement où l'accusé aurait été déclaré coupable, et jamais lorsqu'il aurait été acquitté, pourra ordonner que les trois jurés adjoints, qui ont également assisté à l'instruction, se joindront aux douze qui ont prononcé : alors il se fait un nouvel examen, et les quinze jurés ne peuvent prendre de décision qu'aux quatre cinquièmes des voix.

Lorsque l'accusé aura été déclaré convaincu, le président, en présence du public, le fera comparaître et lui donnera connaissance de la déclaration du jury; sur cela, le commissaire du Roi fera sa réquisition pour l'exécution de la loi.

Le président demandera à l'accusé s'il n'a rien à dire pour sa défense; mais il n'est plus question de combattre la vérité du fait attesté par la décision des jurés; ce fait est alors tenu pour constant, et l'accusé convaincu de l'avoir commis; mais il peut, par lui ou ses conseils, soutenir que ce fait n'est pas défendu par la loi, qu'elle ne le regarde pas comme un délit, ou qu'il ne mérite pas la peine à laquelle a conclu le commissaire du Roi.

Ensuite les juges opinent sans désemparer; le plus jeune commence, et tous successivement, jusqu'au président, donnent leur avis à haute voix et en présence du public, soit pour condamner l'accusé à la peine établie par la loi, soit pour acquitter l'accusé dans le cas où le fait dont il est convaincu n'est pas défendu par elle.

Le président recueille ensuite les voix; mais, avant de prononcer le jugement, il lit le texte de la loi sur laquelle il est fondé.

Si les juges sont partagés en deux avis pour l'application de la loi, c'est l'avis le plus doux qui l'emporte. S'il y a plus de deux avis ouverts, c'est-à-dire si trois juges pensent différemment, ou si deux juges sont réunis à l'avis le plus sévère, ils appelleront, dans ce cas, des juges du tribunal pour les départager.

Lorsque le président a prononcé, le greffier écrit le jugement, et insère le texte de la loi lu par le président.

Le tribunal criminel est aussi compétent pour connaître des intérêts civils qui peuvent être demandés par les parties dans les procès criminels, et il y statuera en dernier ressort.

Le président de ce tribunal est tenu par la loi, sous peine d'être suspendu de ses fonctions, d'envoyer copie du jugement d'absolution ou de condamnation qui sera intervenu, tant à la municipalité du lieu de la situation de la maison du district où le prévenu avait été détenu, qu'à la municipalité du lieu de son domicile; il doit y avoir, à cet effet, dans chaque municipalité, un registre particulier pour y tenir note des avis qui leur auront été donnés, soit dans ce dernier cas, soit dans les cas qui ont été détaillés ci-dessus.

Lorsque le jugement a été prononcé à l'ac-

cusé, il doit être sursis pendant trois jours à son exécution. Pendant ce délai, l'accusé aura le droit de se pourvoir en cassation; et, s'il ne l'a pas fait, la condamnation sera exécutée sur les ordres du commissaire du Roi, qui aura le droit, à cet effet, de requérir l'assistance de la force publique.

Si l'accusé veut se pourvoir en cassation, il sera tenu, dans ledit délai de trois jours, de faire sa déclaration qu'il entend se pourvoir par cette voie; après quoi il aura quinze jours pour rassembler ses pièces et former sa demande. A ce délai sera ajouté celui d'un jour par dix lieues, tant pour l'aller que pour le retour, pour les accusés qui ne seront pas détenus dans le lieu où le tribunal de cassation tiendra ses séances. Durant ces délais, il sera sursis à l'exécution; sa requête adressée au tribunal de cassation, et signée de lui, sera remise au greffier du tribunal criminel (1), qui lui en délivrera reconnaissance. Celui-ci remettra la requête au commissaire du Roi, qui lui en délivrera également reconnaissance, et sera tenu de l'envoyer aussitôt au ministre de la justice.

Le commissaire du Roi pourra aussi demander, au nom de la loi, la cassation du jugement; il sera tenu, dans le même délai de trois jours, d'en passer sa déclaration au greffe, et d'envoyer aussitôt sa requête au ministre de la justice.

Les demandes en cassation ne pourront être formées que pour cause de nullités prononcées par la loi, soit dans l'instruction, soit dans le jugement, ou pour fausse application de la loi.

Le tribunal de cassation n'est point en effet un degré d'appel ni de juridiction ordinaire, et il n'est institué que pour ramener perpétuellement à l'exécution de la loi toutes les parties de l'ordre judiciaire qui tendraient à s'en écarter : le but de cette institution suffit pour expliquer la compétence.

Les requêtes en cassation seront adressées par le commissaire du Roi au ministre de la justice; lequel sera tenu, dans les trois jours, d'en donner avis au président du tribunal criminel, et d'en accuser la réception au commissaire du Roi. Celui-ci en donnera connaissance à l'accusé et à son conseil.

Le ministre de la justice remettra ces demandes au tribunal de cassation.

Si la demande en cassation est présentée par le condamné, elle ne pourra être jugée qu'après un mois révolu, à compter du jour de la réception de la requête, et, pendant ce délai, le condamné pourra faire parvenir au tribunal de cassation, par le ministre de la justice, le moyen qu'il voudra employer.

Le tribunal de cassation examinera, dans

_____

(1) Si la partie ne savait pas signer, le greffier du tribunal criminel, en la recevant, fera mention, au bas, que la partie a déclaré ne savoir signer.

la forme indiquée par le décret d'établissement de ce tribunal, les requêtes en cassation qui lui seront présentées, et il confirmera ou annulera les jugemens. S'il les confirme, le ministre de la justice, auquel le commissaire du Roi près le tribunal de cassation rendra compte des jugemens de ce tribunal, en fera parvenir le dispositif au président du tribunal criminel et au commissaire du Roi, qui en donnera connaissance au condamné et à son conseil; et, dans les vingt-quatre heures après la réception de cette décision, le commissaire du Roi fera exécuter le jugement de condamnation.

Si le tribunal casse les jugemens, il exprimera dans sa décision le motif de sa cassation, et renverra le procès à un autre tribunal criminel qu'il indiquera.

Le ministre de la justice enverra pareillement cette décision au président du tribunal criminel et au commissaire du Roi, qui en donnera connaissance à l'accusé et à son conseil.

Il enverra aussi la décision au tribunal indiqué par le tribunal de cassation.

L'accusé sera, en conséquence, renvoyé en personne devant le nouveau tribunal indiqué, avec toutes les pièces du procès, à la diligence du commissaire du Roi de service près le tribunal dont le jugement a été annulé.

Ce nouveau tribunal, si le jugement a été annulé à raison de fausse application de la loi, rendra son jugement sur la déclaration déjà faite par le jury du premier tribunal, après avoir entendu l'accusé ou ses conseils, ainsi que le commissaire du Roi.

Si le jugement avait été annulé à raison de violation ou d'omission de formes prescrites à peine de nullité, dans l'examen et la déclaration du jury, l'accusé, ainsi que les témoins qui ont déposé, seront de nouveau entendus par-devant un jury de jugement que le nouveau tribunal fera assembler à cet effet en la forme indiquée par la loi.

Si le tribunal indiqué rend un jugement contre lequel on se soit de nouveau pourvu en cassation, et s'il présente les mêmes motifs de cassation que le premier, cette circonstance annonce qu'il peut y avoir dans la loi des dispositions qui ne soient pas assez clairement entendues : le tribunal de cassation en référera dans ce cas à la législature, qui déclarera quelle est la véritable signification de la loi. Le tribunal de cassation sera tenu de se conformer au décret qui interviendra; et, en cas qu'il y ait lieu d'annuler, il renverra à un troisième tribunal criminel.

Ainsi se termine la procédure criminelle qui désormais aura lieu pour les accusés présens.

Mais le prévenu ou l'accusé peut être en fuite, et il peut se faire que, sur l'ordonnance de prise de corps rendue par le directeur du jury, il ait été impossible de le saisir, ou qu'il n'ait point comparu sur l'ordonnance de se présenter en justice, dans le cas où il aura été reçu à caution.

Dans ces deux cas, le président du tribunal criminel auquel seront envoyées l'ordonnance du directeur du jury et les pièces qui constatent que le prévenu n'a pu être saisi et qu'il n'a point comparu, rendra une ordonnance portant qu'il sera fait perquisition de sa personne, et que chaque citoyen est tenu d'indiquer le lieu où il se trouve.

Cette ordonnance, avec copie de celle de prise de corps ou de se présenter en justice, sera, à la diligence du commissaire du Roi, affichée à la porte de l'accusé et à son domicile élu, ainsi qu'à la porte de l'église du lieu de son domicile, ou à la porte de l'auditoire pour ceux qui ne sont pas domiciliés : elle sera également notifiée à ses cautions, s'il en a fourni, et proclamée dans les lieux ci-dessus énoncés pendant deux dimanches consécutifs, à peine de nullité de toute la procédure qui serait faite sans ces formalités. Il sera dressé procès-verbal de toutes ces opérations.

Passé ce temps, les biens de l'accusé seront saisis à la diligence et requête du commissaire du Roi de service près le tribunal criminel, et ses revenus seront versés dans la caisse du district, ainsi qu'il sera déterminé par la suite.

Huitaine après la dernière proclamation, le président du tribunal criminel, sur le vu des procès-verbaux d'affiches et proclamations, rendra une seconde ordonnance portant que l'accusé est déchu du titre de citoyen français, que toute action en justice lui est interdite pendant tout le temps de sa contumace, et qu'il va être procédé contre lui malgré son absence.

Cette ordonnance sera signifiée, proclamée et affichée aux lieux et dans la même forme que dessus.

Après un nouveau délai de quinzaine, à compter du jour de la proclamation de la seconde ordonnance, le procès sera continué dans la forme qui est prescrite pour les accusés présens.

Ainsi, le jour de l'assemblée des jurés, les jurés paraîtront comme si l'accusé était présent : les témoins seront entendus; mais, dans ce cas, leurs dépositions seront reçues par écrit; ensuite les jurés se retireront, décideront, et feront leurs déclarations dans la même forme que celle indiquée ci-dessus.

Aucun conseil ne pourra se présenter pour défendre l'accusé contumax sur le fond de son affaire; mais, s'il est dans l'impossibilité absolue de se rendre, ses amis pourront exposer et plaider les motifs de son absence devant le tribunal, qui jugera la légitimité de l'excuse.

S'il la trouve fondée, il ordonnera qu'il sera

3.

29

sursis à l'examen et au jugement un temps qu'il fixera, eu égard à la nature de l'excuse et à la distance des lieux, et pendant ce temps les biens de l'accusé seront libres.

Lorsque les juges auront fait leurs déclarations, si elles sont contraires à l'accusé, le tribunal appliquera la loi, et le jugement sera exécuté, à la diligence du commissaire du Roi, dans les vingt-quatre heures de sa prononciation.

Cette exécution se fera en inscrivant les condamnations intervenues contre l'accusé contumax, dans un tableau qui sera suspendu au milieu de la place publique par l'exécuteur de la haute justice.

Pendant toute la vie de l'accusé contumax, ses biens restent saisis au profit de la nation, sauf le cas ci-après. Si cependant il avait une femme ou des enfans, un père ou une mère dans le besoin, ils pourront présenter leur requête au tribunal civil, à fin de distraction à leur profit d'une somme annuelle une fois payée.

Le tribunal, après avoir vérifié les motifs de la demande et entendu le commissaire du Roi, pourra adjuger une somme quelconque qu'il fixera par le jugement, pour être touchée sur les revenus des biens de l'accusé contumax. Toute peine portée dans un jugement de condamnation sera prescrite par vingt anuées, à compter de la date du jugement; ainsi, après ce temps, l'accusé ne pourra plus être recherché pour la peine contre lui prononcée.

Ses héritiers pourront aussi, après le même délai de vingt années, demander au tribunal civil d'être envoyés provisoirement en possession de ses biens, et le tribunal pourra leur accorder cette possession provisoire, en donnant par eux caution de restituer dans le cas où l'accusé se présenterait.

Mais après la mort de l'accusé légalement prouvée, ou après cinquante ans à compter de la date du jugement, ses biens seront restitués à ses héritiers légitimes, qui, bien entendu, ne pourront demander aucune restitution des fruits.

L'accusé contumax pourra, en tout temps, se représenter en se constituant prisonnier, et donnant connaissance au président de sa comparution et du jour où il aura rempli ces formalités: tous jugemens et procédures faits contre lui seront anéantis de droit, sans qu'il soit besoin d'un jugement nouveau; il en sera de même s'il est repris et arrêté.

L'accusé qui se sera présenté rentrera aussi dans tous ses droits civils à compter de ce jour; ses biens lui seront rendus, ainsi que les fruits de ceux qui auront été saisis, à la déduction néanmoins des frais de régie et de ceux du procès, qui seront réglés par le tribunal criminel.

Alors il sera procédé de nouveau, et suivant les formes de la loi, à l'examen et au jugement du procès, à compter de l'ordonnance de prise de corps; les témoins seront entendus de nouveau, sans que leurs dépositions soient écrites; néanmoins, les dépositions écrites des témoins décédés pendant son absence seront produites, mais pour y avoir tel égard que de raison par les jurés, qui ne doivent jamais perdre de vue que les preuves écrites ne sont pas la règle unique de leurs décisions, et qu'elles ne leur servent que de renseignemens.

Si l'accusé qui s'est présenté est déclaré absous, il n'aura aucun recours, pas même contre son dénonciateur, et le juge lui fera en public une réprimande pour avoir douté de la justice et de la loyauté de ses concitoyens; ensuite il sera mis en liberté.

Telle est la procédure prescrite par la loi pour les contumax.

Nous finirons cette instruction par quelques observations sur un titre particulier de la procédure par jurés, que la loi a consacré aux délits de faux, de banqueroute et autres semblables délits, dont le fait est tellement compliqué par sa nature, que les lumières simples des jurés ordinaires ne pourraient suffire pour saisir la vérité sur ces matières délicates, et qui exigent une mesure de connaissances au-dessus du commun. Nous ne détaillerons pas ici la partie de ces procédures qui ne présente rien de difficile ni de nouveau; nous nous contenterons d'annoter les principales différences qu'il a été nécessaire d'introduire dans la procédure criminelle, à raison des délits particuliers.

La première de ces différences consiste dans le choix de l'officier devant qui doit être porté la plainte. On comprendra facilement le motif qui a déterminé la loi à exiger que, dans les villes au-dessous de quarante mille ames, cette plainte ne fût portée que devant le directeur du jury; car l'officier qui reçoit la plainte est aussi celui qui doit recevoir les déclarations des témoins, entendre le prévenu, et délivrer en conséquence le mandat d'amener et le mandat d'arrêt. Ces fonctions exigent qu'on soit versé dans la connaissance des matières délicates qui appartiennent à la nature des délits pour lesquels cette procédure est instituée, et ce serait trop exiger du plus grand nombre des officiers de police, que d'attendre d'eux toutes les lumières qui sont requises en de telles circonstances.

Une autre de ces différences consiste dans la manière dont les jurys, soit d'accusation, soit de jugement, doivent être composés.

Pour les affaires de cette nature, il sera formé des jurys spéciaux, tant pour prononcer sur la question de savoir s'il y a lieu à accusation, que pour prononcer sur le délit même.

Le tableau du jury d'accusation sera fait

par le procureur-syndic du district et composé de seize noms : entre ces noms, huit seront désignés par le sort. On conçoit facilement la raison qui défère la formation de cette liste à un officier élu par le peuple et à portée de connaître ceux d'entre ses concitoyens qui sont capables de prononcer sur le fait en question.

Ce sera pareillement le procureur-général-syndic du département qui formera la liste du jury du jugement ; elle sera composée de vingt-six noms. L'accusé aura, comme dans les autres cas, la liberté de récuser vingt jurés sans donner les motifs de sa récusation. On voit que, dans le cas où vingt jurés auraient été nommés par le procureur-syndic, alors six autres jurés pris sur la liste se joindront aux six autres jurés non récusés.

Ces premières récusations n'excluent pas, comme de raison, les récusations motivées et dont le jugement appartient au tribunal criminel.

Mais la manière dont la liste a été formée par un seul fonctionnaire exige aussi l'introduction d'une nouvelle sorte de récusation, qui porte sur la liste tout entière. Cette récusation peut s'exercer en alléguant quelque cause ou preuve de partialité de la part de l'officier qui a fait la liste, et en prouvant qu'il l'aurait composée avec malignité des ennemis de l'accusé et d'hommes intéressés à lui nuire.

C'est au tribunal criminel à juger du mérite de cette récusation ; et la seule règle que l'on puisse indiquer à ce sujet, c'est le principe éternel de justice qui doit présider à toute l'instruction criminelle. D'après ce principe, tout ce qui conduit à chercher de bonne foi la vérité doit être admis ; tout ce qui expose à commettre une erreur ou à consacrer une injustice doit être soigneusement réprouvé ; et une liste de jurés insidieusement composée serait le piège le plus dangereux qu'on pourrait tendre à un accusé.

A ces différences près, la procédure sur le faux, la banqueroute, etc., est la même que celle qui concerne les autres délits ; elle doit surtout être conduite dans le même esprit de bonne foi, qui écarte, autant qu'il est possible, les embarras et les subtilités de pure forme, pour rechercher constamment et uniquement la vérité.

Formule des divers actes relatifs à la procédure des jurés.

Nota. Ces formules sont exactement faites d'après la lettre de la loi ; on ne doit donc pas se permettre d'en changer ou omettre les moindres dispositions, car chacune d'elles correspond à quelque article de la loi. Il a été impossible de spécifier tous les cas, toutes les circonstances qui peuvent caractériser un délit ; c'est aux officiers de police, aux directeurs du jury et autres fonctionnaires publics chargés de la suite

de la procédure du jury, à se bien pénétrer de l'esprit de la loi, de manière qu'ils puissent y conformer toutes les opérations dans les cas les plus difficiles, les plus minutieux et les moins prévus.

Plainte.

A Monsieur le juge-de-paix, officier de police du canton de

(Cette forme est pour le cas où la plainte est rédigée par le plaignant ou son fondé de pouvoir.)

Pierre   , laboureur demeurant à   , tant en son nom personnel que comme fondé de procuration spéciale de Jacques   , passée devant notaires et témoins, le   , laquelle sera annexée à la présente plainte, vous représente que cejourd'hui, quatre heures du matin, plusieurs particuliers inconnus, à l'exception d'un seul qui se nomme Claude   , journalier à   , se sont introduits dans sa maison, située à   ; qu'ils ont crocheté la serrure de la porte qui conduit à   , et ont brisé une armoire fermant à clés, dans une chambre donnant sur la cour, au rez-de-chaussée ; que, sur le bruit occasioné par les effractions de ces particuliers, les nommés Jacques   et Antoine   , tous deux domestiques du plaignant, couchés dans une chambre voisine, sont descendus et ont rencontré lesdits particuliers, emportant des paquets et autres objets qu'ils n'ont pu distinguer ; que, ledit Jacques leur ayant demandé pourquoi ils se trouvaient à cette heure dans ladite maison, l'un d'eux, qu'il n'a pu connaître, jetant à terre les paquets qu'il tenait, présenta auxdits Jacques et Antoine deux pistolets, en les menaçant de les tuer s'ils osaient faire le moindre mouvement ; que ledit Jacques a jeté un cri qui a porté l'alarme dans la maison, et auquel sont accourus ledit plaignant, son fils et ses autres domestiques ; qu'ils entendirent à ce moment tirer deux coups de pistolet ; et qu'étant arrivés, ils trouvèrent Antoine   mort, et Jacques renversé à terre et ayant reçu une balle dans la cuisse et plusieurs coups de bâton sur la tête, sans que néanmoins il eût perdu connaissance ; que, ledit blessé ayant indiqué de quel côté lesdits particuliers s'étaient enfuis, le fils du plaignant a suivi leurs traces et est revenu quelques minutes après, tenant au collet ledit Claude   , dont les compagnons n'avaient pu être saisis, mais que l'on soupçonne n'être pas sortis de la maison, attendu que ledit plaignant en a fait garder toutes les issues ; que ledit Pierre a pris le parti de venir aussitôt vous rendre plainte desdits faits, et de conduire par-devant vous ledit Claude   trouvé saisi d'une montre et de deux gobelets d'argent appartenant audit Pierre   ; que ledit Jacques   , blessé, ne pouvant se transporter lui-même, a fait venir un notaire, qui, en présence de témoins, a rédigé la plainte spéciale annexée à la présente plainte : pour quoi ledit Pierre   , tant en son nom que comme fondé de ladite procuration, déclare qu'il vous rend plainte des faits ci-dessus énoncés, dont il offre d'affirmer la vérité, et qui seront attestés par les témoins amenés avec lui ; demande acte de la remise qu'il fait entre vos mains de la personne de Claude   , ainsi que de la montre et des gobelets d'argent dont il a été trouvé saisi, et vous requiert d'agir conformément à la loi.

Signé (à toutes les pages) Pierre   , tant pour moi que comme fondé de la procuration spéciale de Jacques.

(L'officier de police signe aussi à toutes les pages, et met au bas):

La présente plainte, signée de nous a été présentée le   à dix heures du matin par ledit Pierre   tant en son nom personnel que comme fondé de la procuration spéciale de Jacques   annexée à ladite plainte, et paraphée de nous et dudit Pierre   , lequel a affirmé, sur notre réquisition, que les faits étaient tels qu'il les avaient exposés dans ladite plainte ; en conséquence, avons donné acte audit Pierre   de la remise qu'il fait en nos mains de la personne dudit Claude   , présent et attendu la présence des témoins amenés par ledit   , nous avons reçu les déclarations desdits témoins sur les faits contenus en sa plainte, desquelles déclarations il a été tenu note par notre greffier, pour servir et valoir ce qu'il appartiendra. Au surplus, disons que sur-le-champ nous nous transporterons sur le lieu du délit, pour, en présence de deux notables, être fait visite par un chirurgien, tant du mort que du blessé, et perquisition dans la maison dudit Pierre, , et prendre tous les éclaircissemens relatifs aux délits dont est question en la présente plainte ; à l'effet de quoi ledit Claude   sera reconduit, sous bonne et sûre garde, à ladite maison, pour être présent aux opérations qui pourront être faites, et recevoir ses déclarations.

A   ce

Signé   juge-de-paix.

(Si la partie ne rédige pas la plainte et requiert l'officier de police de la rédiger, celui-ci dresse procès-verbal en cette forme) :

L'an   , le   , dix heures du matin, s'est présenté par-devant nous   , juge-de-paix officier de police du canton de   , Pierre, lequel nous a requis de rédiger la plainte qu'il vient nous rendre des faits ci-après détaillés ; à quoi nous avons procédé d'après les déclarations dudit Pierre   , qui nous a dit que ce matin, etc. Tous lesquels faits il a affirmé être tels qu'il les a déclarés, et a signé avec nous au bas de chaque page du présent acte, tant en son nom que comme, etc.

Sur quoi, nous, etc.

Procès-verbal de transport de l'officier de police.

(Ce rapport a également lieu, soit dans le cas où la cause de la mort est inconnue et suspecte, soit sur l'avis donné à l'officier de police, ou la connaissance qu'il aura, de quelque manière que ce soit, d'un délit, sans qu'il soit besoin d'une plainte.)

L'an   , le   , heures du matin, nous, en conséquence de notre ordonnance apposée au bas de la plainte à nous rendue cejourd'hui par Pierre   (ou sur l'avis qui nous a été donné, ou étant instruits par la rumeur publique qu'il s'était commis à   , étant accompagné d   et de   , tous deux notables du bourg de   dont nous avons requis l'assistance, à l'effet d'être, en leur présence, procédé aux opérations ci-après, dont nous leur avons fait connaître l'objet, et de   , chirurgien, demeurant à   , aussi requis de se trouver audit lieu, pour y visiter tant le particulier mort que le blessé, dont il est fait mention en la plainte dudit   , lequel chirurgien a prêté en nos mains le serment de procéder en son ame et conscience à ladite visite, et déclarer vérité, nous nous sommes transportés en la maison ou demeure de   , sise à   , rue   , où, étant entrés, nous avons requis ledit Pierre   de tenir fermées les portes de sa maison, afin que qui ce soit ne s'en éloigne sans notre permission, jusqu'à ce que nous ayons procédé aux opérations qui font le sujet de notre transport. Nous avons ainsi requis les sieurs   , gendarmes nationaux, présens, de faire perquisition dans toute la maison dudit Pierre   , où on soupçonnait que pouvaient s'être réfugiés les complices dudit   , ce qu'ils ont fait sans avoir pu rien découvrir. De suite, ledit Pierre nous a conduit vers une chambre donnant sur la cour, au rez-de-chaussée. Nous avons remarqué des traces de sang depuis l'allée qui conduit à ladite chambre jusqu'à l'endroit où était déposé le corps mort que nous avons trouvé exposé   en

ladite chambre, sur   . Nous avons
requis ledit   , chirurgien, d'en faire
la visite à l'instant; à quoi procédant, ledit
             a remarqué que
(*il déclare si l'individu paraît être mort tout
récemment, et quelles sont les blessures,
etc.*); desquelles déclarations il résulte que
ledit   est mort d'une mort violente,
et qu'il a été tué par une arme à feu. En
conséquence, et attendu que la cause de sa
mort est connue, et que toutes autres recherches à cet égard seraient inutiles, nous avons
déclaré que rien ne s'opposait à ce que ledit
corps fût inhumé suivant les formes ordinaires. Nous avons ensuite sommé ledit
Jacques   de nous dire s'il recon-
naissait ledit particulier? A répondu non.
S'il n'était pas vrai qu'il eût tiré un coup
de pistolet? A répondu non, et que ses
compagnons seuls avaient tiré. Pourquoi il
se trouvait à l'heure de   dans la
maison? A dit qu'il avait été excité par ses
compagnons. Pourquoi il emportait les
effets dont il avait été saisi? A répondu que,
etc.

(On prend ainsi tous les renseignemens possibles, tant de l'accusé que de toutes les personnes qui se sont trouvées présentes au délit,
ou qui en ont quelque connaissance directe ou
indirecte, et on fait signer à tous leurs déclarations. L'officier de police constate aussi l'état des
portes et serrures brisées.)

Nous nous sommes de suite, et accompagnés des mêmes personnes, transportés en la
chambre où était ledit Jacques, que nous
avons trouvé couché dans un lit.

(On reçoit les déclarations de Jacques   ,
le chirurgien constate son état, on interroge
de nouveau le prévenu s'il reconnaît le malade, etc.)

Desquels examen, visites et déclarations,
il résulte qu'il existe meurtre et vol avec effraction; que ces délits sont de nature à mériter peine afflictive; que ledit Claude
             a été trouvé saisi d'effets appartenant
audit Pierre, et pris à l'instant même du délit et dans le lieu où il s'est commis, et que,
dans lesdites déclarations, les nommés Victor
             et Guillaume
             , absens, se trouvent fortement
soupçonnés de complicité : pourquoi nous
nous sommes déterminés à faire conduire
sur-le-champ ledit Claude   à la maison d'arrêt du district de   , et à citer
par-devant nous ledit   (*et autres*)
suivant la forme indiquée par la loi. Nous
avons, en conséquence, délivré un mandat
d'arrêt, à l'effet de faire conduire sur-le-
champ ledit Claude   à la
maison d'arrêt du district de   , et un
mandat d'amener contre lesdits Victor et

Guillaume (*et autres*), et avons de ce que
dessus dressé le présent procès-verbal. (*L'officier de police et les notables signent.*)

Cédule pour appeler les témoins.

Étienne   , juge-de-paix
ou officier de la gendarmerie nationale, officier de police ou   directeur du
tribunal du district de   , ou président
du tribunal criminel du département de
             , mandons et ordonnons à tous huis-
siers ou gendarmes nationaux , d'assigner
Claude   , Jacques et   témoins
indiqués par   , et tous autres qui
pourraient être indiqués par la suite, à comparaître en personne par-devant nous, le
             , heure, pour faire leurs déclara-
tions sur les faits et circonstances contenus
en la plainte rendue par Pierre
             , etc. Fait à   , le
Signé

Assignation en vertu de la cédule ci-dessus.

L'an   , en vertu de la cédule
délivrée par   le   , j'ai
             , huissier ou gendarme national
de   , assigné Claude   , demeurant
à   , à comparaître le
             , heure   , par-devant M.   ,
demeurant à   , à l'effet de faire sa
déclaration sur les faits dont est question en
la plainte mentionnée en ladite cédule, lui
déclarant que, faute de comparaître sur la
présente assignation, il y sera contraint par
les voies indiquées par la loi; et j'ai audit
             laissé copie tant de ladite cédule
que du présent acte. *Signé*

Procès-verbal de déclarations des témoins.

L'an   , le   , par-
devant nous, officier de police   ou
             directeur du jury du tribunal du district
de   , ou président du tribunal criminel du département de   , sont
comparus (*tels, tels*) témoins amenés par
             ou appelés en vertu de la cédule
délivrée par nous, le   , à l'effet de
déclarer les faits et circonstances qui sont à
leur connaissance, au sujet du délit dont est
question en la plainte rendue par Pierre
             , etc., lesquels témoins susnommés ont
fait leur déclaration ainsi qu'il suit : Claude
             , demeurant à   , âgé
de   , a dit n'être parent, allié, serviteur
ni domestique du plaignant ni du prévenu,
et déclare que le   , heure de   , il
a vu, etc., et à signé ladite déclaration, ou
déclaré ne savoir signer.

(Toutes les déclarations se rédigent ainsi,
sans autre forme.)

Mandat d'amener.

DE PAR LA LOI.

Étienne   , juge-de-paix et officier de police du canton de   , district de   , département de   , demeurant à   , mandons et ordonnons à tous exécuteurs de mandemens de justice d'amener par-devant nous, en se conformant à la loi, le sieur Victor   , maçon, demeurant à   , âgé d'environ   , taille de   , cheveux bruns, pour être entendu sur les inculpations dont ledit Victor   est prévenu.

Requérons tout dépositaire de la force publique de prêter main-forte, en cas de nécessité, pour l'exécution du présent mandat.

A   (date, signature de l'officier de police, sceau de l'officier de police.)

Procès-verbal dressé par le porteur d'un mandat d'amener.

L'an   , je   soussigné, en vertu du mandat délivré par   , officier de police, le   , signé de lui et scellé, me suis transporté au domicile de Victor   , demeurant à   , auquel, parlant à sa personne, j'ai notifié le mandat d'amener dont j'étais porteur, le requérant de me déclarer s'il entend obéir audit mandat, et se rendre par-devant ledit   , officier de police. Ledit sieur   m'a répondu qu'il était prêt à obéir à l'instant : en conséquence, j'ai conduit ledit sieur   par-devant le   , officier de police de   , pour y être entendu et statué à son égard ce qu'il appartiendra ; et j'ai de tout ce que dessus dressé le présent procès-verbal.

(Si l'inculpé refuse d'obéir, l'huissier doit se conduire ainsi qu'il va être dit) : lequel m'a répondu qu'il ne voulait point obéir audit mandat d'amener. Je lui ai vainement représenté que sa résistance injuste ne pouvait le dispenser d'obéir au mandement de la justice, et m'obligeait à user des moyens de force que j'étais autorisé à employer par la loi ; ledit sieur   s'est obstiné à refuser d'obéir au mandat : en conséquence, j'ai saisi et appréhendé au corps, étant assisté de   gendarmes nationaux du département de   , résidant à   , desquels j'ai requis l'assistance pour que force demeure à justice. J'ai conduit ledit   par-devant, etc.

Mandat d'arrêt.

DE PAR LA LOI.

Étienne   , juge-de-paix, officier de police du canton de   , district de   , mandons et ordonnons à tous exécuteurs de mandemens de justice de conduire à la maison d'arrêt du district de   Claude   , journalier, demeurant à   , prévenu de complicité d'un vol avec effraction et de meurtre, commis le   , en la maison de Pierre   ; mandons au gardien de ladite maison d'arrêt de le recevoir, le tout en se conformant à la loi. Requérons tous dépositaires de la force publique, auxquels le présent mandat sera notifié, de prêter main-forte pour son exécution en cas de nécessité (Date, signature, sceau.)

Désistement de la plainte dans les vingt-quatre heures par le plaignant.

L'an   , le   , heure de   , Pierre   s'est présenté devant nous, et nous a déclaré qu'il se désistait purement et simplement de la plainte par lui portée devant nous, le   , au sujet (on spécifie le délit), et dont les circonstances sont détaillées en ladite plainte, n'entendant donner aucune suite à la dénonciation du délit ; pourquoi il nous requiert de biffer et anéantir ladite plainte. Nous, attendu que le délai de vingt-quatre heures fixé par la loi n'est pas encore expiré, avons donné acte audit   de son désistement ; en conséquence, avons biffé en sa présence ladite plainte, sur le registre ou feuille où elle était inscrite (ou bien), avons donné acte audit   de son désistement : et, attendu que le délit énoncé dans la plainte intéresse l'ordre public, nous avons pris ladite plainte pour dénonciation ; en conséquence, disons qu'elle subsiste à l'effet d'être procédé, conformément à la loi, à la poursuite du délit dont il s'agit, et avons de ce que dessus dressé le présent acte (Signé, le plaignant et l'officier de police).

Dénonciation civique.

L'an   , le   Jacques   , demeurant à   , s'est présenté devant nous, et nous a déclaré que, passant dans la rue de   , cejourd'hui, six heures du matin, il avait aperçu deux hommes vêtus de   , taille de   , lesquels, armés chacun d'un fusil, s'étaient saisis d'un particulier sortant d'une maison donnant sur ladite rue, numérotée   , lequel, malgré sa résistance, et après l'avoir maltraité, ils avaient emmené et fait entrer par force dans une voiture qui se trouvait au coin de ladite rue   , vis-à-vis une maison où on entre par une allée étroite, fermée d'une petite porte ; que là, les deux particuliers et la personne par eux enlevée étaient descendus et entrés dans ladite allée, dont la porte a été sur-le-champ fermée ; que ledit   et deux voisins qu'il a conduits par-devant nous pour déposer desdits faits, s'étant approchés et ayant prêté l'oreille, ils entendirent une voix qu'ils croient être celle du particulier maltraité, et qui s'exhalait en reproches contre les violences exercées envers un citoyen innocent; que ledit   et les deux autres témoins ayant demandé au cocher qui conduisait ladite voiture s'il connaissait les personnes entrées dans ladite maison, il leur répondit qu'il soupçonnait, etc. (*On détaille toutes les circonstances*); que ledit   , certain que la maison où avait été conduit le particulier enlevé en sa présence n'était pas un lieu de détention, et convaincu que cet attentat à la liberté d'un citoyen ne pouvait être que l'effet d'un abus d'autorité ou d'un complot criminel, venait nous dénoncer ce délit, dont les témoins qu'il avait amenés attesteraient les circonstances qui sont à leur connaissance. Sur quoi, nous, ouï l'exposé dudit   , nous lui avons demandé s'il était prêt à signer et affirmer sa dénonciation, et s'il voulait donner caution de la poursuivre. Ledit   a répondu qu'il était prêt à signer sa déclaration et en affirmer la vérité; qu'à l'égard de la caution, son intention n'était pas de la fournir ni de poursuivre en son nom le délit par lui dénoncé. Vu lequel refus, et attendu néanmoins que le fait déclaré par ledit   , s'il était avéré, serait un délit punissable, et qu'il importe à l'ordre public de vérifier l'existence et les circonstances d'un pareil attentat;

Après avoir entendu la déclaration de   et de   , demeurant à   , témoins amenés par ledit   ; lesquels nous ont dit, savoir   et l'autre   , laquelle déclaration est conforme à l'exposé dudit | , nous disons qu'à l'instant même nous nous transporterons, rue   , dans la maison   à l'effet d'y faire perquisition, et de prendre tous les renseignemens et éclaircissemens nécessaires, pour être ensuite procédé par nous ainsi qu'il sera convenable et conformément à la loi (*Signé   le dénonciateur, les témoins, l'officier de police*).

Acte d'accusation.

Le directeur du jury du tribunal du district de   expose que le   du mois de   , le sieur   , gendarme national du département de   , demeurant à   , porteur du mandat d'arrêt délivré le   par   , juge-de-paix et officier de police du canton de   , contre Jacques   , prévenu d'avoir   , a conduit à la maison d'arrêt de   dudit tribunal la personne dudit   , et remis les pièces concernant ledit   au greffe du tribunal; qu'aussitôt ladite remise, ledit Jacques   a été entendu par le directeur du jury sur les causes de sa détention; que le sieur Pierre, partie plaignante, dénommé dans lesdites pièces, ne s'étant pas présenté dans les deux jours (1) de la remise du prévenu en la maison d'arrêt, le directeur du jury a procédé à l'examen des pièces relatives aux causes de la détention et de l'attestation dudit   ; qu'ayant vérifié la nature du délit dont est prévenu ledit Jacques, il n'avait pas trouvé que ce délit fût de nature à mériter peine afflictive ni infamante; mais que, sur le rapport fait par le directeur du jury au tribunal du district, ledit tribunal, après avoir entendu le commissaire du Roi, a décidé que le délit dont il s'agit était de nature à mériter peine afflictive. En vertu de cette décision, le directeur du jury a dressé le présent acte d'accusation, pour, après les formalités requises par la loi, être présenté au jury d'accusation. Le directeur du jury déclare, en conséquence, qu'il résulte de l'examen des pièces, et notamment du procès-verbal dressé le   par   , officier de police dudit canton de   , lequel procès-verbal est annexé au présent acte, que le   , heure de   il a été commis un vol dans la maison de   , située à   , rue   ; que les voleurs se sont introduits dans une chambre donnant   , dont ils ont brisé la porte   ; qu'ils ont forcé la serrure d'une armoire   , etc.; que Jacques   , demeurant à   , et détenu en la maison d'arrêt du district de   , a déclaré au directeur du jury soussigné qu'à la vérité il s'était introduit, avec deux autres particuliers qu'il a refusé de nommer, dans la maison et la chambre susdésignées; mais qu'il n'a participé en aucune manière au vol dont il s'agit, etc............ qu'il résulte de tous ces détails, attestés par le susdit procès-verbal, que le vol dont il s'agit a été commis avec effraction extérieure et intérieure : sur quoi les jurés auront à prononcer s'il y a lieu à accusation contre ledit Jacques, à raison du délit mentionné au présent acte. Fait à   le   (*le directeur du jury signe*).

Ordonnance de prise de corps.

Nous,   , juge du tribunal de

---

(1) Si la partie plaignante se présente dans les deux jours, l'acte d'accusation est dressé en son nom, et la formule en est la même, sauf qu'il en faut retrancher toute la partie où le directeur du jury expose qu'il intervient à défaut du plaignant.

district de   et directeur du jury,
vu la déclaration des jurés étant au bas de
l'acte d'accusation, dont la teneur suit :
            ; laquelle déclaration, à nous
remise cejourd'hui par le chef desdits jurés,
en leur présence, porte qu'il y a lieu à l'accusation mentionnée audit acte, ordonnons que
ledit Jacques   sera pris au corps
et conduit directement en la maison de justice
du tribunal criminel de   (*soit de
celui de   entre lesquels il pourra
opter dans le délai et en la forme indiqués par
la loi*). Mandons et ordonnons de mettre à
exécution la présente ordonnance, dont il
sera laissé copie audit   , et qui sera
par nous notifiée, conformément à la loi,
tant à la municipalité de la ville de
qu'à celle dudit   , où ledit Jacques
          était domicilié. A
le   *Signé*

(Si le prévenu est détenu en la maison d'arrêt,
l'ordonnance portera) :

Ordonnons que ledit Jacques   ,
détenu en la maison d'arrêt du district de
          , sera transféré et conduit de
ladite maison   en la maison de
justice du tribunal criminel, etc.

(Si le prévenu a déjà été reçu à caution, l'ordonnance portera) :

Vu la déclaration du jury, et attendu que
ledit   a déjà été reçu à caution
par-devant le juge-de-paix du canton de
          , lui enjoignons de comparaître à
tous les actes de la procédure criminelle qui
sera instruite contre lui au tribunal criminel
du département de   établi à
          , en conséquence d'élire domicile
dans ladite ville, et de le notifier au commissaire du Roi dudit tribunal : le tout à peine
d'y être contraint par corps. A   le

Signification au juré que son excuse n'a point
été admise.

L'an   , le   ,
à la réquisition de   , directeur
du jury du tribunal du district de
j'ai   signifié à   ,
demeurant à   , l'un des citoyens
inscrits sur la liste pour former le jury d'accusation, que l'excuse par lui proposée pour
être dispensé de se rendre à l'assemblée du
jury d'accusation, le   prochain,
ayant été présentée au tribunal du district
de   , elle a été jugée non valable par
ledit tribunal; que, d'après cette décision, le
nom dudit   a été soumis au sort
pour la formation du jury d'accusation, et
qu'il est du nombre des huit citoyens composant ledit tableau; qu'en conséquence ledit   est sommé de se rendre le

          , jour fixé pour
l'assemblée du jury d'accusation, lui déclarant que, faute par lui de se trouver auxdits
jour et heure, il sera condamné aux peines
prononcées par la loi; et j'ai laissé copie du
présent acte tant auxdits   qu'aux
officiers municipaux dudit lieu de
(*domicile du juré*), en parlant au greffier de
ladite municipalité.

(Cette signification est la même pour le juré
de jugement ; il n'y a que les termes à changer.)

Jugement du tribunal criminel.

Louis, etc.

Vu par le tribunal criminel du département de   l'acte d'accusation
dressé contre Jacques   , par Pierre, partie
plaignante (ou par le directeur du district
de)   et dont la teneur suit :
          la déclaration du jury
d'accusation du district de   écrite au
bas dudit acte, et portant qu'il y a lieu à
l'accusation mentionnée audit acte; l'ordonnance de prise de corps rendue par le directeur du jury dudit district, contre ledit Jacques ; le procès-verbal de la remise de sa personne en la maison de justice du département,
et la déclaration du jury de jugement, portant
que Jacques est convaincu d'avoir   ;
le tribunal, après avoir entendu le commissaire du Roi, condamne Jacques à (*exprimer
la peine*), conformément à l'article
du titre   du Code pénal, dont il a
été fait lecture, lequel est ainsi conçu (*insérer le texte*). Ordonne que le présent jugement sera mis à exécution, à la diligence du
commissaire du Roi. Fait à   ,
en l'audience du tribunal, où étaient présens
N. et N., juges du tribunal, qui ont signé la
minute du présent jugement.

---

29 SEPTEMBRE == 13 NOVEMBRE 1791. — Décret
relatif au zèle que les gardes nationales ont
manifesté pour concourir d'une manière active à la défense du royaume. (L. 6, 673 ; B.
18, 802.)

L'Assemblée nationale déclare qu'elle est
satisfaite du zèle que les gardes nationales
des départemens de l'intérieur ont manifesté
pour concourir d'une manière active à la défense de l'Etat; et que, si des circonstances
nouvelles l'exigent, il sera indiqué des lieux
de rassemblement aux gardes nationales de
ceux des départemens de l'intérieur qui n'ont
pas été compris dans la répartition fixée par
les précédens décrets.

---

29 SEPTEMBRE 1791 == 18 JANVIER 1792. — Décret relatif aux frais extraordinaires supportés
par les greffiers des tribunaux de district,

dans l'expédition des affaires criminelles. (B. 18, 808.)

Sur la représentation qui a été faite, qu'il est nécessaire de pourvoir aux frais extraordinaires qui ont été supportés par les greffiers des tribunaux de district, dans l'expédition des affaires criminelles, et à ceux qu'ils auront encore à supporter jusqu'au 1er janvier prochain, l'Assemblée a renvoyé à la législature la fixation des indemnités dues aux greffiers, et cependant a décrété que les états des frais extraordinaires desdits greffiers seront renvoyés à la législature, visés par les juges de leurs tribunaux respectifs et par les directoires de leurs départemens.

29 SEPTEMBRE 1791 = 20 JANVIER 1792. — Décret relatif au remboursement à faire aux officiers de judicature supprimés qui n'étaient point à finance. (B. 18, 790.)

L'Assemblée nationale, ouï le rapport de ses comités central, de liquidation et de judicature réunis, décrète que les officiers de judicature supprimés qui n'étaient point à finance, mais pourvus à vie et inamovibles, seront remboursés des sommes qu'ils justifieront avoir versées au Trésor public, à l'effet d'obtenir leurs provisions.

29 SEPTEMBRE = 2 NOVEMBRE 1791. — Décret relatif au service ordinaire et habituel de la force publique près l'Assemblée nationale. (B. 18, 801 ; Mon. du 2 octobre 1791.)

Art. 1er. A Paris, et dans tous les lieux où siégera l'Assemblée nationale, les dispositions pour le service ordinaire et habituel de la force publique seront concertées entre l'officier commandant la garde nationale, le directoire du département, et le chef de la municipalité. En conséquence, celui-ci donnera les ordres aux commandans des différens corps, soit des troupes de ligne, soit de la gendarmerie nationale, pour le nombre d'hommes qu'ils devront fournir habituellement pour le service.

2. Les gardes nationales, les troupes de ligne et la gendarmerie nationale auront chacun leurs postes séparés. Toutes les troupes de service seront, pendant la durée de leur service, aux ordres du commandant de la garde nationale : les officiers des différens corps conserveront, d'ailleurs, toute l'autorité qui leur appartient sur les corps qu'ils commandent, relativement à leur police et discipline intérieures, ainsi que le droit d'inspecter et visiter les postes occupés par leurs troupes.

3. En cas de service extraordinaire, le chef de la municipalité donnera au chef de division commandant la garde nationale les

ordres que les circonstances exigeront, et le commandant de la garde nationale requerra des chefs des troupes de ligne et de la gendarmerie nationale, les secours dont il aura besoin pour l'exécution de ces ordres.

4. Néanmoins, lorsqu'il y aura lieu d'employer instamment la force publique, soit pour appuyer l'exécution de la loi, soit pour dissiper des attroupemens ou émeutes, le chef de la municipalité pourra requérir immédiatement, des commandans des troupes de ligne ou de la gendarmerie nationale, le concours des troupes à leurs ordres.

29 SEPTEMBRE 1791. — Décret concernant la nomination des huissiers des tribunaux criminels. (B. 18, 807.)

Article additionnel à la procédure par jurés.

Les huissiers des tribunaux criminels seront nommés par les présidens desdits tribunaux.

29 SEPTEMBRE = 12 OCTOBRE 1791. — Décret sur les cérémonies à observer lorsque le Roi se rendra dans le sein du Corps-Législatif. (B. 18, 781 ; Mon. du 30 septembre 1791.)

Art. 1er. Lorsque le Roi se rendra dans le Corps-Législatif, l'Assemblée sera debout ; elle sera assise et couverte, lorsque le Roi sera assis et couvert.

2. Le Roi sera placé au milieu de l'estrade ; il aura un fauteuil à fleurs de lis ; ses ministres seront derrière lui ; le président sera à sa droite, et gardera son fauteuil ordinaire.

3. Personne ne pourra adresser la parole au Roi, si ce n'est en vertu d'un décret exprès de l'Assemblée, précédemment rendu.

29 et 30 SEPTEMBRE = 9 OCTOBRE 1791. — Décret sur les sociétés populaires. (L. 6, 204 ; B. 18, 131 ; Mon. des 30 septembre et 2 octobre 1791.)

Voy. lois du 13 = 19 NOVEMBRE 1790 ; du 10 et 18 = 22 MAI 1791 et 13 JUIN 1793.

L'Assemblée nationale, considérant que nulle société, club, association de citoyens, ne peuvent avoir, sous aucune forme, une existence politique, ni exercer aucune action sur les actes des pouvoirs constitués et des autorités légales ; que, sous aucun prétexte, ils ne peuvent paraître sous un nom collectif, soit pour former des pétitions ou des députations, pour assister à des cérémonies publiques, soit pour tout autre objet, décrète ce qui suit :

Art. 1er. S'il arrivait qu'une société, club ou association se permit de mander quelques fonctionnaires publics ou de simples citoyens, ou d'apporter obstacle à l'exécution d'un acte de quelque autorité légale, ceux qui auront présidé aux délibérations, ou fait quelque acte tendant à leur exécution, seront, sur la dénonciation du procureur-général-syndic du département, et sur la poursuite du commissaire du Roi, condamnés par les tribunaux à être rayés pendant deux ans du tableau civique, et déclarés inhabiles à exercer pendant ce temps aucune fonction publique.

2. En cas que lesdites sociétés, clubs ou associations fissent quelques pétitions en nom collectif, quelques députations au nom de la société, et généralement tous actes où elles paraîtraient sous les formes de l'existence politique, ceux qui auront présidé aux délibérations, porté les pétitions, composé ces députations, ou pris une part active à l'exécution de ces actes, seront condamnés par la même voie à être rayés pendant six mois du tableau civique, suspendus de toutes fonctions publiques, et déclarés inhabiles à être élus à aucune place pendant le même temps.

3. A l'égard des membres qui, n'étant point inscrits sur le tableau des citoyens actifs, commettraient les délits mentionnés aux articles précédens, ils seront condamnés par corps à une amende de 12 livres s'ils sont Français, et de 3,000 livres s'ils sont étrangers.

4. L'Assemblée nationale décrète que le rapport de son ancien comité de constitution sera imprimé avec la présente loi.

Rapport sur les sociétés populaires, fait au nom du comité de constitution.

MESSIEURS,

Il reste à votre ancien comité de constitution un devoir à remplir; il lui est imposé et par vous, et par son amour pour la chose publique, et par son désir d'assurer et de propager tous les principes conservateurs de la constitution, qu'après deux ans et demi de travaux et d'alarmes la France vient de recevoir.

Nous allons vous entretenir de ces sociétés que l'enthousiasme pour la liberté a formées, auxquelles elle doit son prompt établissement, et qui, dans des temps d'orages, ont produit l'heureux effet de rallier les esprits, de former des centres communs d'opinion, et de faire connaître à la minorité opposante l'énorme majorité qui voulait et la destruction des abus et le renversement des préjugés, et le rétablissement d'une constitution libre.

Mais, comme toutes les institutions spontanées que les motifs les plus purs concourent à former, et qui bientôt sont écartées de leur but, et par un grand changement dans les circonstances, et par d'autres causes diverses, ces sociétés populaires ont pris une espèce d'existence politique qu'elles ne doivent pas avoir.

Tandis que la révolution a duré, cet ordre de choses a presque toujours été plus utile que nuisible. Quand une nation change la forme de son gouvernement, chaque citoyen est magistrat : tous délibèrent et doivent délibérer sur la chose publique, et tout ce qui presse tout ce qui assure, tout ce qui accélère une révolution doit être mis en usage; c'est une fermentation momentanée qu'il faut soutenir et même accroître, pour que, la révolution ne laissant plus aucun doute à ceux qui s'y opposent, elle éprouve moins d'obstacles, et parvienne plus promptement à sa fin.

Mais, lorsque la révolution est terminée, lorsque la constitution de l'empire est fixée, lorsqu'elle a délégué tous les pouvoirs publics, appelé toutes les autorités, alors il faut, pour le salut de cette constitution, que tout rentre dans l'ordre le plus parfait; que rien n'entrave l'action des pouvoirs constitués; que la délibération et la puissance ne soient plus que là où la constitution les a placées, et que chacun respecte assez et ses droits de citoyen et les fonctions déléguées, pour ne pas excéder les uns, et n'attenter jamais aux autres.

Trop de services ont été rendus à la chose publique par les sociétés des amis de la constitution; trop de patriotisme les anime, pour qu'il soit, en général, nécessaire de faire autre chose envers elles que d'avertir les citoyens qui les composent des dangers qu'elles peuvent faire courir à la chose publique, et des contraventions auxquelles elles sont entraînées par des hommes qui ne les cultivent que pour les agiter, qui ne s'y font recevoir que pour acquérir une sorte d'existence, qui n'y parlent que pour préparer leurs intrigues, et pour usurper une célébrité scandaleuse qui favorise leurs projets.

C'est à nous à nous charger de cette instruction si utile; à nous, qui allons confier le fruit de nos travaux à la fidélité du premier Corps-Législatif, et qui devons écarter de lui toute influence étrangère, ne fût-elle de nature qu'à inquiéter un seul de ses membres; à nous, fondateurs de ces sociétés, qui, près de terminer l'ouvrage qu'elles ont si puissamment aidé, devons leur témoigner la reconnaissance de la nation, en leur disant ce qu'elles doivent être, et en leur désignant les limites que leur assignent les lois constitutionnelles.

C'est à votre comité de constitution, qui, sans jamais s'inquiéter de la popularité d'un jour, a frondé tous les partis, bravé toutes les clameurs, méprisé toutes les injures, pour essayer de se rendre utile; c'est à lui qu'appartient l'honneur de fixer vos derniers regards, et d'appeler l'attention des citoyens sur une partie importante de l'ordre public;

et il regardera comme des titres à la bienveillance future de la nation les calomnies mêmes qu'il pourra recevoir en cette occasion.

Il est permis à tous les citoyens de s'assembler paisiblement : dans un pays libre, lorsqu'une constitution fondée sur les droits de l'homme a créé une patrie, un sentiment cher et profond attache à la chose publique tous les habitans de l'empire; c'est un besoin de s'en occuper et d'en parler; loin d'éteindre ou de comprimer ce feu sacré, il faut que toutes les institutions sociales contribuent à l'entretenir.

Mais à côté de cet intérêt général, de cette vive affection que font naître l'existence d'une patrie et la libre jouissance des droits de citoyen, se placent les maximes de l'ordre public et les principes du gouvernement représentatif.

Il n'y a de pouvoirs que ceux constitués par la volonté du peuple, exprimée par ses représentans; il n'y a d'autorité que celle déléguée par lui; il ne peut y avoir d'action que celle déléguée par lui; il ne peut y avoir d'action que celle de ses mandataires revêtus de fonctions publiques.

C'est pour conserver ce principe dans toute sa pureté, que, d'un bout de l'empire à l'autre, la constitution a fait disparaître toutes les corporations, et qu'elle n'a plus reconnu que le corps social et des individus.

C'est comme conséquence nécessaire de ce principe qu'elle a interdit toute pétition, toute affiche sous un nom collectif : décret bien calomnié par ceux qui voulaient renforcer leur factieuse voix de l'autorité d'une société, mais décret dont la sagessse a été reconnue par tous les hommes qui ont voulu méditer un peu sur la nature du gouvernement que nous avons adopté.

Les sociétés, les réunions paisibles de citoyens, les clubs, sont inaperçus dans l'État. Sortent-ils de la situation privée où les place la constitution? ils s'élèvent contre elle, ils la détruisent, au lieu de la défendre, et ce mot précieux de ralliement (ami de la constitution) ne paraît plus qu'un cri d'agitation, destiné à troubler l'exercice des autorités légitimes.

Ces sociétés, composées en grande partie d'estimables citoyens, de véritables amis de la patrie, de défenseurs zélés de la constitution, nous entendront aisément quand nous leur dirons que, si la révolution les a quelquefois conduites à des actes extérieurs, la constitution établie les réprouve;

Que, sans s'assimiler aux corporations détruites, sans en former une bien plus dangereuse que les anciennes, parce qu'elle étendrait ses rameaux dans tout l'empire, elle ne peuvent pas avoir des affiliations où une espèce de métropole; que cette réunion, cette correspondance politique mènent nécessairement à deux résultats également funestes : à prendre

une existence publique, et à entretenir ces divisions que tout bon citoyen doit chercher à éteindre, et qui renaissent à chaque instant, quand, à l'aide de bizarres et corporatives affiliations, il s'établit une espèce de privilège exclusif de patriotisme, qui produit des accusations contre des individus non sectaires, et des haines contre les sociétés non affiliées ;

Que des députations, des adresses sous un nom collectif, l'assistance à des cérémonies publiques, des recommandations, des certificats donnés à quelques favoris, la louange et le blâme distribués à des citoyens, sont autant d'infractions à la loi constitutionnelle, ou des moyens de persécution dont les méchans s'emparent ;

Que des journaux de leurs débats, la publication de leurs arrêtés, des tribunes placées dans l'intérieur de leurs salles pour y recevoir des spectateurs, sont des actes contraires à la constitution;

Qu'elles commettent un délit très-grave, lorsqu'elles cherchent à prendre quelque influence sur les actes administratifs et judiciaires;

Que la révolution même n'a pas pu excuser ces mandats donnés à des fonctionnaires publics, pour venir rendre compte de leur conduite; ces voies de fait commises pour détruire des procédures commencées contre de prétendus patriotes, cette audace qui a forcé un tribunal à désigner, dans son auditoire, des places à des députés de club, pour inspecter des instructions criminelles et des jugemens; ces envois de commissaires dans divers lieux, chargés de missions qui ne pouvaient être conférées que par des autorités constituées, et n'appartenir qu'à des hommes publics.

Sur tous ces faits il faut jeter un voile; il faut même que nous répétions qu'ils ont souvent eu pour motif et pour but de préserver nos efforts et notre ouvrage des atteintes de la malveillance, et qu'en déconcertant les manœuvres de celle-ci, ils hâtaient l'établissement de la liberté.

Mais, à présent, ce ne serait plus qu'une forfaiture coupable, une attaque criminelle aux autorités établies par la constitution et ses amis; ceux qui ont juré sur leurs armes de la maintenir ont contracté l'obligation de ne se faire connaître que par le respect le plus profond pour les pouvoirs constitués, et l'éloignement le plus absolu de toute idée d'une existence politique proscrite par la constitution.

Les sociétés qui se sont formées pour en apprendre, pour en soutenir les maximes, ne sont que des réunions, que des clubs d'amis qui ne sont pas plus que tous les citoyens les sentinelles de la constitution. Ils peuvent s'instruire, disserter, se communiquer leurs lumières ; mais leurs conférences, mais leurs actes intérieurs ne doivent jamais franchir l'enceinte de leurs assemblées ; aucun caractère public, aucune démarche collective, ne doivent les signaler.

Ces principes constitutionnels ne peuvent être contestés par personne ; cependant, nous les voyons encore violés : des pétitions sous un nom collectif sont interdites, et on en adresse au corps constituant lui-même, et on en placarde dans les rues, et on fatigue les corps administratifs et les officiers municipaux. D'où viennent ces contraventions qui ont pour auteurs les amis les plus fidèles de la constitution ? Ne les imputons pas aux sociétés, dont les intentions sont pures, mais à quelques hommes qui les égarent.

Il faut donc armer tous les citoyens honnêtes de ces vérités dont l'autorité peut devenir plus imposante encore, quand elles sont publiées par le corps constituant ; la constitution est confiée à la sollicitude et au courage de tous les Français : ceux qui marchent sous son honorable bannière ne souffriront pas l'idée de pouvoir être accusés de la méconnaître et de la détruire.

Tout le monde a juré la constitution, tout le monde appelle l'ordre et la paix publique, tout le monde veut que la révolution soit terminée : voilà désormais les signes non équivoques du patriotisme : le temps des destructions est passé : il ne reste plus d'abus à renverser, de préjugés à combattre ; il faut désormais embellir cet édifice dont la liberté et l'égalité sont les pierres angulaires, il faut faire chérir l'ordre nouveau à ceux mêmes qui s'en sont montrés les ennemis, et regarder comme les plus redoutables adversaires les hommes qui chercheraient à calomnier ou à dégrader les autorités établies, à s'emparer de quelque société pour leur faire prendre un rôle actif dans l'administration publique ; pour les rendre censeurs arbitraires et turbulens détracteurs, et peut-être les subjugans despotes des fonctionnaires publics.

Nous avons annoncé, Messieurs, que nous désirions plutôt publier une instruction que provoquer des lois répressives. Nous savons que des lois faites avec trop de détails sur cette matière pourraient donner quelques moyens de toucher à la liberté, qui doit être sacrée pour le législateur, et dont ces actes doivent assurer et non gêner l'exercice ; nous considérons d'ailleurs que notre ancien caractère, déjà sensiblement amélioré par les nouvelles lois, a fait des sociétés populaires une espèce de mode dans laquelle chacun a voulu renchérir les uns sur les autres, et nous pensons qu'il faut laisser à la raison le soin de réformer une partie des abus ; nous croyons enfin qu'une des grandes causes de notre consistance dans ces société a été d'avoir pour fondateurs et pour membres la majorité des représentans du peuple. Nous faisions une révolution, nous combattions une minorité ardente, nous attaquions des préjugés bien vieux, des habitudes bien puissantes, des abus bien lucratifs, et par conséquent bien protégés ; nous avions besoin de nous réunir, de préparer nos armes, de nous environner de tous les citoyens qui chérissaient les droits du peuple, que nous étions chargés d'arracher des mains de l'usurpateur.

Ceux qui, revêtus après nous de la confiance publique, viennent exercer les pouvoirs que nous avons établis au nom de la nation française, n'ont qu'à conserver, à entourer d'une législation sage une constitution libre ; ils croiront sans doute qu'ils ne doivent discuter les grands intérêts de l'empire que comme législateurs, et non comme simples citoyens, et que, pour accomplir dignement leur mission, plus paisible que la nôtre, ils doivent se garantir de toute influence extérieure.

La nation attend d'eux la paix et l'affermissement de l'ordre public ; leur honorable tâche est de faire jouir la France de la constitution qu'elle a reçue et jurée ; ils n'ont point besoin que l'opinion publique se manifeste par des mouvemens, elle est connue : tous les Français veulent avoir promptement tous les avantages de la liberté et de l'égalité ; ils veulent, à l'abri de ces immortels droits de l'homme, rendre au commerce sa splendeur, à l'agriculture son activité, à l'industrie toutes ses ressources ; ils veulent que nos ennemis ne puissent bientôt apercevoir les traces de la révolution que dans la prospérité de l'empire.

Après avoir parlé des maximes constitutionnelles et des actes qui les offensent, avons-nous besoin de dire que l'existence publique des sociétés, leurs affiliations, leurs journaux, leurs pétitions en nom collectif, leur influence illégale sont propres à alarmer tous les citoyens paisibles, et à éloigner tous ceux qui veulent vivre tranquillement sous la protection des lois ?

Il est dans la nature des choses que les sociétés délibérantes cherchent à acquérir quelque influence extérieure ; que des hommes pervers ou ambitieux tentent de s'en emparer, et d'en faire des instrumens utiles à leur ambition ou à leur vengeance ; si les actes de ces sociétés deviennent publics ; si des affiliations les transmettent, si des journaux les font connaître, on peut rapidement avilir et décréditer une autorité constituée, diffamer un citoyen, et il n'y a pas d'homme qui puisse résister à cette calomnie. Il a été accusé : c'est par son ennemi ; on a donné, chose trop facile, on a donné à l'accusation un air de civisme ; elle a été applaudie dans la société ; quelquefois accueillie. Toutes les sociétés affiliées en sont instruites, et l'homme le plus honnête, le fonctionnaire public le plus intègre peut être la victime de la manœuvre habile d'un méchant. Sous l'aspect de la morale et des mœurs, comme sous celui de la constitution, il ne faut donc ni affiliations de sociétés, ni journaux de leurs débats.

Croyez que c'est beaucoup à cela que tiennent l'ordre public, la confiance et la sécurité d'une foule de citoyens. Nul ne veut avoir d'autre maître que la loi : si les sociétés pouvaient avoir quelque empire ; si elles pouvaient disposer de la réputation d'un homme ; si, corporativement formées, elles avaient d'un bout de la France des ramifications et des agens de leur puissance, les sociétés seraient les seuls hommes libres, ou plutôt la licence de quelques affiliés détruirait la liberté publique : il ne faut donc ni affiliations de sociétés, ni journaux de leurs débats.

Nous ne vous proposons que trois articles de loi ; ils ne portent que sur ces actes qui usurperaient une partie de la puissance publique, ou qui arrêteraient son action ; tout le reste est abandonné à l'influence de la raison et à la sollicitude du patriotisme.

29 SEPTEMBRE 1791. — Décret qui excepte de la vente des biens nationaux la maison des Capucins de la ville de Belfort et dépendances, pour être employées à l'établissement militaire de la même ville. (B. 18, 774.)

29 SEPTEMBRE = 19 OCTOBRE 1791. — Décret qui autorise les corps administratifs des districts de Champlitte, Pontarlier et Morhange à faire procéder à l'adjudication au rabais pour leur emplacement. (B. 18, 775.)

29 SEPTEMBRE 1791.—Décret contenant liquidation de plusieurs parties de la dette publique et offices de judicature. (B. 18, 776 et 791.)

29 SEPTEMBRE 1791. — Décret qui nomme MM. Camus, Target et Biauzat pour signer les procès-verbaux et décrets auxquels la signature du président et des secrétaires n'est point apposée, et portant que tous les décrets rendus depuis l'acceptation du Roi doivent être exécutés comme lois. (B. 18, 774.)

29 SEPTEMBRE = 28 OCTOBRE 1791. — Décret portant que le troisième commissaire du Roi pour les assignats continuera de remplir ses fonctions tant que la fabrication occupera deux manufactures. (B. 18, 790.)

29 SEPTEMBRE 1791. — Décret pour prier le Roi d'augmenter de huit le nombre des lieutenans-généraux, et de douze celui des maréchaux-de-camp. (B. 18, 781.) Voy. 30 SEPTEMBRE 1791.

29 SEPTEMBRE = 16 OCTOBRE 1791. — Décret portant qu'il sera payé 400 livres pour chacun des commis extraordinaires du greffier du tribunal du sixième arrondissement de Paris.(B. 18, 808.)

29 SEPTEMBRE = 20 NOVEMBRE 1791. — Décret portant liquidation de divers offices de perruquiers. (L. 6, 758 ; B. 18, 799.)

29 SEPTEMBRE = 16 OCTOBRE 1791. — Décret qui ordonne de poursuivre le paiement des sommes qui restent dues par les acquéreurs de l'hôtel des Chevau-Légers à Versailles, et qui leur accorde une remise du quart du prix de leur acquisition. (B. 18, 749.)

29 SEPTEMBRE 1791. — Décret pour prier le Roi de faire le don de son portrait au Corps-Législatif. (B. 18, 773.)

29 SEPTEMBRE 1791. — Assignats. Voy. 20 SEPTEMBRE 1791. — Bois et forêts. Voy. 15 SEPTEMBRE 1791. — Caisse de l'extraordinaire. Voy. 20 SEPTEMBRE 1791. — Commissaires de police ; Créanciers des pays d'états. Voy. 21 SEPTEMBRE 1791.—Gardes nationales de Seine-et-Marne. Voy. 20 SEPTEMBRE 1791. — Officiers de paix ; Tribunal municipal de Paris. Voy. 21 SEPTEMBRE 1791.

30 SEPTEMBRE = 16 OCTOBRE 1791. — Décret relatif à la liquidation de l'indemnité due pour les jurandes et maîtrises. (L. 6, 425 ; B. 18, 857 ; Mon. du 2 octobre 1791.)

L'Assemblée nationale autorise le directeur de la liquidation à continuer à liquider, sur sa responsabilité, les indemnités dues pour les maîtrises et jurandes, et décrète que les indemnités seront payées sur les états signés de lui, qu'il remettra au commissaire du Roi pour la caisse de l'extraordinaire.

30 SEPTEMBRE = 16 OCTOBRE 1791. — Décret relatif aux moyens de protéger les douanes. (L. 6, 426 ; B. 18, 858.)

Art. 1er. Il sera armé, dans le plus bref délai, pour écarter les fraudes des côtes du royaume et protéger le service des douanes, quatre corvettes ou avisos, et des chaloupes canonnières ou autres petits bâtimens.

2. Il sera embarqué sur ces bâtimens autant d'aspirans que la destination de l'armement le permettra ; et, au moyen de cette

disposition, les corvettes d'instruction seront supprimées.

3. Le ministre de la marine concertera, tous les ans, avec le ministre des contributions, les instructions à donner aux commandans des bâtimens, et pour demander au Corps-Législatif d'en augmenter ou diminuer le nombre et la force.

4. Le commandant de chaque bâtiment destiné à la garde-côte ne pourra quitter la croisière qui lui aura été commandée qu'en cas de nécessité, qu'il constatera sur son journal.

5. Il sera tenu de prendre à bord deux commis aux douanes, qui, dans le cas de saisie, seront chargés d'en dresser les procès-verbaux, conformément au décret du 23 avril = 1er mai 1791, sur les douanes.

6. Les commissaires aux classes préviendront le ministre de la marine de toutes les relâches des bâtimens garde-côtes; les corps administratifs et les préposés des douanes en préviendront le ministre des contributions publiques, pour être, au besoin, pourvu au remplacement ou autrement à l'activité du service.

7. Les commandans des bâtimens recevront les instructions, et préviendront de leurs mouvemens les directeurs des douanes dont ils garantiront les côtes; ils rendront compte au ministre de la marine de leur mission.

8. Les bâtimens s'aideront mutuellement, et agiront aussi de concert avec les pataches et autres bâtimens de la régie des douanes : ils conviendront de signaux entre eux et les préposés des douanes, pour donner connaissance des bâtimens qu'ils n'auraient pu visiter et qui seraient suspects.

9. Le produit des amendes et saisies des navires et marchandises de fraude sera divisé en trois parts égales : l'une appartiendra aux équipages des bâtimens et embarcations qui auront fait les saisies ou y auront coopéré, et le partage s'en fera comme des prises sur l'ennemi; la seconde partie sera prélevée pour être partagée entre les employés de la régie, et le surplus sera versé au Trésor public, pour indemnité des dépenses de l'armement.

10. Le ministre de la marine présentera incessamment le tableau des dépenses nécessaires pour l'armement et entretien des bâtimens garde-côtes, et il en fournira chaque année un compte particulier.

11. Le ministre des contributions fournira de même chaque année un compte particulier du montant des deniers versés au Trésor public, du produit des amendes et saisies des prises faites par les garde-côtes.

30 SEPTEMBRE = 16 OCTOBRE 1791. — Décret relatif à la garde du Roi. (L. 6, 439; B. 18; 844; Mon. du 2 octobre 1791.)

Art. 1er. Conformément aux dispositions de l'acte constitutionnel, la garde du Roi sera divisée en deux corps, l'un de douze cents hommes d'infanterie, l'autre de six cents hommes de cavalerie, ainsi qu'il sera plus amplement expliqué ci-après.

2. Le grand état-major de la garde du Roi sera composé d'un lieutenant-général commandant en chef, de deux maréchaux-de-camp, commandant, l'un l'infanterie, l'autre la cavalerie, et de deux adjudans généraux colonels, attachés, l'un à la garde à pied, l'autre à la garde à cheval.

3. La garde à pied sera partagée en trois divisions de quatre cents hommes chacune.

4. L'état-major de chaque division de la garde à pied sera composé d'un colonel commandant de division, de deux lieutenans-colonels et de deux adjudans-majors.

5. Chaque division de la garde à pied sera de huit compagnies de cinquante hommes, commandées chacune par un capitaine, un lieutenant et un sous-lieutenant.

6. La garde à cheval sera partagée en trois divisions de deux cents hommes chacune.

7. L'état-major de chaque division de la garde à cheval sera composé d'un colonel commandant de division, de deux lieutenans-colonels et de deux adjudans-majors.

8. Chaque division de la garde à cheval sera de quatre compagnies de cinquante hommes, commandées chacune par un capitaine, un lieutenant et un sous-lieutenant.

9. La garde d'honneur fournie par la garde nationale prendra la droite sur la garde à pied. Le Roi sera prié de régler invariablement les postes que la garde nationale devra occuper lorsqu'elle sera de service auprès de sa personne.

10. Les trois officiers-généraux, chefs de la garde du Roi, seront toujours au choix de Sa Majesté.

CODE MILITAIRE.

30 SEPTEMBRE = 19 OCTOBRE 1791. (L. 6, 503; B. 18, 847.)

Voy. lois du 12 MAI 1793; du 21 BRUMAIRE an 5.

TITRE Ier. De la juridiction militaire.

Art. 1er. Les délits militaires consistent dans la violation, définie par la loi, du devoir militaire, et la loi détermine les peines qui doivent y être appliquées.

2. Aucun fait ne peut être imputé à délit militaire, s'il n'est déclaré tel par la loi (1).

---

(1) Un militaire est justiciable du tribunal ordinaire; un citoyen est non justiciable de l'autorité militaire (6 frimaire an 12; 7 ventose an 12; Cass. S. 4, 2, 88). *Voy.* l'art. 2 de la loi du 22 messidor an 4.

La connexité du crime d'embauchage avec un

3. Nul n'est exempt de la loi commune et de la juridiction des tribunaux, sous prétexte du service militaire, et tout délit qui n'attaque pas immédiatement le devoir ou la discipline ou la subordination militaire, est un délit commun dont la connaissance appartient aux juges ordinaires, et pour raison duquel le prévenu soldat, sous-officier ou officier, ne peut être traduit que devant eux (1).

4. Nul délit n'est militaire, s'il n'a été commis par un individu qui fait partie de l'armée; tout autre individu ne peut jamais être traduit comme prévenu devant les juges délégués par la loi militaire.

5. Si, parmi deux ou plusieurs prévenus du même délit, il y a un ou plusieurs militaires, et un ou plusieurs individus non militaires, la connaissance en appartient aux juges ordinaires.

6. Si, dans le même fait, il y a complication de délit commun et de délit militaire, c'est aux juges ordinaires d'en prendre connaissance (2).

7. Si, pour raison de deux faits, la même personne est, dans le même temps, prévenue d'un délit commun et d'un délit militaire, la poursuite en est portée devant les juges ordinaires (3).

8. Lorsque les juges ordinaires connaissent en même temps, par la préférence qui leur est accordée, d'un délit commun et d'un délit militaire, ils appliqueront les peines de l'un et de l'autre si elles sont compatibles, et la plus grave si elles sont incompatibles.

9. Le condamné a le droit de demander la cassation du jugement, et le commissaire-auditeur a le même droit; mais la signification doit en être faite dans les trois jours qui suivent la lecture du jugement, dont on lui donnera copie, s'il la demande; et, dans les trois jours suivans, la procédure et le jugement doivent être envoyés au greffe du tribunal de cassation, pour en prendre connaissance dans la forme et les délais prescrits à l'égard des jugemens criminels en général.

10. En cas de prévarication de la part des juges, l'accusé a le droit de les prendre à partie et de les citer au tribunal de cassation.

11. Tout général en chef pourra à la guerre faire un règlement pour le maintien du bon ordre dans son armée, et ce règlement aura force de loi pendant la durée du commandement de ce général en chef.

12. Les ordres de circonstance que donnera à la guerre un commandant en premier d'une troupe ou d'un corps détaché, auront force de loi pendant la durée de son commandement.

13. Les peines attachées aux délits prévus par le réglement du général en chef ou les ordres de circonstance du commandant en premier, ne pourront être appliquées que conformément à la loi, si elles s'étendent sur la vie, ou sur l'honneur, ou sur l'état du prévenu, mais sans recours à la Cour de cassation.

14. On sera censé être en temps de guerre, pour l'exercice de l'autorité accordée aux généraux en chef, aux commandans en premier, et pour l'application des peines à raison du temps de guerre, après que la proclamation en aura été faite aux troupes; et, en temps de paix, tout rassemblement de troupes campées ou cantonnées pour former un camp sera censé être en état de guerre.

15. Il n'est pas dérogé, par les articles du présent décret, à l'article 3 de la loi du 22 septembre 1790, concernant la compétence des tribunaux militaires à l'égard des personnes qui suivent l'armée.

16. Par la dénomination de militaire, la loi entend tous les individus qui composent l'armée, sans aucune distinction de grade de métier ou de profession.

TITRE II. Des délits et des peines.

Art. 1er. Tout soldat, tout sous-officier, tout officier qui, en cas d'alerte, d'appel ou de la générale, ne sera pas rendu à son poste au moment où la troupe prend les armes, pourra être puni d'une punition de discipline par le commandant de la troupe dont il fait partie ou être soumis au jury d'accusation. Si le jury d'accusation trouve que les circonstances atténuent le délit, la punition en appartiendra au commandant de la troupe dont il fait partie; et, s'il est soumis au jury de jugement et déclaré coupable et non excusable, la peine est, en temps de guerre, d'être chassé du service.

2. Le militaire qui, à la guerre, ne se sera pas rendu à son poste, ou qui aura abandonné son poste pour songer à sa propre sûreté, sera puni de mort.

3. Le militaire qui, dans une place prise d'assaut, quittera son poste pour se livrer au pillage, sera puni de la peine exprimée par

crime de la compétence des tribunaux criminels ordinaires n'attribue pas à ces tribunaux la connaissance du crime d'embauchage. Ce crime doit être jugé par les tribunaux militaires, sauf à poursuivre le crime connexe devant les tribunaux ordinaires (2 août 1822; Cass. S. 22, 1, 291).

Idem 22 août 1822; Cass. S. 22, 1, 321.

Voy. loi du 13 brumaire an 5.

(1, 2 et 3) *Voy.* la note précédente.

la proclamation du général qui aura commandé l'assaut.

4. Tout soldat trouvé endormi en faction ou en vedette sera puni d'une punition de discipline par le commandant de la troupe dont il fait partie, à moins que des circonstances aggravantes ne détermine le commissaire-auditeur à le traduire devant la cour martiale.

Dans le cas où le prévenu serait traduit devant la cour martiale, et déclaré coupable, la peine est, en temps de paix, de trois mois de prison, et, en temps de guerre, d'être puni de mort.

5. Tout commandant d'un poste, tout sergent d'un poste, ainsi que la sentinelle, qui sera convaincu d'avoir transmis de fausses consignes à la place de celles qu'il avait reçues, sera puni de mort.

6. Le commandant d'une patrouille qui sera convaincu d'avoir perfidement caché au commandant de son poste les découvertes qu'il aura faites, sera puni de mort.

7. Le commandant d'un poste qui tairait perfidement à celui qui le relève les découvertes essentielles qu'il aura faites, soit par lui-même, soit par ses patrouilles, soit par toutes autres personnes, relativement à la défense du poste, sera puni de mort.

8. Le commandant d'un poste qui aura cru devoir s'écarter de sa consigne, en sera responsable au commandant de la troupe dont il fait partie, et si, traduit à la cour martiale, il est déclaré coupable, il sera puni de mort.

9. Un soldat en sentinelle ou en vedette, qui aura manqué à sa consigne sera puni d'une punition de discipline par le commandant de la troupe dont il fait partie, à moins que des circonstances aggravantes ne déterminent le commissaire-auditeur à le traduire à la cour martiale; et, s'il est traduit à la cour martiale et déclaré coupable, la peine est d'être puni de mort.

10. Tout soldat, sous-officier ou officier qui aura quitté son poste sans la permission de son commandant, sera puni d'une punition de discipline par le commandant de la troupe dont il fait partie, à moins que des circonstances aggravantes ne déterminent le commissaire-auditeur à le traduire à la cour martiale; et, s'il est traduit à la cour martiale et déclaré coupable, la peine est d'être puni de mort.

11. Tout soldat, sous-officier ou officier convaincu d'avoir communiqué le secret du poste ou le mot d'ordre à quelqu'un qui n'en devait pas avoir connaissance, sera puni de mort.

12. Tout militaire convaincu d'avoir insulté une sentinelle de propos ou de gestes, la peine est, contre un simple soldat, d'un mois d'arrestation, de six semaines contre le sous-officier, et de trois mois contre l'officier.

Si l'insulte avait été faite avec une arme quelconque, ou si elle consistait en voies de fait, et que la sentinelle ne l'eût pas tué, le délinquant sera puni de mort.

13. Tout militaire convaincu d'entretenir une correspondance dans l'armée ennemie, sans la permission par écrit du commandant de la troupe dont il fait partie, sera puni par ledit commandant d'une punition de discipline; et, si sa correspondance est une trahison, il sera puni de mort.

14. Tout militaire qui aura passé les postes avancés de l'armée, ou qui sera sorti d'une place assiégée, sans la permission du commandant de la troupe dont il fait partie, sera puni conformément au règlement du général de l'armée ou du commandant de la place.

15. Tout militaire convaincu d'avoir été en maraude sera puni conformément au règlement du général de l'armée.

16. Tout subordonné qui ne s'est pas conformé sur-le-champ à un ordre de son supérieur, relatif à son service militaire, sera, en temps de paix, puni de six mois de prison; et, en temps de guerre, toute désobéissance formelle sera punie de mort.

17. Si un subordonné est convaincu d'avoir menacé son supérieur de la parole ou du geste, la peine est d'un an de fers contre le soldat, de deux ans contre le sous-officier, et de deux ans de prison contre l'officier.

Si la menace a été accompagnée de quelque mouvement d'arme, la peine est, contre le soldat, de deux ans de fers; contre le sous-officier, de quatre ans, et contre l'officier, d'être cassé et de quatre ans de prison.

18. Si un subordonné est convaincu d'avoir frappé son supérieur, la peine est, contre le coupable, d'être puni de mort.

19. S'il y a révolte contre les supérieurs, la peine de la désobéissance combinée est, à l'égard de ceux qui l'ont suscitée, d'être punis de mort, et de ceux qui l'ont partagée, d'être condamnés à dix ans de fers.

20. Si la désobéissance combinée consiste en résistance d'inertie, la peine contre les moteurs de cette révolte est de cinq ans de fers; et contre ceux qui ne se seront pas rendus à la troisième sommation du commandant, la peine est de deux ans de fers.

21. En cas d'attroupement, les supérieurs commanderont qu'on se sépare et que chacun se retire; et, s'ils ne sont pas sur-le-champ obéis, ils nommeront ou désigneront ceux qu'ils jugeront être les auteurs de l'attroupement; et, si les désignés ne rentrent pas aussitôt dans le devoir, ils seront dès lors déclarés chefs de révolte, et subiront la peine énoncée dans l'article 19.

Si le rassemblement n'est pas dissous par le

commandement fait au nom de la loi, les supérieurs sont autorisés à employer tels moyens de force qu'ils jugeront bons, sans préjudice des peines portées, et sans que les supérieurs puissent jamais être recherchés ni inquiétés pour raison des moyens qu'ils auront employés pour que force demeure à la loi.

22. Dans le cas de la peine de prison par jugement de la cour martiale, le temps entier de la peine est distrait de celui du service.

23. Celui qui volera l'argent de l'ordinaire de ses camarades, celui qui vendra ou qui mettra en gage, en tout ou en partie, ses armes ou son habillement, ou son fourniment, sera puni de deux ans de fers.

24. Celui qui aura déserté en temps de paix et n'étant pas de service sera puni de trois mois de prison; s'il était de service, de six mois de prison; et, s'il a déserté étant de faction, il sera condamné aux fers pour le temps qu'il aura encore à servir.

25. Celui qui aura déserté en temps de guerre, n'étant pas de service, sera condamné à dix ans de fers; s'il était de service, à vingt ans de fers; s'il était en faction lors de la désertion, il sera puni de mort.

Et, dans tous les temps et tous les cas, celui qui sera convaincu d'être auteur d'un complot de désertion sera puni de mort.

26. La loi accorde au militaire qui aura déserté n'étant pas de service, et en temps de paix seulement, huit jours de repentir, pendant lesquels il peut revenir à ses drapeaux, ou prouver par une déclaration authentique que son intention était d'y revenir; et, en ce cas, la peine ne sera que d'une prison d'autant de jours qu'il aura été absent : mais, s'il s'est arrêté pendant lesdits huit jours de repentir, il sera considéré et puni comme déserteur.

27. La peine d'être chassé emporte la dégradation civique, et l'expédition du jugement tiendra lieu de congé absolu à celui qui aura été chassé.

28. Le Roi sera prié de donner tous réglemens nécessaires pour l'exécution du présent décret, qui aura force de loi dans nos colonies comme en Europe.

29. Le jury d'accusation s'assemblera toujours dans le lieu où le délit aura été commis; lorsqu'il n'y aura pas d'emplacement, dans ce cas il s'assemblera dans le chef-lieu de la cour martiale.

Le jury de jugement et la cour martiale s'assembleront toujours dans le chef-lieu de la cour martiale.

3o. Dans le cas des articles 22 et 25 du décret du 22 septembre 1790, le nombre des jurés, soit d'accusation soit de jugement,

ne sera point augmenté en raison des coaccusés qui excéderont le nombre de six.

31. Les membres de la gendarmerie nationale prévenus de délits seront justiciables des tribunaux ordinaires; mais, si le tribunal ordinaire décide que le délit dont le jugement lui est déféré est purement militaire, l'accusé sera renvoyé devant la cour martiale (1).

32. Dans ce cas, les jurés seront pris sur un tableau particulier formé des seuls officiers, sous-officiers et cavaliers de la gendarmerie nationale.

3o SEPTEMBRE = 19 OCTOBRE 1791 — Décret relatif aux receveurs des consignations et aux commissaires aux saisies-réelles. (L. 6, 514; B. 18, 855.)

Voy. lois du 10 = 12 SEPTEMBRE 1791, et du 23 SEPTEMBRE 1793.

L'Assemblée nationale, après avoir entendu le rapport de son comité de constitution, en exécution de son décret du 15 de ce mois, prenant en considération les observations faites sur les décrets des 7 et 10, relatifs aux receveurs des consignations et aux commissaires aux saisies-réelles, et rapportant, en tant que de besoin, lesdits décrets, les a rectifiés et définitivement adoptés ainsi qu'il suit:

Art. 1er. La vénalité et hérédité de tous offices de receveurs de consignations et de commissaires aux saisies-réelles, sont et demeurent supprimées; le comité de judicature fera incessamment son rapport sur le mode de leur liquidation et de la reddition de leurs comptes.

2. Jusqu'à ce qu'il en ait été autrement ordonné, il sera pourvu par les directoires de district à l'exercice provisoire de fonctions attachées aux offices de receveurs des consignations et de commissaires aux saisies-réelles, dans les lieux pour lesquels il n'y en a pas d'établis; les directoires pourront confier aux mêmes préposés la recette des consignations et l'administration des biens saisis. Ceux qui seront nommés conformément au présent article seront tenus de résider près les tribunaux.

3. Il sera fourni, par ceux qui seront nommés à l'exercice provisoire de ces fonctions, un cautionnement égal au quart de celui fourni par les trésoriers de district pour la recette des contributions directes.

A l'égard des titulaires des offices supprimés qui sont maintenus dans l'exercice provisoire de leurs fonctions, la finance desdits offices leur tiendra lieu de cautionnement.

4. Du jour de la publication du présent décret, et pendant le cours dudit exercice

---

(1) La gendarmerie est justiciable des tribunaux correctionnels pour tous les délits qui ne

sont relatifs ni au service ni à la discipline militaire (3o brumaire an 12; Cass. S. 4, 2, 616).

3.   3o

www.ingramcontent.com/pod-product-compliance
Lightning Source LLC
Chambersburg PA
CBHW060515220326
41599CB00022B/3336